D. Heither, U. Heither, E. Klöckner, A. Kurth
S. Salzborn, M. Wiards, H. Wunderer

Politik – Wirtschaft – Gesellschaft

Grundlagentexte für den Unterricht

Sozialwissenschaftliche
STUDIEN
für die Sekundarstufe II

Schroedel

Sozialwissenschaftliche Studien SII

Politik – Wirtschaft – Gesellschaft

Grundlagentexte für den Unterricht

bearbeitet von
Dr. Dietrich Heither, Ute Heither, Egbert Klöckner, Dr. Alexandra Kurth,
Dr. Samuel Salzborn, Dr. Mathias Wiards, Dr. Hartmann Wunderer

Druck A ^{1} / Jahr 2008

Alle Drucke der Serie A sind im Unterricht parallel verwendbar.

Redaktion: Dr. Mathias Wiards, Leipzig; Jürgen Schallmann, Göttingen
Herstellung: Sabine Schmidt, Hannover
Umschlag und Lay-out: Janssen & Kahlert, Hannover
Grafik: Janssen & Kahlert, Hannover
Satz: UMP Utesch Media Processing GmbH, Hamburg
Druck und Bindung: westermann druck, Braunschweig

ISBN 978-3-507-10818-9

„Politik – Wirtschaft – Gesellschaft. Grundlagentexte für den Unterricht" aus der Reihe „Sozialwissenschaftliche Studien für die Sekundarstufe II" hat sich folgenden Leitzielen der politischen Bildung verschrieben:

- kritisches Bewusstsein,
- selbstständiges Urteilsvermögen und
- politisches Engagement.

Die Autoren, selbst Lehrende in der Sekundarstufe II oder Hochschuldozenten, wollen gesellschaftliche Prozesse und Strukturen begreifbar machen, damit Schülerinnen und Schüler als politische bewusste und im besten Sinne aufgeklärte Menschen zielgerichtet in Politik eingreifen können.

„Politik – Wirtschaft – Gesellschaft. Grundlagentexte für den Unterricht"

- richtet sich an Schülerinnen und Schüler, Studierende der Gesellschaftswissenschaften im Grundstudium, aber auch an Lehrerinnen und Lehrer, die sich einen zuverlässigen Überblick über Geschichte und Stand der jeweiligen Fachdiskussionen verschaffen wollen;
- bietet Schülerinnen und Schülern wie Studierenden die Möglichkeit, einzelne sozialwissenschaftliche Sachverhalte zu vertiefen, theoretisches Hintergrundwissen zu erarbeiten, vor allem aber auch den Umgang mit schwierigen (teilweise auch nur schwierig erscheinenden) Texten zu üben, und führt damit in das eigentliche gesellschaftswissenschaftliche Arbeiten ein;
- versucht, den Mangel zu beheben, dass Lernenden in der Schule die (Denk-)Arbeit am Text vielfach abgenommen wird, indem die im Unterricht normalerweise besprochenen Textauszüge bereits auf das Wesentliche verkürzt sind. Eine selbstständige Auseinandersetzung mit dem Material ist damit letztlich nicht erforderlich und wird im Ergebnis verhindert.
- fördert das wissenschaftspropädeutische Lernen, indem dieser Schülerband dazu auffordert, Texte auf ihre Substanz, auf ihre Thesen hin zu befragen und kritisch zu würdigen;
- verschafft Möglichkeiten der Alteritätserfahrung und vermittelt Zugänge, die nicht unmittelbar dem Alltagsbewusstsein entsprechen, sondern den intellektuellen Horizont erweitern;
- entspricht durch seine Textauswahl dem Kontroversitätsgebot der Fachdidaktik;
- bietet die Grundlage für Referate oder Facharbeiten, die im Unterricht wie in der Studienzeit gefordert werden;
- ist ein Buch für die Schule, allerdings kein Schulbuch im herkömmlichen Sinne. Es eignet sich nicht für den unmittelbaren Einsatz im Unterricht, die gut vierhundert Seiten lassen sich nicht zu Unterrichtsstunden „portionieren".

Der vorliegende Band versucht Antworten auf das von den Fachdidaktikern Friedbert Mühlhoff und Sibylle Reinhardt formulierte Problem zu geben, das den sozialkundlichen Unterricht von seinen Anfängen bis in die Gegenwart bestimmt: „Zur Zeit der Einführung des Faches Sozialwissenschaften in der Oberstufe der Gymnasien gab es aus Mangel an geeigneten Schulbüchern zwei Wege, einem rein institutionenkundlichen bzw. lexikalischen Ansatz zu entgehen: das mühselige Erstellen sich aufeinander beziehender kleinerer Theorieversatzstücke aus der wissenschaftlichen Literatur (also das Selbstschreiben eines Schulbuches) oder den Griff zum wissenschaftlichen Original. Für junge Lehrer heute stellt sich die Situation anders dar. Sie finden sich konfrontiert mit einer Fülle didaktisch und methodisch aufbereiteter Schulbücher, deren vermeintlich sicheren, getesteten Weg zu verlassen, um mit den Schülern eine wissenschaftliche Ganzschrift zu lesen, ein hohes Risiko bedeutet." [1]
Die Aufgabe der gymnasialen Oberstufe, die Lernenden zum Studium zu befähigen, kann nur gelingen, wenn Schülerinnen und Schüler die Gelegenheit erhalten, sich mit dem typischen Medium der Verständigung in den Geistes- und Sozialwissenschaften zu befassen: dem Text. Wenn in der Schule nur mit Kurzauszügen gearbeitet worden ist, wird es den Schülerinnen und Schülern anschließend schwer fallen, die Ebene kurzer Zeitungs- oder Internettexte zu verlassen, um sich über politische Fragestellungen zu informieren. Erst recht bestehen im Studium hohe Hürden, anspruchsvolle Texte zu gebrauchen, zumal die unmittelbare Bereitschaft der Schülerinnen und Schüler, sich mit „Bleiwüsten" auseinanderzusetzen, gering zu veranschlagen sein dürfte. Die Motivation, sich mit längeren Texten auseinanderzusetzen, entsteht erst dort, wo Texte direkt wie indirekt Antworten auf Herausforderungen und Probleme der Gegenwart und damit die Lebenswelt der Schülerinnen und Schüler formulieren. Eine

1 Friedbert Mühlhoff/Sibylle Reinhardt, Lektüre einer wissenschaftlichen Originalschrift, in: Sibylle Reinhardt/Dagmar Richter (Hrsg.), Politik – Methodik. Handbuch für die Sekundarstufe I und II, Berlin 2007, S. 103–107, hier S. 103.

derartige Beschäftigung mit dem Text als nützlich und erkenntnisgewinnend erscheinen zu lassen, ist ein wesentliches Anliegen dieses Buches.

Politische Bildung basiert aus unserer Sicht auf *Gesellschaftswissenschaft,* die von der gegenseitigen Bedingtheit der sozialen, politischen und ökonomischen Prozesse ausgeht, ohne aber dabei deren jeweilige Eigenständigkeit zu vernachlässigen. Dabei gehen wir davon aus, dass neben die soziologische und die politische Analyse – gerade in hochtechnologisierten Gesellschaften – die politisch-ökonomische Analyse treten muss, denn erst wenn ökonomische Bedingungen erkannt werden, können als Politik auftretende Interessen dingfest gemacht und Zusammenhänge von ökonomischer Struktur und gesellschaftlicher Herrschaft erkannt werden.
Auch im *Denken* über Gesellschaft, also in den hier referierten Theorien, sind die unterschiedlichen Interessen gleichsam eingewoben: „Macht kommt nie ohne politische Ideen aus; jede Macht braucht, zumindest zu ihrer Rechtfertigung, ein bestimmtes Gedankengebäude. Ebenso wenig wie Macht frei von Rechtfertigungsideen ist, ist Politik frei von bestimmten Zielen – jede Politik ist zielgerichtet, jede politische Maßnahme steht in einem – bewussten oder unbewussten – Zusammenhang mit weiterführenden Vorstellungen vom bestmöglichen Zustand der Gesellschaft." [1]

Der von uns gewählte Titel erhebt den Anspruch, *Grundlagentexte* wiederzugeben, aus denen zentrale Fragestellungen und Antworten auf gesellschaftswissenschaftliche Problemstellungen hervorgehen und die damit eine Relevanz auch für die Lösung gegenwärtiger politischer Herausforderungen besitzen. Daher wurden in diesen Band ausschließlich Texte aufgenommen, die sich mit den unterschiedlichen Facetten der bürgerlichen Gesellschaft befassen, deren Grundstrukturen bis heute unser Leben prägen. Unter Grundlagentexten verstehen wir die „Klassiker" der Sozialwissenschaften genauso wie Autoren, die prägnant (und lesbar) zentrale Auffassungen und Positionen der gegenwärtigen Forschung wiedergeben. Dabei ist gerade bei gegenwartsbezogenen, aktuellen Analysen der Charakter des Grundlegenden vielfach nicht eindeutig zu bestimmen. Hier haben sich die Verfasser des vorliegenden Bandes bemüht, Texte bzw. Positionen zusammenzutragen, von denen sie der Ansicht sind, dass sie eine höhere „Halbwertszeit" besitzen und über das Tagesgeschehen hinausweisen.

Von den Leserinnen und Lesern erwarten wir die Bereitschaft, sich intellektuell fordern zu lassen, und den Fleiß, dicke Bretter der Anstrengung zu bohren. Geboten wird dafür die Möglichkeit, Gesellschaft in ihren Zusammenhängen zu begreifen, soziale, ökonomische und politische Probleme und Standpunkte zu erkennen, sich mit diesen argumentativ auseinanderzusetzen und so eigene Interessen zielgerichtet wahrzunehmen. Bezugspunkt ist dabei immer das Ziel, gesellschaftliche Wirklichkeit bewusst gestalten zu können.

Zum Aufbau des Buches

Das vorliegende Werk gliedert sich in insgesamt neun Kapitel. Diese decken die zentralen Gegenstandsbereiche der politischen Bildung in den gymnasialen Oberstufen der Bundesrepublik ab. Der Band stellt damit eine ideale Ergänzung der vier Themenbände der Reihe „Sozialwissenschaftliche Studien" dar.

Gesellschaft:
- Gesellschaftsstrukturen im Wandel
- Individuum und Gesellschaft: Sozialisation

Politikwissenschaft:
- Theorien der Politik – Macht und Herrschaft
- Staats- und Demokratietheorien

Wirtschaft
- Von der Klassischen Wirtschaftstheorie ...
  ... Zur Politischen Ökonomie der Gegenwart

Internationale Beziehungen/Globalisierung
- Die Internationalisierung der Wirtschaftsbeziehungen
- Politik im 21. Jahrhundert zwischen Nationalstaat und neuer Weltordnung

1 Anton Pelinka, Grundzüge der Politikwissenschaft, Wien/Köln/Weimar 2004, S. 176.

Jedes der neun Kapitel beginnt mir einer mehrseitigen themenbezogenen Einführung, in der der Stellenwert der einzelnen Autoren und ihrer Beiträge kritisch gewürdigt und in den wissenschaftshistorischen Kontext eingeordnet wird. Leitfragen, die sich auf das gesamte Kapitel beziehen, helfen, den Zusammenhang der Texte zu erschließen.
Die sich anschließenden Textauszüge werden durch Autorenportraits eingeleitet, die für das Verständnis des Textes hilfreiche biografische Hinweise geben, indem sie den jeweiligen historischen Entstehungskontext skizzieren. Auch werden hier bereits Frage- und Problemstellungen der Texte benannt, die den Einstieg und das Lesen erleichtern sollen.
Texterschließende Leitfragen fokussieren das Lesen, ermöglichen eine (Selbst-)Kontrolle und dienen der Überprüfung des Gelernten. Geringfügige Texteingriffe wie etwa das Kürzen von Literaturverweisen sowie Fremdwort-Erklärungen dienen der leichteren Lesbarkeit. Da es sich um Originalquellen handelt, wurden Texte, die in alter Rechtschreibung verfasst wurden, nicht korrigiert.

Für Anregungen und Kritik sind Autoren wie Verlag dankbar!

Dr. Dietrich Heither, Wiesbaden
Ute Heither, Neustadt am Rübenberge
Egbert Klöckner, Wiesbaden
Dr. Alexandra Kurth, Gießen
Dr. Samuel Salzborn, Gießen
Dr. Mathias Wiards, Leipzig
Dr. Hartmann Wunderer, Wiesbaden

Umgang mit sozialwissenschaftlichen Texten

Sozialwissenschaftliche Texte, die in der Regel für bereits vorinformierte Leser mit einem besonderen Interesse am Thema geschrieben worden sind, können auf den ersten Blick abschreckend wirken. Ein guter Teil dieser Wirkung beruht oft auf mangelnder Gewöhnung. Die meisten Texte, die wir im Alltag lesen, sind im Unterschied zu wissenschaftlichen Texten für den schnellen Überblick geschrieben worden und werden eher überflogen als gelesen: kurze Zeitungsartikel etwa oder Beiträge in Internetforen.
Sind außerdem einige der verwendeten Fachbegriffe dem Leser nicht bekannt oder fehlen Vorinformationen, die der Autor stillschweigend voraussetzt, dann kann die Konfrontation mit einem wissenschaftlichen Text zu eine frustrierenden Erlebnis werden.
Wissenschaftliche Texte sind andererseits das zentrale Medium, um Erkenntnisse über einen Untersuchungsgegenstand weiterzugeben. Mehr noch: die wissenschaftliche Diskussion selbst, also der Fortschritt in der Wissenschaft, findet in aller Regel über Texte statt.
Wie also sich einem (zu) schwierigen Text annähern? Ihn gemeinsam im Unterricht Satz für Satz zu erarbeiten wird meist nicht möglich sein, zumindest dann nicht, wenn er länger ist als die oft in Schulbüchern üblichen Texthäppchen. Es lässt sich also nicht umgehen, schwierige Texte in Einzel- oder Kleingruppenarbeit anzugehen.
Hierbei soll dieses Methodenkapitel helfen. Zuerst wollen wir einige generelle Tipps zur Erschließung sozialwissenschaftlicher Texte geben, die dann an einem durchaus schwierigen Beispieltext erläutert und umgesetzt werden. Die detaillierte Abfolge der Erschließungsschritte ist dabei nur ein Vorschlag. Je nach Text können manche Schritte entfallen, andere müssen vielleicht ausführlicher ausfallen und deshalb in zwei Einzelschritte aufgeteilt werden. Die Grundelemente sind aber in jedem Fall empfehlenswert.

1. Schritt: Überblick gewinnen

Wenn man eine Fernsehzeitung aufschlägt, bringt man einiges an Vorwissen und Struktur bereits mit. Die Suche nach einem guten Spielfilm ab 20.15 beginnt selten auf der ersten Seite, überschlägt die Werbung und orientiert sich an den fett gedruckten oder grafisch hervorgehobenen Anfangszeiten. Selten liest man alle Inhaltsangaben gleich gründlich, zu groß wäre die Gefahr, erst fertig zu sein, wenn der Film bereits angefangen hat. Ein in dieser Weise strukturiertes Vorgehen ist uns nur möglich, weil wir bei einer solchen Suche genau wissen, was wir wollen, welchen Zweck die Fernsehzeitung hat und in welcher Form sie die gewünschten Informationen aufbereitet. Nun sollen hier die Unterschiede zwischen einem wissenschaftlichen Text und einer Programmzeitschrift nicht unterschlagen werden. Doch auch bei ersterem ist es sinnvoll, sich vor dem Lesen klar zu machen, was für einen Text man da eigentlich vor sich hat.Sucht man Literatur z. B. für ein Referat, dann können das Inhaltsverzeichnis, der Klappentext oder manchmal auch Internetrezensionen die Frage beantworten, ob ein Text weiterhilft. Auch lohnt sich ein Blick in einen aktuellen Lexikonartikel (oder im Internet z. B. bei Wikipedia) um Informationen zum Autor zu sammeln und z. B. herauszufinden, ob der Text im Kontext einer größeren Diskussion steht, aus der dann noch andere Beiträge herangezogen werden können. Wichtig ist dabei allerdings vor allem im Internet eine Portion Misstrauen gegenüber der Qualität der Quellen. In manchen Fällen bietet es sich an, zuerst die Einleitung und das Resümee des Textes zu lesen. Nicht, um sich die Lektüre des Hauptteils zu ersparen, sondern um zu Beginn zu klären, welche Textsorte vorliegt, was eigentlich das vom Autor behandelte Problem ist – und welche Form die Lösung hat. Auch bei Textauszügen kann es sinnvoll sein, die Textstruktur zu Beginn zu betrachten um wichtige und weniger wichtige Teile zu identifizieren.

2. Schritt: Das Thema eingrenzen

Hier geht es nun darum, das in Schritt 1 gewonnene Vorverständnis noch vor dem Lesen zu konkretisieren und die Ergebnisse festzuhalten. Auch dieser Schritt ist stark abhängig vom Lesekontext. Ist Ihre Lektüre Teil einer ausführlicheren Beschäftigung mit einem Thema, einer ganzen Unterrichtseinheit vielleicht, können Sie bereits spezifischere Fragen oder Thesen formulieren. In diesem Buch, sind einige erschließende Fragen bereits im Anschluss an die jeweiligen Texte gestellt. In jedem Fall sollten Sie versuchen, die folgenden Fragen kurz zu beantworten – so weit es eben möglich ist. Im vierten Schritt (s. u.) können Sie dann auf ihre Vorüberlegungen zurückgreifen.

- Wovon handelt der Text? (Thema/Problemstellung)
- Was weiß ich über den Gegenstand des Textes? (Klärung des Vorverständnisses)
- Welcher Aspekt des Problemstellung ist mir wichtig? (Klärung des eigenen Lesemotivs)
- Was sagt der Text über seinen Gegenstand aus? (Aussage)
- Welche Absicht verfolgt der Text? (Ziel/Intention)

METHODEN

3. Schritt: Den Text erarbeiten

Die entscheidende Frage ist: Wie kann man den Text schon beim Lesen so verarbeiten, dass die gewonnenen Einsichten bzw. Informationen hinterher gut abrufbar sind? Oder: dass das Gelesene nicht nur vorbei rauscht, sondern tatsächlich angeeignet werden kann? Eine beliebte und relativ einfache Methode ist das Unterstreichen. „Sie kostet wenig Zeit, ist überall (selbst im Bus oder in der U-Bahn) anwendbar, mach Spaß (vor allem, wenn man mit fluoreszierenden Stiften oder Textmarkern arbeitet) und gibt das Gefühl, angestrengt gearbeitet zu haben" [Stary/Kretschmer (s. u.), S. 105 f.].
Um ein sinnvolles Resultat zu erzielen ist es dabei unbedingt nötig, nicht planlos zu unterstreichen, also z. B. einmal eine besonders gelungene Formulierung, dann einen anscheinend besonders wichtigen Satzteil – und dann einen Absatz zu dem man (aber was noch gleich?) etwas nachschlagen wollte.
Wichtig: Unterstreichen Sie erst beim zweiten Lesen! Denn zu unterstreichen bedeutet auszuwählen, und viele Sätze erweisen ihre Bedeutung erst im Nachhinein, also wenn Sie am Ende des Textes angelangt sind. Bei schwierigen Texten kann es sinnvoll sein, mit mehreren Farben zu unterstreichen, wobei es nicht mehr als zwei bis drei sein sollten. Z. B. blau für die Kernaussagen und rot für offene Fragen.

Der nächste Teilschritt sollte die Formulierung von Randbemerkungen sein. Zu unterscheiden sind inhaltliche und strukturelle Randbemerkungen. Ein gutes Mittel, um die Aussage eines Textes zu verstehen und (zum Beispiel im Unterricht) schnell den Gang der Argumentation vergegenwärtigen zu können sind inhaltliche Bemerkungen. Hier wird neben einem Absatz der zentrale Gegenstand oder die Kernaussage notiert, am besten mit nur einem Wort oder einem kurzen Satzteil. Ist der Text sehr schwierig bzw. sehr dicht argumentierend (und die Formulierung inhaltlicher Randbemerkungen Ihnen nicht gleich möglich) können Sie auch zuerst die Textstruktur klären. Die Randbemerkungen beinhalten dann Begriffe wie „Ausgangsthese", „Beleg1", „Themenwechsel" und „Schlussfolgerung". Oft ist es nach einer solchen strukturierenden Analyse einfacher, auch den Inhalt nachzuvollziehen und nun entsprechende Randnotizen zu formulieren.

4. Schritt: Rekapitulieren

Die verschiedenen Ratgeber zu Methoden der Textarbeit lassen nun einen wichtigen Schritt folgen, der je nachdem „Rekapitulieren", „Repetieren" oder auch schlicht „Nachdenken" genannt wird – wobei Sie natürlich bei den bisherigen Schritten günstigenfalls auch bereits nachgedacht haben. Sinn dieses Schrittes ist es in jedem Fall, die beim Lesen gewonnen inhaltlichen und strukturierenden Einzelaussagen zu einem Ganzen zusammenzuschließen. Dabei ist es hilfreich, die in Schritt zwei genannten Fragen noch einmal vorzunehmen und zu versuchen, auf alle eine ausführlichere, zusammenhängende und begründete Antwort zu formulieren.

5. Schritt: Bewertung

Damit ist hier nicht (bzw. nicht nur) gemeint, den Text für gut oder schlecht zu erklären. Es sollte vielmehr abschließend ein Schritt erfolgen, der das Gelesene in Zusammenhang bringt mit Ihren eigenem Wissen bzw. eigenen Positionen zum Thema. Das kann einschließen die Frage, welchen Elementen des Vorwissens er widerspricht, welche er bestätigt, ob der Text Sie überzeugt, inwieweit er selbst durch gesellschaftliche Interessen beeinflusst ist, ob sich Brüche in der Argumentation auffinden lassen – und welche Fragen offen bleiben.

LITERATURHINWEISE

Joachim Stary/Horst Kretschmer, Umgang mit wissenschaftlicher Literatur: Eine Arbeitshilfe für das sozial- und geisteswissenschaftliche Studium, Frankfurt a. M. 1994.

AUFGABE

1. Erarbeiten Sie den folgenden Text.
   Hinweise zu den einzelnen Erschließungsschritten finden Sie anschließend an den Text.

Meinung Wahn Gesellschaft

[...] Meinung ist die wie immer auch eingeschränkte Setzung eines subjektiven, in seinem Wahrheitsgehalt beschränkten Bewußtseins als gültig. Die Gestalt solcher Meinung mag wirklich harmlos sein. Sagt jemand, er meine, das neue Fakultätsgebäude sei sieben Stockwerke hoch, so kann das bedeuten, er habe das von Dritten gehört, wisse es aber nicht genau. Ganz anderen Sinnes ist, wenn jemand sagt, er jedenfalls meine, daß die Juden eine mindere Rasse von Schädlingen seien [...]. Hier schränkt das „Ich meine" nicht das hypothetische Urteil ein, sondern unterstreicht es. Indem so einer seine untriftige, durch keine Erfahrung erhärtete, durch keine Überlegungen bündige Meinung als die seine proklamiert, verleiht er ihr, mag er sie auch scheinbar einschränken, gerade durch die Beziehung auf ihn selbst als Subjekt Autorität, die des Bekenntnisses. Durchschimmert, daß er mit Leib und Seele dahintersteht; er habe die Zivilcourage, Unbeliebtes, in Wahrheit freilich nur allzu Beliebtes zu sagen. Umgekehrt ist ebenso verbreitet die Neigung, wenn man auf ein triftiges und begründetes Urteil stößt, das einem unbequem ist, ohne daß man es doch widerlegen könnte, es dadurch zu disqualifizieren, daß man es als bloße Meinung hinstellt. [...]

Wer eine Meinung hat über eine Frage, die einigermaßen offen ist, nicht vorentschieden; deren Beantwortung nicht ebenso leicht sich überprüfen läßt wie die Anzahl der Stockwerke eines Gebäudes, neigt dazu, sich in diese Meinung festzumachen oder, nach der Sprache der Psychoanalyse, sie affektiv zu besetzen. Töricht wäre, wer immer von dieser Neigung sich freispräche. [...]

Was einer für eine Meinung hat, wird als sein Besitz zu einem Bestandstück seiner Person, und was die Meinung entkräftet, wird vom Unbewußten und Vorbewußten registriert, als werde ihm selber geschadet. Rechthaberei, der Hang der Menschen, törichte Meinungen selbst dann hartnäckig zu verteidigen, wenn ihre Falschheit rational einsichtig geworden ist, bezeugt die Verbreitung des Sachverhalts. Der Rechthaber entwickelt, um nur ja die [...] Schädigung von sich fern zu halten, die ihm durch die Preisgabe der Meinung widerfährt, einen Scharfsinn, der oft weit seine intellektuellen Verhältnisse übersteigt. [...] Vernunft im Dienst der Unvernunft springt der Meinung bei und verhärtet sie so, daß sich weder mehr daran rühren läßt, noch ihre Absurdität offenbar wird. [...]

Der Unterschied von Meinung und Einsicht, nämlich daß die Einsicht die verifizierte [als Wahrheit erwiesene] Meinung sei, so wie es die übliche Erkenntnistheorie lehrt, war meist eine leere Versprechung, der die tatsächlichen Erkenntnisakte selten sich anmaßen; die Menschen sind individuell und kollektiv genötigt, auch mit Meinungen zu operieren, die ihrer Prüfung prinzipiell entzogen sind. Indem aber der Unterschied von Meinung und Einsicht dadurch selbst der lebendigen Erfahrung entgleitet und als abstrakte Behauptung fern am Horizont hängt, büßt er zumindest subjektiv, im Bewußtsein der Menschen, seine Substanz ein. Sie verfügen über kein Mittel, sich prompt dagegen zu schützen, daß sie ihre Meinungen für Einsichten und Einsichten für bloße Meinung halten. [...] Die Undurchsichtigkeit der Welt nimmt offenbar für das naive Bewußtsein zu, während sie in so vielem durchsichtiger wird. [...] An was aber Erkenntnis nicht heranreicht, dessen bemächtigt sich die Meinung als deren Ersatz. Trügend räumt sie die Fremdheit zwischen dem erkennenden Subjekt und der ihm entgleisenden Realität weg. [...]

Darum genügt es weder für die Erkenntnis noch für eine verändernde Praxis, [zum Beispiel] auf den Nonsens der unsäglich populären Anschauungen hinzuweisen, nach denen Menschen sich den Charakterologien und Prognosen unterwerfen, die eine kommerziell wiedererweckte und standardisierte Astrologie an die Tierkreiszeichen knüpft. Nicht einfach deshalb werden die Menschen sich selbst zum Stier und zur Jungfrau, weil sie so dumm sind, der Suggestion der Zeitungsspalten zu gehorchen, die als selbstverständlich unterstellen, etwas sei daran, sondern weil ihnen jene Clichés, und die stupiden Anweisungen zu einem Leben, die bloß verdoppeln, was sie ohnehin müssen, ihnen wie sehr auch scheinhaft die Orientierung erleichtern und momentan das Gefühl ihrer Fremdheit dem Leben, auch dem eigenen gegenüber beschwichtigen. Die Resistenzkraft [Widerstandskraft] der bloßen Meinung erklärt sich aus deren psychischer Leistung. Sie bietet Erklärungen an, durch die man die widerspruchsvolle Wirklichkeit widerspruchslos ordnen kann, ohne sich groß dabei anzustrengen. Hinzu kommt die [...] Befriedigung, welche die Patentmeinung gewährt, indem sie ihre Anhänger darin bestärkt, sie hätten es immer gewußt und gehörten zu den Wissenden. [...]

Heute ist es vollends problematisch, der bloßen Meinung im Namen von Wahrheit zu opponieren, weil zwischen jener und der Realität eine fatale Wahlverwandtschaft sich herstellt, die dann wiederum der Verstocktheit der Meinung zugute kommt. Sicherlich ist die Meinung der Närrin, die ihr Bett im Schlafzimmer anders aufstellen läßt, um sich vor der Gefahr bösartiger Strahlungen zu schützen, pathogen [krankhaften Ursprungs]. Aber die Gefahr von Strahlen in der atomverseuchten Welt ist so angewachsen, daß ihre Sorge nachträglich von dersel-

ben Vernunft honoriert wird, der ihr psychotischer Charakter sich entzieht. Die objektive Welt nähert sich dem Bild, das der Verfolgungswahn von ihr entwirft. [...]
In der Zufälligkeit des Meinens spiegelt sich der Riß zwischen Objekt und Vernunft. Das Subjekt ehrt die Mächte, indem es zur eigenen Zufälligkeit sich erniedrigt. Darum ist der Stand pathischer [krankhafter] Meinung durch das bloße Bewußtsein kaum zu ändern. Die [...] verzweifelte Anpassung dessen, der die Kälte und Übergewalt der Welt anders nicht zu bestehen vermag, als indem er sie womöglich überbietet, gründet in der verdinglichten, der Unmittelbarkeit menschlicher Beziehungen entäußerten, vom abstrakten Prinzip des Tausches beherrschten Welt. Gibt es wirklich kein richtiges Leben im falschen, so kann es eigentlich auch kein richtiges Bewußtsein darin geben. Nur real, nicht durch ihre intellektuelle Berichtigung allein wäre über die falsche Meinung hinauszukommen. [...] Jegliche Anweisung zum richtigen Bewußtsein wäre vergeblich. Eigentlich besteht es nur in der Anstrengung, unermüdlich auf seine Aporien [notwendigen Widersprüche] und auf sich selber zu reflektieren. [...]
Die Kraft des Gedankens [...] mißt sich daran, daß er im Bestreben, Meinung zu liquidieren, nicht allzu leicht dadurch sich befriedigt, daß er bloß nach außen sich zuspitzt. Er soll der Meinung auch in sich selbst widerstehen. [...] Schlecht am Gedanken ist all das, was ungebrochen [die jeweilige] Position wiederholt; was so redet wie jene, die vorweg mit dem Autor gleicher Meinung sind. In diesem Habitus wird der Gedanke stillgestellt, zum bloßen Vortrag eines Akzeptierten erniedrigt und unwahr. Denn er drückt, was er nicht durchdrungen hat, aus, als wäre es sein Resultat. Kein Gedanke, dem nicht Reste solcher Meinung innewohnen. Sie sind ihm notwendig und äußerlich zugleich. Element des Denkens ist, sich treu zu bleiben, indem es an diesen Momenten sich negiert. Das ist die kritische Gestalt des Gedankens. Sie erst, nicht sein befriedigtes Einverständnis mit sich selbst mag zur Veränderung helfen.

Aus: Theodor W. Adorno, Meinung Wahn Gesellschaft, Vortrag auf den von der Hessischen Landesregierung veranstalteten Hochschulwochen für staatswissenschaftliche Fortbildung, Oktober 1960. Erweitert und überarbeitet in: Adorno, Eingriffe. Neun kritische Modelle, Frankfurt a. M. 1963, S. 147–172.

METHODEN

Tipps zu den Erarbeitungsschritten

Zu Schritt 1:
Die Beachtung des Klappentextes, Inhaltsverzeichnisses usw. entfällt hier natürlich. Es handelt sich um einen sehr kurzen Text ohne identifizierbare Einleitung. Ein kurzer Blick auf die Literaturangabe am Ende gibt mehrere Informationen:

- Der Autor heißt Adorno.
- Der Originaltext umfasst 22 Buchseiten. In die massiven Kürzungen sind notwendigerweise Auswahlkriterien eines anderen Autors oder Verfassers eingegangen, die verfälschend sein könnten.
- Es handelt sich um einen Vortrag, der später vom Autor für die Veröffentlichung überarbeitet wurde. Der Vortrag wurde auf einer Veranstaltung der hessischen Landesregierung gehalten.

Nun ein Blick in den Text. Es sind Auslassungszeichen angegeben, die Auslassungen können also bei Bedarf nachvollzogen werden. Ein Auslassungszeichen steht gleich am Anfang; Sie haben also nicht den Beginn des Originals vor sich. Am Ende steht kein Auslassungszeichen, der Schluss des Auszuges ist also der Schluss der Quelle.
Lesen Sie nun noch einmal die Überschrift, den Beginn und die letzten Zeilen, um eine Ahnung zu bekommen, worum es im Textausschnitt geht. Die Überschrift deutet einen Zusammenhang an zwischen „Meinung", „Wahn" und Gesellschaft, wobei noch unklar ist, ob z. B. Meinung und Wahn die Gesellschaft beeinflussen, oder umgekehrt die Gesellschaft die Herausbildung von Meinungen und Wahngebilden – oder vielleicht auch beides.
Im ersten Absatz des Textes ist eine kurze Definition von „Meinung" gegeben; im folgenden ist die Rede von Meinungen in (politisch) harmloser und gar nicht harmloser Gestalt. Das Ende des Textes ist schwer verständlich. Der Beginn des letzten Absatzes deutet an, dass das Ziel des Denkens nach Adorno die Bekämpfung des (bloßen) Meinens zu sein scheint.
Nun eine kurze Internetrecherche: Das Stichwort „Adorno" ist bei Wikipedia äußerst umfangreich. Für ein Referat sicher lohnend, für eine simple Hausaufgabe vielleicht zu aufwändig. Gleich im ersten Unterpunkt ist ein Bezug Adornos zur Studentenbewegung der 1960er Jahre hergestellt. Das deutet auf einen gesellschaftskritischen Gehalt seiner Schriften. Der drittletzte Unterpunkt des Artikels heißt „Wirkungsgeschichte" – Adorno scheint also ein einflussreicher Theoretiker gewesen zu sein, was auch bedeutet,

dass für ein Referat o. ä. mit Sicherheit ergänzende Literatur zu bekommen wäre. Immer interessant zu lesen der letzte (und recht kurze) Unterpunkt „Kritik".

Zu Schritt 2:
Der Kontext der Lektüre und Ihre Vorkenntnisse können hier natürlich nicht eingeschätzt werden. Gehen wir davon aus, es handelt sich um eine unvorbereitete Hausaufgabe: Lesen Sie diesen Text! Nehmen Sie sich nun schon einmal die fünf einleitenden Fragen vor:

- Das Thema des Textes ist in der Überschrift angegeben, wobei der Zusammenhang der Begriffe noch unklar ist (vgl. zu Schritt 1).
- Versuchen Sie selbst eine kurze und vorläufige Definition von „Meinung", „Wahn" und „Gesellschaft".
- Welcher Aspekt Ihnen wichtig ist, kann hier nicht beantwortet werden, legen Sie den Schwerpunkt auf offene Fragen und die Einbettung in die übrige Unterrichtseinheit.
- Da der Text keine deutlich auszumachenden Thesen und keine Zusammenfassung enthält, ist zu seiner Aussage nichts Sicheres zu sagen. Da der Text jedoch auch in diesem Buch in einem Kontext steht (Fach Politik/Sozialwissenschaften), kann man allerdings davon ausgehen, dass es in erster Linie um politisch relevante Meinungen gehen wird, also nicht (vgl. den ersten Absatz des Textes) um die Höhe von Fakultätsgebäuden.
- Die Frage nach der Intention des Textes ist ohne Vorkenntnisse nicht zu beantworten.

Zu Schritt 3:
Die Lektüre des Textes gibt dem Wikipedia-Artikel Recht: Eine äußerst anstrengende Sprache, obwohl es sich um einen Vortrag handelt. Da der Text so schwierig ist, sollten Sie auf jeden Fall mit Unterstreichungen arbeiten, die unklaren Ausdrücke markieren, und diese dann in aller Ruhe klären. Ob dieser Teilschritt vor der Formulierung von strukturierenden Randbemerkungen erfolgen muss, hängt vom einzelnen Leser ab. Versuchen Sie dann, den Inhalt der einzelnen Absätze zu verstehen.

Absatz 1 gibt zuerst eine Definition von „Meinung": Ein in seinem Wahrheitsgehalt beschränktes Bewusstsein werde als gültig gesetzt. Interessant ist hier die Doppeldeutigkeit von Bewusstsein: Es kann einen Bewusstseinsinhalt meinen – oder auch das „Ich denke" des betreffenden Menschen.
Wichtig vor allem Adornos Aussage, dass „ich meine" im bestimmten Kontext keine Einschränkung bedeute, sondern eine Bekräftigung, die Ankündigung einer Anschauung.
Mögliche Randbemerkungen:

- Definition: Beschränktes wird als gültig gesetzt
- Meinung als Bekenntnis

Absatz 2 schildert die emotionale Bedeutung einer Meinung für den Einzelnen: Ihre Widerlegung werde als Verletzung wahrgenommen. Auf dieser affektiven Grundlage könne es dazu kommen, dass Menschen sich gegen Einsicht wehren, eine Tendenz, von der auch Adorno sich nicht völlig freisprechen will.
Mögliche Randbemerkung:

- Widerlegung der Meinung als persönliche Verletzung

Absatz 3 zitiert eine Definition der üblichen (?) Erkenntnistheorie: Einsicht sei die als wahr erwiesene Meinung – und, so könnte man ergänzen, Irrtum die als falsch erwiesene Meinung. Adorno führt nun ein Problem an: Menschen müssten im täglichen Leben in aller Regel mit Aussagen umgehen, deren Wahrheitsgehalt sie gar nicht wirklich überprüfen könnten. Beispiele könnten etwa Fernsehnachrichten sein, aber auch Aussagen in einem Handbuch für eine Computersystemsoftware. Da der Unterschied zwischen Meinung und Einsicht häufig nicht erfahrbar sei, verliere er subjektiv an Bedeutung.
Mögliche Randbemerkung:

- Differenz Einsicht/Meinung verliert an Bedeutung

Absatz 4 bringt ein Beispiel: Astrologie, die Adorno nicht für widerlegenswert hält. Nicht Dummheit erkläre die Beliebtheit von Horoskopen. Diese würden ernst genommen, weil die Klischees, so der zentrale Teil „und die stupiden Anweisungen zu einem Leben, die bloß verdoppeln, was sie [gemeint sind die Leser] ohnehin müssen [gemeint sind Ratschläge wie ‚starten Sie im Beruf jetzt richtig durch' oder ‚übernehmen Sie sich nicht'], ihnen [...] scheinhaft die Orientierung erleichtern und momentan das Gefühl ihrer Fremdheit dem Leben, auch dem eigenen gegenüber beschwichtigen. [Frage notieren: Was ist mit Fremdheit gegenüber dem eigenen Leben gemeint?] Die Resistenzkraft [Widerstandskraft] der bloßen Meinung erklärt sich aus deren psychischer Leistung. Sie bietet Erklärungen an, durch die man die widerspruchsvolle Wirklichkeit [was heißt hier Widerspruch?] widerspruchslos ordnen kann, ohne sich groß dabei anzustrengen."
Die psychische Funktion aus Absatz 2 ist hier konkretisiert: In einer Umwelt [Gesellschaft! Titel!] die widersprüchlich/fremd ist, besteht ein besonders starkes Motiv zum Aneignen fester, scheinbar sicherer Meinungen.

Methoden

Bereits vor dem Beispiel ist der einleitende Satz interessant: Gegenargumente genügten weder für die Erkenntnis, noch für eine „verändernde Praxis". Dies ist ein Ausdruck, der ein Fragezeichen verdient, denn weder ist klar, worin diese Praxis bestehen könnte, noch was verändert werden soll.
Mögliche Randbemerkung:
- Beispiel Astrologie. Erklärung über psychische Leistung

Absatz 5 führt den Gedanken in Absatz 3 aus: Zwar gebe es nach wie vor wahnhafte Vorstellungen von der Wirklichkeit; diese hätten aber eine zunehmende Ähnlichkeit mit der tatsächlichen Verfasstheit der Welt. Das Wort „heute" deutet darauf hin, dass es Adorno nicht um eine bestimmte Gesellschaft geht, sondern um einen [zu seiner Zeit] allgemeinen Zustand. Dass Adorno es für zunehmend problematisch hält, mit der Wahrheit [mit Argumenten?] gegen bloße Meinungen vorzugehen, ist ein Hinweis darauf, dass dies ein wesentliches Element der Textintention ist: Wie kann gegen falsche [und politisch wirksame] Meinungen angegangen werden?
Mögliche Randbemerkung:
- Wirklichkeit ähnelt sich Wahn an

Absatz 6 fasst das Bisherige als „Riss zwischen Objekt und Vernunft" zusammen. Es folgen nähere Angaben zu der „Welt", die diesen Riss hervorrufe: Sie sei „verdinglicht" [?], kalt, „übergewaltig" und vom abstrakten Tauschprinzip [?] beherrscht. Der Text scheint also zumindest gegen Elemente von Marktwirtschaft zu argumentieren.
Es gebe, so Adorno nicht nur kein richtiges Leben im Falschen [warum?], sondern auch kein richtiges Denken. Das zumindest hat schon hier Plausibilität. Wenn Orientierung in der gegenwärtigen Welt problematisch ist, eine feste Meinung aber das Beste Mittel zur Orientierung, dann hat die Meinung ein Moment von Wahrheit. Das bedeutet einen (notwendigen) Widerspruch im Denken, den zu vergegenwärtigen Adorno im letzten Satz des Absatzes als den eigentlichen Inhalt richtigen Bewusstseins identifiziert.
Auch in diesem Absatz ist wieder die Veränderung des Meinens durch das Bewusstsein (kaum möglich) und die reale Veränderung der Welt (notwendige Voraussetzung) angesprochen.
Mögliche Randbemerkungen:
- Meinung als Anpassung an die verdinglichte Welt
- Veränderung bloß durch Bewusstsein nicht möglich

Im letzten **Absatz 7** kehrt Adorno diese These gegen sein eigenes Denken (bzw. Gesellschaftstheorie überhaupt): Da Theorie immer in der Gesellschaft stattfindet, könne sich keine Theorie von dem geschilderten Einfluss freisprechen. Auch hier wird wieder eine (Gesellschafts-?) Veränderung als eigentliches Ziel des Nachdenkens über Gesellschaft angegeben. Dessen befriedigtes „Einverständnis mit sich selbst" führe hier nicht weiter. Die „Kraft des Gedankens" müsse sich vielmehr gegen Elemente bloßen Meinens in sich selbst richten (vor allem gegen ein bloßes Nachdenken vorgefundener Ansichten), um Mittel der Veränderung sein zu können.

Zu Schritt 4:
Es hat sich in Schritt 3, auch wenn vielleicht nicht jeder Nebensatz geklärt werden konnte, doch eine inhaltliche Linie gezeigt. Adorno zeigt die schlichte Entgegensetzung von Meinung und Einsicht/Bewusstsein als unzureichend, wenn nicht falsch: Die (objektiv falsche) Meinung hat eine eigene „Wahrheit" sowohl was ihre psychische Funktion angeht als auch bezogen auf die gesellschaftlichen Bedingungen, unter denen der Meinende lebt. Das markiert ein besonderes Problem von Gesellschaftstheorie, gerade wenn sie sich als Aufklärung versteht: Weder erreicht sie die unbewussten Grundlagen falscher Meinungen, noch vermag sie als Theorie die gesellschaftlichen Bedingungen im Sinne Adornos zu verändern. Damit sind auch die Fragen aus Schritt zwei implizit noch einmal angesprochen.
Offen bleiben mussten hingegen vor allem Fragen nach Adornos Gesellschaftsbegriff: Was ist mit Verdinglichung gemeint? Was genau ist mit dem „Tauschprinzip" gemeint und inwiefern führt es zu einer Fremdheit des Ichs in der Welt? Diese Fragen wären nur zu klären
- durch Lektüre weiterer Texte Adornos,
- durch arbeitsteilige Referate im Kurs,
- mithilfe von Sekundärliteratur.

Zu Schritt 5:
Ihre Bewertung kann ganz unterschiedliche Elemente umfassen: Wie gefiel Ihnen der Text? Haben Sie mit seiner Erarbeitung etwas gelernt? Oder halten Sie seine Kernaussage für falsch usw.
Im Kontext dieses Bandes können Sie darüber hinaus z. B. überlegen, was Adornos Argumente für die hier versammelten Theoriestücke bedeutet: Ist auch in Ihnen eine gesellschaftliche Prägung aufzuspüren? Und wie müssten Sie mit den Texten umgehen, um Adornos Forderung zu genügen, nicht nur Positionen zu wiederholen, den Gedanken nicht stillzustellen, nicht nur Akzeptiertes vorzutragen?

1.0 Wozu und wie betreibt man Gesellschaftswissenschaft?

Sehr verschieden ist ferner die Art der Beziehung der wissens
lichen Arbeit zu diesen ihren Voraussetzungen, je nach der St
dieser. Naturwissenschaften wie etwa die Physik, Chemie, As
dlich voraus, daß die – soweit die Wi
baren – letzten Gesetze des kosmisc
kannt zu werden. Nicht nur, weil ma

Die Wissenschaft ...

Unter Wissenschaft verstehen die Verfasser dieses Bandes eine methodische und kritische Weise der Erkenntnissuche, die ihrem allgemeinen Inhalt nach gerichtet ist auf das Erscheinungsbild der Wirklichkeit (als sammelnde, beschreibende, klassifizierende Tätigkeit, als Typologie usw.) sowie auf die theoretische Erschließung von Zusammenhang, Bedeutung und Sinngehalt der Erscheinungen, auf wesentliche Grundsachverhalte sowie auf Gesetze der Wirklichkeit.

Die empirische, also „erfahrene", Erschließung der Welt liegt vor ihrer theoretischen Deutung. Aber erst die Theorie ordnet die Beobachtungen und stellt sie in Kausalzusammenhänge. Zwar verlangt das Zurechtkommen in der Wirklichkeit nicht immer nach einer Theorie; für die Wissenschaft aber ist die Theoriebildung konstitutiv. Wissenschaft muss nicht im Gegensatz zur einfachen Wahrnehmung stehen; wissenschaftliches Denken setzt aber dort das nichtwissenschaftliche, ungeschulte Denken fort, wo dieses unzureichend wird. Erscheinung und Wesen einer Sache fallen eben nicht immer zusammen. Dass die Erde sich um die Sonne dreht (und nicht, wie lange geglaubt, umgekehrt), kann (nur) wissenschaftlich-logisch bewiesen werden. Wissenschaft kann sich irren – und die Wissenschaftsgeschichte ist eine Geschichte voller Irrtümer! Was aber Wissenschaft dem allgemeinen Denken voraus hat, ist die größere Chance, kraft ihres besonderen, planvollen, kritischen und nachvollziehbaren Vorgehens zu erweislich zutreffenden Ergebnissen zu finden.
Wissenschaft kann irren, ohne hierdurch aufzuhören, Wissenschaft zu sein: „Die Astronomie ist Wissenschaft nicht erst seit Newton, die Physik nicht erst seit Einstein. Die Rechtfertigung von Wissenschaft liegt einzig im „redlich sich Bemühen", d.h. im Gebrauch der methodischen Verfahrensregeln, welche die Eigenart des Gegenstandes verlangt und die ihrerseits als tradiertes [überliefertes, d. Red.] Lehrgut in der Wissenschaftslehre, in der Logik, in der Erkenntnistheorie aufgeschatzt sind. [...] Als fehlerhaftes Denken soll verstanden werden eine Auffassung (und daraus entspringende Wiedergabe) der Wirklichkeit, die mit dieser teilweise nicht übereinstimmt: sei es, weil sie einzelne Momente vernachlässigt, also unvollständig ist. Nur von psychologischer Bedeutung ist dabei die Frage, ob dem einzelnen die Fehlerhaftigkeit eines Urteils bewusst ist oder nicht, ob eine *unwahre* oder eine *irrige* Aussage vorliegt." [1]

... von der Gesellschaft

Das diesem Band zugrunde liegende Verständnis von Gesellschaftswissenschaft grenzt sich ab von einem Wissenschaftsverständnis, das sich auf die empirische Sammlung und analytische Ordnung politisch-sozialer Erfahrungsgegebenheiten, auf die vermeintlich vorurteilsfreie Beschreibung und Erklärung der Wirklichkeit beschränkt. Denn hier zerfällt der Gegenstand, die Gesellschaft, in eine unendliche Fülle isolierter Einzelheiten. Eine sich so verstehende empirisch-analytische Theorie geht davon aus, dass die wissenschaftlichen Kategorien sich der partialisierten [in einzelne Bestandteile zerlegten] Wirklichkeit angleichen können, wenn es nur gelingt, komplizierte Zusammenhänge aufzulösen und das subjektive Interesse am Gegenstand im Erkenntnisprozess auszuschalten. Ihr Vorbild ist das naturwissenschaftliche Verhältnis zum Gegenstand, Gesellschaft wird zum bloßen Objekt, das sich vom Objekt der Natur nur durch Komplexität und Umfang unterscheidet, dessen empirisch-analytischer Aufarbeitung jedoch prinzipiell nicht im Wege steht.

Ein anderes, „kritisches" Verständnis von der Gesellschaftswissenschaft erschöpft sich nicht in empirischer Beschreibung und Analyse der Fakten und Faktenzusammenhänge. Es ist vielmehr an einer kritischen Theorie der Gesellschaft orientiert, die, wie Max Horkheimer[2] in seinem berühmten Aufsatz „Traditionelle und kritische Theorie"[3] formuliert hat, „die Menschen als die Produzenten ihrer gesamten historischen Formen zum Gegenstand [hat]. Die Verhältnisse der Wirklichkeit, von denen die Wissenschaft ausgeht, erscheinen ihr nicht als Gegebenheiten, die bloß festzustellen und nach den Gesetzen der Wahrscheinlichkeit vorauszuberechnen wären. Was jeweils gegeben

1 Werner Hofmann, Wissenschaft und Ideologie, in: ders., Universität, Ideologie, Gesellschaft. Beiträge zur Wissenschaftssoziologie, Frankfurt a. M. 1968, S. 49–66, hier S. 50f.
2 Max Horkheimer gilt als einer der bedeutendsten Sozialwissenschaftler. Zusammen mit Theodor W. Adorno zählt Horkheimer zu den Begründern der „Frankfurter Schule".
3 Max Horkheimer, Traditionelle und kritische Theorie. Vier Aufsätze, Frankfurt a. M. 1970.

ist, hängt nicht allein von der Natur ab, sondern auch davon, was der Mensch über sie vermag."
Auch der Wissenschaftler ist Teil dieser Gesellschaft, kann sich dieser nicht entziehen. Daher muss diese Beziehung auch immer wieder selbstreflexiv zum Gegenstand sozialwissenschaftlicher Forschungen gemacht werden.

Eine derartige kritische Theorie der Gesellschaft sprengt die engen Grenzen ihrer Teildisziplinen. Gleichwohl werden in den Schulen immer noch die Fächer Gemeinschaftskunde, Gesellschaftslehre, Sozialkunde, Politik & Wirtschaft als eigenständige Fächer unterrichtet, wohingegen an vielen Universitäten die Fakultäten oder Fachbereiche der Sozial- oder Gesellschaftswissenschaften Fächer wie Philosophie, Geschichtswissenschaften, Politikwissenschaft, Soziologie und Kulturwissenschaft umfassen, wobei in den einzelnen Lehrveranstaltungen scheinbar fachfremde wirtschaftstheoretische sowie rechtliche Fragestellungen ebenfalls in Themen und Fragestellungen eingehen. Die Wissenschaft von der Gesellschaft ist also umfassend; Philosophie, die Religionswissenschaft, Ethik, die Pädagogik, die Rechtswissenschaften usw. gehören in diesem eigentlichen Sinne auch zu ihr. Der vorliegende Band beschränkt sich auf die vier wichtigsten Teildisziplinen:

- Die Soziologie fragt nach der sozialen Struktur einer Gesellschaft, nach Herrschaftsprinzipien, worauf diese gründen und wie – unter welchen Einflüssen – verändert werden können oder gar sollen. Vielfach werden dabei auch die Zusammenhänge von Kultur und Sozialem thematisiert.
- Für die politische Wissenschaft ist die Analyse der Bedingungen politischer Macht, deren konkrete Erscheinungsformen und die in ihnen wirksamen Entwicklungstendenzen konstitutiv. Untersucht werden die Beziehungen zwischen politischer Macht und Gesellschaft, die Institutionen von Macht und Herrschaft, besonders im modernen Staat. Hinzu kommen das politische Verhalten einzelner Gruppen, der Prozess der politischen Willensbildung, die auf Herrschaft und politische Praxis bezogenen Theorien und Ideologien.
- Die Ökonomie untersucht im weitesten Sinne, unter welchen Bedingungen und mit welchen Mitteln Menschen ihren Lebensunterhalt bestreiten. Da Menschen in der Wirtschaft in (Herrschafts- und Macht-)Beziehungen zueinander treten, sind hier immer auch soziologische und darüber hinaus auch politische Frage- und Problemstellungen (Politische Ökonomie) berührt.
- Schließlich weist die historische Perspektive der Geschichtswissenschaft auf Kontinuität und Diskontinuität von Gesellschaft und gesellschaftlichen Entwicklungsprozessen, auf Macht und Herrschaft in Vergangenheit und – in ihrer Form als Zeitgeschichte – in der Gegenwart. Sie thematisiert die Frage: „Wie wir wurden was wir sind", und fordert dazu auf, aus der Geschichte zu lernen. Im Zentrum steht dabei sehr oft die Herausbildung und Entwicklung der bürgerlichen Gesellschaft, die ihr innewohnenden Widersprüche und die Versuche zu deren Lösung.

In diesem Einleitungskapitel sollen Texte wiedergegeben werden, in denen der Zusammenhang von Wissenschaft, Theorie und Erkenntnisinteresse thematisiert wird. Vor allem die Fragen nach dem Wissenschaftsverständnis und dem jeweils eigenen Standpunkt (Werturteil) werden dabei kontrovers diskutiert.

Max Weber, Nestor der deutschen Soziologie, tritt für eine strikte Trennung von Wissenschaft und Politik ein. Verständlich wird seine Haltung erst vor dem Hintergrund einer wachsenden Bedeutung von Wissenschaftlern, die sich kritisch zur damaligen (Sozial-)Politik äußern. Gegen sie, die sogenannten „Kathedersozialisten", wandte sich Weber, da sie aus seiner Sicht ihre Vorlesungen vornehmlich dazu benutzten, politische Werthaltungen vorzutragen. Diese Wissenschaftler – so Weber – ordneten die Darstellung und Präsentation der Fakten ihrer politischen Einstellung unter (seine eigenen Ausführungen verstand Weber selbstverständlich als „unpolitisch"). Mit Webers Aufsatz war erstmals grundsätzlich die Frage von Wissenschaft und Parteilichkeit aufgeworfen worden.
Dass Weber eine zentrale Fragestellung formuliert hatte, zeigt sich auch darin, dass noch knapp ein Jahrhundert später seine Überlegungen zum Ausgangspunkt kritischer Reflexionen gemacht werden. **Freerk Huisken,** ein Bremer Sozialwissenschaftler, setzt sich in einem Beitrag explizit mit Webers Auffassungen auseinander und versucht diese zu widerlegen.

Reinhard Kühnl, Faschismusforscher, thematisiert drei Momente wissenschaftlicher Theoriebildung – die Wahrheitsfrage, die kausal-genetische oder Entstehungsfrage und die Wirkungs- oder Funktionsfrage –, die für sich wie auch im Zusammenhang zu prüfen seien. Kühnl legt in seinen Ausführungen einen Schwerpunkt auf den Zusammenhang von Interessenlage des Wissenschaftlers und Ergebnissen seiner Wissenschaft. Für ihn gehen Wissenschaften aus gesellschaftlichen Interessen hervor. Da in einer Gesellschaft stets unterschiedliche Interessen existieren, ist Wissenschaft immer an diese Interessen gebunden. Diese Interessengebundenheit kann, muss aber nicht zwangsläufig zu Erkenntnisdefiziten führen.

Von einer grundsätzlich negativ verstandenen – männlichen – Interessensgebundenheit gehen dagegen feministische Ansätze aus, wie sie etwa von **Marianne Krüll** vertreten werden. Männliche Herrschaft als Strukturprinzip bestimme grundsätzlich den Wissenschaftsbetrieb – nicht nur bezüglich des Wissenschaftspersonals, sondern auch im Hinblick auf Forschungs- und Erkenntnisinteressen. Feministische Wissenschaftskritik müsse, so das Credo dieser Position, diese Verwobenheit verdeutlichen und zu einem nicht-männlich determinierten Wissenschaftsverständnis beitragen. Parteilichkeit im Sinne der Frauen sei hierfür Voraussetzung; Forderungen nach „Wertfreiheit" und „reiner Wissenschaft" dienten dagegen nur der Aufrechterhaltung der männlichen Herrschaft in dieser und über diese.

Leitfragen

1. Wie gestaltet sich das Verhältnis von Empirie und Theorie?
2. Welche Aufgabe kommt der Gesellschaftswissenschaft zu? Welche Anforderungen stellen die Verfasser an Wissenschaft?
3. Beschreiben Sie Rolle, Aufgaben und Funktion des Gesellschaftswissenschaftlers/der Gesellschaftswissenschaftlerin.
4. Diskutieren Sie die Begriffe „Neutralität" und Parteilichkeit" im Kontext der Gesellschaftswissenschaften.
5. Stellen sie in einer Übersicht die unterschiedlichen Positionen der Autoren dar.
6. Wie gestaltet sich Subjektivität und Objektivität in den Gesellschaftswissenschaften?

Literaturhinweise

Theodor W. Adorno u. a., Der Positivismusstreit in der deutschen Soziologie, Darmstadt/Neuwied 1969.
Jürgen Habermas, Erkenntnis und Interesse, Frankfurt a. M. 1973.
Jürgen Mittelstraß (Hrsg.), Enzyklopädie Philosophie und Wissenschaftstheorie, Bde. 1–4, Stuttgart 1995 (Sonderausgabe 2004).
Wolfgang Stegmüller, Aufsätze zur Wissenschaftstheorie, Darmstadt 1990.

1.1 Max Weber: Wissenschaft, Politik und Parteilichkeit

Der Nationalökonom und Soziologe Max Weber (1864–1920, siehe auch S. 50 und 98) gilt neben Ferdinand Tönnies und Georg Simmel als Mitbegründer der deutschen Soziologie. Er studierte zunächst in Heidelberg, Berlin und Göttingen Jura, Nationalökonomie, Philosophie und Geschichte. 1894 wurde Weber zum Professor für Nationalökonomie an die Albert-Ludwigs-Universität Freiburg berufen, 1897 Professor für Nationalökonomie in Heidelberg. Ein Jahr später erkrankte Weber schwer und musste seine Lehrtätigkeit einschränken, 1903 schließlich vorübergehend sogar ganz aufgeben. 1909 gründete er zusammen mit anderen Soziologen die Deutsche Gesellschaft für Soziologie (DGS). 1918 Mitbegründer der Deutschen Demokratischen Partei (DDP), wurde Weber nach Kriegsende zum Sachverständigen der deutschen Delegation bei der Friedenskonferenz zum Versailler Vertrag berufen. 1919 nahm Max Weber einen Ruf auf den Lehrstuhl für Nationalökonomie an der Universität München an, konnte aber seine Lehrtätigkeit krankheitsbedingt nicht fortführen und starb am 14. Juni 1920 in München an den Folgen einer Lungenentzündung.

Weber hielt am 7. November 1917 im Münchner Steinickesaal die berühmt gewordene Rede über „Wissenschaft als Beruf", aus der die nachfolgenden Auszüge stammen. Er sprach dort auf Einladung des „Freistudentischen Bundes Landesverband Bayern", einer Organisation ehemaliger Freistudenten, die sich um die Jahrhundertwende zu einem Gesamtverband zusammengeschlossen hatten, um ihre Ziele auf diese Weise effektiver durchsetzen zu können. Zu diesen zählten der Versuch, eine Konkurrenzorganisation zu den übermächtigen traditionellen studentischen Verbindungen aufzubauen, die Verbesserung der sozialen Lage einer wachsenden Zahl von Studenten, aber auch die Absicht, der Studentenschaft, über das Fachstudium hinaus, einen weiteren geistigen und kulturellen Horizont zu eröffnen. Weber sprach frei; die Rede wurde mitstenografiert und später gedruckt. In seinem Vortrag formulierte Weber die Maßstäbe, denen ein Wissenschaftler folgen müsse. Seine Ausführungen über den Zusammenhang von Politik und wissenschaftlicher Arbeit, vor allem seine These von der notwendigen Enthaltsamkeit des Wissenschaftlers in politischen Fragen, gelten bis heute als maßgebend und liegen dementsprechend auch vielen Debatten über Wissenschaftsethik zugrunde.

Literaturhinweise

Andreas Anter, „Max Weber", in: ***Wilhelm Bleek/Hans J. Litzmann (Hrsg.),*** Klassiker der Politikwissenschaft, München 2005, S. 123–135.

M. Rainer Lepsius, Gesellschaftsanalyse und Singgebungszwang, in: ***M. Rainer Lepsius,*** Interessen, Ideen und Institutionen, Opladen 1990, S. 286–298.

Joachim Radkau, Max Weber. Die Leidenschaft des Denkens, München 2005.

Lothar R. Waas, Max Weber, Politik als Beruf (1919), in: ***Manfred Brocker (Hrsg.),*** Geschichte des politischen Denkens. Ein Handbuch, Frankfurt a. M. 2007, S. 495–509.

M 1 Wissenschaft als Beruf

■ Sehr verschieden ist ferner die Art der Beziehung der wissenschaftlichen Arbeit zu diesen ihren Voraussetzungen, je nach der Struktur dieser. Naturwissenschaften wie etwa die Physik, Chemie, Astronomie setzen als selbstverständlich voraus, daß die – soweit die Wissenschaft reicht, konstruierbaren – letzten Gesetze des kosmischen Geschehens wert sind, gekannt zu werden. Nicht nur, weil man mit diesen Kenntnissen technische Erfolge erzielen kann, sondern wenn sie „Beruf" sein sollen, „um ihrer selbst willen". Diese Voraussetzung ist selbst schlechthin nicht beweisbar. Und ob diese Welt, die sie beschreiben, wert ist, zu existieren: ob sie einen „Sinn" hat, und ob es einen Sinn hat: in ihr zu existieren, erst recht nicht. Danach fragen sie nicht. Oder nehmen Sie eine wissenschaftlich so hoch entwickelte praktische Kunstlehre wie die moderne Medizin. Die allgemeine „Voraussetzung" des medizinischen Betriebs ist, trivial ausgedrückt: daß die Aufgabe der

Erhaltung des Lebens rein als solchen und die möglichste Verminderung des Leidens rein als solchen bejaht werde. Und das ist problematisch. Der Mediziner erhält mit seinen Mitteln den Todkranken, auch wenn er um Erlösung vom Leben fleht, auch wenn die Angehörigen, denen dies Leben wertlos ist, die ihm die Erlösung vom Leiden gönnen, denen die Kosten der Erhaltung des wertlosen Lebens unerträglich werden – es handelt sich vielleicht um einen armseligen Irren – seinen Tod, eingestandener- oder uneingestandenermaßen, wünschen und wünschen müssen. Allein die Voraussetzungen der Medizin und das Strafgesetzbuch hindern den Arzt, davon abzugehen. Ob das Leben lebenswert ist und wann? – danach fragt sie nicht. Alle Naturwissenschaften geben uns Antwort auf die Frage: Was sollen wir tun, *wenn* wir das Leben *technisch* beherrschen wollen? Ob wir es aber technisch beherrschen sollen und wollen, und ob das letztlich eigentlich Sinn hat: – das lassen sie ganz dahingestellt oder setzen es für ihre Zwecke voraus. [...] Bleiben wir nun einmal bei den mir nächstliegenden Disziplinen, also bei der Soziologie, Geschichte, Nationalökonomie und Staatslehre und jenen Arten von Kulturphilosophie, welche sich ihre Deutung zur Aufgabe machen. Man sagt, und ich unterschreibe das: Politik gehört nicht in den Hörsaal. Sie gehört nicht dahin von seiten der Studenten. Ich würde es z. B. ganz ebenso beklagen, wenn etwa im Hörsaal meines früheren Kollegen Dietrich Schäfer[1] in Berlin pazifistische Studenten sich um das Katheder[2] [Lehrpult] stellten und Lärm von der Art machten, wie es antipazifistische Studenten gegenüber dem Professor Foerster[3], dem ich in meinen Anschauungen in vielem so fern wie möglich stehe, getan haben sollen. Aber Politik gehört allerdings auch nicht dahin von seiten des Dozenten. Gerade dann nicht, wenn er sich wissenschaftlich mit Politik befaßt, und dann am allerwenigsten. Denn praktisch-politische Stellungnahme und wissenschaftliche Analyse politischer Gebilde und Parteistellungen ist zweierlei. Wenn man in einer Volksversammlung über Demokratie spricht, so macht man aus seiner persönlichen Stellungnahme kein Hehl: gerade das: deutlich erkennbar Partei zu nehmen, ist da die verdammte Pflicht und Schuldigkeit. Die Worte, die man braucht, sind dann nicht Mittel wissenschaftlicher Analyse, sondern politischen Werbens um die Stellungnahme der anderen. Sie sind nicht Pflugscharen zur Lockerung des Erdreiches des kontemplativen [beschaulichen, besinnlichen] Denkens, sondern Schwerter gegen die Gegner: Kampfmittel. In einer Vorlesung oder im Hörsaal dagegen wäre es Frevel, das Wort in dieser Art zu gebrauchen. Da wird man, wenn etwa von „Demokratie" die Rede ist, deren verschiedene Formen vornehmen, sie analysieren in der Art, wie sie funktionieren, feststellen, welche einzelne Folgen für die Lebensverhältnisse die eine oder andere hat, dann die anderen nicht demokratischen Formen der politischen Ordnung ihnen gegenüberstellen und versuchen, so weit zu gelangen, daß der Hörer in der Lage ist, den Punkt zu finden, von dem aus *er* von *seinen* letzten Idealen aus Stellung dazu nehmen kann. Aber der echte Lehrer wird sich sehr hüten, vom Katheder herunter ihm irgendeine Stellungnahme, sei es ausdrücklich, sei es durch Suggestion [unterschwellige Beeinflussung] – denn das ist natürlich die illoyalste Art, wenn man „die Tatsachen sprechen lässt" – aufzudrängen.

Warum sollen wir das nun eigentlich nicht tun? Ich schicke voraus, daß manche sehr geschätzte Kollegen der Meinung sind, diese Selbstbescheidung durchzuführen ginge überhaupt nicht, und wenn es ginge wäre es eine Marotte, das zu vermeiden. Nun kann man niemandem wissenschaftlich vordemonstrieren, was seine Pflicht als akademischer Lehrer sei. Verlangen kann man von ihm nur die intellektuelle Rechtschaffenheit: einzusehen, daß Tatsachenfeststellung, Feststellung mathematischer oder logischer Sachverhalte oder der inneren Struktur von Kulturgütern einerseits, und andererseits die Beantwortung der Frage nach dem Wert der Kultur und ihrer einzelnen Inhalte und danach: wie man innerhalb der Kulturgemeinschaft und der politischen Verbände *handeln* solle – daß dies beides ganz und gar *heterogene* Probleme sind. Fragt er dann weiter, warum er nicht beide im Hörsaale behandeln solle, so ist darauf zu antworten: weil der Prophet und der Demagoge nicht auf dem Katheder eines Hörsaales gehören. Dem Propheten wie dem Demagogen ist gesagt: „Gehe hinaus auf die Gassen und rede öffentlich." Da, heißt das, wo Kritik möglich ist. Im Hörsaal, wo man seinen Zuhörern gegenübersitzt, haben sie zu schweigen und der Lehrer zu reden, und ich halte es für unverantwortlich, diesen Umstand, daß die Studenten um ihres Fortkommens willen das Kolleg eines Lehrers besuchen müssen, und daß dort niemand zugegen ist, der diesem mit Kritik entgegentritt, auszunützen, um den Hörern nicht, wie es seine Aufgabe ist, mit seinen Kenntnissen und wissenschaftlichen Erfahrungen nützlich zu sein, sondern sie zu stempeln nach seiner persönlichen politischen Anschauung. Es ist gewiß möglich, daß es dem einzelnen nur ungenügend gelingt, seine subjektive Sympathie auszuschalten. Dann setzt er sich der schärfs-

1 Schäfer, ein Schüler Heinrich von Treitschkes, sympathisierte mit dem Alldeutschen Verband und war ein begeisterter Befürworter des 1. Weltkriegs.

2 Die häufige Nennung des Katheders verweist auf Webers Kritik am Kathedersozialismus, einer sozialreformerischen Bewegung, die auch von Hochschullehrern getragen wurde.

3 Foerster war ein Kritiker der deutschen Kriegspolitik während des Ersten Weltkrieges. Wegen seiner politischen und ethischen Anschauungen wurde er von nationalistischen Kreisen massiv angegriffen, woraufhin er 1920 sein Lehramt niederlegte.

ten Kritik vor dem Forum seines eigenen Gewissens aus. Und es beweist nichts, denn auch andere, rein tatsächliche Irrtümer sind möglich und beweisen doch nichts gegen die Pflicht: die Wahrheit zu suchen. Auch und gerade im rein wissenschaftlichen Interesse lehne ich es ab. Ich erbiete mich, an den Werken unserer Historiker den Nachweis zu führen, daß, wo immer der Mann der Wissenschaft mit seinem eigenen Werturteil kommt, das volle Verstehen der Tatsachen *aufhört*. Doch geht das über das Thema des heutigen Abends hinaus und würde lange Auseinandersetzungen erfordern.

Ich frage nur: Wie soll auf der einen Seite ein gläubiger Katholik, auf der anderen Seite ein Freimaurer[1] in einem Kolleg über die Kirchen- und Staatsformen oder über Religionsgeschichte, – wie sollen sie jemals über diese Dinge zur gleichen *Wertung* gebracht werden! Das ist ausgeschlossen. Und doch muß der akademische Lehrer den Wunsch haben und die Forderung an sich selbst stellen, dem einen wie dem andern durch seine Kenntnisse und Methoden nützlich zu sein. Nun werden Sie mit Recht sagen: der gläubige Katholik wird auch über die Tatsachen des Hergangs bei der Entstehung des Christentums niemals die Ansicht annehmen, die ein von seinen dogmatischen [an eine Lehrmeinung gebundenen] Voraussetzungen freier Lehrer ihm vorträgt. Gewiß! Der Unterschied aber liegt im Folgenden: Die im Sinne der Ablehnung religiöser Gebundenheit „voraussetzungslose" Wissenschaft kennt in der Tat ihrerseits das „Wunder" und die „Offenbarung" nicht. Sie würde ihren eigenen „Voraussetzungen" damit untreu. Der Gläubige kennt beides. Und jene „voraussetzungslose" Wissenschaft mutet ihm nicht weniger – aber: auch *nicht mehr* – zu als das Anerkenntnis: daß, *wenn* der Hergang ohne jene übernatürlichen, für eine empirische Erklärung als ursächliche Momente ausscheidenden Eingriffe erklärt werden solle, er so, wie sie es versucht, erklärt werden müsse. Das aber kann er, ohne seinem Glauben untreu zu werden.

Aber hat denn nun die Leistung der Wissenschaft gar keinen Sinn für jemanden, dem die Tatsache als solche gleichgültig und nur die praktische Stellungnahme wichtig ist? Vielleicht doch. Zunächst schon eins. Wenn jemand ein brauchbarer Lehrer ist, dann ist es seine erste Aufgabe, seine Schüler *unbequeme* Tatsachen anerkennen zu lehren, solche, meine ich, die für seine Parteimeinung unbequem sind; und es gibt für jede Parteimeinung – z. B. auch für die meinige – solche äußerst unbequemen Tatsachen. Ich glaube, wenn der akademische Lehrer seine Zuhörer nötigt, sich daran zu gewöhnen, daß er dann mehr als eine nur intellektuelle Leistung vollbringt, ich würde so unbescheiden sein, sogar den Ausdruck „sittliche Leistung" darauf anzuwenden, wenn das auch vielleicht etwas zu pathetisch [feierlich] für eine so schlichte Selbstverständlichkeit klingen mag.

Bisher sprach ich nur von *praktischen* Gründen der Vermeidung eines *Auf*drängens persönlicher Stellungnahme. Aber dabei bleibt es nicht. Die Unmöglichkeit „wissenschaftlicher" Vertretung von praktischen Stellungnahmen – außer im Falle der Erörterung der Mittel für einen als fest *gegeben* vorausgesetzten Zweck – folgt aus weit tiefer liegenden Gründen. Sie ist prinzipiell deshalb sinnlos, weil die verschiedenen Wertordnungen der Welt in unlöslichem Kampf untereinander stehen. [...]

Damit ist aber die Sache für jede Erörterung in einem Hörsaal und durch einen Professor schlechterdings zu Ende, so wenig natürlich das darin steckende gewaltige Lebensproblem selbst damit zu Ende ist. Aber andere Mächte als die der Katheder der Universitäten haben da das Wort.

1 Freimaurer sind eine Art männerbündischer Geheimbund mit festgelegten Ritualen und Symbolen.

Aus: Max Weber, Wissenschaft als Beruf, in: ders., Politik und Gesellschaft, Frankfurt 2006, S. 1016–1041, hier S. 1029–1033.

ZUR TEXTERSCHLIESSUNG

1. Erschließen Sie: Was versteht Weber unter „Wissenschaft", was unter „Politik"?
2. Wie begründet Weber seine These, Politik gehöre nicht in den Hörsaal?
3. Erläutern Sie das von Weber in diesem Zusammenhang angeführte Beispiel vom „gläubigen Katholiken".
4. Diskutieren Sie: An wen richten sich die Überlegungen Webers?

1.2 Freerk Huisken: Zur Kritik an Max Weber

Der ehemalige Bremer Hochschullehrer Freerk Huisken (*1941) war bis 1967 Lehrer, bevor er Anfang der siebziger Jahre promovierte. Von 1971 bis 2006 hatte Huisken die Professur „Politische Ökonomie des Ausbildungssektors" an der Universität Bremen inne.

Anfang 2003 geriet Huisken mit seiner Universitätsleitung in Konflikt, als er einen zu den gängigen Diskussionen kontroversen Text zum Thema Jugendgewalt (zum Anlass des Schulmassakers von Erfurt) in den Universitätsmedien veröffentlichen wollte. Die Pressestelle der Universität Bremen lehnte dies ab, da der Text nicht „zum Ansehen und zur Reputation der Universität" beitrage. Der vorliegende Vortrag reflektiert diese Auseinandersetzung vor dem Hintergrund allgemeiner Aussagen zum Verhältnis von Wissenschaft und Politik, wobei sich der ehemalige Bremer Hochschullehrer explizit auf die entscheidenden Passagen des Vortrages von Max Weber (vgl. S. 19 bis S. 21) bezieht.

M 2 Wissenschaft und Politik, oder: Worin Max Weber irrt.

In seinem berühmten Vortrag über „Wissenschaft als Beruf" von 1917 hat Max Weber die Maßstäbe formuliert, denen ein Wissenschaftler, also jemand, der sich die Wissenschaft zum Beruf gemacht hat, folgen müsse. Die berühmte Schrift gibt damit natürlich ebenso Auskunft darüber, wie dieser Beruf verfehlt werden kann. Seine Grundsätze über den Zusammenhang von Politik und wissenschaftlicher Arbeit, besser: über die notwendige Enthaltsamkeit des Wissenschaftlers in politischen Fragen gelten bis heute als maßgebend und liegen dementsprechend auch allen Debatten über Wissenschaftsethik zugrunde.

Selten hört man, dass der Vater des Postulats [der Forderung] der „Werturteilsfreiheit" irrt. Dabei ist es gar nicht schwer, die theoretischen Mängel und Widersprüche seiner vier zentralen Behauptungen zu ermitteln. In seiner ersten These verkündet er apodiktisch [unumstößlich]: *„Politik gehört nicht in den Hörsaal. Sie gehört nicht dahin von Seiten der Studenten* (Max Weber als Vorkämpfer des Verbots des politischen Mandats). (...) *Aber Politik gehört allerdings auch nicht dahin von Seiten des Dozenten. Gerade dann nicht, wenn er sich wissenschaftlich mit Politik befasst, und dann am allerwenigsten. Denn praktisch-politische Stellungnahme und wissenschaftliche Analyse politischer Gebilde (...) ist zweierlei. Wenn man in einer Volksversammlung über Demokratie spricht, so macht man aus seiner persönlichen Stellungnahme kein Hehl: gerade das: deutlich erkennbar Partei zu nehmen, ist da verdammte Pflicht und Schuldigkeit."*

Politik, erfährt man hier, ist persönliche Stellungnahme, ist Parteinahme für die eine und gegen die andere praktische Frage der Politik. Davon hat Wissenschaft sich abzugrenzen. Von der Einmischung in politische Praxis hat Wissenschaft sich fern zu halten. Die geht sie nichts an. Politik, so darf man im Umkehrschluss folgern, also die den Parteien in der Demokratie überlassene Regelung der allgemeinen Angelegenheiten von Volk und Nation, von ökonomischem Wachstum und politischer Souveränität hat mit gründlicher Analyse jener Obliegenheiten, in denen entschieden werden soll, nichts zu tun. Man muss sich bereits hier fragen, was Wissenschaft, die immerhin systematisch über Natur und Gesellschaft nachdenkt, die sich an die theoretische Lösung praktischer Probleme macht, – nach Max Weber – denn sonst zu leisten hat. Auf jeden Fall darf sie nicht darauf dringen, dass Politik der Erkenntnis folgt und die praktischen Konsequenzen aus wissenschaftlicher Einsicht umsetzt. So etwas weist der Soziologe ganz vehement zurück.

Doch wie hat sich denn nun der nichtparteiische Dozent, der ganz der Wissenschaft verpflichtet ist, der Wissenschaft zum Beruf gemacht hat, seinem – politischen – Gegenstand zu widmen? In These zwei führt Weber aus: *„Da wird man, wenn etwa von ‚Demokratie' die Rede ist, deren verschiedene Formen vornehmen, sie analysieren in der Art, wie sie funktionieren, feststellen, welche einzelnen Folgen für die Lebensverhältnisse die eine oder andere hat, dann die anderen nicht demokratischen Formen der politischen Ordnung ihnen gegenüberstellen und versuchen, so weit zu gelangen, dass der Hörer in der Lage ist, den Punkt zu finden, von dem aus er von seinen letzten Idealen aus Stellung dazu nehmen kann. Aber der echte Lehrer wird sich hüten, vom Katheder herunter ihm irgendeine Stellungnahme (...) aufzudrängen."*

Das ist die berühmte wertfreie Darstellung der Sachen, für die M. Weber plädiert hat. Sie soll zwar dem Hörer/

Leser ein Urteil erlauben, dieses soll jedoch nicht in der Analyse selbst enthalten sein. Da mag man schon innehalten und überlegen, wie denn das gehen soll: Der Hörer soll dem Vortrag etwas entnehmen, was dieser gar nicht in sich birgt? Soll er etwas hinzutun, sich an das freie Interpretieren machen oder den Vortrag „von seinen letzten Idealen" her so deuten, dass der zu diesen „letzten Idealen" passt, also ihm das entnehmen, was dem vorausgesetzten Standpunkt des Hörers entgegenkommt? Klärung der Sache, z. B. der Demokratie, um den Hörer mit seinen Argumenten zu überzeugen, mit ihm in einen Streit über deren Stimmigkeit einzutreten, gehört für Weber offensichtlich nicht zu den akademischen Gepflogenheiten. Und auch da hat er viel von heutiger Unsitte in den Universitäten vorweggenommen; oder vielleicht gar – soziologisch – begründet?

Noch hat Weber keine Begründung geboten für seine Auffassung von der Wissenschaft, die als Beruf verfehlt wird, wenn sie sich parteiisch-praktisch äußert. Die liefert er in These drei nach, in der er nicht nur die Ungehörigkeit, sondern gar die Unmöglichkeit jeder politischen Stellungnahme von Wissenschaft erklärt: *„Die Unmöglichkeit ‚wissenschaftlicher' Vertretung von praktischen Stellungnahmen – außer(!) im Fall der Erörterung der Mittel für einen als fest gegebenen vorausgesetzten(!) Zweck – folgt aus weit tiefer liegenden Gründen. Sie ist prinzipiell deshalb sinnlos, weil die verschiedenen Wertordnungen der Welt in unlöslichem Kampf untereinander stehen."* Warum fällt dem Soziologen eigentlich nicht ein, dass vielleicht die Wertordnungen einer Überprüfung unterzogen werden müssen; dass ihr Kampf untereinander – und der soll nur einer von Wertordnungen, also von etwas gänzlich Ideellem sein? – vielleicht höchst unvernünftig ist, und mit wissenschaftlichem Sachverstand aufzulösen wäre? Warum sollte sich nicht wissenschaftliche Einsicht gegen moralischen Dezisionismus [Anschauung, nach der das als Recht anzusehen ist, was die Gesetzgebung zum Recht erklärt] durchsetzen können? Ihm erscheint das „unmöglich" und „sinnlos". Der Geltung von Erkenntnis scheint er nicht viel zuzutrauen. Das Beurteilen politischer Zwecke fällt da ganz aus der Beschäftigung des Wissenschaftlers heraus. Allenfalls kann er sich vorstellen, „fest gegebenen vorausgesetzten Zwecken" dienstbar zu sein, wie dies heute in der Form der gänzlich unparteiischen und wissenschaftsethisch völlig unbedenklichen „Auftragsforschung" allenthalben üblich ist und Universitäten zur Zierde gereicht.

Wie es nun allerdings in dem Chaos „kämpfender Wertordnungen" überhaupt jemals zur Formulierung jener gesellschaftlichen „Zwecke" kommen kann, von denen Weber redet und denen er immerhin soviel Autorität unterstellt, dass sie die Wissenschaft beauftragen können, über Mittel für sich nachzudenken, bleibt zunächst unerfindlich.

These vier bemüht sich um die Auflösung dieses Widerspruchs und enthüllt dabei eine ganz neue Seite des Verhältnisses von Wissenschaft und Politik: Die verschiedenen Wertordnungen selbst, die da in permanentem Kampf verstrickt sind, mag Weber als Wissenschaftler auch nur so behandeln, wie er dies an der Demokratie vorexerziert hat. Neutral darf er Formen, Funktionen und Folgen benennen. *„Damit ist aber die Sache für jede Erörterung in dem Hörsaal und durch einen Professor schlechterdings zu Ende, so wenig natürlich das darin steckende gewaltige Lebensproblem damit selbst zu Ende ist. Aber andere Mächte als die Katheder der Universitäten haben da das Wort."* Plötzlich bekommt die Verkehrung des Verhältnisses von Theorie und Praxis, von Wissenschaft und praktischer Regelung von gesellschaftlichen „Lebensproblemen" ihren zeitgemäßen, sprich: der bürgerlichen Gesellschaft angemessenen Inhalt. Der taucht in Gestalt von „Mächten" auf, die dann dem Kampf der Wertordnungen auch ein etwas realistischeres Gesicht geben. Nur gelten diese Mächte dem M. Weber zugleich gar nicht als die mit Gewaltmitteln ausgestatteten Interessen von Politik und Ökonomie, die von Wissenschaft nur wissen wollen, was zu eben diesen ihren politischen und ökonomischen Anliegen passt. Sie sind einfach da, die Mächte, stellen Verkörperungen von Wertordnungen dar – wie werden eigentlich aus Werten Mächte? – und „haben" dennoch eigentümlicherweise gerade in der Frage der „gewaltigen Lebensprobleme … das Wort". D. h. sie werden einerseits als pure Vergegenständlichung von Werten vorgeführt, andererseits sind sie so ausgestattet, dass sie „das Wort" erteilen, deswegen also die „Zwecke fest vorgeben" können. Und dass diese Mächte der Wissenschaft das Wort zugleich entziehen, sie als Macht neben sich gerade nicht dulden, stört den gelehrten Soziologen offensichtlich so wenig, dass er aus eben diesem von den „Mächten" nach ihren Vorstellungen eingerichteten Verhältnis von Wissenschaft und Politik eine Vorschrift für die Wissenschaft macht, diese zur Notwendigkeit erklärt und daraus den Sinn von „Wissenschaft als Beruf" ableitet: Unparteiisch hat die Wissenschaft zu sein, wertfrei, sich jeder praktischen Intervention enthaltend, sich für gesellschaftliche „Lebensprobleme" nicht zuständig erklärend, sondern allenfalls das theoretische Material für die jeweils vorhandenen, fest gegebenen Standpunkte der Mächte liefernd.

Worin Max Weber irrt

Dass diese Erörterung M. Webers in den Rang eines hohen deutschen „Bildungsgutes" (F. Tenbruck[1]) erhoben wurde, ist nun leicht nachzuvollziehen. Sie hat eben der staatlich organisierten Trennung der Wissenschaft von Politik bzw. Ökonomie, die als institutioneller Inbegriff der Freiheit von Forschung und Lehre unverdienterweise zu hohen Ehren gekommen ist, eine soziologische Weihe gegeben. Als Wertfreiheit wird denn auch heute innerwissenschaftlich eingefordert, was die politischen Mächte ihren Anliegen und den Anliegen des von ihnen eingerichteten und betreuten kapitalistischen Produktionsverhältnisses schuldig sind: Als Großverbraucher von Wissenschaft, besonders von Naturwissenschaft soll die moderne Wissenschaft ganz zweckfrei nur dem eigenen wissenschaftlichen Anliegen folgen, ohne sich die Frage vorzulegen, welche „Mächte" sich ihrer Erkenntnisse zu welchen „Zwecken" bedienen und welchen Menschengruppen und Völkern sie damit welche „Lebensprobleme" bereitet. Gerade so hat sich die Wissenschaft im Kapitalismus zur Produktivkraft von Staats- und Geldmacht entwickelt: Wissenschaftler, die von materiellen Sorgen befreit sind, sich deswegen ganz frei ihrer Wissenschaft widmen können und sollen, dürfen es sich obendrein als positives Markenzeichen ihres Berufs anheften, dass sie dadurch gerade frei von jedem Einfluss auf die praktische Verwendung ihrer wissenschaftlichen Einsichten, dieses Einflusses also los und ledig sind. Nichts anderes als der Zusammenhang dieser drei Freiheiten ist der politische Gehalt von Werturteilsfreiheit und der „Freiheit von Forschung und Lehre". Auf diese Weise werden an sich nützliche – vor allem – naturwissenschaftliche Erkenntnisse in den Dienst der Geldvermehrung und Menschenausbeutung, der Unterdrückung und der militärischen Eroberung gestellt. Und selbst dort, wo sie – wie im Gesundheitswesen oder im privaten Haushalt – als nützliche Helfer nicht mehr wegzudenken sind, finden sie nur Eingang und Verwendung nach Maßgabe der Logik von Staatshaushalten, betrieblichen Gewinnkalkulationen und privater Verfügung über Geldeinkommen.

Worin irrt also M. Weber? Er irrt darin, dass er meint, mit ihrer politischen Enthaltsamkeit, der Unterlassung „jeder praktischen Stellungnahme", der Verpflichtung auf das Postulat der Wertfreiheit würde sich die Wissenschaft aus dem Kampf der Mächte und Wertordnungen heraushalten, ganz zu sich selbst kommen und so ihren im Kern apolitischen Zweck erfüllen. Es verhält sich jedoch umgekehrt: Es ist gerade diese ihre politische Enthaltsamkeit, ihre Selbstverpflichtung auf die Werturteilsfreiheit mit der sie sich den „herrschenden Mächten" ausliefert. Dienstleisterin für alle politischen und ökonomischen Zwecke dieser Gesellschaft ist die moderne Universität gerade darin, dass sie von der Bestimmung der gesellschaftlichen Angelegenheiten, für die ihre Ergebnisse dienstbar gemacht werden, institutionell ausgeschlossen ist und sich selbst diesen Ausschluss als höchst ehrenwertes Signum [Zeichen] ihres Berufs anheftet. Hinsichtlich der gesellschaftlichen Verwendung von wissenschaftlicher Erkenntnis haben die „Mächte das Wort"! Das Postulat der Werturteilsfreiheit ist also die zur staatlich verfügten Trennung von Wissenschaft und Politik gehörige Ideologie; einer ihrer prominentesten Lobredner war Max Weber.

Folglich ist auch ihre Unparteilichkeit gerade deswegen ihre Parteilichkeit für alle herrschenden Zwecke. Oder anders gesagt: Da gerade dies ihre Mission ist, fällt deswegen auch jede im- oder explizite Parteilichkeit für demokratische Herrschaft und kapitalistische Ausbeutung im Wissenschaftsbetrieb nicht mehr als parteiliche, als politische Wissenschaft auf. Was umgekehrt eben bedeutet, dass allein die Wissenschaft, die sich dieser Parteilichkeit im Grundsätzlichen versagt und wissenschaftlich begründete, also unparteiische Einwände vorbringt, als politische Stellungnahme gilt und den Ehrenkodex von „Wissenschaft als Beruf" verletzt.

1 Tenbruck: deutscher Soziologe in der zweiten Hälfte des 20. Jahrhunderts.

Aus: Vortrag von Freerk Huisken, http://www.fhuisken.de/weber.htm (Zugriff 2. 8. 2007).

Zur Texterschliessung

1. Stellen Sie die Kritikpunkte Huiskens an den Auffassungen von Max Weber zusammen.
2. Erläutern Sie: Welche Auffassung vertritt Huisken zum Verhältnis von Wissenschaft und Politik?

1.3 Reinhard Kühnl: Wissenschaft und Interesse

Der Marburger Politikwissenschaftler Reinhard Kühnl (*1936) hat sich im Laufe seiner Lehrtätigkeit an der Marburger Philipps-Universität (1971–2001) vor allem mit dem deutschen Faschismus und dessen Vorgeschichte sowie dem Rechtsextremismus der Gegenwart beschäftigt. Neben den Professoren Frank Deppe und Georg Fülberth zählt Kühnl zur sog. „Abendroth-Schule", einem Kreis von Wissenschaftlerinnen und Wissenschaftlern, der sich im Gefolge des Hochschullehrers Wolfgang Abendroth (zu Abendroth vgl. S. 286) kritisch mit der deutschen Geschichte (Weimarer Republik und Faschismus), den Organisationen der Arbeiterbewegung und der politischen Theoriebildung beschäftigte. 1972 war Kühnl einer der Neugründer des Bunds demokratischer Wissenschaftlerinnen und Wissenschaftler (BdWi).

Seine in den siebziger Jahren veröffentlichten Studien zu den „Formen bürgerlicher Herrschaft" und zu den „Faschismustheorien" erreichten eine enorme Auflagenhöhe. In diesen versucht Kühnl ökonomische Entwicklungsprozesse und ökonomisch bedingte Interessenlagen (Faschismus als Form bürgerlicher Herrschaft) mit den Vorstellungen bzw. Ideologien der Mittelschichten zu verbinden (Faschismus als Massenbewegung).

Der hier zitierte Auszug stammt zwar aus dem Band Faschismustheorien, enthält aber verallgemeinerbare Aussagen zum Verhältnis von Theoriebildung und wissenschaftlicher Erkenntnis.

M 3 Wissenschaft als nützliche Tätigkeit und als Herrschaftswissen

1. Wissenschaftliche Theorien erheben den Anspruch, die Wirklichkeit in Natur und Gesellschaft *richtig* zu erfassen, mit dieser Wirklichkeit übereinzustimmen, also *wahr* zu sein. Sie sind also daraufhin zu prüfen, ob und inwieweit ihr Anspruch auf Wahrheit gerechtfertigt ist. Dies geschieht erstens dadurch, daß die Aussagen der Theorien an der Wirklichkeit gemessen werden. Kriterium der Prüfung ist also die empirisch vorfindliche Wirklichkeit selbst. Und dies geschieht zweitens dadurch, daß die innere Logik der Theorie überprüft, nach der Übereinstimmung ihrer verschiedenen Elemente befragt und nach inneren Widersprüchen abgeklopft wird.

Nun ist das Verhältnis zwischen Auffassungen über die Wirklichkeit – seien es nun wissenschaftliche Theorien oder Ansichten des Alltagslebens – und der Wirklichkeit selbst meist nicht so einfach, daß diese Auffassungen als total richtig oder total falsch bezeichnet werden könnten. Meist enthalten sie sowohl richtige wie auch falsche Elemente, wie die Theorien über den Faschismus deutlich zeigen werden. Und die „richtigen" Elemente können in einem sehr unterschiedlichen Grade richtig sein. Wenn zum Beispiel unsere Politiker über ihre Gespräche mit ausländischen Staatsmännern mit schöner Regelmäßigkeit verlauten lassen, daß „Angelegenheiten von gemeinsamem Interesse" besprochen worden seien, so mag dies zwar richtig sein, aber es verrät uns nicht das mindeste über den realen Inhalt der Verhandlungen, sondern verbirgt ihn gerade. Wenn gesagt wird, daß Gewerkschaften und Unternehmer in der Lohnfrage „unterschiedliche Auffassungen" haben, so ist dies zwar zutreffend, verbirgt aber das Wesentliche: daß nämlich diese unterschiedlichen Auffassungen nur Resultat und Erscheinungsform unterschiedlicher Interessen sind. Und wenn eine Darstellung über den deutschen Faschismus mit der Geburt Hitlers anhebt und getreu alle wichtigen Fakten seines Lebens bis zu seinem Selbstmord 1945 aneinanderreiht, so mag dies alles unzweifelhaft richtig sein, und dennoch wissen wir damit noch nichts über die Ursachen für den Erfolg des deutschen Faschismus und die Zielrichtung seiner Politik.

Prüfung der Wahrheitsfrage bedeutet also immer auch Prüfung der Frage, wie tief die Wirklichkeit in einer Theorie erfaßt ist; ob nur in einigen Tatsachen der Oberfläche oder auch in ihren Kausalzusammenhängen. Und selbst diese können oberflächlich oder tiefer analysiert werden. Der Satz: „Wenn ich Gas gebe, fährt das Auto schneller", erfaßt zwar einen Kausalzusammenhang, aber einen flachen, weil er nichts aussagt über die inneren Gesetzmäßigkeiten, die bei einem Motor am Werk sind. Ebenso flach wäre die Erklärung, Hitler sei deshalb an die Macht gekommen, weil es so viele Arbeitslose gab oder weil der Reichspräsident Hindenburg ihn zum Kanzler ernannt hat.

2. Wissenschaftliche Theorien sind – wie auch Ansichten sonstiger Art und wie geistige Gebilde allge-

mein – nach den Ursachen und Bedingungen ihrer Entstehung zu befragen. Wie die Geschichte zeigt, fallen sie weder plötzlich vom Himmel noch entstehen sie zufällig. Und mindestens jene Auffassungen, die dann praktische Bedeutung und weitere Verbreitung erlangen, sind auch nicht bloß dem Kopf eines originellen Denkers entsprungen, sondern bedürfen zu ihrer Entstehung und Verbreitung bestimmter objektiver Voraussetzungen.
Wissenschaftliche Forschungen und Theorien gehen – wie jede andere Form der Bewußtseinstätigkeit – hervor aus der praktischen Lebenstätigkeit der Menschen und zielen auf Aneignung und Bewältigung der Realität. Das gilt historisch für die Entstehung der Wissenschaft wie für ihre wichtigsten Entwicklungsetappen bis zum heutigen Tag: Es war die reale Gefahr der Umweltzerstörung, die Biologie, Physik, Medizin, Ökonomie, Rechtswissenschaft und andere Wissenschaften nötigte, sich mit den Ursachen zu befassen und nach Lösungsmöglichkeiten zu suchen. (In welcher Richtung diese gesucht werden, hängt natürlich sehr stark von den gesellschaftlichen Interessen ab, die dabei zum Zuge kommen: Es sind Lösungen möglich, die der Gesundheit der Bevölkerung absoluten Vorrang einräumen und auf Kosten des Profits der Industrie gehen, und es sind Lösungen möglich, die die Prioritäten ganz anders setzen.) [...]
Oft sind gesellschaftliche Interessen die direkte Ursache für die Weiterentwicklung der Wissenschaft in eine bestimmte Richtung. Dies wird leicht erkennbar am Beispiel der Rüstungsindustrie, die zur Entwicklung immer wirksamerer Vernichtungsmittel riesige Forschungsaufträge vergibt, oder der Reklameindustrie, die nach immer raffinierteren Mitteln zur Manipulation des Konsumentenbewußtseins sucht und dafür Legionen von Psychologen beschäftigt. Andererseits vergeben die Gewerkschaften Forschungsaufträge, in denen nach Möglichkeiten gesucht wird, die Arbeit zu erleichtern, die Gesundheit der Arbeitenden besser zu schützen und ihre körperlichen und geistigen Fähigkeiten besser zu entfalten.
Zweifellos gibt es aber auch eine Tradierung und Weiterentwicklung wissenschaftlicher Theorien durch die innere Logik des Forschungsprozesses selbst. Die Frage nach der genaueren Beschaffenheit des Atomkerns konnte erst gestellt werden, als die Physik bereits tief in die Struktur der Materie eingedrungen war. Und die Frage nach der Kontinuität deutscher Großmachtpolitik und ihren treibenden Kräften vom Kaiserreich zum Faschismus ergab sich in dem Augenblick zwingend, als der aggressive und expansive Charakter der deutschen Politik im Ersten Weltkrieg erwiesen war. Darüber hinaus ist die Arbeit jedes Wissenschaftlers bestimmt durch das Gedankenmaterial und begriffliche Instrumentarium, das in seiner Zeit in seiner wissenschaftlichen Disziplin zur Verfügung steht und das aus der Arbeit vieler Generationen hervorgegangen ist. Dieses Gedankenmaterial ist das Instrument, mit dem zu arbeiten er genötigt ist – so wie der Handarbeiter mit bestimmten Werkzeugen arbeitet, die zu seiner Zeit üblich und vorhanden sind.
Die Entstehung wissenschaftlicher Theorien kann also nur erklärt werden, wenn sowohl die gesellschaftlichen Bedingungen und Interessen, die sie anregen und hervorbringen, wie auch der geistesgeschichtliche Zusammenhang, in dem sie stehen, überprüft werden.

3. Wissenschaftliche Theorien (wie geistige Gebilde allgemein) entfalten Wirkungen – unabhängig davon, ob die Autoren dies wollen oder nicht und ob sie es wissen oder nicht. [...] So schreibt zum Beispiel der amerikanische Historiker H. A. Turner: „Entspricht die weitverbreitete Ansicht, daß der Faschismus ein Produkt des modernen Kapitalismus ist, den Tatsachen, dann ist dieses System kaum zu verteidigen. Ist diese Meinung jedoch falsch, dann ist es auch die Voraussetzung, auf der die Einstellung vieler Menschen im Osten wie im Westen zur kapitalistischen Wirtschaftsordnung beruht." Und Ernst Nolte bekennt, daß er mit seinem Buch *„Der Faschismus in seiner Epoche"* „auch in aktuelle Auseinandersetzungen eingriff und eingreifen wollte". Zu seinen „erkenntnisleitenden Interessen" habe die Befürchtung gehört, „im Zuge des Ost-West-Konflikts könne in Deutschland zum zweitenmal die Nicht-Anerkennung der wesentlichen Ergebnisse eines Weltkrieges zu einer Verkennung der welthistorischen Situation und damit zu verhängnisvollen Konsequenzen führen".
Die Wirkungen wissenschaftlicher Theorien können ihrerseits wissenschaftlich untersucht werden. Es versteht sich von selbst, daß ihre Wirkung nicht nur und nicht entscheidend von ihrem Wahrheitsgehalt abhängt. Allenfalls langfristig zeigt der Gang der Geschichte eine fortschreitende Durchsetzung der Wahrheit. Kurzfristig aber ist es meist wichtiger, ob Theorien bestimmte gesellschaftliche Interessen und psychische Bedürfnisse befriedigen. Die Theorie zum Beispiel, daß die Erde von Gott geschaffen sei und im Mittelpunkt des Alls stehe und daß der Mensch ebenfalls als fertiges Wesen von Gott geschaffen sei (und keineswegs aus einem Evolutionsprozeß hervorging), wurde von der katholischen Kirche und anderen konservativen Kräften noch lange sehr wirksam verbreitet, als sie rein wissenschaftlich längst widerlegt war. Ähnlich verhält es sich mit Theorien über die Überlegenheit der weißen Rasse oder die geistige Minderwertigkeit der Frauen

oder die Unmöglichkeit des Sozialismus. Oft werden solche Ideologien sogar von vornherein als politische Kampfmittel konzipiert. [...]

Diese drei Fragen – die Wahrheitsfrage, die kausal-genetische oder Entstehungsfrage und die Wirkungs- oder Funktionsfrage – sind je für sich wie auch in ihrem inneren Zusammenhang zu prüfen. [...]
Der Zusammenhang zwischen diesen drei Momenten, der erst das Wesen einer Theorie ausmacht, ist sehr kompliziert. Es wäre zum Beispiel, wie schon erwähnt, falsch anzunehmen, daß die Theorien mit dem höchsten Wahrheitsgehalt notwendig und jederzeit auch die größte Wirkung entfalten; oder umgekehrt gesagt: Es wäre falsch, aus der weiten Verbreitung und der beherrschenden Stellung einer Theorie zu schließen, daß sie auch die mit dem größten Wahrheitsgehalt sei. Oft in der Geschichte haben Theorien eine beherrschende Stellung eingenommen, die im wesentlichen falsch waren, die aber für die herrschenden Machtgruppen nützlich waren und deshalb von ihnen gestützt und nötigenfalls auch mit den Mitteln der Gewalt durchgesetzt wurden – bis sie schließlich infolge veränderter Machtverhältnisse doch zurückgedrängt werden konnten. Die oben genannten religiösen Theorien über die Entstehung der Welt und des Menschen können dafür ebenso als Beispiel dienen wie die von der Unveränderlichkeit der menschlichen Natur, die durch Egoismus, Neid und Machttrieb gekennzeichnet sei und eben deshalb eine starke Autorität zu ihrer Zügelung benötige. Daß die herrschende Ideologie weithin die Ideologie der Herrschenden ist, hat natürlich auch die historischen Zeugnisse selbst und damit auch unser Geschichtsbewußtsein geprägt. Denn „auf den Ruhmessäulen" stehen „die Namen der Schlächter statt der Namen der Ärzte", und die Werke sind „nach denen benannt, die sie genossen, nicht nach denen, die sie geschaffen" haben. (B. Brecht) [...]
Ein Minimum an Wahrheitsgehalt gehört freilich in der Regel dazu, um einem geistigen Gebilde Glaubwürdigkeit und Wirksamkeit zu verschaffen. Der Bezug zur Wirklichkeit muß für die Adressaten erkennbar sein. Dabei kann es sich allerdings um nur ganz oberflächliche Elemente der Wirklichkeit handeln, die das Wesen der Sache eher verbergen als erhellen. So kann zum Beispiel die Theorie von der Höherwertigkeit der Weißen gegenüber den Schwarzen und der Männer gegenüber den Frauen darauf verweisen, daß die „Neger" bzw. die Frauen, wie die Sozialstruktur zeige, es zu nichts gebracht haben und daß fast alle gesellschaftlichen Führungspositionen von Weißen bzw. von Männern besetzt sind. Mit der gleichen Methode läßt sich die Höherwertigkeit der Unternehmer gegenüber den Arbeitern und Angestellten ideologisch begründen: Ihre Stellung wird auf ihre besondere Tüchtigkeit zurückgeführt. Der Hinweis auf die soziale Wirklichkeit, die tatsächliche soziale Stellung und Struktur, ist dabei ohne Zweifel richtig, und daraus resultiert die relative Evidenz und Glaubwürdigkeit solcher Ideologien. Falsch ist nur die Erklärung für die realen, von jedermann beobachtbaren Erscheinungen.
Bei der Erklärung für die Wirksamkeit von Theorien und Ideologien ist also auch danach zu fragen, welche Elemente von Wahrheit, von richtiger Widerspiegelung der Wirklichkeit sie enthalten – auch wenn diese Elemente vielleicht nur sehr gering und auf die Oberfläche der Erscheinungen beschränkt sind. Daß solche das Wesen der Sache verfehlenden Interpretationen oft so große Wirkung entfalten, resultierte in früheren Perioden der Geschichte auch aus dem geringen Wissen der Menschheit über den inneren Zusammenhang der Dinge: Da Blitz und Donner wissenschaftlich nicht erklärt werden konnten, wurden sie irrational, religiös erklärt, als Willenäußerungen von Göttern aufgefaßt (die dann freilich von den Priestern interpretiert, das heißt für die herrschende Klasse nutzbar gemacht wurden). Seit dem enormen Fortschritt besonders der Naturwissenschaften und dem Sieg des wissenschaftlichen Weltbildes über das religiös-irrationale, also seit der Entwicklung der bürgerlichen Gesellschaft im 18./19. Jahrhundert, resultiert die Wirkung solcher dem Wesen nach falscher Ideologien – neben dem falschen Schein der Oberfläche – hauptsächlich aus dem Interesse herrschender Machtgruppen, denen solche Ideologien nützlich sind und die deshalb ihren Einfluß verwenden, sie zu verbreiten.
Andererseits wäre es jedoch ganz falsch anzunehmen, daß die bedeutende Rolle von Interessen bei der Entstehung und Verbreitung von Theorien immer ein hemmendes Element für deren Erkenntnisfunktion sei und also im Gegensatz zu ihrem auf Wahrheit gerichteten Antrieb stehen müsse. Interessen sind bei der menschlichen Bewußtseinstätigkeit immer im Spiel, schon allein deshalb, weil die Probleme sich aus dem praktischen Leben ergeben und weil die Bewußtseinstätigkeit darauf gerichtet ist, die Wirklichkeit besser bewältigen zu können. Als die Menschen im Niltal vor fünftausend Jahren die Wassermassen des Flusses zu bewältigen und für menschliche Zwecke zu nutzen unternahmen und so die Anfänge von Mechanik, Geometrie und Astronomie schufen, ging es ihnen nicht um reine Erkenntnis als solche, sondern um die Bewältigung realer Existenzprobleme. Daß diese Wissenschaften aus gesellschaftlichen Interessen hervorgingen, besagt nun keineswegs, daß damit erkenntnisfeindliche, wissenschaftsfremde Elemente zum Zuge kamen, sondern im Gegenteil: Die

praktisch gerichteten Interessen konnten nur befriedigt, die realen Probleme nur gelöst werden, weil die wissenschaftlichen Erkenntnisse, die daraus hervorgingen, richtig waren, das heißt, mit der Wirklichkeit übereinstimmten. Wären die Jahreszeiten oder wäre der Druck der Wassermassen falsch berechnet worden, wäre also die Wirklichkeit in diesen Theorien falsch widergespiegelt worden, so hätte dies sogleich schlimme praktische Konsequenzen gehabt. Ebenso verhält es sich im Prinzip mit den modernen Naturwissenschaften.

Auch im Falle der Gesellschaftswissenschaften bedeutet die Mitwirkung von Interessen keineswegs notwendig ein erkenntnishemmendes Element. Die vom Faschismus als Opfer betroffenen Völker und sozialen Klassen haben ein elementares Interesse an der Erkenntnis der Ursachen des Faschismus, um praktische Vorkehrungen treffen zu können. Ihr Interesse richtet sich also auf die Wahrheit, wirkt als erkenntnisfördernder Antrieb. Andererseits gibt es zweifellos politische und soziale Kräfte, die an der Aufdeckung des wirklichen Charakters des Faschismus nicht interessiert sind, weil der Faschismus wegen seiner riesigen Verbrechen in den Augen der Weltöffentlichkeit vollständig diskreditiert ist, diese Kräfte aber von der faschistischen Politik profitiert haben und vielleicht auch künftig diese Herrschaftsform nicht ausschließen wollen. Ihr Interesse ist es also, die Wahrheit über den Faschismus zu verheimlichen, damit die betroffenen Völker und Klassen nicht unüberwindliche Barrieren errichten können.

Diese Überlegungen zeigen, daß Interessen bei menschlicher Bewußtseinstätigkeit und also auch bei wissenschaftlichen Theorien immer eine wichtige Rolle spielen, eine Antriebsfunktion haben, daß damit über den Wahrheitsgehalt aber noch nichts ausgesagt ist. Es hängt vom Charakter dieser Interessen ab, ob sie erkenntnisfördernd oder erkenntnishemmend, ob sie als produktiver Impuls oder als Hindernis für wissenschaftliche Erkenntnis wirken. Dies müßte also im Einzelfall konkret untersucht werden.

(Die in der bürgerlichen Ideologietheorie noch weithin übliche Entgegensetzung von „reiner Wissenschaft", die frei von jeglichen Interessen sein müsse, und sozialen und psychologischen Interessen, die sich als wissenschaftsfremde und erkenntnisstörende Elemente in den Wissenschaftsprozeß einmischen, trifft also das Problem nicht. Weder ist Wissenschaft frei von sozialen Interessen noch wirken soziale Interessen in jedem Fall als Hindernis für objektive Erkenntnis.)

Aus: Reinhard Kühnl, Wissenschaft als nützliche Tätigkeit und als Herrschaftswissen, aus: ders., Faschismustheorien. Ein Leitfaden, Heilbronn 1990, S. 34–41.

ZUR TEXTERSCHLIESSUNG

1. Erläutern Sie, was Kühnl von der Vorstellung einer „reinen Wissenschaft" hält.
2. Stellen Sie dar, was der Verfasser unter der „Prüfung der Wahrheitsfrage" und dem „Wahrheitsgehalt" von Wissenschaft versteht.
3. Diskutieren Sie den hier formulierten Zusammenhang von Interessen und Wissenschaft.

1.4 Wolfgang Welsch: Postmoderne und Wissenschaft

Unter dem Begriff der Postmoderne versteht man eine geistig-kulturelle Bewegung, die sich in der zweiten Hälfte des zwanzigsten Jahrhunderts als Gegenbewegung gegen eine zunehmend als steril und totalitär empfundene Moderne manifestiert hat. Als eine Art „Gründungsmanifest" der Postmoderne gilt dabei die Schrift „Das Postmoderne Wissen", die 1979 von Jean-François Lyotard veröffentlicht wurde. Ursprünglich als Studie über die Rolle des Wissens in postindustriellen Gesellschaften für die kanadische Regierung geschrieben, bereitete er mit seiner These vom „Ende der großen Erzählungen" – Lyotard versteht unter letzterem die drei großen Geistesströmungen der Neuzeit: Aufklärung, Idealismus und Historismus – die Basis für die „postmodernen Diskurse" in Philosophie, Kunst, Kultur sowie den Gesellschaftswissenschaften.

Wolfgang Welsch (geb. 1946) habilitierte sich 1982 in Philosophie. Nach verschiedenen Professuren und Gastprofessuren auch im Ausland lehrt er seit 1998 Philosophie an der Friedrich-Schiller-Universität Jena. Er gilt als einer der bedeutendsten Theoretiker der deutschsprachigen Postmoderne. Welsch arbeitete auch über die Paradoxien zwischen Kunst und Gesellschaft: Während in der Gesellschaft Normabweichungen negativ sanktioniert würden, werde diese in der Kunst gefordert, eine gewisse „Labilität" kennzeichne den Künstler, sein Anders-Sein, sein Fremd-Sein sei eine Grundbedingung künstlerischer Wirksamkeit. Der Pluralismus im Alltag kennzeichnet (post-) moderne Gesellschaften, in ihnen wird die Rede von „Normalität" unsinnig, ebenso Vorstellungen von einem „Anderen" oder „Fremden". Welsch sieht hier die Produktivität von Postmoderne, die individuelle Autonomie und Kreativität ermöglicht und zugleich den traditionellen Wahrheitsbegriff als überholt erscheinen lasse.

Literaturhinweise

Jürgen Habermas, Die Moderne – ein unvollendetes Projekt, in: ***Jürgen Habermas,*** Kleine Politische Schriften (I–IV), Frankfurt a. M. 1981.

Werner Seppmann, Das Ende der Gesellschaftskritik? Die „Postmoderne" als Ideologie und Realität, Köln 2000.

Jean-François Lyotard, Das Postmoderne Wissen, Graz/Wien 1986.

J. Rüsen u. a. (Hrsg.), Die Zukunft der Aufklärung, Frankfurt a. M. 1988.

Wolfgang Welsch, Unsere postmoderne Moderne, Berlin 2002 (6. Auflage).

M 4 Die Postmoderne – Pluralität als ethischer und politischer Wert

Pluralisierung

[...] Ob in Erziehung, Ökonomie oder Naturverhältnis: Es gibt allenthalben grundverschiedene Optionen, und zwar – und das ist entscheidend – offenbar gut begründete und legitime Optionen. Deren Differenzen fangen bereits dort an, wo die Definition der Bereiche zur Debatte steht. Wo beginnt beispielsweise das Verhältnis zur Natur? Bei der Erschließung von Rohstoffen – wie für den Ökonomen – oder bei jeglichem Energietransfer – wie für den Ökologen – oder beim Verhältnis zu innerer Natur – wie für den Kritischen Theoretiker? Letztlich wird, wer solche Fragen analysiert, immer darauf stoßen, daß den diversen Optionen unterschiedliche Lebensentwürfe zugrunde liegen. Diese mögen Vernetzungen aufweisen, gleichwohl sind sie im Kern höchst different. Leben als individuelles Überleben, Leben als der Gattung dienen, Leben als Genuß, Leben als Durchhalten, Leben als Stabilisierung, Leben als Sichbereithalten für wenige Augenblicke – das sind Entwürfe, von denen jeder seine Plausibilität und Legitimität hat und die man unmöglich auf einen einzigen Nenner bringen kann. Durch die gesellschaftliche und technische Entwicklung der Moderne ist seit langem eine Situation entstanden, wo es auf jede Frage mehrere gleichberechtigte Antworten gibt – und das nicht aus Permissivität oder Beliebigkeit, sondern aus einsehbaren Gründen. Diese durch die Entwicklung der Moderne initiierte Situation einer grundsätzlich und einschneidend gewordenen Pluralität ist die Situation der Postmoderne. [...]

Die Position der Postmoderne

So hat denn auch Jean-François Lyotard, der gewichtigste Vertreter postmodernen Denkens, 1979 in seiner Grundlagenschrift *Das postmoderne Wissen* dargelegt, dass gerade die wissenschaftlichen Innovationen unseres Jahrhunderts für das postmoderne Denken vorbildlich wurden. Denn durch sie wurde verbindlich gemacht, dass Wirklichkeit nicht im Ausgang von Einheit, sondern von Vielfalt zu begreifen ist. Daher „richtet sich das Interesse der postmodernen Wissenschaft auf die Unentscheidbaren, die Grenzen der Kontrollgenauigkeit, die Quanten, die Konflikte mit unvollständiger Information, die ‚Frakta', die Katastrophen, die pragmatischen Paradoxien." (Lyotard) Neuere wissenschaftliche und wissenschaftstheoretische Entwicklungen haben diese Linie weiter ausgearbeitet – von Prigogines Theorie der dissipativen [zerstreuenden, zerteilenden] Strukturen über Thoms Katastrophentheorie und Mandelbrots Theorie der Fraktale bis zu Kuhns Thesen vom Paradigmenwechsel. Postmodernes Denken ist dieser szientifischen Entwicklung zur Pluralität verpflichtet. Es weiß sich darin in der Kontinuität der Moderne des 20. Jahrhunderts, zieht aus deren Errungenschaften die Konsequenzen. Philosophisch wie wissenschaftlich hat sich das Denken seit langem auf die Einsicht zubewegt, dass wir letztlich allenthalben auf Pluralität, nicht Uniformität stoßen. Vielheit, Diskontinuität und Antagonismus sind seit den Anfangsjahrzehnten dieses Jahrhunderts sukzessiv in den Kern des Wissenschaftsbewusstseins eingedrungen, und Phänomene und Strategien der Paralogie [Vernunftwidrigkeit] und Paradoxie gelten uns seitdem für effizienter und aufschlussreicher als solche der Kontinuität und der bloß logischen Entwicklung. Pluralität und Dissens kennzeichnen – in heutiger naturwissenschaftlicher ebenso wie geisteswissenschaftlicher Sicht – die Grundstruktur der Wirklichkeit. Diese ist nicht homogen, sondern heterogen, nicht harmonisch, sondern dramatisch, nicht einheitlich, sondern divers verfasst.

Diese Einsichten der modernen Wissenschaft und des jüngeren Denkens bringt die postmoderne Philosophie, bringt vor allem Jean-François Lyotard auf den Begriff. Er stellt die grundsätzliche Heterogenität unserer Sprachspiele und Denkformen heraus. Niemand hat diese Pluralität so vorbehaltlos wie er analysiert. Bei ihm hat die Philosophie die unreflektierte Form der Einheitsbindung – die der Einheitsobsession – gründlich abgelegt. Hier hat man endlich ein Denken vor sich, das die gegenwärtige Situation der Pluralität rückhaltlos ins Auge fasst und erschließt.

Postmodernes Denken deckt im ästhetischen ebenso wie im wissenschaftlichen und sozialen Feld eine einschneidende Pluralität von Geschmackskulturen, Wissensarten, Diskursgenres und Lebensformen auf. Es widmet sich dem Nachweis des Eigencharakters und der Unübersetzbarkeit all dieser Formen und Konzeptionen bzw. „Welten". Es zeigt, dass im Grunde Pluralität und Dissens herrschen. Und es scheut vor der notwendigen Analyse der damit verbundenen Konflikte nicht zurück. Wenn die Gesellschaft im Übergang von ihrer modernen zu ihrer postmodernen Verfassung einschneidend plural geworden ist, dann hat die Philosophie in der Verabschiedung scheinbar selbstverständlicher Einheitswünsche und im Übergang zu einem Denken, das von grundsätzlicher Pluralität ausgeht, die Gestalt gewonnen, die ihr ein Begreifen dieser Wirklichkeit gestattet. – Ich habe diesen Übergang von einer älteren, einheitsdekretorischen Denkform zu dieser neuen, vielheitsoffenen Option auch deswegen so vergleichsweise ausführlich dargestellt, weil ich vermute, dass wir alle hier noch etwas Nacharbeit zu leisten haben. Aber ich füge noch einmal hinzu: Das ist nicht in unser Belieben gestellt, sondern ist durch die gegenwärtigen Verhältnisse ernötigt – ist freilich auch durch die wissenschaftlichen Innovationen dieses Jahrhunderts sowohl legitimiert wie zugänglich gemacht worden. [...]

Postmoderne und Demokratie

Schließlich komme ich zu den politischen Implikationen des Postmodernekonzepts. Ich beginne mit einer Feststellung, die für diejenigen, die nur das Klischee von Postmoderne kennen, immer wieder überraschend ist. Die postmoderne Option für Pluralität steht nicht nur, wie bereits dargelegt, in der Kontinuität der wissenschaftlichen Umbrüche unseres Jahrhunderts und setzt nicht nur Intentionen der Aufklärung fort, sondern hat auch größte Affinität zur modernen Demokratie. Das lehrt eine Reflexion auf den scharfen Begriff der Demokratie schnell. Denn dabei zeigt sich: Gerade die Demokratie ist eine Organisationsform nicht so sehr für den Konsens als vielmehr für den Dissens von Überzeugungen, Ansprüchen und Rechten. Sie ist auf eine Situation gravierender Pluralität zugeschnitten. Eine einheitliche Gesellschaft wäre in der Tat mit anderen Staatsformen besser bedient. Zur Demokratie hingegen gehört die grundsätzliche Präsumtion [Voraussetzung, Annahme], dass in der Gesellschaft unterschiedliche, gleichermaßen legitime, im letzten jedoch unvereinbare Ansprüche bestehen. Die Koexistenz solcher Ansprüche kann nur demokratisch gelingen. Dies – eine Organisationsform für legitime Uneinigkeit in Grundüberzeugungen darzustellen – scheint mir der Sinn der modernen Demokratie zu sein. Was daher in den Augen vieler an der Postmoderne prekär und beunruhigend ist, dass nämlich zwischen den heterogenen Ansprüchen keine letzte Entscheidung mehr getroffen werden kann, dieses irritierende Moment eines radikalen Pluralismus ist in der modernen Demokratie prinzipiell akzeptiert und institutionalisiert.

Auch die Demokratie braucht freilich eine konsensuale Basis. Aber deren Festlegungen sind aus guten Gründen höchstgradig formaler Natur. Sie beziehen sich auf die Menschenrechte und sind in den Grundrechten kodifiziert. Diese Grundrechte aber sind im Kern Rechte zum Dissens. Sie beziehen sich auf das Recht des Andersseins und sichern die Struktur der Pluralität. Sie werden heute denn auch zunehmend so verstanden, dass sie die größtmögliche Inanspruchnahme von Eigenwegen sichern sollen. Noch deren unverzichtbare Schranke: die Nichtbeschneidung der gleichen Freiheit des Anderen, hat eben an solcher Ermöglichung von Eigenwegen ihr Maß und ihren Sinn. Insofern scheint mir beides zu gelten: Die Postmoderne ist so radikal plural, dass sie nur demokratisch gelingen kann. Und die Demokratie ist von ihrem Prinzip her so elementar auf die Situation der Pluralität zugeschnitten, dass dieser ihr Nerv gerade in der Postmoderne recht eigentlich zum Tragen kommt. Wer in der Postmoderne die Zerstörung von Politik wittert, hat nicht nur von Politik einen antiquierten Begriff, sondern von Demokratie einen falschen. [...]

Ende der Verbindlichkeit? Relativismus?

Es ist ein triviales Missverständnis, dass Pluralität das Ende von Verbindlichkeit schlechthin bedeute. Eher ist es umgekehrt: An die Stelle einer stets nur imaginär und unterdrückend möglichen Universalverbindlichkeit tritt jetzt die konkrete Reihe spezifischer, historischer, sozialer, partikularer Verbindlichkeiten. Diese haben im Unterschied zur hypostasierten Großverbindlichkeit den Vorteil, wirklich lebbar und diesem Sinn sehr real zu sein. Nicht Verbindlichkeit als solche also fällt dahin, sondern nur deren universalistische Emphase wird ersetzt durch Verbindlichkeit in einer Mittellage zwischen Singularität und Universalität, durch Verbindlichkeit in der lebbaren Form begrenzter, lokaler Allgemeinheit.

Wer dies alles als Relativismus schilt, hat allein durch diese Vokabel die Verhältnisse grundlegend verzeichnet. Denn von Relativismus könnte man nur so lange sprechen, wie ein Absolutismus möglich wäre. Die Idee eines solchen Absolutismus aber ist geschichtlich unhaltbar geworden. Entweder gibt es radikale Pluralität, dann kann ein Absolutismus immer nur ein Totalitarismus sein; oder es gibt sie nicht, dann ist Relativismus eine gänzlich irreführende Bezeichnung. Tertium non datur. Pluralität ist jedoch das Grundfaktum der Geschichte, seit die Jahrhunderte aufgeklärt wurden, und ist der Generalnenner der heutigen wissenschaftlichen, sozialen und lebensweltlichen Realität. Daher ist Relativismus keineswegs, wie die Kritiker unterstellen, eine bequeme Position, sondern umgekehrt beruht die Buchstabierung dessen, was in Wahrheit Pluralismus ist, als Relativismus auf mentaler Bequemlichkeit und Ignoranz. Die Pluralität aber beinhaltet eine Vielzahl präziser Verbindlichkeiten; der Beliebigkeitsvorwurf greift so sehr fehl, wie der Absolutheitswunsch töricht ist.

Transversalität

Nicht nur die Handlungsform, sondern das ganze Existenzideal verändert sich postmodern. Umgang mit Pluralität, Andersheit und Dissens wird ausschlaggebend. Nicht ein bestimmter Satz rigider Prinzipien, sondern die Fähigkeit des Übergangs zwischen unterschiedlichen Bündeln von Grundsätzen ist jetzt verlangt. Der Blick über den Zaun, der gekonnte Wechsel, das Bedenken auch anderer Möglichkeiten gehören zu den Grundkompetenzen postmoderner Subjekte. Transversalität wird für diese entscheidend. Insgesamt zeichnet sich so eine leichtere, beweglichere Lebensart ab, die fähig ist, ohne letzten Boden zu operieren und hochgradig unterschiedliche Anspruche zu verbinden. Das mag manchen nach bloßer Erleichterung oder Anpassung klingen – dies wäre jedoch eine arge Fehleinschätzung. Eine Existenzform, die mit Differenzen rechnet und Übergänge leistet, ist eher schwierig und anspruchsvoll. Sie ist heute, wo die plural gewordene Wirklichkeit den Übergang zwischen verschiedenen Sinnsystemen und Realitätskonstellationen allenthalben verlangt, aber auch geboten. Sie wird es künftig noch mehr sein.

Entsprechend verschiebt sich auch die Idee der Vernunft – von einem Vermögen der Prinzipien zu einem Vermögen der Übergänge zwischen unterschiedlichen Rationalitäten und deren Ansprüchen. Vernünftigkeit erweist sich jetzt am ehesten im klugen Abwägen und Austarieren unterschiedlicher Ansprüche, nicht in der Durchsetzung eines einzigen.

Seit Kant sah sich die Philosophie gedrängt, eine Vielfalt von Rationalitäten zu explizieren. Sie hat – oft schweren Herzens, aber durch zunehmende Einsichten dazu gedrängt – von der Idee eines letzten Fundaments Abstand genommen. Das hat seinen Grund nicht in Resignation, sondern in Erkenntnis und Anerkennung. Menschliches Leben vollzieht sich stets im *Vorletzten* und *Pluralen*. Das ist es, was die Philosophie, die ehedem eine Wissenschaft von den letzten Gründen sein wollte, zunehmend einsah und wozu sie die Menschen heute anhält und ermutigt.

Hans Blumenberg hat die Tatsache, dass wir in mehr als einer Welt leben, die Formel für Entdeckungen genannt, „die die philosophischen Erregungen dieses Jahrhunderts ausmachen“. Ich meine: Nicht nur die philosophischen Erregungen, sondern auch die soziale Realität und die Pflichten des Handelns darin sind durch solche Pluralität bestimmt. Die Postmoderne sucht diese Pluralität auf den Begriff zu bringen. Darin hat sie ihren sachlichen Kern. Das soll auch heißen: Dieser Kern gilt und ist verbindlich – ob man sich dafür des Ausdrucks „Postmoderne“ bedient oder nicht. Ich wollte Sie vor allem mit diesem Kern vertraut machen. Wer „Postmoderne“ hört, sollte künftig an ihn denken. Und wer nach alledem von Postmoderne noch immer nichts hören mag, der sollte wissen: diesem Kern zumindest wird er sich nicht entziehen, ihm wird er sich stellen müssen.

Aus: Wolfgang Welsch, Postmoderne – Pluralität als ethischer und politischer Wert, Köln 1988, S. 27 f., 32–34, 54 f., 65–67.

Zur Texterschliessung

1. Stellen Sie Merkmale postmodernen Denkens, Handelns und Lebens nach Welsch zusammen.
2. Arbeiten Sie heraus, wie sich postmodernes Denken zum Problem der „Wahrheit“ stellt.
3. Formulieren Sie kritische Anfragen an dieses Konzept.

1.5 Marianne Krüll: Feministische Wissenschaftskritik

Seit den 90er Jahren rückte an bundesdeutschen Universitäten immer mehr die Frage ins Zentrum (feministischer) Forschungen, ob und inwieweit die Wissenschaft (und nicht nur ihre Träger) grundsätzlich männlich strukturiert sei. Feministische Wissenschaftskritik bezog sich dabei auf Erkenntnisse in den Natur- wie Gesellschaftswissenschaften, die nur vorgeblich geschlechtsneutral seien. Nicht mehr die Verbesserung oder Ergänzung der bestehenden Wissenschaft, sondern deren grundsätzliche Infragestellung rückte in den Mittelpunkt feministisch inspirierter Forschungen.

Marianne Krüll, geb. 1936 in Berlin, ist Schriftstellerin und Soziologin. Als ehemals promovierte Akademische Rätin am Seminar für Soziologie der Universität Bonn sind ihre wissenschaftlichen Arbeiten in den Grenzgebieten zwischen Psychologie und Soziologie angesiedelt. Krüll, die sich selbst als „engagierte Feministin" bezeichnet, führt in ihrem hier wiedergegebenen Aufsatz, der als repräsentativ für die feministische Wissenschaftskritik angesehen werden kann, mehrere Gründe an, warum die Wissenschaft „männlich" sei. Dabei setzt sie sich explizit mit dem Topos der „Wertfreiheit" der Wissenschaft auseinander.

Literaturhinweise

Ursula Beer, Geschlecht, Struktur, Geschichte. Soziale Konstituierung des Geschlechterverhältnisses, Frankfurt a. M./New York 1990.
Sandra Harding, Feministische Wissenschaftstheorie. Zum Verhältnis von Wissenschaft und sozialem Geschlecht, Hamburg 1990.
Karin Hausen, Helga Nowotny (Hrsg.), Wie männlich ist die Wissenschaft? Frankfurt a. M. 1986.
Evelyn Fox Keller, Liebe, Macht und Erkenntnis, München 1986.
Marianne Krüll (Hrsg.), Wege aus der männlichen Wissenschaft, Pfaffenweiler 1990.
Luise F. Pusch, Das Deutsche als Männersprache. Aufsätze und Glossen zur feministischen Linguistik, Frankfurt a. M. 1984.
Barbara Schaeffer-Hegel, Barbara Watson-Franke (Hrsg.), Männer Mythos Wissenschaft. Grundlagentexte zur feministischen Wissenschaftskritik, Pfaffenweiler 1988.
Senta Trömel-Ploetz: Frauensprache, Sprache der Veränderung, Frankfurt a. M. 1982.

M 5 Ist die Wissenschaft männlich?

Vortrag im Rahmen der Ringvorlesung „Frauenforschung" an der Universität Augsburg im WS 93/94[1]

Einstieg

Für viele Menschen innerhalb und außerhalb der Hochschulen gilt Wissenschaft auch heute noch als objektiv, neutral, über den Alltag erhaben. Der Wissenschaftler wird herangezogen als angeblich unparteiischer Begutachter von Phänomenen, über die wir alle eine Meinung haben, die Meinung eines Wissenschaftlers aber wird als unbestreitbar richtige Wahrheit anerkannt. Eine Frage wie der Titel meines Vortrags wird als unberechtigt, wenn nicht gar unverschämt abgelehnt. Das Geschlecht habe nun wirklich nichts mit wissenschaftlicher Erkenntnis zu tun, heißt es. Man läßt höchstens noch gelten, daß die Sozial- und Geisteswissenschaften stärker mit dem Thema „Gender" (soziale Geschlechtszugehörigkeit) befaßt sind als andere, vor allem die Naturwissenschaften. Doch generell die Wissenschaft als männlich zu bezeichnen, ist noch immer höchst ungewöhnlich (nicht nur wegen des Verstoßes gegen die Grammatik!)

Wie läßt es sich begründen, daß unsere Wissenschaften durchgängig – also nicht nur die Sozial- und Geisteswissenschaften – männlich sind? [...]

1 Der nachfolgende Textauszug enthält im Original eine Fülle von Literaturverweisen, die aus Gründen der Verständlichkeit gestrichen wurden. Die wichtigsten Verweise finden sich am Ende des Textes.

Beispiele für Lücken in den Wissenschaften

In der Geschichtsforschung kommen Frauen kaum vor. Welche Rolle beispielsweise die Frauen in der Französischen Revolution gespielt haben, oder was Frauen zu den epochalen historischen Geistesströmungen, wie etwa der Aufklärung, beigetragen haben, ist in der androzentrischen [männlichen] Geschichtsschreibung, die nur von den „großen Männern" handelt, kein Thema. Auch die gelegentliche Darstellung großer, historisch bedeutsamer weiblicher Persönlichkeiten entspringt einem Denkmodell, das Geschichte übermäßig personalisiert. Der feministische Blick in die Geschichte ist demgegenüber auf den spezifisch weiblichen, eigenständigen, oft auch widerständigen Beitrag gerichtet, den Frauen am gesellschaftlichen Geschehen des Alltags leisten.

Feministische Theologinnen haben darauf hingewiesen, daß die Vermännlichung des Gottesbildes zu einer „Vergottung" des Männlichen geführt hat. Sie entdeckten für uns nicht nur die wunderbaren Frauen in der Bibel, sondern gingen zurück in vorchristliche Zeiten und erschlossen uns matriarchale [Matriarchat = Gesellschaftsordnung, bei der die Frau eine bevorzugte Stellung innehat] oder frauen-zentrierte Religionen, die dem Patriarchat vorausgingen.

In den Literatur- und Kunstwissenschaften wurden die Werke von Frauen geflissentlich ignoriert oder bagatellisiert. Oft genug haben Männer sogar die Werke von Frauen als ihre eigenen ausgegeben, was erst von Wissenschaftlerinnen aufgedeckt wurde.

In der Musikwissenschaft wurden Komponistinnen wie Fanny Mendelssohn wiederentdeckt, ihre Werke, die nicht einmal gedruckt worden waren, zum erstenmal aufgeführt.

Die Psychologie legt Kriterien zur Persönlichkeits- oder Verhaltensbeurteilung fest, die männlichen Normen entsprechen und zum Maßstab der Bewertung von Frauen benutzt werden, die dadurch als „normabweichend" deklariert werden konnten.

In der Medizin – und zwar nicht nur in der Gynäkologie und Geburtshilfe, sondern auch in der Allgemeinmedizin und in vielen anderen medizinischen Bereichen, insbesondere in der Psychiatrie – ist die Frau als Patientin und Objekt der Forschung im wahrsten Sinne des Wortes den Männern ausgeliefert. Wie menschenverachtend das medizinische Feld und Umfeld geworden ist, erleben wir zur Zeit am Skandal um die AIDS-verseuchten Blutkonserven. Verantwortlich sind Männer, denn nur sie sind in der Medizin – wie überall – Verantwortungsträger.

Die Biologie spiegelt in allen ihren Teilbereichen eine männliche Sicht der Lebewesen wider. Selbst die für allgemeingültig gehaltene Evolutionstheorie Darwins entpuppt sich in feministischer Betrachtung als eine „Evolution des Männlichen". Und auch die Technik, sowie ihre naturwissenschaftlichen Grundlagenfächer: Physik, Chemie und Mathematik gründen auf einem männlich-verzerrten Welt- und Menschenbild. Hier sind noch weniger Frauen als in den anderen Wissenschaften forschend tätig. Wie sehr diese Verzerrungen unser aller Leben beeinflussen, wird meist erst im Einsatz naturwissenschaftlicher Forschung für militärische, d.h. extrem patriarchale Zwecke bewußt. Alle Bereiche unseres Lebens sind von Männern geformt, wir Frauen sind nirgendwo maßgeblich bei den Weichenstellungen beteiligt. Stadtplanung, Raumplanung, Verkehrsplanung, Bauwesen – sind mehr oder weniger „Frauen-frei", unsere Bedürfnisse bleiben unbeachtet. Nur nachher, wenn die Katastrophen eingetreten sind, haben wir überproportional an den Folgen zu tragen. Eine feministische Kritik der Naturwissenschaften ist daher ganz besonders notwendig und wichtig.

Ein besonders wichtiger Bereich, der quer durch alle Wissenschaften läuft, ist die Sprache. Luise Pusch und Senta Trömel-Plötz waren die ersten, die darauf aufmerksam gemacht haben, wie durchgängig Frauen durch unsere Sprache unsichtbar gemacht werden. Berufsbezeichnungen, Personenbezeichnungen in männlicher Form sollen angeblich uns Frauen „mit-meinen". Doch sind wir sicherlich nicht gemeint, wenn es heißt: „Die Deutschen verbringen ihren Urlaub mit Frau und Kind vorzugsweise im Inland." Als Frauen sollten wir sehr sorgfältig darauf achten, uns selbst nicht zu Männern zu machen. „Einer muß mal Protokoll führen [...]" wenn wir nur unter Frauen sind! – Sexistische, d.h. Frauen herabwürdigende Sprache wird überall – auch in der Wissenschaft – verwendet.

Mit der feministischen Brille auf der Nase war es unübersehbar: Frauen und ihre Lebensreiche werden in der Wissenschaft ignoriert, Frauen kommen als Subjekte der Wissenschaft kaum und als Objekte der Wissenschaft in männlicher Perspektive verzerrt vor.

Gründe für die Männlichkeit der Wissenschaften

Der wichtigste Grund für die Männlichkeit der Wissenschaften ist selbstverständlich, daß es nicht genügend Wissenschaftlerinnen gab und gibt. Erst seit 1910 konnten Frauen überhaupt an deutschen Universitäten studieren. Aber bis heute sind sämtliche Fächer, auch die von Frauen bevorzugten, von Männern geleitet. Der Frauenanteil unter den Professoren liegt unverändert unter 5%. Und dies, obwohl es inzwischen genügend qualifizierte Wissenschaftlerinnen gibt. Die Tendenz ist nicht zunehmend, sondern eher fallend, da mit knappen Kassen Frauen wieder eher an den Herd zurückgedrängt werden!

Beim Ausschluß der Frauen aus der Wissenschaft wirken allerdings noch sehr entscheidende Faktoren mit, die Männer grundsätzlich ignorieren:
Eine Frau, die in der Wissenschaft eine Karriere machen will, hat keinen „Hausmann" daheim, der ihr alle lästigen Dinge, wie Kinder betreuen, Kochen, Wäsche waschen abnimmt, wie dies jedem Mann in gleicher Situation wie selbstverständlich zusteht. Eine Frau muß eine Entscheidung fällen: Kinder oder Karriere. Für einen Mann sind Kinder (und die dazugehörige Frau) dagegen geradezu karrierefördernd, denn er muß ja, um sie zu ernähren, Geld verdienen! Wenn Frauen beides wollen – und das wollen die meisten –, dann müssen sie unglaubliche psychische und physische Belastungen auf sich nehmen. Selbst wenn der Mann mitzieht und die Hälfte der Kinder- und Hausarbeit übernimmt, hat sie nie die ideale Situation wie der normale Karriere-Mann mit der nicht erwerbstätigen Ehefrau daheim. Jede Frau, die eine wissenschaftliche Laufbahn anstrebt, müßte also einen großen Bonus bekommen, um diese Hindernisse auszugleichen. Doch eher das Gegenteil scheint der Fall zu sein: Für sie gelten dieselben Altersgrenzen zur Erlangung von Stellen, sie werden von Professoren entmutigt, sich weiter zu qualifizieren, weil „ihre Chancen ja so gering sind, Professorin zu werden" usw.
Vor allem werden Frauen systematisch aus der Wissenschaft herausgedrängt, wenn sie sich mit Frauenthemen befassen. Diese gelten nicht als „wissenschaftlich", weil „parteiisch". Daß alle Themen, die Männer behandeln, ebenso „parteiisch" eine Männerperspektive wiedergeben, wird nicht anerkannt. Wissenschaft sei „geschlechtsneutral", auch wenn inzwischen umfangreiche Forschungen vorliegen, die dies als eine Täuschung belegen. Und damit kommen wir zu einem – vielleicht dem wichtigsten – Grund für die fehlende Präsenz von Frauen in der Wissenschaft: Es geht auch in der Wissenschaft, wie in allen übrigen Bereichen unserer Gesellschaft um die Erhaltung der Machtverhältnisse zwischen den Geschlechtern: Die Wissenschaft ist eine Domäne der Macht-Erhaltung für Männer. Hier werden die Theorien entwickelt, hier wird empirisch geforscht und in Praxis umgesetzt, was Männern dient! Und ihnen dient vor allem die Frau! Wenn Frauen in diese von Männern beherrschte Domäne eindringen, wenn Frauen Macht-Positionen in der Wissenschaft einnehmen wollen, sich nicht mehr mit dienenden Hilfsjobs zufriedengeben wollen, ist Männermacht bedroht.
Mehr noch: Fast jeder Karriere-Mann hat daheim eine Partnerin, die seine Karriere stützt (meist auch noch eine Sekretärin, eine Assistentin, um ihn im Berufsleben zu unterstützen). Würde er zulassen, daß Frauen ihm im Beruf Konkurrenz machen, könnte sich auch in seinem privaten Bereich Grundsätzliches ändern. Und noch weitergehend wäre dadurch gesamtgesellschaftlich die Vorherrschaft der Männer infragegestellt. Denn mit der feministischen Brille können wir erkennen, daß Gender eine grundsätzliche Strukturkategorie unserer Gesellschaft ist, bedeutender als Klasse, Schicht, ethnische Zugehörigkeit.
Wir haben einen nach dem Geschlecht geteilten Arbeitsmarkt, der bestimmte Berufe als „weiblich" und andere – immer die höher angesehenen! – als „männlich" definiert. Wissenschaftliche Berufe gehören wie selbstverständlich zur „männlichen" Domäne. Aber auch innerhalb der Berufszweige sind die Hierarchien so strukturiert, daß oben an der Spitze Männer fast allein herrschen, also die Macht innehaben. Auch dies ist im Wissenschaftsbetrieb überdeutlich zu erkennen. Unsere patriarchale oder Männer-dominierte Gesellschaft würde zusammenbrechen, wenn sich die Machtverhältnisse zwischen Frauen und Männern zugunsten der Frauen verändern würden. Feministische Forscherinnen besonders in den Sozialwissenschaften haben dies anhand von detaillierten Analysen belegt. So ist zu verstehen, daß Männer mit geradezu verrückten, irrationalen Argumenten alles versuchen, um Frauen weiterhin von Positionen der Macht, eben auch aus der Wissenschaft auszuschließen. Diese Argumente werden von ihnen als „wissenschaftlich", d.h. unanfechtbar, weil objektiv präsentiert.
Als feministische Wissenschaftlerinnen müssen wir uns daher auch damit auseinandersetzen, wie „Wissenschaft" von Männern definiert wird. [...]
Man könnte sagen, daß sich die feministische Frauenforschung seit Anfang oder Mitte der 80er Jahre in ihrer zweiten Phase befindet. Ich möchte dies am Beispiel der feministischen Kritik an den Grundfesten der Wissenschaft, nämlich den Vorstellungen von „Objektivität", „Rationalität", „Wertneutralität" und dem Anspruch auf „Wahrheit" wissenschaftlicher Erkenntnis, erläutern.

Ich möchte dabei betonen, daß es die feministische Wissenschaft nicht gibt, daß auch auf der erkenntnistheoretischen Ebene viele Ansätze entwickelt wurden, die ich hier nicht in ihren Unterschieden darstellen kann.

1. Objektivität der Wissenschaft meint im allgemeinen eine Trennung von Forscher und Forschungsgegenstand. Nur so sei eine über das subjektive Verstehen verallgemeinerbare Erkenntnis möglich. Wer das behauptet, verleugnet sich als Person, meist mit dem Ziel, die eigenen Absichten zu verschleiern, bzw. Verantwortung für das eigene Tun abzugeben. Wenn Männer meinen, „objektiv" zu sein, dann stellen sie ihre Sicht als die einzige, eben „objektive" dar, eine andere Sicht – etwa

die von Frauen – wird damit von ihnen für nicht legitim, für unwissenschaftlich erklärt.
Feministische Wissenschaft geht [dagegen] von einer Einheit von ForscherIn und Erforschtem aus. Evelyn Fox Keller plädiert beispielsweise für eine „dynamische Objektivität", die sie definiert als „das Streben nach einem Höchstmaß an echtem Verständnis der Welt um uns, einem Verständnis, das auf einem Gefühl von Verbundenheit zwischen Geist und Natur beruht."
[...] Dynamische Objektivität erfordert Liebe, Ehrfurcht und Verantwortung der/s ForscherIn für das Erforschte. Diese Haltung bringt eine behutsame und respektvolle Behandlung des Forschungsobjekts mit sich, es ist die Form von Fürsorge und Einfühlungsfähigkeit, die – abgespalten – nur der Frauenwelt zugeschrieben wird, die aber in die Wissenschaft hineingehört, wenn nicht weiter Menschenfeindlichkeit, Gewalt und Destruktion unsere Welt, auch die der Wissenschaft, beherrschen sollen.

2. „Rationalität" der Wissenschaft bedeutet in traditionellem Verständnis, daß wissenschaftliches Tun durch nüchterne, vernunftgeleitete Sachbezogenheit gekennzeichnet sei, während Emotionalität als „Irrationalität" angeblich in der Wissenschaft nichts zu suchen hat. Bemerkenswert ist dabei, daß die beiden Polaritäten wieder einmal mit den stereotypen [vorurteilsbehafteten] Vorstellungen von „Männlichkeit" und „Weiblichkeit" übereinstimmen. Die Schlußfolgerung nämlich, daß Frauen – weil „emotionaler" als Männer – nicht als Wissenschaftlerinnen taugen, ist bis in die Gegenwart hinein ein gängiges Vorurteil.
Bei genauem Hinsehen jedoch entpuppt sich die „Rationalität" von WissenschaftlerInnen als eine nach außen präsentierte Fassade, hinter der Gefühle, wie Angst, Unsicherheit, aber auch Selbstherrlichkeit und Größenwahn verborgen sind. So ist es beispielsweise sehr auffällig, wie gefühlsbetont und wie wenig „rational" gerade in der Wissenschaft argumentiert wird, wenn die angebliche „Rationalität" verteidigt werden soll. Der Schein der „Rationalität" verdeckt die subjektive (männliche) Interessengeleitetheit wissenschaftlichen Tuns, verschleiert die „Irrationalität" einer Wissenschaft, die sich der Verantwortung für die Ergebnisse ihrer Theorien und Forschungsergebnisse zu entziehen versucht.
Frauen fühlen sich nicht zuletzt auch deshalb häufig von der Wissenschaft abgestoßen oder zumindest sich nicht zu den „harten", z.B. den technischen Wissenschaften hingezogen, weil sie die Aufspaltung ihrer Person in einen rational-vernünftigen und in einen emotional-sinnlichen Teil nicht mitvollziehen wollen. Daß Frauen „weiche" Studienfächer bevorzugen, in denen diese Trennung nicht so extrem gefordert ist – etwa in den Sozial- und Geisteswissenschaften – läßt sich unter anderem so erklären. Wenn Frauen sich der männlichen Wissenschaft angepaßt haben, und meinen, das Geschlecht spiele in ihrer Wissenschaft oder in der Art, wie sie Wissenschaft betreiben, keine Rolle, dann müssen sie sich doppelt verleugnen: Als Person, die, weil sie sich als „rational" definiert, ihre Gefühle, Sinne, ihre Körperlichkeit verdrängen muß (was auch Männern abgefordert wird), und als Frau, die ihren eigenen Lebenszusammenhang als Frau in dieser Gesellschaft nicht mehr wahrnimmt und sich auch in ihrem wissenschaftlichen Tun dafür die Augen verschließt.

3. Die „Wertfreiheit" und die „universelle Gültigkeit" der Wissenschaft erscheint in feministischer Perspektive ebenfalls als ein Versuch der Verschleierung handfester männlicher Parteilichkeit. Denn wissenschaftliche Forschung ist immer parteilich, kann sich nie aus den sozialen Kontexten lösen, in denen sie entsteht und auf die sie zurückwirkt. Dies wird zwar von vielen männlichen Wissenschaftstheoretikern in Vergangenheit und Gegenwart nicht bestritten. Es ist allerdings erstaunlich, daß erst Feministinnen darauf hingewiesen haben, in welch entscheidendem Maße Erkenntnis von der Geschlechtszugehörigkeit der/des Wissenschaftlerin/s bestimmt ist. Die Wissenschaft, wie wir sie kennen, ist aus einer Gleichsetzung von Natur und Frau hervorgegangen, die beide vom Mann gezähmt und unterworfen werden sollten. „Mutter Natur" wurde in der Bildersprache von Francis Bacon[1], zum „unbändig rasenden Weib", das man durch menschliche Kunst binden, „gänzlich umkehren, verwandeln und in ihrem Innersten erschüttern solle". Der Natur sollte der „Schleier entrissen" werden, um dem männlichen Willen und seiner Kontrolle zu gehorchen. Es ist sicherlich kein Zufall, daß die im 16. Jahrhundert beginnende Verfolgung und Vernichtung der Hexen mit dem Aufkommen der modernen Naturwissenschaft einhergingen [...].
Doch es ist nicht notwendig, zu den Anfängen der Wissenschaft zurückzukehren, um die frauenfeindliche Metaphorik im wissenschaftlichen Diskurs zu entdekken, der alles andere als „wertfrei" oder „wertneutral" ist. Nicht nur fehlt in den großen, von Männern geführten wissenschaftstheoretischen Debatten von Max Weber[2] bis Niklas Luhmann[3] eine Reflexion über ihre eigene Wertbezogenheit als männliches Gesellschaftswesen, es zeigt sich auch eine weitgehende Unfähigkeit, sich in die Position von Frauen zu ver-

1 Francis Bacon war ein englischer Philosoph und Staatsmann.
2 Zu Max Weber vgl. die Hinweise auf S. 19.
3 Niklas Luhmann, deutscher Soziologe, gilt als Begründer der Systemtheorie.

setzen, wenn sie zu Themen der Geschlechterdifferenz Stellung nehmen.

Demgegenüber fordern feministische Wissenschaftlerinnen eine „bewußte Parteilichkeit“, die Forschungsobjekt und Forschungssubjekt in einen umfassenden gesellschaftlichen Zusammenhang, eben den des Patriarchats, stellt. Ziel feministischer Parteilichkeit ist es unter anderem, die einseitig männliche Sicht in der Wissenschaft aufzudecken und ihren Universalismus-Anspruch infragezustellen. Denn wenn sich hinter der vermeintlichen Wertneutralität massive frauenfeindliche Tendenzen verstecken, ist Wissenschaft nicht „universal“, sondern „männlich“.

Grundsätze feministischer Wissenschaft

Aus der hier nur sehr verkürzt dargestellten feministischen Kritik am traditionellen Wissenschaftsverständnis ergeben sich – ebenfalls in äußerster Kürze zusammengefaßt – einige Grundsätze feministischer Wissenschaft:

1. Überwindung des Androzentrismus, d.h. der Männerzentriertheit der Wissenschaft, deren angeblich geschlechtsneutrale Begriffe, Theorien, Denkmuster und Methoden einseitig auf das Lebensspektrum von Männern hin orientiert und konzentriert sind. Sandra Harding formuliert es so: „Wenn Frauen systematisch von der Planung und Durchführung wissenschaftlicher Projekte ausgeschlossen werden und ihre Arbeit abgewertet wird, dann ist der personenbezogene Status innerhalb der Wissenschaft ebensowenig wertfrei, objektiv und unvoreingenommen wie die Bewertung der Forschungsresultate, und dergleichen scheint auch gar nicht vorgesehen zu sein. Statt dessen steht dieser Diskurs der Wertfreiheit, Objektivität und sozialer Unvoreingenommenheit offensichtlich eher im Dienst gesellschaftlicher Kontrolle. Eine Institution, die beharrlich darauf verweist, daß sie solche Ziele bereits erreicht habe, bedient sich eines machtvollen rhetorischen Instruments, um ihren eigenen Einseitigkeiten eine Grundlage zu verschaffen, die durch eine gleichermaßen einseitige Gesetzgebung und Öffentlichkeit abgesegnet werden kann.“

Solange männliche Lebensmuster und Denkweisen zum Leitbild für ein wissenschaftliches Schaffen gemacht werden, kann Wissenschaft nicht den Anspruch erheben, für und über „die Menschen“ und die Allgemeinheit zu sprechen und zu urteilen.

2. Konsequente Anwendung der Gender-Perspektive in allen Aspekten wissenschaftlichen Tuns heißt, das Geschlecht als soziale Strukturkategorie zu betrachten. Nicht nur die realen Lebensbedingungen von Frauen und Männern sind damit gemeint, sondern auch die Denksysteme, in die wir hineingeboren werden, die wir uns aneignen und damit bestätigen, die wir aber auch in kritischer Auseinandersetzung verändern können. Gerade in der Wissenschaft sind wir aufgerufen, die gegebenen Geschlechterverhältnisse zu reflektieren, und zwar sowohl bezogen auf die Forschungs„objekte“ – die insbesondere in den Sozialwissenschaften weibliche oder männliche Subjekte sind! –, als auch bezogen auf unsere eigene Gender-Zugehörigkeit als Wissenschaftlerinnen oder Wissenschaftler.

3. Die Forderung der Emanzipation der Frauen und damit der Überwindung der bestehenden patriarchalen Verhältnisse heißt, daß sich Frauen aus einem Zustand der existentiellen und rechtlichen Abhängigkeit vom Ehemann, vom „Patriarchat im Kleinen“, aber auch aus den einengenden, biologistisch begründeten Rollenzuschreibungen im gesamtgesellschaftlichen Kontext befreien müssen. Dies ist ein zentrales Thema feministisch-wissenschaftlicher – insbesondere sozialwissenschaftlicher – Forschung und Theoriebildung. Ob die Frauenemanzipation durch „Gleichheit“, d.h. durch Anpassung an die Lebens- und Verhaltensweisen von Männern zu erreichen ist oder eher durch Betonung ihrer „Differenz“, ist allerdings ein heißumstrittenes Thema im feministischen Theorie-Diskurs. Theoretikerinnen der „Gleichheit“ streben eine Aufhebung der Unterschiede zwischen Frauen und Männern im Denken und Handeln an und fordern egalitäre Verhältnisse hier und jetzt. Bestehende Unterschiede werden auf soziale, und das heißt aufhebbare, politisch abzuschaffende Zusammenhänge zurückgeführt. „Differenz“-Theoretikerinnen dagegen akzeptieren die sozialen Unterschiede zwischen Frauen und Männern, die sie teilweise oder weitgehend auf biologische Unterschiede zurückführen. Sie verlangen jedoch, daß die negative Bewertung des „Weiblichen“ aufgehoben wird. Die Einbeziehung „weiblicher“ Werte auch in der Wissenschaft wird hier als Weg feministischer Emanzipation angesehen.

4. Parteilichkeit und persönliche Betroffenheit bleiben die Grundlagen der Frauenforschung: Wir Frauen erfahren buchstäblich am eigenen Leibe, was es heißt, wenn das „Weibliche“ in allen Bereichen wissenschaftlicher Forschung und Theoriebildung vernachlässigt oder wie selbstverständlich für die Interessen der Männer vereinnahmt wird. Wir wissen daher, wie sich Frauendiskriminierung „anfühlt“. Das macht uns als Wissenschaftlerinnen potentiell (nicht automatisch!) sensibler und offener für die Erkundung ähnlicher Diskriminierungen. Wir wissen aus eigener Erfahrung, daß der weibliche Lebenszusammenhang ein anderer

ist als der von Männern, während Männer davon ausgehen, daß ihrer „universell“ ist. Frauen bereichern die Forschung um Themen, die bislang nicht behandelt wurden. Sie wählen bevorzugt Forschungsbereiche, die ihre eigene Situation und die anderer Frauen betreffen, mit dem Ziel, sie zu verbessern. [...]

7. Frauenforschung kann – jedenfalls zum gegenwärtigen Zeitpunkt – keine Männerforschung sein. Frauen forschen zwar über Männer, indem sie etwa die Geschlechterverhältnisse thematisieren, doch haben Männer als Forschende in der feministischen Wissenschaft keinen Platz. Ein Mann kann kein „Feminist“ sein. Forderungen von Männern in dieser Richtung laufen bei näherer Betrachtung immer wieder auf eine Vereinnahmung der Frauenforschung für ihre Interessen hinaus. Das soll nicht ausschließen, daß sich Männer auf der Grundlage einer Patriarchatskritik ihrem eigenen Geschlecht forschend zuwenden und dabei Erkenntnisse feministischer Wissenschaft heranziehen.

6. Schluss

Wir haben noch einen weiten Weg vor uns, um dahin zu gelangen, wo männliche Wissenschaft behauptet, heute schon zu sein: bei einer gender-neutralen Wissenschaft – besser: bei einer Wissenschaft, in der beide – die Frauen- und die Männerwelt gleichwertig und in gleichem Maße erforscht wird. Dazu müssen Frauen in der Wissenschaft ihre Stimme erheben. Wir müssen „Definitionsmacht“ erlangen, damit nicht weiterhin Männer über uns und unsere Welt bestimmen, damit nicht weiterhin Männer unsere Welt zerstören!

Aus: Marianne Krüll, Ist die Wissenschaft männlich?, in: Hildegard Macha u. a. (Hrsg.), Frauen im Aufbruch. Augsburg 1996, S. 11–28.

Zur Texterschliessung

1. Führen Sie aus, wie es nach Krüll zum Ausschluss der Frauen aus der Wissenschaft kommt.
2. Tragen Sie – wenn möglich – weitere Beispiele für die genannten „Lücken in den Wissenschaften“ zusammen.
3. Welche Gründe für die „Männlichkeit der Wissenschaft“ nennt Krüll?
4. Erläutern Sie die genannten „Grundsätze feministischer Wissenschaft“ in eigenen Worten.

2.0 Sozialstruktur

Auch kulturelle Güter unterliegen einer Ökonomie, doch verf
diese über ihre eigene Logik. Die Soziologie sucht die Beding
zu rekonstruieren, deren Produkt die Konsumenten dieser Gü
und ihr Geschmack gleichermaßen sind; zugleich ist sie bemü
die unterschiedlichen Weisen der
Zeitpunkt als Kunst rezipierten K

Klasse – Schicht – Milieu – Geschlecht

„In den Chefetagen der Großkonzerne und an den Bundesgerichten dominieren die Söhne des Bürgertums und vor allem des Großbürgertums ganz eindeutig. Beim Weg in die Chefetagen der 400 führenden Großkonzerne sind – gemessen an ihrem Anteil an der Bevölkerung – die Söhne des gehobenen Bürgertums doppelt, die des Großbürgertums sogar mehr als dreimal so erfolgreich wie Angehörige anderer Gruppen. Der Nachwuchs von leitenden Angestellten schafft den Sprung nach oben sogar zehnmal häufiger als Arbeiterkinder. Bei den Spitzenpositionen der Justiz sieht es ähnlich aus."[1] Zugespitzt formuliert: Frauen haben in unserer Gesellschaft in vielen Bereichen immer noch weniger Aufstiegsmöglichkeiten als Männer; Arbeiterkinder haben die schlechtesten, Unternehmerkinder die besten Chancen auf Karriere; Schul- und Berufserfolge hängen vielfach vom Elternhaus ab. Mit dem Formulieren derartiger Aussagen bzw. ihrer Überprüfung und Erklärung befasst sich die Soziologie. Sie fragt danach, welche überindividuellen Strukturen für eine – in einem Nationalstaat lebende – Gesamtheit von Menschen prägend und bestimmend sind. Sie befasst sich mit der Art und Weise sowie der Funktion dieser Strukturen, dem Aufbau und der inneren Gliederung einer Gesellschaft. Sie fragt nach deren Zustandekommen, nach Beziehungen der Über- und Unterordnung, den Herrschaftsverhältnissen und nach – möglichen – Veränderungen von Gesellschaft.

Im Zuge einer voranschreitenden Spezialisierung der Soziologie haben sich verschiedene „Bindestrich-Soziologien" herausgebildet, wie etwa die Familien-Soziologie, die Industrie-Soziologie oder die Bildungs-Soziologie. Ein von Stephan Lessenich und Frank Nullmeier herausgegebener Sammelband unter dem Titel „Deutschland. Eine gespaltene Gesellschaft" nennt siebzehn unterschiedliche Sozialfiguren gesellschaftlicher Spaltung, darunter Gegensätze wie „Arm und Reich", aber auch „Alt und Jung", „Eltern und Kinderlose", „Gläubige und Ungläubige" sowie „Elite und Masse"[2] – die alle Ansatzpunkte für einen Zweig der Soziologie darstellen könnten. Gleichwohl muss der Soziologie als Gesellschaftswissenschaft doch die Einsicht wichtig bleiben, dass es sich hierbei nicht um isoliert zu betrachtende soziale Erscheinungen handelt. Diese sind vielmehr verwoben mit einer geschichtlich bestimmten ökonomischen und sozialen Grundstruktur, bedingen und bestimmen sich in einem wechselseitigen Prozess. Diese historische Perspektive ist für eine kritische Soziologie von besonderer Bedeutung: Sie muss, wie der Bremer Soziologe Lothar Peter formuliert hat, „erstens die im Verlaufe gesellschaftlicher Modernisierung sich verändernden konkreten Formen von Herrschaft untersuchen und ihre Bedeutung für die Handlungsmöglichkeiten der Betroffenen erkennbar machen. Und sie muss zweitens Theorien, Konzepte und Begriffe kritisch dekonstruieren, die gesellschaftliche Herrschaft ausblenden, verharmlosen, verschleiern oder rechtfertigen."[3]
Unterschiedliche Erkenntnisinteressen haben unterschiedliche Theorietraditionen bezüglich der Analyse der Gesellschafts- oder auch Sozialstruktur hervorgebracht. Auf einer abstrakt-formalen Ebene umfasst Sozialstruktur „Wirkungszusammenhänge in einer mehrdimensionalen Gliederung der Gesamtgesellschaft in unterschiedlichen Gruppen nach wichtigen sozialrelevanten Merkmalen sowie in den relativ dauerhaften sozialen Beziehungen dieser Gruppen untereinander."[4] Dieses Abstraktum wird im Folgenden dahingehend konkretisiert, dass bei den nachfolgenden Theoretikern – mit gutem Grund – die Entwicklung der Strukturen sozialer Ungleichheit im Zentrum steht.
In den Auszügen aus dem von **Karl Marx** und **Friedrich Engels** verfassten „Kommunistischen Manifest" geht es um Aussagen zur Grundstruktur der bürgerlichen Gesellschaft, die sich mit der Überwindung der ständestaatlich-absolutistischen Ordnung durch das Bürgertum herauszubilden begann. Diese Grundstruktur reicht einerseits bis in die Gegenwart (Kontinuitätsaspekt), gleichzeitig unterlag und unterliegt sie andererseits selbst Modifikationsprozessen (Aspekt der Diskontinuität).
Philosophisch bzw. politisch Ideen von Aufklärung und Liberalismus aufgreifend, konnte das Bürgertum als Klasse im 18. und 19. Jahrhundert durch bürgerliche Revolutionen die politische Macht erringen und Gesellschaft wie

1 Michael Hartmann, Eliten in Deutschland. Rekrutierungswege und Karrierepfade, in: Aus Politik und Zeitgeschichte B 10/2004, S. 17–24, hier S. 20.
2 Stephan Lessenich / Frank Nullmeier (Hrsg.), Deutschland. Eine gespaltene Gesellschaft, Frankfurt a. M./New York 2006.
3 Lothar Peter, Über die Notwendigkeit gesellschaftskritischer Soziologie. Abschiedsvorlesung am 10.2.2006 an der Universität Bremen, zitiert nach Stephan Moebius/Gerhard Schäfer (Hrsg.): Vorwort des Bandes Soziologie als Gesellschaftskritik. Wider den Verlust einer aktuellen Tradition, Hamburg 2006, S. 7–9, hier S. 8.
4 Rainer Geißler, Die Sozialstruktur Deutschlands. Die gesellschaftliche Entwicklung vor und nach der Vereinigung, Wiesbaden 2002 (3. Auflage), S. 21.

Politik erstmals in seinem Sinne strukturieren. Freiheit des Einzelnen (d. h. vor allem von ständischen Beschränkungen), Gleichheit vor dem Gesetz und der Privatbesitz an Produktionsmitteln – auf diese Kurzformel lässt sich der Kern einer jeden liberal-bürgerlichen Klassengesellschaft komprimieren. Dass die enge Kopplung von Freiheitsbegriff und Besitz an Produktionsmitteln neue Widersprüche hervorbrachte, zeigte sich mit dem Entstehen der neben der Bourgeoisie zweiten großen Klasse der bürgerlichen Gesellschaft, dem „freien", aber besitzlosen Proletariat. Dieses richtete seine Forderungen zunächst vor allem auf die Verbesserung seiner Lebensbedingungen („soziale Frage"), die sich augenscheinlich nicht von sich selbst einstellte. Zwischen Bourgeois und Proletarier entwickelte sich so ein ökonomisch begründeter Gegensatz, der auf der Aneignung fremder Arbeitsleistung (Mehrarbeit) durch das Kapital beruht und der als ökonomisch fundiertes Herrschaftsverhältnis bezeichnet werden kann. (Siehe auch S. 45 ff.)

Während der Begriff der Klassen aus dem gesellschaftlichen Grundverhältnis zu bestimmen ist, gehört das beobachtbare Schichtengefüge einer Gesellschaft zu deren äußerem Erscheinungsbild. Hier wird die Gesellschaft als ein Gefüge unterschiedlicher Lebensbedingungen, die an Beruf, Einkommen, Bildung und Prestige festgemacht werden, beschrieben. Schichtungsanalysen wie die von **Max Weber**, **Theodor Geiger** oder **Helmut Schelsky** gehen – meist in Form einer Rangordnung – in der Regel davon aus, dass Menschen in ähnlichen Lebenslagen ähnliche Lebenserfahrungen machen und über ähnliche Wertvorstellungen, Verhaltensweisen und Normen verfügen (schichttypische Mentalitäten und Einstellungen). Schichten lassen sich folglich auch durch typische Privilegien und Benachteiligungen unterscheiden. Relativ feste Rangordnungen mit ihren Abgrenzungen und prozentualen Zurechnungen gelten in Zeiten dynamischer Wandlungsprozesse schnell als überholt. Nicht zuletzt aus diesem Grund werden in der jüngeren Sozialstrukturforschung Entwicklungen berücksichtigt, die zusätzlich auf die Bestimmung sozialer Positionsunterschiede Einfluss nehmen. Dies gilt bspw. für die Qualität der Arbeitsbedingungen, Umwelt- und Wohnverhältnisse, aber auch für anhaltende Ungleichbehandlungen und Diskriminierungen.

Schichtungsanalysen bilden zwar eine soziale Rangordnung ab, die Strukturen sozialer Ungleichheit erkennbar machen, meist aber nicht deren Ursachen herausarbeiten. Insofern steht der Schicht-Begriff mit dem Klassen-Begriff in einem Konkurrenzverhältnis, wobei Letzterer mit einer Analyse feinerer Differenzierungen von Lebensbedingungen und -weisen durchaus vereinbar ist.

Gegen Klassen- und Schichttheorien generell sind Theorien gerichtet, in denen die These vertreten wird, dass sich im Zuge der Modernisierung der Gesellschaft Klassen und Schichten aufzulösen begännen. Exemplarisch für diese Auffassungen haben wir die Ausführungen von **Ulrich Beck** aufgenommen. Im Zentrum derartiger Argumentationen steht vielfach die Vorstellung, dass die sozialstrukturellen Wandlungen der zweiten Hälfte des zwanzigsten Jahrhunderts die Individuen einer Vielzahl von Wahlmöglichkeiten, aber auch Entscheidungszwängen einer „Nachklassengesellschaft" aussetzten (vgl. das Kapitel Sozialer Wandel, S. 115 ff.). „Individualisierung" sucht das widersprüchliche Verhältnis einer Herauslösung der Individuen aus traditionellen Bindungen und Verhaltensorientierungen bei gleichzeitig entstehenden neuen Formen sozialer Integration zu erfassen. Die Überwindung materieller Verelendung bzw. steigender Wohlstand und Massenkonsum sowie die – darauf zurückzuführende – ausbleibende soziale Polarisierung führten, so die Quintessenz dieser Überlegungen, gleichsam zu einem Verschwinden der Klassen.

Dass die soziale Positionierung der Individuen nach wie vor auf ihre Biografien durchschlage bzw. dass Klassen- und Schichtzugehörigkeit unterschwellig Individuen determiniere, versucht das von **Pierre Bourdieu** entwickelte „Habitus-Konzept" aufzuzeigen. Die historische Klassenerfahrung gerinne zu klassen- und generationstypischen Habitusformen, die in Gestalt eines zumeist unbewusst angeeigneten Geflechts von Gewohnheiten, Sitten, Gebräuchen und bestimmten Weisen des Denkens, Fühlens und Erlebens sozial „vererbt" würden. Der so entstandene „Habitus" bilde ein inneres Regulativ, das jeweils neu auftretende äußere Zwänge wie selbstverständlich in subjektiv gewollte Handlungen umsetze. Ein gutes Beispiel hierfür ist das Bildungsverhalten: Bildungschancen, so eines der zentralen Ergebnisse der diversen PISA-Studien, sind immer noch stark durch die soziale Herkunft determiniert. Offenbar konservieren Arbeiterfamilien Wertorientierungen und Verhaltensweisen, die Chancenlosigkeit bereits subjektiv vorwegnehmen und in Wechselwirkung mit Auswahl- bzw. Ausgrenzungsmechanismen der Bildungsinstitutionen zur Aufrechterhaltung des Bildungsprivilegs beitragen. Fehlendes „kulturelles Kapital" führe so zur dauerhaften Festschreibung von Klassenverhältnissen. Nicht nur die materiellen Lebensbedingungen, sondern in zunehmendem Maße die klassenspezifischen Habitusformen beeinflussen danach die Biografie der Menschen.

Kennzeichnend für die Analyse sozialer Lagen und sozialer Milieus (vgl. hierzu den Text von **Stefan Hradil**), die zum Gegenstand jüngerer soziologischer Forschungen geworden sind, ist die Vermittlung objektiver Bedingungen und subjektiver Neigungen. Die Erforschung von sozialen Milieus wollte und konnte aufzeigen, dass in Bevölke-

rungsgruppen mit vergleichbaren Qualifikations- und Bildungsniveaus sowie einem vergleichbaren Einkommen erhebliche Abweichungen in den Wertorientierungen und Lebensstilen existieren. Diese überschritten, so die zentrale These, die nach objektiven Kriterien gebildeten Klassen und Schichten: „Soziale Milieus", so das Sinus-Institut, „fassen Menschen zusammen, die sich in Lebensauffassung und Lebensweise ähneln, die also gleichsam ‚subkulturelle' Einheiten innerhalb der Gesellschaft bilden." Untersucht werden hier also Gruppen der Bevölkerung im Hinblick auf ihre Wertorientierungen und Lebensziele, nach ihren Einstellungen zu Arbeit und Freizeit usw. Zusammengefasst werden deren Träger zu sozialen Milieus oder subkulturellen Einheiten, wobei deren Grenzen fließend sind.
Lange wurden von der sozialwissenschaftlichen Forschung die Geschlechterverhältnisse kaum berücksichtigt. Bis in die 60er Jahre des 20. Jahrhunderts hinein (vgl. stellvertretend die Ausführungen **Arnold Gehlens**) wurde der wissenschaftliche Diskurs über das Verhältnis von Mann und Frau in der Regel in der Absicht geführt, die Unterdrückung der Frau und ihre untergeordnete Rolle zu rechtfertigen. Frauen wie Männern wurden je spezifische Eigenschaften zugeschrieben, die sie für unterschiedliche Rollen und Aufgaben in einer Gesellschaft vorbestimmten. Die Rede vom „Wesen der Frau" (und damit auch vom „Wesen des Mannes") ist die biologistische Verkürzung derartiger Vorstellungen, die eine jahrhundertelange Tradition besitzen und die geschlechtsspezifische Sozialisation (vgl. die Seiten 79 ff.) dementsprechend bestimmten.
Mit der neuen Frauenbewegung der sechziger Jahre findet in den Wissenschaften hier ein grundlegender Wechsel der Blickrichtung statt. Geschlecht wird zunehmend als eine soziale (und nicht mehr v. a. biologische) Konstruktion verstanden, Diskussionen um den Zusammenhang von Klasse, Geschlecht und Herrschaft werden immer mehr mit dem Ziel der umfassenden, tatsächlichen Gleichstellung der Geschlechter geführt. **Ute Gerhard** zeichnet zentrale Fragestellungen und Diskurse feministischer Forschungen nach, in denen das Geschlecht als Sozial-Kategorie aufgefasst wird. Ausgehend von einer immer noch bestehenden geschlechtsspezifischen und -hierarchischen Arbeitsteilung und anzutreffenden Gewaltverhältnissen in Beziehungen fragt sie nach männlichen Interessen im Wissenschaftsbetrieb und in der philosophischen Theoriebildung, die der Aufrechterhaltung derartiger Formen von (männlicher) Herrschaft dienen (vgl. hierzu auch den Beitrag von Marianne Krüll zur feministischen Wissenschaftskritik, S. 33 ff.).

Eingangs wurde darauf hingewiesen, dass Vorstellungen von Gesellschaft (und auch der Begriff selbst) stark an klare nationalstaatliche Grenzen gebunden waren und vielfach noch sind. Vorstellungen von und Theorien über Gesellschaft fallen in der Regel mit der politischen Realität eines Nationalstaates zusammen. So sprach die Soziologie des 20. Jahrhunderts von der französischen, der amerikanischen oder eben auch der deutschen Gesellschaft, die jeweils über eigene, typische Strukturelemente verfüge. Mit Blick auf die Internationalisierungsprozesse von Wirtschaft (und Politik?), die gemeinhin als „Globalisierung" bezeichnet werden, ist allerdings zu fragen, ob Vorstellungen von nationalen Produktionsmodellen, nationalen Politikprozessen, nationaler (Sozial-)Staatlichkeit, nationaler Kultur und einer nationalen Gesellschaft nicht der Vergangenheit angehören. Kurz: Verabschiedet sich die deutsche Gesellschaft zugunsten einer europäischen Gesellschaft oder gar der „Weltgesellschaft"? Lässt sich also angesichts der Globalisierungsprozesse überhaupt noch von einer nationalstaatlichen Gesellschaft sprechen? Texte, denen ein grundlegenden Charakter attestiert werden kann, existieren hier noch nicht. Zukünftige Sozialwissenschaftlerinnen und -wissenschaftler sind aufgefordert, an diesen Fragestellungen weiterzuarbeiten.

LEITFRAGEN

1. Wie werden zentrale Begriffe (Klasse, Schicht, Milieu, Geschlecht) definiert, wie grenzen sie sich voneinander ab?
2. Wie stellt sich das Verhältnis von objektiven und subjektiven Zugehörigkeitsmerkmalen zu einer sozialen Gruppe dar?
3. Welche Texte sind aus Ihrer Sicht als Texte einer „kritischen Soziologie" im Sinne des oben angeführten Zitats von Lothar Peter zu bezeichnen?
4. Lassen sich die jeweiligen Überlegungen politisch ordnen? Bestimmen Sie mögliche politische Folgerungen der jeweiligen Theorie.
5. Wie spiegelt sich die Entwicklung der Gesellschaft auch in der Entwicklung der Theorien über sie wider?
6. Welche Rolle spielen die Geschlechterverhältnisse?

LITERATURHINWEISE

Aus Politik und Zeitgeschichte B. 34–35 (2005), Thema: Soziologie.
Aus Politik und Zeitgeschichte B. 44–45 (2006), Thema: Soziale Milieus.
Hanno Drechsler/Wolfgang Hilligen/Franz Neumann (Hrsg.), Gesellschaft und Staat. Lexikon der Politik, München 1995 (9. Auflage).
Rainer Geißler, Die Sozialstruktur Deutschlands. Die gesellschaftliche Entwicklung vor und nach der Vereinigung, Wiesbaden 2002 (3. Auflage).
Gerhard Hauck, Geschichte der soziologischen Theorie. Eine ideologiekritische Einführung, Reinbek bei Hamburg 1993 (3. Auflage).
Dirk Kaesler/Ludgera Vogt, Hauptwerke der Soziologie, Stuttgart 2000.
Stephan Moebius/Gerhard Schäfer (Hrsg.), Soziologie als Gesellschaftskritik. Wider den Verlust einer aktuellen Tradition, Hamburg 2006.

2.1 Karl Marx & Friedrich Engels: Die Klassengesellschaft

Obwohl weder Karl Marx (1818–1883) noch Friedrich Engels (1820–1895) eine gesonderte Abhandlung zur Klassentheorie geschrieben haben, gilt der Marxismus vor allem als Lehre von Klassenherrschaft, Klassenkampf und Revolution. Zwar hat insbesondere Karl Marx in langen Phasen seines Schaffens vor allem ökonomietheoretische Schriften verfasst (siehe S. 210 ff.), eine Abschaffung der Klassenherrschaft ist aber auch dort immer erkenntnisleitend.
Karl Marx kam aus einer zum Protestantismus gewechselten jüdischen Familie. Während seines Studiums setzte er sich für eine Weiterentwicklung der Gesellschaft gegen Armut und Diskriminierung ein und stand damit in Opposition zur offiziellen Haltung des preußischen Staates. Da er diese Haltung nicht aufgab, musste er sich über teilweise langjährige Aufenthalte in Paris und Brüssel 1849 ins Exil nach London begeben. Engels dagegen durchlief als Sohn eines Textilfabrikanten eine eher kaufmännisch orientierte Ausbildung, die ihn aber bis nach England brachte. Nach seiner Teilnahme an der Revolution 1848 ging er wieder zurück nach England.
Der folgende Auszug stammt aus dem Kommunistischen Manifest, einer im Vergleich zum Hauptwerk von Marx, dem „Kapital", eher populär gehaltenen Schrift vom Februar 1848, mit dem die kommunistisch orientierten Arbeiter zum Umsturz der bürgerlich-kapitalistischen Ordnung aufgerufen werden sollten. In diesem Dokument finden sich vor allem im ersten Abschnitt (Bourgeois und Proletarier) zentrale Aussagen zur Gesellschaftsanalyse von Marx und Engels, die hier in Auszügen wiedergegeben werden.
Den Auffassungen von Marx und Engels liegt ein Stufenmodell gesellschaftlicher Entwicklung zugrunde (vgl. hierzu auch den Textauszug von Marx und Engels im Kapitel „Sozialer Wandel", S. 93 ff.), das sich durch die stete Existenz antagonistischer Klassen auszeichnet, die ihrerseits durch ihre ökonomische Stellung bestimmt sind. In der bürgerlich-kapitalistischen Gesellschaft sind dies Bourgeoisie und Proletariat, zwei Klassen mit grundsätzlich unterschiedlichen, antagonistischen Interessen. Hinter dem Begriff des Kapitals verbirgt sich, so wie ihn Marx und Engels verstehen, ein gesellschaftliches Verhältnis: das Verhältnis zwischen dem Eigentümer an Produktionsmitteln und dem Lohnarbeiter. Nicht die Produktionsmittel an sich besitzen die Eigenschaft, ihrem Besitzer ein Einkommen zu sichern; dies vermag nur die vom Kapitalisten auf dem Arbeitsmarkt erworbene Ware, die Arbeitskraft des Lohnarbeiters. Dieser wird, so Marx, in der Produktion „angewendet"; sein Arbeitsprodukt gehört dem Anwender. Das Kapital vermehrt sich, das Proletariat bleibt besitzlos. Aus diesem Grund bezeichnet Marx das Kapital als ein „gesellschaftliches Produktionsverhältnis", als „Produktionsverhältnis der bürgerlichen Gesellschaft" [1], das es abzuschaffen gälte.
In seiner Grabrede für Karl Marx wies Friedrich Engels auf diesen Impetus bei Marx hin: „Marx war vor allem Revolutionär. Mitzuwirken, in dieser oder jener Weise, am Sturz der kapitalistischen Gesellschaft und der durch sie geschaffenen Staatseinrichtungen, mitzuwirken an der Befreiung des modernen Proletariats, dem er zuerst das Bewusstsein seiner eigenen Lage und seiner Bedürfnisse, das Bewusstsein der Bedingungen seiner Emanzipation gegeben hatte – das war sein wirklicher Lebensberuf." [2]

1 Karl Marx/Friedrich Engels: Lohnarbeit und Kapital, in: Marx-Engels-Werke, Bd. 6, Berlin (DDR) 1982, S. 397–423, hier: S. 408.
2 Friedrich Engels: Grabrede für Karl Marx, in: Marx-Engels-Werke Bd. 19, Berlin (DDR) 1972, S. 336.

Literaturhinweise

Iring Fetscher, Karl Marx und der Marxismus. Von der Philosophie des Proletariats zur proletarischen Weltanschauung, München 1973.
Werner Hofmann, Ideengeschichte der sozialen Bewegung des 19. und 20. Jahrhunderts, Berlin/New York 1969 (6. Auflage).
Michael Mauke, Die Klassentheorie von Marx und Engels, Frankfurt a. M. 1971 (3. Auflage).
Josef Schleifstein, Einführung in das Studium von Marx, Engels und Lenin, München 1975 (3. Auflage).

M 1 Manifest der Kommunistischen Partei (1848)

Bourgeois und Proletarier[1]

Die Geschichte aller bisherigen Gesellschaft ist die Geschichte von Klassenkämpfen.

Freier und Sklave, Patrizier und Plebejer, Baron und Leibeigener, Zunftbürger und Gesell, kurz, Unterdrücker und Unterdrückte standen in stetem Gegensatz zueinander, führten einen ununterbrochenen, bald versteckten, bald offenen Kampf, einen Kampf, der jedesmal mit einer revolutionären Umgestaltung der ganzen Gesellschaft endete oder mit dem gemeinsamen Untergang der kämpfenden Klassen. [...]

Die aus dem Untergang der feudalen Gesellschaft hervorgegangene moderne bürgerliche Gesellschaft hat die Klassengegensätze nicht aufgehoben. Sie hat nur neue Klassen, neue Bedingungen der Unterdrückung, neue Gestaltungen des Kampfes an die Stelle der alten gesetzt.

Unsere Epoche, die Epoche der Bourgeoisie, zeichnet sich jedoch dadurch aus, daß sie die Klassengegensätze vereinfacht hat. Die ganze Gesellschaft spaltet sich mehr und mehr in zwei große feindliche Lager, in zwei große, einander direkt gegenüberstehende Klassen: Bourgeoisie und Proletariat.

Aus den Leibeigenen des Mittelalters gingen die Pfahlbürger der ersten Städte hervor; aus dieser Pfahlbürgerschaft entwickelten sich die ersten Elemente der Bourgeoisie.

Die Entdeckung Amerikas, die Umschiffung Afrikas schufen der aufkommenden Bourgeoisie ein neues Terrain. Der ostindische und chinesische Markt, die Kolonisierung von Amerika, der Austausch mit den Kolonien, die Vermehrung der Tauschmittel und der Waren überhaupt gaben dem Handel, der Schiffahrt, der Industrie einen nie gekannten Aufschwung und damit dem revolutionären Element in der zerfallenden feudalen Gesellschaft eine rasche Entwicklung.

Die bisherige feudale oder zünftige Betriebsweise der Industrie reichte nicht mehr aus für den mit neuen Märkten anwachsenden Bedarf. Die Manufaktur trat an ihre Stelle. Die Zunftmeister wurden verdrängt durch den industriellen Mittelstand; die Teilung der Arbeit zwischen den verschiedenen Korporationen verschwand vor der Teilung der Arbeit in der einzelnen Werkstatt selbst.

Aber immer wuchsen die Märkte, immer stieg der Bedarf. Auch die Manufaktur reichte nicht mehr aus. Da revolutionierte der Dampf und die Maschinerie die industrielle Produktion. An die Stelle der Manufaktur trat die moderne große Industrie, an die Stelle des industriellen Mittelstandes traten die industriellen Millionäre, die Chefs ganzer industrieller Armeen, die modernen Bourgeois.

Die große Industrie hat den Weltmarkt hergestellt, den die Entdeckung Amerikas vorbereitete. Der Weltmarkt hat dem Handel, der Schiffahrt, den Landkommunikationen eine unermeßliche Entwicklung gegeben. Diese hat wieder auf die Ausdehnung der Industrie zurückgewirkt, und in demselben Maße, worin Industrie, Handel, Schiffahrt, Eisenbahnen sich ausdehnten, in demselben Maße entwickelte sich die Bourgeoisie, vermehrte sie ihre Kapitalien, drängte sie alle vom Mittelalter her überlieferten Klassen in den Hintergrund.

Wir sehen also, wie die moderne Bourgeoisie selbst das Produkt eines langen Entwicklungsganges, einer Reihe von Umwälzungen in der Produktions- und Verkehrsweise ist.

Jede dieser Entwicklungsstufen der Bourgeoisie war begleitet von einem entsprechenden politischen Fortschritte. Unterdrückter Stand unter der Herrschaft der Feudalherren, bewaffnete und sich selbst verwaltende Assoziation [Zusammenschluss] in der Kommune, hier unabhängige städtische Republik, dort dritter steuerpflichtiger Stand der Monarchie, dann zur Zeit der Manufaktur Gegengewicht gegen den Adel in der ständischen oder in der absoluten Monarchie, Hauptgrundlage der großen Monarchien überhaupt, erkämpfte sie sich endlich seit der Herstellung der großen Industrie und des Weltmarktes im modernen Repräsentativstaat die ausschließliche politische Herrschaft. Die moderne Staatsgewalt ist nur ein Ausschuß, der die gemeinschaftlichen Geschäfte der ganzen Bourgeoisklasse verwaltet.

Die Bourgeoisie hat in der Geschichte eine höchst revolutionäre Rolle gespielt.

Die Bourgeoisie, wo sie zur Herrschaft gekommen, hat alle feudalen, patriarchalischen, idyllischen Verhältnisse zerstört. Sie hat die buntscheckigen Feudalbande, die den Menschen an seinen natürlichen Vorgesetzten knüpften, unbarmherzig zerrissen und kein anderes Band zwischen Mensch und Mensch übriggelassen als das nackte Interesse, als die gefühllose „bare Zahlung". Sie hat die heiligen Schauer der frommen Schwärmerei, der ritterlichen Begeisterung, der spießbürgerlichen Wehmut in dem eiskalten Wasser egoistischer Berechnung ertränkt. Sie hat die persönliche Würde in den

1 Unter Bourgeoisie wird die Klasse der modernen Kapitalisten verstanden, die Besitzer der gesellschaftlichen Produktionsmittel sind und Lohnarbeit ausnutzen. Unter Proletariat die Klasse der modernen Lohnarbeiter, die, da sie keine eigenen Produktionsmittel besitzen, darauf angewiesen sind, ihre Arbeitskraft zu verkaufen, um leben zu können. [Anmerkung von Engels zur englischen Ausgabe von 1888]

Tauschwert aufgelöst und an die Stelle der zahllosen verbrieften und wohlerworbenen Freiheiten die eine gewissenlose Handelsfreiheit gesetzt. Sie hat, mit einem Wort, an die Stelle der mit religiösen und politischen Illusionen verhüllten Ausbeutung die offene, unverschämte, direkte, dürre Ausbeutung gesetzt.

Die Bourgeoisie hat alle bisher ehrwürdigen und mit frommer Scheu betrachteten Tätigkeiten ihres Heiligenscheins entkleidet. Sie hat den Arzt, den Juristen, den Pfaffen, den Poeten, den Mann der Wissenschaft in ihre bezahlten Lohnarbeiter verwandelt. Die Bourgeoisie hat dem Familienverhältnis seinen rührend-sentimentalen Schleier abgerissen und es auf ein reines Geldverhältnis zurückgeführt.

Die Bourgeoisie hat enthüllt, wie die brutale Kraftäußerung, die die Reaktion so sehr am Mittelalter bewundert, in der trägsten Bärenhäuterei ihre passende Ergänzung fand. Erst sie hat bewiesen, was die Tätigkeit der Menschen zustande bringen kann. Sie hat ganz andere Wunderwerke vollbracht als ägyptische Pyramiden, römische Wasserleitungen und gotische Kathedralen, sie hat ganz andere Züge ausgeführt als Völkerwanderungen und Kreuzzüge.

Die Bourgeoisie kann nicht existieren, ohne die Produktionsinstrumente, also die Produktionsverhältnisse, also sämtliche gesellschaftlichen Verhältnisse fortwährend zu revolutionieren. Unveränderte Beibehaltung der alten Produktionsweise war dagegen die erste Existenzbedingung aller früheren industriellen Klassen. Die fortwährende Umwälzung der Produktion, die ununterbrochene Erschütterung aller gesellschaftlichen Zustände, die ewige Unsicherheit und Bewegung zeichnet die Bourgeoisepoche vor allen anderen aus. Alle festen eingerosteten Verhältnisse mit ihrem Gefolge von altehrwürdigen Vorstellungen und Anschauungen werden aufgelöst, alle neugebildeten veralten, ehe sie verknöchern können. Alles Ständische und Stehende verdampft, alles Heilige wird entweiht, und die Menschen sind endlich gezwungen, ihre Lebensstellung, ihre gegenseitigen Beziehungen mit nüchternen Augen anzusehen.

Das Bedürfnis nach einem stets ausgedehnteren Absatz für ihre Produkte jagt die Bourgeoisie über die ganze Erdkugel. Überall muß sie sich einnisten, überall anbauen, überall Verbindungen herstellen.

Die Bourgeoisie hat durch ihre Exploitation des Weltmarkts die Produktion und Konsumtion aller Länder kosmopolitisch gestaltet. Sie hat zum großen Bedauern der Reaktionäre den nationalen Boden der Industrie unter den Füßen weggezogen. Die uralten nationalen Industrien sind vernichtet worden und werden noch täglich vernichtet. Sie werden verdrängt durch neue Industrien, deren Einführung eine Lebensfrage für alle zivilisierten Nationen wird, durch Industrien, die nicht mehr einheimische Rohstoffe, sondern den entlegensten Zonen angehörige Rohstoffe verarbeiten und deren Fabrikate nicht nur im Lande selbst, sondern in allen Weltteilen zugleich verbraucht. werden. An die Stelle der alten, durch Landeserzeugnisse befriedigten Bedürfnisse treten neue, welche die Produkte der entferntesten Länder und Klimate zu ihrer Befriedigung erheischen. An die Stelle der alten lokalen und nationalen Selbstgenügsamkeit und Abgeschlossenheit tritt ein allseitiger Verkehr, eine allseitige Abhängigkeit der Nationen voneinander. Und wie in der materiellen, so auch in der geistigen Produktion. Die geistigen Erzeugnisse der einzelnen Nationen werden Gemeingut. Die nationale Einseitigkeit und Beschränktheit wird mehr und mehr unmöglich, und aus den vielen nationalen und lokalen Literaturen bildet sich eine Weltliteratur.

Die Bourgeoisie reißt durch die rasche Verbesserung aller Produktionsinstrumente, durch die unendlich erleichterten Kommunikationen alle, auch die barbarischsten Nationen in die Zivilisation. Die wohlfeilen Preise ihrer Waren sind die schwere Artillerie, mit der sie alle chinesischen Mauern in den Grund schießt, mit der sie den hartnäckigsten Fremdenhaß der Barbaren zur Kapitulation zwingt. Sie zwingt alle Nationen, die Produktionsweise der Bourgeoisie sich anzueignen, wenn sie nicht zugrunde gehn wollen; sie zwingt sie, die sogenannte Zivilisation bei sich selbst einzuführen, d. h. Bourgeois zu werden. Mit einem Wort, sie schafft sich eine Welt nach ihrem eigenen Bilde.

Die Bourgeoisie hat das Land der Herrschaft der Stadt unterworfen. Sie hat enorme Städte geschaffen, sie hat die Zahl der städtischen Bevölkerung gegenüber der ländlichen in hohem Grade vermehrt und so einen bedeutenden Teil der Bevölkerung dem Idiotismus des Landlebens entrissen. Wie sie das Land von der Stadt, hat sie die barbarischen und halbbarbarischen Länder von den zivilisierten, die Bauernvölker von den Bourgeoisvölkern, den Orient vom Okzident abhängig gemacht. Die Bourgeoisie hebt mehr und mehr die Zersplitterung der Produktionsmittel, des Besitzes und der Bevölkerung auf. Sie hat die Bevölkerung agglomeriert [zusammengeballt], die Produktionsmittel zentralisiert und das Eigentum in wenigen Händen konzentriert. Die notwendige Folge hiervon war die politische Zentralisation. Unabhängige, fast nur verbündete Provinzen mit verschiedenen Interessen, Gesetzen, Regierungen und Zöllen wurden zusammengedrängt in eine Nation, eine Regierung, ein Gesetz, ein nationales Klasseninteresse, eine Douanenlinie [Zollgrenze].

Die Bourgeoisie hat in ihrer kaum hundertjährigen Klassenherrschaft massenhaftere und kolossalere Produktionskräfte geschaffen als alle vergangenen Genera-

tionen zusammen. Unterjochung der Naturkräfte, Maschinerie, Anwendung der Chemie auf Industrie und Ackerbau, Dampfschiffahrt, Eisenbahnen, elektrische Telegraphen, Urbarmachung ganzer Weltteile, Schiffbarmachung der Flüsse, ganze aus dem Boden hervorgestampfte Bevölkerungen – welches frühere Jahrhundert ahnte, daß solche Produktionskräfte im Schoß der gesellschaftlichen Arbeit schlummerten.
Wir haben also gesehn: Die Produktions- und Verkehrsmittel, auf deren Grundlage sich die Bourgeoisie heranbildete, wurden in der feudalen Gesellschaft erzeugt. Auf einer gewissen Stufe der Entwicklung dieser Produktions- und Verkehrsmittel entsprachen die Verhältnisse, worin die feudale Gesellschaft produzierte und austauschte, die feudale Organisation der Agrikultur und Manufaktur, mit einem Wort die feudalen Eigentumsverhältnisse den schon entwickelten Produktivkräften nicht mehr. Sie hemmten die Produktion, statt sie zu fördern. Sie verwandelten sich in ebenso viele Fesseln. Sie mußten gesprengt werden, sie wurden gesprengt. An ihre Stelle trat die freie Konkurrenz mit der ihr angemessenen gesellschaftlichen und politischen Konstitution, mit der ökonomischen und politischen Herrschaft der Bourgeoisklasse. [...]

Die Waffen, womit die Bourgeoisie den Feudalismus zu Boden geschlagen hat, richten sich jetzt gegen die Bourgeoisie selbst. Aber die Bourgeoisie hat nicht nur die Waffen geschmiedet, die ihr den Tod bringen; sie hat auch die Männer gezeugt, die diese Waffen führen werden – die modernen Arbeiter, die Proletarier.
In demselben Maße, worin sich die Bourgeoisie, d.h. das Kapital, entwickelt, in demselben Maße entwickelt sich das Proletariat, die Klasse der modernen Arbeiter, die nur so lange leben, als sie Arbeit finden, und die nur solange Arbeit finden, als ihre Arbeit das Kapital vermehrt. Diese Arbeiter, die sich stückweis verkaufen müssen, sind eine Ware wie jeder andere Handelsartikel und daher gleichmäßig allen Wechselfällen der Konkurrenz, allen Schwankungen des Marktes ausgesetzt.
Die Arbeit der Proletarier hat durch die Ausdehnung der Maschinerie und die Teilung der Arbeit allen selbständigen Charakter und damit allen Reiz für die Arbeiter verloren. Er wird ein bloßes Zubehör der Maschine, von nur der einfachste, eintönigste, am leichtesten erlernbare Handgriff verlangt wird. Die Kosten, die der Arbeiter verursacht, beschränken sich daher fast nur auf die Lebensmittel, die er zu seinem Unterhalt und zur Fortpflanzung seiner Race bedarf. Der Preis einer Ware, also auch der Arbeit, ist aber gleich ihren Produktionskosten. In demselben Maße, in dem die Widerwärtigkeit der Arbeit wächst, nimmt daher der Lohn ab. Noch mehr, in demselben Maße, wie Maschinerie und Teilung der Arbeit zunehmen, in demselben Maße nimmt auch die Masse der Arbeit zu, sei es durch Vermehrung der Arbeitsstunden, sei es durch Vermehrung der in einer gegebenen Zeit geforderten Arbeit, beschleunigten Lauf der Maschinen usw.
Die moderne Industrie hat die kleine Werkstube des patriarchalischen Meisters in die große Fabrik des industriellen Kapitalisten verwandelt. Arbeitermassen, in der Fabrik zusammengedrängt, werden soldatisch organisiert. Sie werden als gemeine Industriesoldaten unter die Aufsicht einer vollständigen Hierarchie von Unteroffizieren und Offizieren gestellt. Sie sind nicht nur Knechte der Bourgeoisklasse, des Bourgeoisstaates, sie sind täglich und stündlich geknechtet von der Maschine, von dem Aufseher und vor allem von den einzelnen fabrizierenden Bourgeois selbst. Diese Despotie ist umso kleinlicher, gehässiger, erbitternder, je offener sie den Erwerb als ihren Zweck proklamiert.
Je weniger die Handarbeit Geschicklichkeit und Kraftäußerung erheischt, d.h., je mehr die moderne Industrie sich entwickelt, desto mehr wird die Arbeit der Männer durch die der Weiber verdrängt. Geschlechts- und Altersunterschiede haben keine gesellschaftliche Geltung mehr für die Arbeiterklasse. Es gibt nur noch Arbeitsinstrumente, die je nach Alter und Geschlecht verschiedene Kosten machen.
Ist die Ausbeutung des Arbeiters durch den Fabrikanten so weit beendigt, daß er seinen Arbeitslohn bar ausgezahlt erhält, so fallen die andern Teile der Bourgeoisie über ihn her, der Hausbesitzer, der Krämer, der Pfandleiher usw.
Die bisherigen kleinen Mittelstände, die kleinen Industriellen, Kaufleute und Rentiers, die Handwerker und Bauern, alle diese Klassen fallen ins Proletariat hinab, teils dadurch, daß ihr kleines Kapital für den Betrieb der großen Industrie nicht ausreicht und der Konkurrenz mit den größeren Kapitalisten erliegt, teils dadurch, daß ihre Geschicklichkeit von neuen Produktionsweisen entwertet wird. So rekrutiert sich das Proletariat aus allen Klassen der Bevölkerung.
Das Proletariat macht verschiedene Entwicklungsstufen durch. Sein Kampf gegen die Bourgeoisie beginnt mit seiner Existenz.
Im Anfang kämpfen die einzelnen Arbeiter, dann die Arbeiter einer Fabrik, dann die Arbeiter eines Arbeitszweiges an einem Ort gegen den einzelnen Bourgeois, der sie direkt ausbeutet. Sie richten ihre Angriffe nicht nur gegen die bürgerlichen Produktionsverhältnisse, sie richten sie gegen die Produktionsinstrumente selbst; sie vernichten die fremden konkurrierenden Waren, sie zerschlagen die Maschinen, sie stecken die Fabriken in Brand, sie suchen die untergegangene Stellung des mittelalterlichen Arbeiters wiederzuerringen.

Auf dieser Stufe bilden die Arbeiter eine über das ganze Land zerstreute und durch die Konkurrenz zersplitterte Masse. Massenhaftes Zusammenhalten der Arbeiter ist noch nicht die Folge ihrer eigenen Vereinigung, sondern die Folge der Vereinigung der Bourgeoisie, die zur Erreichung ihrer eigenen politischen Zwecke das ganze Proletariat in Bewegung setzen muß und es einstweilen noch kann. Auf dieser Stufe bekämpfen die Proletarier also nicht ihre Feinde, sondern die Feinde ihrer Feinde, die Reste der absoluten Monarchie, die Grundeigentümer, die nichtindustriellen Bourgeois, die Kleinbürger. Die ganze geschichtliche Bewegung ist so in den Händen der Bourgeoisie konzentriert; jeder Sieg, der so errungen wird, ist ein Sieg der Bourgeoisie.

Aber mit der Entwicklung der Industrie vermehrt sich nicht nur das Proletariat; es wird in größeren Massen zusammengedrängt, seine Kraft wächst und es fühlt sie mehr. Die Interessen, die Lebenslagen innerhalb des Proletariats gleichen sich immer mehr aus, indem die Maschinerie mehr und mehr die Unterschiede der Arbeit verwischt und den Lohn fast überall auf ein gleich niedriges Niveau herabdrückt. Die wachsende Konkurrenz der Bourgeois unter sich und die daraus hervorgehenden Handelskrisen machen den Lohn der Arbeiter immer schwankender; die immer rascher sich entwickelnde, unaufhörliche Verbesserung der Maschinerie macht ihre ganze Lebensstellung immer unsicherer; immer mehr nehmen die Kollisionen zwischen dem einzelnen Arbeiter und dem einzelnen Bourgeois den Charakter von Kollisionen zweier Klassen an. Die Arbeiter beginnen damit, Koalitionen gegen die Bourgeois zu bilden; sie treten zusammen zur Behauptung ihres Arbeitslohns. Sie stiften selbst dauernde Assoziationen, um sich für die gelegentlichen Empörungen zu verproviantieren. Stellenweis bricht der Kampf in Emeuten [Aufstände] aus.

Von Zeit zu Zeit siegen die Arbeiter, aber nur vorübergehend. Das eigentliche Resultat ihrer Kämpfe ist nicht der unmittelbare Erfolg, sondern die immer weiter um sich greifende Vereinigung der Arbeiter. Sie wird befördert durch die wachsenden Kommunikationsmittel, die von der großen Industrie erzeugt werden und die Arbeiter der verschiedenen Lokalitäten miteinander in Verbindung setzen. Es bedarf aber bloß der Verbindung, um die vielen Lokalkämpfe von überall gleichem Charakter zu einem nationalen, zu einem Klassenkampf zu zentralisieren. Jeder Klassenkampf ist aber ein politischer Kampf. Und die Vereinigung, zu der die Bürger des Mittelalters mit ihren Vizinalwegen [alte Landstraßen] Jahrhunderte bedurften, bringen die modernen Proletarier mit den Eisenbahnen in wenigen Jahren zustande.

Diese Organisation der Proletarier zur Klasse, und damit zur politischen Partei, wird jeden Augenblick wieder gesprengt durch die Konkurrenz unter den Arbeitern selbst. Aber sie ersteht immer wieder, stärker, fester, mächtiger. Sie erzwingt die Anerkennung einzelner Interessen der Arbeiter in Gesetzesform, indem sie die Spaltungen der Bourgeoisie unter sich benutzt. [...]

In Zeiten endlich, wo der Klassenkampf sich der Entscheidung nähert, nimmt der Auflösungsprozeß innerhalb der herrschenden Klasse, innerhalb der herrschenden Klasse, innerhalb der ganzen alten Gesellschaft, einen so heftigen, so grellen Charakter an, daß ein kleiner Teil herrschenden Klasse sich von ihr lossagt und sich der revolutionären Klasse anschließt, der Klasse, welche die Zukunft in ihren Händen trägt. Wie daher früher ein Teil des Adels zur Bourgeoisie überging, so geht jetzt ein Teil der Bourgeoisie zum Proletariat über, und namentlich ein Teil der Bourgeoisideologen, welche zum theoretischen Verständnis der ganzen geschichtlichen Bewegung sich hinaufgearbeitet haben.

Von allen Klassen, welche heutzutage der Bourgeoisie gegenüberstehen, ist nur das Proletariat eine wirklich revolutionäre Klasse. Die übrigen Klassen verkommen und gehen unter mit der großen Industrie, das Proletariat ist ihr eigenstes Produkt.

Die Mittelstände, der kleine Industrielle, der kleine Kaufmann, der Handwerker, der Bauer, sie alle bekämpfen die Bourgeoisie, um ihre Existenz als Mittelstände vor dem Untergang zu sichern. Sie sind also nicht revolutionär sondern konservativ. Noch mehr, sie sind reaktionär, sie suchen das Rad der Geschichte zurückzudrehen. Sind sie revolutionär, so sind sie es im Hinblick auf den ihnen bevorstehenden Übergang ins Proletariat, so verteidigen sie nicht ihre gegenwärtigen, sondern ihre zukünftigen Interessen, so verlassen sie ihren eigenen Standpunkt, um sich auf den des Proletariats zu stellen.

Das Lumpenproletariat, diese passive Verfaulung der untersten Schichten der alten Gesellschaft, wird durch eine proletarische Revolution stellenweise in die Bewegung hineingeschleudert, seiner ganzen Lebensweise nach wird es bereitwilliger sein, sich zu reaktionären Umtrieben erkaufen zu lassen [...]

Indem wir die allgemeinsten Phasen der Entwicklung des Proletariats zeichneten, verfolgten wir den mehr oder minder versteckten Bürgerkrieg innerhalb der bestehenden Gesellschaft bis zu dem Punkt, wo er in eine offene Revolution ausbricht und durch den gewaltsamen Sturz der Bourgeoisie das Proletariat seine Herrschaft begründet.

Alle bisherige Gesellschaft beruhte, wie wir gesehn haben, auf dem Gegensatz unterdrückender und unterdrückter Klassen. Um aber eine Klasse unterdrücken zu können, müssen ihr Bedingungen gesichert sein, innerhalb derer sie wenigstens ihre knechtische Existenz fristen kann. Der Leibeigene hat sich zum Mitglied der Kommune in der Leibeigenschaft herangearbeitet wie der Kleinbürger zum Bourgeois unter dem Joch des feudalistischen Absolutismus. Der moderne Arbeiter dagegen, statt sich mit dem Fortschritt der Industrie zu heben, sinkt immer tiefer unter die Bedingungen seiner eigenen Klasse herab. Der Arbeiter wird zum Pauper [Armen], und der Pauperismus entwickelt sich noch schneller als Bevölkerung und Reichtum. Es tritt hiermit offen hervor, daß die Bourgeoisie unfähig ist, noch länger die herrschende Klasse der Gesellschaft zu bleiben und die Lebensbedingungen ihrer Klasse der Gesellschaft als regelndes Gesetz aufzuzwingen. Sie ist unfähig zu herrschen, weil sie unfähig ist, ihrem Sklaven die Existenz selbst innerhalb seiner Sklaverei zu sichern, weil sie gezwungen ist, ihn in eine Lage herabsinken zu lassen, wo sie ihn ernähren muß, statt von ihm ernährt zu werden. Die Gesellschaft kann nicht mehr unter ihr leben, d.h., ihr Leben ist nicht mehr verträglich mit der Gesellschaft.

Die wesentliche Bedingung für die Existenz und für die Herrschaft der Bourgeoisklasse ist die Anhäufung des Reichtums in den Händen von Privaten, die Bildung und Vermehrung des Kapitals; die Bedingung des Kapitals ist die Lohnarbeit. Die Lohnarbeit beruht ausschließlich auf der Konkurrenz der Arbeiter unter sich. Der Fortschritt der Industrie, dessen willenloser und widerstandsloser Träger die Bourgeoisie ist, setzt an die Stelle der Isolierung der Arbeiter durch die Konkurrenz ihre revolutionäre Vereinigung durch die Assoziation. Mit der Entwicklung der großen Industrie wird also unter den Füßen der Bourgeoisie die Grundlage selbst hinweggezogen, worauf sie produziert und die Produkte sich aneignet. Sie produziert vor allem ihren eigenen Totengräber. Ihr Untergang und der Sieg des Proletariats sind gleich unvermeidlich.

Aus: Karl Marx/Friedrich Engels, Manifest der Kommunistischen Partei, in: Marx-Engels-Werke Bd. 4, Berlin (DDR) 1959, S. 459–493, hier S. 462–474.

ZUR TEXTERSCHLIESSUNG

1. Führen Sie aus, wie Marx und Engels „Klassen" definieren.
2. Stellen Sie dar, welche gesellschaftliche Rolle aus ihrer Sicht „Bourgeoisie" und „Proletariat" haben.
3. Erläutern Sie den Zusammenhang von „Klassen" und „Klassenkampf". Welche Formen kann dieser Kampf annehmen?
4. „Die Waffen, womit die Bourgeoisie den Feudalismus zu Boden geschlagen hat, richten sich jetzt gegen die Bourgeoisie selbst." Erklären und bewerten Sie diese Aussage.
5. Diskutieren Sie, ob und was an den hier vorgestellten Auffassungen aktuell ist.

2.2 Max Weber: Sozialstruktur und gesellschaftliche Macht

(Zu Max Weber vgl. auch die Hinweise im vorausgehenden Kapitel, S. 19ff.)

Die unter dem Titel „Wirtschaft und Gesellschaft" bekannt gewordene Textsammlung ist ein fast eintausend Seiten umfassendes Fragment, das erst nach dem Tode Webers (1864–1920) herausgegeben wurde. Neben den religionssoziologischen Arbeiten Webers – am bekanntesten wurde „Die protestantische Ethik und der Geist des Kapitalismus" (1904/05) – und den Gesammelten Aufsätzen zur Wissenschaftslehre (1922) zählt dieses Werk zum konstitutiven internationalen Gemeingut der Soziologie, das zudem vielfach als eine Art Steinbruch für Begründungen oder Bestätigungen aktueller Forschungen dient.

In „Wirtschaft und Gesellschaft" systematisiert Weber seine Überlegungen zur Sozialstruktur einer Gesellschaft an zwei Stellen: Im vierten Kapitel des ersten Teils (S. 177–180) unterscheidet er zunächst zwischen Erwerbs-, Besitz- und sozialen Klassen.
„Besitzklasse" differenziert nach Besitz, unabhängig von dessen Herkunft. Hier stehen sich etwa die „Rentner", die Rentiers im Sinne von Beziehern arbeitslosen Einkommens wie z. B. Aktienbesitzern einerseits, und Deklassierte, Schuldner und Arme andererseits gegenüber. Bei der „Erwerbsklasse" wird im Unterschied dazu nach den Chancen der Marktverwertung von Gütern oder Leistungen unterschieden. Hier kann laut Weber zwischen Unternehmern, den Mittelklassen (Handwerker und Bauern) sowie Arbeitern unterschieden werden. Erwerbs- und Besitzklassen an sich sind für Weber jedoch noch keine sozialen Einheiten. Eine soziale Klasse umfasst nach seiner Definition „die Gesamtheit derjenigen Klassenlagen [...], zwischen denen ein Wechsel a) persönlich, b) in der Generationenfolge leicht möglich ist und typisch stattzufinden pflegt" (S. 177). Hierbei sind insbesondere die Kategorien Besitz und Erwerb zu berücksichtigen.
Zu Beginn des 20. Jahrhunderts sah Weber in Deutschland folgende Hauptklassen:

- die Arbeiterschaft, umso geschlossener je automatisierter der Arbeitsprozess wird,
- das Kleinbürgertum,
- die besitzlose Intelligenz und Fachgeschultheit (Techniker, kommerzielle und andere „Angestellte") und das Beamtentum, das untereinander sozial sehr unterschiedlich sein kann, sowie
- die Klassen der Besitzenden und durch Bildung Privilegierten.

Mit dieser Unterscheidung weitet Weber also den marxschen Klassenbegriff aus, denn dieser wird nicht mehr von dem Besitz bzw. Nichtbesitz an Produktionsmitteln her bestimmt. Die Entstehung von Klassenbewusstsein und darauf fußendem Klassenhandeln fällt nach Weber am leichtesten dort, a) wo es gegen den unmittelbaren Interessengegner gerichtet ist, b) bei massenhaft ähnlicher Klassenlage, c) bei der – technischen – Möglichkeit leichter Zusammenfassung sowie d) bei einer Führung auf einleuchtende Ziele, die – so Weber – vor allem von der Intelligenz vorgegeben werden.

Weber unterscheidet die verschiedenen Klassenlagen von der ständischen Lage, die auf der Klassenlage beruhen kann, aber nicht muss. Die ständische Lage ist in ihren Ausführungen nicht an die Form des Erwerbs gebunden, folgt also nicht ausschließlich ökonomischen Zwängen, sondern ermöglicht verschiedene Formen der „Lebensführung" (wobei den Arbeitern eine Lebensführung außerhalb ökonomischer Zwänge verwehrt ist).

LITERATURHINWEISE

Dirk Kaesler, Max Weber, Frankfurt a. M./New York 1998 (2. Auflage).

M 2 Klassen, Stände, Parteien

■ Jede (nicht nur die „staatliche") Rechtsordnung wirkt durch ihre Gestaltung direkt auf die *Machtverteilung* innerhalb der betreffenden Gemeinschaft ein, die der ökonomischen Macht sowohl wie auch jeder anderen. Unter „Macht" wollen wir dabei hier ganz allgemein die Chance eines Menschen oder einer Mehrzahl solcher verstehen, den eigenen Willen in einem Gemeinschaftshandeln auch gegen den Widerstand anderer daran Beteiligter durchzusetzen. „Oekonomisch bedingte" Macht ist natürlich nicht identisch mit „Macht" überhaupt. Die Entstehung ökonomischer Macht kann vielmehr umgekehrt Folge der aus anderen Gründen vorhandenen Macht sein. Macht wird aber ihrerseits nicht nur zu ökonomischen (Bereicherungs-)Zwecken erstrebt. Sondern Macht, auch ökonomische, kann „um ihrer selbst willen" gewertet werden, und sehr häufig ist das Streben nach ihr mitbedingt durch die soziale „Ehre", die sie bringt. Aber nicht jede Macht bringt soziale Ehre. Der typische amerikanische Boss ebenso wie der typische Großspekulant verzichtet bewußt auf sie, und ganz allgemein ist insbesondere gerade die „bloß" ökonomische Macht, namentlich die „nackte" Geldmacht, keineswegs eine anerkannte Grundlage sozialer „Ehre". Und andererseits ist nicht nur Macht die Grundlage sozialer Ehre. Sondern umgekehrt kann soziale Ehre (Prestige) die Basis von Macht auch ökonomischer Art sein und war es sehr häufig. Die Rechtsordnung kann ebenso wie Macht, so auch Ehre garantieren. Aber sie ist wenigstens normalerweise nicht deren primäre Quelle, sondern auch hier ein Superadditum [Ergänzung], welches die Chance ihres Besitzes steigert, ihn aber nicht immer sichern kann. Die Art, wie soziale „Ehre" in einer Gemeinschaft sich zwischen typischen Gruppen der daran Beteiligten verteilt, wollen wir die *„soziale Ordnung"* nennen. Zur „Rechtsordnung" verhält sie sich natürlich ähnlich, wie die Wirtschaftsordnung es tut. Mit dieser ist sie nicht identisch, denn die Wirtschaftsordnung ist uns ja lediglich die Art der Verteilung und Verwendung der ökonomischen Güter und Leistungen. Aber sie ist natürlich in hohem Maße durch sie bedingt und wirkt wieder auf sie zurück.
Phänomene der Machtverteilung innerhalb einer Gemeinschaft sind nun die „Klassen", „Stände" und „Parteien".

„Klassen" sind keine Gemeinschaften in dem hier festgehaltenen Sinn, sondern stellen nur mögliche (und häufige) Grundlagen eines Gemeinschaftshandelns dar. Wir wollen da von einer „Klasse" reden, wo 1. einer Mehrzahl von Menschen eine spezifische ursächliche Komponente ihrer Lebenschancen gemeinsam ist, soweit 2. diese Komponente lediglich durch ökonomische Güterbesitz- und Erwerbsinteressen und zwar 3. unter den Bedingungen des (Güter- oder Arbeits-) *Markts* dargestellt wird („Klassenlage"). Es ist die allerelementarste ökonomische Tatsache, daß die Art, wie die Verfügung über sachlichen Besitz innerhalb einer sich auf dem Markt zum Zweck des Tauschs begegnenden und konkurrierenden Menschenvielheit verteilt ist, schon für sich allein spezifische Lebenschancen schafft. Sie schließt die Nichtbesitzenden nach dem Grenznutzengesetz vom Mitkonkurrieren von allen Gütern hoher Bewertung zugunsten der Besitzenden aus und monopolisiert deren Erwerb faktisch für diese. Sie monopolisiert, unter sonst gleichen Umständen, die Tauschgewinnchancen für alle jene, welche, mit Gütern versorgt, auf den Tausch nicht schlechthin angewiesen sind, und steigert, generell wenigstens, ihre Macht im Preiskampf mit denen, welche besitzlos, nichts als ihre Arbeitsleistungen in Naturform oder in Form von Produkten eigener Arbeit anbieten können und diese unbedingt losschlagen müssen, um überhaupt ihre Existenz zu fristen. Sie monopolisiert die Möglichkeit, Besitz aus der Sphäre der Nutzung als „Vermögen" in die Sphäre der Verwertung als „Kapital" zu überführen, also die Unternehmerfunktion und alle Chancen direkter oder indirekter Teilnahme am Kapitalgewinn für die Besitzenden. Alles dies innerhalb der Sphäre des Geltens reiner Marktbedingungen. „Besitz" und „Besitzlosigkeit" sind daher die Grundkategorien aller Klassenlagen, einerlei, ob diese im Preiskampf oder im Konkurrenzkampf wirksam werden. Innerhalb dieser aber differenzieren sich die Klassenlagen weiter, je nach der Art des zum Erwerb verwertbaren Besitzes einerseits, der auf dem Markt anzubietenden Leistungen andererseits. Wohngebäudebesitz, Werkstätten- oder Lagerhaus- oder Verkaufslädenbesitz, landwirtschaftlich nutzbarer Grundbesitz, und innerhalb dieser wieder großer und kleiner – ein quantitativer Unterschied mit eventuell qualitativen Folgen –, Bergwerksbesitz, Viehbesitz, Menschen-(Sklaven-)Besitz, Verfügung über mobile Produktionswerkzeuge oder Erwerbsmittel aller Art, vor allem über Geld oder spezifisch leicht jederzeit gegen Geld auszutauschende Objekte, über Produkte eigener oder fremder Arbeit, verschieden je nach den verschiedenen Stadien der Genußreife, über verkehrsfähige Monopole irgendwelcher Art, alle diese Unterschiede differenzieren die Klassenlagen der Besitzenden ebenso wie der „Sinn", welchen sie der Verwertung ihres Besitzes, vor allem ihres geldwerten Besitzes, geben können und geben, je nachdem sie also z. B. zur Rentnerklasse oder zur Unternehmerklasse gehören. Und ebenso stark differenzieren sich die besitzlosen Anbieter von Arbeitsleistungen je nach der Art dieser sowohl, wie je nachdem sie diese in kontinuierlicher Beziehung zu einem Abnehmer oder von Fall zu Fall verwerten. Immer aber ist für den Klassenbegriff gemeinsam: daß die Art der Chance auf dem *Markt* diejenige Instanz ist, welche die gemeinsame Bedingung des Schicksals der Einzelnen darstellt. „Klassenlage“ ist in diesem Sinn letztlich: „Marktlage“. Nur Vorstufe wirklicher „Klassen“-Bildung ist jene Wirkung des nackten Besitzes rein als solchen, welche unter Viehzüchtern den Besitzlosen als Sklaven oder Hörigen in die Gewalt des Viehbesitzers gibt. Aber allerdings taucht hier, in der Viehleihe und der nackten Härte des Schuldrechts solcher Gemeinschaften, zum erstenmal der bloße „Besitz“ als solcher als bestimmend für das Schicksal des Einzelnen auf, sehr im Gegensatz zu den auf der Arbeit ruhenden Ackerbaugemeinschaften. Zur Grundlage von „Klassenlagen“ wurde das Gläubiger-Schuldner-Verhältnis erst in den Städten, wo sich ein – noch so primitiver – „Kreditmarkt“ mit je nach der Notlage steigenden Zinsfüßen und faktischer Monopolisierung des Darlehens durch eine Plutokratie entwickelte. Damit beginnen „Klassenkämpfe“. Eine Vielheit von Menschen dagegen, deren Schicksal nicht durch die Chance der eigenen Verwertung von Gütern oder Arbeit auf dem Markt bestimmt wird – wie z. B. die Sklaven –, sind im technischen Sinn keine „Klasse“ (sondern: ein „Stand“).

Es sind nach dieser Terminologie eindeutig ökonomische Interessen, und zwar an die Existenz des „Markts“ gebundene, welche die „Klasse“ schaffen. Gleichwohl aber ist der Begriff „Klassen*interesse*“ ein vieldeutiger und zwar nicht einmal eindeutig empirischer Begriff, sobald man darunter etwas anderes versteht als: die aus der Klassenlage mit einer gewissen Wahrscheinlichkeit folgende faktische Interessenrichtung eines gewissen „Durchschnitts“ der ihr Unterworfenen. Bei gleicher Klassenlage und auch sonst gleichen Umständen kann nämlich die Richtung, in welcher etwa der einzelne Arbeiter seine Interessen mit Wahrscheinlichkeit verfolgen wird, höchst verschieden sein, je nachdem er z. B. für die betreffende Leistung nach seiner Veranlagung hoch, durchschnittlich oder schlecht qualifiziert ist. Ebenso, je nachdem aus der „Klassenlage“ ein Gemeinschaftshandeln eines mehr oder minder großen Teils der von ihr gemeinsam Betroffenen oder sogar eine Vergesellschaftung unter ihnen (z. B. eine „Gewerkschaft“) erwachsen ist, von der sich der Einzelne bestimmte Resultate versprechen kann, oder nicht. Eine universelle Erscheinung ist das Herauswachsen einer Vergesellschaftung oder selbst eines *Gemeinschafts*handelns aus der gemeinsamen Klassenlage keineswegs. Vielmehr kann sich ihre Wirkung auf die Erzeugung eines im wesentlichen *gleich*artigen Reagierens, also (in der hier gewählten Terminologie): eines „Massenhandelns“, beschränken oder nicht einmal dies zur Folge haben. Oft ferner entsteht nur ein amorphes Gemeinschaftshandeln. So etwa das in der altorientalischen Ethik bekannte „Murren“ der Arbeiter: die sittliche Mißbilligung des Verhaltens des Arbeitsherrn, welche in seiner praktischen Bedeutung vermutlich einer gerade der neuesten gewerblichen Entwicklung wieder zunehmend typischen Erscheinung gleichkam: dem „Bremsen“ (absichtliche Einschränkung der Arbeitsleistung) der Arbeiterschaft kraft stillschweigenden Einverständnisses. Der Grad, in welchem aus dem „Massenhandeln“ der Klassenzugehörigen ein „Gemeinschaftshandeln“ und eventuell „Vergesellschaftungen“ entstehen, ist an allgemeine Kulturbedingungen, besonders intellektueller Art, und an den Grad der entstandenen Kontraste, wie namentlich an die *Durchsichtigkeit* des Zusammenhangs zwischen den Gründen und den Folgen der „Klassenlage“, gebunden. Eine noch so starke Differenzierung der Lebenschancen an sich gebiert ein „Klassenhandeln“ (Gemeinschaftshandeln der Klassenzugehörigen) nach allen Erfahrungen keineswegs. Es muß die Bedingtheit und Wirkung der Klassenlage deutlich erkennbar sein. Denn dann erst kann der Kontrast der Lebenschancen als etwas nicht schlechthin Gegebenes und Hinzunehmendes, sondern entweder 1. aus der gegebenen Besitzverteilung oder 2. aus der Struktur der konkreten Wirtschaftsordnung Resultierendes empfunden und dagegen nicht nur durch Akte eines intermittierenden und irrationalen Protestes, sondern in Form rationaler Vergesellschaftung reagiert werden. „Klassenlagen“ der ersten Kategorie gab es in einer solchen spezifisch nackten und durchsichtigen Art in der Antike und im Mittelalter in den städtischen Zentren, namentlich dann, wenn große Vermögen durch faktisch monopolisierten Handel in gewerblichen Produkten des betreffenden Orts oder in Nahrungsmitteln angehäuft wurden, unter Umständen ferner in der Landwirtschaft der allerverschiedensten Zeiten bei anwachsender erwerbswirtschaftlicher Ausnutzung. Das wichtigste historische Beispiel der zweiten Kategorie ist die Klassenlage des modernen „Proletariats“.

Jede Klasse *kann* also zwar Träger irgendeines, in unzähligen Formen möglichen „Klassenhandelns“ sein, aber sie muß es nicht sein, und jedenfalls ist sie selbst keine Gemeinschaft, und es führt zu Schiefheiten, wenn man sie mit Gemeinschaften begrifflich gleichwertig behandelt. Und der Umstand, daß Menschen in gleicher Klassenlage auf so fühlbare Situationen, wie es die ökonomischen sind, regelmäßig durch ein Massenhandeln in der dem Durchschnitt adäquatesten Interessenrichtung reagieren – eine für das Verständnis geschichtlicher Ereignisse ebenso wichtige wie im Grund einfache Tatsache –, darf vollends nicht zu jener Art von pseudowissenschaftlichem Operieren mit dem Begriff der „Klasse", des „Klasseninteresses" führen, die heute vielfach üblich ist und ihren klassischsten Ausdruck in der Behauptung eines begabten Schriftstellers gefunden hat: daß zwar der Einzelne sich über seine Interessen irren könne, die „Klasse" über die ihrigen aber „unfehlbar" sei.

Wenn also die Klassen an sich keine Gemeinschaften „sind", so entstehen Klassenlagen doch nur auf dem Boden von Vergemeinschaftung. Nur ist das Gemeinschaftshandeln, welches sie zur Entstehung bringt, dem Schwerpunkt nach nicht ein solches der Zugehörigen der gleichen Klasse, sondern ein solches *zwischen* Angehörigen verschiedener Klassen. Dasjenige Gemeinschaftshandeln z. B., welches unmittelbar die Klassenlage der Arbeiter und Unternehmer bestimmt, sind: der Arbeitsmarkt, der Gütermarkt und der kapitalistische Betrieb. Die Existenz eines kapitalistischen Betriebes setzt ihrerseits aber wiederum das Bestehen eines sehr besonders gearteten, den Güterbesitz rein als solchen, insbesondere die prinzipiell freie Verfügungsmacht Einzelner über Produktionsmittel, schützenden Gemeinschaftshandelns: einer „Rechtsordnung", und zwar einer solchen von spezifischer Art, voraus. Jede Art von Klassenlage, als vor allem auf der Macht des Besitzes rein als solchen ruhend, kommt am reinsten dann zur Wirksamkeit, wenn alle anderen Bestimmungsgründe der gegenseitigen Beziehungen in ihrer Bedeutung möglichst ausgeschaltet sind und so die Verwertung der Macht des Besitzes auf dem Markt möglichst souverän zur Geltung gelangt. Zu den Hemmnissen einer konsequenten Durchführung des nackten Marktprinzips gehören nun die „Stände", welche uns vorerst nur unter diesem Gesichtspunkt in diesem Zusammenhang interessieren. Ehe wir sie kurz betrachten, sei nur noch bemerkt: Über die speziellere Art der Gegensätze der „Klassen" (in dem hier festgehaltenen Sinne) ist nicht viel Allgemeines zu sagen. Die große Verschiebung, welche von der Vergangenheit zur Gegenwart hin sich vollzogen hat, läßt sich mit Inkaufnahme einiger Ungenauigkeit wohl dahin zusammenfassen: daß der die Klassenlage auswirkende Kampf sich zunehmend vom Konsumtivkredit zunächst zum Konkurrenzkampf auf dem Gütermarkt und dann zum Preiskampf auf dem Arbeitsmarkt verschoben hat. […]

Ein ganz allgemeines und daher hier zu erwähnendes Phänomen der durch die Marktlage bedingten Klassengegensätze ist es, daß sie am bittersten zwischen den wirklich direkt am Preiskampf als Gegner Beteiligten zu herrschen pflegen. Nicht der Rentner, Aktionär, Bankier ist es, welcher vom Groll der Arbeiter getroffen wird – obwohl doch gerade in seine Kasse teils mehr, teils „arbeitsloserer" Gewinn fließt als in die des Fabrikanten oder Betriebsdirektors –, sondern fast ausschließlich dieser selbst, als der direkte Preiskampfgegner. Dieser einfache Tatbestand ist für die Rolle der Klassenlage in der politischen Parteibildung sehr oft ausschlaggebend gewesen. Er hat z. B. die verschiedenen Spielarten des patriarchalen Sozialismus und die wenigstens früher häufigen Bündnisversuche bedrohter ständischer Schichten mit dem Proletariat gegen die „Bourgeoisie" ermöglicht.

Stände sind, im Gegensatz zu den Klassen, normalerweise Gemeinschaften, wenn auch oft solche von amorpher [gestaltloser] Art. Im Gegensatz zur rein ökonomisch bestimmten „Klassenlage" wollen wir als „ständische Lage" bezeichnen jede typische Komponente des Lebensschicksals von Menschen, welche durch eine spezifische, positive oder negative, soziale Einschätzung der *„Ehre"* bedingt ist, die sich an irgendeine gemeinsame Eigenschaft vieler knüpft. Diese Ehre kann sich auch an eine Klassenlage knüpfen: die Unterschiede der Klassen gehen die mannigfaltigsten Verbindungen mit ständischen Unterschieden ein, und der Besitz als solcher gelangt, wie schon bemerkt, nicht immer, aber doch außerordentlich regelmäßig auf die Dauer auch zu ständischer Geltung. Im engen wirtschaftlichen Nachbarverband ist in der ganzen Welt sehr häufig einfach der reichste Mann rein als solcher „Häuptling", was oft einen reinen Ehrenvorzug bedeutet. In der sog. reinen, d. h. jeder ausdrücklich geordneten ständischen Privilegierung Einzelner entbehrenden, modernen „Demokratie" kommt es z. B. vor, daß nur die Familien von annähernd gleicher Steuerklasse miteinander tanzen (wie dies z. B. für einzelne kleinere Schweizer Städte erzählt wird). Aber die ständische Ehre muß nicht notwendig an eine „Klassenlage" anknüpfen, sie steht normalerweise vielmehr mit den Prätentionen [Ansprüchen] des nackten Besitzes als solchen in schroffem Widerspruch. Auch Besitzende und Besitzlose können dem gleichen Stande angehören und tun dies häufig und mit sehr fühlbaren Konsequenzen, so prekär diese „Gleichheit" der sozialen Einschätzung auf die Dauer auch werden mag. Die ständische „Gleichheit" des amerikanischen „gentleman" kommt z. B. darin zum Ausdruck: daß außerhalb der rein sachlich bedingten Unterordnung im „Betrieb" es – wo noch die alte Tradition herrscht – für streng verpönt gelten würde, wenn auch der reichste „Chef" seinen „Kommis" etwa abends im Klub, am Billard, am Kartentisch, in irgendeinem Sinn nicht als voll ebenbürtig behandeln und ihm etwa jenes, den Unterschied der „Stellung" markierende herablassende „Wohlwollen" angedeihen lassen wollte, welches der deutsche Chef niemals aus seinem Empfinden verbannen kann, – einer der wichtigsten Gründe, aus denen dort das deutsche Klubwesen niemals die Anziehungskraft des amerikanischen Klubs hat erreichen können.

Inhaltlich findet die ständische Ehre ihren Ausdruck normalerweise vor allem in der Zumutung einer spezifisch gearteten *Lebensführung* an jeden, der dem Kreise angehören will. Damit zusammenhängend in der Beschränkung des „gesellschaftlichen", d.h. des nicht ökonomischen oder sonst geschäftlichen, „sachlichen" Zwecken dienenden Verkehrs, einschließlich namentlich des normalen Konnubium, auf den ständischen Kreis bis zu völliger endogener Abschließung. [...]

Aber die persönliche Auslese ist weit davon entfernt, der einzige oder vorwiegende Weg der Ständebildung zu sein: die politische Zugehörigkeit oder [die] Klassenlage entschied von jeher mindestens ebenso oft, und heute [entscheidet] die letztere weit überwiegend. Denn die Möglichkeit „ständischer" Lebensführung pflegt naturgemäß ökonomisch mitbedingt zu sein.

Praktisch betrachtet, geht die ständische Gliederung überall mit einer Monopolisierung ideeller und materieller Güter oder Chancen in der uns schon als typisch bekannten Art zusammen. Neben der spezifischen Standesehre, die stets auf Distanz und Exklusivität ruht, und neben Ehrenvorzügen wie dem Vorrecht auf bestimmte Trachten, auf bestimmte, durch Tabuierung anderen versagte Speisen, dem in seinen Folgen höchst fühlbaren Vorrecht des Waffentragens, dem Recht auf bestimmte nicht erwerbsmäßige, sondern dilettierende Arten der Kunstausübung (bestimmte Musikinstrumente z.B.), stehen allerhand materielle Monopole. Selten ausschließlich, aber fast immer zu irgendeinem Teil geben naturgemäß gerade sie die wirksamsten Motive für die ständische Exklusivität. [...]

Die so sehr häufige Disqualifikation des „Erwerbstätigen" als solchen ist, neben später zu berührenden Einzelgründen, eine direkte Folge des „ständischen" Prinzips der sozialen Ordnung und seines Gegensatzes zur rein marktmäßigen Regulierung der Verteilung von Macht. Der Markt und die ökonomischen Vorgänge auf ihm kannte, wie wir sahen, kein „Ansehen der Person": „sachliche" Interessen beherrschen ihn. Er weiß nichts von „Ehre". Die ständische Ordnung bedeutet gerade umgekehrt: Gliederung nach „Ehre" und ständischer Lebensführung und ist als solche in der Wurzel bedroht, wenn der bloße ökonomische Erwerb und die bloße, nackte, ihren außerständischen Ursprung noch an der Stirn tragende, rein ökonomische Macht als solche jedem, der sie gewonnen hat, gleiche oder – da bei sonst gleicher ständischer Ehre doch überall der Besitz noch ein wenn auch uneingestandenes Superadditum [Ergänzung] darstellt – sogar dem Erfolg nach höhere „Ehre" verleihen könnte, wie sie die ständischen Interessenten kraft ihrer Lebensführung für sich prätendieren [fordern]. Die Interessenten jeder ständischen Gliederung reagieren daher mit spezifischer Schärfe gerade gegen die Prätentionen des rein ökonomischen Erwerbs als solchen und meist dann um so schärfer, je bedrohter sie sich fühlen. [...]

Als *Wirkung* ständischer Gliederung läßt sich demgemäß ganz allgemein nur ein allerdings sehr wichtiges Moment feststellen: die Hemmung der freien Marktentwicklung. [...] Von wirklich freier Marktkonkurrenz im heutigen Sinn [ist] überall da keine Rede, wo ständische Gliederungen eine Gemeinschaft so stark durchziehen, wie dies in allen politischen Gemeinschaften der Antike und des Mittelalters der Fall war. Aber eher noch weittragender als diese direkte Aussperrung gewisser Güter vom Markt ist der aus der erwähnten Gegensätzlichkeit der ständischen gegen die rein ökonomische Ordnung folgende Umstand, daß der ständische Ehrbegriff in den meisten Fällen gerade das Spezifische des Markts: das Feilschen, überhaupt perhorresziert [ablehnt, verabscheut], sowohl unter Standesgenossen, wie zuweilen für Mitglieder eines Standes überhaupt, und daß es daher überall Stände, und zwar meist die einflußreichsten, gibt, für welche fast jede Art von offener Beteiligung am Erwerb schlechthin als ein Makel gilt.

Man könnte also, mit etwas zu starker Vereinfachung, sagen: „Klassen" gliedern sich nach den Beziehungen zur Produktion und zum Erwerb der Güter, „Stände" nach den Prinzipien ihres Güter*konsums* in Gestalt spezifischer Arten von „Lebensführung". Auch ein „Berufsstand" ist „Stand", d.h. prätendiert mit Erfolg soziale „Ehre" normalerweise erst kraft der, eventuell durch den Beruf bedingten, spezifischen „Lebensführung". [...]

Über die allgemeinen ökonomischen Bedingungen des Vorherrschens „ständischer" Gliederung läßt sich im Zusammenhang mit dem eben Festgestellten ganz allgemein nur sagen: daß eine gewisse (relative) Stabilität der Grundlagen von Gütererwerb und Güterverteilung sie begünstigt, während jede technisch-ökonomische Erschütterung und Umwälzung sie bedroht und die Klassenlage in den Vordergrund schiebt. Zeitalter und Länder vorwiegender Bedeutung der nackten Klassenlage sind in der Regel technisch-ökonomische Umwälzungszeiten, während jede Verlangsamung der ökonomischen Umschichtungsprozesse alsbald zum Aufwachsen „ständischer" Bildung führt und die „soziale" Ehre wieder in ihrer Bedeutung restituiert.

Während die „Klassen" in der „Wirtschaftsordnung", die „Stände" in der „sozialen Ordnung", also in der Sphäre der Verteilung der „Ehre", ihre eigentliche Heimat haben und von hier aus einander gegenseitig sowie die Rechtsordnung beeinflussen und wiederum durch diese beeinflußt werden, sind *„Parteien"* primär in der Sphäre der „Macht" zu Hause. Ihr Handeln ist auf soziale „Macht", und das heißt: Einfluß auf ein Gemeinschaftshandeln gleichviel welchen Inhalts ausgerichtet: es kann Parteien prinzipiell in einem geselligen „Klub" ebensogut geben wie in einem „Staat". Das „parteimäßige" Gemeinschaftshandeln enthält, im Gegensatz zu dem von „Klassen" und „Ständen", bei denen dies nicht notwendig der Fall ist, stets eine Vergesellschaftung. Denn es ist stets auf ein planvoll erstrebtes Ziel gerichtet, sei es [auf] ein „sachliches": die Durchsetzung eines Programms um ideeller oder materieller Zwecke willen, sei es [auf] ein „persönliches": Pfründen, Macht und, als Folge davon, Ehre für ihre Führer und Anhänger oder, und zwar gewöhnlich, auf dies alles zugleich. Sie sind daher auch nur möglich innerhalb von Gemeinschaften, welche ihrerseits irgendwie vergesellschaftet sind, also irgendwelche rationale Ordnung und einen Apparat von Personen besitzen, welche sich zu deren Durchführung bereithalten. Denn eben diesen Apparat zu beeinflussen und womöglich aus Parteianhängern zusammenzusetzen, ist Ziel der Parteien. Sie können im Einzelfall durch „Klassenlage" oder „ständische Lage" bedingte Interessen vertreten und ihre Anhängerschaft entsprechend rekrutieren. Aber sie brauchen weder reine „Klassen"- noch rein „ständische" Parteien zu sein und sind es meist nur zum Teil, oft gar nicht.

Aus: Max Weber, Wirtschaft und Gesellschaft. Grundriß der verstehenden Soziologie, Tübingen 1980 (5. Auflage), S. 531–539.

ZUR TEXTERSCHLIESSUNG

1. Zeigen Sie auf, welche Bedeutung Weber der Wirtschaft (Ökonomie) im Hinblick auf die Sozialstruktur beimisst.
2. Erläutern Sie, wie Weber Klassen, Stände und Parteien unterscheidet. Nennen Sie die von ihm angeführten konstitutiven Kriterien.
3. Führen Sie aus, was Weber unter „Klasseninteresse" versteht.

2.3 Theodor Geiger: Der Zusammenhang zwischen Sozialstruktur und Mentalität

Die von Marx und Engels aufgeworfene Frage nach den Strukturmerkmalen der sich herausbildenden Industriegesellschaft (vgl. die Seiten 44 ff.) beschäftigte auch den Soziologen Theodor Geiger (1891–1952), Mitglied der SPD, bis 1929 Leiter der Volkshochschule Berlin und anschließend Professor in Braunschweig. Seine 1932 veröffentlichte Studie „Die soziale Schichtung des deutschen Volkes" gilt bis heute als ein Klassiker der deutschen Sozialstrukturanalyse.
Im Zentrum der Studie Geigers steht die Erhebung des Schichtbegriffs zum allgemeinen Oberbegriff der Sozialstruktur, während „Klasse" hier als ein Sonderfall sozialer Schichtung aufgefasst wird. Schichten werden für Geiger dabei durch zwei Dimensionen bestimmt: der „ökonomisch-sozialen Lage" und der mit dieser zusammenhängenden „Mentalität", wobei der Mentalitätsbegriff bereits stark dem von Pierre Bourdieu entwickelten Habituskonzept ähnelt (vgl. S. 69 ff.) Geiger warnt mehrfach davor, den Zusammenhang von sozialer Lage und Mentalität deterministisch zu verstehen: Weder entwickeln alle Menschen in ähnlicher Lage eine ähnliche Mentalität, noch befinden sich alle Menschen mit ähnlicher Mentalität in derselben sozialen Lage. Geiger argumentiert also eher mit Typisierungen und Wahrscheinlichkeiten.

Politische Bedeutung über die soziologischen Fachgrenzen hinaus erlangte insbesondere der dort zu findende Exkurs „Die Mittelstände im Zeichen des Nationalsozialismus" (S. 109–122), in dem Geiger versucht, die Dominanz der Mittelschichten bei den Wählern und Mitgliedern faschistischer Parteien aus ihrer sozialen Lage und der darauf fußenden Mentalität zu erklären. Vor allem das sich dem Proletariat ökonomisch und sozial annähernde Kleinbürgertum, die wirtschaftlich bedrängten Gruppen des bürgerlichen und bäuerlichen Mittelstandes sowie die untergeordneten Beamten und Angestellten identifiziert Geiger als Träger des Nationalsozialismus. Der Autor zählt damit zu den zeitgenössischen Faschismustheoretikern, die wichtige und richtige Erkenntnisse über die soziale Basis des Nationalsozialismus formulierten. Geiger emigrierte kurz nach der Machtübernahe der Nationalsozialisten nach Dänemark.

Rainer Geissler fasst Geigers Verdienste prägnant zusammen: „Der Ansatz Geigers vermeidet die bloße sozialstatistische Klassifikation genauso wie die bloße Untergliederung der Bevölkerung nach Subkulturen, Lebensstilen oder subkulturell verkürzten Milieus. Seine Frage nach dem Zusammenhang von Lagen und Mentalitäten – modern gesprochen: von Struktur und Habitus bzw. Praxis – ist weiterhin genauso relevant wie seine Frage nach der dominanten Dimension sozialer Differenzierung in einem vieldimensionalen Ungleichheitsgefüge."[1]

1 Rainer Geissler, Theodor Geiger, in: Dirk Kaesler/Ludgera Vogt (Hrsg.), Hauptwerke der Soziologie, Stuttgart 2000, S. 148–153, hier S. 153.

Literaturhinweise

Rainer Geissler, Die Schichtungssoziologie von Theodor Geiger, in: Kölner Zeitschrift für Soziologie und Sozialpsychologie 37 (1985), S. 387–410.
Thomas Meyer, Die Soziologie Theodor Geigers. Emanzipation von der Ideologie, Wiesbaden 2001.
René König, Soziologie in Deutschland. Begründer, Verfechter, Verächter, München/Wien 1987, vor allem S. 258–297 („Soziologie in Berlin um 1930").

M 3 Die soziale Schichtung des deutschen Volkes

■ Der Terminus „Klasse“ soll in Übereinstimmung mit dem spezifischen Bedeutungsgehalt, den er bei seiner im Zusammenhang mit Marx Lehre erfolgten Einbürgerung, den er insbesondere in der Umgangssprache bekam und seither behielt, für einen Sonderfall vorbehalten bleiben: „Klasse“ heißt eine Schicht dann, wenn das kennzeichnende Merkmal des Bevölkerungsteiles, der ihr als Rekrutierungsfeld entspricht, das spezifische Verhältnis der Menschen zu den Produktionsmitteln ist (Produktionsverhältnis). [...]
Werden als Trägerschaften solcher Tendenzen Bevölkerungsteile festgestellt, deren Angehörige durch das Produktionsverhältnis differenziert sind, so heißen die entsprechenden Kollektive „Klassen“ im wirtschaftssoziologisch-historischen Sinn. Was gemeinhin unter Kapitalisten und Proletariat verstanden wird, sind Klassen dieser Art und Begriffsform, sofern gesagt werden soll, die *Scheidung* der Geister im Hinblick auf die Frage der Verfügungsmacht über die Produktionsmittel treibe mit solcher Energie der *Entscheidung* zu, daß die sonstigen Schichtungen immer mehr in den Hintergrund gedrängt würden. [...]
Der universalsoziologische Begriff der Schicht und der Klasse ergibt sich als allgemein-soziologisches Korrelat [Beziehung/Zuordnung] zum kultursoziologischen Begriff der *Stilverwandtschaft*. Betrachten wir das geschichtlich einmalige Gesellschaftsgefüge universalsoziologisch als Ganzes, so wird sich entsprechend dem Gesetz der Stilverwandtschaft zeigen: zwischen den mehrfachen Schichtungen, die sich je und je in der Vergesellschaftung hinsichtlich einzelner kultureller Sinnsysteme zeigen, bestehen charakteristische Zusammenhänge und Kombinationen. Wenn dann behauptet wird, eine Schichtung, die in *einem* Gebiet kultureller Betätigung, z.B. in dem des Wirtschaftens, ihren Ursprungsort habe, strahle von dorther aus, scheine in die Vergesellschaftung anderer kultureller Betätigungssysteme hinein und durchdringe so als Vergesellschaftungsstil das totale Gesellschaftsgefüge – dann wird diese Schichtung zur universal-soziologischen Kategorie, die Schichten, werden zu Trägern grundlegender Gesellschaftsgesinnungen überhaupt. [...]
Diesem Begriff der Schicht ist der Begriff der sozialen Bewegung untrennbar zugeordnet. Streng gefügte, organisierte Vereinigung, Parteien, Kampfbünde mögen die Bewegung im Getümmel des öffentlichen Lebens zur Machtgeltung bringen; sie arbeiten Hand in Hand oder vertreten die Grundtendenz der Bewegung in unterschiedlichen Abwandlungen, verleihen ihr verschiednen ideologischen Ausdruck, rivalisieren vielleicht untereinander. Trägerin der Bewegung ist die Schicht, die insofern dem Sozialgebilde der latenten distributen Masse entspricht: ein weiter Kreis grundsätzlich offener Vergesellschaftung von ungewisser Ausdehnung, aufgeschlossen Jedem, der sich zugehörig fühlt, nicht durch Satzung und Organisation gebunden, nicht auf straff organisierte Doktrinen verpflichtet, – nur durch Stimmung und psychische Grundhaltung verbunden. Die Schicht gleicht sohin einer mit mineralischen Salzen gesättigten Flüssigkeit, darin die zielbewußt in die Kampffront tretenden Organisationen sich formieren, wie Kristalle sich absetzen. Sie sind eingebettet in die noch formlose, schwer kontrollierbare Masse der Mitläufer und Sympathisierenden.

Schichten und Lagen.
Weder Schichten im allgemeinen noch Klassen im besonderen sind rechenbare Größen. Als Großkollektive mit bestimmter Intention sind sie ganzheitliche Gebilde, gleich allen Sozialgebilden abstrakte Größen, und demnach dem Mengenmaß und der Zahl entrückt: Auch dort, wo Schichten (Klassen) als Inbegriffe der Menschen gelten, denen eine Haltung oder sonst ein psychisches Merkmal gemein ist, hat die Statistik keinen unmittelbaren Zugriff auf sie; die Menschen wären wohl zählbar, aber mangels wahrnehmbarer und objektiv faßbarer Merkmale ist nicht zu ermitteln, *welche* Menschen zu zählen sind.
Das statistische Verfahren kann also nur dort einsetzen, wo Schichten oder Klassen als Sozialgebilde bzw. psychische Typen zu Bevölkerungsteilen in Beziehung gesetzt werden. Die Beobachtung in Bausch und Bogen ergibt oder läßt vermuten, daß ein durch objektiv faßbare Merkmale gekennzeichneter Menschentypus innerhalb einer Schicht vorwiegend vertreten ist und daß umgekehrt die Vertreter dieses Typus vorwiegend dieser Schicht zuneigen; hierzu tritt ein verstehbarer psychologischer Motivzusammenhang zwischen der für den Bevölkerungsteil typischen Lage und der von der Schicht bezielten Intention. Die Menschen eines Klassifikationstypus, z.B. die Lohnarbeiterschaft, sind nicht mit einer Klasse, z.B. den Trägern des proletarisch-revolutionären Sozialismus identisch, „bilden“ nicht die Klasse, sondern: der dem klassifizierenden Typus entsprechende Bevölkerungsteil und die Klasse (Schicht) werden in einen typischen Zusammenhang gebracht:
1. Das Sozialgebilde „proletarischer Sozialismus“ rekrutiert seine Anhängerschaft typischerweise – wenn auch nicht ausschließlich – aus der Lohnarbeiterschaft.
2. Die Lohnarbeiterschaft tendiert typischerweise – wenn auch nicht durchweg – zum proletarischen Sozialismus.

3. Der proletarische Sozialismus als soziale Willensrichtung folgt zwar nicht notwendig aus der typischen Lage des Lohnarbeiters, ist ihr aber im Sinne eines verstehbaren psychischen Motivzusammenhangs adäquat.

Rechenbar sind also nicht Schichten (Klassen), sondern die typischen Rekrutierungsfelder ihrer Anhängerschaft, nicht die Vertreter eines psychischen Habitus, sondern die nach wahrnehmbaren Merkmalen ausgelesenen Existenzen, die für den Habitus prädestiniert sind. Die nach statistischen Methoden errechneten *Bevölkerungskaders stellen also Ausbreitungschancen der entsprechenden Schichten dar*, und zwar je nach der vorgenommenen Abgrenzung durchschnittliche oder optimale Ausbreitungschancen.

Das klingt, in die Form von Grundsätzen gekleidet, so binsenwahr, daß man sich scheut, es niederzuschreiben – und doch ist das offenbar nicht unnötig, weil uns im Schrifttum immer wieder die Beweise dafür begegnen, daß der Autor unterwegs vergessen hat, was er zahlenmäßig fixiert. Er spricht von Klassifizierung nach der ökonomischen Lage, stutzt aber, wenn es sich darum handelt, etwa die Angestellten unter die Rubrik Proletariat zu setzen; von lebenden Beispielen her ist ihm die Mentalität eines großen Teils der Angestellten bekannt, er weiß, daß sie vielfach mit dem Proletariat nichts zu tun haben wollen, läßt sich also von seinem Einteilungsgrund etwas abhandeln und schiebt die ganze Gruppe zum „Bürgertum" hinüber. Wenn das Produktionsverhältnis kein brauchbarer Maßstab ist, darf es von vornherein nicht bei Berechnungen zugrunde gelegt werden. Wird es aber zugrunde gelegt, so muß man dabei bleiben; statt dessen wird da und dort unter der Hand ein allgemeiner Eindruck, von einer bestimmten typischen Mentalität unmittelbar zum Zurechnungsmaßstab erhoben. Das ist unmöglich. Im Beispielsfall führt es überdies auch zu falschen Ergebnissen, denn ein recht erheblicher Teil der Angestelltenschaft bekennt sich tatsächlich zum Proletariat. Vielfach sind diese Inkonsequenzen darauf zurückzuführen, daß schon unter der Hand in den Begriff der Mittelschicht die Vorstellungen „bürgerlicher Gesittung" eingehen; dadurch werden aber Proletariat, Mittelschicht und Kapitalisten zu disparaten [sich widersprechenden] Begriffen.

Die Aufgliederung nach dem Produktionsverhältnis oder irgendeinem andern ökonomischen Merkmal kann gewiß nicht allen Erkenntniszwecken genügen; aber mit einer Aufgliederung kann immer nur ein Erkenntniszweck verfolgt werden: andernfalls wird gegen die logischen Grundgesetze der Einteilung verstoßen.

Es gibt aber ein Verfahren, das statistisch und logisch einwandfrei ist und das dennoch den in Einzelbeobachtungen bestimmter Personengruppen gesammelten Erfahrungen, ja sogar der Überkreuzung mehrerer Schichtungen und der Verbindung von Mentalitätszügen zu komplexen Typen des sozialen Habitus gerecht wird: die Tiefendifferenzierung der Gruppierungsmerkmale in Verbindung mit einem Berechnungsverfahren, das bei möglichst kleinen statistischen Massen ansetzt. Auf diesem zwar mühevollen, aber exakten Ergebnissen entgegenführenden Weg sind die statistischen Grundlagen dieser Studie gewonnen.

Auch dann bleibt es dabei, daß der Statistiker – und der Soziologe, sobald er statistische Verfahren handhabt – die Bevölkerung nur nach *objektiven* Merkmalen zahlenmäßig erfassen kann; das Urteil darüber, inwieweit sich solche statistisch erfaßten Mengen mit Gruppen entsprechender Mentalität decken oder nicht, und gegebenenfalls warum nicht, muß mit andern Methoden ausgemacht werden. Ganz decken sie sich nie. Wird aber sehr fein differenziert, so stellen sich die großen Bevölkerungskaders als Konglomerate kleinerer Elementarmengen dar; dann können auch die Varianten der schichttypischen Mentalität oder die „nicht-Lageadäquaten" Mentalitäten innerhalb der großen Bevölkerungskaders mengenmäßig nachgewiesen werden.

Mit andern Worten: der Begriff der Anomalie, der in erfahrungswissenschaftlichen Zusammenhängen stets etwas bedenklich ist, wird ausgeschaltet. Wenn z.B. im großen Zug der Gliederung bei einem der Hauptblocks der Bevölkerung Personenmengen auftreten, deren „Klassenbewußtsein" nicht ihrem objektiven Ort im Gliederungssystem zu entsprechen scheint, so mag sich doch bei tieferer Differenzierung herausstellen, daß gerade diese Zonen der Nicht-Übereinstimmung ihrerseits bestimmte und objektiv klassifizierbare Personengruppen umfassen, daß demnach die Nichtübereinstimmung als sozialpsychischer Habitus besonderer Art selbst wieder ihren bevölkerungsstatistisch bestimmbaren Ort hat.

Das Märchen von der Uniformität des Proletariats ist längst aufgegeben, ohne daß es deshalb nötig wäre, das Vorhandensein einer proletarischen Klasse als Sozialgebilde zu bezweifeln. Auch die Nation ist nicht „uniform", und doch ein Sozialgebilde von Totalitätscharakter. Wir erkennen nur, daß eine Gesellschaftsklasse auch hinsichtlich der klassentypischen Haltung ihrer Glieder – und *gerade* in dieser Hinsicht – in sich unendlich fein differenziert ist. Um ganz grobe Beispiele zu nennen: hinter den Kulissen der gleichen Sozialdoktrin hat der proletarische Sozialismus des kleinsten sozialdemokratischen Angestellten eine ganz andere psychische Note, als der des Arbeiters; das bürgerlich-kapitalistische Denken des Großbankdirektors bewegt sich in sehr viel andern geistigen Wendungen, als das des industriellen Einzelunternehmers – auch wenn beide zufällig den gleichen Parteigöttern opfern. Aber auch umgekehrt: es braucht oft nur ein wenig konventionelle Phraseologie ausgeklammert zu werden, um einen Amsterdamer und einen christlichen Gewerkschafter einander ähnlich zu machen wie ein Ei dem andern.

Die Varianten des „Klassenbewußtseins“ stehen aber vielfach damit im Zusammenhang, daß Schichtungen verschiedener Art sich durchqueren; die eine Schichtung wirkt dann innerhalb der Zugehörigen einer in anderer Schnittlinie liegenden Schicht als feinere Differenzierung der schichttypischen Mentalitäten. Berufs- oder Bildungsschichtungen durchziehen z. B. die moderne Klassengesellschaft quer und werden als Nüancierung [feine Abstufung] des klassentypischen Denkens und psychischen Habitus erkennbar. [...]

Wichtiger als das Wissen um die absolute Menge der vermutlich als Vertreter einer Gesellschaftsklasse prädestinierten Menschen ist dem Soziologen die Kenntnis davon, 1. wo diese Menschen im einzelnen zu suchen sind, 2. in welchem Größenverhältnis innerhalb der ganzen Klasse die einzelnen Elemente zueinander stehen, 3. in welchem Ausmaß die beteiligten Personenkategorien von der Klassenbildung aktuell erfaßt sind und 4. inwieweit sie innerhalb der Klasse formulierbare Sondernüancen des Klassenhabitus darstellen.

Dem erläuterten Verhältnis zwischen Sozialschichten und Bevölkerungsblocks entspricht der methodologische Grundsatz: das letzte Frageziel der Soziographie ist die *soziale Schichtung*; die sozialstatistische Analyse erfaßt nur die soziale Lagerung und diese ist nur Ausgangs- oder Hilfsstellung für soziographische Untersuchungen.

Aus: Theodor Geiger, Die soziale Schichtung des deutschen Volkes. Soziographischer Versuch auf statistischer Grundlage, Stuttgart 1932, S. 5–8 und S. 12–15.

ZUR TEXTERSCHLIESSUNG

1. Zeigen Sie auf, worin sich nach Geiger Klasse und Schicht unterscheiden.
2. Erklären Sie den von Geiger verwendeten Begriff „Klassifikationstypus“.
3. Nennen Sie Beispiele für die von Geiger angeführten „Mentalitäten“.
4. Führen Sie aus, wie Geiger das Vorhandensein bzw. Nichtvorhandensein von Klassenbewusstsein erklärt.

2.4 Helmut Schelsky: Die nivellierte Mittelstandsgesellschaft

Zum Zeitpunkt ihrer Entstehung um die Mitte der 50er Jahre im fachwissenschaftlichen Diskurs als grobschlächtige Simplifikation der Realität noch zurückgewiesen, verfügte die von Helmut Schelsky (1912–1984) entwickelte Formel von der „nivellierten Mittelstandsgesellschaft" in den politischen Debatten der bundesdeutschen Nachkriegszeit über eine ungeheure Breitenwirksamkeit. Sie war von herausragender Bedeutung für die Selbstdeutung der Deutschen in der Zeit des sogenannten „Wirtschaftswunders", bot Sie doch zahlreiche soziale Identifikationsmöglichkeiten für weite Teile des am wirtschaftlichen Aufschwung partizipierenden (Klein)Bürgertums.

Schelsky, seit 1933 im „Nationalsozialistischen Deutschen Studentenbund" und seit 1937 Mitglied der NSDAP und Mitglied der SA, sympathisierte wie die meisten Soziologen dieser Zeit mit der Ideenwelt des Nationalsozialismus. Er promovierte 1935 und habilitierte sich 1939. 1938 bis 1940 war er Assistent von Arnold Gehlen in Leipzig (zu Gehlen siehe S. 79 ff.).

Die zentralen Ergebnisse der Arbeiten Schelskys im Nachkriegsdeutschland sind in dem Band „Auf der Suche nach Wirklichkeit" zusammengefasst. Zu verweisen ist hierbei insbesondere auf die Aufsätze „Die Bedeutung des Schichtungsbegriffes für die Analyse der gegenwärtigen deutschen Gesellschaft" (1953), „Gesellschaftlicher Wandel" (1956/61) sowie „Die Bedeutung des Klassenbegriffes für die Analyse unserer Gesellschaft" (1961), in denen Schelsky aufzuzeigen versucht, dass nach Aufstiegs- bzw. Deklassierungsprozessen in der ersten Hälfte des 20. Jahrhunderts ein „kleinbürgerlich-mittelständischer Lebenszuschnitt", eben die nivellierte Mittelstandsgesellschaft, dominant geworden sei. Aus außerordentlichen Mobilitätsvorgängen, der durch die Massenproduktion erzielten relativ einheitlichen Lebens-, Konsum- und Anspruchsniveaus und ausgeprägten sozialen Aufstiegsbedürfnissen ergibt sich für Schelsky eine Nivellierung der wirtschaftlichen Positionen und Verhaltensformen der westdeutschen Bevölkerung. Schelsky knüpfte zwar an Überlegungen Theodor Geigers (vgl. S. 56 ff.) an, behauptete aber im Gegensatz zu diesem einen Abbau der Bedeutung gesellschaftlicher Schichten überhaupt und negierte die aus fortbestehenden Interessensgegensätzen stammenden sozialen Spannungen und Auseinandersetzungen. Als stark von der Ideenwelt des Faschismus („Volksgemeinschaft") geprägt, ist die schelskysche These von der nivellierten Mittelstandsgesellschaft durch den Soziologen Ralf Dahrendorf (vgl. S. 120 ff.) bereits früh kritisiert worden.[1] Bezweifelt wurde an Schelskys Thesen ferner, dass diese einer empirischen Überprüfung nicht standhielten; zudem verfügten nivellierende Gesellschaftsbilder über eine mangelnde historische Dimension, indem sie Aufschwungs- und Rückschlagsperioden vernachlässigten.

Letztlich spiegelt sich in Schelskys Theorem der ökonomische Aufstieg der Bundesrepublik nach 1949 wider; die Nivellierungsthese verlor denn auch zu dem Zeitpunkt an Bedeutung, als Ende der sechziger Jahre ökonomische Krisenprozesse die ökonomische Stabilität der Nachkriegsordnung ins Wanken brachten und sich mit der Außerparlamentarischen Opposition und der Studentenbewegung politischer Protest zu formieren begann.

1 Ralf Dahrendorf, Demokratie und Sozialstruktur in Deutschland, in: ders., Gesellschaft und Freiheit. Zur soziologischen Analyse der Gegenwart, München 1961, S. 260–299, hier S. 268 f.

Literaturhinweise

Friedrich Kaulbach (Hrsg.), Recht und Gesellschaft. Festschrift für Helmut Schelsky zum 65. Geburtstag, Berlin 1978.
Gerhard Schäfer, Soziologe und Intellektueller. Über Helmut Schelsky, in: Blätter für deutsche und internationale Politik, H. 6 (1994), S. 755–765.
Gerhard Schäfer, Die nivellierte Mittelstandsgesellschaft – Strategien der Soziologie in den 50er Jahren, in: **_Georg Bollenbeck/Gerhard Kaiser (Hrsg.),_** Die janusköpfigen 50er Jahre. Kulturelle Moderne und bildungsbürgerliche Semantik III, Opladen 2000, S. 115–142.

M 4 Gesellschaftlicher Wandel

■ Nach einer populären Ausdeutung kannte Marx nur zwei Klassen. Diese Auffassung stützt sich auf folgende von Marx ausgesprochene These: „Unsere Epoche, die Epoche der Bourgeoisie, zeichnet sich dadurch aus, daß sie die Klassengegensätze vereinfacht hat. Die ganze Gesellschaft spaltet sich mehr und mehr in zwei große feindliche Lager, in zwei große, einander direkt gegenüberstehende Klassen: Bourgeoisie und Proletariat." Man hat mit Recht darauf hingewiesen, daß dies von Marx wesentlich als eine Zukunftsprognose gemeint war, denn für seine Gegenwart kannte und anerkannte Marx durchaus noch die Existenz anderer Klassen. Aber sie schienen ihm zum Verschwinden bestimmt zu sein gegenüber dieser großen dualistischen Klassenspannung von Bourgeoisie und Proletariat. Das heißt aber wiederum, daß die Marxsche Lehre von der Klassenstruktur der Gesellschaft gar keine volle diagnostische Feststellung oder Beschreibung der ihm vorliegenden gesellschaftlichen Wirklichkeit sein will, sondern daß sie nur das entscheidende Entwicklungsgesetz und die dominante Struktur der Gesellschaft in der Lehre vom Klassencharakter und Klassenkampf der Gesellschaft erfaßt zu haben glaubt. Man könnte dies populärer so formulieren: Gewiß, es gibt in der Gesellschaft manche Kräfte und Gebilde, die nicht ohne weiteres Klassencharakter haben und nicht auf den Dualismus Bourgeoisie-Proletariat aufzuteilen sind, aber das alles ist nebensächlich: die entscheidenden Strukturen und Spannungen, die die Entwicklung bestimmen, die der eigentliche Motor des gegenwärtigen sozialen Geschehens sind, das ist die Klassenspannung vom Bürgertum und Proletariat. Wenn wir Marx so verstehen – und wir glauben, dass er so verstanden werden muß –, dann bedeutet unsere Frage, ob wir heute noch eine Klassengesellschaft haben, natürlich die Fragestellung: ob die Klassenspaltung und -spannung heute noch die dominante Struktur unserer Gesellschaft bildet, ob sie noch der Motor ist, der das gegenwärtige gesellschaftliche Geschehen mit den entscheidenden sozialen Energien speist.

Die Frage ist also vieldeutig. Überlegt man sich nämlich, daß die geschichtliche Entwicklung ein Schichtungsprozeß ist, in dem eine Schicht von sozialen Strukturen und Geschehnissen die andern, vorher gehenden, überlagert, aber nicht auslöscht, so daß in der Geschichte etwas, das einmal da war, niemals mehr ganz verschwindet, so ist die Frage, ob es noch Klassenstrukturen heute gibt, natürlich mit Ja zu beantworten. Aber wir haben auch noch Reste der germanischen Stammesverfassung in unserer sozialen Wirklichkeit, wir haben noch genügend ständische und feudale Sozialmomente in unserer Gegenwart. Alles das ist noch sozial wirksam, aber nicht mehr dominante Sozialstruktur. In dieser Weise sind natürlich noch genügend „Klassenelemente" in unserer sozialen Gegenwart vorhanden und aufweisbar, da ja diese soziale Schicht zu den jüngsten unserer Vergangenheit gehört, aber dies besagt noch lange nicht, daß sie auch noch die dominanten, das soziale Geschehen von heute primär bestimmenden und die zukünftige Entwicklung leitenden Sozialfaktoren wären.

Die Frage nach der Klassengesellschaft, wie sie von Marx aus zu definieren ist, heißt doch: Gibt es noch „die zwei großen feindlichen Lager", die sich auf allen Lebensgebieten im Interessengegensatz gegenüberstehen? Und bestimmt diese große Kluft zwischen den Klassen noch an erster Stelle unser soziales Geschehen? Diese Frage muß man heute als Sozialwissenschaftler wohl eindeutig verneinen: in diesem Sinne sind wir gegenwärtig keine Klassengesellschaft mehr.

Weshalb? Seit der Zeit, die Marx vor Augen hatte, sind verschiedene soziale Prozeße abgelaufen, die jene große Kluft der Klassenspannung eingeebnet und gemildert haben, und zugleich sind neue soziale Strukturen und Gesetzlichkeiten aufgetaucht, die viel mehr als die Reste der Klassengegensätzlichkeit als die dominanten und entwicklungsleitenden Strukturen unserer gegenwärtigen Gesellschaft angesehen werden müssen. Diese These will ich nun kurz materiell begründen.

In der deutschen Gesellschaft der zwei letzten Generationen sind vor allem umfassende und strukturell tiefgreifende soziale Aufstiegs- und Abstiegsvorgänge zu verzeichnen. Zunächst haben der kollektive Aufstieg der Industriearbeiterschaft und der mehr individuell vor sich gehende, im Erfolg aber ähnlich breite Schichten umfassende Aufstieg der technischen, kaufmännischen und Verwaltungs-Angestellten in den neuen Mittelstand der industriellen Gesellschaft von unten her an der Schließung der großen sozialen Kluft gearbeitet. Mit diesen Aufstiegsprozessen kreuzen sich in etwas jüngerer Zeit breite soziale Abstiegs- und Deklassierungsprozesse, die im Ersten Weltkrieg begannen, in den Jahren nach 1945 in den Heimatvertreibungen und anderen Arten der Deklassierung und des Besitzverlustes bisher gipfelten und besonders die Schichten des ehemaligen Besitz- und Bildungsbürgertums betroffen haben. Das Zusammenwirken dieser sich begegnenden Richtungen des sozialen Auf- und Abstiegs führte zu einem Abbau der Klassengegensätze, zu einer sozialen Nivellierung der Gesellschaft in einer sehr breiten, verhältnismäßig einheitlichen Gesellschaftsschicht, die ebensowenig proletarisch wie bürgerlich genannt werden kann. Eine umfassende und sich ständig ausdehnende Sozialpolitik auf der einen und eine strenge, sich in den höheren Einkommensstufen schnell verschärfende Steuerpolitik auf der andern Seite sind zu Dauerfaktoren dieses sozialen Nivellierungsvorganges geworden, dem sich heute nur noch wenige und sehr kleine, für die Struktur der Gesellschaft relativ unwichtige Gruppen entziehen können.

Dieser relativen Angleichung der wirtschaftlichen Positionen und der weitgehenden Einheitlichkeit des politischen Status folgt vor allem auch eine Vereinheitlichung der sozialen und kulturellen Verhaltensformen und Daseinswünsche in einem Lebenszuschnitt, den man, gemessen an der alten Schichtenstufung, etwa in der „unteren Mitte" lokalisieren muß. Man könnte ihn als „kleinbürgerlich-mittelständisch" bezeichnen, wenn diese Begriffe nicht durch ihren Klassencharakter zu allzuviel Mißverständnissen führten. Dieser verhältnismäßig einheitliche Lebensstil der nivellierten Mittelstandsgesellschaft – wie ich diese Sozialstruktur einmal vorläufig nennen möchte – wird nämlich keineswegs mehr durch die alten Klassenkennzeichen bestimmt, sondern diese neue „mittelständische" Lebensform erfüllt sich und gewinnt ihr soziales Selbstbewußtsein darin, fast einheitlich an den materiellen und geistigen Gütern des modernen Zivilisationskomforts teilzunehmen. Hier liegt die große Rolle, die die industrielle und wirtschaftliche Entwicklung selbst, nämlich die Ausdehnung der Massenproduktion, in der Einebnung des Klassengegensatzes gespielt hat. Der universale Konsum der industriellen und publizistischen Massenproduktionen sorgt auf allen Lebensgebieten dafür, daß fast jedermann seinen Fähigkeiten angemessen das Gefühl entwickeln kann, nicht mehr „ganz unten" zu sein, sondern an der Fülle und dem Luxus des Daseins schon teilhaben zu können; vor allem aber ist diese Teilhabe zum selbstverständlichen Sozialanspruch aller geworden. In diesem Sinne liegt in der industriellen Massenproduktion von Konsum-, Komfort- und Unterhaltungsgütern, deren sich ja auch die ehemals oberen, bürgerlichen Schichten heute schon voll bedienen, die wirksamste Überwindung der Klassenstruktur der industriellen Gesellschaft selbst begründet, allerdings auch ihre Uniformierung in Lebensstil und sozialen Bedürfnissen.

Diese verhältnismäßige Nivellierung ehemals schichten- und klassentypischer Verhaltensformen des Familienlebens, der Berufs- und Ausbildungswünsche der Kinder, der Wohn-, Verbrauchs- und Unterhaltungsformen, ja der kulturellen politischen und wirtschaftlichen Reaktionsformen überhaupt ist der heute vielleicht dominierendste Vorgang in der Dynamik unserer modernen Gesellschaft.

Wie in der Mitte des vorigen Jahrhunderts der Begriff der „Klasse" in den Mittelpunkt der politischen, philosophischen und sozialwissenschaftlichen Diskussion rückte, so scheint heute eine Konvergenz der Sozialwissenschaften in den hochindustrialisierten Ländern zu bestehen, die Strukturen des Konsum- und Freizeitverhaltens in den Mittelpunkt der Gegenwartsdeutung unserer Gesellschaft zu stellen. Es scheint so, als ob an Stelle des Klassenstatus die Verbraucherposition zur zentralen Determinante aller Verhaltensformen wird, sei es in der Kindererziehung, in der Politik oder in den kulturellen Bereichen, so daß der negative Prozeß der Nivellierung der Klassengesellschaft positiv als die Herausbildung der hochindustriellen Freizeit- und Verbrauchergesellschaft zu bestimmen wäre.

Hier ist nun sofort einem sehr verbreiteten Irrtum vorzubeugen: Die Tatsache, daß die Sozialwissenschaft eine Überwindung der Klassengegensätze in einer sozialen Nivellierung feststellt, wird allzuoft dahin verstanden, daß damit auch die sozialen Spannungen, die gesellschaftlichen Gegensätze, in unserer Gesellschaft überwunden wären. Der marxistischen Utopie einer harmonisierten „klassenlosen" Gesellschaft durch Überwindung der Klassenspannung steht heute eine ebenso utopische „bürgerliche" soziale Harmonisierungsidee oder -hoffnung gegenüber, die sich die Erfüllung ihrer Vorstellungen ebenfalls von der Überwindung des alten Klassengegensatzes verspricht. Und diese Illusion ist gerade heute in unserer westdeutschen Gesellschaft erstaunlich weit verbreitet. Demgegenüber ist zu sagen: Wenn wir Sozialwissenschaftler auf die Nivellierung des Klassengegensatzes des vorigen Jahrhunderts hinweisen, so müssen wir ebenso deutlich betonen, daß die neue Gesellschaftsstruktur ihre neuen, eigentümlichen Spannungszustände und sozialen Gegensätze besitzt, um deren angemessene Definition und Analyse die Soziologie heute sich ja gerade bemüht.

Aber in dieser auch heute noch beharrlichen Anwendung des Klassen- und Klassenkampfbegriffes auf eine strukturell veränderte Wirklichkeit liegt ein allgemeiner und heute weitverbreiteter Tatbestand vor, dem wir große Aufmerksamkeit zuwenden sollten. Daß neue soziale Wirklichkeiten zunächst noch unter alten sozialen Begriffen verstanden und gedeutet werden, ist sozial- und geistesgeschichtlich ein bekannter Vorgang. Aber trotz dieses Wissens vollzieht ihn jede Gegenwart mit der gleichen geistigen Unschuld. So scheint es mir wichtig, heute vor allem zu erkennen, welchen Wandel ihres Gegenstandes und ihrer Funktion die stehengebliebenen Klassenvorstellungen in unserer Zeit durchmachen. [...]

Vor allem aber scheint mir eine dynamische Gesellschaft, in der eine hohe soziale Mobilität und zugleich

eine Nivellierung der sozialen Schichten vor sich gehen, ihrer Struktur nach die dem Sicherheitsstreben unterliegenden Grundbedürfnisse nicht erfüllen zu können. Mit der Auflösung differenzierter sozialer Gruppen und Schichten, der Nivellierung der Hierarchie einer statischen Gesellschaft und dem Überhandnehmen einer gesellschaftlichen Auf- und Abstiegsmobilität ist die Fähigkeit der Gesellschaftsverfassung, sowohl soziale Sicherheit als auch soziales Prestige zu vermitteln, überhaupt verlorengegangen. Die Ansprüche des Menschen darauf erweisen sich zwar als tiefverwurzelte menschliche Grundantriebe, müssen aber in der modernen sozialen Dynamik weitgehend ins Leere stoßen. Die deklassierten „bürgerlichen" Familien streben heute nach Bewahrung oder Wiederherstellung ihres alten sozialen Ranges, der aber gerade dadurch, daß ihr sozialer Abstieg ein Kollektivschicksal war, als solcher überhaupt nicht mehr besteht; die sozial Emporsteigenden der Arbeiter- und Angestelltenschichten wollen in einer sozialen Hierarchie aufsteigen, die eben durch den Umfang des sozialen Aufstiegs und durch die ihn tragenden politischen und wirtschaftlichen Kräfte vernichtet, d.h. nivelliert wird.
So besteht das Paradoxon [Widerspruch] unseres gesellschaftlichen Wandels darin, daß der Drang zum Aufstieg auf der sozialen Leiter universal geworden ist zu einem Zeitpunkt, da diese „Leiter" völlig abgebaut oder doch stark verkürzt worden ist. Indem die soziale Mobilität ein solches Ausmaß erreicht, daß sie zur flüssigen Struktur der Gesellschaft selbst wird, widerspricht sie den in ihr wirksamen Motiven des Einzelnen. Trotz aller Aufstiegserfolge, trotz aller Sicherheitsleistungen vermag der Einzelne kein Gefühl einer sozialen Ordnung oder Ortung seiner Person mehr in sich zu entwickeln. Aus dieser Ausweglosigkeit ihrer Grundantriebe ergibt sich nicht nur die ständige Unrast und Unsicherheit, sondern vor allem auch die stetig wachsende Unzufriedenheit der Menschen unserer Gesellschaft. Letzten Endes vermag wohl nur eine generationshafte Stabilität des sozialen Status und der gesellschaftlichen Gruppenzugehörigkeit in einer Gesellschaft, die eine sozial transzendente Wertordnung in sich verkörpert, dauerhafte und begründete soziale Sicherheitsgefühle zu verbreiten. In einer grundsätzlich dynamischen Gesellschaftsverfassung wie unserer gegenwärtigen muß das Bedürfnis nach sozialer Sicherheit sich in einem Streben nach ständigem sozialem Aufstieg, nach einem Immer-mehr-haben-Wollen und einem Immer-mehr-sein-Wollen äußern. Soziale Unsicherheit und soziale Aufstiegsbedürfnisse bedingen sich heute gegenseitig.

Von hier aus ist es wiederum zu verstehen, weshalb der Rückgriff oder das Festhalten an veralteten Vorstellungen des sozialen Status aus der klassengeschichtlichen oder ständisch gruppierten Gesellschaft heute verstärkt erfolgt: Gegenüber der Unmöglichkeit, ein soziales Ordnungsgefühl der Person in dem nivellierenden und dynamischen sozialen Geschehen der Gegenwart zu entwickeln, greift die soziale Selbstdeutung auf die letzten statischen Rangordnungen zurück, die eine dauerhafte soziale Zuordnung noch ermöglichten. Aber jede Seite und Gruppe begründet heute mit der Restauration der verschiedenen sozialen Leitbilder doch die gleichen gegenwärtigen Ansprüche auf erhöhte soziale Sicherheit und erhöhten Lebensstandard. Daß die restaurativen Tendenzen unserer Zeit ein Ausfluß unerfüllter sozialer Sicherheitsbedürfnisse sind, kann wohl kaum übersehen werden. Aber diese Rückgriffe auf veraltete soziale Leitbilder sind doch nur Scheinerfüllung der sozialen Anliegen; die tiefe Unwirklichkeit dieser sozialen Selbstdeutungen dokumentiert sich in ihrer innerlichen Vergeblichkeit für das Lebensgefühl der Person. Dieses erfüllt und bestätigt sich heute vielmehr in andern sozialen Möglichkeiten: in der Steigerung des materiellen und pseudo-kulturellen Lebensstandards, in der Teilnahme am Zivilisationskomfort, also in der individualistisch-egoistischen Ausbeutung des juste milieu in Genuß und Wohlleben.

Fassen wir die Kennzeichen unserer gegenwärtigen Sozialverfassung zusammen, so scheinen mir zwei Tatbestände in ihrer Kombination die einflußreichsten zu sein: Einmal ist unsere industriewirtschaftliche Produktionsstruktur zur Erzeugung einer derartigen Menge von Zivilisationsgütern aller Art gelangt, daß jedem einzelnen die Pflicht zu erhöhtem Konsum auferlegt und ein früher als unmoralisch angesehenes Konsumstreben geweckt werden muß. Armut im Sinne der materiellen Verelendung, wie sie die Klassenstruktur der Gesellschaft als Tatbestand voraussetzte, ist heute kaum noch vorhanden. Es geht um relative Unterschiede in der Teilnahme am Konsum der Produktion des Wohlstandes. Zum anderen werden damit die sozialen Spannungen auf die Verteilung der Produktion gelenkt, eine Funktion, die Arbeitsmarkt und Warenmarkt offensichtlich nicht allein erfüllen können. Die sozialen Gruppen organisieren sich nach Interessengruppen zum Zweck kollektiver sozialer und politischer Beeinflussung der Verteilungs- und Umverteilungsvorgänge. Damit gehen die neuen Interessenkonflikte und Interessengruppierungen in unserer Gesellschaft auf eine Konkurrenz in der Verteilung des Sozialprodukts aus. Obwohl zum Teil noch Organisationen und Sozialgruppen aus der alten Klassengesellschaft heute formal und ideologisch Bestand haben, werden ihre sozialen Impulse innerlich durch neue Interessenkonstellationen grundsätzlicher Art ersetzt. Es ist für unsere westdeutsche Situation sogar typisch, daß sich diese Konkurrenz der Verteilungsinteressen keineswegs mehr mit den politischen, insbesondere den partei- und ideologiepolitischen Fronten ohne weiteres deckt. So sind an die Stelle totalitärer Klassenkämpfe um die politische Macht die Gruppenkämpfe um die Maßnahmen der Verteilung und Umverteilung getreten. Diese Struktur unserer Gesellschaft möchte ich auf die Formel bringen: Unsere Gesellschaftsverfassung ist bestimmt durch die Verteilung des Wohlstandes.

Ich scheue mich nicht, das Urteil auszusprechen, daß sich damit die innere Verfassung und die soziale Situation unserer Gesellschaft in den letzten Jahrzehnten verbessert und sozial fortschrittlich entwickelt hat. Das soziale Elend, das mit dem Beginn der industriegesellschaftlichen Entwicklung verbunden war, ist überwunden. Aber die „Verteilung des Wohlstands“ als Gesellschaftsstruktur hat darum doch ihre eigenen Gefahren und ist keineswegs frei von inneren Spannungen, die zu tiefen Erschütterungen, ja zur Vernichtung auch dieser Sozialstruktur führen könnten.

Aus: Helmut Schelsky, Gesellschaftlicher Wandel (1956/1961), in: ders., Auf der Suche nach Wirklichkeit. Gesammelte Aufsätze, Düsseldorf/Köln 1965, S. 337–351, hier S. 338–348.

ZUR TEXTERSCHLIESSUNG

1. Schelsky beginnt seine Ausführungen mit Bezug auf Karl Marx. Versuchen Sie, Schelskys Marx-Rezeption anhand des in diesem Kapitel abgedruckten Marx-Textes (S. 45 bis S. 49) zu überprüfen.
2. Zeigen Sie auf, welche Bedeutung Schelsky dem Klassenbegriff beimisst. Wie begründet er seine Ablehnung der These, die Bundesrepublik sei eine Klassengesellschaft?
3. Erläutern Sie, worin Schelsky das Paradoxon der von ihm untersuchten Gesellschaft sieht. Wie ist es aus seiner Sicht aufzulösen?
4. Diskutieren Sie die Behauptung, die Verteilung von Wohlstand sei maßgeblich für die Gesellschaftsstruktur.
5. Nennen Sie Beispiele für die von Schelsky am Ende des Textes angesprochenen Spannungen und Erschütterungen.

2.5 Ulrich Beck: Jenseits von Klasse und Schicht

Kaum ein anderes soziologisches Werk dürfte das Denken über Gesellschaft in den letzten zwanzig Jahren so beeinflusst haben wie Ulrich Becks „Risikogesellschaft". Das Buch gliedert sich in drei Teile: Im ersten Teil zeichnet Beck die Konturen der von ihm so genannten Risikogesellschaft. Mit der Beschleunigung des wissenschaftlich-technischen Fortschritts tauchten unerwartete Folgeprobleme und Nebenwirkungen auf, die sich in schleichenden ökologischen Bedrohungen sowie in handfesten Katastrophen niederschlügen – nicht zufällig markiert der Super-GAU von Tschernobyl den Entstehungskontext des Buches.

Unter der Überschrift „Individualisierung sozialer Ungleichheit – Zur Enttraditionalisierung der industriegesellschaftlichen Lebensformen" analysiert Beck Fragen der Sozialstruktur „Jenseits von Klasse und Schicht". Dabei gelangt er zu dem Ergebnis, dass das Denken und Forschen in traditionalen Großgruppen-Kategorien (Stände, Klassen, Schichten) fragwürdig werde – womit sich Beck sowohl gegenüber Marx (vgl. S. 44 ff.) als auch gegenüber Weber (vgl. S. 50 ff.) abgrenzt. Resultat sei ein „Kapitalismus ohne Klassen" bzw. eine Ungleichheit ohne Schichtung. Diesem Auflösungsprozess setzt Beck die zunehmende Ausdifferenzierung von individuellen Lebenslagen entgegen. Die sozialstrukturellen Wandlungen der Nachkriegszeit hätten ein der Pluralität von Wahlmöglichkeiten und Entscheidungszwängen ausgesetztes „Marktindividuum" Realität werden lassen, das auf sich selbst zurückgeworfen sei. Ob dieser Entwicklungsprozess für den Einzelnen von Vorteil ist, lässt Beck offen. Gestaltungsmöglichkeiten auf der einen stehen Unsicherheiten und Unwägbarkeiten auf der anderen Seite gegenüber.

Im dritten Teil der „Risikogesellschaft" beschäftigt sich Beck mit der Rolle von Wissenschaft und Politik unter den Bedingungen der Risikogesellschaft. Hierbei macht er einen Macht- und Gestaltungsverlust der politischen Steuerungszentren aus.

Kritiker Becks haben dessen engen Klassenbegriff kritisiert: Beck, so der Einwand, führe Klassenbildung monokausal auf die Wirkung materieller Not zurück und reproduziere damit die nicht von Marx stammende Verelendungstheorie. Nach wie vor bestimme der Zwang zur Lohnarbeit (bzw. die Gefahr, für die eigene Arbeitskraft keinen Käufer zu finden) die Lebenslage großer gesellschaftlicher Gruppen. Ferner wird bemängelt, dass sich Becks Argumentation auf die kapitalistischen Metropolen beschränke und dabei die Internationalisierungsprozesse des Kapitals zu wenig berücksichtige. Die globale Entfaltung kapitalistischer Vergesellschaftung bedinge eine soziale Polarisierung und Proletarisierung im Weltmaßstab, die bei Beck keine Erwähnung fände.

Literaturhinweise

Wolfgang Bonss, Ulrich Beck, in: ***Dirk Kaesler/Ludgera Vogt (Hrsg.),*** Hauptwerke der Soziologie, Stuttgart 2000, S. 25–29.
Klaus Dörre, Risikokapitalismus. Zur Kritik von Ulrich Becks „Weg in eine andere Moderne", Marburg 1988.
Armin Nassehi, Risikogesellschaft, in: ***Georg Kneer/Armin Nassehi/M. Schroer (Hrsg.),*** Soziologische Gesellschaftsbegriffe. Konzepte moderner Zeitdiagnosen, München 1997, S. 252–304.
Tine Stein, Ulrich Beck, Risikogesellschaft (1986), in: ***Manfred Brocker (Hrsg.),*** Geschichte des politischen Denkens. Ein Handbuch, Frankfurt a. M. 2007, S. 728–742.

M 5 Risikogesellschaft. Auf dem Weg in eine andere Moderne

■ Jenseits von Klasse und Schicht

Wer heute die Gretchenfrage nach der Realität von Klassen und Schichten in der Bundesrepublik und anderen fortgeschrittenen Gesellschaften stellt, sieht sich mit einem scheinbar widersprüchlichen Sachverhalt konfrontiert: Auf der einen Seite weist die Struktur sozialer Ungleichheit in den entwickelten Ländern alle Attribute einer überraschenden Stabilität auf. Die Ergebnisse der einschlägigen Forschungen lehren uns, daß durch alle technischen und wirtschaftlichen Umwälzungen, durch alle Reformbemühungen der letzten drei Jahrzehnte hindurch die Ungleichheitsrelationen zwischen den großen Gruppen unserer Gesellschaft sich nicht wesentlich verändert haben, von einzelnen Verschiebungen bis zu den siebziger Jahren und in den achtziger Jahren im Zuge der Massenarbeitslosigkeit einmal abgesehen.

Auf der anderen Seite haben sich in demselben Zeitraum Ungleichheitsfragen sozial entschärft. Selbst angesichts noch vor wenigen Jahren als traumatisch geltender Arbeitslosenzahlen weit über der Zwei-Millionen-Grenze ist der Protest bislang ausgeblieben. Ungleichheitsfragen haben zwar in den letzten Jahren wieder eine erhöhte Bedeutung gewannen (Diskussion um „Neue Armut") und tauchen in anderen Zusammenhängen und provokativen Varianten auf (Kampf um Frauenrechte, Bürgerinitiativen gegen Atomkraftwerke, Ungleichheiten zwischen Generationen, regionale und religiöse Konflikte). Aber wenn man die öffentliche und politische Diskussion zum wesentlichen Gradmesser für die reale Entwicklung nimmt, dann drängt sich die Schlußfolgerung auf: Wir leben trotz fortbestehender und neu entstehender Ungleichheiten heute in der Bundesrepublik bereits in Verhältnissen jenseits der Klassengesellschaft, in denen das Bild der Klassengesellschaft nur noch mangels einer besseren Alternative am Leben erhalten wird. Auflösbar wird dieser Gegensatz, wenn man der Frage nachgeht, inwieweit sich in den vergangenen Jahrzehnten unterhalb der Aufmerksamkeitsschwelle der Ungleichheitsforschung die soziale Bedeutung von Ungleichheiten gewandelt hat. Dies ist meine These: Auf der einen Seite sind die Relationen sozialer Ungleichheit in der Nachkriegsentwicklung der Bundesrepublik weitgehend konstant geblieben. Auf der anderen Seite haben sich die Lebensbedingungen der Bevölkerung radikal verändert. Die Besonderheit der sozialstrukturellen Entwicklung in der Bundesrepublik ist der „Fahrstuhl-Effekt": die „Klassengesellschaft" wird insgesamt eine Etage höher gefahren. Es gibt – bei allen sich neu einpendelnden oder durchgehaltenen Ungleichheiten – ein kollektives Mehr an Einkommen, Bildung, Mobilität, Recht, Wissenschaft, Massenkonsum. In der Konsequenz werden subkulturelle Klassenidentitäten und -bindungen ausgedünnt oder aufgelöst. Gleichzeitig wird ein Prozeß der Individualisierung und Diversifizierung von Lebenslagen und Lebensstilen in Gang gesetzt, der das Hierarchiemodell sozialer Klassen und Schichten unterläuft und in seinem Wirklichkeitsgehalt in Frage stellt. [...]

In der Nachkriegsentwicklung wurde in der Bundesrepublik eine sozialstrukturelle Dynamik freigesetzt, die weder in der Tradition der „Klassenbildung" von Karl Marx noch in der Tradition der ständisch-marktvermittelten Vergemeinschaftung in sozialen Klassen bei Max Weber hinreichend begriffen werden kann. Die zwei großen „Dämme", die in der Perspektive von Marx und Weber die in der entwickelten Marktgesellschaft wirksamen Freisetzungs- und Vereinzelungstendenzen auffangen – Klassenbildung entweder durch Verelendung oder durch ständische Vergemeinschaftung –, brechen mit der wohlfahrtstaatlichen Entwicklung. Die Konsequenz ist: Das Denken und Forschen in traditionalen Großgruppen-Kategorien – in Ständen, Klassen oder Schichten – wird fragwürdig.

Ende der traditionalen Großgruppengesellschaft?

Im Umgang mit dem Klassen- und Schichtungsbegriff sind Beschreibung und Prognose, Theorie und Politik eigentümlich ineinander verwoben. Dies verleiht der Entscheidung über Begriffe eine implizite Dramatik, die durch empirische und theoretische Hinweise allein schwer zu kontrollieren ist. Wenn hier der soziale Wirklichkeitsgehalt des Klassen- und Schichtungs-Paradigmas in Zweifel gezogen wird, so liegt dem ein bestimmtes Verständnis zugrunde. Von „Klassen" ist hier immer wesentlich im Sinne des 19. und beginnenden 20. Jahrhunderts, also im Sinne einer historischen Erfahrung, die Rede, der dieser Begriff ja auch seine sozialen und politischen Inhalte verdankt.

Im Zentrum steht das ständische Gepräge und die soziale (Selbst-)Wahrnehmbarkeit der Klassen im Sinne real in ihrem Handeln und Leben aufeinander bezogener Großgruppen, die sich durch Kontakt-, Hilfs- und Heiratskreise nach innen abgrenzen und in Prozessen wechselseitiger Identitätszuweisung mit anderen Großgruppen ihre bewußte und gelebte Besonderheit immer wieder suchen und bestimmen. Es ist damit ein Klassenbegriff gemeint, dessen zentrales Merkmal darin besteht, daß er niemals nur als wissenschaftlicher Begriff gegen das Selbstverständnis der Gesellschaft möglich ist. Gemeint ist im Gegenteil ein Zustand, in dem von

Klassen immer nur in sozialer und wissenschaftlicher Doppelung die Rede sein kann. Die Gesellschaft versteht und ordnet sich selbst in „Klassen“, und der soziologische Begriff nimmt dies auf und reflektiert, kritisiert die darin enthaltenen Annahmen. Das muß nicht, darf sogar nicht deckungsgleich erfolgen. Wo aber der Klassenbegriff seine soziale Wahrnehmbarkeit aufgrund der sozialstrukturellen Entwicklung selbst einbüßt, wird er einsam, verflucht einsam. Muß er die ganze Bürde der mit ihm implizierten Inhalte allein, ja gegen die Wirklichkeit, auf die er zielt, tragen. Mehr noch: er muß seinen eigenen Wirklichkeitsgehalt durch theoretisches Übersoll in den Gebetsmühlen der Abstraktion gleich noch mitproduzieren. Das ist Schwerstarbeit am Begriff, Zauberarbeit eines wirklichkeitsbeschwörenden Begriffs, dem die soziale Wirklichkeit davongelaufen ist. Das heißt: eine Gesellschaft, die nicht mehr in sozial wahrnehmbaren Klassenkategorien handelt, befindet sich auf der Suche nach einer anderen Sozialstruktur und kann nicht ohne Strafe eines gefährlichen Wirklichkeits- und Relevanzverlustes immer wieder gegen ihren Strich in die Kategorie der Klasse zurückgebürstet werden.

Der Schichtungsbegriff ist in diesem Sinne ein liberalisierter Klassenbegriff, ein Klassenbegriff im Abschiedszustand, ein Übergangsbegriff, dem die soziale Realität der Klassen bereits unter den Händen verschwimmt, der sich aber die eigene Ratlosigkeit noch nicht einzugestehen wagt und der dann das willig mit sich geschehen läßt, was Wissenschaftler gerne tun, wenn sie ratlos werden: ihr Handwerkszeug putzen. Wäre doch gelacht! Die Wirklichkeit muß reinpassen! Die Begriffe etwas runder, weicher, offener für alles das machen, was in sie nicht mehr hineinpasst, aber ganz offensichtlich in sie hineingehört. [...] Ihm sieht man die Datenmassen an, die er so oder so – mit „oberer Unterunterschicht“ oder „unterer Obermittelschicht“ – verarbeiten, unter Permanentausdehnung all seiner Realitätsbindungen, in sich beherbergen muß. So etwas zeichnet! Da bleibt nur eines übrig: Daten von der Realitätsfrage abkoppeln. Sie irgendwie sortieren. Und das weiter „Schichten“ nennen. Den Freibrief dafür gibt es in einer gut institutionalisierten Wissenschaft, die mit ihren Problemen langfristig umzugehen weiß, immer. Hier heißt er: Klassifikation. Letzter Schritt von der Klasse über die Schichten in die wirkliche Unwirklichkeit der „reinen“ Klassifikation in der einerseits der Begriff der Klasse ja noch enthalten ist, die aber zugleich dem freien Schalten und Walten der Wissenschaft jeden nur erdenklichen Raum gibt. Klassifikationen können qua Gerichtsbeschluß der Wissenschaftstheorie in eigener Sache nämlich weder wahr noch falsch sein.

„Schichten“ sind also das unentschiedene Übergangsstadium zwischen Klassen und Klassifikationen. Sie sind im letzten Nur-Noch-Klassifikationen mit nach außen hin noch nicht getilgtem Wirklichkeitsanspruch, von dem sie sich aber nach innen hin zugleich selbst entbunden haben. Durch Masse sollen die Daten die Wirklichkeit wieder hereinholen, die die zugrundegelegten Kategorien verloren haben. Masse macht Wirklichkeit (in der Massengesellschaft hat Masse Gewicht). Als zweites Auffangnetz dienen Operationalisierungen. Mit Hilfe ihrer Perfektionierung soll die klassifikatorische Unwirklichkeit der Schichtungskategorien sozusagen „sekundärgeflickt“ werden [...]

Derartiger Polemik läßt sich allerdings immer entgegenhalten, daß wesentliche Fundamente eines Denkens in Klassen- und Schichtungskategorien durch die Entwicklung der Bundesrepublik hindurch intakt bleiben. Die Abstände zwischen (unterstellten) Großgruppen werden in wesentlichen Dimensionen nicht abgebaut, und die Herkunft als Bestimmungsfaktor für die Zuweisung sozial ungleicher Chancen bleibt in Geltung. Für die öffentliche und wissenschaftliche Diskussion der sozialstrukturellen Entwicklung in der Bundesrepublik ist dieses Hin und Her zwischen Konstanz der Relationen sozialer Ungleichheit und Verschiebungen im Niveau kennzeichnend. Dies hat bereits in den sechziger Jahren zu den Kontroversen um die „Verbürgerlichung der Arbeiterklasse“ geführt oder auch zu Auseinandersetzungen um die „nivellierte Mittelstandsgesellschaft“, die Helmut Schelsky sich mit der Bundesrepublik herausbilden sah. In Abgrenzung gegen diese Konzeptionen und Debatten läßt sich die These der Individualisierung sozialer Ungleichheit weiter präzisieren.

Das Denken in Großgruppenkategorien von Klasse und Schicht hat eigentümliche Schwierigkeiten, den „Fahrstuhl-Effekt“, der für die Entwicklung der Bundesrepublik typisch ist, zu begreifen. Einerseits muß man Pauschalveränderungen im Niveau der Lebensbedingungen einer ganzen Epoche zur Kenntnis nehmen. Andererseits gelingt dies in diesem Denken aber nur so, daß man diese wiederum auf das Lebensmodell einer Großgruppe bezieht und dann als Tendenz der Angleichung der Lebensbedingungen einer Klasse an eine andere interpretiert. Dies kollidiert jedoch mit der Konstanz der Relationen. Wie kann sich die Arbeiterklasse den Lebensbedingungen des Bürgertums angenähert haben, wenn doch die Zahlen eindeutig vom Gegenteil künden: die Unterschiede zwischen Arbeitern und Bürgern sind gleichgeblieben und haben sich in einigen Punkten sogar noch vergrößert. Der historische Einschnitt hat zwar die Lebenslagen der Menschen irgendwie verändert, aber „offensichtlich“ nicht schichtungs- oder klassenrelevant: Die alten Abstände stellen sich auf dem neuen Niveau wieder her.

Im Denken und Forschen in Klassen- und Schichtungskategorien wird zusammengezogen, was mit der These der Individualisierung sozialer Ungleichheit gerade auseinandergehalten werden soll: die Frage nach den Abständen zwischen unterstellten Großgruppen – der Relationsaspekt sozialer Ungleichheit – einerseits und die Frage nach dem Klassen- bzw. Schichtcharakter der Sozialstruktur andererseits. Entsprechend wird von der Konstanz der Relation leicht auf die Konstanz der sozialen Klassen bzw. Schichten fehlgeschlossen (oder umgekehrt werden Anhebungen im Niveau als Annäherung zwischen Klassen fehlinterpretiert). Demgegenüber tritt hier ins Zentrum, daß die Relationen sozialer Ungleichheit und ihr sozialer Klassencharakter sich unabhängig voneinander verändern können: bei konstanten Abständen im Einkommen usw. sind im Zuge von Individualisierungsprozessen in der wohlfahrtsstaatlichen Nachkriegsentwicklung die sozialen Klassen enttraditionalisiert und aufgelöst worden, und umgekehrt: die Auflösung sozialer Klassen (Schichten) kann unter anderen Rahmenbedingungen – etwa der Massenarbeitslosigkeit – mit einer Verschärfung sozialer Ungleichheiten einhergehen. Dieser „Fahrstuhl-Effekt" nach unten gewinnt seit den achtziger Jahren an Bedeutung.

Individualisierung, Massenarbeitslosigkeit und neue Armut

Galt das „Ende der Großgruppengesellschaft" vielleicht gestern und gilt heute nicht mehr? Erleben wir mit Massenarbeitslosigkeit und neuer Armut nicht die Zukunft der Klassengesellschaft nach ihrem verkündeten Ende? Tatsächlich nimmt die – soziale Ungleichheit – erneut und in erschreckendem Maße zu. [...]

Individualisierung widerspricht nicht, sondern erklärt das Eigentümliche dieser „neuen Armut" Die Massenarbeitslosigkeit wird unter den Bedingungen der Individualisierung den Menschen als persönliches Schicksal aufgebürdet. Sie werden nicht mehr sozial sichtbar und kollektiv, sondern lebensphasenspezifisch von ihr betroffen. Die Betroffenen müssen mit sich selbst austragen, wofür armutserfahrene, klassengeprägte Lebenszusammenhänge entlastende Gegendeutungen, Abwehr- und Unterstützungsformen bereithielten und tradierten. Das Kollektivschicksal ist in den klassenzusammenhanglosen, individualisierten Lebenslagen zunächst zum persönlichen Schicksal, zum Einzelschicksal mit nur noch statistisch vernommener, aber nicht mehr (er)lebbarer Sozietät geworden und müßte aus dieser Zerschlagung ins Persönliche erst wieder zum Kollektivschicksal zusammengesetzt werden. Die Bezugseinheit, in die der Blitz (der Arbeitslosigkeit und Armut) einschlägt, ist nicht mehr die Gruppe, die Klasse, die Schicht, sondern das Markt-Individuum in seinen besonderen Umständen. Die Spaltung unserer Gesellschaft in eine abnehmende Mehrheit von Arbeitsplatzbesitzern und eine wachsende Minderheit von Arbeitslosen, Frührentnern, Gelegenheitsarbeitern und solchen, die den Zugang zum Arbeitsmarkt überhaupt nicht mehr schaffen, ist in vollem Gange.

Aus: Ulrich Beck, Risikogesellschaft. Auf dem Weg in eine andere Moderne, Frankfurt a. M. 1986, S. 121–122 sowie S. 139–144.

Zur Texterschliessung

1. Erläutern Sie die Metapher vom „Fahrstuhl-Effekt".
2. Führen Sie aus, warum Beck Großgruppenkategorien wie „Klasse" und „Schicht" kritisch gegenübersteht.
3. Zeigen Sie die Bedeutung des Individualisierungstheorems für die Argumentation von Beck auf.

2.6 Pierre Bourdieu: Das Habituskonzept

Für die Darstellung der Theorie von Pierre Bourdieu (1930–2002) ist das Verständnis seines Kapitalbegriffs zentrale Voraussetzung. Bourdieu geht davon aus, dass es nicht nur Kapital im ökonomischen Sinne gibt, sondern dass auch noch andere Kapitalformen wie soziales, symbolisches oder kulturelles Kapital existieren. Unter „sozialem Kapital" versteht Bourdieu Beziehungen und Netzwerke, unter „symbolischem Kapital" Prestige und Anerkennung; kulturelles Kapital – vielleicht der zentrale Begriff bei Bourdieu – schließlich erscheint in dreierlei Form: als objektiviertes, als institutionalisiertes und als inkorporiertes kulturelles Kapital. Objektiviertes kulturelles Kapital ist das, was man an Kulturgütern besitzt (Bücher, Bilder, Musikinstrumente etc.); institutionalisiertes kulturelles Kapital sind die Bildungstitel wie z. B. ein Schul- oder Studienabschluss; das inkorporierte kulturelle Kapital ist nach Bourdieu zu einem festen Bestandteil der „Person", zum Habitus geworden und – im Vergleich zu den anderen Kultur-Kapitalen – nur schwer quantifizierbar.

Die Inkorporierung schlägt sich klassenspezifisch nieder, d. h., je nach Klasse existieren unterschiedliche Wahrnehmungsweisen, Geschmäcker, Ängste und Verhaltensmuster. Da dieser Prozess häufig unbewusst geschieht, spricht Bourdieu auch vom Habitus als dem „Klassenunbewusstem".

Der erste Teil der „Feinen Unterschiede", des bedeutendsten Werks Bourdieus, beschäftigt sich mit den sozialen Voraussetzungen der Lebensstile. Bourdieu verknüpft dabei Elemente der Milieu- und Lebensstilforschung mit der Klassen- und Schichtenanalyse zu einer klassentheoretisch fundierten Milieuanalyse, die der Auflösungsthese in ihren unterschiedlichen Varianten von Schelsky (vgl. S. 60 ff.) bis Beck (vgl. S. 65 ff.) widerspricht. Teil 2 seiner Studie – aus diesem stammt das einleitende Beispiel – ist eine systematische Analyse der „Ökonomie der Praxisformen" im Frankreich der 60er Jahre, Teil 3 beschreibt die großen Geschmacksformationen der modernen französischen Gesellschaft.

Die Arbeiten Bourdieus wurden auch in der Bundesrepublik stark rezipiert. Auf deutsche Verhältnisse übertragen wurde sein Ansatz von Michael Vester, der die Sinus-Milieus mit der Klassenanalyse bzw. mit sozialkritischen Fragestellungen der Ungleichheitsforschung verknüpfte.

Bourdieu gilt als ein in die sozialen Verhältnisse eingreifender Intellektueller. Vor allem in den Jahren kurz vor seinem Tode hat er sich immer wieder politisch zu Wort gemeldet und dabei als geistiger Wegbereiter von Attac vor allem den Neoliberalismus als „Realität gewordene Utopie grenzenloser Ausbeutung" scharf kritisiert.

Literaturhinweise

Ludgera Vogt, Pierre Bourdieu, in: ***Dirk Kaesler/Ludgera Vogt (Hrsg.),*** Hauptwerke der Soziologie, Stuttgart 2000, S. 58–62.
Michael Vester u. a., Soziale Milieus im gesellschaftlichen Strukturwandel, Frankfurt a. M. 2001.
Uwe H. Bittlingmayer (Hrsg.), Theorie als Kampf? Zur politischen Soziologie Pierre Bourdieus, Opladen 2002.

M 6 Die feinen Unterschiede. Kritik der gesellschaftlichen Urteilskraft

„Ungezwungen" oder „formvollendet": das Essverhalten der Schichten

Dadurch, daß der zentrale Gegensatz im Bereich des Nahrungskonsums sich grosso modo [im großen und ganzen] mit unterschiedlicher Höhe des Einkommens deckt, ist der sekundäre Gegensatz verborgen geblieben [...]. Eine wirkliche Erklärung der Variationen, und nicht bloß [...] deren Registrierung, hat die Gesamtheit der Charakteristika der sozialen Lage zu berücksichtigen, die von frühster Kindheit an (statistisch) mit dem Besitz eines mehr oder weniger hohen Einkommens verknüpft und derart beschaffen sind, daß sie den jeweiligen Verhältnisse entsprechende Geschmacksrichtungen ausbilden. [...]

In bezug auf die Unterschichten [könnte man] vom „freimütigen Essen" sprechen. Essen steht hier unter dem Zeichen der Fülle (was Beschränkungen und Grenzen nicht ausschließt), vornehmlich aber der Freizügigkeit: auf den Tisch des Hauses kommen „elastische" und „reichlich vorhandene" Speisen – Suppen und Soßen, Nudeln und Kartoffeln (fast immer mit Gemüse) – die, mit Löffel oder Schöpfkelle serviert, gar nicht erst den Eindruck aufkommen lassen, man müsse streng bemessen oder abzählen, ganz im Unterschied zu allem, was wie Braten geschnitten werden muß. Diesem Eindruck von Fülle und Überfluß, der bei außergewöhnlichen Anlässen die Regel ist, für die Männer jedoch im Rahmen des Möglichen immer gilt, insofern man ihnen zweimal auftut (für den Knaben ein die Erlangung des Männerstatus markierendes Privileg), steht häufig als Kehrseite im Alltag die Selbstbeschränkung der Frauen gegenüber, die sich zu zweit ein Stück teilen oder die Reste vom Vortag essen (für die Mädchen heißt die Erlangung des Frauenstatus: fortan verzichten). Essen, gut essen (und gut trinken) gehört zum Mann: zumal ihm gegenüber wird darauf *gedrungen,* unter Hinweis aufs Prinzip, daß „nichts übrig bleiben darf" – sich dieser Aufforderung zu widersetzen, wäre irgendwie verdächtig. Sonntags, wenn die Frauen, immer auf den Beinen, eifrig am Servieren, Tischabräumen und Geschirr spülen sind, sitzen die Männer noch am Tisch, trinken und essen weiter. Da diesen stark ausgeprägten Statusunterschieden (gebunden an Geschlecht und Alter) keine Differenzierung im Praktischen entspricht (wie bei bürgerlichen Kreisen mit der Trennung von Speisesaal und Bedientenraum, wo manchmal auch die Kinder essen), wird gemeinhin auch nicht auf strikten Ablauf der einzelnen Gänge geachtet – es wird nahezu alles auf einmal aufgetischt (was auch Gänge in die Küche erspart), was zur Folge hat, daß die Frauen manchmal schon bei der Nachspeise sind (wie die Kinder, die sich samt Teller vor den Fernseher setzen), während die Männer gerade mit dem Hauptgang fertig sind oder „Junior", zu spät gekommen, rasch noch seine Suppe löffelt. Diese Freizügigkeit mag als Unordnung oder Schlamperei erscheinen, ist aber durchaus angemessen: zunächst einmal garantiert sie Arbeitsersparnis, was übrigens ausdrücklich erstrebt wird. Da die Beteiligung der Männer an den häuslichen Aufgaben ein schlichtes Ding der Unmöglichkeit ist – in erster Linie für die Frauen selbst, die sich in ihrer Ehre gekränkt fühlten, müßten sie jene in einer Rolle sehen, die per definitionem nicht die ihre ist –, sind alle Mittel zur „Kosten"-Ersparnis recht. So kann man sich im Cafe auch nur mit einem Kaffeelöffel begnügen und ihn nach kurzem Schütteln dem Nachbarn reichen, damit der nun seinen „Zucker" verrühren kann. Freilich billigt man sich derartige Erleichterungen nur zu, weil man sich *unter sich* fühlt, zu Hause, im Familienkreis und das auch so möchte – was eben auch ausschließt, daß man „Umstände" macht. Z.B. kann man, um Dessertteller zu sparen, den Kuchen schlicht in der Schachtel aufschneiden – scherzend und so demonstrierend, daß die Übertretung mal „erlaubt" ist – und dem zum Nachtisch eingeladenen Nachbarn ebenfalls ein Kartonstück samt Kuchen darauf überreichen als Zeugnis dafür, auf welch *vertrautem* Fuß man mit ihm steht (ihm einen Teller reichen, hieße ihn gerade ausschließen). Ebenso werden auch die Teller zwischen den einzelnen Gängen nicht ausgetauscht. Der Suppenteller, jeweils mit Brot abgewischt, bleibt bis zum Ende der Mahlzeit im Gebrauch. Zwar wird die Hausfrau mit dem Vorschlag kommen, doch die „Teller zu wechseln" – mit der einen Hand bereits ihren Stuhl nach hinten rückend, die andere am Teller ihres Nachbarn – doch sie erntet nur Protest („das mischt sich im Magen"); und sollte sie dennoch insistieren, wäre leider der Eindruck nicht mehr von der Hand zu weisen, es ginge ihr lediglich darum, ihr Geschirr zur Schau zu stellen (was ihr gutes Recht ist, wenn es ihr gerade geschenkt wurde), oder sie wolle ihre Gäste wie Fremde behandeln, so wie manchmal ganz bewußt mit ungebetenen Gästen oder notorischen Schnorrern verfahren wird, die man auf Abstand halten möchte: ungeachtet ihrer Proteste wird man ihnen einen neuen Teller geben, es sich auch versagen, auf ihre Scherze einzugehen, schließlich die Kinder anfahren, sie möchten sich gefälligst am Tisch benehmen („Nicht doch, lassen Sie sie doch, das macht nichts..." werden dann die Eingeladenen sagen, und die Eltern darauf antworten: „Es wird allmählich Zeit, daß sie lernen, wie man sich benimmt..."). Die gemeinsame Wurzel aller dieser Ungezwungenheiten und Formlosigkeiten, die man sich gestattet, gründet sicherlich im Gefühl, angesichts all der Not und all der Zwänge des tagtäglichen Daseins, denen man ohnehin auf Gedeih und Verderb ausgesetzt ist, sich nicht auch noch im häuslichen Leben, der einzigen Freiheitsinsel, selbstauferlegten Verhaltensnormen und -kontrollen zu beugen, und das gerade in bezug auf Essen und Trinken, die doch gleichermaßen Primärbedürfnis wie Kompensation sind.

Dem „freimütigen", ungezwungenen Essen, der „einfachen Leute" setzt der Bourgeois sein Bemühen um *formvollendetes* Essen entgegen. „Formen" sind zunächst einmal geregelte Abläufe, die Warten, Zögern, Zurückhaltung beinhalten: vermieden werden muß der Eindruck, als stürze man sich auf die Speisen; man wartet ab, bis auch der letzte sich aufgetan hat und zu essen beginnt; man bedient sich diskret. Gegessen wird streng nach Speiseordnung, sie schreibt vor, was zusammen auf den Tisch gestellt werden darf, was auf keinen Fall: Braten und Fisch, Käse und Dessert. Keine Nachspeise, bevor nicht alles übrige – einschließlich des Salzstreuers – vom Tisch geräumt und die Krümel weggewischt sind. Dieses Verhalten, das Reglement in all seiner normativen Strenge bis in den Alltag hinein zu verlängern (bereits morgens wird sich rasiert und ausgehmäßig angekleidet, keineswegs nur kurz vor dem faktischen Anlaß), sich der Trennung von häuslicher Intimsphäre und öffentlicher Sozialsphäre, von Alltäglichem und Unalltäglichem (bei den unteren Klassen damit assoziiert, daß man sich in den Sonntagsstaat wirft) zu widersetzen, lässt sich nicht allein durch die Anwesenheit von „Fremden", der Bediensteten und Gäste, inmitten der Familie und der familiären Welt erklären. Es ist vielmehr Ausdruck eines besonderen, nicht ablegbaren Habitus, dem Ordnungsverhalten, Haltung und Zurückhaltung konstitutiv ist [...].

Theoretische Überlegungen Bourdieus

[...]

Wider die charismatische Ideologie, die Geschmack und Vorliebe für legitime Kultur zu einer Naturgabe stilisiert, belegt die wissenschaftliche Analyse den sozialisationsbedingten Charakter kultureller Bedürfnisse: Nicht nur jede kulturelle Praxis (der Besuch von Museen, Ausstellungen, Konzerten, die Lektüre, usw.), auch die Präferenz für eine bestimmte Literatur, ein bestimmtes Theater, eine bestimmte Musik erweisen ihren engen Zusammenhang primär mit dem Ausbildungsgrad, sekundär mit der sozialen Herkunft. Das Gewicht der familialen respektive der schulischen Erziehung (deren Wirksamkeit und Dauerhaftigkeit selbst wiederum in starkem Maße von sozialer Herkunft abhängen) variiert gemäß, dem Grad der Anerkennung der kulturellen Praktiken durch die Schule und deren Vorbereitung auf diese – tatsächlich erweist sich der Einfluß der sozialen Herkunft, *ceteris paribus* [unter sonst gleichen Umständen] , niemals durchschlagender, als gerade in bezug auf „freie Bildung" oder avantgardistische [für neue Ideen/Richtungen eintretende] Kultur. Der gesellschaftlich anerkannten Hierarchie der Künste und innerhalb derselben der Gattungen, Schulen und Epochen korrespondiert die gesellschaftliche Hierarchie der Konsumenten. Deshalb auch bietet sich Geschmack als bevorzugtes Merkmal *von „Klasse"* an. [...]

Vermittelt über die entsprechenden sozialen und ökonomischen Bedingungen, stehen die verschiedenen – mehr oder minder distanzierten und von Emotionen freien – Arten, sich zu den Realitäten und den Fiktionen [Vorgestellte Dinge bzw. Sachverhalte] zu stellen, an die Fiktionen oder die von diesen simulierten Realitäten zu glauben, in engem Zusammenhang mit den diversen möglichen sozialen Positionen und sind dadurch auch weitgehend in die charakteristischen Dispositionssysteme (Habitus) der verschiedenen Klassen und Klassenfraktionen eingebunden. Geschmack klassifiziert – nicht zuletzt den, der die Klassifikationen vornimmt. Die sozialen Subjekte, Klassifizierende, die sich durch ihre Klassifizierungen selbst klassifizieren, unterscheiden sich voneinander durch die Unterschiede, die sie zwischen schön und häßlich, fein und vulgär machen und in denen sich ihre Position in den objektiven Klassifizierungen ausdrückt oder verrät. Tatsächlich belegt die statistische Analyse, daß im Bereich des kulturellen Konsums wie in dem von Essen und Trinken strukturell gleiche Gegensätze wirken: Der Gegensatz von Quantität und Qualität, von ausladendem Teller und kleiner Platte, Substanz und Form wie Formen deckt sich mit der – an ungleiche Distanz zum Notwendigen gebundenen – Opposition zweier Varianten von Geschmack: dem aus Not und Zwang geborenen, der zu gleicherweise nahrhaften und kostensparenden Speisen greifen läßt; dem aus Freiheit – oder Luxus – geborenen Geschmack, der, anders als beim Drauflos-Essen der populären Kreise, das Hauptaugenmerk von der Substanz auf die Manier (des Vorzeigens, Auftischens, Essens, usw.) verlagert, und dies vermittelt über die Intention zur Stilisierung, die der Form und den Formen eine Verleugnung der Funktion abverlangt. [...]

Der Habitus erzeugt Vorstellungen und Handlungsweisen, die stets genauer, als es den Anschein haben mag, den objektiven Umständen entsprechen, denen sie entstammen. Mit Marx behaupten, daß „der Kleinbürger die Grenzen seines Hirns nicht zu überschreiten vermag" (oder, wie andere gesagt hätten, die Grenzen seines „Verstandes"), heißt feststellen, daß sein Denken denselben Beschränkungen unterliegt wie seine materielle Lage, daß seine Lage ihn gewissermaßen doppelt beschränkt, nämlich einmal durch die materiellen Schranken, die sie seinem Handeln auferlegt, und sodann durch die Schranken, die sie seinem Denken setzt – und damit wiederum seinem Handeln –, und die ihn dazu bringen, seine eigenen Grenzen zu akzeptieren, ja zu lieben. [...]

Der Habitus und der Raum der Lebensstile

[...] Mit dem Habitus als inkorporierter [einverleibten, verinnerlichten] Notwendigkeit, verwandelt in eine allgemeine und transponierbare, sinnvolle Praxis und sinnstiftende Wahrnehmung hervorbringende Disposition, erfährt die den jeweiligen Lernsituationen immanente Notwendigkeit über die Grenzen des direkt Gelernten hinaus systematische Anwendung: Der Habitus bewirkt, daß die Gesamtheit der Praxisformen eines Akteurs (oder einer Gruppe von aus ähnlichen Soziallagen hervorgegangenen Akteuren) als Produkt der Anwendung identischer (oder wechselseitig austauschbarer) Schemata zugleich systematischen Charakter tragen und systematisch unterschieden sind von den konstitutiven Praxisformen eines anderen Lebensstils.

Insofern unterschiedliche Existenzbedingungen unterschiedliche Formen des Habitus hervorbringen, d.h. Systeme von Erzeugungsmustern, die kraft einfacher Übertragungen auf die unterschiedlichsten Bereiche der Praxis anwendbar sind, erweisen sich die von dem jeweiligen Habitus erzeugten Praxisformen als systematische Konfigurationen [Gestaltung] von Eigenschaften und Merkmalen und darin als Ausdruck der Unterschiede, die, den Existenzbedingungen in Form von Systemen differenzieller Abstände eingegraben und von den Akteuren mit den erforderlichen Wahrnehmungs- und Beurteilungsschemata zum Erkennen, Interpretieren und Bewerten der relevanten Merkmale *wahrgenommen*, als Lebensstile fungieren.

Der Habitus ist nicht nur strukturierende; die Praxis wie deren Wahrnehmung organisierende Struktur, sondern auch strukturierte Struktur: das Prinzip der Teilung in logische Klassen, das der Wahrnehmung der sozialen Welt zugrunde liegt, ist seinerseits Produkt der Verinnerlichung der Teilung in soziale Klassen. Jede spezifische soziale Lage ist gleichermaßen definiert durch ihre inneren Eigenschaften oder Merkmale wie ihre relationalen, die sich aus ihrer spezifischen Stellung im System der Existenzbedingungen herleiten, das zugleich ein *System von Differenzen*, von unterschiedlichen Positionen darstellt. Eine jede soziale Lage ist mithin bestimmt durch die Gesamtheit dessen, was sie nicht ist, insbesondere jedoch durch das ihr Gegensätzliche: soziale Identität gewinnt Kontur und bestätigt sich in der Differenz. In den Dispositionen des Habitus ist somit die gesamte Struktur des Systems der Existenzbedingungen angelegt, so wie diese sich in der Erfahrung einer besonderen sozialen Lage mit einer bestimmten Position innerhalb dieser Struktur niederschlägt. Die fundamentalen Gegensatzpaare der Struktur der Existenzbedingungen (oben/unten, reich/arm, etc.) setzen sich tendenziell als grundlegende Strukturierungsprinzipien der Praxisformen wie deren Wahrnehmung durch. Als System generativer Schemata von Praxis, das auf systematische Weise die einer Klassenlage inhärenten Zwänge und Freiräume wie auch die konstitutive Differenz der Position wiedergibt, erfaßt der Habitus die lagespezifischen Differenzen in Gestalt von Unterschieden zwischen klassifizierten und klassifizierenden Praxisformen (als Produkte des Habitus), unter Zugrundelegung von Unterscheidungsprinzipien, die ihrerseits Produkt jener Differenzen, diesen objektiv angeglichen sind und sie deshalb auch tendenziell als natürliche auffassen. Muß gegenüber jeder Form mechanischen Denkens erneut darauf insistiert werden, daß die Alltagserfahrung von sozialer Welt durchaus Erkennen darstellt, so ist gegen die Illusion spontaner Erzeugung durch das Bewußtsein, der nicht wenige Theorien der „Bewußtwerdung" aufsitzen, im Blick zu behalten, daß es sich beim primären Erkennen um Verkennen wie Anerkennen einer auch in den Köpfen festsitzenden Ordnung handelt. Die Lebensstile bilden also systematische Produkte des Habitus, die in ihren Wechselbeziehungen entsprechend den Schemata des Habitus wahrgenommen, Systeme gesellschaftlich qualifizierter Merkmale (wie „distinguiert", „vulgär", etc.) konstituieren. Grundlage jenes alchemistischen Prozesses, worin die Verteilungsstruktur des Kapitals, Bilanz eines Kräfteverhältnisses, in ein System wahrgenommener Differenzen, distinktiver Eigenschaften, anders gesagt, in die Verteilungsstruktur des in seiner objektiven Wahrheit verkannten symbolischen und legitimen Kapitals verwandelt wird, ist die Dialektik von sozialer Lage und Habitus.

Da strukturierte Produkte (*opus operatum*) derselben strukturierenden Struktur (*modus operandi*), von dieser hervorgebracht durch *Rückübersetzungen* entsprechend der spezifischen Logik eines Feldes, sind die Praxisformen und Werke eines Akteurs fern jedes absichtlichen Bemühens um Kohärenz in objektivem Einklang miteinander und fern jeder bewussten Abstimmung auch auf die Praxisformen aller übrigen Angehörigen derselben Klasse objektiv abgestimmt. Der Habitus erzeugt fortwährend praktische Metaphern, bzw., in einer anderen Sprache, Übertragungen (worunter die Übertragung motorischer Gewohnheiten nur einen Sonderfall darstellt) oder besser, durch die spezifischen Bedingungen seiner praktischen Umsetzung erzwungene systematische Transpositionen – so kann sich etwa der asketische Ethos, von dem zu erwarten wäre, daß er sich im Sparverhalten äußert, durchaus einmal unter veränderten Umständen in der Aufnahme von Kredit zeigen. Die stilistische Affinität der Praxisformen eines Akteurs oder aller Akteure einer Klasse, die jede Einzelpraxis zu einer „Metapher" einer beliebig anderen werden läßt, leitet sich daraus ab, daß sie alle aus Übertragungen derselben Handlungsschemata auf die verschiedenen Felder hervorgehen. Ein vertrautes Paradigma für diesen Analogie stiftenden und auf Analogie basierenden Operator, eben den Habitus, liegt im „Schreiben" vor: kraft dieser Disposition, d.h. dieser besonderen Art und Weise des Zeichnens von Buchstaben, wird stets die gleiche Schrift erzeugt, d.h. graphische Linien, die ungeachtet aller Unterschiede in Größe, Stoff und Farbe der Schreibunterlage (Blatt Papier oder Schiefertafel), oder des Schreibmaterials (Füller oder Kreide), ungeachtet also der Unterschiede des jeweils aufgewendeten Gesamtkomplexes, auf Anhieb eine Art Familienähnlichkeit sichtbar werden lassen, ähnlich wie die stilistischen Merkmale oder die Manier, an denen man einen Maler oder Schriftsteller ebenso unfehlbar erkennt wie einen Menschen an seiner Gangart.

Das *opus operatum* weist systematischen Charakter auf, weil dieser bereits im *opus operandi* steckt: in den „Eigenschaften" (und Objektivationen von „Eigentum"), mit denen sich die Einzelnen wie die Gruppen umgeben – Häuser, Möbel, Gemälde, Bücher, Autos, Spirituosen, Zigaretten, Parfums, Kleidung und in den Praktiken, mit denen sie ihr Anderssein dokumentieren – in sportlichen Betätigungen, den Spielen, den kulturellen Ablenkungen – ist Systematik nur, weil sie in der ursprünglichen synthetischen Einheit des Habitus vorliegt, dem einheitsstiftenden Erzeugungsprinzip aller Formen von Praxis. Der Geschmack, die Neigung und Fähigkeit zur (materiellen und/oder symbolischen) Aneignung einer bestimmten Klasse klassifizierter und klassifizierender Gegenstände und Praktiken, ist die Erzeugungsformel, die dem Lebensstil zugrunde liegt [...].

In der Arbeitsmoral des alten Kunsttischlers, dem skrupulöse [akkurate] und einwandfreie Arbeit, Gepflegtes Ausgefeiltes und Feines alles ist, nicht minder wie in seiner Ästhetik der Arbeit um ihrer selbst willen, die ihn Schönheit an der aufgewendeten Pflege und Geduld messen läßt, steckt alles: sein Weltbild wie seine Art und Weise, mit seinen Finanzen, seiner Zeit und seinem Körper zu wirtschaften, seine Verwendung der Sprache wie seine Kleidervorliebe.

Das System der *aufeinander abgestimmten* Eigenschaften, darunter auch Personen – sagen Freunde doch gerne von sich, denselben Geschmack zu besitzen – gründet im Geschmack, in jenem System von Klassifikationsschemata, die nur höchst bruchstückhaft dem Bewußtsein zugänglich sind, obwohl der Lebensstil mit steigender sozialer Stufenleiter immer entschiedener durch die von Max Weber so genannte „Stilisierung" des Lebens charakterisiert wird. [...]

Der Geschmack bildet mithin den praktischen Operator für die Umwandlung der Dinge in distinkte [abgegrenzte] und distinktive [unterscheidende] Zeichen, der kontinuierlichen Verteilungen in diskontinuierliche Gegensätze: durch ihn geraten die Unterschiede aus der *physischen Ordnung* der Dinge in die *symbolische Ordnung* signifikanter Unterscheidungen. Er verwandelt objektiv klassifizierte Praxisformen, worin eine soziale Lage sich (über seine Vermittlung) selbst Bedeutung gibt, in klassifizierende, d.h. in einen symbolischen Ausdruck der Klassenstellung dadurch, daß er sie in ihren wechselseitigen Beziehungen und unter sozialen Klassifikationsschemata sieht. Somit liegt er dem System der Unterscheidungsmerkmale zugrunde, das zwangsläufig als ein systematischer Ausdruck einer besonderen Klasse von sozialen Lagen, d.h. als ein klar abgehobener Lebensstil von jedem wahrgenommen werden muß, der über die Beziehung zwischen den Unterscheidungszeichen und den Positionen innerhalb der Verteilungen, zwischen dem Raum der objektiven Eigenschaften, der in der wissenschaftlichen Konstruktion zum Vorschein tritt, und dem gleichermaßen objektiven Raum der *Lebensstile*, der als solcher für und durch die Alltagserfahrung besteht, praktisch Bescheid weiß. Resultat der Inkorporierung der Struktur des sozialen Raumes in der Gestalt, in der diese sich vermittels der Erfahrung einer bestimmten Position innerhalb dieses Raumes aufdrängt, stellt dieses Klassifikationssystem in den Grenzen des ökonomisch Möglichen und des Unmöglichen (deren Logik es tendenziell reproduziert) die Grundlage der den immanenten Regelmäßigkeiten einer Soziallage angepaßten Praxisformen dar. Auf dieses System geht die fortlaufende Umwandlung der Notwendigkeit in Strategien, der Zwänge in Präferenzen zurück wie auch die von mechanischer Determinierung freie Erzeugung aller für die klassifizierenden und klassifizierten Lebensstile konstitutiven „Entscheidungen", deren Sinn bzw. Wert sich aus ihrer spezifischen Position im Rahmen eines Systems von Gegensätzen und Wechselbeziehungen herleitet. Da selbst nur zur Tugend erhobene Not, will es fortwährend aus der Not eine Tugend machen und drängt zu „Entscheidungen", die der gegebenen sozialen Lage, aus der es hervorgegangen ist, im vorhinein angepaßt sind. Wie in all den Fällen hinlänglich sichtbar wird, wo es in der Folge einer veränderten gesellschaftlichen Position auch zu einem grundlegenden Wandel in den Lebensverhältnissen kommt, die, aus denen der Habitus erwachsen ist, sich mit denjenigen nicht mehr decken, innerhalb deren er funktioniert und seine eigentümliche Wirksamkeit gesondert aufgewiesen werden kann, ist es der Geschmack – der „Luxusgeschmack" so gut wie der „Notwendigkeitsgeschmack" oder die Entscheidung für das Unvermeidliche, und kein üppiges oder mäßiges Einkommen –, der die objektiv an diese Finanzmittel angepaßten Praktiken bestimmt. Der Geschmack bewirkt, daß man hat, was man vermag, weil man mag, was man hat, nämlich die Eigenschaften und Merkmale, die einem de facto zugeteilt und durch Klassifikation de jure zugewiesen werden. [...]

Welchen Stellenwert und welches Interesse die Angehörigen der verschiedenen Klassen der Selbstdarstellung einräumen, in welchem Umfang sie sich der damit gegebenen Vorteile bewußt sind, schließlich wieviel Zeit, Mühen und Entbehrungen sie wirklich dafür aufwenden, richtet sich nach den Chancen der vernünftigerweise davon zu erwartenden materiellen oder symbolischen Vorteile, hängt genauer also ab vom Bestand eines Arbeitsmarktes, auf dem entsprechende kosmetische Merkmale im Rahmen der Berufstätigkeit selbst oder in den weitergefaßten Berufsbeziehungen (je nach Beruf graduell verschiedenen) Wert erhalten, sowie von den differenziellen Zugangschancen zu diesem Markt, nicht zuletzt zu den Sektoren, wo Schönheit und Benehmen am nachdrücklichsten zum beruflichen Wert beitragen. [...]

Schluß: Klassen und Klassifizierungen

[...] Ihre besondere Wirksamkeit verdanken die Schemata des Habitus, Urformen der Klassifikation, dem Faktum, daß sie jenseits des Bewußtseins wie des diskursiven Denkens, folglich außerhalb absichtlicher Kontrolle und Prüfung agieren: Die praktischen Handlungen in praxi anleitend, unterlegen sie nicht nur das, was fälschlich *Werte* genannt werden könnte, den scheinbar automatischsten Gebärden und unbedeutendsten Körpertechniken – der Art zu gestikulieren oder zu gehen, sich zu setzen oder zu schneuzen, beim Sprechen oder Essen den Mund zu bewegen –, sondern bringen auch die fundamentalsten Prinzipien der Konstruktion und Bewertung der Sozialwelt, jene, die am direktesten die Arbeitsteilung zwischen den sozialen Klassen, Altersgruppen und Geschlechtern wie die Arbeitsteilung von Herrschaft wiedergeben, im Einordnen der Körper und der unterschiedlichen Beziehungen zum Körper zum Einsatz, die, als sollte jener damit der Anschein von Natürlichkeit verliehen werden, mehr als ein Merkmal der Teilung der Arbeit zwischen den Geschlechtern und „im Geschlechtsakt" (Marx) entlehnen. Als eine Art gesellschaftlicher Orientierungssinn *(sense of one's place)*, als ein praktisches Vermögen des Umgangs mit sozialen Differenzen, nämlich zu spüren oder zu erahnen, was auf ein bestimmtes Individuum mit einer bestimmten sozialen Position voraussichtlich zukommt und was nicht, und untrennbar damit verbunden, was ihm entspricht und was nicht, lenkt der Geschmack die Individuen mit einer jeweiligen sozialen Stellung sowohl auf die auf ihre Eigenschaften zugeschnittenen sozialen Positionen als auch auf die praktischen Handlungen, Aktivitäten und Güter, die ihnen als Inhaber derartiger Positionen entsprechen, zu ihnen „passen"; darüberhinaus impliziert er – auf der Grundlage ihrer gesellschaftlichen Verbreitung und der praktischen Kenntnis der Akteure über die Korrespondenz von jeweiliger Praxis oder Gut und Gruppe – eine vorweggenommene praktische Abwägung der wahrscheinlichen Bedeutung und sozialen Geltung der Praktiken und Güter. [...]

Aus: Pierre Bourdieu, Die feinen Unterschiede. Kritik der gesellschaftlichen Urteilskraft, Frankfurt a. M. 1987, S. 288f.,S. 313-316, S. 17-18, S. 25-27, S. 277-286, S. 378, S. 328/329 und S. 727-730.

ZUR TEXTERSCHLIESSUNG

1. Erklären Sie die Begriffe Habitus und Lebensstil. Erläutern Sie deren Bezug zu sozialökonomischen Kategorien.
2. Erläutern Sie die Auffassung Bourdieus, Geschmack böte sich „als bevorzugtes Merkmal von Klasse" an.
3. Erläutern Sie, warum Bourdieu letztlich am Klassenbegriff festhält.
4. Zeigen Sie an dem von Bourdieu gewählten Beispiel des Essens, was Bourdieu unter schichten- bzw. klassenspezifischem Habitus versteht.
5. Überlegen und diskutieren Sie weitere Felder, bei denen sich ein spezifischer Habitus nachweisen lässt (Freizeitverhalten, Wohnungseinrichtung etc.).
6. Erörtern Sie, welche (politischen) Schlussfolgerungen sich aus Bourdieus Analyse formulieren lassen. Wem könnten derartige Überlegungen nützen?

2.7 Stefan Hradil: Soziale Schichtung und Milieubildung

Stefan Hradil (*1946), Professor für Soziologie in Mainz, war von 1995 bis 1998 Vorsitzender der Deutschen Gesellschaft für Soziologie (DGS). Hradil forscht schwerpunktmäßig über soziale Schichtung und Milieubildung. Bereits der Untertitel seiner Habilitationsschrift von 1985, „Sozialstrukturanalyse in einer fortgeschrittenen Gesellschaft. Von Klassen und Schichten zu Lagen und Milieus", deutet die theoretische Ausrichtung seiner Arbeiten an. Hradil geht es um die Gruppierung von Menschen ähnlicher Mentalitäten zu sozialen Milieus.
Milieu- und Lebensstilanalysen zählen zu den kultursoziologischen bzw. kulturalistischen Ansätzen in der Sozialstrukturforschung. War die Lebensstilforschung in den achtziger Jahren noch stark von der Entkopplungstheorie geprägt, wonach sich Lebensstile zunehmend von den objektiven Lebensbedingungen der Menschen entkoppeln, so ergaben Studien der neunziger Jahre, dass äußere Lebensbedingungen doch stärker als zuvor gedacht der „freien Wahl" eines Lebensstils Grenzen setzen.

Literaturhinweise

Stefan Hradil, Die Sozialstruktur Deutschlands im internationalen Vergleich, Wiesbaden 2006 (2. Auflage).
Michael Vester, Soziale Milieus und Gesellschaftspolitik, in: Aus Politik und Zeitgeschichte, B. 44–45 (2006), S. 10–17.

M 7 Soziale Milieus – eine praxisorientierte Forschungsperspektive

Einleitung

Von „sozialen Milieus" spricht man nicht nur in den Sozialwissenschaften. Auch im Alltag wird eine Gruppierung von Menschen, die in ähnlichen Umständen leben, ähnlich denken und so das Verhalten der Einzelnen in ähnlicher Weise prägen, als „soziales Milieu" bezeichnet. Besonders häufig wird der Milieubegriff dann benutzt, wenn – etwa bei „bildungsfernen Milieus" – auf soziale Vor- oder Nachteile und zugleich auf kulturelle Unterschiede zwischen solchen Gruppierungen aufmerksam gemacht werden soll. Diese alltagssprachliche Verwendungsweise des Milieubegriffs kommt den sozialwissenschaftlichen Definitionen recht nahe.

Was sind soziale Milieus?

In der neueren Forschung werden unter „sozialen Milieus" üblicherweise Gruppen Gleichgesinnter verstanden, die jeweils ähnliche Werthaltungen, Prinzipien der Lebensgestaltung, Beziehungen zu Mitmenschen und Mentalitäten aufweisen. Im Kern werden sie also durch „psychologisch tief sitzende" psychische Dispositionen [zur Verfügung stehende Verhaltensweisen] definiert. Diejenigen, die dem gleichen sozialen Milieu angehören, interpretieren und gestalten ihre Umwelt folglich in ähnlicher Weise und unterscheiden sich dadurch von anderen sozialen Milieus.
Kleinere Milieus, zum Beispiel Organisations-, Stadtviertel- oder Berufsmilieus (wie das Journalistenmilieu) weisen darüber hinaus häufig einen inneren Zusammenhang auf, der sich in einem gewissen Wir-Gefühl und in verstärkten Binnenkontakten äußert.
Gelegentlich wird neben Mentalitäten auch das typische Umfeld (Beruf, Wohnen, Einkommen etc.) als Definitionsmerkmal sozialer Milieus herangezogen. In manchen Milieudefinitionen ist zusätzlich das Alltagsverhalten der Menschen eingeschlossen, insoweit es Folge milieuspezifischer Mentalitäten ist. Es lassen sich also mehr oder minder komplexe Definitionen des Milieubegriffes unterscheiden.
Wie sie auch immer definiert sind: Milieubegriffe weisen Eigenschaften auf, die sie von Schichtbegriffen klar unterscheiden. Milieubegriffe betonen erstens die „subjektive" Seite der Gesellschaft. Sie bezeichnen Gruppierungen gleicher Mentalitäten. Schichtbegriffe konzentrieren sich dagegen auf die „objektiven" Faktoren der Berufsstellung, des Einkommens und des Bildungsabschlusses. Zweitens lässt das Milieukonzept die Entstehung von Mentalitäten bewusst offen. Sie können berufliche, religiöse, regionale, lebensweisebedingte, politische, moralische etc. Ursachen haben. Das Schichtkonzept geht hingegen davon aus, dass mit dem Berufs-, Einkommens- und Bildungsstatus bestimmte, schichtspezifische Mentalitäten einhergehen. Schließlich ist drittens das Milieukonzept synthetisch angelegt. Es bündelt zahlreiche Dimensionen und Aspekte. Dies führt in der empirischen Forschungspraxis zu erheb-

Statusorientierung und ihren fest gefügten traditionellen Werthaltungen (z.B. Pflicht, Ordnung); der „Etablierten Milieus" in ihrem Streben nach Leistung und Führerschaft, ihrem Statusbewusstsein und ihrem exklusiven Geschmack sowie der „Intellektuellen Milieus" mit ihren kulturellen und intellektuellen Interessen sowie ihrer Suche nach Selbstverwirklichung und persönlicher Entwicklung jeweils relativ gut miteinander, einerlei, ob sie aus Spanien, den USA oder aus Deutschland kommen. [...]

Fazit

Postindustrielle Gesellschaften zeichnen sich in Zeiten der Globalisierung und der neuen Informationstechnologien einerseits durch die Universalisierung von Normen (etwa was die Stellung von Frauen betrifft), andererseits durch die Pluralisierung von Denk- und Lebensweisen aus. Die Mentalitäten der Menschen gehen weit auseinander. Die Milieuforschung zeichnet diesen (keineswegs konfliktfreien) Pluralismus nach und versucht, Verhaltensdifferenzierungen hieraus zu erklären. Sie legt in diesem Zusammenhang auch transnationale Sozialstrukturen offen. Dies geschieht in den Sozialwissenschaften noch eher selten. Allerdings vollzieht sich die Milieuforschung bislang zum guten Teil im Rahmen der angewandten Sozialwissenschaften. Von hier aus gelangen genaue Konzept- und Methodeninformationen bisher eher selten in die akademischen Sozialwissenschaften.

Aus: Stefan Hradil, Soziale Milieus – eine praxisorientierte Forschungsperspektive, in: Aus Politik und Zeitgeschichte, B. 44–45 (2006), S. 3–10.

Zur Texterschliessung

1. Hradil bezieht sich in seinen Ausführungen mehrfach auf die sog. Sinus-Milieus. Recherchieren Sie im Internet unter www.sinus-sociovision.de deren aktuelle Fassung.
2. Führen Sie aus, was Hradil unter „Milieus" versteht und welche Kriterien die Zugehörigkeit zu diesen begründen.
3. Nennen Sie etwaige Gemeinsamkeiten von Milieustudien und Habituskonzept (Bourdieu).
4. Erläutern sie Unterschiede von Milieu-, Klassen- und Schichtbegriff. Welche Vor- und Nachteile haben die jeweiligen Begriffe?

2.8 Arnold Gehlen: Grenzen der Gleichstellung der Geschlechter

Arnold Gehlen (1904–1976) gilt als einer der umstrittensten deutschen Soziologen. Bereits 1933 Mitglied der NSDAP und als Privatdozent auch Mitglied im NS-Dozentenbund, erhielt Gehlen 1934 einen Lehrstuhl für Philosophie am Institut für Kultur- und Universalgeschichte (vor 1933 Institut für Soziologie) in Leipzig, wo der junge Schelsky (siehe S. 60 ff.) auf ihn traf. Lehrtätigkeiten an weiteren Universitäten folgten. Von 1947 bis 1961 war Gehlen ordentlicher Professor für Psychologie und Soziologie an der Akademie (ab 1950 Hochschule) für Verwaltungswissenschaft in Speyer und ab 1962 ordentlicher Professor für Soziologie an der Rheinisch-Westfälischen Technischen Hochschule in Aachen, wo er 1969 emeritiert wurde.
Seine pro-nazistische Haltung in der Zeit des Nationalsozialismus wurde nach dem Zweiten Weltkrieg scharf kritisiert, zudem zählte Gehlen auch persönlich zu den Nutznießern des Nationalsozialismus, indem er vom Weggang und der Vertreibung von aus rassistischen und anderen außerwissenschaftlichen Gründen entlassenen und teilweise emigrierten Professoren profitierte. In den 1960er Jahren wurde er vor allem als konservativer Gegenspieler der Frankfurter Schule, insbesondere von Theodor W. Adorno, bekannt, die eine an Marx angelehnte kritische Theorie der Gesellschaft formulierte.
Gehlen gilt als einer der Hauptvertreter der Philosophischen Anthropologie. Von Bedeutung sind hier vor allem seine Überlegungen, dass der Mensch in seiner Gattungsentwicklung seine tierischen Instinkte verloren habe und nun ein „Mängelwesen" darstelle, das zumindest von seiner Organausstattung her in der Natur gar nicht überlebensfähig sei. Hieraus leitete Gehlen die „Institutionenbedürftigkeit" des Menschen ab, wobei er den Begriff der Institutionen weit fasste. Politisch zog Gehlen diese – nicht unumstrittene – Diagnose heran, um die Legitimität staatlicher Ordnung und überlieferter Tradition zu belegen, wobei es nicht primär darauf ankomme, wie diese Institutionen genau aussähen. Wichtig sei ihre Stabilisierungsfunktion, weshalb es gelte, die bestehenden Institutionen grundsätzlich gegen Angriffe und Zersetzung zu verteidigen.

Der vorliegende Text dokumentiert ein in den 1950er und 1960er Jahren weit verbreitetes Geschlechter-, vor allem aber Frauenbild. Frauen (und implizit auch Männern) werden hier per se bestimmte Eigenschaften zugeschrieben, wenn vom „Wesen" der Frau die Rede ist. Letztlich gehen derartige Überlegungen zurück auf ein polaristisches Geschlechterbild, das von unterschiedlichen „Geschlechtscharakteren" ausgeht. War dieses Verständnis in seinen Anfängen (18. Jahrhundert) noch nicht hierarchisch konzipiert, so radikalisierte sich die Vorstellung von den Wesensbestimmungen von Mann und Frau über das Kaiserreich bis zum Faschismus zu einem extremen Modell der Über- und Unterordnung. Gehlen übernahm in seinen Publikationen der 1950er Jahre die Grundlage eines scheinbar biologisch begründeten Geschlechterantagonismus aus der Zeit vor und während des Nationalsozialismus, kappte diese aber um die nazistischen Zuspitzungen.

Literaturhinweise

Jürgen Habermas, Arnold Gehlen, in: ***ders.,*** Philosophisch-politische Profile, Frankfurt a. M. 1981, S. 101–126.
Karin Hausen, Die Polarisierung der „Geschlechtscharaktere", in: ***Heidi Rosenbaum (Hrsg.),*** Seminar: Familie und Gesellschaftsstruktur. Materialien zu den sozio-ökonomischen Bedingungen von Familienformen, Frankfurt a. M. 1978, S. 161–191.
René König, Soziologie in Deutschland. Begründer, Verächter, Verfechter, München/Wien 1987.

M 8 Die Stellung der Frau in der Gesellschaft von heute

■ In der modernen Industriegesellschaft, wie wir sie heute auch in Westdeutschland vorfinden, ist in der Regel die rechtliche Gleichstellung der Geschlechter voll verwirklicht. Der Artikel 3 des Grundgesetzes der Bundesrepublik, also unsere Verfassung, sagt im Absatz 2 lapidar: „Männer und Frauen sind gleichberechtigt", er bestimmt im 3. Absatz: „Niemand darf wegen seines Geschlechts, seiner Abstammung, seiner Rasse, seiner Sprache, seiner Heimat und Herkunft, seines Glaubens, seiner religiösen oder politischen Anschauungen benachteiligt oder bevorzugt werden." Damit hat eine lange Entwicklung ihren Abschluß gefunden, die als „Emanzipationsbewegung" bezeichnet wird, nach einem lateinischen Wort, das ursprünglich die Entlassung eines Familienmitgliedes aus der väterlichen Gewalt bedeutete. In Deutschland gewann die Emanzipationsbewegung nach der Revolution von 1848 Raum, sie ist hier besonders an den Namen von Luise Otto Peters geknüpft, die im Jahre 1865 den Allgemeinen Deutschen Frauenverein gründete. „Mittelpunkt des Kampfes war die Forderung um die Eröffnung der damals allein dem Manne vorbehaltenen Bildungsmöglichkeiten für die Frau. Man glaubte, in der höheren, das hieß damals schon wissenschaftlichen Bildung, den Schlüssel zur Entfaltung einer freien Persönlichkeit ebenso in die Hände zu bekommen wie den Schlüssel zu den leitenden Laufbahnen und damit zu jener Art höheren gesellschaftlichen und politischen Einflusses. Wenn sie den Kampf um die Gleichberechtigung an dieser Stelle eröffneten, so führten sie ihn mit Waffen, die sie vom Manne geborgt hatten, denn es gehörte zur großbürgerlich liberalen Weltanschauung, in der Wissenschaft den Weg zur persönlichen Freiheit zu sehen – eine Überzeugung, die uns heute nicht mehr so einleuchtet. Man soll nicht glauben, daß dieses Problem bereits ganz aus der Diskussion verschwunden ist. Noch neueste Äußerungen aus einer Rundfrage zu Frauenproblemen behaupten klipp und klar, daß „die Frauenfrage heute im Kampf um die sogenannten höheren Berufe und in diesen wieder im Kampf um die leitenden Stellungen besteht". Ich halte diese Zuspitzung nicht nur für einseitig, sondern im Grunde auch für veraltet.

Wenn nach jahrzehntelanger praktisch gleicher Ausbildungs-Chance sich immer noch so wenig Frauen in leitenden politischen und wirtschaftlichen Stellungen größeren Ranges befinden, so muß man allmählich doch die Gründe dafür in gewissen wesensmäßigen Unterschieden der Geschlechter suchen. Von der geistigen Gleichbegabung der Frau bin ich dabei völlig überzeugt, und nicht als Wissenschaftler, sondern sozusagen aus der privaten Lebensbeobachtung heraus redend möchte ich den Frauen sogar im Durchschnitt die größere charakterliche Anständigkeit zusprechen. Dagegen scheint ihnen doch eine gewisse Zugriffigkeit, Aktionsschärfe, ich möchte geradezu sagen Aggressivität den Sachen, den Realitäten der Außenwelt gegenüber zu mangeln, und damit zusammenhängend die Vorurteilslosigkeit und Rastlosigkeit des Umdenkens, so daß es ihnen wenig liegt, eine neuplanetarische und umorganisatorische Initiative gegenüber sachlich starken Widerständen durchzudrücken – das sind aber gerade die in der Industriegesellschaft und Politik anfallenden Aufgaben. Das Sichfügen in die Umstände, die Neigung und Fähigkeit, aus dem Gegebenen das Beste zu machen, ja ein tiefverwurzelter Respekt vor dem überkommenen und dem konfliktlos Allgemeinen gehört zu den bei Frauen stark ausgeprägten Eigenschaften – was sie verhindert, in so fundamental neuerungssüchtigen und umwälzenden Zeiten wie heute die Initiative zu haben. Aus denselben Gründen halte ich auch nicht sehr viel von der manchmal zu hörenden Forderung, die gegenwärtige maschinell-herzlose Zivilisation müsse durch vermehrten Einsatz der weiblichen Wirkungsmöglichkeiten „vermenschlicht" werden, wie man gern sagt. Wozu zu sagen ist, daß alles technisch einwandfrei Funktionierende und alles auf Rationalität hin Durchgeordnete, von einer Lokomotive bis zu einem korrekten Zivilprozeß, durch die Intervention des Herzens nur entsachlicht, leistungsbeeinträchtigt würde. Jetzt ist aber auch Zeit, gewisse Vorstellungen zu verabschieden, die zur Zeit des Emanzipationskampfes ihren guten Sinn hatten, die aber nicht mehr einleuchten: dahin gehört die Forderung auf paritätische [Gleichheit herstellende] Zulassung zu den politischen großwirtschaftlichen und großorganisatorischen Führungsstellen.

Etwa ein Drittel der Erwerbstätigen stellen heute die Frauen. Die in der Industrie und in den Büroberufen tätigen Frauen stehen vor einem typischen Problemkreis. Sie können, wenn sie heiraten, gegenüber ihrer Familie das Gelernte nicht verwenden, sie werden für etwas ausgebildet, das sie später aufgeben, sie werden nicht für das ausgebildet, was sie später brauchen. Dieses Dilemma wird von den meisten Frauen sehr deutlich empfunden und es wirft ernstliche innere Schwierigkeiten auf: es kommt häufig vor, daß die verheiratete Frau, die den Beruf aufgegeben hat, die nicht mehr Industriearbeiterin oder Bürokraft ist, sich nach dem Beruf zurücksehnt, daß sie eine Einbuße an Freiheit und Selbstverantwortlichkeit empfindet, nicht zu vergessen auch eine Sehnsucht nach der Kollegialität, den Freundschaften um die Arbeitsstelle herum. Zuletzt liegen die Schwierigkeiten, von denen ich hier rede, daran, daß in den eigentlichen Industrieberufen nichts im spezifischen Sinne Weibliches steckt, diese Art Arbeit ist geschlechtsmäßig neutral. Die Welt der Technik, der Industrie ist zwar vom Manne aufgebaut, erforscht, der Natur abgerungen worden, sie ist aber deswegen ihrer Natur nach weder als männlich noch als weiblich zu qualifizieren; sie ist ausschließlich sachlich, neutral, die nichtorganische Natur hat kein Geschlecht. Ich gehe noch einen Schritt weiter. In dieser modernen technischen Industriewelt liegt die Tendenz zu einer Übermacht, die Verführung, den Menschen mit Haut und Haaren der Produktionsgesetzlichkeit vollständig zu unterstellen. Wo es dazu kommt, da wird die Frau in noch höherem Maße von ihrer Wesensart abgelenkt als der Mann. Wenn die Steigerung der industriellen Produktion zu dem letzten und maßgebenden Gesetz der Gesellschaft wird, wie im Osten, dann kann die Gleichberechtigung der Geschlechter plötzlich eine für die Frau bedrohliche Seite annehmen, dann kann sich die Gleichberechtigung zur Gleichverpflichtung verwandeln. Dann macht der Grundsatz des Militärdienstes vor der Frau nicht halt, oder sie wird dem Mann arbeitsrechtlich nun aber wirklich gleichgestellt: sie bekommt zwar bei gleicher Arbeit gleichen Lohn, aber die Schutzbestimmungen, die spezifisch für Frauen gelten, werden dann auch aufgehoben: so das Verbot der Nachtarbeit oder das der Untertagearbeit in Bergwerken. Zur Frage der Lohngleichheit möchte ich bei dieser Gelegenheit eine Bemerkung machen – ich sehe nicht ein, wie man es vermeiden will, die besser bezahlten Stellen in der Regel und im Durchschnitt dem Manne vorzubehalten, solange der Mann bei voller Zustimmung der Frauen jeden Arbeitsplatz als Ehegründungsstelle auffaßt und so lange er traditionell für die Kosten des Familienhaushalts allein oder doch zum Hauptanteil aufzukommen hat. Ich sage also: die Stellen in der Industrie, im Handel und in der Bürokratie, die von Frauen eingenommen werden, sind in der Mehrzahl doch keine typischen Frauenberufe – es ist Sache der wirtschaftlichen und technischen Verhältnisse, ob Frauen oder Männer hier oder dort vordringen.

Jetzt möchte ich aber fragen: gibt es nicht auch spezifisch weibliche Berufe, nämlich solche, in denen die Frau ihrem Wesen nach und zugleich dem Wesen der Sache nach nicht ersetzbar ist? Sie werden nun hoffentlich nicht verlangen, daß ich über das Wesen der Frau eingehende Aussagen machen soll. In Goethes Faust steht nicht etwa nur über Gretchen, sondern über die Frau überhaupt sehr viel mehr und Tieferes, als sich mit Mitteln und Methoden der Wissenschaft sagen ließe, und selbst die Frauen unter den Psychologen, die es ja auch gibt, haben unsere exakten Kenntnisse in dieser Frage nicht besonders erweitert. Aber ich werde mir doch für unsere Zwecke eine Formulierung zu eigen machen, die in dem Sammelwerk „Frau im Beruf" erschien und sich folgendermaßen ausdrückt: „Die Eigenschaften des Behütens und Bewahrens, des Pflegens und Erhaltens sind der Frau in einer anderen Weise und in größerer Unmittelbarkeit gegeben als dem Mann. Die Frau ist unmittelbarer als der Mann auf den einzelnen Menschen ausgerichtet, ihr Interesse liegt weniger als das des Mannes im Grundsätzlichen und bei den abstrakten Fragen."

Damit soll natürlich keineswegs geleugnet werden, daß es auch Frauen gibt, die an abstrakten Fragen Interesse haben und z. B. in der Mathematik Vorzügliches leisten – aber als geradezu typisch für weibliche Interessen werden wir so etwas nicht auffassen. Ich halte die eben zitierte Beschreibung für überwiegend richtig, und dann folgt, daß die besonders für die Frau qualifizierten, die spezifisch weiblichen Berufe diejenigen sind, in denen die genannten Eigenschaften zum Zuge kommen können, in denen sie zur Sache gehören und als sachdienlich einleuchten. Also solche, in welchen z. B. der menschenverbindenden Gesinnung, der Hilfsfähigkeit und Geduld, den bewahrenden Instinkten der Frau weiter Spielraum gelassen ist. Und dahin gehört der Beruf, den Sie gewählt haben (Krankenschwester), dahin die Lehrerin, die Ärztin und, nicht zu vergessen, auch die in der Landwirtschaft arbeitende Frau. In diesen Berufen ist die Frau unersetzlich, dort sind ihre Weseneigenschaften zugleich Forderungen der Sache, und es gehört zu den unheimlichen Signalen in unserer Zeit, daß eben diese Berufe heute meist Mangelberufe sind, einschließlich natürlich der Hausbedienten, die in die Fabrik gehen. Es gibt nicht überall genug Schwestern, nicht genug Lehrerinnen, nicht genug weibliche Arbeitskräfte auf dem Lande ... die Bauerntochter strebt in die Stadt, das arbeitsüberladene Leben der Bauernfrau erscheint nicht mehr als erstrebenswert.

In der Industriekultur sitzt, im inneren Kern, eine Gefährlichkeit, eine lebensbedrohende Gewaltsamkeit, die die Menschheit vor Fragen von äußerstem Ernst stellt. Allzusehr ist aus Gründen aktueller Politik die Atombombe in den Mittelpunkt unserer Aufmerksamkeit gerückt. Ohne sie im geringsten zu bagatellisieren und ohne die Gefahr, in die sich die Menschheit mit ihr begeben hat, zu verringern, läßt sich doch sagen, daß das Glück eines unbesorgten Daseindürfens noch keineswegs erreicht wäre, wenn wir sicher sein könnten, es werde in Zukunft keine Kriege und keine Atombombe mehr geben. Wir sind kulturell noch an anderen Stellen in einen Engpaß geraten. Wenn man heute weiß, daß die Großstädte sich bevölkerungsmäßig nicht mehr selbst erhalten, dann ist eines klar: daß nämlich hier zum ersten Male in der Geschichte die Menschheit eine

Lebensform gefunden hat, an die eine biologische Anpassung schlechterdings nicht gelingt. Die allermühsamsten Lebensbedingungen haben stets wenigstens die Reproduktion der Bevölkerungszahlen, das Weiterleben, die Erhaltung des Bestandes gewährleistet, während die Großstadt zum ersten Male das nicht mehr leistet, diese Lebensform ist unter dem biologischen Aspekt bereits ein Totalversager.

Es gibt da doch zwei Werte, die sich auf dem Hintergrund der modernen Geschäftigkeit und Entseelung um so unschätzbarer abheben, zwei Werte, an denen die Krankenschwester und Lehrerin teilhaben: das ist der unmittelbare menschliche Kontakt und das ist der geistig und seelisch feste Ort, das Wissen um das Hingehören an einen Platz, wo feststeht, was man soll und darf und was wahr ist, und wo vor allem das auch so bleibt, wo nicht die Grundsätze und Ausgangspunkte dauernd umgestürzt und in Frage gestellt oder, wie man so gern sagt, „diskutiert" oder zerredet werden. Ich habe diese innere Leere nie da gesehen, wo eine der notwendigen, der gar nicht wegzuleugnenden Aufgaben vorlag, eine von der Art, daß keinerlei Diskussion stattfinden kann. So blickt der Bauer über die Felder und sagt: „Die Arbeit muß getan werden" – oder so blickt die Mutter auf das Kind. Diese langfristigen und unübersehbaren Aufgaben sind es, die ich hier meine, und so stellt sie auch der Ausbruch einer Krankheit oder ein Unfall: jetzt muß gehandelt werden, und wirksam und schnell gehandelt. Derart sind auch viele Probleme, die an den Staat, an die Wirtschaft herantreten. Wir wollen doch nicht vergessen, wie Not und Elend der Jahre 1945 und 1946 die Versorgung, die Ernährung, die Unterbringung von vielen Millionen Flüchtlingen aus dem Boden gestampft werden mußte. Da war nichts vorbereitet, da konnte man nur improvisieren und immer und immer wieder da helfen, wo es vor Augen lag und zum Himmel schrie. Und die Hälfte unseres Volkes besteht aus Frauen. Sie hat dieses großartige und gnadenlose System zum großen Teil selbst in Dienst genommen, es prägt ihnen seine Züge auf – zum anderen Teil aber legt es ihnen alle die Menschen ans Herz, die es noch nicht in seinen Umschwung hineingerissen hat, die Kinder und die Kranken.

Aus: Arnold Gehlen, Die Stellung der Frau in der Gesellschaft von heute, in: Zeitschrift „Deutsches Rotes Kreuz, Heft 7 (1957), S. 15–19, zitiert nach Annegret Stopczyk, Was Philosophinnen über Frauen denken, München 1980, S. 330–336. Text leicht gekürzt.

Zur Texterschliessung

1. Führen Sie aus, was Gehlen unter weiblichen (und männlichen) Eigenschaften versteht und wie er deren Zustandekommen begründet.
2. Erläutern Sie, welche Bedeutung „Werte" in Gehlens Argumentation einnehmen. Welchen Bedrohungen sind diese ausgesetzt?
3. Stellen Sie Gehlens Haltung zur „Frauenfrage" bzw. zur Frauen-Emanzipation dar.

2.9 Ute Gerhard: Anliegen und Streitpunkte der Frauenbewegung

Die Frauenbewegung seit den 60er Jahren des 20. Jahrhunderts veränderte die Geschlechterbeziehungen nachhaltig. Frauen drängten nicht nur auf soziale, politische und individuelle Veränderungen (von Männern) und wurden so zum Motor des sozialen Wandels; Frauen selbst wurden nun verstärkt zum Gegenstand der Sozialwissenschaften (bzw. machten sich selbst zu diesem). Frauen begannen, „ihre" Historie zu entdecken, spürten vergangene Emanzipationsprozesse auf, entdeckten „Frau" auch als Subjekt von Geschichte (die bis zu diesem Zeitpunkt eine von Männern geschriebene Geschichte der Männer war).
Seit den 90er Jahren hat sich hier ein Wandel vollzogen: Aus der „Frauengeschichte" wurde die „Geschlechtergeschichte", die die Frage nach der Konstruktion der Geschlechter(-differenz) und ihrer jeweils historischen Bedeutung ins Zentrum rückte. So wurde das Geschlechterverhältnis immer mehr auch zum Gegenstand der Sozialwissenschaften, der Soziologie wie der Politikwissenschaft.

Ute Gerhard (*1939) war von 1987 bis 2004 Professorin für Soziologie mit dem Schwerpunkt Frauen- und Geschlechterforschung am Fachbereich Gesellschaftswissenschaften der Johann Wolfgang Goethe-Universität Frankfurt am Main. Seit 1997 ist sie zudem geschäftsführende Direktorin des Cornelia Goethe Centrums für Frauenstudien und die Erforschung der Geschlechterverhältnisse. Sie veröffentlichte zahlreiche Arbeiten zur Frauenbewegung und ist Mitbegründerin der Feministischen Studien und Mitherausgeberin von L'Homme, Zeitschrift für feministische Geschichtswissenschaft.

Gerhard fasst in den Auszügen des nachfolgend wiedergegebenen Aufsatzes Kontroversen bzw. Streitpunkte der Frauenbewegung zusammen. Ihr Vergleich von alter und neuer Frauenbewegung – sie spricht von erster und zweiter Welle, lässt die unerledigten Anliegen, Gemeinsamkeiten, aber auch Differenzen sichtbar werden. Insofern ist ihr Beitrag sowohl ein Überblick über offene Fragen der Frauenforschung als auch eine Analyse der Geschlechterbeziehungen der Gegenwart. Wir haben ihn in diese Sammlung aufgenommen, weil er Interesse wecken kann, sich mit den aufgeworfenen Frage- und Problemstellungen zu befassen, deren Antworten bzw. Lösungen für beide Geschlechter und ihr Zusammenleben relevant sind.

Literaturhinweise

Ute Gerhard, Unerhört. Die Geschichte der deutschen Frauenbewegung, Reinbek bei Hamburg 1991.
Regina Becker-Schmidt/Gudrun-Axeli Knapp (Hrsg.), Das Geschlechterverhältnis als Gegenstand der Sozialwissenschaften, Frankfurt a. M./New York 1995.
Karin Gottschall, Soziale Ungleichheit und Geschlecht: Kontinuitäten und Brüche, Sackgassen und Erkenntnispotentiale im deutschen soziologischen Diskurs, Opladen 2000.
Ute Frevert, „Mann und Weib, und Weib und Mann" – Geschlechter-Differenzen in der Moderne, München 1995.
Ute Gerhard u. a. (Hrsg.), Differenz und Gleichheit. Menschenrechte haben (k)ein Geschlecht, Frankfurt a. M. 1990.

M 9 Die „langen Wellen" der Frauenbewegung – Traditionslinien und unerledigte Anliegen

Rechtsgleichheit und Autonomie

Der Ausgangspunkt aller neuzeitlichen Frauenbewegungen und der Emanzipation aus traditionellen Bindungen seit der Französischen Revolution war die Forderung nach gleichen Rechten, die Inanspruchnahme der Menschenrechte auch für Frauen. „Zum Volke gehören auch die Frauen", lautete der Wahlspruch der Achtundvierzigerinnen [1848], die damit die Verwirklichung einer auch zwischen Männern und Frauen „unteilbaren Freiheit" und ihre Teilnahme am „Staatsleben" einklagten. Zum Auftakt der Stimmrechtsbewegung im Jahr 1895, d.h. des von da an gezielten und organisierten Kampfes um gleiche Wahl- und Bürgerrechte als Grundvoraussetzung aller weiteren Rechtsforderungen, faßte Lily Braun die Zielsetzung emphatisch so zusammen: „So verlangen wir denn freie Bahn für unsere Entwicklung um unserer selbst willen [...]. Wir verlangen Anwendung der Prinzipien des modernen Staates – der allgemeinen Menschenrechte – auch auf die andere Hälfte der Menschheit, die Frauen". Bemerkenswert ist, daß sich die Rednerin ausdrücklich auf Olympe de Gouges bezog, die schon 100 Jahre früher mit der Formulierung einer „Erklärung der Rechte der Frau und Bürgerin" von 1791 die Anwendung der Freiheits- und Gleichheitsrechte auch für Frauen gefordert und mit der Einbeziehung der Frauen erst den Gedanken der Demokratie zuende geführt hatte. Hier zeigen sich also wichtige Traditionslinien und ein nur unterhalb des „allgemeinen" Rechtsdiskurses überliefertes Wissen, das den Umschlag der vielen individuellen Unrechtserfahrungen in ein kollektives Unrechtsbewußtsein ermöglichte und der Bewegung Ziel und Richtung gab.

Der Kampf um Rechte hatte viele Facetten, berührte alle Lebensbereiche und traf auf unerbittliche Widerstände. Vorrangige Ziele waren das Recht auf Bildung, Ausbildung und Erwerb, auf Zugang zu öffentlichen Ämtern (z.B. in der Wohlfahrtspflege), qualifizierten Berufen und Universitäten, eine Rechtsgleichheit, die insbesondere für die bürgerliche Seite existentiell war, während für die Proletarierinnen, deren Recht auf Arbeit aus Not kaum in Frage stand, der Schutz vor unmenschlichen Arbeitsbedingungen, soziale Rechte als Kompensation für die sozialen Probleme Priorität hatten.

Die Abwertung all dieser Grundforderungen für ein menschenwürdiges Leben als Nur-Rechte-Bewegung würde der Tragweite und Bedeutung dieser Kämpfe auch für die Gegenwart nicht gerecht. Denn es ging nicht „nur" um Gleichberechtigung im Sinne einer gerechteren Verteilung der Güter und Lebenschancen oder gar um „Angleichung an die Mannesstellung", sondern vor allem um Befreiung aus persönlicher Abhängigkeit, um Selbstbestimmung in jeder, in politischer und privater Hinsicht. Dennoch hat die Uneinigkeit über Maß und Ziel der Gleichberechtigung zu anscheinend unüberbrückbaren Meinungsunterschieden zwischen den verschiedenen Richtungen der alten Frauenbewegung geführt, vertraten doch die Bürgerlich-Gemäßigten mit der „Kultur weiblicher Eigenart" und dem politischen Programm „organisierter Mütterlichkeit" – im heutigen Jargon – eine Differenzposition, die politisch in einer Sackgasse endete, während die Radikalen, Demokratinnen, Vertreterinnen eines unabdingbaren Rechts auf Gleichheit, gerade auch nach dem Erringen des Stimmrechts in der Weimarer Republik eine Minderheit blieben, weder als Feministinnen, Sexualreformerinnen noch als Pazifistinnen eine maßgebliche politische Kraft bilden konnten.

Charakteristisch speziell für die neue Frauenbewegung in der BRD ist die Tatsache, daß nicht der Kampf um gleiche Rechte, Gleichberechtigung, sondern Selbstbestimmung oder Autonomie die ersten politischen Zielbestimmungen des Aufbruchs zu einer neuen Frauenbewegung waren. Autonomie meinte dabei ein Doppeltes: Individuelle Selbstbestimmung und institutionelle Unabhängigkeit von den bisherigen Formen und Institutionen des Politischen. D.h. sie bedeutete individuell Befreiung aus männlicher Bevormundung und aus ökonomischer Abhängigkeit sowie politisch Selbstorganisation, Separation und Ausschluß von Männern aus der neuen Frauenöffentlichkeit. Das anfängliche Desinteresse der neuen Frauenbewegung an Rechtsfragen entsprach ihrer Totalopposition gegen Recht, Staat und traditionelle Frauenpolitik. Doch die Ablehnung jeglicher Gleichberechtigungspolitik enthielt eine verquere Frontstellung, weil die etablierten Frauenverbände eine eher gemäßigte und insofern Differenzposition einnahmen. Hingegen hatten die Radikalen, die Vertreterinnen eines [...] uneingeschränkten Prinzips der Gleichheit ohnehin im Nachkriegsdeutschland keine Nachfolge gefunden. Abgesehen davon sind die Positionen über die Zeit aber auch nicht ohne weiteres vergleichbar, weil sich die Frauen nach 1949 auf eine prinzipiell bessere Ausgangsposition, die in der Verfassung verankerte Zusicherung der Rechtsgleichheit, stützen konnten, die jedoch weder „vor dem Gesetz" noch rechtstatsächlich eingelöst war, sondern von der Wirklichkeit alltäglich konterkariert wurde. Aufgrund so vielfältiger enttäuschender Erfahrungen war die Kritik an der Nur-Gleichberechtigung daher nur zu berechtigt und zeigte: Solange die Definitionsmacht in der Zuständigkeit der Nutznießer der Ungleichheit und Gegner der Gleichberechtigung liegt, ist der Weg der Rechtsreform versperrt und damit die Legitimität des geltenden Rechts überhaupt problematisch geworden. Diese Erkenntnis sowie die ansteckende Verständigung über frauenspezifische Unrechtserfahrungen wurde durch die Selbstbezichtigungskampagne gegen den § 218 beispielhaft verdeutlicht, die daher, wenn auch nicht ausschließlich, als Rechtsbewegung zu kennzeichnen ist.

Arbeit

Die deutlichsten Veränderungen im Leben der Frauen seit dem 19. Jahrhundert scheinen sich allein äußerlich in den Arbeitsverhältnissen abzuzeichnen. Arbeit, die Verteilung der Arbeit und ihre gesellschaftliche Anerkennung bzw. Wertigkeit und Entlohnung in Geld sind in einer „Arbeitsgesellschaft", deren gesellschaftlicher Reichtum auf eben dieser Arbeit beruht, Schlüssel für gesellschaftliche Differenzierungen und Machtverhältnisse. Die Veränderungen der Frauenarbeit, die Trennung von Haushalt und Betrieb und die Frauenarbeit in den Fabriken samt ihrer verheerenden Folgen waren auch für die Frauenbewegungen im 19. Jahrhundert die einschneidendsten und deutlichsten Kennzeichen der industriellen Revolution, die Bewußtsein und Verhältnisse prägte und die Frauenfrage auch als Brotfrage und soziale Frage von großer Tragweite auf die Tagesordnung setzte. § 1 der Gründungssatzung des Allgemeinen Deutschen Frauenvereins von 1865 erklärte daher „die Arbeit, welche die Grundlage der ganzen neuen Gesellschaft sei, für eine Pflicht und Ehre des weiblichen Geschlechts". Mit dieser Forderung war eindeutig der ungehinderte Zugang zum Erwerb als liberales, aber auch sozialistisches Programm der Frauenbefreiung gemeint. Doch die geschlechtsspezifische Arbeitsteilung als solche stand bis zum Ende der ersten Frauenbewegung praktisch nicht zur Debatte. Die Vereinbarkeit von Mutterschaft und Beruf schien, solange es für die Bürgerlichen Dienstboten gab, ein klassenspezifisches Problem zu sein. Aus der Sicht der bürgerlichen Frauenbewegung war die Frauenerwerbstätigkeit der Proletarierinnen daher ein gesellschaftliches Übel, das möglichst zu vermeiden war, denn Mutterschaft hatte in jedem Fall Vorrang. „Mütterlichkeit" war in dieser Sichtweise nicht nur ein spezifisches Arbeitsvermögen, sondern ein weiblicher Gegenentwurf, der – so die Vorsitzende des Bundes Deutscher Frauenvereinen 1928 – die Frauen „nicht nur in die Krippen, Kindergärten und Schulen sendet, sondern auch in die Ministerien und Parlamente."

Heute, nachdem Mutterschaft mit den Mitteln zur Empfängnisverhütung nicht mehr unbedingt Schicksal, sondern mögliche Entscheidung ist, nachdem aber auch die „arbeitsgesellschaftliche Utopie" an die „Grenzen des Wachstums" gestoßen ist, ist die geschlechtsspezifische und -hierarchische Arbeitsteilung als die entscheidende Ursache weltweiter Benachteiligung und Ausbeutung von Frauen in der Frauenbewegung und der von ihr angestoßenen Frauenforschung zu einem Drehpunkt der Debatten und Analysen geworden. Ohne als praktikable Strategie zu überzeugen, hat doch die international geführte Kampagne um „Lohn für Hausarbeit" in den siebziger Jahren wesentlich zur Verdeutlichung der Ungerechtigkeit und damit zur Mobilisierung in dieser Frage beigetragen. Hausarbeit, private Alltagsarbeit, „Beziehungsarbeit" wurden als die unbezahlte, unsichtbare und zugleich unentbehrliche Grundlage der Erwerbsarbeit und gesellschaftlicher Reproduktion [hier: Fortentwicklung] überhaupt diskutiert, wissenschaftlich belegt und analysiert, ohne doch an der Arbeits- und damit auch Machtverteilung zwischen den Geschlechtern bisher viel zu ändern. Dennoch hat dieser Streitpunkt im Bewußtsein vieler Frauen, auch derer, die sich nicht selbst als Feministinnen definieren würden, viele Selbstverständlichkeiten grundsätzlich in Frage gestellt und ihre Alltagspraxis verändert. Auch in den Parteien oder Gewerkschaften geht es nun nicht mehr nur um Vereinbarkeit von Familie und Beruf, sondern um „Gegenmodelle zum männlichen Arbeitsverständnis" und um einen Ausweg aus der „Krise des Normalarbeitsverhältnisses", indem Männer gerade auch an der Alltags- und Familienarbeit zu beteiligen sind. Deshalb sind die Widersprüche in diesem Streitpunkt besonders eklatant: selbst die inzwischen wesentlich erweiterten Ressourcen der Frauen, höhere Qualifikationen, eindeutigere Erwerbsorientierungen, Geburtenrückgang und veränderte Lebensstile, haben die über die Arbeitsteilung befestigten Herrschaftsverhältnisse in ihrem Kern nicht berührt. Gleichzeitig haben Frauen inzwischen aus individuellen und historischen Erfahrungen gelernt, daß der Weg zur Emanzipation der Frau ganz und gar nicht allein über ihre Integration in den Arbeitsmarkt führt.

Gewalt

„Sexualität bedeutet für den Feminismus, was Arbeit für den Marxismus ist: dasjenige, was am meisten Teil an der eigenen Identität hat und einem doch am häufigsten genommen wird," heißt es bei einer Theoretikerin des Feminismus. Die Gegenüberstellung ist theoretisch überspitzt, aber sie verweist auf die andere Dimension gesellschaftlicher Herrschaftssicherung, die sie als patriarchale [männliche Herrschaft] kennzeichnet: Den auch für die Gegenwartsgesellschaft noch konstitutiven

Zusammenhang zwischen Sexualität und Gewalt oder Liebe und Macht.

Unter dem anscheinend altmodischen Begriff „Sittlichkeitsfragen“ verbirgt sich schon in der Frauenbewegung der Jahrhundertwende ein ganzes Spektrum moderner Frauenfragen und explizit feministischer Anliegen, die die Unterdrückung der Frau als Geschlechtswesen, die spezifisch patriarchalische Form der Verquickung von Liebe und Gewalt im Geschlechterverhältnis, in den Geschlechterbeziehungen betreffen. Der Aufruhr und das Aufsehen waren beträchtlich, auch wenn anscheinend eine nur kleine Gruppe von Radikalen die Fragen der Sexualpolitik und Sexualreform ins Zentrum des Kampfes um Frauenbefreiung rückten, eine „neue Ethik“ und die Umkehrung der Werte forderte. Den Ausgangspunkt bildete der Kampf gegen die staatlich konzessionierte Prostitution, der weltweit zur Mobilisierung für ihre Abschaffung, der abolitionistischen Bewegung führte. Doch es ging ebenfalls bereits um bis heute nicht erledigte Forderungen: um die Abschaffung des § 218, um Eheboykott und die Kritik des Eherechts, um Urteilsschelte bei üblichen Freisprüchen in Vergewaltigungsprozessen, die zu breiter Mobilisierung und Propaganda führte, um die Gleichberechtigung nichtehelicher Kinder und die Anerkennung alternativer Lebensformen alles in allem, um Selbstbestimmung gerade auch in der Liebe als wesentliche Voraussetzung für die Anerkennung der Frau als Gleiche und die Achtung ihrer Würde.

Die Frage drängt sich auf, warum dies alles nur eine Generation später völlig vergessen war, warum auch nach der Zeit nationalsozialistischer Herrschaft, nach den Katastrophen zweier Weltkriege im Hinblick auf Ehe und Sexualität eine restaurative Sexualmoral die Frauen erneut in ihre Geschlechtsrolle zwängen konnte mit allen negativen, materiellen und praktischen Konsequenzen. Die neue Frauenbewegung hat deshalb das Skandalon [Anstoß, Ärgernis] sexueller Gewalt, der Ausbeutung der Frau als Geschlechtswesen gerade auch in einer Zeit sog. sexueller Liberalisierung anscheinend ganz neu zur Sprache bringen müssen. Die Einrichtung von Frauenhäusern als Zufluchtstätten für geschlagene Frauen und ihre Kinder offenbarte das ganze Ausmaß alltäglicher, bisher im Verborgenen geduldeter Gewaltsamkeit gegen Frauen und war der Anstoß für eine ganze Kette entsprechender Selbsthilfeprojekte, wie der Organisierung von Notrufen für vergewaltigte Frauen, der Forderung nach einem Straftatbestand für Vergewaltigung in der Ehe, des Schutzes vor sexuellem Mißbrauch und Belästigung. Die Aufdeckung des Zusammenhangs von „Sexus und Herrschaft“ (Millet) oder des „Kleinen Unterschiedes und seinen großen Folgen“ (Schwarzer) hat aber nicht nur über den Buchmarkt Tabus durchbrochen und Breitenwirkung erzielt, sondern war Ergebnis von Selbsterfahrungsprozessen, eines kollektiven Lernprozesses, der in Frauengruppen und Frauenzentren geübt wurde. Die Verständigung über bisher anscheinend vereinzelte oder individuelle Unrechtserfahrungen gerade auch im Raum der Intimität, über eigene und andere sexuelle Bedürfnisse (z. B. der Mythos vom vaginalen Orgasmus), die Rede von der Zwangsheterosexualität und das Bekenntnis zu lesbischer Liebe ermöglichten es nun, Lebensformen und Sexualität sehr viel selbstbestimmter zu leben, als normativ und politisch vorgegeben. Die in der praktischen Arbeit in Projekten und Frauengruppen gewonnenen Erkenntnisse zu alltäglicher direkter Gewalt haben die gesellschaftlichen Gewaltstrukturen offengelegt, aber auch die Verstrickung der Frauen in den Liebesbeziehungen, ihre traditionelle „Weiblichkeit“ und „Fügsamkeit“, die wesentliche Bedingungen für die Aufrechterhaltung patriarchalischer Verhältnisse sind. In diesen Thematisierungen ist Privates für eine kurze Zeit zu einem Politikum geworden, sind die geschlechtsspezifischen Schranken zwischen der Privatsphäre als „rechtsfreiem Raum“ und Gewaltverhältnis und öffentlichen Angelegenheiten nachhaltig verschoben worden, deuten sich in den vielfältigen Formen der Verweigerung der Frauen, weiblichen Rollen zu entsprechen, veränderte Lebensweisen, aber auch neue Konflikte und Probleme zwischen den Geschlechtern an.

Geschlechterdifferenz

Einerseits die Rollen tradierter Weiblichkeit zu kritisieren, verändern zu wollen, und doch andererseits gerade „Frau-Sein“ zum ausschlaggebenden Bezugspunkt einer Befreiungsbewegung, der Frauenbewegung zu machen, scheint ein Widerspruch zu sein, der die Frauenbewegung von ihren Anfängen an begleitet und immer wieder zu Mißverständnissen geführt hat. Schon die Frauenrechtlerinnen des 19. Jahrhunderts haben sich gegen den Verdacht verteidigt, die Hände nach Männerrechten auszustrecken und ihr „Frauentum zu verleugnen“. „Nein! Nein! Nicht Mann sein wollen, oder wie ein Mann sein wollen, oder mit ihm verwechselt werden können: was sollte uns das helfen!“ (Helene Stöcker) war eine Antwort, die gewiß dem Selbstverständnis aller beteiligten Frauen entsprach. Auf der anderen Seite wissen wir um die grundsätzlichen Meinungsverschiedenheiten über die Frage, inwieweit die Andersartigkeit, d. h. die Geschlechterdifferenz, oder die Betonung des „Menschtums“, also des Rechts auf Gleichheit, Richtung und Ziel der Emanzipationsbewegung angab. Dabei waren die Ansichten über „Wesen“ und Rolle der Frau auch innerhalb der Fraktionen und Richtungen durchaus geteilt. Fest steht, daß im Ergebnis die Anerkennung der

„intellektuellen Grenzlinien zwischen Mann und Frau" als Ausdruck einer geistigen Differenz, der „kulturellen Eigenart" und eine Politik der „harmonischen Ergänzung" beider Geschlechter mehrheitsfähig wurde und auch von den Gegnern zu vereinnahmen war.

Die besondere Übung in Autonomie, einer Kultur der „Subjektivität" und Politik der ersten Person hat die Widersprüche in der neuen Frauenbewegung noch schärfer konturiert. Auch die neue Frauenbewegung hat zum Aufbegehren gegen die Opferrolle, zur Entdekkung des eigenen und anderen Selbst-Bewußtseins die Besinnung auf weibliche Stärke, die Befreiung aus der Definition als Mindere, Andere gebraucht. Stationen lebhaftester Auseinandersetzung waren die Mütterbewegung und die Diskussion um das Müttermanifest, die als „Politik des Unterschiedes" verteidigt wurde. Anzeichen des Wertewandels, der Fragwürdigkeit überkommener Standards und der Aufwertung weiblicher Erfahrungen kommen auch in der keineswegs nur im universitären Rahmen geführten Kontroverse um eine „weibliche Moral" zum Ausdruck. Doch die Bezugnahme auf Frau-Sein als historische und moralische Chance und politisches Potential wird da problematisch, wo sie die Differenzen unter Frauen und die Widersprüche im weiblichen Lebenszusammenhang negiert, die Frauenbewegung auf eine Identitätspolitik verpflichtet wird und über einer Kultur des Separatismus die „Einmischung" versäumt.

Um eine Klärung dieser Widersprüche geht es auch in den philosophischen Theorien zu Geschlechterdifferenz, Weiblichkeit, Geschlechtsidentität und ihrer Dekonstruktion. Denn mit der Decodierung der Geschlechterrollen, der Debatte um eine andere Moral, um neue Maßstäbe und Formen des Rechts, um den Androzentrismus [männliche Dominanz] unserer Sprache, Kultur und Erkenntnis, ist „der politische Wortschatz in toto verdächtig", hat die feministische Theorie zu einer Fundamentalkritik angesetzt, durch die sich – wie Seyla Benhabib betont – der Feminismus neben dem postmodernen Denken „zu den beiden führenden Gedankenströmungen unserer Zeit entwickelt hat". Die Frage ist allerdings, ob sich die feministische Theorie damit inzwischen so weit von der sozialen Wirklichkeit, der Not, der Erfahrung und dem Alltag der Frauen entfernt hat, daß sie zwar reputierlicher und akademischer geworden ist, jedoch kaum noch für politische Praxis tauglich erscheint. Doch ich meine, daß der Aufbruch zu neuem Selbstbewußtsein und Autonomie, die politischen Erfahrungen in den Bewegungen sowie die Radikalisierung der Kritik an den Konzepten von Recht und Politik auch das Verständnis von Gleichheit, Gleichberechtigung präzisiert haben und juristisch nicht ohne Einfluß geblieben sind. Denn in der politischen Debatte um Gleichheit und Differenz als Problem von Frauenrechten ist noch mal deutlich geworden, daß es weder um „Angleichung an die Mannesstellung" noch nur um ein Absehen von oder die Nichtberücksichtigung der Differenz, sondern gerade auch um Anerkennung der Geschlechterdifferenz und der Differenzen auch unter Frauen geht. D.h. Maß und Hinsicht der Gleichberechtigung sind von den Frauen selbst zu bestimmen und müssen – wie die Geschichte der Frauenbewegung lehrt – keineswegs „erst in öffentlichen Diskussionen geklärt werden", allenfalls ist nach wie vor die gleichberechtigte Teilhabe der Frauen an diesem politischen Prozeß der Selbstbestimmung und Selbst-Gesetzgebung nicht selbstverständlich. Bisher unerledigtes Ziel einer Bewegung der Frauen bleibt es daher, Vorherrschaft und Vorteile im Geschlechterverhältnis aufzubrechen, für den Prozeß wechselseitiger Anerkennung zu mobilisieren und in politischen Auseinandersetzungen und Kämpfen immer wieder um neue Maßstäbe für Gleichheit und unaufgebbare Differenzen im Verhältnis der Geschlechter zu ringen, aber auch zu Lasten bzw. gegen die Interessen der Bevorrechteten durchzusetzen.

Ausblick

Die Vereinigung der beiden deutschen Staaten nun hat die politischen und gesellschaftlichen Rahmenbedingungen für die Frauenbewegung grundlegend verändert. Dabei sind die bisher nicht gelösten sozialen und ökonomischen Probleme in diesem staatlichen Angleichungs- und Ausgleichsprozeß für Frauenanliegen keineswegs günstig, ganz im Gegenteil. Aber auch eine Vereinigung der Fraueninteressen oder eine gemeinsame Frauenbewegung ist nicht einfach zu organisieren, da die Erfahrungen, Lebenslagen, Bedürfnisse und Wünsche von Frauen in Ost und West sehr unterschiedlich sind. Diese Unterschiede haben in den ersten Zusammenkünften zwischen Frauen aus Ost- und Westdeutschland zu mancherlei Mißverständnissen und Enttäuschungen geführt, die nicht als politisches Versagen der westdeutschen Frauenbewegung, ebenso wenig aus dem angeblichen Defizit an feministischem Bewußtsein unter den ostdeutschen Frauen zu erklären sind. Vielmehr wäre die Achtung und Berücksichtigung auch dieser Differenzen notwendiger Inhalt eines politischen Lernprozesses, der dem Feminismus in Ost und West neue Schubkraft verleihen könnte. In der Schaffung von Räumen für kollektive Lernprozesse und der Entwicklung von neuen Netzwerken gegenseitiger Unterstützung und politischer bzw. wissenschaftlicher Diskussion liegt m.E. gerade in Anbetracht krisenhafter Verhältnisse auch die Chance und die Notwendigkeit für eine neue Bewegung und „Welle" des Feminismus.

Nach wie vor ist die Stellung der Frauen in einer Gesellschaft ein „Barometer der Staaten“, d.h. die Anerkennung von Gleichheit und Differenz im Geschlechterverhältnis gibt Auskunft über den Grad gesellschaftlicher Entwicklung bzw. ihrer Veränderungen. Im Zuge der zunehmenden Ausdifferenzierung der Lebenslagen und Lebensformen, der sog. Individualisierung der Lebensweise beider Geschlechter, und angesichts einer begründeten Skepsis gegenüber „großen Theorien“, bleibt die Bewegungsanalyse und der Focus „Geschlechterverhältnisse“ ein Zugang zur Thematisierung des gesellschaftlichen Gesamtzusammenhangs und seiner Widerspruchsstruktur. Die Widersprüche zeigen sich im Verhältnis von Produktion und Reproduktion, System und Lebenswelt, Politischem und Privatem und ihrer jeweils geschlechtsspezifischen Zuordnung und in einem neu Ins-Verhältnis-Setzen von strukturellen Bedingungen und subjektiven Handlungsmöglichkeiten. Die strukturell verankerten Problemlagen und konflikthaften Lebensverhältnisse von Frauen, die sie – über sonstige Unterschiedlichkeiten hinweg – als Gruppe eines Geschlechts betreffen, nötigen Frauen immer wieder zur Verständigung über gemeinsame Interessen und Problemlagen. In der Thematisierung dieser Konfliktlinien, in der Aufarbeitung historisch getrennter Erfahrungen, nicht zuletzt im Erinnern und in der kulturellen Überlieferung früherer Kämpfe steckt noch viel Unerledigtes, ein unverzichtbares Potential für Bewegung und Veränderung, das auch die gegenwärtige Flaute überdauern kann. Wenigstens hierzu können die Inseln der Frauenforschung einen wichtigen Beitrag leisten.

Aus: Ute Gerhard, Die „langen Wellen" der Frauenbewegung – Traditionslinien und unerledigte Anliegen, in: Regina Becker-Schmidt/Gudrun-Axeli Knapp (Hrsg.), Das Geschlechterverhältnis als Gegenstand der Sozialwissenschaften, Frankfurt a. M./New York 1995, S. 247–278, hier S. 262–271. Der Text wurde um die Anmerkungen und Literaturhinweise gekürzt.

Zur Texterschliessung

1. Fassen Sie die angeführten Anliegen der Frauenbewegung knapp (pro Anliegen in maximal zwei Thesen) zusammen.
2. Beziehen Sie Stellung zu Gerhards These, die Stellung der Frauen in einer Gesellschaft sei ein „Barometer der Staaten", das Auskunft über den Grad gesellschaftlicher Entwicklung gibt.
3. Erörtern sie das Spannungsfeld der Begriffe „Gleichheit" und „Differenz" und zeigen sie deren jeweilige politischen Implikationen auf.
4. Diskutieren Sie abschließend: Sind die Anliegen der Frauenbewegung ausschließlich Anliegen von Frauen?

Sozialer Wandel

3.0

Zunächst sind diese [natürlichen] Verrichtungen und ihr Anb
nur in geringem Maße mit Scham- und Peinlichkeitsgefühlen
und daher auch nur in geringem Maße zur Isolierung und Zur
gedrängt. Sie sind so selbstverständ
Schuhe-Anziehen. [...] Lange Zeit hin

Wie lässt sich der Wandel einer Gesellschaft erklären?

Unsere Gesellschaft verändert sich: Der technologische Fortschritt hat die Arbeitswelt gewandelt und wird es weiter tun. Durch die Mikroelektronik z. B. veränderte und verändert sich nicht nur die Arbeit in der Fabrik (durch Industrieroboter), sondern auch die Büroarbeit (durch den PC). Hinzu kommen ungeheure Produktivitätssteigerungen: Benötigte man z. B. 1975 noch acht Arbeitsstunden zur Herstellung eines Fernsehers, waren es 1979 noch vier, 1988 genügten zwei Arbeitsstunden. Ein Ende der Produktivitätssteigerungen ist nicht abzusehen. Wie wird die Arbeit der Zukunft aussehen? Werden in Zukunft die meisten Menschen überhaupt noch einer geregelten Berufsarbeit nachgehen können?
Der Klimawandel wird ebenfalls Veränderungen nach sich ziehen, nicht nur topografische (wird bspw. Hannover Küstenstadt?), sondern auch soziale, z. B. hinsichtlich unserer Mobilität: Wer wird es sich in absehbarer Zukunft noch erlauben können, mit dem Auto zur Schule, Universität oder Arbeit zu fahren?
Allgemein gefragt: Wie sieht die Gesellschaft der Zukunft aus? Welche Entwicklungen sind für die Zukunft zu erwarten und warum kam es zu diesem Wandel? Diese Fragen sind von politischem Interesse. Denn die Erforschung der Richtungen und Ursachen des sozialen Wandels kann helfen, ihn öffentlich zu diskutieren und gegebenenfalls zu beeinflussen.
Dass sich die Gesellschaft beständig ändert, ist offensichtlich. Aber handelt es sich bei diesen Veränderungen um „Sozialen Wandel"? Nach den gängigen Lexika bezieht sich „Sozialer Wandel" allgemein auf die Veränderung sozialer Strukturen.[1] Nach ihrer Reichweite lassen sich dabei Wandlungsprozesse *innerhalb* eines sozialen Systems, z. B. der technologische Wandel und die damit einhergehende veränderte Berufsstruktur oder der Wandel familiärer Beziehungen, von einem Wandel des *gesamten* Systems unterscheiden. Letzteres, also der Wandel eines Gesellschaftssystems, ist Thema der hier vorgestellten Texte.

Sucht man nach Erklärungen für einen Wandel des gesamten Gesellschaftssystems, bietet sich der Übergang vom Feudalismus zum Kapitalismus als Bezugspunkt an. In der Tat beziehen sich wichtige Theorien über die Ursachen eines grundlegenden sozialen Wandels, also Geschichtstheorien, auf diese historische Phase. Die Frage schon der Autoren des 19. und frühen 20. Jahrhunderts waren hier vor allem: Handelt es sich um Veränderungen mit einer bestimmten Richtung oder wiederholt sich die Geschichte? Geht der soziale Wandel eher von Veränderungen in den wirtschaftlichen Prozessen aus oder ist er Resultat ideologischer, politischer und kultureller Veränderungen? Welches sind also die treibenden Kräfte in der Geschichte? Die meisten dieser Fragen werden von den Autoren der folgenden ersten drei Texte unterschiedlich beantwortet, gemeinsam ist ihnen lediglich, dass sie in der Geschichte einen Prozess mit einer bestimmten Richtung sehen (im Sinne sich weiter entwickelnder Produktionsweisen und darauf basierender Gesellschaftsformationen, zunehmender Rationalisierung bzw. Zivilisierung).
Karl Marx und **Friedrich Engels** (vgl. S. 93 ff.) halten die Produktionsweise der materiellen Güter für die „Basis" der verschiedenen Formen des Bewusstseins, wie z. B. der politischen und religiösen Vorstellungen, die sie „Überbau" nennen. Diese im Wesentlichen ökonomische „Basis" sei der Motor des gesellschaftlichen Wandels. Denn die „Produktivkräfte" (die Menschen mit ihren Arbeitserfahrungen und Kenntnissen sowie die Produktionsmittel, Technologie u. a.) gerieten im Laufe ihrer Entwicklung immer wieder in Widerspruch zu den „Produktionsverhältnissen" (Arbeitsbeziehungen, Eigentumsverhältnisse usw.). Der ökonomische Widerspruch spiegele sich in den politischen, juristischen und anderen ideologischen Formen wider, worin Menschen ihre Interessenkonflikte ausföchten. Geschichtlicher Fortschritt sei immer die Folge solcher Widersprüche und der aus ihnen resultierenden Klassenkämpfe.
Von dieser Sichtweise grenzt sich **Max Weber** (vgl. S. 98 ff.) deutlich ab. Einige Passagen seines Werks legen nahe, dass er den Ausgangspunkt, zumindest aber eine wesentliche Bedingung für die abendländische Form der Rationalisierung und des Kapitalismus in religiösen (und politischen) Prozessen verortet, denn ökonomischer Rationalismus sei in seiner Entstehung von der Fähigkeit zu „rationaler Lebensführung" abhängig – und zu den wichtigsten formenden Elementen dieser Lebensführung gehörten die religiösen Einstellungen.
Norbert Elias (vgl. S. 103 ff.) zufolge führten wiederum sozioökonomische und politische Entwicklungen seit dem frühen Mittelalter zu einer immer weiter voranschreitenden gesellschaftlichen Differenzierung. Die in diesem (noch

1 Eingeführt wurde der Begriff des „Sozialen Wandels" von W. F. Ogburn (1886–1959) mit dem Ziel, die Begriffe „Fortschritt" und „Entwicklung" zu ersetzen, weil diese zu wenig neutral erschienen, indem sie entweder ein Ziel für eine vorgegebene Richtung des Wandels oder einen feststehenden Ablauf suggerierten.

nicht abgeschlossenen) Prozess der Zivilisation entstehenden „Verflechtungsordnungen" zwängen die Menschen zu zunehmender Affektkontrolle; gesellschaftlich störende psychische Regungen seien unterdrückt oder in das neu entstandene „Private" abgeschoben worden.

Doch gibt es auch aktuell einen grundlegenden Wandel des gegenwärtigen kapitalistisch-industriellen Gesellschaftssystems? Ändern sich die grundlegenden Strukturen unserer Gesellschaft in einem Umfang, der es rechtfertigt, von einem Übergang in ein neues Entwicklungsstadium der Sozialorganisation zu sprechen? Wie ließe sich ein solcher Wandel beschreiben? Wie schon viele Generationen vor ihnen haben auch zurzeit wieder viele Gesellschaftswissenschaftler und Gesellschaftswissenschaftlerinnen den Eindruck, einem grundlegenden sozialen Wandel beizuwohnen, das Bewusstsein einer epochalen Krise und Zäsur ist allgegenwärtig. Die Ziele der zukünftigen Entwicklungen sind jedoch naturgemäß sehr schwer zu erforschen: „In Zeiten strukturellen Wandels geht Repräsentativität ein Bündnis mit der Vergangenheit ein und verstellt den Blick auf die [...] Zukunft". (Beck, Risikogesellschaft, s. u. S. 12 f.)
Die folgenden drei hier in Textauszügen vorgestellten zeitgenössischen Autoren Daniel Bell, Ulrich Beck und Ralf Dahrendorf jedenfalls gehen von einem gegenwärtigen sozialen Wandel aus, den es zu analysieren gilt. Die in vielen sozialwissenschaftlichen Texten zum Thema verwendete Vorsilbe „post", z. B. in „postindustriell", „postkapitalistisch" oder „postmodern", soll verdeutlichen, dass ein bestimmter Entwicklungsabschnitt zu Ende gegangen ist oder demnächst zu Ende gehen wird, und offenbart zugleich Ratlosigkeit, wenn es um die Charakterisierung des Nachfolgenden geht. Bereits 1973 konnte der amerikanische Sozialwissenschaftler Daniel Bell zahlreiche solcher „Postismen" anführen, um der Aufzählung schließlich seinen Begriff der postindustriellen Gesellschaft anzufügen, ein Begriff, der noch heute große Resonanz erfährt. Mittlerweile steht in der sozialwissenschaftlichen Diskussion bereits Grundsätzlicheres als die Industriegesellschaft infrage, nämlich der Kapitalismus, die Arbeitsgesellschaft oder auch die Moderne.
Die These vom Übergang in eine postindustrielle Gesellschaft – hier vertreten von **Daniel Bell** (vgl. S. 110 ff.) – fußt auf der Annahme einer fortschreitenden Tertiorisierung: Je mehr sich die Leistung der Volkswirtschaft dank starker Produktivitätssteigerungen im primären und sekundären Sektor (und damit das Einkommensniveau) erhöhe, desto mehr verlagere sich die Konsumentennachfrage auf Produkte des nur geringe Produktivitätssteigerungen erlaubenden tertiären Sektors, der demzufolge auch ständig mehr Arbeitskräfte an sich ziehe, bis letztlich nur noch mehr geringe Restbestände der Erwerbsbevölkerung im primären und sekundären Sektor benötigt würden. Gezeichnet wird das Bild der postindustriellen Gesellschaft vor allem in den Varianten einer Dienstleistungsgesellschaft oder – wie bei Bell – einer Informations- oder Wissensgesellschaft. Besonders einflussreich sind seine provozierenden Thesen bezüglich der politischen Auswirkungen, insbesondere seine These vom Aufstieg einer neuen Klasse der (technischen) Intelligenz in Verbindung mit der Annahme, dass die Eigentumsverhältnisse und damit der Konflikt zwischen Kapital und Arbeit an Bedeutung verlören. In diesem Sinne wird Bells Konzept deshalb auch als „postkapitalistisch" gelesen, obwohl er nicht von einer Überwindung des Privateigentums an Produktionsmitteln ausgeht.
Auch **Ulrich Beck** (vgl. S. 115 ff.) konstatiert für die von ihm so bezeichnete „Risikogesellschaft", an deren Schwelle wir stünden, einen Bruch mit der Industriegesellschaft. Er bezieht sich dabei allerdings nicht auf die fortschreitende Tertiarisierung, sondern auf den Bruch mit den „industriegesellschaftlichen Prämissen und Funktionsprinzipien", wie einem optimistischen Wissenschafts- und Technikverständnis, den Lebens- und Arbeitsformen in Kleinfamilie und festen Beruf mit den Verteilungsproblemen und -konflikten einer „Mangelgesellschaft". Für die „Risikogesellschaft" entwirft er das Szenarium einer enttraditionalisierten und individualisierten Gesellschaft „jenseits von Klasse und Schicht": Trotz gleich gebliebener Abstände in der Einkommenshierarchie und fundamentaler Bestimmungen der Lohnarbeit trete subjektiv die Bindung an soziale Klassen in den Hintergrund, sodass sich neue Identitätsbezüge und Interessenkoalitionen vornehmlich quer zu den industriegesellschaftlichen Klassengrenzen und Konfliktlinien bildeten. In diesem Sinne vertritt Beck ein Konzept von „Postkapitalismus".
„Krise der Arbeitsgesellschaft?" – so lautete das Thema des 21. Deutschen Soziologentages (1982), auf dem **Ralf Dahrendorf** (vgl. S. 120 ff.) einen entsprechenden Vortrag hielt. In diesem bezieht er sich (negativ) auf das bislang vorherrschende arbeitsgesellschaftliche Organisations- und Theoriemodell, in dessen Zentrum die Erwerbsarbeit als Normalform der Existenzsicherung steht. Als weitere Kennzeichen der Arbeitsgesellschaft gelten Dahrendorf die Bedeutung der Erwerbsarbeit für das Individuum und deren bestimmender Einfluss auf die anderen Lebenssphären, wie Ausbildung, Freizeit und Ruhestand, eine leistungsorientierte Arbeitsethik sowie durch das Spannungsverhältnis zwischen Kapital und Arbeit geprägte Konfliktstrukturen. „Krise der Arbeitsgesellschaft" impliziert einen

sozialen Wandel, der auf einem gesellschaftlichen wie subjektiven Bedeutungsverlust der Arbeit begründet und damit über die postindustrielle oder „postkapitalistische" Übergangsannahme hinausgeht. Aufgrund des technischen Fortschritts in Verbindung mit einem Preisvorteil der Technik gegenüber der Arbeit gehe der Arbeitsgesellschaft die Arbeit aus. Die enge Verknüpfung zwischen Erwerbstätigkeit, materieller Reproduktion und gesellschaftlicher Statuszuweisung lockere sich auf, sichtbar auch am gestiegenen Anteil (sozial-)staatlicher Transferleistungen. Entsprechend verliere die Arbeit subjektiv an Bedeutung für die Persönlichkeitsentfaltung und Sinnstiftung, verstärkt durch den schrumpfenden Anteil der Arbeit an der Lebensarbeitszeit. Überhaupt nehme das Eigengewicht der anderen Lebenssphären wie Ausbildung, Freizeit und Ruhestand gegenüber dem Bereich der Arbeit ständig zu. Damit behauptet Dahrendorf das Ende der Arbeitsgesellschaft und sieht eine „Tätigkeitsgesellschaft" kommen, in der fremdbestimmte Lohnarbeit durch selbstbestimmte Tätigkeit verdrängt werde.
Siegfried Rosner (vgl. S.125 ff.) hingegen kommt in seiner theoriegeleiteten, zugleich empirisch abgesicherten Untersuchung zum sozialen Wandel in der Bundesrepublik Deutschland zu einem anderen Ergebnis als die drei eben genannten Autoren: Die wesentlichen Strukturen unserer Gesellschaft betrachtet, vermittele sich eher der Eindruck von Beständigkeit als von Veränderung. „Sozialer Wandel" wäre demnach vor allem ein Oberflächen- oder Ideologiephänomen.

Leitfragen

1. Worin werden die Triebfedern gesellschaftlichen Wandels gesehen?
2. Informieren Sie sich über den jeweiligen historischen Kontext der Textauszüge. Welche Zeiterfahrungen spiegeln die unterschiedlichen Positionen wider?
3. Welche zukünftige Entwicklung unserer Gesellschaft tritt nach Bell, Beck und Dahrendorf hervor?
4. Ordnen Sie die Autoren politisch ein und entwickeln Sie mögliche politische Folgerungen des jeweiligen Ansatzes.

Literaturhinweise

Artur Bogner, Zivilisation und Rationalisierung. Die Zivilisationstheorien Max Webers, Norbert Elias' und der Frankfurter Schule im Vergleich, Opladen 1989.
Rainer Geißler, Sozialer Wandel in Deutschland (Informationen zur politischen Bildung; Heft 269), München 2004.
Wolfgang Glatzer/Ilona Ostner (Hrsg.), Deutschland im Wandel, Sozialstrukturelle Analysen, Opladen 1999.
Dirk Kaesler/Ludgera Vogt (Hrsg.), Hauptwerke der Soziologie, 2. Aufl., Stuttgart 2007.
Dirk Kaesler (Hrsg.), Klassiker der Soziologie (Bd.1), München 1999.
Bernhard Schäfers, Sozialstruktur und sozialer Wandel in Deutschland, Stuttgart 2004.
Rüdiger Schmitt-Beck u. a. (Hrsg.), Sozialer und politischer Wandel in Deutschland, Wiesbaden 2004.

3.1 Karl Marx & Friedrich Engels: Die materialistische Geschichtsauffassung

Ihre Geschichtstheorie entfalten Karl Marx und Friedrich Engels [Zu Marx vgl. die Hinweise auf S. 44 und S. 210] am umfassendsten und zum ersten Mal systematisch in dem 1845/46 geschriebenen Werk „Die deutsche Ideologie", dem der erste folgende Textausschnitt entnommen ist. In dieser Schrift geht es zentral um die Frage, woher die Vorstellungen der Menschen über sich selbst rühren und wie sich diese Vorstellungen verändern, letzlich also, welches die treibenden Kräfte der Geschichte sind.

Marx und Engels entwickelten ihre Theorie in Auseinandersetzung mit der damals neuesten deutschen, überwiegend idealistischen Philosophie, in der das Bewusstsein als das Grundlegende, die objektive Realität Bestimmende gilt. Danach setze sich im geschichtlichen Prozess ein autarker Geist (z. B. Gott) oder eine alles durchwaltende Vernunft durch. Entgegen dieser Auffassung ist für Marx und Engels die Produktion der Ideen, Vorstellungen, des Bewusstseins zunächst unmittelbar verflochten in die materielle Tätigkeit und den materiellen Verkehr der Menschen. Hier, in den materiellen Lebensbedingungen, sehen sie den „Motor" der Geschichte.

Neben dieser eher philosophisch ausgerichteten Ausarbeitung ihrer Geschichtstheorie werden die gesellschaftlichen Mechanismen, die jeweils zu einer neuen geschichtlichen Formation führen, komprimiert dargestellt im „Kommunistischen Manifest" und im Vorwort von „Zur Kritik der politischen Ökonomie"; Letzterem entstammt der zweite Textausschnitt.

In seiner Grabrede für Karl Marx fasste Friedrich Engels die Verdienste seines Mitstreiters wie folgt zusammen: „Wie Darwin das Gesetz der Entwicklung der organischen Natur, so entdeckte Marx das Entwicklungsgesetz der menschlichen Geschichte: die bisher unter ideologischen Überwucherungen verdeckte einfache Tatsache, dass die Menschen vor allen Dingen zuerst essen, trinken, wohnen und sich kleiden müssen, ehe sie Politik, Wissenschaft, Kunst, Religion usw. treiben können; dass also die Produktion der unmittelbaren Lebensmittel und damit die jedesmalige ökonomische Entwicklungsstufe eines Volkes oder eines Zeitabschnitts die Grundlage bildet, aus der sich die Staatseinrichtungen, die Rechtsanschauungen, die Kunst und selbst die religiösen Vorstellungen der betreffenden Menschen entwickelt haben, und aus der sie daher auch erklärt werden müssen – nicht, wie bisher geschehen, umgekehrt." (MEW Bd. 19, S. 335 f.)

Um eine „einfache Tatsache" handelt es sich bei dem von Engels beschriebenen Zusammenhang allerdings keineswegs. Denn entscheidend ist die Frage, wie genau die nicht zu leugnende materielle Grundlage einer Gesellschaft auf so etwas wie „gesellschaftliches Bewusstsein" und geschichtliche Entwicklung einwirkt. Engels selbst kritisiert in seinen späten Briefen stets eine einseitige Ableitung der geschichtlichen Entwicklung aus den ökonomischen Strukturen. So schreibt er 1890 an Joseph Bloch: „Nach materialistischer Geschichtsauffassung ist das in *letzter Instanz* bestimmende Moment in der Geschichte die Produktion und Reproduktion des wirklichen Lebens [...] Die ökonomische Lage ist die Basis, aber die verschiedenen Momente des Überbaus [...] üben auch ihre Einwirkung auf den Verlauf der geschichtlichen Kämpfe aus und bestimmen in vielen Fällen vorwiegend deren *Form*. Es ist eine Wechselwirkung aller dieser Momente, worin schließlich durch alle die unendliche Menge von Zufälligkeiten [...] als Notwendiges die ökonomische Bewegung sich durchsetzt" (MEW Bd. 37, S. 463). Bewusstsein, auch gesellschaftliches Bewusstsein, entwickelt sich nach Marx und Engels demnach durchaus mit einem Moment von Autonomie. Sobald das Bewusstsein sich – theoretisch oder praktisch – auf Gesellschaft bezieht, hat es sich jedoch an den materiellen gesellschaftlichen Bedingungen auszurichten. Die ökonomischen Verhältnisse bilden demnach einen Bedingungsrahmen, der dem geschichtsmächtigen Handeln der Menschen die Richtung vorgibt.

Literaturhinweise

Iring Fetscher, Karl Marx und der Marxismus: von der Ökonomiekritik zur Weltanschauung, 4. Aufl., München u. a. 1985.

Josef Schleifstein, Einführung in das Studium von Marx, Engels und Lenin, 4. Aufl., München 1983.

M 1 Die deutsche Ideologie

I. Band: Kritik der neuesten deutschen Philosophie ... **[1.] Geschichte**

Wir müssen bei den voraussetzungslosen Deutschen [gemeint ist die idealistische Philosophie, die alles aus dem Geist selbst entwickeln wollte, d. Red.] damit anfangen, daß wir die erste Voraussetzung aller menschlichen Existenz, also auch aller Geschichte konstatieren, nämlich die Voraussetzung, daß die Menschen imstande sein müssen zu leben, um „Geschichte machen" zu können. Zum Leben aber gehört vor allem Essen und Trinken, Wohnung, Kleidung und noch einiges Andere. Die erste geschichtliche Tat ist also die Erzeugung der Mittel zur Befriedigung dieser Bedürfnisse, die Produktion des materiellen Lebens selbst, und zwar ist dies eine geschichtliche Tat, eine Grundbedingung aller Geschichte, die noch heute, wie vor Jahrtausenden, täglich und stündlich erfüllt werden muß, um die Menschen am Leben zu erhalten. [...]

Das Zweite ist, daß das befriedigte erste Bedürfnis selbst, die Aktion der Befriedigung und das schon erworbene Instrument der Befriedigung zu neuen Bedürfnissen führt – und diese Erzeugung neuer Bedürfnisse ist die erste geschichtliche Tat. [...]

Das dritte Verhältnis, was hier gleich von vornherein in die geschichtliche Entwicklung eintritt, ist das, daß die Menschen, die ihr eigenes Leben täglich neu machen, anfangen, andre Menschen zu machen, sich fortzupflanzen – das Verhältnis zwischen Mann und Weib, Eltern und Kindern, die *Familie*. Diese Familie, die im Anfange das einzige soziale Verhältnis ist, wird späterhin, wo die vermehrten Bedürfnisse neue gesellschaftliche Verhältnisse und die vermehrte Menschenzahl neue Bedürfnisse erzeugen, zu einem untergeordneten. [...] Übrigens sind diese drei Seiten der sozialen Tätigkeit nicht als drei verschiedene Stufen zu fassen, sondern eben nur als drei Seiten [...], die vom Anbeginn der Geschichte an und seit den ersten Menschen zugleich existiert haben und sich noch heute in der Geschichte geltend machen.

[...] Es zeigt sich also schon von vornherein ein materialistischer Zusammenhang der Menschen untereinander, der durch die Bedürfnisse und die Weise der Produktion bedingt und so alt ist wie die Menschen selbst – ein Zusammenhang, der stets neue Formen annimmt und also eine „Geschichte" darbietet, auch ohne daß irgendein politischer oder religiöser Nonsens existiert, der die Menschen noch extra zusammenhalte.

Jetzt erst [...] finden wir, daß der Mensch auch „Bewusstsein" hat. Aber [...] der „Geist" hat von vornherein den Fluch an sich, mit der Materie „behaftet" zu sein, die hier in der Form von [...] Sprache auftritt. Die Sprache ist so alt wie das Bewusstsein [...] und die Sprache entsteht, wie das Bewusstsein, erst aus dem Bedürfnis, der Notdurft des Verkehrs mit andern Menschen. [...] Das Bewusstsein ist also von vornherein schon ein gesellschaftliches Produkt und bleibt es, solange überhaupt Menschen existieren. [...]

[Das] Hammel- oder Stammbewusstsein [zu Beginn der Menschheitsgeschichte, d. Red.] erhält seine weitere Entwicklung und Ausbildung durch die gesteigerte Produktivität, die Vermehrung der Bedürfnisse und die beiden zum Grunde liegende Vermehrung der Bevölkerung. Damit entwickelt sich die Teilung der Arbeit, die ursprünglich nichts war als die Teilung der Arbeit im Geschlechtsakt, dann Teilung der Arbeit, die sich vermöge der natürlichen Anlage (z.B. Körperkraft), Bedürfnisse, Zufälle etc. etc. von selbst oder „naturwüchsig" macht. Die Teilung der Arbeit wird erst wirklich Teilung von dem Augenblicke an, wo eine Teilung der materiellen und geistigen Arbeit eintritt. Von diesem Augenblicke an *kann* sich das Bewusstsein wirklich einbilden, etwas andres als das Bewusstsein der bestehenden Praxis zu sein, *wirklich* etwas vorzustellen, ohne etwas Wirkliches vorzustellen – von diesem Augenblicke an ist das Bewusstsein imstande, sich von der Welt zu emanzipieren und zur Bildung der „reinen" Theorie, Theologie, Philosophie, Moral etc. überzugehen. Aber selbst wenn diese Theorie, Theologie, Philosophie, Moral etc. in Widerspruch mit den bestehenden Verhältnissen treten, so kann dies nur dadurch geschehen, daß die bestehenden gesellschaftlichen Verhältnisse mit der bestehenden Produktionskraft in Widerspruch getreten sind [...].

[...] Diese drei Momente, die Produktionskraft, der gesellschaftliche Zustand und das Bewusstsein, [können und müssen ...] in Widerspruch untereinander geraten [...], weil mit der Teilung der Arbeit die Möglichkeit, ja die Wirklichkeit gegeben ist, daß die geistige und materielle Tätigkeit – daß der Genuß und die Arbeit, Produktion und Konsumtion, verschiedenen Individuen zufallen, und die Möglichkeit, daß sie nicht in Widerspruch geraten, nur darin liegt, daß die Teilung der Arbeit wieder aufgehoben wird. [...]

Mit der Teilung der Arbeit, in welcher alle diese Widersprüche gegeben sind [...], ist zu gleicher Zeit auch die *Ver*teilung, und zwar die *ungleiche*, sowohl quantitative wie qualitative Verteilung der Arbeit und ihrer Produkte gegeben, also das Eigentum [...]. Übrigens sind Teilung der Arbeit und Privateigentum identische Ausdrücke – in dem einen wird in Beziehung auf die Tätigkeit dasselbe ausgesagt, was in dem andern in Bezug auf das Produkt der Tätigkeit ausgesagt wird.

Ferner ist mit der Teilung der Arbeit zugleich der Widerspruch zwischen dem Interesse des einzelnen Individuums oder der einzelnen Familie und dem gemeinschaftlichen Interesse aller Individuen, die miteinander verkehren, gegeben; und zwar existiert dies gemeinschaftliche Interesse nicht bloß in der Vorstellung, als „Allgemeines“, sondern zuerst in der Wirklichkeit als gegenseitige Abhängigkeit der Individuen, unter denen die Arbeit geteilt ist. Und endlich bietet uns die Teilung der Arbeit gleich das erste Beispiel davon dar, daß, solange die Menschen sich in der naturwüchsigen Gesellschaft befinden, solange also die Spaltung zwischen dem besondern und gemeinsamen Interesse existiert, solange die Tätigkeit also nicht freiwillig, sondern naturwüchsig geteilt ist, die eigne Tat des Menschen ihm zu einer fremden, gegenüberstehenden Macht wird, die ihn unterjocht, statt daß er sie beherrscht. [...] Aus diesem Widerspruch des besondern und gemeinschaftlichen Interesses nimmt das gemeinschaftliche Interesse als Staat eine selbständige Gestaltung, getrennt von den wirklichen Einzel- und Gesamtinteressen, an, und zugleich als illusorische Gemeinschaftlichkeit [...]. Hieraus folgt, daß alle Kämpfe innerhalb des Staats, der Kampf zwischen Demokratie, Aristokratie und Monarchie, der Kampf um das Wahlrecht etc. etc., nichts als die illusorischen Formen sind, in denen die wirklichen Kämpfe der verschiednen Klassen untereinander geführt werden [...], und ferner, daß jede nach der Herrschaft strebende Klasse [...] sich zuerst die politische Macht erobern muß, um ihr Interesse wieder als das Allgemeine [...] darzustellen. [...]

[2.] Über die Produktion des Bewusstseins

[...] Diese Geschichtsauffassung beruht also darauf, den wirklichen Produktionsprozeß, und zwar von der materiellen Produktion des unmittelbaren Lebens ausgehend, zu entwickeln und die mit dieser Produktionsweise zusammenhängende und von ihr erzeugte Verkehrsform [...] als Grundlage der ganzen Geschichte aufzufassen und sie sowohl in ihrer Aktion als Staat darzustellen, wie die sämtlichen verschiedenen theoretischen Erzeugnisse und Formen des Bewußtseins, Religion, Philosophie, Moral etc. etc., aus ihr zu erklären und ihren Entstehungsprozeß aus ihnen zu verfolgen, wo dann natürlich auch die Sache in ihrer Totalität (und darum auch die Wechselwirkung dieser verschiednen Seiten aufeinander) dargestellt werden kann. Sie hat in jeder Periode nicht, wie die idealistische Geschichtsanschauung, nach einer Kategorie zu suchen, sondern bleibt fortwährend auf dem wirklichen Geschichts*boden* stehen, erklärt nicht die Praxis aus der Idee, [sondern] erklärt die Ideenformationen aus der materiellen Praxis und kommt demgemäß auch zu dem Resultat, daß alle Formen und Produkte des Bewußtseins nicht durch geistige Kritik [...], sondern nur durch den praktischen Umsturz der realen gesellschaftlichen Verhältnisse, aus denen diese idealistischen Flausen hervorgegangen sind, aufgelöst werden können – daß nicht die Kritik, sondern die Revolution die treibende Kraft der Geschichte auch der Religion, Philosophie und sonstigen Theorie ist. Sie zeigt, [...] daß in [...] [der Geschichte] auf jeder Stufe ein materielles Resultat, eine Summe von Produktionskräften, ein historisch geschaffnes Verhältnis zur Natur und der Individuen zueinander sich vorfindet, die jeder Generation von ihrer Vorgängerin überliefert wird, eine Masse von Produktivkräften, Kapitalien und Umständen, die zwar einerseits von der neuen Generation modifiziert wird, ihr aber auch andrerseits ihre eignen Lebensbedingungen vorschreibt und ihr eine bestimmte Entwicklung, einen speziellen Charakter gibt – daß also die Umstände ebenso sehr die Menschen, wie die Menschen die Umstände machen. [...] Diese vorgefundenen Lebensbedingungen der verschiedenen Generationen entscheiden auch, ob die periodisch in der Geschichte wiederkehrende revolutionäre Erschütterung stark genug sein wird oder nicht, die Basis alles Bestehenden umzuwerfen, und wenn diese materiellen Elemente einer totalen Umwälzung, nämlich einerseits die vorhandnen Produktivkräfte, andrerseits die Bildung einer revolutionären Masse, die nicht nur gegen einzelne Bedingungen der bisherigen Gesellschaft, sondern gegen die bisherige „Lebensproduktion“ selbst, die „Gesamttätigkeit“, worauf sie basierte, revolutioniert – nicht vorhanden sind, so ist es ganz gleichgültig für die praktische Entwicklung, ob die *Idee* dieser Umwälzung schon hundertmal ausgesprochen ist – wie die Geschichte des Kommunismus dies beweist.

Die ganze bisherige Geschichtsauffassung hat diese wirkliche Basis der Geschichte entweder ganz und gar unberücksichtigt gelassen oder sie nur als eine Nebensache betrachtet, die mit dem geschichtlichen Verlauf außer allem Zusammenhang steht. Die Geschichte muß daher immer nach einem außer ihr liegenden Maßstab geschrieben werden; die wirkliche Lebensproduktion erscheint als urgeschichtlich, während das Geschichtliche als das vom gemeinen Leben Getrennte, Extra-Überweltliche erscheint. Das Verhältnis der Menschen zur Natur ist hiermit von der Geschichte ausgeschlossen, wodurch der Gegensatz von Natur und Geschichte erzeugt wird. Sie hat daher in der Geschichte nur politische Haupt- und Staatsaktionen und religiöse und überhaupt theoretische Kämpfe sehen können und speziell bei jeder geschichtlichen Epoche *die Illusion dieser Epoche teilen* müssen. Z.B. bildet sich eine Epoche ein, durch rein „politische“ oder „religiöse“ Motive bestimmt zu werden, obgleich „Religion“ und „Politik“

nur Formen ihrer wirklichen Motive sind, so akzeptiert ihr Geschichtsschreiber diese Meinung. Die „Einbildung“, die „Vorstellung“ dieser bestimmten Menschen über ihre wirkliche Praxis wird in die einzig bestimmende und aktive Macht verwandelt, welche die Praxis dieser Menschen beherrscht und bestimmt. [...]

Die Gedanken der herrschenden Klasse sind in jeder Epoche die herrschenden Gedanken, d.h. die Klasse, welche die herrschende *materielle* Macht der Gesellschaft ist, ist zugleich ihre herrschende *geistige* Macht. Die Klasse, die die Mittel zur materiellen Produktion zu ihrer Verfügung hat, disponiert damit zugleich über die Mittel zur geistigen Produktion, so daß ihr damit zugleich im Durchschnitt die Gedanken derer, denen die Mittel zur geistigen Produktion abgehen, unterworfen sind. Die herrschenden Gedanken sind weiter nichts als der ideelle Ausdruck der herrschenden materiellen Verhältnisse, die als Gedanken gefaßten herrschenden materiellen Verhältnisse; also der Verhältnisse, die eben die eine Klasse zur herrschenden machen, also die Gedanken ihrer Herrschaft. Die Individuen, welche die herrschende Klasse ausmachen, haben unter anderem auch Bewußtsein und denken daher; insofern sie also als Klasse herrschen und den ganzen Umfang einer Geschichtsepoche bestimmen, versteht es sich von selbst, daß sie dies in ihrer ganzen Ausdehnung tun, also unter anderem auch [...] als Produzenten von Gedanken herrschen [sowie] die Produktion und Distribution der Gedanken ihrer Zeit regeln; daß also ihre Gedanken die herrschenden Gedanken der Epoche sind. Zu einer Zeit z.B. und in einem Lande, wo königliche Macht, Aristokratie und Bourgeoisie sich um die Herrschaft streiten, wo also die Herrschaft geteilt ist, zeigt sich als herrschender Gedanke die Doktrin von der Teilung der Gewalten, die nun als ein „ewiges Gesetz“ ausgesprochen wird. [...]

Löst man nun bei der Auffassung des geschichtlichen Verlaufs die Gedanken der herrschenden Klasse von der herrschenden Klasse los, verselbständigt man sie, bleibt dabei stehen, daß in einer Epoche diese und jene Gedanken geherrscht haben, ohne sich um die Bedingungen der Produktion und um die Produzenten dieser Gedanken zu bekümmern, läßt man also die den Gedanken zugrunde liegenden Individuen und Weltzustände weg, so kann man z.B. sagen, daß während der Zeit, in der die Aristokratie herrschte, die Begriffe Ehre, Treue etc., während der Herrschaft der Bourgeoisie die Begriffe Freiheit, Gleichheit etc. herrschten. Die herrschende Klasse selbst bildet sich dies im Durchschnitt ein. Diese Geschichtsauffassung, die allen Geschichtsschreibern vorzugsweise seit dem achtzehnten Jahrhundert gemeinsam ist, wird notwendig auf das Phänomen stoßen, daß immer abstraktere Gedanken herrschen, d.h. Gedanken, die immer mehr die Form der Allgemeinheit annehmen. Jede neue Klasse nämlich, die sich an die Stelle einer vor ihr herrschenden setzt, ist genötigt, schon um ihren Zweck durchzuführen, ihr Interesse als das gemeinschaftliche Interesse aller Mitglieder der Gesellschaft darzustellen, d.h. ideell ausgedrückt: ihren Gedanken die Form der Allgemeinheit zu geben, sie als die einzig vernünftigen, allgemein gültigen darzustellen. Die revolutionierende Klasse tritt von vornherein, schon weil sie einer Klasse gegenübersteht, nicht als Klasse, sondern als Vertreterin der ganzen Gesellschaft auf, sie erscheint als die ganze Masse der Gesellschaft gegenüber der einzigen, herrschenden Klasse. [...] Sie kann dies, weil im Anfange ihr Interesse wirklich noch mehr mit dem gemeinschaftlichen Interesse aller übrigen nicht herrschenden Klassen zusammenhängt, sich unter dem Druck der bisherigen Verhältnisse noch nicht als besonderes Interesse einer besonderen Klasse entwickeln konnte. [...]

Aus: Karl Marx/Friedrich Engels: Die deutsche Ideologie. Kritik der neuesten deutschen Philosophie in ihren Repräsentanten Feuerbach, B. Bauer und Stirner, und des deutschen Sozialismus in seinen verschiedenen Propheten. I. Band, I. Feuerbach. Gegensatz von materialistischer und idealistischer Anschauung. MEW Bd. 3, S. 28–34, S. 37–39, S. 46–48.

M 2 Zur Kritik der politischen Ökonomie

Vorwort

Das allgemeine Resultat, das sich mir ergab und, einmal gewonnen, meinen Studien zum Leitfaden diente, kann kurz so formuliert werden: In der gesellschaftlichen Produktion ihres Lebens gehen die Menschen bestimmte, notwendige, von ihrem Willen unabhängige Verhältnisse ein, Produktionsverhältnisse, die einer bestimmten Entwicklungsstufe ihrer materiellen Produktivkräfte entsprechen. Die Gesamtheit dieser Produktionsverhältnisse bildet die ökonomische Struktur der Gesellschaft, die reale Basis, worauf sich ein juristischer und politischer Überbau erhebt, und welcher bestimmte gesellschaftliche Bewußtseinsformen entsprechen. Die Produktionsweise des materiellen Lebens bedingt den sozialen, politischen und geistigen Lebensprozeß überhaupt. Es ist nicht das Bewußtsein der Menschen, das ihr Sein, sondern umgekehrt ihr gesellschaftliches Sein, das ihr Bewußtsein bestimmt. Auf einer gewissen Stufe ihrer Entwicklung geraten die materiellen Produktivkräfte der Gesellschaft in Widerspruch mit den vorhandenen Produktionsverhältnissen oder, was nur ein juristischer Ausdruck dafür ist, mit den Eigentumsverhältnissen, innerhalb deren sie sich bisher bewegt hatten. Aus Entwicklungsformen der Produktivkräfte schlagen diese Verhältnisse in Fesseln derselben um. Es tritt dann eine Epoche sozialer Revolution ein. Mit der Veränderung der ökonomischen Grundlage wälzt sich der ganze ungeheure Überbau langsamer oder rascher um. In der Betrachtung solcher Umwälzungen muß man stets unterscheiden zwischen der materiellen, naturwissenschaftlich treu zu konstatierenden Umwälzung in den ökonomischen Produktionsbedingungen und den juristischen, politischen, religiösen, künstlerischen oder philosophischen, kurz, ideologischen Formen, worin sich die Menschen dieses Konflikts bewußt werden und ihn ausfechten. Sowenig man das, was ein Individuum ist, nach dem beurteilt, was es sich selbst dünkt, ebenso wenig kann man eine solche Umwälzungsepoche aus ihrem Bewußtsein beurteilen, sondern muß vielmehr dies Bewußtsein aus den Widersprüchen des materiellen Lebens, aus dem vorhandenen Konflikt zwischen gesellschaftlichen Produktivkräften und Produktionsverhältnissen erklären. Eine Gesellschaftsformation geht nie unter, bevor alle Produktivkräfte entwickelt sind, für die sie weit genug ist, und neue höhere Produktionsverhältnisse treten nie an die Stelle, bevor die materiellen Existenzbedingungen derselben im Schoß der alten Gesellschaft selbst ausgebrütet worden sind. Daher stellt sich die Menschheit immer nur Aufgaben, die sie lösen kann, denn genauer betrachtet wird sich stets finden, daß die Aufgabe selbst nur entspringt, wo die materiellen Bedingungen ihrer Lösung schon vorhanden oder wenigstens im Prozeß ihres Werdens begriffen sind. In großen Umrissen können asiatische, antike, feudale und modern bürgerliche Produktionsweisen als progressive Epochen der ökonomischen Gesellschaftsformation bezeichnet werden. Die bürgerlichen Produktionsverhältnisse sind die letzte antagonistische [unüberbrückbar gegensätzliche] Form des gesellschaftlichen Produktionsprozesses, antagonistisch nicht im Sinn von individuellem Antagonismus, sondern eines aus den gesellschaftlichen Lebensbedingungen der Individuen hervorwachsenden Antagonismus, aber die im Schoß der bürgerlichen Gesellschaft sich entwickelnden Produktivkräfte schaffen zugleich die materiellen Bedingungen zur Lösung dieses Antagonismus. Mit dieser Gesellschaftsformation schließt daher die Vorgeschichte der menschlichen Gesellschaft ab.

Aus: Karl Marx, Zur Kritik der politischen Ökonomie, MEW Bd. 13, S. 8–9.

ZUR TEXTERSCHLIESSUNG

1. Visualisieren Sie den Zusammenhang zwischen Bevölkerungswachstum, Arbeitsteilung und der ungleichen Verteilung von Arbeit und ihrer Produkte, dem Widerspruch zwischen den gesellschaftlichen Interessen sowie der Entfremdung.
2. Diskutieren Sie die Aussage, die Gedanken der herrschenden Klasse" seien „in jeder Epoche die herrschenden Gedanken" (M 1)
3. Zeigen Sie beispielhaft, was Marx mit einem Widerspruch zwischen Produktivkraftentwicklung und Produktionsverhältnissen meint (M 2).
4. Diskutieren Sie, welche politischen Konsequenzen sich aus der Marx'schen Position ergeben.

3.2 Max Weber: Sozialer Wandel durch den „Geist des Kapitalismus"

Der hier in Ausschnitten zitierte religionssoziologische Text „Der ‚Geist' des Kapitalismus" aus der Sammlung „Die protestantische Ethik und der Geist des Kapitalismus" stammt bereits aus dem Jahr 1904. Jüngeren Datums ist seine „Vorbemerkung", die Max Weber (Zu Max Weber vgl. S. 19) für die Buchveröffentlichung der „Gesammelten Aufsätze zur Religionssoziologie" 1920 verfasste.
In „Die protestantische Ethik und der Geist des Kapitalismus" geht es Weber darum, die „innere Verwandtschaft" zwischen bestimmten Ausprägungen der protestantischen Ethik und des modernen Kapitalismus aufzuzeigen. Ausgangspunkt seiner Überlegungen ist der empirisch festzustellende Zusammenhang zwischen protestantischer Konfession auf der einen und Kapitalbesitz, leitenden Stellungen und einer technische und kaufmännische Berufe vorbereitenden Bildung auf der anderen Seite. „Es würde also darauf ankommen, zunächst einmal zu untersuchen, welches diejenigen Elemente jener Eigenart der Konfessionen sind oder waren, die in der vorstehend geschilderten Richtung gewirkt haben und teilweise noch wirken." (Weber, S. 30) In dem folgenden, hier wiedergegebenen Textauszug konstruiert Weber idealtypisch einen „Geist" des Kapitalismus, dessen Entwicklung er an den Rationalismus der frühen Neuzeit und den „asketischen" Protestantismus knüpft.
Max Weber räumt dem Geist des Kapitalismus einen eigenständigen Anteil an der Entstehung des Kapitalismus ein. Vor diesem Hintergrund wird auch verständlich, warum er diese Aufsätze 1918 unter dem Titel „Positive Kritik der materialistischen Geschichtsauffassung" vorträgt: Der Geist ist hier eben nicht nur Ausdruck materieller Verhältnisse. Allerdings geht es Weber nicht darum, das Verhältnis von „Basis" und „Überbau" (im Sinne von Marx) einfach umzukehren. In der Beschreibung der Aufgabe der Untersuchung heißt es nach einer entsprechenden Kritik am materialistischen Geschichtsverständnis: „Aber andererseits soll ganz und gar nicht [...] [die] These verfochten werden [...]: dass der ‚kapitalistische Geist' [...] *nur* als Ausfluss bestimmter Einflüsse der Reformation habe entstehen *können* oder wohl gar: dass der Kapitalismus als *Wirtschaftssystem* ein Erzeugnis der Reformation sei. [...] Sondern es soll nur festgestellt werden, ob und wieweit religiöse Einflüsse bei der qualitativen Prägung und quantitativen Expansion jenes ‚Geistes' über die Welt hin *mit*beteiligt gewesen sind und welche konkreten *Seiten* der auf kapitalistischer Basis ruhenden *Kultur* auf sie zurückgehen." (Weber, S. 77 f.)

Literaturhinweise

Dirk Kaesler, Max Weber, 2. Aufl., Frankfurt a. M. 1998.
Dirk Kaesler, Max Weber, in: ***Dirk Kaesler/Ludgera Vogt (Hrsg.),*** Hauptwerke der Soziologie, 2. Aufl., Stuttgart 2007, S. 443–464.
Thomas Lemke, Max Weber, Norbert Elias und Michel Foucault über Macht und Subjektivierung, in: Berliner Journal für Soziologie, 11. Jg., 2001, S. 77–95.
Wilfried Röhrich, Denker der Politik, Opladen 1989.

M 3 Die protestantische Ethik und der Geist des Kapitalismus

Vorbemerkung

Ein „kapitalistischer" Wirtschaftsakt soll uns heißen zunächst ein solcher, der auf Erwartung von Gewinn durch Ausnützung von *Tausch*-Chancen ruht, auf (formell) *friedlichen* Erwerbschancen also. Der [...] gewaltsame Erwerb folgt seinen besonderen Gesetzen, und es ist nicht zweckmäßig [...], ihn mit dem (letztlich) an Tauschgewinn-Chancen orientierten Handeln unter die gleiche Kategorie zu stellen. Wo kapitalistischer Erwerb rational erstrebt wird, da ist das entsprechende Handeln orientiert an Kapital*rechnung*. [...] In diesem Sinne hat es „Kapitalismus" und „kapitalistische" Unternehmungen, auch mit leidlicher Rationalisierung der Kapitalrechnung, in *allen* Kulturländern der Erde gegeben [...] Aber der Okzident [das Abendland] kennt in der *Neuzeit* daneben eine ganz andere und nirgends sonst auf der Erde entwickelte Art des Kapitalismus: die rational kapitalistische Organisation von (formell) *freier Arbeit* [in einem Betrieb] [...]

In einer Universalgeschichte der Kultur ist also für uns, rein wirtschaftlich, das zentrale Problem [...] die Entstehung des *bürgerlichen Betriebskapitalismus* mit seiner rationalen Organisation der *freien Arbeit*. Oder, kulturgeschichtlich gewendet, die Entstehung des abendländischen *Bürgertums* und seiner Eigenart [...] Der spezifisch moderne okzidentale Kapitalismus nun ist zunächst offenkundig in starkem Maße durch Entwicklungen von *technischen* Möglichkeiten mitbestimmt. Seine Rationalität ist heute wesenhaft bedingt durch *Berechenbarkeit* der technisch entscheidenden Faktoren: der Unterlagen exakter Kalkulation. Das heißt aber in Wahrheit: durch die Eigenart der abendländischen Wissenschaft, insbesondere der mathematisch und experimentell exakt und rational fundamentierten Naturwissenschaften. Die Entwicklung dieser Wissenschaften und der auf ihnen beruhenden Technik erhielt und erhält nun andererseits ihrerseits entscheidende Impulse von den kapitalistischen Chancen, die sich an ihre wirtschaftliche Verwertbarkeit als Prämien knüpfen. Zwar nicht die Entstehung der abendländischen Wissenschaft ist durch solche Chancen bestimmt worden. [...] Wohl aber wurde die *technische* Verwendung wissenschaftlicher Erkenntnisse [...] durch ökonomische Prämien bedingt, welche im Okzident gerade darauf gesetzt waren. [...]

Der moderne rationale Betriebskapitalismus bedarf [...] [darüber hinaus] auch des berechenbaren Rechts und der Verwaltung nach formalen Regeln, ohne welche [...] kein rationaler privatwirtschaftlicher Betrieb mit stehendem Kapital und sicherer *Kalkulation* möglich ist. Ein solches Recht und eine solche Verwaltung nun stellte der Wirtschaftsführung in *dieser* rechtstechnischen und formalistischen Vollendung *nur* der Okzident zur Verfügung. Woher hat er jenes Recht, wird man also fragen müssen. Es haben, neben anderen Umständen, *auch* kapitalistische Interessen ihrerseits unzweifelhaft der Herrschaft des an rationalem Recht fachgeschulten Juristenstandes in Rechtspflege und Verwaltung die Wege geebnet, wie jede Untersuchung zeigt. Aber keineswegs nur oder vornehmlich sie. Und nicht sie haben jenes Recht aus sich *geschaffen*. Sondern noch ganz andre Mächte waren bei dieser Entwicklung tätig. Und warum taten die kapitalistischen Interessen das gleiche nicht in China oder Indien? [...]

Es kommt also [...] darauf an, die besondere *Eigenart* [...] des modernen okzidentalen Rationalismus zu erkennen und in ihrer Entstehung zu erklären. Jeder solche Erklärungsversuch muß, der fundamentalen Bedeutung der Wirtschaft entsprechend, vor allem die ökonomischen Bedingungen berücksichtigen. Aber es darf auch der umgekehrte Kausalzusammenhang darüber nicht unbeachtet bleiben. Denn wie von rationaler Technik und rationalem Recht, so ist der ökonomische Rationalismus in seiner Entstehung auch von der Fähigkeit und Disposition der Menschen zu bestimmten Arten praktisch rationaler *Lebensführung* überhaupt abhängig. Wo diese durch Hemmungen seelischer Art obstruiert [verhindert] war, da stieß auch die Entwicklung einer *wirtschaftlich* rationalen Lebensführung auf schwere innere Widerstände. Zu den wichtigsten formenden Elementen der Lebensführung nun gehörten in der Vergangenheit überall die magischen und religiösen Mächte und die am Glauben an sie verankerten ethischen Pflichtvorstellungen. Von *diesen* ist in den nachstehend gesammelten und ergänzten Aufsätzen die Rede. [...]

Der „Geist" des Kapitalismus

In der Überschrift dieser Studie ist der etwas anspruchsvoll klingende Begriff: „*Geist* des Kapitalismus" verwendet. Was soll darunter verstanden werden? [...] Ein solcher historischer Begriff [...] muß aus seinen einzelnen der geschichtlichen Wirklichkeit zu entnehmenden Bestandteilen allmählich komponiert werden. Die endgültige begriffliche Erfassung kann daher nicht am Anfang, sondern muß am Schluß der Untersuchung stehen. [...] Soll gleichwohl eine Feststellung des Objektes, um dessen Analyse und historische Erklärung es sich handelt, erfolgen, so kann es sich also nicht um eine begriffliche Definition, sondern vorerst wenigstens nur um eine provisorische Veranschaulichung dessen handeln, was hier mit dem „Geist" des Kapitalismus gemeint ist. [...] Wir halten uns zu diesem Behufe [hier: Zweck] an ein

Dokument jenes „Geistes“, welches das, worauf es hier zunächst ankommt, in nahezu klassischer Reinheit enthält [...]:

„Bedenke, daß die *Zeit Geld* ist; wer täglich zehn Schillinge durch seine Arbeit erwerben könnte und den halben Tag spazieren geht oder auf seinem Zimmer faulenzt, der darf, auch wenn er nur sechs Pence für sein Vergnügen ausgibt, nicht dies allein berechnen, er hat neben dem noch fünf Schillinge ausgegeben oder vielmehr weggeworfen.

Bedenke, daß *Kredit Geld* ist. Läßt jemand sein Geld, nachdem es zahlbar ist, bei mir stehen, so schenkt er mir die Interessen oder so viel, als ich während dieser Zeit damit anfangen kann. Dies beläuft sich auf eine beträchtliche Summe, wenn ein Mann guten und großen Kredit hat und guten Gebrauch davon macht.

Bedenke, daß Geld von einer *zeugungskräftigen und fruchtbaren Natur ist.* Geld kann Geld erzeugen, und die Sprösslinge können noch mehr erzeugen und so fort. Fünf Schillinge umgeschlagen sind sechs, wieder umgetrieben sieben Schilling drei Pence und so fort, bis es hundert Pfund Sterling sind. Je mehr davon vorhanden ist, desto mehr erzeugt das Geld beim Umschlag, so daß der Nutzen schneller und immer schneller steigt. Wer ein Mutterschwein tötet, vernichtet dessen ganze Nachkommenschaft bis ins tausendste Glied. Wer ein Fünfschillingstück umbringt, *mordet* (!) alles, was damit hätte produziert werden können: ganze Kolonnen von Pfunden Sterling. [...]

Dies ist bisweilen von großem Nutzen. Neben Fleiß und Mäßigkeit trägt nichts so sehr dazu bei, einen jungen Mann in der Welt vorwärts zu bringen, als Pünktlichkeit und Gerechtigkeit bei allen seinen Geschäften. Deshalb behalte niemals erborgtes Geld eine Stunde länger, als du versprachst, damit nicht der Ärger darüber deines Freundes Börse dir auf immer verschließe.

Die unbedeutendsten Handlungen, die den Kredit eines Mannes beeinflussen, müssen von ihm beachtet werden. Der Schlag deines Hammers, den dein Gläubiger um 5 Uhr morgens oder um 8 Uhr abends vernimmt, stellt ihn auf sechs Monate zufrieden; sieht er dich aber am Billardtisch oder hört er deine Stimme im Wirtshaus, wenn du bei der Arbeit sein solltest, so läßt er dich am nächsten Morgen um die Zahlung mahnen, und fordert sein Geld, bevor du es zur Verfügung hast. [...]“

Es ist *Benjamin Franklin*[1], der in diesen Sätzen [...] zu uns predigt. Daß es „der Geist des Kapitalismus“ ist, der aus ihm in charakteristischer Weise redet, wird niemand bezweifeln, so wenig etwa behauptet werden soll, daß nun alles, was man unter diesem „Geist“ verstehen kann, darin enthalten sei. [...] daß hier nicht einfach Lebenstechnik, sondern eine eigentümliche „Ethik“ gepredigt wird, deren Verletzung nicht nur als Torheit, sondern als eine Art von Pflichtvergessenheit behandelt wird – dies vor allem gehört zum Wesen der Sache. Es ist nicht nur „Geschäftsklugheit“, was da gelehrt wird – dergleichen findet sich auch sonst oft genug –, es ist ein Ethos, welches sich äußert, und in eben dieser Qualität interessiert es uns. [...]

Allerdings sind nun alle moralischen Vorhaltungen Franklins utilitarisch gewendet [auf die bloße Nützlichkeit gerichtet]: die Ehrlichkeit ist nützlich, weil sie Kredit bringt, die Pünktlichkeit, der Fleiß, die Mäßigkeit ebenso, und deshalb sind sie Tugenden – woraus u.a. folgen würde, daß, wo z.B. der Schein der Ehrlichkeit den gleichen Dienst tut, dieser genügen und ein unnötiges Surplus an dieser Tugend als unproduktive Verschwendung in den Augen Franklins verwerflich erscheinen müsste. [...] [Allerdings] ist das „summum bonum“ [das höchste Gut] dieser „Ethik“: der Erwerb von Geld und immer mehr Geld, unter strengster Vermeidung alles unbefangenen Genießens, so gänzlich aller eudämonistischen [auf das Glück als Sinnerfüllung menschlichen Daseins gerichteten, d. Red.] oder gar hedonistischen [auf das Streben nach Genuß als höchstes ethisches Prinzip gerichteten] Gesichtspunkte entkleidet, so rein als Selbstzweck gedacht, daß es als etwas gegenüber dem „Glück“ oder dem „Nutzen“ des einzelnen Individuums [...] Irrationales erscheint. Der Mensch ist auf das Erwerben als Zweck seines Lebens, nicht mehr das Erwerben auf den Menschen als Mittel zum Zweck der Befriedigung seiner materiellen Lebensbedürfnisse bezogen. Diese für das unbefangene Empfinden schlechthin sinnlose Umkehrung des [...] „natürlichen“ Sachverhalts ist nun ganz offenbar ebenso unbedingt ein Leitmotiv des Kapitalismus, wie sie dem von seinem Hauche nicht berührten Menschen fremd ist. [...] Der Gelderwerb ist – sofern er in legaler Weise erfolgt – innerhalb der modernen Wirtschaftsordnung das Resultat und der Ausdruck der Tüchtigkeit im Beruf, und diese Tüchtigkeit ist, wie nun unschwer zu erkennen ist, das wirkliche A und O der Moral Franklins, wie sie in der zitierten Stelle ebenso wie in allen seinen Schriften ohne Ausnahme uns entgegentritt.

In der Tat, jener eigentümliche, uns heute so geläufige und in Wahrheit doch so wenig selbstverständliche Gedanke der Berufspflicht – einer Verpflichtung, die der Einzelne empfinden soll und empfindet gegenüber dem Inhalt seiner „beruflichen“ Tätigkeit, gleichviel, worin sie besteht [...] – dieser Gedanke ist es, welcher der „Sozialethik“ der kapitalistischen Kultur charakteristisch, ja in gewissem Sinne für sie von konstitutiver Bedeutung ist. Nicht [...], daß für den heutigen Kapitalismus die subjektive Aneignung dieser ethischen Maxime

1 [...] Advice to a young tradesman (1748), Works ed. Sparks Vol. II p. 87.

durch seine einzelnen Träger, etwa die Unternehmer oder die Arbeiter der modernen kapitalistischen Betriebe, Bedingung der Fortexistenz sei. Die heutige kapitalistische Wirtschaftsordnung ist ein ungeheurer Kosmos, in den der einzelne hineingeboren wird und der für ihn, wenigstens als einzelnen, als faktisch unabänderliches Gehäuse, in dem er zu leben hat, gegeben ist. Er zwingt dem einzelnen, soweit er in den Zusammenhang des Marktes verflochten ist, die Normen seines wirtschaftlichen Handelns auf. Der Fabrikant, welcher diesen Normen dauernd entgegenhandelt, wird ökonomisch ebenso unfehlbar eliminiert [herausgelöst und beseitigt], wie der Arbeiter, der sich ihnen nicht anpassen kann oder will, als Arbeitsloser auf die Straße gesetzt wird.

Der heutige, zur Herrschaft im Wirtschaftsleben gelangte Kapitalismus also erzieht und schafft sich im Wege der ökonomischen Auslese die Wirtschaftssubjekte – Unternehmer und Arbeiter –, deren er bedarf. Allein gerade hier kann man die Schranken des „Auslese"-Begriffes als Mittel der Erklärung historischer Erscheinungen mit Händen greifen. Damit jene der Eigenart des Kapitalismus angepasste Art der Lebensführung und Berufsauffassung „ausgelesen" werden, d.h. über andere den Sieg davontragen konnte, mußte sie offenbar zunächst entstanden sein, und zwar nicht in einzelnen isolierten Individuen, sondern als eine Anschauungsweise, die von Menschengruppen getragen wurde. Diese Entstehung ist also das eigentlich zu Erklärende. Auf die Vorstellung des naiven Geschichtsmaterialismus, daß derartige „Ideen" als „Widerspiegelung" oder „Überbau" ökonomischer Situationen ins Leben treten, werden wir eingehender erst später zu sprechen kommen. An dieser Stelle genügt es für unseren Zweck wohl, darauf hinzuweisen, daß jedenfalls ohne Zweifel im Geburtsland Benjamin Franklins (Massachusetts) der „kapitalistische Geist" (in unserem hier angenommenen Sinn) *vor* der „kapitalistischen Entwicklung" da war [...] In *diesem* Falle liegt also das Kausalverhältnis jedenfalls umgekehrt, als vom materialistischen Standpunkt aus zu postulieren wäre. [...]

Der Gegner, mit welchem der „Geist" des Kapitalismus im Sinne eines bestimmten, im Gewande einer „Ethik" auftretenden, normgebundenen Lebensstils in erster Linie zu ringen hatte, blieb jene Art des Empfindens und der Gebarung, die man als *Traditionalismus* bezeichnen kann. [...]

Bis gegen die Mitte des vorigen Jahrhunderts war das Leben eines Verlegers wenigstens in manchen Branchen der kontinentalen Textilindustrie ein für unsere heutigen Begriffe ziemlich gemächliches. Man mag sich seinen Verlauf etwa so vorstellen: Die Bauern kamen mit ihren Geweben [...] in die Stadt, in der die Verleger wohnten, und erhielten nach sorgsamer, oft amtlicher, Prüfung der Qualität die üblichen Preise dafür gezahlt. Die Kunden der Verleger waren für den Absatz auf alle weiteren Entfernungen Zwischenhändler, die ebenfalls hergereist kamen, meist noch nicht nach Mustern, sondern nach herkömmlichen Qualitäten und vom Lager kauften oder, und dann lange vorher, bestellten, woraufhin dann eventuell weiter bei den Bauern bestellt wurde. Eigenes Bereisen der Kundschaft geschah, wenn überhaupt, dann selten einmal in großen Perioden, sonst genügte Korrespondenz und, langsam zunehmend, Musterversendung. Mäßiger Umfang der Kontorstunden – vielleicht 5–6 am Tage [...], leidlicher, zur anständigen Lebensführung und in guten Zeiten zur Rücklage eines kleinen Vermögens ausreichender Verdienst, im ganzen relativ große Verträglichkeit der Konkurrenten untereinander bei großer Übereinstimmung der Geschäftsgrundsätze, ausgiebiger täglicher Besuch der „Ressource", daneben je nachdem noch Dämmerschoppen, Kränzchen und gemächliches Lebenstempo überhaupt.

Es war eine in jeder Hinsicht „kapitalistische" *Form* der Organisation, wenn man auf den rein kaufmännisch-geschäftlichen Charakter der Unternehmer, ebenso wenn man auf die Tatsache der Unentbehrlichkeit des Dazwischentretens von Kapitalien, welche in dem Geschäft umgeschlagen wurden, ebenso endlich, wenn man auf die objektive Seite des ökonomischen Hergangs oder auf die Art der Buchführung sieht. Aber es war „traditionalistische" Wirtschaft, wenn man auf den *Geist* sieht, der die Unternehmer beseelte: Die traditionelle Lebenshaltung, die traditionelle Höhe des Profits, das traditionelle Maß von Arbeit, die traditionelle Art der Geschäftsführung und der Beziehungen zu den Arbeitern und dem wesentlich traditionellen Kundenkreis, die Art der Kundengewinnung und des Absatzes beherrschten den Geschäftsbetrieb [...]

Irgendwann nun wurde diese Behaglichkeit plötzlich gestört, und zwar oft ganz ohne daß dabei irgendeine prinzipielle Änderung der Organisations*form* – etwa Übergang zum geschlossenen Betrieb, zum Maschinenstuhl und dergleichen – stattgefunden hätte. Was geschah, war vielmehr oft lediglich dies: daß irgendein junger Mann aus einer der beteiligten Verlegerfamilien aus der Stadt auf das Land zog, die Weber für seinen Bedarf sorgfältig auswählte, ihre Abhängigkeit und Kontrolle zunehmend verschärfte, sie so aus Bauern zu Arbeitern erzog, andererseits aber den Absatz durch möglichst direktes Herangehen an die letzten Abnehmer, die Detailgeschäfte, ganz in die eigene Hand nahm, Kunden persönlich warb, sie regelmäßig jährlich bereiste, vor allem aber die Qualität der Produkte ausschließlich ihren Bedürfnissen und Wünschen anzupassen, ihnen „mundgerecht" zu machen wußte und zugleich den Grundsatz „billiger Preis, großer Umsatz" durchzuführen begann. Alsdann nun wiederholte sich, was immer und überall die Folge eines solchen „Rationalisierungs"-Prozesses ist: Wer nicht hinaufstieg, mußte hinabsteigen. Die Idylle brach unter dem beginnenden erbitterten Konkurrenzkampf zusammen, ansehnliche Vermögen wurden gewonnen und nicht auf Zinsen gelegt, sondern immer wieder im Geschäft investiert, die alte behäbige und behagliche Lebenshaltung wich harter Nüchternheit, bei denen, die mitmachten und hochkamen, weil sie nicht verbrauchen, sondern erwerben *wollten*, bei denen, die bei der alten Art blieben, weil sie sich einschränken *mußten*. Und – worauf es hier vor allem ankommt – es war in solchen Fällen in der Regel *nicht* etwa ein Zustrom neuen *Geldes*, welcher diese Umwälzung hervorbrachte [...], sondern der neue *Geist*, eben der „Geist des modernen Kapitalismus", der eingezogen war. Die Frage nach den Triebkräften der Expansion des modernen Kapitalismus ist nicht in erster Linie eine Frage nach der Herkunft der kapitalistisch verwertbaren Geldvorräte, sondern vor allem nach der Entwicklung des kapitalistischen Geistes. Wo er auflebt und sich auszuwirken vermag, *verschafft* er sich die Geldvorräte als Mittel seines Wirkens, nicht aber umgekehrt [...]

Wie [...] [der Kapitalismus] dereinst nur im Bund mit der werdenden modernen Staatsgewalt die alten Formen mittelalterlicher Wirtschaftsregulierung sprengte, so könnte – wollen wir vorläufig sagen – das gleiche auch für seine Beziehungen zu den religiösen Mächten der Fall gewesen sein. Ob und in welchem Sinne es etwa der Fall gewesen ist, das eben soll hier untersucht werden. [...]

Es scheint [...], als sei die Entwicklung des „kapitalistischen Geistes" am einfachsten als Teilerscheinung in der Gesamtentwicklung des Rationalismus zu verstehen und müsse aus dessen prinzipieller Stellung zu den letzten Lebensproblemen ableitbar sein. Dabei käme also der Protestantismus nur insoweit historisch in Betracht, als er etwa als „Vorfrucht" rein rationalistischer Lebensanschauungen eine Rolle gespielt hätte.

Aus: Max Weber, Die protestantische Ethik und der Geist des Kapitalismus, Vorbemerkung, S. 11–20; Der ‚Geist' des Kapitalismus, S. 36–64.

Zur Texterschließung

1. Stellen Sie die Besonderheiten des „abendländischen" Kapitalismus nach Weber zusammen und nennen Sie die Bedingungen für seine Entstehung.
2. Zeigen Sie den „Geist des Kapitalismus" im von Weber zitierten Text Benjamin Franklins „Advice to a young tradesman" auf.
3. Vergleichen Sie den „traditionellen" mit dem „modernen" Verleger. Wodurch entwickelte sich das Verlagswesen weiter? Notieren Sie die (positiven und negativen) Erklärungen Webers für diesen Wandel.
4. „Der Mensch ist auf das Erwerben als Zweck seines Lebens [...] bezogen." Stellen Sie Bezüge zum „modernen" Menschen her. Inwiefern ist dieses Denken nach Weber irrational?

3.3 Norbert Elias: Sozialer Wandel als Prozess der Zivilisation

Norbert Elias (1897–1990), als Sohn jüdischer Eltern in Breslau geboren, war ein sehr einflussreicher Soziologe, Philosoph und Dichter. Seit 1917 studierte er Philosophie, Psychologie und Medizin an der Universität Breslau, später in Heidelberg und Frankfurt. Seine Habilitationsschrift „Der höfische Mensch" reichte Elias im Wintersemester 1932/33 ein, es fehlte nur noch die Antrittsvorlesung, aber dazu kam es nicht mehr: Im März 1933 floh Elias zunächst nach Frankreich, anschließend 1935 nach Großbritannien. Dort schrieb er sein zweibändiges Werk „Über den Prozeß der Zivilisation. Soziogenetische und psychogenetische Untersuchungen" (erschienen 1939). Von 1954 bis 1962 wurde Elias Dozent am neu gegründeten Department of Sociology der Universität von Leicester, dann folgten ein zweijähriger Gastaufenthalt an der Universität von Ghana und 1965 eine Gastprofessur an der Universität Münster. Seine Habilitationsschrift konnte Norbert Elias erst 1969 veröffentlichen. Erst in den 70er Jahren fand Elias größere Resonanz; dazu trug insbesondere bei, dass Elias versucht, sozioökonomische Forschungsergebnisse mit einer an Freud anknüpfenden Betrachtung des psychischen Apparates zu verknüpfen.

Im Mittelpunkt seines Hauptwerkes, „Der Prozeß der Zivilisation", steht der Wandel von der (früh-)mittelalterlichen Gesellschaftsordnung zu einer modernen Staatlichkeit, die nach Elias im 17. Jahrhundert ausgebildet war. Der in dieser Zeit stattgefundene Veränderungsprozess (Zivilisationsprozess) war nach Elias ein doppelter: Im ersten Band untersucht Elias zunächst das Alltagsverhalten der Menschen, indem er u. a. mittelalterliche Erziehungsbücher auswertet. Über mehrere Generationen hinweg verstärkten sich nach Elias die Trieb- und Affektkontrollen als Ausdruck der Verinnerlichung von gesellschaftlichen Zwängen. Die Ursache dafür sieht Elias im zweiten Band in einer fortschreitenden Entwicklung arbeitsteiliger Produktionsformen („Interdependenzen"), begleitet von Konkurrenzkämpfen der jeweiligen Machthaber (bis zur Herausbildung eines Gewaltmonopols). Den Zusammenhang zwischen der gesellschaftsstrukturellen und der sozialpsychologischen Entwicklung im Prozess der Zivilisation stellt Elias im zweiten Band her: Die gesellschaftliche Entwicklung führe zu der Herausbildung von „Verflechtungsordnungen": Die Menschen seien in ihrem täglichen Leben von immer mehr anderen Menschen dauerhaft abhängig; diese Abhängigkeit schaffe das Bedürfnis nach Berechenbarkeit, nach Ausschluss von unmittelbarer Gewalt, nach Triebkontrolle. Der (nach Elias noch nicht abgeschlossene) Prozess der Zivilisation erscheint dabei als ambivalent. Er erleichtert zugleich das Zusammenleben der Einzelnen – und tut ihnen Gewalt an.

Der erste der folgenden Textausschnitte behandelt die sich ändernde Einstellung zu den natürlichen (körperlichen) Bedürfnissen, der zweite Auszug zeigt die wichtigsten Mechanismen, die im ausgehenden Mittelalter die Herausbildung einer Zentralgewalt begünstigten, als Teil der „Soziogenese der abendländischen Zivilisation". Der dritte Textausschnitt aus dem „Entwurf zu einer Theorie der Zivilisation" (letzter Abschnitt) erläutert den Zusammenhang zwischen der fortschreitenden Differenzierung gesellschaftlicher Funktionen und der Herausbildung eines staatlichen Gewaltmonopols einerseits und den Veränderungen des psychischen Habitus andererseits.

Literaturhinweise

Michael Hinz, Der Zivilisationsprozess: Mythos oder Realität? Wissenschaftssoziologische Untersuchungen zur Elias-Duerr-Kontroverse, Opladen 2002.

Hermann Korte, Norbert Elias, in: ***Dirk Kaesler/Ludgera Vogt (Hrsg.),*** Hauptwerke der Soziologie, 2. Aufl., Stuttgart 2007, S. 114–119.

Thomas Lemke, Max Weber, Norbert Elias und Michel Foucault über Macht und Subjektivierung, in: Berliner Journal für Soziologie, 11. Jg., 2001, S. 77–95.

Annette Treibel, Helmut Kuzmics, Reinhard Blomert (Hrsg.), Zivilisationstheorie in der Bilanz. Beiträge zum 100. Geburtstag von Norbert Elias, Opladen 2000.

M 4 Wandlungen in der Einstellung zu den natürlichen Bedürfnissen

Zunächst sind diese [natürlichen] Verrichtungen und ihr Anblick nur in geringem Maße mit Scham- und Peinlichkeitsgefühlen belegt, und daher auch nur in geringem Maße zur Isolierung und Zurückhaltung gedrängt. Sie sind so selbstverständlich, wie etwa Kämmen oder Schuhe-Anziehen. [...] Lange Zeit hindurch dient die Straße, nahezu jeder Ort, an dem man sich gerade befindet, den gleichen und verwandten Zwecken [...]. Es ist nicht einmal etwas Ungewöhnliches, sich der Treppen, der Zimmerecken, der Tapisserien an den Mauern eines Schlosses zuzuwenden, wenn einen ein Bedürfnis ankommt. Die Beispiele [...] verdeutlichen das. Sie zeigen aber zugleich auch, wie mit diesem spezifischen und dauernden Zusammenleben vieler, sozial abhängiger Menschen am Hof der Druck von oben zu einer schärferen Regelung des Triebhaushalts und damit zu einer größeren Zurückhaltung sich verstärkt.

Genauere Triebregelung und damit relativ geordneten Triebverzicht oder Zurückhaltung der Affekte fordern und erzwingen in dieser oder jener Form zunächst gesellschaftlich Höherstehende von sozial Niedrigerstehenden oder allenfalls auch von sozial Gleichstehenden. [...] Wenn im Zuge der wachsenden Arbeitsteilung die Verflechtung der Menschen intensiver wird, werden immer stärker alle von allen, auch die sozial Höherstehenden von den sozial niedriger Rangierenden und Schwächeren abhängig. Für jene, für die sozial Stärkeren werden diese so weit ihresgleichen, daß sie sich [...] selbst vor ihnen [...] schämen. Erst damit schließt sich die Rüstung um das Triebleben bis zu jenem Grade, der den Menschen der demokratisch-industriellen Gesellschaft dann allmählich als selbstverständlich erscheint. [Vieles wird uns gewissermaßen zur „zweiten Natur" gemacht, als automatisch funktionierender Selbstzwang, als Gewohnheit angezüchtet, die bis zu gewissen Grenzen auch funktioniert, wenn der Mensch allein ist.]

Aus: Norbert Elias, Über den Prozeß der Zivilisation, Bd. 1: 2. Kapitel: Über die „Zivilisation" als eine spezifische Veränderung des menschlichen Verhaltens, S. 184–187.

M 5 Kurze Vorschau über die Soziogenese des Absolutismus

1. Ein paar der wichtigsten Mechanismen, die der Zentralgewalt eines Herrschaftsgebietes am Ausgang des Mittelalters allmählich wachsende Chancen zuführten, sind im ersten Zugriff mit wenigen Worten zu schildern. [...] Die allmähliche Vergrößerung des geldwirtschaftlichen Sektors auf Kosten des naturalwirtschaftlichen in einem bestimmten Gebiete des Mittelalters hatte sehr verschiedene Folgen für das Gros des Kriegeradels auf der einen, für den König oder Fürsten dieses Gebiets auf der anderen Seite. Je mehr Geld auf einem Gebiet in Umlauf kam, desto stärker stiegen die Preise. Alle Schichten, deren Verdienst nicht entsprechend stieg, alle die Menschen, die ein festgelegtes Einkommen hatten, waren damit benachteiligt, vor allem die Feudalherren, die von ihren Gütern feste Renten bezogen.

Die gesellschaftlichen Funktionen, deren Einkommen sich entsprechend den neuen Verdienstchancen vergrößerte, waren begünstigt. Dazu gehörten bestimmte Gruppen des Bürgertums; dazu gehörte vor allem auch der König, der Zentralherr; denn er hatte durch den Steuerapparat an dem wachsenden Reichtum Anteil; er konnte von jedem Verdienst im ganzen Herrschaftsgebiet einen Teil an sich ziehen, und seine Einkünfte vermehrten sich infolgedessen mit dem wachsenden Geldumlauf außerordentlich.

Auf Grund dieses Mechanismus [...] kam zunächst einmal mehr oder weniger automatisch ein immer größeres Einkommen in die Verfügungsgewalt der Zentralherren. Das ist eine der Voraussetzungen, auf Grund deren die Institution des Königs oder Fürstentums allmählich den Charakter der Absolutheit oder Unumschränktheit erhielt.

2. Proportional zu den finanziellen Chancen, über die die Zentralfunktion verfügte, wuchsen ihre militärischen. Derjenige, der über die Steuern eines ganzen Landes verfügte, war in der Lage, sich mehr Krieger zu mieten, als irgendein anderer; er wurde zugleich relativ unabhängig von den Kriegsdiensten, zu denen der feudale Gefolgsmann auf Grund der Bodenbelehnung verpflichtet war. [...]

Die Umwandlung der Kriegstechnik folgte diesem Entwicklungsgang und verstärkte ihn. Durch die langsame Entwicklung der Feuerwaffe wurde die zu Fuß kämpfende, unedle Masse den zahlenmäßig beschränkten Edlen, die zu Pferde kämpften, an Kriegswert überlegen. Auch das wirkte zugunsten der Zentralgewalt. [...] Welches Adelshaus sich im einzelnen hier oder dort die Königskrone und damit den Zugang zu diesen Chancen eroberte, das hing von einer ganzen Reihe von Faktoren, darunter sicher von persönlichen Gaben Einzelner, oft auch von Zufällen ab; das Wachstum der finanziellen und militärischen Chancen, die sich mit der Königsfunktion allmählich verbanden, war unabhängig von Willen oder Begabung Einzelner; es entsprach einer strengen Gesetzmäßigkeit, der man überall begegnet, wenn man die gesellschaftlichen Prozesse selbst beobachtet.

Und dieser Chancenzuwachs der Zentralfunktion war also auch die Voraussetzung für die Pazifizierung eines bestimmten größeren oder kleineren Herrschaftsgebietes von einem Zentrum her. [...]

5. [...] Der Adel verlor mit der Vergrößerung des geldwirtschaftlichen Sektors an Macht, während bürgerliche Schichten mit ihr an Macht gewannen. Aber im Allgemeinen erwies sich keiner der beiden Stände als stark genug, um für längere Zeit die Oberhand über den anderen zu gewinnen. Spannungen bestanden dauernd, und sie kamen von Zeit zu Zeit überall in Kämpfen zum Ausbruch. [...] Es gehörte zu den strukturellen Voraussetzungen des absoluten König- oder Fürstentums, daß keiner der beiden Stände und keine Gruppe innerhalb ihrer die Oberhand gewann. [...]

Aus: Norbert Elias, Über den Prozeß der Zivilisation, Bd. 2: 3. Kapitel: Zur Soziogenese der abendländischen Zivilisation, S. 17–21.

M 6 Der gesellschaftliche Zwang zum Selbstzwang

■ Der Prozeß der Zivilisation [ist] eine Veränderung des menschlichen Verhaltens und Empfindens in einer ganz bestimmten Richtung [...] Diese Veränderung [...] vollzieht sich als Ganzes ungeplant; aber sie vollzieht sich dennoch nicht ohne eine eigentümliche Ordnung. Es ist [...] gezeigt worden, wie etwa von den verschiedensten Seiten her Fremdzwänge sich in Selbstzwänge verwandeln, wie in immer differenzierterer Form menschliche Verrichtungen hinter die Kulisse des gesellschaftlichen Lebens verdrängt und mit Schamgefühlen belegt werden, wie die Regelung des gesamten Trieb- und Affektlebens durch eine beständige Selbstkontrolle immer allseitiger, gleichmäßiger und stabiler wird. Alles das geht gewiß nicht auf eine rationale *Idee* zurück, die vor Jahrhunderten irgendwann einmal einzelne Menschen konzipierten und die dann einer Generation nach der andern als Zweck des Handelns, als Ziel der Wünsche eingepflanzt wurde [...]

Was sich hier von der Seite des Zivilisationsprozesses stellt, ist nichts anderes als das allgemeine Problem des geschichtlichen Wandels: Dieser Wandel als Ganzes ist nicht „rational" geplant; aber er ist auch nicht nur ein regelloses Kommen und Gehen ungeordneter Gestalten. Wie ist das möglich? [...] Pläne und Handlungen, emotionale und rationale Regungen der einzelnen Menschen greifen beständig freundlich oder feindlich ineinander. *Diese fundamentale Verflechtung der einzelnen menschlichen Pläne und Handlungen kann Wandlungen und Gestaltungen herbeiführen, die kein einzelner Mensch geplant oder geschaffen hat. Aus ihr, aus der Interdependenz [gegenseitigen Abhängigkeit] der Menschen, ergibt sich eine Ordnung von ganz spezifischer Art, eine Ordnung, die zwingender und stärker ist als Wille und Vernunft der einzelnen Menschen, die sie bilden*[1]. Es ist diese Verflechtungsordnung, die den Gang des geschichtlichen Wandels bestimmt; sie ist es, die dem Prozeß der Zivilisation zugrunde liegt.

Diese Ordnung ist weder „rational", – wenn man unter „rational" versteht: entstanden in der Weise einer Maschine aus der zweckgerichteten Überlegung einzelner Menschen, noch „irrational", – wenn man unter „irrational" versteht: entstanden auf unbegreifliche Weise. Sie ist gelegentlich von einzelnen Menschen mit der Ordnung der „Natur" identifiziert worden; sie wurde von Hegel und manchen andern als eine Art von überindividuellem „Geist" interpretiert [...]. Aber [...] *die Eigengesetzlichkeit der gesellschaftlichen Verflechtungserscheinungen ist weder identisch mit der Gesetzlichkeit des „Geistes", des individuellen Denkens und Planens, noch mit der Gesetzlichkeit dessen, was wir die „Natur" nennen* [...]. Hier [im dritten Kapitel] ist gezeigt worden, wie der Zwang von Konkurrenzsituationen eine Reihe von Feudalherren gegeneinander treibt, wie der Kreis der Konkurrierenden sich langsam verengert, wie es zur Monopolstellung eines von ihnen und schließlich – im Zusammenhang mit anderen Verflechtungsmechanismen – zur Bildung eines absolutistischen Staates kommt. [...] Erst wenn man sieht, mit welch hohem Maß von Zwangsläufigkeit ein bestimmter Gesellschaftsaufbau, eine bestimmte Form der gesellschaftlichen Verflechtung kraft ihrer Spannungen zu einer spezifischen Veränderung und damit zu anderen Formen der Verflechtung hindrängt, erst dann kann man verstehen, wie jene Veränderungen des menschlichen Habitus, jene Veränderungen in der Modellierung des plastischen, psychischen Apparats zustande kommen, die sich in der Menschheitsgeschichte von den frühesten Zeiten an bis zur Ge-

1 [...] Diese Verflechtung von Handlungen und Plänen vieler Menschen [...] ist nicht aus den Plänen [...] einzelner Menschen [...] zu verstehen. Hier hat man es mit Erscheinungen, mit Zwängen und Gesetzmäßigkeiten eigner Art zu tun. So kommt etwa dadurch, daß mehrere Menschen sich den gleichen Zweck setzen, daß sie das gleiche Stück Land, den gleichen Absatzmarkt oder die gleiche soziale Position wollen, etwas zustande, das keiner von ihnen bezweckt oder geplant hat [...]: ein Konkurrenzverhältnis mit einer eigentümlichen Gesetzmäßigkeit [...]

genwart immer von neuem beobachten lassen. Und dann erst kann man es also auch verstehen, daß der Veränderung des psychischen Habitus im Sinne einer Zivilisation eine ganz bestimmte Richtung und Ordnung innewohnt, obgleich sie nicht von einzelnen Menschen geplant und [...] durch zweckentsprechende Maßnahmen herbeigeführt worden ist. Die Zivilisation [...] wird blind in Gang gesetzt und in Gang gehalten durch die Eigendynamik eines Beziehungsgeflechts, durch spezifische Veränderungen der Art, in der die Menschen miteinander zu leben gehalten sind. [...]

Aber welche spezifische Veränderung der Art, in der die Menschen miteinander zu leben gehalten sind, modelliert den plastischen, psychischen Apparat der Menschen nun gerade im Sinne einer „Zivilisation“? [...] Von den frühesten Zeiten der abendländischen Geschichte bis zur Gegenwart differenzieren sich die gesellschaftlichen Funktionen unter einem starken Konkurrenzdruck mehr und mehr. Je mehr sie sich differenzieren, desto größer wird die Zahl der Funktionen und damit der Menschen, von denen der Einzelne bei allen seinen Verrichtungen, bei den simpelsten und alltäglichsten ebenso wie bei den komplizierteren und selteneren, beständig abhängt. Das Verhalten von immer mehr Menschen muß aufeinander abgestimmt, das Gewebe der Aktionen immer genauer und straffer durchorganisiert sein, damit die einzelne Handlung darin ihre gesellschaftliche Funktion erfüllt. Der Einzelne wird gezwungen, sein Verhalten immer differenzierter, immer gleichmäßiger und stabiler zu regulieren. [...] Das Gewebe der Aktionen wird so kompliziert und weitreichend, die Anspannung, die es erfordert, sich innerhalb seiner „richtig“ zu verhalten, wird so groß, daß sich in dem Einzelnen neben der bewußten Selbstkontrolle zugleich eine automatisch und blind arbeitende Selbstkontrollapparatur verfestigt [...] Die Richtung dieser Veränderung des Verhaltens im Sinne einer immer differenzierteren Regelung der gesamten, psychischen Apparatur ist bestimmt durch die Richtung der gesellschaftlichen Differenzierung, durch die fortschreitende Funktionsteilung und die Ausweitung der Interdependenzketten, in die, mittelbar oder unmittelbar, jede Regung, jede Äußerung des Einzelnen unausweichlich eingegliedert ist.

Wenn man ein einfaches Bild sucht, das diesen Unterschied zwischen der Verflechtung des Einzelnen innerhalb einer weniger differenzierten und der Verflechtung innerhalb einer differenzierteren Gesellschaft veranschaulicht, dann mag man an die Wege und Straßen hier und dort denken. Sie sind gewissermaßen räumliche Funktionen der gesellschaftlichen Verflechtung, die als Ganzes nicht mehr allein in einer dem vierdimensionalen Kontinuum abgewonnenen Begriffsapparatur ausdrückbar ist. Man denke an die holprigen, ungepflasterten, von Regen und Wind verwüstbaren Landstraßen einer einfachen, natural wirtschaftenden Kriegergesellschaft. Der Verkehr ist, von wenigen Ausnahmen abgesehen, ganz gering; die Hauptgefahr, die hier der Mensch für den Menschen darstellt, hat die Form des kriegerischen oder räuberischen Überfalls. Wenn die Menschen um sich blicken, wenn sie mit dem Auge Bäume und Hügel absuchen oder auf der Straße selbst entlang sehen, dann geschieht es in erster Linie, weil sie immer gewärtig sein müssen, mit der Waffe in der Hand angegriffen zu werden, und erst in zweiter oder dritter Linie, weil sie irgend jemandem auszuweichen haben. Das Leben auf den großen Straßen dieser Gesellschaft verlangt eine ständige Bereitschaft zu kämpfen und die Leidenschaften in Verteidigung seines Lebens oder seines Besitzes gegen einen körperlichen Angriff spielen zu lassen. Der Verkehr auf den Hauptstraßen einer großen Stadt in der differenzierteren Gesellschaft unserer Zeit verlangt eine ganz andere Modellierung des psychischen Apparats. Hier ist die Gefahr eines räuberischen oder kriegerischen Überfalls auf ein Minimum beschränkt. Automobile fahren in Eile hierhin und dorthin; Fußgänger und Radfahrer suchen sich durch das Gewühl der Wagen hindurchzuwinden; Schutzleute stehen an den großen Straßenkreuzungen, um es mit mehr oder weniger Glück zu regulieren. Aber diese äußere Regulierung ist von Grund auf darauf abgestimmt, daß jeder Einzelne sein Verhalten entsprechend den Notwendigkeiten dieser Verflechtung aufs genaueste *selbst* reguliert. Die Hauptgefahr, die hier der Mensch für den Menschen bedeutet, entsteht dadurch, daß irgendjemand inmitten dieses Getriebes seine Selbstkontrolle verliert. Eine beständige Selbstüberwachung, eine höchst differenzierte Selbstregelung des Verhaltens ist notwendig, damit der Einzelne sich durch dieses Gewühl hindurchzusteuern vermag. Es genügt, daß die Anspannung, die diese stete Selbstregulierung erfordert, für einen Einzelnen zu groß wird, um ihn selbst und andere in Todesgefahr zu bringen. [...]

Aber die fortschreitende Differenzierung der gesellschaftlichen Funktionen ist nur die erste, die allgemeinste der gesellschaftlichen Transformationen, die sich dem Blick des Betrachters aufdrängt, wenn er nach den Ursachen für die Veränderung des psychischen Habitus im Sinne einer „Zivilisation“ fragt. [...] Mit dieser fortschreitenden Funktionsteilung geht eine totale Umorganisierung des gesellschaftlichen Gewebes Hand in Hand. [...] Es ist gezeigt worden, wie durch ein bestimmtes Hebelwerk von Beziehungszwängen die zentrifugalen Tendenzen, die Mechanismen der Feudalisierung, langsam außer Kraft gesetzt werden und wie sich Schritt für Schritt stabilere Zentralorgane, festere Monopolinstitute der körperlichen Gewalttat, herausbilden. [...]

Wenn sich ein Gewaltmonopol bildet, entstehen befriedete Räume, gesellschaftliche Felder, die von Gewalttaten normalerweise frei sind. Die Zwänge, die innerhalb ihrer auf den einzelnen Menschen wirken, sind von anderer Art als zuvor. Gewaltformen, die schon immer vorhanden waren, die aber bisher nur mit körperlicher Gewalt untermischt oder verschmolzen Bestand hatten, sondern sich von dieser; sie bleiben für sich und in entsprechend veränderter Form in den befriedeten Räumen zurück; am sichtbarsten sind sie für das Standardbewußtsein der Gegenwart durch die wirtschaftliche Gewalt, durch die ökonomischen Zwänge verkörpert; in Wirklichkeit ist es noch ein ganzes Gemisch verschiedener Arten von Gewalt oder Zwang, das in den Menschenräumen zurückbleibt, wenn die körperliche Gewalttat langsam von der offenen Bühne des gesellschaftlichen Alltags zurücktritt und nur noch in vermittelter Form an der Züchtung der Gewohnheiten mitarbeitet. [...]

Hier ist der Einzelne vor dem plötzlichen Überfall, vor dem schockartigen Einbruch der körperlichen Gewalt in sein Leben weitgehend geschützt; aber er ist zugleich selbst gezwungen, den eigenen Leidenschaftsausbruch, die Wallung, die ihn zum körperlichen Angriff eines anderen treibt, zurückzudrängen. Und die anderen Formen des Zwanges, die nun in den befriedeten Räumen vorherrschen, modellieren Verhalten und Affektäußerungen des Einzelnen in der gleichen Richtung. Je dichter das Interdependenzgeflecht wird, in das der Einzelne mit der fortschreitenden Funktionsteilung versponnen ist, je größer die Menschenräume sind, über die sich dieses Geflecht erstreckt und die sich mit dieser Verflechtung [...] zu einer Einheit zusammenschließen, desto mehr ist der Einzelne in seiner sozialen Existenz bedroht, der spontanen Wallungen und Leidenschaften nachgibt; desto mehr ist derjenige gesellschaftlich im Vorteil, der seine Affekte zu dämpfen vermag, und desto stärker wird jeder Einzelne auch von klein auf dazu gedrängt, die Wirkung seiner Handlungen oder die Wirkung der Handlungen von anderen über eine ganze Reihe von Kettengliedern hinweg zu bedenken. Dämpfung der spontanen Wallungen, Zurückhaltung der Affekte, Weitung des Gedankenraums über den Augenblick hinaus in die vergangenen Ursach-, die zukünftigen Folgeketten, es sind verschiedene Aspekte der gleichen Verhaltensänderung, eben jener Verhaltensänderung, die sich mit der Monopolisierung der körperlichen Gewalt, mit der Ausweitung der Handlungsketten und Interdependenzen im gesellschaftlichen Raume notwendigerweise zugleich vollzieht. Es ist eine Veränderung des Verhaltens im Sinne der „Zivilisation".

Die Verwandlung des Adels aus einer Schicht von Rittern in eine Schicht von Höflingen ist ein Beispiel dafür.

Dort, in den Räumen, in denen die Gewalttat ein unvermeidliches und alltägliches Ereignis ist, und in denen die Abhängigkeitsketten des Einzelnen verhältnismäßig kurz sind, weil er zum größten Teil unmittelbar von den Erzeugnissen seines eigenen Grund und Bodens lebt, dort ist eine starke und beständige Dämpfung der Triebe oder Affekte weder nötig, sie ist weder möglich, noch nützlich. Das Leben der Krieger selbst, aber auch das Leben aller anderen, die in einer solchen Gesellschaft mit einer Oberschicht von Kriegern leben, ist unablässiger und unmittelbarer von Gewalttaten bedroht; es bewegt sich dementsprechend, gemessen an dem Leben in befriedeten Räumen, zwischen Extremen. Es gibt dem Krieger die Möglichkeit zu einer – im Verhältnis zu jener anderen Gesellschaft – außerordentlich großen Freiheit im Auslauf seiner Gefühle und Leidenschaften, die Möglichkeit zu wilden Freuden, zu einer hemmungsloseren Sättigung von Lust an Frauen oder auch von Haß in der Zerstörung und Qual alles dessen, was Feind ist oder zum Feinde gehört. Aber es bedroht zugleich auch den Krieger, wenn er besiegt wird, mit einem außerordentlich hohen Maß von Ausgeliefertsein an die Gewalt und die Leidenschaft eines anderen und mit einer so radikalen Knechtung, mit so extremen Formen der körperlichen Qual, wie sie später, wenn das körperliche Quälen, wenn die Gefangensetzung und die radikale Erniedrigung des Einzelnen zum Monopol einer Zentralgewalt geworden sind, im Alltag normalerweise kaum noch vorkommen; mit dieser Monopolisierung wird die physische Bedrohung des Einzelnen langsam unpersönlicher; [...] sie wird allmählich immer stärker genauen Regeln und Gesetzen unterworfen; und schließlich mildert sie sich selbst bei einer Verletzung der Gesetze in gewissen Grenzen und mit bestimmten Schwankungen. [...]

Dem Leben zwischen solchen Extremen, der beständigen Unsicherheit, in die der Aufbau dieses Menschengeflechts den Einzelnen hineinstellt, entspricht der Aufbau des individuellen Verhaltens und des individuellen Seelenhaushalts. Wie hier in den Beziehungen zwischen Mensch und Mensch schockartiger die Gefahr, plötzlicher und unberechenbarer die Möglichkeit des Sieges oder der Befreiung vor dem Einzelnen auftaucht, so wird er auch häufiger und unvermittelter zwischen Lust und Unlust hin- und hergeworfen. [...] es [ist] die unmittelbare Gegenwart, die den Antrieb gibt; wie diese [...] wechselt, so wechseln auch die Affektäußerungen; bringt sie Lust, so wird die Lust voller ausgekostet, ohne Berechnung, ohne Gedanken an die möglichen Folgen in irgendeiner Zukunft; bringt sie Not, Gefangenschaft, Niederlage, so müssen auch sie rückhaltsloser erlitten werden; und die unaufhebbare Unruhe, die stete Nähe der Gefahr, die ganze Atmosphäre dieses weni-

3.4 Daniel Bell: Das Ende der Industriegesellschaft

Erst nach einer erfolgreichen journalistischen Karriere wandte sich der 1919 in New York geborene Daniel Bell der Soziologie zu und arbeitete seine Vorträge und Essays über die nachindustrielle Gesellschaft zu einem zusammenhängenden Werk aus. „Die nachindustrielle Gesellschaft", im amerikanischen Original „The Coming of Post-Industrial Society", ist eine empirisch fundierte Analyse der sozialstrukturellen Veränderungen, die sich seit den 60er Jahren des 20. Jahrhunderts in den Industrieländern abzeichneten. Bell unterscheidet als historisch aufeinander folgende Formationen vorindustrielle, industrielle und postindustrielle Gesellschaften. Hinsichtlich des Übergangs von der industriellen zur postindustriellen Gesellschaft geht er davon aus, dass die „Koordination von Menschen und Maschinen im Dienste der Güterproduktion", kennzeichnend für die Industriegesellschaft, in der postindustriellen Gesellschaft durch das Primat des „theoretischen Wissens" ersetzt werde.
Diese sozialstrukturellen Veränderungen hätten Auswirkungen auf die politische Ordnung und Kultur. Aufgrund eines Bedeutungsgewinns des theoretischen Wissens rechnet Bell mit einer zunehmenden Verbreitung der höheren Bildung und mit der Entstehung einer einflussreichen Klasse von Wissenschaftlern, Ingenieuren und Technokraten. Vor allem der Konflikt zwischen Kapital und Arbeit verliere an Relevanz zugunsten eines Konflikts der neuen Klasse der (technischen) Intelligenz zunächst mit den alten Eliten sowie mit der Bevölkerungsmehrheit. „Bildete z. B. ehedem das Eigentum die Machtbasis des Schichtungssystems [...] und die Erbfolge den Schlüssel dazu, so stellt heute das fachliche Können und als Schlüssel dazu die Ausbildung gleichfalls eine wichtige Basis der Macht dar, die der erstgenannten sogar zuweilen Konkurrenz macht." (Bell, Die nachindustrielle Gesellschaft, S. 115)
Bereits die von Bell angenommene wachsende Bedeutung des theoretischen Wissens blieb nicht unwidersprochen, sind doch „Wissen" und seine gesellschaftliche Bedeutung kaum quantifizierbar. Besonders umstritten sind allerdings die daraus gezogenen Schlussfolgerungen, vor allem die These von der Lösung alter und dem Aufkommen neuer zentraler Konflikte.

Literaturhinweise

Wolfgang Knöbl, Daniel Bell, in: ***Dirk Kaesler/Ludgera Vogt (Hrsg.),*** Hauptwerke der Soziologie, 2. Aufl., Stuttgart 2007, S. 33–36.
Hartmut Häussermann/Walter Siebel, Dienstleistungsgesellschaften, Frankfurt a. M. 1995.
Ronald Inglehart, Kultureller Umbruch: Wertewandel in der westlichen Welt, Frankfurt a. M. 1989.
Sind wir auf dem Weg in die postindustrielle Gesellschaft? Spekulationen und Fakten, in: ***Joachim Singelmann u. a.,*** Strukturen der modernen Industriegesellschaft, Stuttgart 1985.

M 7 Die Dimensionen der nachindustriellen Gesellschaft

■ Versucht man eine Gesellschaft zu analysieren, so lassen sich drei Bereiche gegeneinander absetzen: die soziale Struktur, die politische Ordnung und die Kultur. Die soziale Struktur umfasst Wirtschaft, Technologie und Berufsgliederung, die politische Ordnung regelt die Machtverteilung und entscheidet zwischen den widerstreitenden Ansprüchen und Forderungen von einzelnen und Gruppen, und der kulturelle Sektor schließlich kann als Bereich der expressiven Symbole und der Sinngebung bezeichnet werden. Diese Aufteilung empfiehlt sich insofern, als jeder der benannten Bereiche unter einem eigenen axialen Prinzip [zentrales Prinzip, Achse, um die sich die Gesellschaft dreht] steht. Heißt der oberste Gesichtspunkt der Sozialstruktur der heutigen westlichen Gesellschaft *Wirtschaftlichkeit* – d. h. bemüht man sich, die Mittel nach den Grundsätzen des geringsten Aufwands, der [...] Optimierung, Maximierung usw. zu verteilen, so lautet das Schlagwort der modernen Politik *Partizipation und Mitbestimmung*, die bald vorangetrieben, bald eingedämmt und bald von unten gefordert wird. Im kulturellen Bereich wiederum herrscht der Wunsch nach *Selbstverwirklichung und Entfaltung der eigenen Person* vor. Diese drei Bereiche waren ehedem durch ein gemeinsames Wertsystem [...] miteinander verbunden, treiben heute hingegen mehr und mehr auseinander [...]

Wenn hier von postindustrieller Gesellschaft die Rede ist, sind in erster Linie die Änderungen in der *sozialen Struktur* gemeint, also der wirtschaftliche Wandel, die Verschiebungen innerhalb der Berufsgliederung und das neue Verhältnis zwischen Theorie und Empirie, vor allem zwischen Wissenschaft und Technologie. Nun lassen sich diese Änderungen zwar einigermaßen genau erfassen [...], doch kann man nicht behaupten, daß sie einen entsprechenden Wandel im politischen und kulturellen Bereich *determinieren*. Vielmehr scheinen sie im Hinblick auf die übrigen Gesellschaftsbereiche [...] Probleme aufzuwerfen. [...] [U.a.] wirft der Wandel in der Sozialstruktur „Managementprobleme" für das politische System auf, und in einer Gesellschaft, die sich ihres Schicksals zunehmend bewußt wird und dementsprechend mehr und mehr bestrebt ist, es selber in die Hand zu nehmen, kommt der politischen Ordnung notwendig eine entscheidende Bedeutung zu. Da nun aber die postindustrielle Gesellschaft immer größeres Gewicht auf die technische Seite des Wissens legt, zwingt sie die Oberpriester der neuen Gesellschaft, die Wissenschaftler, Ingenieure und Technokraten, entweder mit den Politikern zu rivalisieren oder sich mit ihnen zu verbünden. Damit aber wird die Beziehung zwischen der Sozialstruktur und der politischen Ordnung zu einem der Hauptprobleme der Machtverteilung in eben dieser Gesellschaft. [...]

Im vorliegenden Buch nun soll vor allem untersucht werden, welche Konsequenzen die nachindustrielle Gesellschaft für die soziale Struktur und die politische Ordnung mit sich bringt. [...] Ich habe [...] mich darauf beschränkt, *Tendenzen*, ihre Bedeutung und ihre Folgen zu untersuchen. Allerdings ging ich von der Annahme aus, daß sich die gegenwärtige Entwicklung folgerichtig fortsetzen wird, wofür natürlich keinerlei Gewähr besteht. Soziale Spannungen und Konflikte können eine Gesellschaft beträchtlich verändern [...], die Tendenzen selbst eine Reihe von Reaktionen auslösen, die dem Wandel im Wege stehen. So behandle ich also [...] eine logische Konstruktion dessen, was sein *könnte* [...]

Um den stark verallgemeinernden Begriff „postindustrielle Gesellschaft" etwas faßlicher zu machen, wollen wir ihn in fünf Dimensionen oder Komponenten unterteilen:

- **Wirtschaftlicher Sektor**: der Übergang von einer Güter produzierenden zu einer Dienstleistungswirtschaft;
- **Berufsstruktur**: der Vorrang einer Klasse professionalisierter und technisch qualifizierter Berufe;
- **Axiales Prinzip**: die Zentralität theoretischen Wissens als Quelle von Innovationen und Ausgangspunkt der gesellschaftlich-politischen Programmatik;
- **Zukunftsorientierung**: die Steuerung des technischen Fortschritts und die Bewertung der Technologie;
- **Entscheidungsbildung**: die Schaffung einer neuen „intellektuellen Technologie".

Die Entwicklung zur Dienstleistungswirtschaft. [...] Nach diesem Kriterium ist das erste und einfachste Merkmal der nachindustriellen Gesellschaft also darin zu sehen, daß die Arbeitskräfte nicht mehr überwiegend in der Landwirtschaft und industriellen Produktion, sondern im Dienstleistungsgewerbe tätig sind, das sich aufgliedern läßt in Handel, Finanzen, Transport, Gesundheitswesen, Erholung, Forschung, Bildung und Verwaltung. [...] [Auch] in einer Industriegesellschaft [...] nimmt der Bedarf in [...] Dienstleistungsberufen zu, vornehmlich in solchen, die direkt mit der industriellen Produktion in Zusammenhang stehen, z.B. auf dem Transport- und Distributionssektor. [...] In einer postindustriellen Gesellschaft liegt die Betonung [...] auf dem Bereich der Gesundheit, Erziehung und Bildung, Forschung und Verwaltung [...], wobei das für eine postindustrielle Gesellschaft spezifische Anwachsen der letztgenannten Kategorie gleichzusetzen ist mit der Ausbreitung einer neuen „Intelligentsia" – an den Universitäten, in den Forschungsinstituten, den akademischen Berufen und der Verwaltung.

Der Vorrang einer Klasse professionalisierter und technisch qualifizierter Berufe. [...] War mit der Industrialisierung ein neues Phänomen aufgekommen, der angelernte Arbeiter, der in wenigen Wochen die einfachen, für die Bedienung der Maschinen erforderlichen Routinehandgriffe erlernen kann, und hatte diese Kategorie in den Industriegesellschaften die meisten Arbeitskräfte umfaßt, so hat die Ausbreitung der Dienstleistungswirtschaft mit ihrer Betonung der Büroarbeit, der Ausbildungs- und Verwaltungsaufgaben naturgemäß [...] zu einem steigenden Bedarf an Angestelltenberufen geführt. [...] Was in diesem Zusammenhang besonders auffällt, ist der Ausbau der akademisch und technisch qualifizierten Berufe – also der Sparten, die gewöhnlich irgendeine Hochschulausbildung erfordern und deren Zahl doppelt so schnell angestiegen ist wie der Durchschnitt. [...] Die Schlüsselposition innerhalb dieser akademisch-technischen Klasse wiederum fällt den Naturwissenschaftlern und Ingenieuren zu, deren Zahl dreimal so schnell gestiegen ist wie die der werktätigen Bevölkerung. [...]

Der Primat des theoretischen Wissens. [...] Die Industriegesellschaft beruht auf der Koordination von Maschinen und Menschen im Dienste der Güterproduktion. Die nachindustrielle Gesellschaft wiederum organisiert sich zum Zwecke der sozialen Kontrolle und der Lenkung von Innovation und Wandel um das Wissen, wodurch sich neue soziale Verhältnisse und neue Strukturen herausbilden, die politisch geregelt werden müssen. Nun war natürlich Wissen seit eh und je nötig, sollte eine Gesellschaft funktionieren. Geändert hat sich im Fall der nachindustriellen Gesellschaft lediglich die Art dieses Wissens, da, um die Entscheidungen organisieren und den Wandel lenken zu können, das *theoretische* Wissen in den Mittelpunkt rücken [...] mußte [...] Das zeigt sich vor allem am veränderten Verhältnis zwischen Wissenschaft und Technologie. Fast alle heute noch existenten Industriezweige – Stahl-, Elektro-, Telegrafen-, Telefon-, Automobil- und Flugzeugindustrie – waren im Grunde Schöpfungen des 19. Jahrhunderts [...], und zwar insofern, als ihre Erfinder einfallsreiche, begabte Bastler waren, die den wissenschaftlichen Erkenntnissen und den ihren Erfindungen zugrunde liegenden Gesetzen völlig gleichgültig gegenüberstanden. [...] Als erste „moderne" Industrie darf man auf Grund der engen Verknüpfung zwischen Naturwissenschaft und Technologie die Chemie bezeichnen, denn ohne die theoretische Kenntnis der zu manipulierenden Makromoleküle ist eine chemische Synthese, eine Umwandlung und Neukombinierung der Verbindungen, unmöglich [...]

Weniger direkt, aber nicht weniger einschneidend, hat sich dieses veränderte Verhältnis zwischen Theorie und Empirie auf die Formulierung der Regierungspolitik, vor allem bei der Lenkung der Wirtschaft, ausgewirkt. Während der Weltwirtschaftskrise der dreißiger Jahre ließen sich die Regierungen fast samt und sonders treiben, außerstande, praktikable Lösungen zu finden. [...] Daß es dann schließlich zu einer einsichtsvolleren Wirtschaftslenkung kam, war hauptsächlich der Verbindung von Theorie und Politik zu verdanken. So lieferte Keynes die theoretische Rechtfertigung für staatliche Eingriffe ins Wirtschaftsleben [...][1], während [...] andere Autoren [...] durch den Aufbau einer volkswirtschaftlichen Gesamtrechnung – d.h. Sammlung aller möglichen Wirtschaftsdaten [...] – eine solide Grundlage für die Politik der Regierung schufen [...]

Aus dem durch das Schlagwort „Forschung und Entwicklung" (FE) gekennzeichneten Zusammenschluß von Naturwissenschaften, Technologie und Wirtschaft in jüngster Vergangenheit ist die auf wissenschaftlicher Grundlage aufbauende Industrie (die Computer-, Elektronik-, optische und Kunststoffindustrie) hervorgegangen. Sie beherrscht zunehmend den Produktionssektor der Gesellschaft [...]

Was für Technologie und Wirtschaft gilt, trifft in veränderter Form auch auf alle anderen Wissensbereiche zu: Überall wird der Fortschritt abhängig von der vorausgehenden theoretischen Arbeit, die die bekannten Daten sammelt und den Weg zur empirischen Bestätigung weist. In zunehmendem Maße wird das theoretische Wissen so zum strategischen Hilfsmittel und axialen Prinzip der Gesellschaft. [...]

Die Planung der Technologie. Dank der neuen Möglichkeiten technologischer Prognosen [...] könnte es den nachindustriellen Gesellschaften gelingen, eine neue Dimension gesellschaftlichen Wandels zu erreichen: die Planung und Lenkung des technologischen Wachstums [...] und damit die Möglichkeit, die wirtschaftliche Zukunft bis zu einem gewissen Grad zu bestimmen. [...]

Das Aufkommen einer neuen intellektuellen Technologie. [...] Im 18. und 19. Jahrhundert lernten die Wissenschaftler Probleme mit zwei Variablen bewältigen: das Verhältnis von Kraft und Entfernung bei Objekten, von Druck und Ausdehnung bei Gasen, von Stromstärke und Spannung beim Strom. [...] Nach demselben Schema waren weitgehend auch die Modelle der Sozialwissenschaften des 19. und frühen 20. Jahrhunderts aufgebaut: Kapital und Arbeit [...], Angebot und Nachfrage [...] – als geschlossene, auf einem Gegensatzpaar beruhende Systeme, [...] und zudem eine einleuchtende Vereinfachung einer komplexen Welt. [...] Mit dem Fortschritt der Wissenschaft [entwickelte sich] das Problem, Ordnungsschemata für die große Zahl zu finden [...]: Die statistische Mechanik befasste sich mit der Bewegung der Moleküle, das Versicherungswesen erstellte Sterblichkeitstafeln [...] und die Sozialwissenschaften wandten sich den Problemen des „Durchschnittsmenschen" wie IQ-Verteilung und Ausmaß der sozialen Mobilität zu. Bei alledem handelte es sich laut Warren Weaver um Probleme der „desorganisierten Komplexität", deren Lösung dank der bemerkenswerten Fortschritte der Wahrscheinlichkeitstheorie und Statistik nach dem Zufallsgesetz möglich wurde.

Doch die wichtigsten intellektuellen und soziologischen Probleme der nachindustriellen Gesellschaft sind, um bei Weavers Metapher zu bleiben, Probleme der „organisierten Komplexität" – der Umgang mit großen Systemen mit vielen aufeinander einwirkenden Variablen, die im Hinblick auf ein bestimmtes Ziel koordiniert werden müssen [...] Tatsächlich sind seit 1940 bemerkenswert viele neue Bereiche erschlossen worden, deren Forschung in den Problemkreis der organisierten Komplexität fällt: [z.B. die] [...] Entscheidungstheorie [...]. Die hierbei gewonnenen spezifischen Techniken [...] dienen dazu, in strategisch relevanten Situationen optimale Alternativlösungen vorherzusagen. [...]

Die Anwendung dieser neuen Entwicklungen nun habe ich aus zwei Gründen „intellektuelle Technologie" ge-

1 Das Keynessche Rezept wurde im Großen und Ganzen erst nach dem Abklingen der Weltwirtschaftskrise befolgt [...] Der bewussteste Versuch, die neuen Wirtschaftstheorien anzuwenden, wurde in Schweden unternommen, wo [...] der sozialistische Finanzminister Ernst Wigforss [...] eine aktive Steuerpolitik bei gleichzeitiger Ankurbelung öffentlicher Bauvorhaben in die Wege leitete [...]

nannt: […] Unter *intellektueller* Technologie verstehe ich die Substituierung intuitiver Urteile [die Ersetzung von Urteilen, die unreflektiert, nur ahnend getroffen werden] durch Algorithmen (d.h. Regeln zur Lösung von Problemen), wie sie in […] einem Computerprogramm oder einer Reihe auf statistischen oder mathematischen Formeln beruhender Instruktionen zum Ausdruck kommen […] Und zum zweiten wäre das neue mathematische Rüstzeug ohne den Computer fast nur von intellektuellem Interesse […] Nur dank dem Computer als Werkzeug der intellektuellen *Technologie* ist es möglich, eine Kette multipler Kalkulationen durchzuführen, […] die Wechselwirkung vieler Variabler in allen Einzelheiten zu verfolgen und gleichzeitig mehrere hundert Gleichungen zu lösen […] Kennzeichnend für die neue intellektuelle Technologie ist das Bestreben, rationales Handeln zu definieren und festzustellen, mit welchen Mitteln es sich realisieren läßt. […]

Im Grunde strebt die neue intellektuelle Technologie nichts Geringeres als die Verwirklichung eines sozialen Alchimistentraumes an: des Traums, die Massengesellschaft zu „ordnen". In dieser Gesellschaft treffen täglich Millionen Menschen Billionen von Entscheidungen – was sie kaufen, wie viele Kinder sie haben, wen sie wählen, welchen Beruf sie ausüben wollen usw. Dabei mag jede einzelne Entscheidung so unvorhersehbar sein wie die Reaktion eines Quantenatoms auf das Messinstrument, in der Summierung, der Gesamtheit jedoch lassen sie sich […] [präzise] bestimmen […]. Wo der Computer der Diener ist, ist die Entscheidungstheorie König. […] Den Entscheidungstheoretikern [geht es um] […] den Kompass der Rationalität, die „beste" Lösung für all die Entscheidungen, vor die sich der Mensch zu seiner Verwirrung gestellt sieht.

Aus: Daniel Bell, Die nachindustrielle Gesellschaft. Frankfurt a. M./New York 1975, S. 26–49.

M 8 Das konzeptuelle Schema der nachindustriellen Gesellschaft

■ Worin […] unterscheidet sich nun die nachindustrielle Gesellschaft von ihrer Vorgängerin? […] Die Industriegesellschaft [funktioniert] nach dem Schema eines „Spiels gegen die technisierte Natur", d.h. diese Gesellschaftsform hat sich in erster Linie mit dem Verhältnis des Menschen zur Maschine auseinanderzusetzen und braucht Energie, um die natürliche Umwelt in eine technische umzuwandeln; und das Schema der nachindustriellen Gesellschaft […] ist das „Spiel zwischen Personen", denn nun kommt neben der Maschinentechnologie noch die auf Information beruhende „intellektuelle Technologie" auf. Auf Grund dieser verschiedenen Schemata aber unterscheiden sich die […] Gesellschaftsformen in verschiedenen Punkten von Grund auf: so hinsichtlich der sektoralen Gliederung der Wirtschaft oder der Bedeutung einzelner Berufssparten, aber […] wichtiger noch, in den axialen Prinzipien, die die Leitlinien für die Institutionen und die Gesellschaftsorganisation liefern.
Daß sich unter diesen Umständen auch die Strukturprobleme, denen sich die verschiedenen Gesellschaftsformen gegenübersehen, von Grund auf unterscheiden müssen, versteht sich von selbst. In der industriellen Gesellschaft war das vordringlichste Wirtschaftsproblem das der Kapitalbeschaffung, […] [also] den Sparprozess […] so auszubauen, daß Gelder für Investitionen frei wurden, was mittels […] [Banken u.a.] auch gelang. Zentrum der sozialen Beziehungen war das Unternehmen oder der Betrieb und das wichtigste soziale Problem: der Konflikt zwischen Arbeitgeber und Arbeitnehmer. Seit sich jedoch der Investitionsprozess routinemäßig eingespielt hat und es gelungen ist, die „Klassenkonflikte" so zu isolieren, daß der Klassenkampf nicht länger zur Polarisierung eines ganzen Landes wegen einer einzelnen Streitfrage führt, dürfen diese einstigen Probleme der Industriegesellschaft füglich als entschärft, wenn nicht als „gelöst" gelten.
Das Hauptproblem der nachindustriellen Gesellschaft dagegen heißt Organisation der Wissenschaft, ihre wichtigste Einrichtung Universität oder Forschungsinstitut, wo diese Organisation stattfindet. […] Seit dem Zweiten Weltkrieg […] richtet sich Potential und Stärke eines Landes nach seiner *wissenschaftlichen* Kapazität […]. Deshalb rücken die staatlichen Maßnahmen zur Förderung der Wissenschaft […] sowie die soziologischen Probleme der Arbeitsorganisation durch Wissenschaftlerteams in der nachindustriellen Gesellschaft mehr und mehr in den Mittelpunkt politischen Interesses […]
Politisch liegt das Problem der nachindustriellen Gesellschaft […] im Aufkommen einer nichtmarktorientierten Wohlfahrtswirtschaft und dem Fehlen entsprechender Mechanismen, um über die Verteilung der öffentlichen Güter zu entscheiden. […]
Alles in allem jedoch muß die moderne Gesellschaft vordringlich noch ein anderes Problem lösen, das der Bürokratisierung […]. Historisch gesehen war die Bürokratisierung bis zu einem gewissen Grad ein Fortschritt auf dem Weg zur Freiheit. So bedeutete die Einführung unpersönlicher Vorschriften eine Garantie der Rechte gegen Willkür und Machtmißbrauch […]. Wird aber die ganze Welt unpersönlich und die bürokratische Organi-

sation […] von mechanischen Regeln und Vorschriften bestimmt, ist man in der Anwendung des Prinzips entschieden zu weit gegangen.

All diese Veränderungen vollziehen sich innerhalb einer Gesellschaft, die sich […] fortwährend ausweitet, die technokratische und politische Entscheidungen kombiniert und den Aufstieg einer neuen Klasse erlebt. Diese Klasse wird u. U. darauf ausgehen, sich als neue herrschende Klasse mit festem Zusammenhalt in der Gesellschaft zu etablieren. All das sind für eine nachindustrielle Gesellschaft spezifische Probleme.

Das Konzept der „nachindustriellen Gesellschaft" zeichnet mithin also nicht das Bild einer lückenlosen sozialen Ordnung, sondern stellt den Versuch dar, einen axialen Wandel in der Sozialstruktur […] zu beschreiben und zu erklären. Ein solcher Wandel aber setzt mitnichten eine deterministische Beziehung zwischen „Basis" und „Überbau" voraus; im Gegenteil, der Anstoß zur Organisation einer Gesellschaft kommt heute weitgehend vom politischen System. Wie verschiedene Industriegesellschaften – die Vereinigten Staaten, Großbritannien, Nazi-Deutschland, die Sowjetunion, Japan nach dem Zweiten Weltkrieg – unverwechselbare politische und kulturelle Züge tragen, so werden die verschiedenen Gesellschaften, die in die nachindustrielle Phase eintreten, vermutlich auch ganz eigenständige politische und kulturelle Konfigurationen bilden. In der heutigen Gesellschaft verläuft die Trennungslinie nicht mehr zwischen den Eigentümern der Produktionsmittel und einem homogenen „Proletariat"; entscheidend sind nunmehr die bürokratischen und die Autoritätsbeziehungen zwischen Leuten mit und solchen ohne Entscheidungsbefugnissen in politischen, wirtschaftlichen und sozialen Organisationen aller Art. Die Aufgabe des politischen Systems besteht darin, diese Beziehungen entsprechend dem von den verschiedenen Seiten ausgeübten Druck nach Beteiligung und sozialer Gerechtigkeit zu managen.

Mit anderen Worten, der Begriff „nachindustrielle Gesellschaft" deutet an, daß sich die so bezeichneten Gesellschaften vor eine Reihe gemeinsamer Probleme gestellt sehen, die weitgehend vom Verhältnis zwischen Wissenschaft und öffentlicher Politik abhängen. Diese Probleme aber können unter verschiedenen Gesichtspunkten angegangen und auf verschiedene Weise gelöst werden. […]

Aus: Daniel Bell, Die nachindustrielle Gesellschaft. Frankfurt a. M./New York 1975, S. 112–120.

Zur Texterschliessung

1. Stellen Sie die industrielle und postindustrielle Gesellschaft einander in allen fünf „Dimensionen" (M7) sowie den im „Konzept" (M8) genannten Aspekten gegenüber.
2. Erläutern Sie die zentralen Probleme der industriellen und der nachindustriellen Gesellschaft nach Bell.
3. Finden Sie Beispiele und Gegenbeispiele für die von Bell behauptete Verschiebung der zentralen gesellschaftlichen Konfliktlinien.

3.5 Ulrich Beck: Risikogesellschaft

Als „Risikogesellschaft" bezeichnet Ulrich Beck [vgl. auch S. 65] das Ergebnis einer Modernisierung der Industriegesellschaft. Diese sei allerdings selbst bereits das Resultat von Modernisierung gewesen: v. a. der Kritik und Aufhebung ständischer Privilegien und der „Entzauberung" religiöser Weltbilder. Im Zuge weiterer Modernisierung würden nun auch das industriegesellschaftliche Wissenschafts- und Technikverständnis „entzaubert" und die Voraussetzungen der Industriegesellschaft infrage gestellt, nämlich die Lebens- und Arbeitsformen in Kleinfamilie und Beruf und damit auch die entsprechenden Geschlechterrollen. Damit stellt er die Risikogesellschaft einerseits in die Kontinuität der Moderne, andererseits stehe sie jedoch für den Bruch mit der Industriegesellschaft. Da die gegenwärtige Modernisierung in den industriegesellschaftlichen Weltbildern und Voraussetzungen in diesem Sinne kritisch auf sich selbst treffe, nennt Beck sie reflexiv.

Diese Leitidee der Risikogesellschaft als Produkt einer reflexiven Modernisierung der Industriegesellschaft entfaltet Beck von zwei Seiten her: Unter der Überschrift „Die Konturen der Risikogesellschaft" (Teil I) beschreibt er die Überlagerung der „Logik der Reichtumsverteilung" durch die „Logik der Risikoverteilung": Zwar sei das für die industriegesellschaftliche Moderne typische Armutsproblem relativiert, dafür seien nun die mit der Beschleunigung des wissenschaftlich-technischen Fortschritts einhergehenden Folgeprobleme, Nebenwirkungen und Unsicherheiten bestimmend. Es handele sich dabei nicht um Risiken im herkömmlichen Sinne, sondern um „globale Gefährdungslagen".

Wenn man die immanenten Widersprüche zwischen Moderne und Tradition im Grundriss der Industriegesellschaft in den Blick nehme, sehe man die andere Seite der reflexiven Modernisierung. In „Individualisierung sozialer Ungleichheit – Enttraditionalisierung industriegesellschaftlicher Lebensformen" (Teil II) analysiert Beck u. a. Fragen der sozialen Strukturierung „jenseits von Klasse und Schicht" und veränderte Muster des Zusammenlebens der Geschlechter. Gemeinsam sei den hier beschriebenen Entwicklungen, dass tradierte Bindungen aufgelöst würden, was auf einen Verlust von Sicherheiten, aber auch auf neue Gestaltungsmöglichkeiten verweise.

Geschrieben zwar vor der Katastrophe von Tschernobyl, aber kurz danach erschienen, brachte das Buch das Unbehagen an den Risiken durch die Weiterentwicklung insbesondere der Technologie zum Ausdruck. Auch mit der Beschreibung verlorener Bindungen traf Beck eine weit verbreitete Empfindung und stieß mit seinen Thesen auf nachhaltiges Interesse – deutlich erkennbar an den hohen Verkaufszahlen und häufigen Übersetzungen.

Literaturhinweise

Wolfgang Bonß, Ulrich Beck, in: ***Dirk Kaesler/Ludgera Vogt (Hrsg.),*** Hauptwerke der Soziologie, 2. Aufl., Stuttgart 2007, S. 25–28.

Klaus Dörre, Risikokapitalismus. Zur Kritik von Ulrich Becks ‚Weg in eine andere Moderne', Marburg 1988.

A. Nassehi, Risikogesellschaft, in: ***G. Kneer/A. Nassehi/M. Schroer (Hrsg.),*** Soziologische Gesellschaftsbegriffe. Konzepte moderner Zeitdiagnosen, München 1997, S. 252–304.

M 9 Risikogesellschaft

■ Wir [sind] Augenzeugen [...] eines Bruches innerhalb der Moderne [...], die sich aus den Konturen der klassischen Industriegesellschaft herauslöst und eine neue Gestalt – die hier so genannte (industrielle) „Risikogesellschaft" – ausprägt. Dies erfordert eine schwierige Balance zwischen den Widersprüchen von Kontinuität und Zäsur in der Moderne [...]

Dem in allen Teilen des Meinungsmarktes hinreichend entfalteten Schreckenspanorama einer sich selbst gefährdenden Zivilisation bleibt nichts hinzuzufügen; ebenso wenig den Bekundungen einer neuen Ratlosigkeit, der die ordnenden Dichotomien [Zweiteilungen] einer selbst noch in ihren Gegensätzen „heilen" Welt des Industrialismus abhanden gekommen sind. Das vorliegende Buch handelt von dem zweiten, darauf folgenden Schritt. [...] Seine Frage ist, wie diese Verunsicherungen des Zeitgeistes [...] zu begreifen sind. Die theoretische Leitidee, die zu diesem Zweck ausgearbeitet wird, läßt sich am ehesten [...] in einer historischen Analogie erläutern: *Ähnlich wie im 19. Jahrhundert Modernisierung die ständisch verknöcherte Agrargesellschaft aufgelöst und das Strukturbild der Industriegesellschaft herausgeschält hat, löst Modernisierung heute die Konturen der Industriegesellschaft auf, und in der Kontinuität der Moderne entsteht eine andere gesellschaftliche Gestalt.*

Die Grenzen dieser Analogie verweisen zugleich auf die Besonderheiten dieser Perspektive. Im 19. Jahrhundert vollzog sich Modernisierung vor dem Hintergrund ihres Gegenteils: einer traditionalen Welt der Überlieferung, einer Natur, die es zu erkennen und zu beherrschen galt. Heute, an der Wende ins 21. Jahrhundert, hat Modernisierung *ihr Gegenteil aufgezehrt [...]* und trifft nun *auf sich selbst* in ihren industriegesellschaftlichen Prämissen und Funktionsprinzipien. [...] Wurden im 19. Jahrhundert ständische Privilegien und religiöse Weltbilder, so werden heute das Wissenschafts- und Technikverständnis der klassischen Industriegesellschaft entzaubert, die Lebens- und Arbeitsformen in Kleinfamilie und Beruf, die Leitbilder von Männer- und Frauenrolle usw. Modernisierung *in* den Bahnen der Industriegesellschaft wird ersetzt durch eine Modernisierung *der Prämissen* der Industriegesellschaft [...]. Diese Unterscheidung zwischen Modernisierung *der Tradition* und Modernisierung *der Industriegesellschaft* oder, anders gesagt: zwischen einfacher und reflexiver Modernisierung, wird uns noch lange beschäftigen. Sie wird im Folgenden im Durchgang durch konkrete Arbeitsfelder angedeutet. [...]

Der *generelle* Gehalt der Moderne tritt in Gegensatz zu seinen Verkrustungen und Halbierungen im Projekt der Industriegesellschaft. Der Zugang zu dieser Sicht wird blockiert durch einen ungebrochenen, bislang kaum erkannten *Mythos*, [...] dem Mythos nämlich, daß die entwickelte Industriegesellschaft mit ihrer Schematik von Arbeit und Leben, ihren Produktionssektoren, ihrem Denken in Kategorien des ökonomischen Wachstums, ihrem Wissenschafts- und Technikverständnis, ihren Demokratieformen eine *durch und durch moderne* Gesellschaft ist, ein Gipfelpunkt der Moderne [...] Wir können deswegen noch nicht einmal die Möglichkeit eines gesellschaftlichen Gestaltwandels *in* der Moderne denken, weil die Theoretiker des industriegesellschaftlichen Kapitalismus diese historische Gestalt der Moderne, [...] die historisch bedingten Konturen, Konfliktlinien und Funktionsprinzipien des industriellen Kapitalismus zu Notwendigkeiten der Moderne überhaupt überhöht [haben]. [...] Dringender denn je brauchen wir Begrifflichkeiten, die [...] das uns überrollende Neue neu denken und uns mit ihm leben und handeln lassen. [...]

In der fortgeschrittenen Moderne geht die gesellschaftliche Produktion von *Reichtum* systematisch einher mit der gesellschaftlichen Produktion von *Risiken*. Entsprechend werden die Verteilungsprobleme und -konflikte der Mangelgesellschaft überlagert durch die Probleme und Konflikte, die aus der Produktion, Definition und Verteilung wissenschaftlich-technisch produzierter Risiken entstehen. Dieser Wechsel von der Logik der Reichtumsverteilung in der Mangelgesellschaft zur Logik der Risikoverteilung in der entwickelten Moderne ist historisch an mindestens zwei Bedingungen gebunden. Er vollzieht sich [...] erstens dort und in dem Maße, in dem durch das erreichte Niveau der menschlichen und technologischen Produktivkräfte sowie der rechtlichen und sozialstaatlichen Sicherungen und Regelungen *echte materielle Not* objektiv verringert und sozial ausgegrenzt werden kann. Zweitens ist dieser kategoriale Wechsel zugleich davon abhängig, daß im Zuge der exponentiell wachsenden Produktivkräfte im Modernisierungsprozeß Risiken und Selbstbedrohungspotentiale in einem bis dahin unbekannten Ausmaße freigesetzt werden. [...]

Die Verteilung und Verteilungskonflikte um den gesellschaftlich produzierten Reichtum stehen solange im Vordergrund, wie in Ländern und Gesellschaften [...] die „Diktatur der Knappheit" das Denken und Handeln der Menschen beherrscht. Unter diesen Bedingungen der Mangelgesellschaft steht und vollzieht sich der Modernisierungsprozeß unter dem Anspruch, mit den Schlüsseln der wissenschaftlich-technischen Entwicklung die Tore zu den verborgenen Quellen des gesellschaftlichen Reichtums aufzuschließen. Diese Verheißungen der Befreiung von unverschuldeter Armut und

Abhängigkeit liegen dem Handeln, Denken und Forschen in Kategorien sozialer Ungleichheit zugrunde, und zwar von der Klassen- über die Schichtungs- bis zur individualisierten Gesellschaft.
In den hoch entwickelten, reichen Wohlfahrtsstaaten des Westens geschieht nun ein Doppeltes: Einerseits verliert der Kampf um das „tägliche Brot" [...] die Dringlichkeit eines alles in den Schatten stellenden Kardinalproblems. An die Stelle des Hungers treten für viele Menschen die „Probleme" der „dicken Bäuche" [...]. Dem Modernisierungsprozeß wird damit jedoch seine bisherige Legitimationsgrundlage entzogen: die Bekämpfung des evidenten Mangels, für die man auch so manche (nicht mehr ganz) ungesehene Nebenfolge in Kauf zu nehmen bereit war.
Parallel verbreitet sich das Wissen, daß die Quellen des Reichtums „verunreinigt" sind durch wachsende „Nebenfolgengefährdungen". Dies ist keineswegs neu, blieb aber lange Zeit im Bemühen der Überwindung von Not unbemerkt. Diese Nachtseite gewinnt überdies durch die Überentwicklung der Produktivkräfte an Bedeutung. Im Modernisierungsprozeß werden mehr und mehr auch *Destruktiv*kräfte in einem Ausmaß freigesetzt, vor denen das menschliche Vorstellungsvermögen fassungslos steht. Beide Quellen nähren eine wachsende Modernisierungskritik [...].
Systematisch argumentiert, beginnen sich gesellschaftsgeschichtlich früher oder später in der Kontinuität von Modernisierungsprozessen die sozialen Lagen und Konflikte einer „reichtumsverteilenden" mit denen einer „risikoverteilenden" Gesellschaft zu überschneiden. In der Bundesrepublik stehen wir [...] spätestens seit den siebziger Jahren am Beginn dieses Übergangs. Das heißt: Hier überlagern sich beide Arten von Themen und Konflikten. [...]
Trägt der Begriff des Risikos die gesellschaftsgeschichtliche Bedeutung, die ihm hier zugemutet wird? Handelt es sich nicht um ein Urphänomen menschlichen Handelns? [...] Gewiß, Risiken sind keine Erfindung der Neuzeit. Wer – wie Kolumbus – auszog, um neue Länder und Erdteile zu entdecken, nahm „Risiken" in Kauf. Aber dies waren *persönliche* Risiken, keine globalen Gefährdungslagen, wie sie durch Kernspaltung oder die Lagerung von Atommüll für die ganze Menschheit entstehen. [...] Die damaligen Gefährdungen [...] [waren] sinnlich wahrnehmbar [...], während Zivilisationsrisiken heute sich typischerweise der Wahrnehmung entziehen und eher in der Sphäre chemisch-physikalischer Formeln angesiedelt sind (z. B. Giftgehalte in Nahrungsmitteln, atomare Bedrohung). Damit ist auch gleich ein weiterer Unterschied verbunden. Damals konnten sie auf eine *Unter*versorgung mit Hygienetechnologie zurückgeführt werden. Heute haben sie in einer industriellen *Über*produktion ihren Grund. [...] Es sind *Modernisierungs*risiken. Sie sind *[...] Produkt* der industriellen Fortschrittsmaschinerie und werden *systematisch* mit deren Weiterentwicklung verschärft. [...] Sie sind in den Betroffenheiten, die sie produzieren, nicht mehr an den Ort ihrer Entstehung – den Betrieb – zurückgebunden. Ihrem Zuschnitt nach gefährden sie *das Leben* auf dieser Erde, und zwar in *all* seinen Erscheinungsformen. [...]
Die soziale Architektur und politische Dynamik derartiger zivilisatorischer Selbstgefährdungspotentiale steht hier im Zentrum. Die Argumentation sei vorweg in *fünf Thesen* umrissen:

1. Risiken, wie sie in der fortgeschrittensten Stufe der Produktivkraftentwicklung erzeugt werden – damit meine ich in erster Linie die [...] Radioaktivität, aber auch Schad- und Giftstoffe in Luft, Wasser, Nahrungsmitteln [...] – unterscheiden sich wesentlich von Reichtümern. Sie setzen systematisch bedingte, oft *irreversible* Schädigungen frei, bleiben im Kern meist *unsichtbar,* basieren auf *kausalen Interpretationen*, stellen sich also erst und nur im [...] *Wissen* um sie her, können [...] dramatisiert oder verharmlost werden und sind insofern im besondere Maße *offen für soziale Definitionsprozesse.* Damit werden Medien und Positionen der Risikodefinition zu gesellschaftlich-politischen Schlüsselstellungen.
2. Mit der Verteilung und dem Anwachsen entstehen *soziale Gefährdungslagen*. Diese folgen zwar in einigen Dimensionen der Ungleichheit von Schicht- und Klassenlagen, bringen jedoch eine wesentlich andere Verteilungslogik zur Geltung: Modernisierungsrisiken erwischen früher oder später auch die, die sie produzieren oder von ihnen profitieren. Sie enthalten einen *Bumerang-Effekt*, der das Klassenschema sprengt. Auch die Reichen und Mächtigen sind vor ihnen nicht sicher. Dies nicht nur als Gesundheitsgefährdungen, sondern auch als Gefährdungen von Legitimation, Besitz und Gewinn: Mit der sozialen Anerkennung von Modernisierungsrisiken sind *ökologische Entwertungen und Enteignungen verbunden*, die vielfältig und systematisch in Widerspruch zu den Gewinn- und Besitzinteressen treten, die den Industrialisierungsprozeß vorantreiben. Gleichzeitig produzieren Risiken *neue internationale Ungleichheiten* [...].
3. Dennoch brechen die Verbreitung und Vermarktung von Risiken keineswegs mit der kapitalistischen Entwicklungslogik, sondern heben diese vielmehr auf eine neue Stufe. Modernisierungsrisiken sind *big business.* Sie sind die von den Ökonomen gesuchten unabschließbaren Bedürfnisse [...], unendlich, selbstherstellbar. [...]
4. [...] Zugespitzt und schematisch gesprochen: In Klassen- und Schichtlagen bestimmt das Sein das Bewusstsein, während in Gefährdungslagen das *Bewusstsein das*

Sein bestimmt. Das Wissen gewinnt eine neue politische Bedeutung. Entsprechend muß das politische Potential der Risikogesellschaft in einer Soziologie und Theorie der Entstehung und Verbreitung des *Wissens um Risiken* entfaltet und analysiert werden.

5. Sozial anerkannte Risiken [...] enthalten einen eigentümlichen politischen Zündstoff: Das, was bislang als *unpolitisch galt, wird politisch – die Beseitigung der „Ursachen" im Industrialisierungsprozeß selbst.* Plötzlich regieren die Öffentlichkeit und die Politik in den Intimbereich des betrieblichen Managements hinein – in Produktplanung, technische Ausstattung usw. Dabei wird [...] deutlich, worum es im öffentlichen Definitionsstreit um Risiken eigentlich geht: nicht nur um gesundheitliche Folgeprobleme für Natur und Mensch, sondern um die *sozialen, wirtschaftlichen und politischen Nebenfolgen dieser Nebenfolgen:* Markteinbrüche, Entwertung des Kapitals, bürokratische Kontrollen betrieblicher Entscheidungen, Eröffnung neuer Märkte, Mammutkosten, Gerichtsverfahren, Gesichtsverlust. In der Risikogesellschaft entsteht so in kleinen und in großen Schüben – im Smog-Alarm, im Giftunfall usw. – das *politische Potential von Katastrophen.* Deren Abwehr und Handhabung kann eine *Reorganisation von Macht und Zuständigkeit* einschließen. Die Risikogesellschaft ist eine *katastrophale* Gesellschaft. In ihr droht der Ausnahmezustand zum Normalzustand zu werden. [...]

Individualisierung sozialer Ungleichheit. Zur Enttraditionalisierung der industriegesellschaftlichen Lebensformen

Im Zentrum dieses Kapitels steht die Einschätzung, daß [...] die Menschen aus den Sozialformen der industriellen Gesellschaft – Klasse, Schicht, Familie, Geschlechtslagen von Männern und Frauen – *freigesetzt* werden [...]. Die Argumentation sei vorweg in sieben Thesen umrissen:

1. In allen reichen westlichen Industrieländern – besonders deutlich in der Bundesrepublik Deutschland – hat sich in der wohlfahrtsstaatlichen Modernisierung nach dem Zweiten Weltkrieg ein *gesellschaftlicher Individualisierungsschub* von bislang unerkannter Reichweite und Dynamik vollzogen (und zwar bei weitgehend konstanten Ungleichheitsrelationen). Das heißt: Auf dem Hintergrund eines vergleichsweise hohen materiellen Lebensstandards und weit vorangetriebenen sozialen Sicherheiten wurden die Menschen [...] aus traditionalen Klassenbedingungen und Versorgungsbezügen der Familie herausgelöst und verstärkt auf sich selbst und ihr individuelles Arbeitsmarktschicksal mit allen Risiken, Chancen und Widersprüchen verwiesen. [...]

2. In Bezug auf die Interpretation *sozialer Ungleichheit* entsteht so eine ambivalente Situation: [...] Die Abstände in der Einkommenshierarchie und fundamentale Bestimmungen der Lohnarbeit sind gleich geblieben. Auf der anderen Seite tritt für das Handeln der Menschen die Bindung an soziale Klassen eigentümlich in den Hintergrund. Ständisch geprägte Sozialmilieus und klassenkulturelle Lebensformen verblassen. Es entstehen der Tendenz nach individualisierte Existenzformen und Existenzlagen, die die Menschen dazu zwingen, sich selbst [...] zum Zentrum ihrer eigenen Lebensplanungen und Lebensführung zu machen. Individualisierung läuft in diesem Sinne auf die Aufhebung der lebensweltlichen Grundlagen eines Denkens in traditionalen Kategorien von [...] sozialen Klassen, Ständen oder Schichten [hinaus]. [...] Wir stehen [...] mehr und mehr dem [...] Phänomen eines Kapitalismus *ohne* Klassen gegenüber mit allen damit verbundenen Strukturen und Problemen sozialer Ungleichheit.

3. Diese Tendenz zur „Klassenlosigkeit" sozialer Ungleichheit tritt exemplarisch in der Verteilung der Massenarbeitslosigkeit hervor. Einerseits steigt der Anteil der Langzeitarbeitslosen und ebenso die Zahl derer, die dauerhaft aus dem Arbeitsmarkt ausgeschieden oder überhaupt nie in ihn hineingekommen sind. Andererseits entspricht der Konstanz der Arbeitslosenzahlen [...] keine Konstanz der [...] betroffenen Personen. In den Jahren von 1974 bis 1983 waren rund 12,5 Millionen oder jede *dritte* Erwerbsperson ein- oder mehrmals arbeitslos. Gleichzeitig wachsen die Grauzonen zwischen registrierter und nicht registrierter Arbeitslosigkeit (Hausfrauen, Jugendliche, Frührentner) sowie zwischen Beschäftigung und Unterbeschäftigung (Flexibilisierung von Arbeitszeit und Beschäftigungsformen). [...] Dem entsprechen keine klassenkulturellen Lebenszusammenhänge. Verschärfung *und* Individualisierung sozialer Ungleichheiten greifen ineinander. In der Konsequenz werden Systemprobleme in persönliches Versagen abgewandelt und politisch abgebaut. [...]

4. Diese Freisetzung relativ zu ständisch geprägten sozialen Klassen wird überlagert durch eine Freisetzung relativ zu *Geschlechtslagen.* Dies spiegelt sich wesentlich in der veränderten Lage von *Frauen.* Neueste Daten sprechen eine deutliche Sprache: Nicht fehlende Ausbildung oder soziale Herkunft, sondern *Scheidung* wird für Frauen zur Falltür in die „neue Armut". Darin drückt sich der Grad der Freisetzung aus der Ehe- und Hausarbeitsversorgung aus [...]. Damit greift die Individualisierungsspirale auch *innerhalb* der Familie: Arbeitsmarkt, Bildung, Mobilität – alles jetzt doppelt und dreifach. Familie wird zu einem dauernden Jonglieren mit auseinanderstrebenden Mehrfachambitionen zwischen Berufserfordernissen, Bildungszwängen, Kinderverpflichtungen und dem hausarbeitlichen Einerlei. Es

entsteht der Typus der „Verhandlungsfamilie auf Zeit“ [...].

5. Was sich in die private Form des „Beziehungsproblems“ kleidet, sind – gesellschaftstheoretisch gewendet – die *Widersprüche einer im Grundriß der Industriegesellschaft halbierten Moderne*, die die unteilbaren Prinzipien der Moderne – individuelle Freiheit und Gleichheit jenseits der Beschränkung von Geburt – immer schon geteilt und qua Geburt dem einen Geschlecht vorenthalten, dem anderen zugewiesen hat. Die Industriegesellschaft war und ist *nie* als *Nur*industriegesellschaft möglich, sondern immer nur als halb Industrie-*halb Stände*gesellschaft, deren ständische Seite kein traditionales Relikt, sondern industriegesellschaftliches *Produkt* und *Fundament* ist. Mit der Durchsetzung der Industriegesellschaft wird insofern immer schon die Aufhebung ihrer Familienmoral, ihrer Geschlechtsschicksale, ihrer Tabus von Ehe, Elternschaft und Sexualität, ja die Wiedervereinigung von Haus- und Erwerbsarbeit betrieben.

6. [...] Diese Ausdifferenzierung von Individuallagen in der entwickelten Arbeitsmarktgesellschaft darf aber nicht mit gelungener Emanzipation gleichgesetzt werden. [...] Die freigesetzten Individuen werden arbeitsmarktabhängig und *damit* bildungsabhängig, [...] abhängig von sozialrechtlichen Regelungen und Versorgungen, von Verkehrsplanungen, Konsumangeboten, Möglichkeiten und Moden in der medizinischen, psychologischen und pädagogischen Beratung und Betreuung. Dies alles verweist auf die besondere Kontrollstruktur „institutionenabhängiger Individuallagen“ [...].

7. Individualisierung wird dementsprechend hier als ein historisch widersprüchlicher *Prozeß der Vergesellschaftung* verstanden. Die Kollektivität und Standardisierung der entstehenden individualisierten Existenzlagen ist allerdings schwer zu durchschauen. Dennoch sind es gerade das Hervorbrechen und Bewusstwerden dieser Widersprüchlichkeit, die zur Entstehung *neuer soziokultureller Gemeinsamkeiten* führen können. Sei es, daß sich entlang von Modernisierungsrisiken und Gefährdungslagen Bürgerinitiativen und soziale Bewegungen herausbilden. Sei es, daß im Zuge von Individualisierungsprozessen Erwartungen auf „ein Stück eigenes Leben“ [...] systematisch geweckt werden, die jedoch gerade im Prozeß ihrer Entfaltung auf gesellschaftliche und politische Schranken und Widerstände treffen. Auf diese Weise entstehen immer *neue Suchbewegungen*, die zum Teil experimentelle Umgangsweisen mit sozialen Beziehungen, dem eigenen Leben und Körper in den verschiedenen Varianten der Alternativ- und Jugendsubkultur erproben. Gemeinsamkeiten werden so nicht zuletzt in Protestformen und -erfahrungen ausgebildet, die sich an administrativen, industriellen Übergriffen ins Private [...] entzünden und gegen diese ihre aggressive Kraft entwickeln. In diesem Sinne sind die neuen sozialen Bewegungen (Umwelt, Frieden, Frauen) einerseits Ausdruck der neuen Gefährdungslagen in der Risikogesellschaft und der aufbrechenden Widersprüche zwischen den Geschlechtern; andererseits ergeben sich ihre Politisierungsformen und Stabilitätsprobleme aus Prozessen der *sozialen Identitätsbildung* in enttraditionalisierten, individualisierten Lebenswelten.

Aus: Ulrich Beck, Risikogesellschaft, Teil I, S. 13–16, 25–31; Teil II, S. 115–120.

ZUR TEXTERSCHLIESSUNG

1. Erklären Sie Unterschiede und Zusammenhänge zwischen den Begriffspaaren Tradition und Modernisierung sowie Industriegesellschaft und Risikogesellschaft nach Beck.
2. Nennen Sie die Voraussetzungen für die Entwicklung zur Risikogesellschaft nach Beck.
3. Charakterisieren Sie beispielhaft gesellschaftliche Risiken früher und in der Risikogesellschaft.
4. Nach Beck stehen wir seit den 70er Jahren am Beginn des Übergangs von der Industrie- zur Risikogesellschaft. Suchen Sie in der politischen Berichterstattung nach Belegen für Themen und Konflikten, die sich einer der beiden Gesellschaftsformen zuordnen lassen.
5. Erläutern Sie die politische Dynamik, die die „neuen“ Risiken nach Beck auslösen.
6. Nennen Sie die Voraussetzungen für die gegenwärtige Individualisierung nach Beck.
7. Erläutern Sie die sozialen und politischen Folgen dieser Individualisierung.

3.6 Ralf Dahrendorf: Krise der Arbeitsgesellschaft

Ralf Dahrendorf (geb. 1929) gilt als einer der bekanntesten und bedeutendsten deutschen Soziologen und Publizisten, der zugleich in vielfältiger Weise politisch aktiv war. Nach dem Studium der Philosophie und Klassischen Philologie promovierte er zum Dr. phil über Karl Marx, an der London School of Economics promovierte er zusätzlich im Fach Soziologie und habilitierte sich 1957 in Saarbrücken über „Soziale Klassen und Klassenkonflikte in der industriellen Gesellschaft".
Zunächst Mitglied der SPD wechselte Dahrendorf 1967 zur FDP, deren programmatischer Vordenker er zusammen mit dem Generalsekretär Karl-Hermann Flach wurde. Er war Bundestagsmitglied, parlamentarischer Staatssekretär im Auswärtigen Amt sowie Mitglied der Europäischen Kommission.
Nach seinem politischen Engagement in Bonn und Brüssel kehrte er 1974 in den Wissenschaftsbetrieb zurück und leitete bis 1984 die berühmte London School of Economics, dann wechselte er an die von ihm mitbegründete Universität Konstanz. Von 1987 bis 1997 war er als Rektor des St. Anthony's College in Oxford tätig und anschließend als Prorektor der Universität Oxford. Die englische Königin erhob ihn – mittlerweile englischer Staatsbürger – in den Adelsstand. Seit 2005 arbeitet er am Wissenschaftszentrum für Sozialforschung in Berlin. Für sein wissenschaftliches Werk erhielt Dahrendorf zahlreiche Auszeichnungen.
Die Konfliktsoziologie steht im Zentrum der Arbeit Dahrendorfs. Daneben beschäftigt er sich seit den 80er Jahren mit dem sozialen Wandel und postuliert das Ende der Arbeitsgesellschaft.

Literaturhinweise

Ralf Dahrendorf, Im Entschwinden der Arbeitsgesellschaft. Wandlungen in der sozialen Kontrolle des menschlichen Lebens, in: Merkur, 34. Jg., Heft 8/1980, S. 749–760.

M 10 Wenn der Arbeitsgesellschaft die Arbeit ausgeht

■ Alle reden von der Arbeitslosigkeit. Man kann es verstehen. Noch in der Mitte der 70er Jahre lag in den OECD-Ländern der Prozentsatz der Beschäftigten, die ohne Arbeit waren, bei drei, allenfalls vier Prozent. [...] Heute, 1982, liegt der OECD-Durchschnitt der Nichtbeschäftigten bei zehn Prozent. [...] In unserem Zusammenhang ist noch wichtiger, daß auch die Rede von der Beunruhigung über die Arbeitslosigkeit zu allgemein ist. Wer ist beunruhigt, und was sind die praktischen Folgen der Beunruhigung? Die Arbeitslosen selbst sind bekanntlich als Reservearmee der Revolution durchaus ungeeignet. So sehr sie individuell leiden, so wenig eignet die Summe des individuellen Leidens sich zu kollektiver Aktion. Die britische „Arbeitslosengewerkschaft" in den 30er Jahren war kurzlebig und als solche wirkungslos. Die deutschen Nationalsozialisten haben ihre Stimmen weniger durch die Arbeitslosen als wegen der Arbeitslosen bekommen. [...] Arbeitslosigkeit [...] [ängstigt] die Nichtbetroffenen und vor allem die Vielleicht-betroffenen mehr [...] als die Betroffenen. Das liegt nicht nur an der Sprachlosigkeit der Betroffenen. Es liegt vor allem daran, daß Arbeit zumindest auch ein Herrschaftsinstrument ist. Wenn sie ausgeht, verlieren die Herren der Arbeitsgesellschaft das Fundament ihrer Macht. [...]
Es ist [...] nicht überraschend, daß die beiden praktischen Rezepte, die heute zur Überwindung der Arbeitslosigkeit angeboten werden, die Rückkehr zur Arbeitsgesellschaft versprechen. Nur sind beide nutzlos. In der Tat sind beide aufwendige Irreführungen.
Da ist einmal die modische Antwort auf das sogenannte Beschäftigungsproblem, die angebotsorientierte Wirtschaftspolitik. Durch Steuerermäßigungen, Kürzungen der öffentlichen Haushalte, Entregulierung der Wirtschaft und ermutigende Reden soll die anhaltende Rezession überwunden werden. Gelingt es zugleich, vornehmlich durch die Kontrolle der Geldmenge, die Inflation einzudämmen, dann – so geht die Argumentation – wird sich mit einem neuen Aufschwung des Wirtschaftswachstums das Beschäftigungsproblem nahezu von selber lösen. [...] Wenige Sätze reichen nicht für eine angemessene Auseinandersetzung mit dieser Theorie. Immerhin ist dies anzumerken: Noch ist kein wirksames Rezept gegen die anhaltende Rezession erkennbar [...], die britischen und amerikanischen Erfahrungen der letzten Jahre eignen sich jedenfalls nicht als Bestäti-

gung einer angebotsorientierten Wirtschaftspolitik. Es lassen sich übrigens Gründe angeben, aus denen die Wachstumsraten des Vierteljahrhunderts nach 1948 auf absehbare Zeit unwahrscheinlich sind: steigende Kosten, schrumpfende Märkte, veränderte Einstellungen. [...] Selbst wenn und wo Wirtschaftswachstum stattfindet, ist noch keineswegs ausgemacht, daß dies zu nennenswert höherer Beschäftigung führt. Im Einzelfall mag das so sein [...]. Aber zahlreicher sind die Unternehmen und Organisationen, die ihren heutigen Ertrag auch mit 90, 80, ja 70 % und weniger der heute Beschäftigten erbringen könnten. In großen Volkswirtschaften ist es unwahrscheinlich, daß ein jährliches Wachstum des Bruttosozialprodukts um ein, zwei Prozent auf absehbare Zeit zu einer wesentlichen Erhöhung des Beschäftigungsstandes führt.

Wenn nicht Angebotsorientierung, wie steht es dann mit den traditionelleren Reparaturmethoden der Arbeitsgesellschaft? Die Frage läßt sich auch anders stellen und damit fast schon beantworten: wenn nicht England und Amerika, wie steht es dann mit Frankreich? Staatliche Nachfragestimulierung, verbunden mit einer bewußten Beschäftigungspolitik, also der öffentlich finanzierten Schaffung von Arbeitsplätzen, ist das andere Programm zur Beseitigung von Arbeitslosigkeit. Die Reduktion der Arbeitszeit bei vollem Lohnausgleich gehört dazu, aber auch die Elektrifizierung der Eisenbahnen, die Verkabelung der Städte und Dörfer, die Versorgung mit Fernwärme und dergleichen. Auch hier läßt sich ein skeptischer Kommentar nicht vermeiden. Was zunächst die Nachfragestimulierung betrifft, so war diese seit dem Anfang der 70er Jahre nicht erfolgreicher als die Ermutigung der Unternehmer und Investoren. [...] Steigende Reallöhne haben zunehmend die fatale Tendenz entwickelt, [...] sich selbst aufzufressen, indem sie die Inflation vorantreiben. Die Schaffung von Arbeitsplätzen durch staatliche Maßnahmen andererseits hat nur sehr bescheidene Auswirkungen auf die Arbeitslosigkeit. Alle bisher erdachten Programme zusammen würden in Ländern wie Deutschland, Frankreich und Großbritannien äußerstenfalls ein Zehntel der Arbeitslosen beschäftigen. Zugleich würde die Realisierung der Programme so inflatorisch wirken, daß sich Folgen für die außenwirtschaftliche Position von Ländern nicht vermeiden ließen. Das aber bedeutet nicht nur, daß viele mit sinkendem Reallohn für die Arbeitsplätze weniger bezahlen, sondern vor allem, daß an einem Ende, etwa in der exportintensiven Produktion, Arbeitsplätze wieder verloren gehen, die an einem anderen Ende, etwa bei der Elektrifizierung der Eisenbahnen, geschaffen werden. Der Zirkel ist komplett.

Heißt das alles, daß die Arbeitslosigkeit unausweichlich geworden ist [...]? Es heißt zunächst einmal, daß die gängigen Vorschläge zur Abhilfe zu kurz greifen. [...] Sie erreichen nicht den Kern des Problems. Sie erreichen noch nicht einmal den jedermann offenbaren Widerspruch, der darin liegt, daß es evidenterweise [erwiesenermaßen] genug zu tun gibt, daß aber zugleich die Arbeitslosigkeit steigt. [...]

Friedrich von Hayek hat argumentiert, daß es in einer echten Marktwirtschaft keine Arbeitslosigkeit geben könnte; der Preis der Arbeit würde sich auf einer Höhe einpendeln, die allen Beschäftigung verschafft. Das ist allerdings [...] in einer Gesellschaft von Staatsbürgern, die auch soziale Rechte haben, schwer erträglich. [...] Die Reallöhne, die wir heute kennen, sind das Ergebnis einer langen und folgenschweren Entwicklung, eben der Entwicklung der Staatsbürgerrechte. Das gilt insbesondere, wenn wir Maßnahmen zur Sicherheit am Arbeitsplatz und vor allem zur Sicherheit des Arbeitsplatzes hinzunehmen, also vom Realeinkommen im umfassenden Sinn sprechen. Alle diese Entwicklungen machen Arbeit teurer. Die Arbeitslosigkeit beruht auf dem Preis der Arbeit. Der Preis der Arbeit aber beruht auf dem in die Strukturen der Arbeitsgesellschaft eingebauten Konflikt zwischen „Arbeitnehmern" und „Arbeitgebern" [...]. Der zunehmende Erfolg der Arbeitnehmer ist daher die treibende Kraft der Arbeitsgesellschaft, der am Ende zu ihrer Aufhebung führt.

[...] Es wird ja oft gesagt, die Ursache für [...] [strukturelle] Arbeitslosigkeit läge in der technischen Entwicklung. In der Tat läßt sich nicht leugnen, daß Arbeitsplätze durch technische Prozesse ersetzt werden. [...] Nur eben ist der technische Fortschritt [...] kein „Naturgesetz". [...] Technische Neuerungen werden eingeführt, weil sie billiger sind; und sie sind nicht an sich billiger, sondern im Vergleich zur menschlichen Arbeit. Die sogenannte „strukturelle" [...] Arbeitslosigkeit ist genau genommen Arbeitslosigkeit auf Grund des Preisvorteils der Technik gegenüber der Arbeit; diese ihrerseits beruht nicht nur auf der billiger werdenden Technik, sondern zumindest auch auf der teurer werdenden Arbeit. Der Preis der Arbeit ist so hoch geworden, daß bestimmte Dinge überhaupt nicht mehr getan werden können, andere in technische Prozesse übersetzt werden. Die innere Dynamik der Arbeitsgesellschaft selbst führt dazu, daß ihr die Arbeit ausgeht.

[...] Im Übrigen aber greift noch der Begriff der Arbeitslosigkeit, von dem wir hier ausgegangen sind, zu kurz. Denn eine Lösung des Problems ist zumindest theoretisch denkbar. Sie liegt in den Betten der (relativ) kinderreichen Schichten [...], denn dem Berg folgt ein tiefes Lehrlings-, Schüler- und Studentental. Demographische Veränderungen könnten sogar dazu führen, daß die Arbeitslosigkeit [...] von der Bühne der Politik verschwindet [...] Aber das wäre [...] irreführend. [...] Daß der Arbeitsgesellschaft die Arbeit ausgeht, wäre auch in dem unwahrscheinlichsten Fall noch wahr, daß die offizielle Arbeitslosigkeit sich auf eine [...] politisch erträgliche Rate reduzieren ließe.

Das gilt vor allem aus drei Gründen. Der erste liegt in der dramatischen Verkürzung der Lebensarbeitszeit in den letzten hundert Jahren. Der Europäische Gewerkschaftsbund hat die Vermutung ausgesprochen, daß in dieser Zeit mindestens eine Halbierung, vielleicht eine Reduktion auf ein Drittel der Lebensarbeitszeit stattgefunden hat. Die 40-Stundenwoche ist da nur ein Element; längere Ausbildung, frühere Pensionierung, längerer Urlaub, Feiertage kommen hinzu. Zweitens ist die versteckte, wenn man so will die freiwillige Arbeitslosigkeit in den letzten Jahrzehnten rasch angestiegen. Das gilt nicht nur für Frauen, die sich nicht als Arbeitslose registrieren lassen. Auch Studenten sind in gewisser Hinsicht freiwillig Arbeitslose; obwohl im erwerbstätigen Alter, entlasten sie die Arbeitsstatistik. Dann drittens, und am schwersten meßbar, ist da die eigentliche Geißel der späten Arbeitsgesellschaft, die Unterbeschäftigung. [...]

Die Arbeitslosigkeit ist nur der sichtbare Ausdruck einer viel weitergehenden Reduktion der Arbeit in modernen Gesellschaften. Immerhin hat sie zu einer öffentlichen Diskussion Anlaß gegeben, die zeigt, daß vertraute Methoden uns nicht mehr weiterhelfen. Der Weg zurück zur Arbeitsgesellschaft ist uns verbaut. Warum ist das so? [...] Und dann, weit schwieriger noch: Welche Alternativen gibt es denn zur Arbeitsgesellschaft? Wohin führt der Weg, der mit dem Ende der Arbeit beginnt?

Der Gedanke, daß wir in einer Arbeitsgesellschaft leben, der die Arbeit ausgehen könnte, stammt von Hannah Arendt. Schon in den „Einleitenden Bemerkungen" zu ihrem Buch Vita Activa spricht sie von der „Aussicht auf eine Arbeitsgesellschaft, der die Arbeit ausgegangen ist, also die einzige Tätigkeit, auf die sie sich noch versteht" [...] Arbeit, labour, ist für sie das, was Marx „entfremdete Arbeit" nennt, menschliches Tun im Reich der Notwendigkeit [...] Schon work, leider übersetzt mit „Herstellen", ist ihr lieber als labour, „Arbeit"; jedenfalls aber gilt das für das „Handeln", das sie im Englischen action nennt, also für menschliches Verstehen, für den Bau von Institutionen, für Gesellschaft. Man denkt [...] wieder an Marx. In den Pariser Manuskripten spricht Marx häufig von „menschlicher Lebenstätigkeit", [...] von „freier Tätigkeit". [...] Arbeit ist heteronomes [fremdbestimmtes] Tun, wobei die Abhängigkeit sowohl von der Notwendigkeit des Überlebens als auch von der Macht anderer herrühren kann. Hunger und der Archipel Gulag sind die beiden extremen Motive der Arbeit. Autonomes [selbstbestimmtes] Tun ist in Ziel und Methode selbst gewählt. [...] In der Tat ist heute die Frage wichtiger, in welchem Maße Arbeit zu Tätigkeit werden kann, zu Arbeitstätigkeit zumindest, also zu heteronomem Tun mit einem kräftigen Schuß Autonomie. [...]

Die Arbeitsgesellschaft ist im Lichte dieser Erwägungen die Gesellschaft, die Arbeit in eigene Rollen faßt und diesen Rollen eine prägende Bedeutung im Leben der Menschen wie in den Institutionen der Gesellschaft zumißt. [...] Daß die Arbeit [in der Arbeitsgesellschaft] zum Zentrum der Gesellschaft wird, bedeutet, daß alle anderen Lebenssphären auf die Erfordernisse der Arbeit bezogen sind. Das gilt typisch für die drei Bereiche der Ausbildung, der Freizeit und des Ruhestandes. Ausbildung ist in der Arbeitsgesellschaft Sozialisierung für die Disziplin und die Fertigkeiten der Arbeit. Freizeit dient der Erholung und der Sammlung von Energie für neue Arbeit. Der Ruhestand ist zumindest in der fortschreitenden Arbeitsgesellschaft der „wohlverdiente Lohn für ein arbeitsreiches Leben".

Die vier Kästchen des Lebens in der Arbeitsgesellschaft – Ausbildung, Arbeit, Freizeit, Ruhestand – sind nicht statisch geblieben. Die Jahrhunderte der Modernität sind eine Zeit, in der das Eigengewicht der anderen Bereiche auf Kosten der Arbeit ständig zugenommen hat. Die Welt der Bildung hat sich [...] immer mehr verselbständigt. Die Tatsache allein, daß in vielen entwickelten Gesellschaften heute mehr als zehn Prozent der erwachsenen Bevölkerung ganztägig in Bildungseinrichtungen lehren oder lernen, markiert eine Veränderung. Die Bildungsklasse hat sich daran gemacht, politische Parteien zu gründen oder zu erobern [...] Am anderen Ende des [...] Lebens stehen die „grauen Panther", die [...] langsam alternden Pensionäre, deren Bedeutung mit den demographischen Veränderungen entwickelter Länder wachsen wird. Dann ist da die Welt der Freizeit. Nicht nur die Freizeitindustrie hat sie zu einem eigenen Lebensbereich gemacht. Vielmehr ist das vor allem darum geschehen, weil die große Leere, die sich über die Freizeit zu legen begann, erfüllt werden mußte. [...]

In dem Augenblick, in dem die Arbeit aus dem Gesamtzusammenhang des Lebens herausgelöst und in eine eigene Rolle, in eigene Institutionen gezwängt wird, verliert der Kampf zwischen denen, die arbeiten müssen, und denen, die nicht arbeiten müssen, seinen absoluten Charakter. [...] In der Arbeitsgesellschaft setzt der Kampf um die Verminderung der Arbeit ein. Lange bleibt dieser Kampf ein Positivsummenspiel. Produktivitätssteigerungen durch technischen Fortschritt und Wirtschaftswachstum erlauben zugleich höhere Reallöhne für dieselbe Menge von Tätigen. Aber wie bei allen Widersprüchen der Modernität gibt es einen Punkt, an dem das bislang Vereinbare unvereinbar wird, also die Arbeitsgesellschaft selber zu kippen beginnt. Auf einmal stellen alle Beteiligten mit Verblüffung fest, daß die noch Beschäftigten zwar hohe Reallöhne haben, daß aber die Bereiche der Bildung, der Freizeit und des Ruhestandes die Arbeit nahezu aus dem einst von ihr geprägten System herausgedrängt haben. Der Kampf zwischen denen, die arbeiten müssen, und denen, die nicht arbeiten müssen, hat zum totalen Erfolg geführt: Die, die früher nicht arbeiten mußten, sind nun zu denen geworden, die noch arbeiten dürfen, während die, die früher arbeiten mußten, nicht mehr arbeiten können. Der Klassenkampf um Arbeit hat zur vollständigen Verkehrung der Fronten geführt.

Das heißt nicht, daß er alle Probleme gelöst hätte. Die Sehnsucht [...] nach der Arbeitsgesellschaft ist ja kein Zufall. Hinter ihr stecken zentrale Fragen der gesellschaftlichen Struktur. Zum Beispiel: An welchem Geländer entlang kann das Leben der Menschen geordnet werden, wenn die Disziplinierung durch die Organisation der Arbeit entfällt? Oder: Wie läßt sich die Existenzgrundlage der Menschen sichern, wenn sie nicht mehr auf der Arbeitsleistung beruht? Oder: Wie kann der Staat seine über die Elementaraufgaben hinausgehenden Funktionen des Gesellschaftsvertrages lösen, wenn seine wichtigste Einnahmequelle versiegt? Oder auch: Wie bestimmt sich eigentlich die soziale Identität von Menschen, wenn sie sich nicht mehr durch ihren Beruf beschreiben können? Derlei Fragen sind gewiß Zukunftsmusik. Aber wohin kämen wir Sozialwissenschaftler, wenn unsere Phantasie nicht der Realität ein paar Schritte voraus wäre! [...]

Zwei Schlüsselfragen sollten beantwortet werden. Die erste ist die, warum uns der Weg zurück zur Arbeitsgesellschaft verbaut ist. Die Antwort ist, daß die Arbeitsgesellschaft selbst die Kräfte zu ihrer Aufhebung produziert hat. Die zweite Frage ist, welche Alternativen es gibt, und wohin der Weg führt, der mit der verängstigten Arbeitsgesellschaft beginnt. Auf diese Frage gibt es zwei Antworten, die eine eher hoffnungsvoll, die andere zweifelnd, ja in Sorge.

Hoffnung muß gemäß den hier verwendeten Begriffen darin liegen, daß Arbeit in zunehmendem Maße durch Tätigkeit ersetzt, zumindest aber von Tätigkeit durchdrungen wird. [...] Drei Beispiele müssen hier für vieles stehen.

Einmal ist die „Humanisierung der Arbeit“ zwar zum Schlagwort geworden, aber sie ist darum nicht minder wichtig. [...] Es ist möglich, das „Arbeiten im Reich der Notwendigkeit“ [...] mit Tätigkeit zu erfüllen. [...] Von der Abschaffung der Stechuhr bis zur organisierten Mitbestimmung gibt es eine Fülle von Bedingungen der Tätigkeit, die die Arbeit verwandeln können und die möglich sind, weil sie irgendwo wirklich sind.

Dann ist die Selbsthilfe in überschaubaren Gruppen zu erwähnen. [...] Die Erhaltung der Städte, die Bewahrung einer lebenswerten Umwelt, die Entfaltung schöpferischer Talente, ja die Aufrechterhaltung von Recht und Ordnung – das sind sämtlich Aufgaben der Eigentätigkeit von Menschen in ihren Gruppen. Es sind nicht Aufgaben des öffentlichen Dienstes, überhaupt der Arbeitsgesellschaft, auch wenn sich argumentieren läßt, daß hier und da öffentliche Mittel als Katalysatoren der Initiative notwendig sind. Die Initiative, von der hier die Rede ist, ist aber Tätigkeit, sie ist das Reich der Freiheit.

Das gilt auch für den schwierigen Bereich der alternativen Lebensformen. Sie haben ja heute vielfach die Stelle der Kleinunternehmungen eingenommen. [...] Es ist bedauerlich, daß sich die in alternativen Unternehmungen Tätigen gelegentlich darüber beklagen, daß sie nur auf dem Wege der „Selbstausbeutung“ auf die Dauer Erfolg haben können. Das heißt nämlich nur, daß auch sie noch das Vokabular der Arbeitsgesellschaft verwenden. In Wahrheit gibt es nichts Schöneres als die Selbstausbeutung, nämlich die Verwendung der eigenen Kräfte zu selbst gewählten Zwecken, wenn es sein muß, bis zur Erschöpfung. Das eben ist menschliche Tätigkeit, Freiheit.

Es könnte scheinen, als habe diese Analyse zwar mit der Realität begonnen, sich dann aber zunehmend in die Wolken der Phantasie verflüchtigt. Das ist nicht weiter beunruhigend. Bevor die Zukunft zur Gegenwart wird, scheint sie immer wolkig und phantastisch. Schwerer wiegt, daß vieles dafür spricht, daß die hier angedeutete Zukunft einer Gesellschaft der Tätigkeit eben nicht Wirklichkeit wird. Die lang anhaltende Rezession, von der mehrfach die Rede war, verändert nicht nur Einstellungen, sondern auch reale Bedingungen. Zum Beispiel fördert sie einen Protektionismus [...] Protektionismus der Reichen heißt neue Armut. Dann werden auf einmal die an sich absurden Mahnungen, wieder härter zu arbeiten (die ja nur bedeuten, daß die, die Arbeit haben und behalten, noch mehr anderen die Arbeitsplätze nehmen), plausibel. Die Reallöhne sinken und sinken. Das Umverteilungsinstrument der Inflation wendet sich gegen seine Erfinder, die Gewerkschaften. Nicht nur in der Wirtschaftspolitik kehren die entwickelten Länder langsam zu dem Punkt zurück, bei dem sie begonnen haben. [...]

[...] Schwarzarbeit [...] dokumentiert den unbändigen Wunsch von Menschen, etwas Sinnvolles zu tun, gleichgültig darum, was Gewerkschaften, Handwerkskammern und Finanzbehörden dazu sagen. Schwarzarbeit beginnt zu Hause. Alle Hausfrauen arbeiten schwarz. Aber hier ist vor allem von der Schwarztätigkeit die Rede. Wer das Auto seines Nachbarn repariert oder vielmehr an ihm herumbastelt, wer mit Freunden sein Haus neu anstreicht, aber auch wer nebenher an einer Volkshochschule unterrichtet oder andere in Fragen ihrer Rechte und der Wege, dazu zu kommen, berät, wer also seine oder ihre Freiheit zu Tätigkeit nutzt, der setzt ein Signal für eine bessere Zukunft.

Er oder sie setzt aber auch ein anderes Signal. [...] Schwarzarbeit ist [...] auch Tätigkeit für Entschädigungen, die weit unter den anerkannten Reallohn-Sätzen liegen. [...] Und natürlich ist Schwarzarbeit weder durch Sicherheit am Arbeitsplatz noch durch Arbeitsplatzsicherheit geschützt. [...] man [muß] befürchten, daß die Schwarzarbeit nicht so sehr neue Möglichkeiten menschlicher Tätigkeit ankündigt, als die Rückkehr zu alten Wirklichkeiten menschlicher Arbeit androht. Wenn es schon zwei verschiedene Ebenen menschlichen Tuns gibt, könnte auch die niedrigere von beiden wieder zur Norm werden. [...] Es ist daher nötig, im Sinn zu behalten, daß der Arbeitsgesellschaft zwar die Arbeit ausgeht, ihre Herren aber alles tun, um die Arbeit wieder zurückzuholen und den Weg zu einer Gesellschaft der Tätigkeit zu verbauen.

Aus: Ralf Dahrendorf, Wenn der Arbeitsgesellschaft die Arbeit ausgeht. In: Joachim Matthes (Hrsg.), Krise der Arbeitsgesellschaft? Verhandlungen des 21. Deutschen Soziologentages in Bamberg 1982, Frankfurt a. M./New York 1983, S. 25–37.

Zur Texterschliessung

1. Welche Errungenschaften fallen unter das „Realeinkommen im umfassenden Sinn"? Geben Sie Beispiele.
2. Unterscheiden Sie die Begriffe Arbeit und Handeln bzw. Tätigkeit, Arbeitsgesellschaft und Tätigkeitsgesellschaft nach Dahrendorf.
3. Erläutern Sie die Ursachen für Arbeitslosigkeit nach Dahrendorf mithilfe der Begriffe Arbeiterbewegung, Realeinkommen und technische Entwicklung.
4. Stellen Sie die im Text genannten Strategien zur Bekämpfung der Arbeitslosigkeit einander gegenüber und erklären Sie, warum sie nach Dahrendorf scheitern müssen.
5. Erläutern Sie: Warum steckt die Arbeitsgesellschaft in der Krise?
6. Worauf gründet sich nach Dahrendorf die „Sehnsucht nach der Arbeitsgesellschaft"?
7. Skizzieren Sie die von Dahrendorf entwickelten Alternativen zur Arbeitsgesellschaft, sowohl in der optimistischen wie in der pessimistischen Variante. Berücksichtigen Sie dabei auch „das Phänomen der Schwarzarbeit".

3.7 Siegfried Rosner: Sozialer Wandel als Schein

Nach dem Studium der Sozial- und Wirtschaftswissenschaften an der Ludwig-Maximilians-Universität München und während seiner Assistententätigkeit an der Katholischen Universität Eichstätt promovierte der 1958 in Waldsassen (Bayern) geborene Sozial- und Wirtschaftswissenschaftler Siegfried Rosner 1989 über Strukturwandlungsprozesse der sozialstaatlich verfassten Arbeitsgesellschaft. Danach war er im Human-Resource-Management eines internationalen Industrieunternehmens tätig und erhielt einige Lehraufträge an süddeutschen Fachhochschulen und Universitäten. Seit 1992 arbeitet Siegfried Rosner als selbstständiger Managementberater und Trainer.

Das 1990 erschienene Buch „Gesellschaft im Übergang? Zum Wandel von Arbeit, Sozialstruktur und Politik in der Bundesrepublik" ist ein Auszug aus der veröffentlichten, dabei gekürzten und z. T. aktualisierten Fassung seiner Dissertation. Darin stellt sich Rosner die Frage, ob sich die Gesellschaft der Bundesrepublik Deutschland in einer Phase des tiefgreifenden ökonomischen, sozialen und politischen Umbruchs befinde. Als Ausgangspunkt einer Veränderung bestimmt er die deutsche Gesellschaft als kapitalistische, industriell verfasste Arbeitsgesellschaft mit dem Leistungsprinzip als dominierender Legitimationsbasis für soziale Ungleichheiten. Anschließend stellt er „gängige Übergangsannahmen" dar und betont dabei die besondere Bedeutung einer Krise der Arbeitsgesellschaft, wobei in der Forschungsliteratur die erwartete „Nacharbeitsgesellschaft" kaum konkretisiert werde.

Die Frage nach dem Ausmaß arbeitsgesellschaftlicher Strukturprobleme und dem daraus resultierenden Konflikt- und Wandlungspotenzial bezieht Rosner zunächst auf in Deutschland zu beobachtende Entwicklungstendenzen: den Bedeutungsverlust des Normalarbeitsverhältnisses, das (vermeintliche) Ende der Massenproduktion und damit auch der Dequalifizierung der Arbeit. Rosner kommt dabei zu dem Ergebnis, dass die aktuellen Entwicklungen der Arbeitsbeziehungen die Kernstruktur industriekapitalistischer Arbeitsbeziehungen nicht infrage stellten. Diesem Abschnitt ist der hier vorliegende Auszug entnommen.

Neuartige Konfliktpotenziale ergäben sich eher an den Rändern der Arbeitsgesellschaft durch die Arbeitslosigkeit und die Funktionsgrenzen erwerbsarbeitszentrierter Sozialpolitik; während einige Lösungsvorschläge systemimmanent blieben, wiesen andere über die Arbeitsgesellschaft hinaus, z. B. die Entkoppelung von Arbeit und Einkommen durch ein sogenanntes „Bürgergeld". Dass sich solche Vorschläge auf absehbare Zeit durchsetzen könnten, hält Rosner allerdings für unwahrscheinlich.

M 11 Gesellschaft im Übergang?

Einleitung und Fragestellung

All die [...] Übergangsannahmen [...] gehen von der meist unbeanstandeten Unterstellung aus, daß eine epochale Transformation westlicher Industriegesellschaften bereits für die Gegenwart attestierbar ist und es lediglich noch darum geht, Richtung und Ziel dieser Umwälzung gesellschaftstheoretisch zu bestimmen. Diese Unterstellung eines derzeit sich vollziehenden grundlegenden Wandels der industrie- und arbeitsgesellschaftlichen Organisationsform aber scheint mir durchaus problematisierbar [...] zu sein. Deshalb halte ich es für sinnvoll [...], einmal am bundesrepublikanischen Beispiel der Frage nachzugehen, ob wir uns gegenwärtig überhaupt in einer Situation des tiefgreifenden ökonomischen, sozialen und politischen Umbruchs [...] befinden. [...]
Erst eine gewisse Distanz zu den Dingen läßt das Wesentliche an ihnen erkennbar werden und den Kern etwa eines gesellschaftlichen Organisationsmodells deutlich hervortreten, wobei dieses Grundmuster selbstverständlich mit historisch und national recht unterschiedlichen Ausformungen kompatibel sein kann. Eine solche Betrachtung der Kernstruktur gesellschaftlicher Verhältnisse vermittelt allemal eher den Eindruck von Beständigkeit als von rascher Veränderbarkeit. [...]
Im Hinblick auf die Übergangsproblematik läßt sich angesichts der bisherigen historischen Erfahrungen [...] plausibel vermuten, daß ein grundlegender gesellschaftlicher Wandel, der ja per definitionem auch die nachhaltige Veränderung von Ungleichheits- und Herrschaftsstrukturen mit umfaßt, immer auch mit akuten Auseinandersetzungen über die Neubewertung und Neuverteilung materieller und sozialer Ressourcen einhergeht und somit [...] soziale Konflikte notwendig voraussetzt. [...]
Zur Klärung der Frage, wie es zur Entstehung eines derartigen Konflikt- und Wandlungspotentials kommen kann [...], läßt sich etwa auf das Erklärungsmodell von Chalmers Johnson zurückgreifen [...]. Johnson macht [...] den Stabilitätsgrad einer Gesellschaft abhängig vom Verhältnis zwischen dem Subsystem gesellschaftlicher Arbeitsteilung und dem Wertsystem. [...] Werden die in der Arbeitsteilung sich manifestierenden sozialen Ungleichheiten und Herrschaftsverhältnisse nicht mehr ausreichend legitimiert, dann entsteht diesem Erklärungsansatz zufolge ein gesellschaftlicher Veränderungsdruck [...]. Die Dissynchronie [Ungleichzeitigkeit, d. Red.] zwischen der sich aus der arbeitsteiligen Reproduktion ergebenden Struktur sozialer Ungleichheit und den zur Rechtfertigung dieser Ungleichheiten erforderlichen Wertvorstellungen wird dabei als potentielle Quelle grundlegenden Wandels begriffen. Dabei ist es aus theoretischer Perspektive von nachrangiger Bedeutung, ob ein solches Mißverhältnis durch vorgängige Veränderungen im sozioökonomischen und sozialstrukturellen Bereich entsteht und dazu die alten Legitimationsmuster in Widerspruch geraten, oder ob ein vorangehender Wertwandel die überkommenen Herrschaftsverhältnisse delegitimiert, da aus beiden Entwicklungen Legitimationsdefizite sozialer Ungleichheit resultieren. Unter [...] empirischen Gesichtspunkten halte ich es jedoch für ratsam, den Veränderungen im System gesellschaftlicher Arbeitsteilung Priorität einzuräumen und dort nach Entwicklungen Ausschau zu halten, die die herkömmliche Legitimation sozialer Ungleichheit und Herrschaft als ineffizient erweisen könnten. Bezogen auf das bundesrepublikanische Fallbeispiel heißt dies, auffällige Veränderungen im Bereich von Arbeit und Produktion auf ihre sozialstrukturellen Auswirkungen und auf ihr Konfliktpotential hin zu untersuchen. [...]

Fazit: Formwandel, aber keine umfassende Neubestimmung der Arbeit

Bei der Untersuchung aktueller Entwicklungstendenzen im Bereich von Arbeit und Produktion ließ sich [...] eine beträchtliche Ausweitung prekärer Beschäftigungsverhältnisse und Marktungleichheit konstatieren, die sowohl aus einer Verstärkung des strukturell angelegten Ungleichgewichts zwischen Arbeitsplatzanbietern und Arbeitsplatznachfragern (sog. primäres Machtgefälle) als auch aus einer größeren internen Segmentierung der Arbeitnehmerschaft selbst resultieren (sog. sekundäres Machtgefälle). [...] Die Schwächung der Gewerkschaften, die Selbstschwächung des Staates und die Aufwertung der Kapitalfunktionen steht nicht zuletzt in einem Zusammenhang mit einer allgemeinen Krise des Normalarbeitsverhältnisses [...]. Der raum-zeitlichen Standardisierung folgt nun die Flexibilisierung und Dezentralisierung der Arbeit [...]. Ich hatte [...] die um sich greifende Erosion des „Normaltypus“ unbefristeter und sozialstaatlich abgepufferter Vollzeitbeschäftigung als Anzeichen für das mögliche Ende einer bestimmten historischen Konfiguration gedeutet, wobei dem Wandel unbestreitbar gewisse Züge eines grundlegenden arbeitspolitischen Paradigmenwechsels anhaften. [...]
Der Frage, ob der allseits beschworene Paradigmenwechsel industrieller Entwicklung sich letztlich nur in einer Umpolung der formalen Gestaltungsmerkmale des Arbeitskrafteinsatzes erschöpft, oder [...] auch den grundlegenden Wandel der Arbeitsinhalte und der Pro-

duktionsorganisation miteinschließt, ging ich am Beispiel zweier derzeit in der Industriesoziologie intensiv diskutierter Theoreme nach. Das Theorem *flexibler Spezialisierung* von Piore/Sabel stellt ab auf ein Ende des Zeitalters der Massenproduktion, während Kern/Schumann mit ihrem Theorem von den *neuen Produktionskonzepten* [...] auf das mögliche Ende der Arbeitsteilung verweisen und zudem der alten Hoffnung auf Befreiung der Arbeit von Fremdbestimmung neue Nahrung geben. [...]

Mit ihrer These vom Übergang zum System „flexibler Spezialisierung“ und damit erneut zu Formen der Craft Production [handwerklichen Produktion] behaupten Piore/Sabel [...] auch Tendenzen einer Reprofessionalisierung und Reautonomisierung der Arbeit, da die Flexibilisierung der Produktion auf gut ausgebildete, vielseitig einsetzbare und verantwortungsfähige Arbeitskräfte notwendig angewiesen sei. Im Gegensatz zum „low-trust system“ der Massenproduktion mit strikt reglementierter Arbeitsorganisation sei die „flexible Spezialisierung“ ein System hoher Verantwortung und erfordere „high-trust practices“, weil in der Regel keine Zeit bleibe, die Konstruktion neuer Produkte in einfache Tätigkeiten zu zerlegen und somit Aufgaben in großem Ausmaß selbständig erledigt werden müssen. [...] Unbestreitbar erfolgte in den letzten Jahren [...] die Hinwendung zu qualitativ höherwertigen, den individuellen Bedürfnissen der Kunden besser angepassten Gütern – und damit die Abwendung von standardisierter geringwertiger Massenware. Will man diesen Nachfrage- und Marktveränderungen erfolgreich begegnen, so verlangt dies in der Tat nach einer Flexibilisierung der Produktion, nach größerer Angebotsvielfalt und kleineren Losgrößen, die mit Hilfe von multifunktional ausgelegten, programmierbaren und informations- wie fertigungstechnisch integrierten Anlagen auch ausgebracht werden können. Aber ist etwa das Auto, [...] nur weil es heute variantenreicher produziert wird und individueller ausstattbar ist, kein Massenkonsumgut mehr? Und wird nicht die Strategie „flexibler Spezialisierung“ gerade auch von Großunternehmen verfolgt, die solche Massenkonsumgüter herstellen? Charles Sabel weist denn [...] auch selbst darauf hin, daß die Flexibilisierung der Produktion und die Spezialisierung der Produkte von „Firmen aller Größenordnungen“ praktiziert wird, mithin also die neue Produktionsform mit requalifizierter Arbeit nicht auf Klein- und Mittelbetriebe beschränkt ist. [...] Zu Ende ist daher allenfalls die Ära standardisierter Massenware, nicht jedoch die – zunehmend variantenreichere – Herstellung von Massenkonsumgütern [...].

Die Tendenz einer immer stärkeren Zerlegung des Arbeitsprozesses in der industriellen Fertigung [hat] ihren historischen Kulminationspunkt anscheinend wirklich überschritten [...], weil die kontraproduktive Wirkung dieser Zerstückelungspraxis angesichts neuer, nach hoher Arbeitsmotivation und Verantwortungsbereitschaft verlangender Produktionsformen kaum noch geleugnet werden kann und zunehmend auch vom Management gesehen wird. Aber selbst wo sich eine Aufgabenreintegration und Reprofessionalisierung auf der arbeitsorganisatorischen Mikroebene [...] feststellen läßt, bleibt fraglich, ob dies wirklich zu einer Autonomisierung der Arbeit, zu einem Abbau betrieblicher Herrschaftsbeziehungen, zu einer umfassenden Demokratisierung der Wirtschaft und zu einer Befreiung in und durch Arbeit führt. [...] Die Aufgabenerweiterung bedeutet nicht schon eine Requalifizierung, die breitere Qualifikationsabschöpfung nicht schon eine Ausweitung des Dispositionsspielraumes. Schon gar nicht kann schließlich von selektiven Reautonomisierungsprozessen auf eine globale Demokratisierung der Wirtschaft geschlossen werden. Was allenfalls zurücktritt, ist das sichtbare Herrschaftsgefüge, denn mit dem Übergang zur systemischen Rationalisierung und damit zu eher indirekten Formen der Prozeßkontrolle werden Macht- und Kontrollbeziehungen zwar besser verdeckt, aber nicht aufgelöst oder grundlegend verändert. Die prinzipielle Trennung zwischen Kopf- und Handarbeit, zwischen Planungs- und Erfahrungswissen der Produktion als Grundlage managerialer Dominanz bleibt erhalten. [...]

Ein wesentlicher Abbau des Heteronomiegrades abhängiger Arbeit kann also nicht konstatiert werden, und der Übergang zu den neuen Produktions-, Rationalisierungs- und Kontrollformen wirkt auf gehegte Demokratisierungshoffnungen [...] eher ernüchternd.

Zurückgewiesen werden muß damit auch der oft gesetzesartig unterstellte Zusammenhang zwischen Qualifikation und Kontrolle, d.h. die Auffassung, Kontrolle würde durch Dequalifizierung herbeigeführt und entsprechend durch Requalifizierung vermindert. Wie ersichtlich, kann aber durch die Einführung neuer Produktionskonzepte und die damit verbundene informationstechnologische Vernetzung auch hoch qualifizierte und vergleichsweise selbständige Arbeit (indirekt) kontrolliert werden [...], weil Handlungsspielräume [...] [lediglich] erweitert werden, sofern sie mit den neuen technologischen Mitteln kontrollierbar sind. [...] Bei dieser Zunahme indirekter Kontrolle im Gefolge systemischer Rationalisierung handelt es sich nur oberflächlich um einen Prozeß „von der Herrschaft über Personen zur Verwaltung der Dinge“, sondern vielmehr um einen Wandel von der Herrschaft von Personen vermittelst Befehlsgewalt zur Herrschaft von Personen vermittelst Organisation und System [...]. Als Fazit läßt sich somit festhalten, daß trotz eines teilweise einschneidenden

Formwandels der Arbeit [...] die Kernstruktur industriekapitalistischer Arbeitsbeziehungen doch erstaunlich stabil bleibt. Zumindest läßt sich nicht von einer umfassenden Neubestimmung der Arbeit sprechen [...].
Auch von einem Bedeutungsverlust des Leistungsprinzips kann kaum gesprochen werden. Im Gegenteil: Die Leistungsanforderungen haben sich durch die technologische Umstrukturierung der Arbeit wegen der Verschiebung auf psychisch-mentale und psychisch-nervliche Anforderungen trotz der damit einhergehenden körperlichen Entlastung eher erhöht denn abgeschwächt. Aufgabenreintegration und ganzheitlichere Arbeitskraftnutzung im Rahmen der „neuen Produktionskonzepte“ weisen in die gleiche Richtung. Ebenso behält das Leistungsprinzip nach wie vor seine Legitimationsfunktion, erfährt doch gerade auch die Besserstellung der „neuen Produktionsarbeiter“ durch den Rekurs auf Leistungskriterien seine Begründung [...]

Aus: Siegfried Rosner, Gesellschaft im Übergang? Zum Wandel von Arbeit, Sozialstruktur und Politik in der Bundesrepublik, Frankfurt a. M./New York 1990, S. 12–16, 148–155.

Zur Texterschliessung

1. Verdeutlichen Sie den von Rosner formulierten Gegensatz eines „Formwandels" und einer „umfassenden Neubestimmung" der Arbeit.
2. Erläutern Sie den von Rosner angeführten Zusammenhang von gesellschaftlichem Wandel und sozialen Konflikten.
3. Rosner stellt den Verfall des Normalarbeitsverhältnisses (durch zunehmende Teilzeitarbeit, Zeitarbeit, Leiharbeit und Scheinselbstständigkeit) in Zusammenhang mit der Schwächung der Gewerkschaften und der Selbstschwächung des Staates. Erläutern Sie diesen Zusammenhang, ggf. mit Beispielen.
4. Erschließen Sie aus dem Text, was mit den von Rosner kritisierten Thesen einer Requalifizierung und Reautonomisierung der Arbeit (Piore/Sabel und Kern/Schumann) gemeint ist. Erläutern und bewerten Sie Rosners Kritik.

Sozialisation 4.0

Das Über-Ich ist Nachfolger und Vertreter der Eltern (und Erz
die die Handlungen des Individuums in seiner ersten Lebens
beaufsichtigt hatten; es setzt die Funktionen derselben fast
das Ich in dauernder Abhängigkeit,
k auf dasselbe aus. Das Ich ist ganz

Eingliederung in die Gesellschaft – Entwicklungen und Probleme

Die nachfolgenden Texte beschreiben und analysieren auch einen fortwährenden Skandal, der von niemandem ernstlich bestritten wird: Das Hineinwachsen der Einzelnen in die Gesellschaft erfolgt auch in entwickelten bürgerlichen Gesellschaften wie der Bundesrepublik Deutschland nicht nach dem Prinzip der Gleichheit. Angehörige von sozialen Unterschichten werden z. B. von dem herrschenden Bildungssystem benachteiligt, während Angehörige von sozialen Zwischenschichten ihre Privilegien erfolgreich verteidigen. Wie ist diese Beobachtung zu erklären?

Unter Sozialisation wird zumeist der Prozess der Eingliederung eines Individuums in die Gesellschaft (oder in eine ihrer Gruppen) verstanden, wobei die jeweils geltenden Werte und Normen verinnerlicht werden. Andere Konzepte von Sozialisation betonen eher den Prozess der Entwicklung der Persönlichkeit, der sich freilich nicht losgelöst von der jeweiligen sozialkulturellen Umwelt vollzieht. Der Begriff Sozialisation gelangte am Ende der 1950er Jahre in die deutsche pädagogische und sozialwissenschaftliche Diskussion, als die normative, individualistische Pädagogik kritisch hinterfragt wurde. Je nach dem gewählten theoretischen Ansatz überwiegen bei dem Sozialisationsbegriff entweder individualpsychologische Aspekte oder sozialwissenschaftliche, die gesellschaftliche Sozialisationsinstanzen und Interessen stärker in den Blick nehmen. Folgenreich war hierfür die Theorie **Sigmund Freuds** (vgl. S. 132), die sowohl individualpsychologische wie gesellschaftliche Bedingungsfaktoren integriert.
Bedeutsam für die Karriere des Sozialisationskonzepts war die Rollentheorie, die ebenfalls in den späten 1950er Jahren durch **Ralf Dahrendorf** von amerikanischen Systemtheorien (vor allem von Talcott Parsons) übernommen und ausgearbeitet wurde. Die Rollentheorie entwickelt Hypothesen und Modelle für die Erklärung von sozialen Verhaltensweisen und sozialen Konflikten, die sich durch das Eingebundensein eines Individuums in ein soziales Beziehungsgeflecht (mit spezifischen und oft widersprüchlichen Rollenerwartungen, Rollenpartnern, Rollenkonflikten und Sanktionen etc.) ergeben. „Um Teil der Gesellschaft [...] zu werden, muss der ‚reine' Mensch vergesellschaftet, an die Tatsache der Gesellschaft gekettet und dadurch zu ihrem Glied gemacht werden. Durch Beobachtung, Nachahmung, Indoktrination und bewusstes Lernen muss er in die Formen hineinwachsen, die die Gesellschaft für ihn als Träger seiner Positionen bereithält" (Dahrendorf). Welche massiven sozialen Folgen dieses „Lernen" für den Einzelnen hat, machte Dahrendorf u. a. mit seinen spektakulären Studien zu „Arbeiterkinder an deutschen Hochschulen" (1965) deutlich, in der er die Schwierigkeiten analysiert, die Studienernden entstehen, die eine Arbeitersozialisation durchlaufen haben. Ihre sozialpolitische Brisanz hat diese Untersuchung angesichts der Selektionsmechanismen des damaligen wie auch unseres gegenwärtigen Bildungssystems noch nicht verloren, wie u. a. auch aus neueren sozialwissenschaftlichen Studien zur Bildungsexpansion hervorgeht (s. den Text von **Rainer Geißler** S. 154).
Schichtenspezifische Sozialisation ist auch das Thema von **Basil Bernstein** (S. 142). Er stellt die Frage, welche Rolle die Sprache im Sozialisationsprozess spielt und welche Konsequenzen dies für die beruflichen und sozialen Chancen eines Menschen hat. Bernstein entwickelte die sogenannte Defizithypothese: Angehörige der Mittel- und Oberschicht bedienen sich demnach eines spezifischen Sprachcodes (elaborierter Code), der sich von der Sprachebene von Angehörigen der sozialen Unterschicht (restringierter Code) signifikant unterscheide. Bernstein geht davon aus, dass diese unterschiedlichen Sprachcodes auch Konsequenzen für die Wahrnehmung und das Denken hätten: Der elaborierte Code ermögliche und fördere eher die Ausbildung kognitiver Kompetenzen, das verhindere tendenziell ein Versagen in der Schule und eröffne attraktivere soziale und berufliche Chancen und – so könnte man ergänzen – reproduziere und zementiere soziale Ungleichheit.

Etwa zeitgleich mit der sich etablierenden Sozialisationsforschung entfaltete sich die Erforschung des Strukturwandels der modernen Familie, also einer zentralen Sozialisationsinstanz, als „psychische Agentur der Gesellschaft", die ihre Mitglieder (und deren geschlechtsspezifisches Verhalten, vgl. den Text von **Petra Höfels** S. 160) nachhaltig prägt. **Wilfried Gottschalch,** einer der bedeutensten Sozialisationsforscher des ausgehenden 20. Jahrhunderts, hat den Struktur- und Funktionswandel der Familie seit der Industrialisierung untersucht (vgl. S. 146). Das Leitbild der „intakten" Familie prägt noch immer gegenwärtige Hoffnungen und Illusionen über die Familie, obgleich die Realität dieses ideale Familienmodell als Mystifizierung entlarvt habe, denn immer mehr Funktionen, die der Familie zugeordnet werden, seien längst an andere gesellschaftliche Einrichtungen abgetreten oder delegiert worden, an Kindergärten, Schulen, Bundeswehr oder Betriebe. Auch die Rollenmodelle, die die „heile Familie" den Kindern vorbildlich vorleben soll, sind kaum mehr mit den sozialen und insbesondere den beruflichen Realitäten des ausgehenden 20. und frühen 21. Jahrhunderts zur Deckung zu bringen.

Die Einstellung der Eltern zu ihren Kindern hat sich mit dem Strukturwandel von der vorindustriellen zur industriellen Gesellschaft fundamental gewandelt. Mit dem Wandel des Aufwachsens befasst sich **Helmut Fend** (S. 151). – Kinder wurden von Produktions- zu Kostenfaktoren, damit wuchsen auch die psychosozialen Belastungen, mit denen moderne Kleinfamilien immer häufiger überfordert sind. In der Familiensoziologie werden diese Veränderungen als „Desintegration" (immer mehr ehedem familiale Aufgaben werden von anderen Institutionen übernommen) und „Desorganisation" (die Auflösung des inneren Familienzusammenhaltes) begriffen.

Zu den zentralen Mythen der bundesrepublikanischen Sozialisations- und Bildungsdiskussion gehört die Vorstellung, dass Angehörige von Mittel- und Oberschichten über eine höhere „Intelligenz" verfügen als Angehörige der sozialen Unterschichten. Rainer Geißler hat die entsprechenden soziologischen Untersuchungen kritisch gesichtet und kommt dabei – entsprechend den PISA-Untersuchungen – zu dem Ergebnis, dass das bundesrepublikanische Bildungssystem viel weniger als andere Systeme willens und in der Lage ist, das Leistungspotenzial der Kinder aus den unteren Schichten wirklich auszuschöpfen, im Gegenteil. Bei dem Übergang in weiterführende Bildungseinrichtungen sei vielmehr ein „sozialer Filter" wirksam, der vor allem auf der sozialen Herkunft der Schülerinnen und Schüler beruhe. Gute oder leistungsstarke Kinder aus der Unterschicht gelangen demzufolge in einem wesentlichen geringeren Grad auf Gymnasien als Kinder aus der Mittel- oder der Oberschicht, die diesen Übergang auch mit in der Regel geringeren Leistungen empfohlen bekommen. Die ideologisch motivierte soziale (und nicht „begabungsorientierte") Selektion im dreigliedrigen bundesdeutschen Bildungssystems wird von Geissler eindrucksvoll dokumentiert. Dabei wird schlagend deutlich, dass die Sozialisationsforschung auch eminent (bildungs-)politische Implikationen hat, die von Teilen der bundesrepublikanischen politischen Eliten konsequent ignoriert werden.

LEITFRAGEN

1. **Vergleichen Sie, welche Sozialisationsinstanzen in den Texten besonders berücksichtigt und welche Funktionen ihnen zugesprochen werden.**
2. **Überlegen Sie, inwiefern sich die Chancen, ein autonomes Leben zu führen, durch den Wandel von Familie und Sozialisation verändert haben.**
3. **Diskutieren Sie, inwiefern sich die Bildungschancen und -gerechtigkeit in den letzten Jahrzehnten verändert haben.**

4.1 Sigmund Freud: Sozialisation und Triebverzicht

Sigmund Freud (1856–1939) gehört ohne Zweifel zu den bedeutendsten Persönlichkeiten des 19. und 20. Jahrhunderts. Nach dem Studium der Medizin und einer Forschungstätigkeit am Wiener Physiologischen Institut habilitierte er sich 1885 in Wien. Dort untersuchte er Frauen mit seelischen Erkrankungen, die aber keinen organischen Befund aufwiesen, und entdeckte dabei als Ursache dieser Erkrankungen traumatische Erfahrungen der Patientinnen, die mittels Hypnose und tiefenpsychologischer Arbeit transparent gemacht und behandelt werden konnten. 1902 erhielt Freud die Professur für Neuropathologie in Wien.
Als Siegmund Freud 1930 den Goethepreis der Stadt Frankfurt erhalten soll, gibt es lautstarke antisemitische Proteste. Beim „Anschluss" Österreichs an das Deutsche Reich geht Freud ins Exil nach London, dort stirbt er 1939.

Als Hauptantrieb menschlichen Verhaltens sieht Freud unterbewusste (verdrängte) kindliche Sexualfantasien, die durch gesellschaftliche Normierungen unterdrückt werden. Dabei ist nach Freud die gesellschaftliche Normierung ambivalent: Auch kulturelle Leistungen entstünden durch die Sublimierung (Umlenkung) der unterdrückten Libido. In seinen „Drei Abhandlungen zur Sexualtheorie" entwickelt er Komponenten eines „normalen" und „pathogenen" Verhaltens. Freud bestimmt die Struktur des „psychischen Apparats" als Verhältnis von „Es", „Ich" und „Über-Ich". Auch heute noch ist diese Struktur in den psychoanalytischen Zweigen der Psychologie eine grundlegende (wenn auch modifizierte) Annahme.

Literaturhinweise

Peter Gay, Freud. Eine Biographie für unsere Zeit, Frankfurt a. M. 2006.
Birgit Lahann, Als Psyche auf die Couch kam. Das rätselvolle Leben des Sigmund Freud, Berlin 2006.
Hans-Martin Lohmann, Sigmund Freud. Neuausgabe, Reinbek bei Hamburg 2006.
Hans-Martin Lohmann, Sigmund Freud zur Einführung, Hamburg 1986 (5. Auflage 2002).
Micha Brumlik, Sigmund Freud. Der Denker des 20. Jahrhunderts, Weinheim 2006.

M 1 Es, Ich und Über-Ich (Der Mann Moses)

■ Erhebt das Es in einem menschlichen Wesen einen Triebanspruch erotischer oder aggressiver Natur, so ist das Einfachste und Natürlichste, daß das Ich, dem der Denk- und der Muskelapparat zur Verfügung steht, ihn durch eine Aktion befriedigt. Diese Befriedigung des Triebes wird vom Ich als Lust empfunden, wie die Unbefriedigung unzweifelhaft Quelle von Unlust geworden wäre. Nun kann sich der Fall ereignen, dass das Ich die Triebbefriedigung mit Rücksicht auf äußere Hindernisse unterläßt, nämlich dann, wenn es einsieht, dass die betreffende Aktion eine ernste Gefahr für das Ich hervorrufen würde. Ein solches Abstehen von der Befriedigung, ein Triebverzicht infolge äußerer Abhaltung, wie wir sagen: im Gehorsam gegen das Realitätsprinzip, ist auf keinen Fall lustvoll. Der Triebverzicht würde eine anhaltende Unlustspannung zur Folge haben, wenn es nicht gelänge, die Triebstärke selbst durch Energieverschiebungen herabzusetzen. Der Triebverzicht kann aber auch aus anderen, wie wir mit Recht sagen, inneren Gründen erzwungen werden. Im Laufe der individuellen Entwicklung wird ein Anteil der hemmenden Mächte in der Außenwelt verinnerlicht, es bildet sich im Ich eine Instanz, die sich beobachtend, kritisierend und verbietend dem übrigen entgegenstellt. Wir nennen diese neue Instanz das *Über-Ich.* Von nun an hat das Ich, ehe es die vom Es geforderten Triebbefriedigungen ins Werk setzt, nicht nur auf die Gefahren der Außenwelt, sondern auch auf den Einspruch des Über-Ichs Rücksicht zu nehmen und wird um so mehr Anlässe haben, die Triebbefriedigung zu unterlassen. Während aber der Triebverzicht aus äußeren Gründen nur unlustvoll ist, hat der aus inneren Gründen, aus Gehorsam gegen das Über-Ich, eine andere ökonomische Wirkung. Er bringt außer der unvermeidlichen Unlustfolge dem Ich auch einen Lustgewinn, eine Ersatzbefriedigung gleichsam. Das Ich fühlt sich gehoben, es wird stolz auf den Triebverzicht wie auf eine wertvolle Leistung. Den Mechanismus dieses Lustgewinns glauben wir zu verstehen. Das Über-Ich ist Nachfolger und Vertreter der Eltern (und Erzieher), die die Handlungen des Individuums in seiner ersten Lebensperiode beaufsichtigt hatten; es setzt die Funktionen derselben fast ohne Veränderung fort. Es hält das Ich in dauernder Abhängigkeit, es übt einen ständigen Druck auf dasselbe aus. Das Ich ist ganz wie in der Kindheit besorgt, die Liebe des Oberherrn aufs Spiel zu setzen, empfindet seine Anerkennung als Befreiung und Befriedigung, seine Vorwürfe als Gewissensbisse. Wenn das Ich dem Über-Ich das Opfer eines Triebverzichts gebracht hat, erwartet es als Belohnung dafür, von ihm mehr geliebt zu werden. Das Bewußtsein, diese Liebe zu verdienen, empfindet es als Stolz. Zur Zeit, da die Autorität noch nicht als Über-Ich verinnerlicht war, konnte die Beziehung zwischen drohendem Liebesverlust und Triebanspruch die nämliche sein. Es gab ein Gefühl von Sicherheit und Befriedigung, wenn man aus Liebe zu den Eltern einen Triebverzicht zustande gebracht hatte. Den eigentümlich narzistischen Charakter des Stolzes konnte dies gute Gefühl erst annehmen, nachdem die Autorität selbst ein Teil des Ichs geworden war.

Was leistet uns diese Aufklärung der Befriedigung durch Triebverzicht für das Verständnis der Vorgänge, die wir studieren wollen, der Hebung des Selbstbewusstseins [einer Person oder eines Volkes] bei Fortschritten der Geistigkeit? Anscheinend sehr wenig. Die Verhältnisse liegen ganz anders. Es handelt sich um keinen Triebverzicht, und es ist keine zweite Person oder Instanz da, der zuliebe das Opfer gebracht wird. An der zweiten Behauptung wird man bald schwankend werden. Man kann sagen, der große Mann ist eben die Autorität, der zuliebe man die Leistung vollbringt, und da der große Mann selbst dank seiner Ähnlichkeit mit dem Vater wirkt, darf man sich nicht verwundern, wenn ihm in der Massenpsychologie die Rolle des Über-Ichs zufällt. Das würde also auch für den Mann Moses im Verhältnis zum Judenvolk gelten. Im anderen Punkte will sich aber keine richtige Analogie herstellen. Der Fortschritt in der Geistigkeit besteht darin, daß man gegen die direkte Sinneswahrnehmung zu Gunsten der sogenannten höheren intellektuellen Prozesse entscheidet, also der Erinnerungen, Überlegungen, Schlussvorgänge. Dass man z.B. bestimmt, die Vaterschaft ist wichtiger als die Mutterschaft, obwohl sie nicht wie letztere durch das Zeugnis der Sinne erweisbar ist. Darum soll das Kind den Namen des Vaters tragen und nach ihm erben. Oder: unser Gott ist der größte und mächtigste, obwohl er unsichtbar ist wie der Sturmwind und die Seele. Die Abweisung eines sexuellen oder aggressiven Triebanspruches scheint etwas davon ganz Verschiedenes zu sein. Auch ist bei manchen Fortschritten der Geistigkeit, z.B. beim Sieg des Vaterrechts, die Autorität nicht aufzeigbar, die den Maßstab für das abgibt, was als höher geachtet werden soll. Der Vater kann es in diesem Falle nicht sein, denn er wird erst durch den Fortschritt zur Autorität erhoben. Man steht also vor dem Phänomen, daß in der Entwicklung der Menschheit die Sinnlichkeit allmählich von der Geistigkeit überwältigt wird und daß die Menschen sich durch solchen Fortschritt stolz und gehoben fühlen. Man weiß aber nicht zu sagen, warum das so sein sollte. Später ereignet es sich dann noch, daß die Geistigkeit selbst von dem ganz rätselhaften emotionellen Phänomen des Glaubens überwältigt wird. Das ist das berühmte *Credo quia absurdum* [Ich glaube, weil es widersinnig ist], und auch wer dies zustande gebracht hat, sieht es als eine Höchstleistung an. Vielleicht ist das Gemeinsame all dieser psychologischen Situationen etwas anderes. Vielleicht erklärt der Mensch einfach das für das Höhere, was das Schwierigere ist, und sein Stolz ist bloß der durch das Bewußtsein einer überwundenen Schwierigkeit gesteigerte Narzißmus.

Das sind gewiß wenig fruchtbare Erörterungen, und man könnte meinen, sie haben mit unserer Untersuchung, was den Charakter des jüdischen Volkes bestimmt hat, überhaupt nichts zu tun. Das wäre nur ein Vorteil für uns, aber eine gewisse Zugehörigkeit zu unserem Problem verrät sich doch durch eine Tatsache, die uns später noch mehr beschäftigen wird. Die Religion, die mit dem Verbot begonnen hat, sich ein Bild von Gott zu machen, entwickelt sich im Laufe der Jahrhunderte immer mehr zu einer Religion der Triebverzichte. Nicht daß sie sexuelle Abstinenz fordern würde, sie begnügt sich mit einer merklichen Einengung der sexuellen Freiheit. Aber Gott wird der Sexualität völlig entrückt und zum Ideal ethischer Vollkommenheit erhoben. Ethik ist aber Triebeinschränkung. Die Propheten werden nicht müde zu mahnen, daß Gott nichts anderes von seinem Volke verlange als gerechte und tugendhafte Lebensführung, also Enthaltung von allen Triebbefriedigungen, die auch noch von unserer heutigen Moral als lasterhaft verurteilt werden. Und selbst die Forderung, an ihn zu glauben, scheint gegen den Ernst dieser ethischen Forderungen zurückzutreten. Somit scheint der Triebverzicht eine hervorragende Rolle in der Religion zu spielen, auch wenn er nicht von Anfang an in ihr hervortritt.

Hier ist aber Raum für einen Einspruch, der ein Mißverständnis abwehren soll. Mag es auch scheinen, daß der Triebverzicht und die auf ihn gegründete Ethik nicht zum wesentlichen Inhalt der Religion gehört, so ist er doch genetisch aufs innigste mit ihr verbunden. Der Totemismus, die erste Form einer Religion, die wir erkennen, bringt als unerläßliche Bestände des Systems eine Anzahl von Geboten und Verboten mit sich, die natürlich nichts anderes als Triebverzichte bedeuten, die Verehrung des Totem, die das Verbot einschließt, ihn zu schädigen oder zu töten, die Exogamie, also den Verzicht auf die leidenschaftlich begehrten Mütter und Schwestern in der Horde, das Zugeständnis gleicher Rechte für alle Mitglieder des Brüderbundes, also die Einschränkung der Tendenz zu gewalttätiger Rivalität unter ihnen. In diesen Bestimmungen müssen wir die ersten Anfänge einer sittlichen und sozialen Ordnung erblicken. Es entgeht uns nicht, daß sich hier zwei verschiedene Motivierungen geltend machen. Die beiden ersten Verbote liegen im Sinne des beseitigten Vaters, sie setzen gleichsam seinen Willen fort; das dritte Gebot, das der Gleichberechtigung der Bundesbrüder, sieht vom Willen des Vaters ab, es rechtfertigt sich durch die Berufung auf die Notwendigkeit, die neue Ordnung, die nach der Beseitigung des Vaters entstanden war, für die Dauer zu erhalten. Sonst wäre der Rückfall in den früheren Zustand unvermeidlich geworden. Hier sondern sich die sozialen Gebote von den anderen ab, die, wie wir sagen dürfen, direkt aus religiösen Beziehungen stammen.

In der abgekürzten Entwicklung des menschlichen Einzelwesens wiederholt sich das wesentliche Stück dieses Hergangs. Auch hier ist es die Autorität der Eltern, im wesentlichen die des unumschränkten, mit der Macht zur Strafe drohenden Vaters, die das Kind zu Triebverzichten auffordert, die für dasselbe festsetzt, was ihm erlaubt und was ihm verboten ist. Was beim Kinde „brav" oder „schlimm" heißt, wird später, wenn Gesellschaft und Über-Ich an die Stelle der Eltern getreten sind, „gut" und „böse", tugendhaft oder lasterhaft genannt werden, aber es ist immer noch das nämliche, Triebverzicht durch den Druck der den Vater ersetzenden, ihn fortsetzenden Autorität.

Diese Einsichten erfahren eine weitere Vertiefung, wenn wir eine Untersuchung des merkwürdigen Begriffs der Heiligkeit unternehmen. Was erscheint uns eigentlich als „heilig" in Hervorhebung von anderem, das wir hochschätzen und als wichtig und bedeutungsvoll anerkennen? Einerseits ist der Zusammenhang des Heiligen mit dem Religiösen unverkennbar, er wird in aufdringlicher Weise betont; alles Religiöse ist heilig, es ist geradezu der Kern der Heiligkeit. Anderseits wird unser Urteil durch die zahlreichen Versuche gestört, den Charakter der Heiligkeit für soviel anderes, Personen, Institutionen, Verrichtungen in Anspruch zu nehmen, die wenig mit Religion zu tun haben. Diese Bemühungen dienen offenkundigen Tendenzen. Wir wollen von dem Verbotcharakter ausgehen, der so fest am Heiligen haftet. Das Heilige ist offenbar etwas, was nicht berührt werden darf. Ein heiliges Verbot ist sehr stark affektiv betont, aber eigentlich ohne rationelle Begründung. Denn warum sollte es z. B. ein so besonders schweres Verbrechen sein, Inzest mit Tochter oder Schwester zu begehen, soviel ärger als jeder andere Sexualverkehr? Fragt man nach einer solchen Begründung, so wird man gewiß hören, daß sich alle unsere Gefühle dagegen sträuben. Aber das heißt nur, daß man das Verbot für selbstverständlich hält, daß man es nicht zu begründen weiß.

Die Nichtigkeit einer solchen Erklärung ist leicht genug zu erweisen. Was angeblich unsere heiligsten Gefühle beleidigt, war in den Herrscherfamilien der alten Ägypter und anderer früher Völker allgemeine Sitte, man möchte sagen geheiligter Brauch. Es war selbstverständlich, daß der Pharao in seiner Schwester seine erste und vornehmste Frau fand. [...] Man darf vermuten, daß die ängstliche Wahrung der Ebenbürtigkeit in unserem Hochadel noch ein Residuum dieses alten Privilegs ist, und kann feststellen, daß infolge der über so viele Generationen fortgesetzten Inzucht in den höchsten sozialen Schichten Europas heute nur von Mitgliedern einer und einer zweiten Familie regiert wird.

Der Hinweis auf den Inzest bei Göttern, Königen und Heroen hilft auch mit zur Erledigung eines anderen Versuches, der die Inzestscheu biologisch erklären will, sie auf ein dunkles Wissen um die Schädlichkeit der Inzucht zurückführt. Es ist aber nicht einmal sicher, daß eine Gefahr der Schädigung durch die Inzucht besteht, geschweige denn, daß die Primitiven sie erkannt und gegen sie reagiert hätten. Die Unsicherheit in der Bestimmung der erlaubten und verbotenen Verwandtschaftsgrade spricht ebensowenig für die Annahme eines „natürlichen Gefühls" als Urgrund der Inzestscheu.

Unsere Konstruktion der Vorgeschichte drängt uns eine andere Erklärung auf. Das Gebiet der Exogamie, dessen negativer Ausdruck die Inzestscheu ist, lag im Willen des Vaters und setzte diesen Willen nach seiner Beseitigung fort. Daher die Stärke seiner affektiven Betonung und die Unmöglichkeit einer rationellen Begründung, also seine Heiligkeit. Wir erwarten zuversichtlich, daß die Untersuchung aller anderen Fälle von heiligem Verbot zu demselben Ergebnis führen würde wie im Falle der Inzestscheu, daß das Heilige ursprünglich nichts anderes ist als der fortgesetzte Wille des Urvaters. Damit fiele auch ein Licht auf die bisher unverständliche Ambivalenz der Worte, die den Begriff der Heiligkeit ausdrücken. Es ist die Ambivalenz, die das Verhältnis zum Vater überhaupt beherrscht. *„Sacer"* bedeutet nicht nur „heilig", „geweiht", sondern auch etwas, was wir nur mit „verrucht", „verabscheuenswert" übersetzen können (*„auri sacra farnes"* [O fluchwürdiger Hunger nach Gold]). Der Wille des Vaters aber war nicht nur etwas, woran man nicht rühren durfte, was man hoch in Ehren halten musste, sondern auch etwas, wovor man erschauerte, weil es einen schmerzlichen Triebverzicht erforderte. Wenn wir hören, dass Moses sein Volk „heiligte" durch die Einführung der Sitte der Beschneidung, so verstehen wir jetzt den tiefen Sinn dieser Behauptung. Die Beschneidung ist der symbolische Ersatz der Kastration, die der Urvater einst aus der Fülle seiner Machtvollkommenheit über die Söhne verhängt hatte, und wer dies Symbol annahm, zeigte damit, dass er bereit war, sich dem Willen des Vaters zu unterwerfen, auch wenn er ihm das schmerzlichste Opfer auferlegte.

Um zur Ethik zurückzukehren, dürfen wir abschließend sagen: Ein Teil ihrer Vorschriften rechtfertigt sich auf rationelle Weise durch die Notwendigkeit, die Rechte der Gemeinschaft gegen den Einzelnen, die Rechte des Einzelnen gegen die Gesellschaft und die der Individuen gegeneinander abzugrenzen. Was aber an der Ethik uns großartig, geheimnisvoll, in mystischer Weise selbstverständlich erscheint, das dankt diese Charaktere dem Zusammenhang mit der Religion, der Herkunft aus dem Willen des Vaters.

Aus: Sigmund Freud, Der Mann Moses und die monotheistische Religion: Drei Abhandlungen (1939), in: Sigmund Freud, Studienausgabe Bd. IX, Frankfurt a. M. 1989, S. 561–567.

ZUR TEXTERSCHLIESSUNG

1. Stellen Sie die psychischen Instanzen Es, Ich und Über-Ich in ihrem Verhältnis dar.
2. Erläutern Sie, wie und unter welchen Bedingungen sie sich herausbilden.
3. Erklären Sie den Zusammenhang zwischen Triebverzicht und der Herausbildung der Ethik. Welche Rolle spielt nach Freud dabei das Inzestverbot?
4. Erläutern Sie thesenartig den Zusammenhang der von Freud geschilderten psychischen Prozesse mit dem Verhältnis des Staatsbürgers zu den gesellschaftlichen Normen und Werten.

4.2 Ralf Dahrendorf: Gesellschaftliche Rollen – gesellschaftliche Chancen

Im Sozialisationsprozess reproduziert sich soziale Ungleichheit. Diese unter Sozialwissenschaftlern und Pädagogen heute weithin akzeptierte These stammt nicht von kritischen oder „linken Systemveränderern", sondern von einem „Doyen" der „bürgerlichen" Soziologie, von Ralf Dahrendorf. Seine sehr breit rezipierten Analysen zum „homo sociologicus" sowie seine mittlerweile über 40 Jahre alten Studien über die Benachteiligung von Arbeiterkindern im deutschen Bildungssystem sind heute noch von unverminderter Aktualität. Zugleich verklammern sie Grundfragen von Sozialisation, sozialer Schichtung sowie von Macht und Herrschaft in der Bundesrepublik.

M 2 Homo Sociologicus

Als Vater wird Herr Schmidt für seine Kinder sorgen, ihr Fortkommen fördern, sie verteidigen und lieben. Als Studienrat wird er seinen Schülern Wissen vermitteln, sie gerecht beurteilen, die Eltern beraten, dem Direktor Respekt erweisen, in seiner Lebenshaltung Vorbild sein. Als Parteifunktionär wird er Versammlungen besuchen, Reden halten, neue Mitglieder zu werben versuchen. Nicht nur, was Herr Schmidt tut, sondern auch was ihn kennzeichnet, können wir bis zu einem gewissen Grade aus seinen Positionen ablesen – in der Tat verrät uns das Aussehen eines Menschen oft, „wer er ist", d.h. welche sozialen Positionen er einnimmt. Als Studienrat trägt er die „anständige", aber nicht zu gute Kleidung eines Lehrers mit blankgescheuerten Hosen und Ellenbogen; als Ehemann trägt er den Ehering; ob die Y-Partei eine radikale Partei ist, kann man ihm wahrscheinlich ansehen; seine Erscheinung ist sportlich; er ist vermutlich ein überdurchschnittlich intelligenter und aktiver Mann. Der Versuch, diese Liste auszuspinnen, zeigt, dass nicht nur *psychological man*, sondern auch *homo sociologicus* zum amüsanten Gesellschaftsspiel mit ernstem Hintergrund werden kann. Zu jeder Stellung, die ein Mensch einnimmt, gehören gewisse Verhaltensweisen, die man von dem Träger dieser Position erwartet; zu allem, was er ist, gehören Dinge, die er tut und hat; zu jeder sozialen Position gehört eine *soziale Rolle*. Indem der Einzelne soziale Positionen einnimmt, wird er zur Person des Dramas, das die Gesellschaft, in der er lebt, geschrieben hat. Mit jeder Position gibt die Gesellschaft ihm eine Rolle in die Hand, die er zu spielen hat. Durch Positionen und Rollen werden die beiden Tatsachen des Einzelnen und der Gesellschaft vermittelt; dieses Begriffspaar bezeichnet *homo sociologicus,* den Menschen der Soziologie, und es bildet daher das Element soziologischer Analyse.

Von den beiden Begriffen der Position und der Rolle ist der der Rolle bei weitem der wichtigere; die Unterscheidung beider ist dennoch nützlich. Während Positionen nur Orte in Bezugsfeldern bezeichnen, gibt die Rolle uns die Art der Beziehungen zwischen den Trägern von Positionen und denen anderer Positionen desselben Feldes an. Soziale Rollen bezeichnen Ansprüche der Gesellschaft an die Träger von Positionen, die von zweierlei Art sein können: einmal Ansprüche an das Verhalten der Träger von Positionen *(Rollenverhalten)*, zum anderen Ansprüche an sein Aussehen ‚und seinen „Charakter" *(Rollenattribute)*. Weil Herr Schmidt Studienrat ist, sind von ihm gewisse Attribute und ein gewisses Verhalten verlangt; das gleiche gilt für jede seiner 15 Positionen. Obwohl die soziale Rolle, die zu einer Position gehört, uns nicht verraten kann, wie ein Träger dieser Position sich tatsächlich verhält, wissen wir doch, wenn wir mit der Gesellschaft, die diese Rolle definiert, vertraut sind, was von ihrem Spieler erwartet wird. Soziale Rollen sind Bündel von Erwartungen, die sich in einer gegebenen Gesellschaft an das Verhalten der Träger von Positionen knüpfen.

Wie Positionen sind auch Rollen prinzipiell unabhängig vom Einzelnen denkbar. Die vom Vater, Studienrat, Parteifunktionär und Skatspieler erwarteten Verhaltensweisen und Attribute lassen sich formulieren, ohne dass wir an irgendeinen bestimmten Vater, Studienrat, Parteifunktionär oder Skatspieler denken. Mit den Positionen entfallen auf jeden Einzelnen viele soziale Rollen, deren jede der Möglichkeit nach eine Mehrzahl von *Rollensegmenten* umschließt. Die Erwartungen, die sich an den Spieler der sozialen Rolle „Studienrat" knüpfen, lassen sich aufgliedern in Erwartungen im Hinblick auf die Beziehung „Studienrat – Schüler", „Studienrat – Eltern" usw. [...]

Sowenig indes *homo sociologicus* den ganzen Menschen ausmacht, sowenig schreibt jede einzelne seiner Rollen Herrn Schmidt sein gesamtes Verhalten als Träger einer sozialen Position vor. Es gibt einen Bereich, in dem der Einzelne frei ist, seine Rollen selbst auszugestalten und sich so oder anders zu verhalten. Wenn wir in der Tatsache der Gesellschaft vor allem das Ärgernis sehen, werden wir besondere Mühe daran zu wenden haben, diesen freien Bereich abzugrenzen. Es ist offenbar Vater Schmidt überlassen, ob er mit seinen Kindern Eisenbahn oder Fußball spielt. Keine soziale Instanz schreibt ihm vor, ob er sich das Gehör seiner Schüler durch seinen Humor oder seine intellektuelle Kompetenz verschafft. Aber diese Freiheiten scheinen gering, wenn man sie an dem Zwang sanktionierter Rollenerwartungen misst. Das moralische Problem des *homo sociologicus*, der in jeder seiner Ausdrucksformen nur Rollen spielt, die dem Menschen von der unpersönlichen Instanz der Gesellschaft auferlegt sind, wird um so bedrohlicher, je schärfer wir die Kategorie der sozialen Rolle zu fassen suchen. Ist *homo sociologicus* der sich gänzlich entfremdete Mensch, in die Hand von Mächten gegeben, die Menschenwerk sind, und doch ohne Chance, diesen Mächten zu entweichen?

Noch ist es nicht möglich, diese Frage, die unsere Überlegungen an jedem Punkt begleitet, mit der nötigen Präzision zu erörtern. Immerhin darf nicht übersehen werden, dass soziale Rollen und die ihren Vorschriften anhaftenden Sanktionen nicht nur ein Ärgernis sind. Gewiss bezieht der Mensch viele seiner Sorgen und Nöte aus der Tatsache, dass die Gesellschaft ihn in Bahnen und Formen zwingt, die er sich nicht selbst gewählt oder geschaffen hat. Doch sind es nicht nur Sorgen und Nöte, die ihm hieraus erwachsen. Dass die Tatsache der Gesellschaft ein Gerüst sein kann, das uns aufrechterhält und Sicherheit gibt, gilt auch für die, die bemüht sind, sich von ihren Rollen nach Möglichkeit zu distanzieren. Ob der Mensch in der Lage wäre, sein gesamtes Verhalten ohne die Assistenz der Gesellschaft selbst schöpferisch zu gestalten, ist eine spekulative Frage, die überzeugend zu beantworten kaum möglich ist. Dass andererseits die Freiheit nicht nur ein Gewinn ist, wissen wir nicht erst, seit Jean-Paul Sartre „La Nausée“ schrieb. Es ist zumindest denkbar, dass der sämtlicher Rollen entkleidete Mensch es schwierig finden würde, seinem Verhalten sinnvolle Muster aufzuprägen, und es scheint sicher, dass die Befriedigungen, die wir erfahren, uns häufig aus den Rollen, die nicht unser Werk sind, erwachsen. Das Problem der Freiheit des Menschen als gesellschaftlichen Wesens ist ein Problem des Gleichgewichts zwischen rollenbestimmtem Verhalten und Autonomie, und die Analyse des homo *sociologicus* scheint zumindest in diesem Punkt das dialektische Paradox von Freiheit und Notwendigkeit zu „bewähren“. [...]

Um Teil der Gesellschaft und Objekt soziologischer Analyse zu werden, muss der „reine“ Mensch vergesellschaftet, an die Tatsache der Gesellschaft gekettet und dadurch zu ihrem Glied gemacht werden. Durch Beobachtung, Nachahmung, Indoktrination und bewusstes Lernen muss er in die Formen hineinwachsen, die die Gesellschaft für ihn als Träger seiner Positionen bereithält. Seine Eltern, Freunde, Lehrer, Priester und Vorgesetzten sind der Gesellschaft vorwiegend als Agenten wichtig, die der sozialen *tabula rasa* des rollenlosen Menschen den Plan seines Lebens in Gesellschaft einritzen. In dem Interesse der Gesellschaft an Familie, Schule und Kirche bekundet sich keineswegs nur der Wunsch, dem Einzelnen zur vollen Entfaltung seiner individuellen Anlagen zu verhelfen, sondern vor allem auch die Absicht, ihn auf die Aufgaben, deren Erfüllung die Gesellschaft von ihm erwartet, effektiv und kostensparend vorzubereiten.

Für Gesellschaft und Soziologie ist der Prozess der Sozialisierung stets ein Prozess der Entpersönlichung, in dem die absolute Individualität und Freiheit des Einzelnen in der Kontrolle und Allgemeinheit sozialer Rollen aufgehoben wird. Der zum *homo sociologicus* gewordene Mensch ist den Gesetzen der Gesellschaft und den Hypothesen der Soziologie schutzlos ausgeliefert; dennoch kann nur Robinson hoffen, seine entfremdete Wiedergeburt als *homo sociologicus* zu verhindern.

Für den Einzelnen und für die Psychologie hat derselbe Prozess ein anderes Gesicht. Aus dieser Perspektive gibt der Einzelne sich nicht an ein Fremdes fort, wird er nicht vergesellschaftet; vielmehr nimmt er außer ihm Bestehendes in sich hinein, verinnerlicht es und macht es zum Teil seiner je individuellen Persönlichkeit. Indem wir soziale Rollen zu spielen lernen, verlieren wir uns an die Tatsächlichkeit einer Welt, die wir nicht geschaffen haben, und gewinnen uns zugleich als je einzigartige Persönlichkeiten, die am Ärgernis der Welt gestaltet werden. Zumindest für die Psychologie der Persönlichkeit ist die Verinnerlichung von Rollenerwartungen einer der wesentlichen formativen Prozesse des menschlichen Lebens. Sie stellt, wie wir aus vielen neueren Forschungen wissen, einen Vorgang dar, der sich zu gleicher Zeit auf vielen Ebenen der Persönlichkeit auswirkt. Die Rollenerwartungen, die zu lernen unsere Gesellschaft uns auferlegt, können unser Wissen vermehren; sie können uns aber auch zu Verdrängungen zwingen, in Konflikte führen und damit im tiefsten berühren. Das sozial wichtigste Begleitphänomen der Verinnerlichung sozialer Rollen ist die parallele Individualisierung der Sanktionen, die als Gesetz und Sitte unser Verhalten kontrollieren. Seit Freud hat die Theorie einigen Status, dass das Gewissen als „Über-Ich“ das in den Einzelnen hineingenommene Gericht der Gesellschaft und ihrer Bezugsgruppen ist, dass die warnende und richtende Stimme der Gesellschaft also durch uns selbst unser Verhalten zu sanktionieren vermag. Zumindest für einige Rollen und Rollenerwartungen dürfen wir annehmen, dass es äußerer Instanzen nicht bedarf, um uns an die Verbindlichkeit sozialer Satzungen zu gemahnen. Die Tatsache sollte nicht leichtfertig als Gemeinplatz beiseite geschoben werden, dass die Gesellschaft unser Verhalten durch unser eigenes Gewissen auch dann noch richten kann, wenn es uns gelingt, Gesetz und Gerichte zu täuschen.

Jenseits aller Psychologie und Soziologie wird das Ärgernis der Gesellschaft für den Einzelnen damit zu einer Frage des Spielraums, den das Auge der selbst sein Innerstes durchdringenden Gesellschaft ihm lässt bzw. den er sich zu schaffen vermag. In ihrem erschreckendsten Aspekt ist die Welt des *homo sociologicus* eine „Brave New World“ oder ein „1984“, worin alles menschliche Verhalten berechenbar, verlässlich und ständiger Kontrolle unterworfen ist. Obwohl wir indes Herrn Schmidt von dem Rollenspieler Schmidt kaum zu trennen vermögen, lassen ihm seine sämtlichen Rollen doch einen wesentlichen Rest, der sich der Berechnung und Kontrolle entzieht. Es ist nicht leicht, vom Verhalten des Einzelnen her seinen möglichen Spielraum abzugrenzen. Doch scheint es, als sei für den Menschen außer dem freien Bereich, den jede Rolle ihrem Spieler lässt, auch der durch verbindliche Erwartungen geregelte Verhaltensbereich weniger determiniert als eingegrenzt. Rollenerwartungen sind nur in seltenen Fällen definitive Vorschriften; in den meisten Fällen erscheinen sie eher als Sektor erlaubter Abweichungen. Insbesondere bei Erwartungen, an die sich vorwiegend negative Sanktionen knüpfen, ist unser Verhalten nur privativ bestimmt; wir dürfen gewisse Dinge nicht tun, aber solange wir diese vermeiden, sind wir in unserem Verhalten frei. Überdies impliziert das entfremdete Verhältnis des Einzelnen und der Gesellschaft, dass er zugleich Gesellschaft ist und nicht ist, dass die Gesellschaft seine Persönlichkeit prägt und diese doch ihrerseits die Möglichkeit hat, die Gesellschaft mitzuprägen. Rollenerwartungen und Sanktionen sind nicht unveränderlich für alle Zeiten fixiert; vielmehr unterliegen sie wie alles Gesellschaftliche ständigem Wandel, und das tatsächliche Verhalten und die Meinungen des Einzelnen befördern diesen Wandel. Sosehr indes solche Überlegungen dem Paradox von *homo sociologicus* und dem ganzen Menschen an einigen Punkten die Schärfe und Bedrohlichkeit nehmen mögen, sowenig können wir hoffen, durch Qualifizierung des *homo sociologicus* seine bedrängende Unvereinbarkeit mit dem ganzen Menschen unserer Erfahrung aus der Welt zu schaffen.

Aus: Ralf Dahrendorf, Homo Sociologicus, Köln und Opladen 1972, S. 32, 41, 58–60.

Zur Texterschließung

1. Erörtern Sie das Problem der Freiheit beim homo sociologicus, der den Gesetzen der Gesellschaft schutzlos ausgeliefert ist.
2. Überlegen Sie, was Dahrendorf mit der Rede vom „Ärgernis der Gesellschaft“ (Z. 191 f.) meint.

M 3 Arbeiterkinder an deutschen Hochschulen

■ Jeder zweite Erwerbstätige in der Bundesrepublik ist Arbeiter. Mehr als die Hälfte aller Deutschen [lebt] in Arbeiterfamilien. Das sind Familien von unselbständigen Handwerkern oder Facharbeitern, angelernten oder Spezialarbeitern, Hilfsarbeitern oder Landarbeitern. Unter allen Studenten wissenschaftlicher Hochschulen sind nach wie vor kaum mehr als 5 % Kinder von Vätern aus diesen Berufen. Die Hälfte der Bevölkerung liefert nicht mehr als ein Zwanzigstel der Studentenschaft. [...]
Gemessen an der sozialen Schichtung der Bevölkerung bleibt der Anteil von 5,2 % gering, zumal wenn man hinzunimmt, dass diese in sich selbst noch in bezeichnender Weise geschichtet sind. Mehr als vier Fünftel von ihnen sind nämlich Kinder von Fach- und Spezialarbeitern. Wenn wir annehmen, dass die deutsche Arbeiterschaft zu etwa gleichen Teilen aus Gelernten und Angelernten einerseits, Hilfsarbeitern und Landarbeitern andererseits besteht, so müssen wir schließen, dass die unteren 25 % der deutschen Gesellschaft nur 1 % aller Universitätsstudenten stellen. Die Zahlen lassen sich übrigens nahezu umkehren: Aus den nach Einkommen, Prestige, Einfluss und Ausbildung oberen 1 % rekrutieren sich nicht viel weniger als ein Viertel aller Universitätsstudenten. [...]
Etwa 5 % der Studenten an deutschen Universitäten sind Arbeiterkinder. An den englischen Universitäten Oxford und Cambridge mit dem oft privilegierenden Aufnahmesystem ihres Colleges sind es mehr als 10 %, an den englischen Provinzuniversitäten mehr als 30 %, im ganzen Land etwa 25 %. [...]
[Die Zahlen] zeigen schon, dass auch M. Youngs Sozialutopie des Aufstiegs der Meritokratie, also der Bildungs- oder Leistungsgesellschaft, die dem Einzelnen seinen Platz allein auf Grund seiner in Intelligenzquotienten, Zeugnissen und Diplomen gemessenen Begabung zuordnet, ein sehr englischer Gedanke ist, der bis heute die soziale Stellung der deutschen Universitäten nicht beschreibt. [...]
Das alles ergibt nicht das Bild einer meritokratischen Gesellschaft. In der idealtypisch vereinfachten Leistungsgesellschaft fungiert das Bildungswesen gewissermaßen als ein Fahrstuhl, in den das Kind im Alter von fünf oder sechs Jahren einsteigt, um dann acht, zehn, zwölf oder sechzehn Jahre später auf jener Ebene des Schichtungssystems der Berufe entlassen zu werden, die seinen Fähigkeiten entspricht. In der deutschen Gesellschaft dagegen kennt der soziale Aufstieg, wo er überhaupt stattfindet, noch andere, ältere, langsamere Wege. Das Arbeiterkind mit „Köpfchen" kommt ins Büro. Dort, im Büro, als Angestellter oder Beamter, entdeckt es den Nutzwert der höheren Ausbildung, denn es stößt sich an jenen Grenzen des Aufstiegs, bei denen der junge Abiturient oder gar Assessor, Diplom-Volkswirt, Diplom-Ingenieur seinen Weg erst beginnt. Auch wenn es ihm finanziell schwer fällt, versucht der Angestellte oder Beamte, seinen Kindern eine höhere Ausbildung zu ermöglichen. Der Aufstieg ist ein Prozess, der drei Generationen umfasst. Zwischen dem Arbeiter und Akademiker steht die Drehscheibe der in sich hierarchisch geordneten Büroberufe, unter denen wahrscheinlich vor allem die der Beamten für die deutsche Gesellschaft und Universität eine Schlüsselstellung einnehmen. [...]
Wenn es keine rechtlichen Schranken gibt, die die Kinder von Arbeitern daran hindern, die höhere Schule und die Universität zu besuchen, dann müssen die Barrieren in der Sozialstruktur und den durch sie geprägten Motiven der Menschen liegen. Zwei Strukturbereiche stehen dabei offenbar im Vordergrund: die Familie und das Schulsystem. In der französischen und englischen Forschung wird der Begriff der *famille éducogène* verwendet, um die häuslichen Voraussetzungen erfolgreicher Erziehung im Schul- und Hochschulbereich zu beschreiben. In freier Übersetzung und auf unser Thema zugespitzt könnte man sagen, dass wir die Bildungsfreundlichkeit der Arbeiterfamilie in Deutschland zu untersuchen haben. Umgekehrt aber stellt auch die Arbeiterfreundlichkeit der Bildungseinrichtungen manche Frage, deren Beantwortung zur Erklärung der Sozialschichtung der Bildungschancen in Deutschland beizutragen vermag.

Die Mutter wurde gefragt: „Was hält Sie davon ab, Ihren Sohn auf eine höhere Schule zu schicken?" Sie antwortete:
„Ich kann das nicht beurteilen, weil ich nicht weiß, wie er talentiert ist. Wenn er das Zeug dazu hätte, tät ich ihn schon schicken. Ich tät auch helfen, soviel ich kann, aber natürlich könnten wir das nicht alleine schaffen. [...]"
Und so beurteilt der Lehrer des betroffenen Kindes das Verhältnis von Begabung und sozialer Schichtung:
„Kinder aus gehobenen Schichten bringen für die Schule mehr mit als Kinder aus Arbeiter- und Bauernfamilien. Das liegt einmal am Milieu, aber auch an der Vererbung. Aber ganz sporadisch treten auch Begabungen auf, die aus ganz einfachen Familien kommen ... Aber es besteht kein Zweifel, dass Kinder aus gehobenen Schichten im allgemeinen besser geeignet sind für die höhere Schule ..."
[...] Es hat den Anschein, dass es in beiden Institutionen, in Arbeiterfamilien und Bildungseinrichtungen, etab-

lierte Kulturzüge gibt, die einer höheren Bildung von Arbeiterkindern widerstehen. In den Arbeiterfamilien wird hier vor allem die soziale Distanz von höheren Schulen und Universitäten wirksam, das halbbewusste Gefühl, dass diese Einrichtungen zu einer anderen, fernen und fremden vielleicht auch feindlichen Welt gehören. Die Bildungsinstitutionen bestätigen diese Distanz, insofern in der Vorstellungswelt der Lehrer höhere Ausbildung und häusliches Milieu nicht selten in diskriminierender Weise vermischt werden und möglicherweise sogar die Selektionsmechanismen und Lehrinhalte der Schule auf bestimmte soziale Gruppen – Akademiker, Angestellte, Beamte – anziehend, auf andere – Arbeiter, Landwirte – dagegen abstoßend wirken. Institutionelle Ideologien verbrämen im übrigen auf beiden Seiten den bestehenden Zustand: dem Glauben vieler Arbeiter an die planmäßige Bevorzugung der „Reichen" entspricht die Überzeugung vieler Lehrer vom Begabungsmangel der Arbeiterkinder und der „Senkung des Niveaus" durch Veränderung der Sozialschichtung ihrer Schüler. Hinter solchen Aussagen steht nicht die Absicht, Schuldige für einen bestehenden Zustand zu finden; der Soziologe, der sich auf so leichte Weise seiner Aufgabe zu entledigen suchte, verdiente seinen Namen nicht. Das Problem der Arbeiterkinder an deutschen Universitäten ist vielmehr so wichtig, weil es uns wie eine Sonde hinführt zu einem der Krebsübel unserer Gesellschaft, das ich einmal den deutschen Modernitätsrückstand nennen möchte. Jede Gesellschaft der Gegenwart kennt ihre eigentümlichen Verwerfungen von Modernität im Sinne zivilisierter Rationalität der Lebensordnung und Antiquiertheit im Sinne des Fortwirkens ungewollt überlieferter Ungleichheiten, die Menschen an der vollen Ausübung ihrer Bürgerrechte hindern. Das ist das Problem des amerikanischen Südens, der französischen Bürgermeister und des englischen Establishments.

In der deutschen Gesellschaft aber greifen diese Verwerfungen tiefer. Möglicherweise sind sie der Grund, der jene Erschütterungen der inneren Ordnung hervorzubringen vermochte, die unsere Geschichte seit fast 100 Jahren prägen. Die industrielle Feudalgesellschaft, die noch ungelöste Auseinandersetzung zwischen kantisierender Wissenschaft und hegelisierendem Kulturpessimismus, zwischen ertragenen Antagonismen und erträumten Synthesen, zwischen Urbanität und Gemeinschaftssehnsucht, das Paradox eines von Angst vor Konflikten erfüllten, nationalen Liberalismus, die beamtenhafte Statushierarchie selbst noch wirtschaftlicher Unternehmungen – so wird die deutsche Gesellschaft auf ihrem Weg in die Modernität auf Schritt und Tritt durch Relikte einer unfruchtbar gewordenen Tradition gehemmt, die mancher dann gar noch als Quelle deutscher Größe und Sonderleistung preisen möchte. In diesen Zusammenhang gehört auch die Beobachtung, dass Deutschland unter allen modernen Gesellschaften das Land ist, in dem am wenigsten von den Ungleichheiten der sozialen Chancen gesprochen wird, obwohl diese Ungleichheiten hier ausgeprägter sind als anderorts. Dabei liegt der Modernitätsrückstand unserer Gesellschaft nicht einmal nur darin, dass es im Bereich der staatsbürgerlichen Grundrechte Ungleichheiten gibt, sondern mehr noch darin, dass diese nicht rational erörtert und dann bewältigt werden können.

Viele praktische Schlüsse ließen sich aus unseren Überlegungen ziehen, die noch weit vor den radikalen Reformen der englischen Konservativen im Jahre 1944 oder der französischen Gaullisten im Jahre 1962 Halt machen. Ich beschränke mich hier auf zwei, die mir vordringlich scheinen, wenn der Anteil von Arbeiterkindern an deutschen Universitäten erhöht und damit auch allgemein ein Beitrag zur Erschließung des großen Bildungsreservoirs der deutschen Gesellschaft geleistet werden soll.

Eine notwendige Entscheidung betrifft die Bildungsfreundlichkeit von Arbeiterfamilien. Hier scheint es mir vor allem wichtig, einen weiten Informationsrückstand aufzuholen. Bessere, breitere, systematischere Information über Bildungsmöglichkeiten, Bildungserfordernisse von Berufen und auch die Rechte der Eltern könnte dazu beitragen, die soziale Distanz vieler Familien von den höheren Schulen und Universitäten zu verringern. Diese Information ist auch eine Aufgabe der Lehrer; wichtiger aber wäre es, unabhängig von den Schulen nach Art der Berufsberatung eine Organisation der Bildungsberatung zu schaffen, die nach Möglichkeit keine Familie auslässt in ihrem Bemühen, zwischen dem Bürger und den hoffentlich zunehmend vielfältigen Einrichtungen des modernen Bildungswesens Brücken zu schlagen.

Die andere Entscheidung, die sich auf Grund unserer Erörterungen anbietet, betrifft die Bildungsinstitutionen. Hier ist vor allem eine Entpersönlichung des Prüfungs- und Auslesesystems vonnöten, durch die die verdächtige Verbindung von Begabung, Charakter und Milieu im Urteil der Lehrer aufgebrochen und eine sachliche Begabungsauslese ermöglicht wird. Es wird dann allerdings auch Sache der Schule und der Universität, dort, wo das häusliche Milieu die Ausbildung nicht zu fördern vermag, besondere Sorgfalt an die Entfaltung von Begabungen zu wenden, so dass Schule und Universität sich in manchem wandeln müssten. Doch verlangt dies nicht die Abschaffung irgendwelcher bestehenden Einrichtungen, sondern nur ihre Ergänzung durch neue und andersartige, also ihre innere Auflockerung.

Ich habe diese Empfehlungen eingeschränkt durch den Satz: „wenn der Anteil von Arbeiterkindem an deutschen Universitäten erhöht werden soll". Ob dies wünschenswert ist oder nicht, ist keine Sache der wissenschaftlichen Entscheidung. Dennoch habe ich durchgehend keinen Hehl daraus gemacht, dass mir eine solche Entwicklung wünschenswert erscheint. Dabei geht es keineswegs um irgend einen abstrakten Gedanken von totaler Gleichheit, die mir im Gegenteil eher verdächtig scheint als Prinzip einer freien Gesellschaft. Es geht auch nicht in erster Linie um den in der öffentlichen Diskussion immer wieder hervorgehobenen Aspekt der für die wirtschaftliche Entwicklung oder gar den internationalen Kräftevergleich erforderlichen stärkeren Ausbeutung der Talente, bei dem mir Menschen allzu sehr als „Menschenmaterial" behandelt werden. Es geht mir vielmehr darum, dass eine freie Gesellschaft mündige Bürger braucht, und dass diese nur gedeihen können, wenn das „Recht auf die freie Entfaltung der Persönlichkeit" seine soziale Begründung erfährt. Auf dem Weg zur mündigen Gesellschaft wird es manche Stipendien-Jungen und Stipendien-Mädchen geben, deren Leben nicht hält, was ihre Chancen versprechen. Wie in anderer Hinsicht ist jedoch auch hier das Risiko der Modernität zugleich ihre Hoffnung: das größte Glück der größten Zahl.

Aus: Ralf Dahrendorf, Arbeiterkinder an deutschen Universitäten. Tübingen 1965, S. 5–7, 12–15, 22, 34–37.

ZUR TEXTERSCHLIESSUNG

1. Wie erklärt Dahrendorf den geringen Anteil von Arbeiterkindern an deutschen Hochschulen?
2. Diskutieren Sie, inwiefern Dahrendorfs Überlegungen und Beobachtungen aus den 1960er Jahren noch aktuell sind.

4.3 Basil Bernstein: Sprache und soziale Schicht

Basil Bernard Bernstein (geb. 1924, gest. 2000) war ein britischer Soziologe und Linguist. Bernstein wuchs als Sohn jüdischer Immigranten in London auf. Er besuchte seit 1947 die London School of Economics; zwischen 1954 und 1960 unterrichtete er am City Day College in Shoreditch. 1960 begann Bernstein als wissenschaftlicher Mitarbeiter der Phonetik am University College in London. Bald darauf wechselte er zum Institute of Education, wo er bis zum Ende seiner Karriere arbeitete. 1967 wurde er zum Professor berufen.

„Humans speak," erklärte er, „but sociology is silent about that fact." Bernsteins Ausgangspunkt war, dass Sprache zwischen sozialen Verhältnissen vermittelt. Sprache und soziale Umgebung stehen nach Bernstein dabei in einem Wechselverhältnis. Er untersuchte den Kontrast zwischen dem elaborierten Sprachcode der Mittelschicht mit ihrem angestrebten Ziel des Aufstiegs in obere Schichten und dem restringierten Sprachcode der Arbeiterklasse.

LITERATURHINWEISE

Basil Bernstein u. a., Familienerziehung, Sozialschicht und Schulerfolg, Weinheim 1979.
Basil Bernstein, Studien zur sprachlichen Sozialisation, Berlin 1985.
Brigitte Schlieben-Lange, Soziolinguistik. Eine Einführung, 3. Aufl., Stuttgart 1991.
Werner H. Veith, Soziolinguistik. Ein Arbeitsbuch, 2. Aufl., Tübingen 2005.

M 4 Studien zur sprachlichen Sozialisation

■ Die Vermutung ist ausgesprochen worden, dass unterschiedliche Sprechweisen (forms of spoken language) mit der Organisation besonderer sozialer Gruppen zusammenhängen. Linguistische Unterschiede – und hiermit sind keine Dialektformen gemeint – finden sich in der alltäglichen sozialen Umwelt, und soziale Schichten können durch ihre Sprechweisen (forms of speech) unterschieden werden. Dieser Unterschied ist dort besonders auffällig, wo der Abstand zwischen den sozio-ökonomischen Lebenslagen sehr groß ist. Viele Studien über Kinder zielten darauf ab, diesen Unterschied zu messen. Wir meinen, dass die messbaren Unterschiede in der Sprachgewandtheit (language facility) bei verschiedenen Schichten aus grundlegend unterschiedlichen Sprachfor*men (modes* of speech) hervorgehen, die man in der Mittelschicht und der unteren Arbeiterschicht findet. Wir vermuten ferner, dass die zwei unterschiedlichen Formen des Sprachgebrauches (forms of language use) deshalb entstehen, weil die bei den sozialen Schichten so in sich organisiert sind, dass unterschiedlicher Nachdruck auf das Sprachkönnen (language potential) gelegt wird. Wenn hierauf erst einmal Wert gelegt worden ist, dann entstehen Formen des Sprachgebrauches, die den Sprechenden Schritt für Schritt zu bestimmten unterschiedlichen Typen für seine Beziehungen zu Dingen und Personen führen, ganz unabhängig von dem Grad der gemessenen Intelligenz. Die Aufgabe, die die Intelligenz hat, liegt darin, den Sprecher zu befähigen, erfolgreicher die Möglichkeiten auszunutzen, die symbolisiert werden durch die sozial determinierten Formen des Sprachgebrauches. Ausnahmen von diesem linguistischen Determinismus gibt es unter besonderen psychologischen Grenzbedingungen.

Wir vermuten, dass in der typischen, herrschenden Sprechweise (speech mode) der Mittelklasse die Sprache (speech) das Objekt besonderer Wahrnehmungsaktivität wird und eine „theoretische Haltung" gegenüber den strukturellen Möglichkeiten des Satzbaues entwickelt wird. Diese Sprechweise erleichtert die verbale Ausarbeitung (elaboration) subjektiver Absicht, vermittelt Sensibilität gegenüber den Implikationen von Isoliertheit und Unterschiedlichkeit und zeigt die Möglichkeiten auf, die eine komplexe Begriffshierarchie für die Verarbeitung von Erfahrung bietet. Wir vermuten ferner, dass dies für Angehörige der unteren Arbeiterschicht nicht zutrifft. Diese sind *beschränkt* auf eine Form des Sprachgebrauches, die, obwohl sie einen weiten Bereich von Möglichkeiten zulässt, eine Ausdrucksweise verfügbar macht, die den Sprecher davon abhält, seine subjektiven Intentionen verbal auszuarbeiten, und denjenigen, der von ihr Gebrauch macht, eher zu deskriptiven als abstrakten Begriffen führt.

Wir entwarfen einen Untersuchungsplan, um zu zeigen, dass die zwei Sprechweisen mit verschiedenen sozialen Schichten verbunden sind und, noch wichtiger, dass die Ausrichtung an den zwei linguistischen

Strukturen unabhängig ist von den nicht-verbalen Intelligenztestleistungen. Für die Gruppe aus der Arbeiterschicht wurde vorhergesagt, dass ihre sprachlichen Testergebnisse sehr gesenkt sein würden in bezug auf die Ergebnisse in den höheren Bereichen nicht-verbaler Intelligenzmessung. [...]

Eins der Ziele der Mittelschicht-Familie ist es, aus dem Kind einen Menschen zu machen, der an gewissen Werten orientiert ist, aber unter ihnen individuell differenziert. Das Kind wird in eine Umgebung hineingeboren, in der man es als Individuum mit seinen eigenen Rechten sieht und auf es eingeht, das heißt, es hat einen spezifischen sozialen Status. Dieser frühe Individuationsprozess wird durch zwei wichtige Faktoren erreicht: die übergenau-ängstliche Beobachtung des Kindes seitens der Eltern, so dass bereits die allerfeinsten Entwicklungsstufen und das Entstehen neuer Verhaltensmuster Objekt der Aufmerksamkeit und Stellungnahme sind; hinzu kommen Anerkennung und Kommunikation in einer Sprachstruktur, in der persönliche Qualifizierungen bedeutungsvoll gebraucht werden und die das Kind wiederum als Reaktion zu gebrauchen lernt. Die Beziehung des Kindes zu seiner Umgebung ist so, dass Bereich und Ausdruck differenzierter verbaler Äußerungen vom Lebensbeginn an durch die Sozialstruktur gefördert werden. Ein „Engels"-Kreis wird aufgebaut und ständig wieder verstärkt, denn die Mutter wird schon die frühesten individuellen Äußerungen des Kindes ausarbeiten und eingehend behandeln. Daraus folgt, dass die Fähigkeit des Kindes, Objekte in seiner Umwelt zu unterscheiden und Genaueres über sie anzugeben, um so größer wird, je größer die Differenzierung seiner Erfahrungswelt ist. Das ist natürlich Teil des Sozialisationsprozesses jedes Kindes, doch ist die Art der bestehenden Beziehungen von entscheidender Bedeutung, da sie die möglichen Ebenen der Begriffsbildung bestimmt. Verschiedene Kinder werden, von anderen Faktoren beeinflusst, zum Beispiel spezifisch psychologischen Faktoren, je nachdem mehr oder weniger von dieser Umwelt profitieren können; aber die Mittel, die formalen schulischen Einrichtungen zu gebrauchen und auszunutzen, sind für sie bereitgestellt.

Die Schule ist eine Institution, in der jede Einzelheit in der Gegenwart sehr genau mit einer fernen Zukunft verbunden ist; folgerichtig gibt es kein ernstes Auseinanderklaffen der Erwartungen von Schule und Mittelschicht-Kind. Die vom Kind entwickelte Zeitspanne der Antizipation erlaubt eine Verbindung zwischen gegenwärtiger Tätigkeit und Zukunft, und diese ist sinnvoll. Es gibt fast keinen Wertkonflikt zwischen Lehrer und Kind und, wichtiger noch, das Kind ist geneigt, die Sprachstruktur der Kommunikation zu akzeptieren und auf sie zu reagieren. Die Schule richtet ihre Anstrengungen darauf, die Entwicklung des Selbstbewusstseins, kognitiver und emotionaler Differenzierung und Unterscheidung zu unterstützen, und sie entwickelt und ermutigt mittelbare Beziehungen: Im Kind besteht der Wunsch, Worte in persönlich qualifizierender oder modifizierender Weise zu benutzen und zu manipulieren, beides zusammen reduziert das Problem des Lernens der eigenen Sprache: lesen, buchstabieren, schreiben. Das Mittelschicht-Kind ist prädisponiert, symbolische Beziehungen zu ordnen und, wichtiger noch, ihnen eine Ordnung aufzuerlegen, sowie neue Beziehungen zu sehen. Seine Neugier ist groß. Es passt sich der Autorität an und akzeptiert die Rolle des Lehrers, ungeachtet der psychologischen Beziehungen zu dessen Person. Das soll nicht heißen, dass sich nicht manchmal Gefühle der Empörung und des Widerstandes zeigen. Das Mittelschicht-Kind ist fähig, beide Sprachen zu benutzen: die Sprache zwischen sozial Gleichgestellten (Peer-Gruppen), die einer „öffentlichen" Sprache nahe kommt, und eine „formale" Sprache. Dies führt in einem weiten Bereich sozialer Situationen zu angemessenem Verhalten. Schließlich ist die Schule ein wichtiges und sozial anerkanntes Mittel, mit dem das Kind seine Selbstachtung steigern kann. So bilden die Sozialstruktur der Schule und die Mittel und Ziele der Erziehung einen Rahmen, den das Mittelschicht-Kind akzeptieren, den es ausnutzen und auf den es reagieren kann.

Die Struktur der Arbeiterfamilie ist in bezug auf die Entwicklung des Kindes weniger formal organisiert als die der Mittelschichtfamilie. Obwohl die Autorität innerhalb der Familie explizit gemacht wird, erzeugen die Wertvorstellungen, die sie bekundet, nicht das in Raum und Zeit sorgfältig geordnete Universum des Mittelschicht-Kindes. Die Ausübung der Autorität ist nicht mit einem stabilen System von Belohnungen und Strafen verbunden, sondern erscheint oft als willkürlich. Der spezifische Charakter langfristiger Ziele wird hier eher ersetzt durch allgemeinere Vorstellungen von der Zukunft, in denen der Zufall, ein Freund oder Verwandter eine größere Rolle spielen als das genaue Ausarbeiten von zeitlichen und logischen Beziehungen. So haben gegenwärtige oder in naher Zukunft liegende Tätigkeiten größeren Wert als die Verbindung gegenwärtiger Handlungen mit dem Erreichen eines entfernten Zieles. Das System der Erwartungen oder die Zeitspanne der Antizipation ist verkürzt, und das schafft verschiedene Komplexe von Vorlieben, Zielen und Enttäuschungen. Diese Umwelt begrenzt die Wahrnehmungen des Kindes von und in der Zeit. In der Gegenwart erfolgende Gratifikationen oder Deprivationen werden absolute Gratifikationen oder absolute Deprivationen, denn es gibt hier kein entwickeltes Zeitkontinuum, in das die gegenwärtige Tätigkeit eingeordnet werden kann. Im

Vergleich zu den Mittelschichten erscheint das Aufschieben dicht bevorstehenden Genusses zugunsten zukünftiger Belohnung als schwierig. Folgerichtig ist das affektive und expressive Verhalten in der Arbeiterschicht unbeständiger, mehr von Launen bestimmt.
In der unteren Arbeiterschicht ist die sprachliche Beziehung zwischen Mutter und Kind von anderer Ordnung. Es handelt sich im wesentlichen um eine Sprachform (verbal form), bei der anfänglich persönliche Qualifikationen durch expressive Symbolik ausgedrückt werden, d. h. nicht-verbal oder auf Grund der Möglichkeiten einer begrenzenden Sprachstruktur. Die Beziehung des Kindes zur Mutter ist direkt und unmittelbar. Sein wichtiger Bezugspunkt ist nicht ihre Sprache, denn die persönliche Qualifizierung, das „Ich" der Mutter aus der Arbeiterschicht, wird in erster Linie in expressiver Symbolik ausgedrückt, die sich nur auf sich selbst bezieht. Kurz gesagt, die subjektive Intention wird nicht sprachlich explizit gemacht oder erörtert. Das Kind lernt früh, auf Hinweise zu reagieren, die unmittelbar relevant sind. Dies ist also eine Kommunikationsform, die eher die direkte Erfahrung affektiver Zusammengehörigkeit in höchstem Maße begünstigt als eine sprachlich bedingte emotionale und kognitive Differenzierung. Das Arbeiterkind ist für eine Form des Sprachgebrauchs empfänglich, die sich von dem Gebrauch des Mittelschicht-Kindes sehr unterscheidet. Die Charakteristika dieses Sprachgebrauches sind die folgenden:

1. Kurze, grammatisch einfache und oft unvollständige Sätze von unzulänglicher syntaktischer Form, die das Aktiv betonen.
2. Einfacher und sich wiederholender Gebrauch von Konjunktionen (so, dann, und, weil).
3. Geringer Gebrauch von Nebensätzen, durch die die ursprünglichen Kategorien des übergeordneten Subjektes verändert werden.
4. Unfähigkeit, ein formales Subjekt eine ganze Sprachsequenz lang durchzuhalten, wodurch es leicht zu einer Verzerrung des Informationsgehaltes kommt.
5. Starrer und begrenzter Gebrauch von Adjektiven und Adverbien.
6. Gelegentlicher Gebrauch von unpersönlichen Fürwörtern als Subjekt von Bedingungs- oder Hauptsätzen („man").
7. Ständiger Gebrauch von Feststellungen, in denen Begründung und Folgerung miteinander vertauscht auftauchen, so dass eine kategorische Behauptung entsteht.
8. Eine große Zahl von Feststellungen und Wendungen, die ein Bedürfnis nach Verstärkung der vorhergelaufenen Sprachsequenz anzeigen: „Nicht wahr?", „Wie Sie sehen!", „Stellen Sie sich vor!" Dieser Prozess wird „sympathetische Zirkularität" genannt.
9. Individuelle Auswahl aus einer Gruppe idiomatischer Wendungen kommt häufig vor.
10. Die individuelle Qualifikation ist implizit in der Satzorganisation enthalten: Es ist eine Sprache impliziter Bedeutungen. [...]

Der kurze, grammatisch einfache, syntaktisch dürftige Satz – die typische Einheit einer „öffentlichen" Sprache – erleichtert nicht die Kommunikation von Ideen und Beziehungen, die eine präzise Formulierung erfordern. Von den ersten Anfängen der Sprachentwicklung an wird diese Form des Sprachgebrauches ständig bekräftigt, und da das Kind keine andere Möglichkeit erlernt, besitzt es subjektiv auch keine oder nur geringe Erfahrung der Unzulänglichkeit eigener Beschreibungen. Wenn man dem einer „öffentlichen" Sprache Verhafteten eine angemessenere Formulierung unterbreitet, besteht dieser oft darauf, dass dies genau seine Meinung wiedergebe. Die Neuformulierung stellt eine Beschreibung zweiter Ordnung dar (die einer „formalen" Sprache), die dem ersten Sprecher fremd ist und die er auf eine erster Ordnung zu reduzieren versuchen wird. Wenn dies unmöglich ist, hält er die zweite für unnötig, irrelevant, vielleicht albern, oder er wird sich verwirrt fühlen.
Auf Grund der einfachen Satzkonstruktion und der Tatsache, dass eine „öffentliche" Sprache nicht den Gebrauch von Konjunktionen zulässt – die als wichtige logische Operatoren für die Zuordnung von Bedeutungen und temporalen Beziehungen dienen –, können logische Modifikationen und Betonungen in einer „öffentlichen" Sprache nur sehr grob ausgedrückt werden. Notwendigerweise bleiben Länge und Art des vollständigen Gedankens hiervon nicht unbeeinflusst. Die verbalen Planungsfunktionen sind reduziert. Da Adjektive und Adverbien nur in begrenztem Umfange und rigide gebraucht werden, ist die Zahl individueller Gegenstandsbeschreibungen (Substantive) und besonderer näherer Bestimmungen von Vorgängen (Adverbien) stark herabgesetzt. Da die Auswahl begrenzt ist, fungieren die Adjektive und Adverbien als soziale Stereotypen, in denen sich die individuellen Qualifizierungen ausdrücken. Hierdurch wird die verbale Ausarbeitung der Qualifizierung drastisch herabgesetzt, die durch die expressive Symbolik Bedeutung gewinnt.
[...]
Diese Analyse hat die Aufmerksamkeit auf die Beziehung gelenkt zwischen sprachlichen Prozessen, der von ihnen bewirkten Form der Selbstkontrolle und dem allgemeinen Niveau sozialer und schulischer Kompetenz. Die erwähnten sprachlichen Codier- und Decodiersyste-

me leisten auf Grund ihrer psychischen Verzweigungen Veränderungen starken Widerstand, denn diese Systeme sind eine direkte Funktion einer Sozialstruktur. Das lässt uns zwei Mittel annehmen, durch die ein Wandel herbeigeführt werden kann: Veränderungen der Sozialstruktur oder direktes Einwirken auf die Sprechweise selbst. Das erste liegt außerhalb des Tätigkeitsbereichs der Erziehungsinstitutionen und ist wesentlich eine politische Aufgabe. Das zweite könnte unter entsprechenden Bedingungen und Methoden von Pädagogen übernommen werden, besonders wenn die Kinderhorte, -gärten und Grundschulen eng mit den Eltern zusammenarbeiten. Die Schwierigkeiten, die sich bei diesem Prozess sprachlichen Wandels für den Unterschicht-Schüler ergeben, können nicht überbetont werden. Werte werden in jeder Erziehungssituation tradiert, jedoch in diesem Fall planmäßiger, rationaler Erfahrungsbeeinflussung müssen wir uns sehr sicher sein, dass die neuen, dem Kind zugänglichen Bedeutungsdimensionen nicht auch einen Verlust der Selbstachtung nach sich ziehen, wie er durch die Ermittlung menschlichen Wertes anhand einer Skala des beruflichen Erfolges hervorgerufen wird. Die Integration der Arbeiterschicht in die Gesamtgesellschaft wirft große Probleme auf, die mit dem Wesen der Gesellschaft und dem Ausmaß zusammenhängen, in dem die Schule *selbst* den Assimilationsprozess beschleunigen kann.

Aus: Basil Bernstein, Studien zur sprachlichen Sozialisation, Düsseldorf 1972, S. 108f., 126–129, 130f., 148.

ZUR TEXTERSCHLIESSUNG

1. Stellen Sie zusammen, wodurch sich die von Bernstein identifizierten Hauptcodes unterscheiden.
2. Verdeutlichen Sie, wie Bernstein die Ausbildung der verschiedenen Sprachcodes erklärt.
3. Inwiefern erscheint Ihnen die Bezeichnung „restringierter Code" für die Sprache von Unterschichtenangehörigen angemessen?

4.4 Wilfried Gottschalch: Strukturveränderungen der Gesellschaft und Familiendynamik

Wilfried Gottschalch (geb. 1929, gest. 2006) war in den 1970er bis 90er Jahren im deutschsprachigen Raum einer der namhaftesten Sozialisationsforscher und Vertreter einer psychodynamisch orientierten Erziehungswissenschaft. 1971–1979 war er Professor für Erziehungswissenschaften in Bremen, dann bis 1993 Professor an der University of Amsterdam. Er wirkte zeitweilig im wissenschaftlichen Beirat des SDS (Sozialistischer Studentenbund) und der SPD, aus der er allerdings wieder austrat, da sie ihm zu wenig liberal im Sinne der Grundrechte und Freiheitsrechte war. Gottschalchs Arbeiten zur Sozialisation und zum Geschlechterverhältnis wurden weit verbreitet und fanden eine lebhafte Resonanz. Sein besonderes Augenmerk galt den Auswirkungen gesellschaftlicher Strukturveränderungen auf die Familie – und damit auch auf die familiäre Sozialisation.

Literaturhinweise

Wilfried Gottschalch et al., Sozialisationsforschung, Frankfurt a. M, 1971.
Wilfried Gottschalch, Vatermutterkind. Deutsches Familienleben zwischen Kulturromantik und sozialer Revolution, Berlin 1979, S. 7–17.
Klaus Hurrelmann, Einführung in die Sozialisationstheorie, 8. Auflage, Weinheim und Basel, 2002.
Klaus-Jürgen Tillmann, Sozialisationstheorien. Eine Einführung in den Zusammenhang von Gesellschaft, Institution und Subjektwerdung. Rowohlts Enzyklopädie, 13. Auflage, Reinbek bei Hamburg 2004.
Matthias Grundmann, Sozialisation. Skizze einer allgemeinen Theorie, Konstanz 2006.

M 5 Deutsches Familienleben zwischen Kulturromantik und sozialer Revolution

Die Strukturveränderungen der Gesellschaft während der Industrialisierung Deutschlands erzwangen tiefgreifende Wandlungen im Familienleben und verwandelten damit Bedingungen, Verlauf und Ergebnisse familialer Sozialisation.

Das alte traditionelle, an den Glaubens- und Soziallehren der Kirchen orientierte Wertsystem, das den psychosozialen Kitt für die sich unter den Bedingungen bäuerlicher und handwerklicher Arbeit reproduzierenden Gesellschaft des alten Deutschlands lieferte, verlor im Laufe des 19. Jahrhunderts unter der ätzenden Wirkung der Industrialisierung seine allgemein verpflichtende Verbindlichkeit. Daraus ergaben sich schwere Krisen für das Zusammenleben der Menschen in den Familien. [...]

Nach wie vor ist die Familie die soziale Gruppe, in der nahezu alle Menschen ihre ersten sozialen Erfahrungen machen, Fast alle Menschen kommen in einer Familie zur Welt, erleben in ihr ihre Kindheit. Hier wird ihr Charakter geprägt, ihre emotionale Grundstruktur, ihr soziales Verhalten. Die Familie hatte immer eine zweifache Bedeutung: als biologische Einrichtung zur Zeugung und zur Aufzucht der Nachkommenschaft und – wichtiger für unser Thema – als soziale Institution, als psychische Agentur der Gesellschaft.

Als soziale Institution wandelt sich die Familie mit der Gesellschaft. Aber die Umformungsprozesse in der Gesellschaft vollziehen sich nicht synchron. So hinkt gewöhnlich die gesellschaftliche Moral, die geistige Kultur und Wertorientierung einer Gesellschaft den Änderungen der wirtschaftlichen und politischen Verhältnisse hinterher. Daraus ergeben sich vielfältige Spannungen und Widersprüche, die auch das Familienleben beeinflussen und die Erziehung erschweren.

Wenn sich die Formen und Normen des Zusammenlebens in Ehen und Familien sehr langsam ändern, wie das in den traditionsgeleiteten Gesellschaften vor der Industrialisierung der Fall war, dann werden diese leicht als „natürlich" oder von „Gott gegeben" hingenommen. Wir leben jedoch in einer Zeit umwälzender Strukturveränderungen der Gesellschaft, die tief in das Familienleben eingreifen. Alva Myrdal erörterte in einem Vortrag folgende vier Tendenzen, die alle Resultat der Industrialisierung sind:

1. Veränderungen in der kulturellen und moralischen Perspektive.
2. Veränderungen in der demographischen Situation (von der Großfamilie zur Kleinfamilie).
3. Veränderung in der wirtschaftlichen Struktur der Familie durch Umformung der ehelichen Produktionsgemeinschaft in eine Gruppe von Individuen mit den gesonderten Funktionen, Geld zu verdienen und Geld auszugeben.

4. Veränderungen in der physischen Umwelt durch Urbanisierung.

Welche Konsequenzen hat das für das Familienleben? Ich gebe nur ein paar Stichworte.

Bisher hat jede Erziehung in Kindern auch Aggressionsbedürfnisse erzeugt. Die Befreiung von Aggressionen ist in der Großstadt sehr erschwert. Wie soll ein Kind sein Lärmbedürfnis befriedigen, solange der soziale Wohnungsbau nur Wohnungen der Marke „Schuhkarton“ bietet?

Die gesellschaftliche Mobilität ist außerordentlich gewachsen. Nach Alva Myrdal müssten die Arbeitsfunktionen innerhalb der Familien neu verteilt werden. Die Änderungen der wirtschaftlichen Abhängigkeitsverhältnisse schwächen die Macht der Väter. Alva Myrdal nennt die traditionelle Familie „eine soziale Ungeheuerlichkeit“, in der der Mann das Einkommen verdient, die Mutter und Hausfrau das Geld ausgibt und die Kinder ernährt werden.

Schließlich dürfen wir nicht übersehen, dass die Ehen heute länger halten müssen als früher, da die Lebenserwartung besonders der Ehefrauen gestiegen ist. Das erklärt, warum die durchschnittliche Lebensdauer einer Ehe trotz höherer Scheidungsziffer heute länger ist als früher. Daraus ergibt sich aber auch, dass die Mutterrolle heute ein Frauendasein nicht mehr bis zum Ende ausfüllen kann. Weiter wird die Erziehung der Jugendlichen zur Unabhängigkeit dort zum Problem, wo die Ausbildung lange dauert. „Wirtschaftliche Unabhängigkeit soll nicht bedeuten, dass man mehr Geld erhält, sondern dass man es verdienen kann, selbst wenn die Arbeit im Studium besteht“.

Sie hält das Leben der erwachsenen Kinder im Elternhaus für höchst fragwürdig. Das Aufhören des Sexuallebens der einen Generation und dessen Beginn bei der anderen Generation sollte nicht im selben Haus erfolgen.

Endlich stoßen widersprüchliche kulturelle und moralische Vorstellungen aufeinander. Das führt zu Familienkonflikten, die nur dann gelöst werden, wenn die Familienmitglieder eine neue Einstellung zueinander gewinnen und die Familie ein Ort der Aussprache, der Diskussion wird. Das ist selten der Fall, und so sind die Familien heute oft schweren Beziehungsstörungen unterworfen.

In dem Augenblick, in dem wir die Familienbeziehungen, in denen wir aufwachsen, nicht mehr fraglos hinnehmen, können wir von der Familie nicht mehr als von einer „natürlichen“ Zelle von Gesellschaft und Staat sprechen, wie das sehr oft im unkritischen und konservativen Gebrauch unserer Alltagssprache geschieht. Wir müssen sie vielmehr in ihrer sozial-historischen Bedingtheit und Entwicklung erkennen und zu begreifen versuchen. Das wird uns freilich dadurch erschwert, dass die meisten von uns in Familien aufgewachsen sind und neue Familien gründen, wie beschädigt diese auch immer sein mögen. Dieses enge Verflochtensein nimmt uns oft die Distanz, die nötig ist, um Ehe und Familie in ihrer Realität wahrzunehmen. Allzu große Nähe macht blind, und da uns die Blindheit in so hautnahen Fragen wie denen des Ehe- und Familienlebens vor schmerzhaften, wenn auch notwendigen Einsichten schützt, lassen wir uns nur ungern von Sozialwissenschaftlern und Psychologen die Binden der Unwissenheit von den Augen lösen.

Unser Denken ist geprägt durch den historischen und sozialen Ort, an dem wir leben. Für den Lohnabhängigen zum Beispiel kann die Familie Sinn des Daseins sein. In der Erfolgsrechnung der Unternehmer dagegen werden die Ausgaben für die Arbeitnehmerfamilien als „soziale Lasten“ verbucht. Eine andere Schwierigkeit ergibt sich daraus, dass unsere Meinungen nicht immer mit den sozialen Gegebenheiten übereinstimmen. Traditionen dienen als Kitt für den Aufbau des sozialen Lebens. Unsere Meinungen sind oft traditionsgebunden. Meinungen, die nicht der Lebenswirklichkeit entsprechen, die sich der Nachprüfung entziehen, nennen wir Vorurteile.

Gerade über die Familie sind viele Vorurteile verbreitet. Ich erinnere an die Bevorzugung der Knabenerstgeburt, an die Ablehnung des unehelichen Kindes, an die Benachteiligung der Frauen in unserer Gesellschaft, die unter anderem im Sprachgebrauch deutlich wird: Die unverheiratete Frau muss sich als „Fräulein“ anreden lassen. Niemand wagt es, unverheiratete Männer „Herrlein“ zu nennen. Dass die öffentliche Meinung den Mann privilegiert, offenbart sich auch am Problem der Geburtenregelung. Sie wird weitgehend als ein Frauenproblem angesehen. Viele bejahen z. B. die Sterilisation der Frauen, die schon mehrere Kinder geboren haben. Selten jedoch wird sich ein Mann zur Sterilisation entschließen, obwohl dieser Vorgang bei Männern einfacher und ungefährlicher zu praktizieren ist als bei Frauen.

Während wir die Resultate naturwissenschaftlicher Forschung ziemlich gelassen hinnehmen können, reagieren wir auf die Ergebnisse der Sozialforschung nur zu häufig betroffen und gereizt, verraten uns diese doch, wie sehr wir „Krüppel unserer höheren Kräfte“ sind. Andererseits können uns die Einsichten der Sozialwissenschaften auch entlasten: An bürgerlichen Wertvorstellungen orientiert, führen wir unsere Mängel und unser Versagen in Ehe und Familie auch dort auf individuelle Schuld zurück, wo diese gesellschaftlich bedingt sind. Gerade dann, wenn der Wunsch besteht, dass in unseren Ehen und Familien gleicherweise Tüchtigkeit im Lebenskampf und Glücks- und Genussfähigkeit gestärkt oder doch wenigstens nicht allzu sehr beeinträchtigt werden sollen, müssen wir den Struktur- und Funktionswandel von Ehe und Familie als historischen Prozess verstehen lernen.

Interessanterweise bürgerte sich der Ausdruck Familie in Deutschland erst seit dem 16. Jahrhundert ein. Er löste das ältere deutsche „Weib und Kind" ab. Noch bei Martin Luther fehlte das Wort Familie. Er sprach dafür vom „Haus" und meinte damit das „ganze Haus" der Bauern und Handwerker, das als Produktions- und Konsumtionsgemeinschaft nicht nur Eltern und Kinder, sondern auch Großeltern, unverheiratete Verwandte, Gesinde, Gesellen und Lehrlinge umfasste. Das Fremdwort „Familie", das nicht nur „Haus", „Wohnung", „Zimmer", sondern auch „Hausstand", „Hausgemeinschaft", „Familie" und „Familienbesitz" bedeutet, setzte sich also erst mit der Kodifizierung des Rechts im Aufklärungszeitalter durch.

Das „ganze Haus", von dem Wilhelm Heinrich Riehl im 19. Jahrhundert rückwärts gewandt schwärmte, war nicht so verbreitet, wie viele Soziologen immer noch annehmen. Das ergaben neuere Forschungen zur Sozialgeschichte der Familie.

Aber eigentlich weist bereits der alte Sprachgebrauch, der von „Weib und Kind" redet, wo die Familie gemeint ist, auf das Vorwiegen der Kleinfamilie hin. Nur eine kleine Minderheit von Adligen, reichen Bauern und Bürgern konnte ein „ganzes Haus" führen. Aber diese prägte das sozialpsychisch wirksame Leitbild, weil sie die Gesellschaft beherrschte. So entstand der Eindruck von der „Vorherrschaft" des „ganzen Hauses", der ja im ursprünglichen politischen Sinn des Wortes durchaus zutrifft.

Das „ganze Haus" war auch nicht die Idylle, für das es von vielen Sozialromantikern gehalten wird. Man muss sich einmal vorzustellen versuchen, mit welchem Mangel an Intimität einerseits, mit wieviel sozialer Kontrolle andererseits das Zusammenleben in einem solchen „ganzen Haus" verbunden war. Da gab es für Kinder und Gesinde kaum Rückzugsmöglichkeiten. Überall wachten die strengen Augen des Hausvaters und der Hausmutter.

Was aber das Familienleben in der vorindustriellen Gesellschaft Mitteleuropas weitgehend bestimmte, war die Einheit von Produktion und Konsumtion sowohl im „ganzen Haus" der Adligen, Großbauern und Patrizier als auch in den bescheidenen Haushaltungen der vielen Kleinbürger und Landarmen. Diese zerfiel infolge der Industrialisierung Deutschlands. Produktion und Konsumtion wurden voneinander getrennt. Nicht mehr im Haus wurde produziert, sondern in der Fabrik, im Betrieb. Der Produktionssektor vertritt jetzt „die Außenwelt", die „Gesellschaft"; die Familie die „Innenwelt", die „Gemeinschaft". Damit verändert sich die Binnenstruktur der Familie und es kommt zu einer stärkeren Scheidung von männlich und weiblich, alt und jung als früher. Die Geschlechterpolarität und der Generationenkonflikt verschärfen sich. Man kann das Ergebnis dieser Veränderungen durch folgende Wortpaare kennzeichnen:

Produktion	Konsumtion
Arbeitswelt	Familie
Mann	Frau
der Harte	die Sanfte
Außen	Innen
Konkurrenzkampf	Nestwärme.

Dass diese Wortpaare bereits eine ideologische und mystifizierende Überhöhung der bitteren Wirklichkeit anzeigen, wissen wir inzwischen. Vor allem Geschlechterpolarität und Generationenkonflikt, lange als „biologische Tatsachen" ahistorisch missdeutet, fördern heute die psychische Verelendung in unseren Familien. In Anlehnung an Müller-Lyer hat René König die Veränderungen der Situation der Familie in der Gesellschaft mit den Begriffen „Desintegration" und „Desorganisation" zu beschreiben versucht.

Mit Desintegration werden dabei alle Vorgänge bezeichnet, die dazu führen, dass die Familie immer mehr Funktionen an gesellschaftliche Einrichtungen abtritt. So z. B. Erziehungsaufgaben, Kindergarten und Schule. Unter Desorganisation versteht man die Auflösung des inneren Familienzusammenhaltes. Beispielsweise durch das Unsichtbarwerden des Vaters, der ja mit seiner Arbeitszeit wesentliche Lebenszeit außerhalb der Familie verbringt. Was bedeutet es für Jungen, wenn einerseits noch das alte Männlichkeitsideal gepredigt wird, andererseits der Vater keine anschauliche und überzeugende Identifikationsmöglichkeit mehr bieten kann?

Aber auch die Mütter werden gegenwärtig überfordert, wenn sie aufgrund der geschlechtsspezifischen Rollenzuweisung in der auf Eltern und Kinder reduzierten Familie für Nestwärme, für den psychosozialen Temperaturausgleich sorgen müssen. „Überorganisation" nennt man in der Familiensoziologie diesen Sachverhalt. Die Psychologen reden von overprotection. Folge solcher emotionalen Überforderung ist nicht, dass die Familien ihren Angehörigen Rückhalt und Geborgenheit geben; dagegen entwickeln sie sich häufig zu Terrorgemeinschaften, aus denen Jugendliche so früh wie möglich fliehen, um bald neue Familien zu gründen, in denen es dann oft nicht anders zugeht als in den alten.

Es spricht wenig dafür, dass die Familie so etwas wie ein

Schutzraum in der gegenwärtigen Gesellschaft sein könnte. Max Weber sprach noch vom „Hauskommunismus“ der bürgerlichen Familie. Er meinte damit die nicht berechnende außerwirtschaftliche Wertorientierung: „Solidarität nach außen und kommunistische Gebrauchs- und Verbrauchsgemeinschaft der Alltagsgüter (Hauskommunismus) nach innen in ungebrochener Einheit auf der Basis einer streng persönlichen Pietätsbeziehung“. Dieser Hauskommunismus wurde zuerst in der Arbeiterfamilie aufgelöst.

Keineswegs ist es so, dass Not gleichsam naturwüchsig Solidarität lehrt. Dies ist ein unter Intellektuellen verbreitetes positives Vorurteil über das Proletariat, das in ähnlicher Weise wie Rilkes: „Armut ist ein stiller Glanz von innen“ geeignet ist, die Schwierigkeiten der proletarischen Lebenswirklichkeit zu leugnen.

Mit dem Lohnarbeitsverhältnis zog auch die Rechenhaftigkeit in das Familienleben ein. Wöchentlich einmal – bei den Angestellten monatlich – belasten Auseinandersetzungen um das Familienbudget Eltern und Kinder. Zumal in der Periode der Industrialisierung war das der Fall. Was war vom geringen Wochenlohn übrig, nachdem der Vater am späten Freitagabend von der Kneipe zurückgekommen war? Reichte das für das Essen und die Miete? Wer sollte den nächsten Wintermantel aus dem Gebrauchtwarenhandel bekommen, wo doch alle Familienmitglieder einen brauchten, das Geld aber nicht reichte? Wieviel sollten die arbeitenden Kinder zum Haushaltsgeld beitragen? Das waren die Fragen, die keinen Familienfrieden aufkommen ließen.

Kinder sind nicht mehr, wie einst in begüterten Familien, „Segen Gottes“, „Reichtum der Familie“, sondern Kostenfaktor. Damit ändert sich die Einstellung der Eltern zu den Kindern. Brauchten die Eltern früher die Kinder zur Sicherung ihrer eigenen Existenz, so hatten sie auch die Mittel, die Kinder hierzu zu zwingen. Sie konnten bei Ungehorsam strafen (Enterbung), bei Gehorsam belohnen (Erbe).

Heute verfügen die meisten Eltern nur noch über ihre Arbeitskraft. Diese ist nicht vererbbar. Die Folge ist, dass das Interesse der Eltern an der Erziehung ihrer Kinder schwindet und der Staat mit Zwangsgewalt (Kinder- und Jugendschutz, Schulpflicht) dafür sorgen muss, dass sie ihrer Erziehungspflicht nachkommen. Andererseits haben die Eltern an der Erziehung ihrer Kinder ein gewisses Interesse, nur führt das eher zu autoritären als zu befreienden Konsequenzen. Da sie für ihre Kinder unterhaltspflichtig sind, wenn diese ihre Arbeitskraft nach der Schulentlassung nicht verkaufen können, bestehen sie auf Sauberkeit, Pünktlichkeit, Ordnung und Gehorsam, eben auf der Herstellung jener Verhaltensweisen, die im Arbeitsprozess nach wie vor unerlässlich sind. Hier haben wir ein sehr wirksames ökonomisches Motiv, das lohnabhängige Eltern veranlasst, ihre Kinder autoritär zu erziehen.

Hinzu tritt noch die psychische Motivation, die daher rührt, dass Arbeiter und Angestellte im Arbeitsleben einen krummen Buckel machen müssen. Wenigstens zu Hause wollen sie als Herren auftreten und Respekt und Gehorsam erfahren. Dass auch das in der Regel scheitert, verschlimmert nur das Familienleben. Dennoch gelingt es manchen Eltern, ihre Kinder einigermaßen vor psychischen Verletzungen zu schützen, ihr Wahrnehmungsvermögen für die äußere und innere Realität (ihre Ich-Stärke psychoanalytisch gesprochen) sowie ihr Selbstwertgefühl zu stärken und ihnen die Entwicklung eines relativ gut integrierten Überichs (jene Instanz, die uns einerseits so fühlen lässt, wie es uns unsere Erzieher geboten haben, die uns andererseits aber auch genügend Autonomie geben kann, uns automatischer Anpassung zu entziehen) zu ermöglichen.

Wer Eltern helfen will, muss bei den ökonomischen Rahmenbedingungen ansetzen. Familiengerechte Wohnungen mit Spiel- und Tummelplätzen müssten geschaffen werden, Zukunftsperspektiven, die ein menschenwürdiges Dasein erwarten lassen, eröffnet werden. Dem stehen jedoch mächtige profitorientierte Interessen entgegen. Nach wie vor ist die Familie, wie Erich Fromm (1936) schrieb, psychische Agentur der Gesellschaft, einer Gesellschaft freilich, in der die meisten viel zu klagen und wenig zu sagen haben. Nach wie vor lassen sich die Familien aber auch nicht gänzlich einordnen in das gesellschaftliche Getriebe. Unter günstigen Bedingungen kann sich dann und wann in ihnen ein Potential des Widerstandes und der Befreiung entwickeln. Hier können Eltern und Erzieher unterstützend eingreifen – wenn sie können!

Aber die Bedingungen sind selten günstig. Die Vergesellschaftung der Erziehung, ihre weitgehende Institutionalisierung und Verstaatlichung hat die Eltern weniger entlastet als belastet. Nur unzureichend können sie ihre Kinder von den Zumutungen einer am Leistungsprinzip orientierten Gesellschaft schützen. Viel unmittelbarer, als das Fromm seinerzeit annahm, sind sie Agenten der Gesellschaft geworden. Indem sie die Kinder bei den Schulaufgaben beaufsichtigen und ihr Freizeitverhalten kontrollieren, verstärken sie den Druck der Gesellschaft, statt dass sie ihn lindern. Und wo Erzieher die Postulate demokratischer Erziehung ernstnehmen, werden sie von Berufsverboten bedroht.

Heute führt die vielfach belastete Sozialisation häufiger zur Entwicklung „narzisstisch-aggressiver Persönlichkeiten“ als zu „autoritären“. Wodurch unterscheiden sich diese beiden Persönlichkeitstypen? Was hat sich geändert, dass heute der eine häufiger vorkommt als der andere?

Der klassische Typ des autoritären Charakters wird in Heinrich Manns Roman „Der Untertan" beschrieben. Sein sozialer Ort ist das Bürgertum, das Kleinbürgertum zumal. Hier bestanden bis zum Ausgang des Zweiten Weltkrieges noch relativ verbindliche Normen sozialen Verhaltens. Deren Befolgung durch die Kinder konnte jedoch angesichts der ökonomischen und gesellschaftlichen Machtlosigkeit der Väter nicht mehr regelmäßig belohnt werden, positive Sanktionen blieben häufig aus. Nur mittels harter Strafen konnte ihre Einhaltung erzwungen werden. In der frühen Kindheit erfuhren diese Kinder noch eine milde Erziehung durch die Mütter. Aber gerade die mütterliche Freundlichkeit stand im Widerspruch zur fordernden Härte der Väter oder anderer gesellschaftlicher Instanzen. Verwirrt von diesen gegensätzlichen Einstellungen und Verhaltenszumutungen entwickelten diese Kinder ein äußerst strenges Überich, das sie dazu zwang, ihre eigenen Bedürfnisse und Neigungen unnachgiebig zu unterdrücken. Die daraus resultierende Wut und Aggressivität suchte sich dann Entlastung in der Verfolgung Schwächerer. Der Autoritarismus ist gewissermaßen die psychische Überlebenstechnik eines ökonomisch deklassierten Bürgertums, das kräftig nach unten treten muss, um sich die Illusion zu erhalten, oben zu sein.

Man hat den Autoritarismus der Deutschen für ein Ergebnis autoritärer Familienerziehung gehalten. Das ist nicht ganz richtig. Autoritär erzogen wird nicht nur in Deutschland. Es sei hier nur daran erinnert, dass Adorno und seine Mitarbeiter ihre Studien über den autoritären Charakter in den Vereinigten Staaten von Amerika an amerikanischen Bürgern vornahmen. Was den Autoritarismus der Deutschen so sehr verstärkt hat, war vor allem die Tatsache, dass der autoritären Erziehung in Familie und Schule die autoritäre Leitung von Staat und Wirtschaft entsprach.

Deutschland ist das Land der gescheiterten Revolutionen und Volksaufstände. Niemals haben die Deutschen einem ihrer Monarchen, wie die Engländer und Franzosen, den königlichen Kopf vor die Füße gelegt. Der moderne deutsche Staat ist nicht das Resultat revolutionärer Befreiungskämpfe, sondern eines kläglichen Kompromisses zwischen dem von Bismarck repräsentierten preußischen Junkerturn und einem nach 1848 politisch resignierenden Bürgertum.

Ein steinerner Zeuge dieses Kompromisses ist das Reichstagsgebäude in Berlin. Der Architekt Wallot hatte ursprünglich eine größere, schönere Kuppel vorgesehen, als sie schließlich gebaut wurde. Wilhelm II. legte sein Veto ein. Das deutsche Parlamentsgebäude durfte nicht sein Schloss überragen. Der Reichstag fügte sich.

Aus: Wilfried Gottschalch, Vatermutterkind. Deutsches Familienleben zwischen Kulturromantik und sozialer Revolution, Berlin 1979, S. 7–17.

HILFEN ZUR TEXTERSCHLIESSUNG

1. Stellen Sie Einzelaspekte des von Gottschalch dargestellten Strukturwandels der Familie zusammen. Inwiefern scheint hier der Begriff „Desorganisation" angemessen?
2. Was meint der Ausdruck, die Familie sei heute eine „psychische Agentur der Gesellschaft" (siehe S. 343)?
3. Wie erklärt Gottschalch die Entstehung des Autoritarismus?

4.5 Helmut Fend: Sozialisation und sozialer Wandel

Prof. Dr. Helmut Fend (geb. 1940) in Hohenems/Vorarlberg (Österreich) geboren. Als Volksschullehrer unterrichtete er an einklassigen Volksschulen in Vorarlberg. Er studierte Germanistik, Psychologie und Pädagogik. Seit 1968 war er am Institut für Erziehungswissenschaft der Universität Konstanz und am Zentrum für Bildungsforschung tätig, 1978/79 wurde er Leiter des Landesinstituts für Schule und Weiterbildung des Landes Nordrhein-Westfalen, seit 1987 ist Fend Ordinarius für Pädagogische Psychologie an der Universität Zürich.

Seine Forschungsschwerpunkte sind die Entwicklung im Jugendalter, Bildungssysteme und Schulentwicklung. Mehrere seiner Arbeiten wurden zu Standardwerken auf dem Gebiet der Erziehungswissenschaft. Fend weist darauf hin, dass der gesellschaftliche und damit auch familiäre Wandel zum einen zu einer Ausweitung der Entscheidungs- und Handlungsmöglichkeiten von Jugendlichen geführt habe. Zum anderen bringe die Auflösung einengender, zugleich aber stabilisierender gesellschaftlicher Normen und Institutionen die Gefahr einer Belastung oder sogar Überlastung der Aufwachsenden mit sich.

Literaturhinweise

Helmut Fend, Geschichte des Bildungswesens, Wiesbaden 2006.
Helmut Fend, Neue Theorie der Schule, Wiesbaden 2006.
Helmut Fend, Entwicklungspsychologie des Jugendalters, Wiesbaden 2005.

M 6 Sozialgeschichte des Aufwachsens

Wandel der Bedingungen für das Aufwachsen

Welches sind [...] für das Aufwachsen strategisch wichtige epochale Änderungen von Problemvorgaben, Rahmenbedingungen und Lösungsangeboten, die zu unterschiedlichen [Formen] der Daseinsbewältigung durch jugendliche Generationen aus einem umfassenden Möglichkeitsraum führen? Um dies zu illustrieren, sei auf einige bekannte Veränderungen von Bedingungen des Aufwachsens verwiesen, die sich in der vollen Spannweite noch in diesem Jahrhundert ergeben haben:

1. Aufwachsen heute bedeutet nur mehr für einen verschwindend kleinen Teil, in lokalen und dichten sozialen Kontrollnetzen mit geschlossener weltanschaulicher (religiöser) Sinngebung und klaren Autoritätsverhältnissen und Pflichtenkatalogen groß zu werden. Die technischen Entwicklungen (Verkehrsmittel, Medien) haben zu einer Universalisierung heterogener Sinnangebote geführt, die größere Mobilität hat die individuell zu verantwortenden Entscheidungen für Freunde und Partner, für Ausbildung und Beruf, für Sinnfindung und Selbstdarstellung gefördert. Innere Kontrolle muß fehlende äußere Kontrolle ersetzen.

2. Von strategisch zentraler Bedeutung sind die in sozialhistorische Wandlungen eingebauten Veränderungen von Freiheitsgraden des Handelns, die individuell zu verantwortende Entscheidungen evozieren. Sie implizieren Erweiterungen von „Möglichkeitsräumen". Sehr schön lässt sich dies am Beispiel der durch die ökonomische Entwicklung bedingten Integration der Frau in die Berufsarbeit illustrieren, und sehr deutlich wird dies ebenfalls für die Rolle der Frau bei den so wichtigen Veränderungen im medizinischen Bereich, die eine bessere Kontrolle der Empfängnis und eine Einschränkung des Geburtsrisikos zur Folge hatten. Dadurch sind für die Frau ganz andere Formen der Lebensplanung und der Realisierung eigener Lebensansprüche möglich geworden. Auch am Beispiel der kohortenspezifischen Berufschancen läßt sich die Fruchtbarkeit dieses Konzepts verdeutlichen.
Die Veränderungen von Möglichkeitsräumen enthalten auch *neue Nutzenoptimierungsbedingungen*, neue *Ziel-Mittel-Vorgaben*, z.B. folgende:

- die wichtigste Voraussetzung für eine befriedigende Berufstätigkeit ist eine gute Ausbildung;
- die Sicherheit des Arbeitsplatzes erfordert ständige Weiterbildung;
- eine große Kinderzahl ist ohne ökonomischen Nutzen und ohne Funktion für die Alterssicherung.

Erweiterte Möglichkeiten bedeuten aber auch *geringere Notwendigkeiten der Einordnung in gegebene Verhältnisse:* Wer sich am Arbeitsplatz nicht wohl fühlt, kann diesen wechseln, wenn die Elternbeziehungen zerrüttet sind, können diese gekündigt werden, wer sich einer sozialen Gruppe weltanschaulich entfremdet, kann diese verlassen. Damit werden aber Tugenden, mit (unveränderlichen) Umständen leben zu können, weniger funktional und weniger eintrainiert als Tugenden, sich klug entscheiden zu können und Beziehungsverhältnisse aktiv befriedigend zu gestalten.

3. Eine Vielzahl von veränderten Bedingungen des Aufwachsens indiziert eine *Stärkung der individuellen Entscheidungsmöglichkeiten* und Entscheidungsnotwendigkeiten. Mit dem häufig zitierten *Individualisierungsschub* wird auf diesen Sachverhalt verwiesen. Ökonomische Entwicklungen (Konsumentensouveränität angesichts eines großen Warenangebotes), politische Entwicklungen (Abhängigkeit der Regierungsmacht von Wählerentscheidungen) und mobilitätsfördernde heterogene Lebensverhältnisse haben die Freiheitsgrade des Handelns gestärkt.
In besonderem Maße wird dieser Individualisierungsschub durch Veränderung in der Familie getragen. Der ökonomische Bedeutungsverlust und der psychische Bedeutungszuwachs von Kindern haben dazu geführt, daß die optimale Entwicklung und Förderung des Kindes zum Zentrum familiären Lebens geworden ist. Das Glück der Kinder hat sich zum Maßstab des Wohlbefindens der Eltern herausgebildet und sie somit in neue Abhängigkeiten von ihren Kindern geführt.
Das Bildungswesen wiederum fördert eine andere Komponente der Individualität: die kühlere Luft der Selbstverantwortung für die eigenen Leistungen. Durch die Inszenierung von methodischem Unterricht und Leistungsprüfungen bei altershomogenen Gruppen macht es sichtbar, was in jedem Heranwachsenden steckt, was aus ihm herauszuholen ist, was er aus sich selbst gemacht hat.
An der Schwelle zum Erwachsenendasein wird die heutige Generation schließlich mit einer Vielzahl von Möglichkeiten der Selbstdarstellung konfrontiert: über Mode und den Besitz von Konsumgütern, über Genußmöglichkeiten und Erlebnismöglichkeiten, über Sport und Kunst, über Leistung und Genuß. Alles Schöne und Lustvolle dieses Daseins gerät in den Horizont des zu Erstrebenden.

4. Mit diesen Veränderungen ist meines Erachtens *die* zentrale Induktionsquelle für den Wandel im Generationenbewusstsein angesprochen. Sie besteht im generationsspezifischen Aufbau von Bezugssystemen, „was von diesem Leben berechtigterweise erwartet werden darf", die die Standards vorgeben, an denen Zufriedenheit und Unzufriedenheit, Glück und Unglück gemessen werden. Die sozialhistorisch unterschiedlichen Lebensbedingungen schaffen nun einen *generationsspezifischen Erwartungshorizont* von Bezugssystemen der Beurteilung der eigenen Situation und der „Welt" insgesamt, der in seinen normativen Aspekten in *Ansprüchen* besteht. Ihren Kern bilden Erwartungen an ein *erfülltes Leben.* Die heutigen Bedingungen kristallisieren diese Ansprüche um jene der personalen Selbstentfaltung im Spannungsfeld von bedingungslosen Akzeptanzwünschen und normativ geleiteter aktiver Selbstgestaltung.
Ein Schlüssel für das Verständnis des Wandels von generationsspezifischen Erwartungshorizonten bildet dabei die Untersuchung von *Knappheitsbedingungen:* was gerät im sozialen Wandel in die Zone des *Selbstverständlichen*, des *Erreichten*, was erscheint „knapp, aber erreichbar"?
In der Nachkriegszeit bis in die fünfziger Jahre war die Sicherung ökonomischer und politischer Lebensgrundlagen das Knappheitsbedingungen unterliegende Gut. Ende der sechziger Jahre schien dies für privilegierte Gruppen erreicht und ungefährdet. Die Universalisierung gerechter Lebensbedingungen wurde zum Problem und generationsspezifischen Erwartungshorizont. Die Vergeblichkeit, dies schnell und umfassend erreichen zu können, hat zu einer Verschiebung dieses nur frustrierenden Erwartungshorizontes hin zu eigenen Gestaltungsbemühungen, offenstehenden Ansprüchen an die eigene Lebensführung beigetragen. Schließlich haben sich am Beginn der achtziger Jahre Verschiebungen in den Zonen des scheinbar Selbstverständlichen vollzogen. Sowohl die Einlösung des Versprechens auf Realisierung der Formel „Anstrengung in der Ausbildung – Chancen im Beruf" wurde problematisch als auch die Sicherung der Wohlstandsverhältnisse. Diese Problemzonen und Knappheitsbedingungen schaffen neue Erwartungshorizonte, Anstrengungsbereitschaften, aber auch Distanzierungsformen.
Sie führen einerseits zu einer Wiederbelebung jener Prinzipien der Lebensgestaltung, die im modernen okzidentalen Rationalismus fundiert sind.
Daran polarisiert sich andererseits eine junge Generation, die an seinen Problemen und Ausblendungen orientiert ist.

5. Das Kernproblem der Bedingungen des Aufwachsens heute besteht auf diesem Hintergrund darin, daß sie innerfamiliär gestützte, schulisch verstärkte und im öffentlichen Leben symbolisierte *hohe Versprechungen auf personale Selbstentfaltung aufbauen.* Die Freiheits-

grade des Handelns bürden den Heranwachsenden aber auch ein *hohes Maß an Selbstverantwortung* und damit auch *klare Visionen der Erfüllung und des Versagens* auf. Diese Versprechungen und Ansprüche führen potentiell aber auch zu Vereinsamung und Sinnverlust, und sie prallen auf Realisierungsbedingungen, die problematischer geworden sind.

- In der Schule zu reüssieren hat einen überragenden Stellenwert bekommen – die Struktur des Bildungswesens hält aber Erfolge „knapp".
- Eine gute Ausbildung erworben zu haben bedeutet immer weniger, damit die Existenzsicherung bewerkstelligt zu haben.
- Eine persönlich erfüllende Partnerwahl wird zum Kernpunkt der Lebenserfüllung. Schreibt man aber die gegenwärtigen Tendenzen der Stabilität von Partnerbeziehungen fort, dann muss mindestens ein Drittel der sich ehelich bindenden Personen mit dem „Ende der Liebe" rechnen, mit schmerzhaften Scheidungsprozessen. Etwa 20 bis 30 % werden in instabilen und nicht legalisierten außerehelichen Verhältnissen leben, und ein ebenso großer Prozentsatz wird der lebensgestaltenden Erfahrung des Lebens mit eigenen Kindern entbehren.

Wir finden also vielfältige gegenläufige Entwicklungstendenzen, die Olk für einen anderen Bereich des Aufwachsens so formuliert: „Eine immer frühere und intensivere Beteiligung von Jugendlichen an den gesellschaftlichen Lebens- und Erfahrungsbereichen wie Konsum, Medien und Sexualität steht einer immer weiteren Exklusion Jugendlicher aus dem Beschäftigungssystem, in dem die Grundlage für die ökonomische Unabhängigkeit gelegt werden kann, gegenüber". Verallgemeinert bedeutet dies, daß die Erwartungen an individuell zu gestaltende und zu verantwortende Lebensläufe gestiegen sind, auf der anderen Seite aber gesellschaftliche Rahmenbedingungen ihre Einlösung erschweren.

Der Individualisierungsschub und die Formulierung des Erwartungshorizontes der Selbstentfaltung haben aber zusätzliche Konsequenzen, die aus Problemen seiner Eigendynamik, aus Problemen einer potentiellen Egozentrik resultieren. Die Konzentration auf die personale Selbstentfaltung führt Heranwachsende potentiell in Konflikte mit den anderen, die Mitbewerber um erfolgreiche Selbstdarstellung sind. Je stärker sich jemand ausschließlich auf die Entfaltung der eigenen Person, auf höchstmögliche Leistung und Exklusivität konzentriert, um so egozentrischer, aber auch um so einsamer kann er werden. Im Bildungssystem, in dem der eigene Erfolg häufig nur auf der Folie des Mißerfolges der anderen strahlend erscheint, ist dieser Grundkonflikt angelegt. Die Gefahr des sozialen Ausschlusses ist aber in der Jugendphase jene Bedrohung, die am stärksten wiegt. Auf der Folie der egozentrierten Vereinsamung gewinnen *Vergemeinschaftungsformen* unter Altersgleichen eine herausragende Bedeutung. In der Symbiose des Bedürfnisses nach Selbstdarstellung mit dem Aufgehobensein in der Gemeinschaft könnte sich heute ein Schutzmodell der jungen Generation herausbilden, das von den rationalistischen, asketischen und individualistischen Zumutungen unserer Zivilisationsgeschichte abzuschirmen hilft. Letztere, Arbeit, methodische Lebensführung, Verzicht und Rationalität erfordernde Lebensbedingungen werden auf jenem Minimalstandard akzeptiert, der für die Aufrechterhaltung ökonomischer Lebensbedingungen unerläßlich ist. Dies wäre eine neue Form sezessionistischer Jugend, deren Erscheinungsbild sich in den letzten Jahren abgezeichnet hat. Den anderen Pol bildet eine modernisierte Version der Jugend der sechziger Jahre.

Aus: Helmut Fend, Sozialgeschichte des Aufwachsens. Bedingungen des Aufwachsens und Jugendgestalten im zwanzigsten Jahrhundert, Frankfurt a. M. 1988, S. 294–300.

ZUR TEXTERSCHLIESSUNG

1. Fassen Sie die von Fend benannten Aspekte des Wandels des Aufwachsens thesenförmig zusammen.
2. Erläutern Sie die von Fend benannten Gegenwartsprobleme des Aufwachsens.
3. Welche Rolle spielt bei diesen Problemen die Schule bzw. das Bildungssystem, welche Rolle spielen andere Institutionen der gegenwärtigen Gesellschaft?
4. Welche Auswege deutet Fend an?

4.6 Rainer Geißler: Die Benachteiligten der Bildungsexpansion

Rainer Geißler (geb. 1939) studierte Geschichte, Romanistik und später auch Soziologie an den Universitäten Kiel, Freiburg i. Br., Pau (Südfrankreich) und Basel. Nach seiner Lehramtsprüfung nahm er eine Tätigkeit als Wissenschaftlicher Assistent am Soziologischen Seminar der Universität Basel auf und promovierte dort 1971 in Soziologie. Von 1975 bis 1981 war er Professor für Soziologie an der Hochschule der Bundeswehr Hamburg, seit 1981 ist er Professor an der Universität Siegen.

Geißlers Forschungsschwerpunkte sind heute soziale Ungleichheit und Sozialstrukturanalyse mit einem besonderen Akzent auf dem Vergleich von Ost- und Westdeutschland, ethnische Minderheiten mit einem Akzent auf dem Vergleich Deutschland und Kanada und die Soziologie der Massenkommunikation.

Bei dem Vergleich der Ergebnisse Geißlers mit den Bildungsdebatten der 1960er und 1970er Jahre stellt man fest, dass sich das Problem der schichtspezifischen Ungleichheit allenfalls minimal entschärft hat, trotz steigender Abiturientenzahlen. Das Thema Bildungsgerechtigkeit – das zentrale Thema von Geißler – bleibt weiter auf der Tagesordnung.

LITERATURHINWEISE

Jürgen Baumert/Gundel Schümer, Familiäre Lebensverhältnisse, Bildungsbeteiligung und Kompetenzerwerb im nationalen Vergleich, in: ***Jürgen Baumert u. a.,*** PISA 2000, Opladen 2001.
Kai S. Cortina u. a. (Hrsg.), Das Bildungswesen in der Bundesrepublik, Reinbek bei Hamburg 2003.
Rainer Geißler, Die Sozialstruktur Deutschlands, 3. Aufl., Wiesbaden 2002.
Aus Politik und Zeitgeschichte 28/2007: Thema: Hauptschule.

M 7 Bildung für wen?

■ Bildungskapital – eine zentrale Ressource für Lebenschancen

Warum ist die Chancengleichheit im Bildungssystem ein Problem der sozialen Gerechtigkeit? Der französische Soziologe Pierre Bourdieu (1930–2003) hat den Begriff des Bildungskapitals (capital scolaire) geprägt und mit Nachdruck darauf hingewiesen, dass die Bildung – oder genauer: Ausbildungsabschlüsse bzw. Bildungszertifikate – in der modernen Gesellschaft eine zentrale Ressource für die Lebenschancen der Menschen sind. Eine gute Bildung ist eine wichtige Voraussetzung dafür, gesellschaftliche Chancen – z. B. auf beruflichen Erfolg, auf guten Lebensstandard, auf individuelle Lebensgestaltung – wahrzunehmen und gesellschaftliche Risiken wie Arbeitslosigkeit, Armut oder Kriminalisierung zu minimieren. Beispiele konkretisieren diese allgemeine Aussage:

_Beruflicher Aufstieg: Die Akademisierung der Berufswelt hat dazu geführt, dass der Aufstieg in eine wirtschaftliche Führungsposition den Hochschulabschluss so gut wie voraussetzt. 1997 waren 82 % aller Leitenden Angestellten Hochschulabsolventen, 36 % waren sogar promoviert. Unter den Jüngeren (bis 44 Jahre) hatten nur noch 4 % keinen Hochschulabschluss vorzuweisen.

_Einkommen: In den 1990er Jahren verdienten Universitätsabsolventen das 2,2-Fache von Ungelernten und 70 % mehr als gelernte Fachkräfte.

_Risiken: Auch von den Risiken der modernen Gesellschaft sind nicht alle gleichmäßig betroffen: die modernen Risiken sind nicht „demokratisiert" (Ulrich Beck), wie es eine weit verbreitete, aber irreführende Formulierung behauptet. Eine gute Ausbildung bietet natürlich keinen absoluten Risikoschutz, aber sie kann Risiken erheblich herabsetzen. So ist die Gefahr, unter die Armutsgrenze zu rutschen, im Jahr 2000 für Ungelernte um das 5-Fache höher als für Hochschulabsolventen; das Risiko der Ungelernten, arbeitslos zu werden, lag in den letzten 25 Jahren stets um mindestens das 3- bis 6-Fache über dem der Studierten – 1998 lag die Arbeitslosenrate unter Ungelernten mit 25,8 % um das

10-Fache (!) höher als unter Fachhochschulabsolventen (2,6 %) und um das 7-Fache höher als unter Personen mit Universitätsabschluss (3,9 %). Und hinter Gittern landen Abiturienten nur äußerst selten: ca. Zweidrittel der Häftlinge im Jugendstrafvollzug haben die Hauptschule nicht abgeschlossen, und nur etwa jeder Tausendste hat ein Gymnasium besucht.

_Individualisierung: Eine gute Qualifikation schafft darüber hinaus auch die psychischen Voraussetzungen für ein höheres Maß an individueller Lebensgestaltung und Lebensstilisierung, ein Herauslösen aus überkommenen Traditionen und Bindungen, eine Lebensführung nach eigenen Wünschen und Vorstellungen. Die viel beschworene Individualisierung des Lebens in der Moderne vollzieht sich nicht etwa in allen Schichten mit gleichmäßiger Intensität, wie häufig in falscher Verallgemeinerung behauptet wird, sondern sie ist vor allem ein Phänomen im Umfeld akademischer Milieus.

Die Rolle der Bildung als „Kapital" für individuelle Lebens- und Sozialchancen macht deutlich, dass die Chancengleichheit im Bildungssystem eine zentrale Voraussetzung für *soziale Gerechtigkeit* ist.

Der laute Ruf in der bildungspolitischen Debatte der 1960er Jahre nach gleichen Bildungschancen – insbesondere auch für die benachteiligten Arbeiterkinder – ist in den 1970er Jahren verstummt. Seitdem breitete sich die Illusion aus, dieses Problem sei in Deutschland gelöst. Symptomatisch für das Schweigen über die schichtspezifisch ungleiche Verteilung der Bildungschancen sind die letzten präsidialen Grundsatzreden zur Bildungspolitik: In der vielbeachteten Ansprache, die *Roman Herzog* 1997 zum Thema „Wissen und Bildung als Grundlage unserer Zukunft" hielt, taucht das Thema der ungleichen Bildungschancen nicht auf. Stattdessen weist Herzog daraufhin, dass „Bildung ein unverzichtbares Mittel des sozialen Ausgleichs [ist] [...] Sie hält die Mechanismen des sozialen Auf- und Abstiegs offen und hält damit unsere Gesellschaft in Bewegung." Formulierungen dieser Art erwecken den Eindruck, das Problem der Chancengleichheit sei im deutschen Bildungssystem zufriedenstellend gelöst; sie suggerieren die Illusion der verwirklichten Chancengleichheit.

Drei Jahre später – im Jahr 2000 – hält *Johannes Rau* seine Grundsatzrede zur Bildungsproblematik mit dem Titel „Wissen schafft Zukunft" vor dem neu gegründeten *Forum Bildung*. Anders als Herzog spricht er immerhin die Bildungsdefizite der „jungen Ausländer" an; aber auch beim Sozialdemokraten Rau ist von benachteiligten deutschen Kindern aus sozial schwachen Schichten nicht die Rede.

Soziologie und Bildungsforschung sind an der Ausbreitung der Illusion von der Chancengleichheit in der Bundesrepublik nicht ganz unschuldig. In den 1960er Jahren boomten – für kurze Zeit – die Studien zur schichtspezifischen Ungleichheit der Bildungschancen; aber seit den 1970ern ist die Benachteiligung der sozial Schwachen zu einem Rand- und Nischenthema geworden, dem man sich nur noch sporadisch und vereinzelt widmete.

Die Hauptverantwortung auf wissenschaftlicher Seite sehe ich bei der *neuen Theorie der Klassenlosigkeit*, die seit den 80er Jahren des letzten Jahrhunderts mehr oder weniger explizit dem Mainstream der deutschen Sozialstrukturforschung zugrunde lag und eine große Ausstrahlung hatte – in die Öffentlichkeit hinein und auch auf andere Wissenschaften, z. B. auf die *Erziehungswissenschaft*. Eine völlig überzogene Kritik an den Klassen- und Schichtkonzepten sowie die Forderung nach einer Paradigma-Revolution in der Sozialstrukturanalyse hatten zur Folge, dass sich die Erkenntnisinteressen von etwa Mitte der 1980er bis in die zweite Hälfte der 1990er hinein grundlegend verschoben: eine sozialkritische Ungleichheitsforschung, bei der die vertikalen Chancenungleichheiten (z. B. die schichtspezifischen Bildungschancen) im Zentrum gestanden hatten, mutierte zu einer stark *kultursoziologisch orientierten Vielfalts- und Individualisierungsforschung*. Ihre Grundannahme von der Irrelevanz oder gar faktischen Auflösung der Klassen- und Schichtstrukturen fand – so wie in den 1950er Jahren *Helmut Schelskys* Anti-Klassentheorie von der nivellierten Mittelstandsgesellschaft – große Resonanz in der Öffentlichkeit. Sie entsprach der Vorstellungswelt und den Befindlichkeiten der tragenden Gruppen der industriellen Dienstleistungsgesellschaft und leistete zugleich als „Beruhigungsideologie" (so Ralf Dahrendorf damals über Schelsky) gute Dienste.

Wie stark auch die Erziehungswissenschaft gegenwärtig dem „soziologischen Zeitgeist" ausgesetzt ist, macht der Münchener Kongress der *Deutschen Gesellschaft für Erziehungswissenschaft* (2002) plastisch deutlich: Es tagten 60 Arbeitsgruppen und Symposien; in ihnen wurden über 350 Vorträge gehalten. Aber keine einzige Arbeitsgruppe und kein einziges Symposion war dem Problem der schichtspezifischen Chancengleichheit bzw. -ungleichheit gewidmet. Wenn es um Chancengleichheit ging, dann meist – in vier Arbeitsgruppen bzw. Symposien – um die *Gender-Problematik*, obwohl sich die gravierenden Bildungsdefizite der Mädchen in den 1960er Jahren inzwischen in leichte Defizite der Jungen im Schulsystem und unter den Studienanfängern verkehrt haben. In zwei Arbeitsgruppen ging es um „Milieus", und eine hatte immerhin die Bildungsprobleme der Migrantenkinder zum Thema. Zu den schichttypischen Benachteiligungen schwiegen sich die Erziehungswissenschaftler/innen aus – von zwei bezeichnenden Ausnahmen abgesehen, nämlich den beiden Vorträgen von Angehörigen des PISA-Teams – *Jürgen Baumert* und *Gundel Schümer*.

Paradox: mehr Bildungschancen, weniger Bildungsgerechtigkeit

PISA hat die Illusion der Chancengleichheit empfindlich gestört. Wer wollte, konnte allerdings auch vor PISA wissen, dass die schichttypische Ungleichheit der Bildungschancen ein zähes Beharrungsvermögen aufwies und der Bildungsexpansion getrotzt hat. Die weit verbreitete Metapher *Ulrich Becks* vom sog. „Fahrstuhleffekt" – durch die Bildungsexpansion seien alle im Haus der Bildungsniveaus eine Etage höher gefahren worden – vermittelt eine völlig schiefe Sicht der Entwicklung. De facto gibt es Gruppen, die nach oben fahren konnten, aber Kinder aus den unteren Schichten haben den Fahrstuhl überwiegend verpasst.

Bildungsexpansion und die schichtspezifische Ungleichheit der Chancen

Die Bildungsexpansion ist – dies muss zunächst festgehalten werden – den Kindern aus allen Bevölkerungsgruppen zugute gekommen. Soziologisch interessant ist jedoch die Frage, ob diese Expansion mit einer *Umverteilung der Bildungschancen* zugunsten der benachteiligten unteren Schichten verbunden war.

Leider waren und sind die Bildungsstatistiken des Bundes und der Länder in einem derartig lamentablen Zustand, dass sie auf diese zentrale Frage der Bildungs- und Gesellschaftspolitik keine präzise und differenzierte Antwort geben. Die offiziellen Daten und die Ergebnisse verschiedener Einzelstudien lassen sich jedoch zu einem in sich schlüssigen Gesamtbild zusammensetzen.

Da sich die Bildungsexpansion auf den verschiedenen Ebenen des Bildungssystems unterschiedlich auf die schichtspezifische Chancenstruktur ausgewirkt hat, ist es sinnvoll, die Verschiebungen auf den *drei Niveaus* – Realschule, Gymnasium und Hochschule – getrennt zu betrachten.

Den bislang besten Einblick in die Veränderung der schichtspezifischen Chancenstrukturen im *Schulwesen* vermittelt die Spezialauswertung der Mikrozensusdaten von Schimpl-Neimanns. Sie bestätigt die skeptische Einschätzung der Effekte in bisherigen zusammenfassenden Bilanzen. [...]

_Realschulen: Von ihrem Ausbau profitierten zwischen 1970 und 1989 insbesondere die Kinder von Arbeitern (einschl. Arbeiterelite), von Landwirten und von ausführenden Dienstleistern. Auf der Ebene des mittleren Bildungsniveaus sind also die Chancen zugunsten der benachteiligten Schichten *umverteilt* worden.

_Gymnasien: Die Hauptgewinner der gymnasialen Expansion sind die Kinder – insbesondere die Töchter – des nichtlandwirtschaftlichen Mittelstands sowie der höheren Dienstleistungsschicht, die bereits 1950 die besten Bildungschancen hatten. Recht gut mithalten konnten auch die Kinder der mittleren Angestellten und Beamten.

Kinder von einfachen Dienstleistern und Angehörigen der Arbeiterelite dagegen und vor allem die Arbeiterkinder haben trotz gestiegener Chancen gegenüber allen anderen Gruppen an Boden verloren. Zudem stagniert der Chancenzuwachs der Arbeiterkinder seit den 1980er Jahren. So lagen die Chancen von Kindern der höheren Beamten und Leitenden Angestellten, ein Gymnasium zu besuchen, 1950 um 37 Prozentpunkte höher als diejenigen der Kinder von Un- und Angelernten. Bis 1989 ist dann der Abstand auf 54 Prozentpunkte angestiegen. Beim Wettlauf um die höheren Bildungsabschlüsse haben sich also die *Chancenabstände* zwischen privilegierten und benachteiligten Gruppen *vergrößert*.

PISA belegt nun, dass es auch im Jahr 2000 bei 15-Jährigen weiterhin *gravierende schichttypische Chancenunterschiede* im Schulbesuch gibt. Die PISA-Daten für Kinder aus den Arbeiterschichten aus dem Jahr 2000 lassen sich grob mit Schimpl-Neimanns Daten für 1989 vergleichen. Dabei stellt man fest: Die Chancen von Kindern der Un- und Angelernten, eine Realschule oder ein Gymnasium zu besuchen, *stagnieren* in den 1990ern; Facharbeiterkinder verzeichnen bei beiden *Schulformen geringfügige Chancenzuwächse*.

Universitäten: Noch krasser wirkt der soziale Filter beim zunehmenden Run auf die Universitäten. Den Ausbau der Hochschulen nutzten ebenfalls insbesondere junge Menschen aus Gruppen, deren Studienchancen bereits 1969 vergleichsweise gut waren – Söhne und in noch stärkerem Maße Töchter von Selbstständigen (Zuwachs unter den Studienanfängern bis 2000 um 30 Prozentpunkte), von Beamten (26 Prozentpunkte) und von Angestellten (11 Prozentpunkte). Trendanalysen mit einem feineren Schichtmodell liegen nicht vor, aber es dürfte sich bei den Gewinnern der Hochschulexpansion um dieselben Schichten handeln, die auch in besonderem Maße von der Ausdehnung der Gymnasien profitierten. Der Chancenzuwachs der Arbeiterkinder von 4 Prozentpunkten nimmt sich dagegen sehr bescheiden aus. 1990 kletterte zwar ihre Studierquote erstmals in der Geschichte der Bundesrepublik über die Fünfprozentmarke auf 7 Prozent. Aber das Jahrhunderthoch der Arbeiterkinder liegt nur halb so hoch wie allein der Chancenzuwachs der Selbstständigenkinder im letzten Jahrzehnt (14 Prozentpunkte). Dieser Vergleich macht die *schichtspezifischen Effekte* drastisch sichtbar, die mit der Expansion der Universitäten verbunden sind.

Insgesamt hat die Bildungsexpansion also ein paradoxes Ergebnis hervorgebracht: mehr Bildungschancen – aber weniger Bildungsgerechtigkeit.

Der eigentliche Paukenschlag von PISA – neu und aufsehenerregend – ist der *internationale Vergleich*. Da die Schulbesuchsquoten wegen der unterschiedlichen Schulsysteme in verschiedenen Gesellschaften nicht interkulturell vergleichbar sind, benutzt PISA die *Kompetenzunterschiede* zwischen Oben und Unten. Die Studie fragt danach, wie weit die Basisqualifikationen in den drei Bereichen Lesen, Mathematik und Naturwissenschaften bei Kindern aus dem oberen und unteren Viertel der sozioökonomischen Hierarchie auseinander liegen.

Der diesbezügliche Vergleich der 31 Gesellschaften liefert ein bedrückendes Ergebnis: Deutschland gehört zusammen mit Belgien, Ungarn und der Schweiz zu den vier Ländern, in denen die Abstände der sozial Schwachen zur Spitze am größten sind. Beim Lesen ist Deutschland Spitzenreiter, in Mathematik und Naturwissenschaften liegt es auf den Rängen vier bzw. fünf. Deutschland gehört also zu den vier „Weltmeistern" bei der Benachteiligung der Kinder aus sozial schwachen Schichten.

Wo liegen die Ursachen für die schichttypischen Kompetenz- und Chancenunterschiede? Eine weit verbreitete Erklärung lautet: Es liegt an der *Auslese nach Leistung* – wer tüchtig und leistungsfähig ist, setzt sich durch. Diese Erklärung ist bequem und beruhigt das soziale Gewissen. Sie ist auch die Basis für die geläufige These, ein Mehr an Chancengleichheit könne nur mit einer Absenkung des Leistungsniveaus erkauft werden. Die Prinzipien von Chancengleichheit und Leistung stünden in einem unauflöslichen Spannungsverhältnis. Die Bildungsforschung hat jedoch seit den 1960er Jahren belegt, dass diese Annahmen zwar einen richtigen Kern enthalten, aber insgesamt einseitig, unvollständig, schief und teilweise auch falsch sind. Leistungsfähigkeit und Leistung sind beim Erwerb von Kompetenzen und Schulabschlüssen durchaus wichtig, *aber auch leistungsunabhängige soziale Kriterien* spielen bei der schulischen Auslese eine bedeutsame Rolle.

Die wenigen, verstreuten Studien zu Einzelaspekten der leistungsunabhängigen sozialen Auslese aus den 1980er und 1990er Jahren ließen sich auch vor PISA zu einem in sich schlüssigen Mosaik zusammensetzen, das die folgenden Aussagen zulässt: Das Bildungssystem ist nicht in der Lage, das Leistungspotenzial der Kinder aus den unteren Schichten wirklich auszuschöpfen.

In den Familien und Schulen ist ein *leistungsunabhängiger sozialer Filter* wirksam, der insbesondere bei den Übergängen in weiterführende Bildungseinrichtungen am Ende der Grundschulzeit und nach Abschluss des Gymnasiums – in anschaulichen Zahlen dokumentiert ist. So sind sowohl die Bildungsentscheidungen in den *Familien* als auch das *Lehrerurteil* bei gleicher Leistung von der Schichtzugehörigkeit abhängig. Dazu im Folgenden einige Beispiele.

_Bildungsentscheidungen der Eltern: Auch bei ähnlichen Leistungen in der Grundschule planen Eltern aus verschiedenen Schichten sehr unterschiedliche Bildungskarrieren für ihre Kinder. Bei guten Schulnoten (Durchschnitt bis 2,3) ist für 94 % der Oberschichtkinder (Drei-Schichten-Modell), für 69 % der Mittelschichtkinder, aber nur für 38 % der Unterschichtkinder der Besuch eines Gymnasiums vorgesehen. Noch krasser fallen die schichtspezifischen Unterschiede bei Kindern mit mittlerer Schulleistung (Notendurchschnitt von 2,3–3,1) aus: Immerhin sollen noch 73 % der mittelmäßigen Oberschichtkinder die gymnasiale Laufbahn einschlagen, aber nur 30 % der Mittelschichtkinder und lediglich 11 % der Unterschichtkinder.

_Lehrerempfehlungen: Besonders markant wird der leistungsunabhängige soziale Filter bei den *Lehrerempfehlungen am Ende der Grundschulzeit* sichtbar. So erhalten z. B. in den 1980er Jahren 40 % der Oberschichtenkinder mit mittleren Schulleistungen (Notendurchschnitt zwischen 2,2 und 2,9) eine Grundschulempfehlung für das Gymnasium, aber nur 11 % der Unterschichtenkinder mit den entsprechenden Schulleistungen.

Eine Studie an 13000 Hamburger Fünftklässlern aus dem Jahr 1996 belegt, dass Grundschullehrer/innen bei Kindern aus bildungsschwachen Familien erheblich strengere Maßstäbe bei der Empfehlung für das Gymnasium anlegen als bei Kindern aus bildungsstarken Familien. Damit eine Gymnasialempfehlung wahrscheinlich wurde, reichten bei Kindern von Vätern mit Abitur 65 Punkte in einem Schulleistungstest, Kinder von Vätern ohne Hauptschulabschluss mussten dagegen 98 Punkte – also 50 % mehr (!) – erreichen.

_Lehrerempfehlungen und Elternreaktionen: Entsprechend unterschiedlich fallen auch die Reaktionen auf die Empfehlungen der Lehrer am Ende der Grundschulzeit aus: Fast alle Beamtenkinder (92 %) folgen der Grundschulempfehlung für das Gymnasium, aber nur 63 % der Facharbeiterkinder und weniger als die Hälfte (48 %) der Kinder von Un- und Angelernten.

_Studienwünsche: Der von Leistung unabhängige soziale Filter ist beim Übergang in die Universitäten erneut wirksam. Oberstufenschüler/innen der mittleren Leistungsstufe aus Familien von Beamten (50 %), Angestellten (44 %) und Selbstständigen (55 %) wollen häufiger studieren als Arbeiterkinder (43 %) aus der oberen Leistungsstufe.

_Hochschulstudium: Erst während des Studiums selbst ist der soziale Filter außer Kraft gesetzt. Studierende aus Arbeiterfamilien haben zwar überdurchschnittlich häufig mit Finanzierungsproblemen sowie mit Orientierungs- und Motivationsschwierigkeiten zu kämpfen; aber die Neigung, das Studium abzubrechen, ist nicht mehr von der sozialen Herkunft abhängig.

Diese Beispiele zeigen, dass *familiale Ursachen* für leistungsunabhängige Chancenunterschiede in den Schulen nicht etwa kompensiert, sondern *verstärkt* werden: In das Lehrerurteil schleichen sich hinterrücks auch soziale Kriterien ein, die mit dem Leistungspotenzial der Kinder nichts zu tun haben. Die *Auslese nach Leistung* greift also bei *Kindern aus unteren Schichten* erheblich schärfer als bei anderen, während das Leistungsprinzip gegenüber Kindern aus der *Mitte und von Oben* in Familien und Schulen lockerer gehandhabt wird. Daher dürften Leistungsschwache und „Überforderte“ auf Gymnasien oder in Hochschulen eher aus mittleren und höheren Schichten stammen; dort ist der Druck, den Sozialstatus für die Kinder über höhere Bildungsabschlüsse zu erhalten, besonders hoch.
Aus den skizzierten Beispielen lässt sich zudem schlussfolgern, dass ein Mehr an Chancengleichheit das Leistungsniveau nicht beeinträchtigt hat oder beeinträchtigen würde. Man konnte vor PISA wissen, dass Chancengleichheit und Leistungsprinzip keine Widersprüche sind und nicht gegeneinander ausgespielt werden dürfen.
PISA hat den leistungsunabhängigen Filter bei der schulischen Auslese erneut überzeugend belegt: Bei gleichen Fähigkeiten (kognitiven Grundfähigkeiten, Lesekompetenz) sind die gymnasialen Chancen von Kindern aus der „oberen Dienstklasse“ (höhere Beamte, leitende Angestellte, freie Berufe, größere Selbstständige) um fast das Vierfache höher als bei Facharbeiterkindern.
Besonders eindrucksvoll sind die Ergebnisse von PISA zum Zusammenhang von Chancengleichheit und Leistungsprinzip, die sich aus dem internationalen Vergleich ableiten lassen. Obwohl in Deutschland besonders große Kompetenzunterschiede zwischen den Jugendlichen von Oben und Unten gemessen wurden, sind die Leistungen des deutschen oberen Viertels im internationalen Vergleich nur durchschnittlich – sie liegen bei den drei gemessenen Grundqualifikationen jeweils auf Rang 17. Andere Länder sind erheblich leistungsstärker, und einigen gelingt es dabei, die Kompetenzdisparitäten nach sozialer Herkunft deutlich kleiner zu halten. So gehört z. B. Finnland leistungsmäßig zur Spitzengruppe, und die Kompetenzunterschiede zwischen Oben und Unten sind nur halb so groß wie in Deutschland.
Auch der Vergleich der deutschen Bundesländer zeigt, dass der Abbau von sozialen Chancenunterschieden nicht zu *Niveauverlusten* führen muss. Innerhalb Deutschlands vollzieht sich die soziale Auslese sehr unterschiedlich stark. So sind in Bayern die gymnasialen Chancen der 15-Jährigen aus der „oberen Dienstklasse“ um das Zehnfache höher als die von Jugendlichen aus Facharbeiterfamilien, in Sachsen aber nur um das Dreifache; in Baden-Württemberg – dem westdeutschen Land mit der geringsten sozialen Selektivität – betragen sie das Sechsfache. In Bayern, dem Spitzenreiter beim Leistungsniveau, fallen hohes Niveau und große Chancenunterschiede zusammen. In Sachsen dagegen ist es gelungen, gute Leistungen (Rang 3) mit niedriger sozialer Selektivität zu verbinden. Und auch das Beispiel Baden-Württemberg zeigt, dass hohes Niveau (Rang 2) mit relativ niedriger sozialer Auslese erreichbar ist: dort sind die Chancenunterschiede geringer als in anderen Westländern, aber das Leistungsniveau – von Bayern abgesehen – höher.
PISA hat also erneut mit Nachdruck darauf hingewiesen, dass Chancengleichheit und Leistungsprinzip keine Gegensätze sind, sondern dass es möglich ist, Benachteiligungen abzubauen und gleichzeitig ein hohes Leistungsniveau zu erlangen. Allerdings lässt die Studie offen, welche konkreten politischen und pädagogischen Maßnahmen geeignet sind, um diese beiden Ziele optimal zu erreichen.
Die lange Zeit angenehme und bequeme Illusion der Chancengleichheit wurde durch PISA erheblich gestört. In Zukunft werden weder die politischen Verantwortlichen noch Wissenschaftler und Wissenschaftlerinnen mehr behaupten können, sie hätten von der schichtspezifischen Benachteiligung in unserem Bildungswesen nichts gewusst. Ob diese Störung nur vorübergehender oder nachhaltiger Natur ist, bleibt abzuwarten.
Man muss zunächst nüchtern feststellen, dass der eigentliche „PISA-Schock“ nicht durch die hier skizzierten Befunde ausgelöst wurde. Das „Hauptbeben“ verursachte die im internationalen Vergleich mäßigen Leistungen, ein kleineres „Nebenbeben“ erzeugten die Bildungsprobleme der Migrantenkinder; die schichtspezifischen Chancendefizite wurden dagegen nur am Rande registriert – und das nicht einmal von allen Parteien.
So fordern in den Parteiprogrammen zur letzten Bundestagswahl im Herbst 2002 lediglich die Parteien der rotgrünen Koalition – SPD und Bündnis 90/DIE GRÜNEN – sowie die PDS bessere Bildungschancen für Kinder und Jugendliche aus sozial schwachen Familien. Die

FDP hält immerhin noch an den hehren Dahrendorf-Slogans „Bildung ist Bürgerrecht“ und „Für Chancengleichheit“ fest. Förderbedarf diagnostiziert sie allerdings lediglich bei Lernschwachen und Hochbegabten, indirekt noch bei Migrantenkindern. Und bei den beiden Unionsparteien taucht die Idee der Chancengleichheit gar nicht erst auf. Von „Chancengerechtigkeit“ durch Schulen, die „Leistung fordern und fördern“, ist auch in deren Wahlprogrammen die Rede; als förderungswürdige Gruppen erwähnen sie lediglich die Hochbegabten. Allerdings sollte man programmatische Formeln in Wahlprogrammen nicht mit der Bildungsrealität verwechseln. Gerade die PISA-Ergebnisse zur unterschiedlichen sozialen Selektivität in den deutschen Bundesländern warnen vor der Annahme, dass sich Forderungen nach Chancengleichheit in Parteiprogrammen in einen entsprechenden Abbau der realen Ungleichheit in den von diesen Parteien geführten Ländern niederschlagen muss.

Wer ernsthaft am Ziel der leistungsbezogenen Chancengleichheit festhalten möchte, muss hoffen, dass diese Problematik in Politik und Wissenschaft sowie insbesondere auch in Lehrerausbildung und Schulpraxis auf der Tagesordnung bleibt. Die Illusion der Chancengleichheit darf sich nicht erneut ausbreiten. Es muss vielmehr darüber nachgedacht und geforscht werden, wie sich die Bildungschancen der Kinder aus sozial schwachen Schichten verbessern lassen.

Aus: Rainer Geißler, Bildung für wen?, in: SOWI. Das Journal für Geschichte, Politik, Wirtschaft und Kultur Heft 2/2004, S. 12–22.

ZUR TEXTERSCHLIESSUNG

1. Stellen Sie Ursachen für die schichtspezifischen Kompetenz- und Chancenunterschiede zusammen, die Geißler benennt.
2. Inwiefern wirken Schulen als „soziale Filter“?
3. Vergleichen Sie die neueren Beobachtungen Geißlers mit denen von Dahrendorf in den 1960er Jahren (S. 136 ff.). Welche Problemlagen haben sich verändert, welche nicht?

4.7 Petra Höfels: Geschlechtsspezifische Sozialisation

„Wir werden nicht als Mädchen geboren, wir werden dazu gemacht." So lautet ein bekannter Buchtitel der Sozialwissenschaftlerin Ursula Scheu, die sich in zahlreichen Untersuchungen mit der frühkindlichen Erziehung in unserer Gesellschaft befasst hat. Wesentliche Ergebnisse dieser und weiterer Studien zur Frage, auf welche Weise sich diese geschlechtsspezifische Sozialisation alltäglich konkret vollzieht, hat Petra Höfels in ihrer Zwischenprüfungsarbeit zusammengefasst. Wegen der besseren Verständlichkeit geben wir im Folgenden Auszüge dieser Zusammenfassung wieder. Petra Höfels arbeitet v. a. zum Zusammenhang von Geschlechterverhältnissen, Arbeitswelt und neuen Kommunikationstechnologien.

Literaturhinweise

Ursula Scheu, Wir werden nicht als Mädchen geboren, wir werden dazu gemacht, Frankfurt a. M. 1977.
Ute Frevert, „Mann und Weib, und Weib und Mann". Geschlechter-Differenzen in der Moderne, München 1995.
Herrad Schenk, Die feministische Herausforderung. 150 Jahre Frauenbewegung in Deutschland, München 1977.

M 8 Geschlechtsspezifische Sozialisation

1. Neugeborenenperiode

Ihre Beobachtungen zur Förderung des Kindes durch äußere Reize von Seiten der Mutter sieht Ursula Scheu als Entwicklungsbeginn von geschlechtsspezifischen Eigenschaften und Fähigkeiten.

Die Beeinflussung der Mutter […] Stimulation zu vermitteln liegt […] in dem Zeitraum, der dem Kind zur Anregung entgegengebracht wird. Den Beobachtungen zufolge wird Jungen im Durchschnitt mehr Aktivierung gegeben, neue Reize visueller und taktiler Art an sie heran getragen. „Umgekehrt reagieren sie (die Mütter; d.V.) auf weibliche Babies mehr mit Imitation als bei den männlichen – indem sie die Bewegungen und Geräusche an sie zurückgeben" (Oakley). Das Verhalten der Mütter verläuft unbewusst, lässt aber erkennen, dass unterschiedliches Verhalten der Kinder durch ihre Aktionen gefördert wird. An dieser Stelle ist darauf hinzuweisen, dass Säuglinge in dieser Phase tatsächlich Unterschiede aufweisen; Moss verweist in diesem Zusammenhang auf die größere Erregbarkeit und Irritierbarkeit von männlichen Neugeborenen. Unter Berücksichtigung dieses Aspekts ist „das mütterliche Verhalten ursprünglich unter der Kontrolle des Neugeborenen, also *reaktiv*" (Götz-Marchand).

Empirische Untersuchungen zur Nahrungsaufnahme bei Säuglingen ergaben, dass Mütter ihre Söhne deutlich länger stillen als ihre Töchter und dass die Entwöhnungsphase (abwechselnde Verabreichung von Brust und Flasche) bei männlichen Kindern über einen größeren Zeitraum hingezogen wird. […] Nimmt man den Rhythmus der Nahrungsaufnahme (Dauer des Fütterns, Pausen, Erziehung zum selbständigen Essen) mit in die Beobachtungen auf, so kann man daraus erkennen, dass dem männlichen Säugling eine Autonomie zugestanden wird, die bei Mädchen nicht gefördert wird, bzw. unterschwellig sogar unterdrückt wird. Welche praktischen Ziele damit verfolgt werden oder ob dem Jungen bereits männliche Autorität anhaftet, kann dabei nicht geklärt werden. […]

2. Säuglingsalter

[…]

Der Säugling ist bereits in der Lage, Gegenstände und Personen zu unterscheiden; einmal seine Aufmerksamkeit erlangt erzeugen sie eine beruhigende Wirkung, die die ganze Konzentration fordert. […]

In den frühen Stadien der kindlichen Entwicklung dient auch Spielzeug der Stimulation: Mobiles – über das Bett gehängt – beeinflussen die optische Stimulation, Glöckchen und Rasseln dienen der akustischen Stimulation. Die Motive dieses Spielzeugs erlauben eine geschlechtsspezifische Einordnung. So werden für Mädchen typischerweise Blumen und Puppen gewählt, für Jungen Autos, Flugzeuge usw. Darüberhinaus gibt es allerdings geschlechtsneutrale Motive, etwa Tiere, bunte Bälle oder Ballons und einfache geometrische Figuren. Die Wahl der Farben nach den Stereotypen hellblau und rosa halte ich für überholt, zumal bekannt ist, dass kräftige Farben die Stimulation des Kindes anregen.

Werden dann mit fortgeschrittenem Alter die Spielzeuge gegenständlich, dient beiden der geschlechtsneutrale Teddybär oder ähnliche Stofftiere als Objekt. Puppen sind ausschließlich Mädchen vorbehalten. Zwar wird Mädchen der Umgang mit „Jungenspielzeug" ermöglicht, den Jungen aber werden Puppen und anderes „Mädchenspielzeug" vorenthalten. Fraglich bleibt, in welcher Weise hier eine Kategorisierung von „minderwertigem Spielzeug" vorgenommen wird und ob dadurch eine Bevorzugung der männlichen Rolle als ein für Mädchen zu erreichendes Ziel stattfindet. Ist nicht viel mehr zu erkennen, dass Mädchen viel mehr Möglichkeiten eröffnet werden, wogegen Jungen eine frühzeitige Kanalisierung ihres Spielverhaltens erfahren?

[...] Die akustische Stimulation beschränkt sich bei Mädchen auf die Imitation eigener Laute, nimmt aber nach Häufigkeit einen höheren Stellenwert ein als die Stimulation von Jungen. Zwar werden Jungen durch das Einbringen ihnen unbekannter Geräusche in höherem Maße gefördert, erhalten aber zahlenmäßig weniger Stimulation als Mädchen. Anne Oakley bescheinigt Mädchen daher eine „spätere verbale Überlegenheit [...]. Denn eine ausgeprägte akustische Stimulation ist eine wichtige Voraussetzung für die Sprachentwicklung und häufige akustische Stimulation fördert sie" (Oakley). [...]

Da in den ersten Monaten die Schlafzeit bei Mädchen im Durchschnitt eine Stunde länger ist als bei Jungen, erreicht der Junge durch längere Wachzeit eine höhere Entwicklung der Wahrnehmung. Zudem wurde beobachtet, dass sich die Mutter häufiger in der Nähe von Jungen aufhält [...]. Ab dem dritten Monat beginnt die Mutter dem Mädchen überwiegend „soziales Verhalten" nahezubringen. Verstärkt spricht und lacht sie, trägt es herum und erhöht durch nachahmen die akustische Stimulation. Bei Jungen wird zu diesem Zeitpunkt das soziale Verhalten bereits als reduziert bezeichnet; schwerpunktmäßig wird die kinästhetische Stimulation gefördert. Die Muskeln des „kleinen Mannes" werden aktiviert, indem die Mutter den Säugling absichtlich in eine Position bringt, die der Bewegung förderlich wird und dem Kind Anstrengung abverlangt. Die Merkmale eines „Mädchenstereotyps" und eines „Jungenstereotyps" sind deutlich zu erkennen. Nach Scheu zeigt sich, „dass die jeweiligen Schwergewichte in der Stimulierung beim Mädchen immer konträr den jeweiligen Bedürfnissen liegen und beim Jungen konform diesen Bedürfnissen".

In Bezug auf die Sauberkeitserziehung lässt sich, ähnlich wie beim Stillen, beobachten, dass bei Mädchen der eigene Rhythmus durch Einfluss von außen gebrochen wird. Das „Sauberwerden" beginnt bei Mädchen viel früher als bei Jungen [...]. Hier findet eindeutig die bereits erwähnte Verwechslung von Ursachen und Folgen statt: In der Gesellschaft dominiert das Bild vom sauberen, adretten kleinen Mädchen, während der verdreckte, wilde Junge etwas „natürliches" ist. Dass die Ursache bereits in der frühen Sauberkeitserziehung liegt, wird durch die Folge, die den Ansprüchen der Gesellschaft gerecht wird, meist übersehen. [...]

3. Frühes Kleinkindalter

Im Verlauf der Entwicklung des Kindes wird die bereits erläuterte Differenzierung der Stimulierung noch vertieft und zeigt deutliche Ergebnisse. So reagieren Mädchen stärker auf akustische, Jungen auf optische Reize.

Die Zuwendung, die das Mädchen ab dem dritten Monat von der Mutter erfährt und die zu einer geschlossenen Beziehung führt, steht im Gegensatz zu dem Verhalten, das die Mutter dem Jungen entgegenbringt. Zum Zeitpunkt der ersten Loslösung von der Bezugsperson und einer sich erweiternden Umwelt, die das Kleinkind entdecken will, ist die Phase der engen Beziehung zu dem Jungen bereits abgeschlossen, die Entdeckermentalität und Autonomie des Kindes wird ab dem sechsten Monat bei Jungen gefördert. Mädchen erfahren ab dem dritten Lebensmonat und den sechsten überschreitend die stärkste Zuwendung von der Mutter, der körperliche Kontakt ist in diesem Zeitraum erheblichster Einfluss von außen. Die Bindung an die Mutter wird verstärkt, unabhängiges Handeln weder gefördert noch ermöglicht. [...] Dieser Punkt stößt allerdings bei Hagemann-White auf Kritik, da von einer Einengung des Mädchens nicht unbedingt die Rede sein muss, sondern in diesem Zusammenhang ebenso das Verhalten den Jungen gegenüber auf seine Richtigkeit überprüft werden sollte. „Das Tabu körperlicher Kontakte [...] und die Ideologie, dass Kinder, vor allem Söhne, schnell unabhängig werden sollten, führen eher zu einer Abweisung von entwicklungspsychologisch benötigter Nähe" [...].

Als Ergebnis dieser Differenzierung verstehen einige Untersuchungen, dass Mädchen eher personenbezogen sind und Jungen ein stärkeres Objektinteresse entwickeln. Bei Bildbetrachtungen zeigen Mädchen größeres Interesse für Personen, während bei Jungen Gegenstände dominieren. Außerdem hält das Interesse bei Jungen länger an, wogegen Mädchen eher unkonzentriert und fahrig werden.

Das Spielverhalten zeigt entsprechende Differenzen dahingehend, dass Mädchen die Nähe zur Mutter bevorzugen und häufiger Rückkehrversuche oder Blickkontakte unternehmen als Jungen. Bringt man ein Hindernis zwischen Kind und Mutter, so versuchen Jungen dies zu überwinden, Mädchen dagegen zeigen keine Aktivität, sondern resignieren weinend. [...]

fährt das Kind, dass soziale Schranken für das Miteinander notwendig sind, die Rolle des Einzelnen hinter das Kollektiv zurückgestellt werden muss. [...] Die Aufgabe ist die zentrale Neuerung in der Spieltätigkeit. [...] Die Förderung der körperlichen Kräfte durch entsprechende Spiele ist meist Jungen vorbehalten; Mädchen sollten auf Grund fehlender Fähigkeiten von vorneherein von diesen Spielen absehen. Hier tritt zum wiederholten Mal die Verwechslung von Ursachen und Folgen auf den Plan. Die physische Unterlegenheit von Mädchen ist Folge mangelnder Förderung, wird aber als Ursache für geschlechtsspezifische Behandlung im Bereich der weiteren Festlegung angebracht. „Erst mit den Folgen geschlechtsspezifischer Behandlung werden die angeblichen Ursachen, nämlich die angeborenen Unterschiede, belegt und konstruiert. Dies führt des weiteren dazu, dass die Kraft bei Frauen nicht entwickelt wird. Hier soll nicht behauptet werden, dass die Kraft gleich ist (was schon der Vergleich von Frauen und Männern im Leistungssport widerlegt), sondern lediglich, dass Frauen prinzipiell weniger Förderung auf ganz allgemeiner Ebene erhalten. Als zusätzliches Argument scheint der Hinweis auf das weibliche Schönheitsideal angemessen: Der Schwerpunkt bei sportlichen Übungen von Mädchen liegt auf Grazie und Geschicklichkeit (Gymnastik/Ballet) oder in Bezug zum „Sportobjekt Pferd".

Selbst die Sportanleitungen in der Fachliteratur differenzieren im Schwierigkeitsgrad für Jungen und Mädchen und beschränken sich mit fortschreitender Entwicklung ganz auf Jungen. Ursula Scheu sieht hier den Ursprung der Überlegenheit des Mannes, die sich bei Gewaltanwendung immer zum Nachteil der Frau auswirkt. Im zweiten Lebensjahr beginnt das Kind bereits mit Konstruktionsspielen, die mit zunehmendem Alter des Kindes eine Weiterentwicklung erfahren und ebenso eine geschlechtsspezifische Bestimmung zulassen, die allerdings keinen zwingenden Charakter hat.

Zu Beginn ist der Spielablauf geschlechtsneutral. Malen, Sandkastenspiele und Bausteine sind einfach und werden von Jungen und Mädchen gleichermaßen ausgeführt. Kompliziert sich später der Konstruktionsvorgang, sind technische Baukästen oder wissenschaftliche Experimentierspiele meist für Jungen angelegt, was sich anhand von Werbung und den Verpackungen belegen lässt. Mädchen erfahren eine Erweiterung ihrer Fähigkeiten im Stricken oder ähnlichen Handarbeiten, dessen Anspruch keineswegs weniger kompliziert ist, allerdings weniger Ansehen erfährt und nach Beherrschung der Ausführung weniger Variationen zulässt und selten neue Problemstellungen mit sich bringt.

[...]

Die im Haushalt anfallende Arbeit wird von der Mutter schon früh auf die Kinder umverteilt. Dabei ist eine geschlechtsspezifische Aufgabenverteilung nicht von der Hand zu weisen. Besonders Mädchen werden in Arbeiten wie Tisch decken, abwaschen, staubsaugen, Betten machen, backen und kochen ihrem Alter gemäß eingebunden. Steht zunächst bei beiden Geschlechtern kindliche Neugier hinter dem Interesse und Tatendrang, erfolgt die Übergabe von unfreiwilligen Aufgaben und Pflichten später meist an Mädchen. Jungen erfüllen Aufgaben, die eher physische Kraft erfordern und nicht direkt an das Haus gebunden sind, etwa Mülleimer leeren, Kartoffeln oder Kohlen hochtragen und Besorgungen erledigen. Sowohl räumlich, also auf den Ort der Arbeit bezogen, als auch zeitlich genießen Jungen mehr Freiheit. [...]

Mit fortschreitendem Alter werden Mädchen immer mehr in die Hausarbeit mit einbezogen [...]. Bei entsprechendem Altersunterschied werden Mädchen mit der Erziehung der jüngeren Geschwister beauftragt, Väter und Brüder nehmen ihre Dienstleistungen selbstverständlich in Anspruch; aber auch in diesen Punkten ist letztendlich die individuelle Erziehungsauffassung entscheidend.

Aus: Petra Höfels, Geschlechtsspezifische Sozialisation (http://www.zpr.uni-koeln.de/~petra/sozialisation.html#II%20Geschlechtsspez; (1993), Zugriff: 26. 11. 2007.)

ZUR TEXTERSCHLIESSUNG

1. Stellen sie auffällige Handlungsweisen bzw. Reaktionsmuster zusammen, durch die Säuglinge bzw. Kleinkinder zu Jungen bzw. zu Mädchen „gemacht" werden.
2. Sind dabei geschlechtsspezifische Benachteiligungen erkennbar – oder handelt es sich um wertungsneutrale Differenzen?
3. Erörtern Sie: Verhalten sich Mütter/Väter „falsch", wenn sie ihre Kinder geschlechtsspezifisch sozialisieren?

5.0 Macht und Herrschaft

Sind die Intellektuellen eine autonome, unabhängige gesells
liche Gruppe, oder hat jede gesellschaftliche Klasse ihre eige
spezialisierte Kategorie von Intellek
plex wegen der verschiedenartigen F
der reale geschichtliche Prozess der
tuellen Kategorien vollzog. Die beid

Über- und Unterordnung in der Gesellschaft

Nach einer einflussreichen Definition Max Webers (vgl. S. 168 ff.) ist Macht „die Chance, innerhalb einer sozialen Beziehung den eigenen Willen auch gegen Widerstreben durchzusetzen, gleichviel, worauf diese Chance beruht". Machtbeziehungen können zwischen einzelnen Individuen, aber auch zwischen Gruppen, sozialen Organisationen, Institutionen, Gesellschaften und Staaten auftreten. Macht kann auf unterschiedlichen Ressourcen beruhen, auf subjektiver physischer oder psychischer Überlegenheit, auf Wissen oder Informiertheit, auf Prestige oder Charisma, auf dem Ausmaß an Organisationsfähigkeit (denn bestimmte soziale Gruppen oder Interessen lassen oder können sich leichter organisieren als andere), auf der Verfügungsgewalt über bestimmte knappe Güter (Besitz oder Eigentum).
Macht tendiert dazu, sich zur Herrschaft zu verfestigen, sich zu institutionalisieren. Herrschaft definiert Max Weber als „die Chance, Gehorsam für einen bestimmten Befehl zu finden". Er unterscheidet drei Formen der „legitimen Herrschaft". Die *legale Herrschaft* beruht darauf, dass die Machtbeziehungen zwischen Individuen und sozialen Gruppen auf einer (schriftlich) fixierten, gesatzten Ordnung basieren, auf Gesetzen, einer Verfassung o. Ä., die von den Herrschern und Beherrschten akzeptiert werden. Die *traditionelle Herrschaft* beruht demgegenüber auf dem Glauben an die „Heiligkeit der von jeher vorhandenen Ordnungen und Herrengewalten" (Max Weber). Auch der Herrscher ist an diese Traditionen gebunden, ihre rücksichtslose Verletzung würde seine Autorität untergraben. Die *charismatische Herrschaft* schließlich basiert auf der affektuellen Hingabe an die Person des Herrn und ihre Gnadengaben, auf dem Glauben an seine magischen oder militärischen Fähigkeiten, auf seiner persönlicher Ausstrahlung, seinem Helden- oder Prophetentum, seiner Macht des Geistes oder der Rede. Verliert der Herrscher sein Charisma etwa durch militärische Niederlagen, durch prekäre politische oder wirtschaftliche Prozesse, schwinden die Grundlagen seiner Herrschaft.
Webers Konstruktion von Herrschaft enthält auch problematische Momente. Er setzt den Glauben der Beherrschten an die Legitimität von Herrschaft voraus, ohne nach den Motiven oder Gründen hierfür zu fragen. Machtstrukturen, die sich auf Märkten und durch ökonomische Strukturen bilden, blendet er aus, ebenso vernachlässigt er Formen von Macht, die auf reine Zwangsmittel zurückgreifen, sie also nicht über Legitimität verfügen.

In Arnold Gehlens konservativem, anthropologischem Ansatz (vgl. S. 176 ff.) spielen die Institutionen, also die Formen, in denen die Menschen miteinander leben oder arbeiten (z. B. Familie, Stamm, Betrieb, Recht, Sitte, Staat u. Ä.) eine zentrale Rolle. Der weltoffene, aber instinktarme und in seiner physischen Ausstattung mittellose Mensch schafft sich in Gehlens Ansatz derartige Institutionen, um sich selbst zu entlasten. Diese Institutionen gewinnen dann gegenüber dem Einzelnen eine Selbstmacht, die das einzelne Individuum weitgehend respektiert und die sein Handeln gegenüber und in diesen Institutionen bestimmt. Werden Institutionen – etwa durch historische Umbrüche oder Revolutionen – erschüttert oder gar in ihrem Bestand bedroht, führt das zu einer Desorientierung oder gar „Primitivisierung" der betroffenen Menschen; Stabilität der Verhältnisse, einschließlich der gegebenen Unter- und Überordnungsverhältnisse, wird bei Gehlen daher zu einem Wert an sich.

Wie gelingt es herrschenden Gruppen oder Klassen, ihre Interessen durchzusetzen, sodass sie von weniger mächtigen Menschen oder sozialen Gruppen als Allgemeininteresse angesehen und damit akzeptiert werden? Das von Antonio Gramsci entwickelte Modell „Kulturelle Hegemonie"(vgl. S. 178 ff.), in dem die sozial ungebundeneren Intellektuellen eine zentrale Rolle für die Absicherung der „politischen Notwendigkeiten der herrschenden Hauptklasse" spielen, bietet hierfür Anregungen. Das Konzept der „Kulturellen Hegemonie" spielt in zahlreichen politologischen und ethnologischen Studien, insbesondere aber auch bei der sozialwissenschaftlichen Frauen- und Geschlechterforschung, häufig eine zentrale Rolle.
Hegemonie meint zunächst politische Vorherrschaft, die durch eine entsprechende militärische Übermacht abgesichert wird. Gramsci erweitert dieses Verständnis auf den sozialen und kulturellen Bereich. Demnach bemühen sich die Mächtigen, dass ihre Deutungsmuster, ihre Internpretation der Verhältnisse von den anderen sozialen Schichten oder Gruppen geteilt wird. So findet z. B. heute das Argument, eine bestimmte politische Maßnahme diene dem „Wirtschaftsstandort", weithin Beachtung oder Anerkennung, auch wenn sie den materiellen Interessen etwa der abhängig Beschäftigten zuwiderläuft. Eine solche Hegemonie wird nicht einfach über den Staat hergestellt, sondern gesamtgesellschaftlich produziert, über die Schulen, weitere Bildungsinstitutionen, Verbände, die Massenmedien etc., durch einen „Kampf um die Köpfe". Wer über die kulturelle Hegemonie in der Zivilgesellschaft verfügte, könne auch entsprechende politische Konzepte durchsetzen. Gegen-Hegemonie bilde sich zu-

nächst in kleinen sozialen Zirkeln oder Nischen aus (etwa in Künstler- oder Musikerkreisen) und könne in längeren Auseinandersetzungen zur kulturellen Hegemonie werden. Für Gramsci ist es daher wichtig, dass systemverändernde Kräfte auf diesem Terrain die Auseinandersetzung suchen.

Gewalt, gerade auch politisch relevante, beschränkt sich nicht auf Macht und Herrschaft im Weber'schen Sinn. Johan Galtungs (vgl. S. 183 ff.) ungemein folgenreicher Ansatz der Analyse von Gewaltstrukturen fragt nach solcher Gewalt, die nicht unmittelbar feststellbar ist, sondern sich in „strukturellen Verhältnissen" manifestiert, ohne dass es natürliche Personen gibt, die als Urheber zu identifizieren sind.
Michel Foucaults Archäologie der Machtstrukturen (vgl. S. 186 ff.) ist hoch komplex angelegt und stellt an den Leser einige Anforderungen. Foucault befasst sich zentral mit dem Prozess der Herausbildung des modernen Staates und des modernen Subjekts. In seiner Theorie spielt der Begriff der „Regierung" eine wichtige Rolle. Foucault versteht darunter nicht einfach nur eine politische Regierung, sondern auch ein komplexes System der Fremd-Führung und der „Selbstführung" von Menschen. So hat nach Foucault in Europa das Christentum in der Beziehung zwischen „Hirte" und „Herde" eine Führung der Menschen entwickelt, bei der die Tugend des Gehorsams und Gehorchens der Individuen eine große Rolle spielt. Darauf gegründete Leitungs-, Führungs- oder Regierungstechniken erführen in der Neuzeit eine beachtliche Säkularisierung und Ausweitung, die gleichermaßen eine mächtige Totalisierungs- wie Individualisierungstendenz beinhalteten. Macht- und Herrschaftsstrukturen untersucht Foucault unter dem Blickwinkel des Wechselspiels von äußeren Herrschaftstechniken und Selbsttechniken des Individuums, durch die äußere Zwänge zu Elementen einer Selbsttechnologie („Selbstführung") werden. Während Max Weber alle Macht auf den Gehorsam der Beherrschten zurückführt, also letztlich Macht durch Macht erklärt, untersucht Foucault das vielfältig verschränkte Wechselspiel von Fremdeinwirkung und Selbstführung, ohne die eine pure Machtausübung rasch an ihre Grenzen geraten würde.

In bisherigen Ansätzen wurde bei der Analyse von Macht- und Herrschaftsstrukturen die zentrale Kategorie „soziales Geschlecht" ausgeblendet. An dieser Stelle setzen die Genderstudien ein, die Geschlecht nicht als biologische (sex), sondern als soziale Kategorie (gender) begreifen und eben nicht als eine qua Natur vorgegebene unveränderliche „anthropologische Konstante". Während die ältere Frauenforschung die Geschlechterbeziehungen aus dem Blickwinkel eines Ungleichgewichts zwischen Frauen und Männern wahrnahm und nicht selten die Opferrolle der Frauen beschwörte, nimmt die moderne Geschlechterforschung (vgl. dazu den Text von Peter Döge, S. 190 ff.) beide Geschlechter in den Blick und fragt u. a. nach dem Verhältnis von Männer- und Frauenbildern, ohne die noch immer fortbestehende soziale Benachteiligung von Frauen aus dem Blick zu verlieren. Diese Geschlechterforschung geht von der Prämisse aus, dass die sozialen Geschlechter und deren Handeln durch einen gesamtgesellschaftlichen Diskurs konstruiert und produziert werden, wobei dieser Diskurs eine praktisch-konkrete „Materialität" gewinnt, insbesondere wenn man die sozialen Praktiken untersucht.

LEITFRAGEN

1. Was wird unter Macht und Herrschaft verstanden? In welchem Verhältnis stehen die beiden Kategorien? Welche Ressourcen von Macht stehen im Zentrum?
2. In welchen sozialen Bereichen wird Herrschaft ausgeübt – Von wem, wie, mit welchen Folgen?
3. Wie schlagen sich veränderte gesellschaftliche Entwicklungen und Veränderungen auf Macht- und Herrschaftsstrukturen nieder?

5.1 Max Weber: Macht und Machtstreben

Macht und Herrschaft sind zentrale Begriffe im Werk Max Webers (vgl. S. 19ff.) Sein Machbegriff ist, wie Weber selbst meint, „amorph": Er lässt offen, worauf die Chance zur Durchsetzung des Willens beruht, die nach Weber den Inhalt von Macht ausmacht. Offen bleibt auch, wie gering oder groß der Widerstand ist, den der Machtwillen hervorbringt. Und Macht kann letztlich nur daran gemessen werden, wie groß dieser Widerstand ist, der bei Machtausübung überwunden werden muss. Die Wirkungen von Macht sind angesichts der Mannigfaltigkeit von Machtformen schwer kalkulierbar, sodass es bei Weber nur allgemein dazu heißt: „Alle denkbaren Qualitäten eines Menschen und alle denkbaren Konstellationen können jemand in die Lage versetzen, seinen Willen in einer gegebenen Situation durchzusetzen." Der Soziologe Heinrich Popitz hat daher Webers Machtbegriff differenziert in „Aktionsmacht", „Instrumentelle Macht", „Autoritative Macht" und „Datensetzende Macht".
Anders verhält es sich mit dem Herrschaftsbegriff, der von Weber erheblich genauer gefasst wird. Denn bei der Herrschaft spielen Aspekte wie Institutionalisierung, Entpersonalisierung, Formalisierung und Integration eine wichtige Rolle. In einem Herrschaftsverhältnis liegt eine klare Asymmetrie zwischen dem Befehlenden und dem Gehorchenden vor, die Erwartungen des Befehlenden sind in der Regel klar umrissen.

M 1 Die drei reinen Typen der legitimen Herrschaft

- **Legitimität der Herrschaft; Legitimitätsgründe**

Herrschaft, d.h. die Chance, Gehorsam für einen bestimmen Befehl zu finden, kann auf verschiedenen Motiven der Fügsamkeit beruhen: Sie kann rein durch Interessenlage, also durch zweckrationale Erwägungen von Vorteilen und Nachteilen seitens des Gehorchenden, bedingt sein. Oder andererseits durch bloße „Sitte", die dumpfe Gewöhnung an das eingelebte Handeln; oder sie kann rein affektuell, durch bloße persönliche Neigung des Beherrschten, begründet sein. Eine Herrschaft, welche nur auf solchen Grundlagen ruhte, wäre aber relativ labil. Bei Herrschenden und Beherrschten pflegt vielmehr die Herrschaft durch Rechtsgründe, Gründe ihrer „Legitimität", innerlich gestützt zu werden, und die Erschütterung dieses Legitimitätsglaubens pflegt weitgehende Folgen zu haben.
An „Legitimitätsgrunden" der Herrschaft gibt es, in ganz reiner Form, nur drei, von denen – im reinen Typus – jeder mit einer grundverschiedenen soziologischen Struktur des Verwaltungsstabs und der Verwaltungsmittel verknüpft ist.

Legale Herrschaft

Legale Herrschaft kraft Satzung. Reinster Typus ist die bürokratische Herrschaft. Grundvorstellung ist: daß durch formal korrekt gewillkürte Satzung beliebiges Recht geschaffen und [bestehendes beliebig] abgeändert werden könne. Der Herrschaftsverband ist entweder gewählt oder bestellt, er selbst und alle seine Teile sind Betriebe. Ein heteronomer und heterokephaler [im Gegensatz zu autokephal: von einem Oberhaupt bestimmt] (Teil-)Betrieb soll Behörde heißen. Der Verwaltungsstab besteht aus vom Herrn ernannten Beamten, die Gehorchenden sind Verbands-Mitglieder („Bürger", „Genossen").
Gehorcht wird nicht der Person, kraft deren Eigenrecht, sondern der gesatzten Regel, die dafür maßgebend ist, wem und inwieweit ihr zu gehorchen ist. Auch der Befehlende selbst gehorcht, indem er einen Befehl erläßt, einer Regel: dem „Gesetz" oder „Reglement", einer formal abstrakten Norm. Der Typus des Befehlenden ist der „Vorgesetzte", dessen Herrschaftsrecht durch gesatzte Regel legitimiert ist, innerhalb einer sachlichen „Kompetenz", deren Abgrenzung auf Spezialisierung nach sachlicher Zweckmäßigkeit und nach den fachlichen Ansprüchen an die Leistung des Beamten beruht. Der Typus des Beamten ist der geschulte Fachbeamte, dessen Dienstverhältnis auf Kontrakt beruht, mit festem, nach dem Rang des Amtes, nicht nach dem Maß der Arbeit abgestuftem Gehalt und Pensionsrecht nach festen Regeln des Avancements. Seine Verwaltung ist Berufsarbeit kraft sachlicher Amtspflicht; ihr Ideal ist, „sine ira et studio", ohne allen Einfluß persönlicher Motive oder gefühlsmäßiger Einflüsse, frei von Willkür und Unberechenbarkeiten, insbesondere „ohne Ansehen der Person" streng formalistisch nach rationalen Regeln und – wo diese versagen – nach „sachlichen" Zweckmäßigkeitsgesichtspunkten zu verfügen. Die Gehorsamspflicht ist abgestuft in einer Hierarchie von Ämtern mit Unterordnung der unteren unter die oberen und geregeltem Beschwerdeverfahren. Grundlage des technischen Funktionierens ist: die Betriebsdisziplin.

Unter den Typus der „legalen", Herrschaft fällt natürlich nicht etwa nur die moderne Struktur von Staat und Gemeinde, sondern ebenso das Herrschaftsverhältnis im privaten kapitalistischen Betrieb, in einem Zweckverband oder Verein gleichviel welcher Art, der über einen ausgiebigen hierarchisch gegliederten Verwaltungsstab verfügt. Die modernen politischen Verbände sind nur die hervorragendsten Repräsentanten des Typus. Die Herrschaft im privaten kapitalistischen Betrieb ist zwar teilweise heteronom: die Ordnung ist teilweise staatlich vorgeschrieben, – und bezüglich des Zwangsstabes gänzlich heterokephal: der staatliche Gerichts- und Polizeistab versieht (normalerweise) diese Funktionen, – aber er ist autokephal in seiner zunehmend bürokratischen Verwaltungsorganisation. Dass der Eintritt in den Herrschaftsverband formell freiwillig erfolgt ist, ändert, da die Kündigung ebenso formell „frei" ist und dies die Beherrschten den Betriebsnormen normalerweise infolge der Bedingungen des Arbeitsmarktes unterwirft, nichts an dem Herrschaftscharakter, dessen soziologische Verwandtschaft mit der modernen staatlichen Herrschaft die Erörterung der ökonomischen Grundlagen der Herrschaft noch deutlicher machen wird. Die Geltung des „Vertrages" als Basis stempelt den kapitalistischen Betrieb zu einem hervorragenden Typus der „legalen" Herrschaftsbeziehung.

2. Die Bürokratie ist der technisch reinste Typus der legalen Herrschaft. Aber keine Herrschaft ist nur bürokratisch, d.h. nur durch kontraktlich engagierte und ernannte Beamte geführt. Das ist gar nicht möglich. Die höchsten Spitzen der politischen Verbände sind entweder „Monarchen" (erbcharismatische Herrscher, s.u.) oder vom Volke gewählte „Präsidenten" (also plebiszitär-charismatische Herren, s.u.) oder von einer parlamentarischen Körperschaft gewählt, wo dann deren Mitglieder oder vielmehr die, je nachdem mehr charismatischen oder mehr honoratiorenhaften (s.u.) Führer ihrer vorherrschenden Parteien die tatsächlichen Herren sind. Ebenso ist der Verwaltungsstab fast nirgends wirklich rein bürokratisch, sondern es pflegen in den allermannigfachsten Formen teils Honoratioren, teils Interessenvertreter an der Verwaltung beteiligt zu sein (bei weitem am meisten in der sogenannten Selbstverwaltung). Entscheidend ist aber: daß die kontinuierliche Arbeit überwiegend und zunehmend auf den bürokratischen Kräften ruht. Die ganze Entwicklungsgeschichte des modernen Staates insbesondere ist identisch mit der Geschichte des modernen Beamtentums und bürokratischen Betriebes (s.u.), ebenso wie die ganze Entwicklung des modernen Hochkapitalismus identisch ist mit zunehmender Bürokratisierung der Wirtschaftsbetriebe. Der Anteil der bürokratischen Herrschaftsformen steigt überall. […]

Traditionelle Herrschaft

Traditionelle Herrschaft, kraft Glaubens an die Heiligkeit der von jeher vorhandenen Ordnungen und Herrengewalten. Reinster Typus ist die patriarchalische Herrschaft. Der Herrschaftsverband ist Vergemeinschaftung, der Typus des Befehlenden der „Herr", der Verwaltungsstab „Diener", die Gehorchenden sind „Untertanen". Gehorcht wird der Person kraft ihrer durch Herkommen geheiligten Eigenwürde: aus Pietät. Der Inhalt der Befehle ist durch Tradition gebunden, deren rücksichtslose Verletzung seitens des Herrn die Legitimität seiner eigenen, lediglich auf ihrer Heiligkeit ruhenden, Herrschaft selbst gefährden würde. Neues Recht gegenüber den Traditionsnormen zu schaffen gilt als prinzipiell unmöglich. Es geschieht der Tatsache nach im Wege der „Erkenntnis" eines Satzes als „von jeher geltend" (durch „Weistum"). Außerhalb der Normen der Tradition dagegen ist der Wille des Herrn nur durch Schranken, welche im Einzelfall das Billigkeitsgefühl zieht, also in äußerst elastischer Art gebunden: seine Herrschaft zerfällt daher in ein streng traditionsgebundenes Gebiet und ein solches der freien Gnade und Willkür, in dem er nach Gefallen, Zuneigung, Abneigung und rein persönlichen, insbesondere auch durch persönliche Gefälligkeiten zu beeinflussenden Gesichtspunkten schaltet. Soweit aber der Verwaltung und Streitschlichtung Prinzipien zugrunde gelegt werden, sind es solche der materialen ethischen Billigkeit, Gerechtigkeit oder utilitaristischen Zweckmäßigkeit, nicht solche formaler Art wie bei der legalen Herrschaft. Ganz ebenso verfährt sein Verwaltungsstab. Dieser besteht aus persönlich Abhängigen (Hausangehörigen oder Hausbeamten) oder aus Verwandten oder persönlichen Freunden (Günstlingen) oder durch persönliches Treuband Verbundenen (Vasallen, Tributärfürsten). Der bürokratische Begriff der „Kompetenz" als einer sachlich abgegrenzten Zuständigkeitssphäre fehlt. Der Umfang der „legitimen" Befehlsgewalt der einzelnen Diener richtet sich nach dem Einzelbelieben des Herrn, dem sie auch bezüglich ihrer Verwendung in wichtigeren oder ranghöheren Rollen gänzlich anheimgegeben sind. Tatsächlich richtet sie sich weitgehend darnach: was die Bediensteten gegenüber der Fügsamkeit der Unterworfenen sich gestatten dürfen. Nicht sachliche Amtspflicht und Amtsdisziplin, sondern persönliche Dienertreue beherrscht die Beziehungen des Verwaltungsstabes.

Indessen sind in der Art seiner Stellung zwei charakteristisch geschiedene Formen zu beobachten:

1. Die rein patriarchale Struktur der Verwaltung: Die Diener sind in völliger persönlicher Abhängigkeit vom Herrn, entweder rein patrimonial rekrutiert: Sklaven, Hörige, Eunuchen, –oder extra patrimonial aus [nicht]

gänzlich rechtlosen Schichten: Günstlinge, Plebejer. Ihre Verwaltung ist völlig heteronom und heterokephal; es besteht keinerlei Eigenrecht der Verwaltenden an ihrem Amt, aber auch keinerlei Fachauslese und keine ständische Ehre des Beamten; die sachlichen Verwaltungsmittel werden gänzlich für den Herrn in dessen eigener Regie bewirtschaftet. Bei der vollkommenen Abhängigkeit des Verwaltungsstabes vom Herrn fehlt jede Garantie gegen Herrenwillkür, deren mögliches Ausmaß daher hier am größten ist. Der reinste Typus ist die sultanistische Herrschaft. Alle wirklichen „Despotien" hatten diesen Charakter, bei welchem die Herrschaft wie ein gewöhnliches Vermögensrecht des Herrn behandelt wird.

2. Die ständische Struktur: Die Diener sind nicht persönliche Diener des Herrn, sondern unabhängige, kraft Eigensteilung als sozial prominent geltende Leute; sie sind durch Privileg oder Konzession des Herrn mit ihrem Amt beliehen (tatsächlich oder der Legitimitätsfiktion nach) oder haben durch Rechtsgeschäft (Kauf, Pfand, Pacht) ein nicht beliebig entziehbares Eigenrecht an dem ihnen appropriierten Amt [erworben], ihre Verwaltung ist demgemäß, wenn auch begrenzt, autokephal und autonom, die sachlichen Verwaltungsmittel befinden sich in ihrer Regie, nicht in der des Herrn: ständische Herrschaft. – Die Konkurrenz der Amtsinhaber um den Gewaltsbereich ihrer Ämter (und deren Einnahmen) bedingt dann die gegenseitige Abgrenzung ihrer inhaltlichen Verwaltungsbereiche und steht an Stelle der „Kompetenz". Die hierarchische Gliederung ist durch Privileg (de non evocando, non appellando) sehr oft durchbrochen. Die Kategorie der „Disziplin" fehlt. Tradition, Privileg, feudale oder patrimoniale Treuebeziehungen, ständische Ehre und „guter Wille" regeln die Gesamtbeziehungen. Die Herrenmacht ist also zwischen dem Herrn und dem appropriierten und privilegierten Verwaltungsstab geteilt, und diese ständische Gewaltenteilung stereotypiert die Art der Verwaltung hochgradig.
Die patriarchale Herrschaft (des Familienvaters, Sippenchefs, „Landesvaters") ist nur der reinste Typus der traditionalen Herrschaft. Jede Art von „Obrigkeit", die lediglich kraft eingelebter Gewöhnung mit Erfolg legitime Autorität in Anspruch nimmt, gehört der gleichen Kategorie an und stellt nur nicht eine so klare Ausprägung dar. Die durch Erziehung und Gewöhnung eingelebte Pietät in der Beziehung des Kindes zum Familienoberhaupt ist der am meisten typische Gegensatz einerseits zur Stellung eines kontraktlich angestellten Arbeiters in einem Betriebe, andererseits zur emotionalen Glaubensbeziehung eines Gemeindemitgliedes zu einem Propheten. Und auch tatsächlich ist der Hausverband eine Keimzelle traditionaler Herrschaftsbeziehungen. Die typischen „Beamten" des Patrimonial- und Feudalstaates sind Hausbeamte mit zunächst rein dem Haushalt angehörigen Aufgaben (Truchseß, Kämmerer, Marschall, Schenke, Seneschal, Hausmeier). [...]

Charismatische Herrschaft

Charismatische Herrschaft, kraft affektueller Hingabe an die Person des Herrn und ihre Gnadengaben (Charisma), insbesondere: magische Fähigkeiten, Offenbarungen oder Heldentum, Macht des Geistes und der Rede. Das ewig Neue, Außerwerktägliche, Niedagewesene und die emotionale Hingenommenheit dadurch sind hier Quellen persönlicher Hingebung. Reinste Typen sind die Herrschaft des Propheten, des Kriegshelden, des großen Demagogen. Der Herrschaftsverband ist die Vergemeinschaftung in der Gemeinde oder Gefolgschaft. Der Typus des Befehlenden ist der Führer. Der Typus des Gehorchenden ist der „Jünger". Ganz ausschließlich dem Führer rein persönlich um seiner persönlichen, unwerktäglichen Qualitäten willen wird gehorcht, nicht wegen gesatzter Stellung oder traditionaler Würde. Daher auch nur, solange ihm diese Qualitäten zugeschrieben werden: sein Charisma sich durch deren Erweise bewährt. Wenn er von seinem Gotte „verlassen" oder seiner Heldenkraft oder des Glaubens der Massen an seine Führerqualität beraubt ist, fällt seine Herrschaft dahin. Der Verwaltungsstab ist ausgelesen nach Charisma und persönlicher Hingabe: dagegen weder nach Fachqualifikation (wie der Beamte), noch nach Stand (wie der ständische Verwaltungsstab), noch nach Haus- oder anderer persönlicher Abhängigkeit (wie im Gegensatz dazu der patriarchale Verwaltungsstab). Es fehlt der rationale Begriff der „Kompetenz" ebenso wie der ständische des „Privilegs". Maßgebend für den Umfang der Legitimation des beauftragten Gefolgsmannes oder Jüngers ist lediglich die Sendung des Herrn und seine persönliche charismatische Qualifikation. Der Verwaltung – soweit dieser Name adäquat ist – fehlt jede Orientierung an Regeln, sei es gesatzten, sei es traditionalen. Aktuelle Offenbarung oder aktuelle Schöpfung, Tat und Beispiel, Entscheidung von Fall zu Fall, jedenfalls also – am Maßstab gesatzter Ordnungen gemessen -irrational, charakterisiert sie. An Tradition ist sie nicht gebunden: „es steht geschrieben, ich aber sage Euch" gilt für den Propheten; für den Kriegshelden schwinden die legitimen Ordnungen gegenüber der Neuschaffung kraft der Gewalt des Schwertes, für den Demagogen kraft des von ihm verkündeten und suggerierten revolutionären „Naturrechtes" dahin. Die genuine Form charismatischer Rechtsweisung und Streitschlichtung ist die Verkündung des Spruches durch den Herrn oder „Weisen" und seine Anerkennung durch die

(Wehr- oder Glaubens-)Gemeinde, welche pflichtmäßig ist, falls ihr nicht eine konkurrierende Weisung eines Andern mit dem Anspruch auf charismatische Geltung entgegengestellt wird. In diesem Fall liegt ein letztlich nur durch das Vertrauen der Gemeinde zu entscheidender Führerkampf vor, bei dem nur auf einer Seite Recht, auf der anderen sühnepflichtiges Unrecht vorliegen kann.

Aus: Max Weber, Die drei reinen Typen der legitimen Herrschaft, in: Max Weber, Soziologie, Weltgeschichtliche Analysen, Politik, Stuttgart 1968, S. 151–160 (Auszüge).

ZUR TEXTERSCHLIESSUNG

1. Stellen Sie zusammenfassend dar, worauf die drei Formen von Herrschaft jeweils beruhen.
2. Legen Sie dar, welche der drei Formen am stabilsten erscheint.
3. Ordnen Sie Ihnen bekannte Herrschaftsformen wie Monarchie und Demokratie den drei Formen zu. Erläutern Sie auftretende Schwierigkeiten.

M 2 Der Beruf zur Politik

■ Was vermag die Politik als „Beruf" an inneren Freuden zu bieten, und welche persönlichen Vorbedingungen setzt sie bei dem voraus, der sich ihr zuwendet?
Nun, sie gewährt zunächst: Machtgefühl. Selbst in den formell bescheidenen Stellungen vermag den Berufspolitiker das Bewußtsein von Einfluß auf Menschen, von Teilnahme an der Macht über sie, vor allem aber: das Gefühl, einen Nervenstrang historisch wichtigen Geschehens mit in Händen zu halten, über den Alltag hinauszuheben. Aber die Frage ist nun für ihn: durch welche Qualitäten kann er hoffen, dieser (sei es auch im Einzelfall noch so eng umschriebenen) Macht und also der Verantwortung, die sie auf ihn legt, gerecht zu werden? Damit betreten wir das Gebiet ethischer Fragen; denn dahin gehört die Frage: was für ein Mensch man sein muss, um seine Hand in die Speichen des Rades der Geschichte legen zu dürfen.
Man kann sagen, dass drei Qualitäten vornehmlich entscheidend sind für den Politiker: Leidenschaft – Verantwortungsgefühl – Augenmaß. Leidenschaft im Sinne von Sachlichkeit: leidenschaftliche Hingabe an eine „Sache", an den Gott oder Dämon, der ihr Gebieter ist. Nicht im Sinne jenes inneren Gebarens, welches mein verstorbener Freund Georg Simmel als „sterile Aufgeregtheit" zu bezeichnen pflegte, wie sie einem bestimmten Typus vor allem russischer Intellektueller (nicht etwa: allen von ihnen!) eignete, und welches jetzt in diesem Karneval, den man mit dem stolzen Namen einer „Revolution" schmückt, eine so große Rolle auch bei unseren Intellektuellen spielt: eine ins Leere verlaufende „Romantik des intellektuell Interessanten" ohne alles sachliche Verantwortungsgefühl. Denn mit der bloßen, als noch so echt empfundenen Leidenschaft ist es freilich nicht getan. Sie macht nicht zum Politiker, wenn sie nicht, als Dienst an einer „Sache", auch die Verantwortlichkeit gegenüber ebendieser Sache zum entscheidenden Leitstern des Handelns macht. Und dazu bedarf es – und das ist die entscheidende psychologische Qualität des Politikers – des Augenmaßes, der Fähigkeit, die Realitäten mit innerer Sammlung und Ruhe auf sich wirken zu lassen, also: der Distanz zu den Dingen und Menschen. „Distanzlosigkeit", rein als solche, ist eine der Todsünden jedes Politikers und eine jener Qualitäten, deren Züchtung bei dem Nachwuchs unserer Intellektuellen sie zu politischer Unfähigkeit verurteilen wird. Denn das Problem ist eben: wie heiße Leidenschaft und kühles Augenmaß miteinander in derselben Seele zusammengezwungen werden können? Politik wird mit dem Kopfe gemacht, nicht mit anderen Teilen des Körpers oder der Seele. Und doch kann die Hingabe an sie, wenn sie nicht ein frivoles intellektuelles Spiel, sondern menschlich echtes Handeln sein soll, nur aus Leidenschaft geboren und gespeist werden. Jene starke Bändigung der Seele aber, die den leidenschaftlichen Politiker auszeichnet, und ihn von den bloßen „steril aufgeregten" politischen Dilettanten unterscheidet, ist nur durch die Gewöhnung an Distanz – in jedem Sinn des Wortes – möglich. Die „Stärke" einer politischen „Persönlichkeit" bedeutet in allererster Linie den Besitz dieser Qualitäten. Einen ganz trivialen, allzu menschlichen Feind hat daher der Politiker täglich und stündlich zu überwinden: die ganz gemeine Eitelkeit, die Todfeindin aller sachlichen Hingabe und aller Distanz, in diesem Fall: der Distanz sich selbst gegenüber.

Eitelkeit ist eine sehr verbreitete Eigenschaft. Und vielleicht ist niemand ganz frei davon. Und in akademischen und Gelehrtenkreisen ist sie eine Art von Berufskrankheit. Aber gerade bei Gelehrten ist sie, so antipathisch sie sich äußern mag, relativ harmlos in dem Sinn, daß sie in aller Regel den wissenschaftlichen Betrieb nicht stört. Ganz anders beim Politiker. Er arbeitet mit dem Streben nach Macht als unvermeidlichem Mittel. „Machtinstinkt" – wie man sich auszudrücken pflegt – gehört daher in der Tat zu seinen normalen Qualitäten. Die Sünde gegen den heiligen Geist seines Berufs aber beginnt da, wo dieses Machtstreben unsachlich und ein Gegenstand rein persönlicher Selbstberauschung wird, anstatt ausschließlich in den Dienst der „Sache" zu treten. Denn es gibt letztlich nur zwei Arten von Todsünden auf dem Gebiet der Politik: Unsachlichkeit und – oft, aber nicht immer, damit identisch – Verantwortungslosigkeit. Die Eitelkeit: das Bedürfnis, selbst möglichst sichtbar in den Vordergrund zu treten, führt den Politiker am stärksten in Versuchung, eine von beiden, oder beide, zu begehen. Um so mehr, als der Demagoge auf „Wirkung" zu rechnen gezwungen ist, – er ist eben deshalb stets in Gefahr, sowohl zum Schauspieler zu werden, wie die Verantwortung für die Folgen seines Tuns leichtzunehmen und nur nach dem „Eindruck" zu fragen, den er macht. Seine Unsachlichkeit legt ihm nahe, den glänzenden Schein der Macht statt der wirklichen Macht zu erstreben, seine Verantwortungslosigkeit aber: die Macht lediglich um ihrer selbst willen, ohne inhaltlichen Zweck, zu genießen. Denn obwohl, oder vielmehr: gerade weil Macht das unvermeidliche Mittel, und Machtstreben daher eine der treibenden Kräfte der Politik ist, gibt es keine verderblichere Verzerrung der politischen Kraft, als das parvenumäßige Bramarbasieren mit Macht und die eitle Selbstbespiegelung in dem Gefühl der Macht, überhaupt jede Anbetung der Macht rein als solcher. Der bloße „Machtpolitiker", wie ihn ein auch bei uns eifrig betriebener Kult zu verklären sucht, mag stark wirken, aber er wirkt in der Tat ins Leere und Sinnlose. Darin haben die Kritiker der Machtpolitik vollkommen recht.

[...]

Wie steht es denn aber mit der wirklichen Beziehung zwischen Ethik und Politik? Haben sie, wie man gelegentlich gesagt hat, gar nichts miteinander zu tun? Oder ist es umgekehrt richtig, dass „dieselbe" Ethik für das politische Handeln wie für jedes andere gelte? Man hat zuweilen geglaubt, zwischen diesen beiden Behauptungen bestehe eine ausschließliche Alternative: entweder die eine oder die andere sei richtig. Aber ist es denn wahr, dass für erotische und geschäftliche, familiäre und amtliche Beziehungen, für die Beziehungen zu Ehefrau, Gemüsefrau, Sohn, Konkurrenten, Freund, Angeklagten die inhaltlich gleichen Gebote von irgendeiner Ethik der Welt aufgestellt werden könnten? Sollte es wirklich für die ethischen Anforderungen an die Politik so gleichgültig sein, dass diese mit einem sehr spezifischen Mittel: Macht, hinter der Gewaltsamkeit steht, arbeitet? Sehen wir nicht, dass die bolschewistischen und spartakistischen Ideologen, eben weil sie dieses Mittel der Politik anwenden, genau die gleichen Resultate herbeiführen wie irgendein militaristischer Diktator? Wodurch als eben durch die Person der Gewalthaber und ihren Dilettantismus unterscheidet sich die Herrschaft der Arbeiter- und Soldatenräte von der eines beliebigen Machthabers des alten Regimes? Wodurch die Polemik der meisten Vertreter der vermeintlich neuen Ethik selbst gegen die von ihnen kritisierten Gegner von der irgendwelcher anderer Demagogen? Durch die edle Absicht!, wird gesagt werden. Gut. Aber das Mittel ist es, wovon hier die Rede ist, und den Adel ihrer letzten Absichten nehmen die befehdeten Gegner mit voller subjektiver Wirklichkeit ganz ebenso für sich in Anspruch. „Wer zum Schwert greift, wird durch das Schwert umkommen", und Kampf ist überall Kampf. Also: – die Ethik der Bergpredigt? Mit der Bergpredigt – gemeint ist: die absolute Ethik des Evangeliums – ist es eine ernstere Sache, als die glauben, die diese Gebote gern zitieren. Mit ihr ist nicht zu spaßen. Von ihr gilt, was man von der Kausalität in der Wissenschaft gesagt hat: sie ist kein Fiaker, den man beliebig halten lassen kann, um nach Befinden ein- und auszusteigen. Sondern: ganz oder gar nicht, das gerade ist ihr Sinn, wenn etwas anderes als Trivialitäten herauskommen soll. Also z. B. der reiche Jüngling: „Er aber ging traurig davon, denn er hatte viele Güter". Das evangelische Gebot ist unbedingt und eindeutig: gib her, was du hast – alles, schlechthin. Der Politiker wird sagen: eine sozial sinnlose Zumutung, solange es nicht für alle durchgesetzt wird. Also: Besteuerung, Wegsteuerung, Konfiskation, – mit einem Wort: Zwang und Ordnung gegen alle. Das ethische Gebot aber fragt darnach gar nicht, das ist sein Wesen. Oder: „Halte den anderen Backen hin!" Unbedingt, ohne zu fragen, wieso es dem andern zukommt, zu schlagen. Eine Ethik der Würdelosigkeit – außer: für einen Heiligen. Das ist es: man muss ein Heiliger sein in allem, zum mindesten dem Wollen nach, muss leben wie Jesus, die Apostel, der heilige Franz und seinesgleichen, dann ist die Ethik sinnvoll und Ausdruck einer Würde. Sonst nicht. Denn wenn es in Konsequenz der akosmistischen Liebesethik heißt: „dem Übel nicht widerstehen mit Gewalt", – so gilt für den Politiker umgekehrt der Satz: du sollst dem Übel gewaltsam widerstehen, sonst bist du für seine Überhandnahme verantwortlich. Wer nach der Ethik des Evangeliums handeln will, der enthalte sich der Streiks – denn sie sind:

Zwang – und gehe in die gelben Gewerkschaften. Er rede aber vor allen Dingen nicht von „Revolution“. Denn jene Ethik will doch wohl nicht lehren: dass gerade der Bürgerkrieg der einzig legitime Krieg sei. Der nach dem Evangelium handelnde Pazifist wird die Waffen ablehnen oder fortwerfen, wie es in Deutschland empfohlen wurde, als ethische Pflicht, um dem Krieg und damit: jedem Krieg, ein Ende zu machen. Der Politiker wird sagen: das einzig sichere Mittel, den Krieg für alle absehbare Zeit zu diskreditieren, wäre ein status-quo-Friede gewesen. Dann hätten sich die Völker gefragt: wozu war der Krieg? Er wäre ad absurdum geführt gewesen, – was jetzt nicht möglich ist. Denn für die Sieger – mindestens für einen Teil von ihnen – wird er sich politisch rentiert haben. Und dafür ist jenes Verhalten verantwortlich, das uns jeden Widerstand unmöglich machte. Nun wird – wenn die Ermattungsepoche vorbei sein wird – der Frieden diskreditiert sein, nicht der Krieg: eine Folge der absoluten Ethik.

Endlich: die Wahrheitspflicht. Sie ist für die absolute Ethik unbedingt. Also, hat man gefolgert: Publikation aller, vor allem der das eigene Land belastenden Dokumente und auf Grund dieser einseitigen Publikation: Schuldbekenntnis, einseitig, bedingungslos, ohne Rücksicht auf die Folgen. Der Politiker wird finden, dass im Erfolg dadurch die Wahrheit nicht gefördert, sondern durch Missbrauch und Entfesselung von Leidenschaft sicher verdunkelt wird; dass nur eine allseitige planmäßige Feststellung durch Unparteiische Frucht bringen könnte, jedes andere Vorgehen für die Nation, die derartig verfährt, Folgen haben kann, die in Jahrzehnten nicht wiedergutzumachen sind. Aber nach „Folgen“ fragt eben die absolute Ethik nicht.

Da liegt der entscheidende Punkt. Wir müssen uns klarmachen, dass alles ethisch orientierte Handeln unter zwei voneinander grundverschiedenen, unaustragbar gegensätzlichen Maximen stehen kann: es kann „gesinnungsethisch“ oder „verantwortungsethisch“ orientiert sein. Nicht dass Gesinnungsethik mit Verantwortungslosigkeit und Verantwortungsethik mit Gesinnungslosigkeit identisch wäre. Davon ist natürlich keine Rede. Aber es ist ein abgrundtiefer Gegensatz, ob man unter der gesinnungsethischen Maxime handelt – religiös geredet – : „Der Christ tut recht und stellt den Erfolg Gott anheim“, oder unter der verantwortungsethischen: dass man für die (voraussehbaren) Folgen seines Handelns aufzukommen hat. Man mag einem überzeugten gesinnungsethischen Syndikalisten noch so überzeugend darlegen, dass die Folgen seines Tuns die Steigerung der Chancen der Reaktion, gesteigerte Bedrückung seiner Klasse, Hemmung ihres Aufstiegs sein werden, – und es wird auf ihn gar keinen Eindruck machen. Wenn die Folgen einer aus reiner Gesinnung fließenden Handlung üble sind, so gilt ihm nicht der Handelnde, sondern die Welt dafür verantwortlich, die Dummheit der anderen Menschen oder – der Wille des Gottes, der sie so schuf. Der Verantwortungsethiker dagegen rechnet mit eben jenen durchschnittlichen Defekten der Menschen, – er hat, wie Fichte richtig gesagt hat, gar kein Recht, ihre Güte und Vollkommenheit vorauszusetzen, er fühlt sich nicht in der Lage, die Folgen eigenen Tuns, soweit er sie voraussehen konnte, auf andere abzuwälzen. Er wird sagen: diese Folgen werden meinem Tun zugerechnet. „Verantwortlich“ fühlt sich der Gesinnungsethiker nur dafür, dass die Flamme der reinen Gesinnung, die Flamme z. B. des Protestes gegen die Ungerechtigkeit der sozialen Ordnung, nicht erlischt. Sie stets neu anzufachen, ist der Zweck seiner, vom möglichen Erfolg her beurteilt, ganz irrationalen Taten, die nur exemplarischen Wert haben können und sollen.

Aber auch damit ist das Problem noch nicht zu Ende. Keine Ethik der Welt kommt um die Tatsache herum, dass die Erreichung „guter“ Zwecke in zahlreichen Fällen daran gebunden ist, dass man sittlich bedenkliche oder mindestens gefährliche Mittel und die Möglichkeit oder auch die Wahrscheinlichkeit übler Nebenerfolge mit in den Kauf nimmt, und keine Ethik der Welt kann ergeben: wann und in welchem Umfang der ethisch gute Zweck die ethisch gefährlichen Mittel und Nebenerfolge „heiligt“.

Aus: Max Weber, Der Beruf zur Politik, in: Max Weber, Soziologie, Weltgeschichtliche Analysen, Politik, Stuttgart 1968, S. 167 ff. (Auszüge).

ZUR TEXTERSCHLIESSUNG

1. Stellen Sie dar, welchen Gefährdungen Max Weber Politik ausgesetzt sieht.
2. Klären Sie die Begriffe Gesinnungs- und Verantwortungsethik.
3. Suchen Sie nach konkreten Beispielen für gesinnungs- und verantwortungsethisches Handeln.
4. Welcher der beiden Haltungen scheint Weber eher zuzuneigen? Begründen Sie Ihre Antwort.

5.2 Werner Hofmann: Herrschaft als gesellschaftliches Grundverhältnis

Werner Hofmann (1922 bis 1969), war ein marxistisch orientierter Soziologe und Volkswirt und Gründer des Bundes demokratischer Wissenschaftler (1968). Hofmann studierte Volkswirtschaft an der Universität München und wechselte kurzfristig auch aus politischen Motiven in die Sowjetische Besatzungszone zur Universität Leipzig. Seine Promotion wurde dort aus politischen Gründen nicht angenommen, daraufhin kehrte Hofmann 1952 nach München zurück. Seit 1958 lehrte er an der Hochschule für Sozialwissenschaften in Wilhelmshaven, seit 1964 war er außerplanmäßiger Professor für Volkswirtschaftslehre in Göttingen, von 1966 bis 1969 ordentlicher Professor für Soziologie an der Universität Marburg. Forschungsschwerpunkte von Werner Hofmann waren der Stalinismus sowie soziale und ökonomische Theorien der kapitalistischen Entwicklung sowie Arbeiten zur Wissenschaftssoziologie.
Hofmann stand der kommunistischen Partei nahe. Der von ihm begründete „Bund demokratischer Wissenschaftler" sollte seinen Mitgliedern individuelle Forschungsfreiheit und Schutz vor gesellschaftlichen Angriffen bieten. Hofmann wollte mit dieser Organisation auch bekannte Wissenschaftler jenseits marxistischer Kreise gewinnen. Hofmanns Werke wurden vor allem in zahlreichen Gruppen der Studentenbewegung gelesen.

Literaturhinweise

Werner Hofmann, Ideengeschichte der sozialen Bewegung, Berlin 1962.
Werner Hofmann, Stalinismus und Antikommunismus. Zur Soziologie der Verblendung, Frankfurt a. M. 1967.
Werner Hofmann, Grundelemente der Wirtschaftsgesellschaft, Reinbek bei Hamburg 1969.
Werner Hofmann, Abschied vom Bürgertum. Essays und Reden, Frankfurt a. M. 1970.

M 3 Autorität – Macht – Herrschaft

1. Autorität

Unter sozialer Autorität soll verstanden werden die anerkannte Befähigung von Personen, bestimmte Sachaufgaben zu meistern.
Solche Befähigung beruht in aller Regel auf fachlicher Kompetenz; sie entspringt den bestehenden Formen der Arbeitsteilung. Kennzeichen von Autorität ist, daß sie einer Kontrolle des Erfolgs unterliegt und daher verlorengehen kann, wenn der Erfolg für längere Zeit ausbleibt. Die Anerkennung der Autorität bestimmter Personen findet ihren Ausdruck in einer freiwilligen Unterordnung der sachlich weniger Kompetenten, auch dann, wenn kein Weisungs- und Gehorsamsverhältnis gegeben ist.

2. Macht

Demgegenüber beruht Macht auf der Möglichkeit, zu Zwangsmitteln zu greifen. Macht ist also gesellschaftlich mehr oder minder institutionalisiert, sie beruht in der Regel auf Befugnissen. Die Ausübung von Macht stellt eine spezifische gesellschaftliche Rolle dar.
In diesem Sinne kann von Macht der Staatsorgane, von Macht eines Vorgesetzten, von Wirtschaftsmacht etc. gesprochen werden. – Der Ausübung von Macht entspricht auf seiten der Unterlegenen nicht oder nicht allein (wie bei der Geltendmachung von Autorität) Anerkennung, sondern vielmehr Gehorsam, ein Sich-Fügen aus Interesse: Man will Sanktionen, die bei einem Andershandeln zu befürchten sind, vermeiden, oder man erhofft von einem erwartungsgemäßen Verhalten Vorteile. – Hiermit ist auch angedeutet: Machtbeziehungen können, ja müssen sich in gewissem Maße verinnerlichen. Jede gegebene Machtordnung drängt danach, äußeren Druck durch die Entwicklung innerer Konformitätsbereitschaft bei den Machtunterlegenen nicht nur zu ergänzen, sondern nach Möglichkeit auch zu ersetzen. Die Gewissensmacht, die Religionsgemeinschaften auszuüben pflegen, zeugt hiervon ebenso wie etwa das Bemühen, in der modernen betrieblichen Arbeitswelt zu dem ständigen Leistungsauftrag und dem unmittelbaren Befehl gegenüber den Unselbständigen Impulse des Eigeninteresses an der Erfüllung des fremden Willens treten zu lassen (etwa vermittels des Leistungslohns, der Kunst betrieblicher „Menschenführung", der Pflege des „Betriebsklimas" etc.). Kein Machtsystem, dem es nicht gelingt, sich durch Entwicklung einer ge-

wissen Bereitschaft zum erwartungsgemäßen Verhalten bei den Machtbefohlenen selbst zu internalisieren, könnte sich dauerhaft behaupten. Bei alledem bleiben die vielfältigen Formen gesellschaftlicher Machtausübung, für sich selbst genommen, ganz unstrukturiert. Ihren besonderen Inhalt erhält Macht erst, wenn sie in Beziehung gesetzt wird zu Herrschaft.

3. Herrschaft

Unter Herrschaft sollte – im Unterschied zu dem gängigen laxen Gebrauch des Begriffs – etwas sehr Bestimmtes verstanden werden: nämlich ein Grundverhältnis der Gesellschaft, das gekennzeichnet ist durch die Aneignung fremder Arbeitsleistung durch Nichtarbeitende, und zwar auf Grund von Herrengewalt an den entscheidenden Wirtschaftsmitteln. Dieses zunächst sozio-ökonomisch zu bestimmende Verhältnis zwischen Produzenten und Nutznießenden wird ergänzt und vervollständigt durch ein System außerökonomischer (politischer, militärischer, rechtlicher etc.) Herrschaftssicherung. [...]

Es ist wichtig, Herrschaft zunächst als einen elementar sozio-ökonomischen Sachverhalt zu begreifen. Zwischen dem eigentlichen Inhalt von Herrschaft und den wahrnehmbaren Formen der Herrschaftssicherung ist sorgsam zu unterscheiden. Letztere stellen sich in den äußeren Machtmitteln dar, über die eine herrschaftlich geordnete Gesellschaft verfügt. Vor einer vorschnellen Politisierung und damit Veräußerlichung des fundamentalen Herrschaftssachverhalts ist zu warnen. [...]

5. Macht als Erscheinungsform von Herrschaft

Herrschaft bezeichnet den *Grundsachverhalt* einer durch das Verhältnis von Arbeit und Aneignung geteilten Gesellschaft. Macht ist, soweit sie einem Herrschaftsverhältnis entspringt, die *Erscheinungsform* von Herrschaft.

Es ist daher von einem *Herrschaftsverhältnis* und von *Machtbeziehungen* zwischen gesellschaftlichen Menschen zu sprechen.

Die besonderen Formen von Machtentfaltung sind auf Herrschaftsverhältnisse vielfach sehr direkt rückführbar: so etwa die Macht eines Sklavenaufsehers, die Macht eines Provinzstatthalters, eines Kolonialgouverneurs, die Macht des Vorgesetzten im modernen Arbeitsprozeß. Die Beziehung von Macht zu einem tieferliegenden Herrschaftsverhältnis kann allerdings auch sehr vermittelt sein. Soziale Herrschaft prägt ihren Stempel allen Seiten des gesellschaftlichen Lebens auf; sie nährt den Wunsch nach Unterordnung anderer wie die Bereitschaft zum Gehorsam in weiteren sozialen Daseinsbezirken. So pflegt etwa das Inzweifelziehen einer starken Stellung des Lehrers, des Vaters etc. als Ausdruck eines weitergreifenden Aufbegehrens gegen gesellschaftliche Verhältnisse überhaupt empfunden zu werden.

Aus: Werner Hofmann, Grundelemente der Wirtschaftsgesellschaft. Ein Leitfaden für Lehrende, Reinbek bei Hamburg 1987, S. 29–31, 33.

ZUR TEXTERSCHLIESSUNG

1. Vergleichen Sie die Bestimmungen von Macht und Herrschaft bei Weber und Hofmann.
2. Diskutieren Sie: Welche Unterschiede ergeben sich hinsichtlich der Bewertung von Demokratie?

5.3 Arnold Gehlen: Mensch und Institutionen

Manche Tiere sind unmittelbar nach ihrer Geburt oder bald darauf bereits überlebensfähig. Für den Menschen als „extremen Nesthocker" gilt das nicht – ohne vielfältige und langjährige Fremdhilfe wäre er zum raschen Tod verurteilt. Der Mensch bedarf also – so eine der zentralen Thesen von Arnold Gehlen (vgl. S. 79) – verschiedener Institutionen. Darunter versteht Gehlen nicht nur Einrichtungen wie Behörden, Schulen, Betriebe etc., sondern auch Institutionen wie Familie, Eigentum, Ehe, aber auch überpersonale, vorgefundene und vor allem dauerhafte Muster zwischenmenschlicher Beziehungen, die in einer Gesellschaft als allseits legitimiert gelten oder erzwungen sind. Sie garantieren ständig die lebensnotwendigen wiederkehrenden Regelmäßigkeiten und Gleichförmigkeiten, sie steuern das Verhalten von Menschen, Gruppen und Organisationen und ermöglichen nach Gehlen Kultur und Sinngebung. Von ihnen geht ein beachtlicher Disziplinierungsdruck auf das Individuum aus, sie prägen schließlich entscheidend das Denken und Verhalten des Einzelnen. Daher hat es für Gehlen fatale Folgen, wenn Institutionen in Frage gestellt werden oder im Gefolge von historischen Umbrüchen erodieren: Das Individuum würde dann extremen Belastungen ausgesetzt werden, die die Gefahr einer „Primitivisierung" in sich bergen.

M 4 Die Entlastungsfunktion der Institutionen

■ Der Ansatz hat nämlich mehrere Pointen. Denn erstens wird klar, warum es auf der ganzen Welt den Menschen geben kann, der verbreiteter ist als jede Tierart. Weltoffen, aber instinktarm, in seiner organischen Ausstattung mittellos, lebt er von der intelligenten Handlung, d.h. von der Veränderung *beliebiger* Naturdaten ins Zweckdienliche, er lebt folglich bis zum Rande der Eis- und Sandwüste wo überhaupt nichts mehr sich seiner Phantasie und Geschicklichkeit anbietet. Zweitens waren die Fragen des Geistes in prädikativer Weise gestellt, es war von intelligentem *Verhalten* die Rede, vom Menschen wurde es ausgesagt, nicht galt der Geist seinerseits als ein Subjekt, von dem Aussagen zu machen wären. Drittens entsprach der Ansatz in der Simplizität seiner Daten in der Tat den uns bekannten Ausgangszuständen menschlicher Kultur überhaupt, den prähistorischen Belegen. Und er gestattet endlich ohne grundsätzliche Änderung des Schemas eine Ausweitung an Inhalten. [...]

Dagegen erschien es als aussichtsreich, sich die abstrakten Menschen der Anthropologie gegenseitig in Beziehungen tretend zu denken, sie gegeneinander oder auf die Umstände handeln zu lassen, wobei sich aus ihrem gegeneitigen Verhalten heraus bestimmte Formen oder Regeln niederschlagen und und verfestigen würden, sozusagen stereotype Modelle von Verhaltensfiguren, Rechtsbeziehungen oder Eigentumsbeziehungen oder Herrschaftsbeziehungen würden so als Modellmuster abhebbar sein [...]

Hierbei ergaben sich Einsichten, die auf einem anderen Wege nicht angefallen wären, zunächst nämlich eine frappante Hinsicht auf eine der wichtigsten menschlichen Grundeigenschaften. Gemeint ist die Reduktion und Verunsicherung des Instinktlebens, die Plastizität und Flüssigkeit auch der Instinktqualitäten. Um den Zusammenhang zwischen dieser Unbestimmtheit und Unvoraussagbarkeit des menschlichen Verhaltens, von den Antrieben her gesehen, und den Institutionen klarzumachen, zitiere ich [...]: „Die Instinkte bestimmen beim Menschen nicht, wie beim Tier, einzelne festgelegte Verhaltensabläufe. Statt dessen nimmt jede Kultur aus der Vielheit der möglichen menschlichen Verhaltensweisen bestimmte Varianten heraus und erhebt sie zu gesellschaftlich sanktionierten *Verhaltensmustern*, die für alle Glieder der Gruppe verbindlich sind. Solche kulturellen Verhaltensmuster oder *Institutionen* bedeuten für das Individuum eine *Entlastung* von allzu vielen Entscheidungen, einen Wegweiser durch die Fülle von Eindrücken und Reizen, von denen der weltoffene Mensch überflutet wird."

Unter diesen Gesichtspunkten erscheinen die Institutionen einmal als die Formen der Bewältigung lebenswichtiger Aufgaben oder Umstände, so wie die Fortpflanzung oder die Verteidigung oder die Ernährung ein geregeltes und dauerndes Zusammenwirken erfordern; sie erscheinen von der anderen Seite als die *stabilisierenden* Gewalten: Sie sind die Formen, die ein seiner Natur nach riskiertes und unstabiles, affektüberlastetes Wesen findet, um sich gegenseitig und um sich selbst zu ertragen, etwas, worauf man in sich und den anderen zählen und sich verlassen kann. Auf der einen Seite werden in diesen Institutionen die Zwecke des Lebens gemeinsam angefasst und betrieben, auf der anderen Seite orientieren sich die Menschen in ihnen zu endgültigen Bestimmtheiten des Tuns und Lassens, mit dem außerordentlichen Gewinn einer Stabilisierung auch des Innenlebens, so dass sie nicht bei jeder Gelegenheit sich affektiv auseinanderzusetzen oder Grundsatzentscheidungen sich abzuzwingen haben.

Der einzelne erlebt nun in der Tat eine Institution wie das Eigentum oder die Ehe als ein [...] vorgefundenes Muster, dem er sich einordnet; oder in anderen Fällen tritt er in eine Institution seines Berufes, eine Behörde, eine Fabrik ein in dem Bewusstsein, dass sie als dieselbe seit langem bestand und bestehen wird, im Wechsel der Menschen, die in sie ein- oder wieder austreten. Diese Thematik führt in sehr interessante und schwierige Überlegungen, wenn man sich im einzelnen klarmachen will, wie eigentlich die Handlungen der Menschen zu so etwas wie einer Eigennorm umschlagen und sich nun wie eine objektive Ordnung über ihnen verfestigen, die der einzelne als ein Geltendes vorfindet.

Um mit wenigen Worten zusammenzufassen: Die Formen, in denen die Menschen miteinander leben oder arbeiten, in denen sich die Herrschaft ausgestaltet oder der Kontakt mit dem Übersinnlichen – sie alle gerinnen zu Gestalten eigenen Gewichts, den *Institutionen*, die schließlich den Individuen gegenüber etwas wie eine Selbstmacht gewinnen, so dass man das Verhalten des einzelnen in der Regel ziemlich sicher voraussagen kann, wenn man seine Stellung in dem System der Gesellschaft kennt, wenn man weiß, von welchen Institutionen er eingefasst ist. Die Forderungen des Berufes und der Familie, des Staates oder irgendwelcher Verbände, denen man angehört, regeln uns nicht nur in unserem Verhalten ein, sie greifen bis in unser Wertgefühl und Willensentschlüsse durch, und diese verlaufen dann ohne Bremsung und Zweifel wie von selbst, d.h. selbstverständlich, ohne dass eine ander Möglichkeit vorstellbar wäre, also schließlich mit der Überzeugungskraft des Natürlichen. Vom Inneren der Einzelperson her gesehen bedeutet das die „bienfaisante certitude", die wohltätige Fraglosigkeit oder Sicherheit, eine lebenswichtige Entlastung, weil auf diesem Unterbau innerer und äußerer Gewohnheiten die geistigen Energien sozusagen nach oben abgegeben werden können; sie werden für eigentlich persönliche, einmalige und neu zu erfindende Dispositionen frei. Man kann anthropologisch den Begriff der *Persönlichkeit* nur im engsten Zusammenhang mit dem der Institutionen denken, die letzteren geben der Personqualität in einem anspruchsvolleren Sinne überhaupt erst die Entwicklungschance. Unter Persönlichkeit verstehe ich dabei aber nicht die protestlerische Selbstbetonung derjenigen, die durch den in der Tat ganz außerordentlichen Disziplinierungsdruck industrieller Massengesellschaften überanstrengt werden. Ich will sagen: wenn auch die Institutionen uns in gewisser Weise schematisieren, wenn sie mit unserem Verhalten auch unser Denken und Fühlen durchprägen und typisch machen, so zieht man doch gerade daraus die Energiereserven, um innerhalb seiner Umstände die Einmaligkeit darzustellen, d.h. ergiebig, erfinderisch, fruchtbar zu wirken. Wer nicht innerhalb seiner Umstände, sondern unter allen Umständen Persönlichkeit sein will, kann nur scheitern.

Jetzt gehen wir einen Schritt weiter und stellen die Frage, was eigentlich vor sich geht, wenn Institutionen gesprengt oder erschüttert werden. Das geschieht jedesmal bei geschichtlichen Katastrophen, bei Revolutionen oder Zusammenbrüchen von Staatsgebilden oder Gesellschaftsordnungen oder ganzen Kulturen, auch bei gewaltsamer Intervention aggressiver Kulturen in friedlichere. Der unmittelbare Effekt besteht in einer *Verunsicherung* der betroffenen Personen, und zwar bis in die Tiefe hinein [...]. So bis in die Kernschichten durchgreifend, nötigt die Verunsicherung die Menschen gerade dort zu improvisieren, sich Entscheidungen abzuzwingen oder mit geschlossenen Augen ins Ungewisse abzuspringen, vielleicht auch um jeden Preis an irgendwelchen Grundsätzen festzuhalten, um überhaupt auf Linie zu kommen. Dazu tritt die affektive Verarbeitung der Unsicherheit als Angst oder Trotz oder Reizbarkeit.

Das Ganze ergibt eine Belastung gerade der Schichten im Menschen mit Kontroll- und Entscheidungsaufwand, wo man in einem selbstverständlichen Schonverständigtsein in problemlosen Kontakten leben muss, wenn man anspruchsvolleren Situationen gewachsen sein will, mit wenigen Worten gesagt: Die Querschiebungen in den Menschen als Resultate der Erschütterung ihrer Institutionen wirken sich als Primitivisierung aus, ihr Verhalten erinnert an die angestrengten Verständigungsbemühungen der Taubstummen.

Aus: Arnold Gehlen, Anthropologische Forschung. Zur Selbstbegegnung und Selbstentdeckung des Menschen, Reinbek bei Hamburg 1961, S. 69–73.

ZUR TEXTERSCHLIESSUNG

1. Wie begründet Gehlen Notwendigkeit und Wert von stabilen Institutionen?
2. Wie bestimmt Gehlen das Verhältnis von Persönlichkeit und Institution?
3. Bewerten Sie: Ist das Gehlen'sche „Menschenbild" gerechtfertigt?

5.4 Antonio Gramsci: Kulturelle Hegemonie

Antonio Gramsci (1891 – 1937) war ein italienischer Schriftsteller, Journalist, Politiker und Philosoph sowie ein führender Theoretiker des Sozialismus bzw. Kommunismus. Während seines Studiums der Sprachwissenschaft und Philosophie in Turin erlitt er einen Unfall, dessen Folgen ihn lebenslang stark einschränkten.
Er gehört zu den Begründern der Kommunistischen Partei Italiens, deren Geschicke er u. a. als Redaktionssekretär leitete. Von 1924 bis zu seiner Verhaftung durch die italienischen Faschisten am 8. November 1926 war er Abgeordneter im italienischen Parlament. Während seiner Zeit im Gefängnis verfasste Gramsci ohne die üblichen Hilfsmittel eines Schriftstellers oder Wissenschaftlers insgesamt 32 Gefängnishefte, die als herausragendes Werk der (undogmatischen) marxistischen Philosophie gelten. Auf Grund von internationalem Druck sollte dem schwerkranken Gramsci ein Klinikaufenthalt gewährt werden, der ihm während seiner Haft jahrelang verwehrt worden war. Kurz vor seiner Freilassung starb Gramsci im Gefängnis.

Einfluss auf die öffentliche Meinung bedeutet politische Macht, und wer über die „Deutungshoheit" verfügt, also die Interpretation von Konflikten, Institutionen, selbst Begriffen bestimmt, wird politische Entscheidungen maßgeblich in seinem Sinne beeinflussen können. Kulturelle Hegemonie in diesem Sinne war ein Hauptthema Gramscis. Sie bedeute auch, dass es herrschenden Gruppen oder Klassen gelinge, ihre spezifischen Interessen als Allgemeininteressen erscheinen zu lassen, sodass sie sich auf diese Weise eine breite Unterstützung auch in solchen Bevölkerungsgruppen sichern könnten, deren Interessen mit der durchgesetzten Politik tatsächlich aber verletzt würden. Bei diesen Auseinandersetzungen spielen Intellektuelle eine zentrale Rolle. Und in jeder historischen Epoche gelang es den Mächtigen, für sich Gruppen von Intellektuellen zu gewinnen, die sich selbst als „autonom" wähnen und beim Wettstreit der Ideologien eine besondere Bedeutung oder Autorität gewinnen. In diesem Kontext betont Gramsci den Kampf um die Schulen, die jene Intellektuellen hervorbringt und formt.

Literaturhinweise

Sonja Buckel/Andreas Fischer-Lescano, Hegemonie gepanzert mit Zwang. Zivilgesellschaft und Politik im Staatsverständnis Antonio Gramscis (Staatsverständnisse Bd. 11), Baden-Baden 2007.
Wolfgang Fritz Haug, Philosophieren mit Brecht und Gramsci, Hamburg 1996.

M 5 Die öffentliche Meinung

■ Die so genannte „öffentliche Meinung" ist eng mit der politischen Hegemonie verknüpft. Sie ist der Berührungspunkt zwischen „Gesellschaft" und „Staat", zwischen Konsensus und Macht. Wenn der Staat eine wenig populäre Aktion einleiten will, so schafft er präventiv die angemessene öffentliche Meinung, das heißt, er organisiert und zentralisiert gewisse Elemente der Gesellschaft. Geschichte der „öffentlichen Meinung": natürlich hat es immer Elemente öffentlicher Meinung gegeben, auch in den asiatischen Setrapien; aber die öffentliche Meinung nach heutigem Verständnis ist am Vorabend des Untergangs der absolutischen Staaten entstanden, das heißt während des Kampfes der neuen bürgerlichen Klasse um die politische Hegemonie und um die Eroberung der Macht. Die öffentliche Meinung ist der politische Inhalt des öffentlichen politischen Willens, der auch uneinig sein kann; deshalb gibt es den Kampf um das Monopol der Organe der öffentlichen Meinung: Zeitungen, Parteien, Parlament, so dass eine einzige Kraft die Meinung und folglich den nationalen politischen Willen formt, und die Uneinigkeit zu einem unorganischen, individuellen feinen Staub zerstreut wird.
Unter den Elementen, die neuerdings die normale Ausübung der öffentlichen Meinung durch die Parteien mit definierten Programmen gestört haben, sind in erster Linie die Boulevard-Presse und das Radio (da, wo es sehr verbreitet ist) zu nennen. Sie geben die Möglichkeit, aus dem Stegreif Panikausbrüche und Scheinenthusiasmus auszulösen, die zum Beispiel während der Wahlen erlauben, bestimmte Ziele zu erreichen. All dies hängt von dem Charakter der „Volkssouveränität"

ab, die alle drei, vier, fünf Jahre einmal ausgeübt wird: es genügt an jenem bestimmten Tag, die ideologische (oder besser: emotionale) Vorherrschaft zu haben, um über eine Mehrheit zu verfügen, die für drei, vier, fünf Jahre herrschen wird, auch wenn sich nach dem Verebben der Emotionen die Wählermassen von ihrem legalen Ausdruck distanzieren (das legale Land enspricht nicht dem wirklichen Land). Die freien Gewerkschaften sind die Organe, die – mehr als die Parteien – diesen *boom* der öffentlichen Meinung verhindern oder begrenzen können; daher der Kampf gegen die freien Gewerkschaften und die Tendenz, sie staatlicher Kontrolle zu unterstellen: doch ist der nicht organisierbare Teil der öffentlichen Meinung (besonders die Frauen, dort wo sie Wahlrecht haben) derart groß, dass immer *Wahlbooms* und -handstreiche möglich sind, wo die Boulevardpresse und das Radio (ein vom Staat kontrolliertes Monopol) sehr verbreitet sind. Eines der Probleme politischer Technik, die sich heute stellen, wofür jedoch die Demokratien keine Lösungsmöglichkeiten mehr finden, ist genau dies: intermediäre Organe zwischen den großen, beruflich unorganisierbaren (oder schwierig zu organisierenden) Massen, den Gewerkschaften, den Parteien und den verfassungsgebenden Versammlungen zu schaffen. Die Gemeinderäte und Landtage hatten früher eine vergleichbare Funktion, aber heute haben sie an Einfluss verloren. Die modernen Staaten tendieren zu einem Höchstmaß an Zentralisierung, während sich aus Reaktion die föderativen und lokalistischen Tendenzen entwickeln, so dass der Staat zwischen zentralem Despotismus und völliger Auflösung oszilliert.

Aus: Antonio Gramsci, aus: „Philosophie der Praxis". Eine Auswahl. Hrsg. und übersetzt von Christian Riechers mit einem Vorwort von Wolfgang Abendroth, Frankfurt 1967, S. 429–431.

ZUR TEXTERSCHLIESSUNG

1. Verdeutlichen Sie den Begriff „Politische Hegemonie".
2. Erläutern Sie Gramscis Behauptung, die sogenannte öffentliche Meinung sei eng mit politischer Hegemonie verknüpft, an aktuellen Beispielen.

M 6 Die Heranbildung der Intellektuellen

■ Sind die Intellektuellen eine autonome, unabhängige gesellschaftliche Gruppe, oder hat jede gesellschaftliche Klasse ihre eigene spezialisierte Kategorie von Intellektuellen? Das Problem ist komplex wegen der verschiedenartigen Formen, in denen sich bisher der reale geschichtliche Prozess der Bildung von diversen Intellektuellen-Kategorien vollzog.

Die beiden wichtigsten dieser Formen sind:

Jede Gesellschaftsklasse, die sich bildet, weil sie eine wesentliche Funktion innerhalb der Welt ökonomischer Produktion innehat, schafft sich zugleich organisch eine oder mehrere Schichten von Intellektuellen, die ihr Homogenität und Bewusstheit der eigenen Funktion nicht allein auf ökonomischem, sondern auch auf gesellschaftlichem und politischem Gebiet verleihen. Der kapitalistische Unternehmer ruft den Techniker der Industrie auf den Plan, den Wissenschaftler der politischen Ökonomie, den Organisator einer neuen Kultur, eines neuen Rechtes, usw. Man muss die Tatsache festhalten, dass der Unternehmer eine höhere gesellschaftliche Form darstellt, die bereits selbst durch eine gewisse technische und leitende (also intellektuelle) Fähigkeit charakterisiert ist: außer auf dem Gebiet seiner eigenen Tätigkeit und Initiative muss er eine gewisse technische Fähigkeit auf anderen Gebieten haben, zumindest auf den Nachbargebieten der ökonomischen Produktion (er muss ein Organisator von Menschenmassen, ein Organisator des „Vertrauens" der Sparer in seinem Betrieb, der Käufer seiner Ware sein).

Wenn nicht alle Unternehmer, so muss doch zumindest eine Elite unter ihnen zur allgemeinen Organisation der Gesellschaft, des gesamten komplexen Organismus von Diensten bis hin zur staatlichen Organisation, befähigt sein, aus der Notwendigkeit heraus, die günstigsten Voraussetzungen für die Ausbreitung der eigenen Klasse zu schaffen; oder sie muss zumindest die Fähigkeit haben, die „Angestellten" (Spezialisten) auszuwählen, denen sie diese Organisation der allgemeinen Verhältnisse außerhalb des Betriebes anvertrauen kann. Man kann beobachten, dass die „organischen" Intellektuellen, die jede Klasse zugleich mit sich selbst schafft und ihrer fortschreitenden Entwicklung entsprechend Gestalt annehmen lässt, meistens „spezialisierte" Teilaspekte der ursprünglichen Tätigkeit jenes neuen gesellschaftlichen Typus sind, den die neue Klasse hervorgebracht hat.

Auch die Feudalherren waren Träger einer besonderen technischen Fähigkeit, der militärischen, und die Krise des Feudalismus beginnt genau in dem Augenblick, da die Aristokratie das Monopol der technisch-militärischen Kapazität verliert. [...] Diese Heranbildung geht auf eine Weise vor sich, die konkret zu prüfen ist. So ist festzuhalten, dass die Masse der Bauern, wann immer sie eine wesentliche Funktion in der Welt der Produktion ausübt, keine eigenen „organischen" Intellektuellen hervorbringt und sich auch keine Schicht der „traditionellen" Intellektuellen „assimiliert", obwohl umgekehrt andere Gesellschaftsklassen viele ihrer Intellektuellen aus der Masse der Bauern beziehen, und ein Großteil der traditionellen Intellektuellen bäuerlicher Herkunft ist.

2. Aber zumindest in der bisherigen Geschichte hat jede „wesentliche" Gesellschaftsklasse, die aus einer vorangehenden ökonomischen Struktur in die Geschichtlichkeit auftauchte, als Ausdruck der Entwicklung (dieser Struktur) bereits bestehende Kategorien von Intellektuellen gefunden, die im Gegenteil sogar als die Repräsentanten einer geschichtlichen Kontinuität erscheinen, die auch von den kompliziertesten und radikalsten Veränderungen der gesellschaftlichen und politischen Formen nicht unterbrochen wurde. Die typischste dieser Kategorien von Intellektuellen ist der Klerus, der lange Zeit (während einer ganzen Geschichtsphase, die ja sogar teilweise durch dieses Monopol charakterisiert ist) einige wichtige Dienste monopolisierte: die religiöse Ideologie, das heißt die Philosophie und Wissenschaft jener Zeit, einschließlich der Schule, der Ausbildung, der Moral, der Justiz, der Wohltätigkeit und der Unterstützung usw. Die Kategorie des Klerus kann als die Kategorie von Intellektuellen betrachtet werden, die der Grundeigentümeraristokratie organisch verbunden ist: sie war juristisch der Aristokratie gleichgestellt, mit der sie die Ausübung des feudalen Landeseigentums und die Nutzung der staatlichen, an das Eigentum gebundenen Privilegien teilte. Aber das Monopol des Klerus am Überbau ist nicht ohne Kampf und Beschränkungen ausgeübt worden, und somit sind in verschiedenen Formen (die konkret untersucht werden müssen), andere Kategorien entstanden, die durch die größer werdende Zentralgewalt des Monarchen bis hin zum Absolutismus begünstigt wurden und sich ausbreiteten. So bildete sich die Aristokratie der Richter mit eigenen Privilegien, eine Schicht von Verwaltungsbeamten usw., Wissenschaftlern, Theoretikern, nichtklerikalen Philosophen.

Da diese verschiedenartigen Kategorien von traditionellen Intellektuellen ihre ununterbrochene geschichtliche Kontinuität und ihre „Qualifikation" mit ihrem „Korpsgeist" spüren, sehen sie sich selbst als autonom und unabhängig von der herrschenden Gesellschaftsklasse an. Diese Selbstdarstellung ist ideologisch und politisch nicht ohne weiterreichende Konsequenz: die gesamte idealistische Philosophie kann mit dieser vom gesellschaftlichen Komplex der Intellektuellen angenommenen Position leicht in Verbindung gebracht werden, und man kann den Ausdruck dieser gesellschaftlichen Utopie dahingehend definieren, dass die Intellektuellen sich „unabhängig", autonom, mit eigenständigen Charakterzügen ausgestattet wähnen. [...]

Welches sind die „äußersten Grenzen" für die Annahme des Terminus „Intellektueller"? Kann man ein einheitliches Kriterium finden, um alle verschiedenen und disparaten intellektuellen Tätigkeiten dennoch zu charakterisieren und sie zugleich – und wesentlich – von den Tätigkeiten der anderen gesellschaftlichen Gruppierungen zu unterscheiden? Der verbreitetste methodische Irrtum scheint mir zu sein, dass dieses Unterscheidungskriterium innerhalb der intellektuellen Tätigkeiten gesucht wird und nicht innerhalb des Systems der Verhältnisse, in dem die intellektuellen Tätigkeiten (und folglich die sie verkörpernden Gruppen) bestehen – im allgemeinen Zusammenhang der gesellschaftlichen Verhältnisse. Und tatsächlich ist der Arbeiter oder Proletarier zum Beispiel nicht spezifisch durch Handarbeit oder Maschinenarbeit gekennzeichnet, sondern durch diese Arbeit unter bestimmten Bedingungen und unter bestimmten gesellschaftlichen Verhältnissen (abgesehen davon, dass es rein körperliche Arbeit nicht gibt und auch Taylors Definition vom „abgerichteten Gorilla" eine Metapher ist, um eine Grenze in bestimmter Richtung zu ziehen: in jeglicher körperlichen Arbeit, auch in der memanischsten und niedrigsten, ist ein Minimum an technischer Qualifikation und schöpferisch intellektueller Tätigkeit vorhanden). [...]

Alle Menschen sind Intellektuelle, könnte man deshalb sagen; aber nicht alle Menschen haben in der Gesellschaft die Funktion von Intellektuellen. Wenn man zwischen Intellektuellen und Nichtintellektuellen unterscheidet, so bezieht man sich in Wirklichkeit nur auf die unmittelbare gesellschaftliche Funktion der Berufsgruppe der Intellektuellen, man betrachtet die überwiegende Tendenz der spezifischen Berufstätigkeit, ob es sich also um intellektuelle Arbeit oder neuromuskuläre Anstrengung handelt. Dies besagt, dass, wenn man von Intellektuellen sprechen kann, man andererseits nicht von Nichtintellektuellen reden kann, denn diese gibt es nicht. Aber das Verhältnis von intellektuell-zerebraler und neuromuskulärer Anstrengung ist selbst nicht immer gleich, es gibt also verschiedene Stufen spezifisch intellektueller Tätigkeit. Es gibt keine menschliche Tätigkeit, der jeglicher intellektueller Eingriff abzusprechen wäre, der *homo faber* ist vom *homo sapiens* nicht zu trennen. Außerdem übt jeder Mensch außerhalb seines Berufes eine gewisse intellektuelle Tätigkeit aus, er ist

also ein „Philosoph“, ein Künstler, ein Mensch von Geschmack, hat teil an einer Weltanschauung, verfolgt eine bewusste Linie moralischen Verhaltens, trägt folglich dazu bei, eine Weltanschauung zu stützen oder zu verändern, das heißt neue Denkweisen hervorzurufen.
Das Problem, eine neue Intellektuellenschicht zu schaffen, besteht deshalb darin, die in jedem Menschen bis zu einem gewissen Grad vorhandene intellektuelle Tätigkeit kritisch auszubilden, sein Verhältnis zur muskulären Anstrengung in ein neues Gleichgewicht zu bringen und zu erreichen, dass die muskuläre Anstrengung selbst – als Element einer allgemeinen, ständig die physische und gesellschaftliche Welt erneuernde praktische Tätigkeit – zur Grundlage einer neuen und integralen Weltanschauung wird. Der traditionelle Typ des Intellektuellen ist nach allgemeiner Ansicht der Literat, der Philosoph, der Künstler. Deshalb glauben die Journalisten auch, die „wahren“ Intellektuellen zu sein, weil sie behaupten, Literaten, Philosophen und Künstler zu sein. In der modernen Welt muss die technische Erziehung, auch mit der primitivsten und am wenigsten qualifizierten Industriearbeit eng verbunden, die Basis des neuen Typs des Intellektuellen bilden.

[...]

Auf diese Weise bilden sich geschichtlich spezialisierte Kategorien zur Ausübung der intellektuellen Funktion heraus, sie bilden sich in Verbindung mit allen Gesellschaftsklassen, vor allem aber mit den wichtigsten; in Verbindung mit der herrschenden Gesellschaftsklasse nehmen sie besonders weitreichende und komplexe Formen an. Eines der hervorstechendsten Merkmale jeder Gruppe, die sich zur herrschenden entwickelt, ist ihr Kampf um „ideologische“ Assimilation und um Eroberung der traditionellen Intellektuellen; diese Assimilation und Eroberung erfolgt um so rascher und wirksamer, je mehr diese Gruppe zugleich eigene organische Intellektuelle hervorbringt.

Die enorme organisatorische Entwicklung des Schulwesens (im weiten Sinne) der Gesellschaften, die aus der mittelalterlichen Welt hervorgingen, beweist, welche Bedeutung die intellektuellen Berufe und Funktionen in der modernen Welt erlangt haben: wie versucht wird, die „Intellektualität“ jedes einzelnen zu vertiefen und auszudehnen, so wurde auch versucht, die Spezialisierungen zu erweitern und zu verfeinern. Das beweisen die Erziehungs-Institute verschiedenen Niveaus, bis hin zu den Organismen zur Förderung der sogenannten „höheren Kultur“, auf jedem Gebiet der Wissenschaft und der Technik.

Die Schule ist das Instrument, um Intellektuelle verschiedenen Grades heranzubilden. Die Komplexität der intellektuellen Funktion in den einzelnen Staaten lässt sich an der Zahl der spezialisierten Schulen und deren hierarchischer Abstufung objektiv ablesen: je ausgedehnter das schulische „Areal“ und je zahlreicher die „vertikalen“ „Abstufungen“ der Schule sind, um so komplexer ist die kulturelle Welt, die Zivilisation, eines bestimmten Staates. Man hat eine Vergleichsmöglichkeit auf dem Gebiet der industriellen Technik: der Grad der Industrialisierung eines Landes lässt sich an dem Stand des Maschinenbaus zur Herstellung von Maschinen ablesen und an der Fabrikation von immer genaueren Präzisionsinstrumenten zur Herstellung von Maschinen, etc. Das Land, das zur Herstellung von Instrumenten für die Experimentiersäle der Wissenschaftler am besten gerüstet ist und zur Herstellung von Instrumenten zur Prüfung dieser Instrumente, kann, technisch-industriell, das vielseitigste, zivilisierteste, usw. genannt werden. So ist es bei der Ausbildung der Intellektuellen und den dieser Ausbildung dienenden Schulen; Schulen und Institute der „höheren Kultur“ sind assimilierbar. Auch auf diesem Gebiet kann die Quantität nicht von der Qualität getrennt werden. Der raffiniertesten technisch-kulturellen Spezialisierung muss die größtmögliche Ausdehnung und Verbreitung der elementaren Schulbildung und die größte Bemühung entsprechen, die Zwischenstufen ausreichend zu fördern. Natürlich bringt die Notwendigkeit, für die Auswahl und Heranbildung der höchsten intellektuellen Sparten eine möglichst breite Basis zu schaffen – der höheren Kultur und der höchstentwickelten Technik also eine demokratische Struktur zu geben – Unannehmlichkeiten mit sich: man schafft damit die Möglichkeit zu ausgedehnten Krisen der Arbeitslosigkeit innerhalb der intellektuellen Mittelschichten, Krisen, die tatsächlich in allen modernen Gesellschaften auftreten.

Man muss festhalten, dass in der konkreten Wirklichkeit die Heranbildung der Intellektuellenschichten sich nicht in einem abstrakt demokratischen Bereich vollzieht, sondern nach sehr konkreten traditionellen geschichtlichen Prozessen erfolgt. Es haben sich Schichten gebildet, die traditionell Intellektuelle „produzieren“; es sind die gleichen, die sich gewöhnlich aufs „Sparen“ spezialisiert haben, das heißt die kleine und mittlere Landbourgeoisie und einige Schichten des städtischen Klein- und Mittelbürgertums. Die unterschiedliche Verteilung der verschiedenen (klassischen und beruflich orientierten) Schultypen im „ökonomischen“ Bereich und die unterschiedlichen Ziele der verschiedenen Kategorien dieser Schichten bestimmen die Entstehung der einzelnen Zweige intellektueller Spezialisierung. So entstammen in Italien Staatsbeamte und Angehörige freier Berufe besonders der Landbourgeoisie, während die Stadtbourgeoisie Techniker für die Industrie stellt: und deshalb bringt Norditalien Techniker und Süditalien besonders Beamte und freiberuflich Tätige hervor.

Das Verhältnis zwischen den Intellektuellen und der Welt der Produktion ist kein unmittelbares, wie bei den gesellschaftlichen Hauptklassen, sondern es ist – in verschiedenem Maß – durch das gesamte gesellschaftliche Gewebe „vermittelt", durch den Komplex der Überbauten, deren „Funktionäre" eben die Intellektuellen sind. Man könnte die „Organizität" der verschiedenen Schichten von Intellektuellen, ihre mehr oder minder enge Verbindung mit einer gesellschaftlichen Hauptklasse messen, indem man eine Stufenfolge der Funktionen und Überbauten von unten nach oben (von der Basisstruktur nach oben) festlegte. Es können bisher zwei große „Stockwerke" des Überbaus festgestellt werden: einmal das, was man „bürgerliche Gesellschaft" nennen kann, das heißt die Gesamtheit aller gemeinhin „privat" genannten Organismen, zum anderen die „politische Gesellschaft oder den Staat"; sie entsprechen der „hegemonialen" Funktion der herrschenden Klasse innerhalb der Gesamtgesellschaft und der „direkten Herrschaft" oder dem Befehl, wie er sich im Staat oder durch die „legale" Regierung ausdrückt. Diese Funktionen sind organisatorisch und verbindend. Die Intellektuellen sind bei der Ausübung der subalternen Funktionen gesellschaftlicher Hegemonie die „Angestellten" der herrschenden Klasse und der politischen Herrschaft, das heißt: 1. des „spontanen" Konsensus, den die großen Bevölkerungsmassen jener Richtung gewährt, die dem gesellschaftlichen Leben durch die herrschende Hauptklasse aufgeprägt wird; dieser Konsensus entsteht „geschichtlich" aus dem Prestige (und folglich dem Vertrauen), das der herrschenden Klasse aus ihrer Position und Funktion innerhalb der Welt der Produktion erwächst; 2. des staatlichen Zwangsapparates, der „legal" die Disziplin jener Gruppen gewährleistet, die weder aktiv noch passiv „zustimmen", der aber für die gesamte Gesellschaft eingerichtet worden ist, falls es zu Krisen in der Befehls- und Führungsstruktur kommt, wenn der spontane Konsensus geringer wird.

Dieser Ansatz führt zu einem sehr weitgefassten Begriff des Intellektuellen; aber nur so ist es möglich, sich der Wirklichkeit konkret zu nähern. Diese Art der Fragestellung stößt auf Kastenvorurteile: es stimmt, dass die organisatorische Funktion der gesellschaftlichen Hegemonie und der staatlichen Herrschaft zu einer gewissen Arbeitsteilung führt und dass es folglich eine Stufenfolge der Qualifikationen gibt, von denen einige keinesfalls als leitend und organisatorisch gelten können: im gesellschaftlichen und staatlichen Leitungsapparat gibt es eine Reihe von instrumentalen und handwerklichen Beschäftigungen; aber es ist offensichtlich, dass diese Unterscheidung gemacht werden muss, wie auch noch andere. In der Tat muss die intellektuelle Tätigkeit auch aus inneren Gesichtspunkten in Stufen eingeteilt werden, Abstufungen die in den Momenten extremer Gegensätze eine regelrecht qualitative Differenz ergeben: auf der höchsten Stufe stehen die Schöpfer der verschiedenen Wissenschaften, der Philosophie und der Kunst; auf der untersten die bescheidensten „Verwalter" und Verbreiter des bereits bestehenden traditionellen akkumulierten intellektuellen Reichtums.

In der modernen Welt hat sich die so verstandene Kategorie der Intellektuellen in unerhörter Weise ausgedehnt. Das demokratisch-bürokratische Gesellschaftssystem hat imponierende Massen von Intellektuellen hervorgebracht, die nicht alle durch die gesellschaftlichen Notwendigkeiten der Produktion gerechtfertigt sind, wohl aber durch die politischen Notwendigkeiten der herrschenden Hauptklasse. [...] Die Bildung von Massen hat die Individuen in ihrer individuellen Qualifikation und auch psychologisch standardisiert und bei ihnen die gleichen Phänomene hervorgerufen, wie bei anderen standardisierten Massen. Konkurrenz bedingt die Notwendigkeit beruflicher Schutzorganisationen, Arbeitslosigkeit, schulische Überproduktion, Auswanderung etc.

Aus: Antonio Gramsci, Philosophie der Praxis. Eine Auswahl. Hrsg. und übersetzt von Christian Riechers mit einem Vorwort von Wolfgang Abendroth, Frankfurt a. M. 1967, S. 405–413.

Zur Texterschliessung

1. Erläutern Sie, welche Rolle Gramsci den Intellektuellen im politischen Kampf zuschreibt.
2. Wie erklärt Gramsci die Entstehung der Schicht der Intellektuellen?

5.5 Johan Galtung: Strukturelle Gewalt

Johan Galtung (*1930 in Oslo, Norwegen) ist einer der führenden Repräsentanten der Friedens- und Konfliktforschung. Nach dem Studium der Soziologie und Mathematik gründete er 1959 das weltweit erste Friedensforschungsinstitut, das International Peace Research Institute Oslo (PRIO), dem er zehn Jahre als Direktor vorstand. Von 1969 bis 1977 war er Professor für Friedens- und Konfliktforschung an der Universität Oslo. Er arbeitete mit zahlreichen Einrichtungen der Vereinten Nationen zusammen und wurde von vielen Universitäten als Gastprofessor berufen. Gegenwärtig ist Galtung Professor für Friedensforschung an der Universität von Hawaii, er leitet das Transcend (Peace and Development Network). Galtung wurde 1987 mit dem Alternativen Friedensnobelpreis (Right Livelihood Award) ausgezeichnet. Er veröffentlichte zahlreiche Bücher und Artikel und hat als Berater und Aktivist einen beträchtlichen Einfluss auf die internationale Friedensforschung.

Literaturhinweise

Johan Galtung, Strukturelle Gewalt. Beiträge zur Friedens- und Konfliktforschung, Reinbek bei Hamburg 1982.
Johan Galtung, Die andere Globalisierung. Perspektiven für eine zivilisierte Weltgesellschaft im 21. Jahrhundert, Münster 1998.
Johan Galtung, Frieden mit friedlichen Mitteln. Frieden und Konflikt, Entwicklung und Kultur, Opladen 1998.
Johan Galtung, Die Zukunft der Menschenrechte. Verständigung zwischen den Kulturen, Frankfurt a. M. 2000.
Hajo Schmidt, Uwe Trittmann (Hrsg.), Kultur und Konflikt – Dialog mit Johan Galtung, Münster 2002.

M 7 Das Dreieck der Gewalt

■ Gewalt ist ausgeübt worden, und zwar in der kollektiven Form eines Krieges, an dem eine oder mehrere Regierungen beteiligt waren, oder in der Familie oder auf der Straße. Sichtbarer Schaden in materieller und somatischer Hinsicht häuft sich. Die teilnehmenden Parteien und auch die Außenstehenden beklagen dies. Doch dann lässt die Gewaltanwendung nach: Den Krieg führenden Parteien sind die materiellen und nichtmateriellen Ressourcen ausgegangen; die Parteien nähern sich in ihrer Einschätzung des endgültigen Resultates einander an, man hält weitere Gewaltanwendung für leichtfertig und sinnlos; oder es intervenieren außenstehende Parteien, um die Gewaltanwendung zu stoppen, um, aus welchen Gründen auch immer, den Frieden zu erhalten; vielleicht wollen sie einen Sieg der Partei verhindern, der ihre Sympathie nicht gehört. Ein Waffenstillstand wird geschlossen, eine Vereinbarung entworfen und unterzeichnet.
Das Wort „Frieden" wird sowohl von den Naiven in den Mund genommen, die die Abwesenheit direkter Gewaltanwendung mit Frieden verwechseln und die nicht verstehen, dass die Arbeit am Auf- und Ausbau des Friedens [nach Ende der direkten Gewaltanwendung] gerade erst beginnt, und bei den weniger Naiven, die dies zwar wissen, eine solche Arbeit jedoch nicht in Angriff nehmen. So wird also das Wort „Frieden" zu einem sehr wirksamen Friedensverhinderer.
Mit unserer Untersuchung wollen wir zu den weltweiten Bemühungen beitragen, den Friedensprozess, der über einen Waffenstillstand hinausgeht, in Schwung zu bringen, so dass „nach der Gewalt" nicht mehr so einfach „vor der Gewalt" wird. Die erste Aufgabe nach der Gewalt ist, ihre Formation zu erfassen, um besser zu verstehen, wie der Meta-Konflikt seinen teuflischen Kurs genommen hat, unter und zwischen den Menschen, Gruppen, Gesellschaften gewütet und vom Krieg zerrissene Leute und Gesellschaften, ein vom Krieg zerrissene Welt hervorgebracht hat. Krieg ist eine menschengemachte Katastrophe.
Um die Formation der Gewalt zu erfassen, mag das folgende Dreieck von Nutzen sein:

Die direkte Gewalt, ob physisch und/oder verbal, ist als Verhalten sichtbar. Doch menschliche Handlungen kommen nicht aus dem Nichts; sie haben ihre Wurzeln. Zwei davon wollen wir andeuten: eine auf Gewalt basierende Kultur (heroisch, patriotisch, patriarchalisch, etc.) und eine Struktur, die selbst gewaltsam ist, indem sie zu repressiv, ausbeuterisch oder entfremdend oder aber auch zu eng oder zu lose für die Menschen ist.

5.6 Michel Foucault: Disziplin als Machttechnologie

Michel Foucault (1926–1984) studierte Philosophie in Paris und erwarb ein Diplom in Psychopathologie. Nach verschiedenen Auslandsaufenthalten wurde er 1960 Privatdozent und 1962 Professor für Psychologie an der Universität Clermont-Ferrand. Er befasste sich u. a. mit der Geschichte des Wahnsinns, seiner Diagnose und Behandlung. Focault wurde 1970 auf den von ihm konzipierten Lehrstuhl Geschichte der Denksysteme am renommierten Collège de France berufen. Er engagierte sich u. a. öffentlich für die Rechte von Gefangenen.
Ferner befasste sich Foucault mit der Beziehung zwischen Macht und Wissen: Macht wird nicht einfach nur als repressiv verstanden. Machtbeziehungen können prinzipiell überall entstehen und sind in allen anderen Arten von Beziehungen (z. B. ökonomischen) enthalten und durchziehen somit auch gesellschaftliches Wissen. Dieser Foucault'sche Machtbegriff ist schwer verständlich, da er einerseits Machtwirkungen auf analysierbare Strategien und Taktiken zurückführt, andererseits diese Absichten nicht auf die Entscheidung eines Subjektes zurückführt. Vielmehr entwickeln sich die entsprechenden Strategien bereits in einem ‚machtvollen' gesellschaftlichen Raum, der das Handeln der Einzelnen weitgehend bestimmt.

Literaturhinweise

Hinrich Fink-Eitel, Michel Foucault zur Einführung. Hamburg 2002.
Michael Ruoff, Foucault-Lexikon. Entwicklung – Kernbegriffe – Zusammenhänge, München 2007.
Philipp Sarasin, Michel Foucault zur Einführung, Hamburg 2005.
Ulrich Johannes Schneider, Michel Foucault, Darmstadt 2004.

M 8 Überwachen und Strafen

■ *Foucault zufolge lässt sich die neue Machttechnologie – welche rasch die gesamte Gesellschaft durchziehe – beispielhaft in Krankenhäusern und Schulen, Betrieben, vor allem aber an der Armee und im Gefängnis analysieren. Die Verfahren der Körperdisziplinierung dienten nicht nur der Sicherung und Reproduktion von sozialer Herrschaft, sondern auch der modernen Ökonomie.*

I. Die gelehrigen Körper

Das ist die Idealfigur des Soldaten, wie sie noch zu Beginn des 17. Jahrhunderts beschrieben wurde: der Soldat ist zunächst jemand, der von weitem zu erkennen ist. Er trägt Zeichen: die natürlichen Zeichen seiner Kraft und seines Mutes und seines Stolzes; sein Körper ist das Wappen seiner Stärke und seiner Tapferkeit. Zwar muss er das Waffenhandwerk allmählich – vor allem im Kampf selbst – erlernen, doch sind Manöver wie das Marschieren oder Haltungen wie die Kopfhaltung zu einem guten Teil Elemente einer körperlichen Rhetorik der Ehre. [Aus einem französischen Handbuch der Kriegskunst 1617:] „Die Zeichen zu erkennen, die allertüchtigste zu dem Kriegswesen sein die lebendige und wackere, ein starkes Haupt, ein hohen Magen, breite Schultern, lange Arm, starke Finger, kleinen Bauch, dicke Hüfte, geschmeidige Schenkel und trockene Füß. Darum dass der Mensch so solche Gestalt und Proportion des Leibs hat, notwendig muss geschwind und stark sein [...]" „Im marchiren müssen die [...] Piquiere mit so vieler grace und grauitet als immer möglich ist, acht geben auf die Cadence des Trommelschlags. Denn die Pique ist ein ehrliches Gewehr, und welches wohl wert ist, dass es getragen werde mit tapferen und kecken Gebärden." In der zweiten Hälfte des 18. Jahrhunderts ist der Soldat etwas geworden, was man fabriziert. Aus einem formlosen Teig, aus einem untauglichen Körper macht man die Maschine, deren man bedarf; Schritt für Schritt hat man die Haltungen zurechtgerichtet, bis ein kalkulierter Zwang jeden Körperteil durchzieht und bemeistert, den gesamten Körper zusammenhält und verfügbar macht und sich insgeheim bis in die Automatik der Gewohnheiten durchsetzt. Man hat also den Bauern „vertrieben" und ihm die „Art des Soldaten" gegeben. Man gewöhnt die Rekruten daran, „den Kopf gerade und hoch zu halten; sich aufrecht zu halten, ohne den Rücken zu krümmen, den Bauch und die Brust vorspringen zu lassen und den Rücken einzuziehen; damit sie sich daran gewöhnen, wird man ihnen diese Haltung beibringen, indem man sie so an eine Mauer stellt, dass die Fersen, die Waden, die Schultern und die Taille sie berühren und desgleichen die Handrücken, wobei die Arme am Körper anliegend nach außen gedreht sind [...]; man wird sie ebenfalls lehren, die Augen niemals zu Boden zu senken, sondern ihr Gegenüber immer verwegen ins Auge zu fassen [...], unbeweglich zu bleiben und auf den Befehl zu warten, ohne den Kopf, die Hände oder Füße zu rühren [...] und schließlich mit festem Schritt zu marschieren, das Knie und die Kniekehle gestrafft, die Fußspitze gesenkt und nach außen gekehrt."

Im Laufe des klassischen Zeitalters spielte sich eine Entdeckung des Körpers als Gegenstand und Zielscheibe der Macht ab. Die Zeichen für jene große Aufmerksamkeit, die damals dem Körper geschenkt wurde, sind leicht zu finden. Die Aufmerksamkeit galt dem Körper, den man manipuliert, formiert und dressiert, der gehorcht, antwortet, gewandt wird und dessen Kräfte sich mehren. Das große Buch vom Menschen als Maschine wurde gleichzeitig auf zwei Registern geschrieben: auf dem anatomisch-metaphysischen Register, dessen erste Seiten von Descartes stammen und das von den Medizinern und Philosophen fortgeschrieben wurde; und auf dem technisch-politischen Register, das sich aus einer Masse von Militär-, Schul- und Spitalreglements sowie aus empirischen und rationalen Prozeduren zur Kontrolle oder Korrektur der Körpertätigkeiten angehäuft hat. Die beiden Register sind wohl unterschieden, da es hier um Unterwerfung und Nutzbarmachung, dort um Funktionen und Erklärung ging: ausnutzbarer Körper und durchschaubarer Körper. Gleichwohl gibt es Überschneidungen. Der *Homme-machine* von La Mettrie ist sowohl eine materialistische Reduktion der Seele wie eine allgemeine Theorie der Dressur, zwischen denen der Begriff der „Gelehrigkeit" herrscht, der den analysierbaren Körper mit dem manipulierbaren Körper verknüpft. Gelehrig ist ein Körper, der unterworfen werden kann, der ausgenutzt werden kann, der umgeformt und vervollkommnet werden kann. Die berühmten Automaten waren nicht bloß Illustrationen des Organismus; sie waren auch politische Puppen, verkleinerte Modelle von Macht: sie waren die Obsession Friedrichs II., des pedantischen Königs der kleinen Maschinen, der gutgedrillten Regimenter und der langen Übungen.

Was ist eigentlich das Neue in den Gelehrigkeiten, denen das 18. Jahrhundert ein solches Interesse entgegenbrachte? Es ist ja nicht das erste Mal, daß der Körper zum Gegenstand so gebieterischer und eindringlicher Besetzungen wird; in jeder Gesellschaft wird der Körper von sehr harten Mächten vereinnahmt, die ihm Zwänge, Verbote und Verpflichtungen auferlegen. In den Techniken des 18. Jahrhunderts sind aber doch einige Dinge neu. Zunächst die Skala oder Größenordnung der Kontrolle: es geht nicht darum, den Körper in der Masse, en gros, als eine unterschiedslose Einheit zu behandeln, sondern ihn im Detail zu bearbeiten; auf ihn einen fein abgestimmten Zwang auszuüben; [...] Sodann ist der Gegenstand der Kontrolle neu: es geht nicht oder nicht mehr um die Bedeutungselemente des Verhaltens oder um die Sprache des Körpers, sondern um die Ökonomie und Effizienz der Bewegungen und ihrer inneren Organisation; der Zwang zielt eher auf die Kräfte als auf die Zeichen ab; die einzige wirklich bedeutsame Zeremonie ist die der Übung. Und schließlich die Durchführungsweise: sie besteht in einer durchgängigen Zwangsausübung, die über die Vorgänge der Tätigkeit genauer wacht als über das Ergebnis und die Zeit, den Raum, die Bewegungen bis ins kleinste codiert.

[...]

2. Die zeitliche Durcharbeitung der Tätigkeit.

Es gibt zwei Arten, den Marsch einer Truppe zu kontrollieren. Anfang des 17. Jahrhunderts: „Weiter muss man die Soldaten gewöhnen im marchiren, wie gesagt ist, in solchen Reihen, sowohl als wenn man zu Land zieht oder in Bataillon, dass sie marchiren nach dem Schlag der Trommeln. Und damit sie es desto besser tun, soll man anfangen mit dem linken Fuß und aufhören mit dem rechten, damit die ganze Truppe zugleich einen Fuß anhebe und zu gleicher Zeit zusammen niederstelle." In der Mitte des 18. Jahrhunderts kennt man vier Arten von Schritten: „Die Länge des kleinen Schrittes beträgt einen Fuß, diejenige des gewöhnlichen Schrittes, des doppelten Schrittes und des Straßenschrittes zwei Fuß, gemessen jeweils von Ferse zu Ferse. Was die Dauer anlangt, so hat man für den kleinen Schritt und für den gewöhnlichen Schritt eine Sekunde, für den doppelten Schritt eine halbe Sekunde, für den Straßenschritt etwas mehr als eine Sekunde. Den Schrägschritt macht man ebenfalls in einer Sekunde; er beträgt höchstens 18 Zoll... Den gewöhnlichen Schritt macht man nach vorn, mit erhobenem Kopf und aufrechtem Körper, indem man sich abwechselnd jeweils auf einem Bein im Gleichgewicht hält und das andere nach vorn hebt; die Kniekehle ist gestrafft, die Fußspitze etwas nach außen gewendet und gesenkt, um den Boden, auf dem man marschiert, leicht zu streifen und den Fuß so auf die Erde zu setzen, dass alle seine Teile gleichzeitig aufsetzen, ohne an die Erde zu stoßen." In der Zeit zwischen diesen beiden Reglements ist ein neues Bündel von Zwängen entwickelt worden, ein anderer Präzisionsgrad in der Zerlegung der Gesten und der Bewegungen, eine andere Methode zur Anpassung des Körpers an zeitliche Imperative.

Die Verordnung von 1766 definiert nicht einen zeitlichen Rahmen für eine Tätigkeit und auch nicht bloß einen von außen auferlegten kollektiven und obligatorischen Rhythmus; sondern ein „Programm", das die Durcharbeitung der Tätigkeit selbst gewährleistet und ihren Ablauf und ihre Phasen von innen her kontrolliert. Von einem Befehl, der die Gesten misst oder skandiert, ist man zu einem Raster übergegangen, der sie im Lauf ihrer ganzen Verkettung zusammenzwingt und -hält. Es formiert sich so etwas wie ein anatomisch-chronologisches Verhaltensschema. Der Akt wird in seine Elemente zerlegt; die Haltung des Körpers, der Glieder, der Gelenke wird festgelegt; jeder Bewegung wird eine Richtung, ein Ausschlag, eine Dauer zugeordnet; ihre Reihenfolge wird vorgeschrieben. Die Zeit durchdringt den Körper und mit der Zeit durchsetzen ihn alle minutiösen Kontrollen der Macht.

3. Daraus folgt die Zusammenschaltung von Körper und Geste.

Die Disziplinarkontrolle besteht nicht einfach darin, eine Reihe bestimmter Gesten zu lehren oder zu erzwingen; sie zwingt zur besten Beziehung zwischen den Gesten und der Gesamthaltung des Körpers, die zur Wirksamkeit und Schnelligkeit jener am meisten beiträgt. Im richtigen Einsatz des Körpers, der einen richtigen Einsatz der Zeit erlaubt, darf nichts müßig und nutzlos bleiben: alles muss zum erforderten Akt beitragen. Ein wohldisziplinierter Körper bildet den Operationskontext für die geringste Geste. [...]

Das Prinzip des Kerkers wird umgekehrt, genauer gesagt: von seinen drei Funktionen – einsperren, verdunkeln und verbergen – wird nur die erste aufrechterhalten, die beiden anderen fallen weg. Das volle Licht und der Blick des Aufsehers erfassen besser als das Dunkel, das auch schützte. Die Sichtbarkeit ist eine Falle.

Zunächst wird damit jene dicht gedrängte und ruhelose Masse von Eingekerkerten vermieden, wie sie Goya gemalt und Howard beschrieben hat. Jeder ist an seinem Platz sicher in eine Zelle eingesperrt, wo er dem Blick des Aufsehers ausgesetzt ist; aber die seitlichen Mauern hindern ihn daran, mit seinen Gefährten in Kontakt zu treten. Er wird gesehen, ohne selber zu sehen; er ist Objekt einer Information, niemals Subjekt in einer Kommunikation. Die Lage seines Zimmers gegenüber dem Turm zwingt ihm eine radiale Sichtbarkeit auf; aber die Unterteilungen des Ringes, diese wohlgeschiedenen Zellen, bewirken eine seitliche Unsichtbarkeit, welche die Ordnung garantiert. Sind die Gefangenen Sträflinge, so besteht keine Gefahr eines Komplottes, eines kollektiven Ausbruchsversuches, neuer verbrecherischer Pläne für die Zukunft, schlechter gegenseitiger Einflüsse; handelt es sich um Kranke, besteht keine Ansteckungsgefahr; sind es Irre, gibt es kein Risiko gegenseitiger Gewalttätigkeiten; sind es Kinder, gibt es kein Abschreiben, keinen Lärm, kein Schwätzen, keine Zerstreuung; handelt es sich um Arbeiter, gibt es keine Schlägereien, keine Diebstähle, keine Verbindungen und keine Zerstreuungen, welche die Arbeit verzögern und weniger vollkommen machen oder zu Unfällen führen. Die dicht gedrängte Masse, die vielfältigen Austausch mit sich bringt und die Individualitäten verschmilzt, dieser Kollektiv-Effekt wird durch eine Sammlung von getrennten Individuen ersetzt. Vom Standpunkt des Aufsehers aus handelt es sich um eine abzählbare und kontrollierbare Vielfalt; vom Standpunkt der Gefangenen aus um eine erzwungene und beobachtete Einsamkeit.

Daraus ergibt sich die Hauptwirkung des Panopticon[1]: die Schaffung eines bewußten und permanenten Sichtbarkeitszustandes beim Gefangenen, der das automatische Funktionieren der Macht sicherstellt. Die Wirkung der Überwachung ist permanent, auch wenn ihre Durchführung sporadisch ist; die Perfektion der Macht vermag ihre tatsächliche Ausübung überflüssig zu machen; der architektonische Apparat ist eine Maschine, die ein Machtverhältnis schaffen und aufrechterhalten kann, welches vom Machtausübenden unabhängig ist. [...] Diese Anlage [das Panopticon] ist deswegen so bedeutend, weil sie die Macht automatisiert und entindividualisiert. Das Prinzip der Macht liegt weniger in einer Person als vielmehr in einer konzertierten Anordnung von Körpern, Oberflächen, Lichtern und Blicken [...]

Die Formierung der Disziplinargesellschaft vollzieht sich innerhalb breiter historischer Prozesse, die ökonomischer, rechtlich-politischer und wissenschaftlicher Art sind.

1. Allgemein kann man sagen, dass die Disziplinen Techniken sind, die das Ordnen menschlicher Vielfältigkeiten sicherstellen sollen. Daran ist nichts charakteristisch, geschweige denn außerordentlich. Jedem Machtsystem stellt sich dasselbe Problem. Das Eigenartige der Disziplinen ist, dass sie versuchen, angesichts der Vielfältigkeiten eine Machttaktik zu definieren, die drei Kriterien entspricht: die Ausübung der Macht soll möglichst geringe Kosten verursachen (wirtschaftlich ist das möglich durch geringe Ausgaben; politisch durch Diskretion, geringes Aufsehen, relative Unsichtbarkeit, Erregung von möglichst wenig Widerstand); die Wirkung der gesellschaftlichen Macht soll möglichst intensiv sein und sich so weit wie möglich erstrecken, ohne Niederlagen oder Lücken zu riskieren; schließlich soll sich diese „ökonomische" Steigerung der Macht mit der Leistungsfähigkeit der Apparate verbinden, innerhalb

1 Bauform von Gefängnissen und Fabriken, bei der alle Insassen von einem zentralen Punkt beobachtet werden können.

derer sie ausgeübt wird (ob es sich um pädagogische, militärische, industrielle, medizinische Apparate handelt). Es gilt also gleichzeitig die Fügsamkeit und die Nützlichkeit aller Elemente des Systems zu steigern. Dieser dreifache Zweck der Disziplinen entspricht einer bekannten historischen Situation. Da ist einmal der demographische Wachstumsstoß des 18. Jahrhunderts: Vermehrung der nichtsesshaften Bevölkerung (eines der ersten Ziele der Disziplin ist das Festsetzen – sie ist ein gegen das Nomadentum gerichtetes Verfahren); rasche Vergrößerung der zu kontrollierenden und zu manipulierenden Gruppen (vom Anfang des 17. Jahrhunderts bis zum Vorabend der Französischen Revolution hat sich die Zahl der Schüler vervielfacht, ebenso die der Krankenhausinsassen; am Ende des 18. Jahrhunderts zählte die Armee in Friedenszeiten über 200 000 Mann). Der andere Aspekt der historischen Konstellation ist das Anwachsen des Produktionsapparates, der immer ausgedehnter, komplexer, kostspieliger wird und dessen Rentabilität darum gesteigert werden muss. Die Entwicklung der Disziplinarprozeduren entspricht diesen beiden Prozessen oder vielmehr der Notwendigkeit ihrer gegenseitigen Anpassung.

Aus: Michel Foucault, Überwachen und Strafen. Die Geburt des Gefängnisses, Frankfurt a. M. 1976, S. 173–175; 194f., 257f.; 279f.

ZUR TEXTERSCHLIESSUNG

1. Klären Sie, was Foucault unter Disziplinierung versteht.
2. Was haben die sozialen Gruppen, die Foucault als Beispiele der Disziplinierungsprozesse nennt, gemeinsam?
3. Wie verhält sich – Foucault zufolge – das betroffene Individuum zu den historischen Disziplinierungszumutungen?
4. Bewerten Sie als Schülerinnen und Schüler die Leistungs- und Disziplinierungsanforderungen der Schule eher positiv oder negativ? Was ist Grundlage ihrer Bewertung (welches Interesse, welches Menschen- oder Gesellschaftsbild)?

5.7 Peter Döge: Geschlechterverhältnisse in der Bundesrepublik

Peter Döge (geb. 1961) arbeitet als Politologe an der Technischen Universität Berlin und am Essener Kolleg (Universität-Gesamthochschule Essen) für Geschlechterforschung zu den Bereichen Politische Techniksteuerung und Geschlecht, Arbeits- und Umweltpolitik sowie als Wissenschaftlicher Mitarbeiter im Deutschen Bundestag. Er gründete das Institut für anwendungsorientierte Innovations- und Zukunftsforschung e. V. Berlin (IAIZ).

Literaturhinweise

Peter Döge/Michael Meuser, Männlichkeit und soziale Ordnung, Opladen 2001.
Peter Döge, Geschlechterdemokratie als Männlichkeitskritik, Bielefeld 2001.
Peter Döge, Männer – Paschas und Nestflüchter? Zeitverwendung von Männern in der Bundesrepublik Deutschland, Opladen 2006. (als PDF bei der Bundeszentrale für politische Bildung).
Thomas Kühne (Hrsg.), Männergeschichte – Geschlechtergeschichte. Männlichkeit im Wandel der Moderne, Frankfurt a. M. 1996.

M 9 Geschlechterdemokratie

Einleitung

Die Rolle des Mannes wurde in der Vergangenheit kaum hinterfragt. Neuerdings wird jedoch ihre Veränderung vor allem von der Frauenbewegung eingefordert. Geschlechterdemokratie als strategischer Ansatz von Geschlechterpolitik sieht sogar ein stärkeres Engagement von Männern bei einer egalitären Ausgestaltung der Geschlechterverhältnisse vor – ein Grund zu fragen, wie weit die „Männer-Bewegung" in der Bundesrepublik Deutschland ist, wo Blockaden einer weiteren Männerveränderung zu finden sind und was Geschlechterdemokratie aus Sicht der Männerforschung bedeuten kann. [...]

I. Männer-Bewegung und Männerforschung

[...]

Mit ihren Analysen der Innenperspektive männlicher Macht hat kritische Männerforschung, die sich insgesamt einer egalitären Gestaltung der Geschlechterverhältnisse verpflichtet sieht, bisher wichtige Beiträge zu einem umfassenden Verständnis der Geschlechterverhältnisse geliefert. Von Bedeutung ist dabei die Erkenntnis, dass Männlichkeit, die ein soziales Konstrukt darstellt, historisch und kulturell variabel sowie mit anderen sozialen Differenzierungsmustern wie Ethnie, Schicht und Alter verschränkt ist. Folglich existiert nicht eine homogene Männlichkeit, sondern es muss von einer Vielzahl unterschiedlicher Männlichkeiten ausgegangen werden. Diese sind zudem nicht gleichwertig, sondern stehen in einem hierarchischen Verhältnis zueinander, wobei das jeweils dominante Bild von Männlichkeit als hegemoniale Männlichkeit bezeichnet wird. Dieses Männlichkeitsmuster, das quasi den Bezugspunkt männlichen Verhaltens abgibt, ist seinerseits zwar historisch variabel, in den westlichen Industriestaaten jedoch immer weiß und heterosexuell sowie mit Macht und beruflichem Erfolg eng verbunden.

[...]

Einmalig in der bundesdeutschen Männerforschung dürften jedoch die Studien zum Einstellungswandel von Männern sein. Fanden sich hier in den siebziger Jahren noch überwiegend traditionelle Vorstellungen hinsichtlich der Gestaltung des Geschlechterverhältnisses, sind nach der jüngst vorgelegten Männerstudie von Paul M. Zulehner und Rainer Volz rund ein Fünftel der bundesdeutschen Männer so genannte „neue Männer". Diese sind partnerschaftlicher in der Beziehung, beteiligen sich deutlich mehr an Haus- und Familienarbeit, sind neue Väter, unterstützen ihre Partnerinnen in ihrer Berufstätigkeit und lehnen Gewalt als Mittel der Konfliktlösung in der Partnerschaft eindeutig ab. Ein Fünftel der Männer verhält sich jedoch nach wie vor traditionell, sieht den passenden Platz der Frauen im Heim und am Herd – eine Meinung, die allerdings auch rund ein

Sechstel der befragten Frauen vertritt. Dazwischen finden sich die pragmatischen und unsicheren Männer, deren zukünftiges Rollenmuster eher noch unklar zu sein scheint.
Vor dem Hintergrund dieser Zahlen zeigt ein Blick auf vorliegende Ergebnisse der kritischen Männerforschung, dass zwei hegemoniale Männerbilder, die auch gut 30 Jahre Frauen- und Männerbewegung nicht schwächen konnten, als zentrale Blockaden einer weiteren geschlechterdemokratischen Ausgestaltung des Geschlechterverhältnisses von Seiten der Männer gesehen werden können: der Mächtige Mann und der Arbeitsmann.

II. Der Macht-Mann

Männliche Identität konstituiert sich in der vorherrschenden bipolaren Geschlechterordnung immer in Abgrenzung und Entgegensetzung zu Weiblichkeit. Dabei wird Männlichkeit gleichgesetzt mit grenzenloser (Gestaltungs-)Macht über Mensch und Natur – ein Bild, das auch heute noch den gesamten Sozialisationsprozess von Männern begleitet. So betonen schon Spielzeugwerbespots, die nur auf Jungen zielen, aggressives Verhalten, das zudem eher mit positiven als negativen Sanktionen belegt wird. Jungen sind in Bilderbüchern und im Jugendfernsehen die Helden, die weiblichen Figuren sind überwiegend das hilflose Opfer, das zu begehrende Weibchen, die umsorgende Mutter. Schulbücher zeigen Männer meist an der Spitze von Hierarchien, zeigen sie technisch kompetent, Frauen kommen in diesen Hierarchien nicht vor. Auch wenn bisweilen der „neue Vater" zu sehen ist, sind Männer in der Werbung „vor allem sportlich, erfolgreich, tüchtig und vernunftbegabt".
Mann-Sein im Sinne des Mächtigen Mannes muss kontinuierlich unter Beweis gestellt werden – Männer müssen sich ständig als Männer beweisen. Dabei kollidieren die Bilder vom Mächtigen Mann mit subjektiven Machtlosigkeitserfahrungen im Alltag – die Männerforschung spricht hier von fragiler Männlichkeit. Fragile Männlichkeit wird als eine zentrale Ursache von Gewalt von Männern gegen Frauen, aber auch von Gewalt gegen andere Männer und von Gewalt von Männern gegen sich selbst gesehen. Gerade hier verstellt die mit dem Macht-Mann verbundene Vorstellung vom Mann als „Täter" und der Frau als „Opfer" häufig den Blick in der Geschlechterforschung, und so wird übersehen, dass zwei Drittel der Opfer männlicher Gewalt Männer sind. Junge Männer haben heute gegenüber Frauen ein fast vierfach höheres Risiko, Opfer einer Gewalttat zu werden, doppelt soviel männliche wie weibliche Jugendliche werden mindestens einmal täglich zu Hause geschlagen, schätzungsweise jeder achte bis zwölfte Junge wird sexuell missbraucht. Jungen verbergen diese Taten meist aus der Furcht, als homosexuell und als Opfer – und damit als unmännlich – stigmatisiert zu werden. Ebenso werden Vergewaltigungen von Männern (anale Penetration) in Gefängnissen von den Opfern verschwiegen oder nicht weiter untersucht – von 2000 Vergewaltigungen werden lediglich 96 angezeigt und 26 von der Gefängnisleitung an die Polizei weitergeleitet. Gleiches gilt etwa für die weitgehende Dethematisierung von Vergewaltigungen von Männern durch Männer in Kriegssituationen.
Um seiner Rolle gerecht zu werden, übt der Mächtige Mann aber auch Gewalt gegen sich selbst aus – Gewalt, die sich in einer besonderen Beziehung von Männern zum eigenen Körper äußert und in einem gegenüber Frauen insgesamt schlechteren Gesundheitszustand resultiert. So liegt die Suizidrate von Männern allgemein höher als die von Frauen, infolge eines riskanteren Verhaltens in der Freizeit sind mehr männliche als weibliche Jugendliche von Unfällen betroffen, Männer liegen in der Altersgruppe zwischen 18 und 59 Jahren sowohl beim Tabak- als auch beim Alkoholkonsum vor Frauen, Männer betreiben weniger Körperhygiene und Körperpflege und weisen in der Altersgruppe der 45- bis 65-Jährigen die höchste Todesrate durch Herzinfarkt auf. Hinzu kommt, dass die Berufe mit den meisten Arbeitsunfällen nach wie vor typische Männerberufe sind, dass Berufskrankheiten mit Ausnahme der Hautkrankheiten durchgängig Männer erleiden. So weisen Männer allgemein eine um sechs Jahre kürzere Lebenserwartung als Frauen auf, wobei jedoch nicht alle Männer den Risiken gleichermaßen ausgesetzt sind. Männliche Professoren etwa leben rund neun Jahre länger als ungelernte Arbeiter, sozial benachteiligte Männer weisen mehr als doppelt so oft Herz-Kreislauf-Krankheiten auf als sozial bessergestellte Männer.
Männlichkeit als Negation des Weiblichen drückt sich letztendlich in einer spezifischen Form männlicher Emotionalität aus. Männer sind – wie häufig fälschlicherweise unterstellt – keineswegs un-emotional, sondern dem Macht-Mann wird aus dem gesamten Horizont möglicher Emotionalitätsformen nur ein gewisser Ausschnitt zugestanden. Die spezifische Form männlicher Emotionalität ist gekennzeichnet durch einen Mangel an Empathie und konstituiert Konkurrenz sowie insbesondere Homophobie als zentrales Beziehungsmuster zwischen Männern. Homophobie gepaart mit der Angst vor Homosexualität bildet eine weitere Ursache für übersteigerten Machismus, Sexismus und Rassismus bei Männern.
Besonders eng ist die konnotative Verbindung von Dominanz, Konkurrenz und Männlichkeit im Management von Organisationen, das in der Männerforschung als ein

bedeutender Ort der Interaktion und Reproduktion hegemonialer Männlichkeiten gefasst wird. Allerdings sind männliche Manager – wie eine Befragung von rund 4100 Männern in Leitungsfunktionen der 500 größten Unternehmen der USA gezeigt hat – häufig unzufrieden mit den emotionalen Einschränkungen, die ihre Tätigkeit ihnen abverlangt, sowie mit dem Umfang ihrer Arbeitszeit, infolge permanenten Erfolgsdrucks werden Manager-Männlichkeiten als besonders fragil gesehen. Einen Ansatz zur Reduktion dieser Unsicherheiten und einen Ausdruck der spezifischen Kommunikationsformen von Männern in Organisationen bilden Männerbünde, die als eine bedeutende Blockade von Gleichstellungspolitik gesehen werden können, dabei allerdings auch als Ausgrenzungsmechanismus gegenüber nicht-hegemonialen Männlichkeiten – etwa gegenüber Hausmännern und homosexuellen Männern – fungieren.
Das Bild des Mächtigen Mannes bestimmt nach wie vor auch die Wahl der richtigen Partnerin. Heterosexuelle Männer haben zwar kaum Beschränkungen einzuhalten, wenn es um die Wahl einer jüngeren Frau geht, wenn der Mann jedoch eine Frau wählt, die älter ist als er, wird er mit massiven Vorurteilen konfrontiert: „Ihm wird die Rolle eines ‚unmännlichen' Partners unterstellt, der entweder ‚noch nicht erwachsen' ist und daher noch eine ‚Schonfrist' genießt [...] oder ihm wird nachgesagt, kein ‚richtiger' Mann zu sein. Das Klischee des ‚Pantoffelhelden' beschreibt zum Beispiel den Mann, der sich nicht gegen die Frau durchsetzen kann oder will. Er gilt deshalb als ‚unmännlich' und wird verspottet." Ein „richtiger" Mann aber kann eigentlich kein Pantoffelheld sein, weil er kaum zu Hause ist – denn er soll vor allem Arbeitsmann sein.

III. Der Arbeitsmann

Erwerbsarbeit ist nach wie vor ein zentraler Bestandteil (nicht nur) männlicher Identität. Folglich hielten fast drei Viertel der in der eingangs genannten Männerstudie befragten Männer Erwerbsarbeit für sehr wichtig – und dies unabhängig davon, ob sie sich als traditioneller oder neuer Mann sehen. Die meisten Männer richten ihre Lebensbiografie an der Erwerbsarbeit und der beruflichen Karriere aus, sehen die Betreuung von Kleinkindern noch immer als Aufgabe der Frauen und erwarten von diesen bei Geburt eines Kindes eine Unterbrechung ihrer Erwerbsarbeit, wobei diese Einstellung schon sehr früh ausgeprägt ist. Der Arbeitsmann ist jedoch kein „Rabenvater" oder gar ein verantwortungsloser Schmarotzer. Noch weniger ist er – wie es Claudia Pinl provozierend formuliert hat – das „faule Geschlecht". Erwerbsarbeit, das Verdienen des Familieneinkommens an einem außerhäusigen Ort, ist vielmehr die mit der Männerrolle in unserer Gesellschaft verbundene Form männlicher Fürsorge. Und so arbeiten Männer und Frauen in der Woche in etwa gleich viel – Männer überwiegend bezahlt außer Haus, Frauen hauptsächlich unbezahlt im Haus.
Die dieser Arbeitsteilung unterliegende geschlechtsspezifische Konnotation von Erwerbsarbeit sowie Haus- und Familienarbeit scheint nach wie vor ungebrochen – und wird in der Sozialisation von Männern kontinuierlich reproduziert. Kindergarten, Kindertagesstätte und Grundschule sind ein von Frauen dominierter Bereich – nur rund fünf Prozent des Erziehungspersonals in öffentlichen und privaten Einrichtungen ist männlich. Folglich fehlt schon hier der Mann, der mit den Kindern kocht, putzt, aufräumt und somit ein anderes Rollenmuster vorlebt. Lehrbücher zeigen nach wie vor den außerhäusigen, erwerbstätigen Mann und die Frau als Hausfrau und Mutter. Zwar erscheinen Frauen im Fernsehen mittlerweile in so genannten Männerberufen; Männer in weiblich konnotierten Tätigkeitsfeldern oder gar als Hausmann werden jedoch meist karikierend oder ironisch verzerrt dargestellt. Frauen werden in so genannten Männerberufen gefördert, Männer aber nicht in so genannten Frauenberufen, womit die Wertigkeit dieser Tätigkeiten weitgehend erhalten bleibt, nur unter anderen Vorzeichen reproduziert wird.
Männer, welche aus familiären Gründen in Teilzeit arbeiten oder Erziehungsurlaub in Anspruch nehmen wollen, sehen sich noch immer mit massiven Hindernissen konfrontiert. Insbesondere die Einstellungen von Führungskräften sowie vorherrschende Leistungsvorstellungen und Karrieremuster, die sich am Arbeitsmann ausrichten, werden als zentrales Hindernis gesehen. Teilzeitmänner gelten als wenig leistungsbereit und loyal, Erziehungsurlauber als „unmännlich". Von daher ist es nicht verwunderlich, dass bei Volkswagen bis zum Zeitpunkt der generellen Arbeitszeitverkürzung kein Mann eine individuelle Reduzierung seiner Arbeitszeit in Erwägung gezogen hatte: „Weniger finanzielle Gründe als schlicht die ‚Unüblichkeit' einer Teilzeitbeschäftigung [...] war hierbei ausschlaggebend gewesen." Auch die Hälfte der Männer, die sich bei BMW für ein flexibles Arbeitsmodell interessierten, schreckte davor zurück, dieses in Anspruch zu nehmen. Als Gründe gaben sie vor allem Vorbehalte der Vorgesetzten sowie befürchtete Einbußen an Karrierechancen an.
Die Kehrseite des hohen Stellenwerts der Erwerbsarbeit zeigt sich darin, dass Männer von Erwerbslosigkeit besonders stark betroffen sind, stehen ihnen in dieser Situation doch kaum Alternativen zum Arbeitsmann offen. Erwerbslose Männer werden als extrem lethargisch, gekennzeichnet von innerpersonalen Spannungszuständen und als sehr ichbezogen geschildert, fast

krampfhaft versuchen sie, den Familien-Ernährer zu rekonstituieren – etwa durch die Annahme von Schwarzarbeit.

Statt sie endlich abzulösen, werden Arbeitsmann und Macht-Mann im Kontext von Globalisierung und Neoliberalismus in ihrer Widersprüchlichkeit sogar noch aufgewertet: Auf der einen Seite gewinnen zentrale männliche Attribute wie Orts- und Reproduktionsunabhängigkeit, Bindungslosigkeit, Risikofreudigkeit, Einsatzbereitschaft, Dominanzbereitschaft eine noch größere Bedeutung, auf der anderen Seite erfahren immer mehr Männer die Kehrseite dieser Bilder: Sie sind konfrontiert mit Arbeitslosigkeit, Ausgrenzung und sozialem Abstieg. Vor dem Hintergrund der Einschränkungen, Brüchigkeiten und Unsicherheiten, die mit diesen Bildern für Männer verbunden sind, wurden in den vergangenen Jahren von unterschiedlicher Seite Perspektiven einer Männerpolitik formuliert. Dabei lassen sich idealtypisch zwei Ansätze gegenüberstellen: Während der eine im Kontext von Geschlechterdemokratie auf eine Ablösung von Männlichkeit als dominantes gesellschaftliches Handlungsmuster und auf eine Flexibilisierung von Rollenbildern in Kooperation mit Frauen gerichtet ist, zielt der andere unter Annahme essentialistischer Geschlechtermerkmale auf eine Rekonstituierung von Männlichkeit bei zeitweiser Separierung von Frauen.

IV. Rekonstituierung von Männlichkeit

Besonders deutlich wird diese Perspektive von der so genannten Mythopoetischen Männerbewegung vertreten. Den zentralen Ausgangspunkt ihrer Überlegungen bildet [...] die Annahme einer grundlegenden Differenz zwischen Männern und Frauen sowie einer im Mann verankerten spezifischen Energie. Gerade diese männlichen Potenziale seien im Zuge der Frauenbewegung – aber auch durch Bürokratisierung und Technisierung – in den vergangenen Jahren verschüttet worden, nach der Frauenbefreiung gehe es nun um die Befreiung der Männer. Männer müssen sich danach – getrennt von Frauen – mit anderen Männern zusammenfinden und versuchen, unter Hilfestellung älterer, erfahrener Männer, ihre vermeintlich verschütteten männlichen Energien wiederzufinden. Dies soll in einem Prozess der Initiation – begleitet durch intensive Körperarbeit – geschehen.

Zwar hat die mythopoetische Männerbewegung in der Bundesrepublik Deutschland nicht die Bedeutung wie in den USA, Versatzstücke ihres Ansatzes finden sich jedoch in der Jungenarbeit und in den so genannten Männergruppen. Insbesondere deren Beitrag zu einer Veränderung der Geschlechterverhältnisse wird innerhalb der Männerforschung gegenwärtig kontrovers diskutiert. Verweisen die einen darauf, dass die hier aktiven Männer zwar verbal emanzipationsorientiert sind, sie jedoch im Alltagshandeln eher traditionellen dichotomen Geschlechterkategorien verhaftet blieben, sich sogar ein „Ablösungsprozess von frauenbewegten Positionen und Definitionen und die Hinwendung zu Gruppierungen, die die Rückkehr zu alten Gewissheiten offerieren“, erkennen lässt, betonen andere die Bedeutung von therapeutischen Männergruppen hinsichtlich „der Erweiterung individueller Spielräume in der Ausgestaltung des männlichen Habitus“. Als ein Kritikpunkt an Männergruppen wird ihre Konzentration auf eine nur individuelle Männlichkeit und ihre weitgehende Missachtung der institutionell-strukturellen Ebene von Männlichkeit und Geschlechterhierarchie angeführt.

V. Geschlechterdemokratie als Männlichkeitskritik

Hier setzt Männlichkeitskritik an, die unter Verneinung einer überhistorisch fixierten, essentialistischen Männlichkeit Geschlechterdemokratie nicht nur als den Abbau der quantitativen Dominanz von Männern in wichtigen gesellschaftlichen Bereichen und als Veränderung von Männern auf individueller Ebene, sondern vor allem als Ablösung von Männlichkeit als dominantem gesellschaftsstrukturierendem Prinzip – als Norm – fasst.

Im Zentrum steht dabei insbesondere der Umbau der Arbeitsstrukturen und des Arbeitsmarktes. Denn nicht die globalisierte Erwerbsarbeitsgesellschaft mit ihren männlich geprägten Leistungs- und Karrieremustern kann das Ziel von Geschlechterdemokratie darstellen, sondern die Aufwertung bisher weiblich konnotierter Verhaltensmuster und Tätigkeiten mit der Perspektive von Diversity, d.h. ihrer Gleichwertigkeit jenseits aller körperlichen und soziokulturellen Unterschiede der sie ausführenden Personen. Damit verbunden ist etwa die Forderung nach Anerkennung von Haus- und Familienarbeit als gesellschaftlich nützliche Arbeit sowie nach Anerkennung der hier erworbenen Fähigkeiten als berufsrelevante Qualifikationen. Geschlechterdemokratie als Männlichkeitskritik beinhaltet weiterhin ein neues Leitbild von wirtschaftlichem Handeln, welches mehr auf Kooperation statt Konkurrenz zwischen den Wirtschaftssubjekten abhebt und die Erhaltung der natürlichen Ressourcen für nachkommende Generationen als vordringlich sieht. Damit in Verbindung steht die Kritik an der Trennung zwischen Mensch und Natur sowie an der Trennung zwischen Körper und Geist, die konstitutiv für die männliche Identität der Moderne ist.

Da ein solcher Ansatz von der Bildungs- über die Medien-, die Wirtschafts- und Steuerpolitik bis hin zur Verteidigungs-, Umwelt- und Technologiepolitik alle Politikbereiche erfasst, kann seine Umsetzung nicht durch eine exklusive Frauen- oder Männerpolitik geschehen, sondern nur in einer generellen Verbindung aller politischen Problemstellungen mit der Männerfrage, wobei der seit Mitte der neunziger Jahre diskutierte Ansatz des Gender Mainstreaming den geeigneten Rahmen bilden kann. Denn dieser fordert die Integration der Perspektive der Chancengleichheit zwischen den Geschlechtern in allen Politikbereichen, auf allen politischen Ebenen und in allen Organisationen. Darin eingeschlossen könnte zugleich eine kritische Überprüfung des Männerbilds in allen gesellschaftlichen Bereichen mit dem Ziel einer Flexibilisierung der Geschlechterrollen sein. In diesem, von Robert W. Connell auch als De-Gendering bezeichneten Ansatz könnten in einem kritischen Geschlechterdialog die jeweils positiven wie negativen männlichen und weiblichen Rollenbestandteile gesichtet und neu kombiniert werden. Dies kann nicht in einer Separierung der Geschlechter, sondern nur von Männern und Frauen gemeinsam erreicht werden – nur gemeinsam können „Männer und Frauen [...] wahrhaft menschliche Wesen werden [...] und nicht in erster Linie männliche bzw. weibliche Wesen".

Aus: Peter Döge, Geschlechterdemokratie als Männlichkeitskritik, in: Aus Politik und Zeitgeschichte B 31–32/2000, S. 18–23.

ZUR TEXTERSCHLIESSUNG

1. Stellen Sie gegenüber: Was kennzeichnet den „Macht-Mann", was den „Arbeits-Mann", was den „Neuen-Mann"?
2. Erläutern Sie, warum einem bestimmten Männerbild ein komplementäres Bild von Frau entspricht.
3. Erläutern Sie den Schlusssatz des Textes und nehmen Sie dazu Stellung.

6.0 Probleme der Marktwirtschaft

In jeder Gesellschaft oder Gemeinde gibt es einen -üblichen
durchschnittlichen Satz für Lohn und Gewinn, und zwar für je
Einsatz von Arbeit und Kapital. Dieser Satz hängt auf ganz na
Weise, w … , teils von dem allgemeine
des Gem … hlstand oder seiner Armut
seiner f … n oder rückläufigen Entw
teils von …

Markt und Macht

Der Elektronikmarkt um die Ecke hat wieder einmal einen neuen Werbeprospekt geschickt, alle Ihre Freunde und Bekannten reden nur noch vom neuen Computer- oder Konsolenspiel – doch Ihr eigenes Gerät hat ein so hohes Alter erreicht, dass es nur noch als Elektroschrott zu bezeichnen ist. Also ein neues Gerät kaufen? Wenn ja: welches? Und bei welchem Händler? Woher bekommen Sie die nötigen Mittel? Worauf müssen Sie verzichten, wenn Sie Ihr Geld für diesen „Spielkram" ausgeben? Und andererseits: worauf, wenn Sie es nicht tun? Ist es klüger zu warten, bis die Preise weiter sinken? Werden sie das überhaupt? Und warum? Alles diese Fragen sind (zumindest auch) ökonomische, wirtschaftliche.
Glaubt man den gängigen Lehrwerken, beschäftigt sich die Ökonomik, die Lehre von der Wirtschaft, mit dem Umgang mit knappen Ressourcen. Knappheit gilt als das ökonomische Grundproblem. Das ist erst einmal einsichtig: Dass die Bedürfnisse unendlich sind, die Mittel zu ihrer Befriedigung jedoch nicht, lernt bereits jedes Kind. Güter, die nicht knapp sind oder zumindest nicht knapp scheinen, wie z. B. Luft, werden nicht bewirtschaftet. Das kann sich irgendwann ändern: Konnte Wasser in früheren Jahrhunderten kostenlos z. B. aus Flüssen entnommen werden (und kostenlos verschmutzt wieder eingeleitet), hat sich mit zunehmender Nutzung die Notwendigkeit ergeben, Wasser zu bewirtschaften – mit der Konsequenz, dass Wasser und Abwassereinleitung heute in entwickelten Volkswirtschaften mit einem Preisausdruck versehen sind, also bezahlt werden müssen. Preisrelationen werden in der Ökonomik als Ausdruck von Knappheitsrelationen verstanden: Je knapper ein Gut, desto höher (tendenziell) sein Preis. Was aber entscheidet darüber, ob (und für wen) Güter knapp sind? Ist der Begriff Knappheit also überhaupt ein angemessener Ausdruck für das den Preisen zugrunde liegende Verhältnis?
Die Bereiche „Wirtschaft" und „Politik" sind nicht so deutlich zu trennen, wie es den Anschein haben mag. Zum einen ist Politik auf Ressourcen angewiesen und damit auf Ökonomie. Zweitens ist Wirtschaft, und das gilt auch für die heutige kapitalistische Marktwirtschaft, auf politische Einrichtungen angewiesen, auf Institutionen, die ihr Funktionieren sicherstellen. Vor allem aber ist die Entscheidung für oder gegen eine bestimmte Wirtschaftsweise eine politische Entscheidung, keine ökonomische – auch wenn z. T. der Anschein entsteht, es würden nur ökonomische „Sachzwänge" umgesetzt. Die folgenden Texte stellen hier anknüpfend auf unterschiedliche Weise die Frage, wie Wirtschaft gestaltet werden soll. Diese Frage ist auch im 20. Jahrhundert nicht veraltet: Die Auseinandersetzungen um die Ausgestaltung der Ökonomie überschreiten im Zuge wirtschaftlicher Internationalisierungstendenzen zwar zunehmend nationalstaatliche Grenzen. Doch selbst der als Einschränkung staatlicher Handlungsspielräume erscheinenden Globalisierung (vgl. Kapitel 9, S. 361 ff.) wurde und wird zumindest politisch der Weg bereitet.

Die bekannteste Unterscheidung innerhalb der Wirtschaftstheorie ist die zwischen Volkswirtschaftslehre (VWL) und Betriebswirtschaftslehre (BWL). Erstere beschäftigt sich mit dem Zusammenspiel der ökonomischen Subjekte innerhalb einer Nationalökonomie, der Funktionsweise dieser Ökonomie insgesamt – bzw., zunehmend, der Weltwirtschaft. Die Betriebswirtschaftslehre nimmt demgegenüber die Perspektive eines einzelnen Betriebes ein und fragt danach, wie dieser Betrieb agieren muss, um auf dem Markt erfolgreich zu bestehen. Das schließt Fragen der Unternehmensstrategie ebenso ein wie Regeln des innerbetrieblichen Rechnungswesens – Fragen, denen wir im Folgenden nicht weiter nachgehen werden.
Beiden Unterabteilungen der Wirtschaftswissenschaft ist gemeinsam, dass sie sich explizit auf kapitalistische Marktwirtschaften beziehen. Als eigenständige Wissenschaft hat sich die Ökonomik erst mit dem Aufstieg des Bürgertums im späten 18. Jahrhundert abgesondert, also erst mit der Herausbildung der Wirtschaftsweise, wie wir sie heute kennen. Sieht man von wenigen Ausnahmen ab (Kuba, Nordkorea, mit Abstrichen China), ist diese Wirtschaftsweise seit dem Zusammenbruch des „Realsozialismus" Anfang der 90er Jahre über die ganze Welt verbreitet, sodass man sagen kann, dass „Wirtschaft" und „kapitalistische Marktwirtschaft" heute praktisch nahezu deckungsgleiche Begriffe sind (weswegen wir auch in diesem Buch auf Texte zu planwirtschaftlichen Konzepten verzichtet haben).
Die Wirtschaftstheorie ist jenseits der Trennung in VWL und BWL zu unterscheiden nach ihrer Funktion, die sie innerhalb dieser Ökonomie einnimmt bzw. einnehmen möchte. Bei einigen Zweigen der Ökonomik ist ihre Orientierung am ökonomischen Erfolg offensichtlich. So hat z. B. die Betriebswirtschaftslehre gemeinhin ein erfolgreiches Bestehen der Betriebe in der Konkurrenz zum Zweck, steht also in einem praktischen Sinne dem Markt zustimmend gegenüber. Bei den eher theoretisch ausgerichteten Zweigen der Wirtschaftswissenschaft, etwa der sogenannten Mikroökonomik, die die Bestimmtheit des Preises, des Wertes, Nutzenfunktionen usw. untersucht, ist

die Frage nach ihrer Stellung im gesellschaftlichen Interessengefüge schwieriger zu beantworten. Selbst in diesen scheinbar ganz „unpraktischen" Bereichen gehen jedoch (den Markt bejahende) Wertungen bereits in die Begriffsbildungen ein.
So ist Knappheit (s. o.) als ökonomischer Grundterminus nur scheinbar ein der Anschauung entnommener „neutraler" Begriff. Warum etwa ist ein Bentley teurer als ein Kleinwagen? Nun nicht gerade, weil er „knapper" ist, jedenfalls nicht, wenn man Knappheit in einem an das alltägliche Sprachverständnis angelehnten Sinne versteht. Luxuswagen sind nicht teuer, weil es so wenige davon gibt, sondern es gibt so wenige, weil sie teuer sind. Das ist natürlich bei genauerem Hinsehen auch der Wirtschaftswissenschaft klar. Knappheit bedeutet hier dementsprechend etwas anderes: In den Bentley sind mehr „knappe" Leistungen eingegangen in Form von Arbeit, Kapital (was Produktionsmittel einschließt) und Boden. Letztlich ist Knappheit hier also eine Übersetzung des ökonomischen Aufwandes, der getrieben werden muss, um das entsprechende Gut herzustellen. Ob dieser Aufwand getrieben wird, hängt von gesellschaftlichen Bedingungen ab. Es muss an erster Stelle eine Nachfrage nach dem Gut geben, und Nachfrage bedeutet immer zahlungskräftige Nachfrage oder: wenn ausreichend viele Menschen in der Lage sind, Geld für etwas auszugeben, kann in der Marktwirtschaft mit einer Massenproduktion begonnen werden. Der Ausdruck Knappheit legt demgegenüber nahe, es handele sich bei knappen Gütern um ein quasi natürliches Problem, das zu mildern der vorrangigste Zweck der Marktwirtschaft sei. Der Begriff allein gibt also bereits eine implizite Wertung ab.
Dass solche Begriffe nicht unumstritten sind, zeigt vor allem der Verweis auf eine Traditionslinie der Wirtschaftswissenschaft, die nahezu alle ökonomischen Beziehungen in abweichenden Termini fasst: den Marxismus. In dieser Tradition ist Kapitalismus kein Mittel, um Knappheit zu verwalten, sondern Kapitalverwertung der eigentliche (zu kritisierende) Zweck der Ökonomie, dem sich alles, auch die Befriedigung von Bedürfnissen, unterzuordnen habe. Nach dem deutlichen Scheitern der sich auf Marx berufenden Ökonomien in Osteuropa ist die praktische Kompetenz des Marxismus grundsätzlich infrage gestellt. Zu untersuchen wäre, inwieweit er nicht aber zumindest als vorerst ‚unpraktischer' Prüfstein des ideologischen Gehalts gängiger ökonomischer Termini dienen kann.

Es ist nur ungefähr ein Beginn der Wirtschaftswissenschaft im modernen Sinne anzugeben. Bereits 1758 veröffentlichte der französische Kupferstecher, Arzt und Ökonom Francois Quesnay mit seinem „Tableau économique" die erste Darstellung der wechselseitigen Abhängigkeit von Geld- und Güterströmen. Die von ihm begründete Schule der Physiokraten sah im bebauten Boden die einzige wirkliche Quelle von Reichtum und in der landwirtschaftlichen Selbsterhaltung die ehrenvollste Form der Arbeit. Diese Theorieschule war damit noch sehr befangen in den agrarisch geprägten gesellschaftlichen Beziehungen ihrer Zeit – und mit dem ökonomischen Siegeszug des Bürgertums bald obsolet.
Man kann deshalb den Beginn der (Volks-)Wirtschaftswissenschaft im heutigen Sinne (oder der Nationalökonomie, wie es bis Ende des 19. Jahrhunderts hieß) mit **Adam Smith** und seiner Untersuchung zum „Reichtum der Nationen" (vgl. S. 200 ff.) ansetzen. Bis heute ist vor allem seine prägnante Formulierung von der „unsichtbaren Hand" des Marktes bekannt geblieben. Smith betonte damit – in Entgegensetzung zu den damals üblichen dirigistischen Eingriffen des Staates – die Fähigkeit der Marktwirtschaft, nötige Entscheidungen z. B. über die Verteilung der Ressourcen auf die Produktionszweige aus sich heraus, quasi automatisch, zu treffen, ohne dass es eines Subjektes bedürfe, das den Gesamtprozess vollständig überblicke. Mit einer durchaus politischen Zielrichtung identifizierte Smith die Arbeit als Quelle des nationalen Wohlstandes – und damit die Leistungen des Bürgertums in Abgrenzung zu den adligen Grundbesitzern. Warenwerte seien durch die zur Produktion der Waren aufzuwendende Arbeit bestimmt.
David Ricardo (vgl. S. 204 ff.) übernahm die Objektive Wertlehre Smiths (wenn auch modifiziert). Bis in die heutige Zeit wirksam ist seine Theorie der „komparativen Kostenvorteile" im internationalen Handel. Demnach können zwei Handel treibende Staaten beide profitieren, wenn sie sich auf die Produktion solcher Waren konzentrieren, die sie relativ zu den anderen Ländern günstiger anbieten können. Diese These ist bei Verfechtern einer Freihandelspolitik nach wie vor grundlegend. Allerdings haben sich in den Handelsbeziehungen von sogenannten Entwicklungsländern diesbezüglich Nachteile gezeigt. Für solche Länder sind vor allem Rohstoffe und arbeitsintensive landwirtschaftliche Güter relativ kostengünstig zu produzieren. Eine Konzentration auf diese Sektoren zementiert jedoch die Abhängigkeit vom Technologietransfer aus den entwickelten Ländern. Zudem setzte Ricardo voraus, dass das produktive Kapital nicht mobil ist, also nicht an günstige Produktionsstandorte wechseln kann. Es ist daher zu hinterfragen, inwieweit seine These im Zeitalter der Globalisierung noch Gültigkeit beanspruchen kann.
Die von Smith mitbegründete sogenannte klassische Nationalökonomie wurde bald von zwei Seiten kritisiert.

Autoren wie Carl Menger, Leon Walras und **Stanley Jevons** (vgl. S. 206ff.) bemängelten, dass der klassischen Mikroökonomie der wissenschaftliche Charakter fehle. Augenscheinlich weichen Preisgrößen von den (ohnehin problematisch zu messenden) Mengen der in den Waren enthaltenen Arbeit ab. Marktprozesse (Angebot und Nachfrage) verändern Preise, ohne dass sich im Produktionsbereich etwas ändern müsste. Die objektive Wertlehre der „Klassiker" wurde nun durch eine subjektive Wertlehre ersetzt, die Preise durch Nutzenfunktionen auszudrücken versucht: In jedem Tauschakt versuchten nach diesem sogenannten neoklassischen Ansatz die Tauschenden ihren Nutzen zu maximieren. Würden zwei Waren gegeneinander eingetauscht, so nehme mit der Menge der erhaltenen Ware der Nutzen jedes weiteren erhaltenen Quantums ab. Umgekehrt steige der (verlorene) Nutzen jedes weiteren fortgegebenen Quantums. Der Tausch werde dann abgeschlossen, wenn beide Tauschpartner ihren Nutzen in dieser Abwägung optimiert hätten. Im Ergebnis liege also bei jedem zustande gekommenen Handel eine Nutzenmaximierung für alle Beteiligten vor. Die sehr stark abstrahierenden Modelle der Neoklassik bilden bis heute die Grundlage der Wirtschaftswissenschaft. Problematisch ist dabei zum einen ihr stark abstrahierender Charakter. So geht die Neoklassik davon aus, dass die ökonomischen Subjekte rein wirtschaftlich kalkulierend vorgehen (homo oeconomicus), allseitig informiert sind – und ohne Zeitverlust agieren, wodurch sich Störungen sofort wieder zum Gleichgewicht hin ausglichen. Vor allem aber sieht die Neoklassik von den Bedingungen des Tausches weitgehend ab. Wenn in ökonomischen Krisenzeiten Arbeitnehmer gezwungen sind, für einen Minimallohn zu arbeiten, um nicht zu verhungern, dann trifft zwar zu, dass es ihren „Nutzen" minimieren würde, wenn sie den Tausch Arbeit gegen Lohn verweigerten – das als Nutzenmaximierung zu bezeichnen hat allerdings ein zynisches Moment.
In eine ganz andere Richtung geht die marxistische Kritik an der klassischen Ökonomie. **Karl Marx** (vgl. S. 210ff.) entwickelte die Arbeitswertlehre dahingehend weiter, dass er genau trennt zwischen dem Gebrauchswert einer Ware (dem Nutzen) und ihrem Wert, der nach Marx die Grundlage der Preisbestimmung ist. Der Wert werde durch die zur Reproduktion einer Ware gesellschaftlich (also durchschnittlich) erforderliche Arbeitsmenge bestimmt. Verschiedene gesellschaftliche Prozesse sorgten allerdings dafür, dass „Wert" zwischen den verschiedenen Branchen verschoben werde und die einzelnen Warenpreise notwendig von den jeweiligen Warenwerten abwichen. Viel entscheidender ist für Marx allerdings die Quelle des in jedem Zeitraum neu produzierten Reichtums. Ist die lebendige Arbeit Urheber des Wertes, während die anderen Produktionsmittel ihren Wert nur übertragen, dann ist die Arbeiterklasse Schöpferin des gesellschaftlichen Reichtums, obwohl dessen überwiegender Teil in jedem Produktionsdurchgang von den Produktionsmittelbesitzern (Kapitalisten) angeeignet wird. Der Untertitel des Kapitals, Marx' Hauptwerk, ist in doppeltem Sinne zu verstehen: „Kritik der politischen Ökonomie" bedeutet zum einen Kritik der klassischen Wirtschaftstheorie, zum anderen aber Kritik der Produktionsverhältnisse selbst.
Die Zeit um den Wechsel vom 19. zum 20. Jahrhundert wurde weitgehend von der neoklassischen Theorie bestimmt, sieht man von den sozialistischen Parteien ab, die sich in ihrer ökonomischen Analyse (eng oder weniger eng) an Marx orientierten. In eine ernste Krise geriet die neoklassische Theorie, als ihre Erklärungsmuster angesichts der Weltwirtschaftskrise ab Ende der 1920er Jahre zu versagen schienen. Eine weltweite Absatzkrise ging einher mit lange andauernder Massenarbeitslosigkeit in fast allen entwickelten Marktwirtschaften. Gemäß der gängigen Theorie hätte eine Preisanpassung, also vor allem ein Sinken der Löhne, zu einer Senkung der Produktionskosten führen und die Ökonomie wieder anregen müssen – doch über Jahre geschah nichts dergleichen. **John M. Keynes** (vgl. S. 219ff.) kam in seiner Untersuchung der Ursachen zu dem Ergebnis, dass bestimme Theoreme der Neoklassik ungenügend seien. So kritisiert Keynes, dass Faktoren wie ökonomische Unsicherheit und Schwankungen der Sparneigung in der gängigen Theorie keine Rolle spielten, während sie praktisch Investition verhinderten. Keynes zeigt, dass unter bestimmten Bedingungen sich eine ökonomische Krise aus sich heraus verstärken kann, weil die eben nicht vollständig informierten Individuen gute Gründe haben, ihre ökonomische Aktivität weiter zu reduzieren. Er schlägt staatliche Ausgabenprogramme vor, um die Nachfrage und damit die Ökonomie insgesamt anzuregen. Der Streit darum, ob dies ein tragfähiges Konzept ist, kennzeichnet die wirtschaftswissenschaftliche Debatte bis ins 21. Jahrhundert hinein.
Nach dem Zweiten Weltkrieg war vorerst ungeklärt, welche Wirtschaftsordnung in Deutschland etabliert werden sollte. Die sowjetisch besetzte Zone wurde rasch planwirtschaftlich organisiert. In den westlichen Zonen (und dann der BRD) aber musste insbesondere die Stellung des Staates in der Wirtschaft erst neu definiert werden. Der Weltwirtschaftskrise wurde gemeinhin eine große Mitschuld am Erfolg der Nationalsozialisten 1933 gegeben; zugleich sollte ein dirigistischer Weg wie in der DDR vermieden werden. Während Liberale wie **August v. Hayek** (vgl. S. 224ff.) eine strikt liberale Ausrichtung der Wirtschaft forderten und auch die Weltwirtschaftskrise einer falschen Politik und nicht etwa einem Marktversagen zurechneten, setzten sich letztlich die Konzepte von Ludwig

Erhard und **Alfred Müller-Armack** (vgl. S. 228 ff.) durch, dem Staat weitergehende Aufgaben in der Ordnungs- und Konjunkturpolitik zuzuweisen und die kapitalistische Marktwirtschaft zugleich mit einem System von Sozialversicherungen zu ergänzen (deren Einrichtung allerdings noch einige Jahre in Anspruch nahm). Diese Soziale Marktwirtschaft übte, begünstigt durch den Wirtschaftsaufschwung der 50er und frühen 60er Jahre eine beträchtliche Anziehungskraft aus und wurde von allen relevanten Parteien der Bundesrepublik Deutschland als ökonomische Grundlage akzeptiert. Um ihre konkrete Ausgestaltung wurde allerdings weiter gestritten, insbesondere seit sich ab Ende der 60er erneut Krisentendenzen zeigten.

Von Bedeutung für das Funktionieren einer nationalen Ökonomie (und dementsprechend mögliche wirtschaftspolitische Konfliktfelder) sind nicht nur die Bereiche, die offensichtlich Teil der Wirtschaft sind. Darauf weist die von **Douglass C. North** (vgl. S. 234 ff.) und anderen begründete Neue Institutionenökonomik hin. Sie kritisiert vor allem, dass die Neoklassik von den Transaktionskosten absehe, also den Kosten, die entstehen, damit ein Geschäft überhaupt stattfinden kann. Sie bleibt damit begrifflich auf dem Boden der neoklassischen Tradition, erweitert aber deren Modelle. Die Neue Institutionenökonomik weist auf die zentrale Bedeutung rechtlicher, politischer und kultureller Faktoren für die Erfolgsaussichten einer Ökonomie.

Auf ein anderes Problem verweisen Autoren wie **Herman E. Daly** (vgl. S. 239 ff.): Angesichts knapper natürlicher Ressourcen – und Knappheit ist hier tatsächlich wörtlich gemeint – sei kurz- oder auch mittelfristiger ökonomischer Erfolg gar kein sinnvoller Handlungsmaßstab. Vielmehr müsse nach Daly kurzfristig eine nachhaltige Wirtschaftsweise etabliert werden (steady state economy), die nur das verbrauche, was reproduziert oder anderweitig ersetzt werden könne. Die Konsequenz, so Daly, müsse zumindest in den entwickelten Ländern eine Verminderung des Pro-Kopf-Ressourcenverbrauchs und damit voraussichtlich auch des Konsums sein. So überzeugend auch Dalys Ausgangspunkt ist, beantwortet er die Frage nicht, inwiefern eine solche Ökonomie auf der bestehenden marktwirtschaftlichen Grundlage etabliert werden könnte, ohne sofort eine umfassende Wirtschaftskrise hervorzurufen.

Die üblichen wirtschaftswissenschaftlichen Kennzahlen als gesellschaftlichen Erfolgsmaßstab zu nehmen, kritisiert auch **Amartya Sen** (vgl. S. 244 ff.). Er weist darauf hin, dass gleiche Durchschnittswerte etwa für das Bruttoinlandsprodukt pro Kopf die Grundlage ganz unterschiedlicher Lebensbedingungen sein können. Ausgehend von seinen Arbeiten haben die Vereinten Nationen den Human Developement Index entwickelt, mit dem versucht wird, einen Maßstab volkswirtschaftlichen Handelns zu liefern, der das Wohlergehen von Menschen in den Mittelpunkt stellt.

LEITFRAGEN

1. **Welches ökonomische Phänomen/Problem wird in den Mittelpunkt des Interesses gerückt?**
2. **In welches Verhältnis zur Gesellschaft bzw. zu gesellschaftlichen Gruppen und ihren Interessen wird Ökonomie gesetzt?**
3. **In welchem Verhältnis stehen ökonomische Eigengesetzlichkeiten und (politische) Gestaltungsmöglichkeiten in den jeweiligen Texten?**

6.1 Adam Smith: Die unsichtbare Hand des Marktes

Adam Smith [1723 (Kirkcaldy, Schottland) – 1790 Edinburgh] ist heute vor allem als Ökonom bekannt. Eine im heutigen Sinne selbstständige Wissenschaft war die Ökonomie zu seinen Lebzeiten jedoch noch nicht. Smith studierte Latein, Griechisch, Mathematik und Moralphilosophie. Er wurde 1751 Professor für Logik, 1752 Professor für Moralphilosophie an der Universität in Glasgow. In seinen Zuständigkeitsbereich fiel damit die „praktische Philosophie", zu der ein inhaltliches Spektrum von der Ethik bis zur Ökonomie gehörte.
Smiths erstes Werk, das eine große Aufmerksamkeit erreichte, war ein moralphilosophisches: Die „Theorie der ethischen Gefühle" (1759). Der Aufklärung verpflichtet stellt Smith darin die menschliche Rationalität und das moralische Gefühl als Maßstab richtigen Handelns heraus. Im Unterschied zu Thomas Hobbes (vgl. S. 261 ff.) sieht er auf dieser Grundlage die Möglichkeit gesellschaftlicher Organisation, ohne dass der Staat als „Leviathan" negativ zu dem Willen der Einzelnen bestimmt werden müsse.
1763 legte Smith seine Professur nieder und arbeitete als Lehrer und Erzieher eines jungen Adligen, mit dem er eine ausgedehnte Bildungsreise durch Europa unternahm. Aus dieser dreijährigen Tätigkeit erhielt er bis an sein Lebensende eine Leibrente von 300 Pfund Sterling jährlich.
1776 erschien sein berühmtes ökonomisches Hauptwerk „Wohlstand der Nationen – Eine Untersuchung seiner Natur und seiner Ursachen" (Originaltitel: An Inquiry into the Nature and Causes of the Wealth of Nations), an dem er seit seiner Rückkehr gearbeitet hatte. Das Erscheinen dieses Buches wird als Geburtsstunde der Nationalökonomie angesehen. Das Werk hatte unmittelbar politische Wirkung und beeinflusste bereits entscheidend die Verteilung des britischen Staatsbudgets 1777. 1778 ging Smith als Zollkontrolleur für ganz Schottland in den Staatsdienst; 1787 wurde Smith Rektor der Universität Edinburgh.

Smith identifizierte die Arbeit (bei ihm industria, industry) als Quelle und Maßstab von Reichtum. Der Titel seiner Schrift ist dabei programmatisch: Smith geht es um *gesellschaftlichen* Reichtum (wealth of nations) und um die Frage, wie dieser vermehrt werden könne.
Zum einen schließt dies die Frage ein, wie die gesellschaftliche Arbeitsmenge gesteigert werden kann. Im „Wohlstand der Nationen" definiert Smith den Reichtum eines Staates über die „Summe aus dem Ertrag von Boden und Arbeit". Der Wohlstand eines Staates steigt also mit der Zahl der (arbeitenden) Einwohner. Um den Faktor Arbeit zu vermehren, müsse die Nachfrage nach Arbeit (und damit die Lohnhöhe) so weit steigen, dass die unteren Schichten mehr Kinder aufziehen können. Steige der Lohn über die zur Aufzucht ausreichender Arbeitskräfte nötige Höhe, so drücke ihn das Überangebot an Arbeitskraft, also der Markt selbst, bald wieder auf die nötige Höhe herab. Umgekehrt sorge ein zu geringes Arbeitskraftangebot für steigende Löhne, die wiederum ein Anwachsen der Arbeiterbevölkerung zur Folge hätten.
Zum anderen stellte Smith die Frage, wie die gesellschaftlich vorhandene Arbeitsmenge gesellschaftlich sinnvoll auf die verschiedenen Produktionszweige verteilt werden könne. Und auch hier sieht er in der „unsichtbaren Hand" des Marktes die einzige Instanz, die eine solche Aufgabe lösen könne.
Bei der Bewertung der Position Smiths ist zu berücksichtigen, dass er zu einer Zeit lebte, in der sich die bürgerliche Gesellschaft weder ökonomisch noch politisch vollständig durchgesetzt hatte. Er argumentierte v. a. gegen das Modell eines alles lenkenden noch durch absolutistische Elemente gekennzeichneten Staates. Die Konsequenzen einer rein auf Marktmechanismen basierenden gesellschaftlichen Organisation konnte Smith nicht mehr selbst analysieren.

Literaturhinweise

Gerhard Streminger, Adam Smith. Mit Selbstzeugnissen und Bilddokumenten, 2. Aufl., Reinbek bei Hamburg 1999.
Michael Aßländer, Adam Smith zur Einführung, Hamburg 2007.

M 1 Der Wohlstand der Nationen

■ In jeder Gesellschaft oder Gemeinde gibt es einen üblichen oder durchschnittlichen Satz für Lohn und Gewinn, und zwar für jeden Einsatz von Arbeit und Kapital. Dieser Satz hängt auf ganz natürliche Weise, wie ich später zeigen werde, teils von dem allgemeinen Zustand des Gemeinwesens ab, seinem Wohlstand oder seiner Armut und seiner fortschreitenden, stockenden oder rückläufigen Entwicklung, teils von der besonderen Art, wie Arbeit und Kapital verwendet werden.
Ebenso gibt es in jeder Gesellschaft oder Gemeinde einen üblichen oder durchschnittlichen Satz für die Grundrente [d. h. für das Einkommen der Grundbesitzer wie Pacht o. Ä., d. Red.], der gleichfalls teils von dem allgemeinen Zustand des Gemeinwesens, in dem das Land liegt, abhängig ist, teils von der natürlichen oder verbesserten Fruchtbarkeit des Bodens. Auch darauf werde ich näher eingehen. Diese üblichen oder Durchschnittssätze kann man für die Zeit und den Ort, für die sie im allgemeinen gelten, die natürlichen Sätze für Lohn, Gewinn und Rente nennen.
Eine Ware wird dann zu dem verkauft, was man als ihren natürlichen Preis bezeichnet, wenn der Preis genau dem Betrag entspricht, der ausreicht, um nach den natürlichen Sätzen die Grundrente, den Arbeitslohn und den Kapitalgewinn zu bezahlen, welche anfallen, wenn das Produkt erzeugt, verarbeitet und zum Markt gebracht wird.
Die Ware wird dann genau zu ihrem Preis oder zu den tatsächlichen Kosten verkauft, die der Person entstehen, die sie auf dem Markt anbietet, denn da im allgemeinen Sprachgebrauch der sogenannte Einkaufspreis einer Ware den Gewinn desjenigen, der sie wiederverkauft, nicht einschließt, verliert der Betroffene offensichtlich bei einem Handel, wenn er zu einem Preis verkauft, der ihm nicht erlaubt, die ortsübliche Gewinnspanne einzukalkulieren. Hätte er nämlich sein Kapital anderswo eingesetzt, hätte er einen solchen Gewinn machen können. Sein Gewinn ist außerdem sein Einkommen, mithin die Grundlage seiner Existenz. Wie er seinen Arbeitern im voraus ihre Löhne und damit ihren Unterhalt bezahlt, bis die Waren hergestellt und auf dem Markte sind; so sichert er auch den eigenen Lebensunterhalt durch einen Vorschuß, der gewöhnlich dem Gewinn angepaßt ist, welchen er vernünftigerweise aus dem Verkauf seiner Waren erwarten kann. Werfen sie diesen Gewinn nicht ab, dann kann er mit Fug und Recht behaupten, sie bringen ihm nicht ein, was sie ihn wirklich gekostet haben.
Obwohl nun der Preis, der dem Händler diesen Gewinn sichert, nicht immer der niedrigste ist, zu dem er bisweilen seine Waren verkauft, so ist er doch der tiefste Preis, zu dem er auf längere Sicht wahrscheinlich anbieten wird, zumindest dort, wo vollkommene Gewerbefreiheit herrscht oder wo er seinen Erwerb beliebig oft wechseln kann.
Den tatsächlichen Preis, zu dem eine Ware gewöhnlich verkauft wird, nennt man ihren Marktpreis. Er kann entweder höher oder niedriger als der natürliche Preis oder ihm genau gleich sein. Der Marktpreis eines einzelnen Gutes hängt von dem Verhältnis der am Markt tatsächlich angebotenen Menge und der Nachfrage jener ab, welche bereit sind, den natürlichen Preis dafür zu bezahlen oder den vollen Wert der Rente, der Arbeit und des Gewinns, der gezahlt werden muß, damit das Gut überhaupt am Markte erscheint. Solche Leute können als wirkliche Nachfrager und ihre Nachfrage als effektiv oder wirksam bezeichnet werden, da sie zur Folge haben kann, daß die Ware tatsächlich auf den Markt kommt. Sie unterscheidet sich von der absoluten oder latenten Nachfrage. So kann man in einem gewissen Sinne sagen, ein sehr armer Mann habe eine Nachfrage nach einem Sechsspänner, da er diesen gern haben möchte, doch handelt es sich hier um keine wirksame Nachfrage, da die Ware niemals auf dem Markt angeboten wird, um die Nachfrage zu befriedigen.
Ist die am Markt angebotene Menge einer Ware kleiner als die effektive Nachfrage, so kann nicht jeder, der bereit ist, den vollen Wert von Rente, Lohn und Gewinn, die ausgegeben werden mußten, zu bezahlen, die Menge davon erhalten, die er zu haben wünscht. Einige bieten bereitwillig mehr, ehe sie völlig darauf verzichten. Es setzt sofort ein Wettbewerb unter ihnen ein, so daß der Marktpreis mehr oder weniger hoch über den natürlichen Preis steigen wird [...].
Übersteigt indes das Angebot die effektive Nachfrage am Markt, so kann es nicht an jene abgesetzt werden, die bereit sind, den vollen Wert von Rente, Lohn und Gewinn, die ausgelegt werden mußten, zu bezahlen. Ein Teil muß an die Nachfrager verkauft werden, die weniger bieten, so daß der niedrige Preis, den sie dafür entrichten, zwangsläufig den Preis insgesamt drückt. Der Marktpreis wird um so mehr unter den natürlichen Preis fallen, je mehr die Höhe des Überschusses den Wettbewerb unter den Verkäufern verschärft oder je dringender diese ihre Ware gerade absetzen müssen. So wird ein gleich großer Angebotsüberhang beim Import verderblicher Waren, wie etwa Orangen, zu einer weit stärkeren Konkurrenz führen als im Falle von haltbaren, wie etwa Alteisen.
Entspricht das Angebot auf dem Markt gerade der effektiven Nachfrage, so kommt der Marktpreis ganz von selbst dem natürlichen Preis entweder gleich oder doch

weitestgehend gleich. Das vorhandene Angebot kann zu diesem, aber nicht zu einem höheren Preis vollständig abgesetzt werden. Der Wettbewerb unter den Händlern zwingt alle, diesen, keinesfalls aber einen niedrigeren Preis zu akzeptieren.

Die am Markt angebotene Menge einer Ware paßt sich ganz von selbst der wirksamen Nachfrage an. Denn es liegt im Interesse aller, die Land, Arbeit oder Kapital einsetzen, um ein Gut auf den Markt zu bringen, das Angebot niemals über die effektive Nachfrage steigen zu lassen. Umgekehrt sind alle anderen daran interessiert, daß es niemals darunterliegt.

Übersteigt nun das Angebot zu irgendeiner Zeit die wirksame Nachfrage, so müssen einzelne Bestandteile des Preises unter ihrem natürlichen Entgelt bezahlt werden. Handelt es sich dabei um die Rente, wird das Interesse der Grundbesitzer sofort dafür sorgen, daß sie einen Teil ihres Bodens nicht mehr zur Verfügung stellen, sind indes Lohn oder Gewinn davon betroffen, werden die Arbeiter im eigenen Interesse weniger Arbeit anbieten und die Unternehmer aus dem gleichen Grund ihr Kapital aus diesem Erwerb teilweise zurückziehen. Das Angebot am Markt wird dann bald so weit zurückgehen, bis es gerade die wirksame Nachfrage deckt. Der Wert aller Bestandteile des Preises steigt wieder auf die natürliche Höhe, und der Preis der Ware wird dann dem natürlichen Preis entsprechen.

Sollte dagegen das Angebot zu irgendeiner Zeit hinter der effektiven Nachfrage zurückbleiben, müssen einzelne Bestandteile des Preises über ihre natürliche Höhe steigen. Handelt es sich dabei um die Rente, wird das Eigeninteresse aller Grundbesitzer ganz von selbst sofort dafür sorgen, daß sie mehr Land bebauen, um mehr von dem Produkt anbieten zu können. Sind Lohn und Gewinn davon betroffen, wird auch hier das Selbstinteresse aller Arbeiter und Geschäftsleute bald dazu führen, daß mehr Arbeit und Kapital eingesetzt wird, um diese Ware herzustellen und auf den Markt zu bringen. Auf diese Weise wird das Angebot nach einiger Zeit wieder ausreichen, um die effektive Nachfrage zu decken. Alle Bestandteile des Preises werden in ihrem Wert wieder auf die natürliche Höhe fallen, bis der Warenpreis dem natürlichen entspricht.

Aus diesem Grunde ist der natürliche Preis gleichsam der zentrale, auf den die Preise aller Güter ständig hinstreben. Verschiedene Zufälle mögen sie bisweilen ein gutes Stück über dem natürlichen Preis halten und sie gelegentlich zwingen, sogar etwas unter ihm zu bleiben, doch welche Hindernisse sie auch davon abhalten können, daß sie sich einpendeln und in diesem Zentrum zur Ruhe kommen, sie werden dennoch dauernd in diese Richtung drängen.

Alles Erwerbsstreben, Grundlage des jährlichen Angebots an Waren, paßt sich auf solche Weise ganz natürlich der effektiven Nachfrage an. Es zielt ganz zwangsläufig darauf hin, stets nur so viel auf den Markt zu bringen, wie ausreichen wird, diese Nachfrage, und nicht mehr als diese, zu decken.

Der einzelne ist stets darauf bedacht, herauszufinden, wo er sein Kapital, über das er verfügen kann, so vorteilhaft wie nur irgend möglich einsetzen kann. Und tatsächlich hat er dabei den eigenen Vorteil im Auge und nicht etwa den der Volkswirtschaft. Aber gerade das Streben nach seinem eigenen Vorteil ist es, das ihn ganz von selbst oder vielmehr notwendigerweise dazu führt, sein Kapital dort einzusetzen, wo es auch dem Ganzen Land den größten Nutzen bringt.

Erstens ist ein jeder bestrebt, viel von seinem Kapital möglichst in der nächsten Umgebung und folglich zur Unterstützung des einheimischen Gewerbes zu investieren, natürlich immer vorausgesetzt, er kann damit die übliche Kapitalverzinsung, zumindest nicht viel weniger als diese, erzielen. [...]

Zweitens wird jeder, der sein Kapital zur Unterstützung der eigenen Volkswirtschaft investiert, bestrebt sein, die wirtschaftliche Aktivität so zu lenken, daß ihr Ertrag den größtmöglichen Wert erzielen kann.

Der Ertrag einer jeden Erwerbstätigkeit ist der zusätzliche Wert, den ein Gegenstand oder ein Rohstoff durch sie erlangt. Je nachdem, ob nun der Wert dieses Ertrages größer oder kleiner ausfällt, ist auch der Gewinn des Unternehmens höher oder niedriger. Da aber jeder Mensch Kapital zur Unterstützung eines Erwerbsstrebens nur mit Aussicht auf Gewinn einsetzt, wird er stets bestrebt sein, es zur Hilfe für solche Erwerbe anzulegen, deren Ertrag voraussichtlich den höchsten Wert haben wird, oder für den er das meiste Geld oder die meisten anderen Waren bekommen kann.

Nun ist aber das Volkseinkommen eines Landes immer genau so groß wie der Tauschwert des gesamten Jahresertrages oder, besser, es ist genau dasselbe, nur anders ausgedrückt. Wenn daher jeder einzelne soviel wie nur möglich danach trachtet, sein Kapital zur Unterstützung der einheimischen Erwerbsarbeit einzusetzen und dadurch diese so lenkt, daß ihr Ertrag den höchsten Wertzuwachs erwarten läßt, dann bemüht sich auch jeder einzelne ganz zwangsläufig, dass das Volkseinkommen im Jahr so groß wie möglich werden wird. Tatsächlich fördert er in der Regel nicht bewußt das Allgemeinwohl, noch weiß er, wie hoch der eigene Beitrag ist. Wenn er es vorzieht, die nationale Wirtschaft anstatt die ausländische zu unterstützen, denkt er eigentlich nur an die eigene Sicherheit und wenn er dadurch die Erwerbstätigkeit so fördert, daß ihr Ertrag den höchsten Wert erzielen kann, strebt er lediglich nach eige-

nem Gewinn. Und er wird in diesem wie auch in vielen anderen Fällen von einer unsichtbaren Hand geleitet, um einen Zweck zu fördern, den zu erfüllen er in keiner Weise beabsichtigt hat. Auch für das Land selbst ist es keineswegs immer das schlechteste, daß der einzelne ein solches Ziel nicht bewußt anstrebt, ja, gerade dadurch, daß er das eigene Interesse verfolgt, fördert er häufig das der Gesellschaft nachhaltiger, als wenn er wirklich beabsichtigt, es zu tun. Alle, die jemals vorgaben, ihre Geschäfte dienten dem Wohl der Allgemeinheit, haben meines Wissens niemals etwas Gutes getan. Und tatsächlich ist es lediglich eine Heuchelei, die unter Kaufleuten nicht weit verbreitet ist, und es genügen schon wenige Worte, um sie davon abzubringen.
Der einzelne vermag ganz offensichtlich aus einer Kenntnis der örtlichen Verhältnisse weit besser zu beurteilen, als es irgendein Staatsmann oder Gesetzgeber für ihn tun kann, welcher Erwerbszweig im Lande für den Einsatz seines Kapitals geeignet ist und welcher einen Ertrag abwirft, der den höchsten Wertzuwachs verspricht. Ein Staatsmann der es versuchen sollte, Privatleuten vorzuschreiben, auf welche Weise sie ihr Kapital investieren sollten, würde sich damit nicht nur, höchst unnötig, eine Last aufbürden, sondern sich auch gleichzeitig eine Autorität anmaßen, die man nicht einmal einem Staatsrat oder Senat, geschweige denn einer einzelnen Person getrost anvertrauen könnte, eine Autorität, die nirgendwo so gefährlich wäre wie in der Hand eines Mannes, der, dünkelhaft genug, sich auch noch für fähig hielte, sie ausüben zu können. […]

So wird in jeder Wirtschaftsordnung, in der durch besondere Förderung mehr volkswirtschaftliches Kapital in einzelne Erwerbszweige gelenkt werden soll, als von selbst dorthin fließen würde oder durch außerordentliche Beschränkung Teile des Kapitals von Branchen ferngehalten werden, in denen sie sonst investiert worden wären, in Wirklichkeit das Hauptziel unterlaufen, das man zu fördern vermeint. Sie verzögert den Fortschritt des Landes zu Wohlstand und Größe, anstatt ihn zu beschleunigen […].
Gibt man daher alle Systeme der Begünstigung und Beschränkung auf, so stellt sich ganz von selbst das einsichtige und einfache System der natürlichen Freiheit her. Solange der einzelne nicht die Gesetze verletzt, läßt man ihm völlige Freiheit, damit er das eigene Interesse auf seine Weise verfolgen kann und seinen Erwerbsfleiß und sein Kapital im Wettbewerb mit jedem anderen oder einem anderen Stand entwickeln oder einsetzen kann. Der Herrscher wird dadurch vollständig von seiner Pflicht entbunden, bei deren Ausübung er stets unzähligen Täuschungen ausgesetzt sein muß und zu deren Erfüllung keine menschliche Weisheit oder Kenntnis jemals ausreichen könnte, nämlich der Pflicht oder Aufgabe, den Erwerb privater Leute zu überwachen und ihn in Wirtschaftszweige zu lenken, die für das Land am nützlichsten sind. Im System der natürlichen Freiheit hat der Souverän lediglich drei Aufgaben zu erfüllen, die sicherlich von höchster Wichtigkeit sind, aber einfach und dem normalen Verstand zugänglich: Erstens die Pflicht, das Land gegen Gewalttätigkeiten und Angriff anderer unabhängiger Staaten zu schützen, zweitens die Aufgabe, jedes Mitglied der Gesellschaft soweit wie möglich Ungerechtigkeit oder Unterdrückung durch einen Mitbürger in Schutz zu nehmen oder ein zuverlässiges Justizwesen einzurichten, und drittens die Pflicht, bestimmte öffentliche Anstaltungen und Einrichtungen zu gründen und zu unterhalten, die ein einzelner oder eine kleine Gruppe aus eigenem Interesse nicht betreiben kann, weil der Gewinn ihre Kosten niemals decken könnte, obwohl er häufig höher sein mag als die Kosten für das ganze Gemeinwesen.

Aus: Adam Smith, Der Wohlstand der Nationen. Vollständige Ausgabe nach der 5. Auflage (letzter Hand), London 1789. Übersetzt von Horst Claus Recktenwald, München 1978, S. 48–51, 369–371, 582.

ZUR TEXTERSCHLIESSUNG

1. Fassen Sie zusammen: Wie ist nach Smith der Preis von auf dem Markt gehandelten Gütern bestimmt, wodurch werden Preissenkungen bzw. Preissteigerungen bewirkt?
2. Smith sagt, dass, wenn der Lohn sinke, „die Arbeiter im eigenen Interesse weniger Arbeit anbieten" würden. Diskutieren Sie diese Aussage.
3. Erläutern Sie das Verhältnis von Einzelinteressen (der ökonomischen Subjekte) und Gesamtinteresse (der Gesellschaft) im Textauszug.
4. Führen Sie aus, welche ökonomischen Aufgaben der Staat laut Adam Smith haben sollte – und welcher er sich keinesfalls annehmen sollte.
5. Erörtern Sie den Ausdruck „Unsichtbare Hand".

6.3 William Stanley Jevons: Nutzenmaximierung als Grundlage des ökonomischen Handelns

Jevons [1835 (Liverpool) – 1882 (Bexhill bei Hastings)] studierte zunächst in London Chemie. Nach dem Bankrott seines Vaters musste er sein Studium abbrechen und ging nach Australien, wo er bei der staatlichen Münze arbeitete. 1858 setzte er sein Studium in London fort, wurde 1864 Fellow an der Universität, 1866 Professor in Manchester und 1876 Professor der Nationalökonomie an der Universität London. 1881 legte er seine Stelle nieder.
Nahezu zeitgleich mit Léon Walras (Frankreich) und Carl Menger (Österreich) begründete Jevons mit seinem Werk „Theorie der politischen Ökonomie" (1871) die bis in die Gegenwart bestimmende nationalökonomische Schule der „Neoklassik" oder auch Grenznutzenschule. Wie erst später bekannt wurde, hatte einige Jahre zuvor bereits Hermann Heinrich Gossen ähnliche Theoreme entwickelt.

Jevons (und ebenso die anderen Grenznutzentheoretiker) grenzte sich von der „klassischen" Ökonomie Adam Smiths und David Ricardos schon darin ab, dass sie die „reine" Ökonomie als mathematische Wissenschaft von der politischen Ökonomie bewusst unterschieden. Zudem war der zentrale Bezugspunkt der klassischen Nationalökonomie die Produktion. Das Hauptaugenmerk der Neoklassik ist demgegenüber der Tausch (Handel) zwischen rationalen (und vollständige informierten) Individuen: Sie fragt nach der optimalen Verteilung gegebener knapper Ressourcen auf verschiedene Verwendungen und Individuen. Die „objektive" Wertlehre, bei der der Wert einer Ware durch Aufwand (Arbeit) bestimmt ist, wird dabei weitgehend aufgegeben und durch eine subjektive Wertbestimmung ersetzt, die auf dem Nutzen(-Zuwachs) der am Tauschakt Beteiligten beruht.
Angenommen wird, dass jedes Gut mit zunehmender Menge an Nutzen verliert; der zentrale Begriff des „Grenznutzens" bezeichnet den Nutzen der letzten getauschten (gehandelten) Einheit eines Gutes. Der Preis des Gutes wird durch die (subjektive) Wertschätzung seiner jeweils letzten gehandelten Einheit („Grenzeinheit") bestimmt. Schwierigkeiten in der Quantifizierbarkeit von Nutzenmengen führten nach dem Ersten Weltkrieg dazu, dass in der Nutzentheorie Modifikationen vorgenommen wurden; grundsätzlich gehört die Grenznutzentheorie aber nach wie vor zu den Grundlagen der bestimmenden (nicht-marxistischen) Schulen der Ökonomietheorie.
Die Neoklassik und auf ihr aufbauende Schulen bedienen sich ausgiebig mathematischer Modelle, was ihre Theoreme oft schwer zugänglich erscheinen lässt. Die Mathematik ist dabei weniger ein Instrument zur Erkenntnisgewinnung als ein Mittel der Darstellung. [Wem der folgende Textausschnitt zu schwer erscheint, kann probehalber beim ersten Lesedurchgang die Grafik und ihre Erläuterung (S. 108, ZZ 100 ff.) auslassen.]
Auf Grundlage solcher abstrakter, also sehr voraussetzungsreicher Modelle kommt die Neoklassik zu dem Resultat, dass letztlich jede Einkommensverteilung gerecht sei, weil sie Resultat von nutzentheoretisch bestimmten Prozessen sei. Die Neoklassik kommt zudem zu dem Ergebnis, dass Märkte wesentlich stabil und Störungen jeweils exogen seien; der Markt findet danach wieder von sich aus in ein Gleichgewicht. Mit der Weltwirtschaftskrise der 20er Jahre kam die (alte) Neoklassik in einen Erklärungsnotstand und wurde vom Keynesianismus (vgl. S. 219 ff.) als bestimmender Ökonomieschule abgelöst. In jüngerer Vergangenheit werden zunehmend Ansätze der Synthese von neoklassisch und keynesianisch geprägten Theoremen versucht.

LITERATURHINWEISE

Fritz Söllner, Geschichte des ökonomischen Denkens, 2. Aufl., Berlin/Heidelberg 2001.
Michael Krätke, Neoklassik als Weltreligion? in: ***Loccumer Initiative kritischer Wissenschaftlerinnen und Wissenschaftler (Hrsg.),*** Mut zur konkreten Utopie – Alternativen zur herrschenden Ökonomie, Hannover 2003. (Volltext im Internet: http://www.offizin-verlag.de/aufsaetze/39aea9fe6f105/1.phtml.)

M 3 Die Theorie der politischen Ökonomie

■ Die Wissenschaft der politischen Ökonomie ruht auf wenigen Begriffen anscheinend einfacher Art. Nutzen, Reichtum, Wert, Gut, Arbeit, Boden, Kapital sind die Elemente des Gegenstandes; und wer immer ein vollkommenes Verständnis ihrer Natur hat, muß die Kenntnis der ganzen Wissenschaft besitzen oder wird bald imstande sein, sie sich anzueignen. Wie fast jeder wirtschaftliche Schriftsteller bemerkt hat, müssen wir gerade die größte Sorge und Genauigkeit auf die einfachen Elemente verwenden, da der geringste Irrtum in der Auffassung alle unsere Schlüsse fehlerhaft machen muß. [...]

Wiederholte Überlegung und Untersuchung haben mich zu der einigermaßen neuen Meinung geführt, daß der Wert gänzlich vom Nutzen abhängt. Die herrschende Meinung erblickt eher in der Arbeit als im Nutzen den Ursprung des Wertes; und es gibt sogar solche, welche fest behaupten, daß die Arbeit die Ursache des Wertes sei. Demgegenüber suche ich zu zeigen, daß wir nur sorgfältig die natürlichen Gesetze der Nutzensveränderung aufzusuchen haben, wie sie von der Menge der in unserem Besitze befindlichen Güter abhängen, um zu einer befriedigenden Theorie des Tausches zu gelangen, von welcher die gewöhnlichen Gesetze von Angebot und Nachfrage eine notwendige Folge sind. [...]

Die Arbeit bestimmt oft den Wert, aber lediglich auf indirekte Weise, indem sie den Nutzensgrad des Gutes im Wege einer Vermehrung oder einer Einschränkung des Angebots verändert. [...]

Es ist klar, daß die Volkswirtschaftslehre, wenn sie überhaupt eine Wissenschaft sein soll, eine mathematische Wissenschaft sein muß. Viele Vorurteile bestehen gegen die Versuche, die Methode und Sprache der Mathematik in einen Zweig der Geisteswissenschaften einzuführen. Viele meinen, daß die Naturwissenschaften den eigentlichen Bereich der mathematischen Methode bilden und daß die Geisteswissenschaften eine andere Methode verlangen, ich weiß nicht welche. Meine Theorie der Wirtschaft ist indessen rein mathematischen Charakters. Ich zögere sogar nicht, weil ich glaube, daß die Mengen, mit welchen wir uns beschäftigen, einer fortwährenden Veränderung unterliegen müssen, den entsprechenden Zweig der mathematischen Wissenschaft anzuwenden, obgleich er die furchtlose Betrachtung unendlich kleiner Mengen in sich schließt. Die Theorie besteht darin, die Differentialrechnung auf die bekannten Begriffe des Reichtums, des Nutzens, des Werts, der Nachfrage, des Angebots, des Kapitals, des Zinses, der Arbeit und der übrigen Mengenbegriffe anzuwenden, welche zu den täglichen Handlungen des Erwerbes gehören. [...]

Es scheint mir, daß unsere Wissenschaft mathematisch sein muß, einfach deshalb, weil sie sich mit Mengen beschäftigt. Wo immer die behandelten Dinge größer oder kleiner sein können, müssen die Gesetze und Beziehungen der Natur der Sache nach mathematisch sein. Die gewöhnlichen Gesetze von Angebot und Nachfrage handeln ausschließlich von verlangten und angebotenen Güterquantitäten und drücken die Art und Weise aus, in welcher sich diese Quantitäten in Verbindung mit dem Preise ändern. Demgemäß sind die Gesetze mathematisch. Die Volkswirte können ihre Natur nicht dadurch ändern, daß sie ihnen nicht den richtigen Namen geben; sie könnten geradesogut versuchen, rotes Licht dadurch zu ändern, daß sie es blau nennen. Ob die mathematischen Gesetze der Ökonomie in Worten ausgedrückt werden oder in den gebräuchlichen Formeln, x, y, z, p, q, usf., ist Nebensache oder ein Gegenstand bloßer Bequemlichkeit. [...]

Man muß den Nutzen so betrachten, als würde er durch den Zuwachs zum Glücke eines Menschen gemessen oder als wäre er sogar mit ihm identisch. Er ist ein passender Name für das Ganze der günstigen Bilanz des erzeugten Gefühls – der Summe der erzeugten Lust und der verhinderten Unlust. Wir müssen jetzt sorgfältig zwischen dem Gesamtnutzen eines Gutes und dem Nutzen eines seiner besonderen Teile unterscheiden. So besteht der Gesamtnutzen der Nahrung, welche wir essen, darin, daß sie uns am Leben erhält, und kann als unendlich groß angesehen werden; aber wenn wir den zehnten Teil dessen, was wir täglich essen, abzögen, so wäre unser Verlust nur gering. Wir würden bestimmt nicht den zehnten Teil des Gesamtnutzens, welchen die Nahrung für uns hat, verlieren. Es mag zweifelhaft sein, ob wir überhaupt irgendein Leid zu tragen haben würden. Denken wir uns die ganze Nahrung, welche eine Person durchschnittlich in vierundzwanzig Stunden verzehrt, in zehn gleiche Teile geteilt. Wird ihre Nahrung um den letzten Teil vermindert, so wird sie nur wenig leiden; wenn ein zweites Zehntel fehlte, so würde sie den Mangel bestimmt fühlen, und der Wegfall des dritten Zehntels wird schädlich sein. Bei jeder weiteren Wegnahme eines Zehntels wird ihr Leiden immer ernster werden, bis sie zuletzt an der Grenze des Verhungerns stehen wird. Nennen wir nun jedes Zehntel einen Zuwachs, so bedeutet das, daß jeder Zuwachs an Nahrung weniger notwendig ist oder einen geringeren Nutzen besitzt als der vorhergehende. Um diese Veränderung des Nutzens zu erklären, können wir uns räumlicher Darstellungen bedienen, welche ich passend fand, als ich während der letzten fünfzehn Jahre die Gesetze der Wirtschaft in meinen Universitätsvorlesungen erläuterte.

Die Linie o x soll als Maß der Nahrungsmittelmenge gebraucht und entsprechend den oben erwähnten zehn Nahrungsmittelportionen in zehn gleiche Teile geteilt werden. Auf diesen gleichen Strecken werden Rechtecke errichtet und die Fläche jedes Rechteckes soll den Nutzen eines bestimmten Wurmquantums darstellen. [...] Aber die Teilung der Nahrungsmittel in zehn gleiche Teile ist eine willkürliche Annahme. Wenn wir zwanzig oder hundert oder mehr gleiche Teile genommen hätten, würde derselbe allgemeine Grundsatz gelten, nämlich daß jeder kleine Teil weniger nützlich und notwendig sein würde als der vorhergehende. Das Gesetz muß als theoretisch gültig angesehen werden, wie klein auch die einzelnen Zuwachsstücke gemacht werden; und auf diesem Wege werden wir zuletzt zu einer Figur kommen, welche von einer stetigen Kurve nicht zu unterscheiden ist. Der Begriff von unendlich kleinen Nahrungsmittelmengen mag, was den Verbrauch einer Einzelperson anlangt, absurd erscheinen; betrachten wir aber den Verbrauch eines Volkes als Ganzen, so kann man sich sehr gut vorstellen, daß der Verbrauch in Quantitäten zu- oder abnimmt, welche praktisch gesprochen, unendlich klein im Verhältnis zum Gesamtverbrauche erscheinen. Die Gesetze, welche wir darstellen wollen, müssen theoretisch als wahr für den Einzelmenschen angesehen werden; sie können praktisch nur mit Beziehung auf gehäufte Güterverschiebungen, Erzeugung und Verbrauch eines großen Volkskörpers geprüft werden. [...]

Die perpendikulare [senkrechte] Höhe jedes Kurvenpunktes oberhalb der Geraden ox stellt den Grad des Nutzens des Gutes dar, wenn eine bestimmte Menge bereits verbraucht ist. So entspricht, wenn die Menge oa bereits verbraucht ist, der Grad des Nutzens der Länge der Strecke ab; denn nehmen wir noch ein wenig Nahrung mehr, a a', so wird ihr Nutzen annähernd dem Produkte von aa' und ab gleich sein und noch annähernder, je kleiner die Entfernung aa' ist. Auf diese Weise wird der Grad des Nutzens durch die Höhe eines sehr schmalen Rechteckes, entsprechend einer sehr kleinen Nahrungsmittelmenge, welche theoretisch unendlich klein sein sollte, richtig gemessen. [...]

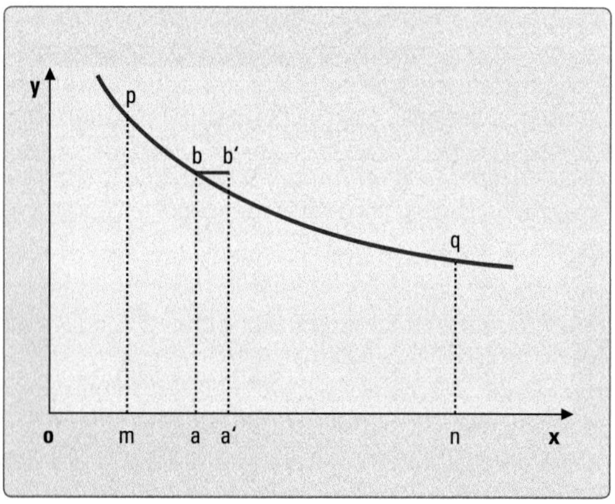

Die Mathematiker verwenden das Zeichen Δ, welches einem Größenzeichen, zum Beispiel x, vorangestellt wird, um zu bezeichnen, daß eine Größe derselben Art wie x, aber sehr klein im Verhältnisse zu x, in Betrachtung gezogen wird. So bedeutet Δx einen sehr kleinen Teil von x, und $x + \Delta x$ ist deshalb eine kleinwenig größere Größe als x. Stellt nun x eine Güterquantität dar, so wird der Nutzen von $x + \Delta x$ regelmäßig größer sein als jener von x. Bezeichnen wir den ganzen Nutzen von $x + \Delta x$ mit $u + \Delta u$; dann ist es klar, daß der Nutzenszuwachs Δu zum Gutszuwachs Δx gehört; und wenn wir beispielshalber annehmen, daß sich der Grad des Nutzens über das ganze Stück Δx gleichförmig verteilt, was mit Rücksicht auf dessen Kleinheit annähernd richtig ist, so finden wir den entsprechenden Nutzensgrad durch Division von Δu durch Δx.

Diese Betrachtungen werden durch [die obige Abbildung] vollständig erläutert; o a stellt x dar, und ab ist der Grad des Nutzens im Punkte a. Vermehren wir nun x um die kleine Größe a a' oder Δx, so vermehrt sich der Nutzen um das kleine Rechteck ab b'a' oder Δu; und da ein Rechteck dem Produkte seiner Seiten gleich ist, finden wir, daß die Länge der Strecke ab, der Grad des Nutzens, durch den Bruch $\Delta u / \Delta x$ dargestellt wird.

Wie bereits erklärt wurde, kann man den Nutzen eines Gutes sich in völliger Stetigkeit verändernd denken, so daß wir einen kleinen Fehler begehen, wenn wir annehmen, daß er über das ganze Zuwachsstück Δx gleichförmig verteilt ist. Um diesen Fehler zu vermeiden, müssen wir Δx auf eine unendlich kleine Größe reduzieren und mit ihr abnehmen lassen. Je kleiner die Größen sind, um so genauer wird der richtige Ausdruck für ab, den Grad des Nutzens im Punkte a, sein. So ist der Grenzwert des Bruches $\Delta u / \Delta x$ [...] der Grad des Nutzens, welcher der Gutsquantität x entspricht. Mathematisch ausgedrückt, ist der Grad des Nutzens der Differenzialkoeffizient von u als Funktion von x betrachtet und ist selbst wieder eine andere Funktion von x.

Wir werden selten in die Lage kommen, den Grad des Nutzens zu betrachten, es sei denn, was den letzten Zuwachs des verbrauchten Gutes anlangt, oder was auf dasselbe hinausläuft, des nächsten Zuwachsstückes, welches verbraucht werden soll. Ich werde deshalb gewöhnlich den Ausdruck Grenznutzensgrad (final degree of utility) gebrauchen und verstehe darunter den Grad des Nutzens des letzten Zuwachses oder des nächsten möglichen Zuwachses einer sehr kleinen oder unendlich kleinen Quantität zur vorhandenen Gütermenge. [...]

Es wird sich zeigen, daß der Grenznutzensgrad jene Funktion ist, auf welcher die ganze Theorie der Wirtschaft ruht. [...] Viele Güter, welche uns höchst nützlich sind, werden am wenigsten geschätzt und begehrt. Ohne Wasser können wir nicht leben, und dennoch schätzen wir es unter gewöhnlichen Verhältnissen gar nicht. Warum ist dies so? Einfach deshalb, weil wir gewöhnlich so viel davon besitzen, daß sein Grenznutzengrad auf fast Null herabgesetzt ist. Wir erfreuen uns täglich des fast unendlich großen Nutzens des Wassers, aber wir bedürfen in diesem Falle keines größeren Verbrauches, als uns zur Verfügung steht. Wird aber bei Dürre die Wasserversorgung unzureichend, so beginnen wir die höheren Grade des Nutzens zu fühlen, an welche wir zu anderen Zeiten nur wenig denken. Die Veränderung der den Grenznutzensgrad ausdrückenden Funktion ist der entscheidende Punkt in den wirtschaftlichen Problemen. Als allgemeines Gesetz können wir aufstellen, daß sich der .Grad des Nutzens mit der Menge des Gutes ändert und zuletzt abnimmt, wie diese Menge zunimmt. [...]

Der Schlüssel der ganzen Tauschtheorie und der Hauptprobleme der Wirtschaftswissenschaft liegt in folgendem Satze: Das Tauschverhältnis irgend zweier Güter wird das umgekehrte Verhältnis der Grenznutzensgrade der nach Vollzug des Tausches zum Verbrauche zur Verfügung stehenden Gütermengen sein. Wenn der Leser ein wenig über die Bedeutung dieses Satzes nachgedacht hat, so wird er, wie ich denke, sehen, daß er notwendig wahr ist, wenn die Prinzipien der Menschennatur auf den vorhergehenden Seiten richtig dargestellt wurden.

Stellen wir uns vor, daß ein Handelskörper, welcher nur Korn besitzt, und ein anderer, welcher nur Fleisch besitzt, vorhanden sind. Unter solchen Umständen ist es gewiß, daß ein Teil des Korns gegen einen Teil des Fleisches mit einem beträchtlichen Nutzenszuwachs in Tausch gegeben werden kann. Wie sollen wir feststellen, an welchem Punkte der Tausch aufhören wird, vorteilhaft zu sein? Diese Frage muß sowohl das Tauschverhältnis als auch die Nutzensgrade berühren. Nehmen wir für einen Moment an, daß das Tauschverhältnis annähernd jenes von zehn Pfunden Korn für ein Pfund Fleisch ist, dann wird, wenn für den Korn besitzenden Handelskörper zehn Pfund Korn weniger nützlich sind als ein Pfund Fleisch, dieser Handelskörper den Tausch fortzusetzen wünschen. Sollte der andere, Fleisch besitzende Handelskörper ein Pfund Fleisch für weniger nützlich ansehen als zehn Pfund Korn, so wird auch dieser Körper das Verlangen zeigen, den Austausch fortzusetzen. Der Tausch wird deshalb fortgesetzt werden, bis jede Partei jeden möglichen Vorteil erlangt hat, und ein Verlust an Nutzen bei Fortsetzung des Tausches die Folge wäre. Dann ruhen beide Parteien in Befriedigung und Gleichgewicht aus, und die Nutzensgrade halten sich sozusagen die Waage.

Dieser Gleichgewichtspunkt wird aus dem Umstande zu erkennen sein, daß eine darüber hinaus in dem gleichen Verhältnisse ausgetauschte, unendlich kleine Gutsgröße weder Gewinn noch Verlust an Nutzen bringen wird. Wenn, mit anderen Worten, Güterzuwachsstücke zu dem bestehenden Verhältnisse ausgetauscht werden, so werden ihre Nutzensgrößen für beide Parteien gleich sein. So würde, wenn zehn Pfund Korn genau den gleichen Nutzen besäßen wie ein Pfund Fleisch beim weiteren Tausche zu diesem Verhältnisse weder Schaden noch Vorteil sein. [...]

Soweit es aber mit der Ungleichheit des Vermögens in jeder Gemeinschaft verträglich ist, werden alle Güter durch den Tausch so verteilt, daß sie ein Höchstmaß von Nutzen hervorbringen. Jede Person, deren Wunsch nach einem bestimmten Gegenstande ihren Wunsch nach anderen Gegenständen übersteigt, erwirbt, was sie braucht, vorausgesetzt, daß sie ein entsprechendes Opfer in anderen Beziehungen machen kann. Von niemandem wird jemals verlangt, etwas, was er höher schätzt, um etwas, was er geringer schätzt, hinzugeben, so daß die vollständige Freiheit des Tausches zum Vorteile aller gereichen muß.

Aus: W. Stanley Jevons, Die Theorie der Politischen Ökonomie, Übers. n. D. 4. Aufl. 1871, Jena 1924, S. 1–3, 44–51, 81–92, 134.

ZUR TEXTERSCHLIESSUNG

1. Wie begründet Jevons den mathematischen Charakter seiner Theorie?
2. Erläutern Sie den Zusammenhang von Nutzen und Güterpreis nach Jevons.
3. Erklären Sie die Grafik auf S. 208.
4. Übertragen Sie das Beispiel der Fleisch- und Kornanbieter auf den Austausch von Lohnarbeit und Lohn. Inwieweit ist diese Übertragung möglich?
5. Diskutieren Sie Jevons Kernthese im letzten Absatz des Textausschnittes.

6.4 Karl Marx: Reichtum durch Ausbeutung

Marx [(1818 Trier – 1883 London) vgl. auch S. 44 und S. 93] begann sich bereits 1843 in Paris mit ökonomischen Fragen zu beschäftigen. Als Resultat dieser Arbeit schrieb er die „Ökonomisch-philosophischen Manuskripte" (1844), die unveröffentlicht blieben. In den folgenden Jahren standen andere Arbeitsschwerpunkte im Vordergrund. Neben philosophischen Fragen gehörte dazu auch immer die politische Betätigung: Anfang 1846 gründeten Marx und sein Freund Friedrich Engels in Brüssel das Kommunistische Korrespondenz-Komitee, dessen Ziel die inhaltliche Einigung und der organisatorische Zusammenschluss der revolutionären Kommunisten und Arbeiter Deutschlands und anderer Länder war; so wollten sie den Boden für die Bildung einer proletarischen Partei bereiten. Für den Bund der Kommunisten verfassten Marx und Engels 1848 das Manifest.

Die Niederschlagung der bürgerlichen Revolutionen in Europa 1848 beschränkten die politischen Wirkungsmöglichkeiten Marx' stark. Er wurde in Köln vor Gericht gestellt, ging über Paris 1849 ins Exil nach London und widmete sich wiederum verstärkt ökonomischen Fragen. In der Folge entstanden Marx' ökonomische Hauptwerke. Als erste systematische Darstellung seiner Theorie erschien 1859 „Zur Kritik der politischen Ökonomie". Eigentlich als erstes Heft zur Fortsetzung bestimmt, entdeckte Marx bald, dass er mit dem Gesamtplan noch unzufrieden war. So begann er seine Arbeit von Neuem, und erst 1867 erschien der erste der drei Bände seines Hauptwerks „Das Kapital". Den zweiten und dritten Band veröffentlichte Engels erst nach Marx' Tod 1885 und 1894 auf Grundlage nachgelassener Manuskripte, wobei er, wie die neuere Forschung gezeigt hat, im letzten Band einige nicht unwichtige Veränderungen vornahm.
Während er das „Kapital" ausarbeitete, bot sich Marx auch wieder Gelegenheit zu praktischer Tätigkeit in der Arbeiterbewegung: 1864 beteiligte er sich federführend an der Gründung der Internationalen Arbeiter-Assoziation (kurz: Erste Internationale). Marx entwarf die Statuten und das grundlegende Programm, die „Inauguraladresse der Internationalen Arbeiter-Assoziation". Aus zwei 1865 gehaltenen Vorträgen bei Sitzungen des Generalrats der Assoziation entstand die von seiner Tochter Eleanor 1898 veröffentlichte Schrift „Lohn, Preis und Profit".
In Deutschland versuchte Marx, die Schaffung einer revolutionären sozialistischen Partei voranzutreiben; dies geschah in Abgrenzung zum sozialreformerisch ausgerichteten „Allgemeinen Deutschen Arbeiterverein" Ferdinand Lassalles, mit dem er sich in den politischen Zielen entzweit hatte. In Verbindung mit Marx gründete Wilhelm Liebknecht 1869 die „Sozialdemokratische Arbeiterpartei", die sich einige Zeit nach Lasalles Tod 1875 mit den Lassalleianern zur „Sozialistischen Arbeiterpartei Deutschlands" vereinigte, der späteren „Sozialdemokratischen Partei Deutschlands" (SPD).

Wie bei Smith (vgl. S. 200 ff.) ist auch bei Marx die zentrale Frage, welche Quelle der *gesellschaftliche* Reichtum habe. Angebot und Nachfrage spielen hier zwar eine Rolle (v. a. in Bd. 2 und 3 des Kapitals); Marx weist jedoch darauf hin, dass es sich dabei um die *Verteilung* von Reichtum handele und demgegenüber die *Vermehrung* von Reichtum aus solchen Marktprozessen nicht zu erklären sei. Anknüpfend an Smith identifiziert er die Arbeit als Quelle des Wertes, wobei es ihm dabei in erster Linie um den Normalfall kapitalistischer Ökonomie geht, industriell gefertigte Massenprodukte (also nicht um Kunstwerke, Antiquitäten usw., die teilweise falsch als Argument gegen die Arbeitswertlehre angeführt werden). Marx betrachtet im Unterschied zu Smith dabei bereits eine Gesellschaft, in der den Arbeitenden ihre Arbeitsmittel nicht mehr gehören und in der für einen größeren Markt produziert wird. Mit Arbeit ist bei Marx ein gesellschaftlicher Durchschnitt gemeint: Ein Arbeiter, der länger für ein Produkt braucht als dieser Durchschnitt, schafft demnach nicht mehr Wert pro Ware, sondern leistet pro Zeiteinheit weniger gesellschaftlich gültige Arbeit. Maschinen schaffen laut Marx keinen Neuwert, sondern übertragen ihren Wert auf das mit ihrer Hilfe hergestellte Produkt. Mit dieser Fassung der Arbeitswertlehre ist der Gedanke ausgesprochen, dass der Wert einer Ware durch den gesellschaftlichen Aufwand bestimmt ist, diese Ware bereitzustellen, zu reproduzieren.

Im Unterschied zur Neoklassik ist nach Marx der vom Arbeitenden der Ware zugesetzte Wert nicht gleich seinem Lohn. Vielmehr lohne sich die Anwendung des Arbeiters für das Kapital nur dann, wenn der Wert der produzierten Ware größer sei als die Kostensumme aus Lohn und Arbeitsmitteln. Der Arbeiter schafft demnach einen

Mehrwert, der ihm nicht ausgezahlt wird, sondern Eigentum des Kapitalisten ist – und größtenteils wieder investiert wird, also zum Kapital geschlagen werden muss. Den Arbeitern tritt damit ein von ihnen selbst geschaffener Reichtum als ökonomische Macht gegenüber und beginnt den Prozess der Aneignung von Mehrwert von Neuem. Marx kennzeichnet diesen immer wiederholten Vorgang als Ausbeutung.
Die Marx'sche Kritik am Kapitalismus hat in seinen Schriften unterschiedliche Ausprägungen. Zum einen sah Marx im Kapitalismus eine notwendige Verelendung der Arbeiterklasse angelegt, eine Voraussage, die sich in den fast 150 Jahren seit Erscheinen des ersten Bandes des Kapitals immer nur zeitlich und räumlich begrenzt erfüllt hat. Das notwendige Scheitern des Kapitalismus an solchen inneren Widersprüchen war eher Marx' politisches Wunschbild als eine notwendige Konsequenz seiner wissenschaftlichen Analyse. Zum anderen aber stellt Marx Kapitalismus als ein quasi automatisch wirkendes Regelsystem dar, das die Arbeitenden zu bloßen Anhängseln ihrer Arbeitskraft degradiert und selbst die Kapitalbesitzer als bloße „Funktion" des Kapitals, als „Charaktermasken" (Marx), handeln lässt. Die auch heute noch Gültigkeit beanspruchende Konsequenz der Marx'schen Analyse besteht damit darin, dass Kapitalismus Freiheit unmöglich mache.

Literaturhinweise

Michael Heinrich, Kritik der politischen Ökonomie. Eine Einführung, 5. Aufl., Stuttgart 2007.

M 4 Lohn, Preis, Profit

■ Bürger, ich bin jetzt in einen Punkt gelangt, wo ich auf die wirkliche Entwicklung der Frage eingehn muß. Ich kann nicht versprechen, daß ich dies in sehr zufriedenstellender Weise tun werde, weil ich sonst gezwungen wäre, das ganze Gebiet der politischen Ökonomie durchzunehmen. Ich kann, wie die Franzosen sagen würden, bloß „effleurer la question", die Hauptpunkte berühren.

Die erste Frage, die wir stellen müssen, ist die: Was ist der Wert einer Ware? Wie wird er bestimmt?

Auf den ersten Blick möchte es scheinen, daß der Wert einer Ware etwas ganz Relatives und ohne die Betrachtung der einen Ware in ihren Beziehungen zu allen andern Waren gar nicht zu Bestimmendes ist. In der Tat, wenn wir vom Wert, vom Tauschwert einer Ware sprechen, meinen wir die quantitativen Proportionen, worin sie sich mit allen andern Waren austauscht. Aber dann erhebt sich die Frage: Wie werden die Proportionen reguliert, in denen Waren sich miteinander austauschen? Wir wissen aus Erfahrung, daß diese Proportionen unendlich mannigfaltig sind. Nehmen wir eine einzelne Ware, z. B. Weizen, so finden wir, daß ein Quarter Weizen sich in fast unzähligen Variationen von Proportionen mit den verschiedensten Waren austauscht. Indes, da sein Wert stets derselbe bleibt, ob in Seide, Gold oder irgendeiner andern Ware ausgedrückt, so muß er etwas von diesen verschiednen Proportionen des Austausches mit verschiednen Artikeln Unterschiedliches und Unabhängiges sein. [...]

Da die Tauschwerte der Waren nur gesellschaftliche Funktionen dieser Dinge sind und gar nichts zu tun haben mit ihren natürlichen Qualitäten, so fragt es sich zunächst: Was ist die gemeinsame gesellschaftliche Substanz aller Waren? Es ist die Arbeit. Um eine Ware zu produzieren, muß eine bestimmte Menge Arbeit auf sie verwendet oder in ihr aufgearbeitet werden. Dabei sage ich nicht bloß Arbeit, sondern gesellschaftliche Arbeit. Wer einen Artikel für seinen eignen unmittelbaren Gebrauch produziert, um ihn selbst zu konsumieren, schafft zwar ein Produkt, aber keine Ware. Als selbstwirtschaftender Produzent hat er nichts mit der Gesellschaft zu tun. Aber um eine Ware zu produzieren, muß der von ihm produzierte Artikel nicht nur irgendein gesellschaftliches Bedürfnis befriedigen, sondern seine Arbeit selbst muß Bestandteil und Bruchteil der von der Gesellschaft verausgabten Gesamtarbeitssumme bilden. Seine Arbeit muß unter die Teilung der Arbeit innerhalb der Gesellschaft subsumiert sein. Sie ist nichts ohne die andern Teilarbeiten, und es ist erheischt [erforderlich, d. Red.], daß sie für ihr Teil diese ergänzt.

Wenn wir Waren als Werte betrachten, so betrachten wir sie ausschließlich unter dem einzigen Gesichtspunkt der in ihnen vergegenständlichten, dargestellten oder, wenn es beliebt, kristallisierten gesellschaftlichen Arbeit. In dieser Hinsicht können sie sich nur unterscheiden durch die in ihnen repräsentierten größeren oder kleineren Arbeitsquanta, wie z. B. in einem seidnen Schnupftuch eine größere Arbeitsmenge aufgearbeitet sein mag als in einem Ziegelstein. Wie aber mißt man Arbeitsquanta? Nach der Dauer der Arbeitszeit, indem man die Arbeit nach Stunde, Tag etc. mißt. Um dieses

Maß anzuwenden, reduziert man natürlich alle Arbeitsarten auf durchschnittliche oder einfache Arbeit als ihre Einheit.

Wir kommen daher zu folgendem Schluß. Eine Ware hat Wert, weil sie Kristallisation gesellschaftlicher Arbeit ist. Die Größe ihres Werts oder ihr relativer Wert hängt ab von der größeren oder geringeren Menge dieser in ihr enthaltnen gesellschaftlichen Substanz; d.h. von der zu ihrer Produktion notwendigen relativen Arbeitsmasse. Die relativen Werte der Waren werden daher bestimmt durch die respektiven in ihnen aufgearbeiteten, vergegenständlichten, dargestellten Quanta oder Mengen von Arbeit. [...] Der Wert einer Ware verhält sich zum Wert einer andern Ware wie das Quantum der in der einen Ware dargestellten Arbeit zu dem Quantum der in der andern Ware dargestellten Arbeit. [...]

Bei Berechnung des Tauschwerts einer Ware müssen wir zu dem Quantum der zuletzt auf sie angewandten Arbeit noch das früher in dem Rohstoff der Ware aufgearbeitete Arbeitsquantum hinzufügen, ferner die Arbeit, die auf Geräte, Werkzeuge, Maschinerie und Baulichkeiten verwendet worden, die bei dieser Arbeit mitwirken. Zum Beispiel ist der Wert einer bestimmten Menge Baumwollgarn die Kristallisation des Arbeitsquantums, das der Baumwolle während des Spinnprozesses zugesetzt worden, des Arbeitsquantums, das früher in der Baumwolle selbst vergegenständlicht worden, des Arbeitsquantums, vergegenständlicht in Kohle, Öl und andern verbrauchten Hilfsstoffen, des Arbeitsquantums, dargestellt in der Dampfmaschine, den Spindeln, den Fabrikgebäuden usw. Die Produktionsinstrumente im eigentlichen Sinn, wie Werkzeuge, Maschinerie, Baulichkeiten, dienen für eine längere oder kürzere Periode immer aufs neue während wiederholter Produktionsprozesse. Würden sie auf einmal verbraucht wie der Rohstoff, so würde ihr ganzer Wert auf einmal auf die Waren übertragen, bei deren Produktion sie mitwirken. Da aber eine Spindel z.B. nur nach und nach verbraucht wird, so wird auf Grund der Durchschnittszeit, die sie dauert, und ihrer allmählichen Abnutzung oder ihres durchschnittlichen Verschleißes während einer bestimmten Periode, sage eines Tages, eine Durchschnittsberechnung angestellt. Auf diese Weise berechnen wir, wieviel vom Wert der Spindel auf das täglich gesponnene Garn übertragen wird und wieviel daher von der Gesamtmenge der z.B. in einem Pfund Garn vergegenständlichten Arbeit auf die früher in der Spindel vergegenständlichte Arbeit kommt. Für unsern gegenwärtigen Zweck ist es nicht notwendig, länger bei diesem Punkt zu verweilen.

Es könnte scheinen, daß, wenn der Wert einer Ware bestimmt ist durch das auf ihre Produktion verwendete Arbeitsquantum, je fauler oder ungeschickter ein Mann, desto wertvoller seine Ware, weil die Zeit desto größer, die zur Verfertigung der Ware erheischt. Dies wäre jedoch ein bedauerlicher Irrtum. Ihr werdet euch erinnern, daß ich das Wort „gesellschaftliche Arbeit" gebrauchte, und diese Qualifizierung „gesellschaftlich" schließt viele Momente in sich. Sagen wir, der Wert einer Ware werde bestimmt durch das in ihr aufgearbeitete oder kristallisierte Arbeitsquantum, so meinen wir das Arbeitsquantum, notwendig zu ihrer Produktion in einem gegebnen Gesellschaftszustand, unter bestimmten gesellschaftlichen Durchschnittsbedingungen der Produktion, mit einer gegebnen gesellschaftlichen Durchschnittsintensität und Durchschnittsgeschicklichkeit der angewandten Arbeit. Als in England der Dampfwebstuhl mit dem Handwebstuhl zu konkurrieren begann, ward nur halb soviel Arbeitszeit erforderlich wie früher, um eine gegebne Menge Garn in eine Elle Baumwollgewebe oder Tuch zu verwandeln. Der arme Handweber arbeitete jetzt 17 oder 18 Stunden täglich statt 9 oder 10 Stunden früher. Aber das Produkt seiner zwanzigstündigen Arbeit repräsentierte jetzt nur noch 10 Stunden gesellschaftliche Arbeit oder 10 Stunden Arbeit, gesellschaftlich notwendig, um eine bestimmte Menge Garn in Textilstoffe zu verwandeln. Das Produkt seiner 20 Stunden hatte daher nicht mehr Wert als das Produkt seiner frühern 10 Stunden. [...]

Wenn nun das Quantum der in den Waren vergegenständlichten gesellschaftlich notwendigen Arbeit ihre Tauschwaren reguliert, so muß jede Zunahme des zur Produktion einer Ware erforderlichen Arbeitsquantums ebenso ihren Wert vergrößern, wie jede Abnahme ihn verringern muß.

Blieben die zur Produktion der respektiven Waren notwendigen Arbeitsquanta konstant, so wären ihre relativen Werte ebenfalls konstant. Dies ist jedoch nicht der Fall. Das zur Produktion einer Ware notwendige Arbeitsquantum wechselt ständig mit dem Wechsel in der Produktivkraft der angewandten Arbeit. Je größer die Produktivkraft der Arbeit, desto mehr Produkt wird in gegebner Arbeitszeit verfertigt, und je geringer die Produktivkraft der Arbeit, desto weniger. [...]

Nachdem ich bis jetzt nur vom Wert gesprochen, werde ich noch einige Worte hinzufügen über den Preis, der eine eigentümliche Form ist, die der Wert annimmt. [...]

Soweit der Preis nichts ist als der Geldausdruck des Werts, hat ihn Adam Smith den „natürlichen Preis", haben ihn die französischen Physiokraten den „prix nécessaire", „notwendigen Preis", genannt. Welche Beziehung besteht nun zwischen Werten und Marktpreisen oder zwischen natürlichen Preisen und Marktpreisen? Ihr alle wißt, daß der Marktpreis für alle Waren derselben Art derselbe ist, wie verschieden immer die Bedingungen der Produktion für die einzelnen Produzenten sein mögen. Die Marktpreise drücken nur die unter den Durchschnittsbedingungen der Produktion für die Versorgung des Markts mit einer bestimmten Masse eines bestimmten Artikels notwendige Durchschnittsmenge gesellschaftlicher Arbeit aus. Er wird aus der Gesamtheit aller Waren einer bestimmten Gattung errechnet.

Soweit fällt der Marktpreis einer Ware mit ihrem Wert zusammen. Andrerseits hängen die Schwankungen der Marktpreise bald über, bald unter den Wert oder natürlichen Preis ab von den Fluktuationen des Angebots und der Nachfrage. [...]
Ich kann jetzt nicht näher auf diesen Punkt eingehn. Es genügt zu sagen, daß, wenn Angebot und Nachfrage einander die Waage halten, die Marktpreise der Waren ihren natürlichen Preisen entsprechen werden, d.h. ihren durch die respektiven zu ihrer Produktion erheischten Arbeitsquanta bestimmten Werten. Aber Angebot und Nachfrage müssen einander ständig auszugleichen streben, obgleich dies nur dadurch geschieht, daß eine Fluktuation durch eine andre, eine Zunahme durch eine Abnahme aufgehoben wird und umgekehrt. Wenn ihr, statt nur die täglichen Fluktuationen zu betrachten, die Bewegung der Marktpreise für längere Perioden analysiert, [...] so werdet ihr finden, daß die Fluktuationen der Marktpreise, ihre Abweichungen von den Werten, ihre Auf- und Abbewegungen einander ausgleichen und aufheben, so daß, abgesehn von der Wirkung von Monopolen und einigen andern Modifikationen, die ich hier übergehn muß, alle Gattungen von Waren im Durchschnitt zu ihren respektiven Werten oder natürlichen Preisen verkauft werden. [...]
Wenn nun, allgemeiner gesprochen und mit Einschluß etwas längerer Perioden, alle Gattungen von Waren zu ihren respektiven Werten verkauft werden, so ist es Unsinn zu unterstellen, daß die ständigen und in verschiednen Geschäftszweigen üblichen Profite – nicht etwa der Profit in einzelnen Fällen – aus einem Aufschlag auf die Preise der Waren entspringen oder daraus, daß sie zu einem Preis weit über ihrem Wert verkauft werden. [...]
Um [...] die allgemeine Natur des Profits zu erklären, müßt ihr von dem Grundsatz ausgehn, daß im Durchschnitt Waren zu ihren wirklichen Werten verkauft werden und daß Profite sich herleiten aus dem Verkauf der Waren zu ihren Werten, d.h. im Verhältnis zu dem in ihnen vergegenständlichten Arbeitsquantum. Könnt ihr den Profit nicht unter dieser Voraussetzung erklären, so könnt ihr ihn überhaupt nicht erklären. Dies scheint paradox und der alltäglichen Beobachtung widersprechend. Es ist ebenso paradox, daß die Erde um die Sonne kreist und daß Wasser aus zwei äußerst leicht entflammenden Gasen besteht. Wissenschaftliche Wahrheit ist immer paradox vom Standpunkt der alltäglichen Erfahrung, die nur den täuschenden Schein der Dinge wahrnimmt. [...]

Nachdem wir nun, soweit es in so flüchtiger Weise möglich war, die Natur des Werts, des Werts jeder beliebigen Ware analysiert haben, müssen wir unsre Aufmerksamkeit dem spezifischen Wert der Arbeit zuwenden. Und hier muß ich euch wieder mit einem scheinbaren Paradoxon überraschen. Ihr alle seid fest überzeugt, daß, was ihr täglich verkauft, eure Arbeit sei; daß daher die Arbeit einen Preis habe und daß, da der Preis einer Ware bloß der Geldausdruck ihres Werts, es sicherlich so etwas wie den Wert der Arbeit geben müsse. Indes existiert nichts von der Art, was im gewöhnlichen Sinn das Wortes Wert der Arbeit genannt wird. Wir haben gesehn, daß die in einer Ware kristallisierte Menge notwendiger Arbeit ihren Wert konstituiert. Wie können wir nun, indem wir diesen Wertbegriff anwenden, sage den Wert eines zehnstündigen Arbeitstags bestimmen? Wieviel Arbeit enthält dieser Arbeitstag? Zehnstündige Arbeit. Vom Wert eines zehnstündigen Arbeitstags aussagen, daß er zehnstündiger Arbeit oder dem darin enthaltnen Arbeitsquantum gleich sei, wäre ein tautologischer und überdies unsinniger Ausdruck. [...]
Was der Arbeiter verkauft, ist nicht direkt seine Arbeit, sondern seine Arbeitskraft, über die er dem Kapitalisten vorübergehend die Verfügung überläßt. Dies ist so sehr der Fall, daß – ich weiß nicht, ob durch englisches Gesetz, jedenfalls aber durch einige Gesetze auf dem Kontinent – die maximale Zeitdauer, wofür ein Mann seine Arbeitskraft verkaufen darf, festgestellt ist. Wäre es ihm erlaubt, das für jeden beliebigen Zeitraum zu tun, so wäre ohne weiteres die Sklaverei wiederhergestellt. Wenn solch ein Verkauf sich z.B. auf seine ganze Lebensdauer erstreckte, so würde er dadurch auf einen Schlag zum lebenslänglichen Sklaven seines Lohnherrn gemacht. [...] Von dieser Basis ausgehend, werden wir imstande sein, den Wert der Arbeit wie den aller andern Waren zu bestimmen.
Bevor wir jedoch dies tun, könnten wir fragen, woher die sonderbare Erscheinung kommt, daß wir auf dem Markt eine Gruppe Käufer finden, die Besitzer von Boden, Maschinerie, Rohstoff und Lebensmitteln sind, die alle, abgesehn von Boden in seinem rohen Zustand, Produkte der Arbeit sind, und auf der andern Seite eine Gruppe Verkäufer, die nichts zu verkaufen haben außer ihre Arbeitskraft, ihre werktätigen Arme und Hirne. Daß die eine Gruppe ständig kauft, um Profit zu machen und sich zu bereichern, während die andre ständig verkauft, um ihren Lebensunterhalt zu verdienen? Die

Untersuchung dieser Frage wäre eine Untersuchung über das, was die Ökonomen „Vorgängige oder ursprüngliche Akkumulation“ nennen, was aber ursprüngliche Expropriation [Enteignung] genannt werden sollte. Wir würden finden, daß diese sogenannte ursprüngliche Akkumulation nichts andres bedeutet als eine Reihe historischer Prozesse, die in einer Auflösung der ursprünglichen Einheit zwischen dem Arbeitenden und seinen Arbeitsmitteln resultieren. Solch eine Untersuchung fällt jedoch außerhalb des Rahmens meines jetzigen Themas. Sobald einmal die Trennung zwischen dem Mann der Arbeit und den Mitteln der Arbeit vollzogen, wird sich dieser Zustand erhalten und auf ständig wachsender Stufenleiter reproduzieren, bis eine neue und gründliche Umwälzung der Produktionsweise ihn wieder umstürzt und die ursprüngliche Einheit in neuer historischer Form wiederherstellt.

Was ist nun also der Wert der Arbeitskraft? Wie der jeder andern Ware ist der Wert bestimmt durch das zu ihrer Produktion notwendige Arbeitsquantum. Die Arbeitskraft eines Menschen existiert nur in seiner lebendigen Leiblichkeit. Eine gewisse Menge Lebensmittel muß ein Mensch konsumieren, um aufzuwachsen und sich am Leben zu erhalten. Der Mensch unterliegt jedoch, wie die Maschine, der Abnutzung und muß durch einen andern Menschen ersetzt werden. Außer der zu seiner eignen Erhaltung erheischten Lebensmittel bedarf er einer andern Lebensmittelmenge, um eine gewisse Zahl Kinder aufzuziehn, die ihn auf dem Arbeitsmarkt zu ersetzen und das Geschlecht der Arbeiter zu verewigen haben. Mehr noch, um seine Arbeitskraft zu entwickeln und ein gegebnes Geschick zu erwerben, muß eine weitere Menge von Werten verausgabt werden. Für unsern Zweck genügt es, nur Durchschnittsarbeit in Betracht zu ziehn, deren Erziehungs- und Ausbildungskosten verschwindend geringe Größen sind. [...] Auf Basis des Lohnsystems wird der Wert der Arbeitskraft in derselben Weise festgesetzt wie der jeder andern Ware; und da verschiedne Arten Arbeitskraft verschiedne Werte haben oder verschiedne Arbeitsquanta zu ihrer Produktion erheischen, so müssen sie auf dem Arbeitsmarkt verschiedne Preise erzielen. Nach gleicher oder gar gerechter Entlohnung auf Basis des Lohnsystems rufen, ist dasselbe, wie auf Basis des Systems der Sklaverei nach Freiheit zu rufen. Was ihr für recht oder gerecht erachtet, steht nicht in Frage. Die Frage ist: Was ist bei einem gegebnen Produktionssystem notwendig und unvermeidlich? Nach dem Dargelegten dürfte es klar sein, daß der Wert der Arbeitskraft bestimmt ist durch den Wert der Lebensmittel, die zur Produktion, Entwicklung, Erhaltung und Verewigung der Arbeitskraft erheischt sind. [...]

Unterstellt nun, daß die Produktion der Durchschnittsmenge täglicher Lebensmittel für einen Arbeitenden 6 Stunden Durchschnittsarbeit erheischt. Unterstellt überdies auch, 6 Stunden Durchschnittsarbeit seien in einem Goldquantum gleich 3 sh. vergegenständlicht. Dann wären 3 sh. der Preis oder Geldausdruck des Tageswerts der Arbeitskraft jenes Mannes. Arbeitete er täglich 6 Stunden, so würde er täglich einen Wert produzieren, der ausreicht, um die Durchschnittsmenge seiner täglichen Lebensmittel zu kaufen oder sich selbst als Arbeitenden am Leben zu erhalten.

Aber unser Mann ist ein Lohnarbeiter. Er muß daher seine Arbeitskraft einem Kapitalisten verkaufen. Verkauft er sie zu 3 Shilling (sh.) per Tag oder 18 sh. die Woche, so verkauft er sie zu ihrem Wert. Unterstellt, er sei ein Spinner. Wenn er 6 Stunden täglich arbeitet, wird er der Baumwolle einen Wert von 3 sh. täglich zusetzen. Dieser von ihm täglich zugesetzte Wert wäre exakt ein Äquivalent für den Arbeitslohn oder Preis seiner Arbeitskraft, den er täglich empfängt. Aber in diesem Fall käme dem Kapitalisten keinerlei Mehrwert oder Mehrprodukt zu. Hier kommen wir also an den springenden Punkt. Durch Kauf der Arbeitskraft des Arbeiters und Bezahlung ihres Werts hat der Kapitalist, wie jeder andre Käufer, das Recht erworben, die gekaufte Ware zu konsumieren oder zu nutzen. [...] Durch Bezahlung des Tages- oder Wochenwerts der Arbeitskraft des Arbeiters hat der Kapitalist daher das Recht erworben, diese Arbeitskraft während des ganzen Tags oder der ganzen Woche zu nutzen oder arbeiten zu lassen. Der Arbeitstag oder die Arbeitswoche hat natürlich bestimmte Grenzen, die wir aber erst später betrachten werden.

Für den Augenblick möchte ich eure Aufmerksamkeit auf einen entscheidenden Punkt lenken. Der Wert der Arbeitskraft ist bestimmt durch das zu ihrer Erhaltung oder Reproduktion notwendige Arbeitsquantum, aber die Nutzung dieser Arbeitskraft ist nur begrenzt durch die aktiven Energien und die Körperkraft des Arbeiters. Der Tages- oder Wochenwert der Arbeitskraft ist durchaus verschieden von der täglichen oder wöchentlichen Betätigung dieser Kraft, genauso wie das Futter, dessen ein Pferd bedarf, durchaus verschieden ist von der Zeit, die es den Reiter tragen kann. Das Arbeitsquantum, wo durch der Wert der Arbeitskraft des Arbeiters begrenzt ist, bildet keineswegs eine Grenze für das Arbeitsquantum, das seine Arbeitskraft zu verrichten vermag. Nehmen wir das Beispiel unsres Spinners. Wir haben gesehn, daß er, um seine Arbeitskraft täglich zu reproduzieren, täglich einen Wert von 3 sh. reproduzieren muß, was er dadurch tut, daß er täglich 6 Stunden arbeitet. Dies hindert ihn jedoch nicht, 10 oder 12 oder mehr Stunden am Tag arbeiten zu können. Durch die Bezahlung des Tages- oder Wochenwerts der Arbeitskraft des Spinners hat nun aber der Kapitalist das Recht erworben, diese Arbeitskraft während des ganzen Tags oder der ganzen Woche zu nutzen. Er wird ihn daher zwingen, sage 12 Stunden täglich zu arbeiten. Über die zum Ersatz seines Arbeitslohns oder des Werts seiner Arbeitskraft erheischten 6 Stunden hinaus wird er daher noch 6 Stunden zu arbeiten haben, die ich Stunden der Mehrarbeit nennen will, welche Mehrarbeit sich vergegenständlichen wird in einem Mehrwert und einem Mehrprodukt. Wenn unser Spinner z.B. durch seine täglich sechsstündige Arbeit der Baumwolle einen Wert von 3 sh. zusetzt, einen Wert, der exakt ein Äquivalent für seinen Arbeitslohn bildet, so wird er der Baumwolle in 12 Stunden einen Wert von 6 sh. zusetzen und ein entsprechendes Mehr an Garn produzieren. Da er seine Arbeitskraft dem Kapitalisten verkauft hat, so gehört der ganze von ihm geschaffne Wert oder sein ganzes Produkt dem Kapitalisten, dem zeitweiligen Eigentümer seiner Arbeitskraft. Indem der Kapitalist 3 sh. vorschießt, realisiert er also einen Wert von 6 sh., weil ihm für den von ihm vorgeschossenen Wert, worin 6 Arbeitsstunden kristallisiert sind, ein Wert zurückerstattet wird, worin 12 Arbeitsstunden kristallisiert sind. Durch tägliche Wiederholung desselben Prozesses wird der Kapitalist täglich 3 sh. vorschießen und täglich 6 sh. einstecken, wovon eine Hälfte wieder auf Zahlung des Arbeitslohns geht und die andre Hälfte den Mehrwert bildet, für den der Kapitalist kein Äquivalent zahlt. Es ist diese Art Austausch zwischen Kapital und Arbeit, worauf die kapitalistische Produktionsweise oder das Lohnsystem beruht und die ständig in der Reproduktion des Arbeiters als Arbeiter und des Kapitalisten als Kapitalist resultieren muß.

Aus: Karl Marx, Lohn, Preis, Profit (Vortrag1865), MEW 16, hier S. 121–134.

ZUR TEXTERSCHLIESSUNG

1. Stellen Sie dar, welche Elemente nach Marx in den Warenwert eingehen.
2. Erklären Sie das Verhältnis von Warenwert und Angebot und Nachfrage.
3. Erläutern Sie die Marx'sche Unterscheidung von Arbeit und Arbeitskraft. Wie ist der Wert der Arbeitskraft bestimmt?
4. Erklären Sie den Begriff Mehrwert.
5. Diskutieren Sie: Inwieweit ist in der Marx'schen Argumentation ein Gegensatz von Arbeitskraftbesitzern und Kapitaleignern begründet?

M 5 Das Kapital, Band 1

■ Wir halten uns nicht beim Detail der Verändrungen auf, die das Verhältnis von Kapitalist und Lohnarbeiter im Verlaufe des Produktionsprozesses erfuhr, also auch nicht bei den weitren Fortbestimmungen des Kapitals selbst. Nur wenige Hauptpunkte seien hier betont.

Innerhalb des Produktionsprozesses entwickelte sich das Kapital zum Kommando über die Arbeit, d.h. über die sich betätigende Arbeitskraft oder den Arbeiter selbst. Das personifizierte Kapital, der Kapitalist, paßt auf, daß der Arbeiter sein Werk ordentlich und mit dem gehörigen Grad von Intensität verrichte.

Das Kapital entwickelte sich ferner zu einem Zwangsverhältnis, welches die Arbeiterklasse nötigt, mehr Arbeit zu verrichten, als der enge Umkreis ihrer eignen Lebensbedürfnisse vorschrieb. Und als Produzent fremder Arbeitsamkeit, als Auspumper von Mehrarbeit und Exploiteur [Ausbeuter] von Arbeitskraft übergipfelt es an Energie, Maßlosigkeit und Wirksamkeit alle frühern auf direkter Zwangsarbeit beruhenden Produktionssysteme. Wenn die Maschinerie das gewaltigste Mittel ist, die Produktivität der Arbeit zu steigern, d.h. die zur Produktion einer Ware nötige Arbeitszeit zu verkürzen, wird sie als Träger des Kapitals [...] zum gewaltigsten Mittel, den Arbeitstag über jede naturgemäße Schranke hinaus zu verlängern. Sie schafft einerseits neue Bedingungen, welche das Kapital befähigen, dieser seiner beständigen Tendenz die Zügel frei schießen zu lassen, andrerseits neue Motive zur Wetzung seines Heißhungers nach fremder Arbeit.

Zunächst verselbständigt sich in der Maschinerie die Bewegung und Werktätigkeit des Arbeitsmittels gegenüber dem Arbeiter. Es wird an und für sich ein industrielles Perpetuum mobile, das ununterbrochen fortproduzieren würde, stieße es nicht auf gewisse Naturschranken in seinen menschlichen Gehilfen: ihre Körperschwäche und ihren Eigenwillen. Als Kapital, und als solches besitzt der Automat im Kapitalisten Bewußtsein und Willen, ist es daher mit dem Trieb begeistet, die widerstrebende, aber

elastische menschliche Naturschranke auf den Minimalwiderstand einzuzwängen. […]
Der materielle Verschleiß der Maschine ist doppelt. Der eine entspringt aus ihrem Gebrauch, wie Geldstücke durch Zirkulation verschleißen, der andre aus ihrem Nichtgebrauch, wie ein untätig Schwert in der Scheide verrostet. Es ist dies ihr Verzehr durch die Elemente. Der Verschleiß erster Art steht mehr oder minder in direktem Verhältnis, der letztre zu gewissem Grad in umgekehrtem Verhältnis zu ihrem Gebrauch.
Neben dem materiellen unterliegt die Maschine aber auch einem sozusagen moralischen Verschleiß. Sie verliert Tauschwert im Maße, worin entweder Maschinen derselben Konstruktion wohlfeiler reproduziert werden können oder beßre Maschinen konkurrierend neben sie treten. In beiden Fällen ist ihr Wert, so jung und lebenskräftig sie sonst noch sein mag, nicht mehr bestimmt durch die tatsächlich in ihr selbst vergegenständlichte, sondern durch die zu ihrer eignen Reproduktion oder zur Reproduktion der beßren Maschine notwendige Arbeitszeit. Sie ist daher mehr oder minder entwertet. Je kürzer die Periode, worin ihr Gesamtwert reproduziert wird, desto geringer die Gefahr des moralischen Verschleißes, und je länger der Arbeitstag, um so kürzer jene Periode. Bei der ersten Einführung der Maschinerie in irgendeinen Produktionszweig folgen Schlag auf Schlag neue Methoden zu ihrer wohfeilern Reproduktion und Verbeßrungen, die nicht nur einzelne Teile oder Apparate, sondern ihre ganze Konstruktion ergreifen. In ihrer ersten Lebensperiode wirkt daher dies besondre Motiv zur Verlängrung des Arbeitstags am akutesten. […]

Die maßlose Verlängrung des Arbeitstags, welche die Maschinerie in der Hand des Kapitals produziert, führt […] später eine Reaktion der in ihrer Lebenswurzel bedrohten Gesellschaft herbei und damit einen gesetzlich beschränkten Normalarbeitstag. Auf Grundlage des letztren entwickelt sich ein Phänomen […] zu entscheidender Wichtigkeit – nämlich die Intensifikation der Arbeit. […] [Das Kapital zwingt dem Arbeiter] vergrößerte Arbeitsausgabe in derselben Zeit, erhöhte Anspannung der Arbeitskraft, dichtere Ausfüllung der Poren der Arbeitszeit, d.h. Kondensation der Arbeit […] zu einem Grad auf, der nur innerhalb des verkürzten Arbeitstags erreichbar ist. Diese Zusammenpressung einer größren Masse Arbeit in eine gegebne Zeitperiode zählt jetzt als was sie ist, als größres Arbeitsquantum. Neben das Maß der Arbeitszeit als „ausgedehnter Größe" tritt jetzt das Maß ihres Verdichtungsgrads. Die intensivere Stunde des zehnstündigen Arbeitstags enthält jetzt so viel oder mehr Arbeit, d.h. verausgabte Arbeitskraft, als die porösere Stunde des zwölfstündigen Arbeitstags.

In Manufaktur und Handwerk bedient sich der Arbeiter des Werkzeugs, in der Fabrik dient er der Maschine. Dort geht von ihm die Bewegung des Arbeitsmittels aus, dessen Bewegung er hier zu folgen hat. In der Manufaktur bilden die Arbeiter Glieder eines lebendigen Mechanismus. In der Fabrik existiert ein toter Mechanismus unabhängig von ihnen, und sie werden ihm als lebendige Anhängsel einverleibt. […]
Während die Maschinenarbeit das Nervensystem aufs äußerste angreift, unterdrückt sie das vielseitige Spiel der Muskeln und konfisziert alle freie körperliche und geistige Tätigkeit. Selbst die Erleichterung der Arbeit wird zum Mittel der Tortur, indem die Maschine nicht den Arbeiter von der Arbeit befreit, sondern seine Arbeit vom Inhalt. Aller kapitalistischen Produktion, soweit sie nicht nur Arbeitsprozeß, sondern zugleich Verwertungsprozeß des Kapitals, ist es gemeinsam, daß nicht der Arbeiter die Arbeitsbedingung, sondern umgekehrt die Arbeitsbedingung den Arbeiter anwendet, aber erst mit der Maschinerie erhält diese Verkehrung technisch handgreifliche Wirklichkeit. Durch seine Verwandlung in einen Automaten tritt das Arbeitsmittel während des Arbeitsprozesses selbst dem Arbeiter als Kapital gegenüber, als tote Arbeit, welche die lebendige Arbeitskraft beherrscht und aussaugt. Die Scheidung der geistigen Potenzen des Produktionsprozesses von der Handarbeit und die Verwandlung derselben in Mächte des Kapitals über die Arbeit vollendet sich, wie bereits früher angedeutet, in der auf Grundlage der Maschinerie aufgebauten großen Industrie. Das Detailgeschick des individuellen, entleerten Maschinenarbeiters verschwindet als ein winzig Nebending vor der Wissenschaft, den ungeheuren Naturkräften und der gesellschaftlichen Massenarbeit, die im Maschinensystem verkörpert sind […].

Die ungeheure, stoßweise Ausdehnbarkeit des Fabrikwesens und seine Abhängigkeit vom Weltmarkt erzeugen notwendig fieberhafte Produktion und darauf folgende Überfüllung der Märkte, mit deren Kontraktion Lähmung eintritt. Das Leben der Industrie verwandelt sich in eine Reihenfolge von Perioden mittlerer Lebendigkeit, Prosperität, Überproduktion, Krise und Stagnation. Die Unsicherheit und Unstetigkeit, denen der Maschinenbetrieb die Beschäftigung und damit die Lebenslage des Arbeiters unterwirft, werden normal mit diesem Periodenwechsel des industriellen Zyklus. Die Zeiten der Prosperität abgerechnet, rast zwischen den Kapitalisten heftigster Kampf um ihren individuellen Raumanteil am Markt. Dieser Anteil steht in direktem Verhältnis zur Wohlfeilheit des Produkts. Außer der hierdurch erzeugten Rivalität im Gebrauch verbesserter, Arbeitskraft ersetzender Maschinerie und neuer

Produktionsmethoden tritt jedesmal ein Punkt ein, wo Verwohlfeilerung der Ware durch gewaltsamen Druck des Arbeitslohnes unter den Wert der Arbeitskraft erstrebt wird. Wachstum in der Anzahl der Fabrikarbeiter ist also bedingt durch proportionell viel raschres Wachstum des in den Fabriken angelegten Gesamtkapitals. Dieser Prozeß vollzieht sich aber nur innerhalb der Ebbe- und Flutperioden des industriellen Zyklus. Er wird zudem stets unterbrochen durch den technischen Fortschritt, der Arbeiter bald virtuell ersetzt, bald faktisch verdrängt. Dieser qualitative Wechsel im Maschinenbetrieb entfernt beständig Arbeiter aus der Fabrik oder verschließ ihr Tor dem neuen Rekrutenstrom, während die bloß quantitative Ausdehnung der Fabriken neben den Herausgeworfnen frische Kontingente verschlingt. Die Arbeiter werden so fortwährend repelliert und attrahiert, hin- und hergeschleudert, und dies bei beständigem Wechsel in Geschlecht, Alter und Geschick der Angeworbnen. [...]

Nur soweit der Kapitalist personifiziertes Kapital ist, hat er einen historischen Wert [...]. Aber soweit sind auch nicht Gebrauchswert und Genuß, sondern Tauschwert und dessen Vermehrung sein treibendes Motiv. Als Fanatiker der Verwertung des Werts zwingt er rücksichtslos die Menschheit zur Produktion um der Produktion willen [...]. Nur als Personifikation des Kapitals ist der Kapitalist respektabel. Als solche teilt er mit dem Schatzbildner den absoluten Bereicherungstrieb. Was aber bei diesem als individuelle Manie erscheint, ist beim Kapitalisten Wirkung des gesellschaftlichen Mechanismus, worin er nur ein Triebrad ist. Außerdem macht die Entwicklung der kapitalistischen Produktion eine fortwährende Steigerung des in einem industriellen Unternehmen angelegten Kapitals zur Notwendigkeit, und die Konkurrenz herrscht jedem individuellen Kapitalisten die immanenten Gesetze der kapitalistischen Produktionsweise als äußere Zwangsgesetze auf. Sie zwingt ihn, sein Kapital fortwährend auszudehnen, um es zu erhalten, und ausdehnen kann er es nur vermittelst progressiver Akkumulation.

Der Konkurrenzkampf wird durch Verwohlfeilerung der Waren geführt. Die Wohlfeilheit der Waren hängt – unter sonst gleichbleibenden Umständen – von der Produktivität der Arbeit, diese aber von der Stufenleiter der Produktion ab. Die größeren Kapitale schlagen daher die kleineren. Man erinnert sich ferner, daß mit der Entwicklung der kapitalistischen Produktionsweise der Minimalumfang des individuellen Kapitals wächst, das erheischt ist, um ein Geschäft unter seinen normalen Bedingungen zu betreiben. Die kleineren Kapitale drängen sich daher in Produktionssphären, deren sich die große Industrie nur [...] sporadisch oder unvollkommen bemächtigt hat. Die Konkurrenz rast hier im direkten Verhältnis zur Anzahl und im umgekehrten Verhältnis zur Größe der rivalisierenden Kapitale. Sie endet stets mit Untergang vieler kleineren Kapitalisten, deren Kapitale teils in die Hand des Siegers übergehn, teils untergehn. Abgesehn hiervon bildet sich mit der kapitalistischen Produktion eine ganz neue Macht, das Kreditwesen, das in seinen Anfängen verstohlen, als bescheidne Beihilfe der Akkumulation, sich einschleicht, durch unsichtbare Fäden die über die Oberfläche der Gesellschaft in größern oder kleinern Massen zersplitterten Geldmittel in die Hände individueller oder assoziierter Kapitalisten zieht [...]

Die Akkumulation des Kapitals, welche ursprünglich nur als seine quantitative Erweiterung erschien, vollzieht sich, wie wir gesehn, in fortwährendem qualitativen Wechsel seiner Zusammensetzung, in beständiger Zunahme seines konstanten auf Kosten seines variablen Bestandteils. [...]

Die spezifisch kapitalistische Produktionsweise, die ihr entsprechende Entwicklung der Produktivkraft der Arbeit, der dadurch verursachte Wechsel in der organischen Zusammensetzung des Kapitals halten nicht nur Schritt mit dem Fortschritt der Akkumulation oder dem Wachstum des gesellschaftlichen Reichtums. Sie schreiten ungleich schneller, weil die einfache Akkumulation oder die absolute Ausdehnung des Gesamtkapitals von der Zentralisation seiner individuellen Elemente, und die technische Umwälzung des Zusatzkapitals von technischer Umwälzung des Originalkapitals begleitet sind. [...] Mit dem Wachstum des Gesamtkapitals wächst zwar auch [...] die ihm einverleibte Arbeitskraft, aber in beständig abnehmender Proportion. Die Zwischenpausen, worin die Akkumulation als bloße Erweiterung der Produktion auf gegebner technischer Grundlage wirkt, verkürzen sich. Nicht nur wird eine in wachsender Progression beschleunigte Akkumulation des Gesamtkapitals erheischt, um eine zusätzliche Arbeiterzahl von gegebner Größe zu absorbieren [...]. Ihrerseits schlägt diese wachsende Akkumulation und Zentralisation selbst wieder um in eine Quelle neuer Wechsel der Zusammensetzung des Kapitals [...]. Die kapitalistische Akkumulation produziert [so], und zwar im Verhältnis zu ihrer Energie und ihrem Umfang, beständig eine relative, d.h. für die mittleren Verwertungsbedürfnisse des Kapitals überschüssige, daher überflüssige oder Zuschuß-Arbeiterbevölkerung.

Wenn die Produktionsmittel, wie sie an Umfang und Wirkungskraft zunehmen, in geringerem Grad Beschäftigungsmittel der Arbeiter werden, wird dies Verhältnis selbst wieder dadurch modifiziert, daß im Maß, wie die Produktivkraft der Arbeit wächst, das Kapital seine Zufuhr von Arbeit rascher steigert als seine Nachfrage nach Arbeitern. Die Überarbeit des beschäftigten Teils der Arbeiterklasse schwellt die Reihen ihrer Reserve, während umgekehrt der vermehrte Druck, den die letztere durch ihre Konkurrenz auf die erstere ausübt, diese zur Überarbeit und Unterwerfung unter die Diktate des Kapitals zwingt. Die Verdammung eines Teils der Arbeiterklasse zu erzwungnem Müßiggang durch Überarbeit des andren Teils und umgekehrt, wird Bereicherungsmittel des einzelnen Kapitalisten und beschleunigt zugleich die Produktion der industriellen Reservearmee auf einem dem Fortschritt der gesellschaftlichen Akkumulation entsprechenden Maßstab. Wie wichtig dies Moment in der Bildung der relativen Übervölkerung, beweist z. B. England. Seine technischen Mittel zur „Ersparung" von Arbeit sind kolossal. Dennoch, würde morgen allgemein die Arbeit auf ein rationelles Maß beschränkt und für die verschiednen Schichten der Arbeiterklasse wieder entsprechend nach Alter und Geschlecht abgestuft, so wäre die vorhandne Arbeiterbevölkerung absolut unzureichend zur Fortführung der nationalen Produktion auf ihrer jetzigen Stufenleiter. Die große Mehrheit der jetzt „unproduktiven" Arbeiter müßte in „produktive" verwandelt werden.

Aus: Karl Marx, Das Kapital, Bd. 1, MEW 23, Berlin (Ost) 1984, S. 328, 425–427, 432 f., 445 f., 476 f. 618, 654, 657 f., 665 f.

Zur Texterschliessung

1. Die Textausschnitte wurden unterschiedlichen Abschnitten aus dem „Kapital" entnommen. Versuchen Sie Überschriften für die großen Abschnitte (mit Leerzeilen abgetrennt) zu finden.
2. Wie bestimmt Marx das Verhältnis von Arbeiter und Maschinerie?
3. Erörtern Sie: Was ist nach Marx das spezifisch Kapitalistische an diesem Verhältnis? Oder: Inwieweit ist die Ausgestaltung des Zusammenhangs von Arbeiter und Maschine durch die *stofflichen* Bedingungen der Produktion bestimmt, inwieweit durch die kapitalistische *Form* des Produktionsprozesses?
4. Marx spricht von „Produktion um der Produktion willen" (S. 217) – erläutern Sie, was damit gemeint ist.

6.5 John Maynard Keynes: Der Staat als ökonomischer Akteur

John Maynard Keynes (1883 Cambridge – 1946 Tilton (Sussex)) war der vielleicht einflussreichste Ökonom des 20. Jahrhunderts. Er studierte anfänglich Mathematik. Ab 1905 begann er Nationalökonomie zu studieren, u.a. bei dem einflussreichen Neoklassiker Marshall, und verlagerte sein Interesse immer weiter auf dieses Gebiet. 1915 begann Keynes eine Tätigkeit im britischen Schatzamt und nahm nach Ende des Ersten Weltkrieges als Mitglied der britischen Delegation an den Friedensverhandlungen teil.
Aus Protest gegen die seiner Ansicht nach drohenden verheerenden wirtschaftlichen und politischen Folgen der Friedensbedingungen trat er 1919 von seinem Amt zurück und veröffentlichte die Schrift „Ecomic Consequences of the Peace", die ihn weithin bekannt machte.
In den 20er Jahren entfernte er sich inhaltlich immer weiter von neoklassischen [vgl. S. 224ff.] Positionen. 1936 erschien sein Hauptwerk „General Theory of Employment, Interest and Money", das die Volkswirtschaftslehre in kurzer Zeit grundlegend veränderte. 1940 wurde Keynes Direktor der Bank von England, 1942 geadelt, 1944 führte er auf britischer Seite die Verhandlungen von Bretton Woods, auf deren Grundlage die Weltwirtschaftsordnung bis in die 70er Jahre festgelegt wurde.

Keynes hält an der subjektiven Wertlehre der Neoklassik fest. Ausgangspunkt seiner Absetzung von der klassischen und v. a. neoklassischen Theorie war seine Kritik der Vorstellung, Märkte würden (ohne wesentlichen Zeitverlust) zu einem harmonischen Gleichgewicht tendieren. Keynes zeigt, dass ein solches Gleichgewicht auf ganz unterschiedlichen Niveaus wirtschaftlicher Aktivität möglich ist. Angesichts der Erfahrungen der Weltwirtschaftskrise der 30er Jahre liegt sein Hauptaugenmerk dabei auf dem Arbeitskraftmarkt. Nach Keynes kann sich ein gesellschaftlicher Zustand herstellen, in dem Marktprozesse selbst nicht zum Abbau von Arbeitslosigkeit führen. Grund seien eine geringe Flexibilität der Löhne (d. h., diese können trotz Überangebot an Arbeitskraft nicht so weit sinken, dass die Nachfrage ausreichend steigt), steigende Sparquote und abnehmende Investitionsneigung. Diese Variablen spielten in der liberalen Theorie seiner Zeit praktisch keine Rolle. Als Ausweg aus der Krise stellt Keynes eine nachfragestimulierende Intervention des Staates dar, die durch die dann zunehmende wirtschaftliche Aktivität refinanziert werden solle.
Einzelne Elemente der Theorie Keynes finden sich bereits in der New Deal-Politik unter US-Präsident Roosevelt seit den späten 1930er Jahren; sein Einfluss auf die britische Politik insbesondere unter Churchill war immens. Nach Ende des Zweiten Weltkrieges brach geradezu eine keynesianistische Ära in der Wirtschaftspolitik der führenden kapitalistischen Staaten an, bevor die Wirtschaftskrise der 70er Jahre die Begrenztheit staatlicher Interventionsmöglichkeiten aufzeigte und zu einer teilweisen Rückkehr zu neoklassischen bzw. neoliberalen Ansätzen führte. Nach wie vor sind auf Keynes zurückgehende Instrumente jedoch Bestandteile der Wirtschaftspolitik nahezu aller Staaten der Erde.

Literaturhinweise

Reinhard Blomert, John Maynard Keynes, Reinbek bei Hamburg 2007.
Paul Mattick, Marx und Keynes. Die Grenzen des gemischten Wirtschaftssystems, Frankfurt a. M. 1971.
Volltext im Internet (engl.): http://www.marxists.org/archive/mattick-paul/1969/marx-keynes/index.htm.

M 6 Stärkung der Binnennachfrage

Wenn unsere Armut die Folge von Hungersnot, Erdbeben oder Krieg wäre, wenn es uns an materiellen Dingen und an Ressourcen zur Produktion fehlen würde, könnten allein durch harte Arbeit, Enthaltsamkeit und Erfindungsreichtum die Wege zu Prosperität beschritten werden. Tatsache ist jedoch, daß es an Plänen fehlt, an Motivation, die zu Entscheidungen und den Handlungen führen sollen, welche notwendig sind, um die uns zur Verfügung stehenden Ressourcen und technischen Mittel in Bewegung zu setzen. Es ist so, als wären zwei Autofahrer, die in der Straßenmitte aufeinander zusteuern, unfähig, aneinander vorbeizufahren, weil keiner von ihnen die Verkehrsregeln kennt. Ihre eigenen Kräfte sind wertlos; ein Kraftfahrzeugmechaniker kann ihnen nicht helfen; eine bessere Straße würde nichts nutzen. Nichts weiter wird benötigt und ist von Nutzen als ein wenig, sehr wenig, klarer Verstand.

Unser Problem ist also auch kein menschliches Problem von körperlicher Kraft und Zähigkeit. Es ist kein technisches oder landwirtschaftliches Problem. Es ist noch nicht einmal ein geschäftliches Problem, wenn wir hierunter solche Kalkulationen, Entscheidungen und organisatorischen Maßnahmen verstehen, durch die einzelne Unternehmer ihr Geschäftsergebnis verbessern. Es ist auch kein bankmännisches Problem im Sinne scharfsinniger Entscheidungen über die Auswahl von Prinzipien und Methoden, durch die langanhaltende Geschäftsbeziehungen gepflegt und unvorteilhafte Verpflichtungen vermieden werden. Im Gegenteil: es handelt sich um ein Problem der Ökonomie im striktesten Sinne, oder genauer, um eine Mischung von ökonomischer Theorie und Regierungskunst, um ein echtes Problem der Politischen Ökonomie.

Ich richte die Aufmerksamkeit auf die Natur des Problems, weil sie uns auf die Grundlagen seiner Therapie verweist. Dieses Vorgehen wird dem Tatbestand gerecht, daß die Medizin darin gefunden werden sollte, was redlicherweise als Plan bezeichnet werden kann. Es gibt viele, die einem Plan mißtrauen und instinktiv an seiner Leistungsfähigkeit zweifeln. Es gibt nach wie vor Leute, die glauben, daß der Ausweg allein durch harte Arbeit, Ausdauer, Sparsamkeit, bewährte Geschäftsmethoden, umsichtigeres bankmäßiges Verhalten und vor allem durch das Vermeiden von planmäßigem Vorgehen beschritten werden kann. Aber ich befürchte, daß die Fahrzeuge dieser Leute niemals aneinander vorbeikommen werden. Sie mögen jede Nacht wach bleiben, bessere Chauffeure einstellen, neue Motoren einbauen und die Straßen verbreitern; aber sie werden niemals aneinander vorbeikommen, es sei denn, sie würden aufhören allein zu grübeln und mit dem anderen Fahrer einen kleinen Plan ausarbeiten, wonach jeder gleichzeitig sein Fahrzeug ein wenig nach links bewegt.

Es ist die aktuelle Situation, die uns paradox erscheinen sollte. Es liegt nichts Paradoxes in dem Vorschlag, daß eine immaterielle Anpassung – sozusagen eine Veränderung „auf dem Papier“ – uns in die Lage versetzen sollte, Wunder zu bewirken. Paradox sind vielmehr 250000 arbeitslose Bauarbeiter, wenn gleichzeitig unsere größte materielle Not darin liegt, zu wenig Häuser zu haben. Wir sollten demjenigen instinktiv mißtrauen, der uns sagt, daß es keine mit gesunden Finanzen und politischer Weisheit vereinbaren Mittel gäbe, um die Bauarbeiter zum Hausbauen zu bringen. Mißtrauen sollten wir den Berechnungen jenes Politikers, der uns, obwohl er bereits die Bürde der Unterstützungsleistungen an Arbeitslose trägt, erzählt, daß es ihn gegenwärtig und künftig in hohe Schulden treiben würde, die das Land nicht tragen kann, wenn er die Leute in die Lage versetzte, die Häuser zu bauen; in Frage zu stellen ist die Zurechnungsfähigkeit desjenigen, der davon ausgeht, daß es billiger und besser sei, einen wachsenden Teil des nationalen Reichtums zur Unterstützung arbeitsloser Schiffbauer zu verwenden, als einen Teil dessen, was ihre Unterstützung kostet, dafür einzusetzen, daß sie in der Lage sind, eines der größeren Bauwerke der Menschheit zu errichten.

Wenn ich im Unterschied hierzu nachweise, daß die Produktion von Reichtum zur Steigerung des Nationaleinkommens führt und ein großer Teil hiervon dem Schatzamt (Finanzamt) zukommt, zu dessen größten Ausgabenposten die Zahlung von Einkommen an diejenigen gehört, die arbeitslos sind und deren Einkommen nur einen Teil dessen betragen, was die Beschäftigten verdienen, so hoffe ich, daß der Leser das Gefühl hat, die erwartete Antwort stimmt mit seinem gesunden Menschenverstand überein – ob er sich nun als kompetent ansieht, das Argument im einzelnen zu kritisieren oder nicht.

Die Besteuerung sollte nicht derart hoch sein, daß damit ihre Grundlage zerstört wird. Genügend Zeit unterstellt, um die Früchte ernten zu können – eröffnet eine Reduktion der Steuern eine bessere Chance, den öffentlichen Haushalt auszugleichen, als ihre Anhebung. Die gegenteilige Ansicht heute zu vertreten gliche der Haltung eines mit Verlust arbeitenden Fabrikanten, der sich entscheidet, seine Preise anzuheben, und der, wenn deshalb seine zurückgehenden Verkäufe die Verluste noch anwachsen lassen, sich – befangen in platter Arithmetik – entscheidet, die Preise noch weiter anzuheben. Wenn schließlich seine Bilanz auf beiden Postenseiten bei Null ausgeglichen ist, erklärt er weiterhin voller

Überzeugung, daß es die Haltung eines Glücksspielers wäre, die Preise zu senken, wenn man bereits Verluste macht.

Wie auch immer, die Zeit scheint reif zu sein, die Möglichkeiten des Handelns in Betracht zu ziehen. Aus diesem Grund untersuche ich hier erneut die Vorteile einer aktiven Politik, beginnend mit unseren eigenen nationalen Problemen, um dann danach die Chancen der Weltwirtschaftskonferenz [1933, d. Red.] zu diskutieren. Diese Konferenz mag gut terminiert sein, trotz ihrer Verspätung. Denn sie beginnt zu einem Zeitpunkt, zu dem die beteiligten Nationen aufgrund bitterer Erfahrungen aufgeschlossener sind, einen Plan in Betracht zu ziehen. Die Welt ist immer weniger bereit, „auf das Wunder zu warten" – zu glauben, daß die Dinge sich von selbst lösen werden, ohne daß wir handeln. [...]

Die Abneigung gegenüber Investitionsprogrammen im Inland als Mittel zur Wiedererlangung von Prosperität stützt sich im allgemeinen auf zwei Begründungszusammenhänge – die Geringfügigkeit des Beschäftigungseffektes bei der Verausgabung einer bestimmten Summe Geldes und die Belastung der nationalen und lokalen Haushalte, die derartige Programme normalerweise mit sich bringen. Es handelt sich hierbei um quantitative Fragen, die nicht leicht exakt zu beantworten sind. Ich will mich aber bemühen, Gründe für die Annahme zu nennen, daß die Antworten auf beide Fragen wesentlich günstiger ausfallen, als gemeinhin angenommen wird.

Es wird oft gesagt, daß man 500£ öffentlicher Investitionen aufwenden müsse, um eine Person für ein Jahr unmittelbar beschäftigen zu können. Dies bezieht sich auf die unmittelbare und sofortige Arbeitsplatzwirkung. Es ist aber leicht einzusehen, daß die verwendeten Materialien und der erforderliche Transport ebenfalls Beschäftigung schaffen. Wenn wir, was wir tun müssen, dies in Rechnung stellen, beträgt die Investitionssumme für ein Jahr zusätzlicher Beschäftigung, z.B. für Baumaßnahmen, schätzungsweise 200£. Sofern die neuen Ausgaben wirklich zusätzlicher Art sind und nicht mehr oder weniger nur andere Ausgaben ersetzen, dann ist hier der Beschäftigungsschub noch nicht zu Ende. Die zusätzlichen Löhne und andere ausbezahlte Einkommen werden für zusätzliche Käufe ausgegeben, die wiederum zu mehr Beschäftigung führen. [...] Auch jetzt sind wir noch nicht am Ende dieses Prozesses angekommen. Die neuen Arbeitskräfte, die die gestiegene Nachfrage derjenigen befriedigen, die durch die öffentlichen Arbeiten beschäftigt werden, werden ihrerseits mehr ausgeben und so zur Beschäftigung anderer beitragen usw.

Einige Enthusiasten, die diese Folgewirkungen erkannt haben, haben das Gesamtergebnis bei weitem übertrieben und sogar angenommen, daß die Anzahl der so geschaffenen Neueinstellungen nur begrenzt wird durch die notwendigen Zeitabstände zwischen Ausgaben und Einnahmen, in anderen Worten durch die Umlaufgeschwindigkeit des Geldes. Unglücklicherweise ist dem nicht ganz so. Denn auf jeder Stufe gibt es sozusagen einen gewissen Sickerverlust: Auf jeder Stufe wird ein bestimmter Teil des gestiegenen Einkommens nicht in erweiterte Beschäftigung umgesetzt. Ein Teil wird von den Empfängern gespart; ein Teil führt zu Preissteigerungen und vermindert dadurch an anderen Stellen den Konsum, es sei denn, daß die Produzenten ihre gestiegenen Profite ausgeben; ein Teil wird für Importe ausgegeben; ein Teil stellt nur Ersatz für Ausgaben dar, die zuvor aus der Arbeitslosenunterstützung, der privaten Wohlfahrt oder persönlichen Rücklagen getätigt wurden; und ein Teil könnte dem Schatzamt zufließen, ohne den Steuerzahler in gleichem Maße zu entlasten. So muß man, um den Netto-Beschäftigungseffekt der ganzen Reihe der Folgewirkungen zu errechnen, angemessene Annahmen hinsichtlich des auf jeder Stufe verlorengehenden Anteils machen. [...] Es liegt auf der Hand, daß die angemessenen Annahmen je nach den Umständen beträchtlich variieren. Wenn es nur geringe oder gar keine unausgelasteten Ressourcen gibt, würde die Binnenmarktwirkung gestiegener Ausgaben – wie ich oben angeführt habe – durch höhere Preise oder gestiegene Importe aufgehoben (was in der Tat allgemeines Kennzeichen für die fortgeschrittene Phase eines neuen Booms ist). [...]

Meine eigenen Schätzungen, denen ich in Anbetracht der gegenwärtigen Umstände sehr zurückhaltende Zahlen zugrunde lege, ergeben einen Multiplikator von mindestens 2. [...] Da ich aber die Wirkung lieber nicht zu hoch ansetzen möchte – obwohl es sich um eine überzeugende Argumentation handelt – wollen wir den Multiplikator mit 1,5 annehmen, was heißt, daß zwei mit kreditfinanzierten Ausgaben beschäftigte Personen nicht die Beschäftigung von zwei, was meine Überzeugung ist, sondern nur von einer weiteren Person nach sich ziehen. Ich glaube nicht, daß irgend jemand, der detaillierte Berechnungen durchführt, auf weniger kommen könnte, was heißt, daß zusätzliche Ausgaben in Höhe von 200£ für Material, Transport und Arbeitskraft unter Berücksichtigung aller Rückwirkungen nicht für 1, sondern für 1,5 Personen Arbeit schaffen. Dies ergibt 133£ an kreditfinanzierten Ausgaben, die für die Schaffung von einem Arbeitsplatz pro Jahr heute notwendig sind. Aber laßt uns – um noch sicherer zu gehen – im folgenden von 150£ ausgehen. [...]

Als nächstes ist der Umfang der Entlastung des öffentlichen Haushalts zu betrachten. Einer groben Kalkulation entsprechend beträgt die durchschnittliche Arbeitslosenunterstützung pro Person 50£ im Jahr. Wenn entsprechend der obigen Rechnung durch kreditfinanzierte Ausgaben in Höhe von 3 Mio. £ zumindest 20000 Leute direkt oder indirekt für ein Jahr einen Arbeitsplatz erhalten, können hierdurch Unterstützungszahlungen in Höhe von 1 Mio. £ eingespart werden. Ein Drittel der Ausgaben sind damit also schon finanziert.

Aber es gibt einen weiteren Vorteil für den öffentlichen Haushalt. Die Steuereinnahmen steigen oder sinken mehr oder weniger mit dem Nationaleinkommen. Unsere heutigen Haushaltsprobleme sind im wesentlichen die Ursache eines sinkenden Nationaleinkommens. Wenn die Transaktionen mit dem Ausland unberücksichtigt bleiben, entspricht das Einkommen der Nation exakt deren Ausgaben (wobei die Ausgaben sowohl die Konsumausgaben wie auch die Nettoinvestitionen umfassen, ohne die Käufe und Verkäufe der Unternehmungen untereinander) beides sind einfach nur zwei verschiedene Bezeichnungen für die gleiche Sache; meine Ausgaben sind deine Einnahmen. Dementsprechend erhöhen zusätzliche Investitionen in Höhe von 3 Mio. £, finanziert durch zusätzliche Kredite und nicht durch Senkung der konsumtiven oder der bestehenden investiven Ausgaben, das Nationaleinkommen um mehr als 3 Mio. £, wenn wir Folgewirkungen berücksichtigen. Die Berechnung des entsprechenden Multiplikators ist die gleiche wie bei zusätzlichen Beschäftigungseffekten, mit der Ausnahme, daß er hier etwas größer ist, denn um das entsprechende Nationaleinkommen zu errechnen, brauchen wir keine Abstriche aufgrund von Preissteigerungen vorzunehmen. Um jedoch sicher zu gehen, nehmen wir wie zuvor einen Multiplikator von 1,5 an, was das Nationaleinkommen, Grundlage der Steuereinnahmen, um 4,5 Mio. £ erhöht. Im Durchschnitt werden 20% der gesamten Einkommen an Steuern an das Schatzamt gezahlt. Der genaue Umfang hängt davon ab, wie das zusätzliche Einkommen verteilt ist in höhere Einkommen, die Gegenstand der direkten Besteuerung sind, und niedrigere Einkommen, die von indirekten Steuern erfaßt werden; auch entsprechen die Einnahmen aus einigen Steuern nicht ganz den Veränderungen des Nationaleinkommens. Um diese Zweifel in Rechnung zu stellen, gehen wir davon aus, daß das Schatzamt 10% von den neu geschaffenen Einkommen erhält, d.h. 450000£. [...]

Dementsprechend betragen die Gesamteinnahmen des Schatzamtes aus zusätzlichen kreditfinanzierten Ausgaben in Höhe von 3 Mio. £ mindestens 1 Mio. £ (eingesparter Unterstützung) plus 450000£, oder aufgerundet 1,5 Mio. £; sie umfassen somit die Hälfte der kreditfinanzierten Ausgaben, oder 2/3 hiervon, wenn wir den Multiplikator mit 2 annehmen würden. Dieses Ergebnis ist keineswegs paradox. Wir haben einen Punkt erreicht, an dem jede weitere Senkung des Nationaleinkommens das Schatzamt durch die Institution der Arbeitslosenunterstützung und den Rückgang der Steuern belastet. Es ist daher selbstredend, daß Maßnahmen, die das Nationaleinkommen erhöhen, zu großen Teilen dem Schatzamt zugute kommen.

Wenn wir diese Argumente auf Projekte für kreditfinanzierte öffentliche Ausgaben – die heute von verantwortlichen Kreisen unterstützt werden – anwenden, stellen wir fest, daß es ein absoluter Fehler ist zu glauben, daß es einen Widerspruch gibt zwischen Plänen für steigende Beschäftigung und Plänen zur Ausgleichung des Haushalts – daß wir langsam und behutsam bei ersterem vorgehen müßten, aus der Angst heraus, letzteres zu gefährden. Genau das Gegenteil ist der Fall. Es gibt keine andere Möglichkeit zur Ausgleichung des Haushalts als durch Steigerung des Nationaleinkommens, was identisch ist mit der Erhöhung der Beschäftigung.

Nehmen wir z.B. Ausgaben in Höhe von 7 Mio. £ für das neue Schiff der Cunard-Line. Ich behaupte, daß hiervon die Hälfte an das Schatzamt zurückfließt, also ca. 3,5 Mio. £ – was sehr viel mehr ist als das Maximum dessen, was als Finanzhilfe beim Schatzamt nachgefragt wird. Oder nehmen wir Ausgaben in Höhe von 100 Mio. £ für Wohnungsbau, entweder zur Sanierung von Slums oder unter der Aufsicht des Nationalen Wohnungsamtes (National Housing Board); dies würde dem Haushalt die enorme Summe von zusätzlich ca. 50 Mio. £ einbringen – eine Summe, die jedes erforderliche Maß an Finanzhilfen in diesem Bereich bei weitem übertrifft. Falls der Leser hiermit nicht einverstanden ist und glaubt, daß es zu schön wäre, um wahr zu sein, sollte er sorgfältig noch einmal die Argumente rekapitulieren, die zu diesem Ergebnis geführt haben. [...]

Das gleiche Argument gilt im Grunde auch für Steuererleichterungen zu Lasten des Tilgungsfonds für öffentliche Anleihen und die Rückkehr zur Praxis der Kreditfinanzierung solcher Infrastrukturausgaben und öffentlicher Dienstleistungen, die sinnvollerweise so finanziert werden können, wie die Kosten für den Bau neuer Straßen durch den ‚Road Fund‘, und den Teil der Arbeitslosenunterstützung, der mit den Einnahmen aus kommenden besseren Zeiten (auf die wir hoffen müssen) verrechnet werden könnte. Die steigende Kaufkraft des Steuerzahlers hat genau die gleichen vorteilhaften Auswirkungen wie steigende Kaufkraft aufgrund von kreditfinanzierten Ausgaben; und in mancher Hinsicht sind diese Maßnahmen der öffentlichen Ausgabensteigerung wohlstandssteigernder für die gesamte Gesellschaft.

Wenn der Finanzminister (Chancellor of the Exchequer) die Steuern um 50 Mio. £ reduziert durch die Ver-

tagung der Rückzahlung öffentlicher Schulden aus dem Tilgungsfonds und Kredite in den Fällen aufnimmt, wo dies früher sinnvollerweise geschah, wird ihm in der Tat die Hälfte davon durch Einsparungen bei der Arbeitslosenunterstützung und Steuermehreinnahmen bei konstantem Steuersatz zurückfließen. [...]
Ich sollte hinzufügen, daß dieses Argument nicht für Steuersenkungen gilt, denen öffentliche Ausgabenkürzungen (z. B. in Form von Lohnsenkungen bei Lehrern) von gleichem Umfang gegenüberstehen; denn in diesem Fall handelt es sich um eine Umverteilung und nicht um eine Nettosteigerung der national wirksamen Nachfrage. Meine Argumente gelten für alle zusätzlichen Ausgaben, die getätigt werden und nicht andere Ausgaben bloß ersetzen, sondern aus Ersparnissen oder Krediten von Privatleuten oder öffentlichen Institutionen finanziert werden, sei es für investive oder konsumtive Ausgaben; die durch Steuersenkungen oder auf andere Art und Weise angeregt wurden.
Es wird oft darauf hingewiesen, daß zu der Zeit, als kreditfinanzierte Ausgaben durch öffentliche Unterstützungsprogramme einen größeren Umfang hatten als heute, hierdurch ein Anwachsen der Arbeitslosigkeit nicht verhindert werden konnte. Aber zu jener Zeit haben sie nur unvollständig einem noch schnelleren Absacken unserer Zahlungsbilanz entgegengewirkt. Die Effekte eines Steigens oder Fallens in unseren kreditfinanzierten Ausgaben um 100 Mio. £ entsprechen – grob gesprochen – den Effekten eines Ansteigens oder Absinkens von 100 Mio. £ in der Zahlungsbilanz. Früher hatten wir keinen sichtbaren Nutzen von unseren kreditfinanzierten Ausgaben, weil sie durch das Absacken unserer Zahlungsbilanz konterkariert wurden. In jüngerer Vergangenheit hatten wir keinen sichtbaren Nutzen von der Verbesserung unserer Zahlungsbilanz, weil dem durch die Reduktion der kreditfinanzierten Ausgaben entgegengewirkt wurde. Heute steht es uns, wenn wir uns dafür entschieden, zum ersten Mal offen, die Gunst beider Faktoren gleichzeitig auszunutzen.
Wenn diese Schlußfolgerungen nicht widerlegt werden können, ist es dann nicht ratsam, dementsprechend zu handeln? Die entgegengesetzten verbohrten politischen Bemühungen, den Staatshaushalt durch Auflagen, Einschränkungen und Vorsichtsmaßnahmen auszugleichen, sind mit Sicherheit zum Scheitern verurteilt, weil dies notwendigerweise den Effekt hat, die nationale Kaufkraft zu verringern – und damit auch das Nationaleinkommen.

Aus: John Maynard Keynes, Wege zur Wiedererlangung der Prosperität (1933), in: Harald Mattfeld (Hrsg.), Keynes. Kommentierte Werkauswahl, Hamburg 1985, S. 143–151.

ZUR TEXTERSCHLIESSUNG

1. Stellen Sie dar, auf welches ökonomische Problem der Keynes'sche Vorschlag reagiert.
2. Erläutern Sie: Wie soll nach Keynes die staatliche Intervention aussehen? Woher genau sollen die finanziellen Mittel dafür kommen?
3. Stellen Sie dar, welche konkreten Effekte Keynes von dieser Intervention erwartet, und überlegen Sie, welche Bedingungen dafür sorgen können, dass diese Effekte nicht oder nicht im gewünschten Maße eintreten.

6.6 Friedrich August von Hayek: Für die Freiheit des Marktes

Friedrich August v. Hayek (1899–1992) studierte in Wien Rechts- und Wirtschaftswissenschaften und war Schüler des liberalen Ökonomen Ludwig von Mises. Ab 1927 leiteten sie gemeinsam das Österreichische Institut für Konjunkturforschung. 1931 wurde Hayek an die London School of Economics berufen, wo er während der 1930er und 1940er Jahre als bedeutendster Opponent von John Maynard Keynes (vgl. S. 219 ff.) galt. 1950 wechselte er an die University of Chicago, 1962 an die Universität Freiburg. 1974 erhielt er (gemeinsam mit dem Schweden Gunnar Myrdal) den Nobelpreis für Wirtschaftswissenschaften für seine Arbeiten im Bereich der Geld- und Konjunkturtheorie.

Hayek kann als Vertreter eines strikten Liberalismus gelten. An Konzepten, die dem Staat eine größere Rolle im wirtschatlichen Prozess zuweisen, übte Hayek Zeit seines Lebens eine scharfe Kritik. 1944 erschien sein Buch „The Road to Serfdom" (dt.: Der Weg zur Knechtschaft) in England. In diesem Werk vertrat er die Auffassung, dass der Nationalsozialismus in Deutschland und der Faschismus in Italien „Weiterentwicklungen des Sozialismus" seien und nicht, wie von marxistischen Theoretikern vertreten, Formen kapitalistischer Reaktion. Sozialistische Tendenzen sah Hayek später aber durchaus auch in bürgerlichen Gesellschaften bzw. wirtschaftspolitischen Konzepten. Während anfangs in der von ihm 1947 gegründeten Mont Pèlerin Society auch Walter Eucken und Ludwig Erhard aktiv waren, kritisierte Hayek später die Konzepte der Sozialen Marktwirtschaft (Erhard, Müller Armack, vgl. S. 228 ff.) und selbst des Ordoliberalismus, der staatlicher Ordnungspolitik eine wichtige Rolle einräumt, als zu staatsinterventionistisch.

Im Bereich der Konjunkturtheorie kritisierte Hayek die neoklassische Gleichgewichtstheorie als zu statisch. Seiner Ansicht nach müsse der Geld- und Kapitalmarkt als ein Sektor mit eigenen Gesetzmäßigkeiten in die Analyse aufgenommen werden. Hayek setzte sich stets für eine stärkere „Flexibilität" von Löhnen ein, um die Marktgesetze auch im Arbeitsmarktsektor reiner zur Geltung zu bringen. Gemeint ist damit in der Regel die Entmachtung von Gewerkschaften, um in Krisenzeiten Lohnsenkungen zur Erhöhung der wirtschaftlichen Profitabilität rascher durchsetzen zu können. Auch im Bereich der internationalen Entwicklungspolitik propagierte Hayek ein Vertrauen auf Marktkräfte und sprach sich entschieden gegen die klassische Entwicklungshilfe aus.

Nachdem in den 1940er bis 1960er Jahren ein radikaler Liberalismus eher gegen den Zeitgeist stand, änderte sich die wirtschaftspolitische Grundrichtung mit den Krisenerscheinungen der späten 60er Jahre und insbesondere der sogenannten Ölkrise 1974, denen die keynesianistisch ausgerichtete Wirtschaftspolitik nichts entgegenzusetzen hatte. Sowohl die USA unter Präsident Reagan als auch Großbritannien unter Margaret Thatcher beriefen sich in ihrer Wirtschaftspolitik der 80er Jahre ausdrücklich auf Hayek. Diese Politik war anfangs durchaus erfolgreich, später zeigten sich in diesen Ländern allerdings problematische Folgeerscheinungen wie eine Erosion des öffentlichen Gesundheits- und Verkehrswesens.

LITERATURHINWEISE

Herbert Schui, Neoliberalismus – Theorie, Gegner, Praxis, Hamburg 2002.

M 7 Wettbewerb und Planung

■ Das Wort „Planung“ verdankt seine Beliebtheit zum großen Teil der Tatsache, daß wir natürlich alle unser Leben so rational wie möglich gestalten möchten und daß wir dabei so viel Voraussicht walten lassen, wie uns nur irgend zu Gebote steht. In diesem Sinne ist jeder, der nicht völliger Fatalist ist, ein Planwirtschaftler, ist jeder politische Akt ein Akt der Planung – oder sollte es wenigstens sein –, und dann kann es nur noch Unterschiede zwischen guter und schlechter, zwischen kluger, vorausblickender und törichter, kurzsichtiger Planung geben. Ein Nationalökonom, dessen Lebensaufgabe es ja ist, zu erforschen, wie die Menschen planend handeln und wie sie besser planend handeln könnten, ist der letzte, um gegen die Planung in diesem allgemeinen Sinn etwas einzuwenden. Aber dies ist nicht der Sinn, in dem diejenigen, die sich für eine geplante Gesellschaft begeistern, den Begriff heute verwenden. [...] Für die modernen Planer und ihre Ziele genügt es nicht, ein möglichst rationales System von dauernden Rahmenbedingungen festzulegen, unter denen die einzelnen ihre mannigfaltigen Tätigkeiten gemäß ihren individuellen Plänen durchführen. Dieser liberale Plan ist in ihren Augen überhaupt kein Plan – und gewiß ist er ja auch kein Plan, der bestimmten Ansichten darüber, was jedem einzelnen zukommen soll, Rechnung trägt. [...]
Es dreht sich also nicht darum, *ob*, sondern *wie* wir am besten planen. Die Frage lautet: ist es für diesen Zweck nicht besser, wenn der Träger der Staatsgewalt sich im allgemeinen darauf beschränkt, die Bedingungen zu schaffen, die dem Wissen und der Initiative der einzelnen den größten Spielraum gewähren, so daß *diese* mit bestem Erfolg selber planen können? Oder erfordert eine rationale Verwendung unserer Produktivkräfte eine *zentrale* Lenkung und Organisation aller unserer Wirtschaftsakte nach einer bewußt ausgeführten „Blaupause“? [...]

Es ist wichtig, sich zu vergegenwärtigen, daß, wenn man sich gegen diese Art von Planwirtschaft wendet, man damit kein dogmatischer Anhänger des Laissez-faire ist. Der Liberalismus lehrt, daß wir den bestmöglichen Gebrauch von den Kräften des Wettbewerbs machen sollen, um die Wirtschaftsaktivität der Individuen aufeinander abzustimmen, er lehrt aber nicht, daß wir die Dinge sich selber überlassen sollen. Er beruht auf der Überzeugung, daß dort, wo echter Leistungswettbewerb möglich ist, diese Methode der Wirtschaftssteuerung jeder anderen überlegen ist. Er leugnet nicht, sondern legt sogar besonderen Nachdruck darauf, daß ein sorgfältig durchdachter rechtlicher Rahmen die Vorbedingung für ein ersprießliches Funktionieren der Konkurrenz ist und daß sowohl die jetzigen wie die früheren Rechtsnormen von Vollkommenheit weit entfernt sind. Der Liberalismus leugnet auch nicht, daß wir dort, wo die Bedingungen für einen echten Leistungswettbewerb nicht geschaffen werden können, zu anderen Methoden der Wirtschaftssteuerung greifen müssen. Er lehnt es jedoch ab, den Wettbewerb durch schlechtere Methoden der Ordnung des Wirtschaftslebens zu ersetzen. Er hält die Konkurrenz nicht allein deshalb für überlegen, weil sie in den meisten Fällen die wirksamste Methode ist, die wir kennen, sondern vor allem deshalb, weil sie die einzige Methode ist, die uns gestattet, unsere wirtschaftliche Tätigkeit ohne einen zwangsweisen oder willkürlichen Eingriff der Behörden zu koordinieren. In Wahrheit ist es eines der Hauptargumente zugunsten der freien Konkurrenz, daß sie eine bewußte Wirtschaftslenkung überflüssig macht und den Individuen die Entscheidung überläßt, ob die Aussichten in einem besonderen Erwerbszweig groß genug sind, um die damit verbunden Nachteile und Risiken zu kompensieren.
Die erfolgreiche Anwendung des Wettbewerbs als des Ordnungsprinzips der Gesellschaft ist mit einigen Arten von Zwangseingriffen in das Wirtschaftsleben unvereinbar; es läßt aber andere zu, die seine Wirkung kräftig unterstützen können, ja, es macht sogar bestimmte Arten der staatlichen Aktivität notwendig. Aber wenn man besonderen Nachdruck auf die negativen Erfordernisse gelegt hat, auf die Punkte, in denen Zwangsmaßnahmen sich verbieten, so hat das seinen guten Grund. Einmal ist es notwendig, daß die Wirtschaftspartner zu jedem Preis kaufen und verkaufen dürfen, zu dem sie einen Kontrahenten finden, und daß, wenn irgend etwas überhaupt produziert, verkauft oder gekauft werden darf, dies jedermann erlaubt sein muß. Es ist ferner wesentlich, daß die verschiedenen Erwerbszweige allen zu den gleichen Bedingungen offenstehen und daß das Recht sich jedem Versuch von Individuen oder Gruppen widersetzt, die Gewerbefreiheit durch offene oder verschleierte Gewalt zu beschränken. Jeder Versuch, die Preise oder die Mengen bestimmter Produkte zu regulieren, vereitelt eine befriedigende Abstimmung der Wirtschaftsakte der Individuen durch den Wettbewerb, da Preisänderungen dann nicht mehr alle wesentlichen Datenänderungen registrieren und den einzelnen keinen zuverlässigen Anhaltspunkt für ihre Wirtschaftsakte liefern.
Das gilt jedoch nicht unbedingt für Maßnahmen, die sich darauf beschränken, zu bestimmen, welche Produktionsmethoden erlaubt sind und welche nicht, solange diese Beschränkungen auf alle eventuellen Produzenten

gleichmäßig angewandt werden und nicht indirekt zur Beherrschung der Preise und der Produktionsmengen dienen. Obwohl jede derartige Reglementierung [...] größere der kleinere Mehrausgaben verursacht [...], so kann sie doch sehr wohl am Platze sein. Das Verbot, gewisse giftige Substanzen zu benutzen oder die Forderung besonderer Vorsichtsmaßnahmen bei ihrer Verwendung, die Beschränkung der Arbeitszeit oder die Forderung bestimmter sanitärer Vorschriften ist mit der Beibehaltung des Leistungswettbewerbs durchaus vereinbar. Es fragt sich in diesem Zusammenhang nur, ob im einzelnen Fall die Vorteile größer sind als die gesellschaftlichen Kosten. Die Aufrechterhaltung des Wettbewerbs ist sehr wohl auch mit einem ausgedehnten System der Sozialfürsorge vereinbar – solange dieses so organisiert ist, daß es den Wettbewerb nicht weitgehend lahm legt.

Es ist bedauerlich, wenn auch durchaus erklärlich, daß man in der Vergangenheit diesen positiven Erfordernissen für das erfolgreiche Funktionieren des Konkurrenzsystems viel weniger Aufmerksamkeit geschenkt hat als den negativen. Das Funktionieren des Wettbewerbs setzt nicht nur eine zweckmäßige Organisation bestimmter Institutionen wie z.B. des Geldes, der Märkte und der Informationsquellen voraus – wofür wir uns niemals im vollen Umfang auf die Privatinitiative verlassen können –, sondern es hängt vor allem von der Existenz eines entsprechenden Rechtssystems ab, das die doppelte Aufgabe hat, den Wettbewerb aufrechtzuerhalten und ihn mit einem Maximum an Nutzen arbeiten zu lassen. Es genügt keineswegs, daß das recht das Prinzip des Privateigentums und der Vertragsfreiheit anerkennt. Denn es hängt viel davon ab, welche genaue rechtliche Definition dem Eigentumsrecht je nach Gegenständen gegeben wird, auf die es sich bezieht. Leider ist die systematische Erforschung der Rechtsformen, die den Leistungswettbewerb sicherstellen, arg vernachlässigt worden. Und es lassen sich gewichtige Gründe dafür anführen, daß ernste Männer auf diesem Gebiet, besonders im Gesellschafts- und Patentrecht, nicht nur zu einem weit schlechteren Funktionieren des Wettbewerbs geführt haben, als man hätte erwarten dürfen, sondern ihn auf vielen Gebieten sogar vernichtet haben.

Schließlich gibt es unumstrittene Bereiche, in denen das Recht außerstande ist, die Hauptvoraussetzung für die positive Wirksamkeit des freien Wettbewerbs und des Privateigentums zu schaffen, nämlich die, daß der Eigentümer für den Nutzen, den die Verwendung seines Eigentums stiftet, belohnt wird und für den Schaden, den es anderen verursacht, aufkommen muß. Wo es beispielsweise unmöglich ist, den Genuß gewisser Leistungen von der Zahlung eines Preises abhängig zu machen, wird der Wettbewerb diese Leistungen nicht hervorbringen. Das Preissystem wird gleichfalls unwirksam, wenn der durch eine bestimmte Verwendung des Eigentums hervorgerufene Schaden nicht wirksam auf den betreffenden Eigentümer abgewälzt werden kann. In allen diesen Beispielen besteht eine Divergenz zwischen den Posten, die unter die private Kalkulation fallen, und denen, die das Wohl der Gesellschaft betreffen. In jedem Falle, wo Divergenz ein großes Ausmaß annimmt, muß man eine andere Methode als den Wettbewerb ausfindig machen, um die betreffenden Leistungen hervorzurufen. So können weder die Kosten der Aufstellung von Wegweisern noch in den meisten Fällen die Kosten des Straßenbaues jedem einzelnen Benutzer aufgebürdet werden. Auch gewisse Schäden, die durch Abholzung, bestimmte landwirtschaftliche Anbaumethoden oder den Rauch oder Lärm der Fabriken verursacht werden, können nicht auf die betreffenden Eigentümer beschränkt werden oder auf solche, die bereit sind, sich gegen eine ausbedungene Entschädigung den Schaden gefallen zu lassen.

Unter solchen Umständen müssen wir irgendeinen Ersatz für die Regulierung des Preismechanismus finden. Aber die Tatsache, daß wir in Fällen, in denen die Bedingungen für das richtige Funktionieren des Leistungswettbewerbs nicht hergestellt werden können, die automatische Regulierung durch staatliche Lenkung ersetzen müssen, ist durchaus kein Beweis dafür, daß wir den Wettbewerb dort ausschließen sollten, wo er gut funktionieren kann.

Die Schaffung von Bedingungen, unter denen der Wettbewerb den größtmöglichen Nutzen stiftet, seine Ersetzung in Fällen, in denen kein echter Wettbewerb möglich ist, die Bereitstellung von Leistungen, die, um mit Adam Smith zu reden, „zwar der Gesellschaft als Ganzem höchst nützlich, doch der Art sind, daß sie für einen einzelnen oder eine geringe Zahl von einzelnen nicht rentieren" – das alles sind Aufgaben, die in der Tat ein weites und unumstrittenes Gebiet für die Betätigung des Staates darstellen.

Kein vernünftiger Mensch kann sich ein Wirtschaftssystem vorstellen, in dem der Staat ganz untätig. ist. Ein reibungslos arbeitendes Konkurrenzsystem braucht so gut wie jedes andere einen klug durchdachten und seinen Erfordernissen fortlaufend angepaßten rechtlichen Rahmen. Selbst die wesentliche Vorbedingung für das reibungslose Funktionieren des Wettbewerbs, nämlich die Verhütung von Betrug und Vorspiegelung falscher Tatsachen, einschließlich der ökonomischen Ausbeutung von Unwissenheit setzt der Tätigkeit des Gesetzgebers ein hohes und noch keineswegs restlos erreichtes Ziel. [...]

Vor dem Gedanken einer völligen Zentralisierung der Wirtschaftssteuerung schrecken die meisten Menschen immer noch zurück, nicht nur, weil die Aufgabe so ungeheuer schwer ist, sondern weit mehr noch aus dem Grunde, weil sie die Vorstellung verabscheuen, daß alles und jedes von einem einzigen Zentrum aus gelenkt werden solle. Wenn wir trotzdem rasch einem solchen Zustand zutreiben, so zum großen Teil deswegen, weil die meisten Leute immer noch glauben, es müsse möglich sein, irgendeinen „Mittelweg" zwischen „atomistischem" Wettbewerb und zentraler Steuerung zu finden. Nichts erscheint in der Tat auf den ersten Blick einleuchtender und geeigneter, auf durchaus vernünftige Leute eine Anziehungskraft auszuüben, als der Gedanke, unser Ziel dürfe weder die äußerste Dezentralisierung des freien Wettbewerbs sein noch die vollständige Zentralisierung nach einem einzigen Plan, sondern eine wohlbedachte Mischung von beidem. Bloß gesunder Menschenverstand erweist sich auf diesem Gebiet als ein zuverlässiger Führer. Das Wettbewerbsprinzip verträgt zwar einen gewissen Zusatz von Reglementierung, aber es kann nicht mit Planwirtschaftsprinzipien in jedem beliebigen Ausmaß kombiniert werden, ohne seine Funktion als bewährter Führer der Produktion zu verlieren. [...]

Sowohl das Wettbewerbsprinzip wie das der zentralen Steuerung werden zu schlechten und stumpfen Werkzeugen, wenn sie unvollständig sind. Sie sind einander ausschließende Prinzipien zur Lösung desselben Problems, und eine Mischung aus beiden bedeutet, daß keines von beiden wirklich funktionieren und das Ergebnis schlechter sein wird, als wenn man sich konsequent auf eines von beiden verlassen hätte.

Aus: Friedrich August v. Hayek, Der Weg zur Knechtschaft (1944), München 2001, S. 46–54.

ZUR TEXTERSCHLIESSUNG

1. Stellen Sie dar, welche Bereiche einer Marktwirtschaft nach Hayek von staatlicher Intervention unangetastet bleiben müssen.
2. In welchen Bereichen ist demgegenüber eine Intervention zulässig bzw. notwendig?
3. Erläutern Sie, wie Hayek seine Ablehnung einer Vermischung von planwirtschaftlichen und marktwirtschaftlichen Elementen begründet.
4. Arbeiten Sie die Differenz des Hayek'schen Ansatzes zu der Position Müller-Armacks (S. 228 ff.) heraus.

6.7 Alfred Müller-Armack: Soziale Marktwirtschaft

Alfred Müller-Armack (1901–1978) studierte in Köln Volks- und Staatswissenschaften, wurde 1926 dort Privatdozent und 1934 Professor. Obwohl kein Nationalsozialist, stand er anfangs der korporatistischen Umorganisation der deutschen Wirtschaft nach 1933 durchaus aufgeschlossen gegenüber. 1940 wurde er nach Münster auf einen Lehrstuhl für Nationalökonomie und Kultursoziologie berufen.

Müller-Armack entwarf 1946 in seinem Buch „Wirtschaftslenkung und Marktwirtschaft" die Idee und den Begriff der Sozialen Marktwirtschaft. Er beeinflusste damit entscheidend die Wirtschaftspolitik unter Konrad Adenauer und dessen Wirtschaftsminister Ludwig Erhard. 1952 wechselte Müller-Armack von der Universität Köln als Ministerialdirigent ins Bundeswirtschaftsministerium, war dort von 1958 bis 1963 Staatssekretär für Europäische Angelegenheiten und von 1960 bis 1963 Vorsitzender des Konjunkturausschusses bei der Europäischen Wirtschaftsgemeinschaft (EWG).
Nach Ende des Zweiten Weltkrieges schien die Ausrichtung der deutschen Wirtschaftsordnung zunächst offen zu sein. In der sowjetisch besetzten Zone (und später dann der DDR) wurde rasch ein planwirtschaftlicher Weg nach sowjetischem Vorbild eingeschlagen. Doch auch in den Parteien der Westzonen, in der SPD, aber auch in Teilen der neu gegründeten CDU, traten starke Kräfte für die Sozialisierung der Großindustrie und eine staatlich gelenkte Wirtschaft ein. In Abgrenzung hiervon (und von der nationalsozialistischen „Lenkungswirtschaft") ist die Position Müller-Armacks und die Politik der ersten Bundesregierungen stark vom Liberalismus geprägt. Allerdings wird im Konzept der Sozialen Marktwirtschaft den Verbänden und anderen Körperschaften sowie der korrigierenden Tätigkeit des Staates ein weitaus größeres Gewicht eingeräumt als im Liberalismus z. B. Euckens und Hayeks (vgl. S. 224 ff.). Sein Konzept der Sozialen Marktwirtschaft ist inhaltlich zwischen angelsächsisch-liberalen Modellen und wohlfahrtsstaatlichen Konzepten z. B. skandinavischer Ausprägung anzusiedeln, wo ein großer Teil des Sozialproduktes zu Lenkungszwecken umverteilt wird. Soziale Marktwirtschaft ist dabei begrifflich nicht immer genau abgrenzbar. Der Ausbau wohlfahrtsstaatlicher Elemente in Deutschland fällt vor allem in die Zeit nach Müller-Armacks Wirken.

Literaturhinweise

Dieter Grosser u. a., Soziale Marktwirtschaft: Geschichte – Konzept – Leistung, Stuttgart u. a. 1988.

M 8 Begrenztheit der Marktordnung

■ Wenn auch die Öffentlichkeit vorerst wenig geneigt ist, der Frage einer grundsätzlichen wirtschaftspolitischen Umorientierung Gehör zu schenken, ist die Wissenschaft gleichwohl verpflichtet, die Problematik der zweckmäßigen Wirtschaftsordnung aufzuwerfen, die geeignet erscheint, in einem wirtschaftlichen Zusammenbruch ohnegleichen uns dennoch die Hoffnung auf einen baldigen und möglichen Aufstieg zu geben. Nachdem die Lenkungswirtschaft so schlechthin versagte, ist es unsere Pflicht, die grundsätzliche Möglichkeit zu durchdenken, den gegenwärtigen Schwierigkeiten mit den Mitteln einer marktwirtschaftlichen Ordnung zu begegnen. Vorweg sei gesagt, daß wir nicht daran denken, der Gegenwart eine einfache Kopie der liberalen Marktwirtschaft des vergangenen Jahrhunderts zu empfehlen. Es handelt sich vielmehr für uns darum, die marktwirtschaftliche Ordnung auf ihre Vereinbarkeit mit jenen wirtschaftlichen und sozialpolitischen Zielen zu überprüfen, die wir heute zum Grundbestand aller staatlichen Gesinnung rechnen. [...]
Die Frage der Wirtschaftsordnung steht in unlösbarem Zusammenhange mit der der politischen und Gesamtlebensordnung, die wir erstreben. Es gilt heute Klarheit darüber zu gewinnen, wie wenig es möglich ist, die Ideale menschlicher Freiheit und persönlicher Würde zu verwirklichen, sofern die wirtschaftliche Ordnung, die wir wählen, dem widerspricht. [...] Geistige und politische Freiheit haben in der Geschichte nie auf die Dauer existieren können, wo ein geschlossener politischer oder wirtschaftlicher Machtapparat vorhanden war. Wir haben allen Anlaß, Montesquieu ernst zu nehmen mit seinem Nachweis, daß Freiheit nur gedeihen kann,

wo die Machtmittel aufgeteilt sind. Das gilt auch für die wirtschaftlichen Gewalten, seitdem wir wissen, wie sehr die politische Freiheit an die auch ökonomisch zu sichernde Unabhängigkeit gebunden ist. [...]

Die Marktwirtschaft ist keineswegs mit der liberalen Weltwirtschaft des 19. Jahrhunderts identisch. [...] Marktwirtschaft ist eine universelle Gestaltung der wirtschaftlichen Zusammenhänge, die überall dort urwüchsig entsteht, wo tatkräftig regulierende Instanzen fehlen. Dies ist geschichtlich fast der Regelfall gewesen, da entweder der Wille zum Eingriff oder die geeigneten Instrumente fehlten oder da, was insbesondere für das europäische Mittelalter gilt, die Machtzentren viel zu zersplittert waren, um den Erfordernissen der Lenkung genügen zu können. Was der Liberalismus schuf, war eine veredelte [...] Form dieser frei gewachsenen Marktwirtschaft, bei der aus einem nachträglichen Sinnverständnis des Wettbewerbes und der Arbeitsteilung diese Ordnung in ihrem Wesen nochmals geklärt und durch Hervorkehrung ihrer Wesensform zu einer bewußten künstlichen Wirtschaftsordnung umgewandelt wurde. Der faktische Wettbewerb von früher wurde durch Gewerbefreiheit verdeutlicht, der immer schon vorhandenen internationalen Spezialisierung im Freihandel ein ausdrücklicher Gesamtrahmen gezogen. Die Marktwirtschaft ist so ein über die liberale Marktwirtschaft weit hinausreichendes Prinzip, und nichts zwingt zu der Annahme, es seien die letzten Gestaltungsmöglichkeiten bereits im wirtschaftlichen Liberalismus ausgeschöpft worden.

Wir sind heute nicht mehr geneigt, den Maßlosigkeiten in der Ablehnung des wirtschaftlichen Liberalismus zu folgen. Wir sehen in ihm nicht die letztmögliche konstruktive Verwirklichung des marktwirtschaftlichen Prinzips. Wir wissen, daß gerade bei der wirtschaftspolitischen Ausgestaltung einer bewußt errichteten Wirtschaftsordnung Irrtümer und Fehler unterlaufen sind, die zu überwinden zu den dringlichsten wirtschaftspolitischen Aufgaben unserer Gegenwart gehört. [...]

Die liberale Marktwirtschaft ist in ihrer grundsätzlichen Wirtschaftlichkeit und Fortschrittlichkeit keinem durchschlagenden Einwand ausgesetzt. Ihre Mängel, die in keiner Weise beschönigt werden sollen, liegen weit mehr in der Unklarheit, Unbestimmtheit und Passivität in bezug auf die Wirtschaftsordnung als Ganzes. Es ist bereits dargestellt worden, daß die marktwirtschaftliche Ordnung im wirtschaftlichen Liberalismus nicht erfunden, sondern entdeckt wurde. [...] Die Bemühung des Liberalismus um seine Wirtschaftsordnung wurde vom Gefühl bestimmt, die wirtschaftlichen Bindungen des Merkantilismus überwunden zu haben und sich des Besitzes einer gleichsam natürlichen, durch den geschichtlichen Fortschritt gesicherten Wirtschaftsordnung zu erfreuen. So begnügte man sich im wesentlichen damit, für innere Gewerbe- und Verkehrsfreiheit einzutreten und den Staatseinfluß aus dem internationalen Austausch und der Währungspolitik auszuschalten. Freihandel und automatische Goldwährung, Gewerbefreiheit und innere Freiheit der Wirtschaftsgebiete, dazu die Schaffung eines formalrationalen, inhaltlich neutralen Marktrechtes umschreiben den Kreis der Voraussetzungen, durch die man den Bestand der Wirtschaftsordnung bereits gesichert sah. Was die Gesamtordnung der Dinge anbelangt, so schienen die Sicherungen der formalen politischen Verfassungen hinreichend zu sein, die Gesamtlebensordnung zu umspannen. Diese wenigen Voraussetzungen mochten ausreichen, in einer günstigen Zeitstunde den Durchbruch eines neuen wirtschaftspolitischen Prinzips zu vollziehen. Es war aber, wie sich erweisen sollte, eine gefährliche Unterlassung, darin schon eine Sicherung einer wirtschaftlichen Gesamtlebensordnung zu sehen. Die skeptische Haltung, die man dem Staate gegenüber einnahm, verführte dazu, die Frage einer öffentlichen Sicherung des Wettbewerbs zu übersehen. Man glaubte, mit einem formalen Wettbewerbsrecht schon genug getan zu haben. Wenn wir heute in vertieftem Sinne den Wettbewerb als ein soziologisches Organisationsmittel im Interesse der Allgemeinheit empfinden, so ist uns auf Grund der inzwischen gemachten Erfahrung klar, wie wenig eine formalrechtliche Wettbewerbsordnung eine völlige Verkehrung des Wettbewerbs vereitelt. Konkurrenzausschaltende Monopole haben sich zu ihren Zwecken der formalen Vertragsfreiheit erfolgreich bedienen können, während wirklich problematische Formen des Wettbewerbs keineswegs ausgeschaltet werden. Man hat mit Recht dem Liberalismus vorgeworfen, die Wettbewerbsordnung für eine Naturform gehalten zu haben, die keiner besonderen Pflege bedarf, während in einer ausgestalteten Marktwirtschaft eine organisatorische Kunstform zu sehen ist, deren Daseinsbedingungen sorgfältig zu beachten sind.

Der Liberalismus hat es so unterlassen, Maßnahmen zu treffen, die das Ganze seiner Lebensordnung zum Gegenstande hatten und dafür sorgten, deren Sinn zu bewahren. [...] Der Irrtum des Liberalismus lag nicht nur in dem Fehlen jeder konkreten Sicherung der marktwirtschaftlichen Form, sondern auch in der passiven Annahme, die Ergebnisse des marktwirtschaftlichen Prozesses seien so, wie sie vorliegen, als letztgültig hinzunehmen. Darin lag eine Übersteigerung der Rationalität der Einkommensbildung, die [...] als gerecht ausgedeutet wurde, obwohl die marktwirtschaftliche Verteilung als solche nach dem Maßstab der produktiven Vorleistungen Einkommen bildet, womit die Frage der sozialen

Gerechtigkeit noch nicht entschieden ist. Das gleiche gilt für den Staat, dessen ökonomische Notwendigkeiten marktwirtschaftlich aus Erwerbseinkünften nur höchst unvollkommen befriedigt werden können. Es war ein folgenschwerer Fehler des wirtschaftlichen Liberalismus, die marktwirtschaftliche Verteilung schon schlechthin als sozial und politisch befriedigend anzusehen und damit die Frage der zweckmäßigen technischen Austauschform mit der Frage des sozial und staatlich Erwünschten zu verquicken. Es ergab sich daraus eine Verkennung der echten Notwendigkeit eines sozialen Einkommensausgleiches wie auch einer Berücksichtigung der staatlichen Erfordernisse. Dies entfremdete ihm alle Kräfte, die soziale und staatliche Überzeugungen vertraten und dies hin fort nur im Gegensatz und in Ausschaltung der liberalen marktwirtschaftlichen Ordnung glaubten tun zu können.

So sehr es notwendig ist, die marktwirtschaftliche Ordnung als ein zusammenhängendes Ganzes zu begreifen und zu sichern, so sehr ist es ebenfalls notwendig, sich des technischen und partiellen Charakters der Marktordnung bewußt zu werden. Sie ist nur ein überaus zweckmäßiges Organisationsmittel, aber auch nicht mehr, und es wäre ein verhängnisvoller Irrtum, der Automatik des Marktes die Aufgabe zuzumuten, eine letztgültige soziale Ordnung zu schaffen und die Notwendigkeiten des staatlichen und kulturellen Lebens von sich aus zu berücksichtigen. Es bedarf vielmehr hier einer bewußten Einstellung der marktwirtschaftlichen Ordnung in eine übergreifende Lebensordnung, welche die notwendigen Korrekturen und Ergänzungen zu dem rein technisch verlaufenden Prozeß der Gütererzeugung vollzieht. Der Liberalismus hat es unterlassen, diese vordringliche Aufgabe sich zu eigen zu machen. Er hat dadurch gegen sich geschichtliche Mächte heraufbeschworen, die blind für die Notwendigkeiten wirtschaftlicher Organisation ihr Ziel nur durch deren Zerstörung glaubten erreichen zu können. Diese Annahme des Liberalismus, im Wirtschaftlichen schon einen den Menschen ausfüllenden Lebensbereich gefunden zu haben, können wir heute aus vertiefter Einsicht in die vollständige Natur des Menschen nicht teilen. Wir sehen die wirtschaftliche Sphäre nicht als erschöpfenden Lebensbereich, sondern als eine instrumentale Schicht, die als solche in ihren eigenen Gesetzlichkeiten begriffen werden muß, ohne daß damit die Notwendigkeit eines übergreifenden Rechts sozialer, staatlicher und geistiger Werte entfiele. Die Einsicht in die technischen Vorzüge eines konkurrenzwirtschaftlichen Austausches verträgt sich durchaus mit der Notwendigkeit, dem Wirtschaftsprozeß durch eine gewisse planerische Gestaltung des Wirtschaftsraumes bestimmte Bahnen zu weisen. Auch in bezug auf den zeitlichen Wirtschaftsablauf glaubte der wirtschaftliche Liberalismus das Ganze sich selbst stabilisierenden Kräften überlassen zu können, obwohl die Fähigkeit der Marktwirtschaft, Gesamtschwankungen zu neutralisieren, keineswegs eindeutig feststand, wie die sich verschärfenden Konjunkturrückschläge zeigten. Das Zutrauen in die Selbstheilungskräfte der Wirtschaft hat sich den Wirtschaftskrisen gegenüber nicht behaupten lassen. Auch hier ist die Haltung des Liberalismus Ausdruck einer Passivität, die uns heute unvertretbar erscheint, weil gerade sie die Gegenkräfte mobilisierte. Die nach dem Ersten Weltkriege im Rahmen der marktwirtschaftlichen Organisation entworfene letztlich liberale Konjunkturpolitik wurde so angesichts der Passivität des Staates und der Parteien zuletzt von einer Arbeitsbeschaffung überrannt, die radikal aus der Marktwirtschaft herausführte. […]

Wir müssen den Weg zu einer wirtschaftspolitischen Synthese beschreiten. In diesem Sinne einer konstruktiven Lösung möchte auch dieser Beitrag zur „Sozialen Marktwirtschaft" aufgenommen werden. […] Wir sprechen von „Sozialer Marktwirtschaft", um [eine] dritte wirtschaftspolitische Form zu kennzeichnen. Es bedeutet dies, wie aus allem bisher Gesagten zur Genüge hervorging, daß uns die Marktwirtschaft notwendig als das tragende Gerüst der künftigen Wirtschaftsordnung erscheint, nur daß dies eben keine sich selbst überlassene, liberale Marktwirtschaft, sondern eine bewußt gesteuerte, und zwar sozial gesteuerte Marktwirtschaft sein soll. Nach allem bisher über die Lenkung Berichteten erscheint es uns aussichtslos, diese, wie es gelegentlich heute gefordert wird, mit verstärkten Elementen der Marktwirtschaft zu durchsetzen. […] Wir glauben […], daß der Versuch einer „marktwirtschaftlichen Lenkungswirtschaft" scheitern muß, da das Lenkungsprinzip wesensmäßig eine Auflösung der Marktwirtschaft bedeutet, wohingegen eine Marktwirtschaft, ohne ihr Wesen aufzugeben, sehr wohl mit einer freilich bestimmten, hier näher zu charakterisierenden Steuerung vereinbar bleibt. […]

Wenn wir den Sinn der Marktwirtschaft ohne alles störende Beiwerk nüchtern verstehen wollen, müssen wir auch darauf verzichten, in sie rätselhafte Gleichgewichtskräfte hineinzugeheimnissen. So aufschlußreich diese Ideen für die Geistesgeschichte des 19. Jahrhunderts sind, für die Theorie der Marktwirtschaft bedeuten sie nur eine Last. An die Stelle des Harmonieglaubens lassen wir die Feststellung treten, daß zweifellos die Marktwirtschaft ein Rechnungs- und Signalsystem darstellt, welches erlaubt, den Wirtschaftsablauf als Ganzes einigermaßen selbsttätig sich vollziehen zu lassen. Da die Marktwirtschaft nur demjenigen einen Ertrag am Wirtschaftsprozeß gibt, der eine produktive Vorleistung erbrachte, mobilisiert sie unbestreitbar besser als jedes Zwangssystem das Eigeninteresse aller Beteiligten. Ihr Zuteilungsprinzip des marktmäßigen Ausgleiches stellt den höchsten Grad formal sachlicher Güterverteilung dar, ihr Grundsatz, eine erhöhte Knappheit im Preise offen auszuweisen, begünstigt die Überwindung des Mangels durch vermehrte Produktion. Diese drei Tatsachen mögen vielleicht insgesamt noch kein ideales Gleichgewicht verbürgen, aber sie bestätigen doch den Anspruch dieser Ordnung, über erhebliche Ausgleichskräfte zu verfügen, die den Vergleich mit einer gewissen Automatik nahelegen.

Man braucht diesem heute verpönten Ausdruck einer gesellschaftlichen Automatik gar nicht so ängstlich aus dem Wege zu gehen, wenn man sich nur darüber klar ist, daß auch unsere besten Automaten einer gewissen Bedienung bedürfen, ja, in dieser Hinsicht ganz besondere Ansprüche stellen. Es war eine unkluge Übertreibung des wirtschaftspolitischen Liberalismus, die Tauschgesellschaft gleichsam als einen keiner Bedienung bedürftigen Vollautomaten zu nehmen. Wir können heute den Gedanken einer gewissen inneren Regulierung aufrechterhalten, ohne uns mit solch extremer Ansicht zu verbünden. Begreifen wir die Marktwirtschaft als variablen Rechnungs- und Signalapparat, so ist in dieser formalen Bestimmung ihres Wesens gleichzeitig gesagt, daß dieser Apparat das Ziel des Wirtschaftens nicht von sich aus bestimmt, sondern als ein Datum hinnimmt. Ob wir die durch die marktwirtschaftliche Einkommensverteilung gegebenen Bedarfsgrößen einfach annehmen oder sie durch eine Einkommensumschaltung verändern, ist für den Rechnungsapparat gleichgültig. So gesehen, ist er ein formales Verfahren, welches in den verschiedensten sozialen Rahmen zu funktionieren vermag.

Diese formale Fassung des Begriffes macht deutlich, wie wenig die Marktwirtschaft von sich aus eine Totalregelung des sozialen Lebens darzustellen vermag. Sie ist ein überaus wertvolles Organisationsmittel, welches geradezu auf eine übergeordnete Regelung der sozialen Grundverhältnisse angewiesen ist und als formales Prinzip der Datenbearbeitung sich mit den verschiedensten Formen sozialer Ordnung verträgt.

Dies freilich nur unter einer Voraussetzung: daß nicht versucht wird, etwa soziale Ziele durch Aufhebung der variablen Wirtschaftsrechnung zu erreichen. Es war das Verhängnis des im 19. Jahrhundert erwachsenen Interventionismus, hier der Einsicht in die marktwirtschaftlichen Erfordernisse zu ermangeln und eine Wirtschaftspolitik zu schaffen, die geradezu definiert werden konnte als der Versuch, die variable Preis- und Wertrechnung aufzuheben. Wenn wir die Vorzüge dieser Wirtschaftsordnung erhalten wollen, ohne unsere Pflicht zu aktiver wirtschaftspolitischer Gestaltung zu versäumen, so wird es sich in erster Linie darum handeln, der Wirtschaftspolitik eine grundsätzliche Wendung zu geben. Sie bedarf der Ausgestaltung zu einer Form, welche die Marktwirtschaft ergänzt, aber nicht, wie ein großer Teil der früheren Wirtschaftspolitik, ihr widerspricht.

Der instrumentale Charakter der Marktwirtschaft weist bereits klar auf ihre Ergänzungsbedürftigkeit durch ein Rahmengefüge einer marktgerechten Wirtschaftspolitik hin. Es ist eine dringende Aufgabe unserer konstruktiven wirtschaftspolitischen Forschung, ein umfassendes System wirtschaftspolitischer Mittel zu entwikkeln, deren Anwendung mit den Spielregeln des Marktes verträglich ist. Wir können als marktgerecht alle jene wirtschaftspolitischen Maßnahmen bezeichnen, die die Funktion einer variabel gehandhabten Wirtschaftsrechnung nicht gefährden. Hierbei kann es sich einmal um Vorkehrungen handeln, welche die Marktfunktion erst ermöglichen oder eine Sicherung und Erhaltung des Marktgleichgewichtes erstreben, also um diejenigen wettbewerbspolitischen Maßnahmen, welche die volkswirtschaftlichen Leistungen der Konkurrenz zu erhalten und zu stabilisieren streben. Marktgerecht können aber auch Eingriffe sein, durch die wesentliche wirtschaftliche Daten grundlegend geändert werden, ohne daß die Auswertung dieser Fakten anders als marktwirtschaftlich erfolgt. So braucht ein Stadtbebauungsplan nicht notwendig eine marktwirtschaftlich organisierte Bauwirtschaft auszuschließen. Selbst eine hohe Besteuerung zugunsten eines sozial- und staatswirtschaftlichen Konsums ist bei Wahl richtiger Steuerformen eine marktwirtschaftlich durchaus neutrale Tatsache, welche die Nachfragedaten zwar entscheidend verändert, deren Berücksichtigung aber die marktwirtschaftlichen Spielregeln nicht verletzt. [...]

Zu den von der Praxis in ihrer vollen Reichweite noch gar nicht begriffenen wirtschaftspolitischen Aufgaben gehört die Gestaltung des Wettbewerbes. Die hier zu treffenden Maßnahmen sind insofern bedeutsam, als sie sich auf die Wirtschaftsordnung als Ganzes beziehen. Sofern hier der Versuch unternommen wird, den Marktwettbewerb gerade zu einem Ziel wirtschaftspolitischer Formung zu machen, vermag dies besonders klar den Begriff der marktgerechten Eingriffe zu illustrieren. [...] Die Wettbewerbspolitik selbst greift durch verschiedene Bereiche hindurch. Sie wird zum Teil die Form einer Marktgesetzgebung haben müssen, zum Teil sich in Form von Verwaltungseingriffen gegen faktische Wettbewerbsbindungen vollziehen, sie hat aber auch, wie im gegenwärtigen Zustand sichtbar wird, bestimmte währungspolitische Voraussetzungen. Der augenblickliche Kaufkraftüberhang schaltet nicht nur den Wettbewerb zwischen den Betrieben aus, sondern führt, wie wir heute erleben müssen, auch zu einer erheblichen Uninteressiertheit der Arbeitskräfte am Arbeitsertrag. Nur auf der Grundlage eines wertstabilen und kaufkräftigen Geldes läßt sich Wettbewerb organisieren. Die Aufgabe der Wettbewerbspolitik muß hier nach zwei Richtungen gehen. Sie hat einmal die äußeren Wettbewerbsbehinderungen auszuschalten, aber nicht minder zu achten auf die überaus gefährlichen Hemmnisse, die dem Wettbewerb seitens der an ihm Beteiligten drohen. [...]

Fragen wir nach den Möglichkeiten, die eine marktwirtschaftliche Ordnung sozialpolitisch bietet, so sehen wir, daß einige sozialpolitische Vorteile sich bereits aus der marktwirtschaftlichen Ordnung als solcher ergeben, andere erst über eine spezifische Steuerung dieser Marktwirtschaft erzielt werden können. [...] Die Methodik eines solchen sozialpolitischen Vorgehens können wir uns wohl am leichtesten klarmachen, wenn wir feststellen, welche sozialpolitischen Eingriffe mit einer Marktwirtschaft nicht verträglich sind. Es ist dies die Form einer Lohnsicherung, die über eine allgemeine Preisfixierung und durch eine bewußt von der Grenzproduktivität der Arbeit abweichende Festlegung des Lohnsatzes dessen Höhe entgegen den Markttendenzen zu behaupten sucht. Der Übergang zu einer marktwirtschaftlichen Lohnpolitik bedeutet keineswegs, daß auf alle lohnpolitischen Bindungen verzichtet werden müßte. Es ist marktwirtschaftlich durchaus unproblematisch, als sogenannte Ordnungstaxe eine staatliche Mindestlohnhöhe zu normieren, die sich im wesentlichen in der Höhe des Gleichgewichtslohnes hält, um willkürliche Einzellohnsenkungen zu vermeiden. Auch in Zeiten eines plötzlichen Arbeitsüberangebotes, das, wie es gegenwärtig der Fall ist, strukturell noch nicht absorbiert wurde, ist ein gewisser Lohnschutz sinnvoll, der nur in Zeiten annähernder Vollbeschäftigung gelockert werden kann.

Ohne Zweifel führt die marktwirtschaftliche Einkommensbildung zu Einkommensverschiedenheiten, die uns sozial unerwünscht erscheinen. Darüber, daß sie ausgeglichen werden sollen, besteht zwischen Lenkungs- und Marktwirtschaft keine Meinungsverschiedenheit, wohl aber über die spezifisch anzuwendende Methode. Der Versuch, durch eine allgemeine Bindung der Preise und Löhne die Arbeitenden als Konsumenten und Einkommensbezieher zu schützen, hat sich als eine Illusion erwiesen. Die Festlegung der Marktpreise führte zu einer Blockierung des Marktes, durch die die breiten Schichten der Konsumenten erheblich benachteiligt wurden. Die künstliche Lohnhochhaltung in Depressionszeiten verlagerte die Last des Wirtschaftsrückganges einseitig auf eine begrenzte Schicht von Arbeitslosen. Die Festlegung der Preise nahm gleichzeitig der Produktion das Motiv, eine entsprechende Mehrproduktion an Gütern durchzuführen. Gegenüber sozialpolitischen Eingriffen, die die Preisbildung selbst berühren, scheint es richtiger zu sein, einen direkten Einkommensausgleich zwischen hohen und niedrigen Einkommen durch eine unmittelbare Einkommensumleitung vorzunehmen. Wenn auf dem Weg der Besteuerung die höheren Einkommen gekürzt und die einlaufenden Beträge etwa in Form von direkten Kinderbeihilfen, Mietzuschüssen, Wohnungsbauzuschüssen weitergeleitet werden, liegt geradezu der Idealfall eines marktgerechten Eingriffes vor. Das Rechnungssystem wirtschaftlicher Leistungen bleibt unbehelligt. Die Verschiebung der Kaufkraft führt eine rein marktwirtschaftliche Verlagerung der Kaufkraftrichtung herbei. So wird etwa durch die Mietzuschüsse die Nachfrage und Rentabilität von Kleinwohnungen erhöht. Derartige direkte Subventionen haben den Vorzug größerer Klarheit und machen eine Kontrolle möglich, daß der soziale Schutz nur wirklich Bedürftigen zukommt. [...]

Um die Chance der Marktwirtschaft stünde es schlecht, wenn wir mit der Annahme dieser Ordnung verpflichtet wären, die Schwankungen der Konjunkturen einfach hinzunehmen. Es trifft dies jedoch in keiner Weise zu. Auch eine marktwirtschaftliche Ordnung verträgt sich sehr wohl mit bestimmten Formen des Konjunkturausgleichs, ja, angesichts der immer heftiger werdenden Krisenrückschläge erscheint der Einbau eines equilibrierenden Instrumentes als wesentliche Voraussetzung, um in einer unruhigen Wetterlage die marktwirtschaftliche Ordnung auf die Dauer ertragen zu können. [...] In einer gesteuerten Marktwirtschaft handelt es sich einmal darum, die notwendige Voraussetzung für ein ökonomisches Reagieren der privaten Wirtschaft zu schaffen. Preis- und Zinsanreize, steuerliche oder sonstige Prämien wirken nur, sofern überhaupt eine freie unternehmerische Disposition und eine durchschnittliche Rentabilität der Erzeugung gegeben ist. [...] Die zu diesem Zwecke seitens der Theorie und Bankpraxis in den Vordergrund gestellten kreditpolitischen Mittel, insbesondere eine durch Offen-Markt-Politik geförderte Politik des billigen Geldes konnte in der Vergangenheit zweifellos gewisse Erfolge erzielen. Es muß jedoch künftig damit gerechnet werden, daß dieses Mittel nicht mehr verfängt, entweder weil bei insgesamt niedrigem Zinsstand die Ermäßigung zu geringfügig ist, oder weil infolge einer Starrheit des Produktionsrahmens die unternehmerische Initiative stärkerer Anregungsmittel bedarf. Es besteht für diesen Fall durchaus die Möglichkeit, durch Steuernachlaß oder direkte Prämien unvergleichlich kräftigere Anreize zu bieten, wenn haushaltspolitisch streng darauf geachtet wird, diese Ausgaben- beziehungsweise Einnahmesenkungen insgesamt so zu begrenzen, daß das Haushaltsgleichgewicht hierdurch nicht bedroht wird und insbesondere keine dauernde Neuverschuldung sich ergibt. [...] Auch eine marktwirtschaftliche Konjunkturpolitik kann sich der Situation gegenübersehen, daß insbesondere die indirekten Mittel der Kreditverbilligung nicht hinlänglich wirken und es daher notwendig ist, vermittels staatlicher Investitionen vorzugehen, ohne erst auf das Reagieren der privaten Wirtschaft zu warten. Ohne eine derartige vorübergehende staatliche Führung der Konjunktur wird möglicherweise in Zukunft kaum auszukommen sein. Es bedarf aber gerade an diesem kritischen Punkte der klaren Einsicht, daß hier ein Therapeutikum angewendet wird, das, in großen Dosen verabreicht, geradezu als Gift anzusprechen ist. [...]

Aus: Alfred Müller-Armack, Wirtschaftslenkung und Marktwirtschaft, Neudruck der 2. Aufl. 1948, München 1990, Auszüge aus den Seiten 67–70, 87–106, 118f. und 149–153.

ZUR TEXTERSCHLIESSUNG

1. Geben Sie wieder, worin nach Müller-Armack Defizite des „alten" Liberalismus bestanden.
2. Erläutern Sie, wie Müller-Armack den Unterschied zwischen Sozialer Marktwirtschaft und „marktwirtschaftlicher Lenkungswirtschaft" bestimmt.
3. Stellen Sie dar, nach welchen Kriterien wirtschaftspolitische Maßnahmen – dem Textausschnitt gemäß – als marktgerecht zu beurteilen sind.
4. Erläutern Sie die vom Autor genannten konkreten sozial- und wirtschaftspolitischen Aufgabenfelder des Staates.

6.8 Douglass Cecil North: Neue Institutionenökonomik

Douglass Cecil North (*1920) ist ein US-amerikanischer Ökonom und Wirtschaftshistoriker. North studierte in Berkeley Politikwissenschaft, Philosophie und Wirtschaftswissenschaften. Er forschte ursprünglich v. a. zur Wirtschaftsgeschichte der USA und wandte sich während eines Auslandsjahres in Genf 1966/67 der europäischen Wirtschaftsgeschichte zu. Nach seiner Rückkehr wurde er Professor an der University of Washington, von wo er 1983 an die rechts- und wirtschaftswissenschaftliche Fakultät der Washington University in St. Louis wechselte. Zusammen mit Robert William Fogel erhielt North 1993 den Nobelpreis für Wirtschaftswissenschaften für ihre Arbeiten zum wirtschaftlichen und institutionellen Wandel.

Norths erste Arbeiten zur ökonomischen Institutionengeschichte waren noch stark der Neoklassik [vgl. zu Jevons, S. 206 ff.] verpflichtet. Im Verlauf der 80er Jahre begann er zunehmend an dieser Grundlage zu zweifeln. Mikroökonomische Grundannahmen wie die Nutzentheorie ließ er dabei unangetastet. Insbesondere die der Neoklassik eigene stark abstrahierende Auffassung von „vollständigen" Märkten, in denen rundum informierte Individuen ohne Zeitverlust Angebot und Nachfrage zur Deckung bringen, schien ihm jedoch zunehmend realitätsfremd. Diese Erkenntnis, die in unterschiedlicher Ausprägung bereits bei Marx und Keynes zu finden ist, führte North zu einer Beschäftigung mit den konkreten Auswirkungen von sich wandelnden Institutionen auf die wirtschaftliche Entwicklung. Rechtliche Bedingungen, aber auch politische und kulturelle Institutionen beeinflussen seiner Auffassung nach stark die Möglichkeiten von Volkswirtschaften, sich erfolgreich zu entwickeln – und müssen daher im Zusammenhang mit wirtschaftspolitischen Zielen und Maßnahmen genauer in den Blick genommen werden. North wurde damit zu einem führenden Vertreter der Neuen Institutionenökonomik, die in den letzten Jahren zu einem führenden Zweig der Wirtschaftswissenschaft geworden ist.

Literaturhinweise

Stefan Voigt, Neue Institutionenökonomik, München 2002.
Rudolf Richter/Eirik Furubotn, Neue Institutionenökonomik, 2. Aufl., Tübingen 1999.

M 9 Institutionen und institutioneller Wandel

■ Institutionen sind die Spielregeln einer Gesellschaft oder, förmlicher ausgedrückt, die von Menschen erdachten Beschränkungen menschlicher Interaktion. Dementsprechend gestalten sie die Anreize im zwischenmenschlichen Tausch, sei dieser politischer, gesellschaftlicher oder wirtschaftlicher Art. Institutioneller Wandel bestimmt die Art und Weise der Entwicklung von Gesellschaften über die Zeit und ist somit der Schlüssel zum Verständnis historischen Wandels.
Daß Institutionen die Leistung von Wirtschaften beeinflussen, steht praktisch außer Frage. Daß die unterschiedliche Leistung von Wirtschaften über die Zeit wesentlich davon beeinflußt ist, wie sich deren Institutionen entwickeln, steht ebenso außer Frage. Und doch macht weder die ökonomische Theorie noch die quantitative („kliometrische") Geschichtsforschung merkliche Anstalten, die Bedeutung von Institutionen für die Leistung einer Wirtschaft zu ermitteln, denn bislang ist noch kein theoretischer Ansatz gefunden, um die Analyse der Institutionen in die Wirtschaftstheorie und -geschichte einzubauen. [...]
Institutionen vermindern die Unsicherheit, indem sie für eine gewisse Ordnung in unserem täglichen Leben sorgen. Sie schaffen Richtlinien für menschliche Interaktion, damit wir wissen (oder leicht in Erfahrung bringen können), wie wir uns verhalten müssen, wenn wir auf der Straße Freunde begrüßen, ein Auto lenken, Orangen kaufen, Geld borgen, ein Unternehmen gründen, unsere Toten begraben usw. Wir würden sehr schnell feststellen, daß Institutionen sich voneinander unterscheiden, wenn wir dieselben Handlungen in einem anderen Land vornehmen wollten – sagen wir in Bangladesch. Um es in der Sprache des Ökonomen zu sagen: Institutionen definieren und limitieren den Wahlbereich des einzelnen.
Unter Institutionen verstehen wir jegliche Art von Beschränkung, die Menschen zur Gestaltung menschlicher Interaktion ersinnen. Sind Institutionen formgebunden

oder formlos? Sie können das eine wie das andere sein, und mich interessieren sowohl formgebundene Beschränkungen – wie von Menschen erdachte Regeln – als auch formlose Beschränkungen – wie Gepflogenheiten oder ein Verhaltenskodex. Institutionen können geschaffen werden, wie die Verfassung der Vereinigten Staaten, oder sie können mit der Zeit einfach von selbst entstehen, wie das Common Law. Mich interessieren sowohl geschaffene wie von selbst entstandene Institutionen, wenn wir sie auch für die Zwecke unserer Analyse vielleicht gesondert behandeln wollen. Auch viele andere Eigenschaften von Institutionen werden uns beschäftigen. [...]

Eine ganz wesentliche Unterscheidung trifft die vorliegende Arbeit zwischen Institutionen und Organisationen. Ebenso wie Institutionen bringen Organisationen Ordnung in menschliche Interaktion. Ja, wenn wir uns die Kosten ansehen, die die institutionellen Rahmenbedingungen verursachen, so müssen wir feststellen, daß sie nicht nur durch diese selbst bedingt sind, sondern auch durch die Organisationen, die sich im Zusammenhang damit entwickelt haben. Was begrifflich genau zu trennen ist, sind Spielregeln und Spieler. Zweck der Regeln ist die Bestimmung der Art und Weise, wie das Spiel zu spielen sei. Doch im Rahmen dieser Regeln ist es das Ziel der Mannschaft, das Spiel zu gewinnen: durch Kombination von Können, Strategie und Koordination; auf faire Weise – und gelegentlich auch auf unfaire Weise. Die Modellierung von Strategien und Können der Mannschaft im Laufe ihrer Entwicklung ist ein anderer Vorgang als die Modellierung von Schaffung, Fortentwicklung und Folgen der Regeln.

Unter den Begriff der Organisation fallen öffentliche Körperschaften (politische Parteien, der Senat, ein Stadtrat, eine Verwaltungsbehörde), Rechtspersonen des Wirtschaftslebens (Unternehmen, Gewerkschaften, landwirtschaftliche Familienbetriebe, Genossenschaften) und Anstalten des Bildungswesens (Schulen, Universitäten, Berufbildungszentren). Es handelt sich um Gruppen von Einzelpersonen, die ein gemeinsamer Zweck, die Erreichung eines Zieles, verbindet. [...]

Institutionen wirken sich auf dem Wege über Tausch- und Produktionskosten auf die Leistung einer Wirtschaft aus. Im Verein mit der eingesetzten Technologie bestimmen sie die Transaktions- und Transformations- (d.h. Produktions-)kosten, die gemeinsam die Gesamtkosten ausmachen. [...]

Das Kernproblem der menschlichen Geschichte ist die Erklärung der weit divergierenden Bahnen, auf denen historischer Wandel erfolgte. Wie haben Gesellschaften sich auseinander entwickelt? Was erklärt ihre höchst unterschiedlichen Leistungsmerkmale? Schließlich stammen wir alle von primitiven Jäger- und Sammlerhorden ab. Diese Auseinanderentwicklung ist noch erstaunlicher, wenn wir sie vom Standpunkt der neoklassischen Standardtheorie bzw. der Theorie des internationalen Handels betrachten, die ja besagt, daß Wirtschaften, welche Güter, Dienstleistungen und Produktionsfaktoren austauschen, mit der Zeit allmählich konvergieren sollten. Wenn wir auch unter führenden Industrienationen, die miteinander Handel treiben, eine gewisse Konvergenz beobachten können, so ist doch eines der auffallendsten Entwicklungsmerkmale der letzten zehn Jahrtausende das, daß wir uns in religiöser, ethnischer, kultureller, politischer und wirtschaftlicher Hinsicht zu grundverschiedenen Gesellschaften entwickelt haben, und der Abstand zwischen reichen und armen Völkern, zwischen entwickelten und unentwickelten Völkern ist heute so weit wie eh und je, vielleicht noch sehr viel weiter als je zuvor. [...]

Herrscher schufen Eigentumsrechte in ihrem eigenen Interesse, und Transaktionskosten sorgten dafür, daß typisch ineffiziente Eigentumsrechte überwogen. Dementsprechend war es möglich, das im gesamten Verlauf der Geschichte und auch in der Gegenwart weit verbreitete Vorhandensein von Eigentumsrechten zu erklären, die kein Wirtschaftswachstum erzeugen. [...] Das Vorhandensein ineffizienter Institutionen ließ sich (so) zwar erklären, aber warum sorgte denn nicht der Wettbewerbsdruck für ihre Beseitigung? Mußten nicht die politischen Unternehmer in stagnierenden Wirtschaften geschwind die Politik der erfolgreicheren nachmachen? Wie können wir die höchst unterschiedlichen Leistungen von Wirtschaften über lange Zeitspannen hinweg erklären?

Die vorliegende Untersuchung gibt Antwort auf diese Fragen. Diese Antwort hängt von der Unterscheidung von Institutionen und Organisationen und der Wechselwirkung zwischen diesen ab, die die Richtung institutionellen Wandels bestimmt. Im Verein mit den Standardbeschränkungen der Wirtschaftstheorie bestimmen die Institutionen die Chancen, die eine Gesellschaft bietet. Organisationen werden geschaffen, um solche Chancen nutzen zu können, und im Zuge ihrer Entwicklung verändern die Organisationen die Institutionen. [...]

In kleinsten Schritten vor sich gehende Veränderungen rühren daher, daß Unternehmer in politischen und ökonomischen Organisationen erkennen, daß sie größere Erfolge erzielen könnten, wenn sie den gegebenen institutionellen Rahmen irgendwie marginal verändern. Doch hängt solche Erkenntnis entscheidend sowohl von der Art der Information, die die Unternehmer erhalten, wie von der Art und Weise von deren Verarbeitung ab. Wären politische und ökonomische Märkte effizient

nen, die „automatisch" erfüllt werden. [...] Außerdem läßt die institutionelle Ordnung, die die Grundstruktur der Produktion bestimmt, tendenziell die Unterentwicklung fortdauern.

Unternehmen werden gegründet, um Gewinnchancen zu nützen, die durch das jeweils gegebene System von Beschränkungen abgesteckt sind. Bei unsicheren Eigentumsrechten, mangelhaft vollzogenen Gesetzen, Zugangsschranken und monopolistischen Beschränkungen werden gewinnmaximierende Unternehmen in der Regel kurze Zeithorizonte und wenig fixes Kapital haben und eher klein sein. Die einträglichsten Betätigungen werden im Handel, in der Umverteilung oder auf dem Schwarzen Markt zu finden sein. Große Unternehmen mit erheblichem Fixkapital werden nur unter dem Schutz des Staates mit Subventionen, Steuerbegünstigungen und Schmiergeldern an die Regierung existieren können – ein Gemisch, das optimaler Produktivität kaum förderlich sein dürfte. [...]

Die wichtigste Lehre, die wir aus diesem Kapitel ziehen sollen, ist die Feststellung, daß der institutionelle Rahmen von wesentlicher Bedeutung für die Leistung einer Wirtschaft ist. [...] Eine große Zahl von Institutionen ermöglichen einen Massenmarkt [...], und der Kapitalmarkt, die Einrichtungen, die der Sicherung der Eigentumsrechte dienen, und die große Zahl freiwilliger Organisationen, die den Tausch erleichtern, sind alle wesentliche Voraussetzungen für das Bestehen eines im Vergleich mit ähnlichen Wohnungsmärkten in Ländern der Dritten Welt oder in den Vereinigten Staaten in deren eigener ferner Vergangenheit relativ effizienten Wohnungsmarktes in den USA. Ich habe mich jedoch zu zeigen bemüht, daß manche institutionelle Beschränkungen die Transaktionskosten erhöhen. Deshalb ist der Markt insgesamt ein Gemisch aus Institutionen: Manche erhöhen die Effizienz, und manche vermindern die Effizienz. Stellt man die Gesamtheit der Institutionen in Ländern wie den Vereinigten Staaten, England, Frankreich, Deutschland und Japan denen in Ländern der Dritten Welt oder denen in der Vergangenheit der hochentwickelten Industrieländer gegenüber, so wird trotzdem klar, daß dieser institutionelle Rahmen ausschlaggebend ist für den relativen Erfolg von Wirtschaften [...].

Aus: Douglass C. North, Institutionen, institutioneller Wandel und Wirtschaftsleistung. Orig. 1990, dt. Tübingen 1992, S. 3–9, 34–39, 78–84.

Zur Texterschliessung

1. Verdeutlichen Sie beispielhaft die Bedeutung von Transaktionskosten für die wirtschaftliche Tätigkeit und ihre Rentabilität.
2. Erklären Sie, wie Institutionen und Organisationen die Produktions- und Transaktionskosten beeinflussen.
3. Erläutern Sie, welche institutionellen und organisatorischen Gegebenheiten eine kapitalintensive Investition in einem Land der Dritten Welt erschweren bzw. verunmöglichen können.

6.9 Herman Daly: Voraussetzungen nachhaltigen Wirtschaftens

Herman E. Daly (*1938) ist Professor an der Universität von Maryland, School of Public Affairs. Er wurde 1973 Professor an der Louisiana State University und hatte Gastprofessuren u. a. in Brasilien inne. Von 1988 bis 1994 arbeitete er als Senior Economist im Umwelt-Department der Weltbank. Er ist Mitgründer (1987) und Redakteur der Zeitschrift Ecological Economics. Daly wurde 1996 mit dem sogenannten Alternativen Nobelpreis (Right Livelihood Award) ausgezeichnet – „... for defining a path of ecological economics that integrates the key elements of ethics, quality of life, environment and community" (aus der Preisbegründung).
Daly entwickelte bereits Anfang der 70er Jahre das Konzept der „steady-state economy", einer Ökonomie, die darauf ausgerichtet ist, die Nutzbarkeit natürlicher Ressourcen dauerhaft zu gewährleisten. Er sieht es als eine dringende politische Aufgabe an, den Ressourcenverbrauch – oder zumindest dessen weitere Zunahme – zu minimieren, auch wenn das auf Kosten des Sozialproduktwachstums gehen sollte.
Damit stellt sich Daly bewusst in Gegensatz zur klassischen und neoklassischen Ökonomie, die ein solches ökonomisches Wachstum als eine Grundbedingung des Fortbestandes kapitalistischen Wirtschaftens auffasst – wenn nicht der derzeitigen Gesellschaft überhaupt.
Wie Daly in einem Buch von 1996 (Beyond Growth) berichtet, konnte er sich mit seinen wachstumskritischen Thesen in der Weltbank nicht durchsetzen. In den Auseinandersetzungen um den Bericht der Weltbank „Entwicklung und Umwelt" 1992 wurde seine Position schlicht abgelehnt, was letztlich dazu beitrug, dass Daly die Arbeit bei der Weltbank aufgab.

Literaturhinweise

Holger Rogall, Neue Umweltökonomie – ökologische Ökonomie: ökonomische und ethische Grundlagen der Nachhaltigkeit, Instrumente zu ihrer Durchsetzung, Opladen 2002.
Changhoon Lee, Kritik der neoklassischen Umweltökonomik: über die (Un-)Möglichkeit einer pareto-effizienten Umweltsteuer, Frankfurt a. M. [u. a.] 2004.

M 10 Ökologische Ökonomie

■ Die Ökologische Ökonomie geht von der Annahme aus, daß die Wirtschaft in ihren physischen Dimensionen ein offenes Subsystem eines endlichen, nicht wachsenden und materiell geschlossenen Gesamtsystems ist – des Ökosystems Erde. […]
„Offen" ist ein System, wenn es über einen „Verdauungstrakt" verfügt, d.h. wenn es Material und Energie von der Umwelt in niedrig-entropischer Form (Rohmaterialien) aufnimmt und sie in hoch-entropischer Form (Emissionen und Abfall) an die Umwelt abgibt. Alles, was durch ein System hindurchfließt, wird als (Stoff)Durchsatz (troughput) bezeichnet. Ökologisch wäre eine Wirtschaft nur dann, wenn ihr Durchsatz konstant und auf einem Niveau bleibt, auf dem weder die Regenerationsfähigkeit noch die Absorptionskapazität der Umwelt überschritten wird (steady-state economy). […]
Daß die Standardökonomie, was die technischen Beziehungen zwischen den Produktionsfaktoren betrifft, von Substitution ausgeht [d.h., jeder Produktionsfaktor könne durch jeden anderen ersetzt werden, es komme nur auf die Menge an, d. Red.] – bis hin zur Leugnung jeglicher Komplementarität –, spiegelt ihre Präferenz für Wettbewerb (Substitution) gegenüber Kooperation (Komplementarität) in den sozialen Beziehungen. Die Grundannahme der Standardökonomie besteht darin, daß die Wirtschaft ein isoliertes System ist: ein Kreislauf von Tauschwerten, die zwischen Unternehmen und Haushalten entstehen. Ein „isoliertes" System ist eines, in das weder Material und Energie eintreten noch Emissionen und Abfall austreten – es steht in keiner Beziehung zu seiner natürlichen Umwelt, es hat praktisch keine Umwelt. Während diese Sicht der Dinge noch verständlich sein mag, wenn es um die Beziehungen zwischen Produzenten und Verbrauchern geht, erweist sie sich als völlig unsinnig für die Analyse der Beziehungen zwischen Wirtschaft und Umwelt. Es wäre etwa so, als ob ein Biologe davon ausginge, daß ein Tier zwar über

einen Blutkreislauf, nicht aber über einen Verdauungstrakt verfügte.
Ökonomen interessieren sich sehr für das Phänomen der Knappheit und so konnte man, so lange wie das Niveau der Wirtschaftstätigkeit (scale) im Vergleich zum Ökosystem nur gering war, den Durchsatz unberücksichtigt lassen, da seine Ausweitung scheinbar keine Kosten verursachte. Inzwischen ist die Wirtschaft auf dieser Erde jedoch so angewachsen, daß ein weiteres Ignorieren dieses Niveaus äußerst unvernünftig ist.
Die Ökonomen haben auch versäumt, eine sorgfältige Unterscheidung zwischen Wachstum und Entwicklung zu treffen. Quantitatives Wachstum und qualitative Veränderungen vollziehen sich nach verschiedenen Gesetzen. Beides zu vermischen, wie es immer noch beim herrschenden Maßstab des ökonomischen Erfolges, dem Bruttosozialprodukt, geschieht, hat schwerwiegende Konsequenzen. [...]
Die Effizienz, mit der wir die Natur zu unserer Bedürfnisbefriedigung verwenden, hängt von zwei Dingen ab: der Dienstleistungsmenge, die sich pro Einheit des vom Menschen geschaffenen Kapitals ergibt, und der Dienstleistungsmenge, die dafür pro Einheit naturgegebenen Kapitals geopfert wird (das durch Konversion zu menschengeschaffenem Kapital verloren geht). Diese ökologisch-ökonomische Effizienz drückt folgende Gleichung aus:

$$MK/NK$$

wobei MK die aus den vom Menschen geschaffenen Kapital gewonnenen Dienstleistungen und NK die geopferten Dienstleistungen aus naturgegebenem Kapital bedeuten. In einer „leeren" Welt fällt das durch eine Steigerung des MK erforderliche Opfer an NK kaum ins Gewicht. In einer „vollen Welt" aber bedeutet jedes Ansteigen von MK einen Rückgang von NK und seiner Dienstleistungen. [...]
Bei der Umwandlung von NK in MK wollen wir die aus dem Anstieg des MK gewonnene Dienstleistung erhöhen und den Verlust von Leistungen aus dem Ökosystem aufgrund der Abnahme von NK minimieren. Doch dieser Prozess der Umwandlung von NK in MK stößt ab einem bestimmten Punkt an Grenzen, bei deren Überschreiten die ökologischen Kosten schneller ansteigen als der durch die Produktion geschaffene ökonomische Nutzen. Dieses optimale Niveau der Wirtschaftstätigkeit ist üblicherweise durch das Kriterium des Ausgleichs von Grenzkosten und Grenznutzen [vgl. Dazu Jevons, S. 206 ff.] definiert. Hierbei wird unterstellt, daß der Grenznutzen abnimmt und die Grenzkosten steigen – beide in kontinuierlicher Weise. Es mag vernünftig sein anzunehmen, daß der Grenznutzen kontinuierlich sinkt, da Menschen hinreichend rational sind, um ihre dringendsten Bedürfnisse zuerst zu befriedigen. Die Annahme aber, daß Grenzkosten (geopferte Ökosystemleistungen) kontinuierlich und nicht sprunghaft steigen, ist problematisch. Mit der Ausweitung der Wirtschaft ist die Beanspruchung des Ökosystems enorm gestiegen, doch hat keine irgendwie rationale Ordnung oder inhärente Intelligenz dafür gesorgt, daß die weniger wichtigen Ökosystemleistungen zuerst geopfert werden. Einige der lebenswichtigen Leistungen des Ökosystems wurden vielmehr recht früh preisgegeben. [...]
„Kapital intakt halten", diese Forderung ist grundlegend für die realistische Definition von Einkommen. Sie sollte aber auf das naturgegebene Kapital (NK) ebenso angewendet werden wie auf das menschengeschaffene Kapital (MK). Eine ökologisch stabile Wirtschaft (steady-state economy) leistet dies in physischer Hinsicht, wenn sie das kritische NK unversehrt lässt und die Substitution von MK für NK über einen bestimmten Punkt hinaus vermeidet. In strenger Logik würde dies die Verwendung nicht-erneuerbarer Ressourcen ausschließen, da sie per definitionem durch Nutzung physisch nicht unversehrt bleiben können. Solche Ressourcen im Boden zu belassen, ohne daß sie irgendwem irgendwann einen Nutzen bringen, wäre aber unsinnig. Ihre Nutzung lässt sich auch aus ökologischer Sicht rechtfertigen, jedoch nur unter Befolgung der Regel der „Quasi-Nachhaltigkeit": Nichterneuerbare Ressourcen sollten nicht schneller entnommen werden als ein Ersatz entwickelt werden kann (und natürlich nur in einem Umfang, der die Absorptionskapazität des Ökosystems nicht überschreitet). Dies bedeutet, daß ein (zunehmender) Teil der Erträge aus nicht-erneuerbaren Ressourcen in die Entwicklung erneuerbarer Ressourcen investiert werden muss.

Drei Fragen

Wenn man die prä-analytische Vision der Wirtschaft als offenes Subsystem eines endlichen, nicht wachsenden und materiell geschlossenen Ökosystems Erde akzeptiert, dann ergeben sich drei Fragen, die einer klärenden Analyse bedürfen:

1. Wie groß ist das Subsystem Wirtschaft bereits im Vergleich zum gesamten Ökosystem?
2. Wie groß kann die Wirtschaft werden, bevor ihr Unterhalt einen Durchsatz erforderlich macht, der die Regenerations- und Absorptionsfähigkeit des Ökosystems übersteigt?
3. Wie groß sollte die Wirtschaft im Vergleich zum Ökosystem sein?

_ Zu 1: Der beste einzelne Indikator für die Beantwortung der ersten Frage dürfte der Prozentsatz der Aneignung der Nettoprimärproduktion der Photosynthese durch den Menschen sein. Dieser liegt derzeit bei etwa 25 Prozent für die Erde insgesamt und bei 40 Prozent für das terrestrische Ökosystem. Diese Zahlen beinhalten sowohl die direkte Aneignung, wie z. B. vom Menschen genutzte Nahrungs- oder Futtermittel, als auch die indirekte Aneignung durch Reduktion der photosynthetischen Kapazität des Ökosystems aufgrund menschlicher Interventionen, wie z. B. Überbauung und Bodendegradation.

_ Zu 2: Nimmt man die niedrigere Zahl von 25 Prozent, so werden zwei weitere Verdoppelungen 100 Prozent ergeben. Wir können daher einen Faktor 4 als die äußere Grenze für das weitere Wachstum der Wirtschaft ansetzen. (Die gegenwärtige Verdopplungszeit beträgt etwa 40 Jahre).

_ Zu 3: Die dritte Frage ist ethisch-normativer Art. Eine rein anthropozentrische Regel zur Erreichung des Optimums des Niveaus der Wirtschaftstätigkeit lautet: Wachsen, bis die Grenznutzen (für die Menschen) den Grenzkosten entsprechen. Andere Arten werden bei dieser Regel aber nur als instrumentell, als für den Menschen geschaffen betrachtet. Eine biozentrische Definition des Optimums würde dagegen anderen Arten einen Eigenwert zuschreiben. Dies bedeutet, daß das biozentrisch definierte Optimum des Niveaus der Wirtschaftstätigkeit (erheblich) kleiner ist als das anthropozentrische Optimum!

Auf dem Weg zu einer ökologischen Wirtschaft

Grundsätzlich ist zwischen drei Zielen einer ökologischen Wirtschaft zu unterscheiden, die drei unterschiedliche Instrumentarien zu ihrer Realisierung erfordern: Optimale Allokation [d. h. Verteilung der Ressourcen auf die Zweige der Produktion, d. Red.] (wobei relative Preise wichtig sind); optimale Verteilung (was Umverteilung von Einkommen und Vermögen impliziert); optimales Niveau (was die Einführung eines Instrumentariums der Durchsatz-Kontrolle erfordert, d. h. eine Politik, die das Bevölkerungswachstum und/oder den ProKopf-Ressourcenverbrauch betrifft).

[... Es] scheinen viele zu glauben, daß die Kosten einer Überschreitung des optimalen Niveaus der Wirtschaftstätigkeit (excessive scale) in die Preise eingehen können und sollen und daß es keinen fundamentalen Unterschied zwischen optimaler Allokation und optimalem Niveau gibt. Hier liegt eine intellektuelle Verwirrung vor.

Das Niveau der Wirtschaftstätigkeit ist – vereinfacht ausgedrückt – das Ergebnis von Bevölkerungszahl mal Ressourcenverbrauch pro Kopf. Die Bevölkerungszahl könnte sich verdoppeln oder um die Hälfte verringern, ohne daß der Markt versagen müsste, Ressourcen optimal auf ihre alternativen Nutzungen zu verteilen. Der Ressourcenverbrauch pro Kopf könnte sich aufgrund zufälliger Entdeckungen verdoppeln oder infolge von Naturkatastrophen und Erschöpfung steil absinken, in beiden Fällen könnte der Markt eine optimale Allokation gewährleisten. Änderungen der relativen Preise führen zur bestmöglichen Anpassung, welche Verteilung und welches Niveau auch immer erreicht ist. Das heißt, Preise helfen uns, das Beste aus einer jeweils gegebenen Situation zu machen. Aber diese „gegebene“ Situation kann mit der Zeit immer ungerechter werden oder immer weniger auf Nachhaltigkeit (sustainability) ausgerichtet sein.

Die zentrale politische Aufgabe liegt darin, das Niveau der Wirtschaftstätigkeit zu begrenzen – am besten natürlich auf optimalem Niveau. Die Beeinflussung der Umwelt durch die Wirtschaft ergibt sich aus dem Umfang des Durchsatzes, der auf drei strategischen Faktoren beruht:

$$T = B \times Y / B' \times T / Y$$

Wobei T = Durchsatz, B = Bevölkerung, Y = Einkommen. Anders ausgedrückt: Umweltbeeinflussung (T) ist gleich Bevölkerung (B) mal Wohlstand (Y/B oder Pro-Kopf-Einkommen) mal Technologie (T/Y oder Durchsatz-Intensität des Einkommens).

Da eine x-prozentige Veränderung eines der drei Faktoren zu einer x-prozentigen Veränderung des Ergebnisses (T) führt, folgt daraus, daß alle drei Faktoren im arithmetischen Sinne von gleicher Bedeutung sind. Trotzdem ist es sinnvoll, zu fragen, welcher dieser Faktoren in einer konkreten historischen Situation am ehesten eine x-prozentige Veränderung erlaubt.

Verallgemeinernd läßt sich sagen, daß für den Süden der größte Bewegungsspielraum für eine Verbesserung bei B liegt (Reduzierung der Bevölkerungswachstumsrate); beim Norden liegt dieser Spielraum dagegen bei Y/B (Reduzierung des Pro-Kopf-Ressourcenverbrauchs); und für den Osten bei T/Y (Reduzierung der Durchsatz-Intensität der Technologie). Doch sagen uns viele Ökonomen, daß sich das Problem durch Technologie schon lösen lasse und weder eine Reduktion des Bevölkerungswachstums noch eine Reduktion des Ressourcenverbrauchs erforderlich seien. Einige wenige Zahlen mögen Aufschluss daruber geben, wie groß der Glaube an die Technologie sein muss, wenn man einen solchen Standpunkt einnimmt.

Für B wird von den Vereinten Nationen zwischen 1985

und 2025 eine Verdopplung erwartet. Das BSP pro Kopf war 1990 in den Ländern mit hohen Einkommen etwa 23mal so hoch wie in den Ländern mit niedrigen Einkommen (d.h. 23 = $18330 zu $800, s. World Development Report 1991). Bestünde das Ziel darin, daß die Armen die Reichen einholen sollten, und käme es in den 40 Jahren zu keinem weiteren Anstieg des durchschnittlichen Pro-Kopf-Verbrauchs in den reichen Ländern, dann wäre – wenn zugleich eine Zunahme der Umweltbelastung vermieden werden soll – eine Verbesserung der Technologie um einen Faktor von 2x23=46 erforderlich (!). Ist eine Erhöhung der technischen Effizienz auf das 46fache möglich und wahrscheinlich?
Der Brundtland-Bericht fordert einen Wachstumsfaktor von 5 bis 10 für die Weltwirtschaft. Der Bericht sagt nicht, wieviel davon durch eine Verbesserung der Technologie erreicht werden kann und wieviel durch eine Erhöhung des Durchsatzes. Nehmen wir einmal – unrealistischerweise – an, daß der Wachstumsfaktor 10 ausschließlich durch Verbesserung der Effizienz erreicht werden könnte, so bliebe immer noch ein Faktor von 4,6, der durch Verringerung der Bevölkerungszahl und/oder des Pro-Kopf-Ressourcenverbrauchs zu bewerkstelligen wäre, nur um den Durchsatz auf dem gegenwärtigen Niveau zu halten (das m.E. bereits nicht mehr den Erfordernissen der Nachhaltigkeit entspricht). Alternativ dazu könnte es zu einem 4,6fachen Anstieg des Durchsatzes bei gleichbleibender Bevölkerungszahl und unverändertem Pro-Kopf-Ressourcenverbrauch kommen. (Diese Berechnungen setzen voraus; daß die reichen Länder während der 40 Jahre, in denen die Verdopplung der Weltbevölkerung stattfindet, ihren Pro-Kopf-Verbrauch nicht über den 1989 erreichten Betrag ($ 18330) steigern werden. Bis jetzt haben die Reichen aber keinerlei Bereitschaft gezeigt, still zu stehen, während die Armen aufholen. Ganz im Gegenteil: die Standarddoktrin sagt, daß die Reichen weiter wachsen sollten, um Märkte für die Armen zu schaffen.)
Vielleicht ist der Faktor 23 für die Relation zwischen Reichen und Armen zu hoch angesetzt, wenn man berücksichtigt, daß die armen Länder im Vergleich zu den reichen über einen relativ großen nicht-monetarisierten Sektor verfügen. Aber selbst wenn wir die Relation aufgrund dieses Arguments von 23 auf 10 reduzieren, wäre immer noch eine Erhöhung der Ressourcenproduktivität um den Faktor 2x10=20 erforderlich, um den Durchsatz konstant halten zu können.
Wie wahrscheinlich ist eine solche Erhöhung der Ressourcenproduktivität? Vergessen wir zunächst nicht, daß die großen Schübe an „Produktivitat“ in der Geschichte die Arbeits- und Kapitalproduktivität betrafen und nicht die Ressourcenproduktivität. Einer der Gründe für die Zunahme der Produktivität von Arbeit und Kapital lag in der enormen Zunahme des Stoffdurchsatzes. Der einzige Anlass für Optimismus in diesem Zusammenhang besteht darin, daß gerade weil wir die Ressourcenprodukitivität so vernachlässigt haben, sich jetzt auf diesem Gebiet ein beträchtlicher Spielraum für mögliche Verbesserungen bietet, wenn auch nichts, was nur entfernt einem Faktor 46 gleichkäme!
Ganz ohne Zweifel muß der Staat in Zukunft dazu beitragen, jene Preise, Produktivitäten und Einkommen zu erhöhen, die auf natürlichen Ressourcen beruhen. Deshalb spricht alles dafür, statt der Einkommen den Verbrauch zu besteuern. Viele Ökonomen befürworten die weltweite Einführung bzw. Erhöhung der Mehrwertsteuer. Aus ökologischer Sicht wäre es aber besser, nicht den Mehrwert zu besteuern, sondern den Stoffdurchsatz. Wir sollten Steuern erheben auf das, was wir verringern (Umweltverbrauch und Umweltbelastung) und nicht auf das, was wir erhöhen wollen (Einkommen oder Mehrwert).

Fazit

Da eine technische Erhöhung der Ressourceneffizienz um einen Faktor 46 (oder auch nur 20) eher unwahrscheinlich ist, können wir sicher sein, daß eine (drastische) Reduzierurg des Bevölkerungswachstums und/oder des Ressourcenverbrauchs pro Kopf erforderlich wird, wenn wir einer Zerstörung des Ökosystems wirklich vorbeugen wollen. Natürlich sollten technische Innovationen so weit wie möglich vorangetrieben werden, und zwar auf Wegen, die eine Steigerung der ökonomisch-ökologischen Effizienz erlauben. Aber wir sollten uns nicht der Illusion hingeben, daß technische Lösungen allein hinreichend sein könnten. [...]

Aus: Herman E. Daly, Ökologische Ökonomie: Konzepte, Analysen, Politik. Dt. von Udo E. Simonis, Berlin 2002, Auszüge S. 3–17.

ZUR TEXTERSCHLIESSUNG

1. Geben Sie wieder, worin Daly die Grunddifferenz seines Ansatzes gegenüber der „Standardökonomie" sieht.
2. Erklären Sie, was Daly mit dem Ausdruck „geopferte Dienstleistungen" (S. 240) meint.
3. Stellen Sie heraus, wie das Verhältnis von Wirtschaftswachstum und Umweltbelastung bei Daly dargestellt wird.
4. Welche politischen notwendigen Konsequenzen seines Befundes deutet Daly an?
5. Diskutieren Sie: Inwieweit lässt sich Dalys Vorschlag einer Verminderung des Pro-Kopf-Ressourcenverbrauches mit den Bedingungen einer (prosperierenden) kapitalistischen Marktwirtschaft vereinbaren?

6.10 Amartya Kumar Sen: Die Begrenztheit volkswirtschaftlicher Indikatoren

Amartya Sen (*1933) studierte zunächst in Kalkutta und dann Cambridge Wirtschaftswissenschaften und Philosophie und promovierte 1959. Als Professor lehrte er in Dehli, London, Oxford und Cambridge (Massachusetts). 1998 erhielt er den Nobelpreis für seine Arbeiten zur Wohlfahrtsökonomie und zur Theorie der wirtschaftlichen Entwicklung und zum Lebensstandard.

Der Schwerpunkt von Sens Arbeit liegt in den verschiedenen Aspekten der Entwicklungsökonomie. Seine theoretischen Ansätze wandte er auch auf das Studium gegenwärtiger Hungersnöte an. Eines seiner bekanntesten Werke ist das 1981 erschienene Buch „Poverty and Famines: An Essay on Entitlement and Deprivation". Hier stellt er in Frage, dass tatsächlich ein Mangel an Nahrungsmitteln der wichtigste (oder gar einzige) Grund für das Auftreten von Hungersnöten sei.

Mit anderen Forschern wie z. B. Serge Kolm und Anthony Atkinson arbeitete Sen daran, Indikatoren für die Beurteilung von Volkswirtschaften zu finden, die die Lebensbedingungen von Menschen mit erfassen. Um 1970 arbeiteten sie den Zusammenhang zwischen der sogenannten Lorenz-Kurve heraus, die die Einkommensverteilung beschreibt, dem Gini-Koeffizienten, der den Grad der Einkommensungleichheit kennzeichnet, und der Ordnung verschiedener Einkommensverteilungen in einer Gesellschaft. Sen erweiterte diese Arbeiten später durch die Definition eines Armutsindex und anderer Wohlstandsindikatoren. Auf diese Vorarbeiten geht die Einrichtung des Human Development Index zurück, den das United Nations Development Programme seit 1990 regelmäßig aktualisiert herausgibt.

Grundlegend für Sens Position ist ein gegenüber dem Liberalismus erweiterter Begriff von Freiheit. Entwicklung besteht demnach darin, die verschiedenen Arten von Unfreiheit aufzuheben; zur Unfreiheit zählen wiederum alle Bedingungen, die den Menschen nur wenig Entscheidungsspielraum und wenig Gelegenheit lassen, ihren Interessen gemäß zu handeln. Zu solchen Hinderungsgründen zählen nach Sen Armut und politische Unfreiheit, aber auch Probleme im Bereich der Bildung, der Gesundheit und der Umweltverschmutzung.

Literaturhinweise

Knut Heyden, Datenbaustein UN-Entwicklungsindex (HDI-GDI), Braunschweig 2000.
Franz Nuscheler, Lern- und Arbeitsbuch Entwicklungspolitik, Bonn 2004.

M 11 Lebensstandard und Lebenserwartung

■ Herkömmliche Kriterien wie Bruttoinlandsprodukt und Zahlungsbilanz sagen oft zu wenig über die tatsächliche Leistungsfähigkeit einer Volkswirtschaft aus. Als wichtige Ergänzung der ökonomischen Analyse erweisen sich Sterblichkeitsdaten. In der Volkswirtschaftslehre geht es nicht nur um Einkommen und Besitz, sondern auch um die Frage, wie man diese Ressourcen für wichtige Ziele sinnvoll einsetzt. Dazu gehört vor allem ein langes und menschenwürdiges Leben. Dieses Ziel bleibt allerdings unbeachtet, wenn man – wie dies nur allzuoft geschieht – den wirtschaftlichen Erfolg einer Nation nur an den traditionellen Indikatoren für materiellen Lebensstandard und gesunde Finanzen mißt; das Gesamtbild einer Volkswirtschaft gewinnt erst präzisere Konturen, wenn man ihre Fähigkeit bewertet, das Leben zu verlängern und seine Qualität zu steigern. Obwohl heute in der Welt ein historisch beispielloser Wohlstand vorhanden ist, gibt es vielerorts Hungersnöte oder chronischen Nahrungsmangel. Noch immer sind vermeidbare Krankheiten und Todesfälle nicht nur in der Dritten Welt, sondern auch in Industrieländern weit verbreitet. Diese Probleme hängen, wie seit alters bekannt, insbesondere mit ökonomischen Verhältnissen zusammen; doch die Vor- und Nachteile alternativer Wirtschaftskonzepte vermag man erst richtig einzuschätzen, wenn man die herkömmlichen Kennziffern durch statistische Daten ergänzt, die noch enger mit dem Wohlergehen verknüpft sind.

Beispielsweise kann ein Land ein viel höheres Bruttoinlandsprodukt pro Kopf der Bevölkerung aufweisen als ein anderes, zugleich aber eine viel geringere durchschnittliche Lebenserwartung, weil seine Bürger kaum Zugang zu medizinischer Versorgung und Schulen haben. Mit Mortalitätsdaten lassen sich also politische Maßnahmen bewerten und wichtige Faktoren wirtschaftlicher Verelendung herausfinden – und zwar sowohl bei einzelnen Nationen als auch bei speziellen Gruppen innerhalb eines Landes.

Der Wert von Sterblichkeitsstatistiken ist an Problemen aus aller Welt zu illustrieren. Dazu gehören etwa verheerende Hungersnöte, die selbst dort auftreten, wo ausreichend Nahrung vorhanden ist, des weiteren geringe Lebenserwartung in Staaten mit hohem Bruttoinlandsprodukt, erhöhte Mortalität bei Frauen in einigen Teilen Asiens und Afrikas und schließlich die sehr kurze Lebensspanne von Afro-Amerikanern – nicht nur im Vergleich mit den Weißen in den USA, sondern sogar gegenüber der Bevölkerung einiger extrem armer Länder.

Ursachen des Hungers

Oft sucht man die ökonomische Erklärung für Mangel an Lebensmitteln in Maßzahlen ihrer Produktion und Verfügbarkeit. Die staatliche Politik stützt sich dabei häufig auf die Gesamtstatistik der pro Person verfügbaren Nahrungsmenge. [...] Entgegen der landläufigen Meinung kann eine Hungersnot aber auch dann ausbrechen, wenn diese generelle Rechnung aufgeht – sie kann fälschlich Sicherheit signalisieren und die Regierung geradezu daran hindern, gegen regionale Unterversorgung anzugehen; außerdem werden dadurch Hilfsmaßnahmen des Auslands verzögert und fehlgeleitet.

Um das Hungerproblem besser zu verstehen, muß man sowohl die Wege untersuchen, auf denen Nahrungsmittel beschafft und verteilt werden, als auch die Unterschiede der Mengen, auf die verschiedene Teile der Gesellschaft Zugriff haben. Womöglich hat ein beträchtlicher Prozentsatz der Bevölkerung nicht mehr genug Geld oder andere Mittel, sich Nahrung zu verschaffen. Die Ursache mag Arbeitslosigkeit sein, Kaufkraftverlust der Löhne oder eine Verschiebung der Tauschrate zwischen angebotenen Waren und Dienstleistungen einerseits und benötigten Lebensmitteln andererseits. Man muß also die wirtschaftlichen Prozesse kennen, von denen die Fähigkeit einer bestimmten Gruppe zur Grundversorgung abhängt, um gezielt dem Elend abhelfen zu können.

Die Hungersnot von 1974 in Bangladesch lehrt dies exemplarisch. In jenem Jahr war dort die pro Kopf verfügbare Lebensmittelmenge groß – ja sogar wegen der besonders guten vorhergegangenen Ernte größer als in jedem anderen Jahr zwischen 1971 und 1976 [...]. Doch zwischen Ende Juni und August störten oder verhinderten Überschwemmungen im nördlichen Landesteil die Reispflanzung (das Umsetzen aus den verstreut liegenden Anzuchtbeeten in die geordneten Naßfeldreihen) und andere landwirtschaftliche Tätigkeiten. Die Landarbeiter, die gewöhnlich von der Hand in den Mund leben, fanden keine Anstellung und konnten kaum mehr Lebensmittel kaufen. Panik verschlimmerte die Lage noch. Obwohl die ausgebrachten Pflanzen von den Wassermassen nur teilweise geschädigt waren und zu erwarten stand, daß sie größtenteils im Dezember erntereif würden, trieben Spekulations- und Hamsterkäufe im ganzen Land die Preise von Reis und anderem Getreide hoch, während die Kaufkraft der armen Bangladeschis vollends verfiel. Im Oktober erreichte nicht nur die Teuerung Spitzenwerte, sondern auch die Zahl der Verhungerten. Erst jetzt griff die Regierung zu breitangelegten Hilfsmaßnahmen. Verspätet reagierte sie unter anderem, weil erwarteter Nachschub ausfiel – die USA hatten ihre Nahrungsmittellieferungen wegen eines Streits um den Jute-Export Bangladeschs nach Kuba eingestellt. Doch eines der größten Hindernisse war vermeintliche Sicherheit aufgrund der günstigen Angebotsstatistik.

Sobald die Unterstützungsprogramme anliefen, schätzte der Markt auch die Winterernte realistischer ein: Anfang November begannen die Nahrungsmittelpreise zu fallen, und bis Ende des Monats konnten die meisten Hilfszentren geschlossen werden. Die Hungersnot war eigentlich schon vorbei, bevor die tatsächlich nur teilweise geschädigte Ernte termingerecht eingebracht wurde. Dieser Ablauf der Ereignisse erweist deutlich, wie verhängnisvoll es sein kann, sich einzig und allein auf die generellen Zahlenwerte der vorhandenen Nahrungsmenge zu verlassen. Lebensmittel sind niemals völlig gleichmäßig unter der Bevölkerung aufgeteilt; außerdem werden Vorräte der Erzeuger und des Handels je nach Gewinnerwartung und vermuteten Preisänderungen auf den Markt gebracht oder gehortet.

Oft haben Hungersnöte stattgefunden, ohne daß die nationale Statistik einen nennenswerten Rückgang des Nahrungsmittelangebots angezeigt hätte. Zum Beispiel trieb 1943 in Bengalen, dem fruchtbaren Ganges-Tiefland, letztlich die gesunkene Kaufkraft der Löhne die Landarbeiter massenweise in den Tod, Auch die Bevölkerung der äthiopischen Provinz Wollo verarmte 1973, und zwar durch eine starke, örtlich begrenzte Dürre, ohne daß dabei die gesamte Nahrungsmittelproduktion des Landes wesentlich zurückgegangen wäre; doch wegen des regionalen Preisverfalls wurde sogar ein Teil der Vorräte in wohlhabendere Gebiete verkauft (schon in den vierziger Jahren des vorigen Jahrhunderts hatte man Nahrungsmittel aus dem infolge von Übervölkerung, Unruhen und Mißernten verhungernden Irland ins florierende England verschifft).

Maßnahmen gegen den Hunger

Hungersnöte lassen sich auf unterschiedliche Art verhindern. In Afrika und Asien wäre es offensichtlich sinnvoll, mehr Nahrungsmittel anzubauen – nicht nur, weil dadurch der Lebensunterhalt billiger würde, sondern auch, weil die ländlichen Bevölkerungen besser verdienen könnten. Das setzt freilich gezielt gesetzte Anreize voraus, die Investitionen in die Landwirtschaft überhaupt erst lohnend machen. Erforderlich wären staatliche Begleitmaßnahmen wie ausgedehnte Bewässerung und das Fördern angemessener techischer Innovationen, was in Afrika weitgehend vernachlässigt wird. Doch verstärkte Agrarproduktion ist keine Patentlösung. Wenn man die nationalen Ressourcen allzu stark auf dieses Feld konzentriert, kann sich die unbeständige Witterung sogar noch verheerender auswirken. In Afrika ist es insbesondere südlich der Sahara dringend geboten, die Wirtschaft zu diversifizieren und unter anderem allmählich die industrielle Fertigung auszubauen. [...]

Es lassen sich Hungersnöte nur verhindern, wenn man die Kaufkraft der betroffenen Gruppen hebt. [...] Öffentliche Arbeitsprogramme zur Abwendung einer Katastrophe bedeuten für die Regierung eines armen Landes in der Regel keine außergewöhnliche finanzielle Belastung. Selbst wenn die absolute Anzahl der vom Verhungern Bedrohten hoch ist, handelt es sich meist nur um einen Bruchteil der Bevölkerung – normalerweise weniger als 5 bis 10 Prozent; und ihr Anteil an Einkommen und Nahrungsverbrauch macht oft nur 2 bis 4 Prozent aus. Darum ermöglichen ihnen relativ geringe Mittel ein Auskommen während der akuten Notsituation. [...]

Daß Indien in den letzten Jahren vor massenhaftem Tod im Elend verschont blieb, ist vor allem solchen Methoden zu verdanken. Die letzte große Hungersnot machte das Land 1943 durch, vier Jahre vor der Unabhängigkeit. Obwohl es 1967, 1973, 1979 und 1987 durch Naturkatastrophen zu drastischen Versorgungsengpässen kam, konnte der bedrohten Bevölkerung das Nötigste an Kaufkraft gesichert werden.

Die Methode Brot durch Arbeitsbeschaffung unterscheidet sich von der besonders in Afrika üblichen Praxis, die Menschen in Lagern zu sammeln und dort schlecht und recht zu ernähren. Diese Hilfe wirkt meist langsamer und überfordert die zuständigen Behörden mit organisatorischen Aufgaben. Zudem werden Äcker und Weiden verlassen; dies wiederum unterminiert die künftige Agrarproduktion. Oft werden bei den begünstigten oder erzwungenen Wanderungen zu Versorgungszentren Familien auseinandergerissen; und die Lager selbst sind häufig bald Brutstätten für ansteckende Krankheiten.

Hingegen haben öffentlich finanzierte Beschäftigungsprogramme keine derartigen wirtschaftlichen und sozialen Nachteile. Da sie bei den bestehenden Produktions- und Marktmechanismen ansetzen sowie die Händler und Transportunternehmer der Region einbeziehen, stärken sie oft sogar die ökonomische Infrastruktur. [...]

Obwohl solche Maßnahmen Marktmechanismen nutzen, handelt es sich an sich um Interventionspolitik. Weil der Markt versagt, muß die Regierung eingreifen und Arbeitsplätze anbieten. Günstig ist dann, wenn sich wenigstens ein Minimum an Lebensmittelvorräten in öffentlicher Hand befindet, mit denen sich einer preistreibenden Spekulation begegnen läßt. [...]

Sterblichkeit und Wohlstand

Wenn Menschen akut Hungers sterben, ist das Versagen von Wirtschaft und Politik offenkundig; hingegen zeigen permanent hohe Todesraten weniger extreme, dafür aber chronische Strukturschwächen an. Umgekehrt können höchst unterschiedliche ökonomische Strategien die Lebenserwartung steigern. So haben etwa Hongkong, Singapur und Südkorea zwischen 1960 und 1985 die Kindersterblichkeit während eines beispiellosen Wirtschaftsaufschwungs drastisch gesenkt; sie zählen heute, gemessen am Bruttoinlandsprodukt, zu den reichen Nationen. Doch Erfolge erzielten auch mehrere Länder, die immer noch arm sind – unter anderem China, Jamaika und Costa Rica.

Der Befund, daß ein armes Land in dieser Hinsicht durchaus mit reicheren Nationen mitzuhalten vermag, hat enorme politische Bedeutung. Damit wird die oft vertretene These fragwürdig, in der Dritten Welt könne für Gesundheit und Bildung erst genug getan werden, wenn die Wirtschaft prosperiere und die Währung stabil sei. Weil das Bildungs- und das Gesundheitswesen wie auch etliche besonders wirkungsvolle medizinische Dienstleistungen arbeitsintensiv sind, kosten sie in einem Billiglohnland relativ sehr viel weniger als in einer reicheren Volkswirtschaft.

Die Effekte langfristiger Bemühungen auf bescheidenem Niveau zeigten sich etwa in Sri Lanka (früher Ceylon). Dort wurden bereits zu Beginn dieses Jahrhunderts Alphabetisierungs- und Ausbildungsprogramme öffentlich gefördert. In den vierziger Jahren baute man die medizinische Versorgung stark aus, und 1942 begann die Verteilung von freiem oder subventioniertem

Reis, um die Unterernährung zu bekämpfen. Im Jahre 1940 lag die Todesrate noch bei 20,6 pro 1000 Einwohnern; bis 1960 war sie auf 8,6 gesunken. [...]
Gewiß kann wirtschaftliches Wachstum erheblich dazu beitragen, die Letalität und die Lebenserwartung zu verändern. Doch die Früchte der Prosperität kommen nicht immer diesem Ziel zugute. In vielen Staaten – zum Beispiel Arabien, Gabun, Brasilien und Südafrika – ist es um Bildung, Gesundheit und soziale Sicherheit der Gesamtbevölkerung viel schlechter bestellt als in Sri Lanka, China, Costa Rica [...], die zwar ein viel niedrigeres Bruttoinlandsprodukt haben, aber eine aktive Sozialpolitik treiben [...].

Mortalität in Industrieländern

Auch im Westen und in Japan waren staatliche Initiativen im Gesundheits-, Bildungs- und Ernährungssektor bedeutender als die Steigerung privaten Wohlstands. In England und Wales beispielsweise stieg die Lebenserwartung in den beiden Jahrzehnten um den Ersten und Zweiten Weltkrieg markanter als in jeder anderen Dekade dieses Jahrhunderts. Während der Kriege wurden die Lebensmittel rationiert und gleichmäßiger verteilt, und die Regierung mußte sich mehr um die Gesundheitsfürsorge kümmern [...]. Indes stieg in den beiden Jahrzehnten das Pro-Kopf-Bruttoinlandsprodukt langsamer als jemals sonst, und zwischen 1911 und 1921 sank es sogar.
Die Analyse von Sterblichkeitsdaten hilft bei der Bewertung sozialer Strukturen und entsprechender politischer Programme besonders dann, wenn es darum geht, entscheidende Ursachen für Ungleichheit zu ermitteln und zu beseitigen. In den USA etwa wäre dringlich neu zu klären, was eigentlich unter Verelendung zu verstehen sei. Zwar ist das private Einkommen offensichtlich ein wesentlicher Faktor; aber bei der Diskussion über Armut im allgemeinen und die Benachteiligung der Afro-Amerikaner im besonderen hat man darüber wichtige Aspekte des Problems übersehen.
So leben zwei Fünftel der Einwohner des Kernbereichs von Harlem im Norden des New Yorker Stadtteils Manhattan in Familien, deren Einkommen unter der offiziellen nationalen Armutsgrenze liegt. Die Tatsache ist zwar schockierend; doch dieses finanzielle Niveau, so niedrig es für amerikanische Verhältnisse ist, entspricht einem Vielfachen des Durchschnittseinkommens einer Familie in Bangladesch – selbst wenn man die Preis- und Kaufkraftunterschiede berücksichtigt. In mancher Hinsicht er lauben die Sterbestatistiken einen besseren Vergleich: Colin McCord und Harold Freeman von der Columbia-Universität und dem Harlem-Hospital in New York haben festgestellt, daß männliche Schwarze in Harlem mit geringerer Wahrscheinlichkeit das Alter von 65 Jahren erreichen als Männer in Bangladesch – ihre Überlebenschance ist vom 40. Lebensjahr an deutlich schlechter.
Noch schärfere Konturen gewinnt das Bild durch einen Vergleich mit China und Kerala (in Indien), wirtschaftlich gleichfalls schwachen Ländern, die aber weit mehr für ihr öffentliches Gesundheits- und Bildungswesen unternommen haben als Bangladesch. Zwar ist die Kindersterblichkeit in China und Kerala höher als in Harlem, die jungen und erwachsenen Männer haben jedoch größere Überlebenschancen [...]. Die höhere Mortalität der Männer in Harlem ist zum Teil durch gewaltsame Todesfalle verursacht. Gewalt ist ein wesentliches Element der Verelendung in den USA, obgleich nicht der einzige Grund für hohe Sterblichkeit. [...]

Mortalität und Geschlecht

Aus den Sterblichkeitsdaten geht eine weitere Begleiterscheinung rassischer Ungleichheit hervor: die relativ starke Verelendung der afro-amerikanischen Frauen. In mancher Hinsicht ergeht es ihnen noch schlechter als den männlichen Schwarzen. Im Extremfall Harlem etwa haben schwarze Frauen vom 35. Lebensjahr an eine geringere Überlebenswahrscheinlichkeit als Chinesinnen, sogar schon vom 30. Lebensjahr an eine geringere als Inderinnen aus Kerala. [...] Die unterschiedliche Lebenserwartung von Schwarzen und Weißen in den USA ist sicherlich teilweise durch ihr unterschiedliches Einkommen bedingt. Aber die Diskrepanz verschwindet selbst dann nicht, wenn man die Sterbestatistik nach der Höhe des Einkommens aufschlüsselt; und die relativ hohe Mortalität von schwarzen gegenüber der von weißen Frauen ist praktisch überhaupt nicht durch Einkommensunterschiede erklärbar. [...]
Rein medizinischen Indizien zufolge sollten Frauen bei gleichen Lebensumständen generell eine niedrigere Sterblichkeitsrate haben als Männer. Schon der weibliche Fetus scheint weniger durch Fehlgeburt gefährdet zu sein. Obwohl wegen ihrer Bevorteilung bei der Empfängnis noch bei der Geburt männliche Individuen um 6 Prozent überwiegen, leben denn auch in Europa und Nordamerika etwa 5 Prozent mehr weibliche.
Doch in vielen Entwicklungsländern ist das Verhältnis von Frauen zu Männern ganz anders: Während es in Afrika südlich der Sahara noch 1,02 beträgt, liegt es in Nordafrika bei 0,98, in China, Bangladesch und Westasien bei 0,94, in Indien bei 0,93 und in Pakistan bei 0,91. Um eine Vorstellung zu vermitteln, was das in absoluten Zahlen bedeutet, haben Jean Dreze von der London School of Economics und ich den Wert von Afrika südlich der Sahara als Bezugsgröße genommen. Demnach fehlen sozusagen 44 Millionen Frauen allein in China und 37 Millionen in Indien; von anderen Bezugs-

größen ausgehende Schätzungen kommen auf global 60 bis 90 Millionen.

Das Phänomen der fehlenden Frauen ist das Resultat einer seit langem höheren Sterblichkeit und fortwährender Diskriminierung bei der Gesundheitsversorgung und der Ernährung in den betreffenden Ländern. Nur zwei Beispiele: Jocelyn Kynch von der Universität Oxford und ich haben Krankenblätter von Kliniken in Bombay untersucht; dort wurden Frauen erst eingewiesen, wenn sie schwerer erkrankt waren als Männer. Und in Zusammenarbeit mit Sunil Sengupta von der Visva-Bharati-Universität in Birbhum (West-Bengalen) fand ich heraus, daß in zwei Dörfern der Gegend Knaben bei der ärztlichen Verordnung von Aufbaukost systematisch bevorzugt wurden. Obwohl die Zurücksetzung der Frau auf historische und kulturelle Faktoren zurückgeht, sind auch wirtschaftliche Bedingungen dafür ausschlaggebend. Offensichtlich verbessern Frauen ihren sozialen Status, wenn sie einen Beruf – insbesondere auf qualifizierteren Arbeitsplätzen außerhalb des eigenen Haushalts – ausüben und selber Geld verdienen; dann kümmert sich die übrig Familie auch mehr um sie. Zudem bietet ihnen das Auftreten in der Öffentlichkeit mehr Gelegenheit, die bestehende soziale und wirtschaftliche Ordnung in Frage zu stellen. Alphabetisierung, bessere Bildung, das Recht auf Landbesitz oder Erbfolge heben ebenfalls den allgemeinen Status von Frauen. In Kerala haben auch wirtschaftspolitische Maßnahmen dazu beigetragen und der Staat bietet einem großen Teil der berufstätigen Frauen respektable Arbeitsplätze. Außerdem ist, wie bereits dargestellt, das Bildungwesen gut entwickelt, so daß die meisten Heranwachsenden beiderlei Geschlechts lesen und schreiben lernen, und der Gesundheitsdienst ist weithin ausgebaut.

Aus: Amartya Sen, Lebensstandard und Lebenserwartung, in: Spektrum der Wissenschaft, Digest: Umwelt – Wirtschaft, o. J., S. 31–37.

Zur Texterschliessung

1. Geben Sie wieder, wie der Autor die Notwendigkeit begründet, neben den „traditionellen" Kennziffern (BIP usw.) weitere zur Beurteilung wirtschaftlicher Leistungsfähigkeit heranzuziehen.
2. Ursachen des Hungers: Erläutern Sie, welche Marktprozesse in Sens Beispielen zum Verlauf der Katastrophen beitrugen.
3. Sen nennt Beispiele politischer Handlungsmöglichkeiten zur Bekämpfung von Hunger und verfrühter Sterblichkeit. Erörtern Sie, wie sie im Spannungsfeld von Marktprozessen und politischer Planung zu verorten sind.

7.0 Staatstheorien

Gesellschaft und Staat

Ob an einem Tag mehrere Kursarbeiten geschrieben werden dürfen, ob der Autoführerschein schon mit sechzehn Jahren gemacht werden kann, ab welchem Zeitpunkt man sich als Minderjährige/r abends nicht mehr auf öffentlichen Plätzen aufhalten darf – all dies fällt in die Regelungskompetenzen des Staates bzw. des politischen Systems. Der Staat, der auf den ersten Blick als etwas sehr Abstraktes erscheint, ist also im Alltag immer präsent: Er regelt das Zusammenleben der Menschen und reglementiert, was im Falle von Verbotsübertretungen zu geschehen hat. Doch auch wenn der Staat alltäglich und immer präsent ist (meist natürlich nur indirekt und durch seine Repräsentant(inn)en wie zum Beispiel Polizist(inn)en oder Richter/innen), ist die Frage nach der Definition dessen, was als Staat zu gelten hat, in der sozialwissenschaftlichen Debatte umstritten.
Der Staatsbegriff stand in der klassischen politischen Theorie noch unumstritten im Zentrum aller Analyse. In der jüngeren Vergangenheit gehört er zwar immer noch zu den wichtigsten Grundlagen gesellschaftswissenschaftlicher Forschung, wird jedoch mehr und mehr durch andere Kategorien ergänzt und überlagert. (vgl. Kap. 9)
Nach der klassischen, aus dem rechtswissenschaftlichen Kontext stammenden Definition ist ein Staat in seiner Existenz durch das gemeinsame Vorhandensein dreier Elemente charakterisiert: eines Staatsvolkes, eines Staatsgebietes und einer Staatsgewalt. Sieht man vom Vatikan ab, erfüllen alle Staaten der Welt diese Bedingungen – und sind doch extrem unterschiedlich. Zum Staatsvolk können Menschen beispielsweise gehören, weil sie auf dem Territorium des jeweiligen Staates geboren worden sind (ius soli; Recht des Bodens) oder weil sie Kinder von Eltern sind, die Angehörige des entsprechenden Staates sind (ius sanguinis; Recht des Blutes), ein Staatsgebiet kann so groß sein wie das Russlands oder so klein wie das des Fürstentums Liechtenstein. Die Staatsgebiete sind heute weitgehend durch internationales Recht definiert; wie sich ein Staatsgebiet herausbildet ist in der modernen Staatstheorie keine offene Frage mehr. Gleichwohl sind Grenzstreitigkeiten und -Konflikte häufig. Gesellschaftspolitisch brisanter ist die Frage nach dem Staatsvolk: Wer gehört warum zu einem Staat und wer mit welchen Konsequenzen nicht? Ausschluss von der Staatszugehörigkeit kann (etwa bei Flüchtlingen, die ein Staatsgebiet nicht betreten dürfen) lebensbedrohliche Konsequenzen haben, Zugehörigkeit allerdings ebenso – etwa im Kriegsfall, wenn ein Staat Menschen zum Militärdienst einzieht. Zentraler Gegenstand auch der modernen Staatstheorie ist die Frage nach der Staatsgewalt: Wer entscheidet warum und unter Maßgabe welcher Grundsätze über die Macht- und Herrschaftsverhältnisse in einer politischen Ordnung? Damit ist auch die Frage nach der Legitimität staatlicher Ordnung gestellt: Da seit der Durchsetzung bürgerlicher Gesellschaft keine Ordnung glaubhaft beanspruchen kann, „natürlich“ oder „gottgegeben“ zu sein, bedarf die Staatsgewalt einer Rechtfertigung. Wird sie im Interesse ihrer Bürger ausgeübt? Oder, genauer: welcher Bürger? Und sind die Bürger in ausreichendem Maße am Zustandekommen politischer Entscheidungen beteiligt? Die im Folgenden vorgestellten Autorinnen und Autoren geben sehr unterschiedliche, höchst kontroverse Antworten auf diese Fragen.

Literaturhinweise

Fritz Blumöhr u. a., Staatsformen der Gegenwart, Bamberg 1997.
Dieter Oberndörfer/Beate Rosenzweig, Klassische Staatsphilosophie. Texte und Einführungen, München 2000.
Rüdiger Voigt, Den Staat denken. Der Leviathan im Zeichen der Krise, Baden-Baden 2007.
Reinhold Zippelius, Geschichte der Staatsideen, 10. Aufl., München 2003.

Leitfragen

1. Woraus ergibt sich in den Texten die Notwendigkeit einer Staatsgewalt?
2. Wie konstituiert sich ein Staat?
3. Welche Aufgabenbereiche staatlichen Handelns werden genannt?
4. Welche politischen Ordnungsmodelle (Staatsformen) werden bevorzugt?
5. In welchem Verhältnis stehen die Staatstheorien zur jeweils geltenden Ordnung?
6. Wie stellt sich das Verhältnis von Staat und Gesellschaft dar? Welche Spannungen und Gefährdungen werden dabei thematisiert?

7.1 Staatstheorien bis Mitte des 20. Jahrhunderts

Warum und wie sind Staaten entstanden? Dies ist eine der zentralen Fragen, die in der klassischen Staatstheorie thematisiert werden. Denn Staaten – selbst im Sinne einer ganz allgemeinen Definition als einer Gesamtheit öffentlicher Institutionen, die das Leben von Menschen reglementieren – hat es nicht zu allen Zeiten gegeben. Eine zweite häufig diskutierte Frage, nämlich die nach den unterschiedlichen Staatsformen, knüpft hieran unmittelbar an. Denn wer anfängt, sich mit dem Thema „Staat" zu beschäftigten, wird schnell feststellen, dass einerseits nicht alle Staaten auf die gleiche Art und Weise strukturiert sind, andererseits jedoch nur eine begrenzte Zahl grundsätzlich verschiedener Formen unterschieden werden kann. Das heißt, Staaten unterscheiden sich, ihre Struktur kann jedoch typologisiert werden, also durch Abstraktion einem bestimmten Staatsmodell zugeordnet werden. Innerhalb der Staatstheorie ist man sich allerdings über die Anzahl der zu unterscheidenden Modelle nicht einig, weil diese davon abhängt, was der/die jeweilige Theoretiker/in als wesentliche Unterscheidungsmerkmale definiert. Und dies wiederum ist meist nicht unabhängig davon, welche Staatsform jeweils für erstrebenswert gehalten wird. Die Anfänge der sogenannten Staatsformenlehre reichen bis in die Antike zurück, wobei als der Klassiker schlechthin Aristoteles (384–322 v. Chr.) gilt, der die erste systematische Klassifikation verschiedener Staatsformen entwickelt hat. Die folgenden Textauszüge klassischer staatstheoretischer Schriften reichen historisch zwar nicht bis in die Antike zurück, sondern nur bis in die frühe Neuzeit; auf die antike Staatsphilosophie, insbesondere auf Aristoteles' Staatsformenlehre, wird jedoch bei vielen explizit oder implizit Bezug genommen. Aristoteles unterscheidet in der „Politik" [1] drei Staatsformen anhand der Zahl derjenigen, die die Staatsgewalt ausüben: Alleinherrschaft, Herrschaft Weniger und Herrschaft Vieler. Jede dieser drei Formen differenziert er weiter danach, ob innerhalb der Herrschaftsform im Hinblick auf das Gemeinwohl oder den Eigennutz weniger regiert wird, sodass er auf insgesamt sechs Staatsformen kommt: die Monarchie ist die positive Form der Alleinherrschaft, die Tyrannis die negative; die positive Ausprägung der Herrschaft Weniger ist die Aristokratie, die Oligarchie deren negative Form; Politie ist die positive Form der Herrschaft Vieler, Demokratie die negative. [2]

Niccolò Machiavelli (1469–1527, S. 253 ff.) war der erste neuzeitliche Staatstheoretiker, dem es darum ging, zu verstehen, wie Staaten erhalten und stabilisiert werden können. Er thematisiert in seiner grundlegenden Schrift über Staat und Politik, dem „Discorsi", die beiden eingangs genannten Fragen vor dem Hintergrund einer schweren politischen Krise der Florentiner Republik. Er unterscheidet zwei Staatsgründungsvarianten, Zusammenschluss zum Zwecke der Verteidigung und Koloniebildung, und er ergänzt die Aristotelische Staatsformentypologie um eine gemischte Variante, die von „weisen Gesetzgebern" gewählt werde. Für Machiavellis politisches Denken ist die Auffassung charakteristisch, dass politisches Handeln zweckrational, das heißt nicht an normativen, ethisch-theologischen Prämissen ausgerichtet, sondern nur an der Wirklichkeit orientiert sein solle. Machiavelli beschreibt und typologisiert nicht nur, sondern er bewertet die von ihm dargestellten politischen Ereignisse, Maßnahmen und Entscheidungen, und zwar nicht nach moralischen Kriterien, sondern einzig und allein im Hinblick auf die Frage, ob sie gut für die Stabilität und Erhaltung der jeweiligen staatlichen Herrschaftsform sind.

Jean Bodin (1529 oder 1530–1596, S. 257 ff.) beschäftigt sich in den „Sechs Büchern über die Republik" mit ähnlichen Fragen, wenn auch mit anderer Intention. Ihm geht es im Unterschied zu Machiavelli nicht in erster Linie um die Stabilität und Erhaltung einer staatlichen Herrschaftsform, sondern neben einer umfassenden theoretischen Analyse des frühneuzeitlichen Staates um die Kritik der französischen Aristokratie, die seines Erachtens vor dem Hintergrund der konfessionellen Bürgerkriege zwischen Calvinisten und Katholischer Liga durch eine starke monarchische Zentralgewalt abgelöst werden sollte. Bodin unterscheidet wie Machiavelli zwei Staatsgründungsvarianten, allmähliche Vergrößerung von Familien und Koloniebildung, aber nur drei Staatsformen – Monarchie, Aristokratie und Demokratie. Bodin beschreibt zwar wie Machiavelli diverse Veränderungen in der Staatsform und bewertet diese auch, allerdings nicht nach dem Kriterium der Zweckrationalität, sondern er entwickelt seine Lehre vom guten Staat, dem absolutistischen Ständestaat, auf der Basis einer theologisch begründeten Ethik; sein Wertmaßstab ist das Christentum.

Auch **Thomas Hobbes** (1588–1679, S. 261 ff.) entwickelt seine Staatstheorie angesichts heftiger politischer Auseinandersetzungen seiner Zeit. Vor dem Hintergrund des englischen Bürgerkriegs geht er im „Leviathan" der Fra-

1 Vgl. Aristoteles, Politik. Übersetzt und herausgegeben von Olof Gigon, 10. Aufl., München 2006.

2 Wobei dieser Begriff nicht mit den heutigen Demokratie-Formen gleichgesetzt werden darf.

ge nach, wie eine vertragstheoretisch fundierte stabile politische Ordnung errichtet werden kann, wobei er nicht über einen bestimmten Staat schreibt, sondern über den aus seiner Sicht richtigen, recht begründeten und recht beherrschten Staat, es geht ihm also wie Bodin um eine Lehre vom guten Staat. Im Unterschied etwa zu Aristoteles ist für Hobbes der Mensch qua Natur nicht in einen sozialen Zusammenhang gestellt, sondern ein isoliertes, bindungsloses Individuum, dem es nur um Selbsterhaltung gehen könne. Aus der Konkurrenz der Menschen untereinander resultiere, dass immer mehr Macht zur Selbsterhaltung notwendig werde. In der Folge komme es letztlich zum Krieg eines jeden gegen jeden, der im Sinne der Selbsterhaltung nur durch vertraglichen Zusammenschluss freier und gleicher Individuen zum Staat (Leviathan, urspr. ein biblisches Ungeheuer) überwunden werden könne.

John Locke (1632–1704, S. 264 ff.) zählt wie Hobbes zu den klassischen Vertragstheoretikern, ist allerdings kein Befürworter der absoluten Monarchie, sondern gilt als einer der wichtigsten Begründer des liberalen Rechts- und Verfassungsstaates. Lockes „guter Staat" ist in Anlehnung an die zeitgenössische englische Verfassungsordnung die konstitutionelle Monarchie, in der das Prinzip der Gewaltenteilung verwirklicht ist. In der Auseinandersetzung mit zeitgenössischen Befürwortern der absoluten Monarchie leitete er in „Über die Regierung" den Zweck und die Rechtfertigung der Staatsgewalt aus den natürlichen Rechten der Individuen ab. Wie Hobbes geht Locke vom Naturzustand aus, der für ihn zwar nicht primär kriegerisch, aber dennoch von Unsicherheiten in Bezug auf die körperliche Unversehrtheit und den Schutz des Eigentums für die freien, gleichen und besitzenden Individuen bestimmt ist, weshalb sie sich qua Vertrag zu Staaten zusammenschließen. Im Unterschied zur Hobbes'schen Konzeption unterwerfen sich die Menschen jedoch nicht durch Abgabe ihrer natürlichen Rechte dem Staat, sondern sie begründen den Staat, um diese Rechte besser zu schützen.

Charles de Montesquieu (1689–1755, S. 267 ff.) als einflussreichster Theoretiker des liberalen Verfassungsstaates entwickelte im „Geist der Gesetze" die Locke'sche Staatstheorie im Sinne der Aufklärung weiter. Anhand seiner Interpretation der Verfassung der zeitgenössischen englischen konstitutionellen Monarchie zeigt er, wie durch die Dreiteilung der Staatsgewalt der Missbrauch der Macht verhindert werden könne; aus seiner Sicht wäre Freiheit unmöglich, wenn Legislative, Exekutive und Judikative (gesetzgebende Gewalt, ausführende Gewalt und rechtsprechende Gewalt) von der/den gleichen Person/en ausgeübt würden.
Die Kritik **Jean-Jacques Rousseaus** (1712–1778, S. 272 ff.) an der Staatlichkeit seiner Zeit war radikaler als die der bisher genannten Theoretiker. Seiner Auffassung nach ist schon die Vergesellschaftung selbst eine Entfernung von der Moralität des im Naturzustand befindlichen Menschen. Rousseau sieht insbesondere im individuellen Eigentum eine zentrale Quelle allen Übels. Seine Staatstheorie setzt sich mit dem Problem auseinander, wie ein von Natur aus gutes und freies Individuum seine Freiheit behalten könne, wenn es den Naturzustand verlasse und in den Zustand der Gesellschaft übertrete. Der Gesellschaftsvertrag ist ein Versuch, den moralischen Zustand sozusagen im Nachhinein wieder herzustellen.
Während es in den staatstheoretischen Überlegungen von Bodin, Hobbes, Locke, Montesquieu und Rousseau (auch) um die Frage einer guten politischen Ordnung geht, spielen für **Carl Schmitt** (1888–1985, S. 276 ff.) derlei Überlegungen keine Rolle. In seiner Schrift „Der Begriff des Politischen", die ablehnend gegen die pluralistische (Weimarer) Demokratie gerichtet ist, geht er davon aus, dass der Begriff des Staates als politischer Einheit eines Volkes den des Politischen voraussetzt, wobei sich das Politische dadurch auszeichne, eine Unterscheidung zwischen Freund und Feind treffen zu können, um Letzteren notfalls durch Krieg zu bekämpfen. Für Schmitt ist nicht bedeutsam, ob der zu bekämpfende Feind „moralisch böse" ist oder als Konkurrent gilt, es genügt, dass er „anders", dass er fremd ist. Vorausgesetzt wird dabei, dass innergesellschaftliche Interessengegensätze gegenüber dem „Volksganzen" letztlich unwesentlich sind.

Hannah Arendt (1906–1975, S. 280 ff.) kommt schließlich in ihrer Analyse des nationalsozialistischen Deutschland und der bolschewistischen Sowjetunion zu dem Ergebnis, dass es sich bei den Herrschaftsformen um eine gänzlich neue Staatsform handele, die mit der klassischen Staatsformenlehre nicht beschrieben und erklärt werden könne. Unter anderem sei die im 20. Jahrhundert erstmalig aufgetretene totalitäre Staatsform durch die Methode des Terrors charakterisiert, die sich grundsätzlich von der Gewaltanwendung in anderen Staatsformen – besonders der aristotelischen Tyrannis – unterscheide. Dabei geht es ihr nicht darum, Stalinismus und Faschismus als „Totalitarismus" gleichzusetzen, sondern darum, eine mögliche Entwicklungsrichtung staatlicher Herrschaft zu analysieren.

7.1.1 Niccolò Machiavelli: Die Begründung der Staatsräson

Der in Florenz geborene Niccolò Machiavelli (1469–1527) entstammte einer alten, aber verarmten Patrizierfamilie, sein Vater war als Jurist und Kämmerer für die Republik Florenz tätig. Über Machiavellis Ausbildung ist wenig bekannt. 1498 wurde er nach dem Sturz Girolamo Savanorolas[1] Sekretär der Zweiten Kanzlei der Republik Florenz, später Sekretär des Rats der Zehn, sozusagen der florentinischen Machtzentrale. In der Zweiten Kanzlei beschäftigte er sich vor allem mit der inneren Verwaltung, im Rat der Zehn war er als eine Art Staatssekretär verantwortlich für die Außen- und Verteidigungspolitik, wozu auch diplomatische Tätigkeiten zählten. Machiavelli reformierte in diesem Zusammenhang unter anderem das Florentiner Militärwesen, wobei es ihm darum ging, die seines Erachtens unzuverlässigen und ineffektiven Söldnertruppen durch Bürgermilizen zu ersetzen. Machiavelli leitete die neue Bürgermiliz, die jedoch 1512 der spanischen Infanterie, welche auf Seiten der Medici kämpfte, unterlag. Machiavelli wurde nach der Wiederherstellung der Herrschaft der Medici seiner Ämter enthoben, schließlich verdächtigt, an einer Verschwörung gegen die neuen Machthaber beteiligt zu sein, verhaftet und verbannt. Während der erzwungenen politischen Untätigkeit verfasste er 1513 seine bekannte Schrift „Il principe" (dt.: Der Fürst), die er den Medici widmete. Neben literarischen Werken verfasste er außerdem den grundlegenden Band über Staat und Politik, die Discorsi, aus dem der folgende Textauszug stammt, in dem Machiavelli die Ursprünge der (Stadt-)Staaten und der verschiedenen Staatsformen beschreibt und beurteilt.

Machiavelli war ein scharfer Beobachter und Kenner der zeitgenössischen Politik. Er verglich in seinen politischen Schriften seine Erfahrungen als Florentiner Staatssekretär mit den Schriften römischer Historiker. Ihm ging es darum, Verallgemeinerungen zu suchen, um daraus Ratschläge für die politische Praxis ableiten zu können. In den Discorsi geht es um die Geschichte der frühen römischen Republik nach der Überlieferung von Titus Livius. An diesem Beispiel diskutiert Machiavelli die Prinzipien einer gerechten und erfolgreichen Politik im normativen Sinn. Er stellt nie nur dar, sondern beurteilt – theoretisch fundiert – alle von ihm als unzureichend klassifizierte politische Praxis mit dem Ziel, diese zu verändern. Oberstes Primat ist für ihn der Erhalt des Staates, weshalb er in „Il principe" so weit geht, den Herrscher unter der Voraussetzung des Staatsnotstandes vom Zwang zu befreien, nach ethischen Normen zu handeln, womit er letztlich die Lehre von der Staatsräson begründet. Machiavelli hat als Vorläufer einer theoretischen Politikwissenschaft großen Einfluss auf die Staatsphilosophie der folgenden Jahrhunderte ausgeübt.

1 Savanorola (1452–1498) war einer der bedeutendsten zeitgenössischen Bußprediger und Prior des Klosters San Marco in Florenz. Nachdem der Herrscher von Florenz, Pietro de' Medici, von seinen Landsleuten gestürzt worden war, weil er der französischen Armee den Einzug in die Stadt erlaubt hatte, um sie von Eroberung und Plünderung abzuhalten, entwarf Savanorola eine neue Verfassung und versuchte in seiner „Diktatur Gottes" jeden Luxus und jedes Vergnügen zu verbieten, bis er 1498 als Ketzer verbrannt wurde.

Literaturhinweise

Frank Deppe, Niccolò Machiavelli. Zur Kritik der reinen Politik, Köln 1987.
Wolfgang Kersting, Niccolò Machiavelli, München 1988.
Rüdiger Vogt, Im Zeichen des Staates. Niccolò Machiavelli und die Staatsräson, in: ***Herfried Münkler/Rüdiger Vogt/Ralf Walkenhaus (Hrsg.),*** Demaskierung der Macht. Niccolò Machiavellis Staats- und Politikverständnis, Baden-Baden 2004, S. 33–60.
Rüdiger Vogt/Ralf Walkenhaus/Herfried Münkler, Niccolò Machiavellis Politikverständnis, in: ***Herfried Münkler/Rüdiger Vogt/Ralf Walkenhaus (Hrsg.),*** Demaskierung der Macht. Niccoló Machiavellis Staats- und Politikverständnis, Baden-Baden 2004, S. 13–29.

M 1 Discorsi. Staat und Politik

Liest man die Urgeschichte Roms, wie es gegründet wurde und welches seine Gesetzgeber waren, so wundert man sich nicht, daß sich jahrhundertelang so große Kraft in dieser Stadt erhielt und daß aus dieser Republik allmählich ein Weltreich entstand. Um zunächst von ihrem Ursprung zu reden, schicke ich voraus, daß alle Städte entweder von Eingeborenen der Gegend oder von Fremden erbaut werden.

Das erste tritt ein, wenn die Bewohner sich infolge ihrer zerstreuten Siedlungsweise nicht sicher fühlen. Wegen der Lage der Wohnorte oder der geringen Kopfzahl kann nicht jeder für sich dem Angriff eines Feindes standhalten; auch können sie sich im Fall eines feindlichen Angriffs nicht rasch genug zur Verteidigung sammeln. Geschähe es aber auch rechtzeitig, so müßten viele ihre Wohnsitze verlassen, und diese fielen dann rasch ihren Feinden zur Beute. Um diesen Gefahren zu entgehen, ziehen sie von selbst oder auf Veranlassung eines, der bei ihnen in besonderem Ansehen steht, an einem ausgesuchten Ort zusammen, wo sie bequemer leben und sich leichter verteidigen können. [...]

Im zweiten Fall wird eine Stadt von Fremden erbaut, und zwar entweder von freien Männern oder von abhängigen. Dahin gehören die Kolonien, die von einer Republik oder von einem Fürsten angelegt werden, um sich der überschüssigen Menschen zu entledigen, oder um ein neu erobertes Gebiet ohne Kosten zu sichern. [...] Da aber diese Städte nicht freien Ursprungs sind, so machen sie selten so große Fortschritte, daß sie zu Hauptstädten eines Reiches emporsteigen. [...]

Frei sind die Städtegründer, wenn ein Volk unter einem Herrscher oder selbständig neue Wohnsitze aufsucht, weil es durch Krankheit, Hunger oder Krieg zum Verlassen der Heimat gezwungen ist. Solche Völker lassen sich entweder in den Städten nieder, die sie in den eroberten Ländern finden, wie die Juden unter Moses, oder sie erbauen neue, wie die Römer unter Aeneas. In diesem Falle zeigt sich die Leistung des Erbauers und das Glück seiner Schöpfung. Je größer der Mann, um so wunderbarer erscheint das Gelingen. Seine Größe erkennt man an zweierlei: an der Wahl des Ortes und an seiner Gesetzgebung.

Die Menschen arbeiten entweder aus Not oder aus eigenem Antrieb, und zwar zeigt sich da die größere Arbeitsamkeit, wo die Arbeit am wenigsten von unserm Belieben abhängt. Es fragt sich also, ob es nicht besser wäre, zur Städtegründung unfruchtbare Gegenden zu wählen, wo die Menschen mehr zur Arbeit gezwungen sind und sich weniger dem Müßiggang ergeben können, somit desto einträchtiger leben, da sie bei der Armut der Gegend weniger Anlaß zu Zwistigkeiten haben. [...] Nun wäre eine solche Wahl ohne Zweifel die klügste und nützlichste, wenn die Menschen sich mit dem Ihrigen begnügten und nicht andern gebieten wollten. Da sie sich aber nur durch Macht sichern können, so muß man durchaus die unfruchtbaren Gegenden meiden und sich an den fruchtbarsten Orten niederlassen, wo man sich dank der Ergiebigkeit des Bodens ausbreiten und nicht nur jeden Angreifer abwehren, sondern auch jeden niederwerfen kann, der der eignen Ausbreitung entgegentritt. Was aber den Müßiggang betrifft, zu dem eine günstige Lage verleiten kann, so müssen die Einwohner durch Gesetze zu den Pflichten gezwungen werden, zu denen sie die Lage nicht zwingt. Hier muß man die weisen Gesetzgeber nachahmen, die in den lieblichsten und fruchtbarsten Ländern gewohnt haben, wo die Menschen leicht träge und zu jeder männlichen Anstrengung untauglich werden: um der Gefahr des Müßigganges infolge des milden Himmelsstrichs vorzubeugen, nötigten sie die zum Kriegsdienst bestimmten Männer zu soldatischen Übungen. So sind hier bessere Soldaten entstanden als in von Natur rauen und unfruchtbaren Ländern. [...]

Ich sage also, daß es klüger ist, sich in einer fruchtbaren Gegend niederzulassen, wenn die Wirkung der Fruchtbarkeit durch Gesetze in gebührenden Schranken gehalten wird. [...]

Ich sehe von den Staaten ab, die ursprünglich in Abhängigkeit standen, und rede nur von denen, die von Anfang an frei von jedem fremden Joch waren und sich nach eigenem Gutdünken als Republiken oder Monarchien regierten. So verschieden ihr Ursprung war, so verschieden waren auch ihre Gesetze und Einrichtungen. Einige erhielten ihre Gesetze bei ihrer Gründung oder nicht lange nachher von einem einzigen und auf einmal, [...] Andre empfingen sie bei Gelegenheit und nach und nach, je nach den Ereignissen, wie Rom. Glücklich der Staat, der einen Weisen hervorbringt, der ihm bleibende Gesetze gibt, unter denen er lange Zeit sicher leben kann! [...] Weit schlechter daran ist ein Staat, dem kein weiser Gesetzgeber beschieden war, und der sich selbst eine neue Ordnung geben muß. Am unglücklichsten aber ist der Staat, wo am wenigsten Ordnung herrscht, und das ist der Fall, wenn seine Einrichtungen ganz vom geraden Wege abweichen, der ihm zum wahren Ziel der Vollkommenheit führen kann. Denn befindet er sich auf dieser Bahn, so ist es fast unmöglich, daß er durch irgendein Ereignis wieder ins Geleise kommt. Ist die Einrichtung der andern auch nicht vollkommen, so haben sie doch einen guten Anfang gemacht, der einen Fortschritt erlaubt, ja sie können durch günstige Umstände zur Vollkommenheit gelangen, allerdings nicht ohne Gefahren. Denn die Mehrzahl der Menschen stimmt einem neuen Gesetz, das eine Neuordnung im Staatswesen bezweckt, nur dann zu, wenn sie dessen Notwendigkeit einsehen, und da diese Notwendigkeit nur bei Gefahr eintreten kann, so geht der Staat leicht zugrunde, bevor er seine Vollkommenheit erlangt. [...]

Einige politische Schriftsteller nehmen drei Regierungsformen an, nämlich die Monarchie, Aristokratie und Demokratie, für deren eine sich der Begründer eines Staates je nach der Zweckmäßigkeit entscheiden müsse. Andre dagegen, und nach der Ansicht vieler die Klügeren, sind der Ansicht, daß es sechs Regierungsformen gibt, von denen drei abscheulich, die drei andern an sich zwar gut seien, aber so leicht ausarteten, daß sie gleichfalls verderblich würden. Die guten sind die drei oben genannten, die schlechten sind drei andere, die aus ihnen entstehen. Jede von ihnen ist der, aus der sie entsprungen ist, so ähnlich, daß der Übergang von der einen zur andern sehr leicht ist. Denn die Monarchie artet leicht zur Tyrannis, die Aristokratie zur Oligarchie und die Demokratie zur Zügellosigkeit aus. Führt also der Begründer eines Staates eine der drei ersten Formen ein, so ist es nur für kurze Zeit. Es läßt sich durch nichts verhindern, daß sie in ihr Gegenteil umschlägt, denn Tugend und Laster wohnen hier dicht beieinander.

Diese verschiedenen Regierungsformen sind durch Zufall entstanden. Im Anfang der Welt, als die Menschen noch spärlich waren, lebten sie zerstreut wie die Tiere. Später, als ihr Geschlecht sich vermehrte, schlossen sie sich zusammen und begannen, um sich besser verteidigen zu können, den Stärksten und Tapfersten unter ihnen zu achten, machten ihn zu ihrem Oberhaupt und gehorchten ihm. Daraus entsprang der Begriff des Edlen und Guten im Gegensatz zum Schädlichen und Bösen. Denn man sah, daß aus dem Unrecht, das einer seinem Wohltäter zufügte, Haß und Mitleid entsprang, daß die Undankbaren getadelt, die Dankbaren aber geehrt wurden; auch sagte sich jeder, daß ihm die gleiche Unbill selbst widerfahren könnte. Um ähnlichen Übeln vorzubeugen, entschloß man sich, Gesetze zu schaffen und ihre Übertretung zu strafen. Hieraus entstand der Begriff der Gerechtigkeit. Infolgedessen sah man fortan bei der Wahl eines Oberhauptes nicht mehr auf den Tapfersten, sondern auf den Klügsten und Gerechtesten. Als man aber später den Fürsten durch Erbfolge und nicht durch Wahl bestimmte, begannen die Erben sofort auszuarten, vergaßen die Taten ihrer Vorfahren und wähnten, die Fürsten hätten nichts weiter zu tun, als die andern in Pracht, Zügellosigkeit und jeder Art von Üppigkeit zu übertreffen. So wurde der Fürst verhaßt und begann sich wegen dieses Hasses zu fürchten. Von der Furcht ging er bald zu Gewalttaten über, und so entstand bald die Tyrannis.

Das war der Anfang der Umstürze, der Meutereien und Verschwörungen gegen die Fürsten. Deren Anstifter aber waren nicht die Furchtsamen und Schwachen, sondern die Edelmütigsten, Hochherzigsten, Reichsten und Vornehmsten, die das schimpfliche Leben des Fürsten nicht ertragen wollten. Die Menge folgte dem Ansehen dieser Mächtigen, erhob die Waffen gegen den Fürsten, vertrieb ihn und gehorchte ihren Befreiern. Da diesen der Fürstenname verhaßt war, bildeten sie aus ihrer Mitte eine Regierung und hielten sich, der früheren Tyrannis eingedenk, anfangs im Rahmen der von ihnen gegebenen Gesetze, ordneten ihren eigenen Vorteil dem Gemeinwohl unter und verwalteten und erhielten die öffentlichen und Privatangelegenheiten mit größter Sorgfalt. Dann aber ging die Regierung auf ihre Söhne über, die den Wechsel des Glücks nicht kannten und nie das Unglück erfahren hatten. Sie wollten sich mit der bürgerlichen Gleichheit nicht begnügen, sondern ergaben sich der Habsucht, dem Ehrgeiz, den Gelüsten nach Frauen und machten die Herrschaft der Vornehmen zur Herrschaft der Wenigen, ohne irgendwelche Rücksicht auf die bürgerlichen Rechte. So erging es ihnen in kurzem wie dem Tyrannen. Die Menge ward ihrer Herrschaft überdrüssig und schloß sich jedem an, der Miene machte, die Herrschenden zu stürzen; und so erhob sich bald einer, der sie mit Hilfe der Menge vertrieb.

Nun war die Erinnerung an den Fürsten und an seine Bedrückung noch frisch; man hatte die Herrschaft der Wenigen gestürzt und wollte die des Fürsten nicht wieder aufrichten: so ging man zur Volksherrschaft über, in der weder einige Machthaber noch ein Fürst irgendwelche Gewalt erhielten. Da nun jede Regierungsform zu Anfang einige Ehrfurcht einflößt, erhielt sich die Volksherrschaft eine Weile, aber meist nicht lange, besonders wenn das Geschlecht, das sie eingeführt hatte, ausgestorben war. Bald kam es zur Zügellosigkeit, die weder vor Privat- noch vor Amtspersonen haltmachte, und da jeder auf seine Art lebte, fügte man sich täglich tausendfaches Unrecht zu. So kehrte man denn notgedrungen, sei es unter dem Einfluß eines redlichen Mannes, oder um der Zügellosigkeit zu entgehen, von neuem zur Fürstenherrschaft zurück, und aus dieser von Stufe zu Stufe, in der nämlichen Art und aus denselben Gründen, wieder zur Zügellosigkeit.

In diesem Kreislauf hat sich die Regierung aller Staaten bewegt und bewegt sich noch, und doch kehren sie selten zu den gleichen Regierungsformen zurück; denn kaum ein Staat besitzt so viel Lebenskraft, daß er solche Umwälzungen mehrmals durchmachen kann, ohne zugrunde zu gehen. Wohl aber geschieht es, daß ein Staat in seinen Wirren, wenn es ihm dauernd an Kraft und gutem Rat fehlt, in die Gewalt eines Nachbarstaates kommt, in dem bessere Ordnung herrscht. Aber geschä-

he das nicht, so könnte sich jeder Staat ohne Ende im Kreis dieser Regierungsformen drehen.
Nach meiner Meinung sind alle diese Staatsformen verderblich, die drei guten wegen ihrer Kurzlebigkeit und die drei andern wegen ihrer Schlechtigkeit. In Erkenntnis dieser Mängel haben weise Gesetzgeber jede von ihnen an sich gemieden und eine aus allen dreien zusammengesetzte gewählt. Diese hielten sie für fester und dauerhafter, da sich Fürsten-, Adels- und Volksherrschaft, in ein und demselben Staat vereinigt, gegenseitig überwachen. [...]
Doch kommen wir zu Rom! Diese Stadt hatte zwar keinen Lykurg, der sie von Anfang an derart ordnete, daß sie lange Zeit frei leben konnte, doch führte die Uneinigkeit zwischen Volk und Senat so viele günstige Umstände herbei, daß der Zufall das tat, was der Gesetzgeber versäumt hatte. Wenn also Rom nicht das erste Glückslos zog, so doch das zweite, und wenn seine ersten Einrichtungen mangelhaft waren, so führten sie doch nicht von dem geraden Weg zur Vollkommenheit ab. Denn Romulus und alle übrigen Könige gaben viele gute, auch der Freiheit gemäße Gesetze; da aber ihr Zweck die Gründung eines Königreiches und nicht eines Freistaates war, so fehlten in Rom, als es frei wurde, viele für die Freiheit nötige Einrichtungen, die von den Königen nicht getroffen waren. Als nun die Könige aus den oben genannten Gründen die Herrschaft verloren, setzten ihre Vertreiber an Stelle der Könige sofort zwei Konsuln ein und verdrängten damit nur den Königsnamen, nicht die Königsgewalt aus Rom. Infolgedessen bestand der Staat nun aus Konsuln und Senat, also nur aus zweien der oben genannten drei Formen, der Fürsten- und Adelsherrschaft, und es blieb noch der Volksherrschaft Raum zu geben. Als daher der römische Adel aus den unten anzuführenden Gründen übermütig wurde, erhob sich das Volk gegen ihn, und um nicht alles zu verlieren, mußte er dem Volk seinen Anteil an der Regierung abtreten. Andrerseits behielten die Konsuln und der Senat so viel Ansehen, daß sie ihren Rang im Staate behaupten konnten. So entstand die Einrichtung der Volkstribunen, durch die der Staat vollends befestigt wurde, denn nun waren alle drei Regierungsformen vertreten. So günstig war Rom das Geschick, daß es in derselben Stufenfolge und aus den gleichen Ursachen, die wir oben erwähnten, von der Königsherrschaft über die Herrschaft der Vornehmen zur Volksherrschaft überging, ohne die ganze Königsgewalt dem Adel auszuliefern und ohne die Gewalt des Adels ganz dem Volke zu geben. Die Mischung aller drei Regierungsformen führte zu einem vollkommenen Staat, und diese Vollkommenheit entsprang aus der Uneinigkeit zwischen Volk und Senat, [...]

Aus: Nicoló Machiavelli, Discorsi. Staat und Politik. Übersetzt von Friedrich von Oppeln-Bronikowski. Herausgegeben und mit einem Nachwort versehen von Horst Günther, Frankfurt a. M., Leipzig 2000, S. 15–25.

ZUR TEXTERSCHLIESSUNG

1. Erläutern Sie, wie sich Machiavelli die Entstehung der (Stadt-)Staaten vorstellt.
2. Von welchem Menschenbild geht Machiavelli aus?
3. Wie beurteilt Machiavelli die drei Staatsformen Monarchie, Aristokratie und Demokratie?
4. Zählen Sie die Ursachen auf, die laut Machiavelli zur Veränderung von Staatsformen führen.
5. Welche Faktoren sind laut Machiavelli für einen „vollkommenen Staat" notwendig?

7.1.2 Jean Bodin: Über den Staat

Der französische Philosoph, Staatstheoretiker und Jurist Jean Bodin (1529 oder 1530–1596) entstammte einer über Grundbesitz verfügenden, relativ wohlhabenden und gesellschaftlich angesehenen Bürgerfamilie. Bodin beschrieb und analysierte umfassend die politischen, sozialen und ökonomischen Probleme der frühmodernen Staaten in Europa. Bevor er sich jedoch dem Studium und später auch der Lehre des Rechts und damit auch der Staatslehre an der Universität in Toulouse zuwandte, war er in den Karmeliterklöstern von Angers und Paris ausgebildet, aber 1549 aus nicht mehr eindeutig zu klärenden Gründen von seinem Möchsgelübde entbunden worden. Beruflich war Bodin unter anderem als Jurist am Pariser Parlament tätig, außerdem führte er einen Hexenprozess, in dessen Folge er 1580 „De la démonomanie des sorcieres" (dt.: Über den Teufelswahn der Hexen) als Handbuch für Richter von Hexenprozessen veröffentlichte.
Der folgende Textauszug stammt aus Bodins 1576 veröffentlichten Hauptwerk „Six Livres de la République" (dt.: Sechs Bücher über die Republik). Politisch plädierte Bodin mit diesem schnell verbreiteten Werk – beispielsweise wurde es bereits 1792 ins Deutsche übertragen – gegen die französische Aristokratie und für eine starke monarchische Zentralgewalt, darüber hinaus hatte er jedoch die Absicht, eine umfassende theoretische Analyse des Staates vorzulegen, die über den Bezugsrahmen Frankreich hinausreichen sollte. Deshalb behandelt er neben den allgemeinen Strukturelementen des Staates auch deren spezifische Ausprägungen und die Merkmale einer wohlgeordneten (vgl. S. 261 ff.) aus seiner Sicht idealen Monarchie.

Bodin stellt sich den vorstaatlichen Zustand ähnlich wie später Thomas Hobbes (vgl. S. 261 ff.) als eine von gewalttätigen Konflikten durchdrungene Gesellschaft vor. Im Unterschied zu Hobbes ist es jedoch „nicht das auf Erwerb und Konkurrenzkampf zielende Individuum, sondern der mit den gleichen Merkmalen versehene Familienverband, der bei Bodin den staatslosen Zustand prägt. Macht und Gewaltausübung, Ehrgeiz, Habsucht und Rachsucht führten zu Auseinandersetzungen, an deren Ende die Herrschaft des Siegers steht." [1] Bei Bodin konstituiert sich der Staat also nicht qua Vertrag, sondern die staatliche Herrschaft wird gewaltsam etabliert. Souverän ist, wer über die höchste Befehlsgewalt verfügt, das heißt wessen Gesetzgebungsrecht über dem positiven Recht steht und damit vom Zwang des positiven Gesetzes befreit ist. Anders ausgedrückt: „Souverän ist nur derjenige, der allein Gott als Größeren über sich anerkennt" [2]. In der Folge unterscheidet Bodin drei Staatsformen nach den Inhabern der Souveränitätsrechte: In der Monarchie ist der Fürst allein souverän, in der Demokratie ist es das Volk, und in der Aristokratie verfügt nur ein Teil des Volkes über Souveränität.

Der folgende Textauszug ist dem Kapitel „Über Entstehung, Aufstieg und Blüte sowie Verfall und Zusammenbruch von Staaten" entnommen, in dem Bodin mögliche Veränderungen in der Staatsform beschreibt und bewertet.

1 Gottfried Niedhart: Nachwort, in: Jean Bodin, Über den Staat. Auswahl, Übersetzung und Nachwort von Gottfried Niedhart, Stuttgart 2005, S. 130 f.
2 Jean Bodin, Über den Staat. Auswahl, Übersetzung und Nachwort von Gottfried Niedhart, Stuttgart 2005, S. 20.

Literaturhinweise

Elisabeth Feist, Weltbild und Staatsidee bei Jean Bodin, Halle 1930.
Peter Cornelius Mayer-Tasch, Jean Bodin. Eine Einführung, Düsseldorf – Bonn 2000.
Claudia Opitz-Belakhal, Das Universum des Jean Bodin: Staatsbildung, Macht und Geschlecht im 16. Jahrhundert, Frankfurt a. M./New York 2006.

M 2 Über den Staat

Staaten haben ihren Ursprung in der Familie, die sich im Laufe der Zeit allmählich vergrößert; oder sie entstehen in einem Augenblick durch eine versammelte Menschenmenge; oder durch Koloniebildung eines anderen Staates, als ob ein Bienenschwarm den alten Bienenkorb verläßt oder ein Zweig neu eingepflanzt wird, der Wurzeln schlägt und schneller Früchte trägt als Bäume, die aus einem Samen sprießen. In jedem Fall entsteht ein Staat durch die Macht der Stärksten oder durch die Einwilligung der einen, die sich freiwillig den anderen unter Aufgabe ihrer Freiheit unterwerfen, damit über sie mit souveräner Gewalt verfügt wird, sei es ohne Gesetz, sei es im Rahmen bestimmter Gesetze und unter gewissen Bedingungen.

Ist ein Staat entstanden und hat er gute Grundlagen, so sichert er sich gegen Gefährdungen von außen und gegen innere Krankheiten. Nach und nach nimmt er an Macht zu, bis er den Zustand der Vollendung erreicht. Diese Blütezeit eines Staates kann wegen der Wandelbarkeit menschlicher Dinge nicht von langer Dauer sein. Alles Irdische ist so veränderlich und unsicher, daß die größten Staaten oft unter ihrem eigenen Gewicht zusammenbrechen. Andere stürzen durch die Gewalt ihrer Feinde in dem Augenblick, in dem sie sich am sichersten glauben. Wieder andere erreichen ein hohes Alter und finden durch innere Auszehrung ihr Ende. Die vollkommensten Staaten erleiden im allgemeinen die größten Veränderungen. Sie sind deswegen nicht zu tadeln, wenn die Veränderung durch äußeren Einfluß eintritt, wie es meistens geschieht. Denn die besten Staaten haben die größten Neider. [...] Wir kennen aber auch schlecht regierte Staaten, die eher bemitleidet als beneidet werden. Es ist also dringend notwendig, Veränderungen von Staaten zu erkennen und zu begreifen, bevor man ein Urteil fällt oder einen Staat als Vorbild hinstellt.

Mit Veränderungen meine ich Veränderungen in der Staatsform: wenn die Souveränität vom Volk auf einen Fürsten übergeht oder von wenigen Herrschenden auf das einfache Volk oder umgekehrt. Denn wenn Gesetze, Sitten, Religion oder Lage sich ändern und die Souveränität unberührt bleibt, so handelt es sich nur um einen Wechsel. Andererseits kann es sein, daß sich die Staatsform ändert und Gesetze und Sitten mit Ausnahme von denen bestehen bleiben, die die Souveränität berühren. [...] Es kann auch vorkommen, daß weder die Stadt noch das Volk, noch die Gesetze irgendwelche Wandlungen oder Beeinträchtigungen erfahren und dennoch der Staat zugrunde geht. Dies geschieht, wenn ein souveräner Fürst sich einem anderen unterwirft oder durch testamentarische Verfügung seinen Staat einer Demokratie vermacht. [...] Dieser Vorgang bedeutet nicht Veränderung einer Staatsform in eine andere, denn die Souveränität wird vollständig ausgelöscht. Wenn andererseits aus einer Bürgergemeinde oder Provinz ein Staat oder mehrere Staaten entstehen, so handelt es sich auch nicht um eine Veränderung des Staates, sondern um eine Neugründung. [...]

Jede Veränderung ist entweder ein freiwilliger Akt oder entspringt einer Notwendigkeit oder enthält von beidem etwas. Handelt es sich um eine Notwendigkeit, so hat diese entweder natürliche oder gewaltsame Ursachen. Obwohl Geburt angenehmer ist als Tod, erkennen wir, daß beides im natürlichen Ablauf zusammengehört. Der Tod ist erträglicher, wenn er in hohem Alter eintritt oder Folge einer langen Krankheit ist. Analog kann man sagen, daß Veränderungen von Staaten aufgrund ihres langen Bestands notwendig und nicht immer gewaltsam sind, denn man kann nicht gewaltsam nennen, was allem auf der Welt im Zuge natürlicher Abläufe widerfährt. Veränderungen müssen auch nicht immer Veränderungen zum Schlechten bedeuten, sondern können auch einen Fortschritt beinhalten, mag es sich um einen natürlichen oder gewaltsamen Vorgang handeln. Eine freiwillige Veränderung ist angenehmer und leichter für alle. Wenn der Inhaber der Souveränität sich ihrer entledigt, ändert sich die Staatsform. Die Veränderung von Demokratie zu Monarchie unter der Diktatur von Sulla[1] war gewaltsam und blutig. Aber der Wechsel von der Monarchie, die im Gewand der Diktatur auftrat, zur Demokratie war angenehm und leicht. Sulla verzichtete freiwillig auf seine Souveränität, um sie ohne Gewalt und unter allgemeiner Zustimmung dem Volk zu übergeben. [...]

Der Wechsel von Krankheit zu Gesundheit oder von Gesundheit zu Krankheit kann durch innere oder äußere Einwirkung erfolgen. Ebenso kann ein Staat durch äußere oder innere Freunde beziehungsweise Feinde Veränderungen erfahren. Veränderungen – zum Guten oder zum Schlechten – erfolgen oft gegen den Willen der Bürger, die, wenn es nicht anders geht, gezwungen werden müssen, wie es Lykurg[2] getan hat, der Sparta gegen den Willen der Bevölkerung eine demokratische Regierungsform gab. Sie gingen mit Gewalt gegen ihn vor, und er verlor ein Auge, obwohl er alle Thronansprüche für sich und seine Nachfolger widerrief. [...]

Manchmal kommt es vor, daß jegliche Staatsform zu bestehen aufhört und reine Anarchie an ihre Stelle tritt.

1 Sulla war 82–79 v. Chr. in Rom Diktator.
2 Legendärer Gesetzgeber Spartas aus dem 9. Jh. v. Chr.

Dann gibt es keine Souveränität, keine Magistrate[1], keine Bevollmächtigten mit Befehlsgewalt. [...]
Für die Veränderungen von Staaten gibt es vielfältige Ursachen, doch kann man sie auf wenige reduzieren. Wenn die Erbfolge nicht gesichert ist, beginnen die Mächtigsten den Kampf um die Staatsmacht. Oder es treten Veränderungen ein, wenn die Mehrheit der Untertanen arm ist, einige wenige aber übermäßig reich sind; oder wenn eine große Ungleichheit in der Verteilung von Gütern und Ehren herrscht; oder bei extremem politischem Ehrgeiz; oder bei dem Bedürfnis, Unrecht zu rächen; oder bei Grausamkeit und Unterdrückung durch Tyrannenmacht; oder bei Furcht vor verdienter Strafe; oder beim Wechsel von Gesetz und Religion; oder bei dem Wunsch, Vergnügungen in gewünschtem Ausmaß nachgehen zu können; oder bei dem Versuch, diejenigen zu vertreiben, die durch Ausschweifungen höchste Ämter in den Schmutz ziehen. [...]
Ich sagte bereits, daß die Staaten durch gewaltsame Tyrannis entstanden sind und daß dann die einen als despotische Monarchien, die anderen als legitime Monarchien mit Erbfolgerecht weiterbestanden haben. [...]
Dieser Zustand dauerte an, bis die Erbfolge unterbrochen wurde, was oft eine Änderung des Staates nach sich zieht; oder bis die Fürsten, wenn sie ihre Macht mißbrauchten und die Untertanen schlecht behandelten, verjagt oder getötet wurden. Die Untertanen fürchteten einen Rückfall in die Tyrannei, wenn sie die souveräne Gewalt einem einzelnen übergeben würden, oder sie waren unwillig, unter dem Befehl von einem aus ihrer Mitte zu stehen, so daß sie – ohne sich um die unteren Volksschichten zu kümmern – Aristokratien gründeten. Wenn arme oder einfache Leute an der Herrschaft beteiligt sein wollten, so wurde ihnen die Fabel von den Hasen erzählt, die über die Löwen herrschen wollten. Selbst wenn die Monarchie von einer Demokratie abgelöst wurde, besetzten immer die Reichen und Adligen die großen Staatsämter. [...] Seit die Menschen aufgrund jahrhundertelanger Erfahrung erkannt haben, daß die Monarchie eine bessere und dauerhaftere Staatsform ist als Aristokratie und Demokratie und unter den Monarchien diejenigen mit Erbfolge in der männlichen Linie vorzuziehen sind, haben sie fast überall solche Monarchien etabliert. In einigen Fällen, wo man den Tod des Königs ohne männlichen Nachfolger fürchtete, räumte man dem Fürsten das Recht ein, einen Nachfolger zu bestimmen. [...] In anderen Fällen behält sich das Volk das Recht auf Wahl eines Nachfolgers vor, in einigen Königreichen wie in Polen, Böhmen, Ungarn, Dänemark, Schweden und Norwegen sogar dann, wenn ein männlicher Erbe vorhanden ist. [...]
Es braucht nicht zu verwundern, daß es nur wenige tugendhafte Fürsten gibt. Denn es gibt auch nur wenige tugendhafte Männer, und aus dieser kleinen Zahl werden die Fürsten im allgemeinen nicht gewählt. Darum ist es durchaus bemerkenswert, wenn man unter vielen Fürsten einen hervorragenden Herrscher findet. Und ist einer zu der Position aufgestiegen, wo er außer Gott niemand über sich hat, so ist er so viel Versuchungen ausgesetzt, daß es einem Wunder gleichkommt, wenn er seine Tugend bewahrt. [...]
Veränderungen von Staaten treten um so schneller ein, wenn der Tyrann erpresserisch, grausam oder wollüstig ist oder alles zusammen, [...]. Am häufigsten aber hat unzüchtiges Verhalten der Fürsten zu ihrem Sturz geführt. Dies ist gefährlicher für einen Fürsten als Grausamkeit. Denn Grausamkeit hält die Menschen in Furcht und verbreitet bei den Untertanen Schrecken. Unzucht erzeugt jedoch Haß und Verachtung gegenüber dem Fürsten, denn von ihm wird angenommen, daß er verweichlicht ist. Er erscheint unwürdig, ein Volk zu regieren, da er sich selbst nicht zu beherrschen vermag. [...]
Es mag der Einwand gemacht werden, Gewalt und Furcht seien zu schlechte Herrschaftsinstrumente, um einen Staat zu erhalten. Dies ist wahr. Und doch muß ein neu etablierter Fürst diese Mittel benutzen, der mit Gewalt eine Demokratie in eine Monarchie verwandelt hat. Einer legitimen Monarchie freilich sind diese Mittel fremd. Sie ist um so sicherer, je weniger Sicherheitskräfte sie hat. [...]
Alle aus Aristokratien oder Demokratien hervorgegangenen Monarchien beginnen in dem Moment zu existieren, in dem einer der Magistrate, Heerführer oder Gouverneure, die über Machtmittel verfügen, sich zum souveränen Herren macht, oder wenn ein Fremder das Land unterwirft, oder wenn man sich freiwillig den Gesetzen und Befehlen eines anderen unterwirft. [...] Es ist eine nicht zu bezweifelnde Wahrheit, daß, wer die Streitkräfte befehligt, auch Herr über den Staat ist. Darum sind in wohlgeordneten Aristokratien und Demokratien die höchsten Staatsämter nie mit der Kommandogewalt gekoppelt. Macht wird immer nur kollegial ausgeübt. Wenn dies nicht möglich ist – wie etwa im Krieg, wo es gefährlich wäre –, ist die Amtszeit kurz bemessen. [...]
Der Wechsel von einer Demokratie zur Aristokratie ist im allgemeinen durch eine Niederlage im Krieg oder durch andere Feindeinwirkung bedingt. Ein Sieg dagegen stärkt und festigt die demokratische Staatsform. [...]
Das Volk ist unbeständig, wankelmütig und nicht urteilsfähig. Es dreht sich mit dem Wind. Durch einen Verlust ist es gleich entmutigt, nach einem Sieg unerträglich. Es

1 Der Begriff „Magistrat" ist in der hier zugrunde gelegten Ausgabe aus dem französischen Text übernommen, um diesen mit Befehlsgewalt ausgestatteten Beamten von den übrigen Amtsträgern zu unterscheiden (Anm., d. Verf.).

hat keinen größeren Feind als den eigenen Erfolg und keinen besseren Zuchtmeister als den, der es im Zaum hält, also einen überlegenen Gegner. Dann übernehmen die Besten und Wohlhabendsten die vom Volk verlassenen Staatsgeschäfte. Tatsächlich ist das einzige Mittel, einen demokratisch verfaßten Staat zu erhalten, Krieg zu führen und Feinde zu erfinden, wenn es keine gibt. [...]

Obwohl Aristokratien sicherer und dauerhafter als Demokratien gefügt sind, befinden sich die Herrschenden dort in einer zweifachen Gefahr, wenn sie untereinander uneinig sind. Die eine entspringt der Parteienbildung innerhalb der herrschenden Schicht, die andere dem Aufstand durch das Volk, das im Fall ihrer Gespaltenheit über sie herfällt. [...] Die Gefahr nimmt zu, wenn Fremde unbegrenzt zugelassen werden, die nach und nach zahlreicher werden. Sie haben keinen Zutritt zu den Ämtern und vertreiben die Herrschenden, wenn diese ihnen übermäßige Steuern auferlegen oder sie schlecht behandeln. [...] Diese Gefahr besteht in besonderem Maß für Venedig, das eine reine Aristokratie und von Fremden überfüllt ist. Deren Zahl ist so angewachsen, daß auf einen Venetianer hundert nichteinheimische Bürger kommen. [...]

Der Wechsel von der Aristokratie zur Demokratie ist gewaltsam und blutig. Der umgekehrte Vorgang dagegen verläuft sanft und unmerklich. [...]

Kleine Staaten sind öfter von Krisen geschüttelt als große. Ein kleiner Staat ist leicht in zwei Gruppen geteilt, während dies bei einem großen nicht so leicht geschehen kann, weil sich hier zwischen den Großen und Kleinen, den Reichen und Armen, den Böswilligen und den Guten eine große Zahl von Durchschnittsmenschen befindet, die die einen mit den anderen verbinden und die Extreme versöhnen. [...]

Nicht selten geschieht es, daß innere Unruhen zu Eingriffen von außen führen. Denn ein Fürst überfällt in der Regel den Nachbarstaat in der Stunde der Niederlage [...]. Veränderungen von außen, durch innere Spannungen hervorgerufen, sind dann am meisten zu fürchten, wenn es sich bei den Nachbarn nicht um Freunde oder Verbündete handelt. Nachbarschaft weckt den Appetit auf den Staat des anderen. Darüber darf man nicht erstaunt sein. Wenn man bedenkt, daß weder das Meer noch Gebirge, noch unbewohnte Wüsten eine Schranke gegen den Ehrgeiz und die Habsucht von Fürsten darstellen, wie können sie sich mit dem zufriedengeben, was sie besitzen, ohne bei passender Gelegenheit Übergriffe auf die Nachbarn zu machen, mit denen sie gemeinsame Grenzen haben. [...]

Wie ein Gebäude, das auf sicheren Fundamenten gegründet, mit dauerhaftem Material gebaut und in seinen Teilen gut zusammengefügt ist, Sturm und Unwetter nicht zu fürchten braucht und mit Leichtigkeit allen Gewalten widersteht, so erleidet derjenige Staat, der auf gute Gesetze gegründet ist und ein Höchstmaß an Integration aufweist, nicht ohne weiteres Veränderungen. Andererseits gibt es so schlecht gegründete und innerlich zerrissene Staaten, daß sie schon der ersten Erschütterung zum Opfer fallen. Und dennoch gibt es keinen Staat, der im Laufe der Zeit nicht Veränderungen erlitte und am Ende nicht zugrunde ginge. Eine Veränderung ist am besten zu ertragen, wenn sie langsam vonstatten geht.

Aus: Jean Bodin, Über den Staat. Auswahl, Übersetzung und Nachwort von Gottfried Niedhart, Stuttgart 2005, S. 70–82.

Zur Texterschliessung

1. Wie entsteht laut Bodin der Staat?
2. Auf welche Weise verändern sich Staatsformen?
3. Was sind die Ursachen für die Veränderung von Staatsformen?
4. Welche Folgen können aus Staatskrisen resultieren?

7.1.3 Thomas Hobbes: Der Staat als Ausweg aus dem Krieg aller gegen alle

Der englische Philosoph Thomas Hobbes (1588–1679) verbrachte seine Kindheit in einem kleinen Ort in Wiltshire, wo sein Vater als Prediger tätig war. Hobbes lernte mit vier Jahren lesen, schreiben und rechnen, mit sechs Jahren Latein und Griechisch. Als 15-Jähriger begann er sein Studium an der Oxforder Universität, wo er mit 20 Jahren seine erste Vorlesung über Logik hielt. Im Anschluss an das Studium arbeitete er unter anderem als Hofmeister (Hauslehrer) in mehreren adligen Familien und als Sekretär bei Francis Bacon, ab 1640 lebte er in Paris im Exil, um der von ihm befürchteten Verfolgung seitens des englischen Parlaments zu entgehen, weil er im Konflikt zwischen König Karl I. und dem Parlament für die Souveränität des Ersteren Stellung bezogen hatte.

Der folgende Textauszug stammt aus dem bekanntesten Werk des Philosophen, dem Leviathan. Hobbes verfasste diese Schrift in Frankreich, sie erschien 1651 auf Englisch und wurde vom englischen (Exil-)Hof in Paris kritisiert, weil Hobbes die englische Republik als einen durch Unterwerfung der Staatsbürger zustande gekommenen Staat legitimiert und heftige Kritik an der Kirche und der theokratischen Rechts- und Staatslehre geübt hatte. In der Folge ging er nach London zurück und unterwarf sich dem dortigen Staatsrat. Seine Schriften, die von den Bürger- und Revolutionskriegen in England und Frankreich geprägt waren, wurden bereits zu Lebzeiten auf den Index der römischen Kirche gesetzt. 1682 wurde der Leviathan an der Oxforder Universität in einer feierlichen Zeremonie verbrannt.

Die Bedeutung des Hobbes'schen Werks liegt weniger in seinem politischen Einfluss – John Lockes später verfasste Staatslehre (vgl. S. 264ff.) wurde schnell sehr viel einflussreicher –, sie besteht vielmehr in der Begründung eines neuen Weltbildes, das durch die Entwicklung der Naturwissenschaften – Hobbes übertrug die mechanistisch-naturwissenschaftliche Methode auf die Staats- und Gesellschaftslehre – und durch die Idee eines begründbaren und herstellbaren säkularen Staates bestimmt war. Neu war außerdem die Integration staats- und rechtsphilosophischer Elemente.

Hobbes Absicht im Leviathan ist es nicht, über einen bestimmten Staat zu schreiben, sondern er beschreibt den aus seiner Sicht richtigen, recht begründeten und recht beherrschten Staat, das heißt über den idealen monarchischen Staat. Im folgenden siebzehnten Kapitel des Leviathan „Über Grund, Entstehung und Definition" des Staates begründet er vertragstheoretisch, weshalb die Menschen den Naturzustand, das heißt einen außerstaatlichen Zustand, der unter anderem aufgrund des Selbsterhaltungstriebs der Menschen durch den Krieg aller gegen alle gekennzeichnet ist, überwinden und einen Staat gründen.

Literaturhinweise

Hans Maier, Hobbes, in: ***Ders./Heinz Rausch/Horst Denzer (Hrsg.),*** Klassiker des politischen Denkens. Erster Band: Von Plato bis Hobbes, München 1968, S. 351–375.

Herfried Münkler, Thomas Hobbes, Frankfurt a. M./New York 1993.

M 3 Leviathan

■ Die Absicht und Ursache, warum die Menschen bei all ihrem natürlichen Hang zur Freiheit und Herrschaft sich dennoch entschließen konnten, sich gewissen Anordnungen, welche die bürgerliche Gesellschaft trifft, zu unterwerfen, lag in dem Verlangen, sich selbst zu erhalten und ein bequemeres Leben zu führen; oder mit anderen Worten, aus dem elenden Zustande eines Krieges aller gegen alle gerettet zu werden. Dieser Zustand ist aber notwendig wegen der menschlichen Leidenschaften mit der natürlichen Freiheit so lange verbunden, als keine Gewalt da ist, welche die Leidenschaften durch Furcht vor Strafe gehörig einschränken kann und auf die Haltung der natürlichen Gesetze und der Verträge dringt. Alles, was die natürlichen Gesetze fordern, wie z. B. Gerechtigkeit, Billigkeit und kurz, *andern das zu tun, was wir wünschen, daß es uns von andern geschehe,* ist, wenn die Furcht vor einer Zwangsmacht wegfällt, den natürlichen Leidenschaften, Zorn, Stolz und den Begierden aller Art, gänzlich zuwider.

Gesetze und Verträge können an und für sich den Zustand des Krieges aller gegen alle nicht aufheben; denn sie bestehen in Worten, und bloße Worte können keine Furcht erregen; daher fördern sie die Sicherheit der Menschen allein und ohne Hilfe der Waffen nicht. Hat man sich vor keiner allgemeinen Macht zu fürchten, dann können Gesetze, welche jemand nur deshalb beobachtet, weil er sieht, daß sie von andern beobachtet werden, ebensowenig verpflichten als hindern, daß ein jeder es für erlaubt hält, soviel als möglich durch Stärke und Klugheit für seine Sicherheit zu sorgen. So findet man auch in der älteren griechischen Geschichte, daß, solange es nur Familienoberhäupter gab, die Räuberei zu Wasser und zu Lande nicht bloß für ein erlaubtes Gewerbe, sondern auch für ehrenvoll gehalten wurde, weil man sich dabei aller unnötigen Grausamkeit enthielt und keine landwirtschaftlichen Geräte entwendete. Was damals kleine Familien taten, das tun jetzt bürgerliche Gesellschaften als große Familien, welche bei der geringsten Gefahr eines feindlichen Einfalls ihrer Sicherheit wegen auf Erweiterung ihres Gebietes sinnen, und ihre Feinde, wie auch die, welche sich mit ihnen verbinden könnten, mit Gewalt und List zu bekriegen und dadurch zu schwächen suchen. Dies geschieht aber mit allem Recht, weil sonst ihre Sicherheit leiden würde.

Ebensowenig kann die beabsichtigte Sicherheit dadurch erreicht werden, daß sich nur einige wenige Menschen miteinander verbinden, weil bei einer geringen Anzahl die durch die wenigen Verbündeten erhaltene Verstärkung den Sieg ungewiß macht und den Feinden um so mehr Mut einflößt. Wie viele aber dazu erforderlich sind, um unsere Sicherheit zu garantieren, läßt sich überhaupt nicht angeben, sondern nur durch Vergleich mit der feindlichen Macht bestimmen; es müssen aber wenigstens so viele sein, daß dem Feind die Lust zum Angriffe genommen werde, weil seine Überlegenheit und die Situation nicht so überwältigend sind.

Es mögen ihrer aber noch so viele sein, so werden sie weder gegen auswärtige Feinde noch untereinander sicher sein können, falls sie nach dem Urteil und der Willkür vieler Personen handeln müssen. Denn bei der Uneinigkeit über die Art und Weise, wie sie ihre Kräfte anwenden sollen, wird nicht nur keiner dem andern helfen, sondern es wird auch ihre ganze Macht durch die sich widersprechenden Pläne gleichsam vernichtet werden. Sie werden dann von ihrem gemeinsamen Feinde leicht besiegt werden und überdies aus Eigennutz unter sich in Streit geraten. Wollte man annehmen, daß eine große Anzahl von Menschen, ohne einer allgemeinen Obermacht unterworfen zu sein, Billigkeit und alle übrigen Gesetze der Natur einmütig beobachtete, so müßte dies auch von dem ganzen Menschengeschlecht gelten, und es wäre gar keine bürgerliche Regierung nötig, weil die Menschen auch ohne Oberherrn in Frieden leben würden.

Es reicht auch nicht zu einer fortdauernden Sicherheit aus, daß die Menschen nur auf eine gewisse und bestimmte Zeit, z. B. in einem Krieg oder in einzelnen Treffen, unter einem Oberherrn stehen. Gesetzt, sie überwänden durch eine einmütige Anstrengung ihrer Kräfte den Feind, so wird dennoch nachher, wenn sie keinen gemeinsamen Feind mehr haben oder wenn ein und derselbe von einigen als Feind und von andern als Freund angesehen wird, die Gesellschaft notwendig in sich gespalten werden und wegen der Verschiedenheit ihrer Ansichten ein neuer Krieg unter ihnen selbst entstehen.

Aber, möchte man sagen, es gibt gewisse vernunftlose Tiere, wie die Bienen, welche in einem Stock, und wie die Ameisen, die in einem Haufen friedlich miteinander leben und deshalb von Aristoteles für staatskluge Tiere gehalten wurden. Sie regieren sich selbst, ein jedes nach seinem Urteil und Trieb, ohne sich durch eine Sprache verständigen zu können, was ihnen für das Allgemeinwohl dienlich scheint und was nicht. Warum sollten die Menschen nicht das gleiche können? Hierbei erwäge man folgendes:

Erstens, die Menschen liegen der Ehre und Würde wegen miteinander in einem beständigen Wettstreit; jene Tiere aber nicht. Unter den Menschen entsteht hieraus sowie aus weiteren Ursachen häufig Neid, Haß und Krieg; unter jenen aber höchst selten.

Zweitens, unter den genannten Tieren ist das allgemeine Gut auch das Gut eines jeden einzelnen; so wie nun jedes von ihnen nach diesem strebt, so fördert es ebendadurch auch jenes. Der Mensch aber kennt bei allem, was er besitzt, keine höhere Freude, als daß andere nicht so viel haben.

Drittens, weil diesen Tieren die Vernunft fehlt, finden sie an der allgemeinen Verwaltung nichts zu tadeln; unter den Menschen dünken sich aber viele klüger und zur Regierung fähiger zu sein als andere, und weil daher ein jeder nach seiner Einsicht bessern will, so entsteht Uneinigkeit unter ihnen und dadurch Krieg[1],

Viertens, wenn diese Tiere auch eine Art von Stimme haben, welche ihre Begierden andeutet, so fehlt ihnen doch die große Kunst, durch deren Hilfe die Menschen es so weit bringen, daß das Gute für Böses, das Böse für Gutes, das Große für Kleinigkeit und die Kleinigkeit für ein Großes gehalten wird und einer des andern Handlung so hinstellt, daß Unruhen unvermeidlich werden.

Fünftens, die Tiere kennen keinen Unterschied zwischen Schaden und Unrecht; solange ihnen nichts fehlt, beneiden sie die andern nicht. Wenn aber der Mensch Muße und Vermögen im Überfluß hat, ist er am unleidlichsten; weil er unter solchen Umständen am meisten geneigt ist, seine Weisheit dadurch zu zeigen, daß er die Handlungen derer, welche am Staatsruder sitzen, bitter tadelt.

Endlich ist die Eintracht unter jenen Tieren ein Werk der Natur, unter Menschen aber ist sie ein Werk der Kunst und eine Folge der Verträge. Was Wunder also, wenn bei diesen für die beständige Dauer der Eintracht außer den Verträgen noch etwas mehr erforderlich ist, nämlich eine allgemeine Macht, die jeder einzelne fürchtet und nach deren Anordnung er bei seinen Handlungen das allgemeine Beste vor Augen haben muß.

Um aber eine allgemeine Macht zu gründen, unter deren Schutz gegen auswärtige und innere Feinde die Menschen bei dem ruhigen Genuß der Früchte ihres Fleißes und der Erde ihren Unterhalt finden können, ist der einzig mögliche Weg folgender: jeder muß alle seine Macht oder Kraft einem oder mehreren Menschen übertragen, wodurch der Willen aller gleichsam auf einen Punkt vereinigt wird, so daß dieser eine Mensch oder diese eine Gesellschaft eines jeden einzelnen Stellvertreter werde und ein jeder die Handlungen jener so betrachte, als habe er sie selbst getan, weil sie sich dem Willen und Urteil jener freiwillig unterworfen haben. Dies faßt aber noch etwas mehr in sich als Übereinstimmung und Eintracht; denn es ist eine wahre Vereinigung in einer Person und beruht auf dem Vertrage eines jeden mit einem jeden, wie wenn ein jeder zu einem jeden sagte: *„Ich übergebe mein Recht, mich selbst zu beherrschen, diesem Menschen oder dieser Gesellschaft unter der Bedingung, daß du ebenfalls dein Recht über dich ihm oder ihr abtrittst."* Auf diese Weise werden alle einzelnen eine Person und heißen Staat oder Gemeinwesen. So entsteht der *große Leviathan* oder, wenn man lieber will, der *sterbliche Gott*, dem wir unter dem ewigen Gott allein Frieden und Schutz zu verdanken haben. Dieses von allen und jedem übertragene Recht bringt eine so große Macht und Gewalt hervor, daß durch sie die Gemüter aller zum Frieden unter sich gern geneigt gemacht und zur Verbindung gegen auswärtige Feinde leicht bewogen werden. Dies macht das Wesen eines Staates aus, dessen Definition folgende ist:

Staat ist eine Person, deren Handlungen eine große Menge Menschenkraft der gegenseitigen Verträge eines jeden mit einem jeden als ihre eigenen ansehen, auf daß diese nach ihrem Gutdünken die Macht aller zum Frieden und zur gemeinschaftlichen Verteidigung anwende.

Von dem Stellvertreter des Staates sagt man, *er besitzt die höchste Gewalt.* Die übrigen alle heißen Untertanen und Bürger. Zu dieser höchsten Gewalt gelangt man auf zweierlei Wegen. Einmal: wenn ein Vater seine Söhne zum Gehorsam zwingt, denn er kann ihnen durch Verweigerung des Unterhalts das Leben nehmen; oder auch, wenn man überwundenen Feinden unter der Bedingung das Leben schenkt, daß sie sich unterwerfen. Zum anderen, wenn mehrere die höchste Gewalt einem Menschen oder einer Gesellschaft in der Hoffnung, geschützt zu werden, freiwillig übertragen. Das erstere führt zum Eroberungs-Staat, das letztere zum institutionellen Staat, […].

1 Die englische Fassung sagt anstatt Krieg: *civil war.*

Aus: Thomas Hobbes, Leviathan. Erster und zweiter Teil, Stuttgart 1970, S. 151–156.

ZUR TEXTERSCHLIESSUNG

1. Weshalb unterwerfen sich die Menschen nach Hobbes staatlicher Herrschaft?
2. Wie beschreibt Hobbes den Naturzustand?
3. Was beinhaltet der Hobbes'sche Gesellschaftsvertrag?

gen Anzahl freier Menschen, sich zu vereinigen und sich einer solchen Gesellschaft einzugliedern. Dies und einzig dies gab oder vermochte den Anfang zu geben für jede rechtmäßige Regierung auf der Welt. [...]

123. Wenn der Mensch im Naturzustand so frei ist, wie gesagt worden ist, wenn er der absolute Herr seiner eigenen Person und Besitztümer ist, dem Größten gleich und niemandem untertan – warum soll er seine Freiheit aufgeben? Warum soll er auf diese Selbstherrschaft verzichten und sich der Herrschaft und dem Zwang einer anderen Gewalt unterwerfen? Die Antwort darauf liegt auf der Hand; denn wenn er im Naturzustand auch ein solches Recht hat, so kann er sich seiner doch nur mit wenig Sicherheit erfreuen und ist fortwährend den Übergriffen anderer ausgesetzt. Da nämlich alle in demselben Maße König sind wie er selbst, da alle Menschen gleich sind und der größere Teil von ihnen sich nicht streng an Billigkeit und Gerechtigkeit hält, ist der Besitz seines Eigentums in diesem Zustand höchst unsicher und höchst ungewiß. Das läßt ihn bereitwillig einen Zustand aufgeben, der bei aller Freiheit voll ist von Furcht und ständiger Gefahr, und nicht ohne Grund verlangt es ihn und ist er bereit, sich zu einer Gesellschaft mit anderen zu verbinden, die sich entweder schon vereinigt haben oder doch die Absicht haben, sich zu vereinigen – zur gegenseitigen Erhaltung ihres Lebens, ihrer Freiheiten und Güter, was ich ganz allgemein Eigentum nenne.

124. Das große und hauptsächliche Ziel also, zu dem sich die Menschen in Staatswesen zusammenschließen und sich unter eine Regierung stellen, ist die Erhaltung ihres Eigentums. Im Naturzustand fehlt dazu vielerlei. Zum ersten bedarf es eines eingeführten und anerkannten Gesetzes, das mit allgemeiner Zustimmung als die Norm für Recht und Unrecht und als der allgemeine Maßstab zur Entscheidung aller Streitfälle unter ihnen angenommen und anerkannt ist. Denn obwohl das Naturgesetz allen vernunftbegabten Wesen klar und verständlich ist, werden die Menschen doch von ihrem eigenen Interesse beeinflußt, und da sie es außerdem zuwenig kennen, weil sich nicht genügend darüber nachdenken, sind sie nicht geneigt, es als ein Gesetz anzuerkennen, das in seiner Anwendung auf ihre eigenen Streitfälle für sie verbindlich wäre.

125. Zum zweiten fehlt es im Naturzustand an einem anerkannten und unparteiischen Richter, mit Autorität, alle Streitfälle nach dem eingeführten Gesetz zu entscheiden. Da jeder in diesem Zustand sowohl Richter als auch Vollstrecker des Naturgesetzes ist, die Menschen aber sich selbst gegenüber parteiisch sind, ist es leicht möglich, daß Leidenschaft und Rachsucht sie in ihren eigenen Angelegenheiten zu weit und zu hitzig mit sich fortreißen, auf der anderen Seite aber Nachlässigkeit und Unbeteiligtsein sie zu gleichgültig gegenüber den Angelegenheiten anderer machen.

126. Zum dritten fehlt es im Naturzustand häufig an einer Gewalt, die dem Urteil, wenn es gerecht ist, Rückhalt gibt, es unterstützt und für die gebührende Vollstreckung sorgt. Wer sich mit einer unrechten Tat gegen das Gesetz vergeht, wird selten darauf verzichten, wenn es in seiner Macht steht, sein Unrecht mit Gewalt durchzusetzen – ein solcher Widerstand macht oftmals die Bestrafung gefährlich und häufig für die, die sie durchführen, verderblich.

127. Die Menschen befinden sich also trotz aller Privilegien des Naturzustandes in einer schlechten Lage, solange sie in ihm verbleiben, und es treibt sie deshalb bald zur Gesellschaft. Und das ist auch die Ursache, daß wir nur selten eine Anzahl von Menschen finden, die längere Zeit in diesem Zustand zusammenleben. Die Unannehmlichkeiten, denen sie darin ausgesetzt sind durch die unregelmäßige und unbestimmte Ausübung der Macht, die jeder Mensch zur Bestrafung der Rechtsbrüche anderer besitzt, veranlaßt sie, zu den festen Gesetzen einer Regierung Zuflucht zu nehmen und dort die Erhaltung ihres Eigentums zu suchen. Dies ist es, was alle Menschen so bereitwillig auf ihre persönliche Macht, zu strafen, verzichten läßt, damit sie allein von denen ausgeübt werde, die man aus ihrer Mitte dazu bestimmt – und zwar nach Regeln, wie sie die Gemeinschaft oder diejenigen, die sie zu diesem Zweck dazu ermächtigt haben, vereinbaren. Und hierin liegt also das ursprüngliche Recht und der Ursprung von beiden, der legislativen und der exekutiven Gewalt wie auch der Regierungen und der Gesellschaft selbst.

Aus: John Locke, Über die Regierung (The second Treatise of Government). In der Übersetzung von Dorothee Tidow mit einem Nachwort herausgegeben von Peter Cornelius Mayer-Tasch. Bibliographisch ergänzte Ausgabe, Stuttgart 2003, S. 73–97.

Zur Texterschliessung

1. Welches Menschenbild vertritt Locke?
2. Wie beschreibt Locke den Naturzustand?
3. Was beinhaltet der Lock'sche Gesellschaftsvertrag?

7.1.5 Charles-Louis de Secondat, Baron de la Brède et de Montesquieu: Gewaltenteilung

Der einer französischen adligen Familie in Bordeaux angehörige Schriftsteller und Philosoph Montesquieu (1689–1755) wurde nach dem Ende seiner juristischen Ausbildung und seiner Tätigkeit als Advokat am Parlament in Bordeaux 1714 Parlamentsrat, zwei Jahre später Senatspräsident in Bordeaux. 1726 verkaufte er sein Amt, bereiste Europa und widmete sich dem Schreiben.

Neben seinen berühmten, anonym veröffentlichten „Lettres Persanes" (dt. „Persische Briefe"), in denen er die französischen und europäischen gesellschaftlichen Verhältnisse in Form eines fiktiven Briefwechsels zweier Perser darstellte, ist seine bekannteste Schrift sein 1748 erschienenes staatsphilosophisches Hauptwerk „De l'esprit des lois" (dt.: „Vom Geist der Gesetze"), aus dem auch der folgende Textauszug stammt.
Montesquieu untersucht hier ausgehend von der antiken Lehre der drei Staatsformen (Demokratie, Monarchie, Despotie), deren Abhängigkeit von natürlichen, beispielsweise klimatischen und geografischen Bedingungen. Er begreift den Staat nicht nur als politisches System, sondern sieht dieses in Verbindung mit allen gesellschaftlichen, rechtlichen, ökonomischen und moralischen Eigentümlichkeiten des jeweiligen Staates, wobei er nicht nur die jeweilige gesellschaftliche Realität beschreibt, sondern auch, wie sie seines Erachtens sein sollte. Die behandelten Themen sind vielfältig: Erziehung, Zivil- und Strafgesetze, Stellung der Frauen, Verfall der Regierungsformen, Steuern, Verteidigung, Klima, Handel, Geld, Religion u. a.
Der folgende Textauszug entstammt dem sechsten Kapitel „Über die Verfassung Englands", in dem sich Montesquieu mit der Frage der Gewaltenteilung beschäftigt, die bis heute zentrales Element des demokratischen Rechts- und Verfassungsstaates ist.

Literaturhinweise

Berthold Falk, Montesquieu (1689–1755), in: **Hans Maier/Horst Denzer (Hrsg.),** Klassiker des politischen Denkens. Bd. 2: Von Locke bis Max Weber.
Völlig neu überarbeitete Ausgabe der 5., gebundenen Auflage, München 2001, S. 41–55.
Detlef Merten (Hrsg.), Gewaltentrennung im Rechtsstaat. Zum 300. Geburtstag von Charles de Montesquieu. Vorträge und Diskussionsbeiträge der 57. Staatswissenschaftlichen Fortbildungstagung 1989 der Hochschule für Verwaltungswissenschaften Speyer, Berlin 1989.

M 5 Vom Geist der Gesetze

■ Es gibt in jedem Staat drei Arten von Vollmacht: die legislative Befugnis, die exekutive Befugnis in Sachen, die vom Völkerrecht abhängen, und die exekutive Befugnis in Sachen, die vom Zivilrecht abhängen.
Auf Grund des ersteren schafft der Herrscher oder Magistrat Gesetze auf Zeit oder für die Dauer, ändert geltende Gesetze oder schafft sie ab. Auf Grund der zweiten stiftet er Frieden oder Krieg, sendet oder empfängt Botschaften, stellt die Sicherheit her, sorgt gegen Einfälle vor. Auf Grund der dritten bestraft er Verbrechen oder sitzt zu Gericht über die Streitfälle der Einzelpersonen. Diese letztere soll richterliche Befugnis heißen, und die andere schlechtweg exekutive Befugnis des Staates.
Politische Freiheit für jeden Bürger ist jene geistige Beruhigung, die aus der Überzeugung hervorgeht, die jedermann von seiner Sicherheit hat. Damit man diese Freiheit genieße, muß die Regierung so beschaffen sein, daß kein Bürger einen andern zu fürchten braucht.
Sobald in ein und derselben Person oder derselben Beamtenschaft die legislative Befugnis mit der exekutiven verbunden ist, gibt es keine Freiheit. Es wäre nämlich zu befürchten, daß derselbe Monarch oder derselbe Senat tyrannische Gesetze erließ und dann tyrannisch durchführte.
Freiheit gibt es auch nicht, wenn die richterliche Befugnis nicht von der legislativen und von der exekutiven Be-

fugnis geschieden wird. Die Macht über Leben und Freiheit der Bürger würde unumschränkt sein, wenn jene mit der legislativen Befugnis gekoppelt wäre, denn der Richter wäre Gesetzgeber. Der Richter hätte die Zwangsgewalt eines Unterdrückers, wenn jene mit der exekutiven Gewalt gekoppelt wäre.

Alles wäre verloren, wenn ein und derselbe Mann beziehungsweise die gleiche Körperschaft entweder der Mächtigsten oder der Adligen oder des Volkes folgende drei Machtvollkommenheiten ausübte: Gesetze erlassen, öffentliche Beschlüsse in die Tat umsetzen, Verbrechen und private Streitfälle aburteilen. [...]

Richterliche Befugnis darf nicht einem unabsetzbaren Senat verliehen werden, vielmehr muß sie von Personen ausgeübt werden, die nach einer vom Gesetz vorgeschriebenen Weise zu gewissen Zeiten im Jahr aus dem Volkskörper ausgesucht werden. Sie sollen ein Tribunal bilden, das nur so lange besteht, wie die Notwendigkeit es verlangt.

In dieser Form wird die Gerichtsbefugnis, so gefürchtet sie unter den Men[s]chen ist, sozusagen unsichtbar und nichtig, das sie weder mit einem bestimmten Stand noch einem bestimmten Beruf verbunden ist. Man hat nicht dauernd Richter vor der Nase. Gefürchtet ist das Amt, nicht die Beamten.

Bei schweren Anklagen ist es sogar nötig, daß sich der Verbrecher, gemeinsam mit dem Gesetz, Richter wählen kann. Zumindest muß er eine so große Anzahl zurückweisen können, daß die restlichen als Männer seiner Wahl angesehen werden können.

Die zwei anderen Vollmachten können viel eher Beamten oder unabsetzbaren Körperschaften anvertraut werden, denn sie werden nicht gegen Einzelpersonen angewendet. Die eine ist lediglich der Gemeinwille des Staates, die andere lediglich der Vollzug des Gemeinwillens.

Indessen, die Gerichte sollen nicht unveränderlich sein, die Urteile müssen es aber weitgehend sein, daß sie nie mehr als ein genauer Gesetzestext sind. Wenn sie nur die Privatmeinung des Richters darstellten, würde man in einem Gesellschaftszustand leben, ohne genau die Verpflichtungen zu kennen, die man damit vertraglich eingeht.

Die Richter müssen sogar aus dem Stand des Angeklagten stammen oder ihm ebenbürtig sein. Sonst könnte er sich in den Kopf setzen, er sei in die Hände voreingenommener Leute gefallen, die ihm Gewalt antun wollen.

Wenn die legislative Befugnis der Exekutive das Recht zur Gefangensetzung von Bürgern abtritt, die eine Kaution für ihr Verhalten stellen können, gibt es keine Freiheit mehr. Höchstens wenn sie verhaftet worden sind, um sich auf Grund einer Anklage wegen eines Verbrechens unverzüglich zu verantworten, auf das nach dem Gesetz die Todesstrafe steht. In solchem Fall sind sie tatsächlich frei, weil sie allein der Gewalt des Gesetzes unterstehen.

Falls aber die legislative Befugnis sich infolge irgendeiner geheimen Verschwörung gegen den Staat oder infolge irgendeines Einverständnisses mit äußeren Feinden für gefährdet hielte, könnte sie der exekutiven Befugnis die Verhaftung verdächtiger Bürger für eine kurze und beschränkte Zeit gestatten. Die Betroffenen würden ihrer Freiheit nur zeitweilig verlustig gehen, damit die Freiheit für immer bewahrt wird. [...]

In einem freien Staat soll jeder Mensch, dem man eine freie Seele zugesteht, durch sich selbst regiert werden: daher müßte das Volk als Gesamtkörper die legislative Befugnis innehaben. Da dies in den großen Staaten unmöglich ist und in den kleinen Staaten vielen Nachteilen unterliegt, ist das Volk genötigt, all das, was es nicht selbst machen kann, durch seine Repräsentanten machen zu lassen.

Die Nöte seiner eigenen Stadt kennt man besser als die anderer Städte. Über die Leistungskraft seiner Nachbarn urteilt man sicherer als über die von fernstehenden Mitbürgern. Darum sollen die Mitglieder der legislativen Körperschaft nicht pauschal aus dem Ganzen der Nation ausgesucht werden. Es ist vielmehr zweckmäßig, daß sich die Einwohner jedes bedeutenden Orts einen Repräsentanten wählen.

Die Repräsentanten sind in der Lage, die Angelegenheiten zu erörtern. Das ist ihr großer Vorteil. Das Volk ist dazu durchaus nicht geeignet. Das ist eines der großen Gebrechen der Demokratie.

Haben die Repräsentanten von ihren Wählern eine allgemeine Anweisung erhalten, so ist eine besondere Anweisung für jede Angelegenheit, wie es bei den deutschen Reichstagen gehandhabt wird, nicht notwendig. Gewiß gäbe das Wort der Depurtierten bei diesem Verfahren weit eher der Stimme der Nation Ausdruck; aber das würde endlose Verlängerungen heraufbeschwören. Jeder Deputierte wäre der Herr aller anderen. Bei Ereignissen, die schnellstes Handeln erfordern, könnte die ganze Kraft einer Nation durch eine Laune gelähmt werden. [...]

In den verschiedenen Distrikten müssen alle Bürger bei der Wahl der Repräsentanten das Recht zur Stimmabgabe besitzen, diejenigen ausgenommen, die in solch einem Elend leben, daß man ihnen keinen eigenen Willen zutraut.

Die Mehrzahl der antiken Republiken litt an einem schweren Gebrechen: dort besaß das Volk das Recht, Beschlüsse, die zugleich Vollzug verlangen, eigenmächtig zu fassen – wozu das Volk vollkommen außerstande ist. Es darf nur durch die Wahl der Repräsentanten an der Regierung mitwirken. So weit reicht sein Horizont. Zwar können nur wenige Menschen die Leistungskraft von

Menschen genau ermessen, aber jeder ist imstande, im großen Ganzen zu erkennen, ob der Mann seiner Wahl besser beraten ist als die meisten anderen.

Die repräsentierende Körperschaft darf auch nicht für irgendeine eigenmächtige Beschlußfassung gewählt werden – was sie nicht gut zu leisten vermöchte –, sondern zur Schaffung von Gesetzen beziehungsweise zur Kontrolle, ob die geschaffenen Gesetze richtig angewendet wurden. Das vermag sie sehr gut, und niemand besser als sie.

Stets gibt es im Staat Leute, die durch Geburt, Reichtum oder Auszeichnungen hervorragen. Wenn sie aber mit dem Volk vermengt würden und wie die andern bloß eine Stimme besäßen, so würde die gemeinsame Freiheit für sie Sklaverei bedeuten. Sie hätten keinerlei Interesse an der Verteidigung der Freiheit, denn die meisten Beschlüsse würden zu ihren Ungunsten gefaßt. Ihre Teilnahme an der Gesetzgebung muß daher ihrer anderweitigen Vorrangstellung innerhalb des Staates angemessen sein. Das trifft zu, wenn sie eine Körperschaft bilden, die das Recht hat, Unternehmungen des Volkes auszusetzen, genauso wie das Volk das Recht, die ihrigen auszusetzen.

Auf diese Weise wird die legislative Befugnis sowohl der Adelskörperschaft als auch der gewählten Körperschaft der Volksvertreter anvertraut. Jede hat ihre Versammlungen und Abstimmungen für sich, sowie getrennte Gesichtspunkte und Interessen.

Unter den drei von uns besprochenen Befugnissen ist die richterliche gewissermaßen gar keine. Nur zwei bleiben übrig. Da sie zu ihrer Mäßigung eine regulierende Gewalt nötig haben, ist für diesen Zweck der aus Adligen zusammengesetzte Zweig der legislativen Körperschaft sehr geeignet.

Die Mitgliedschaft in der Adelskörperschaft soll erblich sein. Erstens ist sie es gemäß ihrer Natur. Überdies muß sie auf die Bewahrung ihrer Sonderrechte sehr bedacht sein. Diese sind als solche verhaßt und daher in einem freien Staat stets in Gefahr.

Indes könnte eine erbliche Gewalt versucht sein, ihren Sonderinteressen zu folgen und darüber die Interessen des Volkes zu vergessen. Daher muß dafür gesorgt werden, daß sie in Dingen, bei denen sie an der Korruption höchstlich interessiert ist, wie etwa bei Gesetzen zur Steuererhebung, lediglich durch ihr Verhinderungsrecht, nicht aber durch ihr Entscheidungsrecht an der Gesetzgebung teilhat.

Entscheidungsrecht nenne ich das Recht, von sich aus anzuordnen oder das von andern Angeordnete abzuändern. *Verhinderungsrecht* nenne ich das Recht, einen von anderen gefaßten Beschluß zu annullieren. [...] Obwohl der Inhaber des Verhinderungsrechts auch das Recht zur Zustimmung haben kann, besteht diese Zustimmung in nichts weiter als der Erklärung, daß man von seinem Verhinderungsrecht keinen Gebrauch mache. Aus diesem Recht leitet es sich her.

Die exekutive Befugnis muß in den Händen eines Monarchen liegen, weil in diesem Zweig der Regierung fast durchweg unverzügliches Handeln vonnöten ist, das besser von einem als von mehreren besorgt wird. Was hingegen von der legislativen Befugnis abhängt, wird oft besser von mehreren angeordnet als von einem.

Es gäbe keine Freiheit mehr, wenn es keinen Monarchen gäbe und die exekutive Befugnis einer bestimmten, aus der legislativen Körperschaft ausgesuchten Personenzahl anvertraut wäre, denen die beiden Befugnisse wären somit vereint. Dieselben Personen hätten an der einen und der anderen manchmal teil und somit könnten sie immer daran teilhaben.

Es gäbe keine Freiheit mehr, wenn die legislative Körperschaft eine beachtliche Zeitspanne nicht zusammenberufen worden wäre. Denn eins von beiden würde eintreten: entweder würden keine gesetzgeberischen Beschlüsse mehr gefaßt und der Staat würde in Anarchie stürzen, oder aber diese Beschlüsse würden von der exekutiven Befugnis gefaßt und er würde absolutistisch.

Eine ständige Tagung der legislativen Körperschaft wäre unnütz. Dies wäre für die Repräsentanten lästig und würde überdies die exekutive Befugnis zu stark beschäftigen. Sie dächte nicht mehr an die Durchführungsmaßnahmen, sondern nur noch an die Verteidigung ihrer Sonderrechte und ihr eigenes Recht auf den Gesetzesvollzug.

Überdies: wenn die legislative Körperschaft ununterbrochen versammelt bliebe, könnte es so weit kommen, daß neue Deputierte bloß noch an Stelle verstorbener eingesetzt würden. In diesem Fall gäbe es, wenn die legislative Körperschaft erst einmal korrupt wäre, keinerlei Heilmittel gegen dies Übel. Sobald jedoch unterschiedlich gesonnene legislative Körperschaften aufeinander folgen, richtet das Volk, das von der derzeitigen legislativen Körperschaft eine schlechte Meinung hegt, seine Hoffnungen, und zwar mit Recht auf die nachfolgende. Wenn aber die Körperschaft, die das Volk just in ihrer Korruption vor sich sieht, stets die gleich[e] bliebe, würde es aufsässig werden oder in Gleichgültigkeit verfallen.

Die legislative Körperschaft darf nicht auf eigenen Wunsch zusammentreten, denn einer Körperschaft wird erst vom Moment ihres Zusammentritts an ein eigener Wille zugebilligt. Wenn sie sich nicht nach einmütigem Beschluß versammelte, könnte man nicht einmal angeben, welcher Teil eigentlich die legislative Körperschaft darstellt, der versammelte Teil oder der nicht versammelte. Stände ihr das Recht zu, sich selber zu vertagen, so könnte es vorkommen, daß sie sich nie vertagte. Falls sie gegen die exekutive Befugnis etwas im Schilde führte, würde das sehr gefährlich werden. Im übrigen gibt es für die Einberufung der legislativen Körperschaft mehr und minder günstige Zeiten. Daher ist es erforderlich, daß niemand anders als die exekutive Befugnis die Zeit für das Zusammentreten und die Dauer dieser Versammlungen in Übereinstimmung mit den ihr ja bekannten Umständen regelt.

Wenn die exekutive Befugnis nicht das Recht besäße, die Unternehmungen der legislativen Körperschaft aufzuhalten, wäre diese letztere despotisch. Sie vermöchte sich alle erdenklichen Vollmachten selber zu verleihen und so alle anderen Befugnisse zunichte zu machen.

Indessen darf die legislative Befugnis nicht umgekehrt die Möglichkeit bekommen, die exekutive Befugnis aufzuhalten. Die Durchführung hat nämlich schon ihrer Natur nach ihre Grenzen, und ihre Begrenzung ist daher unnötig. Außerdem befaßt sich die exekutive Befugnis immer nur in Angelegenheiten des Augenblicks. [...]

Wenn indes in einem freien Staat die legislative Befugnis nicht das Recht zum Eingriff in die exekutive Befugnis haben darf, hat sie doch das Recht zur Prüfung der Art und Weise, in der die von ihr verabschiedeten Gesetze durchgeführt worden sind, oder sollte die Möglichkeit dazu haben. [...]

Wie diese Prüfung auch beschaffen sei, die legislative Körperschaft darf jedenfalls nicht die Macht haben, über die Person des mit der Exekutive Betrauten zu Gericht zu sitzen – und folglich auch nicht über seine Ausführung. Seine Person muß geheiligt sein, weil dies für den Staat notwendig ist, damit die legislative Körperschaft nicht tyrannisch wird. Von dem Augenblick seiner Anklage oder Verurteilung gäbe es keine Freiheit mehr.

In diesem Falle wäre der Staat keine Monarchie mehr, sondern eine Republik ohne Freiheit. Der Durchführende kann die Gesetze aber nicht schlecht durchführen ohne boshafte Berater, die als Minister die Gesetze hassen, obwohl diese sie als Menschen begünstigen. Daher können diese Berater ermittelt und bestraft werden. [...]

Das also ist die Grundverfassung der Regierung, von der wir reden. Die legislative Körperschaft setzt sich aus zwei Teilen zusammen. Durch ihr wechselseitiges Verhinderungsrecht wird der eine den andern an die Kette legen. Beide zusammen werden durch die exekutive Befugnis gefesselt, die ihrerseits von der Legislative gefesselt wird.

Eigentlich müßten diese drei Befugnisse einen Stillstand oder eine Bewegungslosigkeit herbeiführen. Doch durch den notwendigen Fortgang der Dinge müssen sie notgedrungen fortschreiten und sind daher gezwungen, in gleichem Schritt zu marschieren.

Da die exekutive Befugnis an der Legislative nur durch ihr Verhinderungsrecht teilhat, darf sie in die Debatte der laufenden Geschäfte nicht eingreifen. Sie braucht nicht einmal Anträge einzubringen. Da sie jederzeit die Beschlüsse verwerfen kann, so kann sie Beschlußfassungen über Vorschläge zurückweisen, die gegen ihren Willen eingebracht wurden. [...]

Es gibt keine Freiheit mehr, wenn die exekutive Befugnis an der Festsetzung der Erhebung der Staatsgelder anders als durch ihre Zustimmung mitwirkt. Sonst würde sie in dem wichtigsten Punkt der Gesetzgebung zur Legislative.

Die legislative Befugnis würde ihre Freiheit aufs Spiel setzen, wenn sie die Erhebung der Staatsgelder nicht von Jahr zu Jahr, sondern für die Dauer festlegte. Die exekutive Befugnis wäre dann nicht mehr von ihr abhängig. Falls man solch ein Recht auf Dauer eingeräumt bekommt, gilt es ziemlich gleich, woher man es erhalten hat, von sich oder einem andern. Wenn sie diese Festsetzung für die Land- und Seestreitkräfte, die sie der exekutiven Befugnis anvertrauen muß, für die Dauer statt von Jahr zu Jahr vornimmt, gilt das gleiche.

Der Durchführende darf nicht zum Unterdrücker werden. Daher müssen die ihm anvertrauten Armeen aus dem Volk stammen und gleichen Geistes wie das Volk sein, [...].Entweder müssen die im Heer Dienenden genug Vermögen besitzen, um den andern Bürgern für ihr Verhalten bürgen zu können, und dürfen nur auf ein Jahr eingezogen werden, [...] oder aber die legislative Befugnis muß, falls sie ein stehendes Heer unterhält und die Soldaten zum Abschaum der Nation gehören, das Heer auflösen können, sobald sie will. Die Soldaten müssen dann unter den Bürgern wohnen, und es darf weder separate Lager noch Kasernen noch befestigte Plätze geben.

Ist die Armee erst einmal ins Leben gerufen, so darf sie nicht unmittelbar von der legislativen Körperschaft abhängig sein, vielmehr von der exekutiven Befugnis. Das liegt in der Natur der Sache: ihre Aufgabe besteht mehr im Handeln als im Beratschlagen.

In der Wertung der Menschen steht der Mut nun einmal höher als Schüchternheit, die Tatkraft höher als Klugheit, die Stärke höher als guter Rat. Stets wird die Armee einen Senat verachten und auf ihre Offiziere hören. Sie wird auf die Befehle nicht viel geben, die ihr von seiten einer Körperschaft zugehen, deren Mitglieder sie als furchtsam und darum des Befehlens unwürdig ansieht. Sobald die Armee einzig und allein von der legislativen Körperschaft abhängt, wird die Regierung mithin militärisch werden. Wenn je das Umgekehrte vorgekommen ist, dann eben als Folge einiger ungewöhnlicher Umstände, etwa weil die Armee stets abseits gehalten wird oder aus mehreren Korps zusammengesetzt ist, die jeweils von ihren besonderen Provinzen abhängen, oder weil die Hauptstädte so ausgezeichnet gelegen sind, daß sie sich auf Grund ihrer Lage allein zu verteidigen vermögen und von Truppen frei bleiben. [...]

Besondere Umstände können die Regierung im Fall der Unterstellung der Armee unter die Legislative davor bewahren, militärisch zu werden, aber dafür ergeben sich andere Nachteile. Eins von beiden: entweder wird die Armee die Regierung auflösen müssen oder aber die Regierung die Armee schwächen müssen.

Und diese Schwächung hat einen verhängnisvollen Grund: sie entsteht aus ebendieser Schwäche der Regierung. [...]

Da alle Menschendinge ein Ende nehmen, wird auch der Staat, von dem die Rede ist, seine Freiheit verlieren und wird vergehen. [...] Er wird vergehen, sobald die legislative Befugnis verderbter als die exekutive ist. [...]

Aus: Charles-Louis de Secondat, Baron de la Brède et de Montesquieu, Vom Geist der Gesetze. Auswahl, Übersetzung und Einleitung von Kurt Weigand, Durchgesehene und bibliographisch ergänzte Ausgabe 1994, Stuttgart 2003, S. 216–229.

ZUR TEXTERSCHLIESSUNG

1. Erläutern Sie die Grundzüge der Gewaltenteilung nach Montesquieu.
2. Weshalb müssen nach Montesquieu die Gewalten getrennt sein?
3. Was sind die jeweiligen Befugnisse der drei Gewalten?
4. Was ist nach Montesquieu bei der Errichtung einer Armee zu beachten?

7.1.6 Jean-Jacques Rousseau: Vom Gesellschaftsvertrag oder Grundsätzen des Staatsrechts

Der 1712 in Genf als Sohn eines Uhrmachers geborene Schriftsteller, Philosoph, Pädagoge und Komponist Jean-Jacques Rousseau führte ein außerordentlich unstetes Leben, unter anderem auch bedingt durch mehrere Haftbefehle, die gegen ihn auf Grund seiner schriftstellerischen Tätigkeit erwirkt wurden. Mit 16 Jahren floh er nach einer unglücklichen Kindheit aus seinem kalvinistischen Elternhaus und konvertierte zum Katholizismus, kjehrte aber 1754 zum Kalvinismus zurück. 1742 ging er nach Paris, wo er unter anderem Denis Diderot und Jean le Rond d'Alembert, die Mitherausgeber der von Diderot initiierten Encyclopédie. Seine fünf Kinder aus der Beziehung, später Ehe mit Thérèse Levasseur ließ er im Findelhaus aufziehen. Rousseau komponierte, lebte zeitweilig vom Notenabschreiben und verfasste eine Reihe philosophischer, pädagogischer, literarischer und gesellschaftstheoretischer Abhandlungen.

Neben dem „Du contrat social ou principes du droit politique" (dt.: Vom Gesellschaftsvertrag oder Grundsätze des Staatsrechts), aus dem der folgende Textauszug stammt, gehört seine sicherheitshalber in Amsterdam publizierte Schrift „Discours sur l`origine et les fondemens de l`inegalité parmi les hommes" (dt.: Abhandlung über den Ursprung und die Grundlagen der Ungleichheit unter den Menschen) zu den bekanntesten. Mit ihr nahm er am Wettbewerb der Académie de Dijon zur Frage: „Was ist der Ursprung der Ungleichheit unter den Menschen, und wird sie vom Naturrecht erlaubt?" teil. Rousseau machte in diesem Werk die Arbeitsteilung für die soziale Ungleichheit verantwortlich, die es manchen Menschen ermögliche, sich den Ertrag der Arbeit Vieler durch einige Wenige anzueignen. Diese Wenigen übernähmen die Herrschaft und sicherten sich ihren Besitz durch ein autoritäres Staatswesen. Durch diesen Denkansatz avancierte Rousseau zu den geistigen Vätern des europäischen Sozialismus.

Im 1762 erschienen, aber sofort verbotenen „Du contrat social" werden die Beziehungen und Rechte der Individuen gegenüber dem Staat und umgekehrt die Ansprüche der Gemeinschaft gegenüber den Individuen erörtert. Rousseau entfaltet hier unter anderem die Idee der Volkssouveränität. Laut Rousseau ist der Mensch von Natur aus gut, wird jedoch durch seine Vergesellschaftung böse und schlecht. Vor allem die Institution Eigentum entfremde den Menschen von sich selbst, er verrate die menschliche Moral und kaschiere Eigeninteresse als Allgemeininteresse.

Rousseaus Staatstheorie setzt sich mit dem Problem auseinander, wie ein von Natur aus gutes und freies Individuum seine Freiheit behalten kann, wenn es den Naturzustand verlässt und in den zustand der Gesellschaft übertritt. Im Unterschied zu anderen Vertragstheoretikern, insbesondere John Locke, sieht Rousseau im individuellen Eigentum eine zentrale Quelle allen Übels, das durch den Gesellschaftsvertrag aufgehoben werde. Durch diesen werde es allen ermöglicht, sich wieder so frei wie im ursprünglichen Naturzustand zu fühlen und dabei auf gesellschaftliche und politische Prozesse und Entscheidungen Einfluss zu haben. Allerdings müsse sich jeder dazu verpflichten, sich dem allgemeinen Willen, der volonté générale, zu unterwerfen, denn dieser diene nicht einem individuellen Einzelwillen, sondern dem Allgemeinwohl. In dieser Lesart sind die staatlichen Maßnahmen und Gesetze Ausdruck des souveränen Willen des Volksganzen.

Rousseaus Staatstheorie stellte einen scharfen Angriff auf die damalige feudale Welt dar. Rousseau wurde von zahlreichen Repräsentanten der Französischen Revolution hoch verehrt und von zahllosen Intellektuellen des 18. und 19. Jahrhunderts rezipiert, u. a. Immanuel Kant.

Literaturhinweise

Iring Fetscher, Rousseaus politische Philosophie, Frankfurt a. M. 1989.
Günther Mensching, Rousseau zur Einführung, Hamburg 2003.
Robert Spaemann, Rousseau – Bürger ohne Vaterland, München 1980.

M 6 Der Gesellschaftsvertrag

■ Der Mensch wird frei geboren, und überall ist er in Ketten. Mancher hält sich für den Herrn seiner Mitmenschen und ist trotzdem mehr Sklave als sie. Wie hat sich diese Umwandlung zugetragen? Ich weiß es nicht. Was kann ihr Rechtmäßigkeit verleihen? Diese Frage glaube ich beantworten zu können.

Würde ich nur auf die Gewalt und die Wirkungen, die sie hervorbringt, Rücksicht nehmen, so würde ich sagen: Solange ein Volk gezwungen wird zu gehorchen, so tut es wohl, wenn es gehorcht; sobald es sein Joch abzuschütteln imstande ist, so tut es noch besser, wenn es dasselbe von sich wirft, denn sobald es seine Freiheit durch dasselbe Recht wiedererlangt, das sie ihm geraubt hat, so ist es entweder befugt, sie wieder zurückzunehmen, oder man hat sie ihm unbefugt entrissen. Allein die gesellschaftliche Ordnung ist ein geheiligtes Recht, das die Grundlage aller übrigen bildet. Dieses Recht entspringt jedoch keineswegs aus der Natur; es beruht folglich auf Verträgen. Deshalb kommt es darauf an, die Beschaffenheit dieser Verträge kennenzulernen. [...]

Die älteste aller Gesellschaften und die einzig natürliche ist die Familie. Und selbst dort bleiben die Kinder nicht länger an den Vater gebunden, als sie zu ihrer Erhaltung bedürfen. Sobald diese Bedürftigkeit aufhört, löst sich das natürliche Band. Die Kinder, befreit vom Gehorsam, den sie dem Vater schuldeten, und der Vater, befreit von der Sorge, die er den Kindern schuldete, beide kehren gleichermaßen in die Unabhängigkeit zurück. Wenn sie weiter zusammenbleiben, geschieht dies nicht natürlich, sondern willentlich, und die Familie selbst wird nur durch Übereinkunft aufrechterhalten.

Die allen gemeinsame Freiheit ist eine Folge der Natur des Menschen. Dessen oberstes Gesetz ist es, über seine Selbsterhaltung zu wachen, seine erste Sorge ist diejenige, die er sich selber schuldet, und sobald der Mensch erwachsen ist, wird er so sein eigener Herr, da er der einzige Richter über die geeigneten Mittel zu seiner Erhaltung ist.

Die Familie ist deshalb, wenn man so will, das Urbild der politischen Gesellschaften; das Oberhaupt ist das Abbild des Vaters, das Volk das Abbild der Kinder, und da alle gleich und frei geboren sind, veräußern sie ihre Freiheit einzig zu ihrem Nutzen. Der ganze Unterschied ist, daß in der Familie die Liebe des Vaters für seine Kinder ihn entschädigt für die Sorge, die er an sie wendet, und daß im Staat das Vergnügen zu befehlen jene Liebe ersetzt, die das Oberhaupt für seine Völker nicht empfindet. [...]

Wie findet man eine Gesellschaftsform, die mit der ganzen gemeinsamen Kraft die Person und das Vermögen jedes Gesellschaftsmitgliedes verteidigt und schützt, und kraft deren jeder einzelne, obgleich er sich mit allen vereint, gleichwohl nur sich selbst gehorcht und frei bleibt wie vorher? Dies ist die Hauptfrage, deren Lösung der Gesellschaftsvertrag gibt.

Die Klauseln dieses Vertrages sind durch die Natur der Verhandlung so bestimmt, daß die geringste Abänderung sie nichtig und wirkungslos machen müßte. Die Folge davon ist, daß sie, wenn sie auch vielleicht nie ausdrücklich ausgesprochen wären, doch überall gleich, überall stillschweigend angenommen und anerkannt sind, bis nach Verletzung des Gesellschaftsvertrages jeder in seine ursprünglichen Rechte zurücktritt und seine natürliche Freiheit zurückerhält, während er zugleich die auf Übereinkommen beruhende Freiheit, für die er auf jene verzichtete, verliert.

Alle diese Klauseln lassen sich, wenn man sie richtig auffaßt, auf eine einzige zurückführen, nämlich auf das gänzliche Aufgehen jedes Gesellschaftsmitgliedes mit allen seinen Rechten in der Gesamtheit, denn indem sich jeder ganz hingibt, so ist das Verhältnis zunächst für alle gleich, und weil das Verhältnis für alle gleich ist, so hat niemand ein Interesse daran, es den anderen drückend zu machen.

Da ferner dieses Aufgehen ohne allen Vorbehalt geschieht, so ist die Verbindung so vollkommen, wie sie nur sein kann, und kein Gesellschaftsgenosse hat irgend etwas Weiteres zu beanspruchen, denn wenn den einzelnen irgend welche Rechte blieben, so würde in Ermangelung eines gemeinsamen Oberherrn, der zwischen ihnen und dem Gemeinwesen entscheiden könnte, jeder, der in irgendeinem Punkte sein eigener Richter ist, auch bald verlangen, es in allen zu sein; der Naturzustand würde fortdauern, und die gesellschaftliche Vereinigung tyrannisierend oder zwecklos sein.

Während sich endlich jeder allen übergibt, übergibt er sich niemandem, und da man über jeden Gesellschaftsgenossen das nämliche Recht erwirbt, das man ihm über sich gewährt, so gewinnt man für alles, was man verliert, Ersatz und mehr Kraft, das zu bewahren, was man hat.

Scheidet man also vom Gesellschaftsvertrag alles aus, was nicht zu seinem Wesen gehört, so wird man sich überzeugen, daß er sich in folgende Worte zusammenfassen läßt: „Jeder von uns stellt gemeinschaftlich seine Person und seine ganze Kraft unter die oberste Leitung des allgemeinen Willens, und wir nehmen jedes Mitglied als untrennbaren Teil des Ganzen auf."

An die Stelle der einzelnen Person jedes Vertragsschließenden setzt solcher Gesellschaftsvertrag sofort einen geistigen Gesamtkörper, dessen Mitglieder aus sämtlichen Stimmabgebenden bestehen, und der durch ebendiesen Akt seine Einheit, sein gemeinsames Ich, sein Leben und seinen Willen erhält. Diese öffentliche Person, die sich auf solche Weise aus der Vereinigung aller übrigen bildet, wurde ehemals Stadt genannt und heißt jetzt Republik oder Staatskörper. Im passiven Zustand wird er von seinen Mitgliedern Staat, im aktiven Zustand Oberhaupt, im Vergleich mit anderen seiner Art Macht genannt. Die Gesellschaftsgenossen führen als Gesamtheit den Namen Volk und nennen sich einzeln als Teilhaber der höchsten Gewalt Staatsbürger und im Hinblick auf den Gehorsam, den sie den Staatsgesetzen schuldig sind, Untertanen. Aber diese Ausdrücke gehen oft ineinander über und werden miteinander verwechselt; es genügt, sie unterscheiden zu können, wenn sie in ihrer eigentlichen Bedeutung gebraucht werden. [...]

Aus jener Formel erkennt man, daß der Gesellschaftsvertrag eine gegenseitige Verpflichtung zwischen dem Gemeinwesen und den einzelnen in sich schließt und daß sich jeder einzelne, da er gleichsam mit sich selbst einen Vertrag abschließt, doppelt verpflichtet sieht, und zwar als Glied des Staatsoberhauptes gegen die einzelnen und als Glied des Staates gegen das Staatsoberhaupt. Hier darf man jedoch den Grundsatz des bürgerlichen Rechts, daß niemand an gegen sich selbst eingegangene Verpflichtungen gebunden sei, nicht in Anwendung bringen, denn es ist ein großer Unterschied zwischen einer Verpflichtung gegen sich selbst und einer Verpflichtung gegen ein Ganzes, von dem man einen Teil bildet. [...]

Bei der Untersuchung, worin denn eigentlich das höchste Wohl aller, das der Zweck eines jeden Systems der Gesetzgebung sein soll, besteht, wird man finden, daß es auf zwei Hauptgegenstände hinausläuft, Freiheit und Gleichheit. Freiheit, weil jede Abhängigkeit des einzelnen eine ebenso große Kraft dem Staatskörper entzieht, Gleichheit, weil die Freiheit ohne sie nicht bestehen kann.

Ich habe bereits auseinandergesetzt, was bürgerliche Freiheit ist; was nun die Gleichheit anlangt, so ist unter diesem Wort nicht zu verstehen, daß alle eine durchaus gleich große Kraft und einen genau ebenso großen Reichtum besitzen, sondern daß die Gewalt jede Gewalttätigkeit ausschließt und sich nur kraft der Gesetze und der Stellung im Staat äußern darf, daß ferner kein Staatsbürger so reich sein darf, um sich einen andern kaufen zu können, noch so arm, um sich verkaufen zu müssen. Dies setzt auf seiten der Großen Mäßigung des Vermögens und des Ansehns, und auf seiten der Kleinen Mäßigung des Geizes und der Habsucht voraus.

Diese Gleichheit halten nun einige für eine politische Träumerei, die nicht in der Praxis existieren könne. Wenn jedoch der Mißbrauch unvermeidlich ist, folgt daraus, daß man ihn nicht wenigstens einschränken muß? Weil der Lauf der Dinge stets auf die Zerstörung der Gleichheit ausgeht, deshalb muß gerade die Kraft der Gesetzgebung stets auf ihre Erhaltung ausgehen. [...]

Solange mehrere vereinigte Menschen sich als einen einzigen Körper betrachten, haben sie nur einen einzigen Willen, der die gemeinsame Erhaltung und die allgemeine Wohlfahrt zum Gegenstand hat. Dann sind alle Triebfedern des Staates kräftig und einfach und seine Grundsätze klar und deutlich; er hat keine verwickelten, einander widersprechenden Interessen; das Gemeinwohl tritt überall sichtbar hervor, und es bedarf nur gesunder Vernunft, um es wahrzunehmen. Friede, Einigkeit und Gleichheit sind Feindinnen politischer Spitzfindigkeiten. Aufrichtige und einfache Menschen sind gerade ihrer Einfachheit wegen schwer hinter das Licht zu führen; für Betrügereien und bestechende Vorspiegelungen sind sie nicht empfänglich; sie sind nicht einmal fein genug, um sich überlisten zu lassen. Wenn man sieht, wie bei dem glücklichsten Volk auf Erden Scharen von Landleuten die Staatsangelegenheiten unter einer Eiche entscheiden und dabei stets mit großer Weisheit zu Werke gehen, kann man sich dann wohl erwehren, die Spitzfindigkeiten anderer Völker zu verachten, die sich mit einer solchen Fülle von Kunst und Geheimnistuerei berühmt und elend machen? [...]

Es gibt nur ein einziges Gesetz, das seiner Natur nach eine einstimmige Genehmigung verlangt, den Gesellschaftsvertrag; denn die staatsbürgerliche Vereinigung ist die freiwilligste Handlung von der Welt. Da jeder Mensch von Geburt frei und sein eigener Herr ist, so kann ihn sich niemand, unter welchem Vorwand es auch sein möge, ohne seine Einwilligung unterwerfen. Bestimmen, daß der Sohn eines Sklaven als Sklave geboren werde, heißt bestimmen, daß er nicht als Mensch geboren werde.

Wenn demnach bei Gründung des Gesellschaftsvertrages einige Widerspruch erheben, so macht ihre Meinung ihn nicht ungültig, sondern schließt die Gegner nur von ihm aus; sie gelten unter den Staatsbürgern als Fremde. Ist der Staat gegründet, so bedeutet ihr Bleiben Zustimmung; das Staatsgebiet bewohnen, heißt sich der Oberherrlichkeit unterwerfen.

Außer diesem grundlegenden Vertrag ist Stimmenmehrheit für alle übrigen verbindlich; dies ist eine unmittelbare Folge des Vertrages selbst. Man wird jedoch die Frage aufwerfen: Wie kann der Mensch frei sein und doch gezwungen, sich Willensmeinungen zu fügen, die nicht die seinigen sind? Wie können die Opponenten frei und zugleich Gesetzen unterworfen sein, denen sie nicht zugestimmt haben?

Ich antworte darauf, daß die Frage schlecht gestellt ist. Der Staatsbürger gibt zu allen Gesetzen seine Einwilligung, sogar zu denen, die wider seinen Willen gefaßt werden, ja er nimmt auch die an, die ihn strafen, falls er es wagen sollte, eines derselben zu übertreten. Der beständig in Kraft bleibende Wille aller Staatsglieder ist der allgemeine Wille; durch ihn sind sie erst Staatsbürger und frei. Bei einem Gesetzesvorschlag in der Volksversammlung fragt man sie nicht eigentlich, ob sie dem Vorschlag zustimmen oder ihn verwerfen, sondern ob er dem allgemeinen Willen entspricht oder nicht, der ihr eigener Wille ist, und aus der Stimmenzahl ergibt sich die Bekundung des allgemeinen Willens. Wenn mithin meine Ansicht der entgegengesetzten unterliegt, so beweist dies nichts anderes, als daß ich mich geirrt hatte und daß das, was ich für den allgemeinen Willen hielt, es nicht war. Hätte meine Einzelstimme die Oberhand gewonnen, so hätte ich etwas ganz anderes getan als ich tun wollte; gerade dann wäre ich nicht frei gewesen.

Dies setzt freilich voraus, daß die Stimmenmehrheit noch alle Kennzeichen des allgemeinen Willens an sich trägt. Sind diese im Schwinden begriffen, so gibt es keine Freiheit mehr, welche Partei man auch ergreife.

Aus: Jean-Jacques Rousseau, Der Gesellschaftsvertrag oder die Grundsätze des Staatsrechtes, Übersetzung von H. Denhardt, Stuttgart 1969, S. 30, 43–46, 87–88, 149, 153–155.

ZUR TEXTERSCHLIESSUNG

1. Erläutern Sie die Aussage: „Während sich ... jeder allen übergibt, übergibt er sich niemandem, und da man über jeden Gesellschaftsgenossen das nämliche Recht erwirbt, das man ihm über sich gewährt, so gewinnt man für alles, was man verliert, Ersatz und mehr Kraft, das zu bewahren, was man hat."
2. Was versteht Rousseau unter Gleichheit?
3. Wie bestimmt Rousseau das Verhältnis von Freiheit und Gleichheit?

7.1.7 Carl Schmitt: Freund-Feind-Unterscheidung

Der in Plettenberg geborene Staats- und Völkerrechtler Carl Schmitt (1888–1985) wurde 1921 Professor an der Universität in Greifswald, später lehrte er in Bonn (1922), Berlin (1928) Köln (1933), ab 1933 an der Universität in Berlin, bis er 1945 im Zuge der Entnazifizierung vorzeitig entlassen wurde.

Schmitts Werk ist umfassend, in der Weimarer Republik avancierte er zum prominenten Analytiker und Kritiker des Liberalismus und der parlamentarischen Demokratie, deren Scheitern für ihn notwendig war. Er bewunderte das faschistische Italien und entwarf die Programmatik eines „totalen Staates", der aus seiner Sicht weder parlamentarisch noch liberal sein sollte. Im März 1933 wandte er sich der vorher von ihm aus einer elitären Position verachteten nationalsozialistischen Bewegung zu, trat in die NSDAP ein, setzte sich für die „völkische Rechtserneuerung" ein und rechtfertigte in einem Aufsatz „Der Führer schützt das Recht" unter anderem die Morde, die im Zusammenhang mit dem sogenannten Röhm-Putsch begangen worden waren. Er übernahm verschiedene politische und hochschulpolitische Funktionen, beispielsweise 1933 als preußischer Staatsrat, die er allerdings nach Angriffen durch die SS-Zeitschrift „Das Schwarze Korps" wieder verlor. Ab Ende der 1930er Jahre befasste er sich vor allem mit völker- und kriegsrechtlichen Themen. Nach seiner Entlassung aus dem Hochschuldienst und Internierung durch die Alliierten 1945 zog er sich nach Plettenberg zurück, wo er bis zu seinem Tod weiter publizierte.
Schmitt verfasste eine Reihe staatstheoretischer Schriften, unter anderem 1922 den kleinen Band „Politische Theologie", die mit einer bis heute bekannten Definition staatlicher Souveränität beginnt: „Souverän ist, wer über den Ausnahmezustand entscheidet." [1] Seine berühmte und umstrittene Schrift „Der Begriff des Politischen", aus der der folgende Textauszug stammt – veröffentlicht in drei verschiedenen Fassungen, hier wurde die letzte Fassung von 1963 zugrunde gelegt – knüpft hieran an: Schmitt geht davon aus, dass der Begriff des Staates als politischer Einheit eines Volkes den des Politischen voraussetzt, wobei das Politische sich seiner Auffassung zu Folge dadurch auszeichnet, eine Unterscheidung zwischen Freund und Feind zu treffen, um Letzteren zu bekämpfen. Diese aggressive Abgrenzung gegenüber dem „Nicht wir" ist für dieses Staatsverständnis konstitutiv.

1 Carl Schmitt, Politische Theologie. Vier Kapitel zur Lehre von der Souveränität, 3. Aufl., Berlin 1979, S. 11.

Literaturhinweise

Reinhard Mehring, Carl Schmitt zur Einführung, Hamburg 1992.
Günter Meuter, Bataille statt Debatte. Zu Carl Schmitts „Metaphysik" des Politischen und des Liberalen, in: ***Aus Politik und Zeitgeschichte.*** Beilage zur Wochenzeitung Das Parlament, B 51/1996, S. 23–33.

M 7 Der Begriff des Politischen

■ Der Begriff des Staates setzt den Begriff des Politischen voraus. Staat ist nach dem heutigen Sprachgebrauch der politische Status eines in territorialer Geschlossenheit organisierten Volkes. Damit ist nur eine erste Umschreibung, keine Begriffsbestimmung des Staates gemeint. [...] Staat ist seinem Wortsinn und seiner geschichtlichen Erscheinung nach ein besonders gearteter Zustand eines Volkes, und zwar der im entscheidenden Fall maßgebende Zustand und deshalb gegenüber den vielen denkbaren individuellen und kollektiven Status, der Status schlechthin. Mehr läßt sich zunächst nicht sagen. Alle Merkmale dieser Vorstellung – Status und Volk – erhalten ihren Sinn durch das weitere Merkmal des Politischen und werden unverständlich, wenn das Wesen des Politischen mißverstanden wird. [...]

Eine Begriffsbestimmung des Politischen kann nur durch Aufdeckung und Feststellung der spezifisch politischen Kategorien gewonnen werden. Das Politische hat nämlich seine eigenen Kriterien, die gegenüber den verschiedenen, relativ selbständigen Sachgebieten menschlichen Denkens und Handeln, insbesondere dem Moralischen, Ästhetischen, Ökonomischen in eigenartiger Weise wirksam werden. Das Politische muß deshalb in eigenen letzten Unterscheidungen liegen, auf die alles im spezifischen Sinne politische Handeln zurückgeführt werden kann. [...]

Die spezifisch politische Unterscheidung, auf welche sich die politischen Handlungen und Motive zurückführen lassen, ist die Unterscheidung von Freund und Feind. Sie gibt eine Begriffsbestimmung im Sinne eines Kriteriums, nicht als erschöpfende Definition oder Inhaltsangabe. Insofern sie nicht aus anderen Kriterien ableitbar ist, entspricht sie für das Politische den relativ selbständigen Kriterien anderer Gegensätze: Gut und Böse im Moralischen; Schön und Häßlich im Ästhetischen usw. Jedenfalls ist sie selbständig, nicht im Sinne eines eigenen Sachgebietes, sondern in der Weise, daß sie weder auf einem jener anderen Gegensätze oder auf mehreren von ihnen begründet, noch auf sie zurückgeführt werden kann. [...] Die Unterscheidung von Freund und Feind hat den Sinn, den äußersten Intensitätsgrad einer Verbindung oder Trennung, einer Assoziation oder Dissoziation zu bezeichnen; sie kann theoretisch und praktisch bestehen, ohne daß gleichzeitig alle jene moralischen, ästhetischen, ökonomischen oder andern Unterscheidungen zur Anwendung kommen müßten. Der politische Feind braucht nicht moralisch böse, er braucht nicht ästhetisch häßlich zu sein; er muß nicht als wirtschaftlicher Konkurrent auftreten, und es kann vielleicht sogar vorteilhaft scheinen, mit ihm Geschäfte zu machen. Er ist eben der andere, der Fremde, und es genügt zu seinem Wesen, daß er in einem besonders intensiven Sinne existenziell etwas anderes und Fremdes ist, so daß im extremen Fall Konflikte mit ihm möglich sind, die weder durch eine im voraus getroffene generelle Normierung, noch durch den Spruch eines „unbeteiligten" und daher „unparteiischen" Dritten entschieden werden können.

Die Möglichkeit richtigen Erkennens und Verstehens und damit auch die Befugnis mitzusprechen und zu urteilen ist hier nämlich nur durch das existenzielle Teilhaben und Teilnehmen gegeben. Den extremen Konfliktfall können nur die Beteiligten selbst unter sich ausmachen; namentlich kann jeder von ihnen nur selbst entscheiden, ob das Anderssein des Fremden im konkret vorliegenden Konfliktsfalle die Negation der eigenen Art Existenz bedeutet und deshalb abgewehrt oder bekämpft wird, um die eigene, seinsmäßige Art von Leben zu bewahren. In der psychologischen Wirklichkeit wird der Feind leicht als böse und häßlich behandelt, weil jede, am meisten natürlich die politische als die stärkste und intensivste Unterscheidung und Gruppierung, alle verwertbaren anderen Unterscheidungen zur Unterstützung heranzieht. Das ändert nichts an der Selbständigkeit solcher Gegensätze. Infolgedessen gilt auch umgekehrt: was moralisch Böse, ästhetisch Häßlich oder ökonomisch Schädlich ist, braucht deshalb noch nicht Feind zu sein; was moralisch Gut, ästhetisch Schön und ökonomisch Nützlich ist, wird noch nicht zum Freund in dem spezifischen d. h. politischen Sinn des Wortes. Die seinsmäßige Sachlichkeit und Selbständigkeit des Politischen zeigt sich schon in dieser Möglichkeit, einen derartig spezifischen Gegensatz wie Freund-Feind von anderen Unterscheidungen zu trennen und als etwas Selbständiges zu begreifen.

Die Begriffe Freund und Feind sind in ihrem konkreten, existenziellen Sinn zu nehmen, nicht als Metaphern oder Symbole, nicht vermischt und abgeschwächt durch ökonomische, moralische und andere Vorstellungen, am wenigsten in einem privat-individualistischen Sinne psychologisch als Ausdruck privater Gefühle und Tendenzen. Sie sind keine normativen und keine ‚rein geistigen' Gegensätze. Der Liberalismus hat in einem für ihn typischen [...] Dilemma von Geist und Ökonomik den Feind von der Geschäftsseite her in einen Konkurrenten, von der Geistseite her in einen Diskussionsgegner aufzulösen versucht. Im Bereich des Ökonomischen gibt es allerdings keine Feinde, sondern nur Konkurrenten, in einer restlos moralisierten und ethisierten Welt vielleicht nur noch Diskussionsgegner. Ob man es aber für verwerflich hält oder nicht und vielleicht einen atavistischen Rest barbarischer Zeiten darin findet, daß die Völker sich immer noch wirklich nach Freund und Feind gruppieren, oder hofft, die Unterscheidung werde eines Tages von der Erde verschwinden, ob es vielleicht gut und richtig ist, aus erzieherischen Gründen zu fingieren, daß es überhaupt keine Feinde mehr gibt, alles das kommt hier nicht in Betracht. Hier handelt es sich nicht um Fiktionen und Normativitäten, sondern um die seinsmäßige Wirklichkeit und die reale Möglichkeit dieser Unterscheidung. Man kann jene Hoffnungen und erzieherischen Bestrebungen teilen oder nicht; daß die Völker sich nach dem Gegensatz von Freund und Feind gruppieren, daß dieser Gegensatz auch heute noch wirklich und für jedes politisch existierende Volk als reale Möglichkeit gegeben ist, kann man vernünftigerweise nicht leugnen.

Feind ist also nicht der Konkurrent oder der Gegner im allgemeinen. Feind ist auch nicht der private Gegner, den man unter Antipathiegefühlen haßt. Feind ist nur eine wenigstens eventuell, d.h. der realen Möglichkeit nach kämpfende Gesamtheit von Menschen, die einer ebensolchen Gesamtheit gegenübersteht. Feind ist nur der öffentliche Feind, weil alles, was auf eine solche Gesamtheit von Menschen, insbesondere auf ein ganzes Volk Bezug hat, dadurch öffentlich wird. [...]

Der politische Gegensatz ist der intensivste und äußerste Gegensatz und jede konkrete Gegensätzlichkeit ist um so politischer, je mehr sie sich dem äußersten Punkte, der Freund-Feindgruppierung, nähert. Innerhalb des Staates als einer organisierten politischen Einheit, die als Ganzes für sich die Freund-Feindentscheidung trifft, außerdem neben den primär politischen Entscheidungen und im Schutz der getroffenen Unterscheidung ergeben sich zahlreiche sekundäre Begriffe von „politisch". Zunächst mit Hilfe der [...] Gleichsetzung von politisch und staatlich. Sie bewirkt es, daß man z.B. eine „staatspolitische" Haltung der parteipolitischen entgegenstellt, daß man von Religionspolitik, Schulpolitik, Kommunalpolitik, Sozialpolitik usw. des Staates selbst sprechen kann. Doch bleibt auch hier stets ein – durch die Existenz der alle Gegensätze umfassenden politischen Einheit des Staates allerdings relativierter – Gegensatz und Antagonismus innerhalb des Staates für den Begriff des Politischen konstitutiv[1]. Schließlich entwickeln sich noch weiter abgeschwächt, bis zum Parasitären und Karikaturhaften entstellte Arten von „Politik", in denen von der ursprünglichen Freund-Feindgruppierung nur noch irgendein antagonistisches Moment übriggeblieben ist, das sich in Taktiken und Praktiken aller Art, Kokurrenzen und Intrigen äußert und die sonderbarsten Geschäfte und Manipulationen als „Politik" bezeichnet. [...]

An zwei ohne weiters festzustellenden Phänomenen wird das alltäglich sichtbar. Erstens haben alle politischen Begriffe, Vorstellungen und Worte einen polemischen Sinn; sie haben eine konkrete Gegensätzlichkeit im Auge, sind an eine konkrete Situation gebunden, deren letzte Konsequenz ein (in Krieg oder Revolution sich äußernde) Freund-Feindgruppierung ist, und werden zu leeren und gespenstischen Abstraktionen, wenn diese Situation entfällt. [...] Zweitens: In der Ausdrucksweise der innerstaatlichen Tagespolemik wird „politisch" heute oft gleichbedeutend mit „parteipolitisch" gebraucht; die unvermeidliche „Unsachlichkeit" aller politischen Entscheidungen, die nur der Reflex der allem politischen Verhalten immanenten Freund-Feindunterscheidung ist, äußert sich dann in den kümmerlichen Formen und Horizonten der parteipolitischen Stellenbesetzung und Pfründen-Politik, die daraus entstehende Forderung einer „Entpolitisierung" bedeutet nur Überwindung des Parteipolitischen usw. Die Gleichung: politisch = parteipolitisch ist möglich, wenn der Gedanke einer umfassenden, alle innerpolitischen Parteien und ihre Gegensätzlichkeiten relativierenden politischen Einheit (des „Staates") seine Kraft verliert und infolgedessen die innerstaatlichen Gegensätze eine stärkere Intensität erhalten als der gemeinsame außenpolitische Gegensatz gegen einen anderen Staat. Wenn innerhalb eines Staates die parteipolitischen Gegensätze restlos „die" politischen Gegensätze geworden sind, so ist der äußerste Grad der „innenpolitischen" Reihe erreicht, d.h. die innerstaatlichen, nicht die außenpolitischen Freund- und Feindgruppierungen sind für die bewaffnete Auseinandersetzung maßgebend. Die reale Möglichkeit des Kampfes, die immer vorhanden sein muß, damit von Politik gesprochen werden kann, bezieht sich bei einem derartigen „Primat der Innenpolitik" konsequenterweise nicht mehr auf den Krieg zwischen organisierten Völkereinheiten (Staaten oder Imperien), sondern auf den Bürgerkrieg.

Denn zum Begriff des Feindes gehört die im Bereich des Realen liegende Eventualität eines Kampfes. Bei diesem Wort ist von allen zufälligen, der geschichtlichen Entwicklung unterworfenen Änderungen der Kriegs- und Waffentechnik abzusehen. Krieg ist bewaffneter Kampf zwischen organisierten politischen Einheiten, Bürgerkrieg bewaffneter Kampf innerhalb einer (dadurch aber problematisch werdenden) organisierten Einheit. Das Wesentliche an dem Begriff der Waffe ist, daß es sich um ein Mittel physischer Tötung von Menschen handelt. Ebenso wie das Wort Feind, ist hier das Wort Kampf im Sinne einer seinsmäßigen Ursprünglichkeit zu verstehen. Es bedeutet nicht Konkurrenz, nicht den „rein geistigen" Kampf der Diskussion, nicht das symbolische „Ringen", das schließlich jeder Mensch irgendwie immer voll-

1 So gibt es eine „Sozialpolitik" erst, seitdem eine politisch beachtliche Klasse ihre „sozialen" Forderungen erhob; die Wohlfahrtspflege, die man in früheren Zeiten den Armen und Elenden angedeihen ließ, wurde nicht als sozialpolitisches Problem empfunden und hieß auch nicht so. Ebenso gab es eine Kirchenpolitik nur da, wo eine Kirche als politisch beachtlicher Gegenspieler vorhanden war.

führt, weil nun einmal das ganze menschliche Leben ein „Kampf" und jeder Mensch ein „Kämpfer" ist. Die Begriffe Freund, Feind und Kampf erhalten ihren realen Sinn dadurch, daß sie insbesondere auf die reale Möglichkeit der physischen Tötung Bezug haben und behalten. Der Krieg folgt aus der Feindschaft, denn diese ist seinsmäßige Negierung eines anderen Seins. Krieg ist nur die äußerste Realisierung der Feindschaft. Er braucht nichts Alltägliches, nichts Normales zu sein, auch nicht als etwas Ideales oder Wünschenswertes empfunden zu werden, wohl aber muß er als reale Möglichkeit vorhanden bleiben, solange der Begriff des Feindes seinen Sinn hat. [...]

Der Krieg ist durchaus nicht Ziel und Zweck oder gar Inhalt der Politik, wohl aber ist er die als reale Möglichkeit immer vorhandene Voraussetzung, die das menschliche Handeln und Denken in eigenartiger Weise bestimmt und dadurch ein spezifisch politisches Verhalten bewirkt. [...]

Eine Welt, in der die Möglichkeit eines solchen Kampfes restlos beseitigt und verschwunden ist, ein endgültig pazifizierter Erdball, wäre eine Welt ohne Unterscheidung in Freund und Feind und infolgedessen eine Welt ohne Politik. [...]

Daß der Staat eine Einheit ist, und zwar die maßgebende Einheit, beruht auf seinem politischen Charakter. [...]

Zum Staat als einer wesentlich politischen Einheit gehört das jus belli, d.h. die reale Möglichkeit, im gegebenen Fall kraft eigener Entscheidung den Feind zu bestimmen und ihn zu bekämpfen. Mit welchen technischen Mitteln der Kampf geführt wird, welche Heeresorganisation besteht, wie groß die Aussichten sind, den Krieg zu gewinnen, ist hier gleichgültig, solange das politisch einige Volk bereit ist, für seine Existenz und seine Unabhängigkeit zu kämpfen, wobei es kraft eigener Entscheidung bestimmt, worin seine Unabhängigkeit und Freiheit bestehen. [...]

Der Staat als die maßgebende politische Einheit hat eine ungeheure Befugnis bei sich konzentriert: die Möglichkeit Krieg zu führen und damit offen über das Leben von Menschen zu verfügen. Denn das jus belli enthält eine solche Verfügung; es bedeutet die doppelte Möglichkeit: von Angehörigen des eigenen Volkes Todesbereitschaft und Tötungsbereitschaft zu verlangen, und auf der Feindesseite stehende Menschen zu töten. Die Leistung eines normalen Staates besteht aber vor allem darin, innerhalb des Staates und seines Territoriums eine vollständige Befriedung herbeizuführen, „Ruhe, Sicherheit und Ordnung" herzustellen und dadurch die normale Situation zu schaffen, welche die Voraussetzung dafür ist, daß Rechtsnormen überhaupt gelten können, weil jede Norm eine normale Situation voraussetzt und keine Norm für eine ihr gegenüber völlig abnorme Situation Geltung haben kann.

Diese Notwendigkeit innerstaatlicher Befriedung führt in kritischen Situationen dazu, daß der Staat als politische Einheit von sich aus, solange er besteht, auch den „inneren Feind" bestimmt. [...]

Aus: Carl Schmitt, Der Begriff des Politischen. Text von 1932 mit einem Vorwort und drei Corollarien, 3. Auflage der Ausgabe von 1963, Berlin 1991, S. 20–46.

ZUR TEXTERSCHLIESSUNG

1. Weshalb setzt laut Schmitt der Begriff des Staates den des Politischen voraus?
2. Wie definiert Schmitt das Politische?
3. Was versteht Schmitt unter Freund und Feind?
4. Welche Rolle spielt der Krieg im Schmitt'schen Staatsverständnis?

7.1.8 Hannah Arendt: Elemente und Ursprünge totaler Herrschaft

Die in Hannover geborene Philosophin und Politikwissenschaftlerin Hannah Arendt (1906–1975) lebte bis zum Beginn des Studiums (1924) in Marburg, Freiburg und Heidelberg und, aufgrund der Krankheit und des frühen Todes ihres Vaters (1913), in Königsberg, dem Geburtsort ihrer Eltern, die beide wohlhabenden bürgerlichen Familien entstammten. Arendt schloss ihr Philosophiestudium mit einer von Karl Jaspers betreuten Dissertation über den „Liebesbegriff bei Augustin" (1929) ab. 1933 musste sie als Jüdin Deutschland verlassen. Sie emigrierte zunächst nach Frankreich, 1940 in die USA, nachdem sie mit etwa 200 anderen Frauen mit gefälschten Papieren aus dem Internierungslager Gurs entkommen war, wo sie unter anderem für die deutschsprachige jüdische Emigrantenzeitung „Aufbau" schrieb und das dreiteilige Werk „Elemente und Ursprünge totaler Herrschaft" verfasste, aus dem der folgende Textauszug stammt. Seine positive Rezeption hatte zur Folge, dass Arendt in den folgenden Jahren Lehraufträge an den prominentesten amerikanischen Universitäten erhielt, 1963 wurde sie Professorin an der University of Chicago, 1967 an der Graduate Faculty der New School for Social Research in New York. Hannah Arendts Werk ist umfangreich: Neben ihren umfangreichen Büchern über Totalitarismus, Revolution, Macht und Handeln schrieb sie zahlreiche Essays, Rezensionen und Aufsätze über philosophische, kulturgeschichtliche, politische und literarische Themen.

Hannah Arendts große Totalitarismus-Studie handelt von den Elementen und Ursprüngen totaler Herrschaft wie sie ihres Erachtens in der neuen Staatsform des nationalsozialistischen Deutschland und der bolschewistischen Sowjetunion zum Ausdruck kamen und deren Ursprünge sie im Niedergang und Zerfall des Nationalstaates verortet.

Literaturhinweise

Karl-Heinz Breier, Hannah Arendt zur Einführung, 2., überarb. Aufl., Hamburg 2001.
Nancy Fraser, Hannah Arendt im 21. Jahrhundert, in: ***Waltraud Meints/Katherine Klinger (Hrsg.),*** Politik und Verantwortung. Zur Aktualität von Hannah Arendt, Hannover 1994, S. 73–86.
Kurt Sontheimer, Hannah Arendt. Der Weg einer großen Denkerin, 2. Aufl., München/Zürich 2005.
Thomas Wild, Hannah Arendt. Suhrkamp BasisBiographie, Frankfurt a. M. 2006.

M 8 Elemente und Ursprünge totaler Herrschaft

■ Wir haben in den vorangegangenen Kapiteln immer wieder darauf hingewiesen, daß die Institutionen der totalen Herrschaft nicht nur radikaler, sondern prinzipiell verschieden von den Formen politischer Unterdrückung sind, die uns als Despotie, Tyrannis und Diktatur aus Vergangenheit und Gegenwart bekannt sind. Damit erhebt sich die Frage nach dem eigentlichen Wesen der totalen Herrschaft in dem Sinne, daß wir uns fragen müssen, ob wir hier nicht vielleicht mit einer neuen, in der Geschichte noch unbekannten „Staatsform" konfrontiert sind.

Auf den ersten Blick erscheint dies sehr unwahrscheinlich. Die uns historisch bekannten Staatsformen der Republik, des Königtums und der Tyrannis oder der Monarchie, der Aristokratie und der Demokratie sind nahezu ebenso alt wie unsere Geschichte selbst, sind sehr früh entdeckt und in ihren wesentlichen Zügen festgelegt und formuliert worden, ohne daß irgendein Zeitalter es für nötig befunden hätte, sie um eine ganz und gar neue zu vermehren. Ihnen allen liegen jeweils verschiedene fundamentale Erfahrungen zugrunde, die Menschen im Miteinanderleben und -handeln machen, Erfahrungen, die wohl variiert werden können und in verschiedenen Konstellationen auftreten, die aber an sich immer und überall nachweisbar sind. Wenn wir also behaupten, daß die totale Herrschaft eine neue, noch nie dagewesene Staatsform darstellte, so behaupten wir, daß sie auf einer menschlichen Erfahrung gegründet ist, die nie zuvor zur Grundlage menschlichen Miteinanderlebens gemacht worden ist, die politisch sozusagen noch niemals produktiv geworden ist. [...]

Die Originalität totalitärer Herrschaft, deren Taten in der uns bekannten Geschichte und deren Organisationsform unter den von der klassischen politischen Theorie definierten Staatsformen ohne Parallele dastehen, zeigte sich vorerst in dem, was man gemeinhin als die Verbrechen dieser Systeme bezeichnet. Das Charakteristische der in Nürnberg abgeurteilten Taten des Naziregimes war, daß sie sich weder mit unseren Begriffen von Sünde und Vergehen – wie sei seit Jahrtausenden in den Zehn Geboten niederlegt und scheinbar endgültig formuliert waren – fassen, noch mit den uns zur Verfügung stehenden juristischen Mitteln aburteilen und bestrafen ließen. Der Satz „Du sollst nicht töten" versagt gegenüber einer Bevölkerungspolitik, die systematisch oder fabrikmäßig darangeht, die „lebensuntauglichen und minderwertigen Rassen und Individuen" oder die „sterbenden Klassen" zu vernichten, und dies nicht als einmalige Aktion, sondern offenbar in einem auf Permanenz berechneten und angelegten Verfahren. Die Todesstrafe wird absurd, wenn man es nicht mit Mördern zu tun hat, die wissen, was Mord ist, sondern mit Bevölkerungspolitikern, die den Millionenmord so organisieren, daß alle Beteiligten subjektiv unschuldig sind: die Ermordeten, weil sie sich nicht gegen das Regime vergangen haben, und die Mörder, weil sie keineswegs aus „mörderischen" Motiven handelten. Stellt man sich angesichts dieser neuesten Ereignisse auf den Boden spezifisch abendländischer Geschichte, so kann man sagen: Dies hätte nicht geschehen dürfen, und zwar in dem Sinn, in dem Kant meinte, daß während eines Krieges nichts geschehen dürfe, was einen späteren Frieden schlechthin unmöglich machen würde.

Das Entsetzen, das sagt: Dies hätte nicht geschehen dürfen, meint nicht, daß wir dies nicht wiedergutmachen können (denn gutmachen kann man ohnehin niemals, wo Menschen wirklich handeln), sondern daß wir dies nicht verantworten können. Politisch übernimmt jede Regierung eines Landes die Verantwortung für das, was die vorhergehende getan hat, auch wenn sie trachtet, es rückgängig zu machen. Ohne eine solche Übernahme gäbe es keine geschichtliche Kontinuität. […]

Die Sprengung unserer politischen Kategorien durch das Auftreten totalitärer Bewegungen und Herrschaftsapparate wird ganz offenkundig, wenn wir uns vergegenwärtigen, daß unsere Urteile über Staaten und Regierungen seit den Theorien der Antike auf der Unterscheidung zwischen gesetzmäßiger Regierung und tyrannisch-gesetzloser Willkür beruhen. Nun ist zwar totalitäre Herrschaft „gesetzlos", insofern sie prinzipiell alles positiv gesetzte Recht verletzt, gleich ob es sich um überkommenes Recht handelt (das sie eigentümlicherweise nicht einmal abschafft) oder um von ihr selbst erlassene Gesetze; aber sie ist keineswegs willkürlich. An die Stelle des positiv gesetzten Rechts tritt nicht der allmächtig willkürliche Wille des Machthabers, sondern das „Gesetz der Geschichte" oder das „Recht der Natur", also eine Art von Instanz, wie sie das positive Recht, das immer nur konkrete Ausgestaltung einer höheren Autorität zu sein behauptet, selbst braucht und auf die es sich als Quelle seiner Legitimität immer irgendwie beruft.

Es ist in der Tat die monströse, aber sehr schwer zurückweisbare Behauptung der totalitären Machthaber, daß sie nicht nur nicht gesetzlos und willkürlich handelten, sondern im Gegenteil zu den Quellen der Autorität zurückkehrten, von denen alles positive Recht sich speist und seine Legitimität erst erhält. Damit wird zwar der Unterschied zwischen Schuld und Unschuld, der immer nur an positivem Recht zu messen ist, abgeschafft – und damit alle Beurteilung, Aburteilung und Bestrafung unmöglich gemacht –, gleichzeitig aber angeblich eine höhere Form von Gesetzestreue erzeugt, die es sich leisten könne, mit dem kleinlichen Buchstaben positiv erlassener Gesetze nach Belieben umzugehen, weil ihr ein Handeln entspringt, das eine direkte und unvermittelte Ausführung von Befehlen sei, die Geschichte oder Natur selbst gegeben haben. Im Gegensatz zu dem legalen Handeln, das durch positives Recht ermöglicht wird und das immer durch einen Mangel gerade an Gerechtigkeit gekennzeichnet ist, weil das allgemeine Gesetz auf bestimmte Fälle angewandt wird, die es nie in ihrer Besonderheit voraussehen konnte und auf die es daher nie wirklich zugeschnitten ist, im Gegensatz zu dieser immer auch ungerechten Legalität behauptet die totalitäre Herrschaft, eine Welt herstellen zu können, die von sich aus, unabhängig vom Handeln der Menschen in ihr, gesetzmäßig ist, in Übereinstimmung mit den die Welt eigentlich durchwaltenden Gesetzen funktioniert – wobei es gleichgültig ist, ob dieses Gesetz als das in der Natur geltende Recht oder ein dem geschichtlichen Ablauf immanentes Gesetz hingestellt wird.

In der Verachtung der totalitären Gewalthaber für positives Recht spricht sich eine unmenschliche Gesetzestreue aus, für welche Menschen nur das Material sind, an dem die übermenschlichen Gesetze von Natur und Geschichte vollzogen und das heißt hier im furchtbarsten Sinne des Wortes exekutiert werden. Diese Exekution der objektiven Gesetze von Natur oder Geschichte soll schließlich eine Menschheit produzieren – sei es eine Rassegesellschaft oder eine klassen- und nationslose Gesellschaft –, die in sich selbst nur der Exponent der Gesetze ist, die in ihr verwirklicht werden. Hinter dem Anspruch auf Weltherrschaft, den alle totalitären Bewegungen stellen, liegt immer der Anspruch, ein Menschengeschlecht herzustellen, das aktiv handelnd Gesetze verkörpert, die es sonst nur passiv, voller Widerstände und niemals vollkommen erleiden würde. […]

Wie der Gesetzesstaat positives Recht benötigt, um das unveränderliche ius naturale oder die ewigen Gebote Gottes oder die aus unvordenklichen Zeiten stammenden und darum geheiligten Gebräuche und Traditionen zu verwirklichen, so braucht totalitäre Herrschaft den Terror, um die Prozesse von Geschichte oder Natur loszulassen und ihre Bewegungsgesetze in der menschlichen Gesellschaft durchzusetzen. Wie positives Recht das Vergehen und das Verbrechen in einer Gesellschaft jeweils festlegt, aber für seine Gültigkeit von Übertretungen ganz unabhängig ist – Gesetze werden nicht überflüssig, wenn sich niemand gegen sie vergeht –, so wird auch totalitärer Terror (im Gegensatz zu den Einschüchterungsmethoden in allen Tyranneien und Diktaturen) nicht dann überflüssig, wenn es keine Opposition mehr gibt, gegen die er sich wenden könnte; auch er ist unabhängig geworden von allen Vergehen gegen das Regime. Ja, unsere Erfahrungen mit der Sowjetunion wie mit dem Dritten Reich haben uns gelehrt, daß wir diesen Vergleich noch einen Schritt weiter treiben dürfen: Wie das Gesetz in den uns bekannten Staatsgebilden desto vollkommener herrscht, je weniger Verbrecher es durchbrechen, so wird die vollkommene Herrschaft des Terrors erst dann losgelassen, wenn jegliche Opposition, gegen die er sich wenden könnte (und in den ersten Stadien der Diktatur auch faktisch wendet), erloschen ist.

Wenn wir also in Übereinstimmung mit der klassischen Theorie in der Gesetzesherrschaft das eigentliche Wesen einer verfassungsmäßigen Regierung sehen, dann können wir Terror als das eigentliche Wesen der totalitären Herrschaft bestimmen.

Wenn hier vom Wesen einer Staatsform die Rede ist, so in der bewußten Nachfolge Montesquieus, der in der abendländischen Tradition politischen Denkens Unterschied und Beziehung zwischen dem Wesen einer Regierung und ihrem Prinzip fand und bestimmte, daß das Wesen der Staatsform (oder auch seine Struktur) das ist, was macht, daß der Staat so und nicht anders ist (eine Republik und keine Monarchie etwa), während das Prinzip einer jeden Regierung das ist, was bewirkt, daß in ihr gehandelt werden kann. [...] So hat die Monarchie ihr Wesen in gesetzlicher Regierung, in der die Macht in den Händen eines einzigen liegt; gehandelt wird in ihr nach dem Prinzip der Ehre, das auf dem Wunsch nach Auszeichnung beruht. Die Republik hat ihr Wesen in verfassungsmäßiger Regierung, in der die Macht in den Händen des Volkes liegt; gehandelt wird in ihr nach dem Prinzip der Tugend, das auf der Liebe zur Gleichheit beruht. Die Tyrannis hat ihr Wesen in gesetzloser Herrschaft, in der Macht von der Willkür eines einzelnen ausgeübt wird; ihr Prinzip des Handelns ist die Furcht; worauf diese Furcht beruht, sagt uns Montesquieu nicht.

Das Wesen totalitärer Herrschaft in diesem Sinne ist der Terror, der aber nicht willkürlich und nicht nach den Regeln des Machthungers eines einzelnen (wie in der Tyrannis), sondern in Übereinstimmung mit außermenschlichen Prozessen und ihrer natürlichen oder geschichtlichen Gesetzen vollzogen wird. Als solcher ersetzt er den Zaun des Gesetzes, in dessen Umhegung Menschen in Freiheit sich bewegen können, durch ein eisernes Band, das die Menschen so stabilisiert, daß jede freie, unvorhersehbare Handlung ausgeschlossen wird. Terror in diesem Sinne ist gleichsam das „Gesetz", das nicht mehr übertreten werden kann. Diese terroristische Stabilisierung soll der Befreiung der sich bewegenden Geschichte oder Natur dienen. Eine Diskussion mit Anhängern totalitärer Bewegungen über Freiheit ist schon darum so außerordentlich unergiebig, weil sie an menschlicher Freiheit, das heißt an der Freiheit menschlichen Handelns, nicht nur nicht interessiert sind, sondern sie für gefährlich für die Befreiung natürlicher oder historischer Prozesse halten. Die sogenannte Freiheit der Geschichte und der Natur, die sich ja nach beobachtbaren Regeln vollzieht, kann für den Menschen in der Tat nur im Gewand der Notwendigkeit auftreten. Sofern Natur und Geschichte Kräfte sind, denen bis zu einem gewissen Grad Menschen immer unterworfen sind, haben sie den Charakter der Notwendigkeit; versucht man, auf sie einen politischen Körper zu gründen, so hat man nicht nur die menschliche Freiheit aus dem politischen Bereich ausgeschaltet, sondern direkt das von Natur oder Geschichte Gezwungenwerden zur Grundlage des gesamten Lebens gemacht. Die Prozesse von Natur und Geschichte äußern sich politisch als Zwang und können nur durch Zwingen realisiert werden. Auf diesem Zwang beruht, diesen Zwang realisiert der totalitäre Terror, nicht indem er gerechte oder ungerechte Gesetze erläßt und anwendet, sondern indem er den Bewegungsprozeß dieser Kräfte vollstreckt im Sinne der Exekution. Der Terror ist nicht Mittel zu einem Zweck, sondern die ständig benötigte Exekution der Gesetze natürlicher oder geschichtlicher Prozesse. [...]

Jede Gewaltherrschaft muß die Zäune der Gesetze dem Erdboden gleichmachen. Totalitärer Terror, sofern er dies in seinen Anfangsstadien auch tut, unterscheidet sich nicht prinzipiell von anderen Formen der Tyrannis. Nur daß dieser nicht den willkürlich-tyrannischen Willen eines einzelnen über die ihres Schutzes beraubten und zur Ohnmacht verdammten Menschen loslassen will, noch die despotische Macht eines einzigen gegen alle anderen, noch, und am allerwenigsten, die Anarchie eines Krieges aller gegen alle. Die Tyrannis begnügt sich mit der Gesetzlosigkeit; der totale Terror setzt an die Stelle der Zäune des Gesetzes und der gesetzmäßig etablierten und geregelten Kanäle menschlicher Kommunikation ein eisernes Band, das alle so eng aneinanderschließt, daß nicht nur der Raum der Freiheit, wie er in verfassungsmäßigen Staaten zwischen den Bürgern existiert, sondern auch die Wüste der Nachbarlosigkeit und des gegenseitigen Mißtrauens, die der Tyrannis eigentümlich ist, verschwindet, und es ist, als seien alle zusammengeschmolzen in ein einziges Wesen von gigantischen Ausmaßen. Auch dies drückt der auf totalitäre Verhältnisse so trefflich vorbereitete Volksmund auf seine Weise aus, wenn er nicht mehr von „den" Russen oder „den" Franzosen spricht, sondern uns neuerdings erzählt, was „der" Russe will oder „der" Franzose sei. Terror als der folgsame Vollstrecker natürlicher oder geschichtlicher Prozesse fabriziert dieses Einssein von Menschen, indem er den Lebensraum zwischen Menschen, der der Raum der Freiheit ist, radikal vernichtet. Das Wesentliche der totalitären Herrschaft liegt also nicht darin, daß sie bestimmte Freiheiten beschneidet oder beseitigt, noch darin, daß sie die Liebe zur Freiheit aus dem menschlichen Herzen ausrottet; sondern einzig darin, daß [sie] die Menschen, so wie sie sind, mit solcher Gewalt in das eiserne Band des Terrors schließt, daß der Raum des Handelns und dies allein ist die Wirklichkeit der Freiheit, verschwindet.

Das eiserne Band des Terrors konstituiert den totalitären politischen Körper und macht ihn zu einem unvergleichlichen Instrument, die Bewegung des Natur- oder Geschichtsprozesses zu beschleunigen. Dem Terror gelingt es, Menschen so zu organisieren, als gäbe es sie gar nicht im Plural, sondern nur im Singular, als gäbe es nur einen gigantischen Menschen auf der Erde, dessen Bewegungen in den Marsch eines automatisch notwendigen Natur- oder Geschichtsprozesses mit absoluter Sicherheit und Berechenbarkeit einfallen. Die an sich notwendig ablaufenden Prozesse will der Terror auf eine Geschwindigkeit, gleichsam auf eine Tourenzahl bringen, die sie ohne die Mithilfe der zu einem Menschen organisierten Menschheit nie erreichen können. Praktisch heißt dies, daß Terror die Todesurteile, welche die Natur angeblich über „minderwertige Rassen" und „lebensunfähige Individuen" oder die Geschichte über „absterbende Klassen" und „dekadente Völker" gesprochen hat, auf der Stelle vollstreckt, ohne den langsameren und unsicheren Vernichtungsprozeß von Natur oder Geschichte selbst abzuwarten.

Wir kennen keinen vollkommenen totalitären Herrschaftsapparat, denn er würde die Beherrschung der gesamten Erde voraussetzen. Wir wissen aber genug von den immer noch vorläufigen Experimenten totaler Organisation, um zu erkennen, daß die durchaus mögliche Vervollkommnung dieses Apparats menschliches Handeln in dem uns bekannten Sinne abschaffen würde. Handeln würde sich als überflüssig erweisen im Zusammenleben der Menschen, wenn alle Menschen zu einem Menschen, alle Individuen zu Exemplaren der Gattung, alles Tun zu Beschleunigungsgriffen in der gesetzmäßigen Bewegungsapparatur der Geschichte oder Natur und alle Taten zu Vollstreckungen der Todesurteile geworden sind, die Geschichte oder der Natur ohnehin verhängt haben.

In solch einem bisher nicht erreichten perfekten Regime des Terrors würde Montesquieus zweite Bestimmung in der Definition von Staatsformen, die Bestimmungen des „Prinzips", das, zu dem Wesen einer jeden Regierung gehörend, sie zum Handeln und damit im politischen Feld erst eigentlich in Bewegung bringt, ganz und gar fortfallen. Und in der Tat werden totalitäre Machthaber in ihrem Tun weder von Ehre noch von Tugend, noch von Furcht geleitet. Insofern aber totalitäre Herrschaft ihre eigene vollkommene Ausprägung noch nicht erhalten hat und sich immer noch in einer Welt bewegt, in welcher es Handeln gibt und daher auch Prinzipien des Handelns benötigt werden, braucht auch sie noch ein ihr eigentümliches Prinzip, das ihren Terrorapparat in Bewegung setzt und die ihm ausgelieferten Menschen in ihrem Verhalten inspiriert.

Aus: Hannah Arendt, Elemente und Ursprünge totaler Herrschaft. Antisemitismus, Imperialismus, totale Herrschaft, 11. Auflage, München 2006, S. 944–959.

ZUR TEXTERSCHLIESSUNG

1. Warum ist der totalitäre Staat nach Arendt eine neue Staatsform?
2. Was unterscheidet den totalitären Staat von der Tyrannis?
3. Welche Auswirkungen hat der totalitäre Staat auf das Handeln der in ihm lebenden Menschen?

7.2 Staatstheorien nach 1945

Die sozialwissenschaftliche Befassung mit der politischen und damit der staatlichen Ordnung fand und findet seit der zweiten Hälfte des 20. Jahrhunderts auf drei Ebenen statt, die sich jeweils in unterschiedlicher theoretischer Abstraktheit mit dem Phänomen Staat auseinandersetzen. Auf der abstraktesten und damit im eigentlichen und engeren Sinn gesellschaftstheoretischen Ebene ist die *staatstheoretische Analyse* angesiedelt. Wie in der klassischen politischen (Staats-)Theorie stehen hierbei die Fragen nach einer (für wen auch immer) gerechten Ordnung, der Interessenstrukturierung politischer Großeinheiten, der strukturellen Verknüpfung des Staates mit der Gesellschaft und anderen sozialen Instanzen wie der Ökonomie, der Kultur oder der Religion sowie der Strukturierung des politischen und rechtlichen Systems im Mittelpunkt.
Die zweite Ebene der sozialwissenschaftlichen Auseinandersetzung mit dem Staat findet in der *Staatsformenlehre* statt. Darin geht es nicht um die Frage nach Legitimität und Legalität von Staatlichkeit, sondern um den Vergleich und die Unterscheidung von verschiedenen Staatstypen. Hier werden sowohl reale politische Systeme miteinander verglichen, wie auch idealtypische Unterscheidungen diskutiert, etwa die zwischen einem als Demokratie verfassten Staat und einem diktatorischen System. Ziel ist es, durch die vergleichende Analyse jeweils charakteristische Momente zu erkennen und aus diesen Rückschlüsse über die Vor- und Nachteile der jeweiligen Staatsformen zu gewinnen.
Die dritte Ebene des sozialwissenschaftlichen Interesses am Staat, die *staatsorganisatorische Analyse*, ist zugleich die konkreteste: im Blick „von unten" (aus der Binnenperspektive) werden einzelne Elemente staatlicher Organisation wie öffentliche Institutionen und Behörden in den Blick genommen (z. B. die Arbeit in einem Ausschuss des Bundestages oder die zur Erlangung der deutschen Staatsbürgerschaft notwendigen Verwaltungsvorgänge) und dabei vor allem deren Funktionalität und Effizienz unter vorgegebenen Bedingungen untersucht.

Obwohl sich bei den meisten der folgenden Texte eine Verwebung aller drei Ebenen wiederfinden lässt, dominiert deutlich die *staatstheoretische Analyse*. Zur weiteren Unterscheidung unterschiedlicher Zugangsweisen innerhalb dieser Ebene hat der Politikwissenschaftler Martin Jänicke die Unterscheidung von strukturanalytischen, funktionsanalytischen und restriktionsanalytischen Staatstheorien vorgeschlagen.[1] Theoretische *Strukturanalysen* des Staates richten ihr Hauptaugenmerk auf den Staat als Verfassungs- und Regierungssystem und setzen sich mit den staatlichen Strukturen auseinander. Kernbestandteil einer solchen Analyse ist etwa die systematische Untersuchung des Staats- und Verfassungsrechts, wobei der Schwerpunkt stets auf der Frage nach dem politischen Nutzen liegt. Wird die politische und rechtliche Struktur eines Staates theoretisch analysiert, dann werden konstante und objektive Variablen in den Blick genommen. Objektiv meint dabei, dass diese für alle Menschen unabhängig von deren persönlicher Meinung oder ihrem Kenntnisstand gelten – so beispielsweise die Grundrechte im Grundgesetz der Bundesrepublik Deutschland, die auch dann Gültigkeit haben, wenn sie jemandem unbekannt sind oder wenn ein Mensch sie ablehnen würde.
Die theoretische *Funktionsanalyse* des Staates geht von einem weiter gefassten Staatsverständnis aus. Um den Akzent vom klassischen, engen Staatsbegriff hin zu einem weiteren Verständnis von staatlichem und politischem Handeln zu verlagern, hat der Politikwissenschaftler David Easton den Begriff des politischen Systems geprägt. Im Zentrum der Betrachtung steht das Zusammenspiel des Staates als politischem System mit anderen gesellschaftlichen (Teil-)Systemen, wie etwa dem ökonomischen.
Im Mittelpunkt der *Restriktionsanalyse* des Staates steht die Frage, inwieweit etwa durch die Europäisierung oder die Globalisierung (vgl. Kap. 9.) die politische Handlungsfähigkeit und die Legitimation des Staates insgesamt infrage stehen.
Gemein ist allen staatstheoretischen Entwürfen ihr (negativer oder positiver) Bezug zur *sozialwissenschaftlichen Kategorie des Interesses* – jede Staatstheorie ist im doppelten Sinn mit gesellschaftlichen und politischen Interessen verwoben (egal, ob dies den Autor/innen selbst in vollem Umfang bewusst ist oder nicht): zunächst, weil sie – ganz gleich, mit welcher Intention oder Stoßrichtung – die Konflikte im politischen, gesellschaftlichen und ökonomischen Raum reflektieren und bei der Formulierung des jeweiligen Ansatzes berücksichtigen muss. In diesem Sinne ist staatstheoretische sozialwissenschaftliche Forschung passiv mit gesellschaftlichen Interessen und den Konflikten um Macht und Herrschaft konfrontiert: Sie versucht sie zu beschreiben, zu analysieren, zu erklären oder zu kritisieren. Da aber sozialwissenschaftliche Theorien selbst immer auch Teil eines sozialen Systems sind, oftmals

1 Vgl. Martin Jänicke, Staatstheorie der Gegenwart, in: Dieter Nohlen (Hrsg.), Lexikon der Politik, Bd. 1: Politische Theorien, hgg. v. Dieter Nohlen u. Rainer-Olaf Schultze, München 1995, S. 605–611.

sogar desjenigen Systems, mit dem sie sich auseinandersetzen, ist die Konfrontation mit der Interessen- und Machtgebundenheit von Politik auch eine aktive. Denn sämtliche staatstheoretische Konzeptionen verfolgen selbst auch ein politisches Interesse, sei es, dass sie die bestehende staatliche Ordnung legitimieren und gegen Kritik in Schutz nehmen wollen, sei es, dass sie punktuelle Veränderungsvorschläge formulieren oder sei es auch, dass sie generelle Kritik formulieren. Jede Staatstheorie ist vor dem Hintergrund eines Legitimationsproblems des modernen Staates entstanden, das entweder struktureller Natur war oder durch aktuelle politische Entwicklungen ausgelöst wurde.
Bezogen auf die im Folgenden vorgestellten Texte heißt das, dass sie sich jeweils zugleich auf strukturelle Dimensionen von Staatlichkeit bezieht, die vor dem Hintergrund eines konkreten zeitgeschichtlichen Anlasses formuliert worden ist, der in den Augen der Verfasser/innen die Notwendigkeit begründet hat, die bestehende staatliche Ordnung entweder zu kritisieren und damit in Teilen oder in Gänze infrage zu stellen, oder zu versuchen, in entsprechenden Krisen die staatliche Ordnung neu oder anders zu legitimieren.

Der staatstheoretische Ansatz von **Wolfgang Abendroth** (S. 286 ff.), den dieser Ende der 1950er Jahre als programmatischen Text zur Formulierung eines neuen Programms der SPD vorlegte, zielt auf einen systematischen Ausbau von Partizipationsmöglichkeiten und die Fundierung einer demokratischen und sozialistischen Verfassungsordnung. Abendroths Versuch, in diesem Sinne auf die deutsche Sozialdemokratie einzuwirken, war wenig erfolgreich: Die SPD orientierte sich mit ihrem Godesberger Programm von 1959 in eine andere Richtung und wandte sich vom Sozialismus ab. Den direkten Gegenpart zu Abendroth bildet der Ansatz von **Helmut Schelsky** (S. 289 ff.). Schelsky versuchte – vor dem Hintergrund der prosperierenden bundesdeutschen Wirtschaft –, den Staat von einem demokratischen Mitbestimmungs- zu einem nach technischen Kriterien funktionalen Lenkungsorgan zu machen. Während Abendroth mit seinem Ansatz vor allem auf die Input-Seite staatlichen Handelns Bezug genommen hat (also die Forderungen an die Politik), orientierte sich Schelsky auf die Output-Seite des politischen Systems (also auf die Entscheidungen durch die Politik).
Die Entstehung des staatstheoretischen Ansatzes von **Franz L. Neumann** (S. 292 ff.) ist weniger auf eine tagesaktuelle Interpretation staatlicher Politik zurückzuführen denn auf eine grundlegende Strukturanalyse moderner Staatlichkeit. Neumann versucht die Strukturprinzipien des modernen Staates zu erfassen und sieht in dessen Mittelpunkt die liberale Kategorie des Vertrags: Die Freiheit, die durch den Vertrag ermöglicht wird, interpretiert Neumann zugleich auch als dessen Schwäche – denn die politische und rechtliche Gleichheit, die dem Vertrag zugrunde liegt, basiert auf einer ökonomischen Ungleichheit, d. h., z. B. die abstrakte Freiheit, dass jeder Mensch im modernen Staat die Möglichkeit hat, eine Firma zu betreiben, wird durch die reale Ungleichheit des ökonomischen Besitzes aufgehoben.
Den Ausgangspunkt für die staatstheoretische Analyse von **Niklas Luhmann** (S. 296 ff.) ist die Erkenntnis der modernen Nationalismusforschung, dass es sich bei Nationen um Konstrukte handelt [vgl. Benedict Anderson] und dass die Idee einer Nation seiner Umsetzung als Nationalstaat vorausgeht. Moderne Staaten, die immer Nationalstaaten sind, versteht Luhmann dabei als politische Systeme, die sich nach innen und nach außen abgrenzen. Diese Abgrenzungen (z. B. gegenüber Migrationsbewegungen) führen zugleich zu einer Einschränkung von Kommunikation und Interaktion zwischen den Menschen.
Barbara Holland-Cunz (S. 300 ff.) fasst mit ihrem staatstheoretischen Ansatz die politischen und wissenschaftlichen Auseinandersetzungen um die Rolle der Kategorie Geschlecht für das politische und gesellschaftliche Leben zusammen, die seit den 1970er und 1980er Jahren immer mehr das politische Leben der Bundesrepublik mitgeprägt haben. Im Gegensatz zu einer formal proklamierten Gleichheit der Geschlechter kritisiert Holland-Cunz die nach wie vor bestehende faktische Ungleichheit und positioniert sich mit einem basisdemokratischen Vorschlag zugunsten einer zentralen Umgestaltung des Politischen.
Der Ansatz von **Ralf Dahrendorf** (S. 304 ff.), der ähnlich von ihm auch bereits in den 1970er Jahren formuliert worden ist, hat vor allem durch die Bedrohung von Freiheit und Demokratie durch den internationalen Terrorismus an Bedeutung erlangt. Staatstheoretisch betrachtet könnte Dahrendorf auch als Gegenkonzept zu dem Ansatz von Neumann gelesen werden, wobei sein Plädoyer für eine Verfassung der Freiheit die Grundzüge des politischen Liberalismus betont und explizit stärken will.

7.2.1 Wolfgang Abendroth: Antagonistische Gesellschaft und politische Demokratie

Die Diskussion über die politische Ordnung des jungen Staates Bundesrepublik Deutschland war in der unmittelbaren Nachkriegszeit geprägt von kritischen Auseinandersetzungen mit autoritären und totalitären Staatskonzeptionen. Ein führender Kopf in der Auseinandersetzung mit den personellen und institutionellen Nachlässen des NS-Staates war Wolfgang Abendroth (1906–1985), der zugleich einer der Gründerväter der westdeutschen Politikwissenschaft gewesen ist. Als „Partisanenprofessor im Lande der Mitläufer" (Jürgen Habermas über Abendroth) blickte er infolge seines sozialistischen und gewerkschaftlichen Engagements auf eine persönliche Vergangenheit im Konflikt mit dem NS-Regime zurück: Nach Verhaftung durch die Gestapo, Zuchthaus und Strafbataillon hatte sich Abendroth dem griechischen Widerstand angeschlossen.

Aufgrund seiner juristischen Ausbildung fokussierte Abendroth seine wissenschaftliche Arbeit in der Bundesrepublik an vielen Punkten auf die Schnittstelle zwischen Politik und Recht und widmete sich ausführlich der Interpretation des Grundgesetzes und der rechtlichen Verfasstheit der westdeutschen Demokratie. Abendroth sah Recht als zentrale Steuerungsinstanz des Politischen und begriff die rechtliche Ordnung eines Staates als Regulierungsinstrument der ökonomischen wie politischen Machtverhältnisse.
Im Mittelpunkt seiner demokratietheoretischen Überlegungen stand die – auf marxistischer Grundlage – entwickelte Forderung nach weitreichenden Demokratisierungen von Staat und Gesellschaft, nach Fundierung einer sozialen Demokratie und Entwicklung eines demokratischen Sozialismus. Dabei hielt Abendroth an dem von Karl Marx formulierten Klassenbegriff fest (vgl. S. 93 ff.) und versuchte, die ökonomische Bedingtheit von Konfliktlinien im Kampf um juristische Positionen deutlich zu machen. Bei der politischen Auseinandersetzung um ein soziales und demokratisches Recht, insbesondere Verfassungsrecht, unterschied Abendroth zwischen einem bürokratischen Staatsapparat mit bisweilen autoritärer Exekutivmacht und einer demokratischen Verfassung, die es zu verteidigen und auszubauen gelte. Abendroth vertrat dabei einen historischen, also Wandlungen einbeziehenden Staatsbegriff, weil er stets die Veränderbarkeit staatlicher Organisation durch politische (Klassen-)Kämpfe betonte. Der Hannoveraner Politikwissenschaftler Jürgen Seifert fasst dies folgendermaßen zusammen: „Demokratische Verfassungsrechte sind das Produkt des Kampfes gesellschaftlicher Klassen, entstehen als Kompromiss und sind in der konkreten Ausprägung das Resultat von Machtkonstellationen. In diesem Sinne kann die Verfassung als Waffenstillstandslinie divergierender politisch-gesellschaftlicher Kräfte bezeichnet werden." [1] Abendroth hat in den Streit zwischen diesen unterschiedlichen gesellschaftlichen Kräften mit dem hier dokumentierten Textauszug selbst versucht, programmatisch einzugreifen: Es handelt sich um einen (nicht umgesetzten) Programmentwurf für die SPD Ende der 1950er Jahre.

1 Jürgen Seifert, Demokratische Republik und Arbeiterbewegung in der Verfassungstheorie von Wolfgang Abendroth, in: Friedrich-Martin Balzer/Hans Manfred Bock/Uli Schöler (Hrsg.), Wolfgang Abendroth. Wissenschaftlicher Politiker. Bio-bibliographische Beiträge, Opladen 2001, S. 73–84, hier: S. 74.

LITERATURHINWEISE

Friedrich-Martin Balzer/Hans Manfred Bock/Uli Schöler (Hrsg.), Wolfgang Abendroth. Wissenschaftlicher Politiker. Bio-bibliographische Beiträge, Opladen 2001.
Michael Buckmiller/Joachim Perels/Uli Schöler (Hrsg.), Wolfgang Abendroth – Gesammelte Schriften (geplant in acht Bänden), Hannover 2006 ff.

M 9 Staat und Interesse

■ Die Staatsgewalt hat sich das Monopol der Rechtsetzung und der Rechtsprechung auf ihrem Territorium und das Monopol der Anwendung physischer Gewalt nach innen und außen angeeignet. Sie hat die Organisation derjenigen sozialen Bereiche, vor allem der Sozialpolitik und der Kulturpolitik, übernommen, die nicht unmittelbar durch das Profitstreben der Besitzer der Produktionsmittel, ihrer Konzerne, Trusts und Kartelle gesteuert und geordnet werden können, aber in deren gemeinsamen Interesse geregelt werden müssen, wenn das gesellschaftliche Leben funktionieren soll. Sie muß vom Standpunkt der herrschenden Klassen aus gesehen in der Lage sein, die Energie aller sozialen Schichten für ihre Interessen einzuspannen, um sie in den großen imperialistischen Auseinandersetzungen möglichst reibungslos einsetzen und in Krisenperioden das Drängen der Arbeitnehmer auf sozialistische Umgestaltung der Gesellschaft lähmen oder gewaltsam niederhalten zu können.

Die Staatsgewalt hat deshalb gegenüber den Forderungen der Arbeitnehmer und derjenigen anderen Schichten, die an der wirtschaftlichen Macht in der kapitalistischen Klassengesellschaft nicht teilhaben, immer erneut unter dem Druck der Massenorganisationen dieser Klassen Konzessionen gewährt, um ihnen durch begrenzte Zugeständnisse den Schein gesellschaftlicher Sicherheit zu bieten. Sie hat als Sozialstaat allen Unterschichten Daseinsfürsorge versprechen müssen, um das wachsende demokratische Selbstbewußtsein der Arbeitnehmer, das sich in ihren Gewerkschaften verkörpert, zu schwächen und durch den Glauben an die angeblich neutrale Macht der allmächtigen Obrigkeit des Staates abzulösen. Das Ziel der kapitalistischen Oberschichten in der liberalen Entwicklungsperiode des vorigen Jahrhunderts – die Verdrängung der Staatsgewalt aus dem gesellschaftlichen Leben, soweit sie nicht zur polizeilichen Unterdrückung des Proletariats unentbehrlich war – ist deshalb in allen kapitalistischen Ländern durch die Ausdehnung der öffentlichen Gewalt zwecks Regelung fast aller Lebensbereiche – jedoch unter der Kontrolle und im Interesse der Inhaber der ökonomischen Macht – ersetzt worden.

Damit haben gleichzeitig Umfang und Kompliziertheit der Gesetzgebung erheblich zugenommen. Die Parlamente – einst das wichtigste Mittel, durch ihre legislative Gewalt den vorkapitalistischen Obrigkeitsstaat zur Anerkennung der liberalen Interessen der modernen kapitalistischen Klassen zu zwingen – haben infolge dieser Entwicklungstendenz die Fähigkeit zur Einbringung neuer Gesetze weitgehend an die hohe Bürokratie abtreten müssen. Diese kontrolliert gleichzeitig die Anwendung der Gesetze als administrative Bürokratie durch ihre Verordnungen oder als richterliche Bürokratie durch ihre Urteile. Bürokratie und Richterschaft haben, durch zahllose Generalklauseln der neuen Gesetze begünstigt, die frühere Aufgabe des Parlaments, durch seine Normierungen konkrete Tatbestände klar zu regeln, an sich gezogen. Die Macht der Bürokratie, die in immer stärkerem Maße mit der Manager-Schicht der Konzerne, Trusts und Kartelle auswechselbar wird und verschmilzt, ist dadurch gewaltig gewachsen.

Die militärische Gewalt des Staates hat sich gleichzeitig ständig erweitert. Die Erhöhung der Rüstungsaufwendungen – die im Mechanismus der hochkapitalistischen Gesellschaft auch ökonomisch-sozial erforderlich ist – und die Veränderung der Kriegsmaschinerie bis zur atomaren und Raketen-Technik, die Aufhebung der Unterscheidbarkeit zwischen Zivilbevölkerung und Truppe im Falle des Krieges, die Umwandlung der gesamten Volkswirtschaft in ein einheitliches Wehrwirtschaftssystem im Augenblick der gewaltsamen Auseinandersetzung zwischen den Staaten (aber auch schon ihrer Vorbereitung) zwingen die herrschenden Klassen zur weiteren unverhüllten Konzentration der Entscheidungsgewalt und zur Einengung und schließlich zur völligen Vernichtung jenes liberalen Spielraumes für freie Meinungsäußerung in der Gesellschaft, der einst – zu Beginn des vorigen Jahrhunderts – die Vorbedingung für den Aufstieg des jungen Kapitalismus und der bürgerlichen Klassen selbst gebildet hat. Die herrschenden Klassen können nur dann hoffen, ihre Macht dauernd zu bewahren, wenn sie die Gesellschaft im Zustand eines latenten Belagerungszustandes erhalten können, der jederzeit nach ihren Bedürfnissen und ihrem Belieben aktualisiert werden kann, und wenn sie die geistige Selbständigkeit in den anderen Schichten des Volkes – sei es in Konjunkturperioden mit dem Mittel eines durch sozialen Druck erzeugten Konformismus in der öffentlichen Meinung, sei es in Krisenperioden mit dem Mittel des offenen und brutalen faschistischen Terrors – ausschalten können.

Die spätkapitalistische Gesellschaftsstruktur erzeugt daher immer erneut die Tendenz zur faschistischen Diktatur, die – gleichgültig durch welche Ideologie verkleidet sie auftreten mag – in Perioden der ökonomischen Krise oder der unmittelbaren Kriegsvorbereitung die längst ihres Inhalts entleerte demokratisch-liberale Rechtsordnung als bloße Verhüllung der Macht des bürgerlichen Staatsapparates und des Finanzkapitals abwirft, um die Massen der Mittelschichten und Teile geistig zurückgebliebener Randschichten der Arbeitnehmer im Interesse der herrschenden Klassen zum Sturm gegen die demokratischen Klassenorganisationen der Arbeitnehmer führen zu können. In Deutschland, dessen Militär, Bürokratie und Richterschicht einst halfen, die Weimarer Demokratie durch systematische Verfälschung ihrer Verfassungs- und Rechtsnormen zu unterwandern und dann zu vernichten, um von 1933 bis 1945 der unmenschlichsten Form der faschistischen Barbarei, die die bisherige Geschichte gekannt hat, dem nationalsozialistischen Dritten Reich, gegen die fortschrittlichen Kräfte des eigenen Volkes und gegen die vorübergehend unterworfenen europäischen Nationen zu dienen, ist die Gefahr zur erneuten Vernichtung der Ansatzpunkte für eine demokratische Rechtsordnung besonders groß. Die Tendenz zu immer wiederholten Änderungen des Grundgesetzes läßt diese Gefahren noch wachsen.

Die Arbeitnehmer und ihre politische Partei, die Sozialdemokratie, sind demgegenüber stets für demokratische Organisation der Staatsgewalt eingetreten. Wird diese Staatsgewalt, deren gesellschaftliche Macht ständig gewachsen ist und weiter wächst, durch das Volk beherrscht, wird sie zur politischen Organisation des Volkes selbst, so wird sie in dem gleichen Maße, in dem jene große Majorität des Volkes, die – weil sie von abhängiger Arbeit lebt – keine besonderen Profitinteressen zu vertreten hat, die im Widerspruch zu den Lebensmöglichkeiten ihrer Mitbürger und der anderen Nationen stehen, ihre eigenen Interessen zu erkennen und durchzusetzen lernt, zum Instrument der sozialistischen Umgestaltung der Gesellschaftsverfassung und der Aufhebung der Klassen. Deshalb ist die politische Demokratie, die den breiten Massen die Möglichkeit bietet, im ständigen Ringen um ihre täglichen Ansprüche durch ihre eigenen Erfahrungen zum Verständnis ihrer dauernden Interessen zu gelangen, die Voraussetzung des Kampfes um den Sozialismus. Die politische Demokratie kann in den Händen der Arbeitnehmer durch Änderung der Rechtsordnung, durch systematische Übertragung des Prinzips der demokratischen Gleichheit und der demokratischen Willensbildung auf Wirtschaft und Gesellschaft mittels des Gesetzes, zur sozialen Demokratie erweitert werden, in der der Staat seinen Unterdrückungscharakter verliert und sich in die planende gemeinsame Verwaltung des gesellschaftlichen Lebensprozesses durch die gleichberechtigten Glieder der Gesellschaft verwandelt. [...]

Die Möglichkeit friedlicher Umwandlung des gegenwärtigen Staates in eine lebendige soziale Demokratie und der Erhaltung der bisherigen, nur politischen Demokratie hängt von der Bereitschaft des Volkes, vor allem von der Entschlossenheit der Arbeitnehmer ab, die Demokratie nicht nur in Wahlen und Abstimmungen, sondern auch durch außerparlamentarische Aktionen zu schützen. Diese Bereitschaft zu entwickeln, diese Notwendigkeit bewußt zu machen, ist die Aufgabe der deutschen Sozialdemokratie. Aus der Beteiligung der Volksmassen an außerparlamentarischen Kundgebungen und Aktionen entsteht die Einsicht eines jeden, daß das Geschick des sozialen und demokratischen Rechtsstaats vom Verhalten des einzelnen Bürgers abhängt, erwächst also auch der Wille, in eigener Verantwortung in den demokratischen Institutionen mitzuwirken und mitzuentscheiden. Ohne diese demokratische Aktivität breiter Volksschichten kann die demokratische Staatsform keinen lebendigen Inhalt gewinnen.

Aus: Wolfgang Abendroth, Aufgaben und Ziele der deutschen Sozialdemokratie. Programmentwurf 1959, in: Ders., Antagonistische Gesellschaft und politische Demokratie. Aufsätze zur politischen Soziologie, 2. Aufl., Neuwied/Berlin 1972, S. 407–428, hier: S. 411–416.

ZUR TEXTERSCHLIESSUNG

1. Welche Bedeutung haben Recht und Gesetz für den Staat bzw. die Bevölkerung bei Wolfgang Abendroth?
2. Abendroth betont die Wichtigkeit eines demokratischen Selbstbewusstseins der Arbeitnehmer. Was versteht er darunter? Sehen Sie Parallelen zur Gegenwart?
3. Abendroth sieht die Notwendigkeit von außerparlamentarischen Aktionen zur Weiterentwicklung der Demokratie. Überlegen Sie, was für Aktionen damit gemeint sein könnten, und diskutieren Sie deren Auswirkungen auf die Demokratie.

7.2.2 Helmut Schelsky: Der technische Staat

Helmut Schelsky (1912–1984) war einer der einflussreichsten Soziologen der 1950er und 1960er Jahre in der Bundesrepublik (vgl. auch S. 60 ff.). Geprägt durch die Soziologen Arnold Gehlen und Hans Freyer positionierte sich Schelsky, der bereits eine „akademische Bilderbuch-Karriere im Dritten Reich" (Gerhard Schäfer) gemacht hatte, politisch und wissenschaftlich im konservativen Spektrum der Bonner Demokratie. Sein wissenschaftlicher Schwerpunkt lag auf den strukturellen und funktionellen Veränderungen der modernen Gesellschaft. Besonders bekannt geworden ist Schelsky durch seine familien-, jugend- und industriesoziologischen Studien. Den theoretischen Rahmen für Schelskys soziologische Überlegungen bildet eine Orientierung an den Begriffen der Institution und des Rechts, die als ordnender Rahmen für die Gesellschaft verstanden werden.

Schelskys staatstheoretischer Ansatz ist positiv auf den Staat bezogen. Er begreift den modernen Staat als „universalen technischen Körper", wobei in seiner Staatstheorie der historische Kontext der erfolgreich prosperierenden Wirtschaft Westdeutschlands („Wirtschaftswunder") spürbar ist, da Schelsky nach einem politischen „Erfolgsmodell" sucht, in dem demokratietheoretische Aspekte keine Rolle (mehr) spielen. Der Staat erscheint dabei als unauflösliche Einheit, die im biologischen Sinn organisiert sein und im technischen Sinn funktionieren müsse. Die gesellschaftliche Institution Staat wird als natürliche und auf diese Weise nicht im grundsätzlichen Sinn hinterfragbare Institution verstanden. Insofern konsequent vertritt Schelsky die Auffassung, dass der politische Wille des Souveräns (des Volkes bzw. der Bevölkerung) hinter die Sachgesetzlichkeit zurücktrete und folglich von untergeordneter Bedeutung sei.

Die Frage nach der Legitimität von Herrschaft wird dabei von Schelsky grundsätzlich verworfen: Der technische Staat sei kein Staat der unmittelbaren Herrschaft von Menschen über Menschen, sondern eine funktionale Struktur, die nicht legitimiert werden müsse – eben weil sie funktioniere. Diese Selbstlegitimation enthebe den Staat der demokratischen Kontrolle durch den Souverän (das Volk), da seine Legitimität allein durch seine Funktionalität gewährt sei. Herrschaftsverhältnisse hätten sich deshalb im technischen Staat aufgehoben und „von innen her" aufgelöst. Je mehr technische Erkenntnisse und wissenschaftliche Techniken staatlich angewandt würden, desto höher werde auch die Wirksamkeit staatlichen Handelns. Schelsky beschreibt damit einen politischen Prozess der Entdemokratisierung staatlicher Herrschaft, den er zwar als idealtypisch (d. h. in der beschriebenen Form nicht eins zu eins in der Realität anzutreffen) charakterisiert, zugleich aber auch für eine konsequente und anzustrebende Entwicklung hält.

Literaturhinweise

Horst Baier (Hrsg.), Helmut Schelsky – ein Soziologe in der Bundesrepublik. Eine Gedächtnisschrift von Freunden, Kollegen und Schülern, Stuttgart 1986.
Dirk Kaesler (Hrsg.), Klassiker der Soziologie (2 Bände), 2. durchges. Aufl., München 2000.
Gerhard Schäfer, Soziologie als politische Tatphilosophie. Helmut Schelskys Leipziger Jahre (1931–1938), in: ***Das Argument. Zeitschrift für Philosophie und Sozialwissenschaften,*** Heft 222/1997, S. 645–665.

M 10 Demokratischer Staat und moderne Technik

Wir behaupten nun, daß durch die Konstruktion der wissenschaftlich-technischen Zivilisation ein neues Grundverhältnis von Mensch zu Mensch geschaffen wird, in welchem das Herrschaftsverhältnis seine alte persönliche Beziehung der Macht von Personen über Personen völlig verliert, an die Stelle der politischen Normen und Gesetze aber Sachgesetzlichkeiten der wissenschaftlich-technischen Zivilisation treten, die nicht als politische Entscheidungen setzbar und als Gesinnungs- oder Weltanschauungsnormen nicht verstehbar sind. Damit verliert auch die Idee der Demokratie sozusagen ihre klassische Substanz: an die Stelle eines politischen Volkswillens tritt die Sachgesetzlichkeit, die der Mensch als Wissenschaft und Arbeit selbst produziert. Dieser Tatbestand verändert die Grundlagen unserer staatlichen Herrschaft überhaupt; er wandelt die Fundamente der Legitimität, der Regierung als Herrschaft, der Staatsraison, der Beziehung der Staaten untereinander und so weiter.
Um diese These zu verdeutlichen, muß ich zunächst darauf hinweisen, daß aus technischen, sozialen und politischen Gründen die moderne Technik in ihren Hochleistungsformen immer mehr staatlich, der Staat aber seinerseits immer mehr „technischer Staat" wird. [...]
Mit diesen Entwicklungen hat sich das Wesen des Staates grundsätzlich verändert: Auch der moderne Staat vom sechzehnten bis zum neunzehnten Jahrhundert hatte seine staatlichen „Techniken", aber sie waren begrenzt und spezifisch „staatlich"; technisch gesehen war der Staat Militärstaat und Polizeistaat, Verwaltungs- und Steuerstaat, Rechtsstaat und Kulturstaat, und alle diese Begriffe umschreiben spezifische staatliche Techniken. Wenn heute von einer Aufhebung dieser „allgemeinen" Aufgaben des Staates, von einer Vergesellschaftung des Staates und einer Verstaatlichung der Gesellschaft gesprochen wird, so meint dies unter anderem auch, daß der Staat heute grundsätzlich alle Formen der Technik in ihrer höchsten Wirksamkeit als staatliches Handeln in sich vereint. Er ist ein universaler technischer Körper geworden und beweist seine staatliche Effizienz nicht zuletzt in der Perfektionierung der technischen Möglichkeiten der Gesellschaft. [...]

In welcher Weise tritt nun von dieser wissenschaftlich-technischen Dimension des gegenwärtigen Staates aus eine neue Sachgesetzlichkeit den gewohnten traditionellen Grundlagen entgegen? Wir wollen diese Frage in der Form beantworten, daß wir sozusagen modellhaft die Ratio eines reinen „technischen" Staates entwickeln. Selbstverständlich trifft das nicht die Wirklichkeit unserer gegenwärtigen Staaten, aber eine solche „Modelltheorie" ist nicht unwahrer als es etwa die Vertragstheorie des Staates von Hobbes bis Rousseau war; sie hebt Strukturgesetzlichkeiten ans Licht, die meinem Urteil nach zugleich Entwicklungstendenzen darstellen. [...]
Wenn der moderne Staat in allen seinen Wirkungsweisen eine solche Fusion mit der modernen Technik eingeht, dann muß er auch in seinem Wesen als universaler technischer Körper begriffen werden können. Zwar wird damit die ganze moderne Technik der „Staatsraison" unterworfen, aber diese ist in ihrer modernen Form dann nichts anderes als der Sachzwang der vielfachen Techniken, mit denen der Staat sich heute verwirklicht. Auch das „Ziel" des Staates ist dann die höchste Wirksamkeit der in ihm verfügbaren technischen Mittel. Eine realistische Definition der Souveränität dieses Staates wäre dann die, daß souverän ist, wer über die höchste Wirksamkeit der in einer Gesellschaft verfügbaren wissenschaftlich-technischen Mittel verfügt. [...]

Welche Personen vertreten nun diese neue „Staatsraison"? Was ist dann noch „Politik"? Der Staatsmann des „technischen Staates" – ich lasse zunächst dahingestellt, wer das eigentlich ist – betrachtet den Staat als eine Organisation, einen technischen Körper, der funktionieren muß, und zwar mit höchster Leistungsfähigkeit, mit einem Optimum an Ertrag gemessen an dem, was an Kräften in ihm steckt. Für den „Staatsmann des technischen Staates" ist dieser Staat weder ein Ausdruck des Volkswillens noch die Verkörperung der Nation, weder die Schöpfung Gottes noch das Gefäß einer weltanschaulichen Mission, weder ein Instrument der Menschlichkeit noch das einer Klasse. Der Sachzwang der technischen Mittel, die unter der Maxime einer optimalen Funktions- und Leistungsfähigkeit bedient sein wollen, enthebt von diesen Sinnfragen nach dem Wesen des Staates. Die moderne Technik bedarf keiner Legitimität; mit ihr „herrscht" man, weil sie funktioniert und so lange sie optimal funktioniert. Sie bedarf auch keiner anderen Entscheidungen als der nach technischen Prinzipien; dieser Staatsmann ist daher gar nicht „Entscheidender" oder „Herrschender", sondern Analytiker, Konstrukteur, Planender, Verwirklichender. Politik im Sinne der normativen Willensbildung fällt aus diesem Raume eigentlich prinzipiell aus, sie sinkt auf den Rang eines Hilfsmittels für Unvollkommenheiten. [...]
Hier „herrscht" gar niemand mehr, sondern hier läuft eine Apparatur, die sachgemäß bedient sein will. Gerade weil es keine „Herrschaft der Techniker" gibt, können die alten „Herrschenden" ruhig bleiben, wo sie sind, und werden durch keine neue herrschende Klasse ersetzt. Der technische Staat beseitigt das traditionelle Verhältnis der „Herrschaft" selbst. [...] Bei optimal entwickel-

ten wissenschaftlichen und technischen Kenntnissen müßten über die gleiche Sachlage auch verschiedene Fachleute oder Fachgremien zu der gleichen Lösung, dem „best one way", gelangen, und das hieße: Je besser die Technik und Wissenschaft, um so geringer der Spielraum politischer Entscheidung. [...]

Damit sind wir aber bei einem sehr zentralen Punkt angelangt: Gegenüber dem Staat als einem universalen technischen Körper wird die klassische Auffassung der Demokratie als eines Gemeinwesens, dessen Politik vom Willen des Volkes abhängt, immer mehr zu einer Illusion. Der „technische Staat" entzieht, ohne antidemokratisch zu sein, der Demokratie ihre Substanz. Technisch-wissenschaftliche Entscheidungen können keiner demokratischen Willensbildung unterliegen, sie werden auf diese Weise nur uneffektiv. Wenn die politischen Entscheidungen der Staatsführungen nach wissenschaftlich kontrollierten Sachgesetzlichkeiten fallen, dann ist die Regierung ein Organ der Verwaltung von Sachnotwendigkeiten, das Parlament ein Kontrollorgan für sachliche Richtigkeit geworden. Das Volk im Sinne des Ursprungs der politischen Herrschaftsgewalt wird dann zu einem Objekt der Staatstechniken selbst. Die heute wirksamen Humantechniken der Meinungsforschung, Informationen, Propaganda und Publizität machen die politische Willensbildung weitgehend zu einem wissenschaftlich deduzierbaren und manipulierbaren Produktionsvorgang. Man kann wie Schumpeter sagen: Nun gut, dann wird eben Demokratie zu einem Konkurrenzkampf um Stimmen mit Hilfe der wissenschaftlich-technischen Mittel, zum Beispiel der Propaganda, die ja jeder Seite frei und zur Verfügung stehen. Aber es ist nicht nur die technische Überlegenheit einer etwa finanziell kräftigen einseitigen Partei, sondern das technisch-wissenschaftliche Mittel der „Willensbildung" selbst, das diese im klassisch-demokratischen Sinne aufhebt.

Die Gleichheit der Staatsbürger in der alten demokratischen Willensbildung beruhte auf der Vorstellung, daß die Vernunft allen gleichmäßig eingeboren wäre und zu einem persönlichen Urteil nach selbst verdeutlichten Argumenten führe. Die modernen technischen Mittel der psychischen Beeinflussung, der Stimmungs- und Meinungspression, des Ansprechens der unbewußten Seelenkräfte und der damit verbundenen, technisch erzeugten Daueremotionalisierung und Exaltierung des politischen Lebens berauben den Bürger grundsätzlich seiner ruhigen Überlegung und seiner vernünftig abwägenden Urteilsbildung. Dazu kommt, daß die Sachverhalte, die es zu entscheiden gilt, gar nicht mehr von einer vernünftigen Urteilsbildung des normalen Menschenverstandes oder einer normalen Lebenserfahrung her angemessen intellektuell zu bewältigen sind, so daß immer mehr „Informationen" erforderlich werden, jede sachlich tiefer gehende Information aber die politische Urteilsbildung eher suspendiert als erleichtert. Die Gefahr der Entpolitisierung und damit zugleich der Entdemokratisierung der Staatsbürger durch Überinformation ist längst aktuell. [...]

Das alles kann man zusammenfassen in der These, daß sich in dieser Entwicklung die Erscheinung der direkten Herrschaft von Menschen über Menschen im sozialen und politischen Sinne sozusagen von innen her auflöst; deshalb können auch alte Herrschaftsformen wie leere Hülsen stehenbleiben. Die Verwandlung der Demokratie in den „technischen Staat" bedarf keiner Revolution im sozialen oder politischen Sinne, keiner Verfassungsänderung, keiner ideologischen Bekehrung. Es bedarf nur der steigenden Anwendung wissenschaftlicher Techniken aller Art, und der technische Staat entsteht im alten Gehäuse. Dadurch wird allerdings zugleich verdeckt, wie weit wir uns heute schon auf dem Wege zu einem Zustand befinden, in dem die politischen Beziehungen unter Menschen durch die vom Menschen selbst geschaffenen wissenschaftlich-technischen Sachgesetzlichkeiten vermittelt werden.

Aus: Helmut Schelsky, Demokratischer Staat und moderne Technik, in: Atomzeitalter. Zeitschrift für Sozialwissenschaften und Politik, Heft 5/1961, S. 99–102.

ZUR TEXTERSCHLIESSUNG

1. Schelsky überträgt in seiner Theorie einen mechanischen Begriff (Technik) auf die Gesellschaft. Wie begründet er diese Übertragung und wie überzeugend ist sie?
2. Überlegen Sie sich Argumente (pro und contra) für die Position Schelskys, der moderne Staat sei ein „universaler technischer Körper".
3. Vergleichen Sie den Souveränitätsbegriff von Schelsky mit anderen, Ihnen bekannten Vorstellungen darüber, was ein Souverän ist bzw. was Souveränität bedeutet. Bedenken Sie dabei die unterschiedlichen Perspektiven von Herrschenden und Beherrschten innerhalb einer Gesellschaft.

7.2.3 Franz L. Neumann: Der Funktionswandel des Gesetzes im Recht der bürgerlichen Gesellschaft

Die wirtschaftliche Krise der bürgerlichen Gesellschaft und die Labilität des modernen Verfassungsstaates in den 1920er Jahren haben wesentlichen Ausschlag für die Entstehung der erst in der Nachkriegszeit wirklich einflussreich werdenden sozialwissenschaftlichen Denkrichtung der Kritischen Theorie gegeben, die wegen ihrer langjährigen Anbindung an die Universität Frankfurt auch als „Frankfurter Schule" bezeichnet wird. Im Kreis dieser marxistisch geprägten, den sowjetischen Weg allerdings scharf kritisierenden Intellektuellen war Franz L. Neumann (1900–1954) der einzige im engeren Sinn Politik- bzw. Staatswissenschaftler. Neben zahlreichen kleineren staats- und demokratietheoretischen sowie arbeits- und verfassungsrechtlichen Beiträgen hat er das epochale Werk „Behemoth. Struktur und Praxis des Nationalsozialismus 1933–1944" verfasst. Der „Behemoth" zählt – obgleich noch während der NS-Herrschaft im Exil in den USA geschrieben und insofern von eingeschränkter Quellenlage ausgehend – bis heute zu den wichtigsten Analysen des Nationalsozialismus.

Neumanns Ansatz zur Analyse moderner Staatlichkeit ist ein kritischer, d. h., er versucht die politischen Strukturen staatlicher Ordnungen in ihrer theoretischen und realen Ausprägung zu analysieren, formuliert aber keine Alternativen oder Vorschläge zur Veränderung. Neumann ist dabei – zusammen mit Ernst Fraenkel – der prominenteste Vertreter eines pluralismustheoretischen Ansatzes innerhalb der Staats- und Demokratieforschung: er geht von konkurrierenden gesellschaftlichen Interessen aus, die die Grundlage für einen politischen Konkurrenzkampf um Macht und Herrschaft bilden und eine abstrakte Bestimmung eines Gemeinwohls unmöglich machen.
Im Zentrum von Neumanns Analyse steht der bürgerlich-liberale Verfassungsstaat, dessen Herrschaft auf zwei Elementen basiert: auf Gewalt und Gesetz, die beide zugleich konstitutiv und widersprüchlich sind. Der moderne Staat bedarf der gewaltförmigen Durchsetzung seiner Souveränität gegen lokale und partikulare Gewalten (z. B. die Kirche) und der Einrichtung einer einheitlichen Verwaltung und Rechtsprechung; zugleich gibt er aber vor, eine auf allgemeine (für alle gleiche) Gesetze gegründete Ordnung zu errichten, die politische Freiheit zur Sicherung der ökonomischen etabliert.

Neumann sieht im Begriff des Rechts den Schlüssel zur Analyse des modernen Verfassungsstaates: Die Grundform des Rechts ist das Gesetz. Die rechtliche Gleichheit, die alle Bürger/innen vor dem Gesetz haben, verschleiert aber nach Neumann die ökonomische Herrschaft des Bürgertums und damit die gesellschaftliche Ungleichheit. Dem Staat fällt dabei die Aufgabe zu, eine Rechtsordnung zu schaffen, in der die Schließung von Verträgen möglich und – durch das Gewaltmonopol – gesichert ist. In diesem Prozess der Sicherung der kapitalistischen Konkurrenz durch den Staat werden die realen Macht- und Herrschaftsverhältnisse vernebelt: denn das allgemeine Gesetz als einziger Souverän erscheint als objektiv und neutral, ohne dass dessen sozialer Kontext beachtet würde. Zugleich ist die freie Konkurrenz auch die Grundlage des Endes der Freiheit: denn der freie Markt führt aufgrund ökonomischer Ungleichheit real zu einer immer stärkeren Monopolbildung, sodass die abstrakte Gleichheit in der Realität von einer ökonomischen Ungleichheit aufgehoben wird – eine Entwicklung, die sich im Prozess der Globalisierung verstärkt beobachten lässt.

Literaturhinweise

Manfred G. Schmidt, Demokratietheorien. Eine Einführung, 2. Aufl., Opladen 1997.
Mattias Iser/David Strecker (Hrsg.), Kritische Theorie der Politik. Franz L. Neumann – eine Bilanz, Baden-Baden 2002.
Samuel Salzborn (Hrsg.), Kritische Theorie des Staates: Staat und Recht bei Franz L. Neumann, Baden-Baden 2008.

M 11 Demokratischer und autoritärer Staat

■ So zwiespältig wie die Anthropologie des bürgerlichen Menschen, so ambivalent ist seine Haltung zu Staat und Recht. Faschistische und sozialreformerische Kritiker pflegen den liberalen Staat einen negativen zu nennen, und Lassalles Charakterisierung des liberalen Staats als eines „Nachtwächterstaats" ist heute in diesen Kreisen eine allgemein akzeptierte Formulierung. Daß auch der Liberalismus selbst die höchste Tugend des Staates in seiner Nicht-Existenz erblickt, ist so offensichtlich, daß es keiner Belege dafür bedarf. Nach dieser Ideologie soll der Staat sich selbst unbemerkt machen, soll wahrhaft negativ sein. Wollte man unter negativ allerdings schwach verstehen, dann fiele man einer Geschichtstäuschung zum Opfer. Der liberale Staat war immer so stark, wie die politische und soziale Situation und die bürgerlichen Interessen es erforderten. Er führte Kriege und schlug Streiks nieder, er schützte seine Investitionen mit starken Flotten, er verteidigte und erweiterte seine Grenzen mit starken Heeren, er stellte mit der Polizei „Ruhe und Ordnung" her. Er war stark genau in den Sphären, in denen er stark sein mußte und wollte. Dieser Staat, in dem Gesetze, aber nicht Menschen herrschen sollen (die angloamerikanische Formel), dieser Rechtsstaat (die deutsche Formulierung) beruht auf zwei Elementen: auf Gewalt *und* Gesetz, auf Souveränität *und* Freiheit. Der Souveränität bedarf das Bürgertum, um lokale und partikulare Gewalten zu vernichten, die Kirche aus den weltlichen Angelegenheiten zurückzudrängen, eine einheitliche Verwaltung und Rechtsprechung herzustellen, die Grenzen zu sichern und Kriege zu führen und um alle diese Aufgaben zu finanzieren. Politische Freiheit braucht das Bürgertum, um seine ökonomische Freiheit zu sichern. Beide Elemente sind konstitutiv. Es gibt keine bürgerliche Rechts- und Staatstheorie, in der nicht Gewalt und Gesetz bejaht sind, wenn auch der Akzent, der auf beide Elemente gelegt wird, je nach der historischen Situation verschieden ist. Selbst da, wo behauptet wird, daß sich Souveränität ausschließlich aus der Konkurrenz entwikkeln müsse, selbst da ist in Wahrheit die gesetzlose Gewalt unabhängig von der Konkurrenz gefordert.

In der juristischen Terminologie drückt sich dieser als echtes „Recht" aus. Denn Recht meint einmal das objektive Recht, das heißt das vom Souverän gesetzte oder jedenfalls der souveränen Gewalt zurechenbare Recht, zum anderen den Anspruch des Rechtssubjektes. Also einmal die Verneinung der Autonomie des Individuums und zugleich seine Bejahung. Verschiedene Theorien haben versucht, den Widerspruch zu lösen. So werden die subjektiven Rechte manchmal zu Reflexrechten des objektiven Rechts deklariert, die Autonomie des Individuums damit restlos verneint – diese deutsche Theorie vom Ende des neunzehnten Jahrhunderts hat der italienische Faschismus rezipiert –, oder es wird jeder Unterschied zwischen objektivem und subjektivem Recht verneint. Das subjektive Recht erscheint als das objektive Recht selbst nur, „sofern es sich mit der von ihm statuierten Unterwerfung gegen ein konkretes Subjekt richtet (Pflicht) oder einem solchen zur Verfügung steht (Berechtigung)". Andere wieder reduzieren das objektive Recht auf psychologische Verhaltungsweisen der Rechtsunterworfenen. Alle diese Lösungen sind Scheinlösungen, denn sie verkennen, daß beide Elemente, Norm und Rechtsverhältnis, objektives und subjektives Recht, ursprüngliche Daten des bürgerlichen Rechtssystems sind. [...]

Im Liberalismus verschwindet das Naturrecht in dem Maße, wie die Demokratie und mit ihr die Staatsvertragstheorie sich durchsetzt. Die Allgemeinheit des positiven Gesetzes tritt in den Mittelpunkt des Rechtssystems. Nur ein Gesetz, das allgemeinen Charakter hat, wird Gesetz und damit Recht genannt. Man behauptet zuweilen, daß der Unterschied zwischen dem generellen Gesetz und der individuellen Maßnahme nur ein relativer ist, weil jeder Befehl des Vorgesetzten an den Untergebenen im Verhältnis zum ausführenden Akt in irgendeinem Sinne deshalb generell sei, weil der Ausführende immer ein gewisses, wenn auch manchmal ein bescheidenes Maß von Initiative habe. Wer nun in der Rechtstheorie nur solche Begriffe als legitim anerkennt, die logisch eindeutig formulierbar sind, und wer jede Entscheidung als subjektiv und damit willkürlich ablehnt, der wird auch die Abgrenzung zwischen genereller Norm und individueller Maßnahme verwerfen. Wir verstehen unter einer Rechtsnorm ein hypothetisches Urteil des Staates über ein künftiges Verhalten der Untertanen, und das Gesetz ist die Grundform, in der diese Rechtsnorm erscheint.

Drei Elemente sind für den Charakter des Gesetzes relevant: das Gesetz muß in seiner Satzbildung generell sein, es muß in seiner Allgemeinheit bestimmt sein, und es darf keine rückwirkende Kraft haben. Rousseau hat die Forderung nach der Allgemeinheit der Satzbildung wie folgt formuliert: „Wenn ich sage, daß das Objekt der Gesetze immer allgemein ist, dann verstehe ich darunter, daß das Gesetz die Untertanen als Gesamtheit und ihre Handlungen als abstrakte, niemals einen Menschen als Einzelperson und niemals eine Einzelhandlung berücksichtigt. So kann das Gesetz sehr wohl statuieren, daß es Privilegien geben darf, aber niemals darf es sie namentlich einer Person gewähren ... in einem Wort: jede Aussage, die sich auf ein individuelles Objekt bezieht, gehört nicht zur gesetzgebenden Gewalt". [...]

Die Behauptung von der Suprematie [Oberhoheit, d. Red.] des gesetzten Rechtes impliziert zunächst die weitere Behauptung, daß soziale Maßnahmen nur und ausschließlich durch Gesetzgebung herbeigeführt werden dürfen. Der Vorrang der Gesetzgebung aber ist deshalb behauptet, weil das Bürgertum, jedenfalls in England und Frankreich, einen wichtigen Anteil am Gesetzgebungsprozeß hatte. Gesetze aber sind immer Eingriffe in Freiheit oder Eigentum. Wenn solche Eingriffe nur durch Gesetz oder auf der Grundlage von Gesetzen vorgenommen werden können und wenn das Bürgertum im Parlament entscheidend vertreten ist, dann impliziert die Doktrin, daß diejenige Gesellschaftsschicht, die das Objekt der Intervention ist, sich die Eingriffe selbst zufügt und selbstverständlich ihre Interessen dabei berücksichtigt. Ist das Parlament das entscheidende Mittel für soziale Änderungen, so folgt daraus, daß die Herrschaft des Parlamentsgesetzes zugleich zu einem Mittel wird, sozialen Fortschritt zu verhindern oder jedenfalls aufzuhalten. Die Doktrin verhüllt also die Unwilligkeit der herrschenden Klassen zur Sozialreform, denn die Langsamkeit der parlamentarischen Maschine verwandelt das einzige Mittel für die Änderung des Rechtes in ein Mittel für die Bewahrung seiner Unabänderlichkeit. Schließlich hat die Doktrin eine letzte ideologische Funktion: die der Verneblung der wahren Machthaber. Die Anrufung des Gesetzes als des einzigen Souveräns, die Behauptung, daß die Souveränität „a government of laws and not of men" sei, macht es überflüssig zu erwähnen, daß Menschen herrschen, wenn sie auch im Rahmen von Gesetzen regieren. Daraus folgt, daß die Vorherrschaft des Parlamentsgesetzes nur solange im Mittelpunkt der konstitutionellen Doktrin steht, als das Bürgertum auf das Parlament entscheidenden Einfluß hat. Beginnt dieser Einfluß zu schwinden, so treten im selben Augenblick neue naturrechtliche Doktrinen auf, die dazu bestimmt sind, die Vorherrschaft eines Parlamentes, in dem auch Vertreter der Arbeiterschaft Einfluß haben, zu reduzieren. „Parallel mit der Hegelschen Doktrin entwickelte sich in Frankreich die Lehre der Doktrinäre, welche die Souveränität der Vernunft im Gegensatz zur Vernunft des Volkes proklamierten, um die Massen auszuschließen und allein zu herrschen" (Karl Marx). Zugleich aber verhüllt die Doktrin von der Vorherrschaft des Parlamentsgesetzes die Schwäche des Bürgertums. Die Behauptung soziale Veränderungen könnten nur durch Parlamentsgesetz erfolgen, Verwaltungsbehörden und Richter würden Recht nur erklären und nicht machen, ist eine Illusion, die mit dazu dient, die rechtschaffende Kraft außerparlamentarischer Stellen nicht zugeben zu müssen. Die Doktrin bringt die Ambivalenz des bürgerlichen Charakters klar zum Ausdruck: der emphatischen Behauptung von der Autonomie des Menschen entspricht ein ebenso leidenschaftliches Bekenntnis zur Herrschaft des Gesetzes.

Die Theorie von der Herrschaft des Gesetzes ist aber auch notwendig für die Befriedigung der Bedürfnisse der kapitalistischen Konkurrenz. Das Bedürfnis nach Berechenbarkeit und Zuverlässigkeit des Rechtssystems und der Verwaltung war ja eines der Motive für die Beschränkung der Herrschaft der Patrimonial-Fürsten und der Feudalität mit der schließlichen Errichtung des Parlaments, mit dessen Hilfe das Bürgertum Verwaltung und Finanzen kontrollierte und in den Änderungen des Rechtssystems mitwirkte. Die freie Konkurrenz bedarf des allgemeinen Gesetzes, weil es die höchste Form der formalen Rationalität ist, zugleich muß sie auch die absolute Unterwerfung des Richters unter das Gesetz und damit die Gewaltenteilung verlangen. Die freie Konkurrenz ist bedingt durch die Existenz einer großen Zahl von Wettbewerbern ungefähr gleicher Stärke, die auf einem freien Markt konkurrieren. Freiheit des Warenmarktes, Freiheit des Arbeitsmarktes, freie Selektion innerhalb der Unternehmerschicht, Vertragsfreiheit und vor allem Berechenbarkeit der Justiz sind die wesentlichen Charakteristika des liberalistischen Konkurrenzsystems, das ja Profit und immer erneuten Profit in einem kontinuierlichen, rationalen, kapitalistischen Unternehmen erzeugen will. Die primäre Aufgabe des Staates besteht in der Schaffung einer solchen Rechtsordnung, die die Erfüllung von Verträgen sichert. Die Erwartung, daß Verträge erfüllt werden, muß stets berechenbar sein. Diese Berechenbarkeit kann aber, wenn die Wettbewerber annähernd gleich sind, nur durch allgemeine Gesetze hergestellt werden. Diese allgemeinen Gesetze müssen in ihrer Abstraktheit so bestimmt sein, daß der Richter so wenig freies Ermessen wie möglich hat. In einer so konstituierten Gesellschaft darf der Richter deshalb nicht auf Generalklauseln zurückgreifen. Der Staat, wenn er in Freiheit und Eigentum eingreift, muß seine Eingriffe selbst berechenbar machen, er darf vor allem nicht mit rückwirkender Kraft eingreifen, da er sonst bereits entstandene Erwartungen vernichten würde. Er darf nicht ohne Gesetz eingreifen, weil ein solcher Eingriff nicht voraussehbar ist. Er darf nicht durch individuelle Maßnahmen eingreifen, weil jeder solcher Eingriff den Grundsatz der Gleichheit der Wettbewerber verletzt. Folglich muß auch der Richter unabhängig sein, der Rechtsstreit muß unabhängig von den Wünschen und Äußerungen der Regierung entschieden werden. Daraus folgt, daß die Gewalten unterschieden sein müssen. Die Gewaltenteilung ist, ganz abgesehen von ihrer politischen Bedeutung, das organisatorische Element der freien Konkurrenz, weil es Zuständigkeiten und klare Abgrenzungen zwischen den verschiedenen Tätigkeiten des Staates schafft und hierdurch die Rationalität des Rechtes und seiner Anwendung garantiert. In dieser Weise löst sich der scheinbare Gegensatz in der Haltung des Liberalen gegenüber der Gesetzgebung auf, eine Antinomie, die Roscoe Pound vor allem in der Haltung der amerikanischen Puritaner entdeckt hat, nämlich einmal die Abneigung gegen jede Art von Gesetzgebung und zum anderen der feste Glaube an Gesetzgebung, verbunden mit der Abneigung gegen Gewohnheitsrecht und Billigkeitsrecht. Es ist die Haltung des gesamten Liberalismus und nicht nur die Haltung der Puritaner. Der Liberalismus postulierte den Vorrang der parlamentarischen Gesetzgebung, um Gesetzgebung zu verhindern oder, soweit das nicht möglich war, diese Gesetzgebung den Interessen des Bürgertums dienstbar zu machen. Aber er liebte grundsätzlich Eingriffe nicht.

Nun ist die Theorie der Herrschaft des allgemeinen Gesetzes keineswegs und in keiner Periode der freien Konkurrenz voll verwirklicht worden. Die Gesellschaft des Liberalismus ist keine rationale, die Wirtschaft ist nicht planmäßig organisiert. Harmonie und Äquilibrium restaurieren sich keineswegs automatisch in jedem Augenblick. Maßnahmen des Souveräns und Generalklauseln sind stets, in jedem Stadium, unentbehrlich. Es gehört zur Dialektik der Vertragskategorie, daß der Vertrag geradezu das Mittel wird, um die freie Konkurrenz aus den Angeln zu heben und damit die Herrschaft des Vertrages und des auf ihn in der ökonomischen Sphäre bezogenen allgemeinen Gesetzes zu zerstören. Denn die Vertragsfreiheit impliziert nach der juristischen Theorie des Liberalismus – und im diametralen Gegensatz zu Adam Smith – das Recht der Eigentümer, sich zu organisieren, zu Kartellen, Konzernen, Syndikaten, Interessengemeinschaften, schließlich zum Markt beherrschenden Trust.

Aus: Franz L. Neumann, Demokratischer und autoritärer Staat: Studien zur politischen Theorie, Frankfurt a. M./Wien 1967, S. 31–81, hier: S. 31–49.

ZUR TEXTERSCHLIESSUNG

1. An welchen Stellen in dem Text von Franz L. Neumann finden Sie den Gedanken der pluralistischen Demokratie wieder?
2. Neumann unterscheidet zwischen Gewalt und Gesetz. Erläutern Sie das Verhältnis von Gewalt und Gesetz beispielhaft an unterschiedlichen historischen Staatsformen.
3. Im Zentrum des modernen Staates steht für Neumann der Vertrag. Wie begründet er dessen Wichtigkeit? Überzeugen Sie Neumanns Argumente auch für die Gegenwart?

7.2.4 Niklas Luhmann: Der Staat als Teilsystem

Die sozialwissenschaftliche Forschung in Deutschland wurde seit den 1980er Jahren stark beeinflusst von den Arbeiten des Soziologen Niklas Luhmann (1927–1998). Der in seiner akademischen Laufbahn nachhaltig von Helmut Schelsky geförderte Luhmann kam ursprünglich aus der Verwaltungswissenschaft und der Rechtssoziologie, hat seinen Wirkungsbereich bis zu seinem Tod aber systematisch bis zu einer „umfassenden Theorie der (Welt-)Gesellschaft" (Annette Treibel) ausgebaut. In Weiterentwicklung des amerikanischen Soziologen Talcott Parsons hat Luhmann dabei eine Theorie „sozialer Systeme" entwickelt und in der Interpretation auf zahlreiche gesellschaftliche und politische Felder angewandt. Zentral für Luhmanns Verständnis eines sozialen Systems war dabei weniger die Frage, welche Struktur es hat, sondern welche Funktion es hat und in welchem Verhältnis es zu anderen sozialen Systemen steht. Die moderne Gesellschaft gilt Luhmann als funktional differenziertes und komplexes System, das nicht mehr nach sozialen Rangordnungen, sondern nach unterschiedlichen Funktionsbereichen (Politik, Recht, Wirtschaft, Religion etc.) gegliedert ist. Soziale Systeme zeichnen sich dadurch aus, dass in ihnen „Sinn" mit dem Ziel von Kommunikation verwirklicht wird (im Unterschied zu einem technischen System wie z. B. einer Brotschneidemaschine).

Im Kontext seiner Theorie sozialer Systeme stehen auch Luhmanns staatstheoretische Ausführungen. Luhmann sieht staatliche Organisation einem historischen Wandel unterlegen, wobei für den modernen Nationalstaat die radikale Veränderung des Begriffsgehaltes von Nation von Bedeutung sei: Es werde nicht mehr auf die Herkunft von Menschen, sondern auf einen erst noch herzustellenden Zusammenschluss Bezug genommen. Dabei existiere die Nation zunächst nur in der Vorstellung der Menschen und werde erst durch die politische Vereinheitlichung in die Realität überführt. Die Bezugnahme auf historische Leistungen von Nationen diene dabei zur Legitimation politischer Ziele, die (reale oder imaginierte) Vergangenheit damit zur Sinnstiftung für die Zukunft. Der moderne Nationalstaat wird in diesem Prozess zu einem „Letztwert" (Dieter Langewiesche) und damit zur obersten Legitimationsquelle, die innergesellschaftliche Differenzen (bspw. ökonomischer oder religiöser Art) in den Hintergrund treten lässt und auf diese Weise eine nationalstaatliche Vereinheitlichung herbeiführt.
Im Zentrum der Veränderungen hin zum modernen Nationalstaat steht nach Luhmann die Verfassung des Staates: Diese verbinde die nach innen gerichtete Organisation der Staatsgewalt mit einer nach außen gerichteten Abgrenzung. Die damit ablaufenden Prozesse sozialer Aus- und Einschließung (z. B. durch die Definition, wer Bürger/in eines Staates ist und wer nicht) führten zu einer Einschränkung von Kommunikations- und Interaktionsmöglichkeiten der Bürger/innen auf der einen und einer systemimmanenten Stärkung des bürokratischen Apparats auf der anderen Seite, der anstelle eines vormodernen Souveräns (z. B. eines Königs) die faktische Kontrolle innerhalb des politischen System übernehme. Da die staatliche Organisation auf diese Weise nur noch ein Bestandteil des politischen Systems (also zum „Teilsystem") geworden ist, dem auf der anderen Seite z. B. Parteien und Interessenverbände gegenüberstehen, kommt es zu einer internen Differenzierung des politischen Systems. In diesem Differenzierungsprozess sieht Luhmann nun wiederum die Ursachen für Legitimationskrisen des politischen Systems (z. B. der sogenannten Politikverdrossenheit), aber auch für reale Konflikte zwischen dem staatlichen System und anderen (Teil-)Systemen der (Welt-)Gesellschaft.

Literaturhinweise

Margot Berghaus, Luhmann leicht gemacht. Eine Einführung in die Systemtheorie, Köln 2003.
Marcelo Neves/Rüdiger Voigt (Hrsg.), Die Staaten der Weltgesellschaft. Niklas Luhmanns Staatsverständnis, Baden-Baden 2007.
Annette Treibel, Einführung in soziologische Theorien der Gegenwart, 2. Aufl., Opladen 1994.

M 12 Der Staat des politischen Systems

■ Der moderne Nationalstaat mag sich mehr der Planung oder mehr der Evolution überlassen; er mag Nation mehr als staatliche Vereinigung (Sieyès) oder mehr als Einheit von Sprache und Kultur (Herder) verstehen: in jedem Fall kommt es zu einer radikalen Umpolung des Begriffs natio/Nation. Der Begriff verweist nicht mehr auf die Herkunft von Personen, sondern nur auf einen Zusammenschluß, der erst noch herzustellen, zu organisieren und zu erhalten ist. Um das, was Nation sein soll, von Imagination in Realität zu überführen, muß man mit politischen (staatlichen) Mitteln für sprachliche und religiöse, kulturelle und organisatorische Vereinheitlichung in dem Territorium sorgen, das der Nationalstaat für sich in Anspruch nimmt. Insofern verschmelzen Sprache, Kultur und Staatlichkeit zu einer politischen Aufgabe, die sich nur noch nach ihrer jeweils unterschiedlichen historischen Ausgangslage unterscheidet. Nationale Identität ist nicht gegeben, sie muß definiert, gewonnen und gesichert werden. Ihr Problem liegt nicht in der Vergangenheit, sondern in der Zukunft; oder genauer: Historische Referenzen dienen nur noch der Legitimation politischer Zielsetzungen, die sich zunächst (und in den mehr ethnischen Bewegungen noch heute) darüber hinwegsetzen, daß die aktuell zu lösenden politischen Probleme mehr und mehr aus der funktionalen Differenzierung des Gesellschaftssystems kommen, aber dann als Eigenprobleme des politischen Systems traktiert werden müssen.

Der Begriff der Nation korrespondiert in vielen Hinsichten mit dem Übergang zu einer direkten, nicht mehr ständisch vermittelten Regulierung der Verhältnisse der Staatsbürger durch den Staat. Auch zur Nation gehört man als Individuum, und ein Individuum kann nur einer Nation angehören. Das ist mit Sklaverei nicht zu vereinbaren und führt zu deren Abschaffung. Andererseits können die zu einer Nation verbundenen Individuen einander nicht mehr kennen. Das Heiraten und Erben wird nicht durch die Nation reguliert (wie vordem durch den Stand). Die Nation kann daher nur eine imaginierte Gemeinschaft sein, und eben deshalb bedarf sie der Konkretisierung durch einen Staat. Zugleich sucht und findet die Nation (wie der Staat) eine territoriale Identität. Es geht nicht mehr nur um dynastische Zusammenhänge von Territorien, in denen Untertanenverhältnisse sich aus der Kriegs- und Heiratspolitik der Dynastien ergaben. Für die Nation soll man leben, töten und sterben; und dies, obwohl man gar nicht wissen kann, wer im einzelnen damit gemeint ist. Wenn sie nicht zur Staatsbildung führt, bleibt die Idee der Nation eine bloße Idee.

Allmählich entsteht unter diesen Bedingungen ein staatsbezogen agierendes politisches System, das sich auf ein entsprechendes Aufgabenverständnis einstellt. Zugleich wird, gerade mit Hilfe der „Nation“, der Staat in seinem Eigenwert konfirmiert. Man kann in zahlreichen Interaktionen und vor allem in Kriegen auf ihn Bezug nehmen, ihm dienen, ihn verteidigen, sich ihm verpflichtet fühlen. Es kommt (speziell in der deutschen Tradition) zu einer Idealisierung des Abwesenden. Man kann für Gott, Volk, Vaterland und in genau dieser Reihe dann eben auch für den Staat zum Einsatz aufgerufen werden. Man stützt sich dabei auf den Nationalstaat und damit auf die Nation als diejenige Differenz, die es ermöglicht – und darin liegt der Grund für ihre semantische Aufwertung –, viele andere Differenzen, zum Beispiel religiöse oder schichtspezifische, in den Hintergrund treten zu lassen. Innerhalb der Nation kann es durchaus Konflikte geben, aber nicht Konflikte, die auf Vernichtung des Gegners abzielen.

Gegen Ende des 18. Jahrhunderts kommt es zu einer einschneidenden Veränderung, ausgedrückt und durchgeführt vor allem in der Französischen Revolution. Der Staat versteht sich jetzt als politischer Agent der Individuen. Er geht von indirekter zu direkter Herrschaft über. Das heißt unter anderem: Es werden lokale Verwaltungen eingerichtet, und das Verhältnis von Staat und Bürger wird rechtlich geregelt. Der Staat kümmert sich jetzt auf lokaler Ebene um Fragen der Gesundheit und der schulischen Erziehung, um Betriebssicherheit der Fabriken und um Baugenehmigungen – neben den klassischen polizeilichen Aufgaben der Sorge für Sicherheit und Ordnung. Es kommt zu einem neuen Begriff, dem der „Staatsangehörigkeit“, der als allgemeiner Begriff die rechtliche Relevanz ständischer Unterschiede ersetzt. Diese direkte Herrschaft macht es zugleich notwendig, ihre Zugriffsweise zu spezialisieren und sie gegen religiöse, ökonomische und familiale Verhältnisse abzugrenzen. Intermediäre Gewalten wie zum Beispiel Steuereinnehmer oder grundherrliche Gerichtsbarkeit werden abgeschafft. Ähnlich wie die Wirtschaft oder die Religion sucht auch das politische System jetzt ein unmittelbares Verhältnis zu den „Staatsbürgern“ zu realisieren und sich damit von Vermittlungsinstanzen unabhängig zu machen.

Was den Staat interessiert, ist aber nicht das einzelne Individuum im Maße seiner ethischen Perfektion, sondern die aus Individuen bestehende Bevölkerung. Im Laufe des 18. Jahrhunderts hat sich ein Begriff der Population durchgesetzt, für den nicht die allgemeinen Merkmale der Gattung Mensch ausschlaggebend sind, sondern das Ausmaß an Diversität, das sich daraus ergibt, daß die Population aus Individuen zusammengesetzt ist. Auf diesen Begriff der Population und der ihr inhärenten Diversität wird später die Evolutionstheorie zurückgreifen. Aber schon die politische Theorie des ausgehenden 18. Jahrhunderts, die die Frage diskutiert, wie Individuen „repräsentiert“ werden können, setzt diesen Begriff voraus. Es interessiert die Spannweite der Diversität; und nur in diesem Sinne kann man sagen, daß dem neuen Verständnis der (nicht mehr religiös gesicherten) Autonomie des politischen Systems der moderne Individualismus zugrunde liegt.

Der Staat bekommt jetzt eine Verfassung, er transformiert sich zum liberalen und konstitutionellen Staat. Unabhängig von den besonderen historischen und politischen Situationen in den nordamerikanischen Staaten und im Frankreich des 18. Jahrhunderts wird „Verfassung“ als eine Form höherrangigen Rechts zum Merkmal der Staatsförmigkeit von Politik. Damit reagiert der Staat in zweifacher Weise auf die Ausdifferenzierung des politischen Systems: durch interne Organisation der Staatsgewalt (sprich: Gewaltenteilung und -kontrolle) und durch Außenabgrenzung (sprich: Grundrechte). Beides dient der Einschränkung von Kommunikationsmöglichkeiten, die als Folge von Ausdifferenzierung und Autonomiegewinn immens gestiegen waren. Politisch begründen sich die Höherrangigkeit des Verfassungsrechts und die sich daraus ergebenden Einschränkungen des Demokratiepostulats mithin aus dem Direktbezug auf Folgeprobleme des Autonomiegewinns.

Das Problem der politischen Ordnung verlagert sich von der unvermeidlichen Willkür des Souveräns an der Spitze des Staates (die keine Oberhoheit über sich anerkennt) auf die Frage der organisatorischen („bürokratischen“) Schließung des Systems, das nur noch eigene Entscheidungen aus eigenen Entscheidungen produziert. Dem wird durch Repräsentativverfassungen begegnet, von denen man hinreichende Umweltoffenheit erwartet. Die Probleme von Interessenbewertungen und quantitativen Stimmzuteilungen können nicht gelöst werden. Deshalb kommt man zu einem offenen Repräsentationsprinzip, bei dem jeder einzelne Abgeordnete das „Volk“ (und damit die Umwelt des politischen Systems) repräsentiert. Sehr bald wird sich aber zeigen, daß diese individuelle Lösung durch eine organisatorische ersetzt werden muß, nämlich durch politische Parteien, die ihre Abgeordneten entmündigen.

Gegen Ende des 19. Jahrhunderts und mit zunehmender Schärfe im 20. Jahrhundert findet man sich erneut in einer veränderten Situation. Das Plausibilität spendende Problem verschiebt sich abermals. Es geht jetzt nicht mehr nur um die Ausdifferenzierung des politischen Systems gegen Schichtung und gegen andere Funktionssysteme; es geht zusätzlich um die interne Differenzierung des politischen Systems. Es bilden sich, was in den Verfassungen gar nicht vorgesehen war und weder in Philadelphia noch in Paris vorausgesehen wurde, politische Parteien in der Form von Mitgliederorganisationen. Damit erst wird die Voraussetzung für einen geordneten, an Wahlen orientierten Machtwechsel im politischen System, die Voraussetzung also für Demokratie, geschaffen. Als organisierte Einheiten bleiben Parteien im Wechsel von Wahlgewinnen und Wahlverlusten identisch und (mehr oder weniger) stabil. Die Konsequenz ist, daß die Staatsorganisation jetzt nur noch ein Teilsystem des politischen Systems ist, dem anders organisierte politische Parteien und zunehmend dann auch Organisationen der Interessenvertretung, des „lobby“, gegenüberstehen. Eine Arbeitsteilung spielt sich ein: Die Parteien saugen neue Probleme an, politisieren den Meinungsmarkt, die Staatsorganisation versucht, mit einer juristisch und finanziell haltbaren Ordnung nachzukommen. Die einen sorgen für Varietät, die andere für Redundanz. Das insgesamt rasch steigende Varietät/Redundanz-Niveau erhält in der zweiten Hälfte des 20. Jahrhunderts den Namen „Wohlfahrtsstaat“.

In zunehmendem Umfange stellt der Wohlfahrtsstaat sich Probleme, die als zu lösende Probleme, also als lösbare Probleme vorgestellt werden. Der Staat wird zum Bezugspunkt der Universalisierung von Politik. Man dokumentiert guten Willen im Bekenntnis zu „Werten“. Es geht längst nicht mehr nur um kompensatorische Leistungen „sozialstaatlicher“ Prägung. Es geht auch um Naturparke und Frauenfragen, Industriestandorte und Risikobegrenzung in Produktion und Forschung, um Maßnahmen gegen Drogenkonsum und um Verbesserung des Zugangs zu höherer Bildung, um Kostenregulierung im System der Krankenbehandlung und vor allem: um Beschaffung und Erhaltung von Arbeitsplätzen. Alles in allem gleicht der Wohlfahrtsstaat dem Versuch, die Kühe aufzublasen, um mehr Milch zu bekommen. Das fundierende Paradox erscheint jetzt in neuer Gestalt: Die zur Lösung anstehenden Probleme sind unlösbare Probleme, weil sie die funktional-strukturelle Differenzierung des Gesellschaftssystems in das politische System hineinspiegeln, zugleich aber darauf beruhen, daß das politische System nur ein Teilsystem eben dieser funktionalen Differenzierung des Gesellschaftssystems ist. Mit der Redefinition von unlösbaren Problemen in politisch lösbare Probleme sichert der Wohlfahrtsstaat seine eigene Autopoiesis.[1] Es gibt garantiert immer etwas zu tun. Der Alltag ist von Hektik und von nervöser Aggressivität bestimmt. Der Motor dieser operativen Aktivität ist jedoch nicht die gute Absicht der Politiker und auch nicht die Demokratie (also: das Paradox der Selbstbeherrschung des Volkes). Der

1 Der Begriff der Autopoiesis ist ein Schlüsselbegriff im Denken von Niklas Luhmann. Wörtlich übersetzt ist damit gemeint, dass ein System sich selbst erzeugt, sich selbst produziert und reproduziert. Luhmann meint damit, dass Systeme in seinem Verständnis nur dann als Systeme bezeichnet werden können, wenn sie sich immer wieder aufs Neue herstellen und legitimieren können.

Auslöser liegt vielmehr in der (für Demokratie unentbehrlichen) internen Differenzierung des politischen Systems.
Ähnlich wie das Problem Machiavellis, das Problem des Machtgewinns und der Machterhaltung des Fürsten [...], ist auch das Problem des Wohlfahrtsstaates ein rein politisch erzeugtes Problem. Das Problem Machiavellis konnte nur auf Kosten der Moral gelöst werden, das Problem des Wohlfahrtsstaates nur auf Kosten der Finanzen. In beiden Fällen macht sich. So verschieden sie im übrigen sein mögen, die Autonomie eines ausdifferenzierten politischen Systems bemerkbar. Die Gesellschaft macht sich in der Form der Kosten einer Problemlösung bemerkbar.

Aus: Niklas Luhmann, Der Staat des politischen Systems. Geschichte und Stellung in der Weltgesellschaft, in: Ulrich Beck (Hrsg.), Perspektiven der Weltgesellschaft, Frankfurt a. M. 1998, S. 345–380, hier: 364–369.

ZUR TEXTERSCHLIESSUNG

1. Luhmann geht davon aus, dass die Nation zunächst nur in der Vorstellung der Menschen existiert, dass sie imaginiert sei. Erläutern Sie diese Auffassung.
2. Erläutern Sie Beispiele aus der Geschichte, die als Belege für und gegen Luhmanns Position sprechen, der Staat sei zunächst nur imaginiert.
3. Zeigen Sie, wie Luhmann das Verhältnis von Staat und seinen Bürger(inn)en beschreibt. Welche Rolle spielen in Luhmanns Theorie die realen Menschen und ihre Interessen?

7.2.5 Barbara Holland-Cunz: Feministische Demokratietheorie

Die Arbeits- und Forschungsschwerpunkte der Politikwissenschaftlerin Barbara Holland-Cunz (geb. 1957) liegen im Bereich der politischen Theorie und politischen Philosophie, des Feminismus, der Frauenbewegung und der Geschlechterverhältnisse. Im Zentrum ihres Denkens steht die kritische Auseinandersetzung mit der männlich dominierten bürgerlichen Gesellschaft und damit verbunden der strukturellen Ungleichbehandlung von Männern und Frauen in Politik und Gesellschaft. Holland-Cunz konfrontiert dabei in ihren Untersuchungen die moderne westliche Welt mit deren eigenem – bis heute geschlechterpolitisch uneingelösten – Versprechen auf Freiheit und Gleichheit für alle Bürger/innen und fordert eine konsequente Umsetzung dieser Prinzipien auch für Frauen. Neben ihrer wissenschaftlichen Tätigkeit ist Holland-Cunz auch politisch in verschiedenen Projekten der Frauenbewegung und Frauenpolitik aktiv.

Ausgehend von einer Analyse der theoretischen Überlegungen zu Staat und Demokratie sowie den praktischen Umsetzungen dieser Konzepte in der repräsentativen Demokratie westlicher Prägung formuliert Holland-Cunz in ihrem staats- und demokratietheoretischen Entwurf einerseits eine Kritik an den bestehenden Verhältnissen, unternimmt zugleich aber auch die Formulierung von denkbaren Alternativkonzepten aus der Perspektive des Feminismus. Insofern ist ihr Ansatz ein normativer, d. h., sie geht von der theoretischen und praktischen Analyse der demokratischen Herrschaftsordnung aus und entwickelt auf dieser Grundlage Vorschläge für die Realisierung von Veränderungen im Sinne der feministischen Theorie. Grundlage für ihre Überlegungen ist die Annahme einer nach wie vor bestehenden Zweiteilung der Demokratie, in der männliche Staatsangehörige ein hohes, weibliche allerdings hingegen ein nur in Randbereichen bestehendes Maß an Partizipationsmöglichkeiten haben. Der Mythos der Freiheit sei dabei ein sowohl theoretischer wie praktischer – theoretisch, weil die Staats- und Demokratietheorie die geschlechterpolitische Perspektive nur unzureichend berücksichtige, praktisch, weil die Chancen auf Freiheit und Gleichheit für Männer und Frauen nach wie vor ungleich verteilt seien.
Den Schlüssel für eine Veränderung dieser gesellschaftlich gemachten Ungleichheit sieht Holland-Cunz in herrschaftskritischen, basisdemokratischen Konzepten, die zugleich prinzipielle Demokratiedefizite (etwa eine ausgeprägte Herrschaft von oben ohne hinreichende Teilnahmemöglichkeiten neben den Wahlen) verringern, wie auch gerade und besonders feministischen Politikansätzen und damit einer weiteren geschlechterpolitischen Gleichberechtigung die Möglichkeit zur Umsetzung bieten sollen. Erstrebt wird damit ein fortwährender geschlechterpolitischer Demokratisierungsprozess von Staat und Gesellschaft, der Macht- und Herrschaftsstrukturen prinzipiell kritisch betrachtet und auf die konsequente Umsetzung von Freiheit und Gleichheit für Männer wie Frauen hin orientiert.

Literaturhinweise

Birgit Sauer, Die Asche des Souveräns. Staat und Demokratie in der Geschlechterdebatte,
Frankfurt a. M. 2001.
Birgit Seemann, Feministische Staatstheorie. Der Staat in der deutschen Frauen- und Patriarchatsforschung,
Opladen 1996.

M 13 Demokratiekritik

■ Die Zweiteilung der Demokratie nach Geschlecht ist offensichtlich: hier die mehrheitlich abgesicherten konventionellen Partizipationsmöglichkeiten des citoyen, dort die allenfalls im unkonventionellen Politikbereich ausreichend vorhandenen Teilhabechancen der citoyenne; hier die elaborierte, komplexe, reichhaltige Demokratietheorie des weitgehend männlichen main stream, dort die noch vorsichtigen, rudimentären Anfänge einer geschlechterpolitisch engagierten politischen Theorie. Der gender gap, die Kluft zwischen den Geschlechtern in der zeitgenössischen Theorie und aktuellen Praxis der Demokratie, ist tief. Selbst die nicht unbeträchtlichen institutionellen Innovationen der vergangenen zwei Jahrzehnte – Frauenförderpläne, Antidiskriminierungsgesetze, Gleichstellungsstellen, Frauenministerien – haben an dieser tiefen Kluft wenig verändern können. Es darf begründet vermutet werden, daß der gender gap in der Demokratie sehr viel tiefer und stabiler ist, als zu den euphorischen Zeiten des neuen feministischen Aufbruchs von vielen Frauen weltweit angenommen wurde. Scharf formuliert: Der gender gap in der Demokratie bezeichnet ein strukturelles Gewaltverhältnis im Galtungschen Sinne;[1] Frauen und andere Marginalisierte können das „partizipatorische Potential" nicht verwirklichen. Der gender gap entlarvt damit das Ideal der gleichen Freiheit für alle, das demokratische Gemeinwesen selbstverständlich und selbstgefällig für sich beanspruchen, als patriarchale Herrschaft verschleiernden politischen Mythos. Der Mythos der gleichen Freiheit besteht sowohl in der Theorie als auch in der Praxis. Die (nicht nur) nach Geschlecht geteilte demokratische Praxis ist mittlerweile gut dokumentiert. Die feministische Partizipationsforschung, insbesondere die hervorragenden Arbeiten von Beate Hoecker und Bärbel Schöler-Macher, belegen ein strukturelles Partizipationsdefizit von Frauen, das auf scharfen Ex- und Inklusionsmechanismen im androzentrisch geprägten institutionellen politischen Raum beruht. Sogar diejenigen Frauen, die sich bis in die politische Elite hochgearbeitet haben, stoßen auf Ausschließungsmechanismen, etwa auf die Verlagerung politischer Entscheidungen in informelle Kreise.

Frauenpolitische Anliegen sind quer durch alle im Bundestag vertretene Parteien Teil des politischen Geschäfts geworden, finden aber eher am Rande statt und erhalten nur marginale Aufmerksamkeit von AkteurInnen und AdressatInnen. Die ökonomische Lage von Frauen hat sich seit 1989 deutlich verschlechtert, erregt aber nur wenige professionell befaßte Gemüter. Die öffentliche Kultur hat feministische Versatzstücke und Bilder teilintegriert, sei es durch die einstmals geschmähte „Emanze" als Talkshow-Moderatorin oder in Oskar-prämierten massenkulturellen Ereignissen wie „Thelma und Louise". Selbst die Wissenschaft hat durch einige explizit frauenforschungsbezogene Professuren ausgewählte Kolleginnen in ihre Reihen zugelassen, um in allen anderen Bereichen umso ungestörter weiter verfahren zu können wie bisher. Und schließlich: Die bundesdeutsche Frauenbewegung ist müde und langweilig geworden, angestrengt agiert sie den Ereignissen in Ost und West hinterher.

Beate Hoecker nennt dieses Phänomen sehr treffend „Politische Teilhabe ohne Zugehörigkeit". Bärbel Schöler-Macher dokumentiert dazu deutlich, welche unterschiedlichen Selbststilisierungen sich engagierte Politikerinnen zumuten bzw. zumuten müssen, um mit und in den Ex- und Inklusionen konventioneller Politik erfolgreich arbeiten zu können. Die gewählten Strategien, die Schöler-Macher aus ihrem [...] Sample überzeugend herauskristallisiert, sind alle defizitär: Weder das „Leiden am Vorgefundenen" oder dessen „Herausforderung", noch das „Paktieren mit dem Vorgefundenen", ja noch nicht einmal die „reflektierte Nutzung des Vorgefundenen in der Politik" zeugen von einem völlig selbstverständlichen Umgang mit der institutionellen Sphäre des Politischen. Es sind die Strategien von Nichtdazugehörigen. Die (nicht nur) nach Geschlecht geteilte politische Theorie der Demokratie lebt ebenfalls vom politischen Mythos der Freiheit und Gleichheit aller StaatsbürgerInnen. Selbst dort, wo sie im male stream kritisch Position gegen die „Realdemokratie" (Elke Biester) bezieht, so vor allem in den hier diskutierten direktdemokratischen, partizipatorischen, radikalen und diskursiven Strömungen der Demokratietheorie, unterschlägt sie fast immer den gender gap. Die geschlechterpolitische Zweiteilung der Demokratie kommt höchst selten überhaupt zur Sprache, bestenfalls als harmloser kursorischer Hinweis auf noch bestehende Defizite. Der male stream der Demokratietheorie dokumentiert damit nicht nur ein mangelndes demokratisches Bewußtsein über den Skandal des Frauenausschlusses, er reproduziert vielmehr mit seinem frauenpolitischen Schweigen wirkungsvoll den politischen Mythos selbst. Angesichts des ausdrücklichen Anliegens der kritischen politischen Theoretiker, die Demokratie demokratisieren zu wollen, produziert die gewisserma-

1 Johan Galtung hat in den 1970er Jahren den Begriff der strukturellen Gewalt geprägt. Strukturelle Gewalt beschreibt ein indirektes Herrschaftsverhältnis, also im Unterscheid zum klassischen Gewaltbegriff (bei dem physische und/oder psychische Gewalt direkt von einem Täter oder einer Tätergruppe ausgeübt werden) eine Form von Gewalt durch die systematische Einschränkung der Erfüllungsmöglichkeiten von menschlichen Grundbedürfnissen.

ßen ausdrückliche Nichtthematisierung der geschlechterpolitischen Exklusionen und Marginalisierungen die Fiktion, daß die demokratische Realität zwar in vieler, aber nicht in dieser Hinsicht revisionsbedürftig sei. [...] Feministische Demokratietheorie ist herrschaftskritisch. [...] Die Entsprechungen zwischen den Theorien der Direktdemokratie und dem feministischen Anliegen erwiesen sich zudem als ausgesprochen hoch. Im politischen Prozeß entsprechen sich die Ideale einer Politik von unten und die aktuellen Partizipationsmöglichkeiten von Frauen. Bezogen auf die politischen Ziele besteht Übereinstimmung im Wunsch nach öffentlicher Gegenmacht zu den herrschenden Eliten. In der politischen Anthropologie setzen sowohl Feminismus als auch Direktdemokratie auf die bindenden Tugenden der Verantwortlichkeit und Gemeinsinnigkeit. Beide Strömungen sind schließlich mit den gleichen Praktikabilitätseinwänden konfrontiert und widersetzen sich bewußt einem politischen Machbarkeitswahn, der Effizienz gegenüber Beteiligung als den höherrangigen Wert betrachtet.
Ganz praktisch-politisch gedacht, lassen sich eine Reihe guter Gründe anführen, warum in feministisch-demokratietheoretischer Perspektive die direkte Demokratie, zumindest/zunächst als Ergänzung der Repräsentation, eine zentrale Rolle spielen sollte: a) Basisnahe, nicht parteigebundene politische Beteiligungsformen werden von Frauen zur Zeit quantitativ und thematisch-qualitativ eindeutig bevorzugt. Direktdemokratische Optionen kommen den bereits bestehenden Beteiligungswünschen also entgegen. b) Frauen haben mit direktdemokratischen Politikformen sehr viel mehr praktische Erfahrungen sammeln können als mit repräsentativdemokratischen Verfahren; bei der Direktdemokratie besteht keine geschlechtsspezifische Erfahrungsdifferenz. c) Die unmittelbare Zugänglichkeit direktdemokratischer Beteiligungsformen ist systematisch höher, die Barrieren für nichtprofessionell politisch Arbeitende sind deutlich niedriger als bei konventionellen Politikformen. Nicht nur für Frauen, sondern auch für politische und kulturelle Minderheiten sind direktdemokratische Verfahren deshalb besonders attraktiv. d) Direktdemokratische Politik beansprucht im Unterschied zur professionellen Arbeit in repräsentativdemokratischen Organen ein geringeres oder doch mindestens ein selbstgewähltes Zeitbudget und ist deshalb mit alltäglichen Belastungen besser vereinbar. e) Während die repräsentativdemokratische Berufspolitik die traditionelle geschlechtshierarchische Arbeitsteilung voraussetzt und reproduziert, gilt dies nicht für direktdemokratische Verfahren, f) Direkte Demokratie begünstigt in hohem Maße politische Bildung und Aufklärung, sie kann deshalb als Politisierungsarena gegen tradierte Rollenmuster genutzt werden. g) Direktdemokratische Verfahren ermöglichen die unmittelbare Politisierung neuer Themen und Problemlagen, u. a. auch aus dem privaten Bereich. Die Übersetzungsleistungen und -verluste sind hier deutlich geringer als im klassischen Policy-Zyklus. h) Direktdemokratische Instrumente sind von politischen „Klimabedingungen" weniger abhängig als bislang unterstellt und deshalb in jede politische Kultur integrierbar. Die Erfahrungen mit Referenden oder Volksgesetzgebung haben gezeigt, daß das „Klima" eines Landes im alltagsweltlichen Sinne durchaus konservativ und zugleich stark direktdemokratisch sein kann. Auf föderaler Ebene ist Bayern, auf nationaler Ebene die Schweiz dafür das herausragende Beispiel. i) Direkte Demokratie kann als unmittelbare Kritik an Parteipolitiken initiiert und propagiert werden. Als solche stellt sie ein angemessenes frauenpolitisches Instrument autonomer Bewegungspolitik dar. j) In diesem Sinne dienen direktdemokratische Verfahren auch der Bewegungsmobilisierung selbst.
[...]
Direkte Demokratie ist eine mögliche verfahrensförmige Ausbuchstabierung der Partizipationstheorie und definiert in exakter und transparenter Weise die politischen Formen, in denen die gewünschte Demokratisierung aller denkbaren Entscheidungsbereiche zur politischen Geltung gebracht werden darf. Von „unten" initiierte direktdemokratische Verfahren als kurzfristige Ergänzung der Repräsentation oder als langfristige rätedemokratische Utopie setzen basisnahe BürgerInnenversammlungen, lokale Gremien, Gruppen oder Komitees voraus, die die direktdemokratischen Gesetzes- und Verfassungsanliegen diskutieren und auf den politischen Weg bringen. Plebiszite „von oben", die ausschließlich der herrschaftlichen Legitimationsbeschaffung dienen, sind dagegen mit der partizipatorischen Option nicht vereinbar. Es schließt sich deshalb hier die unmittelbare Forderung an, daß sozialen Bewegungen und Gruppen die ökonomischen Mittel für die erfolgreiche Initiierung direktdemokratischer Verfahren institutionell zu garantieren wären.

Aus: Barbara Holland-Cunz, Feministische Demokratietheorie. Thesen zu einem Projekt, Opladen 1998, S. 9, 181–183 u. 187–188.

M 14 Geschlechtsspezifische Unterschiede im modernen Staat

Das parlamentarische Repräsentationssystem gilt als [ein] Frauen noch immer marginalisierendes Entscheidungssystem, das die Zusammensetzung von Bevölkerungen nicht adäquat spiegelt, keine „faire Repräsentation" garantiert oder die Gruppenrechte von Frauen nicht ausreichend berücksichtigt. [... Hier] ist vor allem die Unterscheidung zwischen konventioneller und unkonventioneller Partizipation/Beteiligung entscheidend, markiert diese Differenzierung doch den geschlechtsspezifischen Bias [d.h. systemimmanenten Fehler, d. Red.] politischen Handelns in repräsentativ-demokratischen politischen Systemen. Unter „konventioneller Partizipation" sind all jene Formen politischer Beteiligung zu verstehen, die sich auf verfasste, formalisierte, institutionalisierte politische Verfahren und Orte beziehen, d.h. u.a. Wahlen, Parteien, Parlamente, Regierungen sowie transnationale Organe und Institutionen. Der Begriff „unkonventionelle Partizipation" umfasst all jene Politiken, die nicht verfasst und nicht oder nur wenig institutionalisiert sind, d.h. Bürgerinitiativen, Demonstrationen, Versammlungen, also vor allem die typischen Bewegungspolitiken. Während im konventionellen Bereich die Benachteiligung von Frauen (quantitativ und qualitativ) noch immer beträchtlich ist, lassen sich bei den unkonventionellen Beteiligungsformen deutlich weniger geschlechtsspezifische Unterschiede beobachten.

[...]

Deutschland gehört, weltweit gesehen, mit seinen Beteiligungsraten von ca. einem Drittel Frauen im nationalen Parlament und einer 2002 fast paritätischen Besetzung bei den BundesministerInnen in die absolute Spitzengruppe. Was sich aus nationaler Perspektive noch immer eher bescheiden ausnimmt, ist im internationalen Vergleich eine höchst privilegierte Position. [...] Die politische Kultur eines Landes, der Zeitpunkt der Einführung des Frauenwahlrechts, die politischen Quoten für und die Erwerbsquoten von Frauen stehen in einem direktem Zusammenhang mit den konventionellen Beteiligungschancen. Je egalitärer die politische, ökonomische und soziale Kultur eines Landes ist, desto größer sind die Chancen auf Teilhabe für Frauen. [...] In der Europäischen Union liegt der Frauenanteil in den nationalen Parlamenten und Regierungen im Gesamtdurchschnitt bei einem knappen Viertel, im Europäischen Parlament bei einem knappen Drittel, in der Europäischen Kommission bei einem Viertel. Die Schwankungsbreite innerhalb der EU-Staaten ist allerdings außerordentlich beträchtlich: Zwischen 50 % in Schweden und ca. 10 % in Italien und Portugal schwanken die nationalen Regierungsbeteiligungen von Frauen.

Aus: Barbara Holland-Cunz, Demokratiekritik: Zu Staatsbildern, Politikbegriffen und Demokratieformen, in: Ruth Becker/Beate Kortendiek (Hrsg.), Handbuch Frauen- und Geschlechterforschung. Theorie, Methoden, Empirie, Wiesbaden 2004, S. 467–475, hier: S. 469–472.

ZUR TEXTERSCHLIESSUNG

1. Barbara Holland-Cunz sieht die moderne Demokratie als nicht vollständig demokratisch an. Fassen Sie zusammen: Worin besteht dieser gender gap?
2. Feministische Demokratietheorie soll laut Holland-Cunz herrschaftskritisch sein. Was meint sie damit und wie begründet sie ihre Position?
3. Ein Weg zu mehr Geschlechtergerechtigkeit soll der Ausbau direktdemokratischer Elemente im politischen System sein. Formulieren Sie Argumente für und gegen diese Position.

7.2.6 Ralf Dahrendorf: Die Verfassung der Freiheit

Im Zentrum der Arbeiten von Ralf Dahrendorf (geb. 1929, vgl. auch S. 136) stehen soziale Rollen, gesellschaftliche Konflikte und sozialer Wandel. Der aus sozialdemokratischem Elternhaus stammende Soziologe geriet während des Nationalsozialismus aufgrund seiner Mitgliedschaft in einer anti-nazistischen Schülervereinigung in Konflikt mit dem Regime und engagierte sich seither wissenschaftlich und politisch im Spektrum des Liberalismus. In seinem staats- und demokratietheoretischen Ansatz rückt der deutsch-britische Intellektuelle die strukturelle Konflikthaftigkeit von Interessen in der Demokratie und die Forderung nach einer „Verfassung der Freiheit" in den Mittelpunkt.
Ausgehend vom Individuum sieht Dahrendorf die Verfassung der Freiheit durch die Momente Recht und Macht konstituiert: Das Recht bzw. die Rechtsstaatlichkeit bildet demnach den legalen Rahmen für die Freiheit, die immer mit Elementen von Zwang versehen sei. Das Gesetz als oberste Instanz, über der niemand stehen solle (also kein absoluter Herrscher o. Ä.), garantiere die formale Herrschaft des Rechts. Die Zwangsstruktur der rechtlichen Reglementierung gilt dabei nach Dahrendorf als angemessen, wenn sie lediglich die unbedingt notwendigen Bereiche betrifft, also nur rechtlich geregelt ist, was zwingend geregelt werden muss – in anderen Worten: diejenigen gesellschaftlichen Bereiche, in denen Konflikte aufgrund unterschiedlicher Interessen nicht aufhebbar sind. Das zweite Element der von Dahrendorf beschriebenen Verfassung der Freiheit, die Macht als Grundlage des Rechts, knüpft hieran an. Als entscheidend gilt hier die Frage nach ihrer Begrenzung und Kontrolle, etwa durch Wahlen, repräsentative Strukturen (wie z. B. Parlamente) oder direkte Partizipations- und Interventionsstrukturen (wie z. B. Volksabstimmungen).

Dahrendorfs Theorie hat einen unmittelbaren Bezug zur Gegenwart – und das, obwohl der Namen Dahrendorf vor allem mit früheren Debatten über Rolle und Funktion des Staates verbunden wird. Denn die Terroranschläge vom 9. September 2001 auf die USA und die politischen Reaktionen darauf haben das Verhältnis von Kontrolle und Zwang einerseits und politischer Freiheit andererseits praktisch auf die politische Tagesordnung gebracht. Dahrendorfs staats- und demokratietheoretischer Entwurf trägt gleichermaßen empirische wie normative Züge: empirisch, weil sich Dahrendorf an der politischen Realität moderner Demokratien und ihrer Vielgestaltigkeit orientiert; normativ, weil das Wechsel- und Spannungsverhältnis zwischen Recht und Macht als Richtwert begriffen werden kann, an dem sich demokratische Systeme orientieren können. Dabei ist Dahrendorfs durch den gesellschaftlichen und politischen Konflikt bestimmter Freiheitsbegriff ein doppelter: als politische Freiheit in der Freiheit von Zwang und als wirtschaftliche Freiheit in der Freiheit von Sicherheit. In diesem Ambivalenzverhältnis ist das moderne Individuum aus liberaler Sicht positioniert, wobei die Freiheit theoretisch weder in die eine noch in die andere Richtung aufhebbar ist, sofern sie nicht eine Schlagseite hin zu einem ausschließlich politischen oder zu einem ausschließlich ökonomischen Liberalismus bekommen soll.

Literaturhinweise

Ralf Dahrendorf, Über Grenzen. Lebenserinnerungen, Frankfurt a. M. 2004.
Wilhelm Bernsdorf/Horst Knospe (Hrsg.), Internationales Soziologenlexikon, 2 Bände, 2. neubearb. Aufl., Stuttgart 1984.
Richard Münch, Soziologische Theorie, Band 3: Gesellschaftstheorie, Frankfurt a. M./New York 2004.

M 15 Freiheit – eine Definition

■ Freiheit ist die Abwesenheit von Zwang. Menschen sind in dem Maße frei, in dem sie ihre eigenen Entscheidungen treffen können. Im Zustand der Freiheit finden wir Verhältnisse, die Zwänge auf ein Minimum reduzieren. Das Ziel des Liberalismus bzw. der Politik der Freiheit ist, daß es unter gegebenen Beschränkungen ein Maximum an Freiheit gibt.
Der moderne Freiheitsbegriff ist durch zwei unterschiedliche Merkmale charakterisiert: Er gilt für Individuen und hat zugleich einen universellen Anspruch. Aber nur Individuen können frei sein. Es handelt sich deshalb nur um Metaphern, wenn man von einem „freien Volk" oder einem „freien Land" spricht, es sei denn, man bezieht sich explizit auf die „Verfassung der Freiheit". Alle Individuen haben das Anrecht, frei zu sein. Aristoteles war einer der ersten Denker, der für Freiheit als politisches Ziel eintrat. Seine Unterscheidung zwischen „von Natur aus frei zu sein" und „Sklave der Natur zu sein" zeigt jedoch ein vormodernes Denken. Alle Menschen sind Wesen, die ihr eigenes Leben leben. „Das ist Freiheit, wie sie von Liberalen der modernen Welt verstanden worden ist, von den Tagen des Erasmus bis zu unseren." (Isaiah Berlin)
Freiheit als das Fehlen von Zwang bildet den Kern des Freiheitsbegriffs, ist aber nur der Ausgangspunkt für die (politische) Freiheitstheorie. Jenseits nicht nur der sozialen, sondern auch der natürlichen Beschränkungen des menschliches Verhaltens, gehören Begrenzungen durch andere zum Leben und müssen folglich Bestandteil des Gesellschaftsvertrags sein. Insbesondere in den letzten zwei Jahrhunderten geht es daher in der Freiheitsdebatte weniger um die Idee von Freiheit als vielmehr darum, wie Freiheit in der wirklichen Welt umgesetzt wird. Dort liegen die Wurzeln von Mehrdeutigkeiten und daraus folgenden Kontroversen, deren wichtigste Aspekte im Weiteren dargestellt werden.

Die Verfassung der Freiheit

Zunächst geht es um die unvermeidlichen Begrenzungen der Freiheit in der menschlichen Gesellschaft. An welchem Punkt gerät die Freiheit einer Person mit der von anderen in Konflikt? Welche Beschränkungen der unbegrenzten Freiheit müssen daher hingenommen werden, und wie können sie für die, die Freiheit als höchsten Wert setzen, akzeptabel gestaltet werden? Auf Fragen dieser Art gründet die seit langem geführte Debatte über den „Gesellschaftsvertrag". Seit dem 17. Jahrhundert haben Autoren innerhalb dieser Debatte sehr unterschiedliche „Naturzustände" formuliert, von Thomas Hobbes „Krieg aller gegen alle", den es zu zügeln gilt, bis hin zu Jean-Jacques Rousseaus arkadischen Verhältnissen, die wiederhergestellt werden müssen, indem die durch die Zivilisation entstandenen Hindernisse abgebaut werden. („Der Mensch wird frei geboren, aber er liegt überall in Ketten.")
Welcher Meinung man sich auch anschließt – und natürlich sind alle „Naturzustände" Fiktionen zum Zwecke der Analyse –, klar ist, daß Freiheit in einer Verfassung der Freiheit (Constitution of Liberty) festgelegt werden muß. So lautet auch der Titel von Friedrich von Hayeks großem Werk zu diesem Thema. Er sieht die Verfassung der Freiheit als den Rahmenvertrag von menschlichen Gesellschaften, der die Grenzen der Freiheit festlegt. Die Verfassung kann, muß aber nicht schriftlich vorliegen, in jedem Fall muß aber in bezug auf Freiheit sichergestellt sein, daß durch sie die Zwänge auf einem akzeptablen Minimum gehalten werden.
Die Verfassung der Freiheit besteht aus zwei Teilen. Der eine ist das Recht, genauer gesagt die Herrschaft des Rechts bzw. das Prinzip der Rechtstaatlichkeit. Alle Gesetze stellen Elemente von Zwang dar und sind somit Beschränkungen der Freiheit. Ob sie annehmbar sind, läßt sich daran prüfen, ob die Beschränkungen nur nachweisbar notwendige Bereiche betreffen oder ob sie darüber hinausgehen. Diese wesentlichen Voraussetzungen werden durch den Begriff der Herrschaft des Rechts um die formale, aber entscheidende Festlegung ergänzt, daß das Gesetz die oberste Instanz darstellt. Niemand steht über dem Gesetz, das Gesetz „gehört" allen freien Bürgern.
Wo es Gesetze gibt, gibt es auch Macht. Gesetze müssen verkündet und durchgesetzt werden. Sie entstehen und existieren nicht in einem Machtvakuum. Daher ist das zweite Hauptelement der Verfassung der Freiheit die Art, wie Macht organisiert ist und, was sehr wichtig ist, wie Macht begrenzt wird. An dieser Stelle treffen sich Freiheit und Demokratie. In der Demokratie wird die Rechtmäßigkeit über die Zustimmung des Volkes oder zumindest über das Fehlen einer mehrheitlichen Ablehnung definiert. Garantiert wird das durch Institutionen wie Wahlen, Parlamente und möglicherweise Volksabstimmungen, die gewaltlose Veränderungen ermöglichen. Die Demokratie ist daher ein sinnvolles Instrument, um die für die Aufrechterhaltung der Herrschaft des Rechts nötige Macht zu beschränken.
Absolute Freiheit ist Anarchie. Eine Spur von Anarchie finden wir in allen Freiheitsbegriffen. Damit jedoch Freiheit in der wirklichen Welt effektiv sein kann, muß sie verfaßt werden. Dafür brauchen wir eine Regierung, John Locke nennt sie „civil government", Bürgerregierung. Dann müssen wir uns fragen, wie viel Staat wir brauchen und wie er organisiert sein soll. Auf Institutionen bezogen lautet die Frage: Wie viel Zwang und Be-

schränkung sind gerechtfertigt? Das bringt uns wieder zurück zur Klärung der Freiheitsbegriffe.

[...]

Freiheiten

Für wirkliche Menschen in der wirklichen Welt (also nicht für politische Philosophen) erhält Freiheit erst durch bestimmte einzelne Freiheiten eine Bedeutung. In den letzten zweihundert Jahren standen dabei besonders drei Komplexe von Freiheiten im Vordergrund.

Bei dem ersten handelt es sich um die elementare Freiheit des „freien Menschen" bzw. Bürgers. Selbst Adam Smith war der Auffassung, daß Freiheit als das Ende der Unterdrückung und der Sklaverei zu definieren und großzuschreiben sei. Das Ende der Sklaverei war sicherlich ein großer Fortschritt in der Geschichte der Freiheit. Andere Formen der Abhängigkeit folgten, manche bestehen jedoch in vielen Teilen der Welt bis zum heutigen Tage fort. Zudem wäre es falsch, davon auszugehen, daß die Abschaffung der physischen Abhängigkeit ein für allemal durchgesetzt ist. Durch Massenmigration entstanden neue Arten von Unfreiheit, insbesondere in Form von Zwangsarbeit einschließlich der Semi-Versklavung von Frauen. Durch solche Formen von Zwang verliert der einzelne den Status einer zu eigenen Entscheidungen fähigen Person und damit seine Freiheit.

Ein zweiter Komplex von Freiheiten betraf (und betrifft auch weiterhin) die wirtschaftliche Betätigung. Geschichtlich gesehen ging es dabei um die Aufhebung von Regeln, die der unternehmerischen Freiheit entgegenstanden, um die Möglichkeit, Eigentum zu erwerben, und später zunehmend um die Schaffung von Rahmenbedingungen für den „freien Handel". Für solche Freiheiten wurde gekämpft, sie wurden erlangt, von einigen mißbraucht, im Zuge politischer Maßnahmen eingeschränkt, dann wurde in neuer Form um sie gekämpft. Das Mantra und die Wirklichkeit des freien Handels sprechen für sich. Am Ende des 20. Jahrhunderts hat die Globalisierung dazu geführt, daß die Spielregeln der wirtschaftlichen Freiheiten neu geschrieben werden mußten, oder daß zumindest ein Großteil des alten Regelwerks im Reißwolf landete. Zum „neoliberalen" Credo gehört der Versuch, die Entscheidungsmöglichkeiten einzelner wirtschaftlicher Akteure durch eine Reduzierung der Regeln, denen sie unterworfen sind, auszuweiten. Die Marktwirtschaft mit ihren umfangreichen Freiheiten wird vielfach kritisiert, es ist aber gleichzeitig weithin anerkannt, daß sie die wirksamsten Rahmenbedingungen zur Förderung des Wohlstands bietet.

Seit den dunklen Tagen des Totalitarismus im 20. Jahrhundert hat ein dritter Komplex von Freiheiten immer größere Bedeutung erlangt. Er geht auf John Stuart Mill und seine Vorgänger zurück und kann mit dem umfassenden Begriff der Presse- und Meinungsfreiheit umschrieben werden. Darunter fallen Redefreiheit, Meinungsfreiheit, Religions- und Glaubensfreiheit, Freiheit der Veröffentlichung und anderer Arten der Verbreitung von Ansichten, Freiheit der Künste, Freiheit der Wissenschaften und auch die Vereinigungsfreiheit. Viele Autoren haben aufgezeigt, daß es sich bei diesen Freiheiten keineswegs um den Luxus einer kleinen intellektuellen Elite handelt. Sie bilden das Fundament der politischen Verfassung der Freiheit. (Nicht zufällig hat Präsident Gorbatschow sein Programm zur Liberalisierung der Sowjetunion mit der Einführung von Glasnost, also der Presse- und Meinungsfreiheit, begonnen). Diese Freiheiten garantieren in gut funktionierenden (sozialen) Marktwirtschaften die Verbreitung von Informationen, wie sozialliberale Nachfolger von John Stuart Mill gezeigt haben. Sie haben sogar unmittelbare soziale Folgen, schließt man sich der Argumentation von Amartya Sen in seinem Essay Poverty and Famines (Armut und Hungersnöte) an, laut der Hungerkatastrophen dort weniger wahrscheinlich sind und Armut wirksamer bekämpft wird, wo Presse- und Meinungsfreiheit herrscht. Und natürlich ist die Presse- und Meinungsfreiheit das Lebenselixier der Bürgergesellschaft. Aus diesen Gründen wird sie zu Recht als das Herzstück des praktischen Strebens nach Freiheit betrachtet.

Aus: Ralf Dahrendorf, Freiheit – eine Definition, in: Ulrike Ackermann (Hrsg.), Welche Freiheit. Plädoyers für eine offene Gesellschaft, Berlin 2007, S. 26–39, hier 26–29 u. 33–35.

ZUR TEXTERSCHLIESSUNG

1. Erläutern Sie die Bedeutung von Interessenkonflikten für das Demokratieverständnis Dahrendorfs.
2. Liberalismus wurde verschiedentlich als „Freiheit von Zwang" wie „Freiheit von Sicherheit" beschrieben. Erörtern Sie die Problematik dieses Spannungsverhältnisses.
3. Diskutieren Sie die Bedeutung der Dahrendorf'schen Thesen angesichts der aktuellen Debatten über den Ausbau der inneren Sicherheit im Zusammenhang mit dem internationalen Terrorismus.

8.0 Krieg und Frieden im 21. Jahrhundert

Der Friedenszustand unter Menschen, die neben einander leb
ist kein Naturstand (status naturalis), der vielmehr ein Zusta
des Krieges ist, d. i. wenn gleich nicht immer ein Ausbruch de
rwährende Bedrohung mit dense
n; denn die Unterlassung der letz

Krieg und Frieden im 21. Jahrhundert

Irak, Afghanistan, Israel, Palästina, Iran, Pakistan, Sudan, Kongo ... – Ländernamen, die z. T. täglich, z. T. in regelmäßigen Abständen die Zeitungsschlagzeilen und Nachrichtensendungen bestimmen: Krieg und Bürgerkrieg, Gewalt und Terror, „Völkermorde" und humanitäre Katastrophen. Terrorgefahr in Deutschland, verschärfte Sicherheitsgesetze, die weit in die Privatsphäre jedes Einzelnen eingreifen, Bundeswehrsoldaten im Kosovo und in Afghanistan. Konflikte und Kriege sind auch im 21. Jahrhundert allgegenwärtig, auch Deutschland ist unmittelbar von Gewalt und Bedrohungen betroffen. Der Krieg ist nicht verschwunden, er hat lediglich seine Gestalt verändert.

Bereits im 19. Jahrhundert hatte der preußische General und Kriegstheoretiker Carl von Clausewitz vom „Chamäleon Krieg" gesprochen, der in seiner Erscheinungsform sich seiner Umgebung – den politischen, sozialen, ökonomischen und kulturellen Bedingungen – anpasse. Der Krieg, so von Clausewitz, weise eine „wunderliche Dreifaltigkeit" auf: seine „ursprüngliche Gewaltsamkeit", das „Spiel der Wahrscheinlichkeiten und des Zufalls" und seinen instrumentellen Charakter als politisches Werkzeug, „als die Fortsetzung des politischen Verkehrs mit Einmischung anderer Mittel".
Neben politischen Zwecken spielen bei der Entscheidung über Krieg und Frieden Motive von Religion und Ideologie, Bereicherung und persönlicher Profilierung eine Rolle. Kriege werden nicht nur von Regierungen geführt, sondern von Akteuren der verschiedensten Art: von Aufständischen, Rebellen, Kriegsherren, Drogenbaronen, Terroristen. Es gibt Rebellenstaaten und sogenannte Schurkenstaaten, Rebellen und Schurken innerhalb von Staaten, staatenlose Konfliktparteien und parteilose Kombattanten, Polizei als Militär und Militär als Polizei. Neue Bedrohungsszenarien bestimmen das 21. Jahrhundert: die Gefahr des internationalen Terrorismus, der auch Europa erreicht hat, die Gefahr der Verbreitung von Massenvernichtungswaffen, die Gefahr des Zerfalls staatlicher Ordnungen und die häufig damit einhergehende Gefahr regionaler Konflikte, die auch die entwickelten Länder in Form von Flüchtlingsströmen und organisierter Kriminalität einholen.

Die Hoffnung, dass nach dem Zusammenbruch der Sowjetunion und nach dem Ende der Blockkonfrontation 1989/1990 das vom amerikanischen Politikwissenschaftler Francis Fukuyama prognostizierte „Ende der Geschichte" erreicht sei, das „Reich der Freiheit" anbreche, aufgebaut auf den Prinzipien des Liberalismus in Form von Demokratie und Marktwirtschaft, und ein Zeitalter des permanenten Friedens bevorstehe, zerstob sehr schnell unter dem Eindruck der kriegerischen Exzesse auf dem Balkan, im Kaukasus sowie in West- und Zentralafrika. Spätestens mit der terroristischen Attacke von islamistischen Fundamentalisten auf New York und Washington am 11. September 2001 ist die Politik mit der ernüchternden Einsicht konfrontiert, dass die Welt weiterhin durch den organisierten Einsatz von militärischer Gewalt zur Durchsetzung politischer, ökonomischer und ideologischer Interessen gekennzeichnet ist.

Unter dem Phänomen des Krieges wurde klassischerweise der Krieg zwischen Staaten bzw. ihren Streitkräften gesehen, Friede wurde negativ als ein Zustand des Nicht-Krieges zwischen Staaten gefasst. Zugrunde liegt eine staatszentrierte Sicht, die auf Thomas Hobbes (vgl. S. 261) zurückgeht: die Beendigung des Naturzustandes, des bellum omnium contra omnes, durch einen Gesellschaftsvertrag, der in einem geordneten rechtlichen Machtverhältnis dem Staat ein schützendes Gewaltmonopol zuweist.
Im Anschluss an Hobbes wurden Frieden und Sicherheit bis in die heutige Gegenwart hinein fast ausschließlich politisch-militärisch gefasst, vom Staat als ihrem Produzenten und Garanten gedacht. Auf dieser Grundlage wurde eine „Verrechtlichung" des Krieges vorangetrieben, indem die Formen einer Konfliktaustragung zwischen Staaten in einem Kriegsvölkerrecht kodifiziert wurden: zum einen Fragen der Legalität von Kriegen (ius bellum), zum anderen das Recht *im* Krieg (ius in bello), Regeln zum Umgang mit Kombattanten, Nichtkombattanten, Kulturgut usw. Erst mit der Charta der Vereinten Nationen wurde der Krieg völkerrechtswidrig (noch im Kellog-Pakt von 1928 war der rechtliche Zustand nahezu umgekehrt). Weltgeschichtlich gesehen war der Krieg zwischen Staaten allerdings nur in einer vergleichsweise kurzen historischen Phase und in einem beschränkten geografischen Raum die vorherrschende Kriegsform – und die Entkolonisierungskriege der 1950er und 1960er Jahre zeigten bereits den Anfang vom Ende der klassischen Staatenkriege an. Mit der klassischen Vorstellung von Krieg und Frieden lassen sich die Phänomene der Gegenwart nicht mehr fassen. Entsprechend sind in diesem Kapitel Texte aufgenommen, die auf Frage- und Problemstellungen eingehen, die sich zu Beginn des 21. Jahrhunderts stellen.

Vorangestellt ist **Immanuel Kants** 1795 erschienene Altersschrift „Zum ewigen Frieden" (vgl. S. 312 ff.), da dessen „philosophischer Entwurf" maßgeblich die neuzeitliche Bestimmung des Begriffes Frieden bestimmt hat. Seine Postulate haben ihre teilweise politische Umsetzung in Versuchen gefunden, den Frieden institutionell zu sichern oder gar herbeizuführen, etwa in der Errichtung des Völkerbundes nach dem Ersten Weltkrieg und der Entstehung und Tätigkeit der Vereinten Nationen und der OSZE (KSZE) nach dem Zweiten Weltkrieg. Kants Schrift bietet darüber hinaus die Hauptgrundlage für die Theorie des „demokratischen Friedens", der die Hypothese zugrunde liegt, dass Demokratien prinzipiell friedenssichernd seien, dass zwischen demokratischen Staaten keine kriegerischen Auseinandersetzungen stattfänden. Frieden wird hier nicht nur auf der zwischenstaatlichen Ebene internationaler Beziehungen untersucht, sondern in ein Verhältnis zur inneren Verfasstheit der jeweils beteiligten Staaten gesetzt.

Die erste Textgruppe behandelt den Nationalismus (Elias, Anderson, Hobsbawm) und – in Ergänzung dazu – den Islamismus (Tibi, Schoch) als moderne Integrationsideologien.
Der Nationalismus als politische Kraft ist auch gegenwärtig noch ein die Entwicklung beeinflussender Faktor, auch wenn im Zuge der Globalisierung eine „Entgrenzung der Staatenwelt" erfolgt, die Kompetenzen des Nationalstaates beschnitten werden und er in zentralen Politikbereichen Funktionen verliert (vgl. dazu Habermas, S. 413 ff.). Im Gegensatz zu anderen politischen Weltanschauungen entbehrt der Nationalismus einer theoretischen Basis:
Die Zugehörigkeit zu einer Nation, die Nationalität als Bestandteil individueller Identität scheinen selbstverständliche Gegebenheiten zu sein, die keiner näheren Erklärung bedürfen. Entsprechend schlägt Anderson auch vor, ihn nicht als eine politische Ideologie zu verstehen, sondern ihn als ein soziokulturelles Phänomen wie etwa die Religion zu begreifen.
Nationen sind ein Phänomen der Moderne, die sich seit dem 18. Jahrhundert herausgebildet haben, wobei der Prozess der Nationenbildung mit der Säkularisierung, dem Nachlassen der religiösen Bindewirkung, in Verbindung gebracht wird. Das sich entwickelnde Nationalbewusstsein weist dabei seit Beginn an eine Doppeldeutigkeit auf, die **Norbert Elias** (vgl. S. 317 ff.) betont: die Konstituierung einer Gruppe als Nation oder Nationalität („Wir-Gefühle") habe durchaus eine emanzipatorische Funktion gehabt, die aber gleichzeitig einherging mit der Abwertung oder Ausgrenzung anderer oder als anders wahrgenommener Gruppen („Sie-Gefühle").
Beim Verständnis der Nation stehen sich zwei „Modelle" gegenüber: einmal das in Westeuropa und Amerika dominierende Modell, das die Nation als eine politische Gemeinschaft begreift, die auf einer gemeinsamen politischen Ordnung beruht, zu der sich ihre Mitglieder bekennen, zum anderen das – auf Vorstellungen der Romantik zurückgreifende – Modell einer ethnischen Definition der Nation, die eine gemeinsame Abstammung, Kultur, Tradition und Sprache hat. Auch wenn **Benedict Anderson** (vgl. S. 320 ff.) und **Eric Hobsbawm** (vgl. S. 323 ff.) letztere Vorstellung theoretisch widerlegen (für sie ist die Nation „Erfindung", ein „Mythos"), ist das ethnische Verständnis der Nation als nationalistische Integrationsideologie in der Gegenwart wirksam geworden in den Zerfallsprozessen der Sowjetunion und des östlichen Machtblockes.
Die Frage nach der Bedeutung der Nation und des Nationalismus zu Beginn des 21. Jahrhunderts stellt sich in zwei Richtungen: Erleben wir eine Renaissance nationalistischen Denkens als Reaktion auf die Globalisierung, auf den Zerfall „nationaler Identitäten"? Welche Rolle werden „ethnische" Gesichtspunkte bei der Lösung sozialer Konfikte oder Identitätsproblemen einnehmen?
Bassam Tibi (vgl. S. 326 ff.) und **Bruno Schoch** (vgl. 329 ff.) beschäftigen sich mit dem islamistischen Fundamentalismus als Sakralgemeinschaft, die als politisch-ideologische Bewegung einen universalistischen Anspruch vertritt und die Zielvorstellung einer idealen Gesellschaft vertritt, in der alle Widersprüche der modernen Zeit aufgehoben und durch die Harmonie einer ganzheitlichen, gemeinschaftlichen Ordnung ersetzt werden. Der islamistische Fundamentalismus stellt ebenfalls eine Reaktion auf „die Moderne" dar und richtet sich keinesfalls nur gegen „den Westen", sondern auch – wie nicht selten der Nationalismus des 19. Jahrhunderts – gegen die eigene politische (oft undemokratische oder korrupte) Führungsschicht. Während Tibi vorrangig den Islamismus auf der weltanschaulichen Ebene deutet und ihn in seinem antidemokratischen Kern als fundamentalistische Herausforderung des Westens begreift, stellt Schoch die sozialen und politischen Wurzeln des Islamismus, die Rückständigkeit der arabischen Welt und die fehlende Demokratie, in den Vordergrund.

Im zweiten Teil des Kapitels werden drei Ansätze vorgestellt, die der Frage nachgehen, wie die mit der Globalisierung verbundenen weltweiten „Vergesellschaftungsprozesse" ablaufen, welche Konfliktlinien und -brüche diesen Prozess bestimmen werden:

Samuel P. Huntington (vgl. S. 332 ff.) sieht nach dem Ende des Ost-West-Konfliktes in der Existenz der großen „Zivilisationen" den Interpretationsrahmen für nationale und internationale Entwicklungen. Die für die Konflikte des 21. Jahrhunderts bestimmende Bruchlinie ist nach Huntington der „clash of civilization", in der deutschen Buchausgabe reißerisch zum „Kampf der Kulturen" zugespitzt. Diese Sicht wurde von ihm erstmalig 1993 in einem Aufsatz in der Fachzeitschrift „Foreign Affairs" vertreten, hier allerdings noch mit einem Fragezeichen versehen; mit der Vorlage seines Buches 1996 war der (bevorstehende) „Kampf der Kulturen" zur Gewissheit geworden. Huntingtons Thesen führten zu einer kontroversen Debatte. Ihm wurde vorgeworfen, die empirische Realität der derzeitigen Kriege, die innerhalb der großen Kulturkreise und nicht zwischen ihnen ablaufen, nicht wahrzunehmen und wichtige Variablen und Faktoren, die das politische Weltgeschehen entscheidend mitbestimmen, auszublenden. Unabhängig von der Frage, inwiefern und inwieweit die Kritik berechtigt ist, liegt Huntingtons Verdienst darin, dass er die Bedeutung kultureller Identität für die internationalen Beziehungen hervorhebt und anhand vieler – wenn auch selektiv interpretierter – Beispiele zeigt, welche Identität stiftenden, mobilisierenden und auch gewalttätigen Wirkungen mit kultureller Identität verbunden sein können.
Herfried Münkler (vgl. S. 337 ff.) sieht in der Auflösung des staatlichen Gewaltmonopols und den Zerfallsprozessen von Staatlichkeit nach dem Ende des Ost-West-Konfliktes (insbesondere in den Ländern der Dritten Welt) die Bruchlinienkonflikte des 21. Jahrhunderts, in dem zwar die Ära des klassischen zwischenstaatlichen Krieges zu Ende gegangen ist, nicht aber die des Krieges an sich, der in neuer Erscheinungsform (als „neuer Krieg") und mit bisher unbekannter „Grammatik" auftrete. Kriegsökonomien in der Dritten Welt und Friedensökonomien in der OECD-Welt sind dabei über die Kapital- und Warenströme der Weltwirtschaft unmittelbar verflochten. Obwohl Münklers These von den „neuen Kriegen" innerhalb der Friedens- und Konfliktforschung breiten Widerhall gefunden hat, ist sie nicht unumstritten. Kritisiert wird zum eine die idealtypische Kontrastierung „alter" und „neuer" Kriege, die der Vielfalt und den Kontinuitäten im vergangenen und gegenwärtigen Kriegsgeschehen kaum gerecht wird. Zum anderen die Fixierung auf das europäische Staatenmodell und einen angenommenen europäischen Weg des reglementierten und verrechtlichten zwischenstaatlichen Krieges, der – historisch betrachtet – ein „Sonderweg" war.
Jutta Bakonyi (vgl. S. 342 ff.), die den Hamburger Ansatz der Kriegsursachenforschung vertritt, betont hingegen die „Linearität" der Entwicklung und bestreitet neue Konfliktlinien und -brüche im 21. Jahrhundert. Ihr Weltgesellschaftskonzept bietet einen historisch-materialistischen Blickwinkel und steht in der kritischen Tradition der Imperialismustheorien. Die Weltgesellschaft erscheint hier als Weltmarktgesellschaft, deren Haupttriebkraft die Entwicklungs-, Ausdehnungs- und Durchsetzungsgeschichte des Kapitalismus ist, die mit der konfliktreichen Schaffung von Staatlichkeit als institutionellem und rechtlichem Rahmen einhergeht. Die Konflikte in den postkolonialen Gesellschaften der Dritten Welt werden von Bakonyi entsprechend aus den Widersprüchen dieses Prozesses begriffen: Der kapitalistische Umwandlungsprozess bewirkte im In- und Nebeneinander von modernen und traditionalen Vergesellschaftungsformen eine „Gleichzeitigkeit des Ungleichzeitigen", die zu innergesellschaftlichen Konflikten und Kriegen führte. Kritik an dieser Betrachtungsweise wird vor allem hinsichtlich des zugrunde liegenden Primats der Ökonomie geübt, der Vernachlässigung der Eigendynamik der Staatenpolitik und der Qualität der Veränderungen, die sich aus außerökonomischen Faktoren ergeben.

Im abschließenden Teil kommen drei Vertreter zu Wort, die friedenspolitische Perspektiven für das 21. Jahrhundert thematisieren:
Karl Otto Hondrich (vgl. S. 346 ff.) formuliert – in der Tradition des Realismus der internationalen Beziehungen (vgl. Link, S. 396 ff.) – als einzig mögliche Friedensperspektive eine hegemoniale, aus eigener Stärke sich legitimierende „Weltgewaltordnung". Er kombiniert hier zwei Motivstränge der politischen Philosophie: einmal die Theorie Hobbes' (s. o.), wonach es zur Bändigung stets vorhandener Aggressionsbereitschaft der Bürger einer ordnungsstiftenden und friedenssichernden staatlichen Zentralgewalt bedürfe, der alleinige Souveränität zukommen müsse, und zum anderen das zu Beginn des 20. Jahrhunderts von Vilfredo Pareto entwickelte anthropologische Handlungsmodell, das alles menschliche Handeln von vorrationalen Triebkräften bestimmt sieht, die, sofern überhaupt, erst im Nachhinein „rational" gerechtfertigt werden können – und daher strukturell eingedämmt werden müssen.
Harald Müller (vgl. S. 351 ff.) demgegenüber formuliert angesichts der mit der Globalisierung einhergehenden Interdependenz als vorherrschendem Charakteristikum der internationalen Politik eine Perspektive, die auf Kommunikation und Kooperation setzt. Zugrunde liegt die Vorstellung, dass Staaten nicht nur willens, sondern auch in der Lage seien, die sich aus der offenen Struktur des internationalen Systems ergebenden Kooperationshindernisse zu überwinden und über Makro- (z. B. Völkerrecht, UN) und Mikroinstitutionen (z. B. regionale Zusammenschlüsse

auf wirtschaftlicher, politischer und militärischer Ebene) auf regelgeleitete und zumeist friedliche Weise zu interagieren.

Dieter Senghaas (vgl. S. 356 ff.) schließlich formuliert – anknüpfend an Kant – in seinem „zivilisatorischen Hexagon" Bedingungen eines dauerhaften und nachhaltigen Friedens, bei dem der Gefahr einer Rückfälligkeit in gewalttätige, im Grenzfall kriegerische Auseinandersetzungen über Interessen- und Identitätskonflikte verlässlich entgegengewirkt werden soll. Frieden beginnt für ihn im Inneren von Staaten und Gesellschaften und setzt sich zwischen den Staaten und schließlich auf der Ebene der Weltgesellschaft bzw. der Menschheit als ganzer fort, wobei der europäische Zivilisierungsprozess „universalisiert" wird. Sein „Hexagon" als Zivilisierungsprojekt ist in die Konzeption des „demokratischen Friedens" im Rahmen der liberalen Theorie der internationalen Beziehungen einzuordnen. Zivilisierung ist für ihn das Ergebnis kollektiver Lernprozesse auch gegen Elemente herkömmlicher Kultur, wobei – gegen Huntington gewendet – die „markanten kulturellen Konfliktlinien der Gegenwart innerhalb der [...] Kulturbereiche und in einzelnen Gesellschaften und keineswegs in erster Linie zwischen ihnen" liegen.

LEITFRAGEN

1. Inwiefern und inwieweit verändert sich im 21. Jahrhundert das Verständnis von Krieg und Frieden? Was ist das „Neue" an diesem Verständnis?
2. Welche „Triebkräfte" bestimmen die internationale Politik und die internationalen Beziehungen im 21. Jahrhundert?
3. Welche Konfliktlinien und -brüche durchziehen das 21. Jahrhundert?
4. Wie kann im 21. Jahrhundert Frieden geschaffen und gesichert werden?

LITERATURHINWEISE

(s. hierzu auch die Literaturangaben S. 367):

Peter Imbusch/Ralf Zoll (Hrsg.), Friedens- und Konfliktforschung. Eine Einführung, 3. überarbeitete und erweiterte Auflage, Wiesbaden 2005.
Ram Adhar Mall/Notker Schneider (Hrsg.), Ethik und Politik aus interkultureller Sicht, Amsterdam 1996.
Gert Sommer/Albert Fuchs (Hrsg.), Krieg und Frieden. Handbuch der Konflikt- und Friedenspsychologie, Weinheim 2004.

8.1 Immanuel Kant: Bedingungen einer friedlichen Weltordnung

Immanuel Kant gilt als einer der bedeutendsten Philosophen der Neuzeit. Mit seinem kritischen Denkansatz „Sapere aude" (Habe Mut zu wissen) ist er der wohl wichtigste Denker der Aufklärung. Sein Werk „Kritik der reinen Vernunft" bedeutet einen Wendepunkt in der Philosophiegeschichte und markiert den Beginn der modernen Philosophie.
Kant wurde am 22. April 1724 als viertes Kind eines Riemenmeisters in Königsberg geboren. Nach seiner Gymnasialzeit von 1732 bis 1740 studierte er an der Königsberger Universität u. a. Philosophie, klassische Naturwissenschaften, Physik und Mathematik. Danach unterrichtete er als Hauslehrer (Hofmeister) bei verschiedenen Familien in Ostpreußen. 1754 kehrte er nach Königsberg zurück, wurde zum Magister promoviert, habilitierte sich und nahm als Privatdozent eine sehr breite Vorlesungstätigkeit auf: Logik, Metaphysik, Moralphilosophie, Mathematik, Physik, Geographie (die er als akademisches Lehrfach einführte), später noch Anthropologie, Pädagogik, Naturrecht und natürliche Theologie. Erst 1770 wurde ihm die Professur für Logik und Metaphysik an der Universität Königsberg übertragen. Rufe an die Universitäten in Erlangen, Jena und Halle lehnte er ab. 1796 stellte er seine Vorlesungen ein, 1801 zog er sich aus den akademischen Ämtern zurück. Am 12. Februar 1802 starb er.

In seiner Altersschrift „Zum ewigen Frieden. Ein philosophischer Entwurf" (1795) wendet Kant die Grundsätze seiner Moralphilosophie auf die Frage nach dem Frieden zwischen den Staaten an. Wie der Kategorische Imperativ („Handle so, dass die Maxime deines Willens jederzeit zugleich als Prinzip einer allgemeinen Gesetzgebung gelten könne") als ethische Grundnorm vom einzelnen Individuum fordert, Handlungen zu vollbringen, die nicht nur Mittel zu einem Zweck, sondern an sich gut sind, so gelte auch, in der Beziehung zwischen Staaten von der Vernunft geleitete Entscheidungen zu treffen und nach Gerechtigkeit zu trachten. Dabei ist für Kant der Frieden kein natürlicher Zustand für den Menschen, er müsse vielmehr „gestiftet" werden. Dies sei Sache der Politik, die sich der Idee eines allgemeingültigen Rechtssystems unterzuordnen habe. Kants Schrift enthält drei Teile: Im ersten Teil, den sechs Präliminarartikeln, wird die moralische Seite staatlichen Handelns abgehandelt und sind Verbotsgesetze formuliert (negative Bedingungen für Frieden, um den Kriegszustand verlassen zu können). Den zweiten Teil bilden die unten abgedruckten drei Definitivartikel als positive Bedingungen für das Erreichen des „ewigen Friedens". Hier legt Kant dar, wie aus dem Zustand der Kriegsabwesenheit ein dauerhafter Frieden, wie aus der Friedensermöglichung eine Friedensverbürgung durch Recht werden soll. Für ihn ist der Friede das Ergebnis einer konsequenten Verrechtlichung der Beziehungen auf allen Ebenen der äußeren Freiheit: zwischen den einzelnen Menschen (Staatsrecht), zwischen Staaten (Völkerrecht) und zwischen Staaten und Menschen (Weltbürgerrecht). An die Definitivartikel angeschlossen sind zwei Zusätze und der Anhang in zwei Abschnitten.

Die Bedeutung der Schrift Kants liegt darin, dass hier bereits Ideen des Völkerrechts formuliert sind, das die Verbindlichkeit der zwischenstaatlichen Abkommen und die Ausrichtung des Friedens als völkerrechtlichen Vertrag einfordert. Darüber hinaus zielt die Schrift nicht nur auf den (äußeren) Frieden, sie befasst sich auch mit der inneren Verfasstheit der Gesellschaften, bezieht Demokratie und Menschenrechte mit ein. Dieser Gedanke wurde von der liberalen Theorie der Internationalen Beziehungen aufgegriffen, die sich wesentlich auf die Schrift Kants bezieht. Kants Erklärung, dass Kriege vor allem im Interesse von politischen Machthabern seien, nicht aber im Interesse von Staatsbürgern lägen, die im Kriegsfall im Gegensatz zu Regierungen kostspieligere Ressourcen – zum Beispiel ihr Leben während einer Schlacht – zur Verfügung stellen müssten, und seine Vorstellung von einem Friedensbund (foedus pacificum) bilden im Rahmen der liberalen Theorie auch die philosophische Grundlage des Theorems des demokratischen Friedens.

LITERATURHINWEISE

Otfried Höffe (Hrsg.), Immanuel Kant, Zum ewigen Frieden, (Klassiker auslegen Bd.1) Berlin 2004.
Klaus Dicke, Immanuel Kant, Zum ewigen Frieden (1795), in: ***Manfred Brocker (Hrsg.),*** Geschichte des politischen Denkens. Ein Handbuch, Frankfurt a. M. 2007, S. 318–334.

M 1 Zum ewigen Frieden

Zweiter Abschnitt, welcher die Definitivartikel zum ewigen Frieden unter Staaten enthält

Der Friedenszustand unter Menschen, die neben einander leben, ist kein Naturstand (status naturalis), der vielmehr ein Zustand des Krieges ist, d.i. wenn gleich nicht immer ein Ausbruch der Feindseligkeiten, doch immerwährende Bedrohung mit denselben. Er muß also gestiftet werden; denn die Unterlassung der letzteren ist noch nicht Sicherheit dafür, und, ohne daß sie einem Nachbar von dem andern geleistet wird (welches aber nur in einem gesetzlichen Zustande geschehen kann), kann jener diesen, welchen er dazu aufgefordert hat, als einen Feind behandeln.

Erster Definitivartikel zum ewigen Frieden

Die bürgerliche Verfassung in jedem Staate soll republikanisch sein.

Die erstlich nach Prinzipien der Freiheit der Glieder einer Gesellschaft (als Menschen); zweitens nach Grundsätzen der Abhängigkeit aller von einer einzigen gemeinsamen Gesetzgebung (als Untertanen); und drittens, die nach dem Gesetz der Gleichheit derselben (als Staatsbürger) gestiftete Verfassung – die einzige, welche aus der Idee des ursprünglichen Vertrags hervorgeht, auf der alle rechtliche Gesetzgebung eines Volks gegründet sein muß – ist die republikanische. Diese ist also, was das Recht betrifft, an sich selbst diejenige, welche allen Arten der bürgerlichen Konstitution ursprünglich zum Grunde liegt; und nun ist nur die Frage: ob sie auch die einzige ist, die zum ewigen Frieden hinführen kann?

Nun hat aber die republikanische Verfassung, außer der Lauterkeit ihres Ursprungs, aus dem reinen Quell des Rechtsbegriffs entsprungen zu sein, noch die Aussicht in die gewünschte Folge, nämlich den ewigen Frieden; wovon der Grund dieser ist. – Wenn (wie es in dieser Verfassung nicht anders sein kann) die Beistimmung der Staatsbürger dazu erfordert wird, um zu beschließen, „ob Krieg sein solle, oder nicht", so ist nichts natürlicher, als daß, da sie alle Drangsale des Krieges über sich selbst beschließen müßten (als da sind: selbst zu fechten; die Kosten des Krieges aus ihrer eigenen Habe herzugeben; die Verwüstung, die er hinter sich läßt, kümmerlich zu verbessern; zum Übermaße des Übels endlich noch eine, den Frieden selbst verbitternde, nie (wegen naher immer neuer Kriege) zu tilgende Schuldenlast selbst zu übernehmen), sie sich sehr bedenken werden, ein so schlimmes Spiel anzufangen: Da hingegen in einer Verfassung, wo der Untertan nicht Staatsbürger, die also nicht republikanisch ist, es die unbedenklichste Sache von der Welt ist, weil das Oberhaupt nicht Staatsgenosse, sondern Staatseigentümer ist, an seinen Tafeln, Jagden, Lustschlössern, Hoffesten u.d.gl. durch den Krieg nicht das mindeste einbüßt, diesen also wie eine Art von Lustpartie aus unbedeutenden Ursachen beschließen, und der Anständigkeit wegen dem dazu allezeit fertigen diplomatischen Korps die Rechtfertigung desselben gleichgültig überlassen kann.

Damit man die republikanische Verfassung nicht (wie gemeiniglich geschieht) mit der demokratischen verwechsele, muß folgendes bemerkt werden. Die Formen eines Staats (civitas) können entweder nach dem Unterschiede der Personen, welche die oberste Staatsgewalt inne haben, oder nach der Regierungsart des Volks durch sein Oberhaupt, er mag sein welcher er wolle, eingeteilt werden; die erste heißt eigentlich die Form der Beherrschung (forma imperii), und es sind nur drei derselben möglich, wo nämlich entweder nur einer, oder einige unter sich verbunden, oder alle zusammen, welche die bürgerliche Gesellschaft ausmachen, die Herrschergewalt besitzen (Autokratie, Aristokratie und Demokratie, Fürstengewalt, Adelsgewalt und Volksgewalt). Die zweite ist die Form der Regierung (forma regiminis), und betrifft die auf die Konstitution (den Akt des allgemeinen Willens, wodurch die Menge ein Volk wird) gegründete Art, wie der Staat von seiner Machtvollkommenheit Gebrauch macht: und ist in dieser Beziehung entweder republikanisch oder despotisch. Der Republikanism ist das Staatsprinzip der Absonderung der ausführenden Gewalt (der Regierung) von der gesetzgebenden; der Despotism ist das der eigenmächtigen Vollziehung des Staats von Gesetzen, die er selbst gegeben hat, mithin der öffentliche Wille, sofern er von dem Regenten als sein Privatwille gehandhabt wird. – Unter den drei Staatsformen ist die der Demokratie im eigentlichen Verstande des Worts, notwendig ein Despotism, weil sie eine exekutive Gewalt gründet, da alle über und allenfalls auch wider Einen (der also nicht mit einstimmt), mithin alle, die doch nicht alle sind, beschließen; welches ein Widerspruch des allgemeinen Willens mit sich selbst und mit der Freiheit ist. Alle Regierungsform nämlich, die nicht repräsentativ ist, ist eigentlich eine Unform, weil der Gesetzgeber in einer und derselben Person zugleich Vollstrecker seines Willens (so wenig, wie das Allgemeine des Obersatzes in einem Vernunftschlusse zugleich die Subsumtion des Besondern unter jenem im Untersatze) sein kann, und, wenn gleich die zwei andern Staatsverfassungen so fern immer fehlerhaft sind, daß sie einer solcher Regierungsart Raum geben, so ist es bei ihnen doch wenigstens möglich, daß sie eine dem Geiste eines repräsentativen Systems gemäße Regierungsart annähmen, wie etwa Friedrich II. wenigstens sagte: er sei bloß der oberste Diener des Staats, da hingegen die demokratische es unmöglich macht, weil alles da Herr sein will. – Man kann daher sagen: je kleiner das Personale der Staatsgewalt (die Zahl der Herrscher), je größer dagegen die Repräsentation derselben, desto mehr stimmt die Staatsverfassung zur Möglichkeit des Republikanism, und sie kann hoffen, durch allmähliche Reformen sich dazu endlich zu erheben. Aus diesem Grunde ist es in der Aristokratie schon schwerer, als in der Monarchie, in der Demokratie aber unmöglich, anders, als durch gewaltsame Revolution zu dieser einzigen vollkommen rechtlichen Verfassung zu gelangen. Es ist aber an der Regierungsart dem Volk ohne alle Vergleichung mehr gelegen, als an der Staatsform (wiewohl auch auf dieser ihre mehrere oder mindere Angemessenheit zu jenem Zwecke sehr viel ankommt). Zu jener aber, wenn sie dem Rechtsbegriffe gemäß sein soll, gehört das repräsentative System, in welchem allein eine republikanische Regierungsart möglich, ohne welches sie (die Verfassung mag sein welche sie wolle) despotisch und gewalttätig ist. – Keine der alten sogenannten Republiken hat dieses gekannt, und sie mußten sich darüber auch schlechterdings in dem Despotism auflösen, der unter der Obergewalt eines Einzigen noch der erträglichste unter allen ist.

Zweiter Definitivartikel zum ewigen Frieden
Das Völkerrecht soll auf einen Föderalism freier Staaten gegründet sein.

Völker, als Staaten, können wie einzelne Menschen beurteilt werden, die sich in ihrem Naturzustande (d. i. in der Unabhängigkeit von äußern Gesetzen) schon durch ihr Nebeneinandersein lädieren, und deren jeder, um seiner Sicherheit willen, von dem andern fordern kann und soll, mit ihm in eine, der bürgerlichen ähnliche, Verfassung zu treten, wo jedem sein Recht gesichert werden kann. Dies wäre ein Völkerbund, der aber gleichwohl kein Völkerstaat sein müßte. Darin aber wäre ein Widerspruch; weil ein jeder Staat das Verhältnis eines Oberen (Gesetzgebenden) zu einem Unteren (Gehorchenden, nämlich dem Volk) enthält, viele Völker aber in einem Staate nur ein Volk ausmachen würden, welches (da wir hier das Recht der Völker gegen einander zu erwägen haben, so fern sie so viel verschiedene Staaten ausmachen, und nicht in einem Staat zusammenschmelzen sollen) der Voraussetzung widerspricht.
Gleichwie wir nun die Anhänglichkeit der Wilden an ihre gesetzlose Freiheit, sich lieber unaufhörlich zu balgen, als sich einem gesetzlichen, von ihnen selbst zu konstituierenden, Zwange zu unterwerfen, mithin die tolle Freiheit der vernünftigen vorzuziehen, mit tiefer Verachtung ansehen, und als Rohigkeit, Ungeschliffenheit und viehische Abwürdigung der Menschheit betrachten, so, sollte man denken, müßten gesittete Völker (jedes für sich zu einem Staat vereinigt) eilen, aus einem so verworfenen Zustande je eher desto lieber herauszukommen: Statt dessen aber setzt vielmehr jeder Staat seine Majestät (denn Volksmajestät ist ein ungereimter Ausdruck) gerade darin, gar keinem äußeren gesetzlichen Zwange unterworfen zu sein, und der Glanz seines Oberhaupts besteht darin, daß ihm, ohne daß er sich eben selbst in Gefahr setzen darf, viele Tausende zu Gebot stehen, sich für eine Sache, die sie nichts angeht, aufopfern zu lassen, und der Unterschied der europäischen Wilden von den amerikanischen besteht hauptsächlich darin, daß, da manche Stämme der letzteren von ihren Feinden gänzlich sind gegessen worden, die ersteren ihre überwundene besser zu benutzen wissen, als sie zu verspeisen, und lieber die Zahl ihrer Untertanen, mithin auch die Menge der Werkzeuge zu noch ausgebreitetern Kriegen durch sie zu vermehren wissen.

Bei der Bösartigkeit der menschlichen Natur, die sich im freien Verhältnis der Völker unverhohlen blicken läßt (indessen daß sie im bürgerlich-gesetzlichen Zustande durch den Zwang der Regierung sich sehr verschleiert), ist es doch zu verwundern, daß das Wort Recht aus der Kriegspolitik noch nicht als pedantisch ganz hat verwiesen werden können, und sich noch kein Staat erkühnet hat, sich für die letztere Meinung öffentlich zu erklären; denn noch werden Hugo Grotius, Pufendorf, Vattel u. a. m. (lauter leidige Tröster), obgleich ihr Kodex, philosophisch oder diplomatisch abgefaßt, nicht die mindeste gesetzliche Kraft hat, oder auch nur haben kann (weil Staaten als solche nicht unter einem gemeinschaftlichen äußeren Zwange stehen), immer treuherzig zur Rechtfertigung eines Kriegsangriffs angeführt, ohne daß es ein Beispiel gibt, daß jemals ein Staat durch mit Zeugnissen so wichtiger Männer bewaffnete Argumente wäre bewogen worden, von seinem Vorhaben abzustehen. – Diese Huldigung, die jeder Staat dem Rechtsbegriffe (wenigstens den Worten nach) leistet, beweist doch, daß eine noch größere, ob zwar zur Zeit schlummernde, moralische Anlage im Menschen anzutreffen sei, über das böse Prinzip in ihm (was er nicht ableugnen kann) doch einmal Meister zu werden, und dies auch von andern zu hoffen; denn sonst würde das Wort Recht den Staaten, die sich einander befehden wollen, nie in den Mund kommen, es sei denn, bloß um seinen Spott damit zu treiben, wie jener gallische Fürst es erklärte: „Es ist der Vorzug, den die Natur dem Stärkern über den Schwächern gegeben hat, daß dieser ihm gehorchen soll".

Da die Art, wie Staaten ihr Recht verfolgen, nie, wie bei einem äußern Gerichtshofe, der Prozeß, sondern nur der Krieg sein kann, durch diesen aber und seinen günstigen Ausschlag, den Sieg, das Recht nicht entschieden wird, und durch den Friedensvertrag zwar wohl dem diesmaligen Kriege, aber nicht dem Kriegszustande (immer zu einem neuen Vorwand zu finden) ein Ende gemacht wird (den man auch nicht geradezu für ungerecht erklären kann, weil in diesem Zustande jeder in seiner eigenen Sache Richter ist), gleichwohl aber von Staaten, nach dem Völkerrecht, nicht eben das gelten kann, was von Menschen im gesetzlosen Zustande nach dem Naturrecht gilt, „aus diesem Zustande herausgehen zu sollen" (weil sie, als Staaten, innerlich schon eine rechtliche Verfassung haben, und also dem Zwange anderer, sie nach ihren Rechtsbegriffen unter eine erweiterte gesetzliche Verfassung zu bringen, entwachsen sind), indessen daß doch die Vernunft, vom Throne der höchsten moralisch gesetzgebenden Gewalt herab, den Krieg als Rechtsgang schlechterdings verdammt, den Friedenszustand dagegen zur unmittelbaren Pflicht macht, welcher doch, ohne einen Vertrag der Völker unter sich, nicht gestiftet oder gesichert werden kann: – so muß es einen Bund von besonderer Art geben, den man den Friedensbund (foedus pacificum) nennen kann, der vom Friedensvertrag (pactum pacis) darin unterschieden sein würde, daß dieser bloß einen Krieg, jener aber alle Kriege auf immer zu endigen suchte. Dieser Bund geht auf keinen Erwerb irgend einer Macht des Staats, sondern lediglich auf Erhaltung und Sicherung der Freiheit eines Staats, für sich selbst und zugleich anderer verbündeten Staaten, ohne daß diese doch sich deshalb (wie Menschen im Naturzustande) öffentlichen Gesetzen, und einem Zwange unter denselben, unterwerfen dürfen. – Die Ausführbarkeit dieser Idee der Föderalität, die sich allmählich über alle Staaten erstrecken soll, und so zum ewigen Frieden hinführt, läßt sich darstellen. Denn wenn das Glück es so fügt: daß ein mächtiges und aufgeklärtes Volk sich zu einer Republik (die ihrer Natur nach zum ewigen Frieden geneigt sein muß) bilden kann, so gibt diese einen Mittelpunkt der föderativen Vereinigung für andere Staaten ab, um sich an sie anzuschließen, und so den Freiheitszustand der Staaten, gemäß der Idee des Völkerrechts, zu sichern, und sich durch mehrere Verbindungen dieser Art nach und nach immer weiter auszubreiten.

Daß ein Volk sagt: „Es soll unter uns kein Krieg sein; denn wir wollen uns in einen Staat formieren, d.i. uns selbst eine oberste gesetzgebende, regierende und richtende Gewalt setzen, die unsere Streitigkeiten friedlich ausgleicht" – das läßt sich verstehen. – Wenn aber dieser Staat sagt: „Es soll kein Krieg zwischen mir und andern Staaten sein, obgleich ich keine oberste gesetzgebende Gewalt erkenne, die mir mein, und der ich ihr Recht sichere", so ist es gar nicht zu verstehen, worauf ich dann das Vertrauen zu meinem Rechte gründen wolle, wenn es nicht das Surrogat des bürgerlichen Gesellschaftbundes, nämlich der freie Föderalism ist, den die Vernunft mit dem Begriffe des Völkerrechts notwendig verbinden muß, wenn etwas dabei zu denken übrig bleiben soll.

Bei dem Begriffe des Völkerrechts, als eines Rechts zum Kriege, läßt sich eigentlich gar nichts denken (weil es ein Recht sein soll, nicht nach allgemein gültigen äußern, die Freiheit jedes einzelnen einschränkenden Gesetzen, sondern nach einseitigen Maximen durch Gewalt, was Recht sei, zu bestimmen), es müßte denn darunter verstanden werden: daß Menschen, die so gesinnet sind, ganz recht geschieht, wenn sie sich unter einander aufreiben, und also den ewigen Frieden in dem weiten Grabe finden, das alle Greuel der Gewalttätigkeit samt ihren Urhebern bedeckt. – Für Staaten, im Verhältnisse unter einander, kann es nach der Vernunft keine andere Art geben, aus dem gesetzlosen Zustande, der lauter Krieg enthält, herauszukommen, als daß sie, eben so wie einzelne Menschen, ihre wilde (gesetzlose) Freiheit aufgeben, sich zu öffentlichen Zwangsgesetzen bequemen, und so einen (freilich immer wachsenden) Völkerstaat (civitas gentium), der zuletzt alle Völker der Erde befassen würde, bilden. Da sie dieses aber nach ihrer Idee vom Völkerrecht durchaus nicht wollen, mithin, was in thesi richtig ist, in hypothesi verwerfen, so kann an die Stelle der positiven Idee einer Weltrepublik (wenn nicht alles verloren werden soll) nur das negative Surrogat eines den Krieg abwehrenden, bestehenden, und sich immer ausbreitenden Bundes den Strom der rechtscheuenden, feindseligen Neigung aufhalten, doch mit beständiger Gefahr ihres Ausbruchs [...].

Dritter Definitivartikel zum ewigen Frieden
Das Weltbürgerrecht soll auf Bedingungen der allgemeinen Hospitalität eingeschränkt sein.

Es ist hier, wie in den vorigen Artikeln, nicht von Philanthropie, sondern vom Recht die Rede, und da bedeutet Hospitalität (Wirtbarkeit) das Recht eines Fremdlings, seiner Ankunft auf dem Boden eines andern wegen, von diesem nicht feindselig behandelt zu werden. Dieser kann ihn abweisen, wenn es ohne seinen Untergang geschehen kann; so lange er aber auf seinem Platz sich friedlich verhält, ihm nicht feindlich begegnen. Es ist kein Gastrecht, worauf dieser Anspruch machen kann (wozu ein besonderer wohltätiger Vertrag erfordert werden würde, ihn auf eine gewisse Zeit zum Hausgenossen zu machen), sondern ein Besuchsrecht, welches allen Menschen zusteht, sich zur Gesellschaft anzubieten, vermöge des Rechts des gemeinschaftlichen Besitzes der Oberfläche der Erde, auf der, als Kugelfläche, sie sich nicht ins Unendliche zerstreuen können, sondern endlich sich doch neben einander dulden zu müssen, ursprünglich aber niemand an einem Orte der Erde zu sein mehr Recht hat, als der andere. – Unbewohnbare Teile dieser Oberfläche, das Meer und die Sandwüsten, trennen diese Gemeinschaft, doch so, daß das Schiff, oder das Kamel (das Schiff der Wüste) es möglich machen, über diese herrenlose Gegenden sich einander zu nähern, und das Recht der Oberfläche, welches der Menschengattung gemeinschaftlich zukommt, zu einem möglichen Verkehr zu benutzen. Die Unwirtbarkeit der Seeküsten (z.B. der Barbaresken), Schiffe in nahen Meeren zu rauben, oder gestrandete Schiffsleute zu Sklaven zu machen, oder die der Sandwüsten (der arabischen Beduinen), die Annäherung zu den nomadischen Stämmen als ein Recht anzusehen, sie zu plündern ist also dem Naturrecht zuwider, welches Hospitalitätsrecht aber, d.i. die Befugnis der fremden Ankömmlinge, sich nicht weiter erstreckt, als auf die Bedingungen der Möglichkeit, einen Verkehr mit den alten Einwohnern zu versuchen. – Auf diese Art können entfernte Weltteile mit einander friedlich in Verhältnisse kommen, die zuletzt öffentlich gesetzlich werden, und so das menschliche Geschlecht endlich einer weltbürgerlichen Verfassung immer näher bringen können.

Vergleicht man hiemit das inhospitale Betragen der gesitteten, vornehmlich handeltreibenden Staaten unseres Weltteils, so geht die Ungerechtigkeit, die sie in dem Besuche fremder Länder und Völker (welches ihnen mit dem Erobern derselben für einerlei gilt) beweisen, bis zum Erschrecken weit. Amerika, die Negerländer, die Gewürzinseln, das Kap etc. waren, bei ihrer Entdeckung, für sie Länder, die keinem angehörten; denn die Einwohner rechneten sie für nichts. In Ostindien (Hindustan) brachten sie, unter dem Vorwande bloß beabsichtigter Handelsniederlagen, fremde Kriegesvölker hinein, mit ihnen aber Unterdrückung der Eingebornen, Aufwiegelung der verschiedenen Staaten desselben zu weit ausgebreiteten Kriegen, Hungersnot, Aufruhr, Treulosigkeit, und wie die Litanei aller Übel, die das menschliche Geschlecht drücken, weiter lauten mag.

China und Japan (Nippon), die den Versuch mit solchen Gästen gemacht hatten, haben daher weislich, jenes zwar den Zugang, aber nicht den Eingang, dieses auch den ersteren nur einem einzigen europäischen Volk, den Holländern, erlaubt, die sie aber doch dabei, wie Gefangene, von der Gemeinschaft mit den Eingebornen ausschließen. Das Ärgste hiebei (oder, aus dem Standpunkte eines moralischen Richters betrachtet, das Beste) ist, daß sie dieser Gewalttätigkeit nicht einmal froh werden, daß alle diese Handlungsgesellschaften auf dem Punkte des nahen Umsturzes stehen, daß die Zuckerinseln, dieser Sitz der allergrausamsten und ausgedachtesten Sklaverei, keinen wahren Ertrag abwerfen, sondern nur mittelbar, und zwar zu einer nicht sehr löblichen Absicht, nämlich zu Bildung der Matrosen für Kriegsflotten, und also wieder zu Führung der Kriege in Europa dienen, und dieses möchten, die von der Frömmigkeit viel Werks machen, und, indem sie Unrecht wie Wasser trinken, sich in der Rechtgläubigkeit für Auserwählte gehalten wissen wollen.

Da es nun mit der unter den Völkern der Erde einmal durchgängig überhand genommenen (engeren oder weiteren) Gemeinschaft so weit gekommen ist, daß die Rechtsverletzung an einem Platz der Erde an allen gefühlt wird: so ist die Idee eines Weltbürgerrechts keine phantastische und überspannte Vorstellungsart des Rechts, sondern eine notwendige Ergänzung des ungeschriebenen Kodex, sowohl des Staats- als Völkerrechts zum öffentlichen Menschenrechte überhaupt, und so zum ewigen Frieden, zu dem man sich in der kontinuierlichen Annäherung zu befinden nur unter dieser Bedingung schmeicheln darf.

Aus: Immanuel Kant, Zum ewigen Frieden. Ein philosophischer Entwurf, Immanuel Kant, Werke in zehn Bänden, Bd. 9, Darmstadt 1970, S. 203–217.

ZUR TEXTERSCHLIESSUNG

1. Begründen Sie Kants Aussage, dass der Frieden „gestiftet" werden müsse vor dem Hintergrund seiner Ausführungen zur Natur des Menschen. Charakterisieren Sie sein Menschenbild.
2. Erläutern Sie die drei Definitivartikel zum „ewigen Frieden": Wie begründet Kant jeweils seine Forderung? Wie kann/soll dadurch Frieden hergestellt und gewährleistet werden?
3. Übertragen Sie die „Vision" Kants auf die heutige Gegenwart, indem Sie sie ihrer historischen Bedingtheit entkleiden: Lässt sich aus seiner „Vision" ein Friedensprogramm für die Gegenwart ableiten?

8.2 Norbert Elias: Strukturbedingungen der Entstehung des Nationalismus

Norbert Elias (vgl. S. 103ff.) entwickelte die so genannten Figurationssoziologie, das ist ein Ansatz, der die Gesellschaft nicht vom Individuum her denkt, vielmehr vom „Ganzen" ausgeht. Im Zentrum dieser Soziologie stehen die dynamischen gesellschaftlichen Verflechtungen, die vielfältigen gegenseitigen Abhängigkeiten auf verschiedenen Ebenen der Gesellschaft.
Gesellschaften werden im Lauf ihrer Entwicklung komplexer. Einzelne Individuen können Teil verschiedener Figurationen werden. Damit bricht Elias mit einer langen sozialwissenschaftlichen Denktradition, in der „die Gesellschaft" dem als selbstständig gedachten Individuum gegenübergestellt wurde. In diesem Kontext stehen auch seine Forschungen zum modernen Nationalismus: Warum erleben viele Menschen „ihre" Nation als etwas Besonderes? Elias betont den Wandel im Muster der „Wir- und Sie-Gefühle" als die traditionell aristokratischen Eliten während der Herausbildung hochindustrialisierter Massengesellschaften durch Angehörige von Mittelklassen ersetzt wurden. Dabei verbanden sich (neue) Selbstbilder der Menschen und Bilder von der Nation.

Elias' Überlegungen führen zu einer Neudefinition von Begriffen wie Identität und Selbstwert, zu einer neuartigen Sichtweise auf die Menschen als Akteure mit spezifischen Freiheitsräumen im Rahmen verschiedener Figurationen. Damit überwindet Elias auch den Graben zwischen Psychologie, Soziologie und Geschichtswissenschaft.

M 2 Studien über die Deutschen. Machtkämpfe und Habitusentwicklung im 19. und 20. Jahrhundert

■ Letzten Endes war dieses Wir-Gefühl der vorrevolutionären Oberklassen in Europa, das über die Staatsgrenzen hinwegging, wohl stärker als jedes Wir-Gefühl, jedes Gefühl der Identität und Zusammengehörigkeit, das Menschen der aristokratischen Oberklassen gegenüber den unteren Klassen ihres eigenen Landes empfanden. Ihre Bindung an ihren Staat hatte noch nicht den Charakter der Bindung an eine Nation. Mit wenigen Ausnahmen waren den europäischen Adligen vor der Französischen Revolution, und in manchen Ländern auch noch lange danach, nationale Empfindungen fremd. Sie waren sich natürlich bewußt, daß sie französische, englische, deutsche oder russische Adlige waren. Aber das Wir-Gefühl lokaler Gruppen in bezug auf diese Lokalität, auf ihre Region oder ihr Land, war in den damaligen Gesellschaften Europas, deren Schichtung – vor dem Aufstieg kommerzieller oder industrieller Mittelklassen und ihrer Eliten – die Form einer Hierarchie von Ständen und nicht von Klassen hatte, keineswegs gleichbedeutend mit einem nationalen Solidaritätsgefühl. Man kann die Eigentümlichkeiten nationaler Werte und Glaubenssysteme, als soziologische Gegebenheiten, nicht recht verstehen, wenn man nicht ein klares Bild ihres Zusammenhangs mit einer bestimmten Stufe der Gesellschaftsentwicklung und so auch mit einer Sozialstruktur bestimmten Typs vor Augen hat. Nur in Klassen-, nicht in Standesgesellschaften gewannen die Identitätsgefühle der herrschenden Eliten, und im Lauf der Zeit auch die breiterer Schichten, das eigentümliche Gepräge von Nationalgefühlen.
Es ist sehr deutlich zu sehen, in welcher Weise sich die Identitätsgefühle änderten, als in den Staaten Europas, ob allmählich oder abrupt, herrschende Eliten mittelständischer Herkunft die traditionell aristokratischen Oberklasse-Eliten ersetzten. Alles in allem wurde die Identifizierung mit Landsleuten als solchen stärker, die mit Menschen derselben Klasse und Rangstufe in anderen Ländern schwächer. Dieser Wandel im Muster der „Wir-" und „Sie-Gefühle", der Identifizierung und des Ausschlusses, war eine der entscheidenden Vorbedingungen für die Entwicklung nationaler Empfindungen, Werte und Glaubensdoktrinen. Wie die berühmte Abhandlung von Sieyes und andere revolutionäre Verlautbarungen zeigen, waren Empfindungen, Werte und Glaubensaxiome, die um das Bild der Nation kreisten, von früh an verknüpft mit dem Selbstbild von Mittelklassen – und etwas später auch von Arbeiterklassen –, die sich anschickten, die Kommandopositionen eines Staates zu beanspruchen oder tatsächlich einzunehmen. [...]
Es ist leicht ersichtlich, warum dieser Glaube an die „Nation" als ein sakrosanktes Wir-Ideal in einem Zeitalter hochindustrialisierter Massengesellschaften aufkam, mit

allgemeiner Wehrpflicht und einer zunehmenden Verwicklung der ganzen Bevölkerung in die Konflikte mit anderen Massengesellschaften. In dieser Lage reichte bloßer Drill und Gehorsam gegenüber einem Fürsten oder militärischen Befehlshaber nicht mehr aus, um den Erfolg eines Landes in einem Machtkampf mit anderen zu gewährleisten. Hier ergab sich die Notwendigkeit, daß sämtliche Bürger, zusätzlich zu allen Fremdzwängen, auch durch ihr eigenes Gewissen und ihre eigenen Ideale – also durch einen Zwang, den sie als Individuen auf sich selbst ausübten – dazu angehalten wurden, ihre individuellen Bedürfnisse denen des Kollektivs, des Landes oder der Nation, unterzuordnen und gegebenenfalls ihr Leben in die Schanze zu schlagen. Die einzelnen Mitglieder all dieser relativ hochdifferenzierten Massengesellschaften des 20. Jahrhunderts mußten von einem unbezweifelbaren Glauben an den Wert der Gesellschaft, die sie miteinander bildeten, also der „Nation", erfüllt und motiviert werden; denn nicht immer ließen sich die Vorzüge der Gesellschaft für diejenigen, deren Einsatz oder Leben gefordert wurde, faktisch aufweisen. [...]

Nach allem Gesagten erweist sich der Nationalismus, selbst in vorläufiger soziologischer Analyse, als eine Struktureigentümlichkeit großer Staatsgesellschaften auf der Entwicklungsstufe des 19. und 20. Jahrhunderts. Er ist verwandt mit, und doch klar unterschieden von Glaubensvorstellungen, die Gefühle der individuellen Solidarität und Verbundenheit in bezug auf Kollektive wie Dörfer, Städte, Fürstentümer oder Königreiche auf früheren Stufen der Gesellschaftsentwicklung repräsentieren. Es handelt sich dabei um einen Glauben von wesentlich säkularer Natur, der also keiner Rechtfertigung durch übermenschliche Instanzen bedarf, ähnlich den Glaubens- oder Ethikformen, die Max Weber „innerweltlich" nannte. Er setzt in den jeweiligen Gesellschaften einen erheblichen Grad an Demokratisierung voraus, im soziologischen, nicht im politischen Sinn des Wortes; wenn die sozialen Schranken zwischen Gruppen verschiedener Macht und Rangstufe zu hoch sind – wie es zum Beispiel in Standesgesellschaften mit einem erblichen Adel oder in dynastischen Staaten mit einem sehr schroffen Machtgefälle zwischen Fürsten und Untertanen der Fall ist –, haben individuelle Gefühle der Bindung, der Solidarität und Verpflichtung gegenüber der Staatsgesellschaft einen anderen Charakter, als er sich in der Gestalt eines nationalistischen Ethos ausdrückt.

Das nationalistische Ethos beruht auf einem Gefühl der Solidarität und Verpflichtung, das sich nicht einfach auf bestimmte Personen oder eine Einzelperson in einer Herrschaftsstellung als solche richtet, sondern auf ein souveränes Kollektiv, das die betreffenden Individuen selbst mit Tausenden oder Millionen anderer bilden, das hier und jetzt als Staat organisiert ist – oder nach dem Glauben der Mitglieder in Zukunft organisiert sein wird – und an das sie durch die Vermittlung spezieller Symbole, darunter oft auch Personen, gebunden sind. An diese Symbole und das Kollektiv, für das sie stehen, heften sich starke positive Emotionen von der Art, die wir gewöhnlich als „Liebe" bezeichnen. Das Kollektiv wird als etwas erlebt, das von den zugehörigen Individuen getrennt, das heiliger und erhabener ist als sie; und entsprechend überhöht werden seine Symbole. Kollektive, die ein nationalistisches Ethos hervorbringen, sind so verfaßt, daß die Individuen, die sie bilden, in ihnen – und genauer: in ihren gefühlsgeladenen Symbolen -Repräsentanzen ihrer selbst sehen können. Die Liebe zur eigenen Nation ist niemals nur eine Liebe zu Menschen oder Menschengruppen, zu denen man „Sie" sagt; sie ist stets auch die Liebe zu einem Kollektiv, das man als „Wir" ansprechen kann. Was immer sie sonst noch sein mag, sie ist auch eine Form von Selbstliebe.

Das Bild, das die individuellen Zugehörigen von ihrer Nation haben, ist darum zugleich ein Bestandteil ihres Selbstbildes. Die Vorzüge, der Wert und Sinn der Nation sind zugleich die eigenen. Gegenwärtige soziologische und sozialpsychologische Theorien, soweit sie sich überhaupt mit solchen Zusammenhängen beschäftigen, bieten dem Nachdenken darüber den Begriff der Identifizierung an. Tatsächlich aber wird er den beobachtbaren Gegebenheiten nicht ganz gerecht. Der Begriff der Identifizierung erweckt den Anschein, als ob sich das Individuum hier und die Nation dort befinde; er legt die Vorstellung nahe, daß „Individuum" und „Nation" zwei verschiedene, räumlich getrennte Wesenheiten seien. Da jedoch Nationen aus Individuen bestehen, da Individuen, die in den entwickelteren Staatsgesellschaften des 20. Jahrhunderts leben, in den meisten Fällen unzweideutig zu Nationen gehören, stimmt eine Begrifflichkeit, die das Bild zweier verschiedener, räumlich getrennter Wesenheiten, so wie Mutter und Kind, heraufbeschwört, nicht mit den Fakten überein.

Beziehungen dieser Art können nur mit Hilfe von Personalpronomen angemessen erfaßt werden. Ein Individuum hat nicht nur ein Ich-Bild und Ich-Ideal, sondern auch ein Wir-Bild und Wir-Ideal. Mit der Nationalisierung des individuellen Ethos und Empfindens, wie sie sich in industriellen Staatsgesellschaften des 19. und 20. Jahrhunderts empirisch beobachten läßt, ist unabdingbar verknüpft, daß das Bild der jeweiligen Staatsgesellschaft, das unter anderem durch Wortsymbole wie „Nation" repräsentiert wird, zu einem integralen Bestandteil des Wir-Bildes und Wir-Ideals der meisten Individuen wird, die als Gesellschaften dieses Typs zusammenleben. Man stößt hier, kurz gesagt, auf eines der vielen Beispiele für Korrespondenzen zwischen einer bestimmen

Sozialstruktur und einer bestimmten Persönlichkeitsstruktur. Wenn ein Angehöriger eines differenzierten industriellen Nationalstaats im 20. Jahrhundert eine Aussage macht, in der er sich selbst durch ein Derivat seines Landesnamens charakterisiert – „Ich bin ein Franzose", „Ich bin Amerikaner", „Ich bin Russe" –, dann bringt er in der Regel sehr viel mehr zum Ausdruck als: „Ich bin in diesem oder jenem Land geboren", „Ich habe einen französischen, amerikanischen oder russischen Paß". Für das Gros der Individuen, die in einer entsprechenden Staatsgesellschaft aufgewachsen sind, verweist eine solche Aussage gleichzeitig auf ihre Nation und auf persönliche Eigentümlichkeiten und Werte. Sie betrifft sowohl den einzelnen, wahrgenommen als ein „Ich" gegenüber anderen, auf die er sich im Reden und Denken als „Du", „Er" oder „Sie" bezieht, als auch den einzelnen, wahrgenommen als konstituierender Teil eines der Kollektive, auf die er sich im Reden und Denken als „Wir" gegenüber „Ihr"- oder „Sie"-Gruppen bezieht. Wer sagt: „Ich bin ein Russe, Amerikaner, Franzose etc.", meint damit gewöhnlich auch: „Ich und wir glauben an bestimmte Werte und Ideen", „Ich und wir mißtrauen Vertretern dieser oder jener anderen Nationalstaaten und empfinden uns mehr oder weniger als ihre Feinde", „Ich und wir sind diesen Symbolen und dem Kollektiv, für das sie stehen, verbunden und verpflichtet". Ein Bild dieses „Wir" geht unlöslich in die Persönlichkeitsorganisation des Individuums ein, das in solchen Fällen die Pronomen „Ich" und „Wir" in bezug auf sich selbst gebraucht.

Aus: Norbert Elias, Studien über die Deutschen. Machtkämpfe und Habitusentwicklung im 19. und 20. Jahrhundert, Frankfurt a. M. 1992, S. 185–187, 192 f., 196–198.

ZUR TEXTERSCHLIESSUNG

1. Erläutern Sie, warum nach Elias in einem Zeitalter hochindustrialisierter Massengesellschaften der Glaube an die Nation aufkam.
2. Erarbeiten Sie aus dem Text, warum und inwiefern das Bild von der Nation zugleich ein Bestandteil des Selbstbildes der beteiligten Menschen ist.

8.3 Benedict Anderson: Nation als Konstrukt

Benedict Anderson wurde 1936 im chinesischen Kumming geboren, dort war sein Vater als britischer Marineoffizier stationiert. Anderson studierte in Cambridge und wurde Professor für International Studies an der Cornell University bei New York. Weltweit bekannt wurde er durch sein 1983 erschienenes Werk „Imagined Communities".

Dieses Buch erschien etwa zeitgleich mit Ernest Gellners Studie „Nationalismus und Moderne", in der Gellner einen ähnlichen Ansatz wie Anderson verfolgt. Beide vollziehen die „konstruktivistische Wende" in der Nationalismusforschung, die seither weit in die Sozial- und Geschichtswissenschaft ausstrahlte. Diesem Ansatz zufolge ist die Wahrnehmung der Wirklichkeit Ergebnis eines intersubjektiven Konstruktionsprozesses. In ihm werde die „eigene" Nation als „ewig" oder zumindest als sehr alt betrachtet. Tatsächlich beruhe diese Vorstellung einer Nation auf einer „Reihe von Erfindungen"; die Karriere den Nationenbegriffs seit etwa 200 Jahren verdanke sich spezifischen historischen Umständen, die in Andersons Werk analysiert werden. „Während zu Beginn des [20.] Jahrhunderts nicht einmal der Begriff ‚Indonesien' bekannt war, verstanden sich offensichtlich alle meine Bekannten [in Indonesien] als ‚Indonesier'. Ein grundlegender Bewusstseinswandel hatte während einer Generation stattgefunden, doch erinnerte sich niemand daran – „‚Indonesien' hatte es schon immer gegeben", so einleitend Benedict Anderson.
Andersons Analyse deckt eine Reihe von inneren Widersprüchen des modernen Nationalismus auf. So stehe das Bewusstsein oder der Glaube, dass die eigene Nation etwas Besonderes sei, im eklatanten Gegensatz zu den tatsächlichen Besonderheiten einer Nation. Der Nationalismus verwandele Kontingenz, also das bedrückende Gefühl der Zufälligkeit, in ein großes, bedeutungsvolles Schicksal („Ich bin ein Deutscher, ein Amerikaner ..."), damit avanciere Nationalität zu einer machtvollen Größe. Eine Grundlage, auf der Millionen von Menschen bereit waren, aus „eigenem" Antrieb (also nicht nur durch brutalen Zwang von oben wie in absolutistischen Regimen) für „ihre" Nation in den Krieg zu ziehen und für diese sogar ihr Leben zu opfern.

Literaturhinweise

Peter L. Berger/Thomas Luckmann, Die gesellschaftliche Konstruktion der Wirklichkeit. Eine Theorie der Wissenssoziologie, Frankfurt a. M. 1980.
Helmuth Plessner, Die verspätete Nation. Über die politische Verführbarkeit bürgerlichen Geistes, Frankfurt a. M. 1988 (ursprünglich 1935).
Ernest Gellner, Nationalismus und Moderne, Hamburg 1991.

M 3 Die Erfindung der Nation

■ Es ist ratsam, zunächst den Begriff „Nation" kurz zu erörtern und eine praktikable Definition zu geben. Nationalismustheoretiker sind oft von drei Paradoxa irritiert:
1. Der objektiven Neuheit von Nationen aus dem Blickwinkel des Historikers steht das subjektive Alter in den Augen der Nationalisten gegenüber.
2. Der formalen Universalität von Nationalität als soziokulturellem Begriff – in der modernen Welt kann, sollte und wird jeder eine Nationalität „haben", so wie man ein Geschlecht „hat" – steht die marginale Besonderheit ihrer jeweiligen Ausprägungen gegenüber, wie zum Beispiel die definierte Einzigartigkeit der Nationalität „Griechisch".
3. Der „politischen" Macht des Nationalismus steht seine philosophische Armut oder gar Widersprüchlichkeit gegenüber.

Mit anderen Worten: Anders als andere Ismen hat der Nationalismus nie große Denker hervorgebracht – keinen Hobbes, keinen Marx und keinen Weber. Diese „Leere" gibt kosmopolitischen und polyglotten Intellektuellen gerne zu einer gewissen Herablassung Anlass. Wie Gertrude Stein angesichts von Oakland kann man recht schnell zu dem Schluss kommen, dort gebe es kein „Da". Es ist kein Zufall, dass selbst ein wohlwollender Nationalismusforscher wie Tom Nairn dennoch schreiben kann: „‚Nationalismus' ist [...] die Pathologie der neueren Entwicklungsgeschichte und genauso ‚unvermeidlich' wie die ‚Neurose' beim einzelnen Menschen. Im Nationalismus ist viel von derselben grundsätzlichen Zweideutigkeit angelegt, eine ähnliche Tendenz zum Abgleiten in den Wahnsinn, deren Wurzeln in der Situation der Hilflosigkeit (gleichsam in der Infantilphase von Gesellschaften) praktisch auf der ganzen Welt liegen und die als weitgehend unveränderbar erscheint."

Ein Problem besteht auch darin, dass man unbewusst dazu neigt, die Existenz des Nationalismus zu hypostasieren und „ihn" als eine Weltanschauung unter vielen einordnet. Es würde die Angelegenheit leichter machen, wenn man ihn begrifflich nicht wie „Liberalismus" oder „Faschismus" behandelte, sondern wie „Verwandtschaft" oder „Religion".

In einem solchermaßen anthropologischen Sinne schlage ich folgende Definition von Nation vor: Sie ist eine vorgestellte politische Gemeinschaft – vorgestellt als begrenzt und souverän.

Vorgestellt ist sie deswegen, weil die Mitglieder selbst der kleinsten Nation die meisten anderen niemals kennen, ihnen begegnen oder auch nur von ihnen hören werden, aber im Kopf eines jeden die Vorstellung ihrer Gemeinschaft existiert. Ernest Renan hat sich auf dieses Vorstellen bezogen: „Das Wesen einer Nation ist, dass alle einzelnen vieles gemeinsam und dass sie alle vieles vergessen haben." Ernest Gellner kommt mit einer gewissen Bissigkeit zu einem vergleichbaren Schluss: „Nationalismus ist keineswegs das Erwachen von Nationen zu Selbstbewusstsein: man erfindet Nationen, wo es sie vorher nicht gab." Diese Formulierung hat jedoch einen Nachteil: Gellner bemüht sich so sehr um den Nachweis, der Nationalismus spiegele falsche Tatsachen vor, dass er jene „Erfindung" mit „Herstellung" von „Falschem" assoziiert, anstatt mit „Vorstellen" und „Kreieren". Auf diese Weise legt er nahe, dass es „wahre" Gemeinschaften gebe, die sich von Nationen vorteilhaft absetzen. In der Tat sind alle Gemeinschaften, die größer sind als die dörflichen mit ihren Face-to-face-Kontakten, vorgestellte Gemeinschaften. Gemeinschaften sollten nicht durch ihre Authentizität voneinander unterschieden werden, sondern durch die Art und Weise, in der sie vorgestellt werden. Javanische Dorfbewohner haben immer gewusst, dass sie mit Menschen in Verbindung stehen, die sie niemals gesehen haben, doch wurden diese Bindungen lange als Sonderfall angesehen – als unendlich dehnbare Netze von Verwandtschaft und Klientismus. Bis vor kurzer Zeit gab es in der javanischen Sprache kein Wort für den abstrakten Begriff „Gesellschaft". Wir können heute die französische Aristokratie des Ancien régime als Klasse begreifen; doch selbst hat sie sich nicht als solche verstanden. Auf die Frage „Wer ist der Comte de x" hätte die normale Antwort nicht gelautet „ein Mitglied der Aristokratie", sondern „der Graf von X", „der Onkel der Baronne de Y" oder „ein Schützling des Duc de Z".

Die Nation wird als begrenzt vorgestellt, weil selbst die größte von ihnen mit vielleicht einer Milliarde Menschen in genau bestimmten, wenn auch variablen Grenzen lebt, jenseits derer andere Nationen liegen. Keine Nation setzt sich mit der Menschheit gleich. Selbst die glühendsten Nationalisten träumen nicht von dem Tag, da alle Mitglieder der menschlichen Rasse ihrer Nation angehören werden – anders als es in vergangenen Zeiten den Christen möglich war, von einem ganz und gar „christlichen" Planeten zu träumen.

Die Nation wird als souverän vorgestellt, weil ihr Begriff in einer Zeit geboren wurde, als Aufklärung und Revolution die Legitimität der als von Gottes Gnaden gedachten hierarchisch-dynastischen Reiche zerstörten. Dieser Begriff erlangte seine Reife in einem historischen Moment, als selbst die frommsten Anhänger jeglicher Universalreligion mit dem lebendigen Pluralismus solcher Religionen und dem Auseinandertreten von ontologischen Ansprüchen jeden Glaubens und seiner territorialen Ausdehnung konfrontiert waren. Deshalb träumen Nationen davon, frei zu sein und dies unmittelbar – wenn auch unter Gott. Maßstab und Symbol dieser Freiheit ist der souveräne Staat.

Schließlich wird die Nation als Gemeinschaft vorgestellt, weil sie, unabhängig von realer Ungleichheit und Ausbeutung, als „kameradschaftlicher“ Verbund von Gleichen verstanden wird. Es war diese Brüderlichkeit, die es in den letzten zwei Jahrhunderten möglich gemacht hat, dass Millionen von Menschen für so begrenzte Vorstellungen weniger getötet haben, als vielmehr bereitwillig gestorben sind.

Dieses Sterben konfrontiert uns mit dem zentralen Problem, vor das uns der Nationalismus stellt: Wie kommt es, dass die kümmerlichen Einbildungen der jüngeren Geschichte (von kaum mehr als zwei Jahrhunderten) so ungeheure Blutopfer gefordert haben? Ich bin der Überzeugung, dass die Antwort in den kulturellen Wurzeln des Nationalismus liegt. [...]

Das 18. Jahrhundert markiert in Westeuropa nicht nur die Morgenröte des Zeitalters des Nationalismus, sondern auch die Abenddämmerung religiöser Denkweisen. Das Jahrhundert der Aufklärung, des rationalistischen Säkularismus, brachte auch seine eigene, moderne Dunkelheit mit sich. Mit dem Verfall der Religiosität verschwand das Leid, in das der Glaube eine Ordnung gebracht hatte, keineswegs. Der Zusammenbruch des Paradieses macht den Tod willkürlich und überführt jeden Erlösungsgedanken der Absurdität. Notwendig wurde somit eine Umwandlung des Unausweichlichen in Kontinuität, der Kontingenz zu Sinn. Wie wir sehen werden, waren (und sind) nur wenige Dinge hierzu geeigneter als die Idee der Nation. Auch wenn man Nationalstaaten weithin als „neu“ und „geschichtlich“ versteht, so kommen die Nationen, denen sie den politischen Ausdruck verleihen, immer aus unvordenklicher Vergangenheit und, noch wichtiger, schreiten in eine grenzenlose Zukunft. Es ist das „Wunder“ des Nationalismus, den Zufall in Schicksal zu verwandeln. Mit Debray können wir sagen: „Zufälligerweise bin ich als Franzose geboren; doch Frankreich ist ewig.“

Selbstverständlich will ich nicht behaupten, das Auftauchen des Nationalismus gegen Ende des 18. Jahrhunderts sei durch die Erosion religiöser Gewissheiten „produziert“ worden oder diese wiederum bedürfe keiner komplexen Erklärung. Genausowenig möchte ich nahelegen, der Nationalismus hätte die Religion historisch „abgelöst“. Meiner Auffassung nach ist der Nationalismus nur zu verstehen, wenn man ihn nicht in eine Reihe mit bewusst verfochtenen Ideologien stellt, sondern mit den großen kulturellen Systemen, die ihm vorausgegangen sind und aus denen – und gegen die – er entstanden ist. Die religiöse Gemeinschaft und das dynastische Reich stellen in unserem Zusammenhang die beiden herausragenden kulturellen Systeme dar. Beide wurden in ihrer Blütezeit als unhinterfragbar gegebene Bezugssysteme betrachtet, ganz so wie die Nation heutzutage. Es gilt also zu untersuchen, was diesen kulturellen Systemen ihre selbstverständliche Plausibilität verliehen hat, und die Schlüsselelemente für ihren Zerfall zu finden.

Aus: Benedict Anderson, Die Erfindung der Nation. Zur Karriere eines folgenreichen Konzepts, Berlin 1998, S. 14–16 und 18 f.

Zur Texterschliessung

1. Erläutern Sie das von Anderson angesprochene Paradox: „Der objektiven Neuheit von Nationen aus dem Blickwinkel des Historikers steht das subjektive Alter in den Augen der Nationalisten gegenüber."
2. Erläutern Sie die Aussage: „Es ist das ‚Wunder' des Nationalismus, den Zufall in Schicksal zu verwandeln."

8.4 Eric John Blair Hobsbawm: Interesse und Nation

Eric Hobsbawm (geb. 1917 in Alexandria, Ägypten) ist ein englischer Historiker und Sozialwissenschaftler mit englisch-österreichisch-jüdischen Wurzeln. Er war Mitglied der Britischen Kommunistischen Partei und Vordenker ihres eurokommunistischen Flügels und gilt als undogmatischer Kritiker des Marxismus.

Nach seinem Studium am King's College in Cambridge (1936 bis 1939) und Militärdienst in der britischen Armee (1940 bis 1946) setzte Hobsbawm seine akademische Tätigkeit fort. Er wurde Professor für Wirtschafts- und Sozialgeschichte in London und nahm zahlreiche Gastprofessuren wahr. Für sein wissenschaftliches Werk wurde er wiederholt ausgezeichnet. Hobsbawm befasste sich besonders mit der Epoche von 1789 bis 1914, zu der er eine eigene Trilogie verfasste („Das lange 19. Jahrhundert"). Hobsbawm führte den Begriff der „erfundenen Tradition" (invention of tradition) in die wissenschaftliche Diskussion ein und befasste sich mit historischen Fiktionen, die behaupten, etwas sei „immer schon" Element der eigenen Geschichte gewesen. Insofern ist sein Werk mit dem von Anderson oder Gellner vergleichbar.

Hobsbawm untersucht den historischen Ort, an dem sich Nationalismus entfaltete. Dabei gilt sein besonderes Interesse den verschiedenen Phasen der Entwicklung des Nationalismus und den verschiedenen Bedürfnissen und Interessen der verschiedenen sozialen Schichten am Nationalismus. Nationen seien zwar „von oben" konstruiert, aber nur dann zu verstehen, wenn man die Sehnsüchte und Bedürfnisse der breiten Masse der „kleinen Leute" berücksichtige.

Literaturhinweise

Peter Alter, Nationalismus. Suhrkamp, Frankfurt a. M. 1985.
Ernest Gellner, Nationalismus und Moderne, Berlin 1991.
Eric Hobsbawm, Nationen und Nationalismus. Mythos und Realität seit 1780, Frankfurt a. M. 1991.
Eric Hobsbawm, Gefährliche Zeiten. Ein Leben im 20. Jahrhundert, München 2003.
Eric Hobsbawm, Das Zeitalter der Extreme. Weltgeschichte des 20. Jahrhunderts (dt. 1998).
Eric Hobsbawm, Das imperiale Zeitalter: 1875–1914 (1987, dt. 1989).
Eric Hobsbawm, Sozialrebellen. Archaische Sozialbewegungen im 19. und 20. Jahrhundert, Neuwied, 1962/ Gießen 1979.
Hans-Ulrich Wehler, Nationalismus, Geschichte, Formen, Folgen, 2. Auflage, München 2001.
Nation und Nationalismus, Heft B 39/2004 der Reihe Aus Politik und Zeitgeschichte,
hrsg. von der Bundeszentrale für politische Bildung.

M4 Nation und Nationalismus

1. Ich gebrauche den Begriff „Nationalismus" im Sinne Gellners: Er sei „vor allem ein politisches Prinzip, das besagt, politische und nationale Einheiten sollten deckungsgleich sein." Ich möchte hinzufügen, dass dieses Prinzip außerdem bedeutet, dass die politische Pflicht der Fantasier gegenüber dem Gemeinwesen, das die fantasische Nation umfasst und repräsentiert, vor allen übrigen politischen Pflichten und im Extremfall (z. B. in einem Krieg) auch vor allen anderen Verpflichtungen den Vorrang hat. Diese Folgerung unterscheidet den modernen Nationalismus von anderen und weniger anspruchsvollen Formen einer nationalen oder Gruppenidentifikation, der wir ebenfalls begegnen werden.

2. Wie die meisten ernsthaften Forscher betrachte ich die „Nation" nicht als eine ursprüngliche oder unveränderliche soziale Einheit. Sie gehört ausschließlich einer bestimmten und historisch jungen Epoche an. Sie ist eine gesellschaftliche Einheit nur insofern, als sie sich auf eine bestimmte Form des modernen Territorialstaates bezieht, auf den „Nationalstaat", und es ist sinnlos, von Nation und Nationalität zu sprechen, wenn diese Beziehung nicht mitgemeint ist. Außerdem schließe ich mich Gellner an, wenn er das Element des Künstlichen, der Erfindung und des Social engineering betont, das in die Bildung von Nationen mit einfließt. „Dass Nationen als eine natürliche, gottgegebene Art der Klassifizierung von Menschen gelten – als ein [...] politisches Geschick – ist ein Mythos. Der Nationalismus, der manchmal bereits bestehende Kulturen in Nationen umwandelt, erfindet manchmal Kulturen und vernichtet häufig tatsächlich bestehende Kulturen: Das ist eine Realität" (Gellner). Kurz, aus Gründen der Analyse kommt der Nationalismus vor der Nation. Nicht die Nationen sind es, die Staaten und Nationalismen hervorbringen, sondern umgekehrt.

3. Die „nationale Frage", wie die Altmarxisten sie genannt haben, ist in jenem Bereich angesiedelt, in dem sich Politik, Technik und sozialer Wandel überschneiden. Nationen existieren nicht nur als Funktionen einer bestimmten Form des Territorialstaats oder des Strebens nach seiner Verwirklichung – grob gesagt des bürgerlichen Staates der Französischen Revolution –, sondern auch im Kontext einer bestimmten Phase der technischen und wirtschaftlichen Entwicklung. Die meisten Forscher stimmen heute darin überein, dass gesprochene oder geschriebene – nationale Hochsprachen als solche erst aufkommen konnten, nachdem es Druckerpressen, eine Volksbildung und damit auch Volksschulen gab. Man hat sogar die These vertreten, dass sich das heutige Alltagsitalienisch als das Idiom, mit dem sich das ganze Spektrum dessen zum Ausdruck bringen lässt, was eine Sprache des 20. Jahrhunderts außerhalb der häuslichen und persönlichen Kommunikationssphäre benötigt, lediglich als Reflex auf die Bedürfnisse des nationalen Fernsehprogramms entwickelt. Nationen und die damit zusammenhängenden Phänomene müssen deshalb im Hinblick auf die politischen, technischen, administrativen, wirtschaftlichen und sonstigen Bedingungen und Erfordernisse analysiert werden.

4. Aus diesem Grund sind Nationen nach meinem Dafürhalten Doppelphänomene, im wesentlichen zwar von oben konstruiert, doch nicht richtig zu verstehen, wenn sie nicht auch von unten analysiert werden, d. h. vor dem Hintergrund der Annahmen, Hoffnungen, Bedürfnisse, Sehnsüchte und Interessen der kleinen Leute, die nicht unbedingt national und noch weniger nationalistisch sind. Wenn es für mich einen wesentlichen Kritikpunkt an Gellners Arbeiten gibt, dann den, dass seine bevorzugte Perspektive einer Modernisierung von oben zu sehr den Blick von unten verstellt.

Dieser Blick auf die Nation von unten – das heißt nicht aus dem Blickwinkel der Regierungen und der Wortführer und Aktivisten nationalistischer (oder nicht-nationalistischer) Bewegungen, sondern aus der Sicht normaler Menschen, die Objekte der Handlungen und Propaganda des ersteren sind – ist überaus schwer zu rekonstruieren. Glücklicherweise haben die Sozialhistoriker gelernt, die Geschichte der Ideen, Meinungen und Empfindungen unterhalb des literarischen Ausdrucks zu erforschen, so dass wir heute weit weniger als frühere Historikergenerationen versucht sind, Leitartikel in ausgewählten Zeitungen mit der öffentlichen Meinung zu verwechseln. Vieles liegt noch im Ungewissen, aber über drei Dinge gibt es keinen Zweifel.

Erstens bieten offizielle Ideologien von Staaten und Bewegungen keine Anhaltspunkte für das, was in den Köpfen selbst ihrer loyalsten Bürger oder Anhänger vorgeht. Zweitens haben wir insbesondere keinen Grund zu der Annahme, dass für die meisten Menschen die Identifikation mit der Nation – sofern sie existiert – alle anderen Identifikationen, die ein gesellschaftliches Wissen ausmachen, ausschließt oder ihnen immer oder überhaupt überlegen ist. Tatsächlich verbindet sie sich immer mit Identifikationen anderer Art, auch wenn sie diesen gegenüber als vorrangig empfunden wird. Und drittens kann eine nationale Identifikation samt allen ihren Weiterungen sich im Lauf der Zeit, ja selbst innerhalb sehr kurzer Perioden verändern und verlagern. Das ist in meinen Augen jener Bereich der Forschung über Nation und Nationalismus, in dem heute der dringendste Bedarf an theoretischem Denken und praktischer Forschungsarbeit besteht.

5. Die Entwicklung von Nationen und Nationalismen in seit langem bestehenden Staaten wie England und Frankreich ist nicht sehr eingehend untersucht worden, obwohl das Interesse daran in jüngster Zeit steigt. Dass hier eine Lücke zu schließen ist, zeigt sich etwa daran, dass in England alle Probleme vernachlässigt werden, die mit dem englischen Nationalismus zusammenhängen – an sich schon ein Begriff, der vielen fremd in den Ohren klingt –, verglichen mit der Aufmerksamkeit, die dem Nationalismus der Schotten, Waliser oder erst recht der Iren entgegengebracht wird. Auf der anderen Seite hat es in den letzten Jahren beachtliche Fortschritte in der Untersuchung von nationalen Bewegungen gegeben, die nach staatlicher Unabhängigkeit streben, hauptsächlich in der Nachfolge von Hrochs bahnbrechenden komparativen Studien über kleine europäische Nationalbewegungen. Zwei Punkte in der Analyse dieses hervorragenden Wissenschaftlers sind in meine eigene Untersuchung eingegangen. Erstens entwickelt sich ein „Nationalbewusstsein" unter den gesellschaftlichen Gruppen und den Regionen eines Landes ungleichmäßig; diese regionalen Unterschiede und deren Gründe sind bisher weitgehend vernachlässigt worden. Die meisten Forscher würden übrigens der These zustimmen, dass unabhängig davon, welche gesellschaftlichen Gruppen als erste von einem „Nationalbewusstsein" erfasst werden, die Masse der Bevölkerung – Arbeiter, Dienstboten, Bauern – als letzte von ihm ergriffen werden. Zweitens und daraus folgend übernehme ich Hrochs sinnvolle Aufteilung der Geschichte nationaler Bewegungen in drei Phasen. Im Europa des 19. Jahrhunderts, für das diese Einteilung entwickelt wurde, war die Phase A rein kulturell, literarisch und volkskundlich, ohne dass sich daraus besonders politische oder gar nationale Folgerungen ergeben hätten, so wenig wie die Forschungen etwa der englischen Gypsy Lore Society (durch Forscher, die weder Roma noch Sinti sind) Folgen für die Objekte ihres Interesses haben. In der Phase B finden wir eine Gruppe von Vorkämpfern und militanten Wortführern der „nationalen Idee" und die Anfänge eines politischen Werbens für diese Idee. Der Hauptteil der Arbeiten Hrochs befasst sich mit dieser Phase und der Analyse der Herkunft, Zusammensetzung und Verteilung dieser minorite agissante. Mein eigenes Interesse in diesem Buch gilt mehr der Phase C; erst hier – und nicht schon vorher – gewinnen nationalistische Programme die Unterstützung der Massen oder zumindest eines Teils jener Massen, deren Repräsentanten zu sein sie immer wieder behaupten. Der Übergang von Phase B zu Phase C ist offensichtlich ein entscheidender Augenblick in der Chronologie nationaler Bewegungen. In manchen Fällen, wie in Irland, geschieht er vor der Schaffung eines Nationalstaats; vermutlich wesentlich häufiger liegt er jedoch später, als Folge eben dieses Aktes. Und wieder in anderen Fällen, wie in den Ländern der sogenannten Dritten Welt, kommt es nicht einmal dann dazu.

Zum Schluss kann ich nur noch anmerken, dass kein ernsthafter Historiker, der über Nationen und Nationalismus arbeitet, ein überzeugter politischer Nationalist sein kann, ausgenommen in einer Weise, wie Bibelgläubige zwar niemals ernstzunehmende Evolutionstheoretiker sein werden, aber durchaus einen wissenschaftlichen Beitrag zur Archäologie oder zur semitischen Philologie leisten können. Nationalismus erfordert zuviel Glauben an etwas, das offensichtlich in dieser Form nicht existiert. Oder wie Renan gesagt hat: „Keine Nation ohne Fälschung der eigenen Geschichte". Historiker sind von Berufs wegen verpflichtet, sie nicht zu fälschen oder sich zumindest darum zu bemühen. Ein Ire und ein stolzer Anhänger Irlands zu sein – selbst ein stolzer katholischer Ire oder ein Ulster-Protestant – ist nicht von vornherein unvereinbar mit einer wissenschaftlichen Beschäftigung mit irischer Geschichte. Ein Fenier oder Orangist zu sein ist nach meinem Dafürhalten in dieser Hinsicht nicht ganz so unproblematisch, so wie ein Zionist nicht ohne weiteres eine wirklich ernsthafte Geschichte der Juden schreiben könnte, sofern er als Historiker seine Überzeugungen nicht ablegt, bevor er sich in die Bibliothek oder an seine Studien begibt. Einige nationalistische Historiker waren dazu nicht in der Lage. Als ich mich daran machte, dieses Buch zu schreiben, brauchte ich meine außerhistorischen Überzeugungen glücklicherweise nicht abzulegen.

Aus: Eric J. Hobsbawm, Nationen und Nationalismus. Mythos und Realität seit 1780, Frankfurt 1991, S. 20–24.

ZUR TEXTERSCHLIESSUNG

1. Erläutern Sie, warum nach Hobsbawm der Nationalismus vor der Nation entsteht.
2. Erklären Sie, was Hobsbawm unter einem Nationalismus „von oben" und „von unten" versteht.
3. Warum darf ein ernsthafter Historiker, der über Nationen und Nationalismus arbeitet, nach Hobsbawms Auffassung kein überzeugter Nationalist sein?

8.5 Bassam Tibi: Nationalismus versus islamistischer Fundamentalismus

Bassam Tibi (geb. 1944 in Damaskus) studierte Sozialwissenschaften, Philosophie und Geschichte an der Universität Frankfurt und promovierte dort 1971. 1981 habilitierte er sich an der Universität Hamburg. Seit 1973 ist er Professor für internationale Beziehungen in Göttingen, seitdem nahm er zahlreiche Gastprofessuren wahr. Bassam Tibi ist Mitbegründer der „Arabischen Organisation für Menschenrechte", besitzt die deutsche Staatsangehörigkeit und wurde für sein wissenschaftliches Werk mit zahlreichen Auszeichnungen geehrt.

Tibi gehört zu den scharfen Kritikern des Islamismus und fordert von den in Europa lebenden Muslimen eine klare Abgrenzung vom Terrorismus. Tibi prägte den Begriff einer „europäischen Leitkultur" – der allerdings mit dem konservativen Verständnis einer „deutschen Leitkultur" wenig gemein hat. Tibi hat sich wiederholt eingehend mit gegenwärtigen Entwicklungen in muslimischen Ländern auseinandergesetzt, denen er eine „halbe Modernisierung" attestiert. Er kritisiert einen wertebeliebigen Multikulturalismus und warnt vor der Ausbreitung von „Parallelgesellschaften" in europäischen Staaten. Er fordert von den hier lebenden Muslimen eine unmissverständliche Anerkennung der jeweiligen Rechts- und Verfassungsordnungen, insbesondere der Menschenrechte.

Tibi fragt unter anderem nach den Bedingungen der Entstehung des islamischen Fundamentalismus, der in mancher Hinsicht mit dem Nationalismus vergleichbar, aber keinesfalls gleichzusetzen sei. Er begreift Fundamentalismus als eine neue Synthese von Religion und Politik, die aus den Problemen des Krisenzeitalters im 21. Jahrhundert erwächst. Dabei geraten insbesondere die Spannungen in den Blick, die zwischen nationalstaatlichen und fundamentalistischen Konzepten entstehen; ferner thematisiert Tibi verschiedene Modelle des Verhältnisses von Staat und Religion in einigen muslimischen Ländern, zumal in solchen, in denen sich politische Befreiungsbewegungen entfalteten. Sein Ansatz ist in mancher Hinsicht dem von Huntington (vgl. S. 332 ff.) ähnlich.

Literaturhinweise

Bassam Tibi, Die fundamentalistische Herausforderung. Der Islam und die Weltpolitik, München 2002.
Ralf Elger, Islam, Frankfurt a. M. 2002.
Franco Cardini, Europa und der Islam, Geschichte eines Mißverständnisses, München 2000.
Hartmann Wunderer (Hrsg.), Der Islam und die westliche Welt – Konfrontation, Konkurrenz, Kulturaustausch, Hannover 2003.

M 5 Die fundamentalistische Herausforderung

■ Ohne die großen Belastungen des Kolonialerbes zu bestreiten, bin ich der Ansicht, dass es nicht weiterhilft, uns damit zu begnügen, sämtliche Probleme der islamischen Welt mit der sicherlich verbrecherischen kolonialen Praxis der Europäer in der islamischen Welt zu erklären. Zu diesen Problemen gehört zum Beispiel die Explosion der Bevölkerungszahlen. So hat sich die Bevölkerung Algeriens in einem Zeitraum von 40 Jahren mehr als verdreifacht (von 9 Millionen 1962, dem Jahr der Unabhängigkeit, auf etwa 34 Millionen heute). Jeder weiß, dass keine Ökonomie ihre Ressourcen innerhalb von drei Jahrzehnten parallel zu einem solchen Bevölkerungswachstum vermehren kann. Bevölkerungsexplosion bedeutet zwangsläufig eine Verknappung der Ressourcen und somit Elend als unvermeidliche Begleiterscheinung. Dabei gehört Algerien als ein erdölproduzierendes OPEC-Land nicht gerade zu den armen Ländern Afrikas. Ist der Westen nun daran schuld, dass das FLN-Einparteienregime in Algerien alle Ressourcen des Landes in einem von Anfang an falsch konzipierten Industrialisierungsprogramm vergeudet hat? Von diesem zeugen heute nur noch Ruinen. Früher haben einige westliche Entwicklungstheoretiker ohne regionale Kenntnisse die Idee von einer „Abkoppelung der Dritten Welt" von der Weltwirtschaft geprägt, um einen Ausweg aus der Sackgasse der Unterentwicklung aufzuzeigen. Diese Idee basierte auf der These von der „Ausbeutung der Dritten Welt“. Nach dem Ende des Ost-West-Konfliktes gibt es jedoch keine „dritte“ Welt mehr, sondern eine Welt der Zivilisationen. Im Gegensatz zur Kolonialzeit bieten Asien und Afrika heute wenig lukrative Möglichkeiten für die Industrieländer, dort aktiv zu sein. Aus diesem Grunde rufen Wissenschaftler wie der Amerikaner Stephen Krasner zur Abkoppelung des Westens von der Dritten Welt auf, denn der „strukturelle Konflikt“ zwischen beiden scheint nicht lösbar.

Jenseits der Rhetorik der „Dritten Welt“ formiert sich das Dar al-Islam als Zivilisation gegen den Westen und die von ihm dominierte Weltordnung. Dennoch gehören islamische Staaten zur Weltgemeinschaft, und dies dem islamischen Fundamentalismus wie Krasner gleichermaßen zum Trotz. „Strukturelle Konflikte“ (Krasner) zwischen der Welt des Islam und dem Westen müssen gemeinsam bewältigt werden. Fest steht jedoch, dass die Globalisierungsthese keine plausible Erklärung für die Entstehung des Fundamentalismus bietet.

Richtiger ist die Einschätzung, dass es sich beim Fundamentalismus um eine neue Synthese von Religion und Politik handelt, die aus den Problemen unseres Krisenzeitalters im 21. Jahrhundert erwächst. Diese Problematik ist deshalb so zentral, weil die angeführte Synthese nicht etwa nur von Randgruppen vertreten wird. Wir leben im Zeitalter des Fundamentalismus, der behauptet, politische Lösungen für anstehende Probleme aus der Religion zu entnehmen. Es gilt, eine Antwort auf die Frage zu suchen, ob die fundamentalistische Herausforderung für die heute wirtschaftlich, ethnisch/national sowie politisch und kulturell fragmentierte Menschheit ein Fluch oder ein Segen ist. [...]

Die Religion ist transzendental, und sie bringt den ursprünglichen menschlichen Traum vom Paradies zum Ausdruck, ist also ein urmenschliches Bedürfnis, welches die Philosophen der Aufklärung in ihrem Sturm auf die Religion verkannt haben. Aber das wahrhaft Religiöse kann nur nach der Entpolitisierung der Religion, d.h. nach ihrer Befreiung von Ideologie und Zwang, zum Ausdruck kommen. In diesem Sinne ist die nicht antireligiös gesinnte Säkularisierung weit mehr als eine Trennung von Religion und Staat/Politik. Zum einen schützt eine solche Säkularisierung die Religion vor politischem Missbrauch, zum anderen beseitigt sie die vorhandenen religiös bedingten Barrieren zwischen Menschen unterschiedlicher Religionen und Kulturgemeinschaften. Daher bin ich der Ansicht, dass politisierte Religionen, d.h. alle Varianten des Fundamentalismus, den Nährboden nicht nur für Intoleranz, sondern auch und vor allem für Konflikt und Zwist unter der religiös gespaltenen Menschheit bilden. Innerhalb eines Nationalstaates wie Indien unterminiert die Verwandlung der Hindu-Religion in einen politischen Hinduismus und des IndoIslam in eine indische Variante vom islamischen Fundamentalismus den inneren Frieden. Der Konflikt in Indien ist einer zwischen Hindus und Muslimen. Es gibt andere Konflikte, die sich auf die Spannungen zwischen Christen und Muslimen beziehen, sei es auf dem Balkan, in Tschetschenien, Nigeria, auf den Philippinen oder anderswo. Ähnliches lässt sich im Nahen Osten beobachten, wo der jüdische und der arabisch-islamische Fundamentalismus die Möglichkeit eines Friedens unterminieren. Kurzum, jede Politisierung der Religion spaltet die Menschheit und verhärtet vorhandene Konfliktpotentiale. Der Fundamentalismus lässt sich nicht mit der „Schuld des Westens“ erklären; seine Entstehung geht auf eine komplexe Kombination sowohl interner als auch externer Bedingungsfaktoren zurück.

Auf der Suche nach einer Strategie gegen den Fundamentalismus stimme ich mit Talal Asad darin überein, dass „Säkularisierung“ etwas mehr als nur eine Trennung von Religion und Staat bedeutet; sie beinhaltet eine zwingende Universalisierung von moderner Moralität, von Wissen, von Recht und von Nationalstaatlichkeit. Diese Leistung kann keine Religion vollbringen, es sei denn durch ihre eigene Universalisierung auf Kosten der anderen Religionen. Die angeführten universellen Werte, die durch eine Säkularisierung religionsübergreifend etabliert werden können, werden jedoch (bis auf den Begriff der Nationalstaatlichkeit) auch von islamischen Fundamentalisten verwendet. Auch sie sprechen von Recht, Wissen und Sittlichkeit. Wenn sie von „Recht“ sprechen, meinen sie jedoch Schari'al/Islamisches Recht und beanspruchen hierfür universelle Geltung.

Mit der Globalisierungsthese kann man nicht erklären, warum ein fundamentalistisches Regime wie im Sudan 60 Prozent der Bevölkerung unterdrückt. Der Zwang, der aus dem Anspruch des islamischen Rechts auf Universalität resultiert, führt zum Bürgerkrieg, der seit September 1983, d.h. seit der Einführung der islamischen Schari'a, andauert. Das fundamentalistische Programm basiert immer auf Zwang. Islamische Fundamentalisten wollen zunächst die nichtfundamentalistischen Muslime, denen sie Abfall vom Glauben bzw. Rückfall in die Djahiliyya vorwerfen, auf den „richtigen Pfad“ zwingen. In einer weiteren, zweiten Stufe wollen sie dann ihre Hall Islamil/Islamische Lösung dem Rest der Menschheit aufzwingen. Genau das ist der Inhalt der fundamentalistischen Herausforderung; sie lässt sich nur auf der weltanschaulichen Ebene deuten und verstehen, obwohl sie in globale politisch-ökonomische Zusammenhänge eingebettet ist. [...]

Es steht eindeutig fest, dass der Prozess der Entstehung und Ausbreitung des politischen Islam in den frühen 70er Jahren, d.h. lange vor der „iranischen Revolution", eingesetzt hat. Die fundamentalistische Neufassung der alten islamischen Idee von der Einheit von Religion und Politik verbreitete sich in einer Phase, in der der Name und die Schriften Khomeinis in der gesamten Welt fast unbekannt waren. Die Revolution im Iran, in der die Mullahs den „Mantel des Propheten" anlegten, lenkte jedoch die Aufmerksamkeit der Weltöffentlichkeit auf die gegenwärtige Krise in der Welt des Islam. Doch wurde ihre Wirkung dadurch begrenzt, dass sie schi'itisch war. Nur zehn Prozent der 1,5 Milliarden Menschen umfassenden islamischen Gemeinde bekennen sich zur Schi'a. Der überwiegende Teil der Muslime ist sunnitisch. Die sich islamisch darstellende Revolution im Iran hat dennoch die Idee der Einheit von Religion und Politik neu belebt. Die geistigen Quellen des sunnitisch-islamischen Fundamentalismus gehen jedoch auf Sayyid Qutb (hingerichtet 1966) zurück, der lange vor Khomeini die Idee des Gottesstaates gepredigt und für sie den neo-islamischen Begriff Hakimiyyat Allah geprägt hatte. Für dieselbe Idee des Gottesstaates hat Khomeini lediglich die klassische schi'itische Doktrin [...] neu gedeutet [...].
Die der kulturellen Moderne entnommene Idee der Trennung von Religion und Politik wurde im späten 19. Jahrhundert zunächst von christlichen Arabern vertreten; sie bot ihnen die Möglichkeit, sich von ihrem Status als Dhimmi/geschützte religiöse Minderheit zu befreien. In einer säkular definierten arabischen Nation wären christliche und muslimische Araber gleichberechtigt. Dagegen können Nichtmuslime in einer islamischen Umma geduldet, aber niemals gleichberechtigt sein. Im Islam heißt Toleranz nicht mehr als Duldung. [...]

Nach der Auflösung des letzten islamischen Reiches, des Osmanenreiches, 1924 hat sich die islamische Welt geteilt. Am Ende des 20. Jahrhunderts, parallel zur Auflösung des kommunistischen Imperiums, hat das Dar al-Islam begonnen, sich auch politisch als islamische Zivilisation neu zu gestalten. In diesem Zusammenhang nimmt der islamische Fundamentalismus den Platz des säkularen arabischen Nationalismus ein, der zuvor die Unterscheidung zwischen Arabern und Türken als Basis für die Abgrenzung der Araber von der restlichen islamischen Welt vorgenommen hatte. Hierbei ging es ursprünglich um Ansprüche auf eine kulturelle Einheit aller Araber bzw. die politischen Forderungen nach arabischer Autonomie, die gegen das islamisch legitimierte Osmanenreich gerichtet waren. Der implizit säkulare Charakter selbst des frühen arabischen Nationalismus war eng mit diesen historischen Begleitumständen verknüpft. Der Arabismus musste säkular sein, weil er aufgrund seiner Zielsetzung, der Errichtung eines arabischen Nationalstaates, gegen das islamische Universalreich gerichtet war.

Ebenso wie der Arabismus, der totalitär und niemals demokratisch orientiert war, ist der politische Islam antidemokratisch. Im Gegensatz zum Panarabismus ist jedoch der politische Islam ein Universalismus, der einen Weltstaat errichten will, die Unterschiede zwischen Turkvölkern, Arabern oder Persern allerdings nicht wegzaubern kann. Die Bedrohung durch die iranische Revolution sowie ihr Anspruch – während der Khomeini-Ära – auf Übertragbarkeit in die benachbarten arabischen Staaten trug seinerzeit zu Veränderungen in den Anschauungen arabisch-islamischer Fundamentalisten bei. Seit den beiden Golfkriegen ist der politische Islam im arabischen Teil des Nahen Ostens mit dem Arabismus verknüpft. In der Sprache der arabischen Nationalisten hat sich heute die neue Formel „islamisch-arabischer Nationalstaat" eingebürgert, die in der Tat einen Widerspruch in sich birgt. Denn der Nationalstaat ist dem Dar al-Islam eine fremde Institution. Konsequente islamische Fundamentalisten lassen sich auf solche Versöhnungsversuche zwischen Islam und Nationalstaat nicht ein und bestehen somit weiter auf Hakimiyyat Allah/Gottesherrschaft, womit sie das Prinzip demokratischer Volkssouveränität kategorisch zurückweisen. Der Universalismus der islamisch legitimierten Revolution im Iran konnte keinen Widerhall im sunnitisch-arabischen Teil der islamischen Zivilisation finden, weshalb der Export dieser Revolution gescheitert ist. Der sunnitisch-islamische Fundamentalismus bleibt seinen Quellen treu.

Aus: Bassam Tibi, Die fundamentalistische Herausforderung. Der Islam und die Weltpolitik, München 2002, S. 244–251 (Auszüge).

Zur Texterschliessung

1. Tibi behauptet, der Fundamentalismus sei keine Folge der Globalisierung. Wie begründet er diese Auffassung?
2. Welche Gründe oder Ursachen nennt Tibi für die Entstehung des Fundamentalismus?
3. Tibi fordert eine Entpolitisierung der Religion. Verdeutlichen Sie, was genau er darunter versteht und welche Folgen eine solche Trennung hätte.

8.6 Bruno Schoch: Warum der politische Islamismus erfolgreich ist

Bruno Schoch (geb. 1947) studierte Philosophie und Geschichte an den Universitäten in Basel und Frankfurt. Seit seiner Promotion 1978 ist er Wissenschaftlicher Mitarbeiter bei der Hessischen Stiftung für Friedens- und Konfliktforschung (HSFK) und arbeitet dort als Projektleiter im Programmbereich „Demokratisierung und der innergesellschaftliche Frieden." Seit 1995 ist er Mitherausgeber des Friedensgutachtens. Von 2002 bis 2006 war er Mitglied im „Balkan Forum" der Bertelsmann-Stiftung, des Centrums für Angewandte Politikforschung und des Planungsstabes des Auswärtigen Amtes.

In seinen Veröffentlichungen – wie auch in dem hier angeführten Textauszug – widmet Schoch sich unter anderem dem Phänomen des „neuen Terrorismus". Er weist dabei die „gängigen Erklärungsmuster" (Globalisierung) und zugewiesenen Verantwortlichkeiten (vor allem der USA) zurück und nimmt – empirisch abgesichert – die technologische Rückständigkeit und die autoritären Systeme der arabischen Welt in den Blick. Für ihn ist das Erstarken des Islamismus ein „Phänomen der Moderne" und spiegelt die „Modernisierungskrise" der arabischen Welt wieder.

M 6 Der neue Terrorismus

Weiterreichende, nur langfristig wirksame Strategien gegen den neuen internationalen Terrorismus zielen auf seine Ursachen und Quellen. In der Debatte stößt man auf drei Argumentationsstränge, die in vielfacher Variation wiederkehren.

Da ist zum einen die geläufige Annahme, soziales Elend erzeuge unmittelbar politische Gewalt. Ungeachtet dessen, dass sie im Blick auf die Revolutionsursachen von Historikern als widerlegt gelten darf, hält sie sich offenbar mit der Hartnäckigkeit eines Volksvorurteils, immun gegen argumentative Einwände. Nach allem, was wir [...] über die Täter des 11. Septembers wissen, gehören sie nicht zu den Modernisierungs- und Globalisierungsverlierern, sondern stammen aus der im Westen gebildeten akademischen Mittelschicht. Der Zusammenhang zwischen sozialem Elend und rücksichtsloser Gewaltbereitschaft ist viel komplizierter, als es die beliebte unmittelbare Kausalität unterstellt.

Zum zweiten taucht immer wieder der Vorwurf auf, der 11. September stelle eine Reaktion dar auf die arrogante Verachtung der islamischen Welt durch den Westen und die USA im besonderen. Das entspricht der offiziellen Selbstwahrnehmung der arabischen Länder. Ihre Niederlagen und ihre ökonomischen und sozialen Rückstände führten bislang nicht zur kritischen Selbstreflexion der eigenen Unzulänglichkeiten, sondern zur Dämonisierung des Westens und zur Verteufelung der USA durch die autoritären Regime. So können sie eigene Schwierigkeiten und Unfähigkeit als Resultat westlicher und amerikanischer Übermacht ausgeben. Doch sollten wir uns hüten, die Mär von der Frontstellung des Westens gegen die islamische Welt, die sich in Huntingtons gefährlich simple Welterklärung vom unvermeidbaren „Kampf der Kulturen" [s. hierzu: S. 322 ff.] fügt, nachzuplappern. Sind die militärischen Interventionen auf dem Balkan, über deren Sinn und Legitimität es hierzulande lange und heftige Kontroversen gab und die – ob in Bosnien-Herzegowina, im Kosovo 1999 oder in Mazedonien 2002 – nicht gegen Muslime erfolgten, sondern umgekehrt für Muslime, schon vergessen?

Drittens schließlich tauchen in den Fatwas von Bin Laden immer wieder drei ausdrücklich politische Ziele auf: die Kritik an der Haltung der USA im Palästinakonflikt, an den Sanktionen gegenüber dem Irak sowie an der Präsenz amerikanischer Truppen auf heiligem islamischen Boden. Vieles spricht indes für die Vermutung, diese politischen Argumente nicht à la lettre zu nehmen, sondern lediglich als instrumentelle ideologische Rechtfertigungen für die eigene Kriegserklärung an die USA. Die Strategen von Al Qaida identifizieren sich mit den Palästinensern ebensowenig wie die arabischen Regime, die den Nahostkonflikt gern als Ventil nutzen, um Kritik und Protest von sich abzulenken. Jedenfalls wurde der erste Anschlag auf das World Trade Center 1993 zu einem Zeitpunkt geplant, als sich der Friedensprozess von Oslo auf seinem Höhepunkt befand. [...]

Gewiss gibt es allen Grund, Defizite und Versäumnisse westlicher Ordnungspolitik im Blick auf die arabischen Länder zu kritisieren. Das Verlangen der reichen Industriegesellschaften nach billiger Energie ließ das Interesse an Stabilität über alles stellen. Auch und gerade über die eigenen demokratischen Werte. Gleichwohl muss man der verbreiteten Tendenz, die USA für alle Übel dieser Welt verantwortlich machen zu wollen, entgegentreten.

Sie sind gewiss ein mächtiges Land. Aber nur das antiamerikanische Ressentiment erklärt sie deshalb zum Demiurgen [Weltschöpfer] der Welt, dem alle ihre Unzulänglichkeiten anzulasten sind. Zum einen muss daran erinnert werden, dass es nicht die USA waren, sondern die alten europäischen Großmächte, die einst die arabische Welt kolonialisierten und unter sich aufteilten. Zum anderen haben die postkolonialen arabischen Regime Jahrzehnte nach der Entkolonialisierung auch eine Eigenverantwortung für die Stagnation ihrer Gesellschaften.

[...] Der im Rahmen des UNO-Entwicklungsgrogramms von arabischen Intellektuellen und Akademikern erarbeitete Arab Human Development Report 2002 beleuchtet die tiefe Modernisierungskrise, in der die arabischen Länder [...] stecken, schonungslos und umfassend. [...] Während noch immer das Bild vom märchenhaften Reichtum der Wüstenscheichs herumgeistert, erreichte in Wirklichkeit das Bruttoinlandsprodukt aller arabischen Länder zusammengenommen im Jahr 531,2 Milliarden Dollar, weniger als Spanien mit 595,5 Milliarden! Betrugen die Wachstumsraten in den späten siebziger Jahren noch jährlich 8,6 Prozent, so fielen sie in den achtziger Jahren drastisch auf durchschnittlich 0,7 Prozent, um bis 1998 wieder auf 3,3 Prozent pro Jahr zu steigen. Berücksichtigt man zugleich die starke Bevölkerungszunahme, so wuchs das reale Pro-Kopf-Einkommen von 1975 bis 1998 um etwa 0,5 Prozent pro Jahr. Diese Stagnation rangiert auch innerhalb der Entwicklungsländer am unteren Ende, sie wird nur unterboten von den Ländern Afrikas südlich der Sahara. Gewiss gibt es [...] enorme Unterschiede zwischen einzelnen Ländern. Besonders schlecht steht es um diejenigen, die von Kriegen und Bürgerkriegen betroffen waren und sind: Algerien, Djibouti, der Irak, Libanon, die palästinensischen Gebiete, Somalia und der Sudan.

Eine andere Vergleichszahl ist überaus aufschlussreich: „Im Jahr 1981 produzierte China halb so viel wie die arabische Welt; 1987 hatte es dasselbe Produktionsvolumen erreicht wie sie; heute produziert es das Doppelte." Dem entspricht das nur gering entwickelte technologische Niveau in den arabischen Ländern, sieht man vom militärischen Bereich in Ägypten und im Irak ab. Die Autoren sprechen von digitale divide, d.h. der Kluft zwischen denjenigen, die Zugang zur digitalen Welt haben und denen, die davon ausgeschlossen sind. Auch dabei schneiden die arabischen Länder schlechter ab als die meisten anderen Entwicklungsländer: Nur 0,6 Prozent der Bevölkerung hat Zugang zum Internet, nur 1,2 Prozent nutzen einen PC. Somit stellen die arabischen Ländern zwar rund fünf Prozent der gesamten Weltbevölkerung, jedoch nur 0,5 Prozent der weltweiten Internet-Benutzer. [...]

Nicht zuletzt die ungebremste Bevölkerungsexplosion in den arabischen Ländern birgt erhebliche Konfliktpotenziale. Dadurch ist die Altersstruktur der Bevölkerung signifikant jünger als weltweit: 38 Prozent sind unter 14 Jahre alt. Bis 2020 wird je nach Szenario die arabische Bevölkerung auf 410 bis 459 Millionen anwachsen. Gleichzeitig hat die Weltbank ausgemacht, dass von den 22 Ländern, die weltweit über weniger als jährlich 1000 Kubikmeter Wasser pro Person verfügen, 15 arabische Staaten sind. Auch die für Landwirtschaft nutzbare Fläche schrumpft bedrohlich: von 0,4 Hektar pro Person im Jahre 1970 bis 0,24 Hektar 1998. Hand in Hand mit dem rapiden Bevölkerungswachstum und der Landflucht ist eine mittel- und perspektivlose städtische Jugend herangewachsen, die einen günstigen Nährboden für den politischen Islamismus abgibt. [...]

Noch ein Wort zu den Erdölressourcen: Aufgrund der durchgängig autoritären Regime, seien sie religiös legitimiert oder säkular, werden die enormen Einnahmen aus der Erdölförderung überall als Revenue für die Herrschenden angeeignet. Gönnerhaft verteilen sie davon etwas auch an das Volk, allerdings ganz nach eigenem Belieben. Dadurch hat sich ein Selbstverständnis der jeweiligen Regimes als wohltätige Verteiler von Reichtümern verfestigt. Zugleich aber erwartet die rasch wachsende Bevölkerung von den Machthabern ein Maß an materiellen Zuwendungen, das sie seit den siebziger Jahren nicht mehr beibehalten können. Außerdem haben nicht zuletzt die natürlichen Ressourcen als Quelle für gigantische Einnahmen die Herrschenden weder zu good governance animiert noch zu umfassenden Strategien der Modernisierung, die eine sich selbst tragende ökonomische und soziale Entwicklung hätten voranbringen können. [...]

In den meisten arabischen Ländern haben die Regime, die nach der Entkolonialisierung an die Macht gekommen sind, gar nicht erst versucht, ihre Länder umfassend zu demokratisieren – oder aber, Liberalisierungs- und Demokratisierungsversuche sind ins Stocken geraten und autoritär zurückgedreht worden. So haben wir es heute fast durchweg mit autoritären oder reaktionären politischen Systemen zu tun, in denen die Opposition unterdrückt und die Menschenrechte kaum beachtet werden. Allenthalben dominieren Korruption und Kleptokratie [persönliche Bereicherung durch Ausnutzung gesellschaftlicher Privilegien], [...] versuchen die Herrschenden, oppositionelle Regungen und kritische Stimmen entweder brachial zu unterdrücken oder sich Legitimation durch Zugeständnisse an den Islamismus zu erkaufen, nicht selten kombinieren sie beides. Demokratisierungsansätze scheitern mitunter auch daran, dass die politische Liberalisierung den Islamisten Auftrieb verleiht und dann von den Regierenden mit Gewalt wieder abgewürgt wird, wofür sie im Westen Verständnis und Unterstützung finden. Prominentestes Beispiel dafür ist Algerien.

Bar jeglicher rechtsstaatlich verbriefter Grundrechte haben nicht nur die regierenden Potentaten, sondern auch die Staaten selbst nie eine von ihren Bürgern unbestrittene Legitimität erreicht. Das Fehlen glaubwürdiger politischer Systeme ist ein wesentlicher Grund dafür, warum der radikale Islamismus Zulauf hat [...].

Die politische und intellektuelle Opposition wird in allen arabischen Staaten unterdrückt. Medien und Zeitschriften sind weitgehend staatlich gelenkt, die Universitäten ebenfalls, sofern sie nicht direkt religiösen Führern unterstehen. [...] Zwischen autoritären Systemen einerseits und politischen Islamisten andererseits besteht ein Zusammenhang. Wenn jede kritische Regung mit Gewalt unterbunden wird, ist die Opposition in die Moschee verbannt. Sie wird zum einzigen Ort, wo sich überhaupt kritische Gedanken artikulieren können. [...]

Neben fehlenden Freiheiten und der Diskriminierung der Frauen nennen die Autoren als dritte wesentliche Ursache ein unzureichendes Schul- und Bildungssystem. [...] Die Ausgaben für Schule und Bildung sind in den arabischen Ländern niedriger als in den meisten anderen Regionen der Welt. Entsprechend bescheiden ist der allgemeine Bildungsstand, selbst verglichen mit Entwicklungsländern. Die Analphabetenrate unter den Erwachsenen, 1983 noch über 60 Prozent, ist auf 43 Prozent Mitte der neunziger Jahre gesunken. Gleichwohl liegt sie noch immer über dem internationalen Durchschnitt selbst der Entwicklungsländer. Am Anfang unseres Jahrhunderts gibt es in den arabischen Ländern insgesamt noch immer mehr als 60 Millionen erwachsene Analphabeten, wobei die Quote der Frauen mit mehr als 40 Prozent markant höher liegt. [...]

Die soziale Atomisierungstendenz der modernen Gesellschaft erzeugt das Bedürfnis nach Gemeinschaft. Die massive und schnelle Zerstörung hergebrachter sozialer Strukturen durch rapide ökonomische Veränderungen, soziale Individualisierung und Vereinzelung sind unvermeidbare Nebenprodukte von sozialer Mobilität, Landflucht, Verstädterung, Alphabetisierung und globaler Migration. Mit den hergebrachten Familien- und Dorfstrukturen werden auch die angestammten Mentalitäten zersetzt. Das war in der europäischen Entwicklung auch nicht anders, wie Marx und Engels im „Kommunistischen Manifest“ auf eine noch heute beeindruckende Weise analysiert haben.

Zugleich fehlt indes ein neues gesellschaftliches Prinzip. Es fehlt die der modernen Gesellschaft entsprechende Gleichheit bei der Chancenvergabe, wenn trotz Modernisierungsschüben und Individualisierung weiter die traditionalen Gemeinschaften und Familienzugehörigkeiten über Karrieren und Machtbeteiligung entscheiden. Der Berliner Islamwissenschaftler Stephan Rosiny hat das auf die prägnante Formel gebracht: „Das Individuum ist sowohl mit den Forderungen seiner traditionalen Umgebung, als auch mit denen der modernen Gesellschaft konfrontiert. Aber der Einzelne kann sich umgekehrt weder auf die traditionale Gemeinschaft mehr verlassen, noch gewährt ihm der Staat bereits neue Sicherheiten.“

Der Erfolg des politischen Islamismus besteht darin, dass er eine Antwort auf eine doppelte Krise zu sein verspricht: auf die Krise des Nationalstaates und des Nationalismus und auf die Krise des Realsozialismus und aller sozialistischen Utopien. Auch wenn man das beim Nationalismus meist übersieht, enthielten doch beide ein großes egalitäres Versprechen auf die Zukunft. Das spielte in der Mobilisierung gegen den Kolonialismus und für nationale Befreiung eine wichtige Rolle, man denke an Ägypten und vor allem an Algerien, wo der Kampf um die nationale Unabhängigkeit über eine Million Tote gefordert hat. Seit der Krise des Nationalismus und des Sozialismus verheißt der politische Islamismus, das tiefe Bedürfnis nach Gemeinschaft zu befriedigen, das die Zerstörung der althergebrachten sozialen und mentalen Gewissheiten erzeugt. Auch insofern ist er ein Phänomen der Moderne.

Bruno Schoch, Der neue Terrorismus: Hintergründe und Handlungsfelder in arabischen Staaten, in: Kai Hirschmann/Christian Leggemann (Hrsg.), Der Kampf gegen den Terrorismus. Strategien und Handlungserfordernisse in Deutschland, Berlin 2003, S. 41–80 (hier zit. nach der gekürzten Fassung, abgedr. in: Frankfurter Rundschau vom 11. 9. 2003)

ZUR TEXTERSCHLIESSUNG

1. Arbeiten Sie die Argumente heraus, die Schoch gegen die These vom Terrorismus als Folge westlicher Übermacht stellt.
2. Erläutern Sie seine These vom Erstarken des Islamismus als Folge einer „tiefen Modernisierungskrise“, in der sich die arabische Welt befindet.
3. Grenzen Sie Schochs Erklärungsansatz von dem Tibis (vgl. S. 326 ff.) ab. Handelt es sich Ihrer Ansicht nach um gegensätzliche oder sich ergänzende Erklärungen?

8.7 Samuel P. Huntington: The Clash of Civilizations

1927 in New York geboren, studierte Samuel Huntington in Yale und Chicago. Er ist Professor für Politikwissenschaft an der Harvard University, wo er von 1978 bis 1989 das „Centre for International Affairs" leitete. Von 1989 bis 2000 war er Direktor des dortigen John-M.-Olin-Instituts für Strategische Studien. Neben seinen Lehr- und Forschungstätigkeiten ist Huntington Mitbegründer der Zeitschrift „Foreign Affairs", war als Koordinator für den Nationalen Sicherheitsrat tätig und gehörte seit den sechziger Jahren verschiedenen Gremien zur Beratung der amerikanischen Regierungen und Präsidenten an.

Mit dem 1996 veröffentlichten Werk „The Clash of Civilizations and the Remaking of World Order" erregte er weltweite Aufmerksamkeit. Nach den Anschlägen vom 11. September 2001 ist seine These vom „Kampf der Kulturen" einer der zentralen Bezugspunkte in den geopolitischen Debatten geworden, obwohl er selbst die Terrorattacke nicht mit seiner These verband, sondern sie als einen „Angriff gemeiner Barbaren auf die zivilisierte Gesellschaft der ganzen Welt" sah und sich gegen den Irak-Krieg der USA unter Umgehung der Vereinten Nationen aussprach.
Huntington versteht sein Buch nicht als sozialwissenschaftliches Werk, sondern als eine „Interpretation der Entwicklung nach dem Kalten Krieg", als ein „Gerüst, ein Paradigma für die Betrachter globaler Politik" (S. 12). Ausgangspunkt ist für ihn die veränderte weltpolitische Konstellation nach dem Zusammenbruch des Staatssozialismus. Wurde die bipolare Ordnung des Kalten Krieges durch die Aufteilung der Welt in hegemoniale Einflusssphären stabilisiert, so sind nach Huntington in der Ära neoliberaler Globalisierung die Nationalstaaten durch Migration, durch vagabundierende Produktionsstätten und Märkte infrage gestellt. Deshalb seien Konflikte nicht mehr nationalstaatlich verankerter ideologischer, politischer oder ökonomischer, sondern „kultureller Art". An die Stelle der bipolaren Staatenwelt sei eine multipolare Welt unterschiedlicher Kulturkreise getreten, die Huntington um Religionen gruppiert: die westlich-christliche Kultur Europas, Nordamerikas und Ozeaniens; die orthodox-christliche Kultur der slawisch-griechischen Welt; die islamische Kultur, die von Mittelafrika über den Nahen Osten bis nach Zentralasien und Indonesien reicht; die afrikanische Kultur; die hinduistische Kultur Indiens; die japanische Kultur und die konfuzianische Kultur Chinas und seiner ost- und südostasiatischen Peripherie. Damit geht Huntington über den Staat als Grundeinheit der Weltpolitik hinaus und verbannt politische Ideologien ebenso wie große ökonomische Auseinandersetzungen als geschichtsträchtige Komponenten in den Hintergrund. Die Schlachtfelder der Zukunft, so Huntington, werden entlang kultureller Fronten innerhalb und zwischen Staaten entstehen, vor allem an den Nahtstellen zwischen dem Orient und dem Okzident, den „blutigen Grenzen des Islam". Die bisherige Vormachtstellung des westlichen Kulturkreises sieht er durch ein antiwestliches Bündnis der islamischen und der konfuzianischen Großkultur bedroht, wobei das Überleben des Westens für ihn davon abhängt, dass die USA ihre westliche Identität bekräftigen und ihre globale Rolle als Führungsnation des Westens offensiv wahrnehmen.

Literaturhinweise

Warum der Kampf der Kulturen noch Jahrzehnte dauert – Interview mit ***Samuel Huntington*** von Amina R. Chaudary, in: Die Welt, 15. November 2006.
Samuel P. Huntington, Gott ist wieder da!, Aktuelle Theorien Huntingtons, in: Cicero Magazin für politische Kultur, August 2005.
Harald Müller, Das Zusammenleben der Kulturen. Ein Gegenentwurf zu Huntington, Frankfurt a. M. 1998.
Martin Riesebrodt, Die Rückkehr der Religionen?: Fundamentalismus und der „Kampf der Kulturen". München 2000.

M 7 Kampf der Kulturen

In der Welt nach dem Kalten Krieg ist Weltpolitik zum erstenmal in der Geschichte multipolar und multikulturell geworden. Für die längste Zeit menschlichen Daseins auf Erden waren Kontakte zwischen Kulturen sporadisch oder nicht existent. Zu Beginn der Neuzeit um 1500 n. Chr. nahm dann die globale Politik zwei Dimensionen an. Auf der einen Seite bildeten die Nationalstaaten des Westens – England, Frankreich, Spanien, Österreich, Preußen, Deutschland, die USA und andere – ein multipolares internationales System im Rahmen des westlichen Kulturkreises und interagierten, konkurrierten und kämpften miteinander. Auf der anderen Seite wurde jede andere Kultur von den expandierenden westlichen Nationen erobert, kolonisiert oder zumindest massiv beeinflusst. Während des Kalten Krieges wurde die globale Politik bipolar, und die Welt zerfiel in drei Teile. Eine Gruppe zumeist wohlhabender und demokratischer Gesellschaften unter Führung der USA stand in einer durchgängigen ideologischen, politischen, ökonomischen und zeitweise militärischen Konkurrenz zu einer Gruppe etwas ärmerer kommunistischer Gesellschaften im Machtbereich und unter Führung der Sowjetunion. Ein erheblicher Teil dieses Konfliktes wurde außerhalb dieser beiden Lager in der Dritten Welt ausgetragen, bestehend aus armen, politisch instabilen Ländern, die erst seit kurzem unabhängig waren und für sich Bündnisfreiheit beanspruchten.

Ende der achtziger Jahre brach die kommunistische Welt zusammen, und das internationale System des Kalten Krieges wurde Geschichte. In der Welt nach dem Kalten Krieg sind die wichtigsten Unterscheidungen zwischen Völkern nicht mehr ideologischer, politischer oder ökonomischer Art. Sie sind kultureller Art. Völker und Nationen versuchen heute, die elementarste Frage zu beantworten, vor der Menschen stehen können: Wer sind wir? Und sie beantworten diese Frage in der traditionellen Weise, in der Menschen sie immer beantwortet haben: durch Rückbezug auf die Dinge, die ihnen am meisten bedeuten. Die Menschen definieren sich über Herkunft, Religion, Sprache, Geschichte, Werte, Sitten und Gebräuche, Institutionen. Sie identifizieren sich mit kulturellen Gruppen: Stämmen, ethnischen Gruppen, religiösen Gemeinschaften, Nationen und, auf weitester Ebene, Kulturkreisen. Menschen benutzen Politik nicht nur dazu, ihre Interessen zu fördern, sondern auch dazu, ihre Identität zu definieren. Wir wissen, wer wir sind, wenn wir wissen, wer wir nicht sind und gegen wen wir sind.

Nationalstaaten bleiben die Hauptakteure des Weltgeschehens. Die wichtigsten Gruppierungen von Staaten sind jedoch nicht mehr die drei Blöcke aus der Zeit des Kalten Krieges, sondern die sieben oder acht großen Kulturen der Welt. Nichtwestliche Gesellschaften, zumal in Ostasien, sind heute dabei, ihren wirtschaftlichen Wohlstand zu entwickeln und die Grundlage für eine Ausweitung ihrer militärischen Macht und ihres politischen Einflusses zu schaffen. In dem Maße, wie Macht und Selbstbewusstsein der nichtwestlichen Gesellschaften zunehmen, pochen sie verstärkt auf ihre eigenen kulturellen Werte und verwerfen jene, die ihnen der Westen „aufgezwungen" hat. „Das internationale System des 21. Jahrhunderts", bemerkt Henry Kissinger, „[...] wird mindestens sechs Großmächte aufweisen – die USA, Europa, China, Japan, Russland und wahrscheinlich Indien –, neben einer Vielzahl mittelgroßer und kleinerer Länder." Kissingers sechs Großmächte gehören zu fünf sehr verschiedenen Kulturen, und außerdem gibt es wichtige islamische Staaten, die durch strategische Lage, Bevölkerungsgröße und/oder Ölreserven Einfluss auf das Weltgeschehen haben. In dieser neuen Welt ist Lokalpolitik die Politik der Ethnizität, Weltpolitik die Politik von Kulturkreisen. Die Rivalität der Supermächte wird abgelöst vom Konflikt der Kulturen.

Weltpolitik wird heute nach Maßgabe von Kulturen und Kulturkreisen umgestaltet. In dieser Welt werden die hartnäckigsten, wichtigsten und gefährlichsten Konflikte nicht zwischen sozialen Klassen, Reichen und Armen oder anderen ökonomisch definierten Gruppen stattfinden, sondern zwischen Völkern, die unterschiedlichen kulturellen Einheiten angehören. Innerhalb der einzelnen Kulturkreise werden Stammeskriege und ethnische Konflikte auftreten. Die Gewalt zwischen Staaten und Gruppen aus unterschiedlichen Kulturkreisen jedoch trägt den Keim der Eskalation in sich, da andere Staaten und Gruppen aus diesen Kulturkreisen ihren „Bruderländern" [...] zu Hilfe eilen werden. Der blutige Kampf der Clans in Somalia birgt nicht die Gefahr eines größeren Konflikts. Der blutige Kampf der Stämme Ruandas wirkt sich auf Uganda, Zaire und Burundi aus, aber nicht sehr viel weiter. Aus dem blutigen Kampf der Kulturen in Bosnien, dem Kaukasus, Mittelasien oder Kaschmir könnten größere Kriege werden. Wenn in den jugoslawischen Konflikten Russland den Serben diplomatische Unterstützung gewährt und Saudi-Arabien, die Türkei, der Iran und Libyen den Bosniern Geldmittel und Waffen geliefert haben, dann nicht aus Gründen der Ideologie oder der Machtpolitik oder des ökonomischen Interesses, sondern aufgrund kultureller Verwandtschaft. [...] Die gefährlichsten Konflikte aber sind jene an den Bruchlinien zwischen den Kulturen.

In der Welt nach dem Kalten Krieg ist Kultur eine zugleich polarisierende und einigende Kraft. Menschen, die durch Ideologien getrennt, aber durch eine Kultur geeint waren, finden zusammen, wie die beiden Deutschlands zusammenfanden und wie die beiden Koreas und verschiedenen Chinas zusammenzufinden beginnen. Gesellschaften, die durch Ideologie oder historische Umstände geeint, aber kulturell vielfältig waren, fallen entweder auseinander, wie die Sowjetunion, Jugoslawien und Bosnien, oder sind starken Erschütterungen ausgesetzt, wie die Ukraine, Nigeria, der Sudan, Indien, Sri Lanka und viele andere. Länder mit kulturellen Affinitäten kooperieren miteinander auf wirtschaftlichem und politischem Gebiet. Internationale Organisationen, die auf Staaten mit kultureller Gemeinsamkeit basieren, wie etwa die Europäische Union, sind viel erfolgreicher als solche, die kulturelle Grenzen zu überschreiten suchen. Fünfundvierzig Jahre lang war der Eiserne Vorhang die zentrale Trennungslinie in Europa. Diese Linie hat sich um mehrere hundert Kilometer nach Osten verschoben. Heute ist es die Linie, die die Völker des westlichen Christentums auf der einen Seite von muslimischen und orthodoxen Völkern auf der anderen trennt. Österreich, Schweden und Finnland, kulturell ein Teil des Westens, waren im Kalten Krieg zu Neutralität und Trennung vom Westen gezwungen. In der neuen Ära stoßen sie wieder zu ihrer kulturellen Verwandtschaft in der Europäischen Union, und Polen, Ungarn und die Tschechische Republik sind dabei, ihnen zu folgen.

Die philosophischen Voraussetzungen, Grundwerte, sozialen Beziehungen, Sitten und allgemeinen Weltanschauungen differieren von Kulturkreis zu Kulturkreis erheblich. Die Revitalisierung der Religion in weiten Teilen der Welt verstärkt diese kulturellen Unterschiede. Kulturen können sich verändern, und die Art ihrer Auswirkung auf Politik und Wirtschaft kann von Epoche zu Epoche variieren. Gleichwohl wurzeln die wesentlichen Unterschiede in der politischen und wirtschaftlichen Entwicklung der Kulturkreise eindeutig in ihren unterschiedlichen kulturellen Grundlagen. Der wirtschaftliche Erfolg Ostasiens wurzelt in der Kultur Ostasiens, so wie die Schwierigkeiten der ostasiatischen Gesellschaften bei der Etablierung eines stabilen demokratischen Systems von der ostasiatischen Kultur herrühren. Die islamische Kultur erklärt zu einem großen Teil, warum die Demokratie in weiten Teilen der muslimischen Welt nicht Fuß fassen kann. Die Entwicklungen in den postkommunistischen Gesellschaften Osteuropas und der früheren Sowjetunion werden durch deren kulturelle Identität geprägt: Solche mit westlich-christlichem Erbe machen auf dem Wege zu wirtschaftlicher Entwicklung und demokratischer Politik Fortschritte; in den orthodoxen Ländern sind die Aussichten auf wirtschaftliche und politische Entwicklung unklar; in den muslimischen Republiken sind sie düster.

Der Westen ist und bleibt auf Jahre hinaus der mächtigste Kulturkreis der Erde. Gleichwohl geht seine Macht in Relation zur Macht anderer Kulturkreise zurück. In dem Maße, wie der Westen versucht, seine Werte zu behaupten und seine Interessen zu schützen, sind nichtwestliche Gesellschaften mit einer Alternative konfrontiert. Einige versuchen, den Westen nachzuahmen und sich dem Westen anzuschließen, „mitzuhalten". Andere konfuzianische und islamische Gesellschaften versuchen, ihre wirtschaftliche und militärische Macht auszuweiten, um dem Westen zu widerstehen, „dagegenzuhalten". Eine zentrale Achse der Weltpolitik nach dem Kalten Krieg ist daher die Interaktion der westlichen Macht und Kultur mit der Macht und Kultur nichtwestlicher Gruppierungen.

Die Welt nach dem Kalten Krieg ist demnach eine Welt aus sieben oder acht großen Kulturkreisen oder „Zivilisationen". Kulturelle Gemeinsamkeiten und Unterschiede prägen ihre Interessen, Antagonismen und staatlichen Zusammenschlüsse. Die wichtigsten Länder der Welt kommen ganz überwiegend aus verschiedenen Kulturen. Jene lokalen Konflikte, deren Eskalation zu umfassenderen Kriegen am wahrscheinlichsten ist, sind Konflikte zwischen Gruppen und Staaten aus verschiedenen Kulturen. [...]

Ein globaler Krieg unter Beteiligung der Kernstaaten der großen Kulturkreise der Welt ist höchst unwahrscheinlich, aber nicht unmöglich. Entstehen könnte ein solcher Krieg [...] aus der Eskalation eines Bruchlinienkrieges zwischen Gruppen aus verschiedenen Kulturen, am wahrscheinlichsten unter Beteiligung von Muslimen auf der einen Seite und Nichtmuslimen auf der anderen. Eine Eskalation wäre vorstellbar, wenn mögliche muslimische Kernstaaten miteinander in der Hilfeleistung für ihre bedrängten Glaubensgenossen wetteifern. Sie könnte gedämpft werden durch das Interesse, das verwandte Sekundär- und Tertiärländer daran haben mögen, selber nicht tief in den Krieg hineingezogen zu werden. Eine gefährlichere Quelle eines weltweiten interkulturellen Krieges könnte eine Verschiebung des Machtgleichgewichts zwischen Kulturkreisen und ihren Kernstaaten sein. Falls er weiter andauert, wird der Aufstieg Chinas, verbunden mit dem zunehmenden Selbstbewusstsein dieses „größten Mitspielers in der Geschichte des Menschen", die internationale Stabilität zu Beginn des 21. Jahrhunderts enormen Belastungen aussetzen. Der Aufstieg Chinas zur beherrschenden Macht in Ost- und Südostasien würde den amerikanischen Interessen, wie sie immer wieder gesehen worden sind, diametral zuwiderlaufen.

Wie könnte sich bei dieser amerikanischen Interessenlage ein Krieg zwischen den USA und China entwickeln? Angenommen, wir haben das Jahr 2010. Die amerikanischen Truppen haben das mittlerweile wiedervereinigte

Korea verlassen, ihre Militärpräsenz in Japan haben die USA stark reduziert. Taiwan und Festlands-China haben eine Verständigung erzielt, wonach Taiwan weiterhin den größten Teil seiner faktischen Unabhängigkeit behält, jedoch ausdrücklich die Suzeränität Beijings anerkennt und mit Unterstützung Chinas in die UNO aufgenommen worden ist, wie die Ukraine und Weißrussland 1946. Die Erschließung der Erdölreserven im Südchinesischen Meer ist rasch vorangekommen, im wesentlichen unter chinesischen Vorzeichen, aber mit vietnamesischer Kontrolle über einige Gebiete, die von amerikanischen Firmen erschlossen werden. Mit gesteigertem Selbstvertrauen auf seine Möglichkeiten der Machtausübung kündigt China an, dass es seine vollständige Kontrolle über das Südchinesische Meer herstellen wird, über das es bereits Souveränitätsrechte beansprucht hat. Die Vietnamesen sträuben sich, und es kommt zu Kämpfen zwischen chinesischen und vietnamesischen Kriegsschiffen. Die Chinesen, begierig darauf, ihre Demütigung von 1979 wettzumachen, marschieren in Vietnam ein. Die Vietnamesen bitten die USA um Beistand. Die Chinesen warnen die USA vor einer Einmischung. Japan und die anderen Nationen Asiens sind unschlüssig. Die USA erklären, dass sie die Eroberung Vietnams durch China nicht akzeptieren können, fordern Wirtschaftssanktionen gegen China und entsenden einen ihrer wenigen noch verbliebenen Flugzeugträger-Kampfverbände in das Südchinesische Meer. Die Chinesen verurteilen dies als Verletzung chinesischer Hoheitsgewässer und unternehmen Luftangriffe gegen den Kampfverband. Bemühungen des UNO-Generalsekretärs und des japanischen Ministerpräsidenten um Aushandlung einer Feuerpause schlagen fehl, und die Kämpfe greifen auf andere Gebiete Ostasiens über. Japan untersagt den USA die Benutzung amerikanischer Stützpunkte in Japan, die USA setzen sich über das Verbot hinweg. Japan erklärt seine Neutralität und stellt die Stützpunkte unter Quarantäne. Chinesische Unterseeboote sowie Flugzeuge, die von Taiwan und dem Festland aus operieren, fügen amerikanischen Schiffen und Einrichtungen in Ostasien schweren Schaden zu. Unterdessen marschieren chinesische Bodentruppen in Hanoi ein und besetzen große Teile Vietnams.

Da sowohl China als auch die USA über Raketen verfügen, die Kernwaffen in das Gebiet des Gegners tragen können, herrscht ein stillschweigendes Unentschieden, und in der Anfangsphase des Krieges werden diese Waffen nicht eingesetzt. Die Furcht vor derartigen Angriffen existiert jedoch in beiden Gesellschaften und ist vor allem in den USA sehr stark. [...] Besonders heftig ist die Opposition gegen den Krieg in den von Hispanics dominierten südwestlichen Staaten der USA, wo die Menschen und die Regierungen sagen „das ist nicht unser Krieg". [...]

Unterdessen beginnt der Krieg jedoch, Auswirkungen auf die großen Staaten anderer Kulturkreise zu haben. Indien nutzt die Gelegenheit, die sich durch Chinas Engagement in Ostasien ergibt, und unternimmt einen verheerenden Angriff auf Pakistan, in der Absicht, die nuklearen und konventionellen Waffenpotentiale dieses Landes auszuschalten. Zunächst ist Indien erfolgreich, aber nun tritt das Militärbündnis zwischen Pakistan, Iran und China in Aktion, und der Iran kommt Pakistan mit seinen modernen und hochentwickelten militärischen Kräften zu Hilfe. Indien wird in einen zähen Kampf gegen iranische Truppen und pakistanische Guerillas aus verschiedenen ethnischen Gruppen verwickelt. Sowohl Pakistan als auch Indien appellieren an mehrere arabische Staaten, sie zu unterstützen – wobei Indien vor einer möglichen iranischen Dominanz in Südwestasien warnt –, aber die anfänglichen Erfolge Chinas gegen die USA haben in muslimischen Gesellschaften große antiwestliche Bewegungen ausgelöst. Die wenigen noch verbliebenen prowestlichen Regierungen in arabischen Ländern und der Türkei werden Zug um Zug von islamistischen Bewegungen gestürzt, die sich aus den letzten Kohorten des muslimischen Jugend-Booms rekrutieren. Die durch die Schwäche des Westens ausgelöste antiwestliche Flutwelle führt zu einem massiven arabischen Angriff gegen Israel, den die stark reduzierte Sechste US-Flotte nicht aufhalten kann.

China und die USA werben um Unterstützung bei anderen Schlüsselstaaten. In dem Maße, wie China immer neue militärische Erfolge verbucht, wird Japan immer nervöser und entschließt sich, auf den chinesischen Zug aufzuspringen. Aus der formellen Neutralität wird eine prochinesische Neutralität; schließlich gibt Japan den chinesischen Forderungen nach und tritt in den Krieg ein. Japanische Truppen besetzen die restlichen US-Stützpunkte in Japan, und die USA evakuieren eilig ihre Truppen. Die USA verhängen eine Blockade gegen Japan, und japanische Schiffe liefern sich im Westpazifik gelegentliche Gefechte mit amerikanischen. Bei Ausbruch des Krieges hat China einen bilateralen Sicherheitspakt mit Russland vorgeschlagen (der entfernt an den Hitler-Stalin-Pakt erinnert). Die chinesischen Erfolge haben jedoch auf Russland genau die entgegengesetzte Wirkung wie auf Japan. Die Aussicht auf einen Sieg Chinas und eine totale chinesische Dominanz in Ostasien schreckt Moskau. Da sich Russland in eine antichinesische Richtung bewegt und seine Truppen in Sibirien zu verstärken beginnt, stören die zahlreichen chinesischen Siedler in Sibirien diese Bewegungen. Daraufhin greift China militärisch ein, um seine Landsleute zu schützen, und besetzt Wladiwostok, das Amur-Tal und andere wichtige Teile Ostsibiriens. Während die Kämpfe zwischen russischen und chinesischen Truppen in Zentralsibirien sich aus-

weiten, kommt es zum Aufruhr in der Mongolei, wo China schon früher ein „Protektorat“ errichtet hat.
Für alle Kombattanten ist die Kontrolle über und der Zugang zu Erdöl von zentraler Bedeutung. Was Japan in seiner Neigung bestärkt, sich mit China zu verständigen und an dessen Erdölimporten vom Persischen Golf, aus Indonesien und dem Südchinesischen Meer zu partizipieren. In dem Maße, wie im Verlauf des Krieges arabische Länder immer mehr unter die Kontrolle islamischer Radikaler gelangen, versiegen die Erdöllieferungen vom Persischen Golf in den Westen, weshalb der Westen immer abhängiger von russischen, kaukasischen und zentralasiatischen Erdölquellen wird. Das veranlasst den Westen zu verstärkten Bemühungen, Russland auf seine Seite zu ziehen, und zur Unterstützung Russlands bei der Ausweitung seiner Kontrolle über die erdölreichen muslimischen Länder in seinem Süden.
Unterdessen haben die USA emsig versucht, die volle Unterstützung ihrer europäischen Verbündeten zu mobilisieren. Diese bieten zwar diplomatischen und wirtschaftlichen Beistand an, zögern aber, sich militärisch zu engagieren. China und der Iran befürchten jedoch, dass westliche Länder sich letzten Endes doch hinter die USA stellen werden, so wie die USA in zwei Weltkriegen schließlich England und Frankreich zu Hilfe kamen. Um dies zu verhindern, schaffen sie heimlich kernwaffentaugliche Mittelstreckenraketen nach Bosnien und Algerien und warnen die europäischen Mächte vor einem Eintritt in den Krieg. Wie fast alle chinesischen Versuche der Einschüchterung anderer Länder, hat auch dieser Vorstoß (außer in Japan) genau das Gegenteil dessen zur Folge, was China wollte. Der amerikanische Nachrichtendienst entdeckt und meldet die Aufstellung der Raketen, und der NATO-Rat erklärt, die Raketen müssten unverzüglich abgezogen werden. Noch bevor jedoch die NATO agieren kann, marschiert Serbien, das den Ehrgeiz hat, auf seine historische Rolle als Verteidiger des Christentums gegen die Türken zu pochen, in Bosnien ein. [...] Unterdessen explodiert eine in Algerien abgefeuerte Rakete mit nuklearem Sprengkopf in der Nähe von Marseille, und die NATO unternimmt zur Vergeltung verheerende Luftangriffe auf nordafrikanische Ziele.
So verwickeln sich die USA, Europa, Russland und Indien in einen wahrhaft globalen Kampf gegen China, Japan und den größten Teil des Islam. Wie würde ein solcher Krieg ausgehen? Beide Seiten verfügen über große Kernwaffenpotentiale, und sofern diese auf eine nicht nur minimale Weise ins Spiel gebracht würden, könnte es offenkundig in den wichtigsten Ländern zu umfassenden Zerstörungen kommen. [...] Welchen unmittelbaren Ausgang dieser globale Krieg zwischen Kulturen auch nehmen mag – gegenseitige nukleare Verwüstung, ausgehandelte Einstellung infolge beiderseitiger Erschöpfung oder sogar Aufmarsch russischer und westlicher Truppen auf dem Platz des Himmlischen Friedens –, das umfassendere langfristige Ergebnis wäre fast zwangsläufig eine drastische Einbuße an wirtschaftlicher, demographischer und militärischer Macht auf Seiten aller Hauptbeteiligten des Krieges. [...]
Das Plausibelste und damit Irritierendste an unserem Szenario ist [...] die Ursache des Krieges: das Eingreifen eines Kernstaates der einen Kultur (USA) in einen Streit zwischen dem Kernstaat einer anderen Kultur (China) und einem Mitgliedsstaat dieser anderen Kultur (Vietnam). Für die USA war eine solche Intervention notwendig, um dem Völkerrecht Geltung zu verschaffen, eine Aggression abzuwehren, die Freiheit der Meere zu schützen, den Zugang der USA zu den Erdölreserven des Südchinesischen Meeres zu sichern und die Beherrschung Ostasiens durch eine einzelne Macht zu verhindern. Für China war diese Intervention ein völlig inakzeptabler, aber typischer, anmaßender Versuch des westlichen Führungsstaates, China zu demütigen und zu ducken, Opposition gegen China innerhalb seines legitimen Einflussbereichs zu provozieren und China seine angemessene Rolle in der Weltpolitik streitig zu machen.

Aus: Samuel P. Huntington, Kampf der Kulturen. Die Neugestaltung der Weltpolitik im 21. Jahrhundert, München 2002, S. 20–29; S. 514–522.

Zur Texterschliessung

1. Zeigen Sie auf, wie sich nach Huntington die Neugestaltung der Weltpolitik im 21. Jahrhundert entwickelt, und erläutern Sie in diesem Kontext seine These vom „Kampf der Kulturen“.
2. Skizzieren Sie das von Huntington entwickelte Szenario eines „globalen Krieges“ und verdeutlichen und überprüfen Sie daran die Grundannahmen seines „Modells“.
3. Formulieren Sie Schlussfolgerungen im Hinblick auf die Außen- und Sicherheitspolitik, die sich aus Huntingtons Ansatz ergeben.

8.8 Herfried Münkler: „Alte" und „neue" Kriege

Mit dem 2002 erschienenen Buch „Die neuen Kriege" löste Herfried Münkler [zur Biografie, vgl. S. 404] eine kontroverse Debatte über Begriffe, Typen und Erklärungsansätze des Krieges unter veränderten (welt-)politischen Rahmenbedingungen aus. Der Begriff „neue Kriege" war zuvor von Mary Kaldor in einer Studie über die Kriege im ehemaligen Jugoslawien – als Gegenüberstellung zu den „alten" zwischenstaatlichen Kriegen – verwendet worden.

Für Münkler ist der klassische Staatenkrieg ein historisches Auslaufmodell, an seine Stelle seien die neuen Kriege getreten, die – wie der erste Golfkrieg, die Zerfallskriege Jugoslawiens und vor allem die Kriege in Afrika – eine neue Erscheinungsform und bis dahin unbekannte „Grammatik" offenbarten. Diese Kriege würden von Kriegsunternehmern, Warlords, geführt, folgten einer eigenen ökonomischen Logik und könnten aufgrund einer gewandelten Finanzierungsform (mit Low Budget) über Jahrzehnte geführt werden: einerseits durch Plünderung, Ausbeutung der lokalen Bevölkerung und in verstärktem Maße durch Erpressung von Hilfsorganisationen, andererseits durch Ressourcen- und Geldbeschaffung über Märkte, auf denen die Trennlinien zwischen legalen, informellen und kriminellen Sektoren der Ökonomie verwischt würden. Gemeinsam sei allen diesen Kriegen, dass die jeweiligen Kriegswirtschaften in hohem Maße in die globale Waren- und Finanzzirkulation eingebunden seien. Diese Kriege entwickelten sich an den Rändern der Wohlstandszonen, in denen sich der Kreis von Akteuren, die zur Kriegführung fähig seien, dramatisch ausgeweitet haben. Nach Münkler handelt es sich hierbei nicht um Staatsbildungskriege, sondern um Kriege, die in „failed states", Staaten mit einer zerfallenden oder zusammengebrochenen Staatsgewalt, eine bestimmte Form der kriegerischen Ökonomie und Einkommensquelle darstellten. Im Zusammenspiel von krimineller Gewaltökonomie, veränderten Gewaltmotiven und brutalen Gewaltstrategien würden, so seine Prognose, drei Typen des Krieges das 21. Jahrhundert bestimmen: Ressourcenkriege, Pazifizierungskriege und terroristisch motivierte Verwüstungskriege.

Literaturhinweise

Herfried Münkler, Die neuen Kriege, Reinbek bei Hamburg 2002.
Herfried Münkler, Kriege im 21. Jahrhundert, in: ***Erich Reiter, (Hrsg.),*** Jahrbuch für internationale Sicherheitspolitik 2003. Hamburg u.a. 2003, S. 83–97.
Monika Heupel/Bernhard Zangl, Von „alten" und „neuen" Kriegen – Zum Gestaltwandel kriegerischer Gewalt, in: Politische Vierteljahresschrift 45 (2004), S. 346–369.
Volker Matthies, Die neuen Kriege: Eine Welt voller neuer Kriege?, in: Der Bürger im Staat, 54 (2004), S. 185–190.

M 8 Die neuen Kriege

■ Mit dem Ende des Ost-West-Konflikts hatte sich die Erwartung verbreitet, dass Krieg und Kriegsdrohung von nun an der Vergangenheit angehören würden, die Menschheit den alten Traum vom dauerhaften, wenn nicht ewigen Frieden verwirklichen werde und schon kurzfristig eine beachtliche Friedensdividende durch die Senkung der Militärausgaben eingestrichen werden könne. Diese Erwartung schloss an die Prognosen zahlreicher Gesellschaftstheoretiker an, von Auguste Comte bis zu Joseph Schumpeter, die die Orientierung an Krieg und Militär als Disposition einer Elite begriffen, die mit dem Vordringen von Industrie und Kapitalismus allmählich verschwinden werde. Auch Immanuel Kants Schrift „Zum ewigen Frieden" fußt auf der Vorstellung, dass der Geist des Handels und der Geist des Krieges auf Dauer nicht zusammen bestehen können. Nach der Blockierung dieser Entwicklung durch Nationalismus und Totalitarismus würden nunmehr, so die von Vielen Anfang der 1990er-Jahre gehegte Erwartung, die Entwicklungstendenzen zum Tragen kommen, die den Krieg zum Verschwinden brächten.

Aber diese Erwartung trog. Was zu Ende ging, war die Ära des klassischen zwischenstaatlichen Krieges, nicht des Krieges generell. Vor allem infolge der technologischen Entwicklung waren Staatenkriege unführbar geworden – einerseits infolge der Vernichtungskraft von Nuklearwaffen und andererseits infolge der dramatisch gestiegenen Verletzlichkeit moderner Industrie- und Dienstleistungsgesellschaften. Beides zusammengenommen hatte zur Folge, dass zwischenstaatliche Kriege in jedem Fall mehr kosteten als einbrachten und deswegen ihre Attraktivität als Chance zur gewaltsamen Vergrößerung und Bereicherung von Staaten wie als politischer Problemlöser verloren hatten. [...]

Mitte der 1990er-Jahre spätestens war die Erwartung verflogen, das Ende des Ost-West-Konflikts werde auch das Ende des Krieges einleiten. Inzwischen nämlich hatte eine Reihe von Kriegen stattgefunden, die allesamt keine Kriege im klassischen Sinn, aber doch Kriege mit großer Gewaltintensität und weitreichenden Folgen waren. Als erstes ist der Golfkrieg von 1990/91 zu nennen, bei dem irakische Truppen Kuwait besetzten, der besetzte Staat dann durch den Irak annektiert wurde und schließlich eine amerikanisch geführte Militärkoalition mit UN-Mandat Kuwait befreite und das alte Regime wieder einsetzte. Als zweites zu nennen sind die jugoslawischen Zerfallskriege, von denen der Krieg um Slowenien am kürzesten und unblutigsten war, der Krieg zwischen Serbien und Kroatien bereits von Massakern und ethnischen Säuberungen begleitet war und der Bosnienkrieg schließlich zu einem Exzess der Gewaltanwendung vor allem gegen die Zivilbevölkerung wurde [...]. Als drittes schließlich sind – freilich nur als Beispiel für viele weitere – die Kriege in Somalia und Ruanda zu nennen, wobei in Somalia eine UN-mandatierte Militärintervention den Bürgerkrieg nicht beenden konnte, sondern dramatisch scheiterte, während in Ruanda das Ausbleiben einer Militärintervention der UN oder der OAU (Organisation der Afrikanischen Einheit) einem Massaker freien Lauf ließ, dem knapp eine Million Menschen zum Opfer fielen.

Der Krieg war mit dem Ende des Ost-West-Konflikts also nicht verschwunden, sondern hatte nur seine Erscheinungsform gewechselt. [...] An die Stelle des Krieges zwischen regulären Armeen, die sich gegenseitig niederzuringen suchten, um den politischen Willen der Gegenseite wehrlos zu machen und zur Kapitulation zu zwingen, ist ein diffuses Gemisch unterschiedlicher Gewaltakteure getreten, das von Interventionskräften mit dem Mandat internationaler Organisationen bis zu lokalen Warlords reicht, denen es um die Sicherung von Macht und Einfluss innerhalb eines begrenzten Gebietes geht. Folgenreich daran ist, dass sich die klassische Trennlinie zwischen Staaten- und Bürgerkrieg, zwischenstaatlichen Kriegen und mit Gewalt ausgetragenen innergesellschaftlichen Konflikten aufgelöst hat und beide Kriegstypen zunehmend diffundieren. Gleichzeitig hat die militärische Gewalt durch die Entsendung multinationaler Streitkräfte mit dem Auftrag der Friedenserzwingung eine normative Legitimierung erhalten, die Krieg und Polizeiaktion einander so sehr angenähert hat, dass beide oft kaum noch voneinander zu unterscheiden sind. Dieser „Verpolizeilichung" des Krieges steht seine Deregulierung gegenüber, und zwar dergestalt, dass in zunehmendem Maße Akteure in das Kriegsgeschehen eintreten, die sich weder um die Bestimmungen der Haager Landkriegsordnung noch die der Genfer Konventionen scheren, sondern ihre Operationsfähigkeit gerade daraus gewinnen, dass sie sich asymmetrischer Kampfweisen bedienen: Sie ziehen die Zivilbevölkerung in die Kampfhandlungen hinein, indem sie diese als Deckung und logistisches Rückgrat benutzen, oder sie machen eben diese Zivilbevölkerung zum Hauptziel ihrer Angriffe. Der Terrorismus als eine globale Strategie ist der vorläufige Endpunkt einer Entwicklung, in deren Verlauf sich der Krieg aus einer Konfrontation professioneller Militärapparate in eine Abfolge von als Zivilisten getarnten Kämpfern an Zivilisten veranstalteten Massakern verwandelt hat. Die wichtigste Errungenschaft des Kriegsvölkerrechts, die Unterscheidung zwischen Kombattanten und Nicht-Kombattanten, ist damit hinfällig geworden. [...]

Neue Kriege meint aber mehr als nur eine Veränderung des Militärwesens und der Kriegführung, sondern bezieht auch die politischen und sozialen Rahmenbedingungen, unter denen Armeen aufgestellt und Kriege geführt werden, in den Fokus der Aufmerksamkeit mit ein.

Tatsächlich ist beides, Kriegführung und politisch-soziale Ordnung, sinnvollerweise nicht voneinander zu trennen [...]. So hat die Revolutionierung des Militärwesens in der Frühen Neuzeit auch die politischen Rahmenbedingungen der Kriegführung fundamental verändert. Durch den zunehmenden Gebrauch der Artillerie [...], schließlich den Zwang über alle drei Waffengattungen, Infanterie, Kavallerie und Artillerie, zu verfügen, [...] kam es zu einer gewaltigen Verteuerung des Kriegswesens, in deren Gefolge der Staat, aber eigentlich auch nur der größere Territorialstaat, zum Monopolisten der Kriegführung aufstieg. Die zahllosen substaatlichen und quasi-privaten Akteure, die das Kriegsgebiet bevölkert hatten, [...] verschwanden aus dem Kriegswesen oder wurden mitverstaatlicht. Es war, um mit Max Weber zu sprechen, die Trennung von Produzent und Produktionsmittel, die zur Verstaatlichung des Kriegswesens in der Frühen Neuzeit geführt hatte: Die neuen Waffen waren zu teuer, als dass sie ein Einzelner sich hätte leisten können [...]. So wurde der Staat zum Herrn des Krieges [...].

Die [...] Revolution in Military Affairs, aus der sich die militärische Überlegenheit der USA auch und gerade im Bereich der konventionellen Kriegführung entwickelt hat, setzt den Prozess der Einschränkung kriegführungsfähiger Akteure durch Verteuerung des Kriegsgeräts fort. Tatsächlich sind die USA die einzige Macht, die im globalen Rahmen noch kriegführungsfähig sind. [...] Die einzigen, die ihnen von ihren technologischen Fähigkeiten und ihren wirtschaftlichen Ressourcen dorthin folgen könnten, sind die (West-)Europäer, aber die haben politisch keinerlei Interesse daran, in einen Rüstungswettlauf mit den USA einzutreten. Die globale Interventionspolitik der USA, von der Karibik über den Balkan bis nach Zentralasien, stützt sich auf ihre militärtechnologische Überlegenheit und den Umstand, dass sie dabei mit keinem gleichartigen, d.h. symmetrischen Kontrahenten rechnen müssen.

Gleichzeitig aber hat seit den 1980er-Jahren auch eine gegenteilige Entwicklung eingesetzt: In den zahllosen Kriegen an den Rändern der Wohlstandszonen wird nicht teures, wartungsintensives und nur von hoch qualifizierten Spezialisten zu bedienendes Großgerät eingesetzt, sondern diese Kriege werden mit billigen, tendenziell von jedermann und jederfrau zu bedienenden Waffen geführt: automatischen Gewehren, Landminen, leichten Raketenwerfern und schließlich Pick-ups als Transport- und schnelles Gefechtsfahrzeug in einem. Auch das Personal, mit dem diese Kriege geführt werden, besteht in der Regel nicht aus professionalisierten Soldaten, sondern aus eilends rekrutierten Kriegern, verschiedentlich gar Kindern, für die der Krieg zu einer Art Lebensunterhalt und Form des Prestigegewinns geworden ist. Diese Kriege sind für die, die sie führen, relativ billig, und dadurch hat sich der Kreis der kriegführungsfähigen Parteien dramatisch vergrößert. Oftmals genügen nur ein paar Millionen Dollar, um einen Krieg zu beginnen, und dieses Geld kann von Emigrantengemeinden, größeren Wirtschaftsunternehmen, verdeckt agierenden Nachbarstaaten, Clanführern und schließlich als Gewaltunternehmer auftretenden Privatleuten leicht aufgebracht werden. Die Schwelle der Kriegführungsfähigkeit ist dadurch in einer Weise abgesenkt worden, dass sie von zahllosen Gruppierungen überschritten werden kann.

Die Entwicklung der letzten zwei Jahrzehnte bietet somit ein verwirrendes, zutiefst widersprüchliches Bild. Auf der einen Seite ist der Kreis der kriegführungsfähigen Akteure weiter eingeschränkt worden, wobei in manchen Bereichen nur noch die USA übrig geblieben sind, während er sich auf der anderen Seite dramatisch ausgeweitet hat. Einerseits ist es zu einer weiteren Verrechtlichung des Gebrauchs kriegerischer Gewalt gekommen, und andererseits ist in vielen Kriegen die Gestalt des Soldaten durch die eines Kriegers abgelöst worden, der sich weder dem Ethos der Ritterlichkeit noch den Bestimmungen des Kriegsvölkerrechts verpflichtet fühlt, sondern Gewalt in der Form anwendet, wie sie ihm gerade zweckmäßig und zielführend erscheint. So haben sich schließlich weltpolitische Regionen herausgebildet, in denen der Krieg kein ernstlich in Erwägung gezogenes Instrument der Politik mehr darstellt, wie in Europa etwa, und andererseits große Gebiete –, in denen im Gefolge von Staatszerfall der Krieg endemisch geworden ist und die Perspektive eines Friedensschlusses aufgrund der Vielzahl der am Krieg beteiligten Akteure, ihrer organisatorischen Diffusität und schließlich der Verbindung von Kriegsökonomie mit internationaler Kriminalität nicht besteht. Viele der neuen Kriege dauern nicht Monate oder auch Jahre, sondern Jahrzehnte. [...] Die Ära des klassischen Staatenkrieges dürfte zu Ende gegangen sein. Aber die Geschichte des Krieges ist damit keineswegs zu Ende. [...]

Es dürften drei Typen des Krieges sein, die das Gewaltgeschehen des neuen Jahrhunderts bestimmen werden: Zunächst sind die Ressourcenkriege zu nennen, die vor allem an der Peripherie der Wohlstandszonen stattfinden und in denen, wie man dies seit den 1990er-Jahren beobachten kann, substaatliche bzw. semiprivate Kriegsakteure gegeneinander um die Kontrolle rohstoffreicher Gebiete und der in ihnen lebenden Bevölkerung kämpfen. Der Zweck dieser Kriege ist die Kapitalisierung leicht auszubeutender Rohstoffvorkommen, ihr Ziel die militärische Kontrolle des Territoriums, in dem diese Rohstoffe, von Erdöl und Diamanten bis zu Edelmetallen und Tropenhölzern, zu finden sind. Das Mittel dazu besteht zumeist in der Errichtung eines Schreckensregimes über die Bevölkerung, die als möglicher Konkurrent um die aus den Rohstoffen bezogenen Renteneinkommen ausgeschaltet und deren Arbeitskraft in eine zusätzliche Einkommensquelle der Bewaffneten verwandelt werden soll. In diesen Kriegen wird vor allem Wasser eine große Bedeutung als strategische Ressource erlangen, weniger freilich im Hinblick auf den Austausch mit der OECD-Welt denn als Kontroll- und Beherrschungsmittel gegenüber der Bevölkerung in der Region. Diese Ressourcenkriege finanzieren sich durch so genannte offene Kriegsökonomien, also ihre Verknüpfung mit den Kapital- und Warenströmen der Weltwirtschaft.

Die Folge dessen ist, dass diese Kriege nicht infolge wirtschaftlicher Erschöpfung zu Ende gehen bzw. die an ihnen Beteiligten mit wachsender Erschöpfung friedensbereit werden, sondern der auf kleiner Flamme geführte Krieg (low intensity war) selbst das ökonomische Schwungrad darstellt. Die Beteiligten brauchen den Krieg, um im Geschäft zu bleiben, und das ist auch der Grund, warum diese Kriege so lange dauern und es nahezu unmöglich ist, sie durch einen Friedensschluss zu beenden. Bis auf weiteres dürfte der Kongo dafür das wichtigste Beispiel bleiben. Weil diese Kriege ihre Energie aus der Verbindung mit der Weltwirtschaft ziehen, wird es auch immer wieder Versuche internationaler Organisationen geben, sie durch die Verhängung von Wirtschaftssanktionen auszutrocknen. Diese Sanktionen werden jedoch nur eine beschränkte Wirkung haben: Zunächst, weil die Kriegsakteure längst enge Verbindungen zur internationalen Kriminalität aufgebaut haben und Rohstoffe wie Kapital über die Kanäle der Schattenglobalisierung transportieren, so dass Sanktionsregimes sie kaum treffen. Sollte dies doch der Fall sein, so sorgen die Warlords dafür, dass die Folgen dieser Sanktionen vor allem die örtliche Zivilbevölkerung treffen, worüber sie anschließend die Weltpresse berichten lassen. Die meisten der Sanktionsregimes geraten auf diese Weise unter so großen moralischen Druck, dass sie mit Ausnahmeregelungen durchlöchert werden und damit ihren Zweck, die ökonomische Austrocknung des Krieges, verfehlen. Die Ressourcenkriege gehen dann unbeschränkt weiter. Obendrein können sich die regionalen Warlords dadurch politische Legitimität verschaffen, dass sie ethnische, religiöse oder kulturelle Trennlinien in dem von ihnen kontrollierten Gebiet nutzen, um ihre Gewaltanwendung als Befreiungs- oder Widerstandskrieg darzustellen.

Diese ideologische Aufladung von Ressourcenkriegen, gelegentlich aber auch das Interesse an der strategischen Kontrolle dieser Ressourcen ist der Grund dafür, warum sich immer wieder Mächte aus der Wohlstandszone, an ihrer Spitze die USA, verschiedentlich in Ressourcenkriege einmischen und sie zu beenden bzw. einer Seite zum Sieg zu verhelfen versuchen. Diese Interventionen, die auch die Abrüstung eines Kriegsakteurs oder die Verhinderung der Proliferation von Atomwaffen zum Ziel haben können, sind zusammenfassend als Pazifizierungskriege zu bezeichnen. Bei diesen militärischen Interventionen spielen geostrategische, wirtschaftliche und humanitäre Motivationen ineinander, wobei oft nicht zu entscheiden ist, welcher dieser Faktoren ausschlaggebend für die Interventionsentscheidung ist. Das Problem dieser Interventionen ist jedoch, dass sie nur von kurzer Dauer sein und nach Möglichkeit die intervenierenden Mächte keine größeren Opfer kosten dürfen. Das time lag zwischen langen Ressourcen- und kurzen Pazifizierungskriegen ist eine der Ursachen dafür, warum diese Interventionen selten von einem nachhaltigen Erfolg gekrönt sind. In vielen Fällen handelt es sich ohnehin um ein Nachgeben gegenüber einem von NGOs und Medien erzeugten moralischen Druck, der über Berichte von humanitären Katastrophen hergestellt wird. Im Grundsatz dürften die postheroischen Gesellschaften Westeuropas aber dazu neigen, die Ressourcenkriege sich selbst zu überlassen und nur deren Folgen mit humanitären Hilfsleistungen zu lindern.

In den im Gefolge solcher Kriege entstandenen Regionen zerfallener Staatlichkeit nisten sich freilich Gruppierungen ein, die eine zunehmende strategische Angriffsfähigkeit gegenüber den Wohlstandszonen der OECD-Welt entwickeln und eine neue Form von Verwüstungskrieg gegen den reichen Norden beginnen. Das Mittel, dessen sie sich dabei bedienen, ist der Terrorismus. Im Unterschied zum Partisanenkrieg als einer der herkömmlichen Formen asymmetrischer Kriegführung ist der Terrorismus in der Lage, die Gewalt bis weit in das Territorium des angegriffenen Gegners hineinzutragen. Ist der Partisanenkrieg die prinzipiell defensive Variante einer Asymmetrierung des Krieges aus der Position des Schwächeren heraus, so ist der Terrorismus als politisch-militärische Strategie zumindest in der Lage, offensiv zu agieren, und da er auf diese Weise zuletzt beachtliche Effekte erzielt hat, wird man davon ausgehen müssen, dass dies in Zukunft in erhöhtem Maße der Fall sein wird. Der Partisanenkrieg ist von der Unterstützung der kleinen, verstreut operierenden Gruppen durch die Zivilbevölkerung des Operationsgebiets abhängig, die ihre Logistik übernimmt und ihnen Deckung gewährt. Partisanenkriege sind nur führbar, wenn die Guerilleros sich auf die Unterstützung durch die Mehrheit der Bevölkerung verlassen können. Partisanen können nur dort operieren, wo sie diesen Rückhalt haben. Wo sie ihn nicht haben oder aufgrund eigener Fehler bzw. des Geschicks der Gegenseite verlieren, verlieren sie auch den Krieg. Das ist bei Terroristen nicht der Fall: Sie haben die Unterstützung von Seiten der Bevölkerung des Operationsgebiets durch die Nutzung der zivilen Infrastruktur des angegriffenen Landes ersetzt. [...] Fluglinien, Massentransportmittel, Kommunikationssysteme, Massenmedien und Urlaubszentren sind für die Terroristen zugleich Mittel und Ziele des Angriffs geworden. Was sie aber eigentlich angreifen, ist die labile psychische Infrastruktur vor allem der westlichen Welt, über die sie den politischen Willen des angegriffenen Landes ermatten und erschöpfen wollen. Dabei setzen sie vor allem auf die psychischen Effekte der Gewalt, also den Schrecken, der umso intensiver verbreitet wird, je größer die mediale Dichte des angegriffenen Landes ist. Ziel dieser Gewaltstrategie ist der ökonomische Schaden, der durch die Erzeugung von Schrecken bewirkt wird, also die wirtschaftliche Verwüstung des Angegriffenen, und wenn diese ein für ihn nicht mehr zu ertragendes Maß erreicht hat, wird er, so das terroristische Kalkül, einlenken und beigeben. In diesem Sinne ist auch der religiös motivierte Terrorismus eine Strategie der Gewalt, die eine der Kriegsformen des 21. Jahrhunderts darstellen wird.

Aus: Herfried Münkler, Die neuen Kriege, in: Der Bürger im Staat 54 (2004), S. 179–184.

ZUR TEXTERSCHLIESSUNG

1. Erläutern Sie Münklers zentrale These: „Die Ära des klassischen Krieges dürfte zu Ende gegangen sein. Aber die Geschichte des Krieges ist damit keineswegs zu Ende" (Z. 198).
2. Stellen Sie die Merkmale und Kennzeichen der „neuen Kriege" zusammen. Grenzen Sie dabei die „neuen" von den klassischen „alten Kriegen" ab.
3. Erarbeiten Sie die drei Typen des Krieges, die nach Münkler das 21. Jahrhundert bestimmen werden.

8.9 Jutta Bakonyi: Weltgesellschaft und Gewalt

Jutta Bakonyi, ehemalige Wissenschaftliche Mitarbeiterin am Institut für Politische Wissenschaft der Universität Hamburg, formuliert in ihrem Beitrag das von der „Hamburger Schule" der Kriegsursachenforschung entwickelte „Konzept der Weltgesellschaft". Die Arbeitsgemeinschaft Kriegsursachenforschung (AKUF) ist Teil der Forschungsstelle Kriege, Rüstung und Entwicklung (FKRE), die 1986 von dem 1998 emeritierten Professor Klaus Jürgen Gantzel gegründet wurde. Sie erfasst und typologisiert alle aktuellen Kriege und Konflikte, ermittelt und analysiert statistische Trends zum Kriegsgeschehen und trägt auf dieser Basis zur Theoriebildung über Kriegsursachen bei.

Ihr zentraler Vorwurf an die „traditionelle" Kriegs- und Konfliktforschung ist deren „Theoriedefizit", die Selbstauflösung der Sozialwissenschaft in Einzelstudien, die den Zusammenhang von ökonomischen, politischen und kulturellen Aspekten kriegerischer Gewalt auseinanderreiße. Hier setzt auch die grundlegende Kritik an Ansätzen an, wie sie Huntington (vgl. hierzu: S. 332) und Münkler (vgl. S. 337) vertreten, die nach Ansicht Bakonyis ihre Analyse auf eine Dimension verengen, bei Huntington die soziokulturelle Kategorie der Ethnizität und Religion, bei Münkler die Dimension der „neuen Kriege" nichtstaatlicher Akteure. Darüber hinaus moniert sie, dass diese Autoren die historischen und kontextuellen Besonderheiten der Konflikte außer Acht ließen und von einem begrifflichen Instrumentarium ausgingen, welches sich an der westlichen Entwicklung der Verstaatlichung von Gewalt orientiere.

Für den Hamburger Ansatz ist demgegenüber der Gegensatz von Tradition und Moderne ursächlich für die Entstehungs- und Verlaufsprozesse von Kriegen verantwortlich. Krisen, Konflikte und Kriege liegen aus dieser Perspektive in den widersprüchlichen Prozessen der ungleichzeitigen Entfaltung der kapitalistischen Moderne begründet. Darunter gefasst werden auch die Konflikte in der Ditten Welt, der es aufgrund von Kolonialismus und Dekolonialisierungskriegen nie möglich gewesen sei, die Gewalt vollkommen auf den Staat zu konzentrieren. Die beobachteten innerstaatlichen Konflikte seien daher nichts grundsätzlich Neues, sondern stellten ein Kontinuum von mikropolitischen Auseinandersetzungen um die Gestaltung von Staatlichkeit dar.

Literaturhinweise

Dokumente der Arbeitsgemeinschaft Kriegsursachenforschung (AKUF)/Forschungsstelle Kriege, Rüstung und Entwicklung (FKRE) unter: http://www.sozialwiss.uni-hamburg.de/publish/Ipw/Akuf/index.htm.

Jutta Bakonyi/Stephan Hensell/Jens Siegelberg (Hrsg.), Gewaltordnungen bewaffneter Gruppen. Ökonomie und Herrschaft nichtstaatlicher Akteure in den Kriegen der Gegenwart, Baden-Baden 2006.

M 9 Terrorismus, Krieg und andere Gewaltphänomene der Moderne

In der Terrorismusforschung werden die Defizite der sozialwissenschaftlichen (Gewalt) Forschung besonders deutlich. [...] Die Welt wird nur noch als „fragmentiertes Konglomerat regionaler und nationaler ‚Fälle'" betrachtet und das Wissen über einzelne gesellschaftliche Phänomene, in der Gewaltforschung über je besondere Gewaltphänomene (bestimmte Kriege, Massaker, terroristische Angriffe etc.), in den jeweiligen Subdisziplinen akkumuliert. Zusammenhängende Erklärungen und verallgemeinerbare Aussagen über Ursachen und Hintergründe der je besonderen Gewalt können ohne eine übergeordnete theoretische Perspektive nicht getroffen werden. Was Siegelberg 1996 für die Kriegsforschung konstatierte, kann bedenkenlos auf die Gewaltforschung ausgedehnt werden: „Der Forschungsstand wie die Forschungspraxis sind atomistisch, nicht kumulativ und ohne erkennbaren theoretischen Zusammenhang". Allenfalls können noch gemeinsame Muster und Tendenzen benannt und die beobachteten und beschriebenen Gewaltphänomene zu Typen klassifiziert werden. Aber auch in den Versuchen die unverstandenen Beobachtungen zu ordnen, zeigt sich das Theoriedefizit der Forschung, die nicht mehr zwischen der Erscheinungsform des Gewaltaustrags und deren Ursache unterscheiden kann. In der derzeit üblichen Klassifizierung von Gewaltphänomenen in der Dritten Welt als „ethnische

Kriege" oder als „religiöser Terrorismus" werden die Rhetorik und Selbstwahrnehmung oder auch nur die Legitimierungs- und Rechtfertigungsversuche der Gewaltakteure nicht nur unkritisch übernommen, sondern häufig zur ursächlichen Konfliktkonstellation erhoben. Im Bestreben, die hier nur skizzierte Problemlage zu überwinden, hat die als Hamburger Ansatz bezeichnete Schule der Kriegsursachenforschung mit dem Konzept der Weltgesellschaft einen gesellschaftstheoretischen Rahmen für die theoretische Durchdringung und Erklärung moderner Gewaltphänomene erarbeitet. Der einheitliche Raum für einen die einzelnen Regionen, aber auch die sozialwissenschaftlichen Subdisziplinen übergreifende theoretische Betrachtung wurde mit der kapitalistischen Expansion und der damit verbundenen Herausbildung der Weltgesellschaft als strukturellem Zusammenhang, in deren Mittelpunkt der Weltmarkt als vereinheitlichendes Syntheseprinzip steht, geschaffen. Die globale Subsumtion der verschiedensten Gesellschaften unter die vom Weltmarkt gesetzten Reproduktionsbedingungen kann insofern als vollzogen gelten, als es heute keine Residualgesellschaften mehr gibt und selbst die in einigen Regionen vermeintlich noch als Subsistenzbauern agierenden Bevölkerungsgruppen sich der tendenziell krisenhaften Entwicklung des Weltmarktes nicht mehr entziehen können. Die kapitalistisch induzierte Modernisierung führt jedoch nicht bruchlos zur Verdrängung tradierter Lebensmuster und Herrschaftsformen, sondern entfaltet sich in Abhängigkeit von den vorgefundenen Bedingungen in einem konfliktiven Prozess der Zersetzung, Verformung und Zerstörung vorherrschender Vergesellschaftungsmuster. Die Entwicklungs-, Ausdehnungs-, und innergesellschaftliche Durchsetzungsgeschichte des Kapitalismus birgt daher ein enormes Konfliktpotential und wird begleitet von Gewaltexzessen, Aufständen, Kriegen etc. Daraus leitet sich auch die Grundthese des Hamburger Ansatzes ab: Die zentrale Konfliktlinie der Moderne verläuft entlang der Durchsetzungsgeschichte kapitalistischer Vergesellschaftung.

In den entwickelten kapitalistischen Zentren hat sich mit der Etablierung und Demokratisierung des modernen Staates eine der kapitalistischen Vergesellschaftung entsprechende Form politischer Herrschaft etabliert und durch die Rücknahme der Gewalt aus dem gesellschaftlichen Alltag zur umfassenden gesellschaftlichen Pazifizierung beigetragen. Tatsächlich wurde erst mit der Etablierung des staatlichen Gewaltmonopols der Zustand allgemeiner Bellingerenz (Gegenwärtigkeit des Krieges) aufgehoben und die begriffliche Unterscheidung von Krieg, fortan als Ausnahmezustand oder sogar Fehlentwicklung perzipiert, und Frieden ermöglicht. Das kapitalistische Prinzip des zwischen freien und gleichen Privateigentümern stattfindenden Warentauschs kann sich erst durch die Garantie der Vertrags- und Rechtssicherheit voll entfalten. Dafür muss auch der Staatsapparat selbst von den partikularen Interessen Einzelner gelöst werden und die den vormodernen Staat noch prägenden persönlichen Privilegien der Autorität abgeschafft und verallgemeinert, d.h. zu öffentlichen werden. In der entwickelten kapitalistischen Gesellschaft fungiert der Staat schließlich als Instanz der gesellschaftlichen Allgemeinheit, die sich jedoch nur abgesondert von der durch partikulare Verwertungsinteressen strukturierten Gesellschaft formieren kann. Erst durch die Scheidung der politischen von der ökonomischen Sphäre wird die für die Gewaltforschung bedeutende kategoriale Trennung privater von öffentlicher respektive politischer Gewalt ermöglicht. Die Analyse von Gewaltprozessen ist daher an „das zumindest implizite Vorhandensein des Staates als Tertium comparationis" gebunden. Entgegen der modernisierungstheoretischen Annahme, in der fälschlicherweise die Geltung eines Prinzips mit dem konkret-geschichlichen Prozess identifiziert wurde, transformiert sich die entstehende Weltgesellschaft jedoch nicht automatisch in einen globalen Raum bürgerlicher Freiheit, Gleichheit und Rechtsstaatlichkeit. Die Durchsetzung der Weltgesellschaft ist als andauernder und konfliktiver Prozess kapitalistischer Vergesellschaftung zu begreifen, der sich entlang politisch-sozialer Auseinandersetzungen und Machtkämpfe zu einem die verschiedenen Momente des sozialen Lebens vermittelnden Zusammenhang verdichtet. Auch in den kapitalistischen Ursprungsregionen ist die Ausgestaltung bürgerlicher Lebensverhältnisse aus langwierigen Macht- und Verteilungskämpfen hervorgegangen und erst mit dem sozialstaatlichen Kompromiss der Nachkriegszeit konnten die immanenten Widersprüche kapitalistischer Vergesellschaftung und dessen konfliktives Potential langfristig eingedämmt werden. Die Mitte der 70er Jahre sich global abzeichnende Krise kapitalistischer Verwertung zeigt sich allerdings auch in den kapitalistischen Zentren und führt mit der seit dem Zusammenbruch der sozialistischen Konkurrenz noch beschleunigten Reprivatisierung vieler vormals dem Staat zugesprochenen Aufgabenfelder, bislang vor allem im Bereich der sozialen Sicherheit und Wohlfahrt, zur Zunahme sozialer Fragmentierungs- und Spaltungsprozesse. Eine erneute Freilegung gewaltförmiger Interessendurchsetzung ist auch hier keinesfalls unwahrscheinlich. Mit dem Rückzug des Staates ist der Verlust vieler, vormals erkämpfter sozialer Errungenschaften verbunden und die zeitweise aufkeimende zivilisatorische Seite des kapitalistischen Vergesellschaftungsprozesses kann sich im Zuge neoliberaler Modernisierung rasch wieder verflüchtigen.

In den Dritte-Welt-Staaten stellt sich dieser Zusammenhang anders dar. Im Gegensatz zu den kapitalistischen Ursprungsregionen ist die innergesellschaftliche Transformation vormoderner Lebensverhältnisse in den Gesellschaften der Dritten Welt nicht abgeschlossen und mit der fortschreitenden Auflösung traditionaler Lebensverhältnisse wird dort ein enormes Konflikt- und ein erhöhtes Gewaltpotential freigesetzt, das häufig nur noch schwer eingedämmt werden kann, weil die traditionalen Formen der Gewaltkontrolle und Konfliktschlichtung weitgehend aufgelöst wurden, ohne jedoch durch neue, bürgerliche Formen ersetzt zu werden. Durch das seit Mitte der 1980er Jahre deutlich zutage tretende Scheitern der wirtschaftlichen Entwicklungsanstrengungen werden die vorhandenen Gewaltpotentiale weiter verstärkt und in denjenigen Staaten, die der weltgesellschaftlichen Konkurrenz schon lange nicht mehr standhalten können, zerfallen häufig die letzten Reste institutioneller Gewaltkontrolle. Die statthabende Diffusion und Privatisierung des ohnehin nie gesellschaftsübergreifend durchgesetzten Gewaltmonopols und die Herausbildung von Ordnungsformen jenseits des Staates sind eine Folge der gescheiterten Modernisierungsbemühungen. Die politischen Gewaltphänomene der Moderne als Teil der Durchsetzung kapitalistischer Vergesellschaftung und moderner Staatlichkeit bzw. als Folge gescheiterter Modernisierung zu begreifen bedeutet jedoch nicht, dass auch die jeweiligen Gewaltakteure ihre Handlungen als Resultat dieser strukturellen Konfliktlinie interpretieren. Der kapitalistische Transformationsprozess führt nicht nur zur Auflösung tradierter Sozialverhältnisse, sondern kollidiert auch mit den lebensweltlichen Sinnstrukturen der Akteure. Der Widerstand gegen die als Bedrohung wahrgenommene Auflösung des Bekannten artikuliert sich häufig unter Rückgriff auf die Vergangenheit, deren Idealisierung und heroische Verklärung umso weiter fortzuschreiten scheint, je weiter sich die Menschen in ihrer Lebensweise von den vergangenen Formen entfernen. Die Vergangenheitsverklärung wird zusätzlich dadurch befördert, dass sie ein darstellbares Gegenbild zu den kaum zu personifizierenden Zwängen kapitalistischer Vergesellschaftung bietet. Im Gegensatz zu traditionalen Herrschaftsverhältnissen entfaltet sich die kapitalistische Vergesellschaftung als „stummer Zwang der Verhältnisse" (Marx) und die aus diesem Zwang resultierenden sozialen Verwerfungen, die Marginalisierung und fortschreitende Verelendung sozialer Gruppen oder mittlerweile ganzer Regionen und Kontinente können nur unter enormen ideologischen Verklärungen der persönlichen Verantwortung Einzelner oder bestimmter sozialer Gruppen zugeschrieben werden.

Die aus der kolonialen Modernisierung resultierenden sozialen Verwerfungen konnten mit der Anwesenheit der europäischen Kolonialherren noch personifiziert werden und der Widerstand artikulierte sich daher primär als Kampf gegen die Fremdherrschaft. Da die innergesellschaftlichen Widersprüche weniger als Resultat der kapitalistischen Transformation, sondern vor allem aus der Brutalität, dem Rassismus und der unmittelbaren Ausbeutung der Kolonisatoren zu resultieren schienen, wurde die Übernahme des Staatsapparates als Möglichkeit zur Gestaltung eines alternativen Entwicklungsweges betrachtet. Nicht selten griffen die Unabhängigkeitsbewegungen auf eine sozialistische Rhetorik zurück, mit der ein kolonial unbelasteter Modernisierung- und Fortschrittsmythos transportiert werden konnte.

Nach dem Erhalt der formalen Unabhängigkeit wurde die kapitalistische Modernisierung von sozialen Akteuren im Innern der Staaten fortgesetzt und, egal welcher ideologischen Ausrichtung, häufig noch beschleunigt. Dass die jeweiligen Akteure sich dennoch dem sozialistischen oder kapitalistischen Lager zurechneten, war vor allem der Tatsache geschuldet, dass die Supermächte die Lippenbekenntnisse der Dritte-Welt-Staaten mit (zum Teil massiver) finanzieller und anderer Unterstützung belohnten. Trotz dem Scheitern der ökonomischen Entwicklungsanstrengungen gestattete die Außenunterstützung den Regierungen den Ausbau ihrer Machtposition und bot wahlweise auch der sich formierenden Opposition eine einfache Finanzierungsmöglichkeit.

Allein in dieser Gestalt wurde der Ost-West-Konflikt auf die Länder der Dritten Welt übertragen und lebte, ohne eine wirkliche gesellschaftliche Tiefenwirkung zu entfalten, vor allem in der Rhetorik der staatlichen oder oppositionellen Eliten fort. Aber auch in der wissenschaftlichen Perzeption der bewaffneten Konflikte in der Dritten Welt als „Stellvertreterkriege" zeigt sich, dass die den Kriegen zugrunde liegenden sozialen Wandlungsprozesse und die daraus resultierende innergesellschaftliche Dynamik weitgehend unverstanden blieb und stattdessen der Rhetorik der Kriegsakteure eine kriegsursächliche Wirkung zugeschrieben wurde. Als mit dem Ende des Ost-West-Konflikts zwar seine Erklärungskraft, nicht jedoch die Kriege in der Dritten Welt beendet wurden, wurde mit dem „ethnischen" oder wahlweise auch „religiösen" Krieg ein schnelles Substitut gefunden. Geändert hat sich dabei also nicht die Realität in den Gesellschaften der Dritten Welt, sondern die Betrachtung dieser Realität durch die wissenschaftliche Forschung.

Die Selbstwahrnehmung der Akteure bleibt dennoch von großer Relevanz für die Analyse moderner Gewaltkonflikte, da sich mit der Verlagerung von Selbst- und

Fremdzuschreibungen eine je eigene Konfliktdynamik entfaltet. Ob eine soziale Klasse bzw. der imperiale Norden oder eine ethnisch oder sogar rassistisch definierte soziale Gruppe als verantwortlich für das eigene Elend wahrgenommen wird, hat ebenso wie die subjektive Motivation und die Zielformulierung der Kämpfer einen Einfluss auf die Form des Konfliktaustrags. In den säkularen sozialrevolutionären Bewegungen der 70er und 80er Jahre bspw. beanspruchten die Gewaltakteure, für die im emphatischen Sinn der Aufklärung verstandene bessere Zukunft der Menschheit zu kämpfen. Die Ziele der Kampfhandlungen wurden daher sehr genau ausgesucht und „unnötige" Opfer vermieden. Das sichtbare Scheitern aller Modernisierungsbemühungen und das Ende des Fortschrittsoptimismus führt seit Beginn der 80er Jahre zu einer deutlichen Verlagerung der sinnhaften Wahrnehmung und Selbstzuschreibung der Gewaltakteure. Ohne weiter am Mythos des ewigen Fortschritts festzuhalten, erfolgt mit dem Anwachsen von fundamentalistischen Bewegungen die „Rück-" Besinnung auf längst überholte kulturelle und religiöse Werte. Der Widerstand gegen die Transformationsprozesse formiert sich jetzt nicht mehr als emanzipatorisch-sozialrevolutionäre, sondern als Anti-Modernisierungs-Bewegung und artikuliert sich vor allem gegen die mit der Säkularisierung verbundene Zerstörung der letzten noch verbliebenen religiös-mythologischen und kulturellen Sinnstiftungsmechanismen. Die fundamentalistische Rhetorik entfaltet gegenwärtig ein enormes Mobilisierungspotential und wird zum Sammelbecken nicht nur der offensichtlichen Verlierer kapitalistischer Transformationsprozesse. Gerade auch die „bedrängten und nach Veränderung suchenden Mittelklassen und das Bildungsbürgertum" greifen verstärkt auf kulturelle Deutungsmuster zurück. Selbst wenn sich diese Gewaltprozesse jedoch vordergründig als ethnische oder religiöse präsentieren, so bilden weder ethnische noch religiöse oder sonstige kulturelle Zuschreibungen die zugrunde liegende Konfliktursache. In der statthabenden „Ökonomisierung der Kriege" wird deutlich, dass sich hinter der „Sprache der Tradition" oft ein durchaus moderner Konkurrenzkampf um den Zugang zu den vorhandenen profitablen Märkten und um die wenigen Gewinnchancen verbirgt. Der „Begrifflichkeit des Alten" wird im Kampfgeschehen eine neue Funktion und Aufgabe verliehen und der Rückgriff auf die längst bis zur Unkenntlichkeit aufgelösten traditionalen Sinnstiftungsmuster sowie die Heroisierung der Vergangenheit ist Teil der kapitalistischen Entwicklung zur Weltgesellschaft, deren Dynamik sich in der immanenten Dialektik von Vereinheitlichung und Fraktionierung erst entfaltet. [...]

Aus: Jutta Bakonyi, Terrorismus, Krieg und andere Gewaltphänomene der Moderne, in: dies. (Hrsg.), Terrorismus und Krieg, Arbeitspapier Nr. 4 /2001, Universität Hamburg – IPW, Forschungsstelle Kriege, Rüstung und Entwicklung, http://www.sozialwiss.uni-hamburg.de/publish/Ipw/Akuf/publ/ap4-01.pdf

ZUR TEXTERSCHLIESSUNG

1. Erläutern Sie das „Modell der Weltgesellschaft" als Erklärungsansatz weltweiter Kriege und Konflikte heute:
   a) In welchen theoretischen Rahmen werden Konflikte und Kriege eingeordnet?
   b) Worauf wird die Pazifizierung westlich-kapitalistischer Gesellschaften zurückgeführt? Welche Perspektive wird diesen zugewiesen?
   c) Wie werden Konflikte/Kriege in den Dritte-Welt-Staaten erklärt/gedeutet?
2. Setzen Sie sich mit Bakonyis Kritik an vorliegenden Ansätzen – Huntington (S. 332) und/oder Münkler (S. 337) – auseinander.

8.10 Karl Otto Hondrich: Gewalt als Mittel zum Frieden

Karl Otto Hondrich (1937–2007) studierte Volkswirtschaftslehre, Politikwissenschaft und Soziologie in Frankfurt am Main, Berlin, Paris und Köln. Nach einem Forschungsaufenthalt an der University of California in Berkeley lehrte er im Rahmen der akademischen Aufbauhilfe zwei Jahre als Dozent an der Universität Kabul in Afghanistan. 1962 promovierte Hondrich, 1972 habilitierte er sich in Soziologie. Von 1972 bis 2005 war er Professor für Soziologie an der Johann Wolfgang Goethe-Universität in Frankfurt am Main. Er befasste sich u.a. mit Theorien und empirischen Untersuchungen über sozialen Wandel und soziale Konflikte. Hondrich war Mitbegründer des Club of Quebec, eines Zusammenschlusses von Soziologen, dessen Publikationen sich mit sozialen Wandlungen im internationalen Vergleich befassen. Über seine Essays in der FAZ, der NZZ, im Spiegel und in der Welt erreichte er – über die Fachwissenschaft hinausgehend – die deutschsprachige Öffentlichkeit.

Für Aufsehen sorgte sein 2003 erschienener Artikel in der „Neuen Zürcher Zeitung", in dem er den Irak-Krieg als notwendige Machtdemonstration des einzige verbliebenen Hegemons auf dem Weg zu einer neuen „Weltgewaltordnung" verteidigte. Zu den Schwächen des Völkerrechts, so Hondrich, zähle noch immer das Fehlen eines internationalen Gewaltmonopols. Mit der Bildung nationaler Gewaltmonopole sei ein historischer Prozess eingeleitet worden, der am Ende zum Aufbau einer internationalen Weltgewaltordnung führen solle. Sie kann nach Hondrichs Überzeugung jedoch nicht ohne einen Hegemon auskommen, „der die Einzelgewalten entmachtet und im gleichen Zuge sich selbst als Übergewalt herausbildet". Im permanenten Ausnahmezustand könne nur der Hegemon asymmetrische Gewalt anwenden, um Konflikte zu beenden. Dies sei derzeit „nach dem Untergang des Sowjetimperiums und vor dem Aufgang Chinas und Indiens" die historische Rolle der USA als „einzige Gewaltmacht auf der Welt". Hondrichs Position liegt die Staatstheorie Hobbes (vgl. S. 261) zugrunde, die er auf das 21. Jahrhundert überträgt, wenn er konstatiert, dass Ordnung nicht Gleichverteilung, sondern Unterdrückung von Gewalt durch noch mehr Gewalt bedeute, und wenn er die Entstehung des innerstaatlichen Gewaltmonopols als Ergebnis gewalttätiger Auseinandersetzungen (und nicht etwa als Ergebnis eines friedlichen Vertragsabschlusses gleicher und freier Bürger) deutet.

Besonderes Augenmerk richtet Hondrich auf die Funktion der Moral in Fragen von Krieg und Frieden, wobei er – scheinbar paradox – Kriege als „Hoch-Zeit" der Moral auffasst, und zwar einer Moral, die auf dem „Gesetz der Reziprozität" beruht (wie du mir, so ich dir). Moral, etwa das christliche Gebot der Gewaltlosigkeit, verhindere nicht, sondern fördere Gewalt: „Eine Moral, die keine Grenzen zwischen den Kulturen, also keine Autonomielösungen und nationale Eigenständigkeit anerkennen will, verhindert nicht den Krieg, sondern führt ihn herbei [...] Nicht Atavismen und niedere Instinkte sichern dem Krieg eine lange Zukunft, sondern die Eigendynamik einer Moral mit universalistischem Anspruch." (Hondrich, Wieder Krieg, S. 24f.) Mit dieser Sicht knüpft Hondrich an Max Webers Unterscheidung zwischen Gesinnungs- und Verantwortungsethik an und formuliert die Ablehnung einer Gesinnungsethik, die sich nicht um die Folgen ihres politischen Handelns und Tuns kümmert.

LITERATURHINWEISE

Karl Otto Hondrich, Wieder Krieg, Frankfurt a. M. 2002.
Interview mit ***Karl Otto Hondrich,*** „Recht allein schafft keine Ordnung", in: Neue Gesellschaft. Frankfurter Hefte 5/2003.
Fragen an ***Kurt Lenk,*** „Hegelianismus von unten", in: Neue Gesellschaft. Frankfurter Hefte 5/2003.
Gernot Böhme, Weltordnung durch Gewalt? Karl Otto Hondrich reitet mit dem Weltgeist – eine Entgegnung, in: Neue Zürcher Zeitung vom 1. April 2003, http://www.nzz.ch/2003/04/01/fe/article8RHU8.html.

M 10 Auf dem Weg zu einer Weltgewaltordnung

Viel und ausgiebig war im Vorfeld des neuen Irak-Krieges von Recht, Rechtfertigungen, Resolutionen die Rede. Doch geht es für die Vereinigten Staaten in diesem Krieg um noch Wichtigeres – zu beweisen, dass sie als überlegene Ordnungsmacht nach dem 11. September 2001 bereit sind, eine militärische Drohung auch wahr zu machen. Die Handlungsfähigkeit der Hegemonialmacht ist entscheidend für den Frieden in einer Welt, in der – obwohl vielfach verdrängt – Gewalt immer wieder auch grundlegend ist. Denn Ordnung und Freiheit stellen sich nicht einfach her durch Gleichverteilung, sondern durch Unterdrückung von Gewalt durch noch größere Gewalt.

Für den Krieg gibt es einen guten Grund: den Diktator zu entwaffnen. Derselbe Grund spricht aber auch gegen den Krieg. Denn die Entwaffnung des ohnehin Geschwächten vollzieht sich bereits im Vorfeld, allein durch Kriegsdrohung. Dass der Krieg trotzdem beginnt, muss also andere Gründe haben.

Die üblichen Verdächtigen sind schnell gefunden: Interessen am Öl, Geltungsdrang der Militärs, das Sendungsbewusstsein des amerikanischen Präsidenten. Das ist alles plausibel – und klingt doch ebenso hohl wie die offiziellen Argumente für den Krieg. Nicht die Motive von Kriegstreibern und Kriegsgegnern treiben den Krieg, sondern stärkere Triebkräfte. Es sind dies kollektive Kräfte. Sie entstehen im Zusammenleben selbst (bevor die plumpe Unterscheidung zwischen rationalen und irrationalen Handlungsgründen aufkommt). Sie sind nicht von Menschen gesetzt, haben aber die Macht von Gesetzen. Sie sind nicht identisch mit Kriegszielen. Sie sind die Macht im Hintergrund. Wie sie alles Geschehen zwischen Menschen, im Frieden wie im Krieg, bestimmen, so auch die Übergänge vom Frieden zum Krieg.

Fünf „Gesetze"

Es ist, als Erstes, das Gesetz der Reziprozität, das in den Irak-Krieg hineinführt. Amerika übt Vergeltung für die ungeheure kollektive Verletzung, die ihm am 11. September 2001 widerfahren ist. Solange sie ungesühnt ist, verwischt sich die Unterscheidung zwischen Gut und Böse, ohne die wir nicht einen Tag überleben könnten, auch wenn wir uns über sie erhaben glauben. Das Gesetz der Moralität fordert diese Unterscheidung ein, und niemand hilft ihm dabei besser als der Krieg, die Hoch-Zeit der Moral. Das Gesetz der kollektiven Identität, drittens, lässt uns fühlen, zu wem wir gehören, und zwingt uns wider Willen in diesen Krieg hinein, denn alle Politik, die wir als Europäer gegen die USA betreiben, kann uns nicht aus der gewachsenen und auch für die Zukunft überlebensnotwendigen Bindung an sie befreien.

Europäische Regierungen kritisierten den Krieg – vergeblich. Sie erzeugten damit, von höchster Stelle, die Ohnmacht, die die Menschen angesichts des Krieges schon immer erfahren haben. Schlimmer noch, sie lieferten der Führungsmacht einen zusätzlichen, wenn auch unaussprechbaren Kriegsgrund: die Dissidenten – uns – zu demütigen. Indem wir das Gesetz des Handelns gegen den Krieg ergreifen, erfahren wir ein stärkeres Gesetz: das Gesetz der unbeabsichtigten Folgen des Handelns; in weiseren Kulturen nennt man es Schicksal.

Krieg als Schicksal – dagegen sträuben sich die Nackenhaare, ist es doch nicht Fatalismus, sondern amerikanischer Aktivismus, der den Krieg entfesselt. Wen wundert es? „Amerika ist auf Gewalt gebaut. Es gründet sich auf Genozid und Sklaverei. So einfach ist das", sagt der – schwarze – amerikanische Regisseur Spike Lee. Aber auch das Stammesleben der Indianer und Afrikaner war, bevor die Weissen kamen, auf Fehde und Gewalt gebaut. Und die Zivilisation des christlichen Europa nicht weniger. Jedes Jahr, wenn der Schnee schmolz, bestiegen die Ritter ihre Pferde und zogen in den Krieg, vorausgesetzt, es war nicht zu nass. Und so ging es weiter: Kriege zwischen Kirchen, Fürsten, Staaten. [...] Würden wir Gewalt als grundlegend auch für die eigene Gesellschaft erkennen und anerkennen, könnten wir sie nicht mehr nur bekämpfen und müssten an uns selbst irre werden. Deshalb wird die eigene Gewalt tabuisiert. Das Tabu oder Gesetz des Nicht-Wissen-Dürfens ist der fünfte Grund zum Kriege.

Die Erklärung von Krieg und Gewalt durch Gesetze, die selbst nicht von Menschen gemacht sind [...] widerstrebt uns als modernen Menschen zutiefst. Wir führen Gewalt auf individuelle Schuld und Schurken zurück. Einzelne Führer oder die von ihnen Verführten für böse oder dumm, für zu stark oder zu schwach zu halten – das ist auch heute noch die geläufigste Kriegserklärung. Sie übersieht dabei allerdings etwas Entscheidendes: Gewalt ist keine Eigenschaft von Einzelnen, sondern entsteht als Wechselwirkung zwischen Menschen. Sie wird nicht nur durch niedrige Neigungen, sondern auch durch hohe Werte hervorgerufen. Als Versuch, eigene Werte (und Interessen) auch um den Preis durchzusetzen, andere und sich selbst zu verletzen, gibt es Gewalt, solange Menschen verletzlich sind und solange Werte im Widerstreit sich behaupten wollen.

Gesellschaft ohne Gewalt ist demnach möglich – unter drei Bedingungen, von denen nur eine erfüllt sein muss: Menschen müssen unverletzlich sein; oder ihre Lebensform muss ihnen nicht durchsetzungswert, also im Vergleich zu andern nichts wert sein; oder sie braucht sich nicht durchzusetzen, weil Harmonie der Werte herrscht.

So einfach ist das. Aber: Die drei Bedingungen gewaltfreier Gesellschaft – sie rücken ferner, je mehr die Entwicklung sich dem nähert, was als „höhere" Kultur bezeichnet wird. Fieberhaft arbeiten wir, mit allen Mitteln der Medizin, Chemie, Biologie an dem Drachenblut, das uns, wie Siegfried in der Sage, unverletzlich, wenn nicht unsterblich machen soll. Die USA nähren sogar den Traum, mit Hilfe der Raumfahrtwissenschaft ihren ganzen Kontinent gegen fremde Waffen unversehrbar zu machen. Aber während dieses gigantische Unternehmen anläuft, wird die Weltmacht zum ersten Mal durch die Erfahrung erschüttert, auf eigenem Boden kollektiv verletzbar zu sein. Und während der Irak-Krieg (auch) geführt wird, um die Weiterverbreitung von Vernichtungswaffen zu stoppen, rasseln kleinere Mächte wie Nordkorea mit eben diesen Waffen.

Nicht nur die unerhört gesteigerte Vernichtungskraft und Reichweite der Waffen steigert die Verletzbarkeit des modernen Menschen, sondern paradoxerweise auch die gesteigerte Moral, mit der er sich schützen will. Ausfluss dieser Moral ist etwa das Gebot der Gewaltlosigkeit. Solange dieses aber nicht überall gleichermaßen gilt, macht es diejenigen verwundbarer, die ihm folgen. Und je stärker es verinnerlicht wird und unter dem Schutzschild staatlicher Gewaltmonopole auch äußerlich herrscht, desto mehr steigern sich die Ansprüche an Gewaltlosigkeit; gemessen daran erscheinen schon kleine Verletzungen, gestern noch „normal", heute als Gewalt. Gewalt wird immer empörender – und damit unterschwellig immer wertvoller.

Verletzlichkeit ohne Ende. Geht wenigstens das Eifern zu Ende, mit dem Lebensformen sich durchsetzen wollen? Die westlichen Gesellschaften sehen sich ja auf dem Wege in die Toleranz. Aber prüfen wir selbst: Wenn Gleichberechtigung der Geschlechter, Freiheit der Religion und der Rede, demokratische Kontrolle der Macht ernstlich angegriffen würden – würden wir uns nicht mit aller Gewalt zur Wehr setzen? Nur weil wir uns der eigenen Lebensform so sicher sind (und damit rechnen, dass sie sich wie von selbst durchsetzt, also in Beziehung zu andern dominant ist), können wir vergessen, dass sie auf gewaltsamer Durchsetzung beruht und des Gewaltschutzes bedarf, kurz, eine Gewaltordnung ist. Weit entfernt davon, darauf verzichten zu können, macht die westliche Kultur Durchsetzung zu einem Wert eigener Art: Selbstbestimmung, Selbstbehauptung, Selbstentfaltung – diese modernen Wertformeln enthalten mehr Keime der Gewalt als das lakonische „Allahs Wille geschehe".

Bleibt die letzte Hoffnung: dass Gewalt sich erübrige, weil der Widerstreit der Werte sich in einer universalen Weltmoral aufhebe. Dass diese den Ehrenkodex der Paschtunen, die kollektiven Tauschverpflichtungen der Trobriander und die im Koran festgelegten Verpflichtungen für den frommen Muslim uns auferlegen könnte, halten wir natürlich für ausgeschlossen. Vielmehr sollen die andern in die uns vertraute christlich-aufklärerische Moral eingeschlossen werden. Sechs Milliarden Menschen über den gleichen moralischen Leisten zu schlagen – das wird die Konflikte der Kulturen und Interessen nicht abmildern, sondern anheizen.

Die Einsicht ist bitter. Aber es führt kein Weg an ihr vorbei: Je höher und schneller sich Gesellschaft entwickelt und je weiter sie sich als Weltgesellschaft dehnt, desto verletzlicher werden die Menschen und ihre Kulturen, desto durchsetzungseifriger, desto konfliktreicher, kurz: desto gewaltträchtiger.

Die Gewalt wächst in der Latenz, geborgen und verborgen. Ausbrechen kann sie überall und jederzeit. Wie ist sie in Schach zu halten? Durch Verträge zwischen Gleichen und Gleichberechtigten, lautet die prompte Antwort. In ihr drückt sich eine tiefe und weithin geteilte moralische Intuition aus: Die Ordnung sei am besten, die sich durch Freiheit und Gleichheit, als Gleichgewicht und Gleichverteilung einstelle. Die Vorstellung trügt. „Als alle Menschen gleich und frei waren, war niemand vor dem anderen sicher", schreibt Wolfgang Sofsky in einem „Traktat über die Gewalt". [...]

Das „Gleichgewicht der Kräfte" zwischen Stämmen, Fürsten und Staaten: Immer brach es zusammen – zuletzt im Kalten Krieg – oder lud zu gewaltsamen Machtproben ein. Daraus erst ging die Bändigung von Gewalt hervor. Nicht durch Recht, sondern durch Gewalt selbst, nicht durch Gleichverteilung, sondern im Gegenteil durch äußerste Ungleichverteilung und Konzentration der Gewalt beim Staat entstand die Gewaltfreiheit, die wir heute als zivile Gesellschaft genießen. Gewalt verletzt und stört nicht nur, sie schützt und ordnet auch – allerdings nur als überlegene, als hegemoniale Gewalt. [...] Mit der Bildung nationaler Gewaltmonopole ist der Prozess nicht zu Ende. In größerem Rahmen geht er weiter. In der Weltgesellschaft treffen viele und ungleiche Staatsgewalten aufeinander, dazu frei herumvagabundierende und marodierende Gewalten. Immer mehr Staaten, Banden, Terrorgruppen verschaffen sich die modernsten Waffen, um bei der Ordnung der Gewalt mitzumischen – und vergrößern die Unordnung der Gewalt. Dies schreit nach einer Weltgewaltordnung.

Die Drohung wahr machen

Wie soll sie aussehen? Lauter gleichberechtigte Staaten, wie es das Credo der Uno will? Die Staaten fordern auch das gleiche Recht auf Waffen. Zur Sicherheit trägt das nicht bei. Ordnung heißt, machen wir uns nichts vor, nicht Gleichverteilung, sondern Unterdrückung von Gewalt durch noch größere Gewalt. Die größere Unterdrückung gewährt mehr Sicherheit als die kleinere. Kann eine solche Ordnung ohne Hegemon auskommen, der die Einzelgewalten entmachtet und im gleichen Zuge sich selbst als Übergewalt herausbildet? Und ist diese Umverteilung von Gewalt ohne gewaltsame Vormachtkämpfe, allein durch freie Vereinbarung, denkbar?

Diese Fragen werfen ein ungewohntes Licht auf den Krieg. Ginge es in ihm nur um den Irak, genügte die Kriegsdrohung. Aber nur der Krieg selbst zeigt, was die Drohung allein nicht zeigen kann: dass die USA sie wahr machen. Den Anspruch, Ordnungsmacht zu sein, können viele erheben – aber nur der Krieg macht die Probe aufs Exempel. Er ist ein Beispiel, eine Stichprobe und ein Glied in einer Kette. Keine Ordnungsgewalt ist gewaltig genug, um alle Gewalt gleicher- und gerechtermaßen zu unterdrücken. Jede Ordnung kann nur Exempel statuieren und enthält, in deren Auswahl, ein Element des Eigeninteresses und der Willkür. Jede Ordnung beruht auf Stichproben. Aber auf diese ist sie angewiesen. Wir wüssten sonst nicht, dass es sie gibt – eine Ungewissheit, die einer Aufforderung zu weiterer Gewalt gleichkäme.

Jeder Krieg ist mehr als nur dieser Krieg. Auch der Irak-Krieg ist nicht nur Irak-Krieg, vielleicht nicht einmal in erster Linie dies. Er hat andere Kriege neben sich und in sich, hinter sich und vor sich. Er kann weitere Kriege hervorrufen, aber er kann ihnen auch zuvorkommen. Ob es ein Krieg war, der andernorts Kriegen vorbeugt, wird sich auch später nie genau sagen lassen, denn er wird nicht der letzte in der Kette gewesen sein. Ob er der Weltgewaltordnung dient, lässt sich nur erahnen. Aber ohne sie ist er nicht zu verstehen.

Die mögliche Bedeutung des Krieges für eine Weltgewaltordnung – wird sie in Deutschland verstanden? Hier verweist man empört auf die Dinge, um die es in diesem Krieg, genauso wie in den meisten andern, gar nicht geht: auf Recht, Rechtfertigungen, Resolutionen. Und auf unvorhersehbare Folgen. Sie sind unvermeidlich. Aber auch die Kriegsvermeidung hat unvermeidlich Folgen, die nicht vorhergesehen und nicht beabsichtigt sind. Dass sie schleichend daherkommen, macht sie nicht besser.

„Krieg ist sinnlos. Der Krieg löst keine Probleme." Die USA und die Länder, die den Krieg gegen die Hitler-Diktatur geführt haben, sehen das anders. Und nicht nur sie. „Ich erinnere mich noch brennend an Leid und Elend des Krieges. Ich erinnere mich aber auch an meine Verzweiflung und meine Wut, weil die Welt über die Tragödie hinwegsah, die mein Volk zu vernichten drohte. Wir flehten eine fremde Macht an, uns von der Unterdrückung zu befreien – wenn nötig mit Gewalt", schreibt José Ramos-Horta, Außenminister von Osttimor. 1996 im Exil erhielt er den Friedensnobelpreis.

So verwerflich, unrechtmäßig, unnötig der Krieg aus europäischer Sicht sein mag – mit einem Schlag widerlegt er eine Reihe von Theorien, die zur Gewaltunsicherheit und Gewaltunordnung in der Welt beitragen: dass der „dekadente" Westen seine Interessen und Werte nicht verteidige (wie die Apostel der Überlegenheit „östlicher" Werte behaupten); dass Demokratien nicht bereit seien zu kämpfen (die Theorie aller Diktatoren); dass niemand die Herde der Gewalt in der Welt austrete und sich, in Kooperation und Konflikt mit einer schwachen Uno, für eine Weltgewaltordnung stark mache.

Ordnungsmacht Amerika

Doch, da ist jemand. Die Vereinigten Staaten sind, nach dem Untergang des Sowjetimperiums und vor dem Aufgang Chinas und Indiens, die einzige Gewaltmacht auf der Welt, die sich dieser Aufgabe wirklich stellt. Niemand macht sie ihr streitig. Aber jedermann glaubt sie schelten und schmähen zu können: Die USA maßten sich die Macht an – aber niemand sonst hat ein ähnliches Maß an Macht; sie riefen Gegenmacht hervor – ja, das tut jede Macht; sie hätten zu viel Macht – ja, mehr als jeder andere Staat hat, aber zu wenig, um in der Welt wirklich Ordnung zu halten; sie hätten zu wenig Macht – ja, gerade deshalb brauchen sie Verbündete. Ein Weltgewaltmonopol haben sie nicht, wohl aber führen sie, in Gestalt der Nato, ein Weltgewaltkartell an. Viele drängen in es hinein.

Woher rührt seine Strahl- und Anziehungskraft? Man kann dahinter eine merkwürdige Mischung vermuten: den Eros übermächtiger Gewalt, die Attraktivität westlicher Lebensformen für den Rest der Welt, den Schutz vor offenen oder verdeckten Formen der Fremdherrschaft, den das Weltgewaltkartell verheißt, in erster Linie aber die Ordnungs- und Befreiungsaufgaben, die es tatsächlich erledigt. Sie werden immer ambivalent aufgenommen. Denn als Garant von Ordnung und Unabhängigkeit schafft die Weltordnungsmacht unweigerlich neue Abhängigkeit von sich selbst. Vielerorts ist dies Abhängigkeit von kulturell Fremden – das unterscheidet das Weltgewaltkartell von den Nationalstaaten, die auf einem kulturellen Konsens der Staatsbürger aufruhen. Im Vergleich dazu ist jede Weltordnungsmacht chronisch unterlegitimiert. [...] Die Welt ist US-hegemonial verfasst, weil es eine Ordnung ohne Gewalt nicht gibt; weil es eine Gewaltordnung ohne Hegemonie nicht gibt und weil es keinen andern Hegemon gibt, der die Vielfalt, die Widersprüche und die Träume der Welt so sehr in sich vereint wie die Vereinigten Staaten. Wer von ihrer Hegemonie nichts wissen will, der kann die Hoffnung auf Weltfrieden begraben.

Aus: Karl Otto Hondrich, Auf dem Weg zu einer Weltgewaltordnung, in: Neue Zürcher Zeitung, 22. März 2003, http://www.nzz.ch/2003/03/22/li/article8QHJ9.html.

Zur Texterschliessung

1. Erarbeiten Sie Hondrichs Sicht des Irak-Krieges und der Rolle der USA als Hegemon.
   a) Erläutern Sie das – über das Exempel des Irak-Krieges hinausgehende – grundlegende Verständnis Hondrichs von Krieg und Frieden im 21. Jahrhundert:
   a) Welche quasi „naturgegebenen“ Gesetze führen demnach zum Krieg?
   b) Von welchem Menschenbild geht Hondrich aus?
   c) Welches Modell der Weltgesellschaft und der internationalen Staatenwelt liegt seinen Thesen zugrunde?
   d) Wie kann der Weltfrieden nur erreicht werden?
2. Diskutieren Sie Hondrichs grundlegende These von der Notwendigkeit eines Hegemons und einer Weltgewaltordnung zur Schaffung und Sicherung des Weltfriedens.

8.11 Harald Müller: Entwicklungslinien der Weltpolitik – Was tun?

Harald Müller ist ein international anerkannter Abrüstungsexperte, der über seine wissenschaftliche Tätigkeit hinaus vielfache politische Beraterfunktionen wahrgenommen hat.
Müller (geb. 1949) studierte Germanistik, Soziologie, Philosophie und Politikwissenschaften an der Johann Wolfgang Goethe-Universität Frankfurt. Nach einer Dozententätigkeit an der TU Darmstadt von 1994 bis 1998 wurde er 1999 Professor für Internationale Beziehungen an der Frankfurter Universität mit dem Schwerpunkt Friedens- und Konfliktforschung. Seit 1976 arbeitet Müller als wissenschaftlicher Mitarbeiter bei der Hessischen Stiftung Friedens- und Konfliktforschung (HSFK). Seine Hauptforschungsgebiete sind Rüstungskontrolle und Abrüstung. Er ist Mitherausgeber der Zeitschrift für internationale Beziehungen (ZIB).
Neben seiner wissenschaftlichen Tätigkeit hat Müller vielfältige politische Aufgaben im Rahmen von Abrüstung, Sicherheit und internationalen Beziehungen wahrgenommen: Auf nationaler Ebene war er Mitglied der Wehrstrukturkommission der Bundesregierung (1999–2000); seit 1999 ist er Co-Vorsitzender des Arbeitskreises „Friedens- und Konfliktforschung" beim Planungsstab des Auswärtigen Amtes. Auf internationaler Ebene war Müller u. a. Mitglied der „International Task Force for the Prevention of Nuclear Terrorism". Er ist Mitglied der Expertengruppe zur Stärkung des Nonproliferations-Regimes der IAEA und wurde 2004 Vorsitzender des Beratungsausschusses zu Abrüstungsfragen des Generalsekretärs der Vereinten Nationen.

Der vorliegende Textauszug ist Müllers Auseinandersetzung mit den Thesen Huntingtons (vgl. S. 332) entnommen. Dessen These vom „Kampf der Kulturen" stellt er seinen Gegenentwurf vor, der nicht auf Konfrontation, sondern auf Kooperation setzt. Müller geht hier davon aus, dass „die gewaltigen Triebkräfte von Politik, Wirtschaft und Gesellschaft, die unsere Zeit bestimmen, nicht nur unbestreitbare Gefahren heraufbeschwören, sondern auch Chancen eröffnen, die gefährlichen Gegensätze zwischen Menschen und Völkern zu überbrücken" (S. 8). Sein Friedensszenario setzt an einer mit der Globalisierung verbundenen „Dynamisierung" der Staaten- und der Gesellschaftswelt an: einerseits der „Entzauberung" des National-, des „Kernstaates", der in der Weltpolitik wichtigster Akteur bleibe; andererseits des Bedeutungsgewinns nichtstaatlicher Akteure (NGOs), die eine zweite Ebene der internationalen Beziehungen darstellten. Dem Sicherheitsdilemma der Staatenwelt stellt er seine Vision gegenüber, die einerseits auf vertrauensbildende Maßnahmen setzt und die Staatenwelt zunehmend in eine „kooperative Weltordnung" transformiert, bei der den Vereinten Nationen eine wesentliche Funktion zukommt, andererseits die „Gesellschaftswelt" – auch institutionell – in die internationalen Prozesse einbindet. Dieser Prozess ist nach Müller wesentlich durch den Westen voranzutreiben, der mit „seinen offenen Gesellschaften und politischen Systemen" die besten Voraussetzungen biete; den Westen begreift er hierbei als „Wertegemeinschaft", deren Kultur-Errungenschaften, „Menschenrechte, die Gleichberechtigung von Mann und Frau, demokratische Herrschaft, Meinungsvielfalt, rationaler Diskurs und die marktwirtschaftliche Ordnung" er als „historische Gewinne" (Müller, S. 94) bezeichnet.

Literaturhinweise

Harald Müller, Amerika schlägt zurück. Die Weltordnung nach dem 11. September, Frankfurt a. M. 2003.
Christine Schweitzer (Hrsg.), Demokratien im Krieg, Baden-Baden 2004.

M 11 Das Zusammenleben der Kulturen

■ Die vorherrschenden Trends in der Weltpolitik weisen eine eigentümliche Ambivalenz auf, wie auch die Globalisierung insgesamt: Sie treiben einerseits die Länder und Regionen gegeneinander, andererseits bieten sie einen geschichtlich beispiellosen Anreiz zur Kooperation, und sie erleichtern das Zusammenwirken über Grenzen hinweg, indem sie räumliche Distanzen immer unwesentlicher machen. [...]
Wie können wir es erreichen, die verbindenden Impulse, die Antriebe der Zusammenarbeit stärker zu machen als die trennenden? Welche Schritte sind notwendig, damit der Friede gegenüber dem gewaltsamen Konflikt in einer Zeit gestärkt wird, in der eine immer größere Zahl von Menschen zutiefst verunsichert, aus der Bahn geworfen und damit auch gewaltbereit wird? Der Versuch, diese Frage zu beantworten, muss sich auf den drei Ebenen bewegen [...]: Staat, Wirtschaft und Gesellschaft.

Für die Staatenwelt ist der entscheidende Leitsatz, dass kein bedeutender Akteur, der sich nicht durch einen Angriffskrieg oder durch Völkermord selbst aus der Völkergemeinschaft ausgeschlossen hat, Angst haben darf. Vertrauensbildung ist wichtiger als Abschreckung, wenn auch auf Letztere gegenüber möglichen Friedensstörern nicht verzichtet werden kann. Diese Erkenntnis ergibt sich unzweideutig aus den Erfahrungen der Entspannungspolitik, die die „Politik der ausgestreckten Hand“ mit der Eindämmung erfolgreich verbunden hat.
Vertrauensbildung hat mehrere Dimensionen. Sie beginnt mit diplomatischem Verkehr, Gesprächen und Verhandlungen auf allen Ebenen. Sehr wichtig sind Gipfeltreffen. Die persönliche Begegnung der Männer und Frauen, die den Kurs ihrer Länder bestimmen und über Krieg und Frieden entscheiden, ist durch nichts zu ersetzen. Vertrauensbildung auf das militärische Gebiet zu erweitern ist ein überaus wichtiger Schritt. Wo der Westen mit anderen Akteuren in gewaltsame Konflikte geraten könnte, muss er sich auch der militärischen Vertrauensbildung, gegebenenfalls auch der quantitativen und qualitativen Rüstungskontrolle öffnen. [...]
Nirgends wird mehr Vertrauen gebildet als in der Internationalen Organisation. Die Vereinten Nationen und regionale Organisationen werden immer wieder kritisiert, weil ihre Tätigkeit vielfach als unzureichend empfunden wird. Dabei sind diese Organisationen natürlich in der Hand ihrer Mitgliedsstaaten, auf die diese Kritik daher zurückfällt. Die Organisationen geben den Staaten aber eine einzigartige Chance, ihre Sicherheitsprobleme gemeinschaftlich zu bearbeiten und das Sicherheitsdilemma einzuhegen. [...] Die Reform der Vereinten Nationen mit dem Ziel, die Organisation besser in die Lage zu versetzen, ihre vielfältigen und schwierigen Aufgaben zu bewältigen, ist daher eine erstrangige Aufgabe, um die Verständigung zwischen den Staaten und Regionen voranzutreiben.

Von grundlegender Bedeutung ist die weitere Integration Russlands. Wenn der Erweiterungsprozess der NATO grundsätzlich unbegrenzt ist, so bedeutet das, dass unter den richtigen Bedingungen auch Russland beitrittsfähig ist. Diese Bedingungen umfassen die völlige Demokratisierung des Landes, Stabilität, Gewährleistung der Menschenrechte, geregelte, friedliche Beziehungen zu allen Nachbarn. [...] Die Perspektive zu eröffnen und auch ausdrücklich zu signalisieren, dass man Russlands Eintritt in diese zentrale Organisation westlicher Politik in der Zukunft erwartet, [...] ist ein Gebot der politischen Vernunft. [...] Es ist [...] gänzlich inkonsequent, einerseits die weitgehende „Verwestlichung“ Russlands zu wünschen und sogar zu fordern, die logische Folgerung, nämlich die Integration, aber für undenkbar zu erklären. [...]

Afrika von außen dauerhaft zu befrieden und zu entwickeln, diese Aufgabe übersteigt auch die westlichen Kräfte. Hier gilt es, die durchaus vorhandenen Ansätze von „good government“ durch Hilfe und wirtschaftlich günstige Konditionen zu belohnen. [...] Auch gegenüber Lateinamerika steht Hilfe zur Selbsthilfe an erster Stelle, dort kann der Westen jedoch noch einen Schritt weitergehen und echte Schritte für eine wirtschaftliche Integration – Aufnahme in die OECD, Ausbau der NAFTA – unternehmen.

In Asien bietet es sich an, die Kooperation unter den dortigen Akteuren zu fördern. Die Ansätze regionaler Organisation und Integration gilt es zu unterstützen: die ASEAN, das ASEAN-Regionalforum und auch den südasiatischen Kooperationsrat (SARC). [...] Während die Annäherung zwischen den Ländern der Region begünstigt wird, muss der Westen zugleich die Evolution Chinas im Auge behalten. Die freie politische Entwicklung in Asien ist nur möglich, wenn sich die Länder nicht vor China fürchten müssen. Diese Voraussetzung ist erfüllt, wenn China seiner eigenen wirtschaftlichen und sozialen Entfaltung, nicht seinem Machtgewinn oder seiner Hegemonie die Priorität einräumt. Sollte China diese Richtung dennoch einschlagen, so muss der Westen, insbesondere die Vereinigten Staaten, helfen, so lange ein Gleichgewicht zu schaffen, bis China sich in ein friedliches Zusammenleben der Länder und ihrer Völker einfügt.

Der Westen muss die politischen, wirtschaftlichen und gesellschaftlich-kulturellen Beziehungen zu den drei sich misstrauisch beäugenden asiatischen Riesen China, Indien und Japan auch bilateral pflegen. Dabei [...] kommt [es] darauf an, diese Länder besser zu verstehen und von ihnen verstanden zu werden und die Chance für einen dauerhaften, vielfältigen Dialog auf allen Ebenen zu öffnen. Zugleich sollte es möglich sein, durch diesen Dialog auch die Instrumente zu verbessern, um regionalen Konflikten vorzubeugen und die Integration zu begünstigen.

Gegenüber keiner anderen Region ist eine nüchterne Bestandsaufnahme und eine unvoreingenommene Dialogbereitschaft so wichtig wie gegenüber der islamischen Welt. Sie ist durch die Zuwanderung bereits dauerhaft in unseren eigenen Gesellschaften verankert und wird in Zukunft für uns Europäer eher noch stärker präsent sein. Sie zählt auch zu unserer unmittelbaren regionalen Nachbarschaft, ihre Verwerfungen betreffen uns daher in doppelter Weise. [...]
Als erstes muss der Westen diejenigen Länder mit kritischer Solidarität unterstützen, die sich bemühen, die islamischen Gesellschaften zu modernisieren und dabei Elemente der westlichen politischen Kultur [...] zu integrieren suchen. [...]
Für den westlich-islamischen Dialog ist der Nahostkonflikt nach wie vor der politische, aber auch moralische Kristallisationspunkt. [...] Um keine Missverständnisse aufkommen zu lassen: Der Westen muss unbedingt und ohne Einschränkung, notfalls mit allen Mitteln, die Existenz Israels verteidigen. Die Geschichte lässt keine andere vertretbare Wahl zu. Dass aber der Westen israelische Völkerrechtsbrüche, die Besetzung fremden Landes, das Missachten von Entschließungen des VN-Sicherheitsrats, die Sabotage des wirtschaftlichen Aufbaus der Palästinensergebiete nahezu stillschweigend oder bestenfalls mit laschen Ermahnungen duldet, ist weder zu verstehen noch zu entschuldigen. [...] Ohne eine Korrektur hat die westliche Position nicht die geringste Chance, unter den Muslims Glaubwürdigkeit zu gewinnen. [...]
Diese Überlegung gilt nicht nur im Verhältnis zu den islamischen Ländern, sondern auch gegenüber den Moslems in unserer Mitte. Die Erfahrung lehrt, dass die Ausgrenzung, die Verweigerung von Integration, vor allem junge Menschen nur in die Arme der Fundamentalisten treibt. Nur wenn ihnen eine Perspektive geboten wird, können wir erwarten, dass die religiösen Unterschiede so hinter einer Gemeinsamkeit von Werten zurücktreten, wie dies zwischen Katholiken, Protestanten und Juden in Europa geschehen ist.

[...] Die globale Vernetzung der Volkswirtschaften hat zu einem schon erstaunlichen Maß an Konvergenz der Wirtschaftspolitiken geführt. Liberalisierungsprogramme sind in weiten Teilen der Welt vorangeschritten. Dazu hat der Druck des Internationalen Währungsfonds und der Weltbank beigetragen, in manchen Ländern haben die Regierungen auch selbst die Konsequenz aus verfehlter Staatslenkung gezogen. Die wirtschaftlichen Akteure bewegen sich daher ungehemmter denn je über Grenzen hinweg. Dies hat den Nachteil, dass die in Jahrzehnten gewebten sozialen Netze vielerorts brüchig werden. Es hat den Vorteil, dass ein wichtiger Teil der Eliten vieler Länder aus unterschiedlichen Kulturkreisen – nämlich die wirtschaftlichen Akteure – beginnen, die gleiche Sprache zu sprechen und in gleichen Kategorien zu denken. Die miteinander verwobene, nicht gleichförmige, aber doch angenäherte Praxis der Wirtschaftsakteure ist ein wesentlicher Faktor, vielleicht sogar die entscheidende Triebkraft, die die Kulturen einander näherbringt. Die politischen Systeme sind letztlich nicht mehr in der Lage, diese Kräfte im einzelnen zu steuern, und entsprechende Versuche sind nicht nur vergebens, sondern auch teuer. Günstige Rahmenbedingungen können und müssen jedoch gesetzt werden. Diese Rahmenbedingungen bestehen nicht im völligen Verzicht auf jegliche Regelung [...]. Langfristiges Ziel muss es sein, soziale und ökologische Prinzipien in das Wirtschaften aller maßgeblichen weltwirtschaftlichen Akteure einzuführen. [...] Kein Staat soll aus einer gravierenden Verletzung der Menschenrechte oder einem rücksichtslosen Umgang mit der Umwelt Wettbewerbsvorteile ziehen. Im Rahmen einer solchen Ordnung kann weltweiter Wettbewerb dann ohne gravierende staatliche Eingriffe vor sich gehen. [...]

Die Wirtschaft reicht als Band zwischen den Kulturen nicht aus. Der kulturelle Dialog ist vorrangig die Sache gesellschaftlicher Akteure: der Wissenschaft, der Kunst, der Parteien, der Gewerkschaften und Verbände, der Religionsgemeinschaften und der Nichtregierungsorganisationen. Ihnen kommt in der Vernetzung der Gesellschaften die Schlüsselrolle zu. Ihre Zahl hat sich in den letzten Jahrzehnten vervielfacht. Ihr Wachstum und ihre immer stärker hörbare Stimme in der internationalen Politik ist eine der auffälligsten Neuerungen im späten zwanzigsten Jahrhundert. Diese Evolution spiegelt die gestärkte Position der Gesellschaften gegenüber den politischen Systemen wieder. [...] Nichtregierungsorganisationen vertreten die Interessen von Bürgerinnen und Bürgern, von Minderheiten und sozial marginalisierten Gruppen gegen Regierungen, aber auch gegen die Wirtschaft. Und sie vernetzen sich über die Grenzen hinweg mit ihren Partnern aus anderen Ländern und Kulturen. NGOs sind daher ein wichtigerer Träger des interkulturellen Dialogs als die Regierungen. [...] Sie sollten daher auch von der Politik ohne Bedingungen und ohne den diskreditierenden Versuch einer inhaltlichen Einflussnahme unterstützt werden. [...]

Es mag für viele – Männer – erstaunlich klingen, was ich als Schlüssel für eine künftige positive Entwicklung ansehe: Es ist die Verbesserung der Stellung der Frauen. Durch diesen einen Faktor lassen sich erwünschte Änderungen auf mehreren Gebieten gleichzeitig erzielen. Zum einen handelt es sich um eine äußerst wichtige Annäherung an das Ideal der Menschenrechte. Schließlich stellen die Frauen die Hälfte der Erdbevölkerung. Durch die Stärkung der Rechte keiner anderen Gruppe lässt sich die Sache der Menschenrechte und der Demokratie so wirksam fördern. Wo die Frauen ihre Rechte energisch und gemeinsam vertreten, [...] da gelingt es ihnen durchaus, ihre Rechte zu erweitern und damit der Entwicklung und Demokratisierung ihrer Länder eine Bresche zu schlagen. Zweitens lässt sich die Besserung der sozialen Lage der ärmsten Bevölkerungsschichten gerade durch die Förderung der Wirtschaftstätigkeit der Frauen in geradezu verblüffender Weise erreichen. [...] Drittens lässt sich das Bevölkerungswachstum umso eher stabilisieren, je mehr Rechte die Frauen erhalten und je nachhaltiger sie in das Wirtschaftsleben eingebunden sind. Mit der Stärkung der Frauenrechte verbessert sich auch die Lage der Nichtregierungsorganisationen. In ihren Mitgliedschaften finden sich auffällig mehr Frauen als in den wirtschaftlichen, politischen und administrativen Führungsschichten selbst der westlichen Welt. Gelingt es, durch wachsende Beteiligung der Frauen die NGOs zu stärken, so ergeben sich damit auch erweiterte Möglichkeiten, etwas für den Umweltschutz, die Ausbreitung und Vertiefung der Demokratie und die Menschenrechte zu tun. Schließlich: Es sind auch die Frauen, denen ein Brückenschlag über die Kulturgrenzen am leichtesten fallen mag. [...]

Die anstehenden Aufgaben habe ich hier aus westlicher Perspektive beschrieben. [...] Der Westen hat nicht den Stein der Weisen in der Hand, aber seine offenen Gesellschaften und politischen Systeme bieten weltweit die besten Voraussetzungen, die Suche voranzutreiben. Die Globalisierung, der relative Bedeutungsverlust der Staaten, die beispiellos intensive Begegnung zwischen den Kulturen, die atemberaubende Geschwindigkeit technischer Innovation, die Chancen weltweiter Kommunikation, aber auch der Druck der Migration, die Risiken von Massenvernichtungswaffen und die drohende ökologische Katastrophe erfordern Antworten und Kombinationen von Antworten, die nur durch vielfältige Experimente gefunden werden können. Nur Gesellschaften, die sich wie Labors organisieren und verhalten können, die Vielfalt ertragen und aktiv fördern, dürfen erwarten, Wege in die Zukunft zu finden. Diese relative Offenheit ist die eigentliche Stärke des Westens. Eine Alternative ist nicht in Sicht, schon gar keine, die den einzelnen ein so hohes Angebot an Freiheit und Entfaltung macht. Es gilt zu kämpfen, um diese Offenheit und damit die Fähigkeit, mit neuen Lösungen zu experimentieren, zu erhalten. Man darf die Augen nicht davor verschließen, dass in den gegenwärtigen rauen Zeiten auch die Errungenschaften der westlichen Kultur in Gefahr sind und willige Totengräber schon in unseren Gesellschaften bereitstehen. Der Angriff auf die offene Gesellschaft muss nach drei Richtungen abgewehrt werden: gegenüber unseren eigenen erstarrten Institutionen, für die die „Besitzstandswahr"-Parteien und die Tarifpartner besonders plastische Beispiele bieten; gegenüber dem rechten Rand, der mit dem Ziel kultureller oder rassischer Reinheit ein weiteres Mal lemminghaft in den faschistischen Untergang steuern möchte, und gegenüber der multikulturellen Beliebigkeit der „guten Menschen", die in ihrer grenzenlosen Toleranz auch die Negation von Demokratie und Menschenrechten unter dem Banner von Demokratie und Menschenrechten dulden möchten, wenn sich diese nur ein kulturelles Mäntelchen umhängt.
Stabilität und Offenheit sind die Schlüsselworte. Dazu zählt in erster Linie eine Steigerung der Wettbewerbsfähigkeit, ohne die weniger begünstigten Mitglieder der Gesellschaft in die Paria-Rolle zu stoßen. Den Sozialstaat nicht zu vernichten, sondern kostengünstig und wirksam auf die neuen Anforderungen umzustellen, ist sicher die größte Aufgabe, aber auch die unverzichtbare Voraussetzung, damit die westlichen Gesellschaften die ihnen hier zugedachte Führungsrolle auch wirklich wahrnehmen können. Mit Systemen, in denen eine sehr große Zahl von Menschen andauernde Existenzangst leiden muss, ist das nicht zu machen. Offenheit heißt auch vor allem kommunikative Kompetenz. Um das Fremde zu ertragen und den Anreiz zu verspüren, es zu verstehen und sich mit ihm auszutauschen, bedarf es vor allem eigener Sicherheit. Dazu zählt neben der sozialen Sicherheit auch der selbstbewusste, positive Umgang mit der eigenen Wertordnung. Der interne Diskurs in unseren Gesellschaften zu diesen Fragen ist alles andere als befriedigend – wie soll der externe da gescheit zu führen sein?
Wir müssen über andere Kulturen mehr lernen. [...] Der Westen hat die Auseinandersetzung mit dem Kommunismus auch deshalb erfolgreich bestanden, weil nahezu jeder und jede ein gewisses Grundverständnis dieses „Fremden" hatte. Was für die antagonistische Auseinandersetzung gilt, ist auch für den konstruktiven Dialog wichtig: das Fremde, über das man etwas weiß, ist weniger fremd, der Dialog fällt leichter. Hier lässt sich in

Lehr- und Bildungsplänen mit wenig Mitteln einiges bewegen. [...]

Nicht Abschotten, sondern Öffnen ist das richtige Rezept, mit dem Fremden umzugehen. [...] Die Einsicht in unsere Stärke, aber auch die Notwendigkeit, unsere Errungenschaften zu wahren und angemessen – im Dialog mit den anderen – weiterzuentwickeln, muss dabei der Ausgangspunkt sein, ob das nächste Jahrhundert so blutig wird wie das zwanzigste oder ob der gewaltsame Konflikt zur Randerscheinung einer weitgehend kooperativen Weltordnung werden wird, hängt weniger von der „chinesischen Herausforderung", „Japan Inc." oder dem islamischen Fundamentalismus ab – es liegt vor allem an uns selbst.

Aus: Harald Müller, Das Zusammenleben der Kulturen. Ein Gegenentwurf zu Huntington, Frankfurt a. M. 1998, S. 223–242.

ZUR TEXTERSCHLIESSUNG

1. Arbeiten Sie die Vorschläge Müllers hin zu einer „kooperativen Weltordnung" heraus, und bestimmen Sie die besondere Rolle, die er dem Westen hierbei zuweist.
2. Erläutern Sie die Annahmen, die seinem „Friedensszenario" zugrunde liegen (Menschenbild, Staatsverständnis, Bild der internationalen Staatengemeinschaft).
3. Vergleichen Sie Müllers Entwurf mit dem Weltordnungsmodell Huntingtons (S. 332) und/oder Hondrichs Vorstellung einer „Weltgewaltordnung" (S. 346): Inwiefern sind Müllers Vorschläge ein „Gegenentwurf" zu Huntington bzw. Hondrich?

8.12 Dieter Senghaas: Frieden als Zivilisierungsprozess

Mit dem 1994 entwickelten Konzept des „zivilisatorischen Hexagons" versuchte Senghaas nach den großen weltpolitischen Umbrüchen eine praktikable, theoretisch fundierte und umfassende friedenspolitische Orientierung zu bieten: „Die neue weltpolitische Konstellation, insbesondere aber die Lage in Europa machten es erforderlich, konstruktiv zu denken. Denn anders als vor 1989/90 ging es nun nicht mehr darum, eine ideologisch und rüstungsmäßig zugespitzte Konfliktkonstellation einzuhegen. Vielmehr stand die nach dem Umbruch möglich gewordene neue Gestaltung einer politisch offenen Situation auf der Tagesordnung. Deshalb waren auch von Seiten der Wissenschaftler gestalterische Perspektiven gefordert. [...] Die Zivilisierung des Konfliktes wurde zu einem Schwerpunkt der Analyse. Ich begriff Frieden als Zivilisierungsprojekt und bemühte mich, die Konturen dieser Perspektive herauszuarbeiten." (Senghaas, Wissenschaftsbiographische Notizen, in: Ulrich Menzel (Hrsg.), Vom ewigen Frieden und vom Wohlstand der Nationen, Frankfurt a. M. 2000, S. 617.)

Frieden, so Senghaas im Anschluss an Kant [vgl. S. 312], muss „gestiftet", in die Wirklichkeit gedacht werden. Wenn moderne Gesellschaften, gekennzeichnet durch prinzipiell nicht überwindbare Meinungs- und Interessenpluralität, nicht in potenziell gewaltsamen Dauerkonflikten versinken sollen, bedürfe es politischer Vereinbarungen, einer Verständigung über Wege der Koexistenz und der geregelten Konfliktaustragung und -lösung. Ausgehend von der Beobachtung, dass die Zivilisierung von Politik im Innern staatlich verfasster Gesellschaften – insbesondere in den westlich geprägten Demokratien – weit stärker fortgeschritten ist als im internationalen Bereich, bestimmt er Faktoren, die diese Zivilisierung im Inneren maßgeblich bewirkt hätten und fasst sie in seinem Konzept des „zivilisatorischen Hexagons" zusammen. Senghaas' Zivilisierungsvorstellungen sind hierbei von den Untersuchungen Norbert Elias' [vgl. S. 103 und S. 317] beeinflusst. Die sechs Komponenten sind zwar eine idealtypisierende Verdichtung europäischer Erfahrungen, beanspruchen für Senghaas aber eine „universelle Bedeutung" bei der „nachholenden Zivilisierung" auch in anderen Teilen der Welt und bei der Zivilisierung internationaler Beziehungen.

Literaturhinweise

Jörg Calließ (Hrsg.), Wodurch und wie konstituiert sich Frieden? Das zivilisatorische Hexagon auf dem Prüfstand, Loccum 1997.
Dieter Senghaas (Hrsg.), Den Frieden denken. Si vis pacem, para pacem, Frankfurt a. M. 1995.
Dieter Senghaas (Hrsg.), Frieden machen, Frankfurt a. M. 1997.
Dieter Senghaas, Zum irdischen Frieden, Erkenntnisse und Vermutungen, Frankfurt a. M. 2004.

M 12 Hat Frieden Zukunft?

■ Das Erfordernis, sich in der Friedensursachenforschung noch einmal mit den Bedingungen des innerstaatlichen bzw. innergesellschaftlichen Friedens auseinandersetzen zu müssen, hat mit tiefgreifenden Veränderungen zu tun, die die westliche Welt schon seit spätestens der zweiten Hälfte des 18. Jahrhunderts, aber die außerwestliche Welt vor allem im vergangenen Jahrhundert und insbesondere in den vergangenen Jahrzehnten seit dem Ende des Zweiten Weltkriegs erfasst haben. Als Kant seine Friedensschrift publizierte, war die Welt, auch Europa, noch weitgehend durch bäuerliche Gesellschaften geprägt. Der Sachverhalt veränderte sich allmählich im 19. Jahrhundert. Aber erst das vergangene 20. Jahrhundert wird, worüber wenig gesprochen wird, in die Geschichte als das Jahrhundert der Entbäuerlichung der Welt eingehen: Heute leben die meisten Menschen nicht mehr unter Bedingungen der Selbstversorgungswirtschaft, sondern in territorialen Verkehrswirtschaften mit überdies dramatisch zunehmenden weltwirtschaftlichen Bezügen. Entwicklungsländer sind davon nicht ausgenommen, wenngleich weiterhin deutliche Abstufungen beispielsweise zwischen den Neu-Industrieländern Ostasiens einerseits und Schwarzafrika andererseits bestehen.

[...] Im Unterschied zu bäuerlichen Gemeinschaften im traditional-dörflichen Rahmen hat dieses neue sozioökonomische Umfeld für die Menschen eine ungeheure Horizont- und Handlungserweiterung zur Folge. Die mit dem Strukturwandel einhergehende Verstädterung verdichtet überdies die Kommunikation und macht zum ersten Mal in der Weltgeschichte die Masse der Menschen politisch organisationsfähig. Eine gleichzeitig stattfindende Alphabetisierung auf Massenbasis führt überdies zu einer breitenwirksamen Mobilisierung von Intelligenz, also zu geistiger Emanzipation und einer Revolution des Könnens: Das allgemeine Kompetenzniveau von Menschen steigt dramatisch. [...] Darin ist, im Unterschied zur traditionalen Gesellschaft, die Chance zur sozialen Aufwärtsmobilität angelegt. Über sich inzwischen weltweit ausbreitende Medien werden zudem Lebenserwartungen und Lebensstile ebenfalls tendenziell weltweit vergleichbar. [...]

So werden aus traditionalen Gesellschaften politisierbare und faktisch politisierte Gesellschaften. In ihnen werden überkommene Identitäten fragwürdig. „Wahrheiten" lassen sich nicht mehr zweifelsfrei definieren. Gerechtigkeitsvorstellungen vervielfältigen sich, ebenso wie die Interessen. [...] Es entstehen, von ihrer Struktur her gesehen, konfliktträchtige, gegebenenfalls gewaltträchtige Gebilde, die – wenn sie nicht durch Diktatur oder Despotie dazu gezwungen werden – nicht mehr auf einen Nenner zu bringen sind. Jedoch unter den dargelegten neuen sozio-ökonomischen und sozio-kulturellen Bedingungen sind auch Diktaturen und Despotien über kurz oder lang zum Scheitern verurteilt: Denn die Pluralität ist nicht überwindbar; die Politisierung von Identitäten, Wahrheiten, Gerechtigkeitsvorstellungen und Interessen ist unumkehrbar. Aus all dem folgt inzwischen die in jeder Ecke der Welt vernehmbare Forderung nach politischer Teilhabe.

Wenn gesellschaftliche, ökonomische und kulturelle Auseinandersetzungen sich als politische und politische Auseinandersetzungen sich als gesellschaftliche, ökonomische und kulturelle darstellen, liegt Fundamentalpolitisierung vor. Und damit stellt sich, seit einigen Jahrzehnten in vielen Gesellschaften zugespitzt, die Frage nach Koexistenz trotz Fundamentalpolitisierung. Die Alternative zur Koexistenz ist – im Extremfall – der Bürgerkrieg, wie die tagespolitische Anschauung es uns täglich erneut lehrt.

Wie aber entgeht man dem Bürgerkrieg in breitenwirksam mobilisierten Gesellschaften? Wie lässt sich Frieden unter solcher Bedingung stiften? Der eben gekennzeichnete Umbau der Welt fand zunächst als Folge von Agrar- und industrieller Revolution seit der Mitte des 18. Jahrhunderts im westlichen und nördlichen Teil Europas statt. Daher wurde hier die eben umrissene Problematik – Koexistenz trotz Fundamentalpolitisierung – am frühesten akut; und hier lassen sich auch am ehesten einige Ergebnisse der Auseinandersetzung mit dieser Problematik beobachten. Vor allem sechs Bedingungen einer zivilisierten, d. h. nachhaltig gewaltfreien Bearbeitung von unvermeidlichen Konflikten müssen hervorgehoben werden („zivilisatorisches Hexagon").

Da ist zunächst einmal das legitime Monopol staatlicher Gewalt, d. h. die Sicherung der Rechtsgemeinschaft, zu nennen, was für jede moderne Friedensordnung von grundlegender Bedeutung ist: Nur eine „Entwaffnung der Bürger" nötigt diese dazu, ihre Identitäts- und Interessenkonflikte mit Argumenten und nicht mit Gewalt auszutragen. Nur unter solchen Vorzeichen werden potentielle Konfliktparteien zur argumentativen Auseinandersetzung und damit zu deliberativer Politik im öffentlichen Raum gezwungen. Die dramatische Bedeutung des Sachverhalts wird dort erkennbar, wo das Gewaltmonopol zusammenbricht und es zu einer Wiederbewaffnung der Bürger kommt, also das Fehdewesen und die Kriegsherren wieder auferstehen, so wie das heute in den militanten Konfliktherden vielerorts auf der Welt beobachtbar ist.

Das Gewaltmonopol bedarf aber, zweitens, der rechtsstaatlichen Kontrolle, soll es nicht einfach Ausdruck von Willkür sein. Ohne solche Kontrolle, die der Inbegriff des modernen Verfassungsstaates ist, wäre das Gewaltmonopol nichts anderes als eine Umschreibung von Diktatur, also Herrschaft des Stärkeren. Rechtsstaatlichkeit legt die Spielregeln des politischen Meinungs- und Willensbildungsprozesses und der Entscheidungsfindung, auch der Rechtsdurchsetzung fest. Neben allgemeinen Prinzipien, wie sie in Grundrechtskatalogen niedergelegt sind, sind diese Spielregeln von grundlegender Bedeutung, gerade weil man sich in politisierten Gesellschaften hinsichtlich substantieller Streitfragen meist nicht einig ist.

Die dritte wesentliche Bedingung für inneren Frieden besteht in Affektkontrolle, die aus mannigfaltigen Interdependenzen erwächst: Moderne Gesellschaften sind vielgliedrig ausdifferenziert; die Menschen sind in ihnen vielfältige „Rollenspieler" mit aufgefächerten Loyalitäten. Vielfältige Rollenanforderungen, das lehren Konflikttheorie und Alltagserfahrungen, führen zur Konfliktfraktionierung und zu einer Mäßigung des Konfliktverhaltens, zu einer Zähmung der Affekte, weil ohne Letztere in komplexen Umwelten ein Zusammenleben gar nicht denkbar wäre.

Andererseits ist aber gerade angesichts von unerlässlicher Affektkontrolle, viertens, demokratische Teilhabe erforderlich. Denn dort, wo Menschen sich nicht in öffentliches Geschehen einmischen können, sei es aus Gründen rechtlicher oder sonstiger Diskriminierung, entsteht „Rechtsunruhe" (Sigmund Freud), schlimmstenfalls ein Konfliktstau, der in politisierbaren Gesellschaften zur Produktionsstätte von Gewalt werden kann. Demokratie als die Grundlage von Rechtsfortbildung ist also in sich modernisierenden Gesellschaften kein Luxus, sondern eine notwendige Voraussetzung für friedliche Konfliktbearbeitung.

Jedoch ist, fünftens, solche Konfliktbearbeitung in politisierten Gesellschaften nur von Dauer, wenn es anhaltende Bemühungen um soziale Gerechtigkeit gibt. Moderne Gesellschaften sind überwiegend marktwirtschaftlich orientiert; systembedingt produzieren sie anhaltend Ungleichheit. Wenn dieser Dynamik zur Ungleichheit nicht ständig entgegengewirkt wird, entwickeln sich in den Gesellschaften brisante soziale Zerklüftungen. Gibt es nicht solche anhaltenden Bemühungen um Verteilungsgerechtigkeit, wird von den Benachteiligten die Glaubwürdigkeit des Rechtsstaates in Frage gestellt [...] Demgegenüber führen ernsthafte Bemühungen um soziale Gerechtigkeit und Fairness einer konstruktiven Konfliktbearbeitung materielle Substanz zu; solche Bemühungen unterfüttern öffentliche Institutionen mit Legitimität.

Gibt es im öffentlichen Raum faire Chancen zur Artikulation von Identitäten und den Ausgleich von unterschiedlichen Interessen, kann, sechstens, unterstellt werden, dass ein solches Arrangement der Konfliktbearbeitung verlässlich verinnerlicht wird und also kompromissorientierte Konfliktfähigkeit einschließlich der hierfür erforderlichen Toleranz zu einem selbstverständlichen Maßstab politischen Handelns wird. Das Gewaltmonopol, die Rechtsstaatlichkeit und die Demokratie – kurz: der demokratische Verfassungsstaat – verankern sich in der politischen Kultur. Die Kultur konstruktiver Konfliktbearbeitung wird darüber zur emotionalen Grundlage des Gemeinwesens. Die materiellen Leistungen („soziale Gerechtigkeit") erweisen sich dabei als eine wichtige Brücke zwischen dem Institutionengefüge und dessen positiver emotionaler Absicherung („Bürgergesinnung"). [...]

Die politische Kultur konstruktiver Konfliktbearbeitung steht nicht am Anfang der Herausbildung moderner Koexistenz. Sie ist vielmehr ein spätes Produkt im historischen Prozess. Und sie war, nicht anders als die anderen fünf Komponenten, nicht in traditionaler alteuropäischer Kultur vorgezeichnet. Im Gegenteil: Die Herausbildung jeder einzelnen Komponente lässt sich viel eher als ein Vorgang wider Willen interpretieren. Denn historisch betrachtet war die Entwaffnung über Jahrhunderte in aller Regel das Ergebnis von Sieg und Niederlage in Ausscheidungskämpfen: [...] Rechtsstaatlichkeit hatte ihren Ursprung in historisch umkämpften und den Konfliktparteien abgetrotzten Kompromissregelungen, die natürlich nicht geliebt waren, sondern in brüchigen Machtlagen oft nur als aufkündbare Konzession auf Zeit begriffen wurden. Was die Affektkontrolle, also die Zügelung von Leidenschaften und Emotionen, betrifft: Selbstbestimmtes Leben in konkret-überschaubaren und kleinräumigen Zusammenhängen wurde allemal einer Eingliederung in eigendynamische, wie man heute sagt: selbstreferentielle Funktionssysteme vorgezogen. [...]

Auch fand der Kampf um die Erweiterung von Partizipation immer gegen harte Abwehrfronten statt; ebenso in einer Welt der systembedingten Ungleichheit die Auseinandersetzung um Verteilungsgerechtigkeit und Fairness: Politische Teilhabe und Verteilungsgerechtigkeit mussten den jeweiligen Status quo-Mächten abgerungen werden. Und schließlich kam eine Kultur konstruktiver Konfliktbearbeitung nur unter den glücklichen Umständen zustande, insofern die vorgenannten Bausteine von Zivilität je einzeln geschichtsmächtige Wirklichkeit wurden, sich überdies wechselseitig verstärkten, um sich auch schließlich emotional zu verankern. Nur unter solchen extrem voraussetzungsvollen Bedingungen wurde eine Zivilisierung des modernen Konfliktes und damit der prinzipiell gewaltfreie Austrag von Konflikten in einem Umfeld der Fundamentalpolitisierung wahrscheinlich.

Zivilisierte Konfliktaustragung in dynamischen sozialen Verhältnissen ist also nur als das historischen Ergebnis vieler konkreter Konflikte, die sich im europäischen Kontext in einer gewissen, der obigen Darlegung entsprechenden Stufenfolge abspielten, begreifbar. Entstanden ist ein Konstrukt der Konfliktbearbeitung („zivilisatorisches Hexagon"), das verfassungsmäßige, institutionelle und materielle Dimensionen hat, aber auch von spezifischen Mentalitäten geprägt ist und insgesamt – man muss es nachdrücklich betonen – ein zivilisatorisches Kunstprodukt darstellt: Denn plausibel

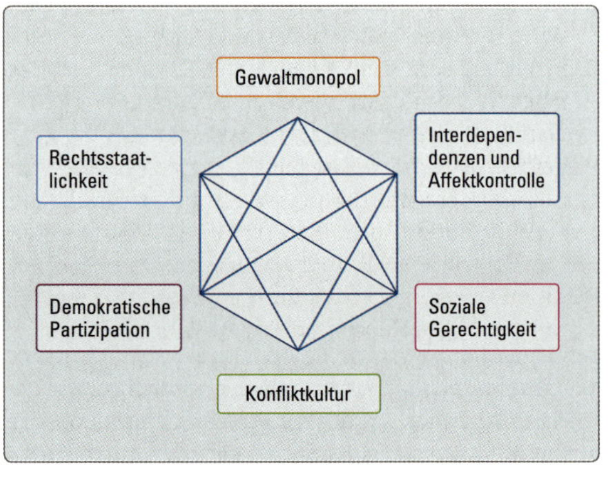

lässt sich argumentieren, dass die Sachverhalte, die in emanzipierten Massengesellschaften Fundamentalpolitisierung kennzeichnen, wie beispielsweise der Absolutheitsanspruch, die Fixierung auf das Partikularinteresse, die Betonung besonderer Identität, der Besitzindividualismus, lobbyistische Antriebe usf., naheliegend, gewissermaßen „natürlich" sind, während demgegenüber Toleranz, Sensibilität für Spielregeln, Mäßigung, Gewaltenteilung, Kompromissbereitschaft, der Sinn für mehr als das eigene Interesse eher „künstlich", also das Ergebnis von mühsamen kollektiven Lernprozessen sind. Alle diese breitenwirksamen zivilisatorischen Errungenschaften wurden gerade auch in Europa gegen die eigene alteuropäische, ständegesellschaftlich geprägte Tradition und gegen die im 19. Jahrhundert entstehende moderne Klassengesellschaft erkämpft und nur im Widerstreit mit ihnen erreicht. Entsprechend ist der demokratische Verfassungsstaat der Gegenwart nicht etwa das Ergebnis kulturgenetischer Vorprägungen. Vielmehr ist er Ausdruck einer Reihe von Innovationen und im Rahmen einer zweieinhalbtausendjährigen europäischen Geschichte erst das Ergebnis allerjüngster Entwicklung.

Was in Europa mühsam und qualvoll in Versuch und Irrtum, auf Wegen, Umwegen und auch Abwegen gelernt werden musste – Toleranz als Lösung angesichts einer zunächst als Bedrohung empfundenen Pluralisierung –, wird sich als Vorgang in anderen Teilen der Welt, wenn gewiss nicht im Detail, so aber doch im Prinzip wiederholen: Angesichts um sich greifender Fundamentalpolitisierung in der Folge des zitierten weltweit beobachtbaren Umbaus traditionaler in sozial mobile Gesellschaften ist die Bewältigung der Koexistenzproblematik auch dort immer weniger aufschiebbar. [...] Im Unterschied zur westlichen Entwicklung werden aber die kollektiven Lernprozesse in der außereuropäischen Welt nicht nur von den jeweiligen sozialen und kulturellen Umbrüchen vor Ort bestimmt; sie werden auch von der vorgängigen Entwicklung innerhalb des Westens mitbestimmt. Das impliziert eine erhebliche zusätzliche Problematik. Vier unterscheidbare Reaktionsweisen sind in der außereuropäischen Welt gegenwärtig zu beobachten:

Modernistisch-imitativ kann eine Reaktion genannt werden, die die Herausforderung des Westens sowie dessen Erfahrungen und „Lösungsangebote" annimmt, diesen also als Vorbild begreift und gegen die Last der eigenen Tradition einschließlich der eigenen traditionellen Kultur ankämpft. [...] Heute sind sie jedoch in zwei der vier Schwellenländer Ostasiens, Korea und Taiwan, von durchschlagendem Erfolg. Hier entstehen aus breitenwirksam erfolgreichen jungen Industrieländern „newly democratizing countries", deren politische Kultur sich bei aller lokalen Einfärbung in absehbarer Zeit kaum von derjenigen westlicher Länder unterscheiden wird.

Wo Modernisierungsumbrüche stattfinden und die Koexistenzproblematik virulent wird, da treten auch die Bewahrer in unterschiedlichen Ausrichtungen auf den Plan: die Traditionalisten, auch die Reaktionäre, im Allgemeinen aber die Konservativen. [...] Dieser Typ von Reaktion lässt sich überall auf der Welt beobachten, wo westliche Moderne und Traditionales aufeinandertreffen. Mahatma Gandhi könnte hier als eine besonders sanfte Ausprägung dieses Typs von Reaktion zitiert werden, denn seine Lebensphilosophie war dörflich, antikommerziell und egalitär ausgerichtet. Sie sah kleine Einheiten vor und deshalb favorisierte sie eine auf Konsens ausgerichtete direkte Demokratie im überschaubaren Raum.

Wo Umbrüche stattfinden, da gibt es auch Vorstellungen einer halbierten Moderne. Deren Verfechter stürzen sich auf westliches Know how, wollen aber alle übrigen geistigen Einflüsse fernhalten. Japan verfolgte seit der Mitte des 19. Jahrhunderts erfolgreich ein solches Projekt; der Realsozialismus im 20. Jahrhundert blieb ohne Erfolg. Die sogenannte „Singapur-Schule" – einschließlich der von ihr massiv propagierten „Asian values" – ist jüngst für eine solche Orientierung der halbierten Moderne prominent geworden, auch der islamistische Fundamentalismus. Jedoch, die politischen Probleme einer komplexer werdenden, sich pluralisierenden Gesellschaft – sei es in Singapur, in China, im weiten Bereich islamischer Gesellschaften oder andernorts – werden mit Hilfe eines solchen ordnungspolitischen Programms einer Lösung nicht näher gebracht, am wenigsten dort, wo man versucht, mit theokratischen Rezepten islamistischer Provenienz zu Werke zu gehen. [...]

Jedoch: Wenn Moderne und Tradition sich begegnen und Umbrüche zustande kommen, werden auch in der außereuropäischen Welt sozialpolitische Innovationen erforderlich. So wenig wie sie in Europa vorhersagbar waren, so wenig lassen sie sich im außereuropäischen Bereich prognostizieren. Was die künftige Konfliktgeschichte anbelangt, wird sich die innereuropäische Erfahrung wiederholen: Sobald traditionale Kultur mit sozialer Mobilisierung und also mit Modernisierungsschüben konfrontiert wird, Gesellschaften also einen strukturellen und folglich auch einen mentalen Umbruch durchlaufen, geraten eben diese Kulturen mit unerbittlicher Zwangsläufigkeit mit sich selbst in Konflikt. Die zitierten typischen Reaktionen artikulieren und organisieren sich politisch gleichzeitig. Es entwickelt sich ein „clash within civilisation". [...]

Dass sich im europäisch-westlichen Raum diesbezügliche Innovationen der Moderne hinsichtlich der Bewältigung der Koexistenzproblematik völlig erschöpft ha-

ben – auf dieser Annahme beruhte die These vom „Ende der Geschichte“ –, ist nicht anzunehmen. Im Gegenteil: Vier Fünftel der Menschheit werden in den kommenden Jahrzehnten in der Regel wider Willen damit experimentieren müssen, auf die Probleme sozialer Mobilisierung und von Fundamentalpolitisierung erneut und jeweils vor Ort angemessene Antworten zu finden. [...] Was sich schließlich als tragfähige Arrangements der Koexistenz, also des inneren Friedens, bewährt, wird als nicht beabsichtigte Folge politischer Konflikte entstanden sein. [...] Die aktuellen und die absehbaren Auseinandersetzungen sind dem früheren europäischen Vorgang vergleichbar, wenngleich ihre Ergebnisse verschieden sein könnten, vor allem wenn echte Innovationen tatsächlich zustande kommen sollten. [...]
Pluralisierung als wahrgenommene Bedrohung und eine sowohl institutionell abgesicherte als auch emotional verankerte Toleranz als Lösung: Das ist, weltweit betrachtet, eine der großen Herausforderungen für die Menschheit im 21. Jahrhundert, nicht weniger wichtig als die sich akzentuierenden weltweiten Umweltprobleme. Ein Rückblick auf das 20. Jahrhundert verdeutlicht die Brisanz der Problematik. In ihm wurden „Alternativen“ zur Toleranz auf barbarisch-grauenvolle Weise vielfach durchexerziert: Ausgrenzung, Ghettoisierung, Apartheid, Vertreibung, „ethnische Säuberung“, Völkermord und vor allem Bürgerkriege in vielen Varianten, Kriege und Weltkriege.
Angesichts der Unumkehrbarkeit von Pluralisierung bleibt die Suche nach ordnungspolitisch-normativen, institutionellen, materiellen und mentalen Bedingungen von Koexistenz innerhalb von Gesellschaften ganz oben auf der Tagesordnung. Innerer Frieden ist also nicht ein Problem am Rande, sondern zu einem virulenten und existentiellen Kernproblem geworden – weltweit betrachtet mehr als je zuvor: Denn noch im letzten Winkel der Welt brechen die Selbstverständlichkeiten überkommener Ordnungen weg, weshalb Orientierungskonflikte in der Mischung von Machtauseinandersetzung und Kulturkampf unvermeidlich sind. Diese Konflikte spitzen sich im Falle sich akzentuierender chronischer Entwicklungskrisen zu, was derzeit weltweit zu beobachten ist. [...]
Anders als in vielen Teilen der Welt ist hierzulande und in unserem unmittelbaren europäischen Umfeld ein „clash within civilisation“, der die politische Ordnung erschüttern könnte, auf absehbare Zeit nicht zu erwarten. Aber auch unsere politische Ordnung – einsozialisiert und heute weithin akzeptiert – ist nicht unter allen Bedingungen erschütterungsfest. Denn die Zivilisierung des modernen Konflikts, so meine Beobachtung eingangs, ist extrem voraussetzungsvoll, folglich eine nicht endende Herausforderung – eine unabweisbare politische Aufgabe, ohne deren Bewältigung Friedensarrangements jenseits der einzelnen Staaten und Gesellschaften brüchig bleiben, von den Erfolgschancen einer nachhaltigen Weltordnungspolitik (global governance) ganz zu schweigen.

Aus: Dieter Senghaas, Hat Frieden Zukunft? Vortrag vom 19. Oktober 2006 an der Katholischen Akademie in Bayern (München), abgedr. in: zur debatte (Dokumentationszeitschrift der Katholischen Akademie) 7/2006.

Zur Texterschliessung

1. Arbeiten Sie heraus, worin Senghaas die „zivilisatorischen Errungenschaften“ der europäischen Geschichte sieht.
2. Erläutern Sie die Komponenten seines „zivilisatorischen Hexagons“ als eines Modells zivilisierter Konfliktbearbeitung/-austragung und den von Senghaas konstatierten Zusammenhang von „innerem“ und „äußerem Frieden“.
3. Erörtern Sie Senghaas' These, dass der europäische Lernprozess „sich als Vorgang in anderen Teilen der Welt [...] im Prinzip“ wiederholen wird. Gehen Sie dabei auch auf die von ihm angeführte „erhebliche zusätzliche Problematik“ der außereuropäischen Welt ein.

9.0 Weltpolitik im Zeitalter der Globalisierung

Im ersten Jahrzehnt des 21. Jahrhunderts und wohl auch in d
folgenden verlaufen die Konflikte in der Welt entlang von dr
Bruchlinien. Auch wenn diese aufeinander einwirken, haben

Weltpolitik im Zeitalter der Globalisierung

Der bevorstehende Klimawandel und andere globale Umweltprobleme, humanitäre Katastrophen und Pandemien wie HIV/AIDS, Verlagerung von Arbeitsplätzen in „Billiglohnländer", die globalen Börsenkrisen, Menschenhandel, Drogen, gefälschte Produkte, der Handel mit menschlichen Organen – all diese Schlagworte (die beliebig erweitert werden könnten) verbindet eines: Die Welt ist immer stärker vernetzt. Probleme auf völlig unterschiedlichen Ebenen betreffen nicht mehr nur einzelne Staaten oder Regionen, sondern bedrohen Sicherheit und Wohlfahrt weltweit. Politik kann im 21. Jahrhundert in weiten Bereichen nicht mehr national, sondern nur noch global handeln und wirken.
Die internationale Politik aber hat bislang keine allgemein verbindlichen Strategien zur Lösung der anstehenden Probleme entwickelt. International verbindliche Vereinbarungen etwa beim Klimawandel (Kyoto-Protokoll) oder bei der Rüstungskontrolle (ABM-Vertrag, Bio-Waffen-Konvention, Übereinkommen über chemische Waffen) scheiterten an der Blockadehaltung einzelner Staaten (wie z. B. der USA), die weiterhin an nationalstaatlichen wirtschaftlichen und sicherheitspolitischen Interessen festhalten. Die Vereinten Nationen als einzige supranationale Organisation hat – spätestens mit dem Irak-Krieg, bei dem der Sicherheitsrat übergangen wurde – an Einfluss verloren. Völkerrecht wird außer Kraft gesetzt und von Einzelstaaten unterschiedlich ausgelegt. Das internationale System befindet sich in einem Umbruch, in einem turbulenten, in seinen Auswirkungen revolutionären Wandlungsprozess. Die Welt stellt sich als eine „Weltübergangsgesellschaft" dar, in der widerstreitende Vorstellungen von Politik, Wirtschaft und Gesellschaft miteinander konkurrieren.

Ein wesentlicher Faktor für die Veränderung der internationalen Beziehungen ist die zunehmende Globalisierung der internationalen Politik sowie eine grenzüberschreitende Vernetzung, wobei die Ökonomie einen immer größeren Raum einnimmt. An die Stelle von Staatsräumen sind Wirtschaftsräume getreten, was weitgehende Konsequenzen für die Politik hat. Die zunehmende Handelsverflechtung, der permanente Zuwachs grenzüberschreitender Direktinvestitionen, die Entwicklung zu einem „Kasino-Kapitalismus", der sich, da er sich zum Großteil in virtuellen Sphären abspielt, von der realwirtschaftlichen Entwicklung abgekoppelt hat und durch „Börsenkrisen" immer wieder der realwirtschaftlichen Entwicklung angepasst wird, und der Bedeutungszuwachs transnationaler Konzerne haben zu einem Strukturwandel von Politik geführt: Politik und internationale Beziehungen werden unter ökonomischen Prämissen gesehen. Weltpolitik ist in zentralen Bereichen entstaatlicht und privatisiert und die Globalisierungsprozesse führen zu einer „Entgrenzung" der Staaten- und Gesellschaftswelt. Die Staaten sind zwar weiterhin die Hauptakteure der internationalen Politik, aber ihre Rolle in der Weltpolitik hat sich geändert. Sie verfügen nur noch über eine „geteilte Souveränität" (z. B. in der Wirtschafts-, Steuer-, Sozial- und Umweltpolitik) und befinden sich selbst in einem Wettbewerb, in dem ihre politisch-gesellschaftliche Verfasstheit zum Gegenstand wird (Standortwettbewerb).

Auf politischer Ebene liegt die entscheidende Zäsur im Zusammenbruch der UdSSR und des „real existierenden Sozialismus" 1989/90, der eine „Zeitenwende" bedeutete. Damit endete der antagonistische und hochgerüstete Systemkonflikt zwischen Ost und West, der die Struktur des internationalen Systems und die internationale Politik seit dem Ende des Zweiten Weltkrieges bestimmt und in gewisser Weise auch in einem Zustand „organisierter Friedlosigkeit" geordnet hatte. An die Stelle der weltpolitischen Bipolarität ist aber keine polyzentrische, keine multipolare Weltordnung getreten. Die USA als einzige zum globalen Handeln fähige Weltmacht beanspruchen aufgrund ihrer militärischen, wirtschaftlichen und politischen Macht eine Vorherrschaftsfunktion, die insbesondere unter George W. Bush mit einer entschlossenen Weltmachtpolitik – auch über internationale Vereinbarungen und internationales Recht hinweg – durchgesetzt wurde, ohne tatsächlich aber eine Weltordnungspolitik sein zu können. Aber selbst sie als Hypermacht sind, wie die Terroranschläge vom 11. September 2001 gezeigt haben, verwundbar.

Die heutige Welt ist durch Unübersichtlichkeit, Unordnung und ungleichzeitige Prozesse gekennzeichnet: Wirtschaftlich aufstrebende Staaten wie Indien und Brasilien schicken sich an, die Weltbühne zu betreten, andere Staaten, wie z. B. das ehemalige Jugoslawien, zerfallen in grausamen Bürgerkriegen. Während der europäisch-atlantische Raum (die OECD-Welt) nach dem Ende des Ost-West-Konfliktes – sieht man von der Bedrohung durch den internationalen Terrorismus ab – stabiler und sicherer geworden ist, nehmen insbesondere ethno-nationalistische Gewaltausbrüche in den Regionen des Südens enorm zu. Waren die Rüstungsausgaben in den 1990er Jahren weltweit zurückgegangen, so haben sie zwischenzeitlich wieder das Ausmaß wie zu Zeiten des Kalten Krieges erreicht. Regionale Zusammenschlüsse wie z. B. die Europäische Union oder der Mercado Commún del Sur[1] und Zusammenschlüsse wie die G7/G8 oder die OPEC treten neben die Staaten als bedeutsame Akteure des internationalen Systems. Auch nongouvernementale internationale Organisationen (NGOs) wie z. B. Greenpeace und Amnesty International werden bei internationalen Konferenzen zunehmend als offizielle „Partner" der Politik gesehen. Der ideologisch vom Ost-West-Konflikt überlagerte Nord-Süd-Konflikt tritt als Ausdruck unterschiedlicher politischer und wirtschaftlicher Entwicklungschancen von Industrie- und Entwicklungsländern in seiner sozialen Dimension wieder stärker hervor und wird zunehmend durch ökologische, demografische und sicherheitspolitische Aspekte erweitert.

Wie lassen sich die widersprüchlichen Entwicklungstendenzen in der Weltpolitik interpretieren und welches Grundmuster prägt die derzeitige Weltpolitik?
Die Wissenschaft der Internationalen Beziehungen bietet vier Interpretationsmuster an, um die Grundstrukturen und Dynamiken in der Weltpolitik zu erklären: Realismus, Liberalismus, Institutionalismus und Strukturalismus. Dabei handelt es sich um Metatheorien, denen unterschiedliche Weltbilder zugrunde liegen und unter deren jeweiligem Dach sich eine Vielzahl unterschiedlicher Ansätze und Sub-Theorien verbergen.

Für den **Realismus** sind souveräne Nationalstaaten die zentralen Akteure der Politik und damit der internationalen Beziehungen. Die Weltpolitik gleicht einem *Billardspiel*, in dem Staaten wie Kugeln von mächtigen Spielern hin- und hergestoßen werden und die Großmächte die Spielregeln bestimmen.
Der Realismus wurde in den 30er und 40er Jahren des 20. Jahrhunderts als Reaktion auf die krisenhafte Entwicklung (Weltwirtschaftskrise, Scheitern des Völkerbundes, Aufstieg des Totalitarismus und Zweiter Weltkrieg) entwickelt. Gegen die damals vorherrschende idealistische Betrachtungsweise des internationalen Systems (s. u.) formulierten die Realisten ihren Ansatz, der von den machtpolitischen Gegebenheiten ausging. Für den klassischen Realismus ist Macht als Erfahrungstatsache die entscheidende Kategorie der Politik, die Grundlage jeder politischen Handlung. Anknüpfend an Hobbes (s. S. 261 ff.) sehen Realisten die Politik von objektiven Gesetzen bestimmt, die in der menschlichen Natur begründet liegen: im Selbsterhaltungs- und Machttrieb, einem „animus domandi", der Lust, andere zu beherrschen. Diese anthropologische Prämisse wird auf das Verhalten von Staaten übertragen: In Analogie zu Hobbes' Naturzustand wird für das internationale Staatensystem ein „Naturzustand" konstatiert, der von Anarchie geprägt ist, in dem es keine zentrale Entscheidungs- und Sanktionsinstanz gibt. Internationale Politik ist entsprechend ein Kampf um die Macht, der darauf ausgerichtet ist, entweder Macht zu erhalten, zu vermehren oder zu demonstrieren. Hauptakteur der internationalen Politik ist der nach Macht strebende souveräne Nationalstaat, dessen vorrangiges außenpolitisches Interesse darin besteht, seine eigenen Interessen gegen die Interessen anderer Staaten durchzusetzen.

Für den **Neorealismus** demgegenüber ist die Machtkonkurrenz zwischen den Staaten nicht anthropologisch begründet, sondern ein systemtheoretisches Problem, das sich im „Sicherheitsdilemma" des anarchischen internationalen Systems manifestiert. Staaten sind – aufgrund des Fehlens einer Schutz- und Sanktionsmacht – gezwungen, zur Selbsthilfe zu greifen und Vorsorge für ihre Sicherheit zu treffen. Da dies alle Staaten tun, entsteht ein Wettlauf um Sicherheit und Macht, der zwangsläufig in ein „Sicherheitsdilemma" führt. Militärische Maßnahmen, selbst wenn sie von einem Staat in defensiver Absicht ergriffen werden, müssen für andere Staaten als Bedrohung erscheinen, was zu einem permanenten Gefühl der Unsicherheit und zwangsläufig zu einer Spirale des „Wettrüstens" führt. Sicherheit können Staaten allerdings nicht nur durch eigene Aufrüstung, sondern auch durch Bündnisbildung erreichen, indem ein Machtgleichgewicht durch *balancing* geschaffen wird. Neorealisten gehen davon aus, dass – unabhängig von der jeweiligen Struktur des internationalen Systems – eine Grundtendenz in Richtung eines Machtgleichgewichts, der *balance of power*, gegeben ist. Das internationale System wird hier als ein Selbsthilfesystem gesehen, dem ein Mechanismus der Macht- und Gegenmachtbildung zugrunde liegt. Allerdings ist diese Annahme in der inner-realistischen Diskussion umstritten. Eingeführt wurden die Begriffe des *soft-balancing*, des Einsatzes „weicher" Mittel (Diplomatie, internationale Institutionen, wirtschaftliche Macht) als Gegenstrategie, und des *bandwagoning*, der Annahme, dass schwächere Staaten nicht zur Gegenmachtbildung neigen, sondern sich freiwillig Stärkeren anschließen.

1 Mercado Commun del Sur (Abk.: Mercosur): Gemeinsamer Markt des Südens, wirtschaftlicher Zusammenschluss Argentiniens, Brasiliens, Paraguays, Uruguays und Venezuelas.

Der **Liberalismus** als Theorie internationaler Politik ist hingegen weniger staatszentriert als der Realismus. Er sieht die Bestimmungsfaktoren der internationalen Politik in den einzelnen Gesellschaften und in ihren internen Konsensbildungsprozessen verankert. Nicht das internationale System und seine Machtverteilung (wie im Realismus) bestimmen das Handeln der Staaten, sondern Individuen und Gruppen, die innerhalb der Staaten ihre materiellen und ideellen Interessen (Vorstellungen von Sicherheit, Souveränität und Wohlstand) verfolgen. Entsprechend konstituieren die unterschiedlichen Herrschafts- und Organisationsformen der staatlich verfassten Gesellschaften das internationale System. Staaten organisieren auf der internationalen Ebene die Anforderungen aus ihrem gesellschaftlichen Umfeld, zunächst unabhängig von den Strategien anderer Staaten. Zu Koexistenz und Kooperation kommt es, wenn sich die von den Staaten gebündelten Interessen und Präferenzen decken, Auseinandersetzungen und Konflikte entstehen, wenn sich diese nicht ausgleichen lassen. Hier müssen die Staaten – rückgekoppelt mit den jeweiligen Gesellschaften – auf der zwischenstaatlichen Ebene Kompromisse mittels Politikkoordination schließen.
Dem Liberalismus liegt das in der Kant'schen Tradition stehende Menschenbild der Aufklärung zu Grunde (s. hierzu auch S. 312 ff.), die Annahme, dass der Mensch vernunftbegabt und rationalen Argumenten zugänglich ist, dass die Zivilisierung internationaler Politik und des gesellschaftlichen Fortschritts möglich ist und dass Konflikte und Interessengegensätze kooperativ durch Kompromiss und Ausgleich lösbar sind. Der grenzüberschreitende Handel und Austausch auf allen Ebenen des politischen, gesellschaftlichen und wirtschaftlichen Systems führte und führt im Verständnis der liberalen Theorie zu einer weltweiten Vernetzung der einzelnen Akteure (Staaten, aber auch gesellschaftlichen Akteuren, Unternehmen, NGOs), sodass ein *Spinnwebenmodell* des internationalen Systems entstanden ist und sich weiterhin entwickelt, innerhalb dessen die Verfolgung einzelstaatlicher Interessen dysfunktional wird und es im Interesse der Staaten liegt, durch kooperative Handlungsformen Effekte zu erreichen, die durch individuelles Handeln nicht erreicht werden können.
Im Gegensatz zum Realismus, der die internationale Politik lediglich beschreibt und daraus Erklärungsmuster ableitet, sucht der Liberalismus nach Wegen und Möglichkeiten, die bestehenden innergesellschaftlichen Herrschafts- und Machtverhältnisse zu verändern und das internationale System zu befrieden. Ausdruck findet dieser normative Ansatz in der Bedeutung, die der Wirkung des Rechts und der öffentlichen Meinung als „Druckmittel" sowohl auf der gesellschaftlichen/einzelstaatlichen Ebene als auch in den internationalen Beziehungen beigemessen wird. Bedeutsam geworden ist dies in der „Theorie des demokratischen Friedens" (s. hierzu Kapitel „Krieg und Frieden im 21. Jahrhundert", Einleitung, S. 308 ff., Senghaas, S. 356 ff.), der ein Demokratisierungspostulat zugrunde liegt: die weltweite Entwicklung und Durchsetzung von innergesellschaftlicher Demokratie als Voraussetzung für eine Befriedung der internationalen Beziehungen.

Eine Mittelstellung zwischen Realismus und Liberalismus nimmt der **Institutionalismus** ein, der ideengeschichtlich in der Tradition des Liberalismus steht, auf das Völkerrecht – die Verregelung und Verrechtlichung der Staatenbeziehungen – setzt und dabei internationalen Organisationen einen hohen Stellenwert zuweist. Wie in der liberalen Theorie wird ein *Spinnwebenmodell* des internationalen Systems angenommen: Angesichts der dramatischen Zunahme internationaler Austauschprozesse ist ein dichtes Netz komplexer Interdependenzen und wechselseitiger Verwundbarkeiten (v. a. im wirtschaftlichen und ökologischen Bereich) entstanden, das Staaten dazu veranlasst, unerwünschte Entwicklungen durch internationale Zusammenarbeit einzudämmen und Normen und Institutionen zur Regelung internationaler Interessenkonflikte auszubilden. Diese werden in Hinblick auf „Mikroinstitutionen" (Prinzipien, Normen, Regeln und Verfahren wie z. B. beim Kyoto-Protokoll) und „Makroinstitutionen" (supra- und internationale Institutionen wie z. B. die Vereinten Nationen) weiterentwickelt. Internationale Kooperation liegt also im Interesse der Staaten, die – wie im Realismus – als rationale Egoisten betrachtet werden, die auf Wahrung ihrer Sicherheit und die Mehrung ihres Nutzens aus sind, wobei die gegebene komplexe Interdependenz quasi zwangsläufig zur Interessenverflechtung im internationalen System führt: Kooperation als eine rationalem egoistischem Kalkül entspringende Folge. Neben den Staaten spielen dabei für die Institutionalisten gesellschaftliche Gruppierungen (insbesondere wirtschaftliche) eine bedeutende Rolle für die internationalen Beziehungen.
Eine Weiterführung dieses Ansatzes findet sich in der dem Institutionalismus zuzurechnenden Englischen Schule, die davon ausgeht, das sich das Staatensystem zu einer Art Staatengesellschaft entwickelt hat: Durch das Völkerrecht z. B., dass internationales Recht und Gesetz und damit eine internationale Moral geschaffen hat, vollzieht sich zunehmend eine Vergesellschaftung der Staaten, die auf die Entwicklung der Einzelstaaten rückwirkt und sie dergestalt „sozialisiert", dass gemeinsame Werte und Ideen handlungsleitend werden.

Die vierte wesentliche Theorie der internationalen Beziehungen ist der **Strukturalismus**, der seinen Ursprung im Marxismus hat. Vertreter des Strukturalismus kommen allerdings nicht nur aus dem marxistischen, sondern auch aus dem (links-)liberalen Lager. Strukturalisten betonen die materielle/ökonomische Basis der internationalen Beziehungen, die Ungleichheit in der Machtverteilung als Quelle für kriegerische Konflikte, für Armut und Unterentwicklung. Im Zentrum der Analyse stehen nicht die Staaten oder die Anarchie der Staatenwelt, sondern der Kapitalismus, der sich in Staaten organisiert und zugleich einen Weltmarktzusammenhang schafft, der hierarchisch strukturiert ist. Die Strukturen des Weltmarktes, der internationalen Arbeitsteilung und der internationalen Wettbewerbsfähigkeit werden dabei als entscheidend für das System der internationalen Beziehungen angesehen.
Am Ausgangspunkt stehen die klassischen Imperialismustheorien, die, auf Marx' Kapitalismusanalyse (s. S. 210 ff.) aufbauend, die Eroberung von Ländern durch die imperialistischen Großmächte, deren Eingliederung in ihren eigenen Machtbereich und deren ökonomische Ausbeutung aus den Problemen der Kapitalverwertung ableiten. Rüstungswettläufe und Spannungen (die zum Ersten Weltkrieg führten) werden als Konsequenz imperialistischer Expansion angesehen.
Eine Renaissance des strukturalistischen Paradigmas erfolgte in den 1960er und 1970er Jahren als Folge der Systemkrise der USA (Vietnamkrieg) und der Zuspitzung des Nord-Süd-Konflikts. Die vor allem von lateinamerikanischen Wissenschaftlern entwickelte Dependencia-Theorie rückte die „Unterentwicklung" der Dritten Welt als Folge der Einbindung dieser Gesellschaften in den kapitalistischen Weltmarkt ins Blickfeld. Für die dependenztheoretischen Ansätze stellen die strukturellen Wirkungen des Weltmarktes einen imperialistischen Zusammenhang her, ohne dass „direkte" Gewalt eingesetzt werden muss: Die Konzentration auf Rohstoffproduktion und landwirtschaftliche Monokulturen in den Peripherien (Dritte Welt) sowie der ständige Abfluss der Gewinne/Profite in die Metropolen (Erste Welt) führt zu einer „strukturellen Unterentwicklung", zum „peripheren Kapitalismus". Dieser wird durch eine einheimische Führungselite, die mit den kapitalistischen Zentren verbunden ist, abgesichert.
Vor dem Hintergrund der forcierten Globalisierung und der neuen Globalkonstellation nach dem Zusammenbruch der UdSSR und dem Ende des Ost-West-Konfliktes hat seit Mitte der 1990er Jahre erneut eine Imperialismusdiskussion eingesetzt, die die Politik der USA bzw. die Struktur des aktuellen Verhältnisses von Weltmarkt und Politik kontrovers beleuchtet. Im Wesentlichen stehen sich dabei zwei Positionen gegenüber: Auf der einen Seite wird ein „neuer Imperialismus" konstatiert, bei dem die USA als Garant einer globalen kapitalistischen Ordnung, die zunehmend unter Druck geraten ist, wirken. Auf der anderen Seite wird von einer neuen Entwicklungsstufe der Internationalisierung der Kapitalakkumulation und der Globalisierung ausgegangen, die sich darin äußert, dass sich die Bindung des globalisierten Kapitals an die Nationalstaaten aufgelöst hat und der Kapitalismus heute – im Gegensatz zum Imperialismus – keines territorialen Machtzentrums mehr bedarf. Er ist zur „biopolitischen" Macht geworden, die allgegenwärtig ist und Leben umfassend im Sinne der kapitalistischen Verwertung reguliert.

Die in diesem Kapitel zusammengestellten Texte spiegeln wesentliche Stränge der aktuellen Diskussion innerhalb der internationalen Beziehungen wider, die als Reflex auf die forcierte Globalisierung und die neue Weltkonstellation nach dem Zusammenbruch der UdSSR und dem Ende des Ost-West-Konfliktes entstanden sind. Dabei finden sich die oben skizzierten Metatheorien in den unterschiedlichen Positionen wieder.

Die erste Textgruppe (Lenin, Senghaas, Amin, Altvater, Wallerstein) thematisiert den Zusammenhang von Ökonomie und (Außen-) Politik, wobei hier Ricardos im Rahmen der bürgerlichen Nationalökonomie entwickeltes Theorem der komparativen Kostenvorteile als theoretische Begründung des internationalen Handels (s. S. 204 ff.) einbezogen werden kann.
Der Auszug aus **Wladimir I. Lenins** (vgl. S. 368 ff.) politisch folgenwirksamer Schrift steht für die „klassische Imperialismustheorie", die den Zusammenhang von der Weiterentwicklung des Kapitalismus (Monopolkapitalismus) und einer aggressiven Nationalpolitik herstellt. Standen im Fokus der „klassischen Imperialismustheorien" die entwickelten kapitalistischen Staaten, so rückt die Dependenztheorie, hier vertreten von **Dieter Senghaas** (vgl. S. 371 ff.), die Folgen für die Dritte Welt ins Blickfeld, wobei es weniger um eine Erklärung der Gründe der kapitalistischen Expansion geht als vielmehr um die Auswirkungen dieser Expansion auf die dominierten Länder.
Die Texte Amins, Altvaters und Wallersteins dokumentieren unterschiedliche Aspekte und Einschätzungen des gegenwärtigen Globalisierungs- bzw. kapitalistischen Entwicklungsprozesses. **Samir Amin** (vgl. S. 377 ff.) steht einerseits in der Tradition der Dependenztheorie, indem er die Unterentwicklung der Dritten Welt als Folge der Einbindung ihrer weniger weit entwickelten Ökonomien in den kapitalistischen Weltmarkt begreift. Andererseits betont er die imperialistische Struktur des Weltsystems, wenn er es als „imperialistische Globalisierung", als

„kollektiven Imperialismus" in Abgrenzung zum „klassischen" eurozentrierten Imperialismus beschreibt. **Elmar Altvater** (vgl. S. 381 ff.) geht der Frage nach den Entwicklungsperspektiven des Kapitalismus nach, wobei die ökologische „Verträglichkeit" einer Wirtschaftsweise hinterfragt wird, deren immanente Logik auf unbegrenztem Wachstum und damit Verbrauch natürlicher (insbes. fossiler) Ressourcen beruht. Für ihn hat der Kapitalismus eine (natürliche) Grenze erreicht, die eine Transformation in eine „moralische", „solidarische" Ökonomie unabdingbar macht. **Immanuel Wallerstein** (vgl. S. 386 ff.) schließlich sieht im 21. Jahrhundert ineinander verwobene „Bruchlinienkonflikte", deren derzeit noch offene „Lösungen" langfristige Konsequenzen zeitigen werden: den (noch verdeckten) ökonomisch bestimmten Konflikt innerhalb der kapitalistischen Zentren (USA, EU, Japan), den offenen Konflikt zwischen Nord und Süd und den Konflikt zwischen diametral entgegengesetzten Philosophien, Programmen und Zukunftsvisionen, die er festmacht am neoliberal ausgerichteten Weltwirtschaftsforum in Davos, einer Stiftung von über 1 000 weltweit führenden Wirtschaftsunternehmen, und am Weltsozialforum, einer 2001 in Porto Allegre gegründeten Gegenorganisation, in der sich globalisierungskritische NGOs vereinigt haben.

Die zweite Textgruppe (Zürn, Link, Hardt/Negri, Münkler, Deppe) greift die Diskussion auf, die sich mit der Mitte der 1990er Jahre herausgebildeten Weltkonstellation beschäftigt, wobei die Diskussion quer zu allen Theorietraditionen abläuft.
Zürn und Link thematisieren die Auswirkungen der Globalisierung auf die Rolle der Nationalstaaten im internationalen System. **Michael Zürn** (vgl. S. 392 ff.) geht davon aus, dass die „Denationalisierung", eine geopolitisch begrenzte Auflösung nationalstaatlicher Autonomie und Souveränität, das internationale Staatensystem transformiert, indem Nationalstaaten zunehmend in (weiterzuentwickelnde) internationale Institutionen eingebunden werden. Mit der zunehmenden Verflechtung der Gesellschaften und dem Ende des ideologischen Ost-West-Konfliktes verändern sich in seinen Augen auch die weltpolitischen Konflikte, die zukünftig nicht mehr nationalstaatlich bzw. ordnungspolitisch sind, sondern transnational sich an sozialen und ökologischen Fragen festmachen. Für **Werner Link** (vgl. S. 396 ff.) demgegenüber ist die Politik von Nationalstaaten bzw. Staatengruppierungen weiterhin bestimmend für das internationale System. Der Zusammenschluss in internationalen Organisationen erfolgt aus egoistischem nationalstaatlichem Interesse. Bündnisse zwischen Staaten sind Ausdruck einer Logik von Macht- und Gegenmachtbildung, wobei er den politischen, wirtschaftlichen und militärischen Ausbau der EU als „kooperative Balancepolitik" deutet, der – trotz der gegebenen Suprematie der USA – zu einer weltpolitischen Multipolarisierung führen wird.
Hardt/Negri, Münkler und Deppe vertreten Positionen innerhalb der Empire-Diskussion, die die Rolle, Machtposition und Politik der USA ins Blickfeld rückt. **Hardt/Negri** (vgl. S. 400 ff.) sehen im Empire eine neue postimperialistische Weltordnung, die nicht mehr von Nationalstaaten dominiert wird, sondern sich als eine die gesamte Welt umfassende Macht etabliert hat, die kein Machtzentrum mehr hat und in der die USA trotz ihrer privilegierten Stellung keine Weltführung beanspruchen können. **Herfried Münkler** (vgl. S. 404 ff.) demgegenüber sieht in den USA und in ihrer unilateralistischen Politik die Logik des Imperiums gegeben, das die Welt nach seinen Vorstellungen ordnen will, wobei er in der imperialen Mission, dem „moralischen Sendungsbewusstsein" der USA (weltweite Durchsetzung von Marktwirtschaft, Demokratie, Menschenrechten) aber die Gefahr einer „Selbstüberforderung" sieht, die zum Scheitern führen könnte. **Frank Deppe** (vgl. S. 409 ff.) schließlich sieht in der Politik der USA weiterhin eine imperialistische Ausrichtung, die – auch (wieder) militärisch betriebene – Absicherung des US-Kapitalismus als Steuerungszentrum der Weltwirtschaft und insbes. der Weltfinanzmärkte.

Die abschließenden Texte (Habermas, Nye) formulieren Entwicklungsperspektiven auf Grundlage der Herausforderungen der Globalisierung und der weltpolitischen Veränderungen nach dem Zusammenbruch der UdSSR. **Jürgen Habermas** (vgl. S. 413 ff.) entwickelt aus der „postnationalen Konstellation", dem Substanzverlust des Nationalstaates im Globalisierungsprozess, die Zukunftsvision einer Weltinnenpolitik ohne Weltregierung, die er am Beispiel der Europäischen Union durchspielt. Er formuliert hierfür Bedingungen (Ausbau und Erweiterung supranationaler Absprachen und Verfahren insbesondere im Bereich der Meinungs- und Willensbildung und der sozialen Integration), die neue Formen einer demokratischen Selbststeuerung der Gesellschaft ermöglichen. Auch **Joseph S. Nye** (vgl. S. 419 ff.) weist Europa bei der Lösung globaler Probleme eine wesentliche Rolle zu. Zwar sind die USA die einzig verbliebene Supermacht, deren wesentlich auf militärische Macht gegründete Stärke aber an Grenzen stößt, die eine Abkehr von einer unilateralistischen Politik der USA und eine Kooperation mit den europäischen Staaten notwendig machen. Dabei stellt er den Führungsanspruch der USA aber nicht infrage.

Literaturhinweise

Franz Ansprenger, Wie unsere Zukunft entstand. Von der Erfindung des Staates zur internationalen Politik – ein kritischer Leitfaden, Schwalbach/Ts. 2000.
Gert Krell, Weltbilder und Weltordnung. Einführung in die Theorie der Internationalen Beziehungen, Baden-Baden 2004.
Ulrich Menzel, Zwischen Idealismus und Realismus. Die Lehre von den internationalen Beziehungen, Frankfurt a. M. 2001.
Volker Rittberger (Hrsg.), Weltpolitik heute. Grundlagen und Perspektiven, Baden Baden 2004.
Siegfried Schieder/Manuela Spindler (Hrsg.), Theorien der Internationalen Beziehungen, Stuttgart 2006.
Stiftung Entwicklung und Frieden, Globale Trends 2007: Frieden – Entwicklung – Umwelt, Frankfurt a. M. 2006.
Wichard Woyke (Hrsg.), Handwörterbuch Internationale Politik, Opladen & Farmington Hills 2008.

Leitfragen

1. Welches sind die politischen, ökonomischen und gesellschaftlichen Akteure und Institutionen auf globaler Ebene? In welchem Verhältnis stehen sie zueinander?
2. Welche Rolle spielen sie bei der Lösung globaler Probleme? Sind sie demokratisch legitimiert?
3. Welche Machtverhältnisse prägen die internationalen Beziehungen? Worauf gründen sie sich? Wie haben sie sich verändert?
4. Welcher Theorie der internationalen Beziehungen sind die Autoren zuzurechnen?

9.1 Wladimir Iljitsch Lenin: Imperialismus – Globalisierung im 19. Jahrhundert

Neben Karl Marx und Friedrich Engels gilt Wladimir Iljitsch Uljanow, (1870–1924) der seit 1901 seine Schriften mit dem Pseudonym Lenin zeichnete, als bedeutendster Theoretiker (und Praktiker) des Sozialismus.
Sein erklärtes Ziel war die Errichtung der Diktatur des Proletariats, wobei er hierbei der nach den Prinzipien des „Demokratischen Zentralismus" strukturierten kommunistischen Partei die Führungsrolle zuwies (und sich damit von der Sozialdemokratie distanzierte). 1917, also während des Ersten Weltkriegs, konnte Lenin als Führer der Bolschewiki mit der Oktoberrevolution die Macht in Russland erobern. Unter seiner Führung konsolidierte sich die Herrschaft der Bolschewiki, zu deren ersten Maßnahmen der Friedensschluss mit dem kaiserlichen Deutschland zählte. Am 5. März 1918 beendete das Abkommen von Brest-Litowsk den Krieg mit Deutschland.

Imperialismus bedeutet zunächst in einem allgemeinen Sinne die Ausdehnung der Herrschaft eines Staates über andere Länder durch Eroberung, Angliederung oder Durchdringung; in einem engeren, historischen Sinne versteht man unter Imperialismus die Politik europäischer Staaten seit Mitte des 19. Jahrhunderts, die zur Gründung von Kolonialreichen führte (Kolonialismus). Hierbei konstituierte sich ein wirtschaftliches und politisches Ausnutzungs- und Abhängigkeitsverhältnis zwischen industriell hoch entwickelten Staaten und wirtschaftlich gering entwickelten Regionen (vor allem Asiens und Afrikas).
Vor allem von sozialistischen Theoretikern und Theoretikerinnen (etwa Rosa Luxemburg) wurde kontrovers diskutiert, ob und worin sich der Kapitalismus der Jahrhundertwende (zum 20. Jahrhundert) von jenem Kapitalismus der „freien Konkurrenz" unterscheide, den Adam Smith (vgl. S. 204ff.) und David Ricardo analysiert hatten – und auch noch Karl Marx (vgl. S. 210ff.) vor Augen hatte. Einig war man sich weitgehend darin, dass imperialistische Politik zu den Kennzeichen des damals „neuen" Kapitalismus gehöre. Untersucht wurde ferner der Einfluss der (imperialistischen) Politik der Nationalstaaten auf die internationale Politik und die Formen, in denen der Kampf um Weltmacht bzw. um eine „neue Weltordnung" ausgetragen wurde.

In der ersten Hälfte des Jahres 1916 verfasste Lenin im Schweizer Exil sein wohl populärstes Werk, „Der Imperialismus als höchstes Stadium des Kapitalismus", bei dem er sich vielfach auf Materialien und Argumente des Engländers John Atkinson Hobson stützte. Die zentrale These seiner vor allem gegen die chauvinistischen Tendenzen innerhalb der deutschen Sozialdemokratie gerichteten Kampfschrift lautete, dass der Imperialismus das monopolistische Stadium des Kapitalismus sei; in diesem zunehmend krisenhaften Stadium sei der Kapitalismus gezwungen, mit allen Mitteln zu expandieren. Der Erste Weltkrieg wird in diesem Sinne als zugespitzte Form des Drangs nach Expansion interpretiert; mit ihm sei der Kapitalismus endgültig zum Weltsystem geworden.

LITERATURHINWEISE

Frank Deppe, Politisches Denken im 20. Jahrhundert. Die Anfänge, Hamburg 1999, S. 255–322.
Frank Deppe u.a., Der neue Imperialismus, Heilbronn 2004.
Wolfgang J. Mommsen, Imperialismustheorien, Göttingen 1977.
Hans-Ulrich Wehler, Bismarck und der Imperialismus, Köln 1972.

M 1 Der Imperialismus als höchstes Stadium des Kapitalismus (1917)

■ Vor einem halben Jahrhundert, als Marx sein „Kapital“ schrieb, erschien der überwiegenden Mehrheit der Ökonomen die freie Konkurrenz als ein „Naturgesetz“. Die offizielle Wissenschaft versuchte das Werk von Marx totzuschweigen, der durch seine theoretische und geschichtliche Analyse des Kapitalismus bewies, daß die freie Konkurrenz die Konzentration der Produktion erzeugt, diese Konzentration aber auf einer gewissen Stufe ihrer Entwicklung zum Monopol führt. Das Monopol ist jetzt zur Tatsache geworden. [...]

Die Tatsachen zeigen, daß die Unterschiede zwischen den einzelnen kapitalistischen Ländern, z. B. in bezug auf Schutzzoll oder Freihandel, bloß unwesentliche Unterschiede in der Form der Monopole oder in der Zeit ihres Aufkommens bedingen, während die Entstehung der Monopole infolge der Konzentration der Produktion überhaupt ein allgemeines Grundgesetz des Kapitalismus in seinem heutigen Entwicklungsstadium ist.

Für Europa läßt sich die Zeit der endgültigen Ablösung des alten Kapitalismus durch den neuen ziemlich genau feststellen: Es ist der Anfang des 20. Jahrhunderts. In einer der neuesten zusammenfassenden Arbeiten über die Geschichte der „Monopolbildung“ lesen wir:

„Man kann aus der Zeit vor 1860 einzelne Beispiele kapitalistischer Monopole anführen; man kann in ihnen den Ansatz zu den Formen entdecken, die uns heute so geläufig geworden sind; aber all das ist durchaus Vorgeschichte. Der eigentliche Beginn der modernen Monopole liegt allerfrühestens in den sechziger Jahren. Ihre erste große Entwicklungsperiode hebt mit der internationalen Depression der siebziger Jahre an und reicht bis zum Beginn der neunziger Jahre [...] Europäisch betrachtet, kulminiert die freie Konkurrenz in den sechziger und siebziger Jahren. Damals beendete England den Ausbau seiner kapitalistischen Organisation alten Stils. In Deutschland drang sie kräftig vor gegen Handwerk und Hausindustrie und begann, sich ihre Daseinsform zu schaffen [...]

Die große Umwälzung beginnt mit dem Krach von 1873 oder, richtiger, mit der ihm folgenden Depression, die mit einer kaum merklichen Unterbrechung anfangs der achtziger Jahre und einem ungewöhnlich heftigen, aber kurzen ‚boom‘ (Aufschwung) „um das Jahr 1889 herum 22 Jahre europäischer Wirtschaftsgeschichte ausmacht [...] In der kurzen Hausseperiode von 1889/90 bediente man sich in starkem Maße der Kartellordnung zur Ausnutzung der Konjunktur. Eine wenig überlegte Politik trieb die Preise noch schneller und noch stärker in die Höhe, als es vielleicht schon sonst geschehen wäre, und fast alle diese Verbände endeten ruhmlos im ‚Graben des Kraches‘. Noch ein weiteres Lustrum“ (weitere fünf Jahre) „schlechter Beschäftigung und niedriger Preise folgte, aber es war nicht mehr dieselbe Stimmung, die in der Industrie herrschte. Man sah die Depression nicht mehr wie etwas Selbstverständliches an, sondern hielt sie nur für eine Ruhepause vor einer neuen günstigen Konjunktur.

So trat die Kartellbewegung in ihre zweite Epoche. Statt einer vorübergehenden Erscheinung werden die Kartelle eine der Grundlagen des gesamten Wirtschaftslebens. Sie erobern sich ein Gebiet nach dem anderen, vor allem aber die Rohstoffindustrie. Schon zu Anfang der neunziger Jahre fanden sie in der Organisation des Kokssyndikats, dem dann das Kohlensyndikat nachgebildet wird, eine Verbandstechnik, über die man kaum wesentlich herausgekommen ist. Der große Aufschwung zu Ende des Jahrhunderts und die Krisis von 1900 bis 1903 stehen wenigstens in der Montan- und Hüttenindustrie zum ersten Male ganz im Zeichen der Kartelle. Und wenn man das damals noch als etwas Neuartiges ansah, so ist es dem Allgemeinbewußtsein inzwischen zur Selbstverständlichkeit geworden, daß große Teile des Wirtschaftslebens der freien Konkurrenz regelmäßig entzogen sind.“

Die wichtigsten Ergebnisse der Geschichte der Monopole sind demnach:

1. In den sechziger und siebziger Jahren des 19. Jahrhunderts die höchste Stufe der Entwicklung der freien Konkurrenz; kaum merkbare Ansätze zu Monopolen.
2. Nach der Krise von 1873 weitgehende Entwicklung von Kartellen, die aber noch Ausnahmen, keine dauernden, sondern vorübergehende Erscheinungen sind.
3. Aufschwung am Ende des 19. Jahrhunderts und Krise von 900 bis 1903: Die Kartelle werden zu einer der Grundlagen des ganzen Wirtschaftslebens. Der Kapitalismus ist zum Imperialismus geworden.

Die Kartelle vereinbaren Verkaufsbedingungen, Zahlungstermine u. a. Sie verteilen die Absatzgebiete untereinander. Sie bestimmen de Menge der zu erzeugenden Produkte. Sie setzen die Preise fest. Sie verteilen den Profit unter die einzelnen Unternehmungen usw. [...]

Der Imperialismus erwuchs als Weiterentwicklung und direkte Fortsetzung der Grundeigenschaften des Kapitalismus überhaupt. Zum kapitalistischen Imperialismus aber wurde der Kapitalismus erst auf einer bestimmten, sehr hohen Entwicklungsstufe, als einige seiner Grundeigenschaften sich in ihr Gegenteil umzuwandeln begannen, als auf der ganzen Linie die Züge einer Übergangsperiode vom Kapitalismus zu einer höheren gesellschaftlich-wirtschaftlichen Ordnung sich herausbildeten und sichtbar wurden. Ökonomisch ist das Grundlegende in diesem Prozeß die Ablösung der freien kapitalistischen Konkurrenz durch die kapitalistischen Monopole. Die freie Konkurrenz ist die Grundeigenschaft des Kapitalismus und der Warenproduktion überhaupt; das Monopol ist der direkte Gegensatz zur freien Konkurrenz, aber diese selbst begann sich vor unseren Augen zum Monopol zu wandeln, indem sie die Großproduktion schuf, den Kleinbetrieb verdrängte, die großen Betriebe durch noch größere ersetzte, die Konzentration der Produktion und des Kapitals so weit trieb, daß daraus das Monopol entstand und entsteht, nämlich: Kartelle, Syndikate, Truste und das sich mit ihnen verschmelzende Kapital eines Dutzends von Banken, die mit Milliarden schalten und walten. Zugleich aber beseitigen die Monopole nicht die freie Konkurrenz, aus der sie erwachsen, sondern bestehen über und neben ihr fort und erzeugen dadurch eine Reihe besonders krasser und schroffer Widersprüche, Reibungen und Konflikte. Das Monopol ist der Übergang vom Kapitalismus zu einer höheren Ordnung.

Wäre eine möglichst kurze Definition des Imperialismus erforderlich, so müßte man sagen, der Imperialismus ist das monopolistische Stadium des Kapitalismus. Eine solche Definition würde die Hauptsache enthalten, denn auf der einen Seite ist das Finanzkapital das Bankkapital einiger weniger monopolistischer Großbanken, das mit dem Kapital monopolistischer Industriellenverbände verschmolzen ist, und auf der anderen Seite ist die Aufteilung der Welt der Übergang von einer Kolonialpolitik, die sich ungehindert auf Kosten der noch von keiner kapitalistischen Macht besetzten Gebiete ausdehnt, zu einer Kolonialpolitik der monopolistischen Beherrschung der restlos aufgeteilten Erde.

Doch sind allzu kurze Definitionen zwar bequem, denn sie fassen das Wichtigste zusammen, aber dennoch unzulänglich, sobald aus ihnen die wesentlichsten Züge der zu definierenden Erscheinung speziell abgeleitet werden sollen. Deshalb muß man – ohne zu vergessen, daß alle Definitionen überhaupt nur bedingte und relative Bedeutung haben, da eine Definition niemals die allseitigen Zusammenhänge einer Erscheinung in ihrer vollen Entfaltung umfassen kann – eine solche Definition des Imperialismus geben, die folgende fünf seiner wichtigsten Merkmale enthalten würde:

1. Konzentration der Produktion und des Kapitals, die eine so hohe Entwicklungsstufe erreicht hat, daß sie Monopole schafft, die im Wirtschaftsleben die entscheidende Rolle spielen;
2. Verschmelzung des Bankkapitals mit dem Industriekapital und Entstehung einer Finanzoligarchie auf der Basis dieses „Finanzkapitals";
3. der Kapitalexport, zum Unterschied vom Warenexport, gewinnt besonders wichtige Bedeutung;
4. es bilden sich internationale monopolistische Kapitalistenverbände, die die Welt unter sich teilen, und
5. die territoriale Aufteilung der Erde unter die kapitalistischen Großmächte ist beendet.

Der Imperialismus ist der Kapitalismus auf jener Entwicklungsstufe, wo die Herrschaft der Monopole und des Finanzkapitals sich herausgebildet, der Kapitalexport hervorragende Bedeutung gewonnen, die Aufteilung der Welt durch die internationalen Truste begonnen hat und die Aufteilung des gesamten Territoriums der Erde durch die größten kapitalistischen Länder abgeschlossen ist.

Aus: Wladimir Iljitsch Lenin, Der Imperialismus als höchstes Stadium des Kapitalismus, in: ders., Ausgewählte Werke Bd. 1, Berlin 1955, S. 779–781 und S. 838–840.

Zur Texterschliessung

1. Zeigen Sie auf, wie Lenin den ihm gegenwärtigen Kapitalismus vom „alten Kapitalismus" unterscheidet.
2. Erläutern Sie aus der Sicht Lenins die Folgen der „großen Depression" (1873 ff.).
3. Arbeiten Sie heraus, welche Rolle bzw. welche Aufgaben Lenin dem Staat beimisst.

9.2 Dieter Senghaas: Imperialismus und strukturelle Gewalt

Dieter Senghaas hat wie kaum ein anderer Autor die kritische entwicklungstheoretische und -politische Diskussion in Deutschland geprägt.
Er wurde 1940 geboren und studierte Politikwissenschaft, Philosophie und Geschichte in Tübingen, Stuttgart und an verschiedenen US-amerikanischen Universitäten. Sein Studium schloss er 1967 ab, wobei das Thema seiner Dissertation („Kritik der Abschreckung. Ein Beitrag zur Theorie der internationalen Politik") die Themen seiner späteren wissenschaftlichen Tätigkeit bereits andeutete: die systematische Analyse internationaler Politik und internationaler Beziehungen – und in diesem Rahmen vor allem die Friedens-, Entwicklungsländer- und Konfliktforschung. Seinem Studium schloss sich eine Assistententätigkeit an der Universität Frankfurt und bis 1970 ein Forschungsaufenthalt in den USA an. Er arbeitete am Aufbau der Hessischen Stiftung für Friedens- und Konfliktforschung (HSFK) mit, wo er von 1972 bis 1978 Forschungsgruppenleiter war. Seit 1972 war er gleichzeitig Professor für internationale Beziehungen in Frankfurt, bis er 1978 an das Institut für Interkulturelle und Internationale Studien der Universität Bremen berufen wurde. Seit 1995 ist Senghaas Mitglied des Beirats der Bundesakademie für Sicherheitspolitik in Bonn.

Ein Schwerpunkt seiner wissenschaftlichen Arbeit war die Entwicklungsländerforschung (development studies), wobei er Anfang der 1970er Jahre die lateinamerikanische Dependencia-Theorien aufnahm und weiterentwickelte. Zwar waren bereits zuvor einige wichtige Arbeiten der Dependenzdiskussion in Deutschland erschienen, mit den von ihm herausgegebenen Sammelbänden (s. Literaturhinweise) verankerte Senghaas diese Theorie aber am nachhaltigsten in einem breiten Teil der sozialwissenschaftlichen Diskussion in Deutschland.

Für Senghaas ist die internationale Gesellschaft durch die Existenz hierarchischer Abhängigkeiten (Dependenzen) zwischen Industrie- (Metropolen) und „Entwicklungsländern" (Peripherien) bestimmt.
Unterentwicklung ist für ihn „ein sich historisch entfaltendes integrales Moment des von kapitalistischen Metropolen dominierten internationalen Wirtschaftssystems", innerhalb dessen die „Entwicklungsländer" in ihrer Ausrichtung auf die Bedürfnisse der Industrieländer keine Chance auf eine eigenständige Entwicklung haben. Als Schlussfolgerung formuliert Senghaas die Forderung nach einer „autozentrierten Entwicklung" der peripherisierten Ökonomien, einer zeitweisen Abkoppelung von den dominanten Strukturen des kapitalistisch bestimmten Weltmarktes (Dissoziation), um eine lebensfähige Wirtschaft aufbauen zu können, die sich auf die lokal verfügbaren Ressourcen und die eigenen Kräfte und Fähigkeiten in den Entwicklungsländern stützt (z. B. Binnenmarktorientierung, self-reliance).

Literaturhinweise

Dieter Senghaas (Hrsg.), Imperialismus und strukturelle Gewalt, Frankfurt a. M. 1972.
Dieter Senghaas (Hrsg.), Kapitalistische Weltökonomie. Kontroversen über ihren Ursprung und ihre Entwicklungsdynamik, Frankfurt a. M. 1979.

M 2 Elemente einer Theorie des peripheren Kapitalismus

Seit der Penetration Lateinamerikas, Afrikas und Asiens durch den Kolonialismus, Imperialismus und Neokolonialismus der europäischen Mächte, der USA und Japans sind diese Kontinente ihrer politischen, ökonomischen und kulturellen Selbstständigkeit verlustig gegangen und in eine von den kapitalistischen Metropolen erzwungene internationale Arbeitsteilung eingegliedert worden. Beginnend mit dem Raubkolonialismus, hat die stufenweise sich herausbildende Arbeitsteilung in den vergangenen Jahrhunderten Abhängigkeitsbeziehungen geschaffen, welche die Gesellschaften der Dritten Welt bis heute im einzelnen kennzeichnen [...].

Nirgendwo in der internationalen Gesellschaft sind die historisch gewachsenen Herrschaftsstrukturen derart krass und gleichzeitig so transparent wie in dem Verhältnis zwischen kapitalistischen Metropolen und ihren Peripherien in den drei Kontinenten des Südens. Nicht nur wurden durch die kapitalistische Penetration mehr oder weniger organische gesellschaftliche Gebilde in den vergangenen Jahrhunderten zerstört und neue willkürliche Staaten am Reißbrett europäischer Kabinettspolitik sowie an Ort und Stelle als Ergebnis von militärischen Machtauseinandersetzungen geschaffen; die so entstandenen Kolonien wurden auch in einer Weise ihren jeweiligen Metropolen zwangsweise zugeordnet, dass eine Solidarisierung unter ihnen selbst relativ geringe Chancen hatte. Erreicht wurde dieses Ziel durch die Unterbrechung bestehender Kommunikations- und Transaktionsbahnen zwischen ehedem aufeinander bezogenen Bereichen in der Dritten Welt (zwischen denen es zum Teil vor dem Eintreffen der Kolonisatoren einen blühenden regionalen Handel gab) sowie durch die systematische Verhinderung einer regionalen Infrastruktur, die neue Austauschbeziehungen ermöglicht und die Chancen für eine politische Solidarisierung gegen die Metropolen erhöht hätte. Die jeweiligen Metropolen, als die dominanten dynamischen Pole dieser von den Metropolen aus in die Peripherien asymmetrisch erfolgenden Penetration, besaßen neben Handels- und teilweise auch Produktionsmonopolen ein Monopol der Information und Kommunikation sowie der politischen Macht und ihr zugeordneter Herrschaftsinstrumente (Interventionstruppen usw.), während sie gleichzeitig – wenn auch in verschiedenen Regionen zu unterschiedlichen Zeitpunkten und mit unterschiedlichen Methoden – in ihren Kolonien verlässliche Brückenköpfe („Klientel-Eliten") aufzubauen sich bemühten, bestehend aus den Angehörigen alter und/oder neuer Eliten, um an Ort und Stelle mit Hilfe politischer Arbeitsteilung Herrschaft einzupflanzen sowie politische Kontrolle und Einflusschancen zu stabilisieren.

Es wäre falsch anzunehmen, dass die in verschiedenen Variationen von den kapitalistischen Metropolen aufgebaute divide-et-impera-Struktur die Kolonien lediglich überwölbte und dass sie allein auf eine Art von politischer Verwaltung konzentriert worden wäre. In Wirklichkeit ist diese politische Herrschaftsstruktur bis auf den heutigen Tag [...] Ausdruck einer tiefgreifenden, alle gesellschaftlichen Bereiche erfassenden Penetration der abhängigen beherrschten Gebiete durch die Metropolen. Diese asymmetrische Penetration erfolgte, wenn auch in verschiedenartiger Kombination und mit wechselndem Gewicht, tendenziell in allen wesentlichen gesellschaftlichen Sektoren: vermittels der Beherrschung des Sozialisationsbereiches (Kulturimperialismus), der Beherrschung der Kommunikationsmedien (Kommunikationsimperialismus) sowie des politischen, militärischen und Rechtssystems (politischer Imperialismus), insbesondere durch die Ausrichtung der ökonomischen Reproduktion der Peripherien auf die Bedürfnisse der Metropolen (ökonomischer Imperialismus und abhängige Reproduktion). Ohne in eine ökonomistische Erklärung zu verfallen, muss festgehalten werden, dass die durch Kolonialismus, Imperialismus und Neokolonialismus erzwungene Einordnung der Ökonomien der Dritten Welt in die Ökonomien der Metropolen, aufgrund derer das kapitalistisch dominierte Weltwirtschaftssystem in den vergangenen Jahrhunderten sich in Etappen herausgebildet hat, den zentralen analytischen Angelpunkt in einer Analyse der gegenwärtigen Lage der Dritten Welt darstellt. Diese Eingliederung beruhte [...] auf einer weltweiten Arbeitsteilung, der zufolge [...] die Dritte Welt sich in der Produktion und im Export von unverarbeiteten Rohstoffen und/oder landwirtschaftlichen Produkten spezialisieren musste, neuerdings auch in der Produktion von Industriegütern niedrigen Verarbeitungsgrades, während die Industrienationen sich auf die Produktion und den Export von verarbeiteten Produkten spezialisierten. Wird eine derartige Arbeitsteilung über Jahrzehnte – oder wie in diesem Fall über Jahrhunderte – hinweg systematisch betrieben, so entwickelt sich, anders als das Theorem vom komparativen Nutzen in der gängigen Außenhandelstheorie es nahe legt, notwendigerweise eine Kluft zwischen Industrienationen und den Lieferanten von nicht oder nur wenig verarbeiteten Produkten, die sich zu einer eigenständigen Struktur verfestigt. Denn Verarbeitungsprozesse setzen moderne Infrastrukturen voraus, und sie fördern deren Wachstum und Differenzierung in Produktion, Distribution, Ausbildung, Technologie usw. (Spinn-off-Effekte und Agglomerationswirkungen). Eine solche autozentrierte Entwicklung, die ihre Reproduktionsdynamik in sich selbst trägt, ist abhängigen sozioökonomischen Formationen verwehrt, da die sie kennzeichnende abhängige und deformierte Reproduktion (Monokultur, Außenorientierung der dynamischen ökonomischen Sektoren, Marginalisierung u.a.) eben das Ergebnis ihrer arbeitsteiligen Eingliederung in das kapitalistische Weltwirtschaftssystem ist. Ihre Spezialisierung ist nicht selbstgewählt; sie richtet sich, weil funktional abhängig, in erster Linie nach den jeweiligen Bedürfnissen der Metropolen (z.B. Edelmetalle, landwirtschaftliche Produkte, Rohstoffe, billige Arbeitskräfte u.a.). […]

Obschon heute die Instrumente, mit deren Hilfe die Dritte Welt beherrscht und ausgebeutet wird, […] nicht mehr gleicher Weise spektakulär brutal sind wie noch vor wenigen Jahrzehnten oder sogar in vergangenen Jahrhunderten […], obwohl Kapitalinvestitionen, Entwicklungshilfe, Technologietransfer, die Beherrschung des Sozialisationsbereiches u.a. subtilere Medien der Beherrschung darstellen als Raubkolonialismus, Sklavenhandel, militärische Interventionen, offene politische Unterdrückung usw., so muss dennoch betont werden, dass auch heute noch, trotz formaler politischer „Selbstständigkeit“, die Beziehungen von den kapitalistischen Metropolen zu den Peripherien die einer Arbeitsteilung sind, welche die dominanten Zentren systematisch bevorzugt und die beherrscht-abhängigen Peripherien systematisch benachteiligt.

Die Schlussfolgerung […] lässt sich in einer These zusammenfassen, die für das Verständnis der heutigen Lage der Dritten Welt von grundlegender Bedeutung ist: Die Unterentwicklung der Dritten Welt kennzeichnet nicht […] ein Durchgangsstadium auf dem Wege zu autozentrierter Entwicklung, den lang andauernden Übergangsperioden von traditional-feudalen zu bürgerlich-kapitalistischen Gesellschaften in der Geschichte der Industrialisierung oder Modernisierung europäischer Gesellschaften vergleichbar. Unterentwicklung ist vielmehr ein sich historisch entfaltendes integrales Moment des von kapitalistischen Metropolen dominierten internationalen Wirtschaftssystems und damit der internationalen Gesellschaft. Die Entwicklung dieser Metropolen, der Zentren, und die Geschichte der Unterentwicklung der Dritten Welt sind miteinander über das internationale System vermittelte, komplementäre Vorgänge. […]

Das oben gezeichnete Bild bedarf jedoch einer wesentlichen Präzisierung in einigen Details, die diese Gesamtstruktur charakterisieren. […] In Wirklichkeit wird das Bild einer weltweit polarisierten Struktur, die von einem eindeutigen Oben, den metropolitanen Herrschaftszentren, und von einem eindeutigen Unten, den Ausgebeuteten in der Peripherie, geprägt ist, durch die Tatsache korrigiert, dass herrschende Klassen und privilegierte Schichten in den Peripherien, also eine Bevölkerungsminderheit, einen Lebensstandard und ein Konsumtionsniveau erreicht haben, die in fast jeder Hinsicht den in den kapitalistischen Metropolen üblichen entsprechen. Diese Klassen und Schichten operieren nicht nur als lokale Eliten zugunsten der jeweiligen Metropolen an Ort und Stelle; als Privilegierte sind sie zudem in den Kernbereich des kapitalistischen Weltwirtschaftssystems eingebunden und spielen für die Metropolen auf der zweiten (oft subimperialistischen) und auf tieferliegenden Ebenen dieses Gesamtsystems eine politische Stellvertreter- oder Agentenrolle. […] Die Existenz internationalisierter Brückenköpfe, die sich aus lokalen Oberschichten rekrutieren, vermag auch zu erklären, warum es bis heute – trotz fünfhundertjähriger Geschichte von Abhängigkeit und Ausbeutung – zu keiner kollektiven Konfrontation zwischen Dritter Welt und Metropolen kam. […]

Diese Gesamtstruktur des kapitalistischen Weltwirtschaftssystems hat auch bewirkt, dass in dem Maße, in dem die herrschenden Schichten der Dritten Welt sich als privilegierte Subzentren in dieses Wirtschaftssystems integrierten (transnationale kapitalistische Integration), die eigenen Gesellschaften einem wachsenden Desintegrations- und Entnationalisierungsprozess (bis hin zur wachsenden Übernahme nationaler Industrien durch die multinationalen Konzerne der Metropolen) ausgesetzt wurden (nationale Desintegration). Die Herausbildung einer selbstbewussten nationalen Bourgeoisie in der Dritten Welt ist hier im Unterschied zum Europa des 16. bis 19. Jahrhunderts folglich relativ unwahrscheinlich, so wie andererseits das Proletariat in den Ländern der Dritten Welt aufgespalten bleibt zwischen jenen Teilen, die den Status von Arbeiteraristokratien einnehmen, und jenen, die zwischen chronischer Arbeitslosigkeit, Unterbeschäftigung und Marginalität, sei es in den urbanen Zentren oder auf dem Land, ein entrechtetes und geknechtetes Dasein auf oder unter dem Existenzminimum fristen. […]

Die skizzierte Struktur der Herrschafts- und ökonomischen Beziehungen zwischen Metropolen und Peripherien macht deutlich, warum ihre Charakterisierung als Nord-Süd-Konflikt unangemessen und weshalb dieser Konflikt besser als Nord-Süd-Konfliktformation zu bezeichnen ist. Dieser „Konflikt“ entzweit nicht Ebenbürtige, wie das in den klassischen inter-imperialistischen Auseinandersetzungen des vergangenen Jahrhunderts (England vs. Frankreich usf.) häufig der Fall war; er gleicht in seiner Grobstruktur eher einem Herr-Knecht-Verhältnis; in seiner Feinstruktur ist er durch Abhängigkeitsstufen und Abhängigkeitsketten gekennzeichnet, die von spezifischen Mechanismen (Arbeitsteilung, Brückenköpfe) aufrechterhalten werden. […]

Aufgrund der im konkreten historischen Entwicklungsprozess stattfindenden Ummodellierung der inneren Verhältnisse in den Peripherie-Gesellschaften durch eine erzwungene Ausrichtung [...] „feudaler" und „vorkapitalistischer" Produktion auf die [...] dominante kapitalistische Produktionsweise werden nicht nur Annahmen über die Weiterexistenz feudaler und vorkapitalistischer Produktionsweisen fragwürdig, sondern auch alle dualismustheoretischen Konstruktionen, die im Extremfall von einer Zweiteilung der Peripherie-Gesellschaften ausgehen: von einem „modernen" und einem „traditionalen" Sektor. Andererseits kann außerhalb dieser dynamischen Pole sicher nicht von kapitalistischen Produktionsverhältnissen die Rede sein (ganz sicher z. B. nicht in der am Binnenmarkt und der eigenen Subsistenz orientierten Landwirtschaft). Die außerhalb der dynamischen Pole beobachtbaren Produktionsverhältnisse und Produktionsweisen stellen Mischformen eigener Art dar, die weder dem idealtypischen Konstrukt „feudale Produktionsweise" noch dem Modell des „reinen Kapitalismus" subsumierbar sind.

Dieser in Einzelfällen variable, in spezifischen historischen Etappen und auf dem jeweiligen Entwicklungsniveau einer Peripherie-Gesellschaft unterschiedlich ausgeprägte Tatbestand wurde begrifflich exakt als strukturelle Heterogenität peripherer Gesellschaftsformationen bezeichnet. Der Begriff „strukturelle Heterogenität" bezieht sich auf die Beobachtung, dass, anders als in der metropolitanen Gesellschaftsformation (den dominierenden kapitalistischen Industriegesellschaften), in peripheren Gesellschaftsformationen verschiedenartige, in einem hierarchischen Verhältnis aufeinander bezogene Produktionsweisen gleichzeitig vorkommen, deren Stellenwert sich aus ihrem jeweiligen Zusammenhang mit den Reproduktionsbedingungen der die periphere Gesellschaftsformation insgesamt dominierenden kapitalistischen Produktion ergibt. Während in den Metropolen seit der industriellen Revolution kapitalistische Produktion Schritt für Schritt sämtliche ökonomische Sektoren (einschließlich der Landwirtschaft) durchdrang, kapitalistische Produktion also eine tendenziell exklusive Bedeutung gewann und zu einer tendenziellen Vereinheitlichung von Produktivitätsniveaus, Arbeitsintensitäten, von Profitraten und Lohnniveaus usw. führte [...], kam es zu keiner vergleichbaren Entwicklung im peripheren oder Peripherie-Kapitalismus. Hier existieren – auf der Grundlage hierarchisierter funktionaler Interdependenzen und in Abhängigkeit von den Bedürfnissen der dominanten kapitalistischen Produktion innerhalb der dynamischen Pole der Peripherien – unterschiedliche Produktionsverhältnisse mit unterschiedlichem Entwicklungsstand der Produktivkräfte gleichzeitig und nebeneinander. [...]

Um Dynamik und Stagnation des Peripherie-Kapitalismus zu begreifen, ist die „Kettenreaktion" nachzuweisen, die von neuen, von außen induzierten dynamischen Prozessen (z. B. jüngst durch das wachsende Eindringen multinationaler Firmen) ausgelöst wird und zu einer im historischen Prozess neu sich durchsetzenden Rekonstitution strukturell heterogener Formationen führt. Dabei zeigt sich in historischer und komparativer Analyse, dass Unterentwicklung – hier definiert als die im Rahmen internationaler Arbeitsteilung durch die dominante kapitalistische Produktion induzierte strukturelle Heterogenität peripherer Gesellschaftsformationen und die daraus folgende Verhinderung einer autozentrierten Entwicklung von Produktivkräften – selbst ein Ergebnis von Entwicklungsprozessen des metropolitanen Kapitalismus und seiner Aktivitäten in der Peripherie ist: die in den Peripherien nicht zu den dynamischen Polen zu rechnenden sozioökonomischen Sektoren (z. B. Sektoren außerhalb von Enklavenwirtschaft und der Produktion innerhalb von multinationalen Firmen) werden, je nach den Bedürfnissen und Erfordernissen der dynamischen Sektoren, selbst partiell dynamisiert oder aus der vorherrschenden Reproduktionsdynamik ausgestoßen, also in strukturelle Stagnation getrieben. [...] Von außen induzierte Dynamik und von außen induzierte Stagnation: beide sind für den peripheren Kapitalismus gleich konstitutive Momente. Das zeigt sich gerade bei der Herausbildung neuer Formen von internationaler Arbeitsteilung zwischen Metropolen und Peripherien. Immer noch werden im großen und ganzen zwischen Metropolen und Peripherien Fertigwaren gegen Rohstoffe und Nahrungsmittel getauscht. In der Folge vielfältiger Versuche der Gesellschaften der Dritten Welt, eine eigene Konsumgüterindustrie aufzubauen („Importsubstitutionsstrategie"), sind insbesondere in Lateinamerika [...] an die Stelle des Exports (und zum Teil zusätzlich zum Export) von Konsum- und Luxusgütern aus den Metropolen in die Peripherien der Export von Erzeugnissen der Produktionsgüterindustrie und der Export von Technologie (Patente, Lizenzen u. a.) getreten. Im Export weniger Peripherie-Länder, die auf diesem Hintergrund (Importsubstitution im Bereich der Konsumgüter) ein in manchen Fällen zeitweise rapides wirtschaftliches Wachstum erlebten, findet sich heute zusätzlich zu den herkömmlichen Bestandteilen (Rohstoffe/Nahrungsmittel) ein geringer Prozentsatz an Fertigwaren niedrigen Verarbeitungsgrades (wie etwa Textilien), die zum Teil in benachbarte Peripherie-Gesellschaften, zu einem (auf Grund restriktiver Zoll- und Kontingentierungsregelungen) noch beschränkten Teil in die Metropolen fließen. Oft handelt es sich hierbei jedoch nicht um einen genuinen Export der Entwicklungsländer, sondern um konzerninternen Handel multinationaler Firmen, deren Strategie weltweit konzipiert und nicht an den Bedürfnissen einzelner Gesellschaften orientiert ist. Eben dies macht sichtbar, dass in diesem Falle die Erweiterung des Produktionspotentials mancher peripheren Gesellschaft, die mit Hilfe von Importsubstitutionsstrategie angestrebt wurde, nur aufgrund neuer Formen von Abhängigkeit, in diesem Fall von der Zulieferung von Investitionsgütern, einschließlich neuer Technologie möglich war. Die Grundstruktur abhängiger Reproduktion hat in den vergangenen Jahrzehnten mit jedem erneuten Versuch einer eigenständigen Entwicklungsstrategie zur Substitution alter Abhängigkeitsmomente durch neue geführt. [...]

Neue dynamische und stagnative Aspekte internationaler Arbeitsteilung ergeben sich überdies aus der Auslagerung arbeits- und lohnintensiver Produktionsprozesse aus den Metropolen in wenige Peripherien, wobei Rentabilitätsgesichtspunkte [...] eine wichtige Rolle spielen. [...] Die in multinationalen Firmen zu bemerkende Rollen-, Funktions- und Arbeitsteilung zwischen „top-management" und „submanagement", zwischen der Lokalisierung von Forschungs- und Entwicklungsprozessen sowie der Produktion von Technologie in den Metropolen einerseits und der nach Gesichtspunkten von Rentabilität und Zweckdienlichkeit erfolgenden tendenziellen Verlagerung der eigentlichen Produktion von Gebrauchsgütern in die Peripherien andererseits deutet auf einen wesentlichen Trend zur Herausbildung von internationaler Arbeitsteilung auf einer neuen Stufe hin. Deutlich zeichnet sich in diesem Zusammenhang auch ab, dass dieser Prozess vorläufig auf wenige Peripherien sich konzentrieren wird [...]. Diese erlangen innerhalb der Dritten Welt als Subzentren eine „privilegierte" Position. So kommt es zu weiteren Ausdifferenzierungen in den vorherrschenden Abhängigkeitsstrukturen zwischen Metropolen und Peripherien; überdies wird sich das Entwicklungsgefälle innerhalb der Dritten Welt verstärken. Manche dieser Länder (z.B. Brasilien, Südafrika und der Iran) übernehmen mehr und mehr stellvertretend für die Metropolen nicht nur innergesellschaftliche, sondern auch auf Nachbarstaaten und die jeweilige Region bezogene Ordnungsfunktionen, was sich spektakulär in ihrer nach innen und außen gerichteten Militarisierung offenbart. [...] Mit der Herausbildung derartiger Subzentren kompliziert sich die Abhängigkeitsstruktur des kapitalistisch dominierten Weltwirtschaftssystems. Einerseits lockert sich die spektakuläre Abhängigkeit zwischen den Metropolen und einzelnen Peripherien, andererseits verstärkt sie sich aufgrund der Übernahme von Ordnungsfunktionen durch privilegierte Subzentren und einer tiefer greifenden strukturellen Verklammerung von Peripherien und Metropolen. [...]

Natürlich gibt es Abhängigkeiten der Metropolen von den Peripherien, z.B. in der Energieversorgung, bei manchen Rohstoffen usf. Aber sie drücken sich nicht in der Verpflanzung von Bedürfnisstrukturen und Reproduktionsdynamik der Peripherien in den Innenbereich des metropolitanen Kapitalismus aus; davon kann keine Rede sein. Sie sind vielmehr die Grundlage, auf der es dem metropolitanen Kapitalismus erst wirklich gelingt, eine autozentrierte Entwicklungsdynamik zu entfalten, indem die Peripherien folgende konkrete Funktionen für den metropolitanen Kapitalismus übernehmen: Sie haben eine Bedeutung

1. als Lieferant von billigen landwirtschaftlichen Produkten und Rohstoffen,
2. als Anlagesphäre für Kapital,
3. als Auslagerungsstätten für die in den Metropolen nicht mehr rentabel arbeitenden Branchen (früher Landwirtschaft, heute vor allem Industriebranchen mit Produkten niedrigen Verarbeitungsgrades), und
4. als Arbeitskräftereservoir (an Ort und Stelle und „Gastarbeiter"). [...]

Die konkrete Struktur peripherer Gesellschaftsformationen erlaubt eine exzessive Aneignung des gesellschaftlichen Mehrprodukts durch die herrschenden Klassen in den Metropolen, vermittels seines teilweisen Transfers in die Metropolen. Bis heute findet dieser Transfer sowohl offen als auch versteckt statt: offen im Kapitalrückfluss (Retransferierung von Profiten, Patent- und Lizenzgebühren, Zinslasten usw.) aus den Peripherien in die Metropolen, der inzwischen bisweilen umfangreicher als der vielzitierte Kapitalzufluss (öffentliche und private Investitionen, Schenkungen usw.) ist, weshalb zu Recht von einer wachsenden relativen Entkapitalisierung der Dritten Welt gesprochen wird. Dabei ist zu beachten, dass nicht der Mangel an nennenswerter Mehrwertproduktion an sich für periphere Gesellschaftsformationen kennzeichnend ist. Ganz im Gegenteil findet in diesen Gesellschaften eine vergleichsweise hohe, je nach Sektor absolute oder relative Mehrwertproduktion statt, doch ihre Ergebnisse gehen den Gesellschaften an Ort und Stelle qua potentieller Akkumulationseinsatz zum Teil verloren – sei es, weil sie ins Ausland fließen, sei es, weil sie von jenen Schichten unproduktiv konsumiert werden, deren angestammte privilegierte Position mit dem Eindringen des Kapitalismus im Gegensatz zur Entwicklung in Europa nicht untergraben, sondern meist im Rahmen neuer Interessenallianzen zwischen der Landaristokratie, der mittelständischen Bourgeoisie in Handwerk, Industrie und Handel und einem vielerorts heute durch das Eindringen multinationaler Firmen entnationalisierten Großbürgertum gestärkt wurde. Ferner wird aufgrund der Konkurrenzvorteile der Produkte aus den Metropolen (einschließlich ihrer qualitativen Attraktivität) der Abfluss von Kapital in nicht-produktive und nicht-industrielle Sektoren (z.B. Bodenspekulation) gefördert und damit mögliche Akkumulation eingeschränkt. Obgleich nicht in öffentlichen Statistiken dokumentiert, müssen dieser Kategorie von Transfers auch jene Kapitalabflüsse zugerechnet werden, die im Rahmen von Manipulationen über Buchungstechniken, in der Preisgestaltung und in der Steuerabgabe (dies vor allem im Rahmen von multinationalen Firmen) den Gesellschaften der Dritten Welt verloren gehen. Erscheinungen wie die exzessive Entlohnung von metropolitaner Arbeitskraft in der Dritten Welt (z.B. der Experten im Rahmen von technischen Hilfeprogrammen) wären ebenfalls in dieser Kategorie zu erfassen. Die versteckten Transfers wurden in den inhaltlich umstrittenen Theoremen des ungleichen Tauschs thematisiert. Die Gleichzeitigkeit von moderner Technologie und billiger Arbeitskraft in den Peripherien sowie die Annahme eines Tausches von Produkten, bei deren Produktion in den Metropolen bzw. den Peripherien die Kluft der Entlohnung größer ist als der Unterschied im Produktivitätsniveau, müssen unter den heutigen Bedingungen einer wachsenden Internationalisierung von Kapital und Arbeit (unter Berücksichtigung eines direkten internationalen Wertbildungsprozesses) als Ausgangspunkt in der theoretischen Bestimmung ungleichen Tausches gelten. Existieren eine relative Mobilität von Kapital und Waren (internationaler Wertbildungsprozess) und eine relative Immobilität von Arbeit, wobei periphere Gesellschaftsformationen als Produktionsstätte von Reservoirs billiger Arbeitskräfte wirken, so kommt der Handel zwischen Metropolen und Peripherien einem Tausch von weniger gegen mehr Arbeit und damit einer Wertübertragung von den Peripherien in die Metropolen gleich. Die herrschenden Klassen in den Peripherien vermögen ihre eigene, von derlei Verlusten hervorgerufene potentielle Benachteiligung durch eine Weitergabe der Lasten an die ihnen nachgeordneten sozialen Schichten zu kompensieren, was die Strukturen internen Kolonialismus begründet.

Aus: Dieter Senghaas, Elemente einer Theorie des peripheren Kapitalismus, in: Dieter Senghaas (Hrsg.), Peripherer Kapitalismus. Analysen über Abhängigkeit und Unterentwicklung, Frankfurt a. M. 1974, S. 15–31.

ZUR TEXTERSCHLIESSUNG

1. Bestimmen Sie die Herrschaftsstrukturen und Abhängigkeitsbeziehungen des internationalen Systems nach Senghaas.
2. Beschreiben Sie die „weltweite Arbeitsteilung“, die sich nach Senghaas herausgebildet hat, und erläutern Sie seine These, dass die Entwicklung der Ersten und die Unterentwicklung der Dritten Welt „komplementäre Vorgänge“ sind.
3. Skizzieren Sie die von Senghaas angeführten Folgen für die Gesellschaften und Ökonomien der Dritten Welt.

9.3 Samir Amin: Der neue Imperialismus und der globale Süden

Samir Amin wurde 1931 in Kairo geboren und studierte von 1947 bis 1957 in Paris. Nach Abschluss seiner Dissertation, in der er sich mit den Ursachen der Unterentwicklung auseinandersetzte, ging er nach Kairo zurück, wo er 1957 Chef du Service des Études de l'Organisme de Développement Économomique wurde, einer Planungsbehörde für die weitere Entwicklung Ägyptens. Politische Schwierigkeiten und persönliche Gefährdungen veranlassten ihn 1960 Ägypten zu verlassen, um Berater im Planungsministerium in Bamako (Mali) zu werden. Von 1963 bis 1980 arbeitete er im Institut Africain de Développement Économique et de Planification (IDEP), einem von der UNO in Dakar eingerichteten Institut (zunächst als Mitarbeiter, ab 1970 als Leiter). Parallel dazu wurde er als Professor an die Universität in Poitiers (Frankreich) berufen, später gleichzeitig an die Universitäten von Dakar und Paris. 1980 verließ Amin das IDEP und wurde Direktor des Forum du Tiers Monde, einer Nichtregierungsorganisation mit Sitz in Dakar, deren Aufgabe es ist, durch weltweit ausgerichtete gemeinsame Projekte, Konferenzen, Plattformen etc. die interkontinentale Entwicklungsdiskussion aus der Perspektive Lateinamerikas, Afrikas und Asiens zu vernetzen und voranzubringen. Seit 1996 ist Amin zusätzlich der Präsident des Forum Mondial des Alternatives, das sich unter anderem als Widerpart des Weltwirtschaftsforums von Davos versteht.

Amins gesamtes Werk durchzieht die zentrale These, dass Unterentwicklung ein Produkt des Kapitalismus sei (vgl. hierzu Senghaas, S. 371 ff.). Für ihn sind unterentwickelte Ökonomien keine eigenständigen (selbstreferentiellen) Größen, sondern nur Bausteine der kapitalistischen Weltökonomie, in deren Rahmen die Gesellschaften der Peripherie einer ständigen strukturellen Anpassung an die fortgeschrittenen kapitalistischen Industrieländer unterworfen sind.
Globalisierung fasst Amin als weltgeschichtlichen Prozess auf, der sich nicht nur auf die Moderne bezieht. Kennzeichnend für die Neuzeit sind für ihn aber „Globalisierungsmodelle" (Entwicklungen, nicht aber geschichtliche Zwangsläufigkeiten), die allesamt zu „Ungleichheit und Polarisierung auf globaler Ebene" geführt hätten, wobei den weniger weit entwickelten Gesellschaften keine Chance auf Entwicklung eingeräumt worden sei. Das heutige Globalisierungsmodell, das er als „imperialistische Globalisierung", als „kollektiven Imperialismus der Triade Vereinigte Staaten, Westeuropa und Japan" bezeichnet, ist für ihn angesichts der Folgen für Asien, Afrika und Lateinamerika „Apartheit auf globaler Ebene": Die Sachzwanglogik der Globalisierung führe dazu, dass immer mehr Menschen im Süden (aber auch im Norden) „freigesetzt" würden; sie würden nicht mehr ausgebeutet, sondern ausgegrenzt und seien für das Fortbestehen des Kapitalismus quasi überflüssig geworden.

Als Gegenstrategie formuliert Amin das Prinzip des „de-linking", ein „Abkoppeln" weniger entwickelter Ökonomien vom derzeitigen Globalisierungsmodell, und eine autozentrierte Strategie in den Entwicklungsländern, die die Teilhabe an Globalisierung den sozialen Bedürfnissen der Menschen unterordnet und soziale Entwicklung, sozialen Fortschritt ermögliche.

Literaturhinweise

Samir Amin, Für ein nicht-amerikanisches 21. Jahrhundert. Der in die Jahre gekommene Kapitalismus (aus dem Französischen von Joachim Wilke), Hamburg 2003.
Samir Amin, Herausforderungen der Globalisierung, (herausgegeben und aus dem Französischen übersetzt von Joachim Wilke), Hamburg 1997.

M 3 Imperialistische Globalisierung

■ Globalisierung ist wahrlich nichts Neues. Die Welt war schon immer globalisiert. Doch interessanterweise hatte die Globalisierung in alter Zeit, das heißt vor Beginn der Neuzeit bzw. des Kapitalismus, zwar viele negative, aber auch viele positive Aspekte – mehr vielleicht als die gegenwärtige moderne Globalisierung. [...] So bot die Globalisierung beispielsweise den Europäern die Chance, zum Mittleren Osten, zu den Arabern, aufzuschließen, die ihnen damals in ihrer Entwicklung voraus waren.

Dieses vor-neuzeitliche Modell der Globalisierung, oder genauer: der zahlreichen regionalen Globalisierungen, unterscheidet sich sehr von jenem, mit dem wir es während der gesamten Neuzeit bzw. während des Kapitalismus, also während der letzten 500 Jahre, zu tun haben. Auch dabei handelt es sich nicht um einen einzigen Vorgang, sondern um zahlreiche regionale Globalisierungen, also um viele aufeinander folgende Modelle, die aber unablässig zu Ungleichheit und Polarisierung auf globaler Ebene geführt und diese ständig vertieft haben. Von daher könnte man sie mehr oder weniger als Synonym für Imperialismus verstehen [...]. Denn sie haben keineswegs Bedingungen geschaffen, die den weniger weit entwickelten Völkern die Chance zum Aufholen geboten hätten, sondern vielmehr solche, die ein Aufholen geradezu unmöglich machen und die deshalb zum größten Skandal in der Geschichte der Menschheit geführt haben.

Natürlich hatten diese Modelle – und ich spreche bewusst von Modellen und nicht von geschichtlichen Zwangsläufigkeiten – ihre jeweiligen Besonderheiten. Wir können vom Modell des frühen Imperialismus sprechen, des Merkantilismus, samt der zeitgleichen Entwicklung von Nord- und Lateinamerika mit der damit verbundenen Sklaverei, dem Völkermord an den Indianern usw. Es war ein Globalisierungsmodell, doch für Indianer und Schwarze war es das denkbar destruktivste, ein geradezu verbrecherisches Globalisierungsmodell.

Nun zum zweiten Modell, das man vielleicht als das klassische bezeichnen kann und das mit der Industrialisierung des Westens, also der Zentren – das heißt hauptsächlich Westeuropas, aber auch der Vereinigten Staaten bzw. Nordamerikas und später Japans – einherging. Dieses Modell war bis zu einem gewissen Grad, aber nicht zwangsläufig, von Kolonialisierung begleitet. Und auch dieser Kolonialismus ist ein Globalisierungsmodell. Die Behauptung, Afrika sei nicht in das globale System integriert, ist deshalb eine Verhöhnung. Zunächst wurde es durch den Sklavenhandel integriert, dann durch den Kolonialismus, der zudem eine der hässlichsten Formen der Globalisierung ist. Zu diesem Zeitpunkt war Globalisierung – oder, in meiner Terminologie, der Gegensatz zwischen Zentren und Peripherien – mehr oder weniger gleichbedeutend mit dem Gegensatz zwischen industrialisierten und nicht-industrialisierten Gebieten.

Seit dem Ende des Zweiten Weltkrieges haben wir es mit anderen Globalisierungsmodellen zu tun. Das eine war [...] nicht ganz so verbrecherisch und gefährlich wie jenes, durch das es später abgelöst wurde. Von einem afro-asiatischen Blickwinkel aus kann man das weniger gefährliche als das Bandung-Modell bezeichnen. Die Ideen der Konferenz von Bandung, auf der im Jahre 1955 die „Dritte Welt" als Synonym der Blockfreienbewegung ins Leben gerufen wurde, dominierten bis in die Mitte der 70er Jahre, nämlich bis zur Durchsetzung der von den Entwicklungsländern geforderten so genannten Neuen Weltwirtschaftsordnung in der UN-Vollversammlung Ende 1974 und der anschließenden Ablehnung dieser neuen Ordnung durch die imperialistischen Mächte, allen voran die Vereinigten Staaten und ihre westeuropäischen Verbündeten. Dieses Modell von Bandung war die Folge eines doppelten Sieges (bzw. einer doppelten Niederlage): des Sieges der Demokratie über den Faschismus und des Sieges der Völker Asiens und Afrikas über den alten Kolonialismus – also jenen der Periode davor. Dieser doppelte Sieg weckte natürlich zahlreiche Illusionen; er führte aber auch dazu, dass man die Möglichkeit des Aufholens wieder für realistisch hielt [...]. Doch durch staatliche Intervention mit ihren positiven und weniger positiven Aspekten konnten in der Tat einige der negativsten Erscheinungen des Kapitalismus abgefedert werden – beispielsweise durch Protektionismus, was so viel wie ausgehandelte Globalisierung bedeutet, also keine Globalisierung zum alleinigen Wohle des Stärkeren, sondern eine Globalisierung, die die Schaffung von Chancen für die anderen, die Schwächeren, bedeutet und mit mehr oder minder radikalen sozialen Reformen einhergeht. Auch wenn also die Politik staatlicher Intervention gewöhnlich nicht unbedingt von einem Demokratisierungsprozess begleitet wurde, war sie doch immerhin mit sozialem Fortschritt verbunden.

Deshalb kam es in diesem Rahmen zu hohen Wachstumsraten – den höchsten Wachstumsraten auf globaler Ebene, die in der Geschichte des Kapitalismus und in der Geschichte der Menschheit je erzielt wurden. Man kann sagen, dass wir mehr oder weniger Vollbeschäftigung hatten, verbunden mit sehr schnellem und umfangreichem sozialen Aufstieg für die meisten Menschen. In vielen Fällen fand ein Abbau von Ungleichheit statt, zumindest wurde Ungleichheit nicht gefördert. [...] Es wurde durch dasjenige ersetzt, das wir heute haben – mit weit niedrigeren Wachstumsraten. Über denselben Zeitraum von 30 Jahren sind diese nur noch halb so hoch wie die des früheren Modells. Die Vollbeschäftigung mit sozialer Mobilität nach oben wich massiver und wachsender Arbeitslosigkeit, Unsicherheit, Informalisierung und Prekarisierung – kurz: allen denkbaren Formen der Verarmung und zunehmender Ungleichheit.

In den 50er und 60er Jahren betrug der Anteil der stabilen Arbeitsverhältnisse im Westen zwischen 80 und 90 Prozent, in den Ländern des Südens etwa 50 Prozent. Bezieht man diese Zahlen auf alle damaligen Arbeitsverhältnisse, so lebten ungefähr drei Viertel der Menschen in stabilen Arbeitsverhältnissen. Heute sind es im Westen noch 60 Prozent und im Süden ganze 20 Prozent. Insgesamt haben global also drei Viertel der Menschen weder einen sicheren Arbeitsplatz noch Zugang zu einem geregelten Einkommen und zu sozialen Rechten. Und diese Tendenz zur Verelendung auf globalem Niveau setzt sich unverändert weiter fort. Zunehmend existieren zwei Welten nebeneinander: In der einen Welt leben diejenigen, die von der Steigerung der Produktivität, von verbesserter Technologie und potenzierter Kapitalakkumulation profitieren, und in der anderen Welt lebt die ständig wachsende Anzahl der Verelendeten und Ausgeschlossenen. [...]

Der entscheidende Unterschied zwischen dem ersten und dem zweiten Globalisierungsmodell besteht in der Höhe der Kapitalverzinsung: Beim ersten Modell lag sie zwischen 4 und 8 Prozent, beim zweiten liegt sie zwischen 8 und 16 Prozent – sie ist also doppelt so hoch. Ob ein Modell als vernünftig gilt, entscheidet sich also danach, wer davon profitiert: Profitiert das Kapital, auch wenn dies auf Kosten aller Völker geht, so ist es vernünftig. Profitieren die Völker und weniger das Kapital, so gilt das Modell als unvernünftig. [...]

Ich bezeichne dieses neue Modell als „imperialistische Globalisierung" – nicht als postimperiale oder postimperialistische. Es ist nämlich noch imperialistischer als das vorhergehende Globalisierungsmodell, weist aber eine Reihe von besonderen Merkmalen auf. Zunächst konnte man in der Zeit vor dem Zweiten Weltkrieg vom Imperialismus nur im Plural sprechen – den Imperialismus als Einzelerscheinung gab es nicht, sondern es gab vielmehr imperialistische Staaten, die einander beinahe unablässig bekämpften. Dieses Modell wurde durch das ersetzt, was ich der Einfachheit halber den kollektiven Imperialismus der Triade Vereinigte Staaten, Westeuropa und Japan nenne. [...]

Auch ohne dass ich an dieser Stelle eine detailliertere Analyse der Veränderungen innerhalb des Kapitalismus vornehmen kann, die zu dem neuen Modell geführt haben, ist offenkundig, dass die kollektiven Wirtschaftsinstrumente zum Management dieses globalen kapitalistischen Systems – die Welthandelsorganisation (WTO), die das bedeutendste dieser Instrumente ist, der Internationale Währungsfonds (IWF), die Weltbank und andere mehr – wichtige Akteure sind. Und das gilt auch für die politischen Instrumente, allen voran für die NATO, die zunehmend die UNO ersetzt. Dabei ist die NATO in erster Linie ein militärisches Instrument, und das keineswegs zufällig. Die NATO ist zugleich auch ein Projekt der Europäer, betrieben vor allem seitens der USA, aber auch mit Hilfe der europäischen Staaten. Sie ist ein Projekt, das Europa auf die militärische Dimension des atlantischen Projekts reduzieren soll. Geplant ist gewissermaßen ein Europa mit einer Hauptstadt in Washington, D.C. Ich bezeichne diesen kollektiven Imperialismus angesichts seiner Folgen für Asien, Afrika und Lateinamerika als „Apartheid auf globaler Ebene". Er ist zwangsläufig mit dem wahnwitzigen und deshalb kriminellen Vorhaben verknüpft, den Planeten militärisch zu kontrollieren. [...]

Das Prinzip, das ich dagegen verfechte, habe ich als „de-linking" bezeichnet, also als „Abkoppeln" oder „Loslösen" [...]. Ich verstehe unter „de-linking" [...] die Unterordnung des Stellenwerts der Teilnahme an der Globalisierung unter die Prioritäten eines fortschreitenden sozialen Wandels.

Das ist das genaue Gegenteil dessen, was heute den Lauf der Welt bestimmt, nämlich die so genannte „Anpassung". Anpassung wird im herrschenden Modell der Globalisierung als Anpassung der schwächsten Nationen an die Erfordernisse der Entwicklung des globalen kapitalistischen Systems in seiner derzeitigen Form verstanden. Es ist im Grunde die Anpassung des Südens an die Bedürfnisse des Nordens, der sein eigenes Entwicklungsmodell auf Kosten der anderen vorantreibt. [...] Just diese Anpassung der Schwächsten an die Bedingungen, die die Starken erst stark gemacht haben, zerstört deren Chance zum „Aufholen". Damit meine ich gerade nicht die bloße nachholende Kapitalisierung, sondern die Chance der Schwachen, sich mit positivem sozialen Inhalt zum Wohle ihrer eigenen Bevölkerung zu entwickeln. [...]

Was steht nun beim derzeitigen Globalisierungsmodell auf der Tagesordnung? Gegenwärtig wird überall und flächendeckend vormaliges Gemeineigentum privatisiert. Man könnte diesen Prozess enclosures auf globaler Ebene nennen. Solche „Einhegungen", bei denen historisch Gemeindeland durch Zäune abgegrenzt und in private Nutzung überführt wurde, gab es zuerst im entstehenden Kapitalismus in England, dann in Westeuropa, bis sie schließlich mehr oder weniger den ganzen europäischen Kontinent erfassten. Die Einhegungen zerstörten die bäuerlichen Gesellschaften. Nun könnte man geltend machen, dieses Vorgehen habe im entwickelten Westen einen effizienten Prozess der Verstädterung in Gang gesetzt. Es ist jedoch offensichtlich, dass es heute im Süden nicht das gleiche Resultat zeitigen kann, da man, um wettbewerbsfähig zu sein – und Wettbewerbsfähigkeit wird unbedingt verlangt –, moderne Technologien entwickeln muss. Dadurch werden permanent Menschen freigesetzt, denen die Länder des Südens (und zunehmend auch jene des Nordens) keine Lebensgrundlage mehr zu bieten vermögen. Die Zerstörung bäuerlicher Gesellschaften führt heute zu einem anderen Modell der Urbanisierung – nämlich zur Entstehung von Slums und nichts als Slums. Es ist ein Genozid auf globaler Ebene. [...]

Wir brauchen [...] ein anderes Globalisierungsmodell, das unter neuen Bedingungen erneut auszuhandeln wäre. Vier Dinge sind dafür von zentraler Bedeutung: Erstens ist fraglos ein anderes Europa vonnöten, ein Europa, das sich vom Liberalismus und Atlantizismus abkoppelt. [...] Zweitens sollten bedeutende, sich entwickelnde Länder wie China einen Weg zu einem anderen Gesellschaftsmodell beschreiten und nicht nur dem ausgetretenen Pfad folgen, der zum so genannten normalen Kapitalismus führt. Drittens ist die Wiederherstellung der Solidarität unter den Völkern des Südens dringend geboten. Hierbei kann es sich nicht um eine einfache Neuauflage von Bandung handeln, schon weil es in der Geschichte keine Neuauflagen gibt. Dennoch gilt es, die Grundsätze von damals erneut zu bekräftigen. Und viertens brauchen wir eine Vielzahl von Reformen und Veränderungen hin zu einer Demokratisierung der institutionellen Strukturen internationalen Lebens, der UNO und anderer Organisationen. [...] Vor allem müssten sie die Wiedereinsetzung der UNO – und nicht der NATO – als das politische Werkzeug der Realisierung eines akzeptablen, menschlichen Globalisierungsmodells beinhalten.

Aus: Samir Amin, Apartheit global. Der neue Imperialismus und der globale Süden, in: Blätter für deutsche und internationale Politik (Hrsg.), Der Sound des Sachzwangs, Bonn/Berlin 2006, S. 11–17.

Zur Texterschliessung

1. Erläutern Sie Amins Verständnis von Globalisierung und die von ihm angeführten (historischen) „Globalisierungsmodelle".
2. Grenzen Sie das heutige Modell „imperialistischer Globalisierung" in seiner Auswirkung auf die Dritte Welt von früheren Modellen ab. Erläutern Sie dabei Amins These vom heutigen „kollektiven Imperialismus" als „Apartheid auf globaler Ebene".
3. Skizzieren Sie seine „Gegenstrategie" und die von ihm angeführten Bedingungen für ein neues Globalisierungsmodell, das soziale Entwicklung und sozialen Fortschritt ermöglichen würde.

9.4 Elmar Altvater: Natürliche Grenzen des Kapitalismus

Elmar Altvater (geb. 1938) studierte in München Ökonomie und Soziologie und promovierte über „Umweltprobleme in der Sowjet-Union", bevor er an das Otto-Suhr-Institut der FU-Berlin wechselte, wo er 1971 Universitätsprofessor für politische Ökonomie wurde. Seit 1970 ist er Redaktionsmitglied der von ihm mitbegründeten „PROKLA – Zeitschrift für kritische Sozialwissenschaft". Darüber hinaus ist er Mitglied im Wissenschaftlichen Beirat von attac und für das Weltsozialform tätig. Von 1999–2002 war er Mitglied der Enquête-Kommission „Globalisierung der Weltwirtschaft – Herausforderungen und Antworten" des Deutschen Bundestages.

Altvater ist ein renommierter Kritiker der „politischen Ökonomie" und Autor zahlreicher globalisierungs- und kapitalismuskritischer Schriften. Neben Fragen der Entwicklungstheorie, der Verschuldung sowie der Regulierung von Märkten beschäftigt Altvater sich auch ausgiebig mit den Auswirkungen kapitalistischer Ökonomien auf die Umwelt, wobei Umweltprobleme aus der spezifischen Dynamik des heutigen Kapitalismus im Kontext eines zunehmend deregulierten Weltmarktes abgeleitet werden, der an seine „Grenzen" gestoßen sei. Angesichts der potenziell selbstzerstörerischen Tendenzen der „(post-)fordistischen" Produktionsweise („Fetisch Wachstum") zeigt Altvater die Notwendigkeit auf, das „fossile Zeitalter" zu überwinden und den Kapitalismus sozial, ökonomisch und politisch umzustrukturieren.

Literaturhinweise

Elmar Altvater, Der Preis des Wohlstands oder Umweltplünderung und neue Welt(un)ordnung, Münster 1992.

Elmar Altvater/Frigga Haug/Oskar Negt, Turbo-Kapitalismus. Gesellschaft im Übergang zum 21. Jahrhundert, Hamburg 1997.

Elmar Altvater/Birgit Mahnkopf, Grenzen der Globalisierung. Ökonomie, Ökologie und Politik in der Weltgesellschaft, Münster 2004.

Elmar Altvater, Das Ende des Kapitalismus, wie wir ihn kennen. Eine radikale Kapitalismuskritik, Münster 2005.

M 4 Das Ende des Kapitalismus, wie wir ihn kennen

■ Alles auf Erden findet in den Grenzen von Raum und Zeit statt. Auch der Kapitalismus hat einen Anfang und folglich auch ein Ende. Der Kapitalismus ist historisch. Dies wird jedoch keineswegs allgemein akzeptiert, im Gegenteil. […] Kapitalismus scheint heute zur inneren Natur der Menschen zu gehören, so wie der Stoffwechsel mit der äußeren Natur, als wäre Kapitalismus eine condition humaine. […]

Der Begriff Kapitalismus taucht erstmals im 18. Jahrhundert auf, setzt sich allerdings erst sehr viel später durch. Adam Smith und David Ricardo verwenden den Begriff nicht, und auch im „Kapital" von Marx findet man den Begriff nur ein einziges Mal […]. Erst Werner Sombart führt den Kapitalismus-Begriff in seiner epochalen Analyse der historischen Entwicklung vom „Vorkapitalismus" über den „Frühkapitalismus" zum „Hochkapitalismus" ein. Im „Hochkapitalismus" hat sich der Kapitalismus als System gegenüber anderen „Wirtschaftsstilen" und „Wirtschaftsgesinnungen" durchgesetzt. Auch für Marx ist die kapitalistische Produktionsweise bzw. Gesellschaftsformation historisch, sie sind aus anderen Produktionsweisen – im westlichen Europa aus dem Feudalsystem – hervorgegangen, und es werden andere folgen. Aber wie muss man sich das Ende vorstellen, bricht der historische Kapitalismus zusammen? Auf diese Frage hat […] Fernand Braudel eine deutliche Antwort: Der „Kapitalismus als Struktur [ist] von langer Dauer", schreibt er, und „der Kapitalismus als System" hat „alle Aussichten", auch die schwerste Krise zu überstehen, „ja es könne sogar sein, dass er wirtschaftlich […] gestärkt aus ihr hervorgeht". Kapitalismus also ohne Ende? Sicher nicht, aber die Stabilität der modernen kapitalistischen Gesellschaften darf nicht unterschätzt werden. Denn sie ist eine Folge der außerordentlichen Dynamik kapitalistischer Gesellschaften, und diese kann sich so recht entfalten, wie die fossilen Energien mit Hilfe der neuen Techniken der industriellen Revolution die begrenzten biotischen Energien von Mensch und Tier ergänzen und ersetzen. Denn die fossilen Energien – Kohle, Gas und vor allem Öl – sind der kapitalistischen Produktionsweise höchst angemessen. Fossiles Energieregime und soziale Formation des Kapitalismus passen nahtlos zusammen, und dies aus mehreren Gründen. Erstens können fossile Energieträger anders als Wasserkraft oder Windenergie weitgehend ortsunabhängig eingesetzt werden. Sie können von den Lagerstätten relativ leicht zu den Verbrauchsorten gebracht werden, heute mit Hilfe von Pipelines und Tankschiffen. Die ökonomische Geographie wird weniger von natürlichen Gegebenheiten, als von der Kalkulation der Rentabilität von Kapitalanlagen an verschiedenen und miteinander konkurrierenden Standorten beeinflusst. Zweitens sind fossile Energieträger zeitunabhängig, da sie leicht zu speichern sind und 24 Stunden am Tag, und dies über das ganze Jahr unabhängig von den Jahreszeiten, genutzt werden können. Anders als die biotischen Energien, die nur dezentral in zumeist kleinen Einheiten in nützliche Arbeit umgesetzt werden können und in aller Regel nur dann, wenn die Sonne scheint, erlauben die fossilen Energien Konzentration und Zentralisierung ökonomischer Prozesse, wenn es das Rentabilitätskalkül sinnvoll erscheinen lässt. Die fossilen Energieträger können jedes Größenwachstum mitmachen, also mit der Akkumulation des Kapitals mitwachsen. Drittens besitzen fossile Sekundärenergien, vor allem die Elektrizität und der Verbrennungsmotor, alle Vorzüge der Mobilität, der Dezentralisierung, des flexiblen Einsatzes in allen Lebenslagen und Arbeitsbereichen. Das reicht vom Kinderspielzeug, den Geräten in einer modernen Küche und Hobbywerkzeugen bis zum PC oder Baukran und Geländewagen. Die Potenziale der Arbeit werden enorm gesteigert. Auch die Lebensformen in den Haushalten ändern sich radikal. Das elektrische Licht kann die Nacht zum Tag machen und daher soziale Rhythmen von den Naturgegebenheiten und Biorhythmen loslösen. Auch die Wucht politischer Herrschaft kann gesteigert werden, nicht zuletzt weil sich auch das Militär der Potenzen der fossilen (und auch der nuklearen) Energieträger zur Steigerung der Destruktionskraft bedient.

Mit Hilfe von industrieller Technik, des Einsatzes fossiler Energien in der sozialen Organisation des Kapitalismus wird die Steigerung des „Wohlstands der Nationen“ in einem Ausmaß möglich wie niemals zuvor in der Menschheitsgeschichte. Nach Adam Smith ist dies eine Folge der Arbeitszerlegung in der Fabrik und der Arbeitsteilung in der Gesellschaft, gelenkt durch die „unsichtbare Hand“ des Marktes, heute erzwungen durch den globalen Wettbewerb. Denn der Kapitalismus ist von Anbeginn an ein – anfangs vor allem europäisch dominiertes – Weltsystem mit einer Dynamik, die heute als Globalisierung bezeichnet wird.

Wachstum wird zu einem Element der Alltagswelt und des Alltagsverständnisses sowie zu einer Selbstverständlichkeit, die überhaupt nicht selbstverständlich ist. Dies lässt sich am Beispiel der globalen Krise der Automobilindustrie darstellen: Die Entwicklung des Kapitalismus des 20. Jahrhunderts wäre gar nicht denkbar ohne das Automobil. Das Auto ist das entscheidende Symbol für Modernität, Wohlstand, Mobilität und Dynamik, es hat einen zentralen Stellenwert bei der Ankurbelung von Wachstum und bei der Sicherung von Wettbewerbsfähigkeit von „Standorten“. Die Automobil- und mit ihr verbundene Industrien hatten über Jahrzehnte überdurchschnittliche Zuwachsraten. Die Entwicklung einer eigenständigen Automobilindustrie gilt als Schlüssel der Industrialisierung schlechthin. Die Städte, die Kommunikations- und Transportstrukturen sind auf das Automobil zugeschnitten, also auf Beschleunigung und Expansion. Das Automobil ist das paradigmatische Produkt des fossilen Zeitalters.

Ohne Öl kein Auto, und ohne Auto nicht die Art von Mobilität, die das 20. Jahrhundert und wenige Jahrzehnte des 21. Jahrhunderts prägt – so lange die Versorgung mit Öl reicht. Der Fossilismus hat sich mit dem Automobil und allen seinen Begleiterscheinungen in den Lebenswelten eingenistet, zu einer Kultur verdichtet. In jeder Plastiktüte ist er präsent, und jeder Last-Minute-Flug ist ein (fossiles) Erlebnis – für die Generationen der Öl-Bonanza jedenfalls, für spätere Generationen nicht mehr. So kommt es, dass die Wachstumsdynamik nicht nur aus den Investitionen stammt, sondern auch aus dem Konsum. Wachstum wird zum Fetisch, dessen Lebenssaft aus fossilen Energieträgern, vor allem aus Öl, besteht. Damit geht eine paradoxe Verkehrung einher. In der Frühzeit der kapitalistischen Industrialisierung gegen Ende des 18. Jahrhunderts hatte die Nutzung fossiler Energieträger für den Antrieb des Systems industrieller Werkzeuge auch eine Steigerung des Wachstums zur Folge. Ein gesellschaftlicher Imperativ des Wachstums jedoch existierte in jener Epoche nicht, denn die Gesellschaften waren nicht vollständig durchkapitalisiert. Es gab nicht-kapitalistische Räume, in denen das Gesetz von Profit, Akkumulation und Zins keine volle Gültigkeit hatte. Heute ist Wachstum in die gesellschaftlichen Verhältnisse, in Produktion und Konsumwelt gleichermaßen, eingeschrieben. Die Finanzmärkte spielen dabei eine immer wichtigere Rolle. In der globalen Konkurrenz der Finanzplätze nämlich werden Renditen von Finanzanlagen verlangt, die 20 Prozent und mehr betragen. So hohe Zuwächse hat es über längere Zeiträume auch in den Zeiten der Wirtschaftswunder nirgendwo gege-

ben. Wenn das Wachstum zur Bedienung von Finanzanlagen unzureichend ist, muss es gesteigert werden, oder/und es findet ein brutaler Prozess der Umverteilung zu Gunsten der Finanzanleger auf globalen Märkten statt.
[...]
Das Öl jedoch geht zur Neige. Niemand kann genau sagen, ab wann es nicht mehr zur Verfügung stehen wird. Doch spricht vieles dafür, dass der Höhepunkt der weltweiten Ölförderung von bisher 944 Mrd. Barrel im Verlauf dieses Jahrzehnts überschritten wird. Dann gibt es zwar immer noch Öl, nämlich zwischen geschätzten 748 Mrd. (ASPO) und 1 149 Mrd. Barrel (BP); die statistische Reichweite (Reserven dividiert durch den gegenwärtigen Jahresverbrauch) beträgt etwa 40 Jahre. Die jährlich neu gefundenen Lager sind wesentlich kleiner als die Jahresförderung, so dass die Bestände abnehmen und die Angebotskurve des Öls sich nach unten neigt – und dies bei steigender Nachfrage. Denn alle neu industrialisierenden Länder, beispielsweise Indien und China, sind auf den Treibstoff von Wachstum, Produktivitätssteigerung und Mobilität angewiesen, und die hoch entwickelten Länder sind nicht in der Lage und kaum bereit, ihre Nachfrage nach Öl zu drosseln. Die Kongruenz von Kapitalismus und Fossilismus erweist sich nun als eine Falle. Das reale Wachstum kann gar nicht so hoch sein, dass alle monetären Ansprüche (Renditen und Profite) aus dem real produzierten Surplus und ohne illegitime und kriminelle Aneignung befriedigt werden können. Denn fossile Energien haben immerhin ein natürliches Maß, nämlich ihre Verfügbarkeit und die Tragfähigkeit der natürlichen Sphären für die Verbrennungsprodukte, vor allem das CO_2; das gesellschaftliche System des Kapitalismus dagegen ist autoreferenziell und daher maßlos. [...]
Der Mittlere und Nahe Osten ist in Zukunft entscheidend für die Versorgung mit der immer knapper werdenden Ressource Öl, und daher wird diese Region noch mehr zum Konfliktgebiet als schon in der jüngeren Vergangenheit. Die Konflikte um Ölressourcen werden daher nicht nur auf dem Markt, sondern auch auf politischem Terrain ausgetragen: als Kampf um Territorien der Ölförderung und der Logistik (Pipelines oder Tankerrouten), als Auseinandersetzung um die Preisbildung und die Währung, in der die Ölrechnungen ausgestellt werden. Ein neues „Great Game" um den Zugang zu den Ölressourcen und um deren Verteilung wie am Ausgang des 19. Jahrhunderts ist eröffnet, dieses Mal nicht nur im Kaukasus und im Nahen und Mittleren Osten, sondern in der ganzen Welt. Pipelineistan ist überall, ist global. [...]
Die Konfliktträchtigkeit [...] zeigt sich auch beim Umgang mit den Emissionen, vor allem mit den Treibhausgasen. Wegen der Schädlichkeit der Treibhausgas-Emissionen ist ja das Kyoto-Protokoll erarbeitet worden, das nach der Unterzeichnung durch Russland im Februar 2005 in bindendes internationales Recht verwandelt worden ist. Die USA haben diese multilaterale Übereinkunft nicht unterzeichnet. Doch lässt sich davon die Klimaentwicklung nicht beeindrucken. Der Treibhauseffekt bedroht die Umwelt und Nahrungssicherheit, die Sicherheit der Behausung und die Gesundheit der Menschen in aller Welt. Darüber hinaus hat er heute bereits kalkulierbare ökonomische Kosten. Denn die Zahl der ungewöhnlichen Wetterbedingungen und der Unwetter, die hohe Schäden verursachen, nimmt in aller Welt zu; seit den 60er Jahren hat sie sich verdreifacht. In der Mitte des 21. Jahrhunderts werden jährlich Kosten in der Größenordnung von 2 000 Mrd. US-Dollar erwartet. Die jahresdurchschnittlichen Kosten haben sich von 54 Mrd. in den 60er Jahren auf 432,2 Mrd. US-Dollar in den 90er Jahren verachtfacht. Allein im Jahre 2005 betragen die Schäden durch außergewöhnliche Wetterbedingungen fast 250 Mrd. US-Dollar [...]. Auf die dramatischen Folgen des möglichen Klimakollapses richtet sich inzwischen auch das Pentagon mit unilateralen Präventionsmaßnahmen ein. [...] Insbesondere die zu erwartenden Migrationsströme sollen mit militärischen Mitteln abgefangen werden. Wenn infolge des Temperaturanstiegs beispielsweise die Eiskappe Grönlands teilweise schmilzt, verringern sich Dichte und Salzgehalt der Gewässer des Nordatlantik. Dies kann dazu führen, dass der Golfstrom abreißt und das gemäßigte Klima in den Anrainerstaaten des Nordatlantik abrupt verändert wird, weil weniger warmes Wasser nach Norden, also in unsere Breiten transportiert wird. Paradoxerweise kann also die globale Erwärmung zu einer regionalen Abkühlung, zum Beispiel in Europa, führen. Die Auswirkungen auf die Versorgung mit Nahrungsmitteln oder auf den Wasser- und Energieverbrauch können katastrophische Ausmaße haben, gewaltsame Konflikte werden befürchtet.
[...]

Grenzen des Kapitalismus zeigen sich also überall. [...] Doch gibt es auch die überzeugenden Alternativen, die im Innern der Gesellschaft heranreifen? Es gibt sie. Soziale Bewegungen, die auf Alternativen zur kapitalistischen Marktgesellschaft zielen, emanzipieren sich aus den Handlungslogiken, die vom Markt vorgegeben werden. [...] Tatsächlich erhellt bereits der Blick zurück in die Geschichte des Wirtschaftens, wie unterschiedlich in verschiedenen Kulturen und Geschichtsepochen Ökonomie und Gesellschaft koordiniert wurden, wie facettenreich die Denk- und Handlungsmuster sind, die sich in den immer wiederkehrenden, zur Routine gewordenen Handlungen herausbilden. Erst im modernen Kapitalismus mit seinen globalen Institutionen und in Folge der globalen Vereinheitlichung, betrieben gerade auch von den internationalen Institutionen wie WTO und IWF, wird die Diversität von Handlungslogiken auf ein dominantes Muster, nämlich das der Äquivalenz, reduziert, theoretisch begründet innerhalb der pensée unique des Neoliberalismus und praktisch durchgesetzt innerhalb des Systems der Marktbeziehungen. Doch gibt es auch das Prinzip der Solidarität und Fairness. Es ist den Prinzipien von Äquivalenz und Reziprozität entgegengerichtet, denn es geht vom gesellschaftlichen Kollektiv und nicht von Individuen und ihren marktvermittelten Beziehungen aus und kann nur in organisierter Form zur Geltung kommen. Wir-AG statt Ich-AG, könnte man zuspitzen. Es verlangt keine hierarchische Regulation von Ökonomie und Gesellschaft von oben, im Gegenteil. Solidarität entsteht nur mit breiter Beteiligung von unten. Gemeinsame Anstrengungen zur Lösung eines gemeinsamen Problems sind gefragt. Jeder leistet seinen solidarischen Beitrag nach seinen Möglichkeiten, das heißt unter Bedingungen der Fairness. Solidarität setzt daher ein Bewusstsein von Gemeinsamkeit und innerer Verbundenheit in einer Gesellschaft voraus, die in einer Kultur, Ethnizität, Lokalität, Klasse oder einer die Klassen übergreifenden Lebenserfahrung begründet sein kann, um ein großes Problem, beispielsweise Arbeitslosigkeit, Armut oder Rechtlosigkeit, gegenüber transnationalen Unternehmen gemeinsam zu bewältigen. Der „Entbettung des Marktes aus der Gesellschaft", die eine Bedingung der ökonomischen Äquivalenzbeziehungen (alles wird in Geld ausgedrückt) ist, wird in solidarischen und fairen Verhältnissen entgegengewirkt. Moralisch ist, so Emile Durkheim, all das, was eine Quelle von Solidarität gegen die „Triebe des Egoismus" und die Entfremdungstendenzen werden kann. Daher verwendet E. P. Thompson den Begriff der „moralischen Ökonomie". Diese hat ihre eigenen Kriterien für das, was als legitim und sozial gerecht beurteilt wird, die sich nicht auf das Äquivalenzprinzip zurückführen lassen. Die Solidarität geht also von der Gemeinschaft aus, und diese ruht auf einem gemeinsamen Wertesystem und Erfahrungshintergrund, also auch auf einem gemeinsamen, kollektiven Gedächtnis. [...] Die moralische Ökonomie ist eine praktische Antwort auf die „Entbettung" des Marktes aus der Gesellschaft, also gegen die ökonomischen Sachzwänge. Daraus entwickeln sich die Konflikte mit den Mächten des Marktes, des Weltmarktes zumal. Diese Konflikte haben immer eine politische Dimension. Denn in den meisten Fällen sind Basisbewegungen gezwungen, sich gegen Regierungen zu richten und in ihren Kämpfen Gegenmacht aufzubauen, indem Territorien, Land und Fabriken, Kohlenminen und Erdölfelder besetzt und verwaltet und gleichzeitig Bündnisse mit zivilgesellschaftlichen Organisationen und manchmal auch mit Teilen des Staatsapparats geschmiedet werden. Die Ansätze einer alternativen solidarischen Ökonomie entwickeln sich gegen die dominanten neoliberalen Tendenzen der Unterwerfung der Gesellschaften unter die Gesetze des globalen Marktes. Die generelle Richtung ist eindeutig zu bezeichnen, und sie ist gut begründet: Die fossilen Energien müssen sehr schnell durch erneuerbare Energien ersetzt werden, denn das Zeitfenster ist aufgrund des Umstands, dass der Scheitelpunkt der Ölförderung sehr bald erreicht sein wird, nicht mehr lange offen. Die erneuerbaren sind langsamer als die fossilen Energien, und sie sind nicht unabhängig vom Ort: die Windenergie, die Photovoltaik, die Wasserstoffwirtschaft, die Wasserkraft, die thermische Energie, die Gezeiten, die Biomasse. Keine dieser Energien kann die Bedingung der Kongruenz von Energiesystem und Kapitalismus erfüllen, die in den vergangenen zwei bis drei Jahrhunderten die menschheitsgeschichtlich einmalige Wachstumsdynamik ermöglicht hat. Zu Beginn des fossilen Zeitalters fand der Kapitalismus das ihm entsprechende Energiesystem sozusagen in nuce vor. Es musste nur in einer von Nicholas Georgescu-Roegen so genannten „prometheischen Revolution" freigesetzt und dann entwickelt werden. Dies ist in den letzten beiden Jahrhunderten seit der industriellen Revolution in bravouröser Weise geschehen. Die globale Autogesellschaft ist der Höhepunkt und gleichzeitig das Memento, dass es auf diesem Wege trotz der immer stärker werdenden Wagen nicht weiter geht. Am Ende des fossilistischen Kapitalismus kann nur ein erneuerbares Energieregime weiterhelfen. Dem aber muss die soziale Formation des Kapitalismus angepasst werden. Das ist eine tiefere und umfassendere Revolution als es die französische oder russische waren. Sie ist auch schwieriger als die industrielle Revolution. Aber die ebenfalls existierenden Ansätze der solidarischen Ökonomie können die Verbindung zur Bewegung für die erneuerbaren Energieträger herstellen. Der Kapitalismus verschwindet nicht von einem Tag auf den anderen wie der real existierende Sozialismus im Verlauf einer „samtenen Revolution", aber er wird ein anderer Kapitalismus werden als der, den wir kennen.

Aus: Elmar Altvater, Das Ende des Kapitalismus, Vortrag vor dem Berliner Bildungsverein Urania (Januar 2006), in: Blätter für deutsche und internationale Politik 2/2006, S. 171–182.

ZUR TEXTERSCHLIESSUNG

1. Erläutern Sie Altvaters These vom „Ende des Kapitalismus, wie wir ihn kennen", indem Sie gemäß seinem Verständnis
   a) die Kongruenz von Kapitalismus und „Fossilismus" aufweisen,
   b) die Bedeutung des Wachstums als „Fetisch" kapitalistischer Ökonomien und Gesellschaften bestimmen,
   c) die „Falle", in dem sich der Kapitalismus befindet, und die daraus resultierenden Auswirkungen und Probleme kennzeichnen, die eine Umstrukturierung, „eine tiefere und umfassendere Revolution als die französische oder russische", (über-) lebensnotwendig machen.
2. Skizzieren Sie Altvaters Entwicklungsperspektive „jenseits des Kapitalismus". Klären Sie dabei sein Verständnis einer „moralischen Ökonomie".

9.5 Immanuel Wallerstein: Politik im kapitalistischen Weltsystem

Wie kommt es dazu, dass der Weltmarkt in die hintersten Winkel der Erde dringt, die von seinen Verfechtern verheißenen Segnungen in weiten Regionen jedoch dauerhaft ausbleiben? Das ist die Ausgangsfrage der Weltsystemtheorie, die vor allem von Immanuel Wallerstein (*1930, New York) mitbegründet wurde. Wallerstein studierte in New York, wurde 1971 Professor in Montreal (Kanada) und 1999 in New York, wo er bis 2005 Leiter des Fernand Braudel Center for the Study of Economies, Historical Systems and Civilisation war.

Wallersteins Hauptwerk, „Das moderne Weltsystem", erschien in drei Bänden 1974 bis 1989. Darin untersucht er die Herausbildung des Kapitalismus im Europa des 16. Jahrhunderts. Mit diesem Prozess, der im 19. Jahrhundert zum Abschluss kam, sei, so Wallerstein, eine „Totalität" in der Welt erreicht worden, deren Gesetzmäßigkeiten auch jene Weltregionen bestimmen, in denen es dauerhaft nicht zu einer erfolgreichen kapitalistischen Verwertung (vgl. Marx, S. 210 ff.) kommt – und schon gar nicht zur Herausbildung einer bürgerlichen Gesellschaft. Mit dem Kapitalismus habe erstmals ein gesellschaftliches System globale Ausdehnung. Selbst nichtkapitalistische Ökonomien seien in das Weltsystem einbezogen, wenn sie über Austauschbeziehungen mit dem Weltmarkt verbunden seien, was prägende Auswirkungen auf ihre innergesellschaftliche Entwicklung (oder eben Nichtentwicklung) habe. Strukturen in der Peripherie seien nicht als rückständig in dem Sinne zu begreifen, dass diese Regionen die in den Zentren bereits erreichte Entwicklung nachholen würden – weswegen Wallerstein den Begriff der *Entwicklungs*länder ablehnt. Vielmehr müsse danach gefragt werden, welche Funktion diese scheinbar vorbürgerlichen Strukturen (Clanwesen, quasi-feudale Herrschaftsverhältnisse) für das Funktionieren des Gesamtsystems hätten.

Im folgenden Textausschnitt untersucht Wallerstein den aktuellen Zustand des kapitalistischen Weltsystems. Dessen innere Widersprüche führten notwendig zu Bruchlinien, zu Interessenkonflikten, die Wallerstein an den entgegengesetzten Positionen des Weltwirtschaftsforums in Davos und des Weltsozialforums in Porto Allegre verdeutlicht.

LITERATURHINWEISE

Immanuel Wallerstein, The capitalist world-economy: essays, Cambridge 1995.

M 5 Wohin steuert die Welt? Geopolitische Brüche im 21. Jahrhundert

■ Im ersten Jahrzehnt des 21. Jahrhunderts und wohl auch in den folgenden verlaufen die Konflikte in der Welt entlang von drei Bruchlinien. Auch wenn diese *cleavages* aufeinander einwirken, haben sie doch unterschiedliche Dynamiken [...]:

1. der Wettbewerb innerhalb der so genannten Triade, d.h. zwischen den USA, der Europäischen Union und Japan, der favorisierte Raum für die Akkumulation von Kapital zu sein;
2. der Kampf zwischen Nord und Süd, d.h. zwischen dem Zentrum und den Peripherien der Weltwirtschaft, der durch die fortschreitende ökonomische, soziale und demographische Polarisierung der Welt verstärkt wird; und schließlich
3. der Kampf zwischen dem „Geist von Davos" und dem „Geist von Porto Alegre", d.h. die Auseinandersetzung darüber, welche Art von System in der Welt geschaffen werden soll. Die ersten beiden Konfliktlinien sind geographisch lokalisierbar und verlaufen – wenn auch nicht immer ausschließlich – zwischen Staaten. Der dritte Konflikt ist kein zwischenstaatlicher. Es ist die Auseinandersetzung zwischen zwei Bewegungen, von denen jede über die Welt verteilt ist. [...]

Der Bruch innerhalb der Triade

Die „Triade" wurde zuerst in den 70er Jahren des 20. Jahrhunderts zu einem Begriff. Institutionell formte sie sich das erste Mal in der „Trilateralen Kommission". Ihre Existenz verdankt diese Kommission zwei wirtschaftlichen Entwicklungstendenzen: Zum einen schlossen Westeuropa und Japan in den 60er Jahren hinsichtlich ihrer wirtschaftlichen Leistungsfähigkeit zu den USA auf. Zum anderen zeigten die steigenden Ölpreise in Reaktion auf die OPEC-Entscheidungen die Schwierigkeiten in der Weltwirtschaft der 70er Jahre [...]. Dies hatte zunächst zur Folge, dass die USA nicht mehr so unbekümmert mit Westeuropa und Japan umgehen konnten. Eine weitere Folge war der weltweite Einbruch der Gewinnraten, der fortan einen härteren Wettbewerb unter den Mitgliedern der Triade mit sich brachte. Jeder für sich versuchte nun, den eigenen Verlust auf Kosten der anderen zu minimieren. Die Trilaterale Kommission war der politische Versuch, die entstehenden Spannungen zwischen den drei Partnern zu reduzieren. Dabei war sie nur teilweise erfolgreich. [...]

Tatsache ist, dass die drei Zentren sich in ihren grundsätzlichen Stärken in etwa gleichen. Alle haben sie die technische Kompetenz und den finanziellen Unterbau, um sich in denjenigen Produktivbereichen zu engagieren, die zur entsprechenden Zeit die höchsten Gewinne abzuwerfen versprechen. Sie haben darüber hinaus weltumspannende Handelsnetzwerke und können auf dem Weltmarkt jederzeit als Käufer oder Verkäufer auftreten. Sie versuchen alle, ihre Vorteile zu sichern, indem sie entsprechend Forschung und Entwicklung fördern, und sie haben die entsprechende *scientific community* als Voraussetzung dafür. [...] Welches der drei Zentren wird im Wettbewerb um die Akkumulation von Kapital in den nächsten 30 Jahren die Oberhand behalten? [...] Welches [...] sind dann die Unterschiede, auf die es im Wettbewerb innerhalb der Triade ankommt? In meinen Augen gibt es zwei: zum Einen die Prioritäten der Staaten in Bezug auf Forschung und Entwicklung, zum Anderen die Tatsache, dass in den USA ein beträchtlicher Anteil des Reichtums der Oberschicht zufließt und von dieser konsumiert werden kann. In diesen zwei Bereichen gibt es tatsächlich bemerkenswerte Unterschiede zwischen den USA sowie der Europäischen Union und Japan.

Die USA sehen sich selbst als die alleinige Supermacht im 21. Jahrhundert. Dieses Selbstbild basiert in erster Linie auf ihrer überwältigenden militärischen Stärke. [...] Aus der Perspektive langfristiger ökonomischer Entwicklungen jedoch sind Rüstungsinvestitionen eine Sackgasse. Sicherlich gibt es immer die Möglichkeit von *spill-over*-Effekten, d.h. die Möglichkeit, Innovationen aus einem Bereich auch in anderen nutzen zu können. Wie bedeutend diese Nebeneffekte aber auch sein mögen, sie sind geringer, als wenn das gleiche Geld in langfristige produktive Unternehmen investiert würde. [...] Die Tatsache, dass nicht-militärischen Innovationen in Westeuropa und Japan eine weit höhere Priorität eingeräumt wird, wird sich dabei in den kommenden 20–30 Jahren auszahlen.

Zu diesem Vorteil Westeuropas und Japans kommt noch die Frage der Produktionskosten. Gewöhnlich werden bei vergleichenden Betrachtungen der Arbeitskosten die Löhne und die indirekten sozialen Kosten einfacher Arbeiter gegenüber gestellt. [...] Aber es gibt noch eine weitere Gruppe, die für ihre Dienste bezahlt wird: die Oberschicht, d.h. die leitenden Angestellten der Unternehmen, aber auch die Beschäftigten im *non-profit*-Sektor und die Freiberufler. Wie auch immer man die Geldsummen nennen will, die diese Personen erhalten – aus der Perspektive desjenigen, der in ein Unternehmen investiert, stellen sie Löhne dar, die aus Verkaufserlösen aufgebracht werden und somit den Gewinn schmälern. Hier sind die Unterschiede gewaltig und zum Großteil erklärbar durch die kulturellen Unterschiede zwischen einer ehemaligen Hegemonialmacht und Bewerbern um künftige hegemoniale Macht. In den USA ist das Realeinkommen der Spitzenmanager, der Beschäftigten im *non-profit*-Sektor und der Freiberufler um ein Vielfaches höher als in Westeuropa oder Japan. [...] (Die) langfristige Folge muss zwangsläufig ein Verfall der Profitraten US-amerikanischer Unternehmen gegenüber denen ihrer Konkurrenten sein. [...]

Wir sollten bedenken: Die Weltwirtschaft von heute ist nicht vollständig integriert. Vielmehr ist sie in drei bedeutende Zonen aufgeteilt. Diese Dreiteilung wird sich in den kommenden Jahrzehnten stärker ausprägen. Wir haben es also mit einem geopolitisch dreiteilenden Bruch zu tun; innerhalb dessen werden die USA in den nächsten 20 bis 30 Jahren am schlechtesten wegkommen. Ihr militärischer Einfluss wird ihnen immer weniger nützlich sein, die grundlegenden ökonomischen Entwicklungen umzukehren. In einer solchen Situation wird sich der tatsächliche Wettbewerb eher zwischen Westeuropa und Japan abspielen und beide werden versuchen, jeweils die USA an ihrer Seite zu haben. Ich glaube, dass dabei die amerikanisch-japanische Allianz wahrscheinlicher ist als die amerikanisch-europäische. In beiden Fällen aber werden die USA keine führende Rolle spielen [...].

Der Bruch zwischen Nord und Süd

Wie sich der Konflikt *innerhalb* der Triade entwickeln wird, wird stark davon abhängen, welche Formen die anderen beiden geopolitischen Konfliktlinien annehmen. Im Nord-Süd-Konflikt sind es die drei Mitglieder der Triade, die zusammen den Norden bilden. Sie haben daher gemeinsame Interessen in diesem Konflikt, verfolgen aber recht unterschiedliche Strategien und haben „spezielle Beziehungen" zu unterschiedlichen Teilen des Südens. In Nord-Süd-Konflikten sind die USA derzeit kraft ihrer militärischen Stärke und ihres Einflusses im IWF und der Weltbank der Protagonist des Nordens. Genauso wenig wie den Norden kann man den Süden als einen einheitlichen Block bezeichnen. Der Süden ist politisch in zweierlei Hinsicht geteilt: Zum einen politisch in Klientelregime des Nordens und andere. Die andere Teilungslinie trennt verhältnismäßig starke semiperiphere Zonen (darunter Staaten mit tatsächlicher oder potenzieller geopolitischer Macht, wie z. B. Russland, China, Indien, Brasilien, Indonesien und Korea) und jenen Staaten, die als die „Vierte Welt" bezeichnet werden: die schwächsten, ärmsten, kleinsten Staaten. Dennoch existiert ein realer Bruch zwischen Nord und Süd, der zur grundlegenden Struktur der kapitalistischen Weltwirtschaft gehört. Wirtschaftlich gibt es eine fortschreitende Polarisierung, die – mag sie sich auch gelegentlich verlangsamen – im Ganzen immer größer wird. Der Norden erhält diese Struktur durch die Monopolisierung hochentwickelter Produktionsprozesse, die Kontrolle der Weltfinanzinstitutionen, die Dominanz von Wissenschaft und Medien und vor allem durch seine militärische Stärke. Aufgrund des relativen Machtgleichgewichts sind die Konflikte innerhalb der Triade unterdrückt; für Konflikte entlang der Nord-Süd-Linie gilt das nicht. [...]

Wie geht der Süden mit dieser Situation um? In der Zeit von 1945 bis 1979 versuchte er vor allem, die eigene Entwicklung voranzutreiben. Die Theorie, die die Bewegungen und Regime im Süden leitete, war die der „nationalen Entwicklung". Diesem *Developmentalism* ging es um ein politisches Regime, das der nationalen Entwicklung verpflichtet ist, und um die Durchführung der richtigen politischen Programme. Von dieser Entwicklungsgläubigkeit gab es zwei Versionen – eine liberale und eine sozialistische. Beide gingen davon aus, dass eine „modernisierende" Regierung (die Sowjetunion sprach damals von einer „sozialistischen" Regierung) die notwendigen sozialen Rahmenbedingungen schaffen könne, um der ökonomischen Entwicklung den Weg zu bereiten. Beide Versionen hielten eine Umkehrung der Polarisierung im Weltsystem für möglich und beide scheiterten global. [...]

In der Zeit nach 1970 machte die Entwicklungsgläubigkeit einer weit verbreiteten Desillusionierung Platz, sowohl in den Zentren, die anfingen, statt dessen den Neoliberalismus zu predigen, als auch im Süden selbst. Dort fing man an, nach anderen Wegen zu suchen, die zunehmende Polarisierung zu reduzieren. In dieser Phase entwickelte man drei Strategien:

1. die Hervorhebung grundsätzlicher Verschiedenheit gegenüber dem „Westen" [...],
2. die direkte Konfrontation mit dem Norden [...] und
3. Bevölkerungstransfer.

Die Betonung einer radikalen Verschiedenheit *(radical alterity)* bedeutete die Ablehnung der grundlegenden westlichen Werte im modernen Weltsystem, also im Grunde der Aufklärung mit ihrer Theorie des unaufhaltsamen Fortschritts auf der Grundlage sich ausbreitender Säkularisierung und Bildung. Das Auftreten von Modernisierungsbewegungen, die bewusst und auf radikale Art und Weise die Verschiedenheit ihrer Gesellschaft und ihrer Kultur von der des „Westens" hervorkehrten *(movements of radical alterity)*, war das Neue in der Zeit nach 1970. Gelegentlich werden diese als fundamentalistische oder als integralistische Bewegungen bezeichnet, besonders dann, wenn sie den Anspruch erhoben, religiösen Glauben wieder zu beleben. [...] Sie traten dort in Erscheinung, wo die Staaten nicht in der Lage waren, den Bedürftigen die nötigste Hilfe zu gewähren. Sie boten den Menschen in Not materielle und spirituelle Hilfe [...]. Mehr als die nationalen Befreiungsbewegungen profitierten diese neuen Bewegungen vom technologischen Fortschritt der modernen Welt, indem sie moderne Kommunikation, Technologie und Kriegführung zu nutzen wussten.

Die spektakulärste dieser Bewegungen wurde von Ayatollah Khomeini im Iran angeführt. Sie verjagte einen wichtigen Verbündeten des Nordens aus einem reichen und großen Staat. Sie denunzierte die USA als den „Großen Satan" und stellte die Sowjetunion als Satan Nr. 2 mit diesem in eine Reihe. Sie setzte sich über internationales Recht hinweg, indem sie die US-Botschaft besetzte, und sie überlebte. [...] Dass diese Bewegung im Iran nicht in der Lage war, sich weit über die Staatsgrenzen hinweg auszudehnen, ist in erster Linie darauf zurückzuführen, dass sie sich auf eine bestimmte religiöse Tradition stützte, die ihre Anhänger nur in wenigen anderen Ländern hat. Sie führte uns aber vor Augen, dass eine solche neue Bewegung tiefen Widerhall im Süden finden und große politische Stärke beweisen kann. Bewegungen wie *Aum Shinrikyo* oder *Al-Kaida* sind zwar nicht bewusst derjenigen Khomeinis nach empfunden. Sie benutzen aber einige gleiche Mittel sozialer Organisation und Rhetorik. [...] Sie widerspiegeln einen fortdauernden (und weitgehend unvorhersehbaren) Druck gegen die Stabilität im Weltsystem. Von dieser Stabilität ist der Norden abhängig, um seine privilegierte Stellung zu erhalten. Angesichts der strukturellen Krise des Weltsystems wird der Druck in den nächsten 25 bis 50 Jahren eher zunehmen. Bewegungen wie die oben beschriebenen sind Ausdruck des politischen Chaos. Sie werden nicht verschwinden, bevor der Übergang zwischen der existierenden Weltordnung und der darauf folgenden abgeschlossen ist. In der Zwischenzeit aber werden sie dem Norden weiterhin militärische Kopfschmerzen bereiten.

Die Strategie direkter Konfrontation unterscheidet sich deutlich von der Demonstration grundsätzlicher Verschiedenheit der neuen Modernisierungsbewegungen.

[...] Typisches Beispiel dafür sind Saddam Hussein und die irakische Okkupation Kuwaits. [...] Als der Irak am 2. August 1990 in Kuwait einfiel, gab es meiner Ansicht nach zwei Szenarien in Saddam Husseins Kopf. Entweder die Welt, d.h. der Norden und Saudi-Arabien, reagiert überhaupt nicht und er gewinnt das Spiel. Oder aber sie reagiert und lässt ihn mit einem Waffenstillstand zu den Bedingungen des *Status quo ante* davonkommen. Er glaubte nicht, dass er den Krieg *und* die Macht verlieren könnte und westliche Truppen den Irak besetzen würden. Es war das zweite Szenario, das dann eintrat – ein Waffenstillstand, der die Ausgangsbedingungen wieder herstellte. [...] Die US-geführten Truppen sind 1991 aus einer Reihe von Gründen nicht nach Bagdad marschiert.

1. Es wäre in militärischer Hinsicht kostspielig gewesen und hätte mit hoher Wahrscheinlichkeit zu großen Verlusten geführt. Dies wäre für die US-amerikanische Öffentlichkeit inakzeptabel gewesen und hätte das Vietnam-Syndrom wieder beleben können.

2. Es hätte sich als unmöglich herausstellen können, ein Regime zu installieren, das die Situation stabilisieren und das Land hätte zusammenhalten können. Weder die Türkei noch Saudi-Arabien wollten, dass der Irak auseinander fällt; aufgrund der Konsequenzen, die sie jeweils hätten tragen müssen, hätte es einen kurdischen Staat im Norden und einen schiitischen Staat im Süden gegeben.

3. Ein sich hinauszögernder Krieg hätte sich mit großer Wahrscheinlichkeit unmittelbar destabilisierend auf eine größere Zahl von Regimen im Nahen und Mittleren Osten ausgewirkt.

4. Ein Ersatz-Regime wäre eventuell nur unter der Bedingung überlebensfähig gewesen, dass eine US-geführte Besatzungsarmee über längere Zeit im Lande bleibt. Das hätte zu größeren innenpolitischen Problemen in den USA führen können. All diese Bedenken führen zu dem Fazit: Die USA waren einfach nicht stark genug, um den Marsch auf Bagdad zu wagen.

Nach den Einschätzungen der Falken in der zweiten Bush-Administration waren alle diese Bedenken nicht stichhaltig [...]. Aus diesem Grund sind die USA nun doch nach Bagdad marschiert. Zwar ist ein sich in die Länge ziehender Krieg mit destabilisierender Wirkung auf Regime im Mittleren Osten ausgeblieben und auch die Kosten scheinen bislang für die US-amerikanische Öffentlichkeit akzeptabel zu sein. Dennoch wird erst die weitere Entwicklung im besetzten Irak zeigen, ob die Analyse der ersten Bush-Administration bezüglich der Schwierigkeiten der Nachkriegsordnung nicht doch stichhaltig war. Sollte sich die Lage im Irak weiter destabilisieren und sich die Besatzungszeit unabsehbar in die Länge ziehen, kann der Irak-Feldzug in einer großen politischen Niederlage der USA enden. Dieser Fall könnte andere Staaten im Süden ermutigen, Saddam Hussein in seinem forschen, aber umsichtigen Bismarckschen Handeln nachzueifern. In jedem Fall aber können wir uns sicher sein, dass viele stärkere Staaten im Süden nach Nuklearwaffen streben werden. Zwar wissen sie, dass sie es nicht mit der nuklearen Kapazität der USA aufnehmen können. Ihnen reicht es aber, Waffen zu erwerben, die genug Schaden anrichten können, um als Abschreckung zu wirken. [...]

Die letzte Reaktion des Südens auf die Kluft zwischen Nord und Süd ist keine bewusste, vielleicht aber die aufschlussreichste unter den dreien. Die sozio-ökonomische Polarisierung der Welt wird von einer demographischen gespiegelt. Diese ist in den letzen 50 Jahren erst akut geworden. Der Norden ist mit der Tatsache konfrontiert, dass die Geburtenraten nicht mehr groß genug sind, um die Arbeitsnachfrage zu decken. Um die umfangreichen ökonomischen Transferprogramme aufrecht zu erhalten, ist ein entsprechend großer Anteil von Menschen im arbeitsfähigen Alter notwendig, d.h. der Norden braucht Immigranten, und zwar dringend! Zur gleichen Zeit ist der Süden voll von Menschen mit einer verhältnismäßig guten Qualifikation, die in ihren Heimatländern nicht in der Lage sind, angemessene Beschäftigung und Einkommen zu finden und daher willens, in den Norden auszuwandern. Obwohl der Norden diese Immigranten braucht, sind sie dennoch politisch unpopulär. [...] Dieser Druck aus gegensätzlichen Richtungen hat zur Folge, dass die Regierungen des Nordens widersprüchliche Zeichen in der Einwanderungspolitik setzen und so potenzielle Einwanderer zum Gebrauch illegaler Kanäle der Einwanderung eher ermutigen. Das Ergebnis ist eine mächtige und zum Großteil illegale Welle der Süd-Nord-Migration, die in den nächsten Jahrzehnten weiter anwachsen wird. [...] Das hat zur Folge, dass sich im Norden mit der Zeit eine Schicht von Menschen bildet, die nicht die vollen politischen, ökonomischen und sozialen Rechte genießen. [...] Dies wird eine bedeutende Quelle politischer Spannungen in den Ländern des Nordens werden und Auswirkung nicht nur auf die Stabilität der einzelnen Länder haben, sondern auch auf deren Möglichkeiten, ihre Interessen im Nord-Süd-Konflikt zu verfolgen.

Der Davos-Porto Alegre-Bruch

Das Weltwirtschaftsforum wurde 1971 gegründet und wird gemeinhin nach seinem alljährlichen Tagungsort als „Davos-Forum" bezeichnet. Es beschreibt sich selbst als eine unabhängige Organisation, die Partnerschaften unter Wirtschaftsführern, Politikern und Intellektuellen schaffen will. Ziel ist es, Schlüsselprobleme der globalen Agenda zu definieren, zu diskutieren und deren Lösung voran zu treiben. Das Weltsozialforum dagegen trifft sich erst seit 2001 jährlich und wird – ebenfalls nach seinem Tagungsort in Brasilien – gemeinhin „Porto Alegre-Forum“ genannt. Es will ein Treffpunkt für zivilgesellschaftliche Gruppen und Bewegungen sein, die sich gegen Neoliberalismus und eine vom Kapitalismus dominierte Welt stellen. Sie wollen sich für eine globale Gesellschaft engagieren, die den Menschen in den Mittelpunkt stellt. Davos rühmt sich, die 1 000 weltweit führenden Unternehmen unter seinen Mitgliedern zu haben, Porto Alegre damit, mehr als 1 000 der unterschiedlichsten sozialen Bewegungen zusammen zu bringen. Die Unterschiede in der sozialen Basis sind offenkundig. Der jeweilige „Geist von Davos“ und von „Porto Alegre“ sind direkte Gegenpositionen. Davos entstand als ein Treffen der Mächtigen der Welt mit dem Ziel, ihre Handlungen zu koordinieren und ein normatives Welt umspannendes Programm zu schaffen. Porto Alegre entstand, um „Davos“ – seine Philosophie, Programme und Zukunftsvision – herauszufordern. Das Motto von Porto Alegre lautet: „Eine andere Welt ist möglich.“ Eine Welt, anders als jene, wie man sie sich in Davos vorstellt. […] Davos […] ist darüber hinaus ein Ort, an dem die Konflikte der Triade bearbeitet werden. Es ist ein Ort, an dem der Norden seine Ziele verfolgt – unter Mitwirkung einiger politischer, wirtschaftlicher und intellektueller Führer des Südens. Porto Alegre auf der anderen Seite war und ist bestrebt, Bewegungen aller Seiten zusammenzubringen – transnationale, regionale, nationale, lokale, vor allem aber solche aus dem Norden mit denen aus dem Süden. Porto Alegre will das Weltsystem umbauen. […] Sowohl der „Geist von Davos“ als auch der von „Porto Alegre“ sind Transformationsbewegungen. […] Sie gehen beide davon aus, dass strukturelle Veränderungen unmittelbar bevorstehen und wünschenswert sind. Aber ihre Vorstellungen davon, wie diese aussehen sollen, sind grundsätzlich verschieden.

Für mich […] stellen sie beide Reaktionen auf die strukturelle Krise des Weltsystems dar, ein System in chaotischem Umbruch, in dem wirkliche politische und moralische Entscheidungen getroffen werden müssen, ein System, in dem diese Entscheidungen die weitere Entwicklung bedeutsam beeinflussen werden.

Wohin steuert die Welt?

Der Bruch zwischen dem Geist von Davos und dem von Porto Alegre lässt sich geographisch nicht lokalisieren. Er ist aber der grundlegendste unter den dreien. An seinen Rändern wird nicht um die Zukunft der nächsten 25 bis 50 Jahre gerungen, sondern der nächsten 500 Jahre. Er steht dabei unter dem starken Einfluss der anderen beiden Brüche und wird wesentlich von deren Entwicklungen in den nächsten Jahrzehnten mitbestimmt.

Gewiss, die Zukunft ist niemals vorhersagbar. Alles, was man tun kann ist, die Stellen hervorzuheben, an denen sich im kommenden Jahrzehnt akuter Wandel vollziehen wird:

1. Es ist wahrscheinlich, dass sich nach dem zweiten Irak-Krieg Nuklearwaffen verbreiten und sie als Mittel der Kriegsführung zunehmend banalisiert werden. Wir haben eine rapide Beschleunigung der Proliferation zu erwarten.

2. Die Fähigkeit des Dollars, seine Stellung als einzige Reservewährung zu halten, könnte bald schwinden. Sie basiert derzeit auf dem Vertrauen auf größere wirtschaftliche Stabilität in den USA als in anderen Staaten der Triade. Dies hat den USA bislang einen bedeutenden wirtschaftlichen Vorteil gesichert. In Anbetracht des enormen Schuldenberges der USA kann jeder Vertrauensverlust zu einem raschen Abzug ausländischen Kapitals führen und auf einen Schlag ein trimonetäres Reservesystem schaffen.

3. Während sich der Euro als stark erweist […], hat die Europäische Union zwei mit einander verzahnte Probleme. Sie muss eine funktionierende politische Struktur schaffen und sie wird bald eine ganze Reihe von Beitrittskandidaten aufnehmen. Beides ist nicht notwendig miteinander vereinbar. Schafft Europa es nicht, eine lebensfähige politische Struktur aufzubauen, wird es im Konflikt mit Japan und den USA geschwächt werden. Darüber hinaus sind Europas Interesse am Beitritt mittel- und osteuropäischer Staaten und an engeren Beziehungen mit Russland schwer miteinander vereinbar. Auch ein Scheitern des Versuches, sich mit Russland zu arrangieren, wird Europa innerhalb der Triade schwächen.

4. Sowohl Russland als auch China haben ein gigantisches Machtpotenzial und sind derzeit schwächer als sie eigentlich sein können – und auch wollen. Beide haben Probleme damit, die Einheit ihres Staatsgebietes zu erhalten, die Basis ihrer produktiven Unternehmen zu erweitern und ihre Streitkräfte zu stärken. Wenn sie Erfolg haben, wird sich die geopolitische Struktur der Welt schlagartig verändern. Scheitern sie aber, hätte das chaotische Konsequenzen, die den Globus erschüttern würden.

5. Der Drang nach koreanischer Vereinigung ist so stark wie es der deutsche war, und da neue Generationen an die Macht kommen, steht die koreanische Vereinigung in irgendeiner Form mit Sicherheit auf der Agenda. Ein wieder vereinigtes Korea wäre ein mächtiger Akteur in Ostasien. Ein ostasiatisches Dreieck China – Korea – Japan wäre mit einem Mal weitaus wahrscheinlicher und sei es nur, weil die Präsenz dieses vereinigten Korea die unvermeidbaren Spannungen zwischen China und Japan abfedern würde. Ein wieder vereinigtes Korea würde so die militärische Rolle der USA in Ostasien bedeutend schwächen.

6. Saudi-Arabien und Pakistan sind in mehreren Hinsichten Säulen der derzeitigen Struktur des Mittleren Ostens. Beide waren in der Vergangenheit in der Lage die Bedürfnisse einer modernen, pro-westlichen Elite und einer islamistischen Bevölkerung auszugleichen. Dies haben sie mit Hilfe ihrer mehrdeutigen Beziehungen zu den USA leisten können. [...] Der Kollaps eines dieser Regime, oder – a fortiori – gar beider, hätte Auswirkungen von Marokko bis Indonesien, von Usbekistan bis zum Sudan.

7. In Lateinamerika hat es in den letzten Jahren ein leichtes rebellisches Rumoren gegeben. Argentinien, Ekuador, Brasilien sind nur die offenkundigsten Beispiele. Die Zähmung Lateinamerikas, das große Projekt der 80er und 90er Jahre des vergangenen Jahrhunderts, könnte ebenfalls plötzlich zusammenbrechen – und das im Hinterhof der USA und zum unmittelbaren Vorteil Europas und Japans.

8. Viele dieser Veränderungen würden den Geist von Porto Alegre stärken. Diese Bewegung leidet aber zurzeit noch unter einer schwachen Struktur und dem Fehlen eines konkreten positiven Programms. Auch sie könnte auseinanderfallen. Bleibt sie aber stabil, könnte sie sich vielleicht 2010 in einer sehr starken Position wieder finden.

So weit kann man wohl in etwa bei dem Versuch gehen, die geopolitischen Brüche des 21. Jahrhunderts auszuloten. Wohin steuert die Welt? Die Antwort ist ungewiss. Aber es lässt sich mit relativer Gewissheit sagen, dass wir [...] in einer Ära der Veränderungen leben, der chaotischen Spaltungen und Verwerfungen, aber auch der Entscheidungen.

Aus: Immanuel Wallerstein, Wohin steuert die Welt? Geoplitische Brüche im 21. Jahrhundert, in: WeltTrends. Zeitschrift für internationale Politik und vergleichende Studien Nr. 40/Herbst 2003, S. 97–110.

ZUR TEXTERSCHLIESSUNG

1. Erklären Sie Wallersteins Verwendung des Begriffes der Triade und stellen Sie die Veränderungen innerhalb der Triade seit den 70er Jahren dar, die der Autor analysiert.
2. Skizzieren Sie den Nord-Süd-Gegensatz in Wallersteins Verständnis und stellen Sie Bezüge her zur Funktionsweise des kapitalistischen Weltsystems.
3. Erläutern Sie die „Bruchlinie" zwischen den Konzepten von „Davos" und von „Porto Allegre" und verdeutlichen Sie das Verhältnis dieses Bruches mit den beiden anderen Hauptkonfliktlinien.

9.6 Michael Zürn: Globalisierung und Denationalisierung

Michael Zürn ist Vertreter der sogenannten institutionalistischen Schule in der Theorie der internationalen Beziehungen. Der 1959 in Esslingen geborene Politikwissenschaftler studierte in Tübingen und Denver (Colorado). Seit 1993 war er Professor an der Universität Bremen, 1997 bis 2000 Direktor des Zentrums für Europäische Rechtspolitik, 2001 bis 2003 Direktor des Instituts für Politikwissenschaft in Bremen; seit 2004 ist er Dekan der „Hertie School of Governance" in Berlin.
Bis 1989 hatte der Ost-West-Gegensatz alle internationalen Institutionen wesentlich bestimmt, was deren eigenständige Analyse nicht auf die politische Tagesordnung zu stellen schien. Der Zusammenbruch des Realsozialismus hob diese Prägung auf, beschleunigte die Prozesse, die häufig unter dem Begriff „Globalisierung" summiert werden, und machte somit eine Neubestimmung internationaler Institutionen notwendig.
An dieser Stelle setzt Michael Zürn an. Seiner Ansicht nach hat nach 1990 ein Prozess der Denationalisierung eingesetzt: Immer mehr politische, wirtschaftliche und soziale Handlungszusammenhänge hätten grenzüberschreitenden Charakter; veränderte Handlungszusammenhänge aber führten grundsätzlich zu einer nachziehenden Veränderung der die Handlungen organisierenden Institutionen: So geht Zürn davon aus, dass die Institution „Nation" als Bezugspunkt von Identitätsbildung immer mehr an Bedeutung verliere. Stattdessen bildeten sich grenzüberschreitende Interessenkonstellationen heraus, auf deren Grundlage ein gemeinsames politisches Handeln jenseits des Nationalstaates möglich und nötig werde.

Wenn der Institutionalismus auch in erster Linie beschreiben und analysieren will, so wird doch deutlich, dass Zürn dem von ihm beschriebenen Prozess zustimmend gegenübersteht. Zwar sieht er die Gefahr neuer Konflikte, hält globale Konfliktlinien mit Staatengruppen als festen Akteuren aber für zunehmend überholt. Grundsätzlich versteht Zürn Denationalisierung als Basis für ein „Projekt komplexen Weltregierens". Vor allem dieses normative Element hat dem Institutionalismus die Kritik des Neorealismus eingebracht.

Literaturhinweise

Gerhard Göhler, Wie verändern sich Institutionen?, in: **Gerhard Göhler (Hrsg.),** Institutionenwandel. Leviathan Sonderhaft 16, Opladen 1997, S. 21–56.
André Kaiser, Die politische Theorie des Neo-Institutionalismus, in: **André Brodorcz/Gary S. Schal (Hrsg.),** Politische Theorien der Gegenwart, Opladen 2001, S. 253–282.

M 6 Regieren jenseits des Nationalstaates

■ Es existiert kaum eine grundlegende politische Institution der Moderne, von der nicht behauptet würde, dass Globalisierung sie herausfordere, transformiere oder untergrabe: Sie beschneide die Autonomie der Staaten und zwinge zu drastischen Veränderungen; sie unterhöhle die Demokratie und damit die Legitimität des politischen Systems; sie verändere die Natur der Souveränität und gestalte damit letztlich die Grundstrukturen des internationalen Systems um. […]
Obwohl sich grundlegende Veränderungen beobachten lassen, ist der Begriff der „Globalisierung" nicht angemessen: Viele soziale Handlungszusammenhänge überschreiten zwar nationale Grenzen, sind aber weder global, noch lässt sich überall eine Entwicklung hin zur Globalität beobachten. Vielmehr zeichnen sich neue Grenzen der sozialen Räume am Rande der OECD-Welt ab. Im Sachbereich Wirtschaft ist dies besonders deutlich. Grenzüberschreitender Handel findet primär zunächst innerhalb der drei großen Handelsblöcke – EU/EFTA, NAFTA und ASEAN – statt. Bei den Mitgliedern der EU beispielsweise liegt der Anteil des Außenhandels, der die Grenzen des gemeinsamen Marktes nicht überschreitet, bei gut 60 Prozent. Danach rangiert der Handel zwischen den großen Wirtschaftsblöcken. Für den Rest der Welt bleiben nur kleine Anteilshappen übrig. Die USA, Kanada, Japan sowie die Mitgliedsländer der EU und EFTA wickeln 70 Prozent des Welthandels ab, die zehn wichtigsten Schwellenländer – die Ränder der

OECD-Welt also – nochmals 14 Prozent. Insofern vollziehen sich 84 Prozent des Welthandel zwischen Ländern, in denen ca. 28 Prozent der Weltbevölkerung wohnen. [...] Die Kommunikationsströme weisen eine ähnliche OECD-Zentriertheit auf. Besonders instruktiv ist hier eine Weltkarte, in der die Anzahl der Internet-Anschlüsse eingetragen ist. Es zeigt sich: Auch innerhalb der OECD-Welt gibt es eindeutig Zentren, deren Grenzen jedoch nicht mit den nationalen Grenzen zusammenfallen. [...]

Es wäre also unpräzise, von Globalisierung zu sprechen. In den letzten zwei bis drei Jahrzehnten verdichteten sich die wirtschaftlichen Handlungszusammenhänge innerhalb der OECD-Welt, während sich die gesellschaftlichen Beziehungen zwischen der so genannten Vierten Welt (also den am wenigsten entwickelten Ländern) und der OECD-Welt relativ gesehen ausgedünnt haben. Angemessener erscheint mir daher der Begriff der „gesellschaftlichen Denationalisierung". Entscheidend ist dann, ob sich verdichtete soziale Handlungszusammenhänge bilden, die die nationalstaatlichen Grenzen überschreiten. [...] Der Begriff der Denationalisierung nimmt auf die klassische Nationalismusforschung von Karl W. Deutsch (1969) und Eric Hobsbawm (1992) Bezug. Nation ist danach eine durch verdichtete Handlungszusammenhänge getragene politische Gemeinschaft, die in einem gegenseitig konstitutiven Verhältnis zum Nationalstaat steht. Nation wird hier also nicht, wie neuerdings üblich, ethnisch-regionalistisch verstanden, wonach fast immer mehrere „Nationen" in einem Staatsverband leben. In meinem Sinne stellt z. B. die politische Gemeinschaft Frankreichs eine Nation dar, nicht aber die der Bretonen. [...]

Gesellschaftliche Denationalisierung führt nicht notwendigerweise zu einem politischen Raum und zu einem Regieren jenseits des Nationalstaates. Sie führt auch nicht zwingend zu einer anspruchsvoll verstandenen Weltgesellschaft. Erst wenn sich Interessen ausbilden, die sich auf denationalisierte Einheiten beziehen, wenn also großflächige postnationale und transnationale Identitäten die nationalen Identitäten ausbalancieren oder gar dominieren, kann von einer Weltgesellschaft als dem umfassendsten System menschlichen Zusammenlebens gesprochen werden. [...] Gesellschaftliche Denationalisierung (findet) je nach Sachbereich in unterschiedlichem Ausmaße statt. Dabei ist der Bereich der Wirtschaft weder notwendigerweise am stärksten denationalisiert noch schreitet er notwendigerweise den anderen Bereichen voraus. [...] Bei einer kompletten gesellschaftlichen Denationalisierung sind die nationalen Grenzen für Transaktionen bedeutungslos. Es ist allerdings zu beachten, dass sich dieser Zustand im Zuge eines Prozesses einstellt, in dem sich die Verflechtung zwischen unterschiedlichen nationalen Gesellschaften erhöht. [...]

In diesem Zusammenhang ist eine weitere Unterscheidung wichtig. Eine intensivierte Verflechtung kann sich nicht nur in Gestalt eines verstärkten Austauschs zwischen Partnern in verschiedenen Ländern ausdrücken, wie es z. B. beim internationalen Handel mit Fertiggütern der Fall ist. Der Austausch bildet zweifelsohne eine wichtige Form der grenzüberschreitenden Interaktion. Güter werden jedoch heute zum Teil nicht mehr national hergestellt und dann international gehandelt, sondern durchlaufen bereits bei der Produktion sogenannte transnationale Ketten und werden somit grenzüberschreitend gefertigt. Ganz gleich, in welchem Teil der Welt ein Auto montiert wird, es setzt sich (mit Ausnahme Japans) stets zu ungefähr 50 Prozent aus Teilen zusammen, die in anderen Ländern hergestellt worden sind. Die Unterscheidung zwischen grenzüberschreitendem Austausch und grenzüberschreitender Produktion lässt sich auch in anderen Bereichen anwenden: Das Ozonloch entspricht beispielsweise eher dem Typus der „gemeinsamen Produktion" eines Umweltschadens als dem eines grenzüberschreitenden Austauschs von Schadstoffen wie im Falle eines Flusses, in den der Oberlieger Schadstoffe kurz vor der Landesgrenze einleitet. Gesellschaftliche Denationalisierung kann dem gemäß sowohl als grenzüberschreitender Austausch als auch als grenzüberschreitende Produktion von goods und bads auftreten. [...]

Gemäß des Kongruenzprinzips hängt effektives Regieren davon ab, ob die Reichweite politischer Regelungen mit den Gebieten mit verdichteten Handlungszusammenhängen deckungsgleich ist. Demzufolge erfordern grenzüberschreitende soziale Handlungszusammenhänge eine entsprechende Anpassung der politischen Institutionen, um die Effektivität des Regierens zu bewahren. Der Fortbestand des effektiven Regierens steht und fällt daher mit der Ausweitung der politischen Räume parallel zur Ausweitung der sozialen Räume. Operational gesprochen definiert sich der Bedarf an internationalen Institutionen dann als eine Funktion der Denationalisierungsgeschwindigkeit. Fraglos handelt es sich hier um einen äußerst groben Maßstab. So benötigt nicht jede quantitative Intensivierung grenzüberschreitender Transaktionen auch eine neue Regelung. Ein weiteres Wachstum des Welthandels kann im Rahmen des vorhandenen internationalen Handelsregimes erfolgen, ohne neue Anpassungsleistungen zu erzwingen. Umgekehrt mögen sich schwer sichtbare qualitative Veränderungen in der gesellschaftlichen Denationalisierung ergeben, die eine Regelung für effektives Regieren jenseits des Nationalstaates unabdingbar machen. [...] Es kann [...] davon ausgegangen werden, dass eine Ausweitung der sozialen Handlungszusammenhänge ceteris paribus eine Ausweitung der Gültigkeitsreichweite politischer Regelungen notwendig macht. [...]

Globale Konfliktlinien entstanden aus dem Zusammenspiel von Konflikten über die korrekte innerstaatliche Ordnung mit Machtkonflikten zwischen Nationalstaaten. [...] Im Zuge der Denationalisierung verdichteter gesellschaftlicher Handlungszusammenhänge transformiert sich das internationale Staatensystem jedoch. Zum einen sorgt die gesellschaftliche Denationalisierung für eine Verlagerung der Leistungen, die der Territorialstaat zu erbringen vermag, und stellt damit dessen traditionelles Souveränitätsverständnis in Frage. Da der Nationalstaat selbst bei der Erfüllung seiner zentralen Aufgabe, der Bereitstellung von Sicherheit, im Rahmen von komplexen institutionellen Arrangements verstärkt auf andere soziale Organisationen angewiesen ist und mithin nicht mehr Sicherheit und Ordnung schlechthin verkörpert [...], dürfte generell seine Fähigkeit abnehmen, Konfliktlinien entlang von nationalstaatlichen Grenzen zu formen und zu verstetigen. Zum anderen verringern sich aufgrund des durch die wirtschaftliche Denationalisierung ausgelösten Effizienzdrucks die ideologischen Grundlagen globaler Konfliktlinien. Der erhöhte Anpassungsdruck, der aufgrund der gesellschaftlichen Denationalisierung auf den Gesellschaften lastet, nimmt den Raum für deutlich unterscheidbare ordnungspolitische Konzeptionen. Der „Narzissmus der kleinen Differenzen" vermag zwar den Regionalismus zu befördern [...], nicht aber ordnungspolitische Gegensätze zu begründen. Dieser Trend verstärkt sich zusätzlich durch die wachsende Bedeutung internationaler Institutionen, die mit dem Ziel errichtet werden, staatliche Politiken zu harmonisieren und zu koordinieren. Die abnehmenden ordnungspolitischen Differenzen und der zunehmende Harmonisierungsdruck machen wiederum die ideologische Mobilisierung zugunsten einer globalen Konfliktlinie unwahrscheinlich. Es spricht also vieles dafür, dass das Ende des Kalten Krieges Ausdruck eines umfassenderen Schauspiels ist, das die Nationalstaatlichkeit und das territoriale Ordnungsprinzip moderner Politik in ihrer bisherigen Form generell in Frage stellt. Gemäß einer solchen Sichtweise erwiesen sich die Freudentänze, die 1989 auf der Berliner Mauer aufgeführt wurden, nicht als der Abgesang auf die sozialistische Ordnung, sie symbolisierten vielmehr, viel epochaler, die Freude über die Entmachtung der nationalstaatlichen Grenze und über das friedliche Ende der definitiv letzten großen weltpolitischen Konfliktlinie schlechthin. Mit anderen Worten: Als Folge der gesellschaftlichen Denationalisierung treten zwei Konsequenzen ein, die dazu führen dürften, dass sich in absehbarer Zukunft keine globalen Konfliktlinien mehr herausbilden: Zum einen verlieren die Nationalstaaten ihre beinahe absolute Strukturierungsmacht im Bereich der Sicherheit und mithin die Fähigkeit, Konfliktlinien global auszurichten, und zum anderen internationalisieren sich Herrschaftskonflikte nicht mehr via Staaten. [...]

Die „Chaosmacht" vieler Länder auf der südlichen Erdhalbkugel mag zwar anwachsen und fatale Auswirkungen zeitigen, sie lässt sich aber nicht gestaltend einsetzen, und sie kann mithin nicht die Grundlage des hegemonialen Strebens im Rahmen einer globalen Konfliktlinie sein. Zugespitzt lässt sich sagen, dass im Zeitalter der Denationalisierung Länder sich entweder anders als die liberale Demokratie organisieren oder wirtschaftlich erfolgreich und mithin mächtig und attraktiv sein können. Beides zusammen ist schwer vorstellbar. Gerade in China und in Südostasien zeigt sich derzeit diese Logik: In dem Maße, wie die politische Führung in Ländern wie China oder Singapur den Sprung in die moderne Ökonomie schaffen und kreative statt billige Arbeitskräfte zum Schlüssel des Wachstumserfolges machen möchten, fühlen sich die autoritären Regierungen zähneknirschend zu Zugeständnissen in Sachen Zugänglichkeit von Internet-Anschlüssen sowie Informations- und Reisefreiheit gezwungen. „Asiatische Werte" mögen in einer leistungsstarken Ökonomie auf Konsensverfahren, sozialen Zusammenhalt und Gleichheit als gesellschaftliche Werte hinweisen, damit lässt sich jedoch kein ideologischer Konflikt mit dem Westen aufbauen. Wenn mit der Betonung solcher Werte aber die Einschränkung der Menschenrechte zu Ungunsten von autoritären politischen Apparaten gemeint ist, dann fehlt ihnen zum einen die ideologische Anziehungskraft, und zum anderen werden sie sich über kurz oder lang als Hindernis für die wirtschaftliche Entwicklung erweisen. [...]

Der Nationalstaat verliert seine dominant strukturierende Kraft, weil er zunehmend in ein komplexes Netz von internationalen Institutionen eingebunden ist. Parallel dazu agieren auf transnationaler Ebene auch sektoral oder funktional definierte Organisationen, transnationale Unternehmen, aber auch transnationale Interessengruppen wie Greenpeace oder Amnesty International bei der Ausbildung von Regelungen mit. Der Nationalstaat spielt in einem solchen institutionellen Arrangement weiterhin eine zentrale Rolle. In dem Maße jedoch, in dem er noch ein wichtiges politisches Organisationsprinzip bleibt, verhindert er gleichzeitig die Dominanz von anderen denkbaren kollektiven Identitäten und politischen Organisationsformen, die globale Konfliktlinien schaffen könnten. So kommt es beispielsweise bei regionalen Zusammenschlüssen mit supranationalem Charakter nicht ohne weiteres zu machtpolitischen Konfrontationen, solange der Nationalstaat die Verfügungsgewalt über das Militär besitzt. Die Auseinandersetzung zwischen einem transnationalen Unternehmen wie Shell und einer transnationalen Organisation wie Greenpeace um die Versenkung der Brent Spar (eine ausgediente Bohrinsel, 1995, d. Red.) mag heftig gewesen sein und den Staaten die Relativierung ihrer Macht vor Augen geführt haben – wer hat sich schon darum gekümmert, dass Großbritannien sich in seiner „Souveränität" nicht beschränken ließ und die Genehmigung der Versenkung des Bohrturms aufrechterhielt? Es existierte aber nie die Gefahr einer Militarisierung, nicht zuletzt, weil die Nationalstaaten in dieser Auseinandersetzung marginalisiert waren. Es lässt sich mithin erwarten, dass zukünftige Konflikte über ökologische oder soziale Fragen transnational sind und quer zu den Nationalstaaten verlaufen. Die „neue" Welt birgt nicht weniger Konflikte und mit hoher Wahrscheinlichkeit auch nicht weniger Gewalt. Die neuen Konflikte werden aber Teil einer sich ausbildenden Welt(risiko)gesellschaft sein, in der Differenzen quer zu Staatsgrenzen verlaufen. Globalisierung – hier sei der Begriff erlaubt – führt also paradoxerweise zum Ende der globalen Konfliktlinien und produziert in Abwesenheit eines komplexen Weltregierens statt dessen zahlreiche lokale Konfliktherde.

An der strukturprägenden und polarisierenden Kraft einer globalen Konfliktlinie scheitert das Projekt komplexes Weltregieren also nicht. Allerdings steigt das Gewaltpotential in einer Welt, in der zwar global gehandelt und gewirtschaftet, aber lokal gedacht und gekämpft wird, deutlich an. In dem Maße, wie demokratisch legitimiertes und effektives Regieren jenseits des Nationalstaates nicht über das heutige Ausmaß hinauswächst, bleibt die Welt auch in Abwesenheit einer globalen Konfliktlinie ein unwirtlicher Platz. Gefragt sind also konstruktive Überlegungen darüber, wie das Projekt „komplexes Weltregieren" vorangetrieben werden kann.

Aus: Michael Zürn, Regieren jenseits des Nationalstaates. Globalisierung und Denationalisierung als Chance. Frankfurt a. M. 1998, S. 65–73, 203 f., 321–326.

ZUR TEXTERSCHLIESSUNG

1. Geben Sie wieder, warum Zürn den Begriff der Denationalisierung dem der Globalisierung vorzieht.
2. Welche „denationalisierten" politischen Problemlagen führt der Autor an? Erläutern Sie die Beispiele und ergänzen Sie weitere.
3. Erklären Sie die von Zürn dargestellten Auswirkungen der Denationalisierung auf Möglichkeiten und Zwänge „effektiven Regierens".
4. Diskutieren Sie, was der Autor mit der Zielvorstellung eines „komplexen Weltregierens" (Z. 266 f.) meinen könnte.

9.7 Werner Link: Der Nationalstaat als Bezugspunkt internationaler Politik

Werner Link, geboren 1934, studierte Politikwissenschaft, Germanistik und Geschichte in Marburg und Berlin. 1971 wurde Link Professor für politische Wissenschaft in Marburg, 1971 an der Universität Kassel. Von 1976 bis 1990 war Link Professor für politische Wissenschaft an der Universität Trier, seit 1990 an der Universität zu Köln (emeritiert 1999). Seit 1992 war er außerdem Vorsitzender des wirtschaftlichen Direktoriums des Bundesinstituts für ostwissenschaftliche und internationale Studien in Köln, das 2000 mit der Stiftung Wissenschaft und Politik in Berlin fusioniert wurde. Link ist Mitherausgeber der Akten der auswärtigen Politik der Bundesrepublik Deutschland.

Der Neorealismus, dem Werner Link zuzurechnen ist, stellt den Staat in den Mittelpunkt der Betrachtung: Staaten verhielten sich grundsätzlich wie Menschen, die nicht unter einem Gewaltmonopol leben. Sie verhielten sich tendenziell rational und seien notwendig an „Sicherheit" und damit an Machtausweitung orientiert. Institutionen sind demnach bloße Mittel staatlicher Politik; Staaten, die sich Kooperation nicht aus pragmatischen Gründen zum Ziel setzen, sondern aus prinzipiellen Überlegungen, schaden sich notwendig selbst.
Der Neorealismus analysiert auf dieser Grundlage kritisch vorgebliche moralische Fundierungen internationaler Politik. Würden etwa Menschenrechte als Kriegsgrund angegeben, handele es sich nach wie vor um staatliche Machtpolitik – in maskierter Form.

Literaturhinweise

Gottfried-Karl Kindermann, Grundelemente der Weltpolitik, 4. überarb. Aufl., München 1991.
Niklas Schörnig, Neorealismus, in: ***Siegfried Schieder/Manuela Spindler (Hrsg.),*** Theorien der Internationalen Beziehungen, Opladen 2003, S. 61–87.

M 7 Die Neuordnung der Weltpolitik

■ Beim Zusammenbruch des kommunistischen Herrschaftssystems in Ost- und Mitteleuropa sowie in der Sowjetunion war die Hoffnung weitverbreitet, dass nun eine weltweite Ausbreitung der westlichen Demokratie erfolgen werde. Von der demokratischen Herrschaftsordnung in den Staaten und Gesellschaften erhoffte und erhofft man sich eine friedliche Weltordnung zwischen den Staaten und Gesellschaften. Wie stichhaltig sind diese herrschaftspolitisch begründeten Hoffnungen?
Dass die herrschaftspolitische Perspektive für die weltpolitische Ordnung relevant ist, entspricht dem allgemeinen Verständnis. Dies wird auch (allen gegenteiligen Behauptungen zum Trotz) von der neo-realistischen Theorie nicht bestritten, obwohl sie nicht die Außenpolitik eines Staates, sondern die internationale Politik auf der gesamtsystemischen Ebene zu erklären versucht und mit guten Gründen vor einem verfehlten „Reduktionismus" warnt (nämlich davor, die Prozesse auf der Systemebene der internationalen Politik aus den internen, innerstaatlichen Eigenschaften der Systemmitglieder abzuleiten!). Die neo-realistische Annahme lautet: „Jeder Staat gelangt zu seinen Politiken und entscheidet über Aktionen gemäß seines internen Prozesses, aber seine Entscheidungen werden durch die bloße Existenz anderer Staaten und durch die Interaktionen mit ihnen gestaltet" (Waltz, 1975). [...] Bei dieser neo-realistischen Betrachtungsweise handelt es sich also um eine wechselseitige Bedingtheit, um eine Wechselwirkung zwischen der herrschaftspolitischen Organisation in den Staaten und Gesellschaften [...]
(Es ist bisher nicht gelungen), das Axiom, zwischen demokratischen Staaten werde kein Krieg geführt, im Sinne eines Kausalzusammenhanges zwischen demokratischer Herrschaftsform und friedlichem Verhalten zu begründen. Der statistische Befund erscheint wenig aussagekräftig, und es gibt zumindest eine bzw. mehrere Ausnahmen. Vor allem detaillierte geschichts- wissenschaftliche Fallanalysen zeigen, dass für die Vermeidung

eines Krieges zwischen demokratischen Großmächten nicht die demokratischen, sondern die internationalen Beschränkungen ausschlaggebend waren. [...] Diese Überlegungen gemahnen [...] zur Vorsicht und widersprechen den optimistischen Erwartungen, die mit einer Ausdehnung der Demokratie hinsichtlich der weltpolitischen Neuordnung verbunden werden. [...]

Manche Institutionalisten halten die Internationalen Organisationen für geeignet, ein System der kollektiven Sicherheit zu verwirklichen, d.h. unverzügliche, automatische und unbedingte militärische Hilfeleistung aller Mitgliedstaaten zugunsten des Opfers einer Aggression zu garantieren. [...] Der Realismus ist generell skeptisch gegenüber den ordnungspolitischen Grundannahmen der Institutionalisten. Aus seiner Sicht sind Internationale Organisationen – abgesehen von machtpolitisch peripheren Handlungsfeldern – keine eigenständigen Akteure, sondern Vehikel oder Instrumente der Staaten. Sie sind Widerspiegelungen der Machtverteilung zwischen den Staaten. Ob die Staaten Internationale Organisationen gründen und dann nutzen oder nicht nutzen, hängt von der jeweiligen Interesseneinschätzung und von den Satzungs- bzw. Vertragsbestimmungen ab. Da in der Regel das Prinzip der rechtlichen Gleichheit der Staaten und das Konsensprinzip verbindlich sind, hat jeder Mitgliedstaat die Möglichkeit, eine Entscheidung zu verhindern, also die Internationale Organisation durch sein Veto zu blockieren. Sofern von diesen beiden Prinzipien abgewichen wird (wie bei verbindlichen Aufforderungen des Sicherheitsrats der Vereinten Nationen, siehe unten), behalten sich immerhin die Großmächte ein Vetorecht vor. [...]
In der Staatenwelt garantiert nicht kollektive Sicherheit durch Internationale Organisationen, sondern individuelle und kollektive Verteidigung durch formelle oder informelle Allianzen das Überleben und die Sicherheit der Staaten, soweit eine Garantie überhaupt möglich ist. Wichtiger als Internationale Organisationen sind damit aus realistischer Sicht diejenigen Institutionalisierungen der Zusammenarbeit, die – Allianzen oder Bündnisse genannt – von Staaten vorgenommen werden, die sich einer konkreten gemeinsamen Bedrohung durch bestimmte andere Staaten ausgesetzt sehen. Die Bündnisse erklären sich aus der Logik von Macht- und Gegenmachtbildung und häufig zugleich aus der Hegemonialpolitik der allianzpolitischen Führungsmacht (was bei einem Wegfall der Bedrohung für den Fortbestand einer Allianz von Bedeutung sein kann, wie die NATO zeigt).
Die Großmächte entscheiden von Fall zu Fall, ob sie ihre Interessen unilateral, mit Hilfe ihrer Allianzen oder mittels Internationaler Organisationen durchzusetzen versuchen. Das hat – um hier nur ein exemplarisches Zitat als Beleg anzuführen – Präsident Clinton in der „National Security Strategy of Engagement and Enlargement“ vom Juli 1994 unmissverständlich zum Ausdruck gebracht. Dort heißt es, die USA seien entschlossen, wie folgt außenpolitisch zu handeln: „Unilateral, wenn unsere direkten nationalen Interessen am stärksten betroffen sind; in Allianz und Partnerschaft, wenn unsere Interessen von anderen geteilt werden; und multilateral, wenn unsere Interessen allgemeiner Art sind und die Probleme am besten von der internationalen Gemeinschaft angegangen werden.“ [...]
Die herrschaftspolitischen, zivilisatorisch-kulturellen, ökonomischen und politisch-institutionellen Vereinheitlichungstendenzen treffen auf die widerstreitenden Differenzierungstendenzen; ja, sie bergen die Gegentendenz der Differenzierung in sich. Selbst die stärkste Einheitstendenz, die ökonomische Globalisierung, bewirkt recht eigentlich eine radikale Differenzierung, ist paradoxerweise in ihrem Kern Regionalisierung. Die Machtverteilung weist die USA als die einzige „Supermacht“ aus, aber die „Führungsmacht der Welt“ findet nur in ganz seltenen Konstellationen (wie dem Zweiten Golfkrieg) weltweite Gefolgschaft. Vielmehr evozieren die USA Gegenmacht- und Balancepolitik der anderen Großmächte. Es entsteht nicht die Eine Welt universeller demokratischer Herrschaftsordnung, universeller Menschenrechte und universeller Zivilisation, auch nicht ein Weltstaat als universelle Organisation einer globalen Zivilgesellschaft, und schon gar nicht ein amerikanisches Weltreich, sondern eine pluralistische Welt mit Paradoxien. [...]

(Es ist) irreführend, von einer „Denationalisierung“ und vom „Regieren jenseits des Nationalstaates“ (Zürn, 1998) zu sprechen. Selbst wenn man – wie Zürn – nur die gesellschaftlichen (nicht die politischen) Prozesse im Auge hat, ist unübersehbar, dass die von diesem Autor genannten Bedingungen der behaupteten Denationalisierung eben nicht erfüllt sind; d.h. die Interessen beziehen sich noch nicht auf „denationalisierte Einheiten“, und „großflächige postnationale und transnationale Identitäten“ dominieren nicht die nationalen Identitäten. Das ist so sogar in der Europäischen Union feststellbar (Schild, 2001), erst recht weltweit.
Deshalb ist die Meinung, europäische Integration eigne sich als Vorbild für eine „Weltrepublik“ [...] unbegründet. Dass die europäischen Regierungen auch bei ihrem Handeln im Rahmen der EU den jeweiligen Staat als „Bezugsgröße“ nicht aufgegeben haben, ist jüngst in einer großen Studie über die „grenzüberschreitende Verwaltungspraxis“ empirisch nachgewiesen worden. Eine tiefgreifende Strukturveränderung oder gar Revolution staatlicher Verwaltungen und die Ablösung von Admi-

nistrationen aus ihrem innerstaatlichen Kontext haben „nicht stattgefunden“ (Wessels, 2000). Die „differenzierte Integration“, die das Bild der erweiterten EU bestimmen wird, wird vermutlich in Europa den Typus des differenziert integrierten Regionalstaates hervorbringen; die EU-Mitgliedstaaten werden entscheiden, ob sie willens und in der Lage sind, an der „vertieften Zusammenarbeit“ in verschiedenen Politikbereichen teilzunehmen oder nicht; und sie werden je nach ihren nationalen Interessen ihre Entscheidung treffen (vgl. Link, 2001). Bei den derzeitigen konkreten Reformbemühungen der EU geht es darum, das „integrative Gleichgewicht“ zwischen den EU-Staaten neu zu tarieren, um den Machtverschiebungen, die sich nach der Wiedervereinigung Deutschlands zwischen den Staaten ergeben haben und bei der Erweiterung der EU ergeben werden, Rechnung zu tragen. [...]

Was für die europäische Integration gilt, gilt erst recht für die weniger stark integrierten, meist nur intergouvernemental kooperierenden Staaten-Verbünde in anderen Regionen und in noch größerem Maße für die universellen internationalen Organisationen zwischenstaatlicher Zusammenarbeit. [...]

Als vermittelndes, sekundäres Strukturelement gewinnt der Regionalismus zunehmende Bedeutung. Die Staaten nutzen weiterhin die marktgeleitete Globalisierung, die die ökonomische Regionalisierung fördert, indem sie die regionale Zusammenarbeit politisch organisieren, um in der globalen Konkurrenz zu überleben und zu prosperieren. [...] Diese machtpolitische Ratio ist in den vergangenen zwei Jahren besonders deutlich von dem am weitesten entwickelten Regionalverbund, von der Europäischen Union und ihren Mitgliedstaaten, artikuliert worden. In den europäischen Staaten wächst das Bewusstsein, gemeinsam, bis hin zur gemeinsamen Ausübung von Teilen der Souveränität, agieren zu müssen. Sie reagieren damit auf die ökonomische Globalisierung und auf die globale Macht der USA, also auf zwei Herausforderungen, die miteinander verbunden sind. Denn zusätzlich zu ihrer herausragenden, gewissermaßen unipolaren militärischen Machtposition haben die USA die Globalisierung am erfolgreichsten ökonomisch und politisch nutzen können. Sie sind entschlossen, sie auch militärpolitisch zu funktionalisieren, d.h. „Widerstand gegen die amerikanische Version der Globalisierung durch die Institutionalisierung der militärischen Suprematie der USA“ zu ersticken (Bacevich, 1999) – im Sinne einer „das gesamte Spektrum abdeckenden Dominanz“ (full spectrum dominance), wie es in dem Pentagon-Dokument „Joint Vision 2010“ heißt.

Angesichts dieses Sachverhalts intensivieren die europäischen Staaten – wie erwartet – ihre regionalistische Politik durch institutionelle Vertiefung, sektorale Ausweitung und geographische Ausdehnung der Europäischen Union. Die drei großen Führungsmächte Deutschland, Frankreich und Großbritannien (die sich im „integrativen Gleichgewicht“ der EU wechselseitig balancieren) haben, trotz vieler sonstiger Differenzen, eine grundsätzliche Übereinstimmung dahingehend erzielt, dass die externe Herausforderung die europäische Integration antreibt, ja antreiben muss. [...] Die Europäische Union betreibt also jetzt auf allen Gebieten eine Politik, die darauf abzielt, mit den USA (sowie mit anderen großen Mächten und Regionen) einen allseitigen ausgewogenen Beziehungszusammenhang zu entwickeln, der als kooperative Balance of Power bezeichnet werden kann [...]. So fügt sich Europa in steigendem Maße in die allgemeine weltpolitische Tendenz, kooperative Balancepolitik und Multipolarisierung, ein. [...]

Kooperative, nicht antagonistische Balancepolitik! Diese weltpolitische Prognose hat sich zumindest bisher – im Lichte der Erfahrungen der vergangenen Jahre – bestätigt. Nur ein Mal bestand die Gefahr, dass ein regionaler Konflikt einen neuen Antagonismus zwischen den großen Mächten hervorrufen würde, nämlich beim Kosovo-Konflikt (1999). Er kann hier selbstverständlich nicht detailliert behandelt werden. An diesem Konfliktfall können aber die Thesen des vorliegenden Buches und der derzeitige Problemstand der internationalen Neuordnung exemplarisch und stichwortartig erhellt werden:

- In der internationalen Politik entscheidet und handelt nicht eine fiktive „Staatengemeinschaft“, nicht die „Weltgesellschaft“ oder „Gesellschaftswelt“, sondern konkrete Staaten oder Staatengruppierungen (im Kosovo-Konflikt zunächst die Kosovo-Kontaktgruppe, dann die NATO). [...]
- Die Vereinten Nationen (UN) haben kein Gewaltmonopol. Die demokratische Supermacht USA lehnt ein UN-Gewaltmonopol traditionell grundsätzlich ab und hat in zahlreichen Fällen entsprechend gehandelt. Sie hat jetzt mit den anderen NATO-Staaten gegen Jugoslawien ohne UN-Mandat militärische Gewalt eingesetzt. Das Veto-Recht der Ständigen Sicherheitsratsmitglieder, das von Rußland und China in Anspruch genommen wurde, hat den vernünftigen Sinn, eine Instrumentalisierung der Vereinten Nationen durch eine Großmacht oder durch eine Staatengruppe, der nicht alle Ständigen Sicherheitsratsmitglieder angehören (im Kosovo-Fall durch die USA bzw. die NATO), förmlich auszuschließen. Die Vereinten Nationen verhindern nicht einseitige Gewaltanwendung einer Großmacht oder deren Klientelstaaten.
- Die machtpolitische Logik der internationalen Politik ist stärker als idealistische Konzepte [...].

_Die Kriminalisierung des Krieges schafft den Krieg nicht ab, sondern hat zur Folge, dass euphemistisch von friedensschaffenden oder friedenserzwingenden Maßnahmen oder (in der UN-Terminologie) von kollektiven Zwangsmaßnahmen der friedlichen Nationen die Rede ist und „unerklärte Kriege" geführt werden. Welch ein schöner Fortschritt des Völkerrechts und der „Zivilisierung" der internationalen Beziehungen! [...]

_[...] Die neuen gerechten Kriege werden als säkularisierte Kreuzzüge für die Menschenrechte geführt – gegen die „Barbaren" (Schurkenstaaten). Die „zivilisierten Staaten" und ihre „Zivilgesellschaften" nehmen die Opfer in den Schurkenstaaten als „Kollateralschäden" hin (aber keine eigenen Toten); sie rechtfertigen den Tod der Barbaren und die Zerstörungen der Infrastruktur als Maßnahmen, die die Bevölkerung vom diktatorischen Regime trennen und zum demokratischen Umsturz evozieren sollen. Auf dieser Weise „barbarisieren" sich ihrerseits die zivilisierten, demokratischen Staaten im menschenrechtlichen Kampf gegen die Barbaren (Pierre Hassner, 1999).

_Militärische Intervention ohne die Bereitschaft zu eigenen Opfern vermag eine „humanitäre Katastrophe" nicht zu verhindern, sondern kann deren Steigerung im Schatten des Krieges unbeabsichtigt ermöglichen. Nach einem „Sieg" können ethnische Vertreibungen teilweise rückgängig gemacht, aber „ethnische Säuberungen" durch die Gegenseite nicht unterbunden werden, es sei denn durch opferreiche Gewaltanwendung.

_Internationale Tribunale gegen Kriegs- und Menschenrechtsverbrecher unterliegen in hohem Maße dem politischen Opportunitätsprinzip; sie sind (um Clausewitz zu paraphrasieren) die Fortsetzung der Politik unter Beimischung juristischer Mittel. [...]

_Entgegen idealistischem Wunschdenken und normativer Maximen werden Fremdherrschaft und internationale Protektorate weiterhin tatsächlich ausgeübt und sogar legitimiert (wie in Bosnien und im Kosovo). Die Großmächte entscheiden über die Errichtung internationaler Protektorate und darüber, ob Selbstbestimmung und gegebenenfalls Sezession oder Erhalt der territorialstaatlichen Integrität obsiegen.

_Die Erfahrung hegemonialer Politik ruft (wenn der Kitt der gemeinsamen vitalen Sicherheitsbedrohung und damit die Ratio hegemonialer Akzeptanz nicht mehr bestehen) eine Gegenmachtpolitik der „geführten" Staaten hervor. Die bestimmende Rolle der USA bei der NATO-Intervention wirkte nachweisbar als „Katalysator" (Scharping) für die Europäische Sicherheits- und Verteidigungspolitik und für die weitere Transformation der NATO in eine balancierte europäisch-amerikanische Allianz.

_Wenn die formellen kollektiven Führungsgremien (wie der UN-Sicherheitsrat bzw. dessen „Fünfer-Club", die permanenten Mitglieder) von einer Großmacht oder von mehreren Großmächten blockiert werden, nutzen die großen Mächte ad hoc informelle Gremien kollektiver Führung – wie die Gruppe der Acht (G 8) bei der Beendigung des „Krieges" gegen Jugoslawien. Die Konfliktregulierung kann dann anschließend durch die „P-5" und den UN-Sicherheitsrat formal legitimiert werden.

Insgesamt betrachtet (und auch in Beachtung anderer Konflikte und Politikbereiche), ist die fundamentale Bedeutung der Machtverteilung in der internationalen Politik und der daraus resultierenden internationalen Mächtekonfigurationen in den vergangenen Jahren in unübersehbarer Weise bestätigt worden.

Aus: Werner Link, Die Neuordnung der Weltpolitik. Grundprobleme globaler Politik an der Schwelle zum 21. Jahrhundert, 3. Auflage, München 2001, S. 22, 26f. 105–108, 151f., 162–173.

ZUR TEXTERSCHLIESSUNG

1. Erläutern Sie, wie Link das Verhältnis von Nationalstaat und internationalen Organisationen bestimmt.
2. Geben Sie Links Kritik an Zürns Vorstellung von Denationalisierung wieder (vgl. S. 392ff.).
3. Stellen Sie zusammenfassend dar, welche Konsequenz der theoretische Zugriff der Neo-Realisten für die Bewertung der gegenwärtigen weltpolitischen Lage hat.
4. Versuchen Sie, eine Antwort Zürns bzw. der institutionalistischen Schule zu formulieren.

9.8 Michael Hardt/Antonio Negri: Empire – Die verallgemeinerte Herrschaft

Mit dem zwischen dem Golfkrieg 1991 und dem Eintritt in den Kosovokrieg 1997 geschriebenen Buch „Empire. Die neue Weltordnung" erregten der amerikanische Literaturtheoretiker Michael Hardt und der italienische Politikwissenschaftler Antonio Negri große Aufmerksamkeit. Ihre These vom Ende des Imperialismus führte bereits vor Erscheinen der deutschen Übersetzung zu breiten Diskussionen insbesondere innerhalb der globalisierungskritischen Bewegung, zu der die Autoren sich zählen.

Für Hardt/Negri wurde der Imperialismus vom „Empire" abgelöst, einem Weltreich ohne Zentrum und mit umfassendem Herrschaftsanspruch: „Der Imperialismus war ein Geschöpf der Nationalstaaten, und er bewegte sich entlang von Freund-Feind-Definitionen, da es ja jeweils andere Imperialismen gab, die opponierten. Nach innen lebte der Imperialismus von der Verherrlichung der Tradition der staatlichen Souveränität, und nach außen war er eine Form des Exports von Macht, von Kultur, von wirtschaftlichen Interessen, ein Export, der natürlich den anderen zerstörte. Der Imperialismus unterscheidet sich deshalb grundlegend von der neuen Form der Macht, die sich als ein Zusammen von Formen der Beherrschung darstellt. Das Imperium begreift ein Bündel sehr unterschiedlicher Herrschaftstechniken in seiner „Governance" ein, in diesem kontinuierlichen Strom der Herrschaft, die es überall ausübt. Es ist eine dynamische Form, vor allem aber eine alles vereinende Form, das kein Außerhalb mehr kennt." (Antonio Negri in einem Interview mit der taz vom 18.3.2002)
Im Empire laufe die Geschichte nicht auf ein Absterben der Staatsgewalt hinaus, sondern auf ihre universelle Verallgemeinerung. Ihr Ergebnis sei ein Weltreich der Globalisierung, das keine Eroberung und Expansion seiner Märkte mehr kenne. Habe der Imperialismus die kapitalistische Produktionsweise durch Aneignung neuer Territorien (Ressourcen, Arbeitskraft, Märkte) zu erweitern gesucht, so ziele das Empire nach der Eroberung der Welt auf die vollständige Unterwerfung des Lebens selbst. Die Autoren nennen das „Bio-Macht" – die Kapitalisierung aller Lebensäußerungen. Hier griffen demnach überkommene philosophische und politische Konzepte des Volkes, der Nation und Souveränität nicht mehr. Das Empire sei ein Reich vollendeter Totalität, in dem es keinen moralischen oder kritischen Standpunkt mehr von „außen" gebe. Es verfüge über eine „biopolitische Maschinerie, die jeden Einzelnen kontrolliert und bis in den letzten Winkel menschlichen Lebens vordringt".

Literaturhinweise

Michael Hardt/Antonio Negri, Multitude, Krieg und Demokratie im Empire, New York, Frankfurt a. M. 2004.
Manfred Lauermann/Michael Hardt/Antonio Negri, Kulturrevolution durch Multitudo, in: ***Stephan Moebius/Dirk Quadflieg (Hrsg.),*** Kultur. Theorien der Gegenwart, Wiesbaden 2006, S. 309–321.
Tobias ten Brink, VordenkerInnen in der globalisierungskritischen Bewegung: Pierre Bourdieu, Susan George, Antonio Negri, Köln 2004.

M 8 Empire. Die neue Weltordnung

■ Das Empire materialisiert sich unmittelbar vor unseren Augen. Über mehrere Jahrzehnte hinweg, in deren Verlauf Kolonialregimes gestürzt wurden, und schließlich unvermittelt, als die sowjetischen Grenzen des kapitalistischen Weltmarkts endgültig zusammenbrachen, waren wir Zeugen einer unaufhaltsamen und unumkehrbaren Globalisierung des ökonomischen und kulturellen Austauschs. Mit dem globalen Markt und mit globalen Produktionsabläufen entstand eine globale Ordnung, eine neue Logik und Struktur der Herrschaft – kurz, eine neue Form der Souveränität. Das Empire ist das politische Subjekt, das diesen globalen Austausch tatsächlich reguliert, die souveräne Macht, welche die Welt regiert.

Viele behaupten, die Globalisierung der kapitalistischen Produktion und Zirkulation würde bedeuten, dass sich die ökonomischen Verhältnisse gegenüber der politischen Kontrolle stärker verselbstständigten und politische Souveränität folglich im Niedergang begriffen sei. Manche feiern diese neue Ära als die Befreiung der kapitalistischen Ökonomie von den Beschränkungen und Verzerrungen, die ihr die Politik aufgezwungen habe; andere beklagen, dass dadurch die institutionellen Kanäle verstopft würden, die es Arbeitern und Bürgern erlaubten, auf die kalte Logik des kapitalistischen Profits Einfluss zu nehmen oder ihr gar die Stirn zu bieten. Es trifft natürlich zu, dass mit den Globalisierungsprozessen die Souveränität der Nationalstaaten zwar weiter bestehen bleibt, doch Stück für Stück zerfällt. Die Grundfaktoren von Produktion und Zirkulation – Geld, Technologie, Menschen und Güter – überqueren zunehmend mühelos nationale Grenzen; es steht von daher immer weniger in der Macht eines Nationalstaats, diese Ströme zu lenken und seine Autorität gegenüber der Ökonomie durchzusetzen. Selbst die führenden Nationalstaaten sollte man sich nicht mehr als höchste und souveräne Autoritäten vorstellen, und zwar weder innerhalb und noch weniger außerhalb der eigenen Grenzen. Der Niedergang der Souveränität von Nationalstaaten bedeutet jedoch nicht, dass Souveränität als solche im Niedergang begriffen wäre. Weiterhin beherrschen in den gegenwärtigen Veränderungen allenthalben politische Kontrolle, Staatsfunktionen und Lenkungsmechanismen den Bereich wirtschaftlicher wie gesellschaftlicher Produktion und Zirkulation. Unsere grundlegende Hypothese ist deshalb, dass Souveränität eine neue Form angenommen hat, sie eine Reihe nationaler und supranationaler Organismen verbindet, die eine einzige Herrschaftslogik eint. Diese neue globale Form der Souveränität ist es, was wir Empire nennen.

Der Niedergang der Souveränität von Nationalstaaten und ihre zunehmende Unfähigkeit, den ökonomischen und kulturellen Austausch zu lenken, kündigen tatsächlich als eines der ersten Symptome das entstehende Empire an. Die nationalstaatliche Souveränität war für die Formen des Imperialismus, wie sie die europäischen Mächte die ganze Moderne hindurch ausbildeten, der Eckpfeiler. Unter „Empire" verstehen wir jedoch etwas vollkommen anderes als „Imperialismus". Für den europäischen Kolonialismus ebenso wie für die ökonomische Expansion waren die durch das moderne System von Nationalstaaten geschaffenen Grenzen grundlegend: Die Territorialgrenzen der Nation umschlossen ein Zentrum der Macht, das die Ströme der Produktion und Zirkulation systematisch kanalisierte oder blockierte, abwechselnd förderte oder unterband und so über fremde Territorien Herrschaft ausübte. Imperialismus dehnte eigentlich die Souveränität europäischer Nationalstaaten über deren eigene Grenzen hinaus aus. Schließlich konnte man so beinahe alle Landstriche der Welt aufteilen und die gesamte Weltkarte in die Farben Europas tauchen: rot für britische Gebiete, blau für französische, grün für portugiesische und so weiter. Ganz gleich, wo moderne Souveränität Wurzeln schlug, sie schuf einen Leviathan. Der umschlang die Sphäre der Gesellschaft und setzte eine Hierarchie territorialer Grenzziehungen durch, um über die Reinheit der eigenen Identität zu wachen und dabei alles andere auszuschließen.

Der Übergang zum Empire taucht aus der Dämmerung der modernen Souveränität auf. Im Gegensatz zum Imperialismus etabliert das Empire kein territoriales Zentrum der Macht, noch beruht es auf von vornherein festgelegten Grenzziehungen und Schranken. Es ist dezentriert und deterritorialisierend, ein Herrschaftsapparat, der Schritt für Schritt den globalen Raum in seiner Gesamtheit aufnimmt, ihn seinem offenen und sich weitenden Horizont einverleibt. Das Empire arrangiert und organisiert hybride Identitäten, flexible Hierarchien und eine Vielzahl von Austauschverhältnissen durch abgestimmte Netzwerke des Kommandos. Die unterschiedlichen Nationalfarben der imperialistischen Landkarte fließen zusammen und münden in den weltumspannenden Regenbogen des Empire.

Die Veränderungen in der imperialistischen Geografie des Planeten lassen ebenso wie die Verwirklichung des Weltmarkts innerhalb der kapitalistischen Produktionsweise einen Übergang erkennen. Unverkennbar wurde die räumliche Aufteilung dreier Welten (einer Ersten, Zweiten und Dritten) kräftig durcheinander geworfen. Wir finden fortwährend die Erste Welt in der Dritten wieder, die Dritte in der Ersten, die Zweite hingegen fast nirgendwo. Das Kapital scheint einer geglätteten

Welt gegenüber zu stehen – oder vielmehr einer Welt, die neue und komplexe Ordnungen aus Differenzierung und Homogenisierung, aus Deterritorialisierung und Reterritorialisierung bestimmen. Die Entwicklung der Verläufe und Grenzen dieser neuen weltweiten Ströme sind von Veränderungen der vorherrschenden Produktionsprozesse begleitet. In deren Folge wurde die führende Rolle industrieller Fabrikarbeit erschüttert, kommunikative, kooperative und affektive Arbeit rückte stattdessen an erste Stelle. Durch die Postmodernisierung der globalen Ökonomie wird der Reichtum mehr und mehr durch das geschaffen, was wir biopolitische Produktion nennen, durch die Produktion des gesellschaftlichen Lebens selbst. Darin überschneiden sich die Sphären des Ökonomischen, des Politischen und des Kulturellen zunehmend und schließen einander ein.

Viele siedeln die letzte Entscheidungsgewalt, die über die Globalisierungsprozesse und die neue Weltordnung herrscht, in den USA an. Befürworter einer solchen Vorstellung loben die Vereinigten Staaten als Weltführung und alleinige Supermacht, ihre Gegner bezichtigen sie der imperialistischen Unterdrückung. Doch beruhen diese Sichtweisen auf der Annahme, die USA seien einfach in die Haut einer Weltmacht geschlüpft, wie sie von den Nationen Europas eben abgeworfen wurde. Wenn Britannien das 19. Jahrhundert prägte, dann Amerika das 20.; oder besser, war die Moderne europäisch, so ist die Postmoderne amerikanisch. Die vernichtendste Anklage, die Kritiker deshalb erheben können, ist, dass die USA die Methoden des alten europäischen Imperialismus wiederholen. Die Anhänger feiern die Weltführung der Vereinigten Staaten hingegen als effizienter und wohlwollender; sie machten richtig, was die Europäer falsch gemacht hätten. Mit unserer grundlegenden Hypothese, wonach eine neue, imperiale Form der Souveränität entstanden ist, widersprechen wir gleichwohl beiden Sichtweisen. Die Vereinigten Staaten bilden nicht das Zentrum eines imperialistischen Projekts, und tatsächlich ist dazu heute kein Nationalstaat in der Lage. Der Imperialismus ist vorbei. Keine Nation kann in dem Sinne die Weltführung beanspruchen, wie die modernen europäischen Nationen das taten.

Die USA nehmen allerdings im Empire eine privilegierte Position ein, doch leitet sich dieses Privileg nicht aus ihren Ähnlichkeiten zu den alten europäischen imperialistischen Mächten ab, sondern aus den Unterschieden. [...] In der Endphase und im Gefolge des Kalten Kriegs „fiel" den Amerikanern die Verantwortung, eine internationale Polizeifunktion auszuüben, unmittelbar zu. Im Golfkrieg konnten die USA diese Macht erstmals in voller Form ausüben. Tatsächlich war dieser Krieg, betrachtet man ihn unter dem Blickwinkel der Ziele, der regionalen Interessen und der politischen Ideologien, die dabei eine Rolle spielten, eine wenig bemerkenswerte Repressionsmaßnahme. [...] Der Irak wurde beschuldigt, gegen internationales Recht verstoßen zu haben, und musste deshalb verurteilt und bestraft werden. Die wirkliche Bedeutung des Golfkriegs liegt vielmehr in der Tatsache begründet, dass die USA die einzige Macht waren, die für internationale Gerechtigkeit sorgen konnte, und zwar nicht aus eigenen nationalen Erwägungen heraus, sondern im Namen des globalen Rechts. Zwar gab es auch zuvor schon zahlreiche Mächte, die fälschlicherweise behaupteten, in einem universellen Interesse zu handeln, aber diese neue Rolle der Vereinigten Staaten ist eine andere. Genauer könnte man vielleicht sagen: Dieser neue Universalitätsanspruch mag ebenso falsch sein, aber er ist auf eine neue Weise falsch. Die USA als Weltpolizist handeln nicht im Interesse des Imperialismus, sondern im Interesse des Empire. In dieser Hinsicht kündete der Golfkrieg [...] von der Heraufkunft einer neuen Weltordnung.

Diese imperiale Ordnung lässt sich jedoch nicht durch die bloße Wirksamkeit rechtlicher Sanktion und die zu deren Durchsetzung erforderliche militärische Macht legitimieren. Dies bedarf vielmehr der Setzung internationaler Rechtsnormen, welche die Macht des hegemonialen Akteurs dauerhaft und legal begründen. Damit gelangt der institutionelle Prozess, der mit Wilson begann, letztlich zur Reife und taucht wieder auf. Zwischen dem Ersten und dem Zweiten Weltkrieg, zwischen Wilsons Messianismus und den internationalen ökonomisch-politischen Initiativen des New Deal [...] wurde eine ganze Reihe internationaler Organisationen eingerichtet, die das produzierten, was man in der traditionellen Vertragsterminologie internationalen Rechts als Normativitäts- und Effektivitätsüberhang bezeichnet. Dieser Überhang wurde im Geiste der Charta von San Francisco, mit der die Vereinten Nationen begründet wurden, auf eine expansive und tendenziell universelle Grundlage gestellt. Dieser interne Einigungsprozess wurde zwar durch den Kalten Krieg behindert, aber nicht vollständig blockiert. Während des Kalten Kriegs kam es sowohl zu einer Vervielfachung internationaler Rechtsetzungsorgane wie auch zu einer Verringerung des Widerstands gegen deren Arbeit. [...] Die großen internationalen Institutionen, die auf der beschränkten Grundlage von Verhandlungen und Abkommen entstanden waren, führten zu einer Ausweitung der Organe und Akteure, die nunmehr so handelten, als gäbe es eine zentrale Autorität rechtlicher Sanktionierung.

Nach dem Ende des Kalten Kriegs sollten die USA diesen komplexen Entstehungsprozess einer neuen internationalen Rechtsordnung sichern und ihr Rechtswirksamkeit verleihen. So wie die römischen Senatoren im ersten Jahrhundert n. Chr. Augustus baten, im Interesse des Gemeinwohls die kaiserliche Regierungsmacht zu übernehmen, so bitten heute die internationalen Organisationen (UNO, internationale Finanzorganisationen, aber auch humanitäre Organisationen) die USA, die zentrale Rolle in einer neuen Weltordnung zu übernehmen. In allen regionalen Konflikten am Ende des 20. Jahrhunderts, von Haiti bis zum Persischen Golf, von Somalia bis Bosnien, bat man die USA, militärisch zu intervenieren – und dabei handelt es sich um wirkliche und substanzielle Bitten [...]. Selbst wenn sie nicht wollten, müssten die US-Militärs diesem Ruf im Namen von Frieden und Ordnung folgen. Darin liegt vermutlich eines der zentralen Charakteristika des Empire: Es residiert in einem weltweiten Kontext, der es fortwährend zu neuem Leben erweckt. Die Vereinigten Staaten sind der Friedenspolizist, aber nur in letzter Instanz, wenn die supranationalen Friedensorganisationen Handlungsbedarf anmelden und es vielfältige rechtliche und organisationelle Initiativen zu koordinieren gilt.

Es gibt viele Gründe dafür, dass die Vereinigten Staaten bei der neuen globalen Ausbildung imperialer Autorität eine Sonderstellung einnehmen. Es lässt sich zum Teil mit der Kontinuität der amerikanischen Rolle (vor allem der militärischen) erklären: Die zentrale Gestalt im Kampf gegen die UdSSR wird nun zur zentralen Figur in der aufs Neue vereinten Weltordnung. Unter dem Gesichtspunkt der Verfassungsgeschichte [...] lässt sich jedoch erkennen, dass die USA diese privilegierte Stellung in weitaus größerem Maße der imperialen Tendenz ihrer eigenen Verfassung zu verdanken haben. Denn die US-Verfassung ist, wie Jefferson sagte, am besten für die Ausweitung des Empire geeignet. Noch einmal sei betont, dass diese Verfassung imperial und nicht imperialistisch ist: Sie ist imperial, weil sie – im Gegensatz zum Imperialismus, der stets darum bemüht ist, seine Macht linear auf geschlossene Räume auszuweiten und die unterworfenen Ländern zu besetzen, zu zerstören und der eigenen Souveränität zu unterwerfen – auf dem Modell beruht, einen offenen Raum neu zu organisieren und unablässig auf unbegrenztem Raum vielfältige und singuläre Netzwerkbeziehungen neu zu schaffen.

Die heutige Idee des Empire ist aufgrund der globalen Expansion des US-amerikanischen Verfassungsprojekts entstanden. Genau durch diese Ausweitung interner konstitutioneller Prozesse treten wir in den konstituierenden Prozess des Empire ein. Internationales Recht musste stets ein Verhandlungs- und Vertragsprozess zwischen externen Parteien sein – in der antiken Welt, [...] im Zeitalter der Staatsräson und in den modernen Beziehungen zwischen Nationen. Heute hingegen ist das Recht mit einem internen und konstitutiven institutionellen Prozess verbunden. Die Vereinbarungs- und Vereinigungsnetzwerke, die Vermittlungs- und Konfliktlösungskanäle sowie die Koordination unterschiedlich dynamischer Staaten sind allesamt im Rahmen des Empire institutionalisiert. Wir erleben heute eine erste Phase der Verwandlung der globalen frontier in einen offenen Raum imperialer Souveränität.

Aus: Michael Hardt/Antonio Negri, Empire. Die neue Weltordnung, Frankfurt a. M./New York 2002, S. 9–13 und S. 191–194.

ZUR TEXTERSCHLIESSUNG

1. Grenzen Sie im Verständnis Hardts/Negris „Imperialismus" und „Empire" voneinander ab.
2. Verdeutlichen Sie gemäß dem Verständnis der Autoren die „neue Logik und Struktur der Herrschaft". Klären Sie dabei, was die Autoren unter „biopolitischer Produktion" verstehen.
3. Arbeiten Sie heraus, welche Rolle die Autoren den Vereinigten Staaten im „Empire" zuweisen und worin sich diese Rolle von der des „alten europäischen Imperialismus'" unterscheidet.

9.9 Herfried Münkler: Die Wiederkehr des Imperiums im postimperialen Zeitalter

Herfried Münkler (geb. 1951) studierte Germanistik, Politikwissenschaft und Philosophie an der Universität Frankfurt (vgl. auch S. 337). 1992 wurde Münkler auf den Lehrstuhl für Theorie der Politik am Fachbereich Sozialwissenschaften der Humboldt-Universität zu Berlin berufen. Münkler ist darüber hinaus Mitglied im Beirat der Bundesakademie für Sicherheitspolitik. Er ist mit zahlreichen Studien zur politischen Ideengeschichte und zur Theorie des Krieges hervorgetreten.
Münkler geht, wie der Untertitel seines Buches „Die Logik der Weltherrschaft" verdeutlicht, der Frage nach, welcher Logik Imperien folgen. Im Zentrum seiner – historisch angelegten – Untersuchung steht dabei die konkrete Frage nach der gegenwärtigen Rolle der Vereinigten Staaten nach dem Ende der Bipolarität des Ost-West-Konfliktes. Das militärische Eingreifen der USA in der ölreichen Golfregion, die Instrumentalisierung und im Zweifelsfall auch das Übergehen der Vereinten Nationen (wie im dritten Golfkrieg), die notorische Weigerung, internationalen Vereinbarungen (z. B. dem Kyoto-Protokoll oder dem Internationalen Strafgerichtshof in Den Haag) beizutreten, aber auch der verminderte Einfluss der Europäer im transatlantischen Bündnis (Ersetzung von Konsultativverpflichtungen innerhalb der NATO durch eine „coalition of the willing") sind für Münkler Anzeichen dafür, dass sich die USA von einer hegemonialen zu einer imperialen Macht entwickelt haben. Während Hegemonie für ihn „Vorherrschaft innerhalb einer Gruppe gleichberechtigter politischer Akteure" bedeutet, löse Imperialität „diese – zumindest formale – Gleichheit auf und reduziere die Unterlegenen auf den Status von Klientelstaaten oder Satelliten", George W. Bushs „Achse des Bösen" bringt in Münklers Augen die „imperiale Mission" als Kennzeichen von Weltreichen zum Ausdruck, die sich als Verteidiger der Ordnung gegen die Unordnung, des Guten gegen das Böse sehen.

In der „imperialen Mission" sieht Münkler gleichzeitig aber auch das Scheitern imperialer Politik als Folge „imperialer Überdehnung" angelegt; das Imperium gerate in eine zwangsläufige „moralische Paradoxie", die es überfordere: auf der einen Seite die Sicherung des imperialen Wirtschaftsraumes („imperiale Räson"), was im Fall der USA wesentlich die – auch militärisch betriebene – Sicherung der Erdölversorgung bedeute, auf der anderen Seite die globale Durchsetzung von Demokratie, (Markt-)Freiheit und Menschenrechten als Legitimationsgrundlage des Imperiums („imperiale Mission"), was ein globales Eingreifen auch in den durch Staatszerfall und „neue Kriege (s. hierzu: Münkler, S. 337 ff.) geprägten Peripherien nach sich ziehen würde. Damit aber, so Münkler, unterliege das Imperium einer „globalen Selbstüberforderung", an dem es letztendlich scheitern könne.

Literaturhinweise

„Imperium zu sein ist nicht nur die reine Lust". Ein Gespräch mit ***Herfried Münkler,*** in: Zeithistorische Forschungen. Studies in Contemporary History 3/2006 (auch online abrufbar: http://www.zeithistorische-forschungen.de/portal/alias__zeithistorische-forschungen/lang__de/tabID__40208587/Default.aspx)

M 9 Imperien. Die Logik der Weltherrschaft

■ Die zahllosen Diagnosen vom Ende des imperialen Zeitalters, die die politische Publizistik des ausgehenden 20. Jahrhunderts durchzogen, haben für eine neue Weltordnung manches in Aussicht gestellt, aber sicher nicht die Wiederkehr des Imperiums. Große Erwartungen wurden dagegen, zumal in Europa, in die UNO gesetzt, die nun endlich die Aufgaben übernehmen sollte, die ihr bei der Gründung am Ende des Zweiten Weltkriegs zugedacht worden waren. Infolge der Selbstblockade des Weltsicherheitsrats hatte sie diese bis zum Niedergang der Sowjetunion nicht oder nur teilweise erfüllen können. Mit dem Ende des Ost-West-Konflikts galt dieses Problem als überwunden.

Als weiterer Faktor für das zunehmende Gewicht der UNO erschien die schwindende Souveränität der Staaten, die weder bei der Herstellung äußerer Sicherheit noch bei der Garantie einer stabilen Währung mehr die Rolle spielen konnten, durch die sie einst groß geworden waren. Der Niedergang der staatlichen Kontrollmacht und die Notwendigkeit, Souveränität in wachsendem Maße an transnationale Institutionen abzugeben, ließen erwarten, dass die Ära der Weltorganisation jetzt erst richtig beginnen werde. Vor allem in Westeuropa war diese Erwartung weit verbreitet, was nicht zuletzt daran lag, dass man hier unter andrem mit der Europäischen Union (EU) gute Erfahrungen gemacht hatte. Die Entwicklung Europas nach dem Zweiten Weltkrieg sollte, so die europäische Sicht, zum Modell der neuen Weltordnung werden.

Neben dem Ordnungsmodell der Staatengemeinschaft zirkulierten aber auch Vorstellungen von einer zunehmenden Entstaatlichung der Wirtschaftsräume, die sich unabhängig von territorialen Grenzen strukturieren und in globalem Maßstab miteinander verbinden würden. Der Typus des Nationalstaates, wie er sich im 16. und 17. Jahrhundert herausgebildet hatte, würde dabei allmählich verschwinden. Diese Ordnung war keine der Räume und Strukturen, sondern eine der Bewegungen und Ströme, gleichgültig, ob es sich dabei um Kapital, Dienstleistungen, Informationen oder Arbeitskräfte handelte. Der Staat verlor mit seiner Funktion auch einen Teil seiner Macht, und dieser Teil wurde in die Selbstregulation von Marktregimen und das politische Wirken von Nichtregierungsorganisationen (NGOs) aufgelöst.

Was in beiden Perspektiven einer neuen Weltordnung, der UN-zentrierten Staatengemeinschaft wie der globalen Metropolenvernetzung, unterschätzt wurde, war die Bedeutung der Peripherie und deren Rückwirkungen auf das Zentrum. Vor allem diese waren es, die zu der unerwarteten Wiederbelebung des imperialen Ordnungsmodells geführt [...] haben [...].

In der Staatenordnung mit der UNO als zentralem Aushandlungsort und letztinstanzlichem Entscheider wurde schlichtweg unterstellt, dass weltweit stabile Staatlichkeit vorhanden sei, die nur noch in ein Rechts- und Aushandlungsregime eingebunden werden müsse. Wie leichtfertig und letztlich falsch diese Unterstellung war, zeigte der bereits in den 1990er Jahren einsetzende Prozess des Staatenzerfalls, für den inzwischen der Begriff failing states zur stehenden Wendung geworden ist. Nur in West- und Mitteleuropa, Nordamerika und Ostasien ist jene Form von Staatlichkeit anzutreffen, die die Voraussetzung für eine funktionierende Weltordnung im angesprochenen Sinn ist. In Mittel- und Südamerika dagegen, in Afrika, dem Nahen und Mittleren Osten, in der Kaukasusregion, Zentralasien und Teilen Südostasiens müsste diese Ordnung der Staatlichkeit zunächst (wieder-)hergestellt werden, und es ist die Frage, ob sie nicht im Zuge der Globalisierung schneller zerrieben wird, als sie aufgebaut werden kann. Gleichzeitig ist ein erfolgreiches nation-building nicht nur beim Stabilitätsimporteur, sondern auch beim Stabilitätsexporteur folgenreich: Es entstehen Protektorate und Mandatsgebiete, und diejenigen, die dort offene Gewaltanwendung unterbinden, eine neue Infrastruktur aufbauen, Personal ausbilden und den gesamten Konversionsprozess überwachen, geraten in eine quasi-imperiale Rolle, selbst wenn diese von vornherein zeitlich begrenzt ist und die Funktion hat, sich selbst überflüssig zu machen. Ein ums andere Mal sind es die USA, die mit der Aufgabe auch die Rolle des pazifizierenden Imperiums übernehmen. Bosnien, der Kosovo und Afghanistan sind Beispiele dafür.

Mit Blick auf das Metropolen-Netzwerk, das eine Ordnung des Fluiden herstellen soll, ist spätestens seit dem 11. September 2001 deutlich geworden, wie empfindlich dessen Strukturen sind. Die reichen und dynamischen Zentren interessieren sich nicht für die Räume außerhalb des Netzwerks, und anders als im Modell des nation-building investieren sie auch nicht in deren Ordnung. Von dort aus aber können Angriffe auf die hochgradig verletzlichen Verbindungslinien zwischen den Metropolen geführt werden, sodass eine ausgreifende Sicherung dieser Räume unvermeidlich wird. Kurzum: Angesichts der neuen Formen des Krieges und der Kriegführung haben sich die postimperialen Weltordnungsentwürfe als unzureichend oder illusionär erwiesen. Im Fall der UN-Ordnung sind es die Ressourcenkriege zwischen Warlords, Befreiungsbewegungen und Glaubenskriegern, derer die Weltgemeinschaft nicht Herr wird; im Fall der Metropolen-Netzwerke ist es der transnationale Terrorismus, der sich in die globalen Ströme der

Waren und Kapitalien, Menschen und Dienstleistungen einlagert, um sie für seine Logistik zu nutzen und Überraschungsangriffe zu starten.

Damit war das Imperium als politisch-ökonomisches Ordnungsmodell wieder in der Diskussion, und es wurde sehr bald deutlich, dass es genau das zu leisten versprach, was die UN-zentrierte Staatenwelt und das Netzwerk der Metropolen nicht vermochten: das entschlossene Eindringen in staatsfreie Räume mit dem Ziel, dort zumindest Völkermord und Massaker zu verhindern, und einen großräumig angelegten Schutz der fragilen Verbindungslinien zwischen den großen Wirtschaftszentren der Erde. Ersteres firmierte fortan unter dem Begriff der humanitären militärischen Intervention, Letzteres unter dem Schlagwort vom Krieg gegen den Terror. Dass sich beides im Zeichen imperialer Machtentfaltung sehr schnell miteinander vermischte, war kaum verwunderlich. [...]

Die Selbstbezeichnung als Imperium oder Empire ist in den USA lange Zeit unüblich, wenn nicht gar verpönt gewesen. [...] Der Imperiumsbegriff war, wenn er überhaupt für die Gegenwart in Anspruch genommen wurde, als kritische Bezeichnung für die Sowjetunion reserviert. Seine affirmative Verwendung stellt einen Tabubruch dar, den diejenigen, die ihn vorgenommen haben, sich genau überlegt haben dürften.

Als die Kritiker des Vietnamkrieges die USA des Imperialismus ziehen, taten sie das in polemischer Absicht, um eine Nation aufzurütteln, die sich auf ihr antiimperialistisches Selbstverständnis viel zugute hielt. Wenn nun in positiv-bestärkender Hinsicht von einem amerikanischen Empire die Rede war, konnte dies kaum im Sinne einer Fortsetzung früherer Imperien gemeint sein. Es kam also darauf an, zusammen mit dem Aufgreifen des Imperiumsbegriffs die Differenz gegenüber den alten Imperien und insbesondere gegenüber der Politik des Imperialismus zu markieren, und dementsprechend war von einem informal empire, einen empire by invitation oder einem consensual empire die Rede.

Was also macht das definitiv Neue des amerikanischen Imperiums aus? Michael Ignatieff spricht von einer „neuen Form imperialer Herrschaft für ein postimperiales Zeitalter", die durch ihre Verpflichtung auf Menschenrechte und Demokratie sowie die Herstellung und Sicherung freier Märkte gekennzeichnet sei; für Andrew Bacevich macht der Verzicht auf Satellitenstaaten im klassischen Sinn und stattdessen die globale Einflussnahme über vermittelnde Institutionen, wie die Nato, die UNO, den Internationalen Währungsfonds und die Weltbank, das Neue des amerikanischen Imperiums aus; Charles Maier sieht dessen Spezifikum in einer Mischung aus wirtschaftlichem Austausch und der Vergabe von Sicherheitsgarantien, während für Dan Diner das US-Empire nichts anderes ist als die machtpolitische Absicherung des Weltmarkts, dessen beständige Ausdehnung dem Rest der Welt immer weniger souveräne Gestaltungsmacht belasse.

Dagegen bestreiten die Kritiker des American Empire das substanziell Neue dieser Art von Herrschaft und stellen sie in die Tradition des klassischen Imperialismus. Als Hauptindiz wird die Aufteilung des Globus durch das US-Militär in fünf Regionalkommandos genannt, die dafür sorgen sollen, dass die Interessen der USA nicht gefährdet werden. [...] Verteilt auf mehr als 700 Militärstützpunkte in über 150 Ländern werden Truppen und Material bereitgehalten, die von hier aus schnell und ohne lange Anmarschwege eingesetzt werden können. Aber auch wenn die US-Verbände nicht zum Einsatz kommen, sind die Militärstützpunkte ein beständiger Einflussfaktor in der Region. Mit ihrer Hilfe ist es möglich, Regierungen zu stabilisieren oder einzuschüchtern. Für die Kritiker bilden sie das Skelett des neuen Imperiums und erlauben es den USA, eine bis ins 19. Jahrhundert zurückreichende Tradition imperialer Politik fortzusetzen [...].

Während aus dieser Perspektive die machtpolitischen und militärischen Kontinuitäten herausgestellt werden, weisen andere Kritiker der amerikanischen Imperialpolitik darauf hin, dass sich der Imperialismus schon seit dem 19. Jahrhundert nicht mehr auf die administrativ-militärische Beherrschung von Räumen oder die Verfügung über Handelsstützpunkte beschränkt habe. Vielmehr zielte die moderne Form des Imperialismus auf die Öffnung von Märkten, um sie mit industriell produzierten und dementsprechend billigen Waren zu überschwemmen.[...] Der Imperialismus der Märkte, so diese Sicht, habe schon im 19. Jahrhundert die klassischen Formen des Kolonialimperialismus ergänzt. Inzwischen sei der Prozess der Globalisierung freilich so weit fortgeschritten, dass „Kanonenbootökonomie" kaum noch erforderlich sei. An ihre Stelle seien der Internationale Währungsfonds und die Weltbank als Instrumente einer globalen Wirtschafts- und Finanzpolitik getreten, die in hohem Maße den amerikanischen Interessen entspreche.

Imperiumsbildung durch die Kontrolle von Globalisierungsprozessen ist danach keineswegs so neu, wie Dan Diner etwa annimmt, wenn er in der Politik der open door, der Öffnung protektionistisch geschützter Märkte, einen von der kontinentaleuropäischen Entwicklung unterscheidbaren eigenen Nomos der USA sucht. Auch der britische Freihandelsimperialismus des Viktorianischen Zeitalters hat [...] diese Politik betrieben. Sie wurde von einem liberalen Internationalismus flankiert, der in der Verbreitung freihändlerischer Prinzipien gegen den Protektionismus der Staaten eine friedensstiftende

Wirkung sah. Aber die Öffnung der Märkte für europäische Waren und europäisches Kapital hatte innerhalb weniger Jahrzehnte die politische Stabilität der kapitalistisch infiltrierten Räume unterhöhlt, und nun war es an den Europäern, sie durch die Entsendung von Truppen und den Aufbau eigener administrativer Strukturen wiederherzustellen.

Nach diesem Modell, so die Kritiker eines auf wirtschaftliche Globalisierung gestützten US-Empire, werde auch der Zyklus der amerikanischen Imperiumsbildung ablaufen: Die Globalisierung erzeuge failing states, weil die ökonomische Entwicklung das staatliche Gewaltmonopol in diesen Ländern erodiere; Warlords übernähmen dann die Kontrolle der Gebiete, in denen aus Bodenschätzen dauerhafte Renten zu beziehen seien; und das wiederum habe zur Folge, dass der Prozess der Globalisierung an seinen Rändern durch Militärinterventionen und nation-building abgesichert werden müsse. Schrittweise erwachse aus der Globalisierung der Märkte ein Interventionsimperialismus beziehungsweise eine Folge von Pazifizierungskriegen, die zwar eine prekäre Form der Weltherrschaft, aber keine neue Weltordnung hervorbrächten. Vor allem würden die USA zunehmend gezwungen, statt auf wirtschaftliche Integration und zivilisatorische Attraktivität auf das Militär zu setzen, also soft power zunehmend in hard power zu konvertieren. Wie der britische werde auch der amerikanische Zyklus in Peripheriekriegen und einem verstärkten Einsatz des Militärs enden. Aber im Unterschied zum späten 19. Jahrhundert hätten Krieg und militärische Gewalt im 21. Jahrhundert eine sehr viel geringere Problemlösungskapazität. Das amerikanische Imperium werde darum innerhalb relativ kurzer Zeit an dem Missverhältnis zwischen den zu lösenden Problemen und seinen begrenzten Möglichkeiten scheitern. Und dabei werde, so die Kritiker der US-Politik weiter, entscheidend sein, dass Amerika von den Machtsorten, auf die es im 21. Jahrhundert ankomme, zu wenig und von denen, die nur noch eine geringe Relevanz haben, zu viel besitze. In den Worten von Michael Mann: „Das American Empire entpuppt sich als militärischer Riese, ökonomischer Trittbrettfahrer, politisch Schizophrener und ideologisches Phantom."

Nun lässt sich freilich die Führung von Pazifizierungskriegen an der Peripherie auch als eine Folge imperialer Überdehnung begreifen, der umso weniger Bedeutung zukommt, je stärker sich die Vormacht auf die inneren Ringe und Ellipsen der Wohlstandszonen konzentriert und sich darauf beschränkt, diese gegen die von der Peripherie hereindrängenden Bedrohungen abzusichern. [...] Imperiale Politik, so könnte man dies pointieren, unterscheidet sich von imperialistischer Politik dadurch, dass sie sich vorwiegend für das Zentrum interessiert und den Gebieten außerhalb des Imperiums nur so viel Aufmerksamkeit schenkt, wie unbedingt erforderlich. Imperialistische Politik dagegen ist regelrecht peripheriebesessen und davon überzeugt, die größten Herausforderungen lägen an der Rändern des Imperiums und nicht im Zentrum selbst. Dementsprechend gewichtet imperialistische Politik auch das Militär durchweg höher, als dies eine imperiale Politik tut, die ihm eine nur relative Bedeutung neben ökonomischer, politischer und kultureller Macht beimisst.

Was von den Kritikern des US-Empire als Ursache seines zwangsläufigen Untergangs angesehen wird, wäre demnach eher eine Folge falscher Politik, die sich in die Probleme der Peripherie verstrickt hat, anstatt sich herauszuhalten und durch eine kluge Politik des divide et impera die Gegner sich selbst schwächen zu lassen. [...] Imperiale im Unterschied zu imperialistischer Politik würde danach heißen, dass sich die USA wesentlich als Garant der verdichteten Wirtschaftsbeziehungen zwischen Europa, Amerika und Ostasien verstehen und in der Rolle eines „ideellen Gesamtkapitalisten" dafür Sorge tragen, dass das hier erreichte Niveau des Güter- und Wissensaustauschs nicht noch einmal so dramatisch schrumpft wie Ende der 1920er Jahre – erst in den 1970er Jahren wurde das vormalige Niveau der weltwirtschaftlichen Verflechtung wieder erreicht. Wenn die Bestandsvoraussetzung von Imperien [...] in der Verdichtung und Intensivierung des wirtschaftlichen Austauschs innerhalb des imperial gesicherten Raumes besteht, dann ist es die wichtigste Aufgabe imperialer Politik, diesen Wirtschaftsraum rechtsförmig zu ordnen, Konkurrenzaustragung mit den Mitteln militärischer Gewalt zu unterbinden, für Währungsstabilität beziehungsweise stabile Austauschrelationen zwischen den Währungen des wirtschaftlichen Zentrums zu sorgen, durch technologische Innovationen die Überlegenheit des imperialen Raumes gegenüber seiner Umwelt sicherzustellen und schließlich diesen Raum gegen Angriffe von außen zu sichern [...]. Für die Dauer eines Imperiums ist dann entscheidend, dass die militärischen Aufgaben in Grenzen gehalten werden und in der Aufmerksamkeitsökonomie der imperialen Macht nicht überhand nehmen.

Ob eine derart optimale Gewichtung der Aufgabenbereiche möglich ist, hängt freilich nicht nur von der Klugheit der Regierenden ab, sondern auch davon, ob die strategischen Ressourcen, auf denen die Wirtschaft des imperialen Raumes basiert, innerhalb dieses Raumes verfügbar sind oder importiert werden müssen. Letzteres kann einen permanenten Zwang zur direkten Beherrschung von Teilen der Peripherie nach sich ziehen. In dieser Hinsicht bildet die Kontrolle der Erdölversorgung und des Ölpreises die Achillesferse des amerikanischen Imperiums.

Die auf friedliche Bestandssicherung statt militärische Expansion angelegte Perspektive imperialer Politik führt freilich in eine moralische Paradoxie, die weit reichende Konsequenzen hat: Alle Arten humanitärer Intervention an der Peripherie und darüber hinaus, also das, was oben als ein Kernelement der imperialen Mission beschrieben worden ist, stellen dann einen moralischen Luxus dar, den sich das Imperium aus ökonomischen Gründen eigentlich nicht leisten kann und mit Blick auf seine Bestandsvoraussetzungen auch nicht leisten sollte. In der Logik eines an seiner wirtschaftlichen Prosperität orientierten Imperiums sind Militärinterventionen zur Sicherung und Kontrolle der Erdölversorgung rational, aber solche zur Beendigung von Bürgerkriegen außerhalb des imperialen Zentralbereichs mit anschließendem nation-building irrational. Das aber würde darauf hinauslaufen, dass das von liberalen Intellektuellen favorisierte Projekt einer globalen Durchsetzung und Sicherung der Menschenrechte [...] zu verabschieden ist. Es wäre dann eine jener ideologischen Fallen, in die Imperien hineintappen, wenn sie sich in Selbstüberschätzung ihrer Möglichkeiten für Ziele und Zwecke in Anspruch nehmen lassen, die ihren Selbsterhaltungsimperativen widersprechen.

Es geht hier um den in der Geschichte der Imperien gelegentlich anzutreffenden Fall, dass imperiale Räson und imperiale Mission in einen Widerspruch miteinander geraten, der nicht durch Kompromissbildung zu schlichten ist. [...] In eben diesem Dilemma befinden sich heute [...] die USA: Die friedliche Bestandssicherung des Imperiums legt den Verzicht auf globale Selbstüberforderung nahe. Um die subglobale Welt des Imperiums zu bewahren, muss sich eine kluge imperiale Politik von den Problemen der globalen Welt abwenden und sich gegen sie durch die Errichtung „imperialer Barbarengrenzen" sichern. Was jenseits von ihnen geschieht, interessiert das Imperium nur dann, wenn daraus eine Gefahr für seine Sicherheit erwachsen könnte. [...] Aber das ist im Zeitalter der Demokratie und der medialen Verdichtung der Räume kaum noch möglich. Die imperiale Mission der USA würde dadurch ständig dementiert, und ohne das moralische Sendungsbewusstsein, das aus ihr erwächst, würde das US-Empire viel von seiner Kraft verlieren. Zugespitzt formuliert: Es könnte sein, dass das amerikanische Imperium nicht so sehr an seinen äußeren Feinden, sondern an der moralischen Überlastung durch seine Mission scheitert, weil diese die geforderte Indifferenz gegenüber der Außenwelt unmöglich macht.

Aus: Herfried Münkler, Imperien. Die Logik der Weltherrschaft, Bonn 2005, S. 226–235.

ZUR TEXTERSCHLIESSUNG

1. Arbeiten Sie die Entwicklungen heraus, die nach Münkler zum „Aufstieg" des US-amerikanischen Imperiums geführt haben.
2. Grenzen Sie im Verständnis des Autors imperialistische und imperiale Politik voneinander ab und bestimmen Sie – bezogen auf das US-amerikanische Imperium – „Mission" und Aufgaben imperialer Politik.
3. Erläutern Sie die „moralische Paradoxie" imperialer Politik und das „Dilemma", in dem sich die USA gegenwärtig nach Münkler befinden.

9.10 Frank Deppe (u. a.): Der Staat im globalisierten Kapitalismus

Frank Deppe (geb. 1941) studierte Soziologie, Politikwissenschaft und Nationalökonomie in Frankfurt (u. a. bei Adorno und Horkheimer) und Marburg (u. a. bei Abendroth). Von 1968 bis 2006 war er am Institut für Soziologie in Marburg tätig, seit 1972 als Professor für Politikwissenschaft. Seine Schwerpunkte in der Forschung und Lehre liegen in der Politischen Theorie, der Geschichte und Politik der deutschen und internationalen Arbeiterbewegung, der politischen Soziologie der Gewerkschaften und der Europäischen Integration sowie der Internationalen Politischen Ökonomie. Zusammen mit Hans Jürgen Bieling leitete er die Forschungsgruppe Europäische Gemeinschaft (FEG) am Institut für Politikwissenschaft.

Frank Deppe und seine Marburger Studenten entwickeln – in der Tradition marxistisch-sozialistisch orientierter Imperialismustheorien stehend – eine theoretische und praktische Kritik am neuen Imperialismus, wobei der Titel ihrer Untersuchung („Der neue Imperialismus") bereits die Kritik an Vorstellungen wie dem „Empire" (vgl. Hardt/Negri, S. 400 ff.) als eines gänzlich neuen Systems internationaler Ausbeutung impliziert.
Für Deppe ist die Globalisierung „ein politisch konstituierter Prozess, in dem der Staat nicht verschwindet, sondern transformiert wird" (Deppe, S. 80), indem er sich an „die Funktionsimperative des kapitalistischen Weltsystems" anpasst. An die Stelle von Gewalt als Kernstück „klassischer" imperialistischer Politik und Ideologie ist heute – so die Verfasser – „strukturale Macht" getreten, die Kontrolle der „Spielregeln", innerhalb derer sich die Kapitalakkumulation, im Rahmen der Globalisierung nationale Grenzen überschreitend, vollzieht: „Im Vordergrund steht nicht mehr – wie bei der Schaffung der großen Kolonialreiche – die direkte Einverleibung von Gebieten, sondern die Kontrolle eines Systems formal unabhängiger und souveräner – oder genauer: „funktionierender" – Nationalstaaten, deren Politik nach innen und außen der Absicherung kapitalistischer Verhältnisse insgesamt dient." (S. 82 f.)

Literaturhinweise

David Harvey, Der neue Imperialismus, Hamburg 2005.

M 10 Der neue Imperialismus

■ Die Imperialismus-Theorien konzentrieren sich auf den komplexen und widersprüchlichen Zusammenhang zweier Entwicklungslogiken, die die gesamte Geschichte des Kapitalismus immer wieder angetrieben, zugleich jedoch ihren widersprüchlichen Entwicklungsgang strukturiert haben. Auf der einen Seite drängt die kapitalistische (d. h. die ökonomische) Logik zur Herstellung des Weltmarkts; auf der anderen Seite entwickelt sich der Kapitalismus auf einem Territorium, das durch den Nationalstaat begrenzt wird. Ohne diesen Staat kann das Kapital nicht existieren. Er wirkt aber immer auch als Zwang, die kapitalistische Logik entsprechend den Anforderungen der territorialen Logik zu modifizieren; denn diese reflektiert auch die Wirkungen der Klassenkämpfe auf dem Territorium und die Veränderung der Kräfteverhältnisse zwischen den Klassen. Die Nationalstaaten sind die wichtigsten Akteure im System der internationalen Politik. Dabei sind die Strukturen dieses Systems – jeweils konkret-historisch – durch a) die Machtasymmetrien zwischen den Großmächten und den kleineren Staaten, sowie b) die Rolle der Internationalen Organisationen im Verhältnis zur Macht der Nationalstaaten bestimmt. Der Nationalstaat wird im Prozess der Globalisierung nicht [...] zu einem Hindernis für das reibungslose Funktionieren weltweiter Marktprozesse. Auch das transnational operierende Kapital braucht den Staat [...], um für eine optimale Infrastruktur, für gleiche Konkurrenzbedingungen, für Rechtssicherheit zu sorgen und sich schließlich auch vor antikapitalistischen und antiimperialistischen Kräften und Bewegungen zu schützen. Obwohl im Zuge der Globalisierung Staatsfunktionen internationalisiert werden (z. B. im Rahmen der Europäischen Union oder der NATO, der WTO oder des IWF), gibt es weder einen „Weltstaat" noch eine andere Form des internationalen Staates, der diese Funktionen [...] übernehmen und erfolgreich ausführen könnte. [...] Die

Stabilität und Reproduktion der entwickelten kapitalistischen Welt hängt vom Wachstum sowie vom reibungslosen Funktionieren des Weltmarktes, der von den Transnationalen Konzernen beherrscht wird, der internationalen Finanzmärkte sowie der Rohstoffversorgung der Metropolen – in erster Linie durch das Erdöl – ab. [...] Die sozialen und politischen Akteure, in erster Linie die Nationalstaaten selbst, müssen sich an die Funktionsimperative des kapitalistischen Weltsystems anpassen. Das Optimum der Kapitalverwertung (das sich aber zum abgeleiteten Ausdruck des Aktienkurses verschoben hat) wird zum Maßstab für erfolgreiches ökonomisches und politisches Handeln. [...]
Dieses System wird vorerst durch „strukturale Macht" [...] zusammengehalten, die – im Unterschied zur direkten Anwendung von politischer Gewalt in der internationalen Politik – die Fähigkeit bezeichnet, gleichsam die Spielregeln zu definieren, nach denen sich die Akteure innerhalb dieses Systems zu verhalten haben. Gleichzeitig umschließt dieses System ungleiche Machtverhältnisse und – daraus abgeleitete – Dependenzbeziehungen: Zentrum und Peripherie unterscheiden sich nicht nur durch die ungleiche Entwicklung von Ökonomie, Infrastruktur und Wohlstand. Diese selbst wird noch über die Handelsbeziehungen auf dem Weltmarkt („terms of trade"), die Wirkungsmechanismen der internationalen Finanzmärkte (Entwicklung der Wechselkurse und der Verschuldung) sowie die Politik der internationalen Organisationen (Weltbank, IWF, WTO) reproduziert. Auf der anderen Seite bestehen auch zwischen den entwickelten kapitalistischen Staaten ungleiche Machtbeziehungen und daraus abgeleitete Konkurrenzverhältnisse. [...]
Im Zentrum des Systems des heutigen Weltkapitalismus ist – wie Hardt und Negri [...] betonen – das „Empire" entstanden, das die Globalisierung von Netzwerken der Produktion trägt und das Netz der Inklusion einsetzt, um möglichst alle Machtbeziehungen innerhalb der neuen Weltordnung einzufassen. Zur gleichen Zeit setzt es Polizeimacht gegen die neuen Barbaren und die rebellischen Sklaven ein, die diese Ordnung bedrohen. Gleichwohl wird die Spezifik des neuen Imperialismus verkannt, wenn die neue Weltordnung als ein universeller Herrschafts- und Disziplinierungszusammenhang gesehen wird, der kein politisches Machtzentrum mehr kennt und in dem die Staaten – einschließlich des US-amerikanischen Staates – keine prägende Rolle mehr zu spielen haben. Macht diffundiert zur „Biomacht"; Gewaltverhältnisse und Kriege erscheinen als politische Mittel des alten (auf den nationalen Machtstaat fixierten) Imperialismus, der mit dem Übergang zum Empire untergegangen ist. [...]
Der „neue Imperialismus" bliebe jedoch unverständlich, würde nicht die Frage beantwortet, wie das Funktionieren des Empires gewährleistet und koordiniert wird. Weder anonyme Marktprozesse noch der Hinweis auf kaum noch wahrnehmbare Netzwerkstrukturen der Macht, die über die Körper, die Psyche und das Bewusstsein der Menschen Kontrolle ausüben, vermögen diese Frage befriedigend zu beantworten, obwohl sie wichtige Erkenntnisse über die Veränderung des Machtbegriffs (einschließlich der Transformation der Rolle des Staates) im globalen Kapitalismus vermitteln. Imperialistische Politik agiert nicht hinter dem Rücken der Akteure, sondern vermittelt sich sowohl über die Fähigkeit, die Spielregeln des Weltmarktgeschehens zu bestimmen, als auch über die Fähigkeit und Bereitschaft, politisch-militärische Macht anzuwenden, um im eigenen – nationalen und internationalen – Interesse jeden Angriff, jede Störung auf dieses System abzuwehren sowie das System der globalen Kontrolle auch politisch abzusichern.
Über diese Fähigkeit verfügen allein die USA. Der US-Kapitalismus bildet gleichsam das Steuerungszentrum für die Weltwirtschaft, vor allem aber für die Weltfinanzmärkte. Die USA haben ihren Markt im Zeichen der WTO- und GATT-Liberalisierung für Exporte aus der ganzen Welt geöffnet. Gleichzeitig setzten sie im Bereich der sog. „neuen Ökonomie" Maßstäbe für das fortgeschrittenste Entwicklungsniveau der Technik und Wissenschaft. Der Wechselkurs des Dollar sowie die Geld- und Zinspolitik der US-amerikanischen Notenbank [...], aber auch der dominante Einfluss der US-Politik auf IWF und WTO [...] sind die mächtigsten Hebel zur Steuerung der Weltfinanzmärkte – gleichzeitig wirkt das „Dollar-Wall-Street-Regime" [...] nicht nur als Drehscheibe der Kapitalimporte in die USA, sondern fungiert als ein „Regime, das dahin tendiert, dass die Staatsführungen anderer Länder eben das tun, was die Staats- und Geschäftseliten der USA wünschen. Auf diese Weise gelingt es den USA, die Vorteile der globalen, transnationalen Ordnung für die USA zu sichern, während die Kosten und Risiken außerhalb der USA verteilt werden können". [...] Je mehr die Weltpolitik der USA durch das eigene „nationale Interesse" begründet wird, um so mehr ist diese Politik darauf angewiesen, sich die Gewinne der Internationalen Ordnung im nationalen Interesse anzueignen und den – auf einen Vasallenstatus reduzierten –, Bündnispartnern einen Tribut aufzuerlegen, gleichsam die Kosten für die Rolle der USA als „Weltpolizist". Dies gilt nicht allein für die gewaltigen Gewinne, die nach wie vor aus der Peripherie (z. B. aus Lateinamerika) in die Metropolen (und hier vor allem in die USA) transferiert werden, sondern auch für diejenigen Gewinne, die aus der Rolle des US-Dollar als Weltgeld sowohl bei der Abrechnung der großen Erdölgeschäfte als

auch durch den Handel mit US-Schatzbriefen und vielen weiteren Finanzoperationen resultieren.
Diese imperiale Ordnung mit den USA als Machtzentrum beruht auf der Rolle des US-amerikanischen Staates [...]. Diese Rolle bestand seit dem Ende des Zweiten Weltkrieges vor allem in der Schaffung eines Netzwerks von Institutionen und Organisationen zwischen den USA und den wichtigsten kapitalistischen Staaten in Westeuropa und Ostasien. Darin realisierte sich eine Tendenz zum „Superimperialismus", also zu einem von den USA geführten Bündnis „subimperialistischer Staaten" (mit durchaus eigenen Interessen), das den Mechanismus der zwischenimperialistischen Konkurrenz im Zaume hielt oder gar aufhob. Seit 1945 war die Gefahr zwischenimperialistischer Kriege gebannt. Nach dem Ende des Ost-West-Konfliktes wurde die US-Politik jedoch mit der Tatsache konfrontiert, dass der „Schutz" vor der Sowjetunion und dem Kommunismus nicht länger als Grund für ihren Führungsanspruch gelten konnte. [...]
Seit dem Machtantritt der Neokonservativen um George W. Bush im Jahre 2000, dem Angriff vom 11. September 2001 auf das World Trade Centre und das Pentagon in New York und Washington und dem darauf folgenden Krieg in Afghanistan sowie dem Überfall auf den Irak hat sich diese Politik „zu einem offen militärgestützten US-Imperialismus" [...] weiterentwickelt. [...] Für die neokonservativen Strategen um George W. Bush [...] ist es selbstverständlich, dass die USA die Rolle des „Weltpolizisten" übernehmen und vor allem gegenüber den „Bösewichten", den „Schurkenstaaten" (die über Massenvernichtungswaffen verfügen) militärische Gewalt – sowohl zur Bestrafung als auch zur Schaffung neuer regionaler Ordnungen (im Interesse der USA) – einsetzen. Die „amerikanische Übermacht" muss einerseits „gegen jede mögliche Konkurrenz" verteidigt werden; andererseits muss diese Übermacht genutzt werden, „um das westliche System, um Marktwirtschaft und Demokratie weltweit durchzusetzen" [...].
Charakteristikum des „klassischen Imperialismus" war die ungleiche Entwicklung und die daraus abgeleitete zwischen-imperialistische Konkurrenz, die gleichsam gesetzmäßig zum Weltkrieg führt. Der „neue Imperialismus" zeichnet sich durch die unumschränkte – ökonomische, politische und vor allem militärische – Suprematie der USA aus, die sich sowohl auf die Gestaltung der Weltordnung nach dem Ende des Kalten Krieges als auch auf die Beziehungen zu den subimperialistischen Staaten erstreckt. Daraus resultieren zwischenimperialistische Konflikt- und Konkurrenzverhältnisse, die z. B. im Zusammenhang des Irakkrieges der USA und ihrer Verbündeten offen gelegt wurden. Dabei wurden Konturen eines konkurrierenden Imperialismusprojektes erkennbar, dessen Träger eine ökonomisch und militärisch gestärkte Europäische Union sein könnte. Der „Euroimperialismus" ist freilich eher ein marginales politisches Projekt als Realität; denn die EU war in der Frage des Irakkrieges zutiefst gespalten [...]
Die „zweite Welle" der Imperialismus-Debatten nach 1945 reflektierte wohl die „Zähmung" der zwischenimperialistischen Konkurrenz durch die Hegemonie der USA in den westlichen Bündnissystemen. Nunmehr war die Machtkonstellation des Kalten Krieges mit der Konfrontation der atomaren Waffensysteme Charakteristikum der Epoche. Als imperialistisch wurden fortan die Beziehungen zwischen dem Zentrum der „Ersten Welt" und der Peripherie der „Dritten Welt" – als System der Ausbeutung, der „strukturellen Gewalt" und der Reproduktion von Abhängigkeit – kritisiert. Antiimperialistische Bewegungen forderten zuerst die alten Kolonialmächte, dann die USA (z.B. in Kuba oder in Vietnam) heraus. In der „sozialistischen Staatenwelt" wurde die Schwächung des Imperialismus (der in der Tradition der Leninschen „Imperialismus-Theorie" interpretiert wurde) vor allem auf die Existenz des „realen Sozialismus" zurückgeführt. Heute bildet die Ausbeutung und Abhängigkeit der Peripherie nach wie vor ein Merkmal innerhalb der „imperialistischen Kette". Gleichwohl bedeutet Imperialismus heute die Gestaltung und Beherrschung einer Weltordnung, in der die Beziehungen zwischen Zentren und Peripherie für die Stabilität und Reproduktion imperialistischer Machtstrukturen eher von sekundärer Bedeutung sind.

Frank Deppe u. a., Der neue Imperialismus, Heilbronn 2004, S. 119–130.

ZUR TEXTERSCHLIESSUNG

1. Erarbeiten Sie im Verständnis der Autoren die Spezifika des „neuen Imperialismus".
2. Bestimmen und erläutern Sie die Rolle, die die Autoren den USA im Rahmen der Weltwirtschaft und der Gestaltung einer neuen Weltordnung zuweisen.
3. Grenzen Sie den „neuen Imperialismus" vom „klassischen Imperialismus" ab und erläutern Sie die Bedingungen des Wandels.

9.11 Jürgen Habermas: Der Substanzverlust staatlicher Politik

Jürgen Habermas wurde am 18. Juni 1929 in Düsseldorf geboren. Nach seinem Studium der Psychologie, Philosophie, Ökonomie und Deutschen Literatur in Göttingen, Zürich und Bonn (1949–1954), wo er mit dem Thema „Das Absolute in der Geschichte. Eine Untersuchung zu Schellings Weltalterphilosophie" promovierte, arbeitete er zunächst zwei Jahre als Journalist. 1956 führte ihn ein Ruf Theodor W. Adornos als Mitarbeiter an das Institut für Sozialforschung in Frankfurt/M. In Marburg (bei Wolfgang Abendroth) habilitierte er 1961 über den „Strukturwandel der Öffentlichkeit", wobei diese Schrift sich in den folgenden Jahrzehnten zu einem bahnbrechenden Standardwerk entwickelte. Im gleichen Jahr wurde er außerordentlicher Professor für Philosophie in Heidelberg, von 1964 bis 1971 hatte er eine Professur für Philosophie und Soziologie an der Johann-Wolfgang-von-Goethe-Universität in Frankfurt/M. inne. 1971 wechselte Habermas als Direktor an das Starnberger Max-Planck-Institut, wo er sich der Erforschung der Lebensbedingungen in der wissenschaftlich-technischen Welt widmete. Nach Meinungsverschiedenheit mit Mitarbeitern des Starnberger Max-Planck-Instituts kehrte er 1981 nach Frankfurt zurück, wo er von 1983 bis zu seiner Emeritierung im Jahre 1994 den Lehrstuhl für Philosophie mit dem Schwerpunkt Sozial- und Geschichtsphilosophie übernahm.

Der folgende Textausschnitt ist seinem erstmalig 1998 erschienenen Essay-Band „Die postnationale Konstellation" entnommen. Habermas fragt hier nach den Auswirkungen der wirtschaftlichen Globalisierung auf die Zukunft der Demokratie.
Globalisierung fasst er dabei im Bild von „anschwellenden Flüssen", die die Grenzkontrolle unterspülten und das nationale Gebäude zum Einsturz brächten. Der moderne Staat in seiner Ausprägung als „Verwaltungs- und Steuerstaat und als ein mit Souveränität ausgestatteter Territorialstaat [...], der sich im Rahmen eines Nationalstaats zum demokratischen Rechts- und Sozialstaat entwickeln konnte", verliere, so Habermas, im Prozess der Globalisierung seinen „letzten Rest an Substanz": Die Anpassung an systemische Imperative des Weltmarktes und der damit einhergehende Verzicht auf politische Gestaltung der sozialen Verhältnisse führten zu einer Verdrängung der Politik durch den Markt, zu einer programmatischen Entleerung der Politik. Der Nationalstaat verliere seine Fähigkeit, Steuerressourcen auszuschöpfen, Wachstum zu stimulieren und damit wesentliche Grundlagen seiner Legitimität zu sichern; die nationalen Regierungen verstrickten sich in einem kostensenkenden Deregulierungswettlauf, der zu drastischen Einkommensdisparitäten, zu steigender Arbeitslosigkeit und zur sozialen Marginalsierung einer wachsenden Armutsbevölkerung führe. Als Folge – und zugleich als Gefahr – sieht Habermas eine schwindende politische Integrationskraft des Nationalstaates, eine sich an Fragen der Umverteilung entzündende „Entsolidarisierung" der Gesellschaft, die in Subkulturen zerfalle, die sich voneinander abschotteten.
Als mögliche Perspektive, „in der postnationalen Konstellation neue Formen einer demokratischen Selbststeuerung der Gesellschaft zu entwickeln", sieht er das Projekt der Europäischen Union, die – weiterentwickelt – als Beispiel einer „Reregulierung der Weltgesellschaft" dienen könne. Habermas geht dabei davon aus, dass die europäische Entwicklung, historisch seit dem ausgehenden Mittelalter geprägt von nationalen Spaltungen, Differenzen und Spannungen, die sich auch in den zwei Weltkriegen des 20. Jahrhunderts entladen haben, einen „Lernprozess" wiederspiegele, der „den Übergang zu den anspruchsvollen Anerkennungsverhältnissen einer postnationalen Demokratie erleichtern sollte".

Literaturhinweise

Artikel „Jürgen Habermas", in: ***Julian Nida-Rümelin (Hrsg.),*** Philosophie der Gegenwart in Einzeldarstellungen, Stuttgart 1991, S. 210–217.
Axel Honneth, Jürgen Habermas, in: ***Dirk Kaessler (Hrsg.),*** Klassiker der Soziologie, Band 2, München 1999, S. 230–251.
Detlef Horster, Habermas zur Einführung, Hamburg 1999 [Neufassung].
Peter Niesen/Benjamin Herborth (Hrsg.), Anarchie der kommunikativen Freiheit. Jürgen Habermas und die Theorie der internationalen Politik, Frankfurt a. M. 2007.

M 11 Die postnationale Konstellation und die Zukunft der Demokratie

■ In der politischen Öffentlichkeit entfalten die Konflikte, die sich heute auf nationaler, europäischer und internationaler Ebene abzeichnen, ihre beunruhigende Kraft vor dem Hintergrund eines normativen Selbstverständnisses, wonach soziale Ungleichheit und politische Unterdrückung nicht naturgegeben, sondern gesellschaftlich produziert – und deshalb grundsätzlich veränderbar sind. Aber seit 1989 scheinen sich immer mehr Politiker zu sagen: wenn wir die Konflikte schon nicht lösen können, müssen wir wenigstens den kritischen Blick entschärfen, der aus Konflikten Herausforderungen macht. Als politische Herausforderung empfinden wir z. B. [...] das Wohlstandsgefälle zwischen Nord und Süd oder die kulturellen Konflikte zwischen einem weithin säkularisierten Westen und der islamischen Welt auf der einen, den soziozentrischen Traditionen des Fernen Ostens auf der anderen Seite – ganz zu schweigen von den Alarmsignalen der unbarmherzig tickenden ökologischen Uhren, von der Libanisierung der in Bürgerkriegen zerfallenden Regionen. [...]

Die wohlfahrtsstaatliche Massendemokratie westlichen Zuschnitts steht [...] am Ende einer zweihundertjährigen Entwicklung, die mit dem Nationalstaat begonnen hat. [...] Der Territorialstaat, die Nation und eine in nationalen Grenzen konstituierte Volkswirtschaft haben damals eine historische Konstellation gebildet, in der der demokratische Prozess eine überzeugende institutionelle Gestalt annehmen konnte. Auch die Idee, dass eine demokratisch verfasste Gesellschaft mit einem ihrer Teile reflexiv auf sich als ganze einwirken kann, ist bisher nur im Rahmen des Nationalstaats zum Zuge gekommen. Diese Konstellation wird inzwischen durch Entwicklungen in Frage gestellt, die heute unter dem Namen „Globalisierung" breite Aufmerksamkeit finden. Weil die Idee, dass eine Gesellschaft demokratisch auf sich einwirken kann, bisher nur im nationalen Rahmen glaubwürdig implementiert worden ist, ruft die postnationale Konstellation jenen gebremsten Alarmismus aufgeklärter Ratlosigkeit hervor, den wir in unseren politischen Arenen beobachten. Die lähmende Aussicht, dass sich die nationale Politik in Zukunft auf das mehr oder weniger intelligente Management einer erzwungenen Anpassung an Imperative der „Standortsicherung" reduziert, entzieht den politischen Auseinandersetzungen den letzten Rest an Substanz. [...]

Wo immer Demokratien westlichen Zuschnitts entstanden sind, haben sie die Gestalt von Nationalstaaten angenommen. Der Nationalstaat erfüllt offensichtlich wichtige Erfolgsvoraussetzungen für die demokratische Selbststeuerung der Gesellschaft, die sich in seinen Grenzen konstituiert.

Die nationalstaatliche Einrichtung des demokratischen Prozesses lässt sich schematisch unter vier Gesichtspunkten analysieren. Der moderne Staat ist nämlich als Verwaltungs- und Steuerstaat und als ein mit Souveränität ausgestatteter Territorialstaat entstanden, der sich im Rahmen eines Nationalstaats zum demokratischen Rechts- und Sozialstaat entwickeln konnte. In dieser Reihenfolge können wir unsere generelle Frage spezifizieren: Wie berührt die Globalisierung 1. Rechtssicherheit und Effektivität des Verwaltungsstaats, 2. die Souveränität des Territorialstaats, 3. die kollektive Identität und 4. die demokratische Legitimität des Nationalstaats?

1. Zunächst geht es um die Effektivität der öffentlichen Verwaltung als des Mediums, über das demokratische Gesellschaften auf sich einwirken können. Bei den klassischen Ordnungs- und Organisationsleistungen, vor allem bei der staatlichen Garantie der Eigentumsrechte und der Wettbewerbsbedingungen ist von einer nachlassenden Kraft des Nationalstaats nichts zu spüren. Allerdings signalisieren Namen wie „Tschernobyl", „Ozonloch" oder „saurer Regen" Gefahren und ökologische Veränderungen, die sich aufgrund ihrer Intensität und Reichweite im nationalen Rahmen nicht mehr beherrschen lassen. Auch in anderer Hinsicht werden die Staatsgrenzen porös. Das gilt für die organisierte Kriminalität, vor allem für den Drogen- und Waffenhandel. Aber die Kontrollfähigkeit, die der Nationalstaat in diesen Hinsichten einbüßt, kann, wie sich inzwischen zeigt, auf internationaler Ebene kompensiert werden. Globale Umweltregime arbeiten vielleicht nicht mit der erwünschten Effektivität, sind jedoch keineswegs wirkungslos.

Anders verhält es sich mit der Fähigkeit des Steuerstaates, die nationalen Ressourcen auszuschöpfen, aus denen sich die Verwaltung alimentieren muss. Die beschleunigte Kapitalmobilität erschwert den staatlichen Zugriff auf Geldvermögen, und die verschärfte Standortkonkurrenz führt zur Schrumpfung der nationalen Steuereinnahmen. Die bloße Drohung von Kapitalabwanderung setzt eine Kostensenkungsspirale in Gang (und schreckt überdies die Steuerfahndung ab). Die Steuern auf Spitzeneinkommen, Kapital und Gewerbe sind in den OECD-Gesellschaften gesunken. Der Anteil der Gewinnsteuern hat sich zuungunsten der Verbrauchssteuern und der Einkommenssteuern der Normalverdiener verringert.

2. Bei der „Entmächtigung" des Nationalstaats denken wir in erster Linie an die längst festgestellten Veränderungen des modernen, aus dem Westfälischen Frieden hervorgegangenen Staatensystems. [...] Obwohl Souveränität und Gewaltmonopol der Staatsgewalt formal intakt geblieben sind, stellen die wachsenden Interdependenzen der Weltgesellschaft die Prämisse in Frage, dass

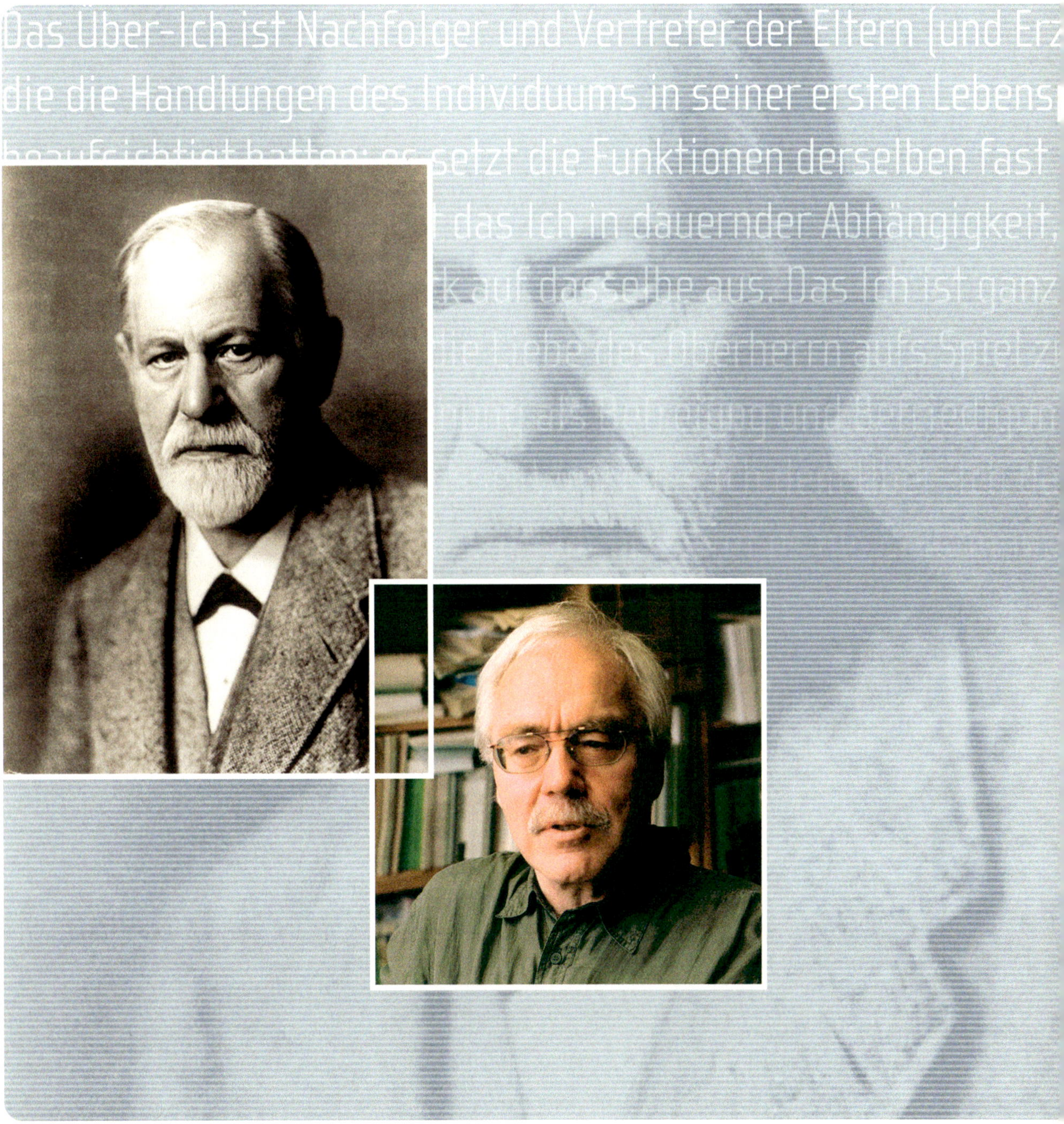

die nationale Politik überhaupt noch territorial, in den Grenzen des Staatsgebiets, mit dem tatsächlichen Schicksal der nationalen Gesellschaft zur Deckung gebracht werden kann.

In einer ökologisch, wirtschaftlich und kulturell immer dichter verflochtenen Welt decken sich Staaten, die legitime Entscheidungen treffen, in ihrem sozialen und territorialen Umfang immer seltener mit den Personen und Gebieten, die von den Folgen dieser Entscheidungen potentiell betroffen sind. Jenseits der Nationalstaaten bilden sich durch militärische Blockbildung oder durch ökonomische Vernetzung – durch die NATO, die OECD oder die sogenannte Triade – andere Grenzen, die für nationale Belange eine fast ebenso große Bedeutung gewinnen wie die Grenzen des eigenen Territoriums. Auf regionaler, internationaler und globaler Ebene sind „Regime“ entstanden, die ein „Regieren ohne Regierung“ (Michael Zürn) ermöglichen und den Verlust an nationaler Handlungsfähigkeit in einigen Funktionsbereichen wenigstens teilweise kompensieren. Diese internationalen Verfahren und Arrangements können die durch Autonomieverluste des Nationalstaates entstandenen Effizienzlücken wenigstens in einigen Hinsichten schließen – wenn auch nicht [...] in den wirklich relevanten Hinsichten einer positiv koordinierenden Wirtschafts- und Sozialpolitik. Die Kompetenzverschiebungen von der nationalen zur übernationalen Ebene reißen freilich Legitimitätslücken auf. Denn die neuen Formen der internationalen Zusammenarbeit entbehren einer Legitimation, die auch nur entfernt den Anforderungen der nationalstaatlich institutionalisierten Verfahren genügen würde.

3. Die politische Integration der Bürger einer großräumigen Gesellschaft gehört zu den unumstrittenen historischen Leistungen des Nationalstaates. Anzeichen der politischen Fragmentierung und erste Risse im Gemäuer der „Nation“ werfen jedoch die Frage auf, wie sich Globalisierungsvorgänge auf dieses kulturelle Substrat staatsbürgerlicher Solidarität auswirkt. In unseren Gesellschaften häufen sich ethnozentrische Reaktionen der einheimischen Bevölkerung gegen alles Fremde – Hass und Gewalt gegen Ausländer, gegen Andersgläubige und Andersfarbige, aber auch gegen Randgruppen und Behinderte und, wieder einmal, gegen Juden. In diesen Zusammenhang gehören auch Entsolidarisierungen, die sich an Fragen der Umverteilung entzünden [...]. Das Elend von Armut, Repression und Bürgerkrieg bleibt schon deshalb nicht mehr nur eine lokale Angelegenheit, weil die Medien dafür sorgen, dass das Wohlstandsgefälle zwischen Nord und Süd, West und Ost weltweit perzipiert wird. Dadurch werden breite Migrationsströme, wenn nicht ausgelöst, so doch beschleunigt. Trotz rigider [...] Einwanderungsregelungen befinden sich alle europäischen Nationen inzwischen auf dem Wege zu multikulturellen Gesellschaften. Natürlich vollzieht sich diese Pluralisierung der Lebensformen nicht reibungslos. Einerseits ist der demokratische Verfassungsstaat für Integrationsprobleme dieser Art normativ besser gewappnet als andere politische Ordnungen; andererseits sind diese Probleme eine tatsächliche Herausforderung für Nationalstaaten klassischer Prägung.

Normativ betrachtet, hat die Einbettung des demokratischen Prozesses in eine gemeinsame politische Kultur nicht den ausschließenden Sinn der Verwirklichung einer nationalen Eigenart, sondern den inklusiven Sinn einer Praxis der Selbstgesetzgebung, die alle Bürger gleichmäßig einbezieht. Inklusion heißt, dass sich das politische Gemeinwesen offen hält für die Einbeziehung von Bürgern jeder Herkunft, ohne diese Anderen in die Uniformität einer gleichgearteten Volksgemeinschaft einzuschließen. Weil der demokratische Prozess schon dank seiner Verfahrenseigenschaften Legitimität verbürgt, kann er, wenn nötig, in die Lücken sozialer Integration einspringen und im Hinblick auf eine veränderte kulturelle Zusammensetzung eine gemeinsame politische Kultur hervorbringen. [...] In dem Maße wie dieser Prozess der Entkoppelung der politischen Kultur von der Mehrheitskultur gelingt, stellt sich die Solidarität der Staatsbürger auf die abstraktere Grundlage eines „Verfassungspatriotismus“ um. Misslingt er, lässt er das Gemeinwesen in Subkulturen zerfallen, die sich gegeneinander abschotten.

In jedem Fall höhlt er aber die substantiellen Gemeinsamkeiten der Nation als einer Herkunftsgemeinschaft aus.

4. Die demokratische Ordnung ist also nicht von Haus aus auf eine mentale Verwurzelung in der „Nation“ als einer vorpolitischen Schicksalsgemeinschaft angewiesen. Es ist eine Stärke des demokratischen Verfassungsstaats, Lücken der sozialen Integration durch die politische Partizipation seiner Bürger schließen zu können. Aber der demokratische Prozess muss sich, wenn er die Solidarität der Staatsbürger über die zentrifugalen Spannungen hinweg sichern soll, durch seine Ergebnisse stabilisieren können. Die Gefahr einer Entsolidarisierung kann er nur solange abwenden, wie er anerkannten Maßstäben sozialer Gerechtigkeit genügt. Nur ein demokratischer Prozess, der für die angemessene Ausstattung mit, und eine faire Verteilung von Rechten sorgt, kann Solidarität stiften. Der Staatsbürgerstatus muss einen Gebrauchswert haben und sich in der Münze sozialer, ökologischer und kultureller Rechte auszahlen. Insofern hat die sozialstaatliche Politik eine nicht unerhebliche Legitimationsfunktion übernommen. Das betrifft nicht nur das Kernstück des Sozialstaats, die redistributive Sozialpolitik. Von der Arbeitsmarkt- und Jugendpolitik

über die Gesundheits-, Familien- und Bildungspolitik bis zu Naturschutz und Stadtplanung erstreckt sich „Sozialpolitik“ im weiteren Sinne auf das ganze Spektrum der staatlichen Organisations- und Dienstleistungen, die kollektive Güter bereitstellen und jene sozialen, natürlichen, kulturellen Lebensbedingungen sichern, die die Urbanität, den öffentlichen Raum einer zivilisierten Gesellschaft überhaupt, vor dem Verfall bewahren. Viele Infrastrukturen des öffentlichen und privaten Lebens sind von Verfall, Zerstörung und Verwahrlosung bedroht, wenn sie der Regulierung durch den Markt überlassen werden. [...]

Ebenso wichtig wie die Krise der öffentlichen Haushalte ist das Ende der keynesianischen Wirtschaftspolitik. Unter dem Druck globalisierter Märkte büßen nationale Regierungen immer stärker die Fähigkeit zur politischen Einflussnahme auf den gesamtwirtschaftlichen Kreislauf ein. Inzwischen haben nämlich die internationalen Börsen die „Bewertung“ nationaler Wirtschaftspolitiken übernommen. Die Politik der Nachfragesteuerung erzeugt deshalb regelmäßig externe Effekte, die sich auf den nationalen Wirtschaftskreislauf kontraproduktiv auswirken. „Keynesianismus in einem Lande“ ist nicht länger möglich. [...] Auf zunehmend globalisierten Märkten hat sich die Balance eindeutig zuungunsten der Autonomie und des wirtschaftspolitischen Handlungsspielraums der staatlichen Akteure verschoben.

Unter Bedingungen eines globalen, zur „Standortkonkurrenz“ verschärften Wettbewerbs sehen sich die Unternehmen mehr denn je genötigt, die Arbeitsproduktivität zu steigern, sodass der langfristige technologische Trend zur Freisetzung von Arbeitskräften noch beschleunigt wird. Massenentlassungen unterstreichen das wachsende Drohpotential beweglicher Unternehmen gegenüber einer insgesamt geschwächten Position von ortsgebunden operierenden Gewerkschaften. In dieser Situation, wo der Teufelskreis aus wachsender Arbeitslosigkeit, überbeanspruchten Sicherungssystemen und schrumpfenden Beiträgen die Finanzkraft des Staates erschöpft, sind wachstumsstimulierende Maßnahmen umso nötiger, je weniger sie möglich sind. [...]

Unter den veränderten Bedingungen der postnationalen Konstellation kann der Nationalstaat seine alte Stärke nicht durch eine „Politik des Einigelns“ zurückgewinnen. Ebenso wenig überzeugend ist eine Politik der Selbstnegation, die den Staat in postnationalen Netzwerken aufgehen sieht. [...]

Wir werden den Herausforderungen der Globalisierung nur vernünftig begegnen können, wenn es gelingt, in der postnationalen Konstellation neue Formen einer demokratischen Selbststeuerung der Gesellschaft zu entwickeln. Deshalb möchte ich die Bedingungen für eine demokratische Politik jenseits des Nationalstaates [...] am Beispiel der Europäischen Union prüfen. [...]

Zunächst geht es um die These vom Ende der Arbeitsgesellschaft. Wenn die Erwerbsarbeit im Rahmen normaler Beschäftigungsverhältnisse ihre strukturbildende Kraft für die Gesamtgesellschaft einbüsst, genügt als politisches Ziel die Wiederherstellung der „Vollbeschäftigungsgesellschaft“ nicht mehr. Weiterreichende Reformen sind aber in den Grenzen eines einzigen Landes nicht mehr zu realisieren. Sie verlangen eine Koordinierung durch Absprachen und Verfahren auf supranationaler Ebene. [...] Als Testfall gilt die Dimension einer umverteilungswirksamen Sozialpolitik. [...]

Die politische Alternative zu einem im neoliberalen Format eingefrorenen Markteuropa kann gegen die erwartbaren ökonomische Einwände umso eher verteidigt werden, als der europäische Wirtschaftsraum aufgrund seiner ungewöhnlich dichten regionalen Verflechtung des Handels und der Direktinvestitionen als ganzer noch eine vergleichsweise große Unabhängigkeit vom globalen Wettbewerb genießt. Aber selbst wenn der ökonomische Spielraum für ein politikfähiges, d. h. auch sozial- und wirtschaftspolitisch handlungsfähiges Europa gegeben ist, hängt der Ausbau der Europäischen Union zu einem Bundesstaat von einer weiteren Bedingung ab: Die vorerst nur durch ihren gemeinsamen Pass gekennzeichneten Europa-Bürger müssen lernen, sich über die nationalen Grenzen hinweg gegenseitig als Angehörige desselben politischen Gemeinwesens anzuerkennen.

Die Verfassung eines nationalen Bundesstaates lässt sich gewiss nicht ohne weiteres auf einen föderalistisch verfassten Nationalitätenstaat vom Ausmaß der Europäischen Union übertragen. Es ist weder möglich, noch wünschenswert, die nationalen Identitäten der Mitgliedstaaten einzuebnen und zu einer „Nation Europa“ zu verschmelzen. Auch in einem europäischen Bundesstaat würde, um es auf einen Punkt zu bringen, die zweite Kammer der Regierungsvertreter eine stärkere Stellung behalten als das unmittelbar gewählte Parlament der Volksvertreter, weil das Element der Vereinbarung zwischen den Mitgliedsstaaten auch in einer politisch verfassten Union nicht spurlos verschwinden kann. Aber eine europaweite demokratische Willensbildung, die positiv koordinierte und umverteilungswirksame Politiken tragen und legitimieren soll, kann es ohne eine solidarische Grundlage nicht geben. Die bislang auf den Nationalstaat beschränkte staatsbürgerliche Solidarität muss sich auf die Bürger der Union derart ausdehnen, dass beispielsweise Schweden und Portugiesen bereit sind, füreinander einzustehen. Erst dann können ihnen annähernd gleiche Mindestlöhne, überhaupt gleiche Bedingungen für individuelle und nach wie vor national geprägte Lebensentwürfe zugemutet werden. Die nächsten

Schritte auf eine europäische Föderation zu sind mit außerordentlichen Risiken verbunden, weil eins ins andere greifen muss: die Erweiterung der politischen Handlungsfähigkeit muss gleichzeitig mit einer Erweiterung der Legitimationsgrundlage der europäischen Institutionen voranschreiten.

Einerseits kann der sozialpolitische Schaden eines Deregulierungswettbewerbs zwischen den nationalen „Standorten" unter der scheinbar unpolitischen Aufsicht einer Zentralbank nur vermieden werden, wenn die gemeinsame europäische Geldpolitik ergänzt wird durch eine gemeinsame Steuer-, Sozial- und Wirtschaftspolitik, die stark genug ist, nationalen Alleingängen mit negativer Drittwirkung vorzubeugen. Das macht die Übertragung weiterer Souveränitätsrechte auf eine europäische Regierung nötig, wobei die Nationalstaaten im wesentlichen diejenigen Regelungskompetenzen behalten würden, von denen keine Nebeneffekte für die „inneren" Angelegenheiten anderer Mitgliedsstaaten zu erwarten sind. Die Europäische Union muss, mit anderen Worten, von der bisherigen Grundlage internationaler Verträge auf eine „Charta" in der Art eines Grundgesetzes umgestellt werden. Andererseits ist dieser Übergang von intergouvernementalen Vereinbarungen zu einem verfassten politischen Gemeinwesen nicht nur auf ein gemeinsames, über national definierte Wahlrechte und national segmentierte Öffentlichkeiten hinausgreifendes Verfahren demokratischer Legitimation angewiesen, sondern auf eine gemeinsame Praxis der Meinungs- und Willensbildung, die sich aus den Wurzeln einer europäischen Bürgergesellschaft speisen und in einer europaweiten Arena entfalten kann. [...]

Dieser Formwandel der sozialen Integration wird sich gewiss nicht von selbst ergeben. Die Dynamik des einheitlichen Binnenmarktes reicht allein nicht aus, um gleichsam hinterrücks das kulturelle Substrat für ein wechselseitiges transnationales Vertrauen entstehen zu lassen. [...] Eine europäische Charta nimmt die veränderten Kompetenzen einer Verfassung vorweg, die erst funktionieren kann, wenn es einen dadurch immerhin angebahnten demokratischen Prozess tatsächlich geben wird. Dieser Legitimationsprozess muss von einem europäischen Parteiensystem getragen werden, das sich erst in dem Maße formieren kann, wie die bestehenden politischen Parteien zunächst in ihren nationalen Arenen über die Zukunft Europas streiten und dabei grenzüberschreitende Interessen artikulieren. Diese Diskussion muss wiederum in einer europaweiten politischen Öffentlichkeit Resonanz finden, die ihrerseits eine europäische Bürgergesellschaft mit Interessenverbänden, nicht-staatlichen Organisationen, Bürgerbewegungen usw. voraussetzt. [...]

Diese Projekte können in einem historischen Horizont entstehen, in dem wir uns als die Erben einer gemeinsamen europäischen Geschichte bereits vorfinden. Jener Lernprozess, der zu einer europäisch erweiterten Solidarität von Staatsbürgern führen soll, liegt nämlich auf einer Linie spezifisch europäischer Erfahrungen. Die europäische Entwicklung ist seit dem ausgehenden Mittelalter stärker als andere Kulturen durch Spaltungen, Differenzen und Spannungen charakterisiert – durch die Rivalität zwischen kirchlicher und säkularer Gewalt, durch eine regionale Zersplitterung der politischen Herrschaft, den Gegensatz zwischen Stadt und Land, durch die konfessionelle Spaltung und den tiefen Konflikt zwischen Glauben und Wissen, durch die Konkurrenz der großen Mächte, die imperiale Beziehung zwischen „Mutterländern" und Kolonien, vor allem durch Eifersucht und Krieg zwischen den Nationen. Diese scharfen, oft tödlich zugespitzten Differenzen sind – in den glücklicheren Momenten – auch ein Stachel zur Dezentrierung der jeweils eigenen Perspektiven gewesen, ein Antrieb zur Reflexion auf, und zur Distanzierung von Voreingenommenheiten, ein Motiv zur Überwindung des Partikularismus, zum Erlernen toleranter Umgangsformen und zur Institutionalisierung der Konflikte. Diese Erfahrungen mit gelungenen Formen der sozialen Integration haben das normative Selbstverständnis der europäischen Moderne geprägt, einen egalitären Universalismus, der uns – den Söhnen, Töchtern und Enkeln eines barbarischen Nationalismus – den Übergang zu den anspruchsvollen Anerkennungsverhältnissen einer postnationalen Demokratie erleichtern sollte.

Auch ein europäischer Bundesstaat wird freilich aufgrund seiner erweiterten wirtschaftlichen Basis und der gemeinsamen Währung günstigenfalls Skaleneffekte erzielen. Die Schaffung größerer politischer Einheiten ändert noch nichts am Modus der Standortkonkurrenz als solcher, d. h. am Muster defensiver Allianzen gegen den Rest der Welt. Andererseits erfüllen supranationale Zusammenschlüsse dieser Art immerhin eine Bedingung, die für ein Aufholen der Politik gegenüber Gefährdungen der Wohlfahrts- und Sicherheitsstandards notwendig ist. So kann sich wenigstens eine Gruppe global handlungsfähiger Akteure bilden, die im Prinzip nicht nur zu einschneidenden Vereinbarungen, sondern zu deren Implementation fähig sind. Am Ende kann ich nur noch die Frage stellen: ob diese politischen Akteure das erst locker geknüpfte Netzwerk transnationaler Arrangements so verstärken können, dass ein Kurswechsel zu einer Weltinnenpolitik ohne Weltregierung möglich ist.

Aus: Jürgen Habermas, Die postnationale Konstellation und die Zukunft der Demokratie, Rede vom 5. Juni vor dem „Kulturforum der Sozialdemokratie" in: Berlin (http://library.fes.de/pdf-files/akademie/online/50332.pdf); gekürzte Fassung von: ders., Die postnationale Konstellation, Frankfurt a. M. 1998, S. 91–169.

ZUR TEXTERSCHLIESSUNG

1. Erarbeiten Sie im Verständnis Habermas' „die postnationale Konstellation“:
   a) Welche Leistungen weist er der historisch gewachsenen „wohlfahrtsstaatlichen Massendemokratie westlichen Zuschnitts“ zu?
   b) Welche Auswirkungen hat nach Habermas die Globalisierung auf die Funktions- und Legitimitätsbedingungen nationalstaatlicher Demokratien?
   c) Welche Gefahren sieht er in dieser Entwicklung?
   d) Erläutern Sie zusammenfassend, wie sich nach Habermas das Verhältnis von Politik und Wirtschaft in der „postnationalen Konstellation“ verändert hat.
2. Erarbeiten Sie Habermas' Entwurf eines „sozialen Europas“ als Alternative zu einer bloßen Anpassung an Imperative der Standortsicherung:
   a) Welche Bedeutung misst er der europäischen Entwicklung bei der Entwicklung „neuer Formen einer demokratischen Selbststeuerung der Gesellschaft“ jenseits des Nationalstaates bei?
   b) Welche Schritte müsste in seinen Augen die Europäische Union gehen, um als Modell für einen „Kurswechsel zu einer Weltinnenpolitik ohne Weltregierung“ dienen zu können?
3. Diskutieren Sie seinen Zukunftsentwurf vor dem Hintergrund der realen Entwicklung der Europäischen Union und ihrer (internationalen) Politik.

9.12 Joseph S. Nye: Das Paradox der US-amerikanischen Macht

Joseph S. Nye (geboren 1937 in South Orange, New Jersey) ist US-amerikanischer Politologe, Politiker und Autor.
Er studierte Public Affairs, Philosophie, Politik, Wirtschaft und Politikwissenschaft an den Universitäten Princeton, Oxford und Harvard. Seit 1964 lehrt Nye Politische Wissenschaft an der Harvard University. Nach Gastprofessuren am Institut Universitaire des Hautes Etudes Internationales in Genf, an der School of International Affairs der Carleton University in Ottawa und am Royal Institute of International Affairs in London war er von 1977 bis 1979 Staatssekretär im US-Außenministerium unter Präsident Carter. 1993 wurde er von der Clinton Administration zum Vorsitzenden des National Intelligence Council berufen, danach zeichnete Nye von 1994 bis 1995 verantwortlich als Staatssekretär im Verteidigungsministerium.
Seit 1995 ist Nye Dekan der John F. Kennedy School of Government, Harvard University. Außerdem ist Nye Direktor des Institute for East-West Security Studies und Direktor des International Institute for Strategic Studies.
Nye publizierte zahlreiche Bücher und wissenschaftliche Artikel, die sich mit Ursachen und Lösungsmöglichkeiten internationaler Konflikte beschäftigen.

In seinem 2003 vor der Franz Haniel Akademie gehaltenen Vortrag analysiert Nye – vor dem Hintergrund des beginnenden Irak-Krieges – die amerikanische Außenpolitik und die Zukunft des transatlantischen Bündnisses. Das Paradox der amerikanischen Macht besteht für ihn darin, dass die USA einerseits so mächtig seien wie nie zuvor, auf der anderen Seite aber mit dieser Macht ihre Ziele immer weniger durchsetzen könnten. In Zeiten der Informationsrevolution und der Globalisierung habe sich das Wesen der Macht verändert. Machtmittel, die bis vor Kurzem noch von den Regierungen der Nationalstaaten hätten monopolisiert werden können, seien nun internationalen Akteuren, kleinen Gruppen und selbst Privatpersonen zugänglich. Die Machtverhältnisse zwischen Staaten vergleicht Nye mit einem dreidimensionalen Schachspiel: Auf den beiden oberen Schachbrettern sei die „hard power" angesiedelt, die militärische und die wirtschaftliche, auf dem unteren Schachbrett wirke die „soft power", die kulturelle Macht. Hier tummelten sich die unterschiedlichsten nichtstaatlichen Akteure, transnationale Unternehmen, NGOs, aber auch Terroristen. Nyes Kritik am amerikanischen Unilateralismus ist die Konzentration auf das oberste Schachbrett, die militärische Komponente (die USA als uneingeschränkte unipolare Macht) bei Vernachlässigung der anderen beiden Bretter, der bereits multipolaren wirtschaftlichen Ebene (z. B. EU, Japan, zukünftig auch China als Gegengewichte zu den USA) und der sich staatlichem Einfluss entziehenden untersten Ebene, auf der die größte Gefahr (im internationalen Terrorismus) bestehe, ins Chaos abzugleiten.

Dem stellt Nye seine Vorstellung von einer kooperativen, partnerschaftlichen Außenpolitik der USA gegenüber: Nur in einer multilateralen Ausrichtung der Politik, die Europa mit seinem „erheblichen Maß an soft power" als „den besten Partner für die Förderung der Werte der Demokratie und der Menschenrechte" einbeziehe, werde Bedrohungen wie dem globalen Terrorismus oder der Verbreitung von Nuklearwaffen erfolgreich begegnet werden können.

Literaturhinweise

Joseph S. Nye, Das Paradox der amerikanischen Macht: Warum die einzige Supermacht der Welt Verbündete braucht, Hamburg 2003.

M 12 Hegemonie oder Partnerschaft?

■ Seit dem Römischen Reich hat keine Nation alle anderen so sehr überragt wie die Vereinigten Staaten dies heute tun. In den Worten des Economist „überspannen die Vereinigten Staaten den Globus wie ein Koloss. Dieser beherrscht die Geschäftswelt, den Handel und die Kommunikation. Die Vereinigten Staaten sind die größte Wirtschaftsmacht, und auch ihre militärische Macht sucht ihresgleichen." [...]

Eine solche Beschreibung wird von vielen hinterfragt, sowohl von Liberalen als auch von Konservativen, die sich als Realisten bezeichnen und von einem Naturgesetz der internationalen Politik ausgehen, wonach sich bei wachsender Stärke einer Nation die anderen Nationen zum Machtausgleich zusammenschließen. Als Beweis dieser These konnten sie einen indischen Journalisten zitieren, der im Jahre 2001 davon gesprochen hat, dass ein strategisches Dreieck zwischen Russland, Indien und China aufgebaut werden sollte, „um das Gegengewicht zu Amerika darzustellen in einer bedrohlich unipolaren Welt." [...] Selbst Amerika-freundliche Stimmen wie der Economist stellen fest: „Eine Welt mit nur einer Supermacht wird keine dauerhafte Lösung sein." Amerikas Vormachtstellung wird nur dann die nächsten Jahrzehnte überdauern, wenn die Vereinigten Staaten der Entwicklung ihrer soft power dieselbe Aufmerksamkeit widmen wie der Entwicklung ihrer hard power. Arroganter Unilateralismus [...] wird zu einem Niedergang Amerikas führen.

In Bezug auf die Machtverteilung im 21. Jahrhundert ist die Europäische Union noch am ehesten ein ebenbürtiger Partner der Vereinigten Staaten. Auch wenn die amerikanische Wirtschaft viermal größer ist als die Deutschlands, als dem größten Land in Europa, so ist doch die Wirtschaftsmacht Europas insgesamt der amerikanischen Wirtschaft vergleichbar. Europa hat eine ähnlich große Bevölkerung und eine sehr viel stärkere Exportwirtschaft. [...] Europa hat ungefähr zwei Drittel der Verteidigungsausgaben der USA; es hat mehr Soldaten unter Waffen und zwei Mitglieder, die Nuklearmächte sind. In Bezug auf soft power oder wünschenswerten Machteinfluss hat Europa seit langem weltweit große Anziehungskraft. [...] Auf dem Gebiet der Internationalen Organisationen waren die Europäer Pioniere und spielten zentrale Rollen. Schon vor einem Jahrzehnt erkannte Samuel Huntington, dass ein vereintes Europa auf Grundlage seiner Bevölkerung, seiner Wirtschaftsressourcen, seiner gegenwärtigen und zukünftigen militärischen Macht durchaus in der Lage ist, der erhebliche Machtfaktor des 21. Jahrhunderts zu werden." [...]

Die Europäische Union kann jetzt bereits die amerikanische Macht auf wirtschaftlichem Gebiet effektiv eindämmen. In Bezug auf die Macht in der Welthandelsorganisation ist Europa den Vereinigten Staaten ebenbürtig. Die europäischen Länder haben z. B. die Handelssanktion gegen Kuba oder Iran blockiert. Auch die Einführung der Währungsunion und des Euro wurde von vielen Beobachtern als große Herausforderung für den US-Dollar als Leitwährung gesehen. Auch wenn dabei die Tiefe und Breite der US-Kapitalmärkte, welche das Halten von Währungsreserven in US-Dollar für andere Staaten attraktiv machen, unterschätzt wurde, so ist der Einfluss der Europäer auf die Kapitalmärkte und den internationalen Währungsfond dem Einfluss der Vereinigten Staaten fast gleichwertig. [...]

Die Idee einer bescheidenen europäischen Streitkraft, die „trennbar, aber nicht getrennt" von der NATO sein sollte, könnte das Bündnis stärken und eine bessere Möglichkeit eröffnen, in europäischen Konflikten – wie z. B. auf dem Balkan – tätig zu werden. Natürlich ist man noch weit von der militärischen Stärke der Vereinigten Staaten entfernt, aber Europa ist durchaus in der Lage, Zuckerbrot und Peitsche zur Verfügung zu stellen, um hard power auszuüben. d.h. andere dazu zu bewegen, Dinge zu tun, die sie freiwillig nicht tun würden. Gleichzeitig besitzt Europa ein erhebliches Maß an soft power, d.h. die Fähigkeit, andere aus freien Stücken an sich zu binden. Europa ist also am ehesten ein ebenbürtiger Partner für die Vereinigten Staaten. Am Anfang des 21. Jahrhunderts und im Gegensatz zu dem, was die Hegemonisten in den Vereinigten Staaten im Augenblick sagen, sollte Europa als starker Partner nicht unterschätzt werden.

Dies führt [...] zur Frage nach der Stärke und Dauerhaftigkeit des Transatlantischen Bündnisses. [...] Auf tieferer Ebene steht das transatlantische Bündnis in einer sich verändernden Welt großen Herausforderungen gegenüber. Mit dem Ende des Kalten Krieges ging das Gefühl der gemeinsamen Bedrohung zurück. Terrorismus und die drohende Instabilität auf dem Balkan konnten die Länder nicht mehr so stark zusammenschweißen wie der gemeinsame Feind Sowjetunion. Nun projizieren die Europäer ihre regionalen Erfahrungen häufig auf die Weltbühne und bekennen sich zu multilateralen Ansätzen, auch wenn sie am Ende als unilateraler Block in diesen Internationalen Organisationen gegen die Vereinigten Staaten stimmen. Einige der Amerikaner zahlen es ihnen dann rhetorisch entsprechend heim, wenn sie von den „Euro-Schwächlingen" sprechen. Wenn Europa dann zunehmend hinter den Vereinigten Staaten zurückbleibt, gerade in Bezug auf die Verteidigungsausgaben, interpretieren das amerikanische Analysten dahingehend, dass die Europäische Union langsam, aber

sicher irrelevant wird. [...] Selbst vor dem Streit um den Irak hat Harvards Stephen Walt drei Gründe angeführt für eine solche Voraussage. Erstens wird eine fehlende gemeinsame Bedrohung den Zusammenhalt des Bündnisses schwächen. Zweitens treiben die Vereinigten Staaten mittlerweile $1\frac{1}{2}$-mal so viel Handel mit Asien wie mit Europa, und drittens kommt es mit neuen Generationen zu immer größeren kulturellen Unterschieden zwischen den Eliten in Europa und Amerika. [...]
Auf der anderen Seite des Atlantiks spricht man sehr häufig von der europäischen Überalterung, hohen Arbeitslosenzahlen und den zu niedrigen Verteidigungsausgaben. Es gibt keine Anzeichen von Gemeinsamkeiten zwischen den Partnern, welche die Welt weiterhin als „der Westen" zusammenfasst. Ein wichtiges politisches Thema mit globalen Konsequenzen scheint die Frage zu sein, auf welche Weise die Bush-Administration den Krieg gegen den Terrorismus führt. Seit dem 11. September sind die Unterschiede zwischen den Vereinigten Staaten und ihren Verbündeten gerade in Europa sehr groß geworden. Die Vereinigten Staaten haben den Verteidigungshaushalt sehr stark ausgeweitet, einen Krieg in Afghanistan und Irak geführt und eine neue Strategie entwickelt, die einen Präventivschlag gleich in einen Präventiv-Krieg umgemünzt hat. Die europäischen Verbündeten haben zwar in Afghanistan noch zusammengearbeitet, haben aber dennoch zum Ausdruck gebracht, dass die Reaktion der Vereinigten Staaten übertrieben ist. [...] Die politische Rhetorik des „Bösen" und des „Krieges", die Bush benutzt hat, um die amerikanische Öffentlichkeit zu mobilisieren, scheint vielen auf der anderen Seite des Atlantiks eher fremd und alarmierend vorzukommen. [...]
Selbst wenn die Auffassungen zwischen unterschiedlichen politischen Kulturen natürlich unterschiedlich und nicht außergewöhnlich sind, so kann man dennoch feststellen, dass ausufernde Unterschiede zu Schwierigkeiten führen können. Bis vor kurzem haben die unterschiedlichen Auffassungen der europäischen und amerikanischen Verbündeten in Bezug auf den Terrorismus nur geringe Auswirkungen gehabt. Jetzt aber blickt man auf die weitergehenden Entwicklungen. Man erkennt, dass die neuen terroristischen Bedrohungen immer unbeherrschbarer werden. Gleichzeitig stellt man fest, dass Fortschritt auch die „Demokratisierung von Technologie" zur Folge hatte, welche die Instrumente der Massenzerstörung jetzt kleiner, billiger und auch für verschiedene Individuen verfügbarer macht. Die Kosten für eine Flugzeugentführung sind manchmal nur sehr wenig höher als der Preis eines Flugtickets.
Der nächste Schritt in der Eskalation des Terrorismus könnte sehr große Auswirkungen auf unsere städtische Zivilisation in Europa und in den Vereinigten Staaten haben. Was geschieht dann mit Blick auf die Besiedlung von urbanen Zentren, was mit den Immobilienpreisen, mit Museen und Theatern, wenn ein zukünftiger terroristischer Anschlag nicht nur zwei Bürogebäude, sondern ganz Manhattan oder einen großen Teil von Paris oder Berlin zerstören kann? Der neue Terrorismus hat ein anderes Gesicht als der Terrorismus der 1970er Jahre durch die IRA oder die Roten Brigaden. Die Verwundbarkeit ist nicht nur auf eine einzelne Gesellschaft beschränkt. Die Europäer brauchen nicht die gesamte Rhetorik oder die Politik von George W. Bush zu akzeptieren, um zu begreifen, dass Bush an einem zentralen Punkt richtig liegt: Business as usual reicht nicht mehr zur Bewältigung der anstehenden Probleme. Was oftmals auch von George W. Bush nicht genügend betont wird, ist die Tatsache, dass eine Zusammenarbeit zwischen Europa und Amerika gerade in dieser Frage von entscheidender Bedeutung ist und dass die Vereinigten Staaten Europa als gleichberechtigten Partner behandeln müssen.
Weitere Differenzen ergeben sich beim Thema NATO: Einige Anhänger von Präsident Bush stellen manchmal in Frage, ob das Bündnis noch relevant ist und ob die Aufrechterhaltung der NATO noch im amerikanischen Interesse ist. [...] Obwohl die Unterschiede in der Politik und im öffentlichen Bewusstsein real und wichtig sind, sind Berichte über die Spaltung des transatlantischen Bündnisses häufig übertrieben. Vor einem Jahrzehnt wurde z. B. propagiert, dass die NATO am Ende sei. Es wurde vorausgesagt, dass das wiedervereinigte Deutschland die Bande zu Europa schwächen und sich mit Russland verbinden wird. Heute stellt die NATO immer noch die beste Versicherungspolice dar gegen den Fall, dass Russland zu einer autokratischen Bedrohung wird. Sie sichert die Integration Deutschlands in einem größeren Verteidigungsraum, der auch für uns Amerikaner sehr wichtig ist, und die NATO bietet auch Sicherheit gegen neue Bedrohungen auf dem Balkan, im Mittelmeerraum und im Nahen Osten.
So unwahrscheinlich die Abschaffung des NATO-Bündnisses ist, so erheblich unwahrscheinlicher ist eine wirtschaftliche Trennung zwischen den Amerikanern und der Europäischen Union. Neue Technologien, Flexibilität auf den Arbeitsmärkten und risikoorientiertes Kapital in einer modernen Unternehmenskultur machen den amerikanischen Markt sehr attraktiv für europäische Investoren. Direkte Investitionen in beide Richtungen sind höher als die Investitionen von und aus Asien und verknüpfen die jeweiligen Volkswirtschaften eng miteinander. Ein Drittel des Handels geschieht mittlerweite innerhalb transnationaler Unternehmen. Natürlich führt dies ab und an zu Konflikten in der Innenpolitik aller Demokratien, aber es ist immer noch eine Entwick-

lung, die für alle Parteien positiv sein kann, sofern man zur Kooperation imstande ist. Der Handel zwischen Amerika und Europa ist ausgeglichener als der Handel zwischen den Vereinigten Staaten und Asien. Während es immer Differenzen geben wird in Bezug auf wirtschaftspolitische Fragen, so geht dies doch stets einher mit der Fähigkeit zum Kompromiss, bei welchem keine Seite der anderen die jeweilige Position aufzwingen kann. Kooperation wird sich durchsetzen, auch wenn viel davon abhängen wird, ob es gelingt, politisch polarisierende Entscheidungen zu vermeiden.

Auf kultureller Ebene haben sich Amerikaner und Europa seit mehreren Jahrhunderten angefeindet und gleichzeitig bewundert. Trotz aller Beschwerden über McDonalds ist es keineswegs so, dass jemand die Franzosen und andere Europäer zwingen würde, dort zu essen! [...] Die Amerikaner und Europäer teilen doch im weiteren Sinne gemeinsame Werte in Bezug auf die Demokratie und die Menschenrechte. Genauer betrachtet ist es so, dass weder die Vereinigten Staaten noch die Europäer die vitalen Eigeninteressen oder die Interessen der anderen Seite bedrohen. Wir sollten erkennen, dass es keine anderen Länder gibt, die tiefere Werte teilen. Ob am Ende diese tieferen Werte oder die oberflächlichen Spannungen wichtiger sind, hängt stark davon ab, wie die USA ihre Karten ausspielt und wie sich Europa dazu stellt. [...]

Die Vereinigten Staaten verlieren wichtige Möglichkeiten für die Zusammenarbeit in der Lösung globaler Probleme. Sie verlieren den besten Partner für die Förderung der Werte der Demokratie und der Menschenrechte. Europa bleibt der Teil der Welt, der uns am nächsten steht in Bezug auf die grundlegenden Werte und Interessen. Oder wie mein Kollege Samuel Huntington es gesagt hat: „Eine gesunde Zusammenarbeit mit Europa ist das Gegengift für die Einsamkeit der Supermachtsposition der Vereinigten Staaten." Die Unilateralität der Vereinigten Staaten führt nicht zu einem feindlichen Europa als militärischem Herausforderer, aber wir sollten vielleicht unsere Möglichkeiten zur Partnerschaft in Zukunft besser nutzen.

Auch für den wahrscheinlichen Fall, dass die Vereinigten Staaten das mächtigste Land bis weit ins 21. Jahrhundert hinein bleiben sollten, ändert dies doch nichts an den grundsätzlichen Verschiebungen innerhalb der globalen Machtverteilung. Nach dem Zusammenbruch der Sowjetunion wurde die Welt von einigen als unipolar, von anderen als multipolar beschrieben. Beide Gruppen liegen richtig, aber gleichzeitig auch wieder nicht, denn beide nehmen Bezug auf Machtdimensionen, die sich nicht länger nur homogen in Kategorien militärischer Überlegenheit beschreiben lassen. Der Begriff „Unipolarität" ist missverständlich, da es das Ausmaß, in welchem die Vereinigten Staaten auf verschiedene Dimensionen der Weltpolitik Einfluss nehmen kann, überschätzt. „Multipolarität" hat den Fehler, dass der Begriff von staatlichen Akteuren ausgeht, die sich auf gleicher Ebene befinden.

Machtverhältnisse zwischen Staaten lassen sich vergleichen mit dem Aufbau eines dreidimensionalen Schachspiels. Man spielt auf drei Ebenen gleichzeitig, auch verzahnt auf horizontaler und vertikaler Ebene. Auf militärischer Ebene sind die Vereinigten Staaten sehr dominant, und ich denke nicht, dass die Europäer sie für Jahrzehnte ablösen können. Zunächst einmal sehen wir keine Bedrohungen mehr durch Russland. aber wenn wir uns die anderen Ebenen anschauen, z. B. die wirtschaftliche, so sind diese nicht mehr rein unipolar. Japan, Deutschland, Frankreich sind alle sehr große Spieler und die Amerikaner können keine Maßnahmen ohne Unterstützung durchsetzen. Wenn wir uns die unterste Stufe des dreidimensionalen Schachspiels anschauen, so befinden sich dort die transnationalen Beziehungen, also Beziehungen außerhalb der Kontrolle der Regierung, wo wir z. B. transnationale Unternehmen haben, die Entscheidungen treffen oder auch Terroristen, die grenzüberschreitend ihre Waffen austauschen. Gerade auf dieser Ebene wird die Gefahr des Chaos sehr groß und es fehlt an Ordnung.

Wir müssen unsere Unipolarität nutzen und alle drei Ebenen des Schachspiels in Betracht ziehen. Wenn wir über die transnationalen Beziehungen allein in Kategorien von amerikanischer Hegemonie oder Macht reden, dann ziehen wir nicht in Betracht, dass die unterschiedlichen Ebenen sich gegenseitig beeinflussen. Die Unilateralisten in den Vereinigten Staaten konzentrieren sich zu sehr auf das oberste Schachbrett, ohne die beiden anderen Bretter mit in Betracht zu ziehen. Genau dies wurde auch deutlich in Afghanistan, wo die amerikanische Militärmacht notwendig war, um das Taliban-Regime zu bekämpfen. Gleichzeitig war rein militärische Macht aber nicht ausreichend, um auch gegen Al-Qaida vorzugehen, eine transnationale terroristische Organisation, die mehrere Länder umspannt.

Die einzige Möglichkeit, dieses transnationale Netzwerk zu entwirren, sind erhebliche Anstrengung auch auf ziviler Ebene, Kooperationen zwischen den Polizei- und Zollkräften usw. Amerikanische Unilateralisten, die sich nur auf das oberste Schachbrett konzentrieren und die anderen beiden Bretter vergessen, laufen Gefahr, dass sie langfristig das Spiel insgesamt verlieren. Und das ist meiner Meinung nach das große Risiko, dem die Vereinigten Staaten im Augenblick gegenüberstehen. Wenn wir all die neuen Herausforderungen und Bedrohungen durch den internationalen Terrorismus angehen, dann können wir das nicht allein tun. Wir bewältigen diese Aufgabe nicht ohne Europa und ohne unsere Partner. Je schneller wir uns mit unseren Partnern verbünden, umso besser. Und genau dies ist eigentlich die Tragödie der gegenwärtigen Diplomatie bzw. der Abwesenheit von Diplomatie auf beiden Seiten.

Um zur Schlussfolgerung zu kommen: Ich stelle fest, dass die Realitäten, denen sich die Vereinigten Staaten im Augenblick gegenüber sehen angesichts der komplexen Machtverteilung im 21. Jahrhundert darin bestehen, dass immer mehr Faktoren außerhalb der Kontrolle selbst des mächtigsten Staates liegen. Der 11. September hätte als Weckruf gelten sollen. Obwohl die Vereinigten Staaten das traditionelle Machtspiel beherrschen, können diese Maßnahmen nicht alles umfassen. Unter dem Einfluss der Informationsrevolution und der Globalisierung ändert sich die Weltpolitik in einer Art und Weise, dass Amerika nicht alle internationalen Ziele im Alleingang erreichen kann. Den Vereinigten Staaten fehlen die nationalen und internationalen Voraussetzungen, um Konflikte zu lösen, die sich in anderen Gesellschaften abspielen. Die Vereinigten Staaten müssen internationale Koalitionen mobilisieren, um gemeinsame Bedrohungen und Interessen zu erkennen. Wir müssen lernen, wie wir besser teilen und gleichzeitig führen können. Dies bedeutet, dass wir viele der bereits bestehenden Partnerschaften zwischen Amerika und Europa fördern müssen. Ein britischer Beobachter hat geschrieben: „Das Paradoxon der amerikanischen Macht am Ende des Jahrtausends besteht darin, dass sie zu groß ist, um von irgendeinem anderen Staat herausgefordert zu werden, aber nicht groß genug, um Probleme zu lösen wie den globalen Terrorismus und die Verbreitung von Nuklearwaffen. Amerika braucht die Hilfe und den Respekt anderer Nationen."

Aus: Joseph S. Nye: Hegemony or partnership? The transatlantic relationship in a changing world, Vortrag vom März 2003 vor der Haniel Stiftung, in: Fünfte Franz Haniel Lecture, S. 8–19, http://www.haniel-stiftung.de/deu/download/haniel-lecture/5-haniel_lecture.pdf

ZUR TEXTERSCHLIESSUNG

1. Erarbeiten Sie Nyes „Bestandsaufnahme" der politischen, wirtschaftlichen und militärischen Weltlage:
   a) Welche Verschiebungen innerhalb der globalen Machtverteilung konstatiert er?
   b) Vor welchen Herausforderungen stehen die Vereinigten Staaten und Europa?
   c) Welche Bedeutung hat für ihn das transatlantische Bündnis?
   d) Welche Zukunftsperspektiven entwickelt er?
2. Erläutern Sie seine Metapher vom „dreidimensionalen Schachspiel", die er zur Beschreibung der Machtverhältnisse im internationalen System benutzt. Verdeutlichen Sie, was er unter „hard power" und „soft power" versteht.